Großkommentare der Praxis

LÖWE-ROSENBERG

Die Strafprozeßordnung und das Gerichtsverfassungsgesetz

GROSSKOMMENTAR

Einundzwanzigste Auflage

Ergänzungsband und Gesamtregister

bearbeitet von

Dr. Hanns Dünnebier
Generalstaatsanwalt
in Bremen

Dr. Heinrich Jagusch
Senatspräsident
beim Bundesgerichtshof i. R.

Dr. Else Koffka
Bundesrichterin
in Berlin

Dr. Max Kohlhaas
Bundesanwalt
in Karlsruhe

Professor Dr. Werner Sarstedt
Senatspräsident
beim Bundesgerichtshof

Dr. Karl Schäfer
Senatspräsident i. R.
in Frankfurt a. M.

Berlin 1967

WALTER DE GRUYTER & CO.

vormals G. J. Göschen'sche Verlagshandlung · J. Guttentag, Verlagsbuchhandlung · Georg Reimer · Karl J. Trübner · Veit & Comp.

Archiv-Nr. 2 212 670/1
Satz und Druck: Walter de Gruyter & Co., Berlin 30

Vorwort zum Ergänzungsband

Im Bundesgesetzblatt vom 25. September 1965 (Teil I S. 1373) ist die Neufassung der Strafprozeßordnung vom 17. September 1965 bekanntgemacht worden. Zu dieser Bekanntmachung war der Bundesminister der Justiz in Art. 17 StPÄG ermächtigt worden, und aus dem Gesetz zur Änderung der Strafprozeßordnung und des Gerichtsverfassungsgesetzes vom 19. Dezember 1964 (BGBl. I S. 1067) stammt auch der Hauptanteil der in der Bekanntmachung berücksichtigten Änderungen. Vor dem Inkrafttreten des Strafprozeßänderungsgesetzes, dem 1. April 1965, war jedoch schon das Zweite Gesetz zur Sicherung des Straßenverkehrs vom 26. November 1964 (BGBl. I 921) in Kraft getreten, durch das die Strafprozeßordnung ebenfalls geändert worden ist. Diese Änderungen sind in die Bekanntmachung eingegangen. Kurz vor der Bekanntmachung wirkten nochmals zwei Gesetze auf die Strafprozeßordnung ein: Das Gesetz über den Fristablauf am Sonnabend vom 10. August 1965 (BGBl. I 753) und das Urheberrechtsgesetz vom 9. September 1965 (BGBl. I 1273). Die dadurch herbeigeführten Änderungen sind, obwohl sie erst nach dem 1. April 1965 in Kraft getreten sind, in der Bekanntmachung berücksichtigt. Die Änderungen durch alle vier Gesetze sind in diesem Nachtrag erläutert; die Benutzer haben auf diese Weise mit dem Hauptwerk und dem Ergänzungsband einen Kommentar zur Strafprozeßordnung in der Fassung der Bekanntmachung vom 17. September 1965 in der Hand.

Die geänderten Bestimmungen sind in ihrer Reihenfolge aufgeführt, gleichviel durch welches der vier Gesetze sie geändert worden sind. Die Kommentierung ist der Bedeutung und dem Umfang der Änderungen angepaßt. Die Neuordnung der Untersuchungshaft ist der Hauptinhalt der Novelle. Aus diesem Grunde ist der gesamte Abschnitt über die Untersuchungshaft neu erläutert. Verweisungen auf wenig veränderte Stellen des Hauptwerks hätten die Handhabung für den Benutzer erschwert. Aus dem gleichen Grund ist auch der Abschnitt über die Richterablehnung neu gefaßt worden. Im übrigen sind entweder die neugefaßten Bestimmungen oder Abschnitte von ihnen erläutert; in einigen Fällen, wo die Änderung geringfügig ist, sind nur Hinweise gegeben worden. Die Änderungen des Gerichtsverfassungsgesetzes in Art. 11 StPÄG konnten bereits im Hauptwerk berücksichtigt und erläutert werden.

Senatspräsident Dr. Geier ist am 13. April 1965 verstorben. Durch seine Mitarbeit an der 20. und 21. Auflage hat er Wesentliches dazu beigetragen, dem Kommentar ein neues Profil zu geben. An seiner Stelle ist Frau Bundesrichterin Dr. Koffka in den Kreis der Mitarbeiter eingetreten. Sie hat in diesem Ergänzungsband die bisher von Dr. Geier erläuterten Vorschriften bearbeitet, soweit sie von den Änderungen betroffen sind.

Das Register für das Gesamtwerk hat Verwaltungsgerichtsrat Karl Peters gefertigt.

Im Februar 1967 — Die Verfasser

Inhaltsverzeichnis

Zweites Buch

Verfahren im ersten Rechtszug

Drittes Buch

Rechtsmittel

Einleitung

I. Strafprozeßänderungsgesetz

1. Materialien. BRatProt., 222. Sitzg., 439 B (Beratung des Bundesrats; 15. 7. 1960); BTDrucks. III 2037 (Regierungsvorlage mit Begründung; 17. 8. 1960); BTProt. III 7404 (erste Beratung; 21. 10. 1960).

BTDrucks. IV 63 (Initiativantrag; 6. 12. 1961); BTProt. IV 170 B (erste Beratung; 13. 12. 1961); BRatProt., 240. Sitzg., 12 B (Beratung des Bundesrats; 2. 2. 1962); BTDrucks. IV 178 (Regierungsvorlage mit Begründung; 7. 2. 1962); BTProt. IV 433 B (erste Beratung; 14. 2. 1962); BTDrucks. IV 1020 (schriftlicher Bericht des Rechtsausschusses; Zusammenstellung des von der Bundesregierung eingebrachten Entwurfs eines Gesetzes zur Änderung der Strafprozeßordnung und des Gerichtsverfassungsgesetzes; StPÄG.-Drucks. IV 178 — mit den Beschlüssen des Rechtsausschusses; 1. 3. 1963); zu BTDrucks. IV 1020 (schriftlicher Bericht des Rechtsausschusses; Bericht des Abgeordneten Kanka; 7. 3. 1963); BTProt. IV 3102 B (zweite Beratung; 27. 3. 1963); 3160 B (Änderungsanträge); BTDrucks. IV 1171 (Zusammenstellung des Entwurfs eines Gesetzes zur Änderung der Strapfrozeßordnung und des Gerichtsverfassungsgesetzes; StPÄG. — Drucks. IV 178, IV 1020 —; mit den Beschlüssen des Bundestags in zweiter Beratung; 29. 3. 1963); BTDrucks. IV 2378 (schriftlicher Bericht des Rechtsausschusses; Zusammenstellung des von der Bundesregierung eingebrachten Entwurfs eines Gesetzes zur Änderung der Strafprozeßordnung und des Gerichtsverfassungsgesetzes; StPÄG.; — Drucks. IV 178 — mit den Beschlüssen des. Bundestags in zweiter Beratung — Drucks. IV 1020; IV 1171 — sowie den Beschlüssen des Rechtsausschusses; 16. 6. 1964); zu BTDrucks. IV 2378 (schriftlicher Bericht; Bericht des Abgeordneten Kanka; 22. 6. 1964); BTProt. IV 6436 D; 6467 D (dritte Beratung); 6504 B (Änderungsanträge); BRatsProt., 272. Sitzg., 144b (Beratung des Bundesrats; 10. 7. 1964); BTDrucks. IV 2459 (Mitteilung über das Verlangen des Bundesrats, den Vermittlungsausschuß anzurufen; Gründe für die Einberufung des Vermittlungsausschusses; 10. 7. 1964); BTDrucks. IV 2699 (mündlicher Bericht des Vermittlungsausschusses; 5. 11. 1964); BTProt. IV 7240 B (Annahme des Gesetzes; 13. 11. 1964); BRatProt., 275. Sitzg., 203 D (Zustimmung zum Gesetz; 20. 11. 1964).

2. Schrifttum. Fuhrmann, Die Kleine Strafprozeßreform, JR. **1963** 379; Heinitz, Gedanken zur Strafprozeßreform, JR. **1961** 241; Kleinknecht, Zu dem Regierungsentwurf eines Gesetzes zur Änderung der Strafprozeßordnung und des Gerichtsverfassungsgesetzes (StPÄG.), BAnz. **1960** Nr. 139; Nuvolone, Die italienische Strafprozeßreform im Vergleich mit den deutschen Reformbestrebungen, ZStW. **74** 663; Stellungnahme des Deutschen Richterbundes zum Strafprozeßänderungsgesetz, DRiZ. **1963** 115; Eb. Schmidt, Probleme der Struktur des Strafverfahrens unter rechtsstaatlichen Gesichtspunkten, DRiZ. **1959** 16; Zieländerung bei der kleinen Strafprozeßreform? DRiZ. **1963** 176; W. Schmidt, Vorwegnahme zur Strafprozeßreform, SchlHA. **1960** 276; Schmidt-Leichner, Die „Kleine Strafprozeßreform", AnwBl. **1961** 26; Wimmer, Vorweg-Reform der Strafprozeßordnung, NJW. **1958** 1993.

Baumann, Neue Haftgründe, JZ. **1962** 649, 689; Dahs, Unzulässigkeit von Bild- und Rundfunk im Gerichtssaal, NJW. **1961** 1755; Habenicht, Haftgrund der Verdunkelungsgefahr und Kleine Strafprozeßreform, JR. **1963** 401; Harms, Befristete Untersuchungshaft? DRiZ. **1960** 75; Krattinger, Die Strafverteidigung im Vorverfahren im deutschen, französischen und englischen Strafprozeß und ihre Reform, Bonn 1964; Ruscheweyh, Herrschaft des Richters oder der Anwälte im deutschen Strafprozeß? — Gedanken zu einer Reform der Hauptverhandlung, SchlHA. **1959** 277; Eb. Schmidt, Anklageerhebung, Eröffnungsbeschluß, Hauptverfahren, Urteil, NJW. **1963** 1801; Schmidt-Leichner, Untersuchungshaft und Kleine Strafprozeßreform, NJW. **1961** 337; Spiecker, Reform der Haftjustiz, MschrKrim. **45** 97.

Ackermann, Der Anwalt und die „Kleine Strafprozeßreform“, AnwBl. **1965** 2; Baumann, Beeinträchtigung der Verbrechensverfolgung durch die Strafprozeßnovelle? JuS. **1965** 172; Breithaupt, Die Sprache des Gesetzgebers in der Strafprozeßnovelle, NJW. **1965** 575; Creifelds, Die Strafprozeßnovelle 1964; JR. **1965** 1; Dahs, Die Kleine Strafprozeßreform, NJW. **1965** 81; Das Strafprozeßänderungsgesetz in der Praxis, AnwBl. **1966** 34; Gegenfurtner, Das Strafprozeß-Änderungsgesetz in der Praxis, DRiZ. **1965** 334; Gehre, Die Kleine Strafprozeßreform und das Verwaltungssteuerstrafverfahren, DSteuerR. **1965** 199; Giebel, Die Kleine Strafprozeßreform, Justiz **1965** 121; Gollwitzer, Das Gesetz zur Änderung der Strafprozeßordnung und des Gerichtsverfassungsgesetzes, DRiZ. **1964** 393; Eb. Kaiser, Paul Kaiser, Lang, Sommer, Uhse, Reissfelder, Leitfaden zur Kleinen Strafprozeßreform, 1965; Kanka, Das Gesetz zur Änderung der Strafprozeßordnung und des Gerichtsverfassungsgesetzes (StPÄG.) von 1964, MDR. **1965** 245; Kleinknecht, Gesetz zur Änderung der Strafprozeßordnung und des Gerichtsverfassungsgesetzes (StPÄG.), JZ. **1965** 113, 153; Petermann, Die Kleine Strafprozeßreform, Rpfleger **1965** 68; Schmidt, Zum Inkrafttreten des Strafprozeßänderungsgesetzes, SchlHA. **1965** 49; Schmidt-Leichner, Das neue Recht im Strafverfahren, NJW. **1965** 1309; Schorn, Die Rechtsstellung des Beschuldigten und seines Verteidigers nach dem Strafprozeßänderungsgesetz, NJW. **1965** 713.

3. Ziele und Grundsätze der Reformen. „Unter den Reichsjustizgesetzen des Jahres 1877 hat von Anfang an die Strafprozeßordnung am wenigsten befriedigt“ (Begrdg. zu den Entwürfen 1908, Mat. zur StRRef. **11** 135, und 1909, Mat. zur StRRef. **12**, Begrdg. S. 5). „Kein Gesetz ist so reformbedürftig wie die Strafprozeßrodnung“ (Alsberg, Vhdlgen des 35. DJT. **1** 440). Deshalb sind mehrfach Entwürfe für Gesamt- oder Teilreformen aufgestellt worden (Mat. zur StRRef. **11** 135; Einleitung, Kap. 4). Sie sind zwar alle nicht Gesetz geworden, haben aber doch in vielen Novellen Niederschlag gefunden. Unter den Hauptzielen der Reformen haben die Besetzung und die Zuständigkeit der Gerichte sowie die Frage der Berufung immer obenan gestanden. Läßt man diese Punkte, die eher zur sog. Großen Justizreform zu rechnen sind, hier beiseite, dann verbleiben als Hauptgegenstände der Reformen die Lockerung des Legalitätsprinzips, die Verbesserung der Richterablehnung, die Einschränkung der Untersuchungshaft, die Erleichterung der Verteidigung, die Abschaffung der gerichtlichen Voruntersuchung, die Einführung der „Parteiöffentlichkeit“ im Vorverfahren, die Formalisierung des Abschlusses des Vorverfahrens, die Neuordnung oder Abschaffung des Eröffnungsverfahrens, die Neugestaltung der Vernehmung in der Hauptverhandlung („Kreuzverhör“, Vorsitzender, Aktenkenntnis), eine striktere Durchführung des Grundsatzes der Unmittelbarkeit der Beweisaufnahme, eine vermehrte Einwirkung der Prozeßbeteiligten auf das Protokoll und eine Erleichterung des Wiederaufnahmeverfahrens.

Die meisten Reformforderungen lassen sich zusammenfassen als die „Aufgabe, das Strafverfahren von den ihm noch anhaftenden Resten des Inquisitionsprozesses zu befreien“ (Begrdg. zum E 1919, Mat. zur StRRef. **14** 11). Der Vorwurf, daß der deutsche Prozeß noch zu stark von Elementen des gerichtlichen Inquisitionsverfahrens durchtränkt sei, wird auch bei dem Vergleich mit ausländischen Rechten oft erhoben (Allen, Grundsätze und Methoden der Beweiserhebung im Strafprozeß, ZStW. **72** 650; Nuvolone, Die italienische Strafprozeßreform, ZStW. **74** 670; Hirschberg, Das amerikanische und deutsche Strafverfahren, 1963, 43). In der deutschen Reformgeschichte ist daraus allerdings nicht die Forderung abgeleitet worden, zum Akkusationsprozeß mit der Folge überzugehen, daß die Parteien das Beweismaterial begrenzen und über den Prozeßstoff verfügen dürften. Die gerichtliche Aufklärung der Wahrheit als Prozeßziel will in Deutschland ernstlich niemand beseitigen. Dem Verlangen, die Reste des Inquisitionsprozesses abzubauen, ist vielmehr im wesentlichen durch folgende Reformforderungen Ausdruck gegeben worden: Einmal soll das Gericht vom Untersuchungsführer zum (Schieds)richter überwechseln. Daraus wird gefolgert, daß die Voruntersuchung wegfallen müsse; daß der Vorsitzende in der Hauptverhandlung nicht inquirieren dürfe; und daß die Ergebnisse des Vorverfahrens nicht (oder nur sehr beschränkt) im Hauptverfahren verwendet werden dürften. Zum anderen soll der Beschuldigte vom Prozeßobjekt zum Prozeßsubjekt, vom passivischen Angeklagten zum aktivischen defendant, aufsteigen. Dazu muß ihm weitergehend als bisher Einfluß auf das Verfahren eingeräumt, seine Verteidigung erleichtert werden. Daraus sind die Grundsätze abgeleitet worden: Der Verkehr zwischen dem Beschuldigten und seinem Verteidiger muß frei und unbehindert sein. Der Verteidiger muß frühzeitig zu den Vernehmungen Zutritt haben, die Akten der Staatsanwaltschaft sind ihm so bald als möglich offen zu legen, an der Vernehmung des Angeklagten und der

Zeugen in der Hauptverhandlung darf er aktiver als bisher mitwirken; auf die Gestaltung des Protokolls über die Hauptverhandlung ist ihm Einfluß einzuräumen.

Die Notwendigkeit, dem Beschuldigten die Stellung eines Prozeßsubjekts eindeutig einzuräumen, ist auch aus dem Grundgesetz herzuleiten. In die Freiheitsrechte darf das Gesetz nur schonend eingreifen; daher sind Untersuchungshaft, körperliche Eingriffe und Beschlagnahme an feste Voraussetzungen zu binden und so weit als erträglich einzuschränken. Freilich darf dabei der Zweck der Strafrechtsordnung, das Recht zu bewahren, gekränktes Recht wieder herzustellen, die Ordnung des Staates zu schützen, nicht außer acht gelassen werden, da ja die Strafrechtspflege zur verfassungsmäßigen Ordnung des Grundgesetzes gehört. Das Grundgesetz schreibt auch ein umfassendes rechtliches Gehör vor. Das dient einmal dem Gedanken der freien Verteidigung, macht aber zum anderen die Eigenschaft des Beschuldigten als eines Prozeßsubjekts deutlich.

Oftmals werden Rechte des Beschuldigten statt aus seinem Anspruch auf freie Verteidigung aus einem behaupteten Grundsatz der Waffengleichheit hergeleitet. Einen solchen Grundsatz gibt es nicht, und kann es nicht geben: Dem Wissen des schuldigen Beschuldigten — und die meisten von ihnen sind schuldig, und auch ein Teil der Freigesprochenen ist es — kann auf seiten der Strafverfolgung nichts gleichgesetzt werden. Gäbe es einen Grundsatz der Waffengleichheit, so müßte er, rein verwirklicht, zur Offenbarungs- und Wahrheitspflicht des Angeklagten führen — ein absurder Gedanke, den kein Verfechter der „Waffengleichheit" je vertreten hat. Mit Recht wird vielmehr betont, daß die Freiheit der Verteidigung auch die Wahl umfaßt, wann und wie die Verteidigung geltend gemacht, etwa eine (oder keine) Schutzschrift eingereicht (Dahs, AnwBl. **1959** 186) oder die Möglichkeit des Schlußgehörs wahrgenommen (oder ausgeschlagen) wird (Dahs, NJW. **1965** 717). Auf der anderen Seite sind die Mittel, über die der Staat zur Aufklärung des Verbrechens verfügt, reicher als die, die dem Beschuldigten zu seiner Verteidigung offen stehen. Nur der Staat kann Zeugen zur Aussage zwingen, Beweismittel beschlagnahmen, den Beschuldigten verhaften usw. Auch sind seine technischen Möglichkeiten, etwa nach Zeugen zu suchen, in aller Regel denen des Beschuldigten weit überlegen. Ausschlaggebend aber ist, daß der Beschuldigte sich verteidigen, der Staat aber nicht verurteilen, sondern die Wahrheit aufdecken oder wenigstens die mögliche Annäherung an sie erreichen will. Auch der unschuldige Angeklagte kann ein Interesse daran haben, daß ein anderer Sachverhalt festgestellt werde als der wahre, wenn er nur auch zum Freispruch führt, ja in seltenen Fällen selbst auf Kosten seiner Freiheit. Der Staatsanwalt aber wäre verächtlich, der dem Gericht einen Entlastungsbeweis vorenthielte, selbst wenn er wüßte, daß dieser widerlegt werden kann, ihm aber der Widerlegungsbeweis (vielleicht nur zur Zeit) nicht möglich ist. Nur das Bewußtsein von der Ungleichheit der Waffen führt zu den klaren Erkenntnissen, was dem Staat einzuräumen ist, damit er sich Kenntnis von der Tat verschaffen kann, und was dem Beschuldigten zustehen muß, damit er sich frei verteidigen und irrtümliche Vorwürfe wirksam abwehren kann. Wegen dieser Ungleichheit muß der Staatsanwalt dem Verteidiger seine Akten offen legen, aber der Verteidiger darf von seinem Wissen wider den Willen des Angeklagten nichts zur Verurteilung beitragen. Der Beschuldigte darf, wenn ihm das günstig ist, den Prozeßstoff gestalten, soweit er ihm allein zugänglich ist; der Staatsanwalt darf ihn nur zutage fördern; „Beweisstipulationen" sind ihm versagt und müssen ihm versagt bleiben.

4. Verwirklichung durch das Strafprozeßänderungsgesetz. Wieweit das Strafprozeßänderungsgesetz die Reformvorschläge verwirklicht hat, und was für die Zukunft noch zu tun bleibt, zeigt eine nähere Betrachtung des Gesetzes:

Die Freiheit der Verteidigung kommt in der neuen Fassung des § 148 (Art. 3 Nr. 6) zum Ausdruck: Der Verkehr des Beschuldigten mit seinem Verteidiger wird von allen Beschränkungen befreit. Das führt zu einem Zustand, wie er in Frankreich seit 1897 besteht (Krattinger, S. 113), und der auch in den Beratungen der Strafprozeßordnung bis zur zweiten Lesung (Mat., Hahn **1** 975; **2** 1278, 1624, 1829; die Kontrolle des schriftlichen Verkehrs war nur zugestanden worden, um den Mißbrauch von Briefumschlägen des Verteidigers zu verhindern) und in § 173 E 1919 als allein angemessen empfunden worden war. Die Verteidigung wird erleichtert durch die Ausdehnung der notwendigen Verteidigung (§ 140; Art. 3 Nr. 1; s. auch § 350 Abs. 3; Art. 9 Nr. 3), durch eine frühzeitige Beiordnung des Verteidigers (§ 141; Art. 3 Nr. 2) — die allerdings noch nicht so weit geht, wie es § 164 Abs. 2 E 1919 vorgeschlagen hatte — und durch großzügigere Gestaltung des Rechts der Akteneinsicht (§ 147; Art. 3 Nr. 5): Grundsatz ist, daß der Verteidiger die Akten jederzeit, also auch schon im Vorverfahren, einsehen darf. Gefährdet die Einsicht den Untersuchungszweck, kann sie bis zum Schluß der Ermittlungen versagt werden, jedoch nicht für gewisse privilegierte Niederschriften (§ 147 Abs. 3), deren Kreis sich durch die neue Fassung der §§ 169, 192 Abs. 2 (Art. 4 Nr. 4 und 5) erweitert hat. Nach diesen Vorschriften ist der Staatsanwaltschaft und dem Verteidiger die Anwesenheit bei allen richterlichen Vernehmungen des Beschuldigten zu gestatten, außerdem bei richterlichen Vernehmungen von Zeugen und Sachverständigen dann, wenn der Beschuldigte als solcher vom Richter vernommen worden ist.

Der Gedanke, daß der Beschuldigte nicht Objekt sondern Subjekt des Verfahrens ist, gewinnt am klarsten durch die Neufassung des § 136 Abs. 1 StPO (Art. 4 Nr. 1) Gestalt. Daß die Aussage des Beschuldigten nicht nur Verteidigung, sondern auch Erkenntnisquelle ist, ja alleinige Grundlage seiner Verurteilung sein kann, ist ebenso unumstritten wie der Grundsatz, daß es dem Beschuldigten freisteht, ob er reden oder schweigen, und ob er, wenigstens im Vorverfahren, sich selbst verteidigen will oder sich eines Verteidigers bedienen möchte. Aber es war doch recht zweifelhaft, ob dem Beschuldigten, wenn ihm die überlegene Staatsmacht gegenübertrat, bewußt war, daß es sein freier Entschluß sei, ob, wann und wieweit er sich zur Sache erklären wolle. Das Gesetz sorgt dafür, daß das künftig ganz klar ist: Dem Beschuldigten muß bei der ersten Vernehmung eröffnet werden, daß es ihm freisteht, sich zu äußern oder nicht auszusagen, und daß er jederzeit, auch schon vor einer jeden Äußerung, sich von einem Verteidiger beraten lassen kann. Durch alles das wachsen dem Beschuldigten keine neuen Rechte zu; er wird seiner schon von je bestehenden Rechte nur bewußt gemacht.

In der gleichen Richtung, die Stellung des Beschuldigten als eines Prozeßsubjekts eindeutig herauszuarbeiten, liegt die umfassende Sicherung des rechtlichen Gehörs (Art. 8). Die Bestimmungen tragen Art. 103 Abs. 1 GG. und der dazu ergangenen Rechtsprechung des Bundesverfassungsgerichts Rechnung, enthalten aber in § 33 Abs. 3 (Gehör eines Beteiligten, bevor zu seinem Nachteil Tatsachen oder Beweisergebnisse verwertet werden, zu denen er noch nicht gehört worden ist) wohl auch die Absage an die Forderung nach einem Rechtsgespräch, das über die Möglichkeit, sich einmal in jeder Instanz und in jedem Zwischenverfahren (auch) zur Rechtsfrage zu äußern, hinausgeht.

Dem rechtlichen Gehör verwandt, aber mehr dem Grundsatz der freien Verteidigung zugeordnet, ist das Schlußgehör durch die Staatsanwaltschaft (§§ 169a bis 169c; Art. 2 Nr. 1). Es geht zurück auf die Beschlüsse der Reformkommission von 1903 (Prot. **1** 170), wurde erstmals in § 202 E 1908 angedeutet und später vom Grafen zu Dohna aufgenommen (Vhdlgen. des 35. DJT., **1** 143). Es soll dem Beschuldigten Einfluß auf die Entschließung des Staatsanwalts einräumen, ob und mit welchem Vorwurf dieser Anklage erhebt. Da das rechtliche Gehör vor der Eröffnung des Hauptverfahrens erhalten bleibt (§ 201 Abs. 1), liegt das Gewicht der Einrichtung auf der Möglichkeit des Angeklagten, die Anklage, die allein schon als rufgefährdend angesehen wird, zu verhindern. Ob das Schlußgehör Ausdruck einer Idee bleiben oder zu einer festen Einrichtung unseres Prozesses werden wird, bleibt abzuwarten.

Der Prozeß kann fair nur sein (MenschRKonv. Art. 6: „everyone is entitled to a fair . . hearing“), wenn er sich in größter Unbefangenheit abwickelt. Mit Recht geht unser Gesetz weiter: es schließt in gewissen Fällen auch den unbefangenen Richter aus, wenn Verhältnisse vorliegen, die ihn der Befangenheit verdächtig machen könnten. Das Änderungsgesetz faßt hierunter auch den Richter des Wiederaufnahmeverfahrens, wenn er früher mit der Sache befaßt war (§ 23 Abs. 2; Art. 5 Nr. 1; im Prinzip gleich, in der Form etwas anders bei der neuen Verhandlung nach Zurückverweisung durchs Revisionsgericht: § 354 Abs. 2; Art. 9 Nr. 4), und befriedigt damit die alte Forderung, das Wiederaufnahmeverfahren vor neuen Richtern stattfinden zu lassen (Lobe, Vhdlgen. des 35. DJT. **2** 585). Der Grundsatz, daß es nicht auf die (wirkliche) Befangenheit des Richters ankomme, sondern auf das Gefühl eines durchschnittlichen, nicht unvernünftigen Angeklagten, der Richter könne befangen sein, beherrscht auch das Recht der Ablehnung wegen Besorgnis der Befangenheit. Hieran hat sich nichts geändert; aber die Novelle beseitigt eine Ungerechtigkeit, die sich, obwohl erkannt (Prot. der RefKomm. **1** 21), aus Gründen der Praktikabilität lange gehalten hat: Wegen Besorgnis der Befangenheit konnte ein Richter nur bis zum Eintritt eines Zeitpunktes abgelehnt werden, der dem Beginn der Hauptverhandlung nahe war. Jetzt ist die Ablehnung möglich, bevor der Vorsitzende begonnen hat, den Angeklagten zur Sache zu vernehmen und danach noch bis zum letzten Wort, wenn die Ablehnungsgründe dem Angeklagten erst nach jenem Zeitpunkt bekannt werden (§ 25; Art. 5 Nr. 2). Zum Ausgleich wird das Verfahren für die Verwerfung unzulässiger Ablehnungen vereinfacht (§ 26a; Art. 5 Nr. 4).

Das Protokoll ist stets ein Gegenstand der Reformwünsche gewesen (Zusammenstellung in den Vhdlgen. des 41. DJT., 2 G). Einige werden durch das Strafprozeßänderungsgesetz erfüllt: Das bisherige Formalienprotokoll wird durch das Inhaltsprotokoll ersetzt (§ 273 Abs. 2; Art. 7 Nr. 15 Buchst. a). Damit wird alten Wünschen genügt (a. a. O., S. 24), die die Lage des Verurteilten namentlich im Wiederaufnahmeverfahren (und dazu auch in Meineidsverfahren gegen Zeugen) verbessern wollen. Mit dem Inhaltsprotokoll eine Rüge zu begründen, der Richter habe entgegen § 261 nicht alles berücksichtigt, „was er in der Hauptverhandlung gehört und gesehen hat" (Glanzmann, a. a. O., S. 26; abwehrend BGH. MDR. **1966** 164), wird eines der wichtigsten Ziele der Verteidigung im Revisionsverfahren sein. — Der Zwang, bestimmte Vorgänge alsbald zu protokollieren, ist verstärkt worden (§ 273 Abs. 3; Art. 7 Nr. 15 Buchst. b); das Urteil darf nicht zugestellt werden, bevor das Protokoll fertiggestellt ist (§ 273 Abs. 4; Art. 7 Nr. 15 Buchst. c).

5. Weitere Änderungen. Im Strafprozeßänderungsgesetz steht die Reform der Untersuchungshaft an erster Stelle (Art. 1); sie zu beraten, hat den Rechtsausschuß des Bundestags weitaus die meiste Zeit gekostet. Die Unzufriedenheit mit der Untersuchungshaft ist alt, aber die gesetzgeberischen Möglichkeiten, ihr abzuhelfen, sind gering: fast alles hängt von der Praxis ab. Die Novelle verschärft die Haftvoraussetzungen (§ 112) und erleichtert es, den Vollzug des Haftbefehls auszusetzen (§ 116); aber die „wortreichen" (Kanka, MDR. **1965** 245) Bestimmungen, die „langatmige und verklausulierte Ausdrucksweise" (Breithaupt, NJW. **1965** 575) zeigen doch die Verlegenheit des Gesetzgebers, dem, was er wirklich sagen will, Ausdruck zu verleihen: Es soll weniger, später und für kürzere Zeit verhaftet werden.

Manchmal fällt es schwer, einen Beschuldigten wieder laufen zu lassen, wenn man sicher voraussieht, daß er verurteilt werden wird, und daß er bis zur Strafverbüßung in der Gefahr steht, neue Straftaten zu begehen. Nachdem der Gesetzgeber den Haftgrund der Wiederholungsgefahr bei Sittlichkeitsverbrechern eingefügt hat (§ 112 Abs. 3) und nachdem bei Verbrechen wider das Leben die Untersuchungshaft leichter angeordnet werden kann (§ 112 Abs. 4), wäre die Berücksichtigung „apokrypher Haftgründe", schon bisher nicht zulässig, eine nunmehr eindeutige Zuwiderhandlung gegen das Gesetz.

Haftreform ist auch Verfahrensreform: je rascher es zur Hauptverhandlung kommt, um so kürzer ist die Untersuchungshaft. Das Strafprozeßänderungsgesetz verwirklicht diesen Gedanken — den es sonst nicht fördert — wenigstens im Haftverfahren: Die automatische Haftprüfung, einst Stolz der Reformer und Glanzstück des Haftrechts, ist gefallen, die mündliche Haftprüfung stark eingeschränkt (§§ 117, 118). Statt dessen setzt das Gesetz eine Frist von sechs Monaten. Ist sie abgelaufen, bleibt die Untersuchungshaft nur noch zulässig, wenn entweder ein Urteil ergangen ist, oder wenn das nach der Gestaltung der Haftsache aus wichtigen Gründen nicht möglich war und sich aus diesen Gründen die Haftfortdauer rechtfertigt. Die Entscheidung hierüber steht allein dem Oberlandesgericht zu (§ 121).

Über weitere Änderungen der Strafprozeßordnung, die mit der Reformgeschichte nicht im Zusammenhang stehen, soll nur ein kurzer Überblick geboten werden:

Bei der Einstellung wegen Geringfügigkeit wird in Beachtung des Schuldprinzips nicht mehr auf die Tatfolgen abgestellt (§ 153 Abs. 1; Art. 10 Nr. 3 Buchst. a). Nach § 154 ist es zulässig, unwesentliche, in Tatmehrheit zur Haupttat stehende Nebendelikte unverfolgt zu lassen. Die Novelle dehnt diese Möglichkeit auf ideell konkurrierende Nebendelikte aus (§ 154a; Art. 6 Nr. 1). Die in vieler Hinsicht interessante Vorschrift liegt in der Linie moderner Forderungen nach einer „dejuridicisation" des Verfahrens (Ancel, La défense sociale nouvelle, S. 128).

Im Revisionsverfahren wird die Begründungsfrist verlängert (§ 345 Abs. 1; Art. 9 Nr. 1). Das Revisionsgericht kann eine Revision nur dann als offensichtlich unbegründet verwerfen, wenn auch die Staatsanwaltschaft sie als offensichtlich unbegründet ansieht. Einer einstimmig als begründet erachteten Revision kann es durch Beschluß stattgeben (§ 349 Abs. 2 und 4; Art. 9 Nr. 2).

Durch die neuen Bestimmungen des § 467 Abs. 4 und 5 (Art. 10 Nr. 12 Buchst. b) wird das Problem „zweierlei Freispruch" berührt, aber nicht gelöst, durch § 467a (Art. 10 Nr. 13) eine Streitfrage (Kosten bei Rücknahme der öffentlichen Klage) behoben. Rundfunk und Film sind während der Hauptverhandlung aus dem Gerichtssaal verbannt (§ 169 Satz 2 GVG.; Art. 11 Nr. 5). Die damit getroffene gesetzgeberische Entscheidung ist zwar im Grundsatz richtig, kann aber für extreme Ausnahmefälle keinen Bestand haben.

6. Offene Reformen. Von den unerledigten Reformforderungen stehen, wenn auch hier wieder die Fragen der Berufung und der Gerichtsverfassung außer Betracht bleiben, die Eröffnung des Hauptverfahrens und die Gestaltung der Hauptverhandlung im Vordergrund. Zu dem letzten Punkt wird die Forderung erhoben, den Richter von Untersuchungsbefugnissen und -pflichten zu befreien, soweit das mit dem Ziele vereinbar ist, die Wahrheit zu erforschen. Jene Forderung soll dadurch verwirklicht werden, daß dem Richter, um ihn auf die Entscheidung zu beschränken, die Vernehmung (und die Ermittlungsakten) aus der Hand genommen werden (Alsberg, Vhdlgen. des 35. DJT. **1** 447; v. Stackelberg, AnwBl. **1959** 200). Ein solcher Abbau inquisitorischer Elemente wäre mit den Grundsätzen des deutschen Strafprozesses zu vereinbaren, wenn jede Verfügung der Prozeßbeteiligten über den Prozeßstoff ausgeschlossen bliebe, und wenn die Verpflichtung des Gerichts nicht erschüttert würde, den von der Anklage zur Aburteilung gestellten historischen Vorgang aufzuklären und dazu von Amts wegen die Wahrheit zu erforschen. Zu diesem Zwecke ist es notwendig, daß ein Mitglied des Gerichts die Akten kennt (v. Weber, ZStW. **72** 674). Will man vermeiden, daß die Aktenkenntnis das erkennende Gericht beeinflußt, muß man den verhandlungsführenden Richter von der Prozeßentscheidung ausschließen (Alsberg, a. a. O.).

Bleiben die Akten beim Gericht, ist es notwendig, die Beweisergebnisse aus dem Vorverfahren in der Hauptverhandlung nur mit größter Zurückhaltung zu verwerten, „die Hauptverhandlung von der Einwirkung des Vorverfahrens soweit als möglich zu befreien" (Begrdg. zum E 1919, Mat. zur StrRRef. **14** 22). Dabei steht die Verlesung weniger im Vordergrund als der Vorhalt, den auch der sehr weitgehende E 1919 (§ 236 Abs. 2) beibehalten wollte.

Solange die Reformgeschichte dauert, ist das Eröffnungsverfahren als unbefriedigend empfunden worden (Protokolle der Reformkommission **1** 186, 194; E 1908, § 198; E 1909, § 199; E 1919, § 210; E 1939, § 34). Es wurde für den Regelfall als eine Formalität angesehen, die zudem mit dem Nachteil verbunden ist, daß das Gericht den Angeklagten als verdächtig bezeichnen und damit ihm und den Laienrichtern frühzeitig eine Würdigung der Schuldfrage bekanntgeben muß. Freilich, eine alle Wünsche befriedigende Lösung gibt es nicht. Jede Vorentscheidung des Gerichts wäre ausgeschlossen, wenn auf jede Anklage eine Hauptverhandlung folgte und das Gericht nur in dieser entscheiden dürfte. Aber es kann dem Gericht nicht versagt werden, die Hauptverhandlung abzulehnen, wenn es die Tat, weil es die Rechtslage anders beurteilt als die Staatsanwaltschaft, nicht für strafbar erachtet. Gewährt man dem Gericht jene Befugnis, dann bedeutet die Bestimmung eines Termins zur Hauptverhandlung zugleich die Entscheidung, daß der Angeklagte nicht von vornherein freigesprochen werden kann, d. h. aber die gerichtliche Feststellung, daß er einer strafbaren Handlung verdächtig ist. Die Entwürfe, die zwar die Ablehnung der Hauptverhandlung gestatteten, wenn keine Überführung zu erwarten war, auf der anderen Seite aber die Feststellung des Tatverdachts ausschlossen, lösten daher das Problem nicht, sondern verdeckten es. Das gleiche gilt von der Regelung der Novelle. In dem Eröffnungsbeschluß ersetzt die Zulassung der Anklage die Feststellung des hinreichenden Tatverdachts (§ 207 Abs. 1; Art. 7 Nr. 5), dieser bleibt aber nach wie vor die Voraussetzung für die Eröffnung des Hauptverfahrens (§ 203). Das Gericht modifiziert die Anklage, aber nach außen erscheint sie als eine der Staatsanwaltschaft; es bestimmt die rechtliche Würdigung, aber die Staatsanwaltschaft trägt sie vor (§ 207 Abs. 3; § 243 Abs. 3 Satz 2).

Ein solches Verschleiern, das zudem wegen der Bekanntmachung des Änderungsbeschlusses (§ 207 Abs. 2) verwirrend und wenig sinnvoll ist, kann keinen Bestand haben; der Eröffnungsbeschluß wird wiederkommen. Alsdann wird man den erkennenden Richter von dem eröffnenden scheiden müssen, wie das der Bundestag in zweiter Lesung — wenn auch zu weitgehend — wollte (BTDrucks. IV 1171 in Vbdg. mit BTDrucks. IV 1020, Art. 5 Nr. 1; § 23 Abs. 1 und Begründung dazu). Der Einwand, daß der Gesetzgeber damit den Richter zu Unrecht als befangen ansähe (Stellungnahme des Deutschen Richterbundes, DRiZ. **1963** 115), schlägt nicht durch. Denn überall im Ablehnungsrecht bringt der Gesetzgeber nicht seine Anschauung zum Ausdruck, sondern trägt den Gefühlen des Angeklagten Rechnung. Diese aber sind als berechtigt anzuerkennen, nachdem in den Begründungen der Entwürfe erklärt und in der Regelung des Strafprozeßänderungsgesetzes zum Ausdruck gekommen ist, daß die gerichtliche Deklaration des Tatverdachts ein ängstlich zu meidender Umstand ist. Man wird daher dem Angeklagten nicht versagen können, was 45 Jahre lang in der Form rechtens war, daß in Strafkammersachen wenigstens der Berichterstatter des Eröffnungsverfahrens als erkennender Richter ausgeschlossen war; ein Zustand, der durch eine Sparverordnung beseitigt worden ist. Für amtsgerichtliche Sachen ist allerdings die Trennung zwischen eröffnendem und erkennendem Richter entbehrlich, weil dort die unmotivierte Berufung jeden Mangel beseitigen oder der Empfindung, daß einer vorgelegen habe, abhelfen kann.

Bei den Beratungen des Strafprozeßänderungsgesetzes ist ein Antrag abgelehnt worden, als § 150 einzufügen: „Ein im Geltungsbereich dieses Gesetzes zugelassener Rechtsanwalt kann von der Verteidigung durch das erkennende Gericht nicht ausgeschlossen werden" (BTProt. IV 3160, 3117, 3132 A). Nicht nur die Frage, ob über den Ausschluß eines Anwalts als Verteidiger das Ehrengericht oder das mit der Sache befaßte Strafgericht entscheiden soll, bedarf noch der Regelung, sondern mehr noch die, in welchen Fällen ein solcher Ausschluß zulässig ist.

Die wichtigste Aufgabe einer künftigen Reform wird es sein, die Einwirkung der Grundrechte auf die strafprozessualen Eingriffe abzugrenzen. Nach der Rechtsprechung des Bundesverfassungsgerichts ist die Beziehung zwischen dem Grundrecht und den allgemeinen Gesetzen nicht als einseitige Beschränkung der Geltungskraft des Grundrechts durch diese Gesetze aufzufassen. Vielmehr findet eine Wechselwirkung in dem Sinne statt, daß die allgemeinen Gesetze zwar dem Wortlaute nach dem Grundrecht Schranken setzen, ihrerseits aber aus der Erkenntnis der wertsetzenden Bedeutung, die dem Grundrecht zukommt, ausgelegt und so in ihrer das Grundrecht begrenzenden Wirkung selbst wieder eingeschränkt werden müssen (BVerfGE. **7** 198, 209). Demzufolge ist bei jeder strafprozessualen Maßnahme zwischen den Erfordernissen, dem Grundrecht Genüge zu tun, und denen der Strafverfolgung abzuwägen (BVerfGE. **15** 78; **15** 225). Diese Rechtsprechung ist vom Bundesgerichtshof übernommen worden (BGHSt. **14** 358; **19** 325; **17** 40; BGH. NJW. **1965** 1388). Die damit vorgeschriebene Abwägung im Einzelfall ist mit den größten Unzuträglichkeiten verbunden. Bei dem Ermessensspielraum, der dem Gesetzgeber zusteht, wird man diesen als berechtigt ansehen dürfen und bei der Notwendigkeit einer klaren Regelung für verpflichtet halten müssen, die Interessenabwägung weitgehend selbst vorzunehmen und dem Richter nur den nicht vorausschaubaren Rest zu überlassen.

7. Weitere Entwürfe. Dem vierten Bundestag hat eine Anzahl von Anträgen vorgelegen, die sich auf die Strafprozeßordnung beziehen. Sie sind nicht erledigt worden, doch ist damit zu rechnen, daß sie zum größten Teil im fünften Bundestag erneut eingebracht werden.

BTDrucks. IV 1696; 3. 12. 1963. Antrag der Fraktion der SPD betr. den Entwurf eines Gesetzes zur Änderung der Strafprozeßordnung; BTDrucks. IV 1815; 8. 1. 1964. Antrag der Fraktion der FDP betr. den Entwurf eines Gesetzes zur Änderung der Strafprozeßordnung; BTDrucks. IV 2147; 14. 4. 1964. Übersendung des vom Bundesrat beschlossenen Entwurfs eines Gesetzes zur Änderung der Strafprozeßordnung.

Die drei Anträge befassen sich mit dem Zeugnisverweigerungsrecht und dem Beschlagnahmeprivileg für Presseangehörige. Betroffene und einzufügende Paragraphen: 53, 53b, 97, 97a, 97b.

BTDrucks. IV 1734; 6. 12. 1963. Antrag der Abg. Dr. Schmidt, Bading, Margulies und Genossen betr. den Entwurf eines Gesetzes zur Änderung der Strafprozeßordnung. Der Antrag will den in § 53a genannten Berufshelfern die Haushaltsangehörigen gleichstellen. Betroffen: § 53a.

BTDrucks. IV 2476; 18. 7. 1964. Regierungsentwurf eines Gesetzes zur Änderung strafrechtlicher Vorschriften der Reichsabgabenordnung sowie zur Änderung der Strafprozeßordnung und anderer Gesetze (AO-StPO-ÄG). Der Entwurf will die Beteiligung des Einziehungsinteressenten im (persönlichen und objektiven) Einziehungsverfahren sicherstellen. Betroffene und einzufügende Paragraphen: 430 bis 442; § 433 (unverändert) wird § 443.

BTDrucks. IV 2633; 17. 10. 1964; Regierungsentwurf eines Gesetzes zur Änderung des Grundgesetzes (Artikel 10). Art. 10 GG. soll u. a. dahin ergänzt werden, daß das in Art. 10 Satz 2 bezeichnete Gesetz bestimmen kann, über Beschränkungen des Post- und Fernmeldegeheimnisses, die zur Verfolgung schwerer Straftaten angeordnet werden, sei dem Betroffenen keine Mitteilung zu machen. Der Entwurf eines Gesetzes, das den Eingriff für den Strafprozeß regelt, liegt noch nicht vor.

BTDrucks. IV 3048; 9. 2. 1965; Antrag der Fraktionen der FDP, CDU/CSU betr. den Entwurf eines Gesetzes zur Änderung der Strafprozeßordnung. Der Entwurf will § 153b ändern und einen § 153d einfügen. Nach dieser Vorschrift soll bei bestimmten Staatsschutzdelikten davon abgesehen werden können, die öffentliche Klage zu erheben, wenn der Verfolgung überwiegende öffentliche Interessen entgegenstehen.

8. Kritik. In der deutschen Geschichte sowohl des Strafrechts als auch des Strafprozesses sind die Reformen, die das Gesicht unseres Rechts bestimmen, nicht das Ergebnis großer Reformgesetze, sondern von Novellen, die aus der Gunst oder Ungunst äußerer Umstände entsprungen sind. Zwar ist durch die Novellengesetzgebung stets ein Teil der Entwürfe in unser Recht eingeflossen, wenn auch im Prozeß zaghafter als im materiellen Recht, doch ist auf diesem Weg die Reform uneinheitlich vorangeschritten, und das Ergebnis zeigt oft den Mangel einer durchgehenden Harmonie.

Den Weg der Novellengesetzgebung und die Verbindung zur Entwurfsgeschichte setzt das Strafprozeßänderungsgesetz fort. Treten damit an einigen Stellen auch die Nachteile der Novellengesetzgebung wieder zutage, so überwiegen die Vorteile doch eindeutig. Der Kern des Gesetzes bringt entscheidende Fortschritte: die mehrfache Betonung des Grundsatzes der Verhältnismäßigkeit bei der Untersuchungshaft (§ 112 Abs. 1 Satz 2, § 120 Abs. 1, 2. Halbsatz); die uneingeschränkte Freiheit der Verteidigung (§ 148 Abs. 1); die umfassende Belehrung des Beschuldigten (§ 136), die nahezu unbegrenzte Möglichkeit, einen Richter abzulehnen (§ 25); das Wortlautprotokoll anstelle des Formalienprotokolls bei den Kollegialgerichten (§ 273 Abs. 2). Alle diese, meist lange geforderten, Reformen sind zu begrüßen. Auch wer gegen die eine oder andere Bedenken hat, sollte sie als in der Entwurfstradition verwurzelte, wohl überlegte Entscheidungen des Gesetzgebers respektieren.

Einige Änderungen beruhen auf anderen Impulsen als denen der Entwurfsgeschichte: die Sicherung des rechtlichen Gehörs (Art. 8) konkretisiert für den Strafprozeß das Grundrecht des Art. 103 Abs. 1 GG.; die Begrenzung der Untersuchungshaft auf grundsätzlich sechs Monate (§ 121 Abs. 1) — im Grundsatz zu billigen, in der Ausgestaltung verfehlt — geht über die Menschenrechtskonvention auf das anglo-amerikanische Recht zurück; der Ausschluß von Rundfunk und Film aus der Hauptverhandlung (§ 169 GVG.) stellt den Versuch dar, sich mit den modernen Mitteln des Nachrichtenwesens auseinanderzusetzen. In den beiden letzten Fällen, wie auch an einigen anderen Stellen sind die Schritte noch zögernd oder ist die einstweilen gewonnene Form noch nicht der anzustrebende Zustand: z. B. die größere Freiheit, den Vollzug eines Haftbefehls auszusetzen (§ 116); die Ausdehnung der notwendigen Verteidigung (§ 140, § 350 Abs. 3); die erweiterte Teilnahme von Verteidiger und Staatsanwalt an Vernehmungen im Vorverfahren (§ 169).

Den Hauptreformen setzt die Novelle eine Anzahl untergeordneter Reformen und Reformversuche zur Seite: Das Schlußgehör durch den Staatsanwalt (§§ 169a, 169b); ein vereinfachtes Verfahren, unzulässige Richterablehnungen zu erledigen (§ 26a); die Befugnis für den Amtsrichter, Verfahren auch gegen den Antrag der Staatsanwaltschaft vor dem Schöffengericht zu eröffnen (§ 209 Abs. 2); die Verpflichtung des Vorsitzenden, dem Staatsanwalt und dem Verteidiger Gelegenheit zu Erklärungen einzuräumen, nachdem Zeugen und Sachverständige vernommen und Urkunden verlesen worden sind (§ 257a); die Übereinstimmung von Staatsanwaltschaft und Gericht, wenn Revisionen als offensichtlich unbegründet verworfen werden sollen (§ 349 Abs. 2) und die Möglichkeit, bei einstimmig für begründet erachteten Revisionen das angefochtene Urteil durch Beschluß aufzuheben (§ 349 Abs. 4); die Notwendigkeit, wenn ein Urteil aufgehoben wird, die Sache an einen anderen Gerichtskörper zu verweisen (§ 354 Abs. 2); die Anpassung des § 153 an das Schuldprinzip; den Ausschluß, den Beschluß anzufechten, durch den das Gericht die Wiederaufnahme des Verfahrens und die Erneuerung der Hauptverhandlung angeordnet hat (§ 372 Satz 2); die Kostenregelung für den Fall, daß die Staatsanwaltschaft die Klage zurücknimmt (§ 467a). Hier ist manches begrüßenswert, manches keine dringende Reform und manches im Ergebnis zweifelhaft. Da es sich dabei nicht um die Grundzüge der Reform handelt, muß auf die Einzelkommentierung verwiesen werden.

Endlich finden sich neben technischen Vorschriften (z. B. § 145a) und vielen Angleichungen, die durch Änderungen notwendig geworden sind, eine Anzahl von Klarstellungen (z. B. § 243 Abs. 1, betr. den Beginn der Hauptverhandlung; §§ 125, 126 betr. die Zuständigkeit für Haftentscheidungen).

Der letzte Fall zeigt die Nachteile der Novellengesetzgebung: Die Vorschrift, notwendig nur wegen der Befugnisse des Vorsitzenden und des Untersuchungsrichters, ist umfassend und lückenlos. Sie wird für den schwersten Eingriff, die Untersuchungshaft, gegeben. Aber wie ist die Zuständigkeit bei der Durchsuchung, bei der Beschlagnahme, bei den Anordnungen nach §§ 81ff? Eine größere Reform hätte die Zuständigkeiten umfassend im Anschluß an § 6 geregelt und damit Zweifel vermieden. Auch § 467a ist für die Arbeit mit der Novelle wichtig: Er klärt eine Streitfrage (Kosten, wenn die Staatsanwaltschaft die Klage zurücknimmt), die gerade während der Arbeit an dem Gesetz viel behandelt worden ist. Aber die Strafprozeßordnung enthält noch mehr und wichtigere Streitfragen. Die Beispiele zeigen, daß die Aufmerksamkeit des Gesetzgebers nur auf bestimmte Punkte gerichtet war. Deshalb sagt der Umstand, daß er nicht auch andere

Kontroversen bereinigt hat, gar nichts, und zwar auch dann, wenn der Text einer in der Auslegung streitigen Vorschrift, wie z. B. § 121 Abs. 2 a. F., sachlich unverändert in den neuen Text (§ 123 Abs. 3) übernommen worden ist.

Das Strafprozeßänderungsgesetz hat schon vor seinem Erscheinen und auch danach die Kritik herausgefordert. Läßt man Äußerungen beseite, mit denen keine Auseinandersetzung möglich ist (Kriminalistik **1965** 173), und richtet man sein Augenmerk nur auf die Kritik an den Hauptpunkten der Reform, läßt sie sich etwa in folgenden Erwägungen zusammenfassen:

Der Haftgrund der Wiederholungsgefahr bei Sittlichkeitsverbrechen wird von der einen Seite als zu eng beklagt, von der anderen Seite als unsystematisch eingefügte Präventivmaßnahme abgelehnt. In der Tat handelt es sich dabei nicht um Untersuchungshaft, und der Gesetzgeber hätte diesen Haftfall von der Untersuchungshaft sondern und mit der einstweiligen Unterbringung und der vorläufigen Entziehung der Fahrerlaubnis zusammenfassen und als Sicherungsmaßnahme vor dem Urteil ausgestalten sollen. Davon abgesehen muß man dem Gesetzgeber die Freiheit zugestehen, wo er Maßnahmen trifft, die er sicher irgendwo anordnen kann. Die Unterbringung eines Geisteskranken, die Entziehung der Fahrerlaubnis — und die einstweiligen Maßnahmen im Vorverfahren — könnten ebensogut von der Verwaltung bewältigt werden. Hat der Gesetzgeber sich entschieden, sie im Strafverfahren anordnen zu lassen, wenn der état dangereux, der ein Eingreifen erfordert, dort zutage tritt, sollte man auch die vorläufige Verwahrung des Sittlichkeitsverbrechers nicht beanstanden, von dem Wiederholungsgefahr droht. Auf der anderen Seite sollten diejenigen, die die vorläufige Verwahrung lieber auf alle Hangverbrecher ausgedehnt gesehen hätten, sich der gesetzgeberischen Entscheidung beugen, daß Angriffe auf materielle Werte nicht ebenso beantwortet werden müssen wie die auf die Sittlichkeit meist unerwachsener Menschen.

Das nächste Bedenken richtet sich gegen den Richterwechsel im Wiederaufnahmeverfahren und bei zurückverwiesenen Sachen. Den Kritikern ist zuzugestehen, daß der Richterwechsel nach dem System inkonsequent ist. Es ist die gleiche Sache, die in der gleichen Instanz fortgesetzt wird, und die schon erworbene Sachkenntnis kann in vielen Fällen der Erledigung nur förderlich sein. Bei zurückverwiesenen Sachen besteht zudem oft kein äußerer Anlaß, eine Befangenheit des Richters zu besorgen. Aber für eine Vielzahl von Fällen sollte man dem Angeklagten zugestehen, daß er von einem neuen Richter eine unbefangenere Beurteilung erwartet, ja man sollte sogar, ohne den ersten Richter als befangen zu bezeichnen, doch nicht vergessen, daß oft den Wald vor Bäumen nicht sieht, wer intensiv mit einer Sache befaßt war. Bei der Zurückverweisung wäre eine elastischere Regelung möglich gewesen, aber der Nachteil der starren Bestimmung ist nur gering.

Stärker ist die Kritik, die sich gegen die frühzeitige Akteneinsicht und den unbeschränkt freien Verteidigerverkehr richtet. Durch die Akteneinsicht können in der Tat die Ermittlungen gefährdet werden, weil der Verteidiger ja in erster Linie seinem Mandanten verpflichtet ist und die Grenze zwischen dem, was er ihm sagen darf und was er ihm vorenthalten muß, flüssig ist. Hier hat das Gesetz selbst ein Hemmnis vorgesehen. Gegen den freien Verteidigerverkehr aber kann man nur einwenden, daß es Verteidiger gäbe, die für ihren Mandanten verdunkelten. Da man aber die, die das tun, von denen nicht scheiden kann, die es nicht tun, bleibt nur die Möglichkeit, den Verkehr des Verteidigers mit einem wegen Verdunkelungsgefahr verhafteten Angeklagten ganz zu verbieten oder ganz zu gestatten. Die bisherige Regelung, die verdächtige Anwälte von unverdächtigen schied, war unannehmbar.

Am stärksten sind die Befürchtungen, die an die verstärkte Belehrungspflicht geknüpft werden; es ist sogar der Ausdruck „Verbrecherschutzgesetz" gefallen. Diese Kennzeichnung ist eindeutig falsch. Unser Strafprozeß beruht auf der Freiheit des Beschuldigten, sich entweder zu äußern oder sich überführen zu lassen, sich außerhalb der Hauptverhandlung selbst zu verteidigen oder sich eines Verteidigers zu bedienen. Daß ihm das gesagt wird, ist eine Selbstverständlichkeit. In einem anderen Zusammenhang hat der Bundesgerichtshof eine Belehrungspflicht als selbstverständlich bezeichnet: „denn ein Recht, das man nicht kennt, kann man nicht ausüben" (BGHSt. **12** 238). Die Kritik könnte nur einwenden, daß es bedenklich sei, den Beschuldigten nicht als mündig zu behandeln. Sie wäre ungerecht; denn der Gesetzgeber berücksichtigt mit der Belehrung die schwere Lage des Beschuldigten. Die vorgebrachte Kritik geht aber eher dahin, daß es besser sei, im Trüben zu fischen. Mit Recht hat sie der Gesetzgeber nicht beachtet.

Wirken die Reformen auf die Arbeitsweise der Ermittlungsorgane ein? Das ist nicht zu verneinen, aber auch nicht ohne weiteres schädlich. Eine nicht unerwünschte Folge kann sich aus der Einschränkung der Untersuchungshaft ergeben. Sie zwingt zu dem kriminalistisch ohnehin erwünschten Verfahren, die Vernehmung des Beschuldigten und, wenn nötig, die Verhaftung an den Schluß der Ermittlungen zu setzen, soweit das irgend möglich ist. Muß der Beschuldigte dann verhaftet werden, kann in wenigen Wochen das Urteil folgen. Auch die erweiterte Belehrungspflicht nötigt mehr als bisher dazu, sich nicht auf Geständnisse zu verlassen, sondern die Beweise zu sammeln, ehe der Beschuldigte vernommen wird. Zwar wird sich bei der Masse der Fälle an dem bisherigen Zustand nichts ändern: Wer die Ermittlungen stören will, kannte seine Rechte schon bisher und wird durch die Novelle nicht besser gestellt. In einzelnen Fällen ist aber nicht auszuschließen, daß der seiner Rechte bewußt gemachte Beschuldigte es ablehnt, sich selbst zu belasten. Dann müssen Beweise beschafft sein oder noch beschafft werden, die ein Geständnis, das für sich allein ohnehin fragwürdig ist, ersetzen. Sollten durch fehlende Geständnisse gewisse Einbußen in der Strafverfolgung eintreten, dann will der Gesetzgeber, daß sie gegenüber dem abgewogen werden, was durch die Novelle angestrebt wird. Der Gesetzgeber weiß, daß wir nicht alle Täter überführen können. Um unsere Freiheitsrechte zu schützen und um den Unschuldigen, der in Verdacht geraten ist, weitere Verteidigungsmöglichkeiten zu bieten, nimmt das Gesetz in Kauf, daß wir in dem einen oder anderen Falle einen Schuldigen nicht überführen können.

II. Zweites Gesetz zur Sicherung des Straßenverkehrs

1. Materialien. BRatProt., 227. Sitzg., 573 A (Beratung des Bundesrats; 22. 12. 1960); BT-Drucks. III 2368 (Regierungsvorlage mit Begründung; 5. 1. 1961); BTProt. III 7894 B (erste Beratung; 18. 1. 1961).

BRatProt., 248. Sitzg. (Beratung des Bundesrats; 13. 7. 1962); BTDrucks. IV 651 (Regierungsvorlage mit Begründung; 27. 9. 1962); BTProt. IV 2284 A (erste Beratung; 7. 12. 1962); BTDrucks. IV 2161 (schriftlicher Bericht des Rechtsausschusses; Zusammenstellung des von der Bundesregierung eingebrachten Entwurfs eines Zweiten Gesetzes zur Sicherung des Straßenverkehrs — Drucks. IV 651 — mit den Beschlüssen des Rechtsausschusses; 16. 4. 1964); zu BTDrucks. IV 2161 (schriftlicher Bericht; Bericht des Abgeordneten Bauer; 18. 3. 1964); BT-Prot. IV 6308 D (Beginn der zweiten Beratung; 10. 6. 1964); BTProt. IV 6396 C (zweite und dritte Beratung; 12. 6. 1964); BRatProt., 271. Sitzg., 107 C (Beratung des Bundesrats; 26. 6 1964); BTDrucks. IV 2431 (Mitteilung über das Verlangen des Bundesrats, den Vermittlungsausschuß anzurufen; Gründe für die Einberufung des Vermittlungsausschusses; 26. 6. 1964); BTDrucks. IV 2605 (mündlicher Bericht des Vermittlungsausschusses; 14. 10. 1964); BTProt. IV 6927 B (Annahme des Vorschlags des Vermittlungsausschusses; 21. 10. 1964); BRatProt., 274. Sitzg., 196 A (Zustimmung zum Gesetz; 6. 11. 1964).

2. Schrifttum. Hartung, Das Zweite Gesetz zur Sicherung des Straßenverkehrs, NJW. **1965** 86; Lackner, Das Zweite Gesetz zur Sicherung des Straßenverkehrs, JZ. **1965** 92; Nüse, Zu den neuen Vorschriften zur Sicherung des Straßenverkehrs, JR. **1965** 41; Warda, Das Zweite Gesetz zur Sicherung des Straßenverkehrs, MDR. **1965** 1; Weigelt, Das Zweite Gesetz zur Sicherung des Straßenverkehrs vom 24. 11. 1964, DAR. **1965** 16.

3. Inhalt des Gesetzes. Im Hauptteil des Gesetzes werden die verkehrsrechtlichen Bestimmungen des Strafgesetzbuchs (§§ 315, 315a bis 315d, 316 StGB.) — mit Ausnahme der Verkehrsunfallflucht — geändert, ein Fahrverbot als Nebenstrafe eingeführt (§ 37 StGB.) und die Entziehung der Fahrerlaubnis neu geregelt (§§ 42m bis 42o StGB.). Die letzte Änderung hat es notwendig gemacht, die Vorschrift des § 111a über die vorläufige Entziehung der Fahrerlaubnis neu zu fassen (Art. 2 Nr. 1). Der neue Wortlaut stellt vor allem das Verhältnis zwischen jener Einrichtung und der Beschlagnahme klar.

Das Fahrverbot kann auch durch Strafbefehl und Strafverfügung (§ 407 Abs. 2, § 413 Abs. 2; Art. 2 Nr. 5 und 8), die Entziehung der Fahrerlaubnis auch durch Strafbefehl (§ 407 Abs. 2; Art. 2 Nr. 5) ausgesprochen werden. Das Fahrverbot ist — wie bisher schon die Entziehung der Fahrerlaubnis — auch in einer Hauptverhandlung statthaft, die zulässigerweise stattfindet, obwohl der Angeklagte ausgeblieben ist (§§ 232, 233; Art. 2 Nr. 2 und 3).

Im Entwurf war vorgesehen, die Revision bei Urteilen des Amtsrichters, die ausschließlich Übertretungen zum Gegenstand haben, vorsichtig einzuschränken (BTDrucks. IV 651, Art. 2 Nr. 5 und 6). Der Bundestag (BTProt. IV 6399 B in Vbdg. mit BTDrucks. IV 2161, Art. 2 Nr. 5 und 6) und der Vermittlungsausschuß (BTDrucks. IV 2605) haben es nicht für angebracht gehalten, so einschneidende Änderungen des Strafverfahrensrechts in einem strafrechtlichen

Nebengesetz herbeizuführen (BTProt. IV 6927 D). Die Frage, ob bei sehr geringfügigen Strafen jede Anfechtungsmöglichkeit ausgeschlossen werden sollte, bleibt damit für spätere Reformen offen.

III. Gesetz über den Fristablauf am Sonnabend

1. Materialien. BTDrucks. IV 3394 (Initiativantrag; 11. 5. 1965); BTProt. IV 9268 D (Überweisung an den Rechtsausschuß; 19. 5. 1965); BTDrucks. IV 3591 (schriftlicher Bericht des Rechtsausschusses; 15. 6. 1965); BTProt. IV 9595 B (zweite und dritte Beratung; 23. 6. 1965); BRatProt., 285. Sitzg., 180 C (Zustimmung zum Gesetz; 9. 7. 1965).

2. Inhalt des Gesetzes. In den letzten Jahren ist in der Wirtschaft weitgehend die Fünf-Tage-Woche eingeführt worden. Banken und die Behörden des Bundes, der Länder und der Gemeinden haben sonnabends arbeitsfrei. Dadurch ist es schwierig geworden, Fristen zu wahren, die an Sonnabenden ablaufen, namentlich kurze Fristen, die durch den arbeitsfreien Sonnabend praktisch um einen Tag kürzer werden. Das Gesetz tritt diesem Mißstand dadurch entgegen, daß es (allein) in bezug auf die Fristen die Sonnabende wie die Sonntage behandelt. Das wird nicht in einer einzigen Vorschrift bestimmt, vielmehr werden alle einschlägigen Gesetze geändert. In der Strafprozeßordnung ist das § 43 Abs. 2.

Mit dieser Änderung werden zugleich die Fristbestimmungen in § 30 OWiG., § 20 BDiszO. und § 70 WehrdiszO. in die Neuregelung einbezogen (BTDrucks. IV 3591).

IV. Urheberrechtsgesetz

Von dem Gesetz über Urheberrecht und verwandte Schutzrechte (zweite und dritte Beratung im Bundestag am 25. 5. 1965; BTDrucks. IV 9416 B, 9432 D) wird nur § 374 Abs. 1 Nr. 8 StPO. berührt. Es handelt sich nur um eine technische Änderung (vgl. Begrdg., BTDrucks. IV 270, S. 116).

TEIL 1
GESETZESWORTLAUT

Gesetz zur Änderung der Strafprozeßordnung und des Gerichtsverfassungsgesetzes (StPÄG)

Vom 19. Dezember 1964

(BGBl. I 1067)

Der Bundestag hat das folgende Gesetz beschlossen:

Artikel 1

Untersuchungshaft

Die Strafprozeßordnung wird wie folgt geändert:

1. Die §§ 112 bis 126a erhalten folgende Fassung:

„§ 112

(1) Die Untersuchungshaft darf gegen den Beschuldigten angeordnet werden, wenn er der Tat dringend verdächtig ist und ein Haftgrund (Absätze 2 und 3) besteht. Sie darf nicht angeordnet werden, wenn sie zu der Bedeutung der Sache und der zu erwartenden Strafe oder Maßregel der Sicherung und Besserung außer Verhältnis steht.

(2) Ein Haftgrund besteht, wenn auf Grund bestimmter Tatsachen

1. festgestellt wird, daß der Beschuldigte flüchtig ist oder sich verborgen hält,
2. bei Würdigung der Umstände des Einzelfalles, namentlich der Verhältnisse des Beschuldigten und der Umstände, die einer Flucht entgegenstehen, die Gefahr besteht, daß der Beschuldigte sich dem Strafverfahren entziehen werde (Fluchtgefahr), oder
3. die Absicht des Beschuldigten erkennbar ist,
   a) Beweismittel zu vernichten, zu verändern, beiseitezuschaffen, zu unterdrücken oder zu fälschen,
   b) auf Mitbeschuldigte, Zeugen oder Sachverständige in unlauterer Weise einzuwirken oder
   c) andere zu solchem Verhalten zu veranlassen,

und wenn deshalb die Gefahr droht, daß er die Ermittlung der Wahrheit erschweren werde (Verdunkelungsgefahr).

(3) Gegen den Beschuldigten, der eines Verbrechens wider die Sittlichkeit nach § 173 Abs. 1 oder §§ 174, 175a, 176 oder 177 des Strafgesetzbuches dringend verdächtig ist, besteht ein Haftgrund auch dann, wenn bestimmte Tatsachen die Gefahr begründen, daß der Beschuldigte vor rechtskräftiger Aburteilung ein weiteres Verbrechen der bezeichneten Art begehen werde, und die Haft zur Abwendung der drohenden Gefahr erforderlich ist.

(4) Gegen den Beschuldigten, der eines Verbrechens wider das Leben nach den §§ 211, 212 oder § 220a Abs. 1 Nr. 1 des Strafgesetzbuches dringend verdächtig ist, darf die Untersuchungshaft auch angeordnet werden, wenn ein Haftgrund nach Absatz 2 und 3 nicht besteht.

§ 113

(1) Ist die Tat nur mit Gefängnis bis zu sechs Monaten, mit Haft oder mit Geldstrafe, allein oder nebeneinander, bedroht, so darf die Untersuchungshaft wegen Verdunkelungsgefahr nicht angeordnet werden.

(2) In diesen Fällen darf die Untersuchungshaft wegen Fluchtgefahr nur angeordnet werden, wenn der Beschuldigte

1. sich dem Verfahren bereits einmal entzogen hatte oder Anstalten zur Flucht getroffen hat,
2. im Geltungsbereich dieses Gesetzes keinen festen Wohnsitz oder Aufenthalt hat oder
3. sich über seine Person nicht ausweisen kann.

(3) Die Beschränkungen des Absatzes 2 entfallen, wenn der Beschuldigte einer Tat verdächtig ist, wegen deren die Unterbringung in einem Arbeitshaus angeordnet werden kann.

§ 114

(1) Die Untersuchungshaft wird durch schriftlichen Haftbefehl des Richters angeordnet.

(2) In dem Haftbefehl sind anzuführen

1. der Beschuldigte,
2. die Tat, deren er dringend verdächtig ist, Zeit und Ort ihrer Begehung, die gesetzlichen Merkmale der strafbaren Handlung und die anzuwendenden Strafvorschriften,
3. der Haftgrund sowie
4. die Tatsachen, aus denen sich der dringende Tatverdacht und der Haftgrund ergibt, soweit nicht dadurch die Staatssicherheit gefährdet wird.

(3) Wenn die Anwendung des § 112 Abs. 1 Satz 2 naheliegt oder der Beschuldigte sich auf diese Vorschrift beruft, sind die Gründe dafür anzugeben, daß sie nicht angewandt wurde.

§ 114a

(1) Der Haftbefehl ist dem Beschuldigten bei der Verhaftung bekanntzugeben. Ist dies nicht möglich, so ist ihm vorläufig mitzuteilen, welcher Tat er verdächtig ist. Die Bekanntgabe des Haftbefehls ist in diesem Fall unverzüglich nachzuholen.

(2) Der Beschuldigte erhält eine Abschrift des Haftbefehls.

§ 114b

(1) Von der Verhaftung und jeder weiteren Entscheidung über die Fortdauer der Haft wird ein Angehöriger des Verhafteten oder eine Person seines Vertrauens unverzüglich benachrichtigt. Für die Anordnung ist der Richter zuständig.

(2) Außerdem ist dem Verhafteten selbst Gelegenheit zu geben, einen Angehörigen oder eine Person seines Vertrauens von der Verhaftung zu benachrichtigen, sofern der Zweck der Untersuchung dadurch nicht gefährdet wird.

§ 115

(1) Wird der Beschuldigte auf Grund des Haftbefehls ergriffen, so ist er unverzüglich dem zuständigen Richter vorzuführen.

(2) Der Richter hat den Beschuldigten unverzüglich nach der Vorführung, spätestens am nächsten Tage, über den Gegenstand der Beschuldigung zu vernehmen.

(3) Bei der Vernehmung ist der Beschuldigte auf die ihn belastenden Umstände und sein Recht hinzuweisen, sich zur Beschuldigung zu äußern oder nicht zur Sache auszusagen. Ihm ist Gelegenheit zu geben, die Verdachts- und Haftgründe zu entkräften und die Tatsachen geltend zu machen, die zu seinen Gunsten sprechen.

(4) Wird die Haft aufrechterhalten, so ist der Beschuldigte über das Recht der Beschwerde und die anderen Rechtsbehelfe (§ 117 Abs. 1, 2, § 118 Abs. 1, 2) zu belehren.

§ 115a

(1) Kann der Beschuldigte nicht spätestens am Tage nach der Ergreifung vor den zuständigen Richter gestellt werden, so ist er unverzüglich, spätestens am Tage nach der Ergreifung, dem nächsten Amtsrichter vorzuführen.

(2) Der Amtsrichter hat den Beschuldigten unverzüglich nach der Vorführung, spätestens am nächsten Tage, zu vernehmen. Bei der Vernehmung wird, soweit möglich, § 115 Abs. 3 angewandt. Ergibt sich bei der Vernehmung, daß der Haftbefehl aufgehoben oder der Ergriffene nicht die in dem Haftbefehl bezeichnete Person ist, so ist der Ergriffene freizulassen. Erhebt dieser sonst gegen den Haftbefehl oder dessen Vollzug Einwendungen, die nicht offensichtlich unbegründet sind, oder hat der Amtsrichter Bedenken gegen die Aufrechterhaltung der Haft, so teilt er sie dem zuständigen Richter unverzüglich und auf dem nach den Umständen angezeigten schnellsten Wege mit.

(3) Wird der Beschuldigte nicht freigelassen, so ist er auf sein Verlangen dem zuständigen Richter zur Vernehmung nach § 115 vorzuführen. Der Beschuldigte ist auf dieses Recht hinzuweisen und gemäß § 115 Abs. 4 zu belehren.

§ 116

(1) Der Richter setzt den Vollzug eines Haftbefehls, der lediglich wegen Fluchtgefahr gerechtfertigt ist, aus, wenn weniger einschneidende Maßnahmen die Erwartung hinreichend begründen, daß der Zweck der Untersuchungshaft auch durch sie erreicht werden kann. In Betracht kommen namentlich

1. die Anweisung, sich zu bestimmten Zeiten bei dem Richter, der Strafverfolgungsbehörde oder einer von ihnen bestimmten Dienststelle zu melden,
2. die Anweisung, den Wohn- oder Aufenthaltsort oder einen bestimmten Bereich nicht ohne Erlaubnis des Richters oder der Strafverfolgungsbehörde zu verlassen,
3. die Anweisung, die Wohnung nur unter Aufsicht einer bestimmten Person zu verlassen,
4. die Leistung einer angemessenen Sicherheit durch den Beschuldigten oder einen anderen.

(2) Der Richter kann auch den Vollzug eines Haftbefehls, der wegen Verdunkelungsgefahr gerechtfertigt ist, aussetzen, wenn weniger einschneidende Maßnahmen die Erwartung hinreichend begründen, daß sie die Verdunkelungsgefahr erheblich vermindern werden. In Betracht kommt namentlich die Anweisung, mit Mitbeschuldigten, Zeugen oder Sachverständigen keine Verbindung aufzunehmen.

(3) Der Richter kann auch den Vollzug eines Haftbefehls, der nach § 112 Abs. 3 erlassen worden ist, unter der Bedingung aussetzen, daß der Beschuldigte bestimmte Weisungen befolgt.

(4) Der Richter ordnet in den Fällen der Absätze 1 bis 3 den Vollzug des Haftbefehls an, wenn

1. der Beschuldigte den ihm auferlegten Pflichten oder Beschränkungen gröblich zuwiderhandelt,
2. der Beschuldigte Anstalten zur Flucht trifft, auf ordnungsmäßige Ladung ohne genügende Entschuldigung ausbleibt oder sich auf andere Weise zeigt, daß das in ihn gesetzte Vertrauen nicht gerechtfertigt war, oder
3. neu hervorgetretene Umstände die Verhaftung erforderlich machen.

§ 116a

(1) Die Sicherheit ist durch Hinterlegung in barem Geld, in Wertpapieren, durch Pfandbestellung oder durch Bürgschaft geeigneter Personen zu leisten.

(2) Der Richter setzt Höhe und Art der Sicherheit nach freiem Ermessen fest.

(3) Der Beschuldigte, der die Aussetzung des Vollzugs des Haftbefehls gegen Sicherheitsleistung beantragt und nicht im Geltungsbereich dieses Gesetzes wohnt, ist verpflichtet, eine im Bezirk des zuständigen Gerichts wohnende Person zum Empfang von Zustellungen zu bevollmächtigen.

§ 117

(1) Solange der Beschuldigte in Untersuchungshaft ist, kann er jederzeit die gerichtliche Prüfung beantragen, ob der Haftbefehl aufzuheben oder dessen Vollzug nach § 116 auszusetzen ist (Haftprüfung).

(2) Neben dem Antrag auf Haftprüfung ist die Beschwerde unzulässig. Das Recht der Beschwerde gegen die Entscheidung, die auf den Antrag ergeht, wird dadurch nicht berührt.

(3) Der Richter kann einzelne Ermittlungen anordnen, die für die künftige Entscheidung über die Aufrechterhaltung der Untersuchungshaft von Bedeutung sind, und nach Durchführung dieser Ermittlungen eine neue Prüfung vornehmen.

(4) Hat der Beschuldigte noch keinen Verteidiger, so wird ihm ein Verteidiger für die Dauer der Untersuchungshaft bestellt, wenn deren Vollzug mindestens drei Monate gedauert hat und die Staatsanwaltschaft oder der Beschuldigte oder sein gesetzlicher Vertreter es beantragt. Über das Antragsrecht ist der Beschuldigte zu belehren. Die §§ 142, 143 und 145 gelten entsprechend.

(5) Hat die Untersuchungshaft drei Monate gedauert, ohne daß der Beschuldigte die Haftprüfung beantragt oder Haftbeschwerde eingelegt hat, so findet die Haftprüfung von Amts wegen statt, es sei denn, daß der Beschuldigte einen Verteidiger hat.

§ 118

(1) Bei der Haftprüfung wird auf Antrag des Beschuldigten oder nach dem Ermessen des Gerichts von Amts wegen nach mündlicher Verhandlung entschieden.

(2) Ist gegen den Haftbefehl Beschwerde eingelegt, so kann auch im Beschwerdeverfahren auf Antrag des Beschuldigten oder von Amts wegen nach mündlicher Verhandlung entschieden werden.

(3) Ist die Untersuchungshaft nach mündlicher Verhandlung aufrechterhalten worden, so hat der Beschuldigte einen Anspruch auf eine weitere mündliche Verhandlung nur, wenn die Untersuchungshaft mindestens drei Monate und seit der letzten mündlichen Verhandlung mindestens zwei Monate gedauert hat.

(4) Ein Anspruch auf mündliche Verhandlung besteht nicht, solange die Hauptverhandlung andauert oder wenn ein Urteil ergangen ist, das auf eine Freiheitsstrafe oder eine freiheitsentziehende Maßregel der Sicherung und Besserung erkennt.

(5) Die mündliche Verhandlung ist unverzüglich durchzuführen; sie darf ohne Zustimmung des Beschuldigten nicht über zwei Wochen nach dem Eingang des Antrags anberaumt werden.

§ 118a

(1) Von Ort und Zeit der mündlichen Verhandlung sind die Staatsanwaltschaft sowie der Beschuldigte und der Verteidiger zu benachrichtigen.

(2) Der Beschuldigte ist zu der Verhandlung vorzuführen, es sei denn, daß er auf die Anwesenheit in der Verhandlung verzichtet hat, oder daß der Vorführung weite Entfernung oder Krankheit des Beschuldigten oder andere nicht zu beseitigende Hindernisse entgegenstehen. Wird der Beschuldigte zur mündlichen Verhandlung nicht vorgeführt, so muß ein Verteidiger seine Rechte in der Verhandlung wahrnehmen. In diesem Fall ist ihm für die mündliche Verhandlung ein Verteidiger zu bestellen, wenn er noch keinen Verteidiger hat. Die §§ 142, 143 und 145 gelten entsprechend.

(3) In der mündlichen Verhandlung sind die anwesenden Beteiligten zu hören. Art und Umfang der Beweisaufnahme bestimmt das Gericht. Über die Verhandlung ist eine Niederschrift aufzunehmen; die §§ 271 bis 273 gelten entsprechend.

(4) Die Entscheidung ist am Schluß der mündlichen Verhandlung zu verkünden. Ist dies nicht möglich, so ist die Entscheidung spätestens binnen einer Woche zu erlassen.

§ 118b

Für den Antrag auf Haftprüfung (§ 117 Abs. 1) und den Antrag auf mündliche Verhandlung gelten die §§ 297 bis 300 und 302 Abs. 2 entsprechend.

§ 119

(1) Der Verhaftete darf nicht mit anderen Gefangenen in demselben Raum untergebracht werden. Er ist auch sonst von Strafgefangenen, soweit möglich, getrennt zu halten.

(2) Mit anderen Untersuchungsgefangenen darf er in demselben Raum untergebracht werden, wenn er es ausdrücklich schriftlich beantragt. Der Antrag kann jederzeit in gleicher Weise zurückgenommen werden. Der Verhaftete darf auch dann mit anderen Gefangenen in demselben Raum untergebracht werden, wenn sein körperlicher oder geistiger Zustand es erfordert.

(3) Dem Verhafteten dürfen nur solche Beschränkungen auferlegt werden, die der Zweck der Untersuchungshaft oder die Ordnung in der Vollzugsanstalt erfordert.

(4) Bequemlichkeiten und Beschäftigungen darf er sich auf seine Kosten verschaffen, soweit sie mit dem Zweck der Haft vereinbar sind und nicht die Ordnung in der Vollzugsanstalt stören.

(5) Der Verhaftete darf gefesselt werden, wenn

1. die Gefahr besteht, daß er Gewalt gegen Personen oder Sachen anwendet, oder wenn er Widerstand leistet,
2. er zu fliehen versucht oder wenn bei Würdigung der Umstände des Einzelfalles, namentlich der Verhältnisse des Beschuldigten und der Umstände, die einer Flucht entgegenstehen, die Gefahr besteht, daß er sich aus dem Gewahrsam befreien wird,
3. die Gefahr des Selbstmordes oder der Selbstbeschädigung besteht

und wenn die Gefahr durch keine andere, weniger einschneidende Maßnahme abgewendet werden kann. Bei der Hauptverhandlung soll er ungefesselt sein.

(6) Die nach diesen Vorschriften erforderlichen Maßnahmen ordnet der Richter an. In dringenden Fällen kann der Staatsanwalt, der Anstaltsleiter oder ein anderer Beamter, unter dessen Aufsicht der Verhaftete steht, vorläufige Maßnahmen treffen. Sie bedürfen der Genehmigung des Richters.

§ 120

(1) Der Haftbefehl ist aufzuheben, sobald die Voraussetzungen der Untersuchungshaft nicht mehr vorliegen oder sich ergibt, daß die weitere Untersuchungshaft zu der Bedeutung der Sache und der zu erwartenden Strafe oder Maßregel der Sicherung und Besserung außer Verhältnis stehen würde. Er ist namentlich aufzuheben, wenn der Beschuldigte freigesprochen oder außer Verfolgung gesetzt wird oder wenn das Verfahren nicht bloß vorläufig eingestellt wird.

(2) Durch die Einlegung eines Rechtsmittels darf die Freilassung des Beschuldigten nicht aufgehalten werden.

(3) Der Haftbefehl ist auch aufzuheben, wenn die Staatsanwaltschaft es vor Erhebung der öffentlichen Klage beantragt. Gleichzeitig mit dem Antrag kann die Staatsanwaltschaft die Freilassung des Beschuldigten anordnen.

§ 121

(1) Solange kein Urteil ergangen ist, das auf Freiheitsstrafe oder eine freiheitsentziehende Maßregel der Sicherung und Besserung erkennt, darf der Vollzug der Untersuchungshaft wegen derselben Tat über sechs Monate hinaus nur aufrechterhalten werden, wenn die besondere Schwierigkeit oder der besondere Umfang der Ermittlungen oder ein anderer wichtiger Grund das Urteil noch nicht zulassen und die Fortdauer der Haft rechtfertigen.

(2) In den Fällen des Absatzes 1 ist der Haftbefehl nach Ablauf der sechs Monate aufzuheben, wenn nicht der Vollzug des Haftbefehls nach § 116 ausgesetzt wird oder das Oberlandesgericht die Fortdauer der Untersuchungshaft anordnet.

(3) Werden die Akten dem Oberlandesgericht vor Ablauf der im Absatz 2 bezeichneten Frist vorgelegt, so ruht der Fristenlauf bis zu dessen Entscheidung. Hat die Hauptverhandlung begonnen, bevor die Frist abgelaufen ist, so ruht der Fristenlauf auch bis zur Verkündung des Urteils. Wird die Hauptverhandlung ausgesetzt und werden die Akten unverzüglich nach der Aussetzung dem Oberlandesgericht vorgelegt, so ruht der Fristenlauf ebenfalls bis zu dessen Entscheidung.

(4) An die Stelle des Oberlandesgerichts tritt der Bundesgerichtshof in den Sachen, die zu seiner Zuständigkeit gehören.

§ 122

(1) In den Fällen des § 121 legt der zuständige Richter des Amtsgerichts oder des Landgerichts die Akten durch Vermittlung der Staatsanwaltschaft dem Oberlandesgericht zur Entscheidung vor, wenn er die Fortdauer der Untersuchungshaft für erforderlich hält oder die Staatsanwaltschaft es beantragt.

(2) Vor der Entscheidung sind der Beschuldigte und der Verteidiger zu hören. Das Oberlandesgericht kann über die Fortdauer der Untersuchungshaft nach mündlicher Verhandlung entscheiden; geschieht dies, so gilt § 118a entsprechend.

(3) Ordnet das Oberlandesgericht die Fortdauer der Untersuchungshaft an, so gilt § 114 Abs. 2 Nr. 4 entsprechend. Für die weitere Haftprüfung (§ 117 Abs. 1) ist das Oberlandesgericht zuständig, bis ein Urteil ergeht, das auf Freiheitsstrafe oder eine freiheitsentziehende Maßregel der Sicherung und Besserung erkennt. Es kann die Haftprüfung dem Gericht, das nach den all-

gemeinen Vorschriften dafür zuständig ist, für die Zeit von jeweils höchstens drei Monaten übertragen. In den Fällen des § 118 Abs. 1 entscheidet das Oberlandesgericht über einen Antrag auf mündliche Verhandlung nach seinem Ermessen.

(4) Die Prüfung der Voraussetzungen nach § 121 Abs. 1 ist auch im weiteren Verfahren dem Oberlandesgericht vorbehalten. Die Prüfung muß jeweils spätestens nach drei Monaten wiederholt werden.

(5) Das Oberlandesgericht kann den Vollzug des Haftbefehls nach § 116 aussetzen.

(6) Sind in derselben Sache mehrere Beschuldigte in Untersuchungshaft, so kann das Oberlandesgericht über die Fortdauer der Untersuchungshaft auch solcher Beschuldigter entscheiden, für die es nach § 121 und den vorstehenden Vorschriften noch nicht zuständig wäre.

§ 123

(1) Eine Maßnahme, die der Aussetzung des Haftvollzugs dient (§ 116), ist aufzuheben, wenn

1. der Haftbefehl aufgehoben wird oder
2. die Untersuchungshaft oder die erkannte Freiheitsstrafe oder freiheitsentziehende Maßregel der Sicherung und Besserung vollzogen wird.

(2) Unter denselben Voraussetzungen wird eine noch nicht verfallene Sicherheit frei.

(3) Wer für den Beschuldigten Sicherheit geleistet hat, kann deren Freigabe dadurch erlangen, daß er entweder binnen einer vom Gericht zu bestimmenden Frist die Gestellung des Beschuldigten bewirkt oder die Tatsachen, die den Verdacht einer vom Beschuldigten beabsichtigten Flucht begründen, so rechtzeitig mitteilt, daß der Beschuldigte verhaftet werden kann.

§ 124

(1) Eine noch nicht frei gewordene Sicherheit verfällt der Staatskasse, wenn der Beschuldigte sich der Untersuchung oder dem Antritt der erkannten Freiheitsstrafe oder freiheitsentziehenden Maßregel der Sicherung und Besserung entzieht.

(2) Vor der Entscheidung sind der Beschuldigte sowie derjenige, welcher für den Beschuldigten Sicherheit geleistet hat, zu einer Erklärung aufzufordern. Gegen die Entscheidung steht ihnen nur die sofortige Beschwerde zu. Vor der Entscheidung über die Beschwerde ist ihnen und der Staatsanwaltschaft Gelegenheit zur mündlichen Begründung ihrer Anträge sowie zur Erörterung über durchgeführte Ermittlungen zu geben.

(3) Die den Verfall aussprechende Entscheidung hat gegen denjenigen, welcher für den Beschuldigten Sicherheit geleistet hat, die Wirkungen eines von dem Zivilrichter erlassenen, für vorläufig vollstreckbar erklärten Endurteils und nach Ablauf der Beschwerdefrist die Wirkungen eines rechtskräftigen Zivilendurteils.

§ 125

(1) Vor Erhebung der öffentlichen Klage erläßt der Amtsrichter, in dessen Bezirk ein Gerichtsstand begründet ist oder der Beschuldigte sich aufhält, auf Antrag der Staatsanwaltschaft oder bei Gefahr im Verzug von Amts wegen den Haftbefehl.

(2) Nach Erhebung der öffentlichen Klage erläßt den Haftbefehl das Gericht, das mit der Sache befaßt ist, und, wenn Revision eingelegt ist, das Gericht, dessen Urteil angefochten ist. In dringenden Fällen kann auch der Vorsitzende den Haftbefehl erlassen.

(3) In der Voruntersuchung erläßt der Untersuchungsrichter den Haftbefehl. Er bleibt auch nach dem Schluß der Voruntersuchung zuständig, bis die Staatsanwaltschaft die Akten mit ihrem Antrag dem Gericht vorlegt.

§ 126

(1) Vor Erhebung der öffentlichen Klage ist für die weiteren richterlichen Entscheidungen und Maßnahmen, die sich auf die Untersuchungshaft oder auf die Aussetzung des Haftvollzugs (§ 116) beziehen, der Amtsrichter zuständig, der den Haftbefehl erlassen hat. Hat das Beschwerdegericht den Haftbefehl erlassen, so ist der Amtsrichter zuständig, der die vorangegangene Entscheidung erlassen hat. Wird das vorbereitende Verfahren an einem anderen Ort geführt oder die Untersuchungshaft an einem anderen Ort vollzogen, so kann der Richter, sofern die Staatsanwaltschaft es beantragt, die Zuständigkeit dem Amtsrichter dieses Ortes übertragen. Ist der Ort in

mehrere Gerichtsbezirke geteilt, so bestimmt die Landesregierung durch Rechtsverordnung das zuständige Amtsgericht. Die Landesregierung kann diese Ermächtigung auf die Landesjustizverwaltung übertragen.

(2) Nach Erhebung der öffentlichen Klage ist das Gericht zuständig, das mit der Sache befaßt ist. Nach Einlegung der Revision ist das Gericht zuständig, dessen Urteil angefochten ist. Einzelne Maßnahmen, insbesondere nach § 119, ordnet der Vorsitzende an. In dringenden Fällen kann er auch den Haftbefehl aufheben oder den Vollzug aussetzen (§ 116), wenn die Staatsanwaltschaft zustimmt; andernfalls ist unverzüglich die Entscheidung des Gerichts herbeizuführen.

(3) Das Revisionsgericht kann den Haftbefehl aufheben, wenn es das angefochtene Urteil aufhebt und sich bei dieser Entscheidung ohne weiteres ergibt, daß die Voraussetzungen des § 120 Abs. 1 vorliegen.

(4) In der Voruntersuchung ist der Untersuchungsrichter zuständig. § 125 Abs. 3 Satz 2 gilt entsprechend.

(5) Die §§ 121 und 122 bleiben unberührt.

§ 126a

(1) Sind dringende Gründe für die Annahme vorhanden, daß jemand eine mit Strafe bedrohte Handlung im Zustand der Zurechnungsunfähigkeit oder der verminderten Zurechnungsfähigkeit begangen hat und daß seine Unterbringung in einer Heil- oder Pflegeanstalt angeordnet werden wird, so kann das Gericht durch Unterbringungsbefehl seine einstweilige Unterbringung anordnen, wenn die öffentliche Sicherheit es erfordert.

(2) Für die einstweilige Unterbringung gelten die §§ 114 bis 115a, 117 bis 119, 125 und 126 entsprechend. Hat der Unterzubringende einen gesetzlichen Vertreter, so ist der Beschluß auch diesem bekanntzugeben.

(3) Der Unterbringungsbefehl ist aufzuheben, wenn die Voraussetzungen der einstweiligen Unterbringung nicht mehr vorliegen oder wenn das Gericht im Urteil die Unterbringung in einer Heil- oder Pflegeanstalt nicht anordnet. Durch die Einlegung eines Rechtsmittels darf die Freilassung nicht aufgehalten werden. § 120 Abs. 3 gilt entsprechend."

2. § 128 erhält folgende Fassung:

„§ 128

(1) Der Festgenommene ist, sofern er nicht wieder in Freiheit gesetzt wird, unverzüglich, spätestens am Tage nach der Festnahme, dem Amtsrichter des Bezirks, in dem er festgenommen worden ist, vorzuführen. Der Amtsrichter vernimmt den Vorgeführten gemäß § 115 Abs. 3.

(2) Hält der Amtsrichter die Festnahme nicht für gerechtfertigt oder ihre Gründe für beseitigt, so ordnet er die Freilassung an. Andernfalls erläßt er einen Haftbefehl oder einen Unterbringungsbefehl. § 115 Abs. 4 gilt entsprechend."

3. § 130 Satz 2 erhält folgende Fassung:
„§ 120 Abs. 3 ist anzuwenden."

4. § 131 Abs. 4 erhält folgende Fassung:
„(4) Die §§ 115 und 115a gelten entsprechend."

Artikel 2

Schlußgehör durch die Staatsanwaltschaft

Die Strafprozeßordnung wird wie folgt geändert:

1. Nach § 169 werden folgende Vorschriften eingefügt:

„§ 169a

(1) Erwägt die Staatsanwaltschaft, die öffentliche Klage durch Einreichung einer Anklageschrift zu erheben, so vermerkt sie den Abschluß der Ermittlungen in den Akten.

(2) Hält die Staatsanwaltschaft die sachliche Zuständigkeit des Schöffengerichts oder eines Gerichts höherer Ordnung für begründet, so teilt sie dem Beschuldigten und seinem Verteidiger

den Abschluß der Ermittlungen mit und stellt ihnen anheim, binnen einer zu bestimmenden Frist zu erklären, ob sie einzelne Beweiserhebungen beantragen oder Einwendungen gegen die Einreichung der Anklageschrift vorbringen wollen.

§ 169b

(1) In den Fällen des § 169a Abs. 2 kann der Beschuldigte innerhalb der gesetzten Frist auch beantragen, daß er durch den Staatsanwalt zu dem Ergebnis der Ermittlungen mündlich gehört wird (Schlußgehör). Erwägt die Staatsanwaltschaft, die Anklageschrift beim Schöffengericht einzureichen, so ist sie nur dann verpflichtet, das Schlußgehör zu gewähren, wenn es mit Rücksicht auf Art und Umfang der Beschuldigung oder aus anderen Gründen zweckmäßig erscheint.

(2) Hat der Beschuldigte einen Verteidiger, so ist auch dieser berechtigt, an dem Schlußgehör teilzunehmen oder den Beschuldigten dabei zu vertreten. Das Recht zur Teilnahme hat auch der gesetzliche Vertreter des Beschuldigten.

(3) Über das Recht, das Schlußgehör zu beantragen, sind der Beschuldigte, falls sein Aufenthalt bekannt ist, und sein Verteidiger bei der Mitteilung über den Abschluß der Ermittlungen (§ 169a Abs. 2) zu belehren. Die §§ 297, 299 gelten entsprechend.

(4) Sind weitere Ermittlungen vorgenommen worden, nachdem das Schlußgehör in derselben Sache bereits gewährt worden ist, so ist die Staatsanwaltschaft nur dann verpflichtet, das Schlußgehör nochmals zu gewähren, wenn es wegen der Bedeutung der neuen Tatsachen oder Beweismittel zweckmäßig erscheint.

(5) Das wesentliche Ergebnis des Schlußgehörs ist aktenkundig zu machen.

§ 169c

(1) Die Pflicht zur Gewährung des Schlußgehörs entfällt, wenn

1. der Aufenthalt des Beschuldigten unbekannt ist,
2. seine Teilnahme in angemessener Zeit wegen großer Entfernung unverhältnismäßige Schwierigkeiten bereiten würde oder
3. der Beschuldigte in dem festgesetzten Termin ohne genügende Entschuldigung ausbleibt und nicht durch einen Verteidiger vertreten ist.

(2) Hat der Beschuldigte einen Verteidiger, so wird in den Fällen des Absatzes 1 Nr. 1 und 2 das Schlußgehör dem Verteidiger gewährt. Jedoch entfällt die Pflicht zur Gewährung des Schlußgehörs auch in diesen Fällen, wenn der Verteidiger in dem festgesetzten Termin ohne genügende Entschuldigung ausbleibt."

2. § 197 erhält folgende Fassung:

„§ 197

(1) Erachtet der Untersuchungsrichter den Zweck der Voruntersuchung für erreicht, so übersendet er die Akten der Staatsanwaltschaft.

(2) Beantragt die Staatsanwaltschaft eine Ergänzung der Voruntersuchung, so hat der Untersuchungsrichter, wenn er dem Antrag nicht stattgeben will, die Entscheidung des Gerichts einzuholen.

(3) Hält die Staatsanwaltschaft weitere Ermittlungen nicht für erforderlich oder sind diese abgeschlossen, so wendet sie die §§ 169a bis 169c entsprechend an."

3. Dem § 212 wird folgender Absatz 2 angefügt:

„(2) Der Antrag steht im Sinne des § 147 Abs. 5 und des § 169a Abs. 1 der Einreichung einer Anklageschrift gleich. § 169a Abs. 2 und § 169b sind nicht anzuwenden."

4. Dem § 407 wird folgender Absatz 4 angefügt:

„(4) Der Antrag auf Erlaß eines Strafbefehls steht im Sinne des § 147 Abs. 5 und des § 169a Abs. 1 der Einreichung einer Anklageschrift gleich. § 169a Abs. 2 und § 169b sind nicht anzuwenden. Der vorherigen Anhörung des Beschuldigten durch das Gericht (§ 33 Abs. 3) bedarf es nicht."

Artikel 8

Verteidigung

Die Strafprozeßordnung wird wie folgt geändert:

1. § 140 wird wie folgt geändert:

a) Absatz 1 Nr. 1 erhält folgende Fassung:

„1. die Hauptverhandlung im ersten Rechtszug vor dem Bundesgerichtshof, dem Oberlandesgericht oder dem Landgericht stattfindet;“.

b) Absatz 1 Nr. 2 erhält folgende Fassung:

„2. eine Tat in Frage kommt, die nicht nur wegen Rückfalls ein Verbrechen ist;“.

c) In Absatz 1 Nr. 3 werden die Worte „zur Anordnung der Sicherungsverwahrung oder“ gestrichen.

d) Absatz 1 Nr. 5 erhält folgende Fassung:

„5. der Beschuldigte sich mindestens drei Monate in derselben oder in einer anderen Sache in Untersuchungshaft oder auf Grund behördlicher Anordnung in einer Heil- oder Pflegeanstalt befunden hat und nicht mindestens zwei Wochen vor Beginn der Hauptverhandlung aus der Untersuchungshaft oder der Heil- oder Pflegeanstalt entlassen wird;“.

e) Absatz 3 erhält folgende Fassung:

„(3) Die Bestellung eines Verteidigers nach Absatz 1 Nr. 5 ist aufzuheben, wenn der Beschuldigte mindestens zwei Wochen vor Beginn der Hauptverhandlung aus der Untersuchungshaft oder der Heil- oder Pflegeanstalt entlassen wird. Die Bestellung des Verteidigers nach § 117 Abs. 4 bleibt unter den in Absatz 1 Nr. 5 bezeichneten Voraussetzungen für das weitere Verfahren wirksam, wenn nicht ein anderer Verteidiger bestellt wird.“

2. § 141 erhält folgende Fassung:

„§ 141

(1) In den Fällen des § 140 Abs. 1 und 2 wird dem Angeschuldigten, der noch keinen Verteidiger hat, ein Verteidiger bestellt, sobald er gemäß § 201 zur Erklärung über die Anklageschrift aufgefordert worden ist.

(2) Ergibt sich erst später, daß ein Verteidiger notwendig ist, so wird er sofort bestellt.

(3) Der Verteidiger kann auch schon während des Vorverfahrens bestellt werden. Nach dem Abschluß der Ermittlungen (§ 169a Abs. 1) ist er auf Antrag der Staatsanwaltschaft zu bestellen. Die Staatsanwaltschaft soll diesen Antrag stellen, falls die Gewährung des Schlußgehörs in Betracht kommt und nach ihrer Auffassung in dem gerichtlichen Verfahren die Verteidigung nach § 140 Abs. 1 notwendig sein wird. Der Abschluß der Ermittlungen soll in diesem Falle auch dem Beschuldigten erst nach der Bestellung des Verteidigers mitgeteilt werden (§ 169a Abs. 2).

(4) Über die Bestellung entscheidet der Vorsitzende des Gerichts, das für das Hauptverfahren zuständig oder bei dem das Verfahren anhängig ist.“

3. § 142 Abs. 2 erhält folgende Fassung:

„(2) In den Fällen des § 140 Abs. 1 Nr. 2, 4, 5 und 7 sowie des § 140 Abs. 2 können auch Rechtskundige, welche die vorgeschriebene erste Prüfung für den Justizdienst bestanden haben und darin seit mindestens einem Jahr und drei Monaten beschäftigt sind, für den ersten Rechtszug als Verteidiger bestellt werden, jedoch nicht bei dem Gericht, dessen Richter sie zur Ausbildung überwiesen sind.“

4. Nach § 145 wird folgende Vorschrift eingefügt:

„§ 145a

(1) Der gewählte Verteidiger, dessen Vollmacht sich bei den Akten befindet, sowie der bestellte Verteidiger gelten als ermächtigt, Zustellungen für den Beschuldigten in Empfang zu nehmen.

(2) Die Ermächtigung nach Absatz 1 gilt nicht, wenn das Gesetz die Zustellung an den Beschuldigten durch Übergabe vorschreibt (§ 232 Abs. 4).

(3) Eine Ladung des Beschuldigten darf an den Verteidiger nur zugestellt werden, wenn er in einer bei den Akten befindlichen Vollmacht ausdrücklich zur Empfangnahme von Ladungen ermächtigt ist. § 116a Abs. 3 bleibt unberührt.

(4) Wird eine Entscheidung dem Verteidiger nach Absatz 1 zugestellt, so wird der Beschuldigte hiervon unterrichtet; zugleich erhält er formlos eine Abschrift der Entscheidung. Wird eine Entscheidung dem Beschuldigten zugestellt, so wird der Verteidiger hiervon zugleich unterrichtet, auch wenn eine schriftliche Vollmacht bei den Akten nicht vorliegt; dabei erhält er formlos eine Abschrift der Entscheidung."

5. § 147 erhält folgende Fassung:

„§ 147

(1) Der Verteidiger ist befugt, die Akten, die dem Gericht vorliegen oder diesem im Falle der Erhebung der Anklage vorzulegen wären, einzusehen sowie amtlich verwahrte Beweisstücke zu besichtigen.

(2) Ist der Abschluß der Ermittlungen noch nicht in den Akten vermerkt, so kann dem Verteidiger die Einsicht in die Akten oder einzelne Aktenstücke sowie die Besichtigung der amtlich verwahrten Beweisstücke versagt werden, wenn sie den Untersuchungszweck gefährden kann.

(3) Die Einsicht in die Niederschriften über die Vernehmung des Beschuldigten und über solche richterlichen Untersuchungshandlungen, bei denen dem Verteidiger die Anwesenheit gestattet worden ist oder hätte gestattet werden müssen, sowie in die Gutachten von Sachverständigen darf dem Verteidiger in keiner Lage des Verfahrens versagt werden.

(4) Auf Antrag sollen dem Verteidiger, soweit nicht wichtige Gründe entgegenstehen, die Akten mit Ausnahme der Beweisstücke zur Einsichtnahme in seine Geschäftsräume oder in seine Wohnung mitgegeben werden. Die Entscheidung ist nicht anfechtbar.

(5) Über die Gewährung der Akteneinsicht entscheidet vor Einreichung der Anklageschrift die Staatsanwaltschaft, während der Voruntersuchung der Untersuchungsrichter, im übrigen der Vorsitzende des mit der Sache befaßten Gerichts.

(6) Ist eine Anordnung nach Absatz 2 nicht vorher entfallen, so hebt die Staatsanwaltschaft sie spätestens mit dem Abschluß der Ermittlungen, der Untersuchungsrichter spätestens mit dem Schluß der Voruntersuchung auf."

6. § 148 erhält folgende Fassung:

„§ 148

Dem Beschuldigten ist, auch wenn er sich nicht auf freiem Fuß befindet, schriftlicher und mündlicher Verkehr mit dem Verteidiger gestattet."

Artikel 4

Vernehmung von Beschuldigten und Zeugen

Die Strafprozeßordnung wird wie folgt geändert:

1. § 136 Abs. 1 erhält folgende Fassung:

„(1) Bei Beginn der ersten Vernehmung ist dem Beschuldigten zu eröffnen, welche Tat ihm zur Last gelegt wird und welche Strafvorschriften in Betracht kommen. Er ist darauf hinzuweisen, daß es ihm nach dem Gesetz freistehe, sich zu der Beschuldigung zu äußern oder nicht zur Sache auszusagen und jederzeit, auch schon vor seiner Vernehmung, einen von ihm zu wählenden Verteidiger zu befragen. In geeigneten Fällen soll der Beschuldigte auch darauf hingewiesen werden, daß er sich schriftlich äußern kann."

2. § 161 Abs. 2 und § 163 Abs. 2 werden gestrichen. Der bisherige Absatz 3 des § 163 wird Absatz 2.

3. Nach § 163 wird folgende Vorschrift eingefügt:

„§ 163a

(1) Der Beschuldigte ist spätestens vor dem Abschluß der Ermittlungen zu vernehmen, es sei denn, daß das Verfahren zur Einstellung führt. In einfachen Sachen genügt es, daß ihm Gelegenheit gegeben wird, sich schriftlich zu äußern.

(2) Beantragt der Beschuldigte zu seiner Entlastung die Aufnahme von Beweisen, so sind sie zu erheben, wenn sie von Bedeutung sind.

(3) Bei der Vernehmung des Beschuldigten durch die Staatsanwaltschaft sind die §§ 136 und 136a anzuwenden.

(4) Bei der ersten Vernehmung des Beschuldigten durch Beamte des Polizeidienstes ist dem Beschuldigten zu eröffnen, welche Tat ihm zur Last gelegt wird. Im übrigen sind bei der Vernehmung des Beschuldigten durch Beamte des Polizeidienstes § 136 Abs. 1 Satz 2 und 3, Abs. 2, 3 und § 136a anzuwenden.

(5) Bei der Vernehmung eines Zeugen oder Sachverständigen durch die Staatsanwaltschaft oder durch Beamte des Polizeidienstes sind § 52 Abs. 2, § 55 Abs. 2 und § 136a entsprechend anzuwenden."

4. § 169 Absätze 1 und 2 erhalten folgende Fassung:

„(1) Für die Teilnahme an einer richterlichen Vernehmung des Beschuldigten sind die für die Voruntersuchung geltenden Vorschriften anzuwenden.

(2) Auch die Befugnis, an sonstigen richterlichen Verhandlungen teilzunehmen, bestimmt sich nach den Vorschriften über die Voruntersuchung. Für den Beschuldigten, seinen Verteidiger und die von ihm benannten Sachverständigen gilt dies nur, wenn der Beschuldigte als solcher vom Richter vernommen ist oder sich in Untersuchungshaft befindet."

5. § 192 Abs. 2 erhält folgende Fassung:

„(2) Der Staatsanwaltschaft und dem Verteidiger ist die Anwesenheit bei der Vernehmung zu gestatten. Von dem Termin sind die zur Anwesenheit Berechtigten vorher zu benachrichtigen, soweit dies ohne Aufenthalt für die Sache geschehen kann. Auf die Verlegung eines Termins wegen Verhinderung haben die zur Anwesenheit Berechtigten keinen Anspruch."

Artikel 5

Ausschließung und Ablehnung des Richters

Die Strafprozeßordnung wird wie folgt geändert:

1. § 23 erhält folgende Fassung:

„§ 23

(1) Ein Richter, der bei einer durch ein Rechtsmittel angefochtenen Entscheidung mitgewirkt hat, ist von der Mitwirkung bei der Entscheidung in einem höheren Rechtszuge kraft Gesetzes ausgeschlossen.

(2) Ein Richter, der bei einer durch einen Antrag auf Wiederaufnahme des Verfahrens angefochtenen Entscheidung mitgewirkt hat, ist von der Mitwirkung bei Entscheidungen im Wiederaufnahmeverfahren kraft Gesetzes ausgeschlossen. Ist die angefochtene Entscheidung in einem höheren Rechtszug ergangen, so ist auch der Richter ausgeschlossen, der an der ihr zugrunde liegenden Entscheidung in einem unteren Rechtszug mitgewirkt hat.

(3) Der Untersuchungsrichter darf in den Sachen, in denen er die Voruntersuchung geführt hat, nicht Mitglied des erkennenden Gerichts sein, auch nicht bei einer außerhalb der Hauptverhandlung ergehenden Entscheidung der Strafkammer mitwirken."

2. § 25 erhält folgende Fassung:

„§ 25

(1) Die Ablehnung eines Richters wegen Besorgnis der Befangenheit ist bis zum Beginn der Vernehmung des Angeklagten zur Sache, in der Hauptverhandlung über die Revision bis zum Beginn seiner Ausführungen zur Revision, zulässig. Alle Ablehnungsgründe sind gleichzeitig vorzubringen.

(2) Nach diesem Zeitpunkt darf ein Richter nur abgelehnt werden, wenn

1. die Umstände, auf welche die Ablehnung gestützt wird, erst später eingetreten oder dem zur Ablehnung Berechtigten erst später bekanntgeworden sind und
2. die Ablehnung unverzüglich geltend gemacht wird.

Nach dem letzten Wort des Angeklagten ist die Ablehnung nicht mehr zulässig."

3. § 26 Abs. 2 erhält folgende Fassung:

„(2) Der Ablehnungsgrund und in den Fällen des § 25 Abs. 2 die Voraussetzungen des rechtzeitigen Vorbringens sind glaubhaft zu machen. Der Eid ist als Mittel der Glaubhaftmachung ausgeschlossen. Zur Glaubhaftmachung kann auf das Zeugnis des abgelehnten Richters Bezug genommen werden."

4. Nach § 26 wird folgende Vorschrift eingefügt:

„§ 26a

(1) Das Gericht verwirft die Ablehnung eines Richters als unzulässig, wenn
1. die Ablehnung verspätet ist,
2. ein Grund zur Ablehnung oder ein Mittel zur Glaubhaftmachung nicht angegeben wird oder
3. durch die Ablehnung offensichtlich das Verfahren nur verschleppt oder nur verfahrensfremde Zwecke verfolgt werden sollen.

(2) Das Gericht entscheidet über die Verwerfung nach Absatz 1, ohne daß der abgelehnte Richter ausscheidet. Im Falle des Absatzes 1 Nr. 3 bedarf es eines einstimmigen Beschlusses und der Angabe der Umstände, welche den Verwerfungsgrund ergeben. Wird der Untersuchungsrichter, der Ermittlungsrichter, ein beauftragter oder ein ersuchter Richter oder der Amtsrichter im vorbereitenden Verfahren oder als Einzelrichter abgelehnt, so entscheidet er selbst darüber, ob die Ablehnung als unzulässig zu verwerfen ist."

5. § 27 wird wie folgt geändert:

a) Absatz 1 erhält folgende Fassung:

„(1) Wird die Ablehnung nicht als unzulässig verworfen, so entscheidet über das Ablehnungsgesuch das Gericht, dem der Abgelehnte angehört, ohne dessen Mitwirkung."

b) Absatz 3 Satz 1 wird durch folgende Sätze ersetzt:

„Wird der Untersuchungsrichter abgelehnt, so entscheidet das Landgericht. Wird ein Amtsrichter abgelehnt, so entscheidet ein anderer Richter des Amtsgerichts."

6. § 28 erhält folgende Fassung:

„§ 28

(1) Der Beschluß, durch den die Ablehnung für begründet erklärt wird, ist nicht anfechtbar.

(2) Gegen den Beschluß, durch den die Ablehnung als unzulässig verworfen oder als unbegründet zurückgewiesen wird, ist sofortige Beschwerde zulässig. Betrifft die Entscheidung einen erkennenden Richter, so kann sie nur zusammen mit dem Urteil angefochten werden."

Artikel 6

Ausscheidung von Unwesentlichem

Die Strafprozeßordnung wird wie folgt geändert:

1. Nach § 154 wird folgende Vorschrift eingefügt:

„§ 154a

(1) Fallen einzelne abtrennbare Teile einer Tat oder einzelne von mehreren Gesetzesverletzungen, die durch eine und dieselbe Handlung begangen worden sind, für die zu erwartende Strafe oder Maßregel der Sicherung und Besserung nicht ins Gewicht, so kann die Staatsanwaltschaft die Verfolgung auf die übrigen Teile der Tat oder die übrigen Gesetzesverletzungen beschränken. Die Beschränkung ist aktenkundig zu machen.

(2) Nach Einreichung der Anklageschrift kann das Gericht in jeder Lage des Verfahrens mit Zustimmung der Staatsanwaltschaft die Beschränkung vornehmen.

(3) Das Gericht kann in jeder Lage des Verfahrens ausgeschiedene Teile einer Tat oder Gesetzesverletzungen in das Verfahren wieder einbeziehen. Einem Antrag der Staatsanwaltschaft auf Einbeziehung ist zu entsprechen. Werden ausgeschiedene Teile einer Tat wieder einbezogen, so ist § 265 Abs. 4 entsprechend anzuwenden.

(4) Während der Voruntersuchung stehen die in den Absätzen 2 und 3 bezeichneten Befugnisse dem Untersuchungsrichter zu."

2. Der bisherige § 154a wird § 154d.

3. Dem § 328 Abs. 2 wird folgender Satz angefügt:

„Die Zurückverweisung ist auch zulässig, wenn das Gericht abtrennbare Teile einer Tat, die Gegenstand der öffentlichen Klage sind, über die aber im angefochtenen Urteil nach seinen Gründen nicht entschieden worden ist, in das Verfahren einbezieht (§ 154a)."

Artikel 7

Eröffnungsbeschluß und Hauptverfahren

Die Strafprozeßordnung wird wie folgt geändert:

1. § 16 erhält folgende Fassung:

„§ 16

Der Angeschuldigte muß den Einwand der Unzuständigkeit bis zum Schluß der Voruntersuchung geltend machen. Hat keine Voruntersuchung stattgefunden, so kann er den Einwand noch in der Hauptverhandlung bis zum Beginn der Vernehmung zur Sache geltend machen."

2. § 200 Abs. 1 erhält folgende Fassung:

„(1) Die Anklageschrift hat den Angeschuldigten, die Tat, die ihm zur Last gelegt wird, Zeit und Ort ihrer Begehung, die gesetzlichen Merkmale der strafbaren Handlung und die anzuwendenden Strafvorschriften zu bezeichnen (Anklagesatz). In ihr sind ferner die Beweismittel, das Gericht, vor dem die Hauptverhandlung stattfinden soll, und der Verteidiger anzugeben."

3. § 201 erhält folgende Fassung:

„§ 201

(1) Der Vorsitzende des Gerichts teilt die Anklageschrift dem Angeschuldigten mit und fordert ihn zugleich auf, innerhalb einer zu bestimmenden Frist zu erklären, ob er die Vornahme einzelner Beweiserhebungen vor der Entscheidung über die Eröffnung des Hauptverfahrens beantragen oder Einwendungen gegen die Eröffnung des Hauptverfahrens vorbringen wolle. Hat keine Voruntersuchung stattgefunden, so ist der Angeschuldigte auf sein Recht, eine Voruntersuchung zu beantragen (§ 178), hinzuweisen und zur Erklärung darüber aufzufordern, ob er eine Voruntersuchung beantragen wolle.

(2) Über Anträge und Einwendungen beschließt das Gericht. Beantragt der Angeschuldigte in einer zur Zuständigkeit des Schöffengerichts gehörenden Sache eine Voruntersuchung, so lehnt der Amtsrichter den Antrag ab, wenn erhebliche Gründe für die Anordnung der Voruntersuchung nicht vorliegen. Anderenfalls legt er die Akten mit dem Antrag des Angeschuldigten durch Vermittlung der Staatsanwaltschaft dem Landgericht zur Entscheidung darüber vor, ob eine Voruntersuchung zu eröffnen ist. Die Beschlüsse können nur nach Maßgabe des § 182 Abs. 1 und des § 183 angefochten werden.

(3) Absatz 1 Satz 1 und Absatz 2 Satz 1 gelten auch, wenn Anklage beim Amtsrichter als Einzelrichter erhoben worden ist. Seine Beschlüsse können nur nach Maßgabe des § 182 Abs. 1 angefochten werden."

4. § 202 erhält folgende Fassung:

„§ 202

(1) Bevor das Gericht über die Eröffnung des Hauptverfahrens entscheidet, kann es zur besseren Aufklärung der Sache einzelne Beweiserhebungen anordnen.

(2) In den Fällen des § 178 kann das Gericht auch eine Voruntersuchung oder eine Ergänzung der Voruntersuchung anordnen. Hält der Amtsrichter zur besseren Aufklärung der Sache eine Voruntersuchung für nötig, so hat er die Akten mit einer Begründung seiner Auffassung durch Vermittlung der Staatsanwaltschaft dem Landgericht zur Entscheidung darüber vorzulegen, ob eine Voruntersuchung zu eröffnen ist.

(3) Die Beschlüsse sind nicht anfechtbar."

5. § 207 erhält folgende Fassung:

„§ 207

(1) In dem Beschluß, durch den das Hauptverfahren eröffnet wird, läßt das Gericht die Anklage zur Hauptverhandlung zu und bezeichnet das Gericht, vor dem die Hauptverhandlung stattfinden soll.

(2) Das Gericht legt in dem Beschluß dar, mit welchen Änderungen es die Anklage zur Hauptverhandlung zuläßt, wenn

1. wegen mehrerer Taten Anklage erhoben ist und wegen einzelner von ihnen die Eröffnung des Hauptverfahrens abgelehnt wird,
2. die Verfolgung nach § 154a auf einzelne abtrennbare Teile einer Tat beschränkt wird oder solche Teile in das Verfahren wieder einbezogen werden,
3. die Tat rechtlich abweichend von der Anklageschrift gewürdigt wird oder
4. die Verfolgung nach § 154a auf einzelne von mehreren Gesetzesverletzungen, die durch eine und dieselbe Handlung begangen worden sind, beschränkt wird oder solche Gesetzesverletzungen in das Verfahren wieder einbezogen werden.

(3) In den Fällen des Absatzes 2 Nr. 1 und 2 reicht die Staatsanwaltschaft eine dem Beschluß entsprechende neue Anklageschrift ein. Von der Darstellung des wesentlichen Ergebnisses der Ermittlungen kann abgesehen werden.

(4) Das Gericht beschließt zugleich von Amts wegen über die Anordnung oder Fortdauer der Untersuchungshaft oder der einstweiligen Unterbringung."

6. § 208 wird wie folgt geändert:

a) Absatz 1 Satz 2 wird gestrichen.

b) Absatz 2 erhält folgende Fassung:

„(2) Beschließt das Gericht die Eröffnung des Hauptverfahrens, so bezeichnet es in dem Beschluß den Angeklagten und die Tat gemäß § 200 Abs. 1 Satz 1 sowie das Gericht, vor dem die Hauptverhandlung stattfinden soll. Die Staatsanwaltschaft reicht eine dem Beschluß entsprechende Anklageschrift ein."

7. § 209 erhält folgende Fassung:

„§ 209

(1) Das Landgericht kann das Hauptverfahren vor den erkennenden Gerichten jeder Ordnung, nicht aber vor dem Bundesgerichtshof eröffnen.

(2) In den Fällen des § 24 Abs. 1 Nr. 2 und 3, des § 25 Nr. 2 Buchstabe c und Nr. 3, des § 26 Abs. 1 Satz 1, des § 74 Abs. 1 Satz 2 und des § 74b Satz 1 des Gerichtsverfassungsgesetzes kann das Gericht, bei dem die Anklageschrift eingereicht ist, das Hauptverfahren auch vor einem anderen Gericht seines Bezirks eröffnen, wenn nach seiner Auffassung die für seine Zuständigkeit maßgebenden Voraussetzungen nicht erfüllt sind.

(3) Hält das Gericht die Zuständigkeit eines Gerichts höherer Ordnung für begründet, so legt es die Akten durch Vermittlung der Staatsanwaltschaft diesem Gericht zur Entscheidung vor. Dies gilt auch in den Fällen des Absatzes 2, wenn nach der Auffassung des Gerichts, bei dem die Anklageschrift eingereicht ist, die für seine Zuständigkeit maßgebenden Voraussetzungen nicht erfüllt sind."

8. § 215 erhält folgende Fassung:

„§ 215

Der Beschluß über die Eröffnung des Hauptverfahrens ist dem Angeklagten spätestens mit der Ladung zuzustellen. Entsprechendes gilt in den Fällen des § 207 Abs. 3 und des § 208 Abs. 2 für die nachgereichte Anklageschrift."

9. § 217 Abs. 2 erhält folgende Fassung:

„(2) Ist die Frist nicht eingehalten worden, so kann der Angeklagte bis zum Beginn seiner Vernehmung zur Sache die Aussetzung der Verhandlung verlangen."

10. § 243 erhält folgende Fassung:

„§ 243

(1) Die Hauptverhandlung beginnt mit dem Aufruf der Sache. Der Vorsitzende stellt fest, ob der Angeklagte und der Verteidiger anwesend und die Beweismittel herbeigeschafft, insbesondere die geladenen Zeugen und Sachverständigen erschienen sind.

(2) Die Zeugen verlassen den Sitzungssaal. Der Vorsitzende vernimmt den Angeklagten über seine persönlichen Verhältnisse.

(3) Darauf verliest der Staatsanwalt den Anklagesatz. Dabei legt er in den Fällen des § 207 Abs. 3 die neue Anklageschrift zugrunde. In den Fällen des § 207 Abs. 2 Nr. 3 trägt der Staatsanwalt den Anklagesatz mit der dem Eröffnungsbeschluß zugrunde liegenden rechtlichen Würdigung vor; außerdem kann er seine abweichende Rechtsauffassung äußern. In den Fällen des § 207 Abs. 2 Nr. 4 berücksichtigt er die Änderungen, die das Gericht bei der Zulassung der Anklage zur Hauptverhandlung beschlossen hat.

(4) Sodann wird der Angeklagte darauf hingewiesen, daß es ihm freistehe, sich zu der Anklage zu äußern oder nicht zur Sache auszusagen. Ist der Angeklagte zur Äußerung bereit, so wird er nach Maßgabe des § 136 Abs. 2 zur Sache vernommen. Vorstrafen des Angeklagten sollen nur insoweit festgestellt werden, als sie für die Entscheidung von Bedeutung sind. Wann sie festgestellt werden, bestimmt der Vorsitzende."

11. Nach § 257 wird folgende Vorschrift eingefügt:

„§ 257a

Auf Verlangen ist dem Staatsanwalt und dem Verteidiger Gelegenheit zur Abgabe von Erklärungen zu geben."

12. In § 265 Abs. 1 und 3 werden jeweils die Worte „in dem Beschluß über die Eröffnung des Hauptverfahrens" durch die Worte „in der gerichtlich zugelassenen Anklage" ersetzt.

13. § 270 Abs. 2 und 3 erhält folgende Fassung:

„(2) In dem Beschluß bezeichnet das Gericht den Angeklagten und die Tat gemäß § 200 Abs. 1 Satz 1.

(3) Der Beschluß hat die Wirkung eines das Hauptverfahren eröffnenden Beschlusses. Seine Anfechtbarkeit bestimmt sich nach § 210."

14. Dem § 271 Abs. 1 wird folgender Satz angefügt:

„Der Tag der Fertigstellung ist darin anzugeben."

15. § 273 wird wie folgt geändert:

a) In Absatz 2 werden die Worte „vor dem Amtsrichter und dem Schöffengericht" gestrichen.

b) Absatz 3 erhält folgende Fassung:

„(3) Kommt es auf die Feststellung eines Vorgangs in der Hauptverhandlung oder des Wortlauts einer Aussage oder einer Äußerung an, so hat der Vorsitzende von Amts wegen oder auf Antrag einer an der Verhandlung beteiligten Person die vollständige Niederschreibung und Verlesung anzuordnen. Lehnt der Vorsitzende die Anordnung ab, so entscheidet auf Antrag einer an der Verhandlung beteiligten Person das Gericht. In dem Protokoll ist zu vermerken, daß die Verlesung geschehen und die Genehmigung erfolgt ist oder welche Einwendungen erhoben worden sind."

c) Hinter Absatz 3 wird folgender Absatz 4 angefügt:

„(4) Bevor das Protokoll fertiggestellt ist, darf das Urteil nicht zugestellt werden."

16. In § 275 Abs. 3 werden nach den Worten „des Beamten der Staatsanwaltschaft“ ein Komma und die Worte „des Verteidigers“ eingefügt.

17. Dem § 383 Abs. 1 wird folgender Satz angefügt:

„In dem Beschluß, durch den das Hauptverfahren eröffnet wird, bezeichnet das Gericht den Angeklagten und die Tat gemäß § 200 Abs. 1 Satz 1.“

18. § 384 wird wie folgt geändert:

a) Als Absatz 2 wird eingefügt:

„(2) § 243 ist mit der Maßgabe anzuwenden, daß der Vorsitzende den Beschluß über die Eröffnung des Hauptverfahrens verliest.“

b) Die bisherigen Absätze 2, 3 und 4 werden Absätze 3, 4 und 5.

Artikel 8

Sicherung des rechtlichen Gehörs durch das Gericht

Die Strafprozeßordnung wird wie folgt geändert:

1. § 33 erhält folgende Fassung:

„§ 33

(1) Eine Entscheidung des Gerichts, die im Laufe einer Hauptverhandlung ergeht, wird nach Anhörung der Beteiligten erlassen.

(2) Eine Entscheidung des Gerichts, die außerhalb einer Hauptverhandlung ergeht, wird nach schriftlicher oder mündlicher Erklärung der Staatsanwaltschaft erlassen.

(3) Bei einer im Absatz 2 bezeichneten Entscheidung ist ein anderer Beteiligter zu hören, bevor zu seinem Nachteil Tatsachen oder Beweisergebnisse, zu denen er noch nicht gehört worden ist, verwertet werden.

(4) Bei Anordnung der Untersuchungshaft, der Beschlagnahme oder anderer Maßnahmen ist Absatz 3 nicht anzuwenden, wenn die vorherige Anhörung den Zweck der Anordnung gefährden würde. Vorschriften, welche die Anhörung der Beteiligten besonders regeln, werden durch Absatz 3 nicht berührt.“

2. Nach § 33 wird folgende Vorschrift eingefügt:

„§ 33a

Hat das Gericht in einem Beschluß zum Nachteil eines Beteiligten Tatsachen oder Beweisergebnisse verwertet, zu denen er noch nicht gehört worden ist, und steht ihm gegen den Beschluß keine Beschwerde und kein anderer Rechtsbehelf zu, so hat es, sofern der Nachteil noch besteht, von Amts wegen oder auf Antrag die Anhörung nachzuholen und auf einen Antrag zu entscheiden. Das Gericht kann seine Entscheidung auch ohne Antrag ändern.“

3. § 175 Satz 1 erhält folgende Fassung:

„Erachtet das Gericht nach Anhörung des Beschuldigten den Antrag für begründet, so beschließt es die Erhebung der öffentlichen Klage.“

4. Dem § 308 Abs. 1 wird folgender Satz angefügt:

„Dies gilt nicht in den Fällen des § 33 Abs. 4 Satz 1.“

5. Dem § 311 Abs. 3 wird folgender Satz angefügt:

„Es hilft jedoch der Beschwerde ab, wenn es zum Nachteil des Beschwerdeführers Tatsachen oder Beweisergebnisse verwertet hat, zu denen dieser noch nicht gehört worden ist, und es auf Grund des nachträglichen Vorbringens die Beschwerde für begründet erachtet.“

6. Nach § 311 wird folgende Vorschrift eingefügt:

„§ 311a

(1) Hat das Beschwerdegericht einer Beschwerde ohne Anhörung des Gegners des Beschwerdeführers stattgegeben und kann seine Entscheidung nicht angefochten werden, so hat es diesen, sofern der ihm dadurch entstandene Nachteil noch besteht, von Amts wegen oder auf Antrag nachträglich zu hören und auf einen Antrag zu entscheiden. Das Beschwerdegericht kann seine Entscheidung auch ohne Antrag ändern.

(2) Für das Verfahren gelten die §§ 307, 308 Abs. 2 und § 309 Abs. 2 entsprechend."

7. § 413 wird wie folgt geändert:

a) In Absatz 1 Satz 1 wird das Wort „Vernehmung" durch „Anhörung" ersetzt.

b) Dem Absatz 4 wird folgender Satz angefügt:

„Der vorherigen Anhörung des Beschuldigten durch das Gericht (§ 33 Abs. 3) bedarf es nicht."

8. § 472 Abs. 2 erhält folgende Fassung:

„(2) Der Antragsteller ist zu hören, bevor eine Entscheidung zu seinem Nachteil ergeht."

Artikel 9

Revisionsverfahren

Die Strafprozeßordnung wird wie folgt geändert:

1. § 345 Abs. 1 erhält folgende Fassung:

„(1) Die Revisionsanträge und ihre Begründung sind spätestens binnen eines Monats nach Ablauf der Frist zur Einlegung des Rechtsmittels bei dem Gericht, dessen Urteil angefochten wird, anzubringen. War zu dieser Zeit das Urteil noch nicht zugestellt, so beginnt die Frist mit der Zustellung."

2. In § 349 werden die Absätze 2 und 3 durch folgende Absätze 2 bis 5 ersetzt:

„(2) Das Revisionsgericht kann auf einen Antrag der Staatsanwaltschaft, der zu begründen ist, auch dann durch Beschluß entscheiden, wenn es die Revision einstimmig für offensichtlich unbegründet erachtet.

(3) Die Staatsanwaltschaft teilt den Antrag nach Absatz 2 mit den Gründen dem Beschwerdeführer mit. Der Beschwerdeführer kann binnen zwei Wochen eine schriftliche Gegenerklärung beim Revisionsgericht einreichen.

(4) Erachtet das Revisionsgericht die zugunsten des Angeklagten eingelegte Revision einstimmig für begründet, so kann es das angefochtene Urteil durch Beschluß aufheben.

(5) Wendet das Revisionsgericht Absatz 1, 2 oder 4 nicht an, so entscheidet es über das Rechtsmittel durch Urteil."

3. In § 350 wird folgender Absatz 3 angefügt:

„(3) Hat der Angeklagte, der nicht auf freiem Fuße ist, keinen Verteidiger gewählt, so wird ihm, falls er zu der Hauptverhandlung nicht vorgeführt wird, auf seinen Antrag vom Vorsitzenden ein Verteidiger für die Hauptverhandlung bestellt. Der Antrag ist binnen einer Woche zu stellen, nachdem dem Angeklagten der Termin für die Hauptverhandlung unter Hinweis auf sein Recht, die Bestellung eines Verteidigers zu beantragen, mitgeteilt worden ist."

4. § 354 Abs. 2 erhält folgende Fassung:

„(2) In anderen Fällen ist die Sache an eine andere Abteilung oder Kammer des Gerichtes, dessen Urteil aufgehoben wird, oder an ein zu demselben Land gehörendes anderes Gericht gleicher Ordnung zurückzuverweisen."

Gesetzeswortlaut

Artikel 10

Weitere Änderungen der Strafprozeßordnung

Die Strafprozeßordnung wird ferner wie folgt geändert:

1. Dem § 37 wird folgender Absatz 2 angefügt:

„(2) Wird die für einen Beteiligten bestimmte Zustellung an mehrere Empfangsberechtigte bewirkt, so richtet sich die Berechnung einer Frist nach der zuletzt bewirkten Zustellung."

2. In § 53 wird in Absatz 1 Nr. 3 hinter „(vereidigte Bücherrevisoren)" das Wort „und" durch einen Beistrich ersetzt und hinter dem Wort „Steuerberater" eingefügt „und Steuerbevollmächtigte".

3. § 153 wird wie folgt geändert:

a) In Absatz 1 werden die Worte „und die Folgen der Tat unbedeutend sind" gestrichen.

b) Absätze 2 und 3 erhalten folgende Fassung:

„(2) Ist bei einem Vergehen die Schuld des Täters gering und besteht kein öffentliches Interesse an der Verfolgung, so kann die Staatsanwaltschaft mit Zustimmung des zur Entscheidung über die Eröffnung des Hauptverfahrens zuständigen Gerichts das Verfahren einstellen.

(3) Ist die Klage bereits erhoben, so kann das Gericht mit Zustimmung der Staatsanwaltschaft nach Anhörung des Angeschuldigten das Verfahren in jeder Lage einstellen; der Beschluß kann nicht angefochten werden."

4. § 369 Abs. 3 erhält folgende Fassung:

„(3) Bei der Vernehmung eines Zeugen oder Sachverständigen und bei der Einnahme eines richterlichen Augenscheins ist der Staatsanwaltschaft, dem Angeklagten und dem Verteidiger die Anwesenheit zu gestatten. Die §§ 194, 224 Abs. 1 und § 225 gelten entsprechend. Befindet sich der Angeklagte nicht auf freiem Fuß, so hat er einen Anspruch auf Anwesenheit nur, wenn der Termin an der Gerichtsstelle des Ortes abgehalten wird, wo er sich in Haft befindet, oder seine Mitwirkung der mit der Beweiserhebung bezweckten Klärung dienlich ist."

5. In § 372 wird folgender Satz 2 angefügt:

„Der Beschluß, durch den das Gericht die Wiederaufnahme des Verfahrens und die Erneuerung der Hauptverhandlung anordnet, kann von der Staatsanwaltschaft nicht angefochten werden."

6. In § 383 Abs. 2 Satz 1 werden die Worte „und sind die Folgen der Tat unbedeutend" gestrichen.

7. Dem § 385 werden folgende Absätze 5 und 6 angefügt:

„(5) In den Fällen des § 154a ist dessen Absatz 3 Satz 2 nicht anzuwenden.

(6) Im Revisionsverfahren ist ein Antrag des Privatklägers nach § 349 Abs. 2 nicht erforderlich. § 349 Abs. 3 ist nicht anzuwenden."

8. § 396 Abs. 2 wird folgender Satz angefügt:

„Erwägt das Gericht, das Verfahren nach § 153 Abs. 3 einzustellen, so entscheidet es zunächst über die Berechtigung zum Anschluß."

9. Dem § 397 wird folgender Absatz 2 angefügt:

„(2) Wird die Verfolgung nach § 154a beschränkt, so berührt dies nicht das Recht, sich der erhobenen öffentlichen Klage als Nebenkläger anzuschließen. Wird der Nebenkläger zum Verfahren zugelassen, so entfällt eine Beschränkung nach § 154a Abs. 1 oder 2, soweit sie die Nebenklage betrifft."

10. Nach § 453a wird folgende Vorschrift eingefügt:

„§ 453b

(1) Das Gericht überwacht während der Bewährungszeit die Lebensführung des Verurteilten und die Erfüllung der Auflagen. § 24a des Strafgesetzbuchs bleibt unberührt.

(2) § 453 Abs. 2 gilt entsprechend."

11. § 454 Abs. 3 Satz 1 erhält folgende Fassung:

„Im übrigen gelten die Vorschriften der §§ 453, 453a Abs. 1 und 3, §§ 453b, 268a Abs. 2 entsprechend."

12. § 467 wird wie folgt geändert und ergänzt:

a) Absatz 1 erhält folgende Fassung:

„(1) Wird der Angeschuldigte freigesprochen oder außer Verfolgung gesetzt oder wird das Verfahren gegen ihn eingestellt, so fallen die Kosten des Verfahrens der Staatskasse zur Last; dem Angeschuldigten werden nur solche Kosten auferlegt, die er durch eine schuldhafte Versäumnis verursacht hat."

b) Als neue Absätze 4 und 5 werden angefügt:

„(4) Über die Verpflichtung der Staatskasse nach Absatz 2 entscheidet das Gericht durch besonderen Beschluß gleichzeitig mit der Entscheidung nach Absatz 1. Wird eine solche Entscheidung auf ein Rechtsmittel von neuem getroffen, so wird auch über die Verpflichtung der Staatskasse nach Absatz 2 von neuem Beschluß gefaßt.

(5) Der Beschluß nach Absatz 4 wird nur durch Zustellung bekanntgemacht. Er wird erst zugestellt, wenn die Entscheidung nach Absatz 1 rechtskräftig geworden ist. Er kann mit der sofortigen Beschwerde angefochten werden. Das Beschwerdegericht ist an die tatsächlichen Feststellungen in der Entscheidung nach Absatz 1 gebunden."

13. Nach § 467 wird folgende Vorschrift eingefügt:

„§ 467a

Nimmt die Staatsanwaltschaft die öffentliche Klage zurück und stellt sie das Verfahren ein (§ 170 Abs. 2 Satz 1), so kann das Gericht, bei dem die öffentliche Klage erhoben war, auf Antrag der Staatsanwaltschaft oder des Angeschuldigten die diesem erwachsenen notwendigen Auslagen ganz oder teilweise der Staatskasse auferlegen. Gegen die Entscheidung findet die sofortige Beschwerde statt."

Artikel 11

Änderungen des Gerichtsverfassungsgesetzes

Das Gerichtsverfassungsgesetz wird wie folgt geändert:

1. § 58 Abs. 1 und 2 erhält folgende Fassung:

„(1) Die Landesregierungen werden ermächtigt, durch Rechtsverordnung einem Amtsgericht für die Bezirke mehrerer Amtsgerichte die Strafsachen ganz oder teilweise sowie Entscheidungen bestimmter Art in Strafsachen zuzuweisen, sofern die Zusammenfassung für eine sachdienliche Förderung oder schnellere Erledigung der Verfahren zweckmäßig ist. Die Landesregierungen können die Ermächtigung auf die Landesjustizverwaltungen übertragen.

(2) Wird ein gemeinsames Schöffengericht für die Bezirke mehrerer Amtsgerichte eingerichtet, so bestimmt der Landgerichtspräsident die erforderliche Zahl von Haupt- und Hilfsschöffen und die Verteilung der Zahl der Hauptschöffen auf die einzelnen Amtsgerichtsbezirke."

2. § 64 Abs. 2 erhält folgende Fassung:

„(2) Das Präsidium besteht aus dem Präsidenten als Vorsitzenden, den Direktoren und den beiden dem Dienstalter, bei gleichem Dienstalter der Geburt nach ältesten Mitgliedern."

3. Der bisherige Wortlaut des § 69 wird Absatz 1.

Folgender Absatz 2 wird angefügt:

„(2) Der Vorsitzende bestimmt vor Beginn des Geschäftsjahres für dessen Dauer, nach welchen Grundsätzen die Mitglieder an den Verfahren mitwirken; diese Anordnung kann nur geändert werden, wenn dies wegen Überlastung, ungenügender Auslastung, Wechsels oder dauernder Verhinderung einzelner Mitglieder der Kammer nötig wird."

4. § 117 erhält folgende Fassung:

„§ 117

Die Vorschriften der §§ 62 bis 69 und 70 Abs. 1 sind entsprechend anzuwenden."

5. Dem § 169 wird folgender Satz 2 angefügt:

„Ton- und Fernseh-Rundfunkaufnahmen sowie Ton- und Filmaufnahmen zum Zwecke der öffentlichen Vorführung oder Veröffentlichung ihres Inhalts sind unzulässig."

Artikel 12

Ergänzende Vorschriften

1. Das Jugendgerichtsgesetz wird wie folgt geändert:

a) § 34 Abs. 3 Nr. 1 erhält folgende Fassung:

„1. die Unterstützung der Eltern, des Vormundes und des Pflegers durch geeignete Maßregeln (§ 1631 Abs. 2, §§ 1800, 1915 des Bürgerlichen Gesetzbuchs)."

b) § 39 Abs. 1 erhält folgenden Satz 2:

„§ 209 Abs. 2 und 3 der Strafprozeßordnung gilt entsprechend."

c) § 40 Abs. 1 erhält folgenden Satz 2:

„§ 209 Abs. 2 und 3 der Strafprozeßordnung gilt entsprechend."

d) § 61 Abs. 2 Satz 2 erhält folgende Fassung:

„Die §§ 114 bis 115a der Strafprozeßordnung gelten sinngemäß."

e) § 68 Nr. 1 wird gestrichen. Die bisherigen Nummern 2, 3 und 4 des § 68 werden Nummern 1, 2 und 3.

f) § 69 Abs. 3 Satz 2 erhält folgende Fassung:

„Im übrigen hat er bei dem Schlußgehör (§ 169b der Strafprozeßordnung) und in der Hauptverhandlung die Rechte eines Verteidigers."

g) § 71 Abs. 2 Satz 2 erhält folgende Fassung:

„Für die einstweilige Unterbringung gelten die §§ 114 bis 115a, 117 bis 118b, 120, 125 und 126 der Strafprozeßordnung sinngemäß."

2. Das Gesetz über die innerdeutsche Rechts- und Amtshilfe in Strafsachen vom 2. Mai 1953 (Bundesgesetzbl. I S. 161), zuletzt geändert durch Artikel X § 10 des Gesetzes vom 26. Juli 1957 (Bundesgesetzbl. I S. 861), wird wie folgt geändert:

a) § 4 Abs. 3 Satz 2 letzter Halbsatz erhält folgende Fassung:

„§ 115 Abs. 2 und 3 sowie § 115a Abs. 2 Satz 3 der Strafprozeßordnung gelten entsprechend."

b) § 5 Abs. 3 erhält folgende Fassung:

„(3) § 117 Abs. 1, 3 bis 5 der Strafprozeßordnung gilt entsprechend."

3. § 16 Abs. 3 des Deutschen Auslieferungsgesetzes vom 23. Dezember 1929 (Reichsgesetzbl. I S. 239) erhält folgende Fassung:

„(3) § 116 Abs. 4, §§ 116a, 123 und 124 Abs. 1, Abs. 2 Satz 1 und Abs. 3 der Strafprozeßordnung gelten entsprechend."

4. In § 130 Abs. 1 Satz 1 der Bundesrechtsanwaltsordnung vom 1. August 1959 (Bundesgesetzbl. I S. 565), in § 94 Abs. 1 Satz 1 der Wirtschaftsprüferordnung vom 24. Juli 1961 (Bun-

desgesetzbl. I S. 1049), und in § 74 Abs. 1 Satz 1 des Steuerberatungsgesetzes vom 16. August 1961 (Bundesgesetzbl. I S. 1301), werden die Worte in dem Klammerzusatz „sowie § 208 Abs. 2 der Strafprozeßordnung" durch die Worte „sowie § 208 Abs. 2 Satz 2 der Strafprozeßordnung" ersetzt.

Artikel 13

Kostengesetze

1. Das Gerichtskostengesetz vom 26. Juli 1957 (Bundesgesetzbl. I S. 861, 941), zuletzt geändert durch Gesetz vom 19. Juni 1961 (Bundesgesetzbl. I S. 769), wird wie folgt geändert:

a) In § 72 Abs. 2 wird der Punkt nach der Nummer 2 durch ein Komma ersetzt und folgende Nummer 3 angefügt:

„3. wenn das mit der Revision angefochtene Urteil durch Beschluß des Revisionsgerichts aufgehoben wird (§ 349 Abs. 4 der Strafprozeßordnung)."

b) Dem § 72 wird folgender Absatz 4 angefügt:

„(4) Wird das Rechtsmittel der Revision vor Ablauf der Begründungsfrist zurückgenommen, so werden Gebühren für das Revisionsverfahren nicht erhoben."

c) § 77 Abs. 2 Sätze 2 und 3 erhalten folgende Fassung:

„Wird das Rechtsmittel vor Beginn der Hauptverhandlung zurückgenommen oder durch Beschluß als unzulässig verworfen oder wird das Urteil auf die Revision nach § 349 Abs. 4 der Strafprozeßordnung durch Beschluß des Revisionsgerichts aufgehoben, beträgt die Gebühr zehn Deutsche Mark. Wird das Rechtsmittel nach Beginn der Hauptverhandlung zurückgenommen oder wird die Berufung des Privatklägers wegen Versäumungen nach § 391 Abs. 3 der Strafprozeßordnung oder die Revision durch Beschluß des Revisionsgerichts als offensichtlich unbegründet nach § 349 Abs. 2 in Verbindung mit § 385 Abs. 6 der Strafprozeßordnung verworfen, so wird eine Gebühr von zwanzig Deutsche Mark erhoben."

2. In § 91 Nr. 2 der Bundesgebührenordnung für Rechtsanwälte vom 26. Juli 1957 (Bundesgesetzbl. I S. 861, 907) werden die Worte „die Beistandsleistung im Verfahren zur gerichtlichen Erzwingung der Anklage" durch die Worte „die Beistandsleistung beim Schlußgehör (§ 169b der Strafprozeßordnung) oder im Verfahren zur gerichtlichen Erzwingung der Anklage" ersetzt.

Artikel 14

Übergangsvorschriften

(1) Die Artikel 1 bis 13 gelten von dem Inkrafttreten dieses Gesetzes an auch in den schwebenden Verfahren, soweit nichts anderes bestimmt ist.

(2) Ist der Haftbefehl vor dem Inkrafttreten dieses Gesetzes erlassen worden, so sind die Haftvoraussetzungen nach den §§ 112, 113 und 120 Abs. 1 der Strafprozeßordnung in der Fassung des Artikels 1 von Amts wegen erst nachzuprüfen, wenn der Richter bei einer Haftprüfung, die nach den bisher geltenden Vorschriften vorzunehmen ist, oder aus einem sonstigen Grund mit dem Haftbefehl erneut befaßt wird.

(3) Solange und soweit die räumlichen Verhältnisse dazu zwingen, darf von dem Grundsatz der Trennung des Verhafteten (§ 119 Abs. 1 Satz 1 der Strafprozeßordnung)

von Strafgefangenen bis zum Ablauf von fünf Jahren,
von anderen Gefangenen bis zum Ablauf von acht Jahren

nach dem Inkrafttreten dieses Gesetzes abgewichen werden.

(4) Hat der Vollzug der Untersuchungshaft vor dem Inkrafttreten dieses Gesetzes begonnen, so ist § 121 Abs. 1 der Strafprozeßordnung in der Fassung des Artikels 1 frühestens drei Monate nach dem Inkrafttreten dieses Gesetzes anzuwenden. Die in § 121 Abs. 2 der Strafprozeßordnung bezeichnete Frist von sechs Monaten endet frühestens drei Monate nach dem Inkrafttreten dieses Gesetzes.

(5) Die §§ 140 bis 142 der Strafprozeßordnung in der Fassung des Artikels 3 sind nur in Strafsachen anzuwenden, in denen die Anklageschrift nach dem Inkrafttreten dieses Gesetzes beim Gericht eingereicht wird.

(6) § 23 Abs. 2 der Strafprozeßordnung in der Fassung des Artikels 5 ist nur in Strafsachen anzuwenden, in denen über die Zulassung des Antrages auf Wiederaufnahme des Verfahrens nach dem Inkrafttreten dieses Gesetzes entschieden wird.

(7) § 25 der Strafprozeßordnung in der Fassung des Artikels 5 ist nur anzuwenden, wenn die Hauptverhandlung nach dem Inkrafttreten dieses Gesetzes beginnt.

(8) Ist die Anklageschrift vor dem Inkrafttreten dieses Gesetzes beim Gericht eingereicht worden, so sind im weiteren Verfahren die §§ 197, 200, 201 und 202 der Strafprozeßordnung in der bisher geltenden Fassung anzuwenden.

(9) Ist der Eröffnungsbeschluß vor dem Inkrafttreten dieses Gesetzes ergangen, so sind im weiteren Verfahren die §§ 16, 207, 208, 215, 217, 243, 265, 270, 383 und 384 der Strafprozeßordnung in der bisher geltenden Fassung anzuwenden.

(10) Ist die Revision vor dem Inkrafttreten dieses Gesetzes eingelegt, so sind im weiteren Verfahren die §§ 345 und 349 Abs. 2 und 3 der Strafprozeßordnung in der bisher geltenden Fassung anzuwenden.

Artikel 15

Einschränkung des Grundrechts der Freiheit der Person

Das Grundrecht der Freiheit der Person (Artikel 2 Abs. 2 Satz 2 des Grundgesetzes) wird nach Maßgabe des § 112 Abs. 3 und 4 der Strafprozeßordnung in der Fassung des Artikels 1 Nr. 1 dieses Gesetzes eingeschränkt.

Artikel 16

Land Berlin

Dieses Gesetz gilt nach Maßgabe des § 13 Abs. 1 des Dritten Überleitungsgesetzes vom 4. Januar 1952 (Bundesgesetzbl. I S. 1) auch im Land Berlin.

Artikel 17

Ermächtigung zur Neubekannt machung der Strafprozeßordnung

Der Bundesminister der Justiz wird ermächtigt, den Wortlaut der Strafprozeßordnung in der neuen Fassung bekanntzumachen und dabei Unstimmigkeiten des Wortlauts zu beseitigen.

Artikel 18

Inkrafttreten

(1) Dieses Gesetz tritt am 1. April 1965 in Kraft.

(2) Die Ermächtigung nach Artikel 17 wird mit der Verkündung dieses Gesetzes wirksam.

Zweites Gesetz zur Sicherung des Straßenverkehrs

Vom 26. November 1964

(BGBl. I 921)

— Auszug —

Der Bundestag hat das folgende Gesetz beschlossen:

Artikel 2

Änderung der Strafprozeßordnung

Die Strafprozeßordnung wird wie folgt geändert und ergänzt:

1. § 111a erhält folgende Fassung:

„§ 111a

(1) Sind dringende Gründe für die Annahme vorhanden, daß die Fahrerlaubnis entzogen werden wird (§ 42m des Strafgesetzbuches), so kann der Richter dem Beschuldigten durch Beschluß die Fahrerlaubnis vorläufig entziehen.

(2) Die vorläufige Entziehung der Fahrerlaubnis ist aufzuheben, wenn ihr Grund weggefallen ist oder wenn das Gericht im Urteil die Fahrerlaubnis nicht entzieht.

(3) Die vorläufige Entziehung der Fahrerlaubnis wirkt zugleich als Anordnung oder Bestätigung der Beschlagnahme des von einer deutschen Behörde erteilten Führerscheins.

(4) Ist ein Führerschein beschlagnahmt, weil er nach § 42m Abs. 3 Satz 2 des Strafgesetzbuches eingezogen werden kann, und bedarf es einer richterlichen Entscheidung über die Beschlagnahme, so tritt an deren Stelle die Entscheidung über die vorläufige Entziehung der Fahrerlaubnis.

(5) Ein Führerschein, der in Verwahrung genommen, sichergestellt oder beschlagnahmt ist, weil er nach § 42m Abs. 3 Satz 2 des Strafgesetzbuches eingezogen werden kann, ist dem Beschuldigten zurückzugeben, wenn der Richter die vorläufige Entziehung der Fahrerlaubnis wegen Fehlens der in Absatz 1 bezeichneten Voraussetzungen ablehnt, wenn er sie aufhebt oder wenn das Gericht im Urteil die Fahrerlaubnis nicht entzieht. Wird jedoch im Urteil ein Fahrverbot nach § 37 des Strafgesetzbuches verhängt, so kann die Rückgabe des Führerscheins aufgeschoben werden, wenn der Beschuldigte nicht widerspricht.

(6) In ausländischen Fahrausweisen ist die vorläufige Entziehung der Fahrerlaubnis zu vermerken. Zu diesem Zweck kann der Fahrausweis beschlagnahmt werden."

2. § 232 Abs. 1 Satz 1 erhält folgende Fassung:

„Die Hauptverhandlung kann ohne den Angeklagten durchgeführt werden, wenn er ordnungsgemäß geladen und in der Ladung darauf hingewiesen worden ist, daß in seiner Abwesenheit verhandelt werden kann, und wenn nur Haft, Geldstrafe, Fahrverbot, Einziehung, Vernichtung oder Unbrauchbarmachung, allein oder nebeneinander, zu erwarten ist."

3. § 233 Abs. 1 Satz 1 erhält folgende Fassung:

„Der Angeklagte kann auf seinen Antrag von der Verpflichtung zum Erscheinen in der Hauptverhandlung entbunden werden, wenn nur Freiheitsstrafe bis zu sechs Monaten, Geldstrafe, Fahrverbot, Einziehung, Vernichtung oder Unbrauchbarmachung, allein oder nebeneinander, zu erwarten ist."

4. Dem § 267 Abs. 6 wird folgender Satz 2 angefügt:

„Ist die Fahrerlaubnis nicht entzogen oder eine Sperre nach § 42n Abs. 1 Satz 2 des Strafgesetzbuches nicht angeordnet worden, obwohl dies nach der Art der strafbaren Handlung in Betracht kam, so müssen die Urteilsgründe stets ergeben, weshalb die Maßregel nicht angeordnet worden ist."

5. § 407 wird wie folgt geändert:

a) Die Absätze 2 und 3 werden durch folgenden Absatz ersetzt:

„(2) Durch Strafbefehl dürfen nur die folgenden Strafen, Nebenfolgen und Maßregeln der Sicherung und Besserung, allein oder nebeneinander, festgesetzt werden:

1. Freiheitsstrafe bis zu drei Monaten, Geldstrafe, Fahrverbot, Einziehung, Vernichtung, Unbrauchbarmachung, Verfallerklärung, Bekanntmachung der Entscheidung und Befugnis zur Beseitigung eines gesetzwidrigen Zustandes sowie
2. Entziehung der Fahrerlaubnis, bei der die Sperre nicht mehr als ein Jahr beträgt."

b) Der bisherige Absatz 4 wird Absatz 3.

6. § 408 wird wie folgt geändert:

In Absatz 1 Satz 1 und in Absatz 2 Satz 2 werden nach dem Wort „Strafe" jeweils die Worte „ ‚Nebenfolge oder Maßregel der Sicherung und Besserung" eingefügt.

7. § 409 wird wie folgt geändert:

a) In Absatz 1 werden nach dem Wort „Strafe" die Worte „ ‚Nebenfolge oder Maßregel der Sicherung und Besserung" eingefügt;

b) Absatz 3 erhält folgende Fassung:

„(3) Die Vorschriften des § 267 Abs. 6 Satz 2, der §§ 297 bis 300 und des § 302 gelten entsprechend."

8. § 413 Abs. 2 erhält folgende Fassung:

„(2) Der Amtsrichter setzt durch Strafverfügung ohne Hauptverhandlung Haft, Geldstrafe, Fahrverbot, Einziehung, Vernichtung, Unbrauchbarmachung oder Befugnis zur Beseitigung eines gesetzwidrigen Zustandes, allein oder nebeneinander, fest. An den Vorschlag der Polizeibehörde ist er nicht gebunden. Einer Mitwirkung der Staatsanwaltschaft bedarf es nicht."

9. Dem § 450 wird folgender Absatz 3 angefügt:

„(3) Hat nach dem Urteil eine Verwahrung, Sicherstellung oder Beschlagnahme des Führerscheins auf Grund des § 111a Abs. 5 Satz 2 fortgedauert, so ist diese Zeit unverkürzt auf das Fahrverbot (§ 37 des Strafgesetzbuches) anzurechnen."

10. In § 463a Abs. 3 werden die Worte „§ 42m Abs. 4 des Strafgesetzbuchs" ersetzt durch die Worte „§ 42n Abs. 7 des Strafgesetzbuches".

11. Als § 463b wird folgende Vorschrift eingefügt:

„§ 463b

(1) Ist ein Führerschein nach § 37 Abs. 3 Satz 2 des Strafgesetzbuches amtlich zu verwahren und wird er nicht freiwillig herausgegeben, so ist er zu beschlagnahmen.

(2) Ausländische Fahrausweise können zur Eintragung eines Vermerks über das Fahrverbot oder über die Entziehung der Fahrerlaubnis und die Sperre (§ 37 Abs. 3 Satz 3, § 42o Abs. 2 des Strafgesetzbuches) beschlagnahmt werden."

Artikel 3

Änderung des Jugendgerichtsgesetzes

Das Jugendgerichtsgesetz wird wie folgt geändert und ergänzt:

1. In § 39 Abs. 1 werden die Worte „Zuchtmittel oder nach diesem Gesetz zulässige Nebenstrafen und Nebenfolgen" ersetzt durch die Worte „Zuchtmittel, nach diesem Gesetz zulässige Nebenstrafen und Nebenfolgen oder die Entziehung der Fahrerlaubnis".

2. § 75 Abs. 1 Satz 1 erhält folgende Fassung:

„Bei Übertretungen kann der Jugendrichter durch richterliche Verfügung eine Arbeits- oder eine Geldauflage anordnen, auf ein Fahrverbot erkennen oder die Einziehung oder eine Verwarnung aussprechen.“

3. § 76 Abs. 1 Satz 1 erhält folgende Fassung:

„Der Staatsanwalt kann bei dem Jugendrichter schriftlich oder mündlich beantragen, im vereinfachten Jugendverfahren zu entscheiden, wenn zu erwarten ist, daß der Jugendrichter ausschließlich Weisungen erteilen, die Erziehungsbeistandschaft anordnen, Zuchtmittel verhängen oder auf ein Fahrverbot erkennen wird.“

Artikel 8

Übergangsvorschriften

Hat das Gericht die Fahrerlaubnis nach den bisher geltenden Vorschriften rechtskräftig entzogen, so ist § 42n Abs. 5, Abs. 6 und Abs. 7 Satz 1 des Strafgesetzbuches in der Fassung des Artikels 1 entsprechend anzuwenden. Unter den Voraussetzungen des § 42n Abs. 2 des Strafgesetzbuches in der Fassung des Artikels 1 kann das Gericht nachträglich durch Beschluß gestatten, daß dem Täter für bestimmte Arten von Kraftfahrzeugen vor Ablauf der Sperrfrist eine neue Fahrerlaubnis erteilt wird; § 462 der Strafprozeßordnung gilt entsprechend.

Artikel 9

Land Berlin

Dieses Gesetz gilt nach Maßgabe des § 13 Abs. 1 des Dritten Überleitungsgesetzes vom 4. Januar 1952 (Bundesgesetzbl. I S. 1) auch im Land Berlin. Rechtsverordnungen, die auf Grund dieses Gesetzes erlassen werden, gelten im Land Berlin nach § 14 des Dritten Überleitungsgesetzes.

Artikel 10

Inkrafttreten

Dieses Gesetz tritt einen Monat nach seiner Verkündung in Kraft.

Gesetz über den Fristablauf am Sonnabend

Vom 10. August 1965

(BGBl. I 753)

— Auszug —

Der Bundestag hat das folgende Gesetz beschlossen:

Artikel 1

Änderung von Gesetzen

3. § 43 Abs. 2 der Strafprozeßordnung wird wie folgt gefaßt:

„(2) Fällt das Ende einer Frist auf einen Sonntag, einen allgemeinen Feiertag oder einen Sonnabend, so endet die Frist mit Ablauf des nächsten Werktages.“

Artikel 2

Geltung in Berlin

Dieses Gesetz gilt nach Maßgabe des § 13 Abs. 1 des Dritten Überleitungsgesetzes vom 4. 1. 1952 (Bundesgesetzbl. I S. 1) auch im Land Berlin.

Artikel 3

Inkrafttreten

Dieses Gesetz tritt am 1. 10. 1965 in Kraft.

Gesetz über Urheberrecht und verwandte Schutzrechte

(Urheberrechtsgesetz)

Vom 9. September 1965

(BGBl. I 1292)

— Auszug —

Der Bundestag hat das folgende Gesetz beschlossen:

§ 139

Änderung der Strafprozeßordnung

§ 374 Abs. 1 Nr. 8 der Strafprozeßordnung erhält folgende Fassung:

„8. alle Verletzungen des Patent-, Gebrauchsmuster-, Warenzeichen- und Geschmackmusterrechtes, soweit sie als Vergehen strafbar sind, sowie die Vergehen nach §§ 106 bis 108 des Urheberrechtsgesetzes."

§ 142

Geltung im Land Berlin

Dieses Gesetz gilt nach Maßgabe des § 13 Abs. 1 des Dritten Überleitungsgesetzes vom 4. 1. 1952 (Bundesgesetzbl. I S. 1) auch im Land Berlin. Rechtsverordnungen, die auf Grund dieses Gesetzes erlassen werden, gelten im Land Berlin nach § 14 des Dritten Überleitungsgesetzes.

§ 143

Inkrafttreten

(1) Die §§ 64 bis 67, 69, 105 Abs. 1 bis 3 und § 138 Abs. 5 treten am Tage nach der Verkündung dieses Gesetzes in Kraft.

(2) Im übrigen tritt dieses Gesetz am 1. 1. 1966 in Kraft.

TEIL II

ERLÄUTERUNGEN

Erstes Buch
Allgemeine Vorschriften

Zweiter Abschnitt
Gerichtsstand

§ 16

Der Angeschuldigte muß den Einwand der Unzuständigkeit bis zum Schluß der Voruntersuchung geltend machen. Hat keine Voruntersuchung stattgefunden, so kann er den Einwand noch in der Hauptverhandlung bis zum Beginn der Vernehmung zur Sache geltend machen.

1. Änderung durch das StPÄG. Der zweite Teil des zweiten Satzes lautete bisher: „so kann er den Einwand noch in der Hauptverhandlung geltend machen, solange mit der Verlesung des Beschlusses über die Eröffnung des Hauptverfahrens nicht begonnen ist". Die Änderung beruht auf Art. 7 Nr. 1 StPÄG. Sie ist die Folge von Änderungen des Eröffnungsverfahrens. Zwar findet die Hauptverhandlung auch künftig nicht etwa allein auf die Anklage der Staatsanwaltschaft statt, vielmehr muß auch weiterhin das Hauptverfahren gerichtlich eröffnet werden (§ 207 Abs. 1, § 208 Abs. 2; vgl. § 202 Abs. 1, § 215). Auch setzt die Eröffnung des Hauptverfahrens nach wie vor voraus, daß der Angeschuldigte einer strafbaren Handlung hinreichend verdächtig erscheint; § 203 ist unverändert geblieben. Dieser Verdacht wird aber im Eröffnungsbeschluß nicht mehr zum Ausdruck gebracht. Dadurch soll nach der Begründung vermieden werden, „daß der rechtsunkundige Angeklagte durch den Eröffnungsbeschluß zu der irrigen Annahme kommt, das Gericht habe sich in der tatsächlichen und rechtlichen Beurteilung seines Falles schon mehr oder weniger festgelegt" (BTDrucks. IV 178, S. 39). Weil danach die dem Angeklagten zur Last gelegte Tat und ihre rechtliche Würdigung im Eröffnungsbeschluß nicht mehr dargelegt werden, kann er nicht mehr die Rolle spielen, in der Hauptverhandlung die Verhandlung zur Sache einzuleiten, die ihm nach § 243 Abs. 2 a. F. zukam. Dafür verliest jetzt der Staatsanwalt den Anklagesatz (§ 243 Abs. 3 Satz 1), bevor begonnen wird, den Angeklagten zur Sache zu vernehmen (§ 243 Abs. 4).

Es hätte nahe gelegen, daß der Gesetzgeber, als er die Verlesung des Eröffnungsbeschlusses durch die des Anklagesatzes ersetzte, in § 16 diese beiden Ausdrücke ausgetauscht hätte. Im Anschluß an frühere Entwürfe, die den Eröffnungsbeschluß ganz beseitigen wollten (Begrdg., BTDrucks. IV 178, S. 38) und wohl auch an die Regelung in Art. 2 Abs. 2 der VO. über die Beseitigung des Eröffnungsbeschlusses im Strafverfahren vom 13. 8. 1942 (RGBl. I 512) wird indessen — sachgemäßer — auf den ersten Zeitpunkt nach Verlesung des Anklagesatzes, den Beginn der Vernehmung des Angeklagten zur Sache (§ 243 Abs. 4), abgestellt.

2. Verfahren bei abwesenden Angeklagten. Findet die Hauptverhandlung statt, ohne daß der Angeklagte anwesend ist, dann kann der Einwand bis zu dem Ereignis geltend gemacht werden, das dem Beginn der Vernehmung zur Sache entspricht.

Läßt sich der Angeklagte im Privatklageverfahren durch einen Rechtsanwalt (§ 387 Abs. 1) oder im Verfahren nach § 232 Abs. 1 oder im Verfahren auf Strafbefehl oder Strafverfügung durch einen Verteidiger (§ 234; § 411 Abs. 2, § 413 Abs. 4) vertreten, dann erhalten diese Gelegenheit, für den Angeklagten Ausführungen zu machen, so daß sich keine Besonderheiten ergeben. Im Verfahren nach § 233 Abs. 1 tritt die Verlesung über die richterliche Vernehmung (§ 233 Abs. 3 Satz 2) an die Stelle der Vernehmung. Das gleiche gilt im Verfahren nach

§ 232 Abs. 1, falls eine richterliche Vernehmung stattgefunden hat; sonst ist der Einwand im Anschluß an die Verlesung des Anklagesatzes (§ 243 Abs. 3) anzubringen. Dieser Zeitpunkt ist auch maßgebend im Verfahren nach § 277ff. Findet im Sicherungsverfahren die Hauptverhandlung ohne den Beschuldigten statt (§ 429c Abs. 1), so tritt die Verlesung über die richterliche Vernehmung (§ 429c Abs. 4 Satz 2) an die Stelle der Vernehmung.

8. Übergangsrecht. Nach Art. 15 Abs. 9 in Vbdg. mit Art. 19 Abs. 1 StPÄG. ist § 16 in der bisherigen Fassung anzuwenden, wenn der Eröffnungsbeschluß (§ 207 Abs. 1 a. F.) vor dem 1. April 1965 ergangen ist. Das hängt damit zusammen, daß alle Vorschriften, die das Eröffnungsverfahren ändern oder auf die Änderungen Bezug nehmen, keine Anwendung finden, wenn schon vor dem Inkrafttreten des Gesetzes ein Eröffnungsbeschluß erlassen worden ist (Art. 15 Abs. 9 StPÄG.).

Dritter Abschnitt

Ausschließung und Ablehnung der Gerichtspersonen

Vorbemerkungen

1. Entstehungsgeschichte bis 1950. Fast sämtliche Vorschriften des Abschnitts sind geändert, die meisten Änderungen aber später, namentlich durch das Vereinheitlichungsgesetz, wieder beseitigt worden. Von ihnen waren die bedeutendsten die der §§ 27 und 28: Von 1943 ab wurde über die Richterablehnung von der Stelle entschieden, der die Dienstaufsicht über den Richter zustand; die Entscheidung war unanfechtbar. — Von den bleibenden Änderungen ist hervorzuheben:

Nach dem ursprünglichen, später dann durch die EmmingerVO. von 1924 gestrichenen § 23 Abs. 3 durfte der Berichterstatter des Eröffnungsverfahrens nicht am Hauptverfahren vor der Strafkammer teilnehmen. Der Gedanke, daß die Mitwirkung bei der Eröffnung den Richter befangen erscheinen lasse, wenn er am Hauptverfahren mitwirkt, ist bei den Beratungen zum Strafprozeßänderungsgesetz wieder eingehend diskutiert worden (s. u. 4). — Ein Richter konnte ursprünglich nur bis zur Verlesung des Eröffnungsbeschlusses und in den Rechtsmittelinstanzen bis zum Beginn der Berichterstattung abgelehnt werden. Durch Art. 3 Nr. 9 VereinhG. wurde dieser Zeitpunkt bis zum Beginn des Teils der Hauptverhandlung verschoben, der an die Vernehmung des Angeklagten zur Sache anschließt. Zu beiden Punkten war kein unangefochtener Zustand erreicht worden.

2. Aus der Reformgeschichte. Die Kommission für die Reform des Strafprozesses hatte keine Vorschläge zugunsten des Ablehnenden gemacht, aber empfohlen, das Ablehnungsgesuch dann durch das Gericht unter Mitwirkung des abgelehnten Richters verwerfen zu lassen, wenn der Beteiligte es verspätet angebracht oder versäumt hatte, den Ablehnungsgrund anzugeben oder glaubhaft zu machen. Ferner wurde vorgeschlagen, das Gesuch durch einstimmigen Beschluß zu verwerfen, wenn es offensichtlich nur in der Absicht gestellt wird, das Verfahren zu verschleppen (Prot. **1** 15; **2** 200, 403). Die Entwürfe 1908 und 1909 übernahmen diese Empfehlungen (§ 20), die Reichstagskommission änderte nur den Wortlaut (Mat. zur StrafRRef. **13** 20), ihr folgte im wesentlichen der Entwurf 1919 (Reichsratsvorlage; Mat. zur StrafRRef. **14** 18). Demgegenüber ließ der Entwurf 1930 (EG. zum ADStGB., Mat. zur StrafRRef. **7** 51) das Verfahren im wesentlichen unverändert, empfahl aber erstmalig, daß im Wiederaufnahmeverfahren die Richter des früheren Verfahrens ausgeschlossen sein sollten (§ 23 Abs. 2). Ausgeschlossen sollte ferner sein, wer das Verlangen auf Strafverfolgung gestellt oder die Zustimmung hierzu erklärt hatte (§ 22 Abs. 1 Nr. 1), ebenso wer mit dem Verletzten oder mit dem Beschuldigten verlobt ist (§ 22 Abs. 2). Die vereinfachte Entscheidung bei unzulässiger Ablehnung findet sich wieder im Entwurf 1939, ausgedehnt auf den Fall, daß die Ablehnung offenbar mutwillig sei (§ 127 Abs. 1 Nr. 3), ein Grund, den schon die Kommission für die Reform des Strafprozesses ausdrücklich verworfen hatte (Prot. **2** 202). Der Entwurf 1939 hielt auch erstmalig für notwendig, die Ausschließung des Staatsanwalts zu regeln. Sie sollte stattfinden, wenn der Staatsanwalt vom Richteramte ausgeschlossen wäre oder in der Sache als Richter, Verteidiger, Beistand oder Anwalt des Verletzten oder Einziehungsbeteiligten tätig gewesen war (§ 132).

3. Das Strafprozeßänderungsgesetz hat den Kreis der Richter, die durch eine Vortätigkeit befangen erscheinen könnten, erweitert: Im Wiederaufnahmeverfahren darf kein Richter mitwirken, der bei der Entscheidung beteiligt gewesen ist, die durch die Wiederaufnahme angefochten wird (§ 23 Abs. 2). Der Zeitpunkt für die Ablehnung ist wieder dem Anfang der Hauptverhandlung nähergerückt worden (Beginn der Vernehmung des Angeklagten zur Sache), hat aber praktisch seine Bedeutung verloren. Denn die Ablehnung ist, wenn dem Ablehnenden die Ablehnungsumstände erst später bekannt geworden sind, nunmehr bis zum letzten Wort zulässig, sofern sie dann unverzüglich geltend gemacht wird (§ 25). Für unzulässige Ablehnungen stellt das Gesetz ein vereinfachtes Verfahren bereit (§ 26a), aber auch das regelmäßige Verfahren wird für den Fall vereinfacht, daß Amtsrichter abgelehnt werden (§ 27 Abs. 3 Satz 3). Durch eine Änderung des § 28 wird die Anfechtung von Beschlüssen, die eine Ablehnung für unzulässig erklärt haben, in derselben Weise für statthaft erklärt wie bei Gesuchen, die als unbegründet verworfen worden sind.

4. Kritik. Der Katalog der Ausschließungsgründe des § 22 ist umfassend; doch sollte der Verwandtenbegriff hinsichtlich des unehelichen Kindes von den Bestimmungen des Bürgerlichen Gesetzbuchs gelöst, und weiter der Ausschluß eines mit dem Beschuldigten oder mit dem Verletzten verlobten Richters eingefügt werden. § 23 erklärte in zwei Fällen den Richter für ausgeschlossen, der in der Sache schon tätig gewesen war. Hieran haben sich immer Reformwünsche geknüpft, den Richter der Ursprungssache nach Wiederaufnahme und nach Zurückverweisung aus der höheren Instanz sowie den Eröffnungsrichter auszuschließen. Der ersten Forderung hat das Strafprozeßänderungsgesetz wohl mit Recht stattgegeben. Denn wenn auch die Kenntnis, die der frühere Richter vom Verfahren hat, für das wiederaufgenommene von Vorteil sein kann, so kann sie ihn doch ebenso belasten, den neuen Beweisen und ihrem Zusammenhang mit den alten unbefangen gegenüberzutreten; wenigstens kann — und darauf stellt das Recht der Ausschließung und Ablehnung ab — der Beschuldigte besorgen, daß das so sei.

Das ist nicht immer der Fall, wenn eine Sache aus der Revisionsinstanz zurückverwiesen wird. Lag der Zurückverweisung ein Rechtsirrtum, ein nicht auf die Beweiswürdigung bezüglicher Prozeßverstoß oder gar eine Gesetzesänderung nach dem Urteil zugrunde, besteht kaum Veranlassung, Befangenheit des Richters zu besorgen, der an dem ersten Urteil mitgewirkt hatte. Das kann aber der Fall sein, wenn der Vorderrichter Denkgesetze nicht beachtet, Beweise nicht erhoben oder andere Fehler gemacht hatte, die sich auf die Tatsachenfeststellung und die Beweiswürdigung auswirken. Indessen hat der Gesetzgeber wohl nicht aus diesem Grunde die ersten Richter nicht ausgeschlossen, sondern sich mit der Anordnung ans Revisionsgericht begnügt, die Sache, wenn es ein Urteil aufhebt, nicht an das Erstgericht zurückzuverweisen, sondern an eine andere Abteilung, an eine andere Kammer oder an ein anderes Gericht (§ 354 Abs. 2). Ursprünglich sollte ein Zwang bestehen, die Sache stets an ein anderes Gericht zurückzuverweisen, und nur wenn das nicht möglich ist, an eine andere Abteilung oder Kammer (BTDrucks. IV 2378, S. 69). Als die Verweisung an die andere Kammer zum Regelfall gemacht wurde (BTVerh. IV 132, S. 6506 B, S. 6472 A), ist wohl übersehen worden, dafür einen Ausschließungsgrund zu schaffen. Denn die Absicht des Bundestags war, die Richter auszuschließen, weil Befangenheit besorgt werden könne (a. a. O., S. 6470 A: die Sache soll an andere Richter gehen; S. 6471 C: der Angeklagte soll nicht vor denselben Richtern stehen). Der gleiche Grund hat Veranlassung gegeben, im Wiederaufnahmeverfahren die Richter des Ursprungsverfahrens auszuschließen, und nicht etwa kraft Gesetzes die Zuständigkeit einer anderen Abteilung oder Kammer oder eines anderen Senats zu begründen. Die Unstimmigkeit — die der Praxis keine Schwierigkeiten bereiten wird (s. u. II 3 Abs. 2 zu § 23) — wird bei einer Reform zu bereinigen sein.

Nach den Beschlüssen des Bundestags in zweiter Lesung war vorgesehen, den Richter des Eröffnungsverfahrens in bestimmten Fällen auszuschließen (BTDrucks. IV 2378, § 23 Abs. 1, S. 42). Die Frage ist der großen Prozeßreform vorbehalten worden (BTVerh. IV 132, S. 6475 B) und wird dort zu lösen sein. Dabei darf man nicht verkennen, daß die Eröffnung des Hauptverfahrens wichtiger als alle anderen Vorentscheidungen im Verfahren ist und daher am ehesten beim Angeklagten Besorgnis der Befangenheit erregen kann. Schließt man daher den Eröffnungsrichter aus, bringt der Gesetzgeber nur zum Ausdruck, daß er dem Gefühl des Angeklagten Rechnung trage, nicht aber daß er dessen Besorgnis teile oder gar gegen die Richter ein Mißtrauen hege (vgl. die Ausführungen der Abgeordneten Jahn und Güde, BTVerh. IV 69, S. 3126 D, S. 3132 C). Die praktischen Schwierigkeiten, die namentlich für kleine Gerichte befürchtet werden, sind zu überwinden, wenn man lediglich die Mitglieder von Kammern und Senaten ausschließt, die eröffnet haben. Mängel des amtsrichterlichen Verfahrens dagegen können grundsätzlich mit der — begründungsfreien — Berufung angefochten werden; dem Angeklagten, der den Amtsrichter durch die Eröffnung als befangen ansieht, ist anzusinnen, sich vor der Berufungskammer Recht zu holen. Der Ausschluß wenigstens des Berichterstatters der Eröffnungskammer war 45 Jahre lang geltendes Recht; er ist beseitigt worden durch eine Verordnung der Reichsregierung. Diese war im Gesetz vom 8. 12. 1923 (RGBl. I 1179) ermächtigt worden, Maßnahmen zu treffen, die sie im Hinblick auf die Not von Volk und Reich für erforderlich und dringend hielt.

Die Ablehnung war bisher zwar im Prinzip richtig geregelt, aber das Prinzip kam im wichtigsten Abschnitt des Prozesses, in der Hauptverhandlung, nur unvollständig zur Anwendung. Dieser Hauptmangel des Abschnitts ist durch die zeitliche Ausdehnung des Rechts zur Ablehnung (§ 25) beseitigt worden.

Die Möglichkeit, unzulässige Anträge in einem vereinfachten Verfahren zu verwerfen, ohne gezwungen zu sein, die Hauptverhandlung zu unterbrechen, ist eine billigenswerte Verbesserung. Doch sollte § 26a Abs. 1 Nr. 3 wieder gestrichen werden, weil die Vorschrift sowohl bedenklich als auch überflüssig ist (s. u. II 5, 6 zu § 26a).

§ 27 Abs. 3 bedarf der Ergänzung in bezug auf Untersuchungsrichter und Ermittlungsrichter des Bundesgerichtshofs und auf Untersuchungsrichter der Oberlandesgerichte (s. u. II 4 zu § 27). Endlich wird zu prüfen sein, ob nicht die Mitwirkung eines ausgeschlossenen Richters am Urteil wie in § 579 Abs. 1 Nr. 2 ZPO. zum Wiederaufnahmegrund erhoben werden sollte (vgl. v. Hippel, § 25 IV 3 Anm. 7). Das erscheint wenigstens für den Fall unabweislich, daß der Ausschließungsgrund erst nach Rechtskraft des Urteils bekannt geworden ist. Bei einer Reform sollte der Abschnitt auch anders aufgebaut werden. Es ist unglücklich, das Verfahren bei Ausschließung und das bei Ablehnung übereinstimmend zu behandeln, obwohl Voraussetzungen und Folgen bei beiden verschieden sind.

5. Ausschließung und Ablehnung. Der Abschnitt handelt von der Ausschließung und von der Ablehnung von Berufsrichtern, Geschworenen, Schöffen und Urkundsbeamten, nicht von Staatsanwälten (s. dazu u. 7). Zwischen Ausschließung und Ablehnung ist in bezug auf das Verfahren zu unterscheiden, was das Gesetz allerdings nur unzulänglich tut. Sachlich stehen sich die Ausschließung (§§ 22, 23) und die Besorgnis der Befangenheit (§ 24 Abs. 2), sowohl in ihren Voraussetzungen als auch in ihren Wirkungen, gegenüber. Die Ausschließungsgründe sind fest und eng umrissen, Besorgnis der Befangenheit kann aus sehr verschiedenen Anlässen entstehen. Der gleiche Umstand kann sie bei dem einen hervorrufen, bei dem anderen nicht, auch kann seine Wirkung zu verschiedenen Zeiten verschieden ausfallen.

Wenn auch Ausschließung wie Befangenheit letztlich zum Ausfall des Richters führen, so sind doch ihre Folgen nicht völlig gleich. Der Ausschließungsgrund wirkt ohne weiteres und ohne Ausnahme kraft Gesetzes in der Weise, daß der Ausgeschlossene sein Amt nicht ausüben darf, gleichviel ob ihm der Ausschließungsgrund bekannt oder verborgen ist; ob der Verdacht einer Befangenheit besteht oder ausscheidet; und ob ein Verfahrensbeteiligter der Amtsausübung widersprochen oder ihr zugestimmt hat. Denn die §§ 22, 23 sollen nicht nur verhindern, daß persönliche Empfindungen des Richters die Entscheidung beeinflussen (BGHSt. **3** 69), sondern darüber hinaus, daß auch nur der Anschein eines Verdachts der Parteilichkeit entstehe (BGHSt. **14** 221). „Gewisse Hinderungsgründe sind von der Art, daß schon die Rücksicht auf das Ansehen der Justiz die Ausschließung des Richters erheischt" (Mot., Hahn **1** 82). Der Ausschließung tritt, sie ergänzend, das Institut der Ablehnung wegen Besorgnis der Befangenheit zur Seite. Während es beim Ausschluß allein objektiv auf das Bestehen des Ausschließungsgrundes ankommt ohne Rücksicht, welche Wirkung er auf den Richter und auf den Ablehnungsberechtigten hervorruft, ist bei der Ablehnung entscheidend, daß der Ablehnende Grund zu der Annahme hat, der Richter werde, unter dem Einfluß des Ablehnungsgrundes stehend, sein Amt nicht in voller Unparteilichkeit ausüben (RGSt. **33** 309). Die Ablehnung wirkt daher immer nur in die Zukunft und macht nicht, wie die während der richterlichen Handlung oder nach ihr festgestellte Ausschließung, jene rückwirkend fehlerhaft.

6. Gerichtspersonen. Der Abschnitt hat im wesentlichen die Gerichtspersonen des erkennenden Gerichts im Auge, wenn die Vorschriften auch das Gericht in sonstigen Funktionen, z. B. im Vorverfahren und auch bei Entscheidungen nach §§ 23ff. EGGVG. (KG. NJW. **1961** 2363), betreffen.

Er regelt eingehend die Richterablehnung und erklärt die dafür geltenden Vorschriften summarisch für Schöffen, Geschworene und Urkundspersonen anwendbar (§ 31). Außerhalb des

Abschnitts behandeln — meist durch Verweisung auf ihn — die Ablehnung von Sachverständigen § 74, von Dolmetschern § 191 GVG., von Rechtspflegern § 9 des Rechtspflegergesetzes vom 8. 2. 1957 (BGBl. III 302 — 2) und die Ausschließung von Gerichtsvollziehern § 155 GVG. Soweit die Richter in Rede stehen, befaßt sich der Abschnitt nur mit solchen, die in Ausübung ihres Richteramtes handeln. Übt der Richter Maßnahmen der Justizverwaltung (BGHSt. **3** 68) oder der Strafvollstreckung aus — zu denen Entscheidungen nach § 458 nicht gehören —, dann kann er ebensowenig wie ein Staatsanwalt abgelehnt werden (BayObLGSt. **1954** 66; OLG. Hamm MDR. **1957** 760). Ist er als Richter ausgeschlossen, bleibt er zu den genannten Maßnahmen befugt. Er kann jedoch eine Entscheidung seiner Vorgesetzten darüber herbeiführen, ob er in der Amtsausübung zu ersetzen ist, und er muß das tun, wenn er Besorgnis der Befangenheit für begründet erachtet.

Unter Richtern (§§ 22 bis 26a, § 30) und richterlichen Mitgliedern (§ 27 Abs. 2) sind zu verstehen die Richter auf Lebenszeit (§ 10 DRiG.), die Richter auf Probe (Gerichtsassessoren; § 12 Abs. 1 DRiG.) und die Richter kraft Auftrags (§ 14 Abs. 1 DRiG.), die die ordentliche (§ 5 DRiG.) oder die außerordentliche (§ 7 DRiG.) Befähigung zum Richteramt haben, in Rechtshilfesachen auch die Referendare (§ 10 Abs. 1 GVG.).

7. Staatsanwalt. Der dritte Abschnitt der Strafprozeßordnung ist auf die Staatsanwälte nicht anwendbar (RG. LZ. **1918** 454). Auch den §§ 141 bis 151 GVG. können keine Rechtssätze über Ausschließung oder Ablehnung von Beamten der Staatsanwaltschaft entnommen werden (RGSt. **4** 266). In den Motiven (Hahn, **1** 93) wird hierzu bemerkt: „Es erschien überflüssig, besondere Vorschriften hinsichtlich der Beamten der Staatsanwaltschaft zu geben. Zwar ist diese keineswegs bloß Partei; sie hat vielmehr auch eine Reihe von Amtsverrichtungen wahrzunehmen, die zweifellos keine Parteihandlungen darstellen. Allein die Organisation der Staatsanwaltschaft gestattet es, daß in Fällen, in denen die Ersetzung eines staatsanwaltschaftlichen Beamten durch einen anderen geboten oder wünschenswert erscheint, diese auf Antrag des Beschuldigten oder jenes Beamten selbst oder auch von Amts wegen durch die vorgesetzte Behörde bewirkt werden kann, ohne daß es eines förmlichen Verfahrens bedarf". Demzufolge kann der Beschuldigte bei dem Vorgesetzten eines Beamten der Staatsanwaltschaft beantragen, daß dieser durch einen anderen ersetzt werde (§ 145 Abs. 1 GVG.). Der Vorgesetzte wird das auf Antrag oder von Amts wegen immer tun müssen, wenn ein Grund vorliegt, der beim Richter zur Ausschließung führt, oder wenn der Beschuldigte Befangenheit besorgen könnte. In einem solchen Falle hat der Staatsanwalt auch selbst auf seine Ersetzung hinzuwirken, und sich, bis der Vorgesetzte entschieden hat, aller Amtshandlungen zu enthalten, wenn nicht Gefahr im Verzuge ist. Dagegen kann der Beschuldigte kein Ablehnungsgesuch bei Gericht anbringen. Auch hat das Gericht nicht von Amts wegen zu prüfen, ob bei einem Beamten der Staatsanwaltschaft Umstände vorliegen, die ihn von der Mitwirkung ausschlössen oder seine Ablehnung begründeten, wenn er das Amt eines Richters in der Sache auszuüben hätte.

Bisher wurde hier die Auffassung vertreten, die Amtshandlungen eines Staatsanwalts seien, wenn er sich in einem Verhältnis der zuvor beschriebenen Art befinde, nicht fehlerhaft, und es könne daraus kein Grund hergeleitet werden, eine gerichtliche Entscheidung anzufechten. Diese Meinung kann nicht aufrechterhalten werden.

Es besteht Übereinstimmung, daß dem Staatsanwalt grundsätzlich versagt ist, in der Hauptverhandlung als Staatsanwalt aufzutreten, nachdem er in dieser als Zeuge vernommen worden ist, sowie daß die Revision begründet ist, wenn er das gleichwohl tut und das Urteil auf dieser Gesetzesverletzung i. S. des § 337 Abs. 1 beruht (RGSt. **29** 236; BGHSt. **14** 265; s. u. Vorbem. 4d zum sechsten Abschnitt; 2 zu § 226). Das Urteil kann auf dem Mangel nur beruhen, wenn die Möglichkeit besteht, daß der Staatsanwalt das Gericht beeinflußt haben könnte (Drucker, JW. **1933** 523). Dafür wieder ist Voraussetzung, daß ein solcher Einfluß denkbar ist. Das ist der Fall. Denn in der Tat ist es Aufgabe der Staatsanwaltschaft — wie auch des Angeklagten und des Verteidigers —, ihren Einfluß auf das Gericht auszuüben, damit dieses auf Grund der verschiedenen Einflüsse um so sorgfältiger die Tatsachen würdigen und das Recht anwenden kann. Demzufolge ist es als ein — zur Aufhebung des Urteils führender — Mangel angesehen worden, wenn der Staatsanwalt in der Hauptverhandlung es unterlassen hat, einen Schlußantrag zu stellen (OLG. Düsseldorf NJW. **1963** 1167; vgl. auch OLG. Köln GA. **1964** 156). Der Schlußantrag aber ist wiederum nur von Wert und der legale Einfluß von Mängeln frei und im Sinne des Gesetzes, wenn der Staatsanwalt unbefangen ist. Ist der Staatsanwalt der Vater des Angeklagten, wird er, wenn er korrupt ist, die Tat beschönigen; meist wird ihn die Furcht, nicht objektiv zu sein, zu unangebrachter Härte verführen; die Sache unbefangen zu würdigen, wird er nicht in der Lage sein.

Freilich wird dieser Fall nicht vorkommen, aber Fälle gleicher Befangenheit sind denkbar. Amtiert der Staatsanwalt gleichwohl, kann das Urteil keinen Bestand haben. Aus diesem Grunde muß man dem Gericht einen Einfluß auf die Staatsanwaltschaft einräumen. Zwar ist es Sache des Staatsanwalts, dafür Sorge zu tragen, daß er ersetzt wird. Aber der Vorsitzende kann bei dem vorgesetzten Beamten der Staatsanwaltschaft auf die Ersetzung hinwirken. Denn es kann dem Gericht nicht zugemutet werden, ohne Abhilfe zu versuchen, eine Hauptverhandlung durchzuführen, die auf Rüge des Angeklagten wiederholt werden müßte. Eine Befugnis, den Staatsanwalt zu entfernen, hat der Vorsitzende allerdings nicht. Sie wäre auch zwecklos, weil ihm die Möglichkeit fehlt, einen neuen Staatsanwalt einzusetzen. Ein — vermeidbarer — Streit ist mit den Mitteln der Dienstaufsicht auszutragen. Dazu muß das Gericht ggf. die Sache vertagen (OLG. Düsseldorf NJW. **1963** 1167). Gelingt es nicht, den Staatsanwalt zu ersetzen, ist die Hauptverhandlung allerdings fortzusetzen mit dem Risiko, daß sie nach erfolgreicher Revision wiederholt werden muß.

Wenn auch Takt und Objektivität der Staatsanwälte Beschwerden, daß sie befangen seien, weitgehend verhindert haben, so sollte man sich hüten, aus dem Fehlen jeder neueren Rechtsprechung zu unserer Frage den Schluß zu ziehen, daß nie ein Anlaß bestanden hätte, einen Staatsanwalt auszuschließen oder abzulehnen. Denn die Verteidigung kann es auch unterlassen haben, Revisionsrügen anzubringen, die nach dem gegenwärtigen Stande der Rechtsprechung erfolglos erschienen. Für eine Reform ist jedenfalls zu fordern, den Gegenstand gesetzlich zu regeln.

§ 22

Ein Richter ist von der Ausübung des Richteramtes kraft Gesetzes ausgeschlossen:

1. **wenn er selbst durch die strafbare Handlung verletzt ist;**
2. **wenn er Ehegatte oder Vormund des Beschuldigten oder des Verletzten ist oder gewesen ist;**
3. **wenn er mit dem Beschuldigten oder mit dem Verletzten in gerader Linie verwandt, verschwägert oder durch Annahme an Kindes Statt verbunden, in der Seitenlinie bis zum dritten Grade verwandt oder bis zum zweiten Grade verschwägert ist, auch wenn die Ehe, durch welche die Schwägerschaft begründet ist, nicht mehr besteht;**
4. **wenn er in der Sache als Beamter der Staatsanwaltschaft, als Polizeibeamter, als Anwalt des Verletzten oder als Verteidiger tätig gewesen ist;**
5. **wenn er in der Sache als Zeuge oder Sachverständiger vernommen ist.**

Entstehungsgeschichte: I., II. u. III. Entw. § 16.

Änderungsvorschläge: NE. I, II u. III § 15; Entw. EG. StGB. Art. 70 Nr. 9.

Spätere Änderungen: Durch Art. IV des Gesetzes über die Zulassung der Frauen zu den Ämtern und Berufen der Rechtspflege vom 11. 7. 1922 (RGBl. I 573) wurde in Nr. 2 das Wort „Ehegatte" an die Stelle des Wortes „Ehemann" gesetzt.

Verwandte Vorschriften: § 41 Nr. 1—5 ZPO., § 6 Abs. 1 GVG.; § 54 Abs. 1 VerwGO.

Schrifttum: Cuno, Die Ausschließung des Richters in den Fällen des § 23 StPO., Diss. Freiburg 1934; Müller, Unter welchen Voraussetzungen ist jemand als Richter wegen früherer Befassung mit der Sache ausgeschlossen? NJW. **1961**, 102; Schorn, Die Ausschließung eines Richters im Strafprozeß in Rechtsprechung und Schrifttum, GA. **1964** 257.

Übersicht

I. Absolute Ausschließungsgründe.

1. Strafbare Handlung. Ausgeschlossen ist der Richter, der durch die strafbare Handlung selbst verletzt ist. Denn niemand darf Richter in eigener Sache sein (Schorn, S. 259). Mit Recht geht die Bestimmung aber über eine enge Anwendung des Grundsatzes hinaus. Sie schließt vielmehr auch den Richter aus, der zu dem Verletzten in einem engen Verhältnis (s. dazu u. 2) steht. Die strafbare Handlung, von der Nummer 1 spricht, die aber auch in den Nummern 2 und 3 zum Text zu ergänzen ist, ist diejenige, die Gegenstand des Strafverfahrens ist, in dem der Richter mitwirkt. Der Begriff ist im weitesten Sinne zu verstehen, so daß der Richter auch im Sicherungsverfahren (§§ 429a ff.) ausgeschlossen ist (RG. HRR. **1942** 747). Die Verletzung braucht nicht durch die Tat bewirkt zu sein, wegen der der Angeklagte verurteilt wird; es genügt eine Tat, die durch die Verurteilung mit abgeurteilt wird, wie bei der sog. mitbestraften Nachtat oder in den Fällen der Verdrängung durch Spezialität, Konsumtion oder Subsidiarität. Wird der Richter durch eine strafbare Handlung verletzt, die nicht Gegenstand des Verfahrens ist, so findet § 22 keine Anwendung. Der Richter wird also nicht dadurch ausgeschlossen, daß der Angeklagte ihn während der Verhandlung bestiehlt oder beleidigt. Allerdings kann der Fall des § 24 oder des § 30 gegeben sein, aber nicht regelmäßig, wie sich schon aus § 178 GVG. ergibt.

2. Verletzte. Der Kreis der Verletzten ist in den Nummern 1—3 abschließend bezeichnet: der Richter selbst (Nr. 1), sein Ehegatte, also auch der Ehemann einer Richterin — nicht der oder die Verlobte — und sein Mündel (§§ 1773, 1896 BGB.; Nr. 2). Die vorläufige Vormundschaft (§ 1906 BGB.) und die Gegenvormundschaft (§ 1792 BGB., RGSt. **11** 223) begründen die Eigenschaft als Vormund; die Pflegschaft (§§ 1909, 1910) steht ihnen nicht gleich. Ob das Verhältnis als Ehegatte oder Vormund noch besteht und aus welchem Grunde es weggefallen ist, ist gleichgültig.

Der Richter ist weiter ausgeschlossen, wenn er zu dem Verletzten in einem der in Nr. 3 bezeichneten Verhältnisse steht. Wegen der dort aufgeführten Verwandtschaften und Schwägerschaften finden nach Art. 33 EGBGB. die Vorschriften des bürgerlichen Rechts Anwendung, d. s. § 1589 BGB. für die Verwandtschaft, § 1510 BGB. für die Schwägerschaft und §§ 1757, 1762, 1763 BGB. für die Annahme an Kindes Statt. Die Ausdrücke „bis zum zweiten und dritten Grad" schließen diese Grade ein. Die Ehe, durch welche die Schwägerschaft vermittelt worden ist, braucht nicht mehr zu bestehen. Aus welchem Grunde sie weggefallen ist, ist bedeutungslos (vgl. BGHSt. **9** 38; a. A. — Nichtigkeitserklärung der Ehe läßt Schwägerschaft entfallen — Schw-Kleinknecht, 4 A zu § 22). Wegen der Einzelheiten s. u. 2c zu § 52.

Das uneheliche Kind einer Richterin ist mit ihr in gerader Linie verwandt (§ 1705 BGB.), das eines Richters nicht (§ 1589 Abs. 2 BGB.). Das Ergebnis ist unbefriedigend, aber wegen Art. 33 EGBGB. von der Rechtsprechung nicht anders zu gewinnen (vgl. BGH. NJW. **1956** 1286; Bruns, ebendort; Dallinger MDR. **1956** 397). Art. 5 Abs. 6 GG. hilft wegen seines bloßen Programmcharakters nicht weiter. Das uneheliche Kind eines Richters in den Kreis der Verletzten einzubeziehen, ist eine dringende Reformforderung. Bis zu einer Änderung des Gesetzes wird ein Richter, der Vater eines verletzten unehelichen Kindes ist, stets eine Anzeige nach § 30 zu machen haben.

Die Verwandtschaft oder Schwägerschaft des Richters mit einem anderen mitwirkenden Richter, mit dem Beamten der Staatsanwaltschaft, dem Urkundsbeamten, dem Verteidiger des Beschuldigten oder dem Anwalt des Privatklägers oder Verletzten oder mit einem Zeugen oder Sachverständigen fällt nicht unter § 22, doch kann ggf. Befangenheit des Richters zu besorgen sein.

3. Der **Begriff** Verletzter findet sich in der Strafprozeßordnung an vielen Stellen (z. B. § 61 Nr. 2, § 111 Abs. 1, § 172 Abs. 1, § 374 Abs. 1, § 403, § 406d Abs. 1), doch sind ihm nicht überall dieselben Grenzen gezogen (BGHSt. **4** 203, **5** 87); er ist vielmehr nach dem Zweck der einzelnen Vorschrift bald enger, bald weiter auszulegen. Für § 22 muß wegen der Anfechtbarkeit der Handlungen eines ausgeschlossenen Richters (vgl. RGSt. **23** 362) ein fest umgrenzbarer Begriff gefordert werden. Dieser Forderung kann eine mittelbare Verletzung (so EbSchmidt, 6 zu § 22; Peters, § 20 II 1; Schorn, S. 261) nicht genügen, weil die Grenzen des Mittelbaren verfließen (BGHSt. **1** 299). Verletzt i. S. von § 22 ist daher, wer durch die abzuurteilende Tat unmittelbar betroffen ist, d. h. bei Straftaten gegen das Vermögen durch die strafbare Handlung einen unmittelbaren Nachteil an seinem Vermögen erleidet (RGSt. **24** 342; **25** 179; **37** 145; **67** 219; **69** 127; BGHSt. **1** 299). Auch die mittelbare Verletzung kann, und das wird oft naheliegen, die Befangenheit des Richters begründen. Dann sind die Wege der §§ 24 und 30 zu wählen. Der Ausschluß kraft Gesetzes ist dagegen zu Recht an die klar ersichtliche unmittelbare Verletzung gebunden. Die Verletzung wird nicht dadurch beseitigt, daß das auf die Hauptverhandlung ergehende Urteil die verletzende Straftat nicht feststellt; es kommt vielmehr allein darauf an, daß dem Angeklagten durch die Anklage eine Straftat zur Last gelegt wird, aus der, wenn sie als begangen festgestellt wird, sich die Verletzung ergäbe (RG. R. 8 582).

4. Einzelfälle.

a) Vermögensdelikte. Beim Diebstahl ist sowohl der Gewahrsamsinhaber als auch der Eigentümer verletzt (EbSchmidt, 7 zu § 22). Konkursdelikte verletzen jeden Konkursgläubiger, der wegen Unzulänglichkeit der Masse nicht voll befriedigt wird (RGSt. **11** 223, **33** 309); nachträgliche Befriedigung beseitigt die Eigenschaft als Verletzter nicht (RGSt. **21** 291). Eine strafbare Handlung zum Nachteil der Konkursmasse verletzt den Konkursverwalter nicht (RG. HRR. **1938** 636). Beim Betrug ist verletzt, wer an seinem Vermögen beschädigt, dagegen nicht, wer getäuscht aber ein anderer als der Geschädigte ist (RGSt. **74** 170).

Wird eine Stadtgemeinde, eine Kirchengemeinde oder eine andere Körperschaft des öffentlichen Rechts geschädigt, so trifft der Schaden unmittelbar weder die Mitglieder noch die verfassungsmäßigen Vertreter (RGSt. **67** 220). Verwirklicht sich der schädliche Erfolg am Vermögen einer Gesellschaft, so kommt es für die Frage, ob die Gesellschafter unmittelbar geschädigt sind, auf die Gesellschaftsform an: Bei der Gesellschaft des bürgerlichen Rechts steht das Eigentum am Gesellschaftsvermögen der Gesamtheit der Gesellschafter zu (§ 718 Abs. 1 BGB.). Daher nimmt jeder Gesellschafter unmittelbar an dem Schaden teil, der das Gesellschaftsvermögen trifft. Dasselbe trifft auf die offene Handelsgesellschaft zu, da sie, wenn ihr auch § 124 HGB. in gewissen Grenzen eine rechtliche Selbständigkeit einräumt, doch keine juristische Person, die rechtliche Stellung ihrer Gesellschafter vielmehr so geordnet ist, daß diese in ihrer jeweiligen Vereinigung Eigentümer des Gesellschaftsvermögens sind (RGSt. **46** 77).

Anders verhält es sich mit dem eingetragenen Verein (§ 21 BGB.), der eingetragenen Genossenschaft (§ 1 GenG.; RGSt. **23** 362), der Aktiengesellschaft (§ 1 AktG.); der Kommanditgesellschaft auf Aktien (§ 278 AktG., RGSt. **37** 415, **69** 128) und mit der GmbH. (§ 13 GmbHG.). In diesen Fällen liegt eine von ihren Gesellschaftern verschiedene Rechtspersönlichkeit vor. Dieser gehört das Vermögen; wird es verringert, bewirkt das für die Beteiligten nur einen mittelbaren Schaden (RGSt. **37** 415; **69** 128; anders bei § 61 Nr. 2: BGHSt. **4** 202), der sich wegen des Umfangs des Vermögens, der inneren Ausgleichsmöglichkeiten, der Limitierung der Dividenden und anderer Faktoren auf das Vermögen des Gesellschafters oder Mitglieds nicht auszuwirken braucht, jedenfalls in der Regel als Einzelschaden nicht meßbar und nicht mit Sicherheit feststellbar ist. Demzufolge nimmt auch der Prokurist einer GmbH. an dem Schaden, der ihr widerfährt, selbst dann nicht unmittelbar teil, wenn er Anteil am Gewinn hat (BGHSt. **1** 300).

b) Beleidigung. Der in einem voraufgegangenen Verfahren durch eine Beleidigung verletzte Richter ist grundsätzlich von der Aburteilung der Beleidigung ausgeschlossen. Ob er oder sein Vorgesetzter Strafantrag gestellt hat, ist gleichgültig (BGH. MDR. **1954** 628). Dagegen ist der vorgesetzte Richter niemals ausgeschlossen, mag er als amtlicher Vorgesetzter (§ 196 StGB.) eines Richters oder Beamten einen Strafantrag gestellt (RG. R. **4** 209; RGSt. **30** 125) oder mag der Richter oder Beamte das selbst getan haben (RG. R. **5** 333), doch kann in dem ersten Falle die Besorgnis der Befangenheit begründet sein (RGSt. **30** 124). Durch die Beleidigung des gesamten Richterstandes (vgl. RGSt. **24** 342) oder sämtlicher Richter eines Landes (RGSt. **25** 179) werden nicht sämtliche Richter, sondern nur diejenigen verletzt, die persönlich getroffen werden sollen und gegen die damit die beleidigende Kundgebung unmittelbar gerichtet ist (RG. JW. **1912** 942).

5. Verwandter des Beschuldigten (Nr. 2 und 3). Der Richter ist ferner ausgeschlossen, wenn er Ehegatte oder Vormund (s. o. 2) des Beschuldigten oder wenn er mit ihm in der in Nr. 3 bezeichneten Weise verwandt oder verschwägert ist. Wegen der Einzelheiten gilt das o. 2 Ausgeführte. Die Selbstanzeige (§ 30) eines Richters, der der außereheliche Vater eines Beschuldigten ist, ist hier noch dringlicher geboten als in dem o. 2 behandelten Fall.

6. Richter als Beschuldigter. Die Nummern 2 und 3 schließen den Richter sowohl aus, wenn er zu dem Beschuldigten als auch, wenn er zu dem Verletzten in einem besonderen Verhältnis steht. In Nr. 1 dagegen ist nur auf seine Verletzung durch die strafbare Handlung abgestellt. Den Parallelfall hierzu, daß nämlich der Richter selbst Beschuldigter ist, erwähnt das Gesetz nicht. Denn es ist selbstverständlich, daß im Prozeß niemand Richter über sich selbst sein kann. Nach diesem Grundsatz ist der Richter aber nicht nur ausgeschlossen, wenn er (zufolge einer Verfolgungshandlung) Beschuldigter, sondern auch, wenn er ohne beschuldigt worden zu sein, Täter ist, gleichviel ob er das weiß oder nicht. Unter den Begriff des Täters fällt der Richter, der (der wirkliche) Alleintäter ist, oder sich an der Tat als Mittäter (§ 47 StGB.), Nebentäter, Anstifter (§ 48 StGB.) oder Gehilfe (§ 49 StGB.) beteiligt oder sich einer Begünstigung (§§ 257, 258 StGB.) des Täters der abzuurteilenden Handlung, sei es einer persönlichen — auch im Falle des § 257 Abs. 2 StGB. —, sei es einer sachlichen, oder einer Hehlerei (§ 259 StGB.) in bezug auf den Gegenstand der abzuurteilenden Tat schuldig gemacht hat. Besteht nur ein Verdacht, dann findet nicht § 22, sondern § 24 und für den verdächtigen Richter selbst § 30 Anwendung.

7. Frühere Tätigkeit (Nr. 4 und 5). Der Richter ist ferner ausgeschlossen, wenn er in der Sache in bestimmter Eigenschaft tätig gewesen oder vernommen worden ist. Sache i. S. von § 22 Nr. 4 und 5 ist das Strafverfahren (RGSt. **57** 276; BayObLGSt. **1949/51** 167 = NJW. **1951** 245), das die Verfolgung derselben Straftat gegen dieselbe Person zum Gegenstand hat. Zur Sache gehört das ganze Verfahren von den Vorermittlungen an über Voruntersuchung und Hauptverhandlung (RGSt. **17** 174) bis zum Wiederaufnahmeverfahren (RGSt. **30** 71). Demnach gibt regelmäßig die Gleichheit der Tat (§ 264) den Ausschlag, gleichgültig, ob Teilnehmer oder weitere Tathandlungen erst später dazu kommen (RGSt. **57** 276) oder durch Trennung ausgeschieden werden (a. A. RGSt. **17** 176). Danach ist ein Richter ausgeschlossen, der im Zwischenverfahren als Verteidiger eines außer Verfolgung gesetzten Mitbeschuldigten aufgetreten ist (Eb Schmidt, 14 zu § 22; a. A. RG. LZ. **1918** 452). Sinn und Zweck des § 22 Nr. 4 und 5 verbieten es jedoch, seine Anwendung auf den Fall der prozessualen Tatgleichheit zu beschränken. Vielmehr ist Sachgleichheit i. S. von § 22 nicht ausnahmslos als Tatgleichheit i. S. von § 264 zu verstehen, sondern weiter aufzufassen. Demzufolge liegt Sachgleichheit auch dann vor, wenn der Richter in einer zwar anderen, aber doch denselben Gegenstand betreffenden Rechtssache eine nichtrichterliche Tätigkeit der in § 22 Nr. 4 und 5 bezeichneten Art ausgeübt hat (BGHSt. **9** 193; a. A. RG. JW. **1930** 687).

8. Beamte der Staatsanwaltschaft (§ 146) sind die Bundesanwälte, Staatsanwälte, Amtsanwälte (§ 142 Abs. 1) und die mit der Wahrnehmung staatsanwaltschaftlicher Aufgaben beauftragten Assessoren sowie die mit der Wahrnehmung amtsanwaltlicher Aufgaben beauftragten Referendare (OLG. Düsseldorf JMBl. NRW. **1965** 103) und Inspektoren. Führen sie Geschäfte der allgemeinen Justizverwaltung, wie die Bearbeitung von Dienstaufsichtsbeschwerden, so wird dadurch die Fähigkeit für eine spätere Richtertätigkeit in einer Strafsache, auf die die Aufsichtsbeschwerde Bezug hatte, nicht gehindert (Beling JW. **1925** 2779). Ebenso macht die Strafvollstreckung nicht — etwa für ein Wiederaufnahmeverfahren — unfähig. Denn sie ist ohne Einflußnahme auf die Sachentscheidung. Der Richter, der als Vollstreckungsbehörde entschieden hat, ist aber in der Regel wegen Besorgnis der Befangenheit zur Anzeige nach § 30 verpflichtet, wenn er in der gleichen Sache als Vollstreckungsgericht (§ 458) zu entscheiden hat (s. u. 4 zu § 24).

Der Ausschließungsgrund trifft auch auf einen Richter zu, der als Gerichtsassessor vertretungsweise und bei nur einem Amtsgeschäft eine staatsanwaltschaftliche Verrichtung versehen hat (RGSt. **7** 236, **28** 54). Wesentlich ist, daß der Richter in seiner Eigenschaft als Beamter der Staatsanwaltschaft in einer bestimmten, wenn auch zunächst gegen Unbekannt gerichteten (RGSt. **57** 278) Sache tätig geworden ist, um den Sachverhalt zu erforschen (RGSt. **59** 268) oder doch wenigstens den Gang des Verfahrens zu beeinflussen (RGSt. **17** 418), sei es auch nur in formeller oder untergeordneter Weise (RGSt. **7** 236; RG. GA. **40** 447). Demzufolge ist als Richter ausgeschlossen, wer als Beamter der Staatsanwaltschaft die Verfügung über die Zustellung eines Gerichtsbeschlusses oder über die Ladung des Angeklagten oder eines Zeugen zur Hauptverhandlung entworfen und unterzeichnet hat (RGSt. **28** 54); wer die Akten nach Prüfung seiner Unzuständigkeit abgibt (RGSt. **55** 113); wer die von einem nicht zeichnungsberechtigten Sachbearbeiter entworfene Verfügung über die Rücknahme des Steckbriefs und die Nachricht davon an das Strafregister in Vertretung des Abteilungsleiters unterzeichnet hat (BGH. NJW. **1952** 1149).

Dagegen ist nicht ausgeschlossen der leitende Beamte, der mit der Sache selbst nicht befaßt gewesen ist (RGSt. **70** 163); ein Staatsanwalt, der, ohne Anordnungen in der Sache zu treffen, lediglich verfügt, daß die Akten dem Dezernenten nach der Rückkehr aus dem Urlaub vorzulegen seien, auch wenn er die prozessualen Probleme des Falls mit einem Referendar zu dessen Ausbildung bespricht (RGSt. **59** 267).

9. Polizeibeamter. Hilfsbeamte der Staatsanwaltschaft (§ 152 GVG.) und Polizeibeamte, die in einer Strafsache aus eigener Entschließung tätig geworden sind (§ 163 Abs. 1), sind in derselben Sache als Richter ausgeschlossen, nicht jedoch Polizeibeamte, die ohne eigene Ermittlungen eine bloße Anzeige nach § 159 Abs. 1 erstattet haben (RGSt. **17** 420, **55** 251; RG. GA. **49** 118). Im übrigen sind Polizeibeamte ausgeschlossen, wenn sie in der Sache eine Tätigkeit in der Strafrechtspflege ausgeübt, insbesondere eine mit Strafe bedrohte Handlung oder Unterlassung erforscht haben (RGSt. **17** 419; RG. JW. **1892** 199). Beschließt ein Bürgermeister nach eigener Prüfung, von weiteren Ermittlungen bis zur Entschließung der Staatsanwaltschaft abzusehen, so ist er damit in der Sache tätig geworden (RGSt. **55** 251). Dagegen genügt Transport oder Bewachung eines Gefangenen nicht. Ebensowenig begründet eine Tätigkeit innerhalb eines anderen Zweiges der Polizei, etwa der Wohlfahrts- (RGSt. **17** 419) oder der Gesundheitspolizei (RGSt. **35** 320) die Ausschließung.

10. Anwalt und Verteidiger. Unter Anwalt des Verletzten ist nur der Rechtsanwalt zu verstehen (RG. GA. **47** 377). Bei dem Verteidiger (§ 138) sind Art und Maß der Tätigkeit unerheblich (RG. GA. **40** 447); die Unterzeichnung eines Schriftsatzes, in dem ein Zeuge benannt wird, genügt.

11. Zeuge und Sachverständiger. Der Richter ist nach Nr. 5 nur ausgeschlossen, wenn er in der Sache gerichtlich, polizeilich oder von der Staatsanwaltschaft, einem Finanz- oder Hauptzollamt oder einer Zollfahndungsstelle als Zeuge oder Sachverständiger mündlich vernommen worden ist, gleichviel ob er Bekundungen gemacht oder die Erklärung abgegeben hat, von der Sache nichts zu wissen. Der mündlichen Vernehmung steht die von einem Richter (nicht Beamten) angeordnete Abgabe eines schriftlichen Sachverständigengutachtens im Vorverfahren gleich (§ 82). Abgesehen von diesem Fall genügen schriftliche Erklärungen, etwa des Richters der Ursprungssache zu einer daraus entstandenen neuen Meineidssache über den Inhalt der Aussage in der ersten Sache, nicht; denn Vernehmung ist nur persönliches Anhören, in der Regel zu Protokoll (RGSt. **12** 180, **58** 286; RG. JW. **1913** 1001). Erst recht schließt die Benennung des Richters als Zeugen ihn nicht aus (RGSt. **17** 173, **42** 2; RG. GA. **59** 126; BGHSt. **11** 206). Das bewirkt auch die Ladung nicht, doch verhindert sie den Richter, wenn er zur Hauptverhandlung als Zeuge und nicht als Richter erscheint (RGSt. **42** 3), an ihr als Richter teilzunehmen (BGHSt. **7** 44). Sagt der Richter aus, z. B. dadurch, daß er privates Wissen kundgibt, sei es in der Verhandlung, sei es unzulässigerweise nur in der Beratung, dann verläßt er die Stellung des Richters und nimmt damit die eines Zeugen ein und ist dadurch als Richter ausgeschlossen (RGSt. **26** 273). Ein bloßer Vorhalt, z. B. ob eine Örtlichkeit nicht dieser oder jener Beschaffenheit sei, ist allerdings ebensowenig Zeugenaussage, wie der Umstand, daß der Richter allgemeinkundige Tatsachen, etwa Straßenverhältnisse, in der Hauptverhandlung zum Gegenstand der Verhandlung macht.

Der als Zeuge benannte Richter kann an der Entscheidung über den Antrag auf seine Vernehmung mitwirken (RG. GA. **59** 126; RGSt. **42** 2; BGHSt. **11** 206). Nach Ansicht der Motive (Hahn, **1** 89) kann das Gericht den Antrag auf Vernehmung eines Richters ablehnen, wenn dieser versichert, nichts zur Sache sagen zu können, und wenn das Gericht der Ansicht ist, der Richter werde deshalb als Zeuge benannt, damit er verhindert werde, sein Richteramt auszuüben. Dem ist zuzustimmen, wenn feststeht, daß der Angeklagte zwar die Vernehmung des Richters und diese allein zu dem Zwecke will, den Richter auszuschalten, daß ihm aber an der Aussage nichts liegt, weil er weiß, sie werde seine Behauptung über das Wissen des Richters Lügen strafen. Besteht nur der geringste Zweifel, ob der Richter nicht doch Zeugenwissen habe, dann ist die Ablehnung des Beweisantrages auf Grund richterlicher Versicherung auch dann unzulässig, wenn neben dem Richter noch andere Zeugen zur Verfügung stehen.

Ist ein Richter vernommen worden, so darf er das Richteramt selbst dann nicht ausüben, wenn sich seine Aussage als völlig bedeutungslos erweist (RGSt. **30** 70). Die Vernehmung schließt ihn auch für ein Wiederaufnahmeverfahren (RG. R. **6** 161; RGSt. **30** 70) und auch für Teile des Verfahrens aus, in denen zufolge Abtrennung die frühere Aussage keine Rolle mehr spielt (a. A. RGSt. **17** 173). Denn der Schein eines Verdachts der Parteilichkeit (RGSt. **59** 267), der durch die Zeugenrolle entstanden ist, kann nicht durch die nachträgliche Abtrennung eines Teils aufgehoben werden.

Der Dolmetscher gehört nicht zu den Sachverständigen i. S. von Nr. 5.

II. Wirkungen und Folgen.

1. Wirkungen. Liegt ein Ausschließungsgrund vor, so ist der Richter „ohne jede Anregung von seiten der Parteien und unabhängig von einem etwaigen Verzicht derselben eo ipso, also kraft des Gesetzes" (RGSt. **2** 211) ausgeschlossen, das Richteramt auszuüben. Nur in Zweifelsfällen muß ausdrücklich entschieden werden (s. u. 2). Der Ausschluß besteht von der Entstehung des Ausschlußgrundes an. Dieser Zeitpunkt wird regelmäßig vor Beginn der richterlichen Handlung liegen, kann aber ausnahmsweise, namentlich im Falle der Nummer 5, auch erst während des Verfahrens eintreten. Ob der Richter den Ausschließungsgrund kennt, ist — anders als bei der Ablehnung wegen Besorgnis der Befangenheit — gleichgültig (RGSt. **33** 309). Er ist nicht nur von Entscheidungen, sondern von jeder richterlichen Tätigkeit im Verfahren (Beispiele bei Schorn, S. 267) schlechthin ausgeschlossen. Der Ausschluß bezieht sich auf den gesamten Verfahrensgegenstand. Sind mehrere Sachen miteinander verbunden, so wirkt die Ausschließung, die zufolge der Beziehung zu der einen Sache begründet ist, für alle Sachen. Diese umfassende Ausschließung wird auch nicht dadurch beseitigt, daß das Verfahren wegen der Tat, auf der die Ausschließung beruht, sich — etwa durch Einstellung nach § 153 (BGHSt. **14** 219) oder durch Teilrechtskraft — erledigt, im übrigen aber fortgesetzt wird. Auch für unaufschiebbare Handlungen und bei Gefahr im Verzuge gilt keine Ausnahme (RGSt. **30** 71); lediglich das jedermann zustehende Festnahmerecht nach § 127 Abs. 1 bleibt unberührt. Der Ausschluß erstreckt sich jedoch nur auf richterliche Handlungen; für Maßnahmen der Justizverwaltung — wie die Auslosung von Schöffen (BGHSt. **3** 68) und die Strafvollstreckung (BayObLGSt. **1954** 67), zu der jedoch nicht die Entscheidungen nach § 458 gehören (OLG. Hamm MDR. **1957** 760) — gibt es keinen Ausschluß.

2. Verfahren. Sobald der Richter von einem Ausschließungsgrund Kenntnis erhält, hat er sich jeder Ausübung des Richteramts zu enthalten. Auch darf er nicht außerhalb von Diensthandlungen auf die Sache einwirken, etwa die Terminbestimmung durch seine Autorität beeinflussen (BVerfGE. **4** 412 = NJW. **1956** 545). Er ist verhindert i. S. von § 22b Abs. 1 Satz 2, § 63 Abs. 1 Satz 1, § 66 Abs. 1, §§ 67, 117, 131, § 192 Abs. 2 GVG. Einer Entscheidung des Gerichts bedarf es nicht, wenn der Ausschließungsgrund offensichtlich ist, wie regelmäßig in den Fällen des § 22 Nr. 4 und 5 und meist im Falle der Verwandtschaft mit dem Beschuldigten (§ 22 Nr. 3). Dann scheidet der verhinderte Richter — der Einzelrichter, der Untersuchungsrichter oder das Mitglied eines Kollegiums — aus und wird durch seinen nach der Geschäftsverteilung berufenen Vertreter ersetzt. Das ergibt sich aus der Ausschließung kraft Gesetzes sowie zusätzlich aus § 30, der die Entscheidung über Ausschließungsgründe nur für den Fall vorschreibt, daß Zweifel darüber bestehen, ob sie vorliegen. Hat ein Richter solche Zweifel, dann muß er die Entscheidung des Gerichts nach § 30 herbeiführen; entstehen bei Gericht Zweifel, so hat es von Amts wegen zu entscheiden (§ 30). Die Entscheidung kann jeder Prozeßbeteiligte jederzeit während des ganzen Verfahrens anregen. Anspruch auf Entscheidung und Bescheidung hat er jedoch nur, wenn er das Verfahren nach § 24 Abs. 1, § 26 Abs. 1 und 2 betreibt, für das die zeitliche Grenze des § 25 nicht gilt (s. u. 1 zu § 25). Tritt der Ausschließungsgrund während einer Hauptverhandlung ein, so muß diese wegen § 226 wiederholt werden, wenn nicht ein Ergänzungsrichter (§ 192 Abs. 2 GVG.) mitgewirkt hat. Wird jedoch ein von Anfang an bestehender Ausschließungsgrund erst während der Hauptverhandlung bekannt, dann ist diese auf jeden Fall zu wiederholen: Der Ergänzungsrichter kann nicht rückwirkend eintreten.

3. Folgen. Wirkt ein ausgeschlossener Richter im Strafverfahren mit, sei es weil er den Ausschließungsgrund nicht kennt, sei es weil er etwa glaubt, dringende Amtshandlungen vornehmen zu dürfen, so sind alle vor, von oder mit ihm nach der Entstehung des Ausschließungsgrundes bewirkten Amtshandlungen fehlerhaft (Henkel, § 31 II 2 unterscheidet zwischen Nichtigkeit im allgemeinen und Anfechtbarkeit bei Urteilen). Ladungen sind zwar zu befolgen, doch ist die Ladungsfrist nicht gewahrt. Das Untersuchungsgefängnis hat den Haftbefehl zu beachten, doch ist er im Haftprüfungsverfahren oder auf Beschwerde aufzuheben (EbSchmidt, 11 vor § 22) und durch den Haftbefehl eines nicht ausgeschlossenen Richters, auch des Beschwerdegerichts (§ 309 Abs. 2) zu ersetzen. Das gleiche gilt für sonstige Beschlüsse — namentlich im Falle des § 23

Abs. 2 —, doch wird hier oft geboten sein, die Sache zur Beschlußfassung in die ordentlich besetzte erste Instanz zurückzuverweisen, damit dem Beteiligten keine Instanz verlorengeht (Hauptwerk, 3 zu § 309). Von der Zurückverweisung wird jedoch abzusehen sein, wenn der Inhalt der Entscheidung ohne Beurteilung der Sache selbst feststeht, z. B. wenn das falsch besetzte Gericht nur für die Frage zu entscheiden hatte, daß ein vom Verurteilten persönlich in einem Schriftsatz angebrachtes Wiederaufnahmegesuch unzulässig ist. Soweit Prozeßhandlungen auf das Urteil Einfluß haben können, ist dem Zweck des Gesetzes ein Beweisverbot der Art zu entnehmen, daß die wegen des Ausschlusses vom Richteramt fehlerhaften Akte nicht verwertet werden dürfen (Müller-Sax, 2d Abs. 2 zu § 22). So ist an der Gültigkeit des vor einem ausgeschlossenen Richter geleisteten Eides kein Zweifel, er ist auch, wenn mit ihm vorsätzlich eine unwahre Aussage bekräftigt wird, ein Meineid (BGHSt. **10** 142); im Prozeß darf er indessen ebensowenig verwertet werden, wie ein von einem ausgeschlossenen Richter aufgenommenes Protokoll (RGSt. **30** 72). Die Fehlerhaftigkeit des von einem ausgeschlossenen Richter erlassenen oder miterlassenen Eröffnungsbeschlusses (RGSt. **55** 113 mit der freilich abzulehnenden Begründung, es habe ein Richter zu wenig entschieden) ist jederzeit von Amts wegen zu beachten mit der Folge, daß das Verfahren einzustellen ist. Denn das Fehlen eines Eröffnungsbeschlusses bedeutet das Fehlen einer Verfahrensvoraussetzung. Dem gänzlichen Fehlen stehen schwerwiegende Mängel gleich (RGSt. **68** 107), die im Laufe des Verfahrens nicht mehr behoben werden können (s. o. Einl. Kap. 10 B 1 Abs. 4). Dazu gehört die Mitwirkung eines ausgeschlossenen Richters (BGH. bei Herlan MDR. **1954** 656; EbSchmidt, 10 vor § 22; a. A. — Prüfung nur auf Rüge — Kern JZ. **1958** 94). Freilich braucht das Gericht nicht nach Mängeln zu forschen, die nicht offen zutage treten (vgl. BGHSt. **10** 280). Urteile unterliegen auf Anfechtung, im Revisionsverfahren bei ordnungsmäßiger Rüge, der Aufhebung (§ 338 Nr. 2), erwachsen aber sonst in Rechtskraft (RGSt. **72** 181; OLG. Bamberg HESt. **3** 1).

4. Revision. Hat das Gericht die Mängel nicht durch Wiederholung beseitigt, so können sie, wenn es zu einem Urteil gekommen ist, mit der Revision gerügt werden. Soweit der Mangel dem Beweismaterial anhaftet, wird das Urteil stets auf ihm beruhen (§ 337 Abs. 1). Betrifft er den Eröffnungsbeschluß, wird das Revisionsgericht das Verfahren wegen Fehlens einer Prozeßvoraussetzung einstellen (a. A. — Urteil kann auf dem Mangel nicht beruhen — Müller-Sax, 4 zu § 22). Hat der ausgeschlossene Richter an der Hauptverhandlung mitgewirkt, beruht das Urteil stets auf der Gesetzesverletzung. Hat an einem aus zwei gegen verschiedene Personen gerichteten, durch Verbindung entstandenen Verfahren ein Richter mitgewirkt, der vor der Verbindung gegen einen der Angeklagten die Voruntersuchung geführt hatte, dann war das zwar unzulässig, weil durch die Verbindung der in einer Sache ausgeschlossene Richter notwendig im ganzen verbundenen Verfahren nicht mitwirken durfte (RGSt. **57** 248; RG. GA. **60** 421). Beschwert ist aber nur derjenige, gegen den der Richter die Voruntersuchung geführt hat (Cuno, S. 39); nur hinsichtlich dieses Angeklagten ist das Urteil aufzuheben (RGSt. **54** 317; a. A. RG. JW. **1913** 1002; EbSchmidt, 16 zu § 23).

Die Rechtsmittel stehen allen Prozeßbeteiligten zu. Auch § 22 Nr. 4 ist nicht nur zugunsten des Angeklagten gegeben. Seine Verletzung kann auch die Staatsanwaltschaft geltend machen, auch um das Urteil zum Nachteil des Angeklagten anzugreifen (RGSt. **59** 267).

§ 23

(1) Ein Richter, der bei einer durch ein Rechtsmittel angefochtenen Entscheidung mitgewirkt hat, ist von der Mitwirkung bei der Entscheidung in einem höheren Rechtszuge kraft Gesetzes ausgeschlossen.

(2) Ein Richter, der bei einer durch einen Antrag auf Wiederaufnahme des Verfahrens angefochtenen Entscheidung mitgewirkt hat, ist von der Mitwirkung bei Entscheidungen im Wiederaufnahmeverfahren kraft Gesetzes ausgeschlossen. Ist die angefochtene Entscheidung in einem höheren Rechtszug ergangen, so ist auch der Richter ausgeschlossen, der an der ihr zugrunde liegenden Entscheidung in einem unteren Rechtszug mitgewirkt hat.

(3) Der Untersuchungsrichter darf in den Sachen, in denen er die Voruntersuchung geführt hat, nicht Mitglied des erkennenden Gerichts sein, auch nicht bei einer außerhalb der Hauptverhandlung ergehenden Entscheidung der Strafkammer mitwirken.

Entstehungsgeschichte: I., II. und III. Entw. § 17.

Änderungsvorschläge: N.E. I, II und III § 16; N.E. IV und V Art. IV Entw. EGStGB. Art. 70 Nr. 10.

Spätere Änderungen: Absatz 3 war früher Absatz 2. In einem ursprünglichen dritten Absatz war vorgeschrieben, daß der Richter, der bei Eröffnung des Hauptverfahrens Bericht über den Antrag der Staatsanwaltschaft erstattet hatte, am Hauptverfahren vor der Strafkammer nicht teilnehmen dürfe. Diese „Ausschließung des Berichterstatters" wurde durch § 21 Abs. 1 der Emminger VO. vom 24. 1. 1924 (RGBl. I 15) beseitigt. Durch Art. 5 Nr. 1 StPÄG. ist der jetzige Absatz 2 eingefügt und der bisherige Absatz 2 zu Absatz 3 geworden.

Verwandte Vorschriften: § 41 Nr. 6 ZPO.; § 54 Abs. 1 VerwGO.

Schrifttum: Müller, Unter welchen Voraussetzungen ist jemand als Richter wegen früherer Befassung mit der Sache ausgeschlossen? NJW. **1961** 102. Zeitz, Ausschließung des Richters nach erfolgreicher Revision, DRiZ. **1965** 393.

Übersicht

I. Inhalt. § 23 enthält drei scharf begrenzte beschränkte Ausschließungsgründe. Sie schließen sich an die Fälle des § 22 Nr. 4 an, bei denen der Richter als früherer Beamter oder Anwalt ausgeschlossen ist, betreffen aber hier ausschließlich richterliche Vortätigkeit: Ein Richter darf nicht über ein Rechtsmittel gegen seine eigene Entscheidung entscheiden (Absatz 1); im wiederaufgenommenen Verfahren darf kein Richter mitwirken, der an der ursprünglichen Entscheidung beteiligt war (Absatz 2); ein Untersuchungsrichter darf nicht Mitglied des erkennenden Gerichts sein, das auf die Voruntersuchung in der Sache entscheidet (Absatz 3). Aus dieser Begrenzung ist zu entnehmen, daß die verschiedenen Aufgaben des Richteramts im übrigen miteinander vereinbar sind (RGSt. **62** 302), und daß die drei Fälle der Unvereinbarkeit Ausnahmen von dem allgemeinen Grundsatz der Vereinbarkeit aller richterlichen Aufgaben miteinander darstellen. Als Ausnahmevorschrift ist § 23 eng und nicht über seinen Wortlaut hinaus auszulegen (RGSt. **2** 91; **9** 287; **60** 325), doch werden manche Fälle der Vortätigkeit Besorgnis der Befangenheit begründen (s. u. 3a zu § 24) und dem Richter zu einem Verfahren nach § 30 Veranlassung bieten.

Was zu § 22 über die Wirkungen und Folgen der Ausschließung gesagt ist (s. o. II zu § 22), gilt auch für § 23, weil diese Vorschrift den Katalog des § 22 ergänzt. Daher sind nur zu Absatz 3 einige ergänzende Bemerkungen gemacht (s.u. IV 5).

II. Ausschluß von der Rechtsmittelentscheidung (Absatz 1).

1. Entscheidung im unteren Rechtszug. Der Ausschließungsgrund des Absatzes 1 liegt vor, wenn der Richter bei einer durch Rechtsmittel angefochtenen Entscheidung mitgewirkt hat. Der Begriff Entscheidung ist hier unabhängig von dem Inhalt, den er an anderen Orten hat, allein nach Sinn und Zweck der Vorschrift selbst auszulegen. Danach ist Entscheidung jede mit einem Rechtsmittel anfechtbare Willensäußerung des Gerichts. Die Entscheidung wird wegen § 305 Satz 1 in der Regel ein Urteil sein, doch sind auch Beschlüsse denkbar. Da nur die Mitwirkung an der Entscheidung, bei Kollegialgerichten an der Abstimmung, bedeutsam ist, schließt die Mitwirkung bloß an der Verhandlung — etwa als vor dem Urteil durch Ablehnung ausgeschiedener Richter oder als Ergänzungsrichter (§ 192 Abs. 2 GVG.) — den Richter nicht aus, im letzten Falle selbst dann nicht, wenn er (unzulässigerweise) an der Beratung teilgenommen hat (RGSt. **65** 41). Ebensowenig bewirkt die Vorbereitung der angefochtenen Entscheidung, etwa die Anordnung einer kommissarischen Vernehmung (RG. JW. **1925** 794) oder eine Beweisaufnahme, den Ausschluß, gleichviel ob sie vor dem erkennenden Gericht stattgefunden hat oder ob der Richter sie zufolge Auftrags oder Ersuchens vorgenommen hat (RG. JW. **1901** 289). War der Richter durch vorbereitende Entscheidungen für eine spätere Entscheidung schon weitgehend festgelegt, dann kann das die Besorgnis der Befangenheit begründen.

2. Rechtsmittel. Der Ausschluß hängt davon ab, daß eine Entscheidung durch ein Rechtsmittel angefochten worden ist. Rechtsmittel sind nur Beschwerde (§ 304), Berufung (§ 312) und Revision (§§ 333 bis 335). Keine Rechtsmittel sind der Antrag auf Wiedereinsetzung in den vorigen Stand (§ 44), der Antrag auf Haftprüfung (§ 117 Abs. 1) und der Antrag auf mündliche Verhandlung im Haftprüfungsverfahren (§ 118 Abs. 1; vgl. RGSt. **61** 416), der Antrag auf Wiederaufnahme des Verfahrens (§ 366; KG. JW. **1932** 2919) und der Einspruch gegen den richterlichen Strafbefehl (§§ 410, 411 Abs. 1) oder die richterliche Strafverfügung (§ 413 Abs. 4 in Vbdg. mit §§ 410, 411 Abs. 1). Der Fall der Entscheidung im Wiederaufnahmeverfahren ist jetzt in Absatz 2 in ähnlicher Weise wie für das Rechtsmittelverfahren geregelt.

3. Entscheidung im höheren Rechtszug. Der Richter ist nur von der Mitwirkung bei der Entscheidung ausgeschlossen, die im höheren Rechtszug über die von ihm in einem niederen Rechtszug erlassene oder miterlassene Entscheidung ergeht. Die Entscheidungen in den beiden Instanzen müssen einander entsprechen: Ergeht in erster Instanz ein Haftbefehl, dann kann ein Richter, der ihn erlassen hat, nach der Versetzung in die höhere Instanz, an der Entscheidung über die Haftbeschwerde nicht mitwirken, wohl aber am Erlaß des Berufungsurteils, wenn er vor dem Urteil erster Instanz aus dem erstinstanzlichen Gericht ausgeschieden ist. Aus dem gleichen Grunde darf der Richter, der das Urteil in erster Instanz miterlassen hat, im Berufungsverfahren über das Ablehnungsgesuch gegen einen Berufungsrichter mitentscheiden (RG. DRiZ. **1927** 326). Ebenso ist ein Richter, der in der Beschwerdeinstanz mitgewirkt hat, nicht in der Berufungsinstanz (RG. JW. **1933** 444) und der Richter, der bei Erteilung sicheren Geleits (§ 295 Abs. 1) durch die Strafkammer beteiligt war, nicht vom Richteramt in der Hauptverhandlung ausgeschlossen (RGSt. **59** 102). Ist eine weitere Beschwerde (§ 310) oder nach der Berufung noch Revision eingelegt, so wird zwar die Entscheidung des Beschwerde- oder des Berufungsgerichts überprüft, doch enthält die Entscheidung in der Regel zugleich die Rechtfertigung oder Mißbilligung der ersten Entscheidung. Der erste Richter ist daher auch in der dritten Instanz ausgeschlossen (KG. JW. **1928** 1949; OLG. Königsberg GA. **73** 65). Aus dem gleichen Grunde darf ein Richter, der an einem auf Revision aufgehobenen Urteil mitgewirkt hat, an der Entscheidung nicht mitwirken, die nach erneuter Revision im Revisionsrechtszug zu treffen ist (OLG. Schleswig SchlHA. **1958** 318).

Kein Verfahren im höheren Rechtszug ist das Haftprüfungsverfahren (§ 117 Abs. 1). Deshalb können — und das ist die Regel — die Richter, die den Haftbefehl erlassen haben, auch im Haftprüfungsverfahren mitentscheiden (RGSt. **61** 416).

4. Entscheidung im niederen Rechtszug. Der Gesetzgeber hat bei seiner Anordnung den Normalfall im Auge gehabt, bei dem sowohl die Sache von der unteren in die höhere Instanz geht als auch ein Richter vom niederen an ein höheres Gericht berufen wird. Es können aber auch Richter von höheren Gerichten bei niederen Gerichten Vorstandsposten erhalten und damit nach der Geschäftsverteilung berufen sein, an der Verhandlung einer Sache mitzuwirken, die durch das Urteil eines höheren Gerichts unter Mitwirkung des in die untere Instanz versetzten Richters an diese zurückverwiesen worden ist. Der Richter sitzt in diesem Falle zwar nicht über sein eigenes Urteil zu Gericht, was Absatz 1 ausschließen will. An die neue Entscheidung geht er aber auch nicht allein auf Grund des Ergebnisses der neuen Hauptverhandlung (§ 261) heran, sondern, wenigstens in der Regel, begleitet von den Eindrücken der Rechtsmittelverhandlung. Seine Lage kann daher der des Untersuchungsrichters (Absatz 3) sehr nahekommen. Sie braucht das nicht, etwa wenn das erste Urteil lediglich wegen eines Verfahrensmangels aufgehoben worden ist. Im Regelfall indessen wird die besondere Art der richterlichen Vortätigkeit die Besorgnis der Befangenheit erregen. Weil aber der Kreis der Ausschließungsgründe geschlossen ist, ist § 22 nicht entsprechend anzuwenden; es findet vielmehr Ablehnung nach § 24 Abs. 1, 2. Halbsatz, § 25 statt. In der Regel wird der Richter Anzeige nach § 30 zu machen haben.

III. Ausschluß im Wiederaufnahmeverfahren (Absatz 2).

1. Mitwirkung bei der ersten Entscheidung. Die Ausschließung trifft den Richter, der bei einer Entscheidung mitgewirkt hat, die später durch einen Antrag auf Wiederaufnahme angefochten wird. Solche Entscheidungen sind in erster Linie Urteile (§§ 359, 362), aber auch Strafbefehle (§ 373a), Strafverfügungen (s. u. 2c vor § 359; 2 zu § 373a) und Strafbescheide der Finanzämter (§§ 447, 420 AO.; § 373a StPO.), niemals Beschlüsse. Hat der Richter nicht an der (abschließenden) Entscheidung mitgewirkt, dann wird er nicht dadurch ausgeschlossen, daß er an vorbereitenden Entscheidungen oder allein an der Verhandlung (Beispiele s. o. II 1) beteiligt gewesen ist, doch kann darin ein Ablehnungsgrund liegen.

Richtet sich der Wiederaufnahmeantrag gegen das Urteil eines Revisionsgerichts, was nur in den seltenen Fällen der §§ 359 Nr. 3 und 362 Nr. 3 möglich ist (§ 367 Abs. 1), dann sind auch die Richter der Tatgerichte (erstes Gericht und, falls nicht §§ 313, 334 einschlagen, Berufungsgericht) ausgeschlossen. Wird ein Berufungsurteil mit der Wiederaufnahme angegriffen, sind auch die Richter ausgeschlossen, die das amtsgerichtliche Urteil erlassen haben (Absatz 2 Satz 2).

War das Urteil, das mit dem Antrag auf Wiederaufnahme des Verfahrens angegriffen wird, mit der Revision angefochten worden, dann sind die Richter, die über die Revision entschieden hatten, im Wiederaufnahmeverfahren nicht ausgeschlossen (OLG. Bremen NJW. **1966** 168); oft wird aber anzuerkennen sein, daß der Angeklagte Befangenheit befürchten könne (vgl. o. II 4). Nicht ausgeschlossen sind auch die Richter des Berufungsgerichts, wenn dieses nicht das mit dem Wiederaufnahmeantrag angefochtene Urteil erlassen, sondern nach § 328 Abs. 2 und 3 entschieden hat; auch wird hier in der Regel kein Grund gegeben sein, den Richter als befangen abzulehnen.

2. Mitwirkung im Wiederaufnahmeverfahren. Der Richter ist von Entscheidungen im Wiederaufnahmeverfahren ausgeschlossen. Im Gegensatz zu Absatz 1 ist von Entscheidungen und nicht von der Entscheidung die Rede. Der Ausschluß erstreckt sich also nicht nur auf die Entscheidung in der neuen Hauptverhandlung (§ 373), sondern nach Wortlaut und Sinn des Gesetzes auch auf die Beschlüsse, ob der Antrag zulässig (§ 367; OLG. Saarbrücken NJW. **1965** 167) und vornehmlich, ob er begründet ist (§ 370), die für das Schicksal der Wiederaufnahme oft am bedeutendsten sind. Nach dem Zweck der Vorschrift wäre es wohl unbedenklich, wenn der Richter des ersten Urteils im Wiederaufnahmeverfahren an einem Beschluß über Richterablehnung oder über die Anordnung der Untersuchungshaft mitwirkte. Es wäre aber schon bedenklich, wenn er mitentschiede, ob eine Beweisaufnahme erforderlich ist (§ 369 Abs. 1). Da dem Gesetz keine Abgrenzungsrichtlinie zu entnehmen ist, wird man es wörtlich auszulegen haben und im Wortlaut die gesetzgeberische Entscheidung finden müssen, daß von jeder Mitwirkung im Wiederaufnahmeverfahren ausgeschlossen ist, wer am ersten Urteil — und wenn das angegriffene Urteil in einer höheren Instanz ergangen ist, auch an dem ihm zugrunde liegenden Urteil der Vorinstanzen — mitgewirkt hat. Danach ist der Richter des ersten Urteils — und ihm etwa voraufgegangener Urteile — bei schlechthin allen Entscheidungen im Wiederaufnahmeverfahren ausgeschlossen, und zwar nicht nur bei den erstinstanzlichen Entscheidungen, sondern auch bei denen im Beschwerdeverfahren (OLG. Bremen NJW. **1966** 168).

3. Entscheidung nach Zurückverweisung. Keine Wiederaufnahme ist die Verhandlung und Entscheidung nach Zurückverweisung (§ 328 Abs. 2 und 3, § 354 Abs. 2). Daher kann nach dem Gesetzeswortlaut ein Richter, der an der aufgehobenen Entscheidung mitgewirkt hat, bei der Entscheidung in der neuen Hauptverhandlung im Falle des § 328 Abs. 2 vor dem Gericht des ersten Rechtszuges oder in den Fällen des § 354 Abs. 2 vor der anderen Abteilung oder Kammer dieses Gerichts, wenn er ihr inzwischen nach der Geschäftsverteilung angehört, oder vor dem anderen Gericht teilnehmen, wenn er dorthin versetzt worden ist (OLG. Celle NJW. **1966** 168) und ebenso vor dem Schwurgericht (vgl. BGHSt. **20** 252), wenn er ihm auch in der neuen Sitzung wieder angehört. Im Falle der Zurückverweisung ist es gleichgültig, wo die neue Verhandlung stattfindet: vor einem benachbarten Gericht (§ 354 Abs. 2 Satz 2), vor einem niederen Gericht (§ 354 Abs. 3), vor dem zuständigen Gericht, wenn zuerst ein unzuständiges entschieden hatte (§ 328 Abs. 3, § 355), und in diesem Falle auch vor einem höheren erstinstanzlichen Gericht (RGSt. **31** 225). Beisp.: Eine vor dem Schöffengericht verhandelte Sache ist aufgehoben und ans Schwurgericht verwiesen worden. Gegen diese Mitwirkung bestehen im Falle des § 328 Abs. 2 keine Bedenken. Dagegen entspricht sie in den meisten Fällen des § 354 Abs. 2 nicht der Absicht des Gesetzgebers, wie oben (Vorbem. 4 Abs. 2 zum dritten Abschnitt) ausgeführt ist (a. A. OLG.

Celle NJW. **1966** 168). Daher wird nach § 30 zu verfahren sein, wenn dem Gericht, das über eine zurückverwiesene Sache verhandelt, ein Richter angehört, der an der Entscheidung in der ersten Verhandlung mitgewirkt hatte, falls das aufhebende Urteil die Tatsachenfeststellung, die Beweiswürdigung oder die Behandlung der Straf- oder Maßregelfrage im ersten Verfahren beanstandet. Die Ansicht, daß ein Fall der Verhinderung (§ 63 Abs. 1 Satz 1 GVG.) vorliege, und der Richter schlicht durch seinen Vertreter ersetzt werden könne (SchwKleinknecht, 9 B zu § 354), findet in keiner gesetzlichen Bestimmung eine Stütze. Der Richter ist nicht verhindert, sondern kann allenfalls — und nicht in allen Fällen — vom Standpunkte des Angeklagten aus als befangen erscheinen. Ob das der Fall ist, darf nur in den ordentlichen Verfahren der §§ 27, 30 entschieden werden.

Zeitz faßt § 354 Abs. 2 unter Bezugnahme auf die Entstehungsgeschichte als Ausschliessungsgrund für die Richter auf, die an dem vom Revisionsgericht aufgehobenen Urteil mitgewirkt haben (DRiZ. **1965** 393). Eine solche Auslegung ist unzulässig; die §§ 22 und 23 sind abschließend. Zeitz übersieht auch, daß der Gesetzgeber für § 328 Abs. 2 keine dem § 354 Abs. 2 entsprechende Regelung getroffen hat. Er hat sein Ziel im großen durch die Anordnung des § 354 Abs. 2 verfolgt; verbleiben gleichwohl Befangenheitsfälle, ist mit den für Einzelfälle geschaffenen Mitteln der §§ 24 und 30 zu verfahren. Daß das Verfahren nach § 30 unzulässig wäre, weil nur die Auswirkung eines Gesetzes umgangen werden solle (S. 394), ist unzutreffend. Das Gesetz stellt nicht die Fiktion auf, daß ein Richter, der am aufgehobenen Urteil mitgewirkt hat und inzwischen an das Gericht gelangt ist, das nun in der Sache zu entscheiden hat, dem Angeklagten als unbefangen zu erscheinen habe.

4. Übergangsrecht. Nach Art. 15 Abs. 6 StPÄG. ist Absatz 2 in der neuen Fassung nur in solchen Strafsachen anzuwenden, in denen nach dem Inkrafttreten dieses Gesetzes über die Zulassung des Antrags auf Wiederaufnahme des Verfahrens entschieden wird. Im deutschen Strafprozeß hängt die Bearbeitung eines Antrags — mit der einzigen Ausnahme der Anklage (§ 207 Abs. 1) — niemals von einer gerichtlichen „Zulassung" ab. Gemeint ist, wie sich aus der Verwendung der gleichen Worte in § 367 Abs. 1 ergibt, die Entscheidung, ob der Antrag als unzulässig zu verwerfen (§ 368 Abs. 1) oder, weil er für zulässig befunden worden ist, ein Richter mit der Beweisaufnahme zu beauftragen ist (§ 369 Abs. 1). Schon an dieser Entscheidung dürfen, wenn sie nach dem 31. 3. 1965 ergeht, keine Richter beteiligt sein, die bei dem Urteil mitgewirkt haben, das mit dem Antrag auf Wiederaufnahme des Verfahrens angefochten wird. Ist der Beschluß nach § 369 Abs. 1 vor dem 1. 4. 1965 ergangen (zu diesem Begriff s. u. I 3 zu §§ 33, 33a), findet für das gesamte weitere Verfahren Absatz 2 keine Anwendung, doch kann sie der Verurteilte, wenn die Wiederaufnahme von ihm betrieben wird, dadurch herbeiführen, daß er den Antrag zurücknimmt und mit derselben Begründung (s. 2 zu § 359) neu stellt. Dazu ist er berechtigt (§ 365 in Vbdg. mit § 302 Abs. 1), nach Beginn der Hauptverhandlung (§ 373 Abs. 1) allerdings nur mit Zustimmung der Staatsanwaltschaft (§ 303), die sie nicht versagen sollte.

IV. Ausschluß des Untersuchungsrichters (Absatz 3).

1. Inhalt. Die Fassung von Absatz 3 beruht, soweit sie die von der Strafkammer außerhalb der Hauptverhandlung zu erlassenden Beschlüsse betrifft, auf einem Redaktionsversehen, das leider auch durch das Strafprozeßänderungsgesetz nicht beseitigt worden ist. Die Worte „geführt hat" scheinen den Untersuchungsrichter erst nach Abschluß der Voruntersuchung von der Mitwirkung an Beschlüssen auszuschließen, die die Strafkammer außerhalb der Hauptverhandlung erläßt. Das kann, da die Strafkammer die Beschwerdeinstanz über den Untersuchungsrichter ist (§ 73 Abs. 1, 2. Halbsatz GVG.), auch für die Fälle nicht der Sinn der Bestimmung sein, in denen nicht eine Entscheidung des Untersuchungsrichters (Absatz 1), sondern die Voruntersuchung selbst Gegenstand der Entscheidung der Strafkammer ist (z. B. beim Beschluß über den Antrag auf Ergänzung der Voruntersuchung; § 183). Auch nach den Motiven (Hahn, 1 90) sollte der Untersuchungsrichter schon während der Voruntersuchung von allen Strafkammerbeschlüssen ausgeschlossen sein, weil er sonst „leicht einen überwiegenden Einfluß auf die Entscheidung ausübt". Danach ist Absatz 3 dahin zu verstehen, daß der Untersuchungsrichter an der Hauptverhandlung, an Beschlüssen der Strafkammer während der Voruntersuchung, an Beschlüssen der Strafkammer nach der Voruntersuchung bis zur Eröffnung des Hauptverfahrens und weiter solange nicht teilnehmen darf, als die Strafkammer erkennendes Gericht ist. Entscheidungen der

Strafkammern sind auch prozeßleitende und sonstige Verfügungen des Vorsitzenden, wie die Terminsbestimmung und Ladungen (BGH. LM., 1 zu § 23).

2. Untersuchungsrichter. Der Untersuchungsrichter ist ausgeschlossen, weil er die Untersuchung durch erschöpfende Ermittlungen nach selbständigen Entschließungen und nach einem von ihm entworfenen und durchdachten Plan zu führen hat und daher wegen seiner Mitwirkung bei gerichtlichen Entscheidungen Besorgnis der Befangenheit besteht (RGSt. **4** 344, **60** 324, **68** 376; BGHSt. **9** 234). Von diesem Gedanken aus und weil die Vorschrift eine Ausnahme von dem Grundsatz enthält, daß alle richterlichen Handlungen miteinander vereinbar sind (s. o. I), ist der Begriff streng auf die im Gesetz genannten Fälle zu beschränken. Danach sind Untersuchungsrichter: der Untersuchungsrichter des § 61 Abs. 1 GVG., der Amtsrichter, dem die Führung der Voruntersuchung übertragen worden ist (§ 185); der Untersuchungsrichter bei dem Bundesgerichtshof (§ 186 Abs. 1 und 2) und derjenige bei dem Oberlandesgericht (§ 186 Abs. 4), sowie deren Vertreter (RGSt. **4** 344, **18** 270), gleichviel ob sie auf Antrag (§ 179) oder in dringenden Fällen von Amts wegen (§ 191) tätig werden (RGSt. **68** 375).

Absatz 3 ist unanwendbar auf die Mitglieder des Gerichts, das für die nach § 73 Abs. 1, § 120 Abs. 1 Satz 2, § 134 Abs. 3 Satz 1 GVG. zu erlassenden Entscheidungen zuständig ist. Dahin gehören u. a. die Ablehnung des Antrags auf Eröffnung der Voruntersuchung (§ 180 Abs. 1), die Übertragung der Voruntersuchung auf einen Amtsrichter (§ 185 Satz 1), die Gewährung sicheren Geleits (§ 295 Abs. 1; RGSt. **59** 102). In diesen und ähnlichen Fällen sind — was eigentlich selbstverständlich ist — die mitwirkenden Richter Mitglieder der Strafkammer und nicht Untersuchungsrichter. Umgekehrt kann aber der Untersuchungsrichter nicht an Strafkammerentscheidungen während der Voruntersuchung und nach ihr teilnehmen (s. u. 5). Die Vorschrift ist ferner unanwendbar auf den Amtsrichter, der auf Antrag der Staatsanwaltschaft (§ 162 Abs. 1; BayObLGSt. **1954** 158 = NJW. **1955** 395) oder bei Gefahr im Verzuge (§ 165) oder des Beweisverlusts (§ 166 Abs. 1) aus eigenem Entschluß oder auf Ersuchen eines anderen Amtsrichters (§ 166 Abs. 2) oder des Untersuchungsrichters (§ 185 Satz 2; RG. R. **7** 304; RGSt. **68** 377) Ermittlungen durchgeführt hat. Sie ist endlich unanwendbar auf den Richter, der nach § 202 Abs. 1 einzelne Beweiserhebungen angeordnet oder durchgeführt (BGHSt. **9** 233), auf Antrag oder Ersuchen des erkennenden Gerichts Untersuchungshandlungen nach § 223 Abs. 1 und 2 betrieben (RG. R. **2** 360; RGSt. **30** 400) oder im Wiederaufnahmeverfahren (§ 369 Abs. 1) Beweise erhoben hat (BGH. NJW. **1954** 891), sowie auf einen Richter, der den Angeklagten nach Eröffnung des Hauptverfahrens, wenn auch unzulässigerweise, vernimmt (RGSt. **60** 324). Bei allen Vernehmungen kommt es nicht auf den Umfang an (BGHSt. **9** 235). Daher ist es unschädlich, wenn die Untersuchungshandlungen eines ersuchten Richters die gesamte Beweisaufnahme erschöpfen (RG. R. **7** 302). Schorn will den Amtsrichter, der nach § 165 tätig wird, schlechthin und den beauftragten und ersuchten Richter dann ausschließen, wenn er dem Protokoll Bemerkungen über eigene Beobachtungen beigefügt hat (S. 273, 274). Aber weder die Selbständigkeit der Tätigkeit des Amtsrichters noch ein Protokollzusatz kann einen Richter zum Untersuchungsrichter machen. Der Begriff ist eindeutig und im Gesetz festgelegt. Ist Befangenheit zu besorgen, muß nach §§ 24, 30 verfahren werden. Wird der Richter als Zeuge vernommen, scheidet er deshalb als Richter aus. Bei den ausreichenden Aushilfsmöglichkeiten des Gesetzes besteht kein Anlaß, die Grenzen zu verwischen, die § 23 zieht.

Ein Richter, der im ehrengerichtlichen Verfahren gegen einen Rechtsanwalt die Voruntersuchung geführt hat, ist im Strafverfahren auch dann nicht vom Richteramt ausgeschlossen, wenn beiden Verfahren derselbe geschichtliche Vorgang zugrunde liegt (RG. JW. **1936** 2143). Der standesrechtliche Vorwurf ist von dem strafrechtlichen verschieden. Doch wird die Anzeigepflicht nach § 30 besonders sorgfältig zu prüfen und in der Regel anzuerkennen sein, daß der Angeklagte Befangenheit besorgen dürfe.

3. Führung der Voruntersuchung. Aus der Erwägung, daß der Untersuchungsrichter wegen seiner umfassenden, planmäßig durchgeführten Ermittlung ausgeschlossen ist, ergeben sich folgende Grenzen des Begriffs: Der Untersuchungsrichter muß mindestens eine (RGSt. **28** 358) Amtshandlung vorgenommen haben, um den Tatbestand festzustellen oder Beweise zu sammeln, namentlich also den Angeschuldigten, einen Mitangeschuldigten, einen Zeugen oder Sachverständigen vernommen oder Augenschein eingenommen haben (RGSt. **9** 287, **18** 269, **21** 286, **54** 317). Es genügt, wenn er Beweise ermittelt, sie zu erheben veranlaßt und die Ergebnisse geprüft hat (RG. GA. **39** 63). Zu der Tätigkeit als Untersuchungsrichter gehören auch die Untersuchungshandlungen nach § 191 Abs. 1 (RGSt. **68** 376; RG. JW. **1933** 1663) und Untersuchungen, die er nach Schluß der Voruntersuchung aber vor Eröffnung des Hauptverfahrens angestellt hat (RGSt. **4** 344). Sind mehrere Untersuchungsrichter nacheinander in der Sache tätig gewesen, so sind sie sämtlich ausgeschlossen.

Zur Voruntersuchung gehört es, daß sie geschlossen wird, und daß vorher die Akten der Staatsanwaltschaft übersandt werden (§ 197 Abs. 1). Beide Akte setzen voraus, daß der Untersuchungsrichter den Zweck der Voruntersuchung für erreicht erachtet. Selbst wenn er als Nachfolger eines ausgeschiedenen Untersuchungsrichters in eine Voruntersuchung eingetreten ist, deren Ermittlungen abgeschlossen sind, kann er jene Überzeugung nur erlangen, wenn er planmäßig die Beweise und die Lückenlosigkeit der Ermittlungen seines Vorgängers prüft. Auch die Aktenübersendung ist daher niemals (wie EbSchmidt, 7 zu § 23 annimmt) eine „rein formale Verfügung", sondern wie der Schluß der Voruntersuchung selbst ein besonders wichtiger Teil von ihr (Cuno, S. 43; für den Schluß der Voruntersuchung ebenso Feisenberger, 7 Abs. 2 zu § 23; EbSchmidt, 7 zu § 23; Peters, § 20 2c).

Das Reichsgericht hat zwar den Schluß der Voruntersuchung dem Führen der Untersuchung gegenübergestellt und Absatz 3 nur auf die letztere Tätigkeit bezogen (RGSt. **21** 285; LZ. **1921** 314; zust. Müller-Sax, 4b zu § 23; SchwKleinknecht, 4B zu § 23; Erbs, II 2 zu § 23). Diese Unterscheidung ist indessen formal; sie läßt außer Betracht, daß die vom Gesetz (§ 197 Abs. 1, erster Halbsatz) vorgeschriebene, notwendig umfassende, Beweiswürdigung und Prüfung, ob die Ermittlungen vollständig sind, leichter den Verdacht der Befangenheit erwecken können als einzelne Untersuchungshandlungen. Die RGSt. **21** 285 angeführten Entscheidungen RGSt. **9** 287 und RGSt. **18** 271 enthalten keine Gedanken, die auf das Wesen des Abschlusses der Voruntersuchung eingehen.

Der Ausschließungsgrund ist nicht gegeben, wenn der Untersuchungsrichter die Voruntersuchung lediglich eröffnet (§ 184), auch wenn er dabei zugleich angeordnet hat, daß die Untersuchungshaft fortzudauern habe (RGSt. **9** 285, **61** 415; RG. GA. **70** 138; JW. **1923** 19, **1928** 1145; a. A. — Eröffnung der Voruntersuchung und Erlaß eines Haftbefehls schließen aus — Peters, § 20 II 2c), oder wenn er den verhafteten Gefangenen vertretend für den Untersuchungsrichter lediglich nach § 115 Abs. 2 vernommen hat (RG. GA. **51** 193). Dem ersten Fall kommt namentlich Bedeutung zu, wenn die Voruntersuchung einem Amtsrichter übertragen wird (§ 185 Satz 1), und sich demzufolge die Tätigkeit des Untersuchungsrichters darauf beschränkt, die Voruntersuchung zu eröffnen (Cuno, S. 22). Zu den wesentlichen Akten, welche die Ausschließung begründen, gehört es ferner nicht, wenn der Richter einen Vernehmungstermin bestimmt und die Vorführung anordnet (RG. JW. **1923** 19), wenn er Strafregisterauszüge und Auskünfte über die persönlichen Verhältnisse des Angeschuldigten beizieht (RG. HRR. **1932** 688), wenn er eine Ladung anordnet (RG. R. **2** 51), einen Antrag des Angeschuldigten aufnimmt (RGSt. **2** 314, **3** 155), dem Verteidiger mitteilt, daß die Voruntersuchung wieder eröffnet ist, Akteneinsicht nicht gewährt, einen Brief nicht befördert (RG. Recht **1912** 3160), Akten der Strafkammer oder dem Staatsanwalt vorlegt, den Verkehr eines verhafteten Gefangenen überwacht, Verfügungen nach § 119 Abs. 5 Satz 1 trifft (Cuno, S. 29) und ähnliche Akte veranlaßt, die nicht auf eine planmäßige Ermittlung gerichtet sind.

4. Sache. Wegen des Ausnahmecharakters der Vorschrift (s. o. I) ist auch zu dem Merkmal „Sache" (in der der Untersuchungsrichter die Voruntersuchung geführt hat) im Gegensatz zu § 22 Nr. 4 und 5 eine enge Auslegung geboten (BGHSt. **9** 194). Denn die Tätigkeit des Staatsanwalts (§ 22 Nr. 4) greift die Sache in ihrem ganzen Umfang an mit Einschluß aller Personen, die in den geschichtlichen Vorgang als strafbar Handelnde verwickelt sein können; die Tätigkeit des Untersuchungsrichters dagegen ist auf den Beschuldigten beschränkt, gegen den der Staatsanwalt die Voruntersuchung zu eröffnen beantragt hat (§ 179, § 155 Abs. 1, § 170 Abs. 1). Danach ist Sache i. S. von Absatz 3 die Verfolgung derselben Straftat gegen dieselbe Person (RG. JW. **1913** 1009; v. Beling, JW. **1929** 1037, Cuno, S. 34; im Ergebnis ebenso RGSt. **62** 317; SchwKleinknecht, 4c zu § 23; a. A. — Sache ist das Strafverfahren über eine Tat i. S. von § 264 ohne Rücksicht auf die in den verschiedenen Verfahrensabschnitten ins Auge gefaßten Personen — EbSchmidt, 14 zu § 23; Müller-Sax, 2e zu § 23). Demzufolge ist der Untersuchungsrichter in dem Verfahren gegen Anstifter, Gehilfen, Begünstiger und Hehler nicht ausgeschlossen, wenn er die Voruntersuchung nur gegen den Täter geführt hat (RGSt. **54** 317). Ebenso kann er an der Hauptverhandlung gegen den Mittäter B mitwirken, wenn er die Voruntersuchung gegen A ge-

führt hat, dieser außer Verfolgung gesetzt worden ist, und gegen B keine Voruntersuchung stattgefunden hat (RGSt. 62 314).

Wird dagegen die Voruntersuchung gegen mehrere Personen geführt, dann ist der Untersuchungsrichter in der Hauptverhandlung gegen alle ausgeschlossen (RGSt. 54 317), auch wenn er unmittelbar nur gegen solche Angeschuldigte ermittelt hat, die später außer Verfolgung gesetzt worden sind (RG. GA. 58 455). Auch hat, weil nach Verbindung mehrerer Strafsachen nur noch eine besteht, die Verbindung des Verfahrens, in dem der Richter die Voruntersuchung geführt hatte, mit anderen gegen denselben Täter gerichteten, in denen der Untersuchungsrichter nicht tätig war, zur Folge, daß der Richter, der in der einen Sache die Voruntersuchung geführt hatte, nunmehr für die neue Sache ausgeschlossen ist (RGSt. 57 248).

Dieselbe Sache liegt auch vor, wenn der Untersuchungsrichter eine Voruntersuchung geführt hat, in der Hauptverhandlung Freispruch ergangen ist, und der Freigesprochene auf Grund der von einem anderen Untersuchungsrichter geführten neuen Voruntersuchung (irrtümlich) erneut angeklagt worden ist. Denn seinem Inhalte nach ist das neue Verfahren dasselbe wie das frühere, und die erste Voruntersuchung daher eine in der zweiten Sache (RG. JW. **1913** 1002).

5. Ausschluß. Liegen die Ausschließungsvoraussetzungen vor, ist der Untersuchungsrichter von jeder Mitwirkung im erkennenden Gericht (s. u. 6, 7 zu § 28) in allen Rechtszügen, also auch in der Revisionsinstanz (OLG. Schleswig SchlHA. **1958** 318), selbst dann ausgeschlossen, wenn keine Sachentscheidung getroffen werden kann, sondern das Verfahren einzustellen ist (RG. GA. **60** 421). Von Strafkammerentscheidungen ist er ausgeschlossen von dem Augenblick an, wo er nach Eröffnung der Voruntersuchung die erste dem Untersuchungsplan entsprechende Handlung vorgenommen hat. Für die während der Voruntersuchung und nach ihr verbotene Mitwirkung bei der Strafkammer enthält das Gesetz — über den Gesetzeszweck hinausgehend — keine Einschränkung. Der Untersuchungsrichter ist daher z. B. ausgeschlossen bei der Entscheidung über das einen anderen Richter betreffende Ablehnungsgesuch (§ 27 Abs. 1; KG. GA. **59** 169), über das dem abwesenden Beschuldigten zu erteilende sichere Geleit (§ 295 Abs. 1, Cuno, S. 33; EbSchmidt, 8 zu § 23) und bei der nachträglichen Bildung einer Gesamtstrafe, wenn das Gericht entscheidet, das die Hauptverhandlung unter Ausschluß des früheren Untersuchungsrichters geführt hat. Jedoch kann der Richter, der in einer vorher rechtskräftig abgeurteilten Sache die Voruntersuchung geführt hatte, an der Verhandlung einer anderen Sache teilnehmen, bei der die in der früheren Sache erkannte Strafe in eine neugebildete Gesamtstrafe einbezogen wird (RG. Recht **1922** 149).

§ 24

(1) Ein Richter kann sowohl in den Fällen, in denen er von der Ausübung des Richteramtes kraft Gesetzes ausgeschlossen ist, als auch wegen Besorgnis der Befangenheit abgelehnt werden.

(2) Wegen Besorgnis der Befangenheit findet die Ablehnung statt, wenn ein Grund vorliegt, der geeignet ist, Mißtrauen gegen die Unparteilichkeit eines Richters zu rechtfertigen.

(3) Das Ablehnungsrecht steht der Staatsanwaltschaft, dem Privatkläger und dem Beschuldigten zu. Den zur Ablehnung Berechtigten sind auf Verlangen die zur Mitwirkung bei der Entscheidung berufenen Gerichtspersonen namhaft zu machen.

Entstehungsgeschichte: I., II. und III. Entw. § 18.

Änderungsvorschläge: N.E. I und II § 17; N.E. III §§ 17, 18; Entw. EGStGB. Art. 70 Nr. 11.

Keine späteren Änderungen.

Verwandte Vorschriften: § 42 ZPO.; § 54 Abs. 1 VerwGO.

Schrifttum: Ohain, Die Ablehnung eines Richters wegen Besorgnis der Befangenheit aus politischen Gründen, Diss. Freiburg 1932; Schorn, Die Ablehnung eines Richters im Strafprozeß in Rechtsprechung und Schrifttum, GA. **1964** 161; Seibert, Befangenheit und Ablehnung, JZ. **1960** 85; Teplitzky, Probleme der Richterablehnung wegen Befangenheit, NJW. **1962** 2044; Wassermann, Richterablehnung wegen Befangenheit, NJW. **1963** 429.

1. Ausgeschlossener Richter. Ein Richter kann sowohl wegen Besorgnis der Befangenheit abgelehnt werden, als auch, wenn er kraft Gesetzes ausgeschlossen ist. Im letzten Falle bedarf es der Ablehnung an sich nicht. Wenn sie ausdrücklich auch hierfür zugelassen ist, „so liegt die Bedeutung dieser Bestimmung darin, daß auch über die Behauptung eines Beteiligten, es liege ein Fall der Ausschließung vor, in dem in diesem Abschnitt geordneten Verfahren verhandelt und entschieden werden soll" (Mot., Hahn 1 90). Wählt der Ablehnungsberechtigte — statt sich auf die Anregung zu beschränken, die Frage der Ausschließung von Amts wegen zu prüfen (s. o. II 2 zu § 22) — diesen Weg, um einen Ausschließungsgrund geltend zu machen, dann finden nicht nur die auf das Verfahren bezüglichen Bestimmungen des § 27 und des § 26 Abs. 1 Anwendung. Vielmehr muß der Ablehnende, wenn er die Vorteile des Verfahrens erlangen will, auch die Last der Glaubhaftmachung (§ 26 Abs. 2) auf sich nehmen (a. A. Schorn, S. 279), wobei freilich gewisse Erleichterungen gelten (s. u. 5 Abs. 1 zu § 26). Mit der Ablehnung im förmlichen Verfahren tritt auch die Folge des § 29 ein (s. u. 2 und 5 zu § 29).

2. Befangenheit ist, wie sich aus dem Sinn und den Vorläufern der Vorschrift (Hahn, 1 82ff.) ergibt, die Befangenheit des Richters, nicht etwa (so wohl nur mißverständlich RGSt. **61** 71) die des Angeklagten (Thilo, 2 zu § 24). Die Befangenheit ist ein innerer Zustand des Richters, der seine vollkommen gerechte, von jeder falschen Rücksicht freie Einstellung zur Sache beeinträchtigen kann. Dieser Zustand kann in der Regel nicht bewiesen werden. Die Ablehnung ist daher schon dann begründet, wenn der Ablehnende einen vernünftigen Grund für die Annahme hat, daß der Richter befangen sei (RGSt. **55** 57, **60** 44, **61** 69; RG. JW. **1912** 943; RG. GA. **71** 132). Dabei kommt es nicht darauf an, wie ein der Sache fernstehender Mensch die Sachlage beurteilt, ausschlaggebend ist vielmehr, ob die Umstände dem Beschuldigten von seinem Standpunkte aus bei verständiger Würdigung begründeten Anlaß geben, an der Unparteilichkeit des Richters zu zweifeln (RGSt. **61** 69; BGHSt. **1** 36). Die verständige Würdigung ist dabei eine solche, die ein vernünftig denkender Mensch (BayObLG. Recht **1915** 581), ein unbefangener Dritter (BGH. JR. **1957** 68) anstellen würde, wenn er Angeklagter wäre. Von diesem Standpunkte aus müssen die Ablehnungsgründe auch dem Gericht gerechtfertigt erscheinen (RG. GA. **71** 132). Bei seiner Entscheidung hat das Gericht nicht nur das Vorbringen des Ablehnenden, sondern alle Umstände (RGSt. **58** 287, **61** 69) zu berücksichtigen (RGSt. **60** 44; RG. DRiZ. **1927** 423), namentlich auch die dienstliche Äußerung des Richters (§ 26 Abs. 3).

Soweit zu der Prüfung, ob Befangenheit anzunehmen ist, Rechtsprechung verglichen wird, muß jede Verallgemeinerung einer, oft nur scheinbar, einschlägigen Entscheidung vermieden werden, weil bei ähnlichen Sachverhalten oft feinste Abweichungen zu verschiedenen Ergebnissen führen. Zuweilen sind im Leitsatz allgemein gehaltene Erkenntnisse in Wirklichkeit nur aus besonderen Umständen hergeleitet. Ist die Besorgnis der Befangenheit aus politischen Verhältnissen hergeleitet worden, darf auch die Zeit, in der der einschlägige Beschluß gefällt worden ist, und die, in der der neue zu treffen ist, nicht außer Betracht bleiben: Wer in ruhigen Zeiten tolerant und objektiv ist, kann, wenn schwere Auseinandersetzungen toben, seine Unbefangenheit verlieren; der Beschuldigte, der in ungestörten Verhältnissen politisches Andersdenken als selbstverständlich hinnimmt, kann daraus in Krisenzeiten bei besonderen Verhältnissen die Besorgnis der Befangenheit herleiten.

3. Vortätigkeit.

a) Befangenheit verneint. Da das Gesetz mehrfach Zwischenentscheidungen des Richters verlangt, die eine Vorprüfung der Schuldfrage zum Inhalte haben, ist Vortätigkeit des Richters, wenn sie der Gesetzgeber nicht zum Ausschließungsgrund erhoben hat (§ 23), im allgemeinen kein Ablehnungsgrund, sofern zu ihr nicht besondere Umstände hinzukommen und die Besorgnis der Befangenheit begründen. So kann ein Richter nicht allein wegen eines sachlichen Verhaltens in einem früheren Verfahren — mag es auch mit dem neuen in Zusammenhang stehen (OLG. Düsseldorf JMBlNRW. **1959** 247) — abgelehnt werden (RGSt. **59** 410; BGH. JR. **1957** 68), selbst wenn dabei ein Prozeßverstoß unterlaufen ist (RGSt. **65** 41: Teilnahme eines Ergänzungsrichters an Zwischenberatungen). Hat sich der Richter in einem Vorprozeß, etwa einem vorangegangenen Zivilverfahren, eine endgültige Überzeugung gebildet, so wird die Befangenheit freilich oft zu bejahen sein (vgl. u. b), aber nicht allgemein (a. A. — Mitwirkung im Vorprozeß macht regelmäßig befangen — Teplitzky, S. 2044). Auf jeden Fall vermag die dienstliche Beteiligung eines Richters an Prozeßvorgängen, die der in Rede stehenden Diensthandlung voraufgegangen sind, auch dann nicht die Besorgnis der Befangenheit zu begründen, wenn sie wie der Erlaß eines Haftbefehls, die Ablehnung der Haftentlassung nach Aufhebung des Urteils im Strafausspruch (Martin, DRiZ. **1962** 156), die Anordnung der Durchsuchung oder Beschlagnahme, die vorläufige Entziehung der Fahrerlaubnis, die Unterbringung in einer Heil- oder Pflegeanstalt oder wie die Eröffnung des Hauptverfahrens mit der zu treffenden Entscheidung enge Berührung haben (BGHSt. **15** 46). Ein verständiger Angeklagter hat von der Erwägung auszugehen, daß ein Richter sich von Befangenheit frei hält und sich nicht durch jene dienstlichen Erlebnisse in seiner Entscheidung beeinflussen läßt (RGSt. **58** 287, **59** 409, **60** 47, **61** 68, **62** 299, **65** 43; BGHSt. **9** 234). Auch dem Angeklagten nachteilige Entscheidungen (RG. R. **4** 529; RGSt. **59** 410; RG. DRiZ. **1929** 204; RG. GA. **71** 132), selbst geringfügige Prozeßverletzungen (RG. DRiZ. **1927** 422: Ortsbesichtigung nur durch die richterlichen Mitglieder des Schwurgerichts und den Staatsanwalt) und rechtsirrige Beurteilung (BGH. GA. **1961** 115: die Einlassung des Angeklagten rechtlich unrichtig beurteilende Eröffnung des Hauptverfahrens) begründen allein noch nicht die Ablehnung. Dasselbe gilt, wenn der Richter gelegentlich sein vorläufiges Urteil über die Prozeßaussichten nach dem jeweiligen Stande des Verfahrens bekanntgibt (BGH. GA. **1962** 282; OLG. Hamm GA. **1958** 58: Rat, den Einspruch gegen Strafbefehl wegen geringer Erfolgsaussicht zurückzunehmen; OLG. Köln JMBlNRW. **1956** 284: Untersuchungsrichter gibt zu erkennen, daß er den Angeschuldigten für schuldig hält), selbst wenn er dabei eine Änderung seiner Rechtsansicht kundtut (BGH. NJW. **1962** 749). Noch weniger kann die Tatsache, daß der Richter als unbeteiligter Zuhörer Zeuge eines Meineids geworden ist, ihn befangen machen, diesen abzuurteilen (RGSt. **58** 287).

Da das Gesetz aus der Eröffnung des Hauptverfahrens keine Vermutung der Befangenheit herleitet, ist grundsätzlich die Ablehnung auch dann nicht begründet, wenn das Gericht im Falle des § 208 das Hauptverfahren entgegen dem Antrage der Staatsanwaltschaft eröffnet hat (BGHSt. **15** 40). Alsdann kann auch die Mitwirkung an dem Beschluß, daß die öffentliche Klage zu erheben sei (§ 175 Satz 1), in der Regel keinen Grund zur Ablehnung geben. Das gilt jedenfalls dann, wenn das Gericht von der Staatsanwaltschaft nur in Rechtsfragen abgewichen ist, oder wenn das oberlandesgerichtliche Verfahren neues Beweismaterial zutage gefördert hat. Hat jedoch das Oberlandesgericht die tatsächlichen Ergebnisse zu Ungunsten des Angeklagten abweichend von der Ansicht der Staatsanwaltschaft gewürdigt, wird in der Regel Besorgnis der Befangenheit anzunehmen sein. Das gewinnt sowohl Bedeutung, wenn ein Richter des Oberlandesgerichts in der Tatsacheninstanz, etwa als Vorsitzender des Schwurgerichts, zur Entscheidung berufen ist (RGSt. **19** 341), als auch wenn Richter, welche die Erhebung der Klage (bei dem Amtsgericht) angeordnet hatten, dann über eine Revision gegen das auf die Anklage ergangene Urteil zu entscheiden haben. Weicht das Gericht bei der Beurteilung der Beweise zum Nachteil des Angeklagten stark von der Ansicht der Staatsanwaltschaft ab, dann kann Befangenheit auch bei der oben behandelten Eröffnung nach § 208 zu besorgen sein. Ist das der Fall, wird es in beiden Fällen Pflicht der Richter sein, nach § 30 zu verfahren.

b) Befangenheit bejaht. Dagegen ist Besorgnis der Befangenheit begründet, wenn das Gericht ohne prozessuale Veranlassung über die Schuldfrage berät und der Vorsitzende, um die Zurücknahme der Berufung zu erreichen, dem Angeklagten bekanntgibt, daß das Gericht einstimmig von seiner Schuld überzeugt sei (v. Beling, JW. **1926** 1209; a. A. RGSt. **60** 45). Ebenso ist Befangenheit zu bejahen, wenn das Gericht ohne prozessuale Notwendigkeit bei unsicherer Beweisgrundlage in sicherer Form seine Überzeugung von der Schuld zum Ausdruck bringt (BGH. GA. **1962** 282). Besorgnis der Befangenheit liegt ferner vor, wenn der Richter vor dem Termin allein auf Grund der Akten dem Angeklagten eröffnet, für das Gericht stehe fest, daß er der Typus des Gewohnheitsverbrechers sei (BGH. MDR. **1961** 432) oder die dem Angeklagten zur Last gelegten Vorgänge der Presse als feststehende Tatsachen mitteilt (BGHSt. **4** 264), wenn er im Prozeß auf einen Zeugen einwirkt, von seinem Zeugnisverweigerungsrecht keinen Gebrauch zu machen (BGHSt. **1** 37), oder den Angeklagten durch ungewöhnlich scharfe Worte zu einer Schilderung des Tathergangs drängt (BGH. NJW. **1959** 55), oder wenn er vor dem Prozeß auf umlaufende Gerüchte hin in der Öffentlichkeit („Zigarrengeschäft“) erklärt, als Richter werde er wissen, wie er derartige unsaubere Geschäfte zu bestrafen habe (RGSt. **61** 67). Hat der Richter in einem Vorprozeß einen Zeugen wegen Unglaubwürdigkeit nicht vereidigt, das Berufungsgericht aber die Vereidigung angeordnet, so ist der Richter als Vorsitzender in einem nachfolgenden Meineidsprozeß als befangen anzusehen (RGSt. **59** 410). Hat der Richter des Vorprozesses den Angeklagten wegen Prozeßbetruges oder einen Zeugen wegen Meineids angezeigt, dann ist er in dem durch die Anzeige ausgelösten Strafverfahren stets als befangen anzusehen.

4. Vollstreckungsrichter. Der Amtsrichter als Vollstreckungsgericht (§ 462 Abs. 1) ist nicht deshalb vom Richteramt ausgeschlossen, weil er vorher in der gleichen Sache als Vollstreckungsbehörde (§ 451 Abs. 3; § 5 Abs. 1 StVollstrO.) tätig gewesen ist (LG. Lübeck SchlHA. **1958** 235;

LG. Köln MDR. **1960** 245; zweifelnd JMBlNRW. **1963** 195; a. A. Lorenz, NJW. **1963** 702; DRiZ. **1964** 94; Schorn, S. 268). Das ist für viele Fälle wenig befriedigend, und es wäre oft wünschenswert, § 22 Nr. 4 entsprechend anzuwenden (Müller-Sax, 3 — Nr. 4 — zu § 22; 4 zu § 458; Pohlmann, VII zu § 5 StVollstrO.; LG. Lüneburg MDR. **1959** 1030; LG. Hamburg MDR. **1961** 251; **1963** 237). Dem steht jedoch der geschlossene Katalog des § 22 entgegen; er verträgt keine ausdehnende Auslegung. Denn wegen der Folgen der Ausschließung muß die Gesetzeslage klar zu erkennen sein. Der Amtsrichter kann auch nicht als befangen erscheinen, wenn er zwar als Vollstreckungsbehörde zuständig ist, die Vollstreckung aber der Rechtspfleger durchgeführt hat; oder wenn der Richter zwar selbst die Vollstreckung angeordnet hat, die gerichtliche Entscheidung aber wegen eines Punktes nachgesucht wird, den er bei seiner Anordnung nicht geprüft hat. Hat der Amtsrichter aber als Vollstreckungsbehörde eine Verfügung getroffen, gegen welche die Entscheidung des Vollstreckungsgerichts nachgesucht wird (§ 458 Abs. 2), so steht seine Beteiligung dem in § 22 Nr. 4 genannten Verhältnis eines Staatsanwalts so nahe, daß er vom Standpunkte des Angeklagten, Staatsanwalts oder Privatklägers aus als befangen anzusehen ist und, falls er nicht abgelehnt wird, eine Anzeige nach § 30 zu machen hat (LG. Bremen MDR. **1956** 185; a. A. LG. Hof MDR. **1958** 941; LG. Köln MDR. **1960** 245; zweifelnd JMBlNRW. **1963** 195).

Wenn auch die Ansicht, es finde § 22 Nr. 4 Anwendung (Schorn, S. 268; LG. Mönchengladbach NJW. **1964** 2366) oder die Ausschließung ergäbe sich aus allgemeinen Grundsätzen des Verwaltungsrechts (LG. Kiel SchlHA. **1964** 72), die Grenzen der Auslegung verläßt und in die Befugnisse des Gesetzgebers eingreift, so wäre es allerdings sehr erwünscht, das Gesetz zu ändern. Solange § 451 Abs. 3 besteht, müßte § 22 Nr. 4 für anwendbar erklärt werden. Richtiger aber wäre es, § 451 Abs. 3 zu streichen. Bei dem heutigen Stande der Verkehrsmittel kann die Staatsanwaltschaft auch Amtsgerichtssachen vollstrecken. Der Amtsrichter als „Notstaatsanwalt" in Vollstreckungssachen ist nicht mehr erforderlich.

5. Persönliche Verhältnisse. Die Ausschließungsregelung in § 22 Nr. 1 bis 3 erweist, daß persönliche Verhältnisse des Richters als geeignet angesehen werden, die Entscheidungsfreiheit des Richters zu beeinträchtigen oder wenigstens den Anschein erwecken können, dies könnte der Fall sein. Indessen ist, soweit nicht die im Gesetz aufgeführten engen persönlichen Verhältnisse vorliegen, ebenso wie bei der Vortätigkeit so auch bei den persönlichen Verhältnissen grundsätzlich von der Fähigkeit des Richters auszugehen, sich von Befangenheit frei zu halten, und von der Einsicht der Prozeßbeteiligten, daß der Richter das tun werde. Aus diesem Grunde sind Gesuche unbegründet, bei denen die Ablehnung zwar auf einen besonderen Richter bezogen und mit Gründen belegt ist, die zutreffen, die aber in der Gerichtsverfassung ihre Grundlage haben: So ist es unzulässig, wenn in einer Strafsache nach § 175 StGB. eine Richterin nur wegen ihres weiblichen Geschlechts, in einer Notzuchtssache ein Richter, nur weil er verheiratet ist, bei Unzucht mit Kindern ein Richter, nur weil er Kinder hat, in Ehebruchssachen ein Richter, nur weil er ledig ist, abgelehnt wird. Hier richtet sich der Befangenheitsvorwurf nicht gegen den abgelehnten Richter, sondern gegen alle Richter mit gleichem Familienstand und damit gegen die Gerichtsverfassung überhaupt, die auf die Familienverhältnisse des Richters grundsätzlich (Ausnahme § 37 JGG.) keine Rücksicht nimmt.

Kein Ablehnungsgrund ist die Zugehörigkeit zu einer Religionsgemeinschaft (RG. JW. **1930** 2560, **1932** 658), die andere Ziele als der Ablehnende oder gleiche Ziele mit anderen Mitteln oder auf anderen Wegen verfolgt, oder die Mitwirkung am Gesetzgebungsverfahren (BVerfGE. **2** 297; **11** 3), selbst in der Form einer gutachtlichen Äußerung (BVerfGE. **1** 67). Dagegen ist die Ablehnung begründet, wenn der Richter dem Privatkläger, etwa in Urheberrechtssachen, ein Gutachten erstattet hatte (Schorn, S. 162). Sehr enges freundnachbarliches Verhältnis (BGH. NJW. **1957** 387) kann ebenso Besorgnis der Befangenheit begründen wie Feindschaft (OLG. Augsburg JW. **1923** 839). Das gleiche kann der Fall sein bei schwerwiegenden Differenzen zwischen Richter und Verteidiger (KG. JW. **1931** 1104; OLG. Oldenburg HESt. **3** 2; OLG. Hamm NJW. **1951** 731; Teplitzky, S. 2046; stark einschränkend Müller-Sax, 2c zu § 24). Ein Kollegenverhältnis zu einem nahen Angehörigen des Beschuldigten rechtfertigt noch kein Mißtrauen in die Unparteilichkeit, kann es aber begründen, wenn das Dienstverhältnis besonders eng ist und auf das persönliche Verhältnis ausstrahlt (OLG. Stuttgart MDR. **1961** 1035). Stets als befangen anzusehen ist der mit der beschuldigten oder verletzten Person verlobte Richter.

6. Politische Bindung. Grundsätzlich rechtfertigt die Zugehörigkeit zu einer Partei, die andere Ziele als der Ablehnende oder gleiche Ziele mit anderen Mitteln oder auf anderen Wegen verfolgt (RG. DRiZ. **1931** 531), nicht die Ablehnung. Das gilt grundsätzlich auch bei Straftaten mit politischem Hintergrund (RG. R. **4** 854; Ohain, S. 18), ist aber dort nicht völlig unerheblich und kann von Bedeutung werden, wenn weitere Umstände hinzutreten (RGSt. **55** 57: In einem Strafverfahren, in dem die Durchsetzung der neuen gegen die alte Ordnung eine Rolle spielt, ist ein Richter befangen, der den Eid auf die neue Verfassung verweigert hat; RG. DRiZ. **1931** 781, DJZ. **1932** 170; HRR. **1933** 448: besondere politische Betätigung für eine Partei, die zu der des Angeklagten im scharfen Gegensatz steht). Als solche Umstände genügen jedoch nicht politische Äußerungen eines Richters außerhalb des Verfahrens, die mit diesem in keinem Zusammenhang stehen und sich allein aus der Teilnahme am politischen Leben erklären (BGH. NJW. **1962** 749). Doch ist wieder eine Ausnahme zu machen: Den Richter, der öffentlich die demokratische Grundordnung abgelehnt hat, kann die Staatsanwaltschaft in Staatsschutzverfahren stets (und mit Erfolg) ablehnen (Ohain, S. 34). In einem Verfahren wegen Fortführung einer verbotenen Partei ist ein Schöffe befangen, der der aufgelösten Partei als Mitglied angehört hatte (RG. HRR. **1930** 1420).

7. Anzeigen. Auf die Umstände des einzelnen Falles kommt es, wie schon allgemein, namentlich dann an, wenn Richter mit Anzeigen oder auf ähnliche Weise angegriffen werden. Die gegen jeden Richter bestehende Möglichkeit von Maßnahmen nach Art. 98 und 132 GG. läßt regelmäßig keine Befangenheit besorgen (OLG. Düsseldorf NJW. **1950** 395). Das gleiche gilt bei Auseinandersetzungen zwischen Vorsitzendem und Verteidiger (RG. HRR. **1933** 555). Besorgnis der Befangenheit kann aber gerechtfertigt sein, wenn der Verteidiger den Richter wegen falscher Anschuldigung angezeigt hat (OLG. Oldenburg HESt. **1** 2); sie wird es sein, wenn umgekehrt gegen den Angeklagten zufolge eines Strafantrages des Richters ein Strafverfahren anhängig ist, oder wenn der Richter gegen den Verteidiger ein Strafverfahren herbeigeführt, der Verteidiger sein Mandat niedergelegt und der Angeklagte damit infolge der Anzeige seinen Verteidiger verloren hat. Zeigt der Angeklagte den Richter — etwa wegen Rechtsbeugung — an, beschwert er sich über ihn, beantragt er gegen ihn ein Disziplinarverfahren, so wird das, da Richter täglich wegen ihrer Tätigkeit angegriffen werden, in der Regel keine Besorgnis der Befangenheit begründen (BGH. NJW. **1952** 1425; NJW. **1962** 749; KG. JR. **1962** 113). Indessen ist der Satz, ein Angeklagter könne aus seinem eigenen Verhalten keinen Ablehnungsgrund herleiten (RGSt. **55** 57; BGH. NJW. **1952** 1425), nicht zu verallgemeinern, weil immer geprüft werden muß, wie es zu dem Verhalten gekommen ist. Ist das Verhalten verständig, dann ist die darauf gegründete Ablehnung nicht deshalb unzulässig, weil der Angeklagte sich eines ihm nicht genehmen Richters entledigen will. Dazu ist ihm die Ablehnung gegeben. Ist sein Verhalten unverständig, dann begründet es nicht die Besorgnis der Befangenheit. Es kommt auch hier nicht auf die subjektive Reaktion des Betroffenen an, sondern auf deren objektive Würdigung.

8. Ablehnungsberechtigte (Absatz 3 Satz 1). Nach den Motiven (Hahn, **1** 90) soll das Ablehnungsrecht allen Prozeßbeteiligten, also dem Beschuldigten, der Staatsanwaltschaft und dem als Kläger (Privatkläger, Nebenkläger) auftretenden Verletzten zustehen. Für den Nebenkläger kommt das im Gesetzestext nicht zum Ausdruck; es ergibt sich aber aus § 397 (Feisenberger, 10 zu § 24). Nebenkläger sind auch das Finanzamt (§ 467 Abs. 1, § 472 Abs. 1 AO.) und das Hauptzollamt (§ 1 Abs. 1 Nr. 2 Satz 2 des Gesetzes über die Finanzverwaltung vom 6. 9. 1950 — BGBl. I 448 —). Den genannten Ämtern steht die Ablehnung auch dann zu, wenn sie, nachdem die Staatsanwaltschaft die Klageerhebung abgelehnt hatte, selbst Klage erhoben haben (§ 472 Abs. 2 AO.). Der Beschuldigte im Sicherungsverfahren (§ 429c) hat nach § 429b Abs. 1, der Einziehungsbeteiligte (§ 431 Abs. 2) nach § 431 Abs. 3 Satz 1 die Rechte des Angeklagten und damit das Ablehnungsrecht. Dagegen steht dem Verteidiger (§ 138) und dem Rechtsanwalt als Beistand eines Privatklägers (§ 387) kein eigenes Ablehnungsrecht zu, doch ist, wenn sie ablehnen, anzunehmen, daß sie das für den Angeklagten oder Privatkläger tun (OLG. Hamm NJW. **1951** 731).

Das Ablehnungsrecht steht allen Ablehnungsberechtigten gleichmäßig zu; auf eine Beschwer kommt es nicht an. So kann, wenn ein Richter mit dem Beschuldigten verwandt ist, der Beschuldigte und nicht etwa nur der Staatsanwalt die Ablehnung anbringen. Tun es beide nicht, hat der Richter nach § 30 zu verfahren.

Kein Ablehnungsrecht haben der Verletzte im Adhäsionsverfahren (§ 403); der Verletzte im Anklageerzwingungsverfahren (§ 172 Abs. 2; RGSt. **52** 292; KG. JR. **1954** 34) und im Prozeß, solange er sich nicht berechtigt als Nebenkläger angeschlossen hat (§ 395 Abs. 2 Nr. 2); Zeugen, Sachverständige und bei der Verhandlung nicht beteiligte Personen im Ordnungsstrafverfahren (§§ 177, 178, 180, 181 GVG.; §§ 70, 77).

9. Namhaftmachung (Absatz 3 Satz 2). Zur Sicherung des Ablehnungsrechts gibt das Gesetz den Ablehnungsberechtigten den Anspruch auf Auskunft über die Besetzung des Gerichts. Dem Sinn der Bestimmung entsprechend ist dem Verlangen auch stattzugeben, wenn die Richter zur Mitwirkung nicht bei einer Entscheidung, sondern bei einer anderen richterlichen Tätigkeit (Voruntersuchung) berufen sind. § 24 Abs. 3 Satz 2 greift schon auf § 31 vor und regelt die Bekanntgabe sämtlicher Gerichtspersonen, also der Richter (§§ 22 bis 25), der Schöffen, Geschworenen und Urkundsbeamten (§ 31 Abs. 1). Den Namen des Staatsanwalts gibt das Gericht nicht mit bekannt, doch kann ihn der Beschuldigte beim Leiter der Staatsanwaltschaft erfragen, der ihn, ohne eine Begründung zu verlangen, bekanntzugeben hat, damit der Berechtigte bei ihm die Ersetzung durch einen anderen Staatsanwalt (s. Vorbem. 7 zum dritten Abschnitt) erwirken kann.

Von Amts wegen ist keine Mitteilung zu machen („auf Verlangen“); ist aber Mitteilung gemacht, so ist jeder Wechsel von Amts wegen bekanntzugeben (RGSt. **66** 10; RG. JW. **1930** 925). Abgesehen von der Namhaftmachung ist das Gericht nicht verpflichtet, dem Angeklagten tatsächliche Unterlagen zur Begründung seines Gesuchs zu liefern (RG. JW. **1933** 964).

10. Anfechtung. Lehnt das Gericht die Bekanntgabe der Gerichtspersonen ab (etwa weil der Antragsteller nicht ablehnungsberechtigt ist), so steht ihm die Beschwerde zu (§ 304 Abs. 1 und 2). Sie ist ausgeschlossen, wenn die Entscheidung vom erkennenden Gericht (s. u. 6 und 7 zu § 28) erlassen wird, es sei denn, der Antragsteller (etwa der bestrafte Zeuge, der unrichtigerweise ein Ablehnungsrecht in Anspruch nimmt) sei Dritter i. S. von § 305 Satz 2, § 304 Abs. 2. Nur wenn die Prozeßbeteiligten kein Beschwerderecht haben (RGSt. **29** 62), können sie die Verletzung von § 24 Abs. 3 Satz 2, die in der Praxis nur durch das Unterlassen begangen werden wird, einen Wechsel in der ursprünglichen Liste von Amts wegen bekanntzugeben, mit der Berufung und namentlich mit der Revision rügen. Da die Revision nicht darzulegen braucht, daß das Urteil auf der Gesetzesverletzung beruht (Sarstedt, Revision, S. 304), und da dieser Ursachenzusammenhang angenommen wird, solange die Möglichkeit, daß er besteht, nicht widerlegt wird, ist es in der Regel nicht auszuschließen, daß das Urteil auf der Gesetzesverletzung beruht, wenn der Angeklagte behauptet, den Richter abgelehnt zu haben, dazu aber keine Ablehnungsgründe vorträgt (RGSt. **66** 10). Dagegen beruht das Urteil dann nicht auf der Verletzung, wenn der Angeklagte die Ablehnungsgründe angibt und diese nicht durchschlagen (RG. JW. **1930** 925).

§ 25

(1) Die Ablehnung eines Richters wegen Besorgnis der Befangenheit ist bis zum Beginn der Vernehmung des Angeklagten zur Sache, in der Hauptverhandlung über die Revision bis zum Beginn seiner Ausführungen zur Revision, zulässig. Alle Ablehnungsgründe sind gleichzeitig vorzubringen.

(2) Nach diesem Zeitpunkt darf ein Richter nur abgelehnt werden, wenn

1. die Umstände, auf welche die Ablehnung gestützt wird, erst später eingetreten oder dem zur Ablehnung Berechtigten erst später bekannt geworden sind und

2. die Ablehnung unverzüglich geltend gemacht wird.

Nach dem letzten Wort des Angeklagten ist die Ablehnung nicht mehr zulässig.

Entstehungsgeschichte: I., II. und III. Entw. § 19.

Änderungsvorschläge: N.E. I § 19; N.E. II § 18; N.E. III § 19; Entw. EGStGB. Art. 70 Nr. 12.

Spätere Änderungen: Die Vorschrift ist der Zentralpunkt des Ablehnungsverfahrens. Das Ablehnungsrecht ist dem Berechtigten nur dann voll von Nutzen, wenn er nicht beschränkt ist, es frei auszuüben. Aus diesem Grunde sollte es nicht durch Einschränkungen beschwert werden. Ein unbeschränktes Ablehnungsrecht aber kann den Ablauf des Verfahrens stören und das Gericht zwingen, die Hauptverhandlung zu wiederholen. Daher ist ein Ausgleich der Interessen erforderlich. So großzügig dabei das Gesetz in bezug auf die Ablehnung außerhalb der Hauptverhandlung ist (s. u. 1 Abs. 2), so eng begrenzte es ursprünglich das Ablehnungsrecht in der Verhandlung. Früher konnte nämlich ein Richter wegen Besorgnis der Befangenheit in der Hauptverhandlung des ersten Rechtszugs nur bis zur Verlesung des Eröffnungsbeschlusses und in den Hauptverhandlungen über Berufung und Revision nur bis zum Beginn der Berichterstattung abgelehnt werden. Der Zweck dieser Begrenzung ergibt sich aus den Motiven (Hahn, **1** 91): „Wer einen in der Hauptverhandlung mitwirkenden Richter abzulehnen Veranlassung hat, von dem darf verlangt werden, daß er vor Beginn der eigentlichen Verhandlung ... sein Ablehnungsrecht ausübe. Es würde ebensosehr gegen die Würde des Gerichts wie gegen die Ordnung des Strafverfahrens verstoßen, wenn es dem Beschuldigten oder dem Ankläger freistände, durch ein im Laufe oder gar am Schlusse der Verhandlung vorgebrachtes Ablehnungsgesuch die letztere gleichsam ungeschehen zu machen."

Die Begründung zeigt das Verfehlte und Ungerechte der ursprünglich gewählten Lösung auf. Sie ging von der Vorstellung aus, daß dem Ablehnungsberechtigten die Ablehnungsgründe vor der Hauptverhandlung, also allein aus den Namen der Mitwirkenden (§ 24 Abs. 3 Satz 2), bekannt seien, d. h. nur auf Umständen beruhten, die außerhalb der Verhandlung ihren Ursprung hätten. Die Praxis erweist jedoch, daß Ablehnungsgründe sehr häufig gerade aus der Verhandlungsführung entspringen. Das ist oft betont worden. Gleichwohl ging der Gesetzgeber zunächst nur zögernd mit Reformen voran. Art. 2 Abs. 2 der VO. über die Beseitigung des Eröffnungsbeschlusses im Strafverfahren vom 13. 8. 1942 (RGBl. I 512) verschob den kritischen Zeitpunkt auf den Beginn der Vernehmung des Angeklagten zur Sache. Art. 3 Nr. 9 VereinhG. dehnte die Ablehnungsbefugnis bis zum Beginn des an die Vernehmung des Angeklagten zur Sache anschließenden Teils der Hauptverhandlung aus.

Trotz dieser Verschiebungen des Zeitpunkts, in dem das Ablehnungsrecht erlosch, blieb die Regelung wegen ihrer Starre unbefriedigend. Die Rechtsprechung suchte Abhilfe, indem sie den Begriff der Vernehmung zur Sache großzügig auslegte (BGHSt. **13** 358, **18** 46). Erst die gegenwärtige Fassung, eingeführt durch Art. 5 Nr. 2 StPÄG., kann aber voll befriedigen. Sie läßt die Ablehnung unter bestimmten Voraussetzungen bis zum letzten Wort zu. Zum Ausgleich verlegt sie das unbedingte Ablehnungsrecht zurück bis zum Beginn der Vernehmung des Angeklagten zur Sache und verlangt, daß der Ablehnungsberechtigte die nach diesem Zeitpunkt bekannt gewordenen Ablehnungsgründe alsbald vorbringt (Absatz 2) und glaubhaft macht, daß das rechtzeitig geschehen ist (§ 26 Abs. 2 Satz 1). Wegen der fast unbeschränkten bedingten Ablehnungsmöglichkeit (Absatz 2) hat das Erlöschen des unbedingten Ablehnungsrechts (Absatz 1 Satz 1) seine ursprüngliche Bedeutung verloren. Daher ist die Zurückverlegung des Zeitpunkts ohne Nachteil für den Ablehnungsberechtigten. Für die Handhabung der Vorschrift ist der Beginn der Vernehmung des Angeklagten ein klarerer Festpunkt als der bisherige, der Beginn des an die Vernehmung des Angeklagten zur Sache anschließenden Teils der Hauptverhandlung.

Verwandte Vorschriften: § 43 ZPO.; § 54 Abs. 1 VerwGO.

1. Inhalt. Die Vorschrift legt den Zeitpunkt fest, in dem das Ablehnungsrecht erlischt, d. h. die Ablehnung unzulässig wird. Das geschieht einmal absolut (Absatz 2 Satz 2) und dann für den Regelfall unbedingt (Absatz 1 Satz 1), aber zugleich für weitere Fälle in der Weise relativ, daß wichtige Ausnahmen zugelassen werden (Absatz 2 Satz 1). Die Bestimmung bezieht sich in allen ihren Teilen nur auf die Ablehnung in der Hauptverhandlung. Die „Vernehmung des Angeklagten zur Sache" ist die in § 243 Abs. 4 Satz 2, § 324 Abs. 2 angeordnete. Das ergibt sich aus dem Worte Angeklagter in Absatz 1 Satz 1, erstem Halbsatz; aus dem Zusammenhang (Absatz 1 Satz 1, zweiter Halbsatz: Hauptverhandlung über die Revision; Absatz 2 Satz 2: nach dem letzten Wort); und endlich aus der Entstehungsgeschichte: alle vorhergehenden Fassungen enthielten das Wort „Hauptverhandlung".

Auch Absatz 1 Satz 2 gilt nur für die Ablehnung in der Hauptverhandlung. Denn für den Fall der Ablehnung außerhalb der Hauptverhandlung unterläßt das Gesetz jede zeitliche Begrenzung und jede sonstige Einschränkung. Hätte das Konzentrationsgebot des Absatzes 1 Satz 2 auch für Ablehnungen außerhalb der Hauptverhandlung gelten sollen, was an sich sinnvoll wäre, dann hätte die Vorschrift aus dem Zusammenhang derjenigen Bestimmungen gelöst werden müssen, die allein für die Hauptverhandlung anwendbar sind. Da das nicht geschehen ist, kann ein Richter, der außerhalb der Hauptverhandlung tätig wird, jederzeit in bezug auf künftige richterliche Handlungen und Entscheidungen abgelehnt werden, so wie es bisher der Fall war

(OLG. Königsberg DStR. **1935** 123). Deshalb kann außerhalb der Hauptverhandlung ein Ablehnungsgrund auch dann zum Ausschluß des Richters führen, wenn er nicht unverzüglich nach Bekanntwerden (Absatz 2 Satz 1 Nr. 2) geltend gemacht worden ist.

Wie nicht anders möglich, ist § 25 auf die Ablehnung wegen Besorgnis der Befangenheit beschränkt. Daher ist die Ablehnung eines Richters, der von der Ausübung des Richteramts kraft Gesetzes ausgeschlossen ist (§ 24 Abs. 1, erste Alternative), auch in der Hauptverhandlung jederzeit möglich und die Amtsprüfung (§ 30) jederzeit nötig. Das Recht, einen ausgeschlossenen Richter abzulehnen und die Pflicht zur Amtsprüfung enden erst mit der Hauptverhandlung (OLG. Schleswig SchlHA. **1953** 246).

2. Unbedingtes Ablehnungsrecht (Absatz 1 Satz 1). Die Ablehnung ist zulässig, sobald feststeht, welcher Richter die richterliche Handlung vornehmen wird (RGSt. **21** 251). Das unbedingte Ablehnungsrecht erlischt, nachdem das Gericht mit der Vernehmung des Angeklagten zur Sache begonnen hat. Auf der anderen Seite kann der Ablehnungsberechtigte (§ 24 Abs. 3) mit der Ablehnung bis zu diesem Zeitpunkt warten, gleichviel wann er von dem Ablehnungsgrund Kenntnis erhalten hat (BVerfGE. **2** 297 = NJW. **1953** 1097; BGHSt. **4** 270), sofern er nur dadurch nicht das Konzentrationsgebot (Absatz 1 Satz 2) verletzt. Tritt der genannte Zeitpunkt mehrfach ein, etwa weil eine Hauptverhandlung länger als zehn Tage unterbrochen war (§ 229) oder weil eine Sache aus der Berufungs- (§ 328 Abs. 2) oder aus der Revisionsinstanz (§ 354 Abs. 2) zurückverwiesen ist, dann kann der Angeklagte den Richter beim zweiten Male ablehnen, auch wenn er ihn bei der ersten Verhandlung hingenommen hatte (RGSt. **19** 335; OLG. Schleswig SchlHA. **1953** 247).

Angeklagter ist auch der Beschuldigte im Sicherungsverfahren (§ 429c). Der Zeitpunkt gilt auch bei Vernehmung (§ 431 Abs. 1 Satz 2) des Einziehungsinteressenten (§ 431 Abs. 2) im objektiven Einziehungsverfahren (§§ 430ff.).

3. Der **Beginn der Vernehmung** des Angeklagten zur Sache ist für die Hauptverhandlung in der ersten Instanz in § 243 Abs. 4, für die in der Berufungsinstanz in § 324 Abs. 2 festgelegt. Er ist ein genau bestimmter und — von den Fällen der Wiederholung der Hauptverhandlung abgesehen — einmaliger Vorgang. Durch Teilung der Vernehmung in sog. Punktensachen oder durch Wiederaufnahme einer zunächst beendeten Vernehmung in derselben, nicht unterbrochenen Hauptverhandlung wird kein neuer Vernehmungsbeginn gesetzt. Die bisherige großzügige Rechtsprechung, die zudem an den Beginn des auf die Vernehmung folgenden Abschnitts der Hauptverhandlung anschloß (BGHSt. **13** 358, **18** 46), suchte eine Abhilfe gegenüber der unbefriedigenden Regelung des früheren Rechts; sie ist durch das bedingte Ablehnungsrecht des Absatzes 2 überflüssig geworden und überholt. In der Revisionsinstanz erlischt das unbedingte Ablehnungsrecht mit dem Beginn der Ausführungen des Angeklagten oder, was die Regel ist, seines Verteidigers zur Sache (§ 351 Abs. 2 Satz 1). In den Verfahren nach § 329 Abs. 1 und nach § 412 Abs. 1 ist das Gesuch, weil nicht zur Sache verhandelt wird, alsbald nach Prüfung der Formalien anzubringen.

Sind mehrere Personen angeklagt, dann tritt der Zeitpunkt des Satzes 1 für jeden Angeklagten für sich ein. Die Staatsanwaltschaft, der Privat- und Nebenkläger haben grundsätzlich bis zur Vernehmung des ersten Angeklagten abzulehnen; der Nebenkläger kann nicht etwa bis zu dem Zeitpunkt warten, in dem er selbst gehört wird (BGHSt. **5** 154). Leiten die Vorgenannten den Ablehnungsgrund jedoch aus dem Verhältnis zu einem von mehreren Angeklagten her (der Richter ist ein Freund des zuletzt vernommenen Angeklagten), dann können Staatsanwalt, Privat- und Nebenkläger, da sie nicht früher als der ablehnungsberechtigte Angeklagte abzulehnen brauchen, bis zum Beginn der Vernehmung dieses Angeklagten ablehnen. In der Revisionsinstanz braucht der Staatsanwalt, wenn er Beschwerdeführer ist, einen Richter nicht bei Beginn seiner Ausführungen abzulehnen, sondern erst vor Beginn der Ausführungen des Angeklagten. Auf der anderen Seite darf er, wenn der Angeklagte Beschwerdeführer ist, mit der Ablehnung nicht bis zum Beginn seiner, des Staatsanwalts, Ausführungen warten.

4. Verfahren bei abwesenden Angeklagten. Nicht immer ist der Angeklagte anwesend (s. auch u. 3 zu § 26), daher findet auch nicht in jedem Verfahren eine Vernehmung des Angeklagten zur Sache statt. Alsdann erlischt die Ablehnungsbefugnis mit dem Ereignis, das dem Beginn der Vernehmung zur Sache entspricht.

Läßt sich im Privatklageverfahren der Angeklagte durch einen Rechtsanwalt (§ 387 Abs. 1) oder im Verfahren nach § 232 Abs. 1 durch einen Verteidiger (§ 234) vertreten, dann erhalten diese Gelegenheit, für den Angeklagten Ausführungen zur Sache zu machen, so daß sich keine Besonderheiten ergeben. Im Verfahren nach § 233 Abs. 1 tritt die Verlesung über die richterliche Vernehmung (§ 233 Abs. 3 Satz 2) an die Stelle der Vernehmung. Das gleiche gilt im Verfahren nach § 232 Abs. 1, falls eine richterliche Vernehmung stattgefunden hat; sonst ist ein Ablehnungsgesuch im Anschluß an die Verlesung des Anklagesatzes (§ 243 Abs. 3) anzubringen. Dieser Zeitpunkt ist auch maßgebend im Verfahren nach §§ 277ff. Findet im Sicherungsverfahren die Hauptverhandlung ohne den Beschuldigten statt (§ 429c Abs. 1), so tritt die Verlesung über die richterliche Vernehmung (§ 429c Abs. 4 Satz 2) an die Stelle der Vernehmung. Wegen der Revisionshauptverhandlung s. o. 3 Abs. 1 a. E.

5. Konzentrationsgebot (Absatz 1 Satz 2). Satz 2 enthält eine Einschränkung des in Satz 1 gewährten Rechts, mit der Ablehnung bis zum Beginn der Vernehmung des Angeklagten zur Sache zu warten. Wer unbeschadet dieses Rechts einen Ablehnungsgrund früher geltend macht, muß dann auch alle ihm zu diesem Zeitpunkt bekannten Ablehnungsgründe zur gleichen Zeit vorbringen. Nach dem in Satz 1 genannten Zeitpunkt kommt dem Gebot keine Bedeutung mehr zu. Denn wenn die Ablehnung unverzüglich nach Bekanntwerden eines Ablehnungsgrundes geltend gemacht werden muß (Absatz 2 Nr. 2), versteht es sich von selbst, daß alle zur gleichen Zeit bekanntgewordenen Gründe gleichzeitig angebracht werden müssen. Zur Anwendung gelangt Satz 2 nur bis zu dem Zeitpunkt von Satz 1. Das Gewicht dieses Gebots ist indessen dadurch gemindert, daß es keiner Behauptung bedarf, die Ablehnung hätte nicht zugleich mit einer früheren verbunden werden können, und keiner Glaubhaftmachung der Umstände, die das ausgeschlossen hatten. Denn die Voraussetzungen des rechtzeitigen Vorbringens sind nur in den Fällen des § 25 Abs. 2 glaubhaft zu machen (§ 26 Abs. 2 Satz 1), nicht im Falle des § 25 Abs. 1 Satz 2. Daß die Ablehnung verspätet ist (§ 26a Abs. 1 Nr. 1), wird daher nur dann erkennbar sein, wenn dies aus der Begründung der Ablehnung hervorgeht; wenn der Ablehnende, wozu er nicht verpflichtet ist, selbst erklärt, daß er in der Lage gewesen wäre, die Ablehnung zusammen mit einer früheren geltend zu machen; und endlich im Falle der unveränderten Wiederholung einer Ablehnung (s. u. II 2 zu § 26a).

6. Bedingtes Ablehnungsrecht (Absatz 2 Satz 1).

a) Bekanntwerden. Mit dem Zeitpunkt des Absatzes 1 Satz 1 (s. o. 2) wird die Ablehnung wegen Besorgnis der Befangenheit unzulässig für alle Ablehnungsgründe, die dem Ablehnungsberechtigten bis dahin bekannt waren. Für das Erlöschen der Ablehnungsbefugnis ist es gleichgültig, ob der Berechtigte in dem genannten Zeitpunkt anwesend (BayObLGSt. **1961** 37) oder vertreten ist. Nach dem früheren Recht trat die Unzulässigkeit schlechthin ein, auch wenn der Ablehnungsgrund erst nach dem kritischen Zeitpunkt entstand oder dem Berechtigten bekannt wurde (BGHSt. **1** 301). Die Novelle hat diese Ungerechtigkeit beseitigt. Nunmehr darf ein Richter auch noch nach dem Beginn der Vernehmung zur Sache abgelehnt werden, wenn die Umstände, auf die die Ablehnung gestützt wird, dem zur Ablehnung Berechtigten erst später bekannt werden. Wann sie eingetreten sind, ist gleichgültig. Zwar erwähnt das Gesetz den Fall, daß die Umstände erst später, also nach dem Beginn der Vernehmung zur Sache, eingetreten sind. Diesem Fall kommt aber keine Bedeutung zu. Denn von dem weiter im Gesetz vorgesehenen Fall, daß die Umstände dem Berechtigten erst später bekannt geworden sind, werden auch solche erfaßt, die vor dem Zeitpunkt des Absatzes 1 Satz 1 entstanden sind.

Für das Bekanntwerden der Ablehnungstatsachen kommt es darauf an, wann der Berechtigte selbst sie erfährt. Wenn sein Anwalt früher von ihnen Kenntnis erhält als er selbst, schadet das dem Berechtigten nicht; und es kommt ihm nicht zugute, wenn das später der Fall ist.

b) Geltendmachung. Das bedingte Ablehnungsrecht hängt außer von dem soeben beschriebenen Zeitpunkt der Kenntnis des Ablehnungsgrundes auch davon ab, daß der Berechtigte die Ablehnung unverzüglich geltend macht. Unverzüglich bedeutet, auf Handlungen des Gerichts bezogen, ein Handeln ohne eine durch die Sachlage begründete Verzögerung (vgl. z. B. 4 zu §§ 115, 115a). Bei den Prozeßbeteiligten kann man auf ein subjektives Moment nicht verzichten, so daß „unverzüglich" als „ohne schuldhafte Verzögerung" auszulegen ist. Demzufolge ist die Ablehnung noch unverzüglich, wenn der Angeklagte sich vorher mit seinem Verteidiger besprochen oder wenn der Verteidiger den Vorsitzenden nicht in der Vernehmung eines Zeugen unterbrochen, sondern abgewartet hat, bis der Angeklagte nach der Zeugenvernehmung Gelegenheit zur Erklärung erhalten hat (§ 257).

7. Absolutes Erlöschen des Ablehnungsrechts. Das unbedingte Ablehnungsrecht erlischt nach Beginn der Vernehmung des Angeklagten zur Sache (s. o. 2); die bedingte Ablehnung (s. o. 6) ist — für alle Berechtigten noch während des letzten Wortes des Angeklagten (§ 258 Abs. 2) — möglich; nach ihm ist sie unzulässig. Wird sie dann gleichwohl noch angebracht, ist sie als verspätet zu verwerfen (§ 26a Abs. 1 Nr. 1). Danach können namentlich solche Bemerkungen nicht zum Gegenstand der Ablehnung gemacht werden, die der Vorsitzende zu dem letzten Wort (§ 258 Abs. 2) oder zu den eigenen Äußerungen des Angeklagten (§ 258 Abs. 3) etwa abgibt („Ich bin unschuldig" — „Das werden Sie gleich sehen".).

Das letzte Wort des Angeklagten ist in der Hauptverhandlung der ersten Instanz die Duplik auf die Replik des Staatsanwalts. Verzichtet dieser auf sein Recht zu erwidern, dann sind die Ausführungen des Angeklagten (§ 258 Abs. 1) sein letztes Wort. Entsprechend ist es in der Berufungs- und Revisionsverhandlung (§§ 326, 351 Abs. 2). Hatte der Angeklagte das Rechtsmittel eingelegt und demnach zuerst gesprochen, so kann er nach den Ausführungen des Staatsanwalts das letzte Wort nehmen. Wird die Hauptverhandlung nach dem letzten Wort wieder aufgenommen, dann erhalten die Beteiligten erneut das Wort.

Vielfach spricht das letzte Wort nicht der Angeklagte, sondern sein Verteidiger. Alsdann ist der Angeklagte zu befragen, ob er selbst noch etwas zu seiner Verteidigung auszuführen habe (§ 258 Abs. 3). Ausführungen, die er dann macht, sind nicht das letzte Wort. Daher geben Umstände, die sich dabei ereignen, keine Grundlage zur Ablehnung.

Bei der Großzügigkeit, mit der das Ablehnungsrecht geregelt ist, ist es nicht recht verständlich, warum Vorfälle nach dem letzen Wort sowie bei den eigenen Ausführungen des Angeklagten und nach ihnen nicht mehr zur Ablehnung führen dürfen. Freilich muß einmal Schluß sein. Aber nachdem sich der Gesetzgeber zu einem praktisch unbeschränkten Ablehnungsrecht bekannt hat, wäre es besser gewesen, die letzten Möglichkeiten, bei denen ein Gerichtsmitglied Äußerungen tun kann, die Besorgnis der Befangenheit erregen, nicht von der Ablehnung auszuschließen.

8. Übergangsrecht. Nach Art. 15 Abs. 7 StPÄG. ist § 25 in der neuen Fassung nur anzuwenden, wenn die Hauptverhandlung nach dem Inkrafttreten des Gesetzes beginnt. § 243 Abs. 1 a. F. lautete, daß die Hauptverhandlung mit dem Aufruf der Zeugen und Sachverständigen begönne. Die Fassung war unrichtig, weil die Zeugen zu einem späteren Zeitpunkt als dem Beginn der Hauptverhandlung geladen werden können (§ 214 Abs. 2). Beginn der Hauptverhandlung war (und ist) vielmehr der Aufruf der Sache. Das wird durch die neue Fassung des § 243 Abs. 1 Satz 1 ausdrücklich klargestellt, galt aber schon bisher. Wenn am 31. 3. 1965 die Sache aufgerufen und der Angeklagte vernommen wird, und am 1. 4. 1965 die Zeugen und Sachverständigen aufgerufen werden, hat die Hauptverhandlung vor dem Inkrafttreten des Strafprozeßänderungsgesetzes begonnen. Es kommt auf den Beginn der Hauptverhandlung an, in der es zur Ablehnung kommt. Hatte vor dem 1. 4. 1965 eine Hauptverhandlung stattgefunden, ist aber nach dem 31. 3. 1965 das Verfahren nach § 229 von neuem begonnen worden, findet das neue Recht Anwendung (BGH. MDR. **1965** 1004).

§ 26

(1) Das Ablehnungsgesuch ist bei dem Gericht, dem der Richter angehört, anzubringen; es kann vor der Geschäftsstelle zu Protokoll erklärt werden.

(2) Der Ablehnungsgrund und in den Fällen des § 25 Abs. 2 die Voraussetzungen des rechtzeitigen Vorbringens sind glaubhaft zu machen. Der Eid ist als Mittel der Glaubhaftmachung ausgeschlossen. Zur Glaubhaftmachung kann auf das Zeugnis des abgelehnten Richters Bezug genommen werden.

(3) Der abgelehnte Richter hat sich über den Ablehnungsgrund dienstlich zu äußern.

Entstehungsgeschichte: I., II. und III. Entw. § 20.

Änderungsvorschläge: N.E. I, II und III § 18; Entw. EGStGB. Art. 70 Nr. 13.

Keine späteren Änderungen.

Verwandte Vorschriften: § 44 ZPO.; § 54 Abs. 1 VerwGO. und zu Absatz 2 § 45 Abs. 1, § 56, § 74 Abs. 3.

1. Anwendungsbereich. § 26 gilt nach seinem Wortlaut (Gericht, dem der Richter angehört im Gegensatz zu § 27: Gericht, dem der Abgelehnte angehört) zunächst für die sog. „richterlichen

Mitglieder" (§ 27 Abs. 2 Satz 1), doch ist er nach § 31 Abs. 1 für Schöffen (§§ 31 bis 33 GVG.) und Geschworene (§ 84 GVG.) sowie für Urkundsbeamte (§ 153 Satz 1 GVG.) voll anwendbar.

2. Gericht, dem der Richter angehört, ist nach dem Sinne der Vorschrift, die Fristwahrung zu gewährleisten und das Gesuch dorthin zu bringen, wo die Sache anhängig ist, und meist auch die Entscheidung zu treffen sein wird, der Gerichtskörper (Senat, Kammer, Einzelrichter), der mit der Sache befaßt ist, in der es zur Ablehnung kommt. Davon gibt es nur eine Ausnahme: Wird ein Mitglied des Schwurgerichts außerhalb der Tagung abgelehnt — was in der Regel nur für den Vorsitzenden in Betracht kommen wird, der nach § 83 Abs. 4 GVG. auch außerhalb der Tagung, sofern nur ihre Zeit bestimmt worden ist, tätig werden kann —, ist das Gesuch bei der Strafkammer anzubringen (vgl. § 82 Abs. 2, 2. Alternative GVG.), weil das Schwurgericht außerhalb der Tagung nicht existiert. Danach gilt folgende Regelung:

Ist Vorsitzender des Schwurgerichts ein Mitglied des Oberlandesgerichts (§ 83 Abs. 1 GVG.), muß ein Ablehnungsgesuch gegen ihn während der Tagung beim Schwurgericht, außerhalb der Tagung bei der Strafkammer angebracht werden, nicht beim Oberlandesgericht (RGSt. **19** 337). Gehört ein Richter zugleich dem Amts- und dem Landgericht an (§ 22 Abs. 2, § 59 Abs. 2 GVG.), ist das Gericht zuständig, bei dem die Strafsache schwebt, in der die Ablehnung angebracht wird. Wird der Richter eines auswärtigen Strafsenats (§ 116 Abs. 2 GVG.) oder einer auswärtigen Strafkammer (§ 78 GVG.) abgelehnt, ist das Gesuch dort anzubringen, auch wenn ein anderer Senat oder eine andere Kammer zur Entscheidung zuständig ist (s. dazu u. II 1 zu § 27). Soll ein ersuchter Richter abgelehnt werden, ist das Gesuch bei ihm, nicht beim ersuchenden Gericht anzubringen. Die Regelung der Zuständigkeit für die Annahme des Gesuchs dient der Sicherung des § 25. Daher müssen das Gesuch, die Begründung und die Glaubhaftmachung innerhalb der Frist des § 25 bei dem Gericht angebracht werden, dem der Abgelehnte angehört, auch dann, wenn nicht dieses, sondern ein höheres Gericht (§ 27 Abs. 2 bis 4) zu entscheiden hat. Das gilt auch für Nachträge mit neuen tatsächlichen Behauptungen (RGSt. **5** 135), weil sie entweder Teil des Gesuchs oder ein neues Gesuch sind. Schriftsätze, die lediglich Erläuterungen oder Rechtsausführungen enthalten, können jedoch dem höheren Gericht unmittelbar zugeleitet werden und sind von diesem zu beachten.

3. Form. Das Gesuch kann bei dem o. 2 genannten Gericht in jeder Form (RGSt. **13** 304) angebracht werden, also innerhalb der Hauptverhandlung mündlich oder schriftlich (Müller-Sax, 1 zu § 26; a. A. — nur mündlich — Feisenberger, 2 zu § 26), außerhalb der Hauptverhandlung schriftlich, und stets zu Protokoll des Urkundsbeamten. Der Grundsatz der Mündlichkeit der Hauptverhandlung steht der schriftlichen Ablehnung nicht entgegen. Er soll sicherstellen, daß der Angeklagte an der Verhandlung zur Schuld- und Straffrage beteiligt ist. Die Abgabe von Anträgen, die eine Verhandlung unmöglich machen sollen, erfordert die Anwesenheit des Angeklagten nicht.

Der Erklärung zu Protokoll des Urkundsbeamten kommt während der Hauptverhandlung dann Bedeutung zu, wenn ein ablehnungsberechtigter Angeklagter wegen des Ablehnungsgrundes nicht vor Gericht erscheint. Nimmt der Angeklagte, wie das regelmäßig der Fall ist, an der Hauptverhandlung teil, dann sollte er den schriftlichen Antrag oder die Übergabe einer Protokollanlage dem mündlichen Antrag vorziehen. Denn nach § 273 Abs. 1 sind zwar die Anträge zu protokollieren; auf die Protokollierung ihrer Begründung besteht aber kein Anspruch (RGSt. **32** 241). Die Begründung kann aber namentlich im Hinblick auf eine spätere Anfechtung von Bedeutung sein. Wird das Gesuch während einer Hauptverhandlung zu Protokoll der Geschäftsstelle gegeben, so kommt es für den Zeitpunkt der Ablehnung (§ 25) darauf an, wann das Gesuch dem Gericht vorgelegt wird. Der Ablehnungsberechtigte trägt für die Behandlung des Gesuchs im Geschäftsbetrieb des Gerichts alle Gefahr allein; sein Ablehnungsrecht erlischt, wenn das Gesuch in dem maßgebenden Zeitpunkt dem verhandelnden Gerichtskörper nicht vorliegt, selbst wenn es bei ordnungsmäßiger Behandlung rechtzeitig hätte vorliegen können. Das gilt auch, wenn ein nicht auf freiem Fuß befindlicher Angeklagter, der in einem auswärtigen Bezirk verwahrt wird, dort seine Erklärung zu Protokoll der Geschäftsstelle des Amtsgerichts gibt, wozu er wegen der Formfreiheit der Erklärung befugt ist. § 299 Abs. 2 findet keine entsprechende Anwendung.

4. Begründung. Zwar schreibt § 26 anders als § 45 Abs. 1 nicht vor, daß der Ablehnende im Ablehnungsgesuch die Ablehnungsgründe angeben muß. Gleichwohl ist neben der Glaubhaftmachung auch die Begründung Voraussetzung der Zulässigkeit des Ablehnungsgesuchs. Das ergibt sich — in Übereinstimmung mit der früheren Rechtsprechung (KG. DJZ. **1929** 184; Bay-

ObLGSt. **1952** 188) — aus § 26a Abs. 1 Nr. 2. Dort ist bestimmt, daß das Ablehnungsgesuch als unzulässig zu verwerfen ist, wenn es keinen Ablehnungsgrund enthält. Ist der Ablehnungsgrund den Akten des laufenden Prozesses, namentlich dem Hauptverhandlungsprotokoll, zu entnehmen, oder beruht er auf dem Verhalten eines Richters in der Verhandlung, dann genügt es, die Tatsache kurz anzugeben; wegen der Einzelheiten kann auf das Gerichtskundige Bezug genommen werden. Denn was das Gericht weiß, braucht ihm nicht erst zur Kenntnis gebracht zu werden. Sonst aber darf für die Tatsachenangaben nicht auf Akten oder Schriftstücke verwiesen werden. Die Begründungspflicht besteht auch, wenn Ausschließungsgründe geltend gemacht werden, doch wird hier die Möglichkeit, auf Gerichtskundiges Bezug zu nehmen, öfter gegeben sein. Auch wenn das Gericht ein nicht begründetes Gesuch als unzulässig verwirft, kann es gleichwohl verpflichtet sein, den behaupteten Ausschließungsgrund von Amts wegen zu prüfen, doch wird hierzu seltener als bei fehlender Glaubhaftmachung (s. u. 5 Abs. 1) Veranlassung bestehen, weil ohne Tatsachenbehauptung in der Regel der Ansatzpunkt für eine Prüfung fehlen wird.

Zur Begründung müssen die Namen der abgelehnten Richter (RGSt. **13** 305) und die Ablehnungsgründe angegeben werden. Daß der Ablehnende Besorgnis der Befangenheit hege, braucht er nicht besonders vorzutragen (Feisenberger, 1 zu § 26). Kann er nicht feststellen, auf welche von mehreren Richtern ein Ablehnungsgrund zutrifft, dann genügt es, wenn er so deutliche Angaben macht, daß das beschließende Gericht eindeutig erkennen kann, welche Richter abgelehnt werden sollen (BVerfGE. **2** 297 = NJW. **1953** 1097). Wird die Ablehnung in einer Hauptverhandlung erst nach dem Beginn der Vernehmung des Angeklagten zur Sache, in der Revisionshauptverhandlung erst nach Beginn der Ausführungen des Angeklagten zur Revision angebracht, dann gehört zur Begründung die Angabe, wann die Umstände, auf die die Ablehnung gestützt wird, eingetreten und wann sie dem Ablehnungsberechtigten bekannt geworden sind (§ 25 Abs. 2 Nr. 1). Wird die Ablehnung nicht alsbald nach Bekanntwerden angebracht, so ist ferner darzulegen, welche Umstände einem früheren Vorbringen entgegengestanden haben (§ 25 Abs. 2 Nr. 2).

5. Glaubhaftmachung. Alles was zur Begründung des Gesuchs gehört, hat der Gesuchsteller glaubhaft zu machen. Absatz 2 Satz 1 erwähnt ausdrücklich, daß in den Fällen des § 25 Abs. 2 die Voraussetzungen des rechtzeitigen Vorbringens glaubhaft zu machen sind. Zu diesen Voraussetzungen gehört auch, wann die Umstände, auf welche die Ablehnung gestützt wird, dem zur Ablehnung Berechtigten bekanntgeworden sind; denn nur danach kann beurteilt werden, ob dieser sie unverzüglich geltend gemacht hat. Nach dem Zusammenhang des § 26 muß der Antragsteller seine Angaben dann glaubhaft machen, wenn er das Gesuch anbringt. Denn sonst kann über das Gesuch nicht sachlich entschieden werden. Demzufolge gehört die Glaubhaftmachung zu den Zulässigkeitsvoraussetzungen (§ 26a Abs. 1 Nr. 2). Daher muß der Ablehnende auch Ausschließungsgründe glaubhaft machen.

Gerichtsbekannte Tatsachen bedürfen keiner Glaubhaftmachung (OLG. Neustadt GA. **1956** 94). Zu ihnen gehören Tatsachen, die das Gericht jederzeit aus den Akten feststellen kann, oder die sich, in Ablehnungsfällen, vor den Augen und Ohren des Gerichts ereignet haben. Im letzten Falle braucht auch die Rechtzeitigkeit nicht glaubhaft gemacht zu werden, wenn sie für das Gericht nach der Sachlage auf der Hand liegt (BGH. MDR. **1965** 1004). Demzufolge brauchen z. B. die Tatsachen, die eine Ausschließung nach § 22 Nr. 4 und 5 und nach § 23 begründen, regelmäßig nicht glaubhaft gemacht zu werden. Dagegen kann die Glaubhaftmachung in den Fällen des § 22 Nr. 1 bis 3 erforderlich sein, wenn die Verletzung nicht aktenkundig ist. Hat das Gericht ein Gesuch wegen mangelnder Glaubhaftmachung verworfen, so kann gleichwohl die Verpflichtung bestehen, einen nicht glaubhaft gemachten Ausschließungsgrund von Amts wegen zu prüfen (§ 30).

Im übrigen gilt das u. 6 zu § 45 Bemerkte mit folgenden Ergänzungen: Eid und eidesstattliche Versicherung sind nach Absatz 2 Satz 1, 2. Halbsatz nicht nur für den Beschuldigten, sondern für alle Ablehnungsberechtigten, also etwa auch den Privatkläger (EbSchmidt, 6 zu § 26) ausgeschlossen (s. u. 6c zu § 45), doch bleibt die eidesstattliche Versicherung von Zeugen zulässig (s. u. 6a zu § 45). Der Berechtigte kann auf das Zeugnis des abgelehnten Richters Bezug nehmen (Absatz 2 Satz 2; BayObLGSt. **1957** 11). Unter Zeugnis ist die in Absatz 3 bezeichnete dienstliche Äußerung zu verstehen (Hahn, Mat. **2** 1527), nicht eine durch Vernehmung des Richters gewonnene Aussage. Das Gericht kann, wenn die Behauptung des Ablehnungsberechtigten durch die Äußerung des Abgelehnten bestätigt wird, auf Grund der Äußerung entscheiden, doch steht es ihm frei, weitere Beweise zu erheben.

6. Dienstliche Äußerung. Absatz 2 Satz 3 ist eine Verfahrensvorschrift, die nur für das ordentliche Verfahren des § 27 sinnvoll ist. Wird das Gesuch als unzulässig nach § 26a verworfen, entfällt die dienstliche Äußerung. Wird dagegen nach § 27 verfahren, ist der abgelehnte Richter dienstlich verpflichtet, sich zu äußern. Da die Äußerung ggf. dem Rechtsmittelgericht als Entscheidungsgrundlage dienen muß, muß sie notwendigerweise schriftlich sein. Sie wird zu den Sachakten genommen (Pentz, JVBl. **1963** 186).

Da über den Zwischenstreit des § 27 außerhalb der Hauptverhandlung entschieden wird (s. u. II 1 zu § 27), ist § 33 Abs. 2 und 3 anzuwenden. Demzufolge ist die Äußerung außer dem Staatsanwalt auch den anderen Beteiligten (§ 24 Abs. 3 Satz 1) zur Kenntnis zu bringen, bevor sie zu ihrem Nachteil verwertet wird (RG. Recht **1925** 593 ist durch die Neufassung des § 33 überholt). Da Beschlüsse, die eine Ablehnung für begründet erklären, nicht anfechtbar sind (§ 28 Abs. 1), liegt in der Anerkennung eines Ablehnungsgrundes kein Nachteil. Daraus folgt, daß nach § 33 Abs. 3 der Ablehnende, der Privat- und der Nebenkläger zu der Äußerung des abgelehnten Richters nur dann zu hören sind, wenn das Gericht nicht schon entschlossen ist, dem Gesuche stattzugeben. Daß der Ablehnende benachteiligt wird, wenn das Gericht seinem Antrage nicht stattgibt, bedarf keiner Ausführung. Aber auch der Privat- und der Nebenkläger können benachteiligt sein, weil sie damit rechnen müssen, daß das Urteil aufgehoben wird, wenn dem Ablehnungsgesuch zu Unrecht nicht stattgegeben worden ist (Pentz, JVBl. **1963** 186).

§ 26a

(1) Das Gericht verwirft die Ablehnung eines Richters als unzulässig, wenn

1. die Ablehnung verspätet ist,

2. ein Grund zur Ablehnung oder ein Mittel zur Glaubhaftmachung nicht angegeben wird oder

3. durch die Ablehnung offensichtlich das Verfahren nur verschleppt oder nur verfahrensfremde Zwecke verfolgt werden sollen.

(2) Das Gericht entscheidet über die Verwerfung nach Absatz 1, ohne daß der abgelehnte Richter ausscheidet. Im Falle des Absatzes 1 Nr. 3 bedarf es eines einstimmigen Beschlusses und der Angabe der Umstände, welche den Verwerfungsgrund ergeben. Wird der Untersuchungsrichter, der Ermittlungsrichter, ein beauftragter oder ein ersuchter Richter oder der Amtsrichter im vorbereitenden Verfahren oder als Einzelrichter abgelehnt, so entscheidet er selbst darüber, ob die Ablehnung als unzulässig zu verwerfen ist.

Entstehungsgeschichte: Eingefügt durch Art. 5 Nr. 4 StPÄG.

Übersicht

I. Bedeutung.

1. Inhalt. § 27 ordnet die regelmäßige Behandlung des Ablehnungsgesuchs, § 26a stellt für die Ablehnung unzulässiger Gesuche ein vereinfachtes Verfahren zur Verfügung. Im regelmäßigen Verfahren darf nur entschieden werden, nachdem der abgelehnte Richter ausgeschieden ist, und wenn über die Ablehnung während einer Hauptverhandlung zu entscheiden ist, in deren Unterbrechung und in Beschlußbesetzung (s. u. II 1 zu § 27). Demzufolge kann der Einzelrichter nicht selbst beschließen, vielmehr entscheidet über die Ablehnung des Untersuchungsrichters das Landgericht (§ 27 Abs. 3 Satz 1), über die eines Amtsrichters ein anderer Amtsrichter (§ 27 Abs. 3 Satz 2). Dagegen ist die Ablehnung unzulässiger Gesuche dem Gericht, dem der Abgelehnte angehört, unter dessen Mitwirkung (s. u. III 1 und 2), oder dem abgelehnten Richter selbst (s. u. III 4) zugewiesen. Damit werden Grundsätze, die für die Behandlung unzulässiger Rechtsmittel gelten, freilich in erweitertem Umfang, auf das Ablehnungsgesuch übertragen: Nach § 319 Abs. 1 kann das Gericht des ersten Rechtszuges die verspätete Berufung, nach § 346 Abs. 1 das Gericht, dessen Urteil mit der Revision angefochten wird, eine Revision, die verspätet eingelegt oder begründet worden ist, als unzulässig verwerfen. Der Vergleich mit diesen Bestimmungen zeigt, daß § 26a nicht in allen Teilen zu billigen ist: Nummer 1 (verspätete Ablehnung) sowie Nummer 2, soweit dort die vereinfachte Ablehnung von Gesuchen zugelassen wird, in denen kein Ablehnungsgrund angegeben ist, enthalten eine verständliche und unangreifbare Verfahrensregelung, die dem Verfahren bei der Verwerfung unzulässiger Rechtsmittel entspricht. Nicht unbedenklich ist aber schon Nummer 2, soweit auf die fehlende Glaubhaftmachung abgestellt ist. Denn ob etwas glaubhaft gemacht ist, kann bei den weiten Möglichkeiten der Glaubhaftmachung (s. u. 6a und d zu § 45) durchaus zweifelhaft sein. Größten Bedenken aber begegnet die Vorschrift der Nummer 3 über die Verwerfung von Ablehnungen, durch die verfahrensfremde Zwecke verfolgt werden. Bei dem weitgefaßten Tatbestand, der mehrere unbestimmte Rechtsbegriffe enthält, ist die Entscheidung unter Mitwirkung des abgelehnten Richters oder beim Einzelrichter gar allein durch ihn selbst der Gefahr ausgesetzt, daß die Forderung, die Interessen des Beschuldigten gegenüber den öffentlichen Interessen vorsichtig abzuwägen, dem Wunsche, dem Verfahren ungestört Fortgang zu geben, wenn auch nur unbewußt, untergeordnet wird. Zwar kann bei Entscheidungen, die außerhalb der Hauptverhandlung ergehen, die Beschwerde alsbald Abhilfe schaffen (§ 28 Abs. 1). Aber nur die wenigsten Fälle sind der Beschwerde zugänglich; denn die Hauptrolle spielt die Ablehnung in der Hauptverhandlung. Da bei dieser die Entscheidung erst mit dem Urteil angefochten werden kann (§ 28 Abs. 2), ist bei rechtsirrtümlicher Anwendung des § 26a die Gefahr gegeben, daß die Verhandlung wiederholt werden muß (§ 338 Nr. 3); entscheiden die Strafsenate (§ 134 Abs. 1 und 2 GVG., § 120 Abs. 1 GVG.), gibt es keine Abhilfe. Bei der Konzentration der Ablehnungsgründe (§ 25 Abs. 2) wäre die anfechtbare Regelung zu entbehren gewesen.

Der Katalog des § 26a Abs. 1 ist — abgesehen von dem unten II 7 behandelten Fall der Ablehnung eines Gerichts als Ganzes — abschließend. Der gelegentlich behandelte Fall der bloßen Unmutsäußerung (OLG. Hamm JMBlNRW. **1963** 49) ist zu Recht nicht aufgenommen worden.

2. Verhältnis zu § 27. Das Regelverfahren des § 27 findet nach dessen erstem Halbsatz immer dann Anwendung, wenn das Ablehnungsgesuch nicht als unzulässig verworfen wird. Es kommt also für die Zulässigkeit der Entscheidung nach § 27 allein darauf an, daß nicht der Weg des § 26a gewählt worden ist. Dagegen kann das Verfahren nach § 27 nicht etwa mit der Begründung als unzulässig abgelehnt werden, das Gesuch könne in dem vereinfachten Verfahren des § 26a verworfen werden. Denn § 27 Abs. 1 wird nicht mit den Worten eingeleitet: „Ist die Ablehnung nicht als unzulässig zu verwerfen ...", sondern mit der Wendung „wird die Ablehnung nicht als unzulässig verworfen". Daraus folgt, daß nach § 27 sowohl, was allerdings der Regelfall sein wird, über zulässige als auch über unzulässige Gesuche entschieden werden kann (vgl. Begrdg. zu § 21 E 1909, Mat. zur StRRef. **12** 70). Das hat auch seinen guten Grund. Denn nur in den Fällen der Nummer 1 und der ersten Alternative der Nummer 2 ist lediglich eine Formalentscheidung zu treffen. In den anderen Fällen, namentlich denen der Nummer 3, ist eine Wertung erforderlich, die vorzunehmen sich der abgelehnte Richter befangen fühlen könnte; zumindest könnte er als befangen erscheinen. Ist das der Fall oder besteht der geringste Zweifel, ob nicht das beigebrachte Mittel doch als Glaubhaftmachung angesehen werden könnte; ob der Ablehnende nicht neben der Absicht der Verschleppung auch von anderen Absichten geleitet sein könnte; ob er wirklich lediglich verfahrensfremde Zwecke verfolgt oder ob er nicht vielmehr ernstlich verfolgte Verfahrenszwecke über diese Absicht hinaus auch noch verfahrensfremden Zwecken dienbar macht, dann ist stets das Regelverfahren des § 27 einzuschlagen.

II. Unzulässigkeitsfälle.

1. Verspätung. Es entspricht der bisherigen Rechtsprechung (RGSt. **54** 328), daß das verspätete Gesuch ohne Ausscheiden des Abgelehnten verworfen werden kann. Dieser Fall gewinnt besondere Bedeutung durch die Vorschrift, daß nach dem Zeitpunkt des § 25 Abs. 1 Satz 1 eine

Ablehnung nur noch geltend gemacht werden darf, wenn die Umstände, auf die sie gestützt wird, erst später eintreten oder dem Berechtigten erst später bekannt werden, und wenn die Ablehnung unverzüglich nach diesem Ereignis geltend gemacht wird (§ 25 Abs. 2).

Wird der Ablehnungsgrund nach dem kritischen Zeitpunkt angebracht, ohne daß die Voraussetzungen des § 25 Abs. 2 behauptet werden, dann bedarf es zur Entscheidung nur der Feststellung, daß das Gesuch verspätet angebracht ist. Werden die Voraussetzungen des § 25 Abs. 2 dargetan, dann ist sowohl der Zeitpunkt des Bekanntwerdens der Umstände als auch derjenige der Geltendmachung der Ablehnung zu überprüfen. Daß es auf das Entstehen der Ablehnungsumstände nicht ankommt, ist o. 6a zu § 25 dargelegt. Wegen der bei der Prüfung zu beachtenden Umstände s. o. 6a und b zu § 25. Verspätet und im vereinfachten Verfahren des § 26a zu verwerfen ist auch die nach dem letzten Wort angebrachte Ablehnung (s. dazu o. 7 zu § 25).

2. Wiederholung. Zwar besteht keine Verpflichtung, Ablehnungsgründe außerhalb einer Hauptverhandlung alsbald und während einer Hauptverhandlung vor dem Zeitpunkte des § 25 Abs. 1 Satz 1 anzubringen. Da aber nach § 25 Abs. 1 Satz 2 alle Ablehnungsgründe gleichzeitig vorzubringen sind, ist ein Gesuch auch vor dem Zeitpunkt des § 25 Abs. 1 Satz 1 verspätet, wenn der Ablehnende schon ein Gesuch angebracht und dabei unterlassen hat, weitere ihm bekannte Ablehnungsgründe geltend zu machen. Die Glaubhaftmachung erstreckt sich aber nur auf die Voraussetzungen des § 25 Abs. 2 und nicht auf die des § 25 Abs. 1 Satz 2. Daher wird vor dem Zeitpunkt des § 25 Abs. 1 Satz 1 nicht allzu häufig festzustellen sein, daß bei einer weiteren Ablehnung das Konzentrationsgebot des § 25 Abs. 1 Satz 2 verletzt ist (s. o. 5 zu § 25). Die Verletzung von § 25 Abs. 1 Satz 2 und damit die Verspätung i. S. des § 26a Abs. 1 Nr. 1 liegt jedoch auf der Hand, wenn der Ablehnende ein bereits beschiedenes Gesuch unverändert wiederholt. Denn zweimal das Gleiche kann er gleichzeitig vorbringen. In Übereinstimmung mit der bisherigen Rechtsprechung (RGSt. **11** 225; RG. GA. **44** 385) ist daher das wiederholte Gesuch als unzulässig zu verwerfen (vgl. auch Begrdg. zu § 26a, BTDrucks. IV/178, S. 35). Da schlichte Wiederholungen selten vorkommen, ist stets sorgfältig zu prüfen, ob in dem Gesuch nicht doch eine neue Behauptung enthalten oder für eine alte Behauptung ein neues Mittel der Glaubhaftmachung beigebracht worden ist. Alsdann ist das Gesuch nicht unzulässig (RGSt. **24** 14) und nicht nach § 26a zu behandeln.

3. Fehlende Begründung. Die Fassung der Nummer 2, daß die Ablehnung zu verwerfen sei, wenn ein Grund zur Ablehnung oder ein Mittel zur Glaubhaftmachung nicht angegeben werde, kann zu Zweifeln Anlaß geben. Liest man „ein" als Zahlwort, dann geht der Wortlaut über das Gewollte hinaus. Denn der Gesetzgeber hat nicht Gesuche für unzulässig erklären wollen, in denen von mehreren Gründen einer nicht angegeben oder — und hier wird der Wortlaut von ausschlaggebender Bedeutung — einer nicht glaubhaft gemacht worden ist. Vielmehr ist, wenn von mehreren Gründen nur einer glaubhaft gemacht worden ist, nach § 27 zu verfahren. Mit der mißverständlichen Wortfassung ist gemeint, das Gesuch sei als unzulässig zu verwerfen, wenn (überhaupt) kein Grund zur Ablehnung oder kein Mittel zur Glaubhaftmachung angegeben wird, wie dies der bisherigen Rechtsprechung (KG. DJZ. **1929** 184) entspricht. Die Fassung erklärt sich aus der Scheu der Gesetzessprache vor dem Worte „kein".

Die Vorschrift ist, da § 26a nur klar liegende Formalentscheidungen ermöglichen will, eng auszulegen. Die Auslegung bereitet keine Schwierigkeiten, wenn der Ablehnende es bewußt gänzlich unterläßt, einen Ablehnungsgrund anzugeben („Ich lehne den Vorsitzenden ab. Gründe anzugeben, ist ja doch zwecklos"). Aber auch Wertungen ohne Tatsachenbehauptung („weil er ungerecht, mir nicht wohlgesonnen ist") sind keine Begründung. Dagegen berechtigen schwerverständliche oder unvollständige Ablehnungsgründe (Behauptung, der Richter sei ausgeschlossen, „weil ich mit ihm verschwägert bin", ohne Angabe der die Schwägerschaft vermittelnden Personen) nicht zur vereinfachten Verwerfung. Auch ist zu beachten, daß auf Gerichtsbekanntes nur hingewiesen zu werden braucht.

Die Vorschrift bezieht sich nur auf das Fehlen von Ablehnungsgründen. Wird der abgelehnte Richter nicht mit dem Namen genannt, sondern nur durch Angabe einer bestimmten Vortätigkeit bezeichnet („die Richter, die in einem — angegebenen — früheren Verfahren mitgewirkt haben"; weiteres Beispiel BVerfGE. **2** 297 = NJW. **1953** 1097), so rechtfertigt das keine Entscheidung nach § 26a.

4. Fehlende Glaubhaftmachung. Das Mittel zur Glaubhaftmachung bezieht sich nicht nur auf den Ablehnungsgrund, sondern auch auf die Voraussetzungen des rechtzeitigen Vorbringens

(§ 25 Abs. 2, § 26 Abs. 2 Satz 1). Das Gesuch ist also in der vereinfachten Form des § 26a zu verwerfen, wenn nach dem in § 25 genannten Zeitpunkt ein Ablehnungsgrund angegeben und glaubhaft gemacht, aber keine Glaubhaftmachung zu den Umständen des Absatzes 2 gegeben wird. Werden in dem genannten Fall die in § 25 Abs. 2 Nr. 1 genannten Umstände glaubhaft gemacht, aber nicht die Unverzüglichkeit der Nummer 2, dann kann nach § 26a verfahren werden, wenn nicht die Unverzüglichkeit für das Gericht zutage liegt. Ist das jedoch der Fall (der Angeklagte lehnt den Vorsitzenden unmittelbar nach einem Vorhalt ab), dann findet § 26a keine Anwendung. Denn Gerichtskundiges braucht nicht glaubhaft gemacht zu werden.

Was zur Glaubhaftmachung gehört, ist o. 5 zu § 26 ausgeführt. Da das vereinfachte Ablehnungsverfahren nur zulässig ist, wenn jegliche Glaubhaftmachung fehlt, ist bei den weiten Möglichkeiten der Glaubhaftmachung Zurückhaltung in der Beurteilung geboten, daß ein angegebenes Mittel keines der Glaubhaftmachung sei (der Ablehnende verweist wegen einer Äußerung, die der Richter außerhalb der Hauptverhandlung abgegeben haben soll, auf das Zeugnis eines Beamten, weil er sich gescheut hat, ihn um eine eidesstattliche Versicherung zu bitten). Kann das Mittel unter irgendeinem Gesichtspunkt noch als Mittel der Glaubhaftmachung angesehen werden, ist das vereinfachte Ablehnungsverfahren unstatthaft.

5. Verschleppung. Gelegentlich bringt ein Angeklagter, um den Prozeß zu verschleppen, ein Ablehnungsgesuch nach dem anderen vor, obwohl er weiß, daß er mit den Anträgen keinen Erfolg haben kann, entweder weil die behaupteten, ins Zeugnis des abgelehnten Richters gestellten Tatsachen nicht vorliegen, oder weil sie zwar gegeben aber für jeden verständigen Menschen keine Ablehnungsgründe sind. Die Praxis erachtete es für zulässig, solche Gesuche, denen nur der falsche Anschein einer Ablehnung gegeben sei, unter Mitwirkung der abgelehnten Richter (RGSt. **30** 273) abzulehnen (RGSt. **56** 49; RG. JW. **1901** 397; RG. GA. **65** 439; BayObLGSt. **18** 35). Die Rechtsprechung verlangte jedoch, um die Nachprüfung durch das Rechtsmittelgericht zu gewährleisten, sowohl in tatsächlicher als auch in rechtlicher Hinsicht eine eingehende Begründung (RGSt. **30** 273; RG. GA. **46** 201). Diese sollte auf die Frage, ob die Ablehnung unbegründet sei, nicht eingehen dürfen, weil es unzulässig sei, aus der Unbegründetheit die Verschleppungsabsicht zu folgern (RG. GA. **65** 540; RG. LZ. **1918** 284).

Dieser Weg des — ohnehin schwer vorstellbaren — Abstrahierens ist nicht mehr gangbar. Die vereinfachte Verwerfung ist nur zulässig, wenn mit dem Mittel der Ablehnung offensichtlich lediglich der Zweck der Verschleppung verfolgt werden soll; sie ist aber „nicht anwendbar, wenn mit der Ablehnung neben den angegebenen gleichzeitig auch andere Zwecke erstrebt werden" (Begrdg. zu § 26a, BTDrucks. IV/178, S. 35). Demzufolge darf die Verschleppungsabsicht nicht allein aus der Häufung der Gesuche gefolgert werden; sie setzt vielmehr voraus, daß der Ablehnende Anträge stellt, obwohl er weiß, daß er nur das Entscheidungsverfahren (auf das es ihm ankommt), nicht aber das Ausscheiden des Richters (auf das es ihm nicht ankommt) erreichen kann. Dieser Absicht steht es regelmäßig entgegen, wenn ein Gesuch vorgebracht wird, das begründet sein kann oder gar begründet ist. Macht der Angeklagte in Verschleppungsabsicht — aber nicht offensichtlich nur in dieser — einen Ablehnungsgrund und die Voraussetzungen des rechtzeitigen Vorbringens (§ 26 Abs. 2 Satz 1), etwa das spätere Bekanntwerden (§ 25 Abs. 2 Nr. 1), geltend, dann darf nicht nach § 26a verfahren werden. Der Fall, daß durch die Ablehnung offensichtlich, also ohne jeden Zweifel zutage liegend, das Verfahren nur verschleppt, also nicht neben der Verschleppung auch prozeßordnungsgemäß verfahren wird, kann alsdann nur vorliegen, wenn der Ablehnende erklärt oder zweifelsfrei zu erkennen gegeben hat, daß ihm das Ausscheiden des Richters selbst dann gleichgültig sei, wenn sein Ablehnungsgrund durchschlage, mit anderen Worten, wo die Nichternstlichkeit der Ablehnung und die ausschließliche Absicht der Verschleppung keinem Zweifel unterliegen können (BGH., Dallinger MDR. **1955** 271). Da solche Fälle in der Praxis kaum vorkommen, wird der ersten Alternative der Nummer 3 keine Bedeutung zukommen.

Das wäre auch dann der Fall, wenn die angestellten Überlegungen nicht durchschlügen. Denn zufolge der Konzentrationsmaxime (§ 25 Abs. 1 Satz 2) und der Verpflichtung, Ablehnungsgründe, die erst nach dem Zeitpunkt des § 25 Abs. 1 Satz 1 eintreten oder bekanntwerden, unverzüglich vorzubringen und das rechtzeitige Vorbringen glaubhaft zu machen, sind Verschleppungsanträge, die nicht nach den Nummern 1 und 2 im vereinfachten Verfahren abgelehnt werden könnten, wenigstens in der Hauptverhandlung, wo ihre Behandlung bisher allein Schwierigkeiten verursacht hat, kaum denkbar.

6. Verfahrensfremde Zwecke. Die zweite Alternative, daß durch die Ablehnung nur verfahrensfremde Zwecke verfolgt werden sollen, ist wie die erste zu behandeln; denn die Verschleppung ist nur ein Unterfall der verfahrensfremden Zwecke. Für den Fall der verfahrensfremden Zwecke gibt es keine feste oder ständige Rechtsprechung und keinen Vorgang in der Entwurfsgeschichte. Der Entwurf 1939 hatte die vereinfachte Verwerfung offenbar mutwilliger Gesuche vorgeschlagen (§ 127). Die Kommission für die Reform des Strafprozesses hatte sie ausdrücklich abgelehnt (Prot. **2** 202) mit der Begründung, daß der Begriff zu dehnbar sei und auch mit ihm doch nicht alle denkbaren Mißbräuche verhindert werden könnten.

Die Begründung nennt unter verfahrensfremden Zwecken Demonstrationszwecke (S. 35). Dabei ist wohl daran gedacht, daß der Angeklagte in der Hauptverhandlung, um seine Gesinnung darzutun, diejenige des Richters, sei es die vermutete, sei es eine allgemein oder nur dem Ablehnenden bekannte, durch ein (unbegründetes) Ablehnungsgesuch herabsetzt. Auch könnte der Fall hierunter zu zählen sein, daß der Angeklagte seine prozessuale Macht mißbraucht und den Richter durch eine Ablehnung verunglimpft. Die Alternative ist gleichwohl entbehrlich, weil in den meisten Fällen die Nummern 1 und 2 durchschlagen. Liegen sie ausnahmsweise nicht vor, wird der Umstand, daß *nur* verfahrensfremde Zwecke verfolgt werden, kaum nachweisbar sein.

Für gewöhnliche Prozesse wird die Vorschrift keine Bedeutung erlangen. Wird sie in politischen Prozessen — statt des Wegs nach § 26 Abs. 1 Nr. 1 und 2 oder des § 27 — angewendet, so wird sie Anlaß zu vermeidbaren Angriffen sein. Die Bedenklichkeit der Vorschrift (s. o. I 1) wird nur wenig dadurch gemildert, daß Kollegialgerichte die Ablehnung nur einstimmig verwerfen dürfen (Absatz 2 Satz 2).

7. Ablehnung des Gerichts als Ganzes. Ein Gericht als Ganzes, das heißt als Behörde, kann nicht in einem Verhältnis stehen, das die Ausschließung nach §§ 22, 23 begründet. Eine Vorschrift über die Ablehnung eines Gerichts wurde nach den Motiven (*Hahn*, **1** 90) für überflüssig erachtet, weil sich aus dem Inhalt des Abschnitts von selbst ergebe, daß sich die Ablehnung immer nur gegen einzelne Richter wenden könne. In Übereinstimmung mit dieser Begründung hat die Rechtsprechung von jeher daran festgehalten, daß ein Ablehnungsgesuch vom abgelehnten Gericht in seiner regelmäßigen Zusammensetzung als unzulässig zurückgewiesen werden muß, wenn es gegen ein Gericht als Ganzes oder gegen alle Richter oder alle Kammern oder Senate eines Gerichts oder gegen eine Kammer oder einen Senat als Spruchkörper (und nicht gegen die ihn darstellenden Richter) vorgebracht wird (RGSt. **27** 175; **56** 49; RG. JW. **1895** 590, **1904** 64, **1935** 2894; LZ. **1923** 31).

Die (unzulässige) Ablehnung eines Gerichts als Ganzes ist in § 26a nicht geregelt. Die Begründung bemerkt dazu, § 26a gelte nur für die Ablehnung eines einzelnen Richters, nicht für die Ablehnung des Gerichts (oder eines seiner Spruchkörper) als solchen. Derartige Gesuche seien, führt die Begründung weiter aus, wie durch die höchstrichterliche Rechtsprechung geklärt, vom Gericht in seiner gewöhnlichen Besetzung zu verwerfen (Begrdg. S. 35).

Mit § 26a soll dem Gericht die Möglichkeit eröffnet werden, unzulässige Gesuche in seiner gewöhnlichen Besetzung zu verwerfen (s. u. III 2). Damit soll durch Gesetz bestimmt werden, was die Rechtsprechung, und zwar auch für die Ablehnung eines ganzen Gerichts, zugelassen hatte. Es wäre daher zweckmäßig gewesen, die Ablehnung des Gerichtskörpers in den Katalog des § 26a Abs. 1 aufzunehmen. Auf jeden Fall stellt die Begründung klar, daß die bisherige Rechtsprechung gebilligt und ihre Fortführung als selbstverständlich angesehen wird. Da der Fall zu den klaren Fällen unzulässiger Ablehnung gehört, ist die Verwerfung auch weiterhin, wie in § 26a geregelt, ohne Ausscheiden des abgelehnten Richters in der gewöhnlichen Besetzung des Gerichts auszusprechen.

Keine Ablehnung des Gerichts als Ganzes ist es, wenn der Gesuchsteller alle einzelnen Richter namhaft macht und angibt, warum er sie als befangen ansieht (RG. JW. **1924** 1252), gleichviel ob er für alle verschiedene Ablehnungsgründe angibt oder den gleichen Grund. Das Gesuch ist auch zulässig, wenn der Ablehnende zwar das Gericht ablehnt, aus dem Ablehnungsgrund aber erkennbar wird, daß unter der Sammelbezeichnung des Gerichts dessen Berufsrichter abgelehnt werden sollen (BGH., *Herlan*, MDR. **1955** 651). Dagegen wird nicht ein Richter, sondern das Gericht abgelehnt, wenn die Ablehnung sich auf Fälle erstreckt, die zur Zeit nicht gegeben sind, sondern nur möglicherweise einmal eintreten werden (RGSt. **66** 391), oder wenn ein Richter abgelehnt wird, der demnächst möglicherweise einmal entscheiden könnte (OLG. Colmar *Alsb.* **1** 65). Auch in diesen Fällen wird das Gesuch nach § 26a als unzulässig verworfen.

III. Verfahren.

1. Zuständiges Gericht. § 27 Abs. 1 a.F. lautete: Über das Ablehnungsgesuch entscheidet das Gericht, dem der Abgelehnte angehört. Der Satz ist in § 27 Abs. 1 der geltenden Fassung wiederholt für den Fall, daß die Ablehnung nicht als unzulässig verworfen wird, allerdings mit dem klarstellenden Zusatz „ohne dessen Mitwirkung". Da § 26a gegenüber § 27 die Vereinfachung enthalten soll, daß das Gericht unter Mitwirkung des abgelehnten Richters befinden soll (Begrdg. zu § 26a, BTDrucks. IV/178, S. 35), ist in § 26a unter Gericht das Gericht gemeint, dem der Abgelehnte angehört. Wie in § 27 Abs. 1 ist daher von Rechts wegen und ohne eine Möglichkeit der Änderung durch die Geschäftsverteilung das Gericht in der Gestalt zuständig, in der es vermöge sachlicher und örtlicher Zuständigkeit und der Geschäftsverteilung berufen ist, in der Strafsache tätig zu sein, bei der es zur Ablehnung kommt (s. u. II 1 zu § 27).

2. Der entscheidende Gerichtskörper. Im regelmäßigen Ablehnungsverfahren des § 27 Abs. 1 entscheidet das Gericht, nachdem es die Hauptverhandlung unterbrochen hat und nachdem der abgelehnte Richter ausgeschieden und ersetzt worden ist, in Beschlußbesetzung (s. u. II 1 zu § 27). Die Gründe dafür sind, daß die Laienrichter nicht über die Ablehnung von Berufsrichtern entscheiden sollen, und der Umstand, daß nach Ausscheiden des abgelehnten Richters die Hauptverhandlung nicht fortgesetzt werden kann. Denn sie muß in ununterbrochener Gegenwart der zur Urteilsfindung berufenen Personen durchgeführt werden (§ 226); diese Gegenwart ist aber durch das Ausscheiden des abgelehnten Richters unterbrochen worden (RGSt. **13** 304). Beide Gründe liegen bei der vereinfachten Ablehnung nach § 26a nicht vor: Es wird nicht in der Sache über die Ablehnung eines Richters entschieden, sondern nur darüber, ob ein Gesuch zulässig oder unzulässig ist. Für ein Ausscheiden der Laienrichter ist daher kein Anlaß gegeben. Da auch der abgelehnte Richter nicht ausscheidet (Absatz 2 Satz 1), besteht kein Grund, die Hauptverhandlung zu unterbrechen; denn die ununterbrochene Gegenwart der zur Urteilsfindung berufenen Gerichtspersonen wird nicht gestört.

Aus diesen Erwägungen hatte die Rechtsprechung schon bisher zugelassen, daß das Gericht in seiner regelmäßigen Zusammensetzung entscheide, wenn die Ablehnung sich unzulässigerweise gegen das Gericht als Ganzes richtete (RGSt. **56** 50; BGH. Herlan MDR. **1955** 651). Diesen Fall stellt die Begründung (BTDrucks. IV/178, S. 35) den anderen Verwerfungsfällen gegenüber mit der Bemerkung, daß § 26a für ihn nicht gelte, weil Gesuche, mit denen ein Gericht als Ganzes abgelehnt werde, vom Gericht in seiner gewöhnlichen Besetzung zu verwerfen seien. Hieraus könnte der Schluß gezogen werden, daß im Falle des § 26a eine außergewöhnliche Besetzung stattfinden müsse. Sie könnte nur darin liegen, daß das Gericht, wenn auch unter Mitwirkung der abgelehnten Richter, in Beschlußbesetzung zu entscheiden hätte.

Derartige Gedanken haben aber im Gesetz keinen Ausdruck gefunden. Indem § 26a Abs. 2 den Inhalt von § 27 Abs. 2 ausdrücklich nicht übernimmt und die Einzelrichter ermächtigt, wider sie gerichtete Gesuche selbst abzulehnen, kann der Vorschrift, weil jeder Grund fehlt, die Hauptverhandlung zu unterbrechen, nur der Schluß entnommen werden, daß über unzulässige Gesuche während der Hauptverhandlung zu entscheiden ist, ohne daß sie unterbrochen wird, und in der gewöhnlichen Besetzung des Gerichts, also — wenn sie zum Gericht gehören — unter Beteiligung der Schöffen und Geschworenen und in erstinstanzlichen Hauptverfahren der Strafsenate in der Besetzung mit fünf Mitgliedern.

Dieses Ergebnis dürfte mit der Rechtsprechung übereinstimmen, die vor Einfügung des § 26a zu der Verwerfung unzulässiger Gesuche ergangen ist. Zwar hat sie sich, ohne zu der Besetzungsfrage sonst Stellung zu nehmen, oft nur auf die Wendung beschränkt, es könne entschieden werden, ohne daß die abgelehnten Richter ausscheiden (BGH., Dallinger MDR. **1956** 527). Indessen lassen verschiedene Urteile doch erkennen, daß die Entscheidung ohne Unterbrechung der Hauptverhandlung von dem voll besetzten Gericht getroffen werden sollte. RGSt. **11** 225 führt aus, daß über unzulässige Wiederholungen in der Hauptverhandlung „im geordneten Verfahren" zu entscheiden sei. GA. **44** 385 gibt im gleichen Falle die Entscheidungsbefugnis dem „erkennenden Gericht". RGSt. **49** 11 läßt die Unterbrechung der Hauptverhandlung zwar zu, verlangt das aber nicht zwingend. Der Bundesgerichtshof hat für die Ablehnung eines unzulässigen Gesuchs (in einem anderen Falle als dem der Ablehnung eines Gerichts als solchem) die Strafkammer in ihrer regelmäßigen Besetzung „wie bei der Entscheidung über die Unzulässigkeit eines Beweisantrags" als zuständig angesehen (BGH., Herlan MDR. **1955** 651). Auch das Oberlandesgericht Hamm scheint es billigen zu wollen, wenn über die Ablehnung eines (als spontane Unmutsäußerung) als unzulässig angesehenen Gesuchs in der Besetzung mit Schöffen entschieden wird (JMBlNRW. **1963** 45). Endlich sieht der Entwurf 1909 bei der mit § 26a Abs. 2 übereinstimmenden Vorschrift des § 20 Abs. 3 vor, daß die Ablehnung dem Amtsgericht, d. h. dem Amtsrichter und den Schöffen, zusteht, wenn der Amtsrichter im Laufe einer Hauptverhandlung des Schöffengerichts abgelehnt wird (Begrdg. zu § 20, Mat. zur StRRef. **12** 69; Kommissionsbericht zu § 21, S. 3165, Mat. zur StRRef. **13**).

3. Zusammenfassung. Aus dem in den beiden vorhergehenden Anmerkungen Ausgeführten folgt: Es entscheidet das mit der Sache befaßte Gericht. Außerhalb der Hauptverhandlung ergeht die Entscheidung in Beschlußbesetzung unter Beteiligung des abgelehnten Richters. Während der Hauptverhandlung beschließt das vollbesetzte Gericht. Es scheiden keine Mitglieder aus, weder der abgelehnte Richter, noch Schöffen und Geschworene, noch bei den eininstanzlich entscheidenden Strafsenaten die die Zahl von drei übersteigenden Richter. Die Hauptverhandlung wird nicht für ein Zwischenverfahren unterbrochen. Das Verfahren unterscheidet sich nicht von dem bei anderen Entscheidungen, die in der Hauptverhandlung ergehen, mit der Ausnahme, daß im Falle des Absatzes 1 Nr. 3 der Verwerfungsbeschluß einstimmig gefaßt werden muß (Absatz 2 Satz 2). Demzufolge entscheidet auch in dem seltenen Fall, daß die auswärtige Strafkammer (§ 78 GVG.) Zuständigkeit nur für die Hauptverhandlung hat (s. u. II 1 zu § 27), diese und nicht die Strafkammer des Landgerichts.

Ist das Gericht ein einzelner Richter, wie der Untersuchungsrichter (§ 61 GVG., § 186 Abs. 1, 2 und 4), der Ermittlungsrichter (§ 168a), der ersuchte Richter (§ 157 GVG.), der Amtsrichter im vorbereitenden Verfahren (§ 162 Abs. 1, § 165, § 128 Abs. 1), oder der als Einzelrichter entscheidende Amtsrichter (§ 25 GVG., § 39 JGG.), dann entscheidet er selbst (Absatz 2 Satz 3). Insoweit folgt Satz 3 aus Satz 1; er soll ohne eigenen Inhalt die Rechtslage nur verdeutlichen und den Unterschied zu § 27 Abs. 3 klar machen. Bei dem beauftragten Richter (§ 66b Abs. 1, § 173 Abs. 3, § 223 Abs. 1, § 233 Abs. 2, § 289, § 369 Abs. 1, § 429c Abs. 2) könnte, wenn nur die Regelung des Satzes 1 zur Verfügung stünde, zweifelhaft sein, ob er selbst zu entscheiden hat oder das Gericht, dem er angehört. Für diesen Fall wird in Satz 3 die ausdrückliche gesetzliche Anordnung getroffen, daß er allein entscheidet. Das ist sinnvoll, weil § 26a vermeiden will, daß Amtshandlungen unterbrochen werden.

4. Die **Entscheidung** ergeht als Beschluß (§ 28), während einer Hauptverhandlung — der Regelfall des § 26a — nach Gehör der Beteiligten (§ 33 Abs. 1; wegen des Kreises der Beteiligten s. o. 8 zu § 24). Außerhalb der Hauptverhandlung hat sich vor dem Beschluß die Staatsanwaltschaft zu erklären (§ 33 Abs. 2). Sonst Beteiligte (§ 33 Abs. 3) sind nur zu hören, wenn einem anderen Beteiligten als dem Ablehnenden ein Nachteil daraus erwachsen kann, daß ein Ablehnungsgesuch als unzulässig verworfen wird. Das ist nur der Fall, wenn ein erkennender Richter außerhalb der Hauptverhandlung abgelehnt und auch außerhalb der Hauptverhandlung über die Ablehnung entschieden wird. Dann könnte im Rechtsmittelverfahren das Urteil aufgehoben werden, weil das Gesuch in Wahrheit nicht unzulässig war. Die Unzulässigkeit ist allein aus dem Inhalt und der Anbringung (Begründung, Glaubhaftmachung, Zeitpunkt) des Gesuchs herzuleiten. Grundsätzlich ist eine Beweisaufnahme ausgeschlossen und besteht keine Veranlassung, den Ablehnenden nach § 33 Abs. 3 zu hören, doch sind für Nummer 3 Ausnahmen denkbar.

Der Beschluß ist zu begründen (§ 34). Für Nummer 3 ist das in Absatz 2 Satz 2 ausdrücklich hervorgehoben. Die Vorschrift, daß die Umstände angegeben werden müssen, die den Verwerfungsgrund ergeben, ist selbstverständlich, weil es ohnehin unzureichend wäre, den Gesetzeswortlaut formelhaft wiederzugeben (s. Hauptwerk, 3a zu § 34).

Zur Bekanntmachung ist der Beschluß zuzustellen (§ 35 Abs. 2 Satz 1), wenn er in der Hauptverhandlung ergeht, zu verkünden. In diesem Falle ist die Entscheidung zu protokollieren und § 274 anzuwenden. Der Ablehnende erhält, wenn er es verlangt, eine Abschrift, aber regelmäßig erst nach Schluß der Hauptverhandlung (s. u. III 6 zu § 27). Da der abgelehnte Richter an der Entscheidung mitwirkt, nimmt er auch an der Verkündung teil. Namentlich verkündet also der Vorsitzende die Entscheidung auch dann, wenn sich die Ablehnung gegen ihn gerichtet hatte.

§ 27

(1) Wird die Ablehnung nicht als unzulässig verworfen, so entscheidet über das Ablehnungsgesuch das Gericht, dem der Abgelehnte angehört, ohne dessen Mitwirkung.

(2) Wird ein richterliches Mitglied der erkennenden Strafkammer abgelehnt, so entscheidet die Strafkammer in der für Entscheidungen außerhalb der Hauptverhandlung vorgeschriebenen Besetzung. Wird ein richterliches Mitglied des Schwurgerichts abgelehnt, so entscheiden während der Tagung die richterlichen Mitglieder des Schwurgerichts; außerhalb der Tagung entscheidet die Strafkammer.

(3) Wird der Untersuchungsrichter abgelehnt, so entscheidet das Landgericht. Wird ein Amtsrichter abgelehnt, so entscheidet ein anderer Richter des Amtsgerichts. Einer Entscheidung bedarf es nicht, wenn der Abgelehnte das Ablehnungsgesuch für begründet hält.

(4) Wird das zur Entscheidung berufene Gericht durch Ausscheiden des abgelehnten Mitglieds beschlußunfähig, so entscheidet das zunächst obere Gericht.

Entstehungsgeschichte: I., II. und III. Entw. § 21.

Änderungsvorschläge: N.E. I, II und III § 21; N.E. IV Art. IV 2; N.E. V Art. IV 2.

Spätere Änderungen: § 27 hatte ursprünglich nur den Inhalt der jetzigen Absätze 1, 3 und 4 mit der Maßgabe, daß in den Fällen von Absatz 3 Satz 1 und 2 das Landgericht zu entscheiden hatte. Absatz 2 ist eingefügt worden durch § 21 Abs. 2 der VO. über Gerichtsverfassung und Strafrechtspflege vom 4. 1. 1924 (RGBl. I 15) in Vbdg. mit der Bekanntmachung vom 22. 3. 1924 (RGBl. I 299, 322). Durch die Dritte VereinfachungsVO. vom 29. 5. 1943 (RGBl. I 342) wurde die Entscheidungsbefugnis der Stelle übertragen, der die Dienstaufsicht über den Richter zusteht. Art. 3 Nr. 10 VereinhG. hatte die frühere Fassung wieder hergestellt. Durch Art. 5 Nr. 5 StPÄG. sind in Absatz 1, zur deutlichen Abgrenzung von § 26a Abs. 2 Satz 1, die Worte eingefügt worden „ohne dessen Mitwirkung". In Absatz 3 Satz 2 ist zur Entscheidung über Ablehnungen eines Amtsrichters anstelle des Landgerichts ein anderer Amtsrichter befugt worden.

Verwandte Vorschriften: § 45 ZPO., § 54 Abs. 1 VerwGO.

Schrifttum: Pentz, Formelle Fragen der Richterablehnung unter besonderer Berücksichtigung der geschäftsmäßigen Behandlung, JVBl. **1963** 185.

Übersicht

I. Inhalt. Von den Entscheidungen über ein Ablehnungsgesuch scheidet § 26a die einfacheren Fälle (der — allerdings nicht rein durchgeführten — Idee nach bloße Formalentscheidungen) zur Erledigung in einem vereinfachten Verfahren aus. Wenn nicht nach § 26a verfahren wird, gleichviel ob dessen Anwendung unzulässig, zweifelhaft oder nur übersehen war, ist nach § 27 zu entscheiden. Der nach § 27 zur Beschlußfassung berufene Gerichtskörper darf, wie schon ausgeführt (s. o. I 2 zu § 26a), die Entscheidung nicht mit der Begründung ablehnen, daß im vereinfachten Wege des § 26a entschieden werden könne. Denn sonst könnte wegen der Verschiedenheit der Besetzung ein negativer Kompetenzkonflikt entstehen, für den keine Lösung vorgesehen ist. In den Fällen des § 26a erläßt das vollbesetzte Gericht unter Mitwirkung des abgelehnten Richters ohne Unterbrechung der Hauptverhandlung seinen Beschluß (s. o. III 3, 4 zu § 26a); dagegen wird im Falle des § 27 ohne Mitwirkung des abgelehnten Richters in Unterbrechung der Hauptverhandlung in einem besonderen Zwischenverfahren in Beschlußbesetzung entschieden, in der Hauptverhandlung vor einem anderen als einem Einzelrichter nach Ausscheiden der Schöffen und Geschworenen und bei den im ersten und letzten Rechtszug entscheidenden Strafsenaten nach Ausscheiden der die Dreizahl übersteigenden Richter.

Der Begriff Gericht ist derselbe wie in § 26 Abs. 1 (s. o. 2 zu § 26) und in § 26a Abs. 1, Abs. 2 Satz 1 (s. o. I 1 zu § 26a), doch enthalten die Absätze 2 bis 4 Ausnahmen.

Obwohl Absatz 1 im Gegensatz zu § 26 Abs. 1 und § 26a Abs. 1, Abs. 2 Satz 1 statt von dem „Richter" von dem „Abgelehnten" spricht, bezieht sich § 27, namentlich dessen Absätze 2 und 3, wie sich aus § 31 ergibt, nur auf die sog. „richterlichen Mitglieder" (§ 27 Abs. 2). Wegen des Begriffs s. o. Vorbem. 6 Abs. 3 zum dritten Abschnitt).

II. Entscheidendes Gericht.

1. Zuständiges Gericht. Unter dem Gericht, dem der Abgelehnte angehört, ist das Gericht nicht in dem staatsrechtlichen Begriff (§ 12) zu verstehen, so daß es der Geschäftsverteilung offenbliebe, die Zuständigkeit eines von mehreren Spruchkörpern desselben Gerichts zu bestimmen. Vielmehr ist, wie sich aus den Worten „ohne deren Mitwirkung" ergibt, von Rechts wegen und ohne daß eine abweichende Geschäftsverteilung möglich bliebe, das Gericht in der Gestalt zuständig, in der es nach der sachlichen Zuständigkeit, dem Gerichtsstand und nach der auf die Strafsache bezogenen Geschäftsverteilung berufen ist, in der Strafsache tätig zu sein, in der es zur Ablehnung kommt. Hiervon gibt es drei Ausnahmen. Einmal beim Schwurgericht außerhalb der Tagung (§ 27 Abs. 2 Satz 2), weil es dann nicht vorhanden ist, und weiter bei auswärtigen Strafsenaten und Strafkammern, denen keine volle Zuständigkeit verliehen ist. Nach § 116 Abs. 2 GVG. können außerhalb des Sitzes des Oberlandesgerichts für den Bezirk eines oder mehrerer Landgerichte Strafsenate gebildet und ihnen für diesen Bezirk die gesamte Tätigkeit des Strafsenats des Oberlandesgerichts oder ein Teil dieser Tätigkeit zugewiesen werden. Nach § 78 Abs. 1 GVG. kann bei einem Amtsgericht für den Bezirk eines oder mehrerer Amtsgerichte eine Strafkammer gebildet und ihr für diesen Bezirk die gesamte Tätigkeit der Strafkammer des Landgerichts oder ein Teil dieser Tätigkeit zugewiesen werden. Ist dem Spruchkörper nur die Tätigkeit als erkennendes Gericht in der Hauptverhandlung zugewiesen (wie in dem RGSt. **41** 118 entschiedenen Fall), so ist für alle Entscheidungen, die außerhalb der Hauptverhandlung ergehen, also auch für solche über die Richterablehnung, der Strafsenat des Oberlandesgerichts oder die Strafkammer des Landgerichts zuständig, die nach der Geschäftsverteilung berufen ist, die nicht übertragenen Sachen zu erledigen (RGSt. **41** 119). Es handelt sich um seltene Fälle. In der Regel wird die Strafkammer beim Amtsgericht die volle Zuständigkeit haben, auf jeden Fall aber als erkennendes Gericht, also von der Eröffnung bis zur Endentscheidung auch außerhalb der Hauptverhandlung, zuständig sein.

2. Der entscheidende Gerichtskörper. Aus § 29 ergibt sich, daß die Ablehnung, auch wenn sie unbegründet ist, den Richter zu richterlichen Handlungen grundsätzlich unfähig macht. Aus § 26a Abs. 2 folgt, daß der Grundsatz eine Ausnahme erleidet, wenn ein Ablehnungsgesuch verworfen wird, weil es aus den dort genannten Gründen (und ebenso, weil das Gericht als Ganzes abgelehnt wird; s. o. II 7 zu § 26a) unzulässig ist. Demzufolge bestimmt Absatz 1, daß der abgelehnte Richter bei der Entscheidung über das wider ihn gerichtete Gesuch nicht mitwirken darf, wenn es nicht nach § 26a als unzulässig verworfen wird. Der abgelehnte Richter hat also alsbald auszuscheiden, nachdem ein Ablehnungsgesuch angebracht worden ist (RGSt. **13** 305), das nicht erkennbar unzulässig ist.

Für die Hauptverhandlung folgt daraus, daß der Zwischenstreit über die Ablehnung nicht in ihr erledigt werden kann. Denn die Hauptverhandlung kann nach § 226 nur in ununterbrochener Gegenwart der zur Urteilsfindung berufenen Richter stattfinden. Demzufolge muß für den Zwischenstreit notwendigerweise die Hauptverhandlung unterbrochen und über die Ablehnung in einer Beschlußsitzung entschieden werden (RGSt. **13** 304). Auch wenn sofort im Gerichtssaal über das Ablehnungsgesuch verhandelt wird, ist das kein Teil der Hauptverhandlung (RGSt. **21** 251). Da der Zwischenstreit keine Hauptverhandlung ist, wirken Schöffen und Geschworene an der Entscheidung nicht mit und muß die Zahl der richterlichen Mitglieder ggf. geringer — bei der Kleinen Strafkammer höher — sein als in der Hauptverhandlung (§ 122 Abs. 2 Satz 1, § 122 Abs. 1, § 139 Abs. 1 und Abs. 2 Satz 1, § 76 Abs. 1 GVG.; RGSt. **49** 11). Daß ohne Laienrichter zu entscheiden ist, wird in Absatz 2 für die Strafkammer und das Schwurgericht — in Schöffengerichtssachen entscheidet, wenn ein richterliches Mitglied (s. o. I Abs. 3) abgelehnt wird, ein anderer Richter des Amtsgerichts (s. u. 5) — bei Ablehnung richterlicher Mitglieder ausdrücklich bestimmt. Die Bestimmung ist überflüssig. Denn ihr Inhalt ergibt sich auch ohne eine ausdrückliche Vorschrift aus der oben dargelegten Erkenntnis, daß für den Zwischenstreit die Hauptverhandlung zu unterbrechen ist. Auf der anderen Seite ist die Vorschrift unvollkommen, weil sie keine Regelung für die egininstanzlich entscheidenden Strafsenate enthält.

Für diese folgt aus der Notwendigkeit, außerhalb der Hauptverhandlung in Beschlußbesetzung zu entscheiden: Wird lediglich ein Richter eines erstinstanzlichen Senats des Bundesgerichtshofs (§ 139 Abs. 1 GVG.) oder des Oberlandesgerichts (§ 122 Abs. 2 Satz 1 GVG.) abgelehnt, so hat ein weiterer Richter auszuscheiden (§ 139 Abs. 2 Satz 1, § 122 Abs. 1 GVG.); eine Überbesetzung (vier statt drei Mitglieder) ist unzulässig (RGSt. **49** 11). Soweit sich die dafür erforderliche Besetzung nicht aus der Geschäftsverteilung ergibt, entscheidet der Vorsitzende über die Besetzung, doch wird es sich empfehlen, das dienstjüngste Mitglied ausscheiden zu lassen.

3. Oberlandesgericht und Bundesgerichtshof (Absatz 1). Werden Richter der Strafsenate der Oberlandesgerichte und des Bundesgerichtshofs (Absatz 1) abgelehnt, dann entscheidet der Strafsenat, dem der abgelehnte Richter angehört. Wird ein Richter eines auswärtigen Strafsenats (§ 116 Abs. 2 GVG.) abgelehnt, entscheidet dieser, wenn er die volle Zuständigkeit hat. Während des Hauptverfahrens entscheidet er auch dann, wenn er die Zuständigkeit des erkennenden Gerichts hat. Ist ihm nur die Tätigkeit in der Hauptverhandlung zugewiesen — ein kaum denkbarer Fall —, entscheidet über Ablehnungen, die während der Hauptverhandlung angebracht werden, der nach der Geschäftsverteilung zuständige Strafsenat des Oberlandesgerichts (s. o. II 1), da die Entscheidung außerhalb der Hauptverhandlung ergeht (s. o. 1). Aus diesem Grunde beschließt das Oberlandesgericht stets in der Besetzung von drei Mitgliedern mit Einschluß des Vorsitzenden (§ 122 Abs. 1 GVG.). In der gleichen Besetzung (§ 139 Abs. 2 Satz 1) entscheidet der Bundesgerichtshof über Ablehnungen im ersten Rechtszug (§ 134 Abs. 1 und 2). Bei Ablehnung in Revisionssachen entscheidet er mit fünf Mitgliedern einschließlich des Vorsitzenden (§ 139 Abs. 1 GVG.).

4. Strafkammer und Schwurgericht (Absatz 2). Werden richterliche Mitglieder der erkennenden großen (§ 74 Abs. 1, § 74a Abs. 1 GVG.) oder kleinen (§ 74 Abs. 2 GVG.) Strafkammer abgelehnt, dann entscheidet die Strafkammer in der Besetzung von drei Mitgliedern mit Einschluß des Vorsitzenden (§ 76 Abs. 1 GVG.), auch wenn das Mitglied Amtsrichter (§ 78 Abs. 2 Satz 1 GVG.) ist. Sie entscheidet auch außerhalb der Tagung des Schwurgerichts, wenn ein Berufsrichter dieses Gerichts abgelehnt wird, mag er auch bei einem anderen Gericht als dem Landgericht angestellt sein (§ 83 Abs. 1 und 2 GVG.; RGSt. **19** 336). Während der Tagung entscheiden die richterlichen Mitglieder (§ 81 GVG.) des Schwurgerichts. Wird ein richterliches Mitglied einer bei einem Amtsgericht gebildeten Strafkammer (§ 78 GVG.) abgelehnt, so entscheiden deren Berufsrichter (§ 76 Abs. 1 GVG.), wenn die Kammer die volle Zuständigkeit hat. Während des Hauptverfahrens entscheidet sie auch dann, wenn sie die Zuständigkeit des erkennenden Gerichts hat. Ist ihr nur die Tätigkeit in der Hauptverhandlung zugewiesen — ein Fall, der vermieden werden sollte —, entscheidet über Ablehnungen, die während der Hauptverhandlung angebracht werden, die nach der Geschäftsverteilung zuständige Strafkammer des Landgerichts (s. o. II 1), da die Entscheidung außerhalb der Hauptverhandlung ergeht (s. o. 1). Diese Kammer entscheidet auch in Schwurgerichtssachen, wenn die Entscheidung der Strafkammer vorgesehen ist. Sonst entscheidet von Rechts wegen die Kammer, der der abgelehnte Richter angehört.

5. Untersuchungsrichter (Absatz 3 Satz 1). Wird der Untersuchungsrichter (§ 61 Abs. 1 GVG.) abgelehnt, dann entscheidet das Landgericht, d. h. die Strafkammer in der Besetzung von drei Mitgliedern mit Einschluß des Vorsitzenden (§ 76 Abs. 1 GVG.). Absatz 3 Satz 1 trifft seinem Wortlaut nach auch die nicht bei den Landgerichten (§ 61 Abs. 1 GVG.), sondern bei den oberen Gerichten (§ 186) bestellten Untersuchungsrichter. Sofern man den Beschluß über die Ablehnung eines Untersuchungsrichters als eine die Voruntersuchung betreffende Entscheidung ansehen wollte, könnte man versucht sein, die Zuständigkeit der Strafsenate aus § 120 Abs. 1 Satz 2 und aus § 134 Abs. 3 Satz 1 GVG., jeweils in Verbindung mit § 73 Abs. 1, 1. Halbsatz GVG., herzuleiten. Dieser Weg ist indessen nicht gangbar, weil § 27 Abs. 3 Satz 1 gegenüber § 73 Abs. 1, 1. Halbsatz GVG., eine Sonderregelung enthält. Auf der anderen Seite kann es nicht die Absicht des Gesetzgebers gewesen sein, die Strafkammer für Ablehnungsentscheidungen bei Untersuchungsrichtern der höheren Gerichte für zuständig zu erklären. Es muß daher ein Redaktionsmangel angenommen werden, den die Entwürfe abstellen wollten (§ 21 Abs. 2 E 1909; § 21 Abs. 1 E 1919). Die Auslegung ist von jeher dahin gegangen, daß die oberen Gerichte für die Entscheidung über die Ablehnung der bei ihnen bestellten Untersuchungsrichter zuständig sind

(1. Aufl., 5 zu § 27). Das entspricht auch dem Sinn von § 120 Abs. 1 Satz 2 und § 134 Abs. 3, 1. Halbsatz GVG. und der Praxis. Demzufolge entscheidet bei Ablehnung eines Untersuchungsrichters des Bundesgerichtshofs, gleichviel ob er diesem angehört oder einem anderen Gericht (§ 186 Abs. 1 und 2), der Strafsenat des Bundesgerichtshofs, bei Untersuchungsrichtern der Oberlandesgerichte, mögen sie diesem, dem Landgericht oder dem Amtsgericht angehören (§ 186 Abs. 4), der Strafsenat des Oberlandesgerichts.

Nicht Untersuchungsrichter ist der Ermittlungsrichter des Bundesgerichtshofs (§ 168a). Es gilt Absatz 1 (a. A. Eb. Schmidt, 4 zu § 27).

6. Amtsrichter (Absatz 3 Satz 2). Wird ein Amtsrichter abgelehnt, gleichviel ob er als Vorsitzender des Schöffengerichts (§ 29 Abs. 1 GVG.), als zweiter Amtsrichter beim erweiterten Schöffengericht (§ 29 Abs. 2 GVG.), als Einzelrichter (§ 25 GVG.) oder als ersuchter Richter (§ 157 GVG.) tätig wird, so entscheidet ein anderer Richter des Amtsgerichts. Ist der abgelehnte Amtsrichter ersuchter Richter, so steht die Entscheidung einem anderen Richter desjenigen Amtsgerichts zu, dem der ersuchte Richter angehört, nicht dem ersuchenden Gericht. Wird der Amtsrichter als Mitglied einer auswärtigen Strafkammer (§ 78 Abs. 2 GVG.) abgelehnt, dann gilt nicht Absatz 3, sondern Absatz 2.

Welcher andere Richter zur Entscheidung zuständig ist, bestimmt sich nach der Geschäftsverteilung (§ 22b GVG.).

7. Beschlußunfähigkeit (Absatz 4). Wird das zur Entscheidung zuständige Gericht durch Ausscheiden des abgelehnten Richters beschlußunfähig, dann entscheidet das zunächst obere Gericht. Beschlußunfähig ist das Gericht, wenn nicht so viele nach der Geschäftsverteilung zur Vertretung berufenen Richter zur Verfügung stehen, als erforderlich sind, den abgelehnten Richter zu ersetzen. Das Gericht ist nicht beschlußunfähig, wenn die erforderliche Richterzahl nur, etwa zufolge anderer Sitzungen, an einem bestimmten Tage fehlt (OLG. Kassel GA. **37** 449). Scheidet der Vorsitzende der Kammer aus, so wird diese dadurch so lange noch nicht beschlußunfähig, als er, in Ausnahme von § 66 Abs. 1 GVG., durch das Mitglied einer anderen Kammer ersetzt werden kann (BGH. NJW. **1959** 1141). Der Grundsatz, daß die Gerichte nur in der im Gerichtsverfassungsgesetz bestimmten Richterzahl entscheiden dürfen (Mot., Hahn, **1** 91), läßt auch bei der Erledigung von Ablehnungsgesuchen keine Ausnahme zu. Für die Ersetzung kommt es jedoch nicht nur auf die Vertreter (§ 63 Abs. 1, § 66 Abs. 1, §§ 117, 131 GVG.) an. Ein Gericht ist vielmehr so lange nicht beschlußunfähig, als die Beschlußfähigkeit auf dem Wege des § 67 GVG. hergestellt werden kann. Dagegen braucht das Verfahren nach § 70 GVG. nicht eingeschlagen zu werden (RGSt. **40** 438).

Werden Richter einer auswärtigen Strafkammer (§ 78 GVG.) abgelehnt, so kommt es für die Beschlußunfähigkeit auf die Besetzung der auswärtigen Strafkammer an (OLG. Kassel, GA. **37** 450; Müller, NJW. **1963** 616), nicht auf die der Strafkammer des Landgerichts. Davon zu unterscheiden ist die Frage, ob es zur Zuständigkeit der auswärtigen Strafkammer gehört, über die Richterablehnung zu entscheiden (s. o. II 1).

Liegen in derselben Sache mehrere Ablehnungsgesuche vor, dann hat das obere Gericht über sie nacheinander in der Weise zu entscheiden, daß es mit weiteren Entscheidungen innehält, wenn das untere Gericht wieder beschlußfähig geworden ist (Feisenberger, 12 zu § 27).

8. Obere Gerichte i. S. von Absatz 4 sind das Landgericht (im Falle von Absatz 3 Satz 2), das Oberlandesgericht und der Bundesgerichtshof. § 45 Abs. 1 ZPO. bestimmt für den gleichen Fall als zuständig das im Rechtszug höhere Gericht. Ebenso lautete § 21 E I. Aber schon in der Reichstagsvorlage wurde die Wendung durch die Worte „das zunächst obere Gericht" ersetzt. Die Änderung ist verständlich, weil wegen des Rechtsmittelzuges vom Landgericht zum Bundesgerichtshof eine von der Zivilprozeßordnung abweichende Formulierung zumindest aus Gründen der Klarheit ratsam war. Bei dem Rechtsmittelsystem der Strafprozeßordnung ist die Wortänderung eine Entscheidung in der Sache (John, Anm. zu § 27). Das leugnet das Bayerische Oberste Landesgericht mit einem Hinweis auf die Motive (BayObLGSt. **18** 34). Die Bezugnahme auf die Motive ist indessen verfehlt, weil diese trotz Änderung der Vorlage noch in Anknüpfung an E I von dem „Gericht der höheren Instanz" (Hahn, **1** 91) sprechen. Nach der Ansicht des Bayerischen Oberlandesgerichts, der Kleinknecht zustimmt (KleinknM, 2f zu § 27; wie hier Müller-Sax, 2f zu § 27), wäre das zunächst obere Gericht das im Instanzenzug vorgesetzte. Da der Bundesgerichtshof dem Oberlandesgericht nicht im Instanzenzug vorgesetzt ist, wäre er nach dieser Auffassung für das Oberlandesgericht nicht das zunächst obere Gericht, wohl aber für die Strafkammer, wenn diese in erster Instanz entscheidet. Folgerichtig wäre alsdann das Oberlandesgericht für das Landgericht nur dann das zunächst obere Gericht, wenn es diesem im Instanzenzug vorgesetzt ist, so wenn das Landgericht als Berufungsgericht (§ 121 Abs. 1 Nr. 1 Buchst. b und c GVG.) entscheidet oder eine mit Beschwerde anfechtbare Entscheidung (§ 304 Abs. 1, § 310 Abs. 1) erläßt. Danach wäre für den Instanzenzug die Prüfung notwendig, ob die Ablehnung in bezug auf eine künftige Entscheidung ergeht, die mit dem Urteil, oder auf eine solche, die mit der Beschwerde anfechtbar ist. Da es aber auch innerhalb der Hauptverhandlung trotz § 305 Entscheidungen gibt, die mit Beschwerde anfechtbar sind (s. u. 3b, c zu § 305), und da die Ablehnung nicht in bezug auf einzelne Entscheidungen, sondern für das ganze Verfahren ausgesprochen wird, verursacht die Auslegung des Bayerischen Obersten Landesgerichts Schwierigkeiten. Gerade solche Schwierigkeiten und die Notwendigkeiten, sowohl das zunächst obere Gericht klar festzulegen, als auch ein dem beschlußunfähig gewordenen möglichst nahes Gericht zu bestimmen, dürften dafür maßgebend gewesen sein, daß § 27 Abs. 4 abweichend von § 45 Abs. 1 ZPO. formuliert worden ist. Der Wortlaut von § 27 Abs. 4 muß daher für maßgeblich erachtet werden. Danach ist das zunächst obere Gericht dasjenige Gericht, das unabhängig vom Instanzenzug in der Hierarchie der deutschen Gerichte an der nächsten Stelle über dem beschlußunfähig gewordenen steht. Damit erweist sich, daß das obere Gericht in den Fällen des „zunächst oberen" Gerichts (§ 27 Abs. 4, § 15) das gleiche ist wie in den Fällen des „gemeinschaftlichen oberen" Gerichts (s. o. Vorbem. 8a zum ersten Buch), soweit nicht im letzteren Falle wegen der Notwendigkeit, das für mehrere Bezirke oder Länder obere Gericht zu sein, eine Verschiebung nach oben eintritt (vgl. wegen der Identität der oberen Gerichte in § 27 Abs. 4 und in § 15 Feisenberger, 14 zu § 27). Es entscheidet also das Landgericht, wenn das Amtsgericht, das Oberlandesgericht, wenn das Landgericht, und der Bundesgerichtshof, wenn das Oberlandesgericht beschlußunfähig geworden ist. Das Bayerische Oberste Landesgericht ist kein oberes Gericht i. S. von § 27 Abs. 4 (s. o. Vorbem. 8a zum ersten Buch). Sollte der schwer denkbare Fall eintreten, daß durch ein zulässiges Ablehnungsgesuch der Bundesgerichtshof beschlußunfähig wird, so wird man es für zulässig erachten müssen, daß die abgelehnten Richter mitwirken (Puchelt, 3 Abs. 6 zu § 27; Rasch DJZ. **1915** 97).

III. Verfahren.

1. Gericht. Soweit nicht in Absatz 3 Satz 1 und 2 eine Sonderregelung vorgesehen ist, entscheidet das Gericht, dem der abgelehnte Richter angehört, nachdem dieser ausgeschieden ist. Er darf auch nicht über das gegen einen gleichfalls abgelehnten anderen Richter gerichtete Gesuch mit entscheiden, solange nicht der ihn betreffende Teil des Gesuchs durch Zurückweisung erledigt ist (Feisenberger, 9c zu § 27). Wird durch das Ausscheiden die für die Entscheidung vorgeschriebene Richterzahl unterschritten, so ist das Gericht durch die regelmäßigen (§ 63 Abs. 1 Satz 1, § 83 Abs. 2, §§ 117, 131 GVG.) oder zeitweiligen (§§ 67, 117, 131 GVG.) Vertreter (RGSt. **40** 437) zu ergänzen. Sind der Vorsitzende und sämtliche ständigen Mitglieder einer Strafkammer abgelehnt, so hat als Ausnahme von § 66 Abs. 1 GVG. der Dienstälteste der von einer anderen Kammer gestellten regelmäßigen Vertreter den Vorsitz zu übernehmen (BGH. NJW. **1959** 1141). Zeitweilige Vertreter bestimmt der Präsident formlos (RGSt. **65** 301), nachdem er geprüft hat, ob ein Richter verhindert ist (BGHSt. **7** 208). Dazu muß er sich überzeugen, daß ein Ablehnungsgesuch vorliegt, doch darf er, weil er sonst mit der Entscheidung des Gerichts in Widerspruch geraten könnte, nicht prüfen, ob es zulässig ist.

Für Untersuchungsrichter und Amtsrichter gilt das o. II 5 und 6 Ausgeführte. Wird ein beauftragter Richter (§ 66b Abs. 1, § 173 Abs. 3, § 223 Abs. 1, § 233 Abs. 2, § 289, § 369 Abs. 1, § 429c Abs. 2) abgelehnt, dann entscheidet das Gericht, dem er angehört, nachdem er ausgeschieden und ein Ersatzmann eingetreten ist. Dasselbe gilt, wenn Richter, die in der Hauptverhandlung tätig werden sollen, vor der Hauptverhandlung abgelehnt werden, falls vor dieser entschieden wird (RGSt. **21** 251, **22** 136).

2. Entbehrliche Entscheidung (Absatz 3 Satz 3). Von einer Entscheidung kann abgesehen werden, wenn ein abgelehnter Untersuchungsrichter oder Amtsrichter (s. o. II 5 und 6) — gleichviel ob er außerhalb eines Hauptverfahrens oder in der Hauptverhandlung abgelehnt wird — das Ablehnungsgesuch für begründet hält, indem er in der nach § 26 Abs. 3 abzugebenden Äußerung die Ablehnungstatsachen als zutreffend anerkennt und — ebenso wie der Antragsteller, wenn auch vielleicht zufolge anderer Erwägungen — den Schluß zieht, daß er ausgeschlossen sei oder daß der Ablehnungsberechtigte besorgen könne, er sei befangen. Unsichere, fernliegende Möglichkeiten oder fragwürdige Schlüsse dürfen seine Erwägungen nicht leiten. Im Zweifel muß er die stets zulässige (RGSt. **5** 438; RG. GA. **38** 425; RG. LZ. 8 1571) Entscheidung der Strafkammer oder des anderen Amtsrichters herbeiführen. Die Staatsanwaltschaft kann hierauf antragen, doch zwingt das den abgelehnten Richter nicht zum Verfahren nach Absatz 3 Satz 1 oder 2, sondern nur zu neuer Prüfung. Nach dieser kann er bei dem Verfahren nach Satz 3 beharren. Die Entscheidung der Strafkammer oder des anderen Amtsrichters ist jedoch nicht entbehrlich, wenn einem Amts- oder einem Untersuchungsrichter ein von ihm für begründet erachteter Ablehnungsgrund, der Besorgnis der Befangenheit rechtfertigt, auf andere Weise als durch Ablehnung bekannt wird. In diesem Falle ist nach § 30 zu verfahren (s. u. 5 zu § 30). Wird ihm auf diese Weise ein Ausschließungsgrund bekannt, der zweifelsfrei gegeben ist, bedarf es keiner Entscheidung; bestehen Zweifel, findet § 30 Anwendung (s. o. II 2 zu § 22).

3. Entscheidung. Das Gericht entscheidet durch Beschluß (§ 28). Der Beschluß, durch den die Ablehnung als unzulässig verworfen oder als unbegründet zurückgewiesen wird (§ 28 Abs. 2 Satz 1), ist, weil er durch ein Rechtsmittel angefochten werden kann (§ 28 Abs. 2), zu begründen; der stattgebende Beschluß kann ohne Begründung bleiben (§ 34). Das Gericht entscheidet — abweichend vom Verfahren des § 26a (s. o. III 3 zu § 26a) — immer — sowohl außerhalb der Hauptverhandlung als auch während des Hauptverfahrens — in Beschlußbesetzung. Denn wenn der Richter während der Hauptverhandlung abgelehnt wird, ist diese, wie oben II 2 ausgeführt, zum Zwischenstreit über die Ablehnung zu unterbrechen; der abgelehnte Richter — und wenn notwendig ein weiterer Richter (s. o. II 2 Abs. 3) — scheiden aus. Weil auf diese Weise während der (unterbrochenen) Hauptverhandlung „außerhalb einer Hauptverhandlung" entschieden wird, richtet sich das Gehör nach § 33 Abs. 2 und 3. Die Staatsanwaltschaft erklärt sich. Die anderen Beteiligten (Beschuldigter, Privatkläger, Nebenkläger) sind, sofern sie nicht selbst abgelehnt haben, zu hören, wenn ihnen die Ablehnungstatsachen nicht durch den Ablehnungsvorgang — etwa in der Hauptverhandlung — bekannt geworden sind.

Der abgelehnte Richter gibt die dienstliche Äußerung nach § 26 Abs. 3 schriftlich ab; als Zeuge wird er nicht vernommen. Vom Ablehnenden benannte Zeugen werden vernommen (RGSt. **61** 70); ihre Vereidigung ist zulässig, aber nicht notwendig (Feisenberger, 7 zu § 26). Die Staatsanwaltschaft nimmt zu der Äußerung des Richters und zu etwaigen Beweisergebnissen Stellung. Soweit erforderlich, sind der Ablehnende und die sonstigen Beteiligten zu ihnen zu hören (s. o. 6 zu § 26). Das kann alsbald formlos in der Weise geschehen, daß sie zu der Beschlußsitzung vorübergehend zugezogen werden, die dazu — als eine nichtöffentliche Sitzung — in den Verhandlungssaal verlegt werden mag. Eine mündliche Verhandlung findet jedoch nicht statt.

4. Ablehnende Entscheidungen. Über unzulässige Gesuche wird in der Mehrzahl der Fälle nach § 26a entschieden worden sein, doch kommen auch im Verfahren nach § 27 unzulässige Gesuche zur Entscheidung (s. o. I 2 zu § 26a, I zu § 27). Diese Gesuche werden als unzulässig verworfen; unbegründete Gesuche werden als unbegründet zurückgewiesen (§ 28 Abs. 2 Satz 1). Unbegründet ist das Gesuch, wenn der behauptete Ablehnungsgrund nicht vorliegt, auch wenn ein (anderer) Ausschließungsgrund gegeben ist. Über diesen ist gleichzeitig von Amts wegen zu entscheiden.

Wird die ablehnende Entscheidung rechtskräftig oder eine gegen sie eingelegte sofortige Beschwerde (§ 28 Abs. 1) verworfen oder ist der Beschluß, weil ein erkennender Richter (s. u. 6 und 7 zu § 28) abgelehnt war, nur mit dem Urteil anfechtbar, so tritt der Zustand ein, der vor der Ablehnung bestanden hat, im letzteren Falle allerdings mit der Möglichkeit, daß das Rechtsmittelgericht im späteren Rechtsmittelverfahren die Entscheidung nicht billigt. Der Richter tritt — wenn er nicht aus anderem Grunde ausscheiden muß — wieder ins entscheidende Gericht zurück, der Ersatzmann scheidet aus. Ist sachlich entschieden worden, dann ist der Ablehnungsgrund verbraucht und ein weiteres Gesuch mit dem gleichen Inhalt unzulässig (RGSt. **11** 224; RG. GA. **44** 385; s. o. II 2 zu § 26a). Doch liegt keine Wiederholung vor, wenn dieselbe gegen denselben Richter gerichtete Behauptung mit anderen Tatsachen belegt oder mit neuen Mitteln glaubhaft gemacht wird, oder wenn neue Gründe vorgebracht werden (RGSt. **24** 14), oder wenn die Hauptverhandlung neu begonnen hat, etwa weil das Gericht durch Ausscheiden eines anderen Richters nicht mehr weiter verhandeln konnte; weil eine Hauptverhandlung länger als zehn Tage unterbrochen war (§ 229); oder nach Zurückverweisung der Sache aus der Berufungs- (§ 328 Abs. 2) oder Revisionsinstanz (§ 354 Abs. 2).

5. Stattgebende Entscheidungen erklären die Ablehnung für begründet (§ 28 Abs. 1). Durch die Entscheidung wird der abgelehnte Richter von dem Zeitpunkt ab, in dem sie erlassen worden ist (§ 338 Nr. 3: „nachdem er wegen Besorgnis der Befangenheit abgelehnt war und das Ablehnungsgesuch ... für begründet erklärt war"), einem ausgeschlossenen Richter gleichgestellt. Über die Wirkung der Ausschließung s. o. II zu § 22. Ein Urteil, an dem ein Richter mitgewirkt hat, nachdem ein wider ihn gerichtetes Ablehnungsgesuch für begründet erklärt worden ist, beruht stets auf einer Verletzung des Gesetzes (§ 338 Nr. 3). Dagegen findet Rückwirkung auf richterliche Akte, die vor der stattgebenden Entscheidung stattgefunden haben — anders als bei der Ausschließung —, selbst dann nicht statt: wenn der erst nach jenen Akten geltend gemachte Ablehnungsgrund schon bei ihnen bestanden hat. Demzufolge kann der Richter sich nicht weigern, die Niederschrift über den Teil der Sitzung zu beurkunden, den er vor einer erfolgreichen Ablehnung geleitet hat. Daraus folgt, daß er auch eine Protokollberichtigung nicht verweigern darf, wenn sich die Berichtigung auf ein Ereignis bezieht, das stattgefunden hat, bevor er mit Erfolg abgelehnt worden war (OLG. Hamm MDR. **1964** 344). — Die Wirkung der einer Ablehnung stattgebenden Entscheidung tritt stets nur für das Verfahren ein, in dem die Ablehnung für begründet erklärt worden ist. Auf andere Verfahren gegen den gleichen Angeklagten, in denen der Richter nicht erfolgreich abgelehnt worden ist, äußert die Ablehnung keine Wirkung, kann den Richter aber veranlassen, nach § 30 zu verfahren.

6. Bekanntmachung. Die Entscheidung ergeht in Abwesenheit der davon betroffenen Personen. Sie wird wirksam, wenn sie an Personen außerhalb des Gerichts bekannt gemacht wird (s. u. I 3 zu §§ 33, 33a). Außerhalb des Gerichts befindet sich auch der abgelehnte Richter. Mit der Bekanntgabe an ihn tritt daher, wenn sie vor der Bekanntgabe an den Ablehnenden liegt, die Wirksamkeit der Entscheidung ein (BGHSt. **15** 386). Wegen der Formlosigkeit genügt es, die Entscheidung dem Richter mündlich zu eröffnen oder ihm die Urschrift vorzulegen (RGSt. **58** 288; RG. GA. **59** 351).

Betrifft ein ablehnender Beschluß keinen erkennenden Richter (s. u. 6 und 7 zu § 28), dann ist er dem Gesuchsteller stets zuzustellen (§ 35 Abs. 2 Satz 1). So wird in der Regel auch verfahren, wenn ein erkennender Richter vor der Hauptverhandlung abgelehnt und auch vor der Hauptverhandlung über die Ablehnung entschieden wird, doch wird ein vor der Hauptverhandlung ergehender Beschluß, der die Ablehnung eines erkennenden Richters für begründet erklärt, ohne sonstige Bekanntgabe auch dadurch wirksam erlassen, daß er ausgeführt wird (RGSt. **66** 121), indem der Vertreter eintritt.

Ergeht der Beschluß in der Ablehnungssache wider einen erkennenden Richter im Zwischenverfahren einer unterbrochenen Hauptverhandlung, so wird er in der Regel durch Verkündung bekanntgemacht, nachdem die Hauptverhandlung wieder eröffnet worden ist. Hiergegen bestehen keine Bedenken (RGSt. **21** 253, **58** 287). Denn durch die Bekanntmachung der Entscheidung wird im Hinblick auf § 28 Abs. 2 keine Frist in Lauf gesetzt. Es genügt daher formlose Mitteilung (§ 35 Abs. 2). Anstelle des formlosen Verfahrens kann aber das förmlichere der Verkündung gewählt werden. Wird so verfahren, ist die Entscheidung zu protokollieren; § 274 gilt (KleinknM, 2a zu § 27). Der Ablehnende erhält, wenn er es verlangt, eine Abschrift (§ 35 Abs. 1). Dazu braucht die Hauptverhandlung nicht unterbrochen zu werden; die Abschrift kann nach Schluß der Hauptverhandlung erteilt werden. Denn der Ablehnende hat, weil er den Beschluß erst mit dem Urteil anfechten kann (§ 28 Abs. 2), kein Interesse, schon früher eine Abschrift zu erhalten.

Da mit der Zurückweisung oder Verwerfung eines Ablehnungsgesuchs die vorläufige Unfähigkeit des Richters (§ 29) wieder entfällt (s. o. 4), kann er, nachdem ihm die Entscheidung bekanntgegeben worden ist, bei der Verkündung des die Ablehnung zurückweisenden oder verwerfenden Beschlusses mitwirken (RGSt. **58** 288; BGHSt. **15** 386). Namentlich kann also der Vorsitzende die Entscheidung auch dann verkünden, wenn sich die Ablehnung gegen ihn gerichtet hatte.

§ 28

(1) Der Beschluß, durch den die Ablehnung für begründet erklärt wird, ist nicht anfechtbar.

(2) Gegen den Beschluß, durch den die Ablehnung als unzulässig verworfen oder als unbegründet zurückgewiesen wird, ist sofortige Beschwerde zulässig. Betrifft die Entscheidung einen erkennenden Richter, so kann sie nur zusammen mit dem Urteil angefochten werden.

Entstehungsgeschichte: I., II. und III. Entw. § 22.

Änderungsvorschläge: N.E. I und II § 22; N.E. III § 23.

Spätere Änderungen: Ursprünglich hatte § 28 den Inhalt, den er jetzt hat, mit der Ausnahme, daß nicht geregelt war, wie verfahren werden mußte, wenn das Gericht die Ablehnung als unzulässig verworfen hatte. Die dritte VO. zur Vereinfachung der Strafrechtspflege vom 29. 5. 1943 (RGBl. I 342) schloß jede Anfechtung der Entscheidung über die Ablehnung aus. Art. 3 Nr. 10 VereinhG. hat unter sprachlicher Verbesserung den ursprünglichen Inhalt wieder hergestellt. Durch Art. 5 Nr. 6 StPÄG. wurde die Verwerfung einer unzulässigen Ablehnung der einer unbegründeten gleichgestellt und die Fassung redaktionell verbessert.

Verwandte Vorschriften: § 46 Abs. 2 ZPO.; § 54 Abs. 1 VerwGO.

1. Stattgebende Beschlüsse. Entscheidungen, mit denen dem Ablehnungsgesuch entsprochen wird, sind unanfechtbar. Denn für ein Rechtsmittel besteht kein praktisches Bedürfnis (Mot., Hahn, **1** 90). Ein solches könnte nur der Gegner des Ablehnenden beanspruchen mit der Begründung, durch die rechtsirrige Annahme eines Ablehnungsgrundes sei sein Anspruch auf den gesetzlichen Richter verletzt. Mit Recht dehnt das Gesetz den Grundsatz vom gesetzlichen Richter nicht so weit aus. Nach dem Gedanken des Gesetzes sind alle Richter der gleichen Instanz gleich befähigt (RG. R. **10** 355). Gesetzlicher Richter ist daher auch derjenige Richter, der ordnungsmäßig für einen Abgelehnten eintritt, wenn ein Gericht die Ablehnung für begründet erklärt hat (§ 28 Abs. 1; vgl. BGH. GA. **1962** 338), oder die, falls eine Entscheidung von Rechts wegen unterbleiben kann, ein Amts- oder Untersuchungsrichter für begründet gehalten hat (§ 27 Abs. 3 Satz 2). Das Gericht ist auch dann ordnungsmäßig besetzt, wenn es der Ablehnung zu Unrecht stattgegeben hat.

2. Das Gesuch **ablehnende Beschlüsse** sind, soweit Rechtsmittel überhaupt statthaft sind (s. u. 3 und 5), stets anfechtbar; wenn sie einen erkennenden Richter betreffen, „mit dem Urteil", sonst mit der sofortigen Beschwerde. Das Gesetz sprach das früher nur für den Beschluß aus, der die Ablehnung für unbegründet erklärt. In Übereinstimmung mit der bisherigen Rechtsprechung (BGHSt. **5** 154) stellt die neue Fassung klar, daß dasselbe für Beschlüsse gilt, die die Ablehnung für unzulässig erklären.

Dieser Fall liegt jedoch nicht vor, wenn das Gericht überhaupt nicht entscheidet, sondern sich für unzuständig erklärt. Da eine Möglichkeit bestehen muß, die Entscheidung des zuständigen Gerichts herbeizuführen, ist auf solche Beschlüsse Absatz 2 Satz 2, der die Anfechtung während des Hauptverfahrens ausschließt, nicht anwendbar. Nach einer gelegentlichen Bemerkung des Reichsgerichts soll die allgemeine Beschwerde (§ 304 Abs. 1) statthaft sein (RGSt. **19** 334), doch wird man wegen der gebotenen Beschleunigung Absatz 2 Satz 1 entsprechend anzuwenden haben. Danach ist die Beschwerde eine sofortige; sie findet aber nicht nur außerhalb des Hauptverfahrens, sondern, entgegen Absatz 2 Satz 2 auch gegen Beschlüsse des erkennenden Gerichts statt. Das Beschwerdegericht darf nicht in der Sache selbst entscheiden; es hat sich auf die Frage der Zuständigkeit zu beschränken und muß die Sachentscheidung dem zuständigen Gericht überlassen (RGSt. **19** 338).

Dem im vorangegangenen Absatz behandelten Fall ist es nicht gleichzustellen, wenn der Amtsrichter selbst ein Gesuch als unbegründet verwirft, obwohl — anders als bei unzulässigen Gesuchen (§ 26a Abs. 2 Satz 3) — ein anderer Amtsrichter zuständig gewesen wäre. Denn hier liegt eine in der Sache ergangene Entscheidung vor, wenn sie auch, da von einem unzuständigen Richter erlassen, anfechtbar ist. Es bewendet daher bei dem Verfahren des Absatzes 2, d. h. der Beschluß kann nur mit dem Urteil angefochten werden, wenn der unzuständige Amtsrichter ein erkennender Richter war (OLG. Saarbrücken NJW. **1965** 169; a. A. — gegen Beschluß des unzuständigen Amtsrichters ist sofortige Beschwerde auch dann statthaft, wenn er erkennender Richter war — LG. Krefeld NJW. **1964** 2438).

3. Die **sofortige Beschwerde** ist in allen Ablehnungsfällen statthaft, die nicht unter Absatz 1 oder unter Absatz 2 Satz 2 fallen, sofern der Beschluß überhaupt nach § 304 Abs. 1 und 2 der Beschwerde unterliegt. Gegen Beschlüsse des Bundesgerichtshofs und der Oberlandesgerichte findet auch in den Fällen des Absatzes 2 Satz 1 nach § 304 Abs. 3 keine Beschwerde statt. Absatz 2 Satz 1 sagt also nur, daß die nach § 304 Abs. 1 und 2 statthafte Beschwerde eine sofortige und damit an die Wochenfrist von § 311 Abs. 2 gebunden ist (Prot. der RTKomm. zum GVG., Hahn, **1** 862).

Beschwerdeberechtigt ist nur, wer die Ablehnung angebracht hat, nicht auch der sonst Ablehnungsberechtigte, der von seinem Ablehnungsrecht keinen Gebrauch gemacht hat. Der Richter ist nicht beschwerdeberechtigt, auch wenn er sich in Übereinstimmung mit dem Ablehnenden, aber im Gegensatz zur Ansicht des Gerichts für ausgeschlossen oder befangen hält. Auch der Amts- oder Untersuchungsrichter, der ein Ablehnungsgesuch für begründet hält (§ 27 Abs. 3 Satz 2), ist nicht beschwerdeberechtigt, wenn das Gericht ungeachtet seiner Erklärung und in Widerspruch zu ihr entschieden hat.

4. Beschwerdeentscheidung. Das Beschwerdegericht hat den angefochtenen Beschluß voll nachzuprüfen und dabei, soweit eine Wertung in Betracht kommt, seine Wertung an die Stelle derjenigen des ersten Richters zu setzen. Auch wenn dieser den Ablehnungsantrag als unzulässig verworfen hatte, ist es berechtigt, alsbald in der Sache zu entscheiden (§ 309 Abs. 2). Die Erwägung, daß der erste Richter dem Gesuch, wenn er es für zulässig erachtet hätte, hätte entsprechen können, und daß diese Entscheidung unanfechtbar gewesen wäre (§ 28 Abs. 1), rechtfertigt es nicht, die Entscheidungsbefugnis des Beschwerdegerichts auf die Zulässigkeitsfrage zu beschränken. Das Reichsgericht hat eine solche Beschränkung zwar für den Fall angenommen, daß der erste Richter seine Zuständigkeit verneint hatte (RGSt. **19** 338). Dieser Gedanke darf aber nicht (so RGSt. **49** 12; BGH. bei Dallinger MDR. **1955** 271; Schaper, NJW. **1963** 1883) verallgemeinert werden; er kann nur dort angewendet werden, wo der erste Richter in der Annahme fehlender Zuständigkeit überhaupt nicht zur Ablehnungsfrage entschieden hatte. In allen anderen Fällen hat das Beschwerdegericht die Befugnis, ein irrtümlich als unzulässig verworfenes Ablehnungsgesuch auf seine Begründetheit nachzuprüfen (BGHSt. **18** 203 = NJW. **1963** 1883, abl. Schaper).

Das Beschwerdegericht ist aber berechtigt, die Sache an den ersten Richter zurückzuverweisen, wenn dieser, weil er den Antrag für unzulässig erachtet hatte, notwendige Feststellungen unterlassen hat. Denn bei dieser Sachlage würde dem Beschwerdeführer durch die Sachentscheidung des Beschwerdegerichts eine Instanz genommen und damit namentlich die Möglichkeit vorenthalten, den Gründen des ersten Richters entgegenzutreten.

5. Verbrauch. Ist über den Verwerfungsbeschluß durch sofortige Beschwerde entschieden, dann kann wegen des gleichen Beschlusses — trotz § 336 — nicht mehr Revision mit der Rüge der Verletzung von § 338 Nr. 3 erhoben werden (RGSt. **7** 175; BGH. NJW. **1952** 234). Aber selbst wenn der Ablehnungsberechtigte keine Beschwerdeentscheidung herbeigeführt hat, ist die Rüge nach § 338 Nr. 3 in Vbdg. mit § 336 ausgeschlossen, sofern nur die Möglichkeit der sofortigen Beschwerde bestanden hatte (BGH. NJW. **1962** 261; vgl. RGSt. **20** 46, **44** 384), der Fall also nicht nach Absatz 2 Satz 2 zu behandeln war. Endlich eröffnet auch die Unmöglichkeit der Beschwerde nicht die Anfechtung nach Absatz 2, wenn die Ablehnung eines Richters, der nicht erkennender Richter ist, von einem Strafsenat für unbegründet erklärt worden ist. In allen diesen Fällen macht die Rechtskraft des Beschlusses die Anfechtung mit dem gegen das Urteil gerichteten Rechtsmittel unzulässig. Die Rüge aus § 338 Nr. 2 ist dagegen niemals ausgeschlossen.

6. Erkennende Richter. Die Beschwerde ist ausgeschlossen, wenn die Entscheidung über das Ablehnungsgesuch einen erkennenden Richter betrifft. Das ist erforderlich, weil große Verhandlungen mit vielen Zeugen und Sachverständigen nicht beliebig unterbrochen werden können, einer Beschwerde aber, „wenn sie Bedeutung haben sollte, aufschiebende Wirkung beigelegt werden müßte" (Mot., Hahn **1** 92). Brack, der diese Abweichung vom Zivilprozeß rügt (SchlHA. **1965** 11), legt den Besonderheiten des Strafprozesses nicht genügend Gewicht bei. Zudem ist seine Arbeit vor dem Strafprozeßänderungsgesetz abgefaßt, das mit § 25 Abs. 2 die (bedingte) Ablehnung bis zum letzten Wort zuläßt. Würde man die Beschwerde bis zu diesem Zeitpunkt gewähren, müßten sich die Mißhelligkeiten, die schon einer Beschwerde zu Beginn der Hauptverhandlung entgegengestanden haben, unerträglich vermehren.

Erkennende Richter sind die Richter, die berufen sind, in der Hauptverhandlung mitzuwirken (BayObLGSt. **24** 109), auch wenn ihre Mitwirkung sich nicht auf die Urteilsfindung beschränkt, sondern, wie beim Vorsitzenden, zugleich andere Maßnahmen und Entscheidungen umfaßt. Die Eigenschaft als erkennender Richter beginnt mit der Eröffnung des Hauptverfahrens (RGSt. **7** 175; BGH. NJW. **1952** 234). Diese ist selbst schon ein Akt des erkennenden Gerichts, wenn sie von dem künftig entscheidenden Gericht beschlossen wird. Eröffnet das höhere Gericht vor dem niederen (§ 209 Abs. 1; § 134a Abs. 3 GVG.), so wird dieses mit der Eröffnung erkennendes Gericht und werden seine Mitglieder erkennende Richter. Die Eigenschaft als erkennender Richter endet mit der Urteilsfällung (OLG. Schleswig SchlHA. **1953** 246). Demzufolge handelt der Richter, der bei der Verwerfung eines Rechtsmittels nach § 319 Abs. 1, § 346 Abs. 1 mitwirkt, nicht als erkennender Richter (OLG. Celle NJW. **1960** 210).

Nach dem bisherigen Wortlaut des § 28 Abs. 2 kam es für den Ausschluß der sofortigen Beschwerde darauf an, daß der Richter erkennender Richter in dem Zeitpunkt war, in dem das Gesuch angebracht worden war. Der Zweck des Gesetzes, die Hauptverhandlung nicht durch das Beschwerdeverfahren zu gefährden, führte indessen schon beim alten Text zu der Auslegung, daß nicht der Zeitpunkt maßgebend ist, in dem das Gesuch angebracht, sondern der, in dem darüber entschieden wird. Die neue Fassung stellt das durch die Voraussetzung klar, daß die Entscheidung einen erkennenden Richter betrifft. Danach findet Absatz 2 Satz 2 Anwendung, wenn das Gesuch vor der Eröffnung des Hauptverfahrens angebracht worden ist, das Gericht aber erst nach diesem Zeitpunkt darüber entschieden hat (a. A. — maßgeblich ist der Zeitpunkt der Ablehnung — Müller-Sax, 2a Abs. 1 zu § 28). Ist dagegen die Entscheidung schon vor der Eröffnung des Hauptverfahrens ergangen (wie im Falle BGH. NJW. **1952** 234), so betrifft sie keinen erkennenden Richter. Demzufolge wird die sofortige Beschwerde gegen sie nicht dadurch ausgeschlossen, daß zwischen der Entscheidung und der Beschwerde das Hauptverfahren eröffnet worden ist (OLG. München E **3** 433). Dagegen kommt es auf den Beginn der Hauptverhandlung nicht an. Absatz 2 Satz 2 findet auf einen nach der Eröffnung des Hauptverfahrens ergangenen Beschluß sowohl dann Anwendung, wenn er in der Hauptverhandlung als auch wenn er vor dieser ergangen ist (RGSt. **7** 175, **22** 135). Daß der abgelehnte erkennende Richter inzwischen als erkennender Richter aus der Sache ausgeschieden ist, macht Absatz 2 nicht unanwendbar (BayObLGSt. **10** 328).

7. In den besonderen Verfahrensarten. Findet das Verfahren ganz oder in der Instanz ohne Eröffnungsbeschluß statt, so beginnt die Eigenschaft als erkennender Richter mit jeder gerichtlichen Verfügung, die bestimmt oder die erkennen läßt, daß die Hauptverhandlung stattfinden soll und vor welchem Gericht. Ein nicht richterlicher Akt, wie der Einspruch gegen einen Strafbefehl oder gegen eine Strafverfügung oder der Eingang der Akten beim Berufungsgericht, genügt ebensowenig wie im regelmäßigen Verfahren die Anklage. Danach wird das Gericht erkennendes Gericht:

im beschleunigten Verfahren mit der Anordnung des Vorsitzenden, daß die Hauptverhandlung sofort durchgeführt werde oder mit der Anberaumung eines Termins dazu (§ 212a Abs. 1; OLG. Hamburg NJW. **1964** 2123);

im Berufungsverfahren mit der Anberaumung des Termins zur Hauptverhandlung oder mit einer ihr vorangehenden Anordnung, den Angeklagten durch einen beauftragten oder ersuchten Richter (§ 323 Abs. 1, § 223 Abs. 1 und 2) zu vernehmen oder mit sonstigen, die Entscheidung vorbereitenden Maßnahmen (z. B. nach § 225 oder Anordnungen zur Aufklärung von Prozeßverstößen in der ersten Instanz);

im Revisionsverfahren mit der Beschlußverwerfung (§ 349 Abs. 2), mit der Bestimmung eines Berichterstatters, der Terminsbestimmung oder ihr voraufgehenden, die Entscheidung vorbereitenden Maßnahmen (etwa zur Aufklärung von Prozeßverstößen in den Vorinstanzen);

im Wiederaufnahmeverfahren mit allen richterlichen Handlungen, die getroffen werden, nachdem das Gericht die Wiederaufnahme des Verfahrens und die Erneuerung der Hauptverhandlung angeordnet hat (§ 370 Abs. 2) und in den Verfahren des § 371;

im Verfahren nach § 408 Abs. 2 mit der Anberaumung der Hauptverhandlung;

im Verfahren nach Einspruch gegen einen Strafbefehl (§ 411) oder gegen eine Strafverfügung (§ 413 Abs. 4) und im Einziehungsverfahren (§§ 430ff.) mit der Terminsbestimmung (OLG. Dresden Alsb. **1** 68; a. A. — bei Strafbefehl nach Einspruch — BayObLGSt. **24** 108; OLG. Köln MDR. **1957** 437; OLG. Oldenburg NdsRpfl. **1955** 59).

8. Anfechtung mit dem Urteil. Nach dem Wortlaut von § 28 Abs. 2 Satz 2 kann die Entscheidung über die Ablehnung eines erkennenden Richters nur mit dem Urteil angefochten werden. Die Fassung entspricht nicht ganz dem Sinn der Vorschrift. Sie will nicht besagen, daß neben dem Rechtsmittel gegen das Urteil (Berufung oder Revision) eine besondere, bis zur Rechtsmitteleinlegung aufgeschobene Beschwerde gegen den Beschluß zulässig sein soll, sondern daß, falls der Abgelehnte am Verfahren oder an der Urteilsfällung teilgenommen hat (RGSt. **60** 112), aus der rechtsirrigen Verwerfung oder Zurückweisung des Ablehnungsgesuchs eine Rüge zur Urteilsanfechtung entnommen werden kann, sofern das Urteil überhaupt anfechtbar ist (KG. GA. **57** 233). Da indessen Satz 2 für die gleiche Sache aus Gründen der Zweckmäßigkeit nur den Instanzenzug anders regelt als Satz 1 (RGSt. **30** 277), kann Satz 2 mit der Ausnahme der zeitlichen Verschiebung nicht mehr und nicht weniger geben als Satz 1. Daraus folgt einmal, daß Beschlüsse der Oberlandesgerichte, weil gegen sie keine sofortige Beschwerde zulässig ist, auch nicht mit dem Urteil angefochten werden können. Danach ist, wenn in einer beim Landgericht anhängigen Sache nach § 27 Abs. 4 das Oberlandesgericht entschieden hat, auch keine Anfechtung nach Satz 2 zulässig (a. A. RGSt. **33** 315; **37** 113; Feisenberger, 13 zu § 27, 5 zu § 28; Müller-Sax, 2b zu § 28). Zum anderen ergibt sich aus jener Voraussetzung, daß das Beschwerderecht nicht „qualitativ beschränkt" (RGSt. **30** 277) sein soll, mithin über die mit der Revision angebrachte Rüge nach Beschwerdegrundsätzen (s. o. 4) zu entscheiden ist (RGSt. **22** 136; BGHSt. **1** 36; BGH. JR. **1957** 68; BGHSt. **18** 203).

Die Beschwerde gegen einen Beschluß, der einem gegen einen erkennenden Richter angebrachten Ablehnungsgesuch nicht stattgegeben hat, ist indessen trotz Absatz 2 Satz 2 statthaft, wenn das erste Gericht die Entscheidung wegen Unzuständigkeit abgelehnt hat (s. o. 2).

9. Form. Die Anfechtung wird bewirkt durch Erhebung der Rüge aus § 338 Nr. 3 oder 2 bei der Begründung der Revision (§ 344) und in der dafür vorgeschriebenen Form (RGSt. **74** 297). Die Berufungsbegründung ist zwar ins Belieben des Beschwerdeführers gestellt (§ 317), doch muß er sich ihrer bedienen, wenn er den Ablehnungsbeschluß anfechten will. Daher kann der Beschluß, durch den die Ablehnung eines im ersten Rechtszuge erkennenden Richters als unzulässig verworfen oder unbegründet zurückgewiesen worden ist, nur bis zum Ende der Frist zur Rechtfertigung der Berufung (§ 317) angefochten werden (BayObLGSt. **1956** 249 = NJW. **1957** 599; a. A. Schwarz, 22. Aufl., 2 zu § 28). Die Anfechtung kann nur auf die Tatsachen gestützt werden, die dem Ablehnungsbeschluß zugrunde gelegen haben (RG R. **4** 528). Daneben kann der Beschwerdeführer sich mit neu vorgebrachten Tatsachen der Rüge aus § 338 Nr. 2 (nicht Nr. 3) bedienen, auch wenn er vorher kein Ablehnungsgesuch angebracht hatte (Eb-Schmidt, 13 zu § 28).

Die „Anfechtung mit dem Urteil" ist die Berufung (§ 312) oder die Revision (§§ 333, 334) gegen das Urteil, das in dem Rechtszuge ergangen ist, in dem das gegen einen erkennenden Richter angebrachte Ablehnungsgesuch für unbegründet oder unzulässig erklärt worden ist. Demzufolge kann das Urteil eines Berufungsgerichts nicht mit der Begründung angefochten werden, daß schon das Amtsgericht die Ablehnung zu Unrecht verworfen habe (RGSt. **60** 112).

10. Entscheidung des Rechtsmittelgerichts. Das Rechtsmittelgericht entscheidet über die Anfechtung im Urteil, jedoch nach den für die Beschwerde maßgebenden Grundsätzen (s. o. 8). Daher hat das Revisionsgericht die Ablehnungsbeschlüsse auch in tatsächlicher Beziehung frei nachzuprüfen (RGSt. **7** 341, **22** 135, **65** 40, **74** 297; BGHSt. **1** 36, **2** 11; BGH. JR. **1957** 68; BGHSt. **18** 203). Soweit aus dem Auftreten eines Richters in der Hauptverhandlung Schlüsse von den anderen anwesenden Richtern auf die Besorgnis der Befangenheit zu ziehen sind, ist der Nachprüfung des dabei obwaltenden Ermessens jedoch dadurch eine gewisse Grenze gesetzt, daß dem Revisionsgericht die eigene Beobachtung fehlt (BayObLGSt. **1949/51** 391). War das Gesuch als unzulässig zurückgewiesen, hält es das Rechtsmittelgericht aber für zulässig, so hat es nunmehr die Begründetheit grundsätzlich selbst zu prüfen (BGHSt. **18** 203; s. o. 4). Dazu hat es ggf. die Äußerung des abgelehnten Richters herbeizuführen und sie dem Ablehnenden zur Kenntnis zu bringen, wenn sie dessen Darstellung nicht bestätigt.

Das Gericht darf — soweit es nicht über die selbständige Revisionsrüge aus § 338 Nr. 2 entscheidet — nur diejenigen Ablehnungsgründe in Betracht ziehen, die vorgebracht waren als das Gesuch verworfen worden ist (RG. R. **4** 527; RG. LZ. **1921** 66; RGSt. **74** 297). Das Berufungsgericht kann die Sache wegen des Mangels in die erste Instanz zurückverweisen (§ 328 Abs. 2). Das wird sich in der Regel empfehlen; es wird notwendig sein, wenn der Vorsitzende zu Unrecht nicht ausgeschlossen worden war. Hat das Berufungsgericht nicht in Betracht gezogen, daß es die Sache zurückverweisen könne, dann darf das Revisionsgericht diese Ermessensentscheidung des Berufungsgerichts nicht selbst treffen. Es hat daher die Sache nicht an den Erstrichter, sondern an das Berufungsgericht zurückzuverweisen (BayObLGSt. **1957** 11); das kann dann die Zurückverweisung nachholen.

§ 29

Ein abgelehnter Richter hat vor Erledigung des Ablehnungsgesuchs nur solche Handlungen vorzunehmen, die keinen Aufschub gestatten.

Entstehungsgeschichte: I., II. und III. Entw. § 23.

Änderungsvorschläge: N. E. I und II § 23; N. E. III § 24.

Keine späteren Änderungen.

Verwandte Vorschriften: § 47 ZPO.; § 54 Abs. 1 VerwGO.

1. Inhalt. Die Motive (Hahn, **1** 92) sagen über den Zweck der Vorschrift: Ein Ablehnungsgesuch dürfe für sich allein nicht die Wirkung haben, daß der Abgelehnte sogleich von jeder Mitwirkung in der Sache ausgeschlossen werde. Denn sonst wäre der Beschuldigte imstande, dringliche Untersuchungshandlungen durch ein unbegründetes Ablehnungsgesuch zu verhindern. Das Gewollte kommt im Text eindeutig zum Ausdruck. Danach enthält die Vorschrift den Grundsatz, daß die Ablehnung amtsunfähig macht, und die Ausnahme, daß der abgelehnte Richter befugt bleibt, unaufschiebbare Handlungen vorzunehmen. Der Regelung ist denknotwendigerweise die Folgerung zu entnehmen, daß die unaufschiebbare Handlung wirksam ist, auch wenn die Ablehnung für begründet erklärt wird. Dagegen berührt § 29 nicht die Fehlerhaftigkeit der Handlungen eines kraft Gesetzes ausgeschlossenen Richters (s. o. II 3 zu § 22). Demzufolge hat das Gericht, wenn es feststellt, der abgelehnte Richter sei ausgeschlossen gewesen, stets anzuordnen, daß die dringliche Handlung zu wiederholen sei. Das kann es auch dann tun, wenn die Handlung wirksam ist. Das empfiehlt sich, wenn Zweifel vorliegen, ob die Handlung eines erkennenden Richters unaufschiebbar war, weil die Frage im Falle der Anfechtung vom Berufungs- oder Revisionsgericht endgültig erst entschieden wird, nachdem die Hauptverhandlung bereits durchgeführt worden ist (§ 28 Abs. 2 Satz 2).

Der Grundsatz, daß allein durch die Ablehnung für alle Handlungen, die keinen Aufschub gestatten, Amtsunfähigkeit herbeigeführt wird, gilt auch dann, wenn das Ablehnungsgesuch unzulässig ist (BayObLGSt. **1954** 56). Darin kommt eine sehr weitgehende Vorsicht des Gesetzgebers zum Ausdruck. Sie wird in ihren Auswirkungen dadurch gemildert, daß unzulässige Gesuche in einem vereinfachten Verfahren — während der Hauptverhandlung ohne deren Unterbrechung — erledigt werden können (s. o. III 3 zu § 26a), und daß der abgelehnte Richter bei der Entscheidung mitwirkt (§ 26a Abs. 2 Satz 1). Diese Mitwirkung ist als ausdrückliche Ausnahme von § 29 aufzufassen.

2. Abgelehnter Richter ist nach dem Wortlaut des § 24 Abs. 1 der Richter, gegen den ein Ablehnungsgesuch angebracht ist, sei es weil der Ablehnende behauptet, der Richter sei von der Ausübung des Richteramts kraft Gesetzes ausgeschlossen, sei es weil er Befangenheit besorgt. Danach findet § 29 auf den Richter, dessen Ausschließung behauptet wird, insoweit Anwendung, daß er — auch wenn er in Wirklichkeit nicht ausgeschlossen ist — keine Handlung vornehmen darf, die Aufschub gestattet. Soweit die Vorschrift dagegen zuläßt, daß der abgelehnte Richter trotz der Ablehnung nicht aufschiebbare Handlungen vornimmt, ist sie wegen der Wirkung, die die Ausschließung von Rechts wegen hat, auf den ausgeschlossenen Richter nicht anwendbar. Daher darf der Richter, wenn er durch die Ablehnung erfahren hat, daß er nach § 22 von der Ausübung des Richteramts kraft Gesetzes ausgeschlossen ist, keine — auch keine dringliche — Handlung vornehmen. In bezug auf den ausgeschlossenen Richter (§§ 22, 23) hat § 29 daher nur Bedeutung, wenn der Ausschließungsgrund zwar behauptet ist, aber offensichtlich nicht vorliegt. Daß § 29 auch anzuwenden wäre, wenn der behauptete Ausschließungsgrund nicht alsbald feststellbar sei (EbSchmidt, 2 zu § 29), kann nicht anerkannt werden. Zwar ist eine vorgenommene Handlung, die unaufschiebbar war, wirksam, wenn das Gericht später feststellt, daß kein Ausschließungsgrund gegeben ist (s. u. 5). Wird dieser aber festgestellt, dann ist auch die im guten Glauben vorgenommene unaufschiebbare Handlung eines ausgeschlossenen Richters fehlerhaft; denn für die Ausschließung kommt es nicht darauf an, daß der Richter den Ausschließungsgrund kennt.

Dem ausgeschlossenen Richter steht der Amts- und Untersuchungsrichter gleich, der ein Ablehnungsgesuch für begründet hält (§ 27 Abs. 3). Auch dieser Richter ist nicht zu dringenden Amtshandlungen befugt. Er darf auch seine Feststellung, daß das Gesuch begründet sei, wenn ihm bekannt ist, daß er sie treffen muß, nicht aufschieben, um vorher eine dringliche Handlung vorzunehmen. Endlich steht dem ausgeschlossenen Richter der gleich, in bezug auf den eine Ablehnung für begründet erklärt worden ist (§ 28 Abs. 1).

3. Erledigung des Ablehnungsgesuchs. Wenn der das Ablehnungsgesuch verwerfende Beschluß durch sofortige Beschwerde anfechtbar ist (s. o. 3 zu § 28), ist das Ablehnungsgesuch erst dann erledigt, wenn die Beschwerdefrist ungenutzt verstrichen oder die eingelegte Beschwerde zurückgewiesen ist (RG. JW. **1902** 249; a. A. — maßgebend ist allein die erste Entscheidung — RGZ. **66** 46; Müller-Sax, 3 zu § 29; SchwKleinknecht, 1b zu § 29; Schorn, S. 178; zweifelnd, aber eher für die Maßgeblichkeit der ersten Entscheidung, Martin, LM. 1 zu § 29; unentschieden BGHSt. **4** 210; **5** 154). Ist der Beschluß, der das Ablehnungsgesuch gegen einen erkennenden Richter verwirft, nur mit dem Urteil anfechtbar (§ 28 Abs. 2 Satz 2), dann nimmt das Gesetz einen anfechtbaren Zustand — obwohl er unerwünscht und daher nach Möglichkeit zu vermeiden ist — in Kauf, damit das laufende Verfahren zunächst, ungestört durch eine Beschwerde, zu Ende gebracht werden kann. In diesem Falle ist das Gesuch mit der verwerfenden Entscheidung erledigt (RGSt. **58** 288; RG. GA. **59** 351; BGHSt. **5** 154). Diese Ausnahme kann aber nicht auf den Fall des § 28 Abs. 2 Satz 2 übertragen werden, bei dem keine Notwendigkeit für eine Ausnahmeregelung besteht. Denn es läuft keine Hauptverhandlung, und die Beschwerdefrist, deren Ablauf endgültige Klärung bringt (s. o. 5 zu § 28), ist nur kurz, so daß die Verfahrensverzögerung dem Zustand der Ungewißheit vorzuziehen ist.

4. Keinen Aufschub duldende Handlungen sind solche, die wegen ihrer Dringlichkeit nicht bis zum Eintritt des Ersatzrichters anstehen können, wie die Verhaftung des Beschuldigten (a. A. — Verhaftung ist wegen des Rechts der Staatsanwaltschaft, vorläufig festzunehmen, nicht unaufschiebbar — Peters, § 20 III 2, Abs. 8), die Sicherung von Beweisen oder das — nur in der Sitzung zulässige (BayObLGSt. 8 57) und daher unaufschiebbare — Verhängen einer Ordnungsstrafe wegen Ungebühr nach § 178 GVG. (OLG. Hamburg GA. **70** 54). Bloße Zweckmäßigkeit macht die Sache nicht unaufschiebbar; ein selbst von weither gereister Zeuge kann die Reise erneut machen. Bei den heutigen Verkehrsmöglichkeiten und Nachrichtenverbindungen wird der Fall der unaufschiebbaren Handlungen nicht oft eintreten. Nimmt der Richter eine vor, wird er den Grund, aus dem die Handlung unaufschiebbar ist, aktenkundig machen.

5. Folgen. Wenn das Gericht feststellt, daß ein Ausschließungsgrund vorgelegen hat, ist die vom Richter vorgenommene Handlung stets fehlerhaft (s. o. II 3 zu § 22), gleichgültig ob sie aufschiebbar oder unaufschiebbar war, und gleichviel welche Vorstellung der Richter über die Aufschiebbarkeit hatte. Die aufschiebbare Handlung ist, gleichviel welche Vorstellung der Richter von der Aufschiebbarkeit hatte, nach dem Sinne der Vorschrift (s. o. 1) stets fehlerhaft, auch wenn ein Ablehnungsgesuch wegen Besorgnis der Befangenheit für unbegründet erklärt oder festgestellt wird, daß kein Ausschließungsgrund vorgelegen hat. Denn die durch die Ablehnung bewirkte Amtsunfähigkeit kann nicht rückwirkend beseitigt werden (Martin LM., 1 zu § 29). Die unaufschiebbare Handlung des wegen Besorgnis der Befangenheit abgelehnten Richters ist auch dann wirksam, wenn ein Ablehnungsgesuch wegen Besorgnis der Befangenheit für begründet erklärt wird (s. o. 1). Sie ist ferner wirksam, wenn festgestellt wird, daß kein Ausschließungsgrund vorgelegen hat. Sie ist dagegen unwirksam, wenn ein solcher festgestellt wird (s. o. 2).

Der Mangel kann mit der Revision gerügt werden. Das Revisionsgericht prüft nach, ob die Handlung auffschiebbar war (EbSchmidt, 3 Abs. 2 zu § 29), doch ist dem Richter, der die Prozeßhandlung vornimmt, ein gewisser Spielraum bei der Auslegung des unbestimmten Rechtsbegriffs der Unaufschiebbarkeit zuzugestehen.

Hat der durch Ablehnung amtsunfähige Richter an einem Eröffnungsbeschluß mitgewirkt, dann ist dieser zwar mangelhaft. Da die durch eine Ablehnung herbeigeführte Amtsunfähigkeit aber nur ein vorläufiger Zustand ist, wirkt der Mangel nicht so stark, daß der mangelhafte Eröffnungsbeschluß einem fehlenden (s. dazu o. II 3 zu § 22) gleichzustellen wäre. Diese Folge tritt erst ein, wenn ein Ausschließungsgrund festgestellt oder ein Ablehnungsgesuch für begründet erklärt wird. Demzufolge ist der Eröffnungsbeschluß, an dem ein abgelehnter Richter mitgewirkt hat, nicht von Amts wegen nachzuprüfen. Wird er mit Revisionsrüge beanstandet, kann das Urteil nicht auf ihm beruhen, wenn das Ablehnungsgesuch nachträglich rechtskräftig zurückgewiesen wird (Martin LM., 1 zu § 29; in der Begründung etwas abweichend — keine Beschwer des Angeklagten — BGHSt. **4** 209).

§ 30

Das für die Erledigung eines Ablehnungsgesuchs zuständige Gericht hat auch dann zu entscheiden, wenn ein solches Gesuch nicht angebracht ist, ein Richter aber von einem Verhältnis Anzeige macht, das seine Ablehnung rechtfertigen könnte, oder wenn aus anderer Veranlassung Zweifel darüber entstehen, ob ein Richter kraft Gesetzes ausgeschlossen ist.

Entstehungsgeschichte: I., II. und III. Entw. § 24.

Änderungsvorschläge: N. E. I und II § 24; N. E. III § 22.

Spätere Änderungen: Die dritte VO. zur Vereinfachung der Strafrechtspflege vom 29.5.1943 (RGBl. I 342) hatte § 30 mit § 27 vereinigt. Art. 3 Nr. 11 VereinhG. hat die ursprüngliche Fassung wiederhergestellt.

Verwandte Vorschriften: § 48 ZPO.; § 54 Abs. 1 VerwGO.

1. Inhalt. Die Vorschrift begründet die Pflicht, über die Frage der Ausschließung eines Richters nicht nur zu entscheiden, wenn ein Ablehnungsberechtigter sie behauptet, sondern von Amts wegen immer dann zu prüfen und zu entscheiden, wenn sich ein Anhalt dafür zeigt, daß ein Ausschließungsgrund auf einen zur Mitwirkung berufenen Richter zutreffen könne. Sie gibt ferner jedem Richter die Möglichkeit, zu seiner Entlastung Zweifel darüber vom Gericht prüfen zu lassen, ob ein Beteiligter ihn als befangen ansehen könnte. Die Prüfung zu veranlassen, ist er verpflichtet; einmal im Interesse der Beteiligten, da ja sehr wohl Ablehnungsgründe zwar dem Richter, nicht aber dem Berechtigten bekannt sein können, zum anderen im Interesse des Ansehens der Rechtspflege, weil Ablehnungsgründe von solcher Stärke vorliegen können, daß das Amtieren des Richters selbst dann unerwünscht ist, wenn der Berechtigte ihn nicht ablehnt, sei es aus Scheu oder Gleichgültigkeit, sei es in der Hoffnung auf einen Skandal, den er durch nachträgliche Bekanntmachung erregen könnte. Das Verfahren des § 30 findet jederzeit, unabhängig von den zeitlichen Schranken des § 25, statt (RGSt. **67** 276; BGH. GA. **1962** 338). Es ergänzt § 24, hat aber einen Teil seiner Bedeutung verloren, nachdem § 25 neu gefaßt und damit das Ablehnungsrecht, wenn auch unter bestimmten Voraussetzungen, bis zum letzten Wort ausgedehnt worden ist.

2. Zuständiges Gericht. Die Entscheidung steht dem Gericht zu, das nach § 27 zur Entscheidung über die Ablehnung zuständig ist. Demzufolge findet auch § 27 Abs. 4 (Entscheidung durch das zunächst obere Gericht) Anwendung, wenn der Fall des § 30 bei so vielen Richtern vorliegt, daß die für die Entscheidung erforderliche Richterzahl nicht mehr gegeben ist.

3. Anzeige von einem Ablehnungsgrund. Das Gesetz erkennt kein Selbstablehnungsrecht des Richters an (§ 27 Abs. 3 Satz 3 enthält ein aus praktischen Gründen gewährtes beschränktes Selbstentscheidungsrecht), verpflichtet aber jeden zur Mitwirkung im Strafverfahren berufenen Richter, Ablehnungsgründe dem Gericht anzuzeigen (OLG. Schleswig SchlHA. **1953** 69). Ablehnungsgründe liegen nach § 24 Abs. 1 sowohl vor, wenn der Richter kraft Gesetzes ausgeschlossen ist (§§ 22, 23), als auch wenn Besorgnis der Befangenheit besteht (§ 24 Abs. 2). Die Anzeige ist Berufspflicht des Richters. Er hat sie ungeachtet des Standes des Verfahrens jederzeit, auch nach dem in § 25 genannten Zeitpunkt, zu erstatten, wenn ihm der Ablehnungsgrund bekannt wird. Dabei kommt es nicht darauf an, ob er sich befangen fühlt, sondern ob ein Ablehnungsberechtigter Befangenheit besorgen könnte. Kann ein Ablehnungsgesuch noch angebracht werden, so darf er es nicht abwarten. Er hat die Anzeige auch dann zu machen, wenn die Tatsachen, die seine Ablehnung rechtfertigen könnten, offenkundig und mithin auch den Ablehnungsberechtigten bekannt sind (EbSchmidt, 2 zu § 30; a. A. OLG. München GA. **37** 223; OLG. Colmar Alsb. **1** 62).

4. Zweifel über einen Ausschließungsgrund. Kommt es bei dem Ablehnungsgrund wegen Besorgnis der Befangenheit entweder auf die befristete (§ 25) Ablehnung (§ 26) oder auf die jederzeit mögliche, und nach der Amtspflicht gebotene, Anzeige des Richters an, so hat das Gericht Ausschließungsgründe bei jedem Stande des Verfahrens von Amts wegen zu beachten, gleichgültig ob sie ein Ablehnungsberechtigter zum Gegenstand eines rechtzeitigen (§ 25) Ablehnungsantrags macht (§ 24 Abs. 1), ob er nach dem Termin des § 25 auf sie hinweist, ob der Richter, den sie angehen, sie anzeigt (§ 30, 1. Alternative) oder ob sie auf sonstige Weise, etwa durch Hinweise eines anderen Gerichtsmitglieds, Anträge der Staatsanwaltschaft oder Erörterungen in der Presse, bekannt werden. Der Zeitpunkt spielt hierbei keine Rolle.

5. Entscheidungsfälle. Keiner Entscheidung bedarf es, wenn von außen, etwa vom Angeklagten, nach Ablauf des in § 25 genannten Zeitpunkts, Tatsachen vorgetragen werden, indessen zweifelsfrei ersichtlich ist, daß sie keinen Ablehnungsgrund ergeben. Es bedarf ferner keiner Entscheidung, wenn zweifelsfrei ein Ausschließungsgrund (§§ 22, 23) vorliegt (s. o. II 1 zu § 22). Bestehen hierüber Zweifel oder zeigt der Richter Umstände an, die seine Befangenheit besorgen lassen könnten, so hat das Gericht zu entscheiden. In den beiden genannten Fällen kann weder der Richter von selbst ausscheiden, noch kann ihn der Vorsitzende durch eine andere Verteilung innerhalb der Kammer (§ 69 GVG.) oder des Senats (§§ 117, 131 in Vbdg. mit § 69 GVG.) ersetzen (a. A. SchwKleinknecht, 2 zu § 30; wie hier Müller-Sax, 2a zu § 30). Denn mit der Zuteilung ist er der gesetzliche Richter geworden. Diese Eigenschaft kann er, wenn er nicht zweifelsfrei kraft Gesetzes ausgeschlossen ist, nur durch gerichtliche Entscheidung verlieren. In den beiden vorgenannten Fällen liegt aber schon nach dem Wortlaut des Gesetzes Zweifelhaftigkeit vor („könnte"; „Zweifel"). Auch der Amtsrichter und der Untersuchungsrichter können nicht ohne Entscheidung des anderen Amtsrichters oder des Landgerichts (§ 27 Abs. 3 Satz 1) ausscheiden, wenn sie sich auf einen nicht von einem Ablehnungsberechtigten geltend gemachten, sondern ihnen von Amts wegen bekannt gewordenen Ablehnungsgrund berufen, der die Besorgnis der Befangenheit begründet (OLG. Hamm MDR. **1964** 77); § 27 Abs. 3 Satz 3 (Ausscheiden ohne Entscheidung) gilt nur, wenn der Richter wegen Besorgnis der Befangenheit abgelehnt wird. Dagegen haben der Amts- und Untersuchungsrichter einen ihnen bekannt gewordenen Ausschließungsgrund auch ohne Entscheidung nach § 30 zu beachten, wenn die Ausschließung zweifelsfrei gegeben ist. Scheidet ein Richter wegen Besorgnis der Befangenheit ohne Entscheidung aus, wird das Urteil in der Regel dann nicht auf dem Verfahrensmangel beruhen, wenn er auch bei ordnungsmäßigem Verfahren ausgeschieden wäre (BGH. NJW. **1952** 987).

6. Das Entscheidungsverfahren ist das des § 27 (s. o. III 1, 3, 4 zu § 27) mit den Änderungen, die sich daraus ergeben, daß das Verfahren eine innere Angelegenheit des Gerichts (BGHSt. **3** 69) ist. Daher werden die Prozeßbeteiligten nicht gehört (BGH. GA. **1962** 338). Eine Wirkung nach außen zeigt das Verfahren nur, wenn das Gericht anerkannt hat, daß ein Ausschließungs- oder ein Ablehnungsgrund vorliegt. Alsdann ist die Entscheidung den Verfahrensbeteiligten bekanntzumachen, damit sie wissen, warum nicht der nach der Geschäftsverteilung zunächst berufene Richter entscheidet, der ihnen vielleicht nach § 24 Abs. 3 Satz 2 bekanntgemacht worden ist. Der Richter scheidet aus. Tritt der Fall, was die Regel sein wird, während der Hauptverhandlung ein, so muß diese, nachdem ein anderer Richter eingetreten ist, erneuert werden, wenn ihr nicht etwa ein Ergänzungsrichter (§ 192 Abs. 2 GVG.) beigewohnt hatte. Wird jedoch ein von Anfang an bestehender Ausschließungsgrund erst während der Hauptverhandlung festgestellt, dann ist sie auf jeden Fall zu wiederholen.

7. Anfechtung. Hat das Gericht entschieden, daß Befangenheit zu besorgen ist oder daß ein Ausschließungsgrund vorliegt, so ist in entsprechender Anwendung von § 28 Abs. 1 die Anfechtung unzulässig (s. o. 1 zu § 28; RGSt. **30** 124, **67** 277; BGH. GA. **1962** 338).

Hat das Gericht festgestellt, daß keine Befangenheit zu besorgen sei oder daß kein Ausschließungsgrund vorliege, dann hat der beteiligte Richter, wenn das Gericht entgegen seiner Ansicht entschieden hat, kein Beschwerderecht (OLG. Köln Alsb. E. **1** 73; OLG. Schleswig SchlHA. **1953** 69), muß sich vielmehr der Entscheidung fügen (OLG. Breslau GA. **51** 68). Auch die Prozeßbeteiligten können den Beschluß, wenn er vor der Eröffnung des Hauptverfahrens (wegen dieses Zeitpunktes s. o. 6, 7 zu § 28) ergeht, selbst dann nicht mit der sofortigen Beschwerde anfechten, wenn das Gericht feststellt, daß kein Ausschließungsgrund vorliege. Denn sie sind an dem gerichtsinternen Verfahren nicht beteiligt. Ergeht die gerichtliche Entscheidung nach dem Eröffnungsbeschluß, so findet aus dem gleichen Grunde § 28 Abs. 2 Satz 2 keine Anwendung (RGSt. **67** 277; BGHSt. **3** 69), doch wird das Recht eines jeden Prozeßbeteiligten, die Rüge aus § 338 Nr. 2 mit einem statthaften Rechtsmittel zu erheben, nicht berührt, wenn die gerichtliche Entscheidung zu Unrecht verneint hat, daß der Richter, auf den sich das Verfahren aus § 30 bezogen hatte, von der Ausübung des Richteramts kraft Gesetzes ausgeschlossen war.

Unanfechtbar ist es, wenn der Richter von einem Verhältnis, das seine Ablehnung rechtfertigen könnte, keine Anzeige macht (BGH. bei Dallinger, MDR. **1965** 24; OLG. Neustadt NJW. **1963** 2087). Denn es handelt sich dabei um keine gerichtliche Entscheidung, sondern um eine Dienstpflicht des Richters, die er dem Gericht gegenüber zu erfüllen hat. Daß er das tut, kann selbst dann nicht durch Beschwerde oder Urteilsanfechtung erzwungen werden, wenn das Unterlassen einen Ermessensmißbrauch darstellt (a. A. Müller-Sax, 1 zu § 30; OLG. Neustadt, a. a. O.).

Der Ausschluß eines jeden Rechtsmittels — mit dem Vorbehalt der Rüge aus § 338 Nr. 2 — ist nach dem System des dritten Abschnitts unabweislich. Nachdem § 25 Abs. 2 die Möglichkeit geschaffen hat, den Richter bis zum letzten Wort abzulehnen, sind die Bedenken beseitigt, die bisher gegen die Endgültigkeit der Entscheidung vorzubringen waren: Wenn der Berechtigte keinen Ablehnungsgrund gesehen hat, besteht wenig Veranlassung, ihn an der Prüfung des Gerichts teilnehmen zu lassen. Daß im Verfahren nach § 30 ernstliche Bedenken gegen die Unbefangenheit des Richters erhoben werden können, die nur dem Richter, nicht aber dem Ablehnungsberechtigten bekannt sind, und daß das der Kontrolle einer übergeordneten Instanz entzogene Gericht im Einzelfall eine andere Entscheidung als das Rechtsmittelgericht treffen mag, ist nicht auszuräumen. Es rechtfertigt aber nicht mehr das Verlangen, die Entscheidungen nach § 30 anfechtbar zu machen, nachdem der Ablehnungsberechtigte seine Rechte nunmehr bis zum letzten Wort geltend machen kann.

Hat das Gericht im Verfahren des § 30 einen Richter wegen Besorgnis der Befangenheit ausgeschieden, obwohl der Richter keine Anzeige nach § 30 gemacht hatte (und auch nicht nach § 24 abgelehnt worden war), dann ist die Entscheidung, weil die Anzeige Entscheidungsvoraussetzung ist, gesetzwidrig. Ist die Entscheidung nicht die eines erkennenden Gerichts, steht — wenn sie nicht ein Strafsenat erlassen hat (§ 304 Abs. 4) — das allgemeine Rechtsmittel der Beschwerde zur Verfügung (§ 304 Abs. 1). Hat sie ein erkennendes Gericht (s. dazu o. 6 und 7 zu § 28) erlassen, ist die Beschwerde nach § 305 ausgeschlossen, dafür die Revision wegen Verletzung des § 16 Satz 2 GVG. nach §§ 336, 337 zulässig und begründet (OLG. Köln JMBlNRW. **1965** 214).

Das Oberlandesgericht Köln will darüber hinaus die Anfechtung mit der Rüge der Verletzung des § 16 Satz 2 GVG. immer zulassen, wenn der Vorsitzende eines Schöffengerichts oder einer kleinen Strafkammer erst nach Beginn der Urteilsberatung einen Schöffen für kraft Gesetzes ausgeschlossen oder befangen erklärt. Die Entscheidung (die nach dem Sachverhalt nicht veranlaßt war, weil schon das Fehlen des Antrags die Revision begründete) ist insoweit abzulehnen. Es können sehr wohl erst bei der Urteilsberatung Ausschließungsgründe hervortreten. Beisp.: Ein Schöffe schöpft in der Hauptverhandlung Verdacht, daß seine Frau Opfer des angeklagten Sammlungsbetrügers sein könnte, wagt den Vorsitzenden nicht zu unterbrechen und stellt die Verletzung erst durch ein Telefongespräch in der Beratungspause fest. Alsdann ist sein Ausschluß ungeachtet des Zeitpunkts zwingend. Auch eines Ablehnungsgrundes kann sich der Schöffe erst während der Beratung, nachdem er sich beim Vorsitzenden Rat einholt, bewußt werden. Wenn er dann Anzeige nach § 30 macht und Befangenheit zu besorgen ist, muß der Vorsitzende beschließen, daß er auszuscheiden hat. In beiden Fällen widerspricht es dem System der §§ 28 Abs. 1, 30, die Revision für zulässig zu erklären. Das Oberlandesgericht Köln zieht aus einem Einzelfall unzulässigerweise allgemeine Folgen.

Wenn das Verfahren des § 30 mißbraucht wird (Beisp.: Ein Richter erstattet Anzeige nach § 30 und wird ausgeschieden, obwohl er und das Gericht keine Befangenheit besorgen), wird eine Rüge, § 16 Satz 2 GVG. sei verletzt, durchgreifen, doch ist die Frage nicht hier, sondern bei jener Bestimmung zu behandeln.

8. Wirkung. Tritt einer der Fälle des § 30 ein, scheidet der Richter bis zur gerichtlichen Entscheidung aus. Entscheidet das Gericht, daß das angezeigte Verhältnis keine Ablehnung rechtfertige oder daß der Richter nicht ausgeschlossen sei, so tritt er alsbald wieder ein. Wird die Anzeige für begründet erklärt oder die Ausschließung festgestellt, gelten die gleichen Grundsätze wie bei Entscheidungen, durch die einem Ablehnungsgesuch stattgegeben worden ist (RGSt. **30** 124; BGHSt. **3** 69; s. o. III 5 zu § 27; 1 zu § 28): Der Richter, auf dessen Anzeige festgestellt worden ist, daß ein Ablehnungsberechtigter (§ 24 Abs. 3) Befangenheit besorgen könnte, steht einem kraft Gesetzes nach § 22 ausgeschlossenen Richter gleich. Der Umstand, daß diese Wirkung auf eine Anzeige des Richters zurückzuführen ist, berechtigt diesen nicht, nachdem die Umstände, die zu seiner Anzeige geführt haben, weggefallen sind, wieder richterliche Handlungen in dem Verfahren vorzunehmen, aus dem er ausgeschieden ist (OLG. Schleswig SchlHA. **1963** 79).

Da das Verfahren ein Internum des Gerichts ist, äußert es nach außen gar keine Wirkung, wenn es negativ ausgegangen ist. Das Gericht hat erneut zu entscheiden, wenn ein Ablehnungsberechtigter sich das vergebliche Vorbringen des Richters zu eigen macht und ihn damit ablehnt.

§ 31

(1) Die Vorschriften dieses Abschnitts gelten für Schöffen und Geschworene sowie für Urkundsbeamte der Geschäftsstelle und andere als Protokollführer zugezogene Personen entsprechend.

(2) Die Entscheidung trifft der Vorsitzende. Bei der großen Strafkammer und beim Schwurgericht entscheiden die richterlichen Mitglieder. Ist der Protokollführer einem Richter beigegeben, so entscheidet dieser über die Ablehnung oder Ausschließung.

Entstehungsgeschichte: Zum jetzigen § 31: I., II. und III. Entw. § 25; zum früheren § 32: III. Entw. § 26.

Änderungsvorschläge: Zum jetzigen § 31: N. E. I und II §§ 15, 25; N. E. III §§ 21, 25; N. E. IV Art. 3; N. E. V Art. IV 3; zum früheren § 32: N. E. V Art. IV 3.

Spätere Änderungen: § 31 wurde wiederholt, insbesondere durch die VO. vom 4. 1. 1924 (RGBl. I 15), das Ges. vom 9. 7. 1927 (RGBl. I 175) und die VO. vom 3. 11. 1927 (RGBl. I 334) mit Rücksicht auf die Besetzung der Strafkammer mit Schöffen und auf den Fortfall der Bezeichnungen „Gerichtsschreiberei" und „Gerichtsschreiber" geändert. Die Beseitigung der Schöffen durch die §§ 13 und 14 der VereinfachungsVO. vom 1. 9. 1939 hatte zur Folge, daß Absatz 1, soweit er sich auf Schöffen bezog, und Absatz 2 im ganzen Umfang unanwendbar wurden. Art. 1 Nr. 3 der VO. vom 29. 5. 1943 übertrug die Entscheidung über die Ablehnung von Urkundsbeamten dem Vorsitzenden. Art. 3 Nr. 13 VereinhG. hat im wesentlichen den ursprünglichen Inhalt wiederhergestellt mit der Maßgabe, daß die Entscheidungsbefugnis für Schöffen und Urkundsbeamte übereinstimmend geregelt ist (vgl. Begr. BTDrucks. 1. Wahlper. Nr. 530, Anl. 1a S. 35). Auch ist der Inhalt des früheren § 32 in § 31 aufgegangen.

Verwandte Vorschriften: § 49 ZPO.; § 54 Abs. 1 VerwGO.

1. Schöffen und Geschworene. Die entsprechende Anwendung ist vorgeschrieben, weil die Schöffen und Geschworenen bei den gerichtlichen Entscheidungen wie die Richter mitwirken (§§ 192 bis 197 GVG.). Sie bedeutet zweierlei: Einmal ist in den §§ 22 und 23 überall, wo Richter steht, auch Schöffe und Geschworener zu lesen. Zum anderen ergibt das Wort „mitwirken" in § 23, daß ein Schöffe oder Geschworener ausgeschlossen ist, wenn er im vorangegangenen Verfahren als solcher, aber auch wenn er — freilich ein seltener Fall — als (später aus dem Dienst ausgeschiedener) Richter mitgewirkt hatte. Sieht man von dem letzten Fall ab, dem ohnehin mehr theoretische Bedeutung zukommt, dann scheidet für eine entsprechende Anwendung § 23 Abs. 3 aus, weil er sich auf den Untersuchungsrichter bezieht, dieses Amt aber niemals von Schöffen und Geschworenen wahrgenommen werden kann. Weiterhin sind von der entsprechenden Anwendung ausgeschlossen § 27 Abs. 2 bis 4, weil er „richterliche Mitglieder" betrifft, und § 29, weil unaufschiebbare Handlungen von Schöffen und Geschworenen nicht denkbar sind. § 27 Abs. 1 ist durch § 31 Abs. 2 ersetzt, der auch § 30 in bezug auf die Schöffen und Geschworenen modifiziert. Die übrigen Vorschriften des dritten Abschnitts sind voll anwendbar. — Die Ausschließungsgründe der §§ 22, 23 werden ergänzt durch die Fälle der Unfähigkeit; sie sind in § 32 GVG. für die Schöffen und in § 84 GVG. für die Geschworenen aufgestellt. Die Unfähigkeitsgründe sind in jeder Beziehung den Ausschließungsgründen gleichzustellen.

Im Sinne von § 22 Nr. 4 ist als Polizeibeamter nur tätig gewesen, wer den Sachverhalt als Organ der Sicherheitspolizei erforscht hat (RGSt. **17** 419). Dazu gehört auch die Einwirkung als Vorgesetzter (RGSt. **55** 252), nicht aber die bloße Weiterleitung einer Anzeige an die Staatsanwaltschaft (RG. GA. **49** 118).

2. Urkundsbeamte. Die gleichartige Behandlung von Urkundsbeamten beruht hauptsächlich auf der Erwägung, daß ihre Protokolle Beweiskraft genießen (Mot., Hahn **1** 92). Dabei ist in erster Linie an die Hauptverhandlungsprotokolle (§ 274) zu denken. Der Wortlaut der Ablehnungsvorschriften geht über das Ziel jener Erwägung weit hinaus, doch muß aus dem hauptsächlichen Zweck der Bestimmung und aus der Wortfassung „als Protokollführer zugezogene Personen" geschlossen werden, daß § 31 nur auf Personen Anwendung findet, die richterliche Handlungen beurkunden. Nimmt der Urkundsbeamte sonst Erklärungen zu Protokoll der Geschäftsstelle entgegen (z. B. § 345 Abs. 2), so findet der dritte Abschnitt keine Anwendung (Müller-Sax, 2b zu § 31; a. A. — ohne Begründung — RG. JW. **1893** 419). Es gilt dann das für den Staatsanwalt Ausgeführte (s. o. Vorbem. 7 zum dritten Abschnitt). Demzufolge ist der Urkundsbeamte, der als Sitzungsvertreter der Staatsanwaltschaft in der Hauptverhandlung tätig war, rechtlich nicht gehindert, die Revisionsbegründung in der gleichen Sache zu Protokoll zu nehmen (OLG. Schleswig SchlHA. **1959** 107).

Von der entsprechenden Anwendung ist § 27 Abs. 2 bis 4 aus den o. 1 angegebenen Gründen ausgeschlossen; § 27 Abs. 1 ist durch § 31 Abs. 2 ersetzt, der auch hier § 30 in bezug auf die Urkundspersonen ändert. § 29 findet, anders als bei den Schöffen, Anwendung. Dagegen ist im Gegensatz zu der für diese geltenden Rechtslage bei den Urkundspersonen auch § 23 nicht anzuwenden; vielmehr darf in jedem Stande des Verfahrens derselbe Schriftführer tätig sein, weil er auf die Entscheidung keinen Einfluß hat und daher nicht durch eine vorgängige Entscheidung befangen sein kann. Demzufolge kann in der erstinstanzlichen Hauptverhandlung der Urkundsbeamte des Untersuchungsrichters, in der Berufungsverhandlung dieser oder der Urkundsbeamte der ersten Instanz mitwirken (RG. R. **3** 789); entsprechendes gilt für das Revisionsverfahren. Aus diesen Erwägungen folgt jedoch, daß als Urkundsbeamter nicht tätig sein darf, wer vorher als (später aus dem Dienste ausgeschiedener) Richter i. S. von § 23 an einer Entscheidung mitgewirkt oder die Voruntersuchung geführt hat.

Auch § 25 ist entsprechend anzuwenden. § 25 Abs. 1 findet jedoch nur auf den Normalfall Anwendung, daß der Urkundsbeamte seine Tätigkeit zu Beginn der Sitzung aufnimmt. Tut er das erst später, paßt § 25 Abs. 1 nicht. Durch diese Vorschrift soll vermieden werden, daß eine Hauptverhandlung unterbrochen und wiederholt werden muß. Sie setzt voraus, daß das Gericht während der ganzen Verhandlung gleich besetzt ist (§ 226), und daß diese Besetzung vor der Sitzung oder zu ihrem Beginn den Ablehnungsberechtigten bekanntgegeben werden kann (§ 24 Abs. 3 Satz 2). Da indessen Urkundsbeamte jederzeit wechseln können (OLG. Braunschweig NdsRpfl. **1947** 89), sind diese Voraussetzungen bei ihnen nicht gegeben. Gleichwohl bietet die Ablehnung eines Urkundsbeamten auch dann keine Besonderheiten, wenn er nach dem Zeitpunkt des § 25 Abs. 1 in die Hauptverhandlung eintritt. Denn § 25 Abs. 2 deckt diesen Fall. Es können nämlich, bevor der Urkundsbeamte eingetreten ist, Umstände, auf die die Ablehnung gestützt wird, nicht eingetreten sein. Mag der Umstand auch eine Äußerung des Urkundsbeamten vor der Sitzung betreffen, so wird er erst dadurch zu einem Ablehnungsgrund, daß der Beamte als Urkundsbeamter zu der zu verhandelnden Sache in amtliche Beziehung kommt. Ein vor der Sitzung liegender Umstand tritt daher i. S. des § 25 Abs. 2 erst dann ein, wenn der Urkundsbeamte in seine Stellung in der zu verhandelnden Sache einrückt. Unverzüglich nach diesem Zeitpunkt ist der Beamte abzulehnen.

3. Entscheidung. Für den Zeitpunkt der Ablehnung gilt § 25, für das Gesuch § 26. Unzulässige Gesuche werden in der Hauptverhandlung nach § 26a entschieden. Die Entscheidung über Gesuche, die nicht nach § 26a behandelt werden, obliegt beim Schöffengericht und bei der kleinen Strafkammer dem Vorsitzenden. Ist ein Urkundsbeamter einem Amtsrichter, Untersuchungsrichter oder beauftragten Richter beigegeben, so entscheidet dieser. Bei Kollegialgerichten entscheiden die „richterlichen Mitglieder" (s. dazu o. Vorbem. 6 Abs. 3 zum dritten Abschnitt). Das Gesetz ordnet das zwar nur für die Strafkammer und das Schwurgericht an. Da es aber damit zu erkennen gibt, daß die Entscheidung außerhalb der Hauptverhandlung in Beschlußbesetzung ergeht, muß das gleiche auch — in bezug auf den Urkundsbeamten — für das Oberlandesgericht und den Bundesgerichtshof entsprechend gelten (EbSchmidt, 11 zu § 31). Aus diesem Grunde müssen bei den erstinstanzlich entscheidenden Strafsenaten bei der Entscheidung über die Ablehnung eines Urkundsbeamten zwei Mitglieder ausscheiden (s. o. II 1 Abs. 3 zu § 27).

Wegen des Ersatzes eines ausgeschiedenen Schöffen oder Geschworenen vgl. §§ 49, 84 GVG. Eine ausgeschiedene Urkundsperson wird im Verwaltungswege ersetzt. Da ein Urkundsbeamter jederzeit während der Verhandlung wechseln kann, muß nur dann nach § 31 Abs. 2 verfahren werden, wenn ein unbegründetes Ablehnungsgesuch zurückgewiesen werden soll.

4. Wegen der **Anfechtung** s. § 28. Daß diese Vorschrift unmittelbar gilt, ergibt sich für Schöffen und Geschworene aus § 338 Nr. 3. Er ist nur sinnvoll, wenn durch § 28 Abs. 2 Satz 2 die sofortige Beschwerde bei Entscheidungen ausgeschlossen ist, die sich auf erkennende Schöffen und Geschworene beziehen.

Wird die Ablehnung eines Urkundsbeamten für unbegründet erklärt, gilt § 28 ebenfalls. Die Ansicht, daß diese Vorschrift weder unmittelbar noch entsprechend anwendbar sei (LG. Stuttgart NJW. **1964** 677), entbehrt — wenn sie auch für Ablehnungen während der Hauptverhandlung im Ergebnis richtig ist — der Begründung. Sie entspricht auch nicht der Systematik der Strafprozeßordnung. Nach dieser wird der — seltene — Ausschluß eines Rechtsmittels stets besonders verordnet (z. B. § 28 Abs. 1, § 46 Abs. 2, § 153 Abs. 3, 2. Halbsatz, § 210 Abs. 1, § 212b Abs. 2 Satz 2, § 282 Satz 2, § 305 Satz 1). Da es an einer solchen Anordnung fehlt, gilt § 28 auch für Ablehnungsgesuche, die sich auf Urkundsbeamte beziehen. Für § 28 Abs. 2 Satz 1 (sofortige Beschwerde) ergeben sich dabei keine Besonderheiten. § 28 Abs. 2 Satz 2 dagegen gilt seinem Wortlaute nach („erkennenden Richter") bei der Ablehnung von Urkundsbeamten nicht unmittelbar. Da durch ihn die Unterbrechung der Hauptverhandlung vermieden werden soll, gilt die Vorschrift nach diesem Zweck aber über ihren Wortlaut hinaus entsprechend in der Weise, daß sie auch auf den Beschluß Anwendung findet, durch den die Ablehnung des Urkundsbeamten eines erkennenden Gerichts als unzulässig verworfen oder als unbegründet zurückgewiesen wird. Daher ist die sofortige Beschwerde ausgeschlossen, aber die Anfechtung mit Berufung oder Revision in der Weise statthaft, daß Verletzung der §§ 336, 337 gerügt wird. Freilich ist die Revision nur begründet, wenn das Urteil auf dem gerügten Mangel beruht (§ 336). Das kann kaum je der Fall sein, weil das Urteil auf der Hauptverhandlung beruht, nicht aber auf der Tätigkeit des Urkundsbeamten oder auf dem Sitzungsprotokoll (RGSt. **68** 273).

5. Wirkung. Für Schöffen und Geschworene gilt das hinsichtlich der Richter Ausgeführte (s. o. III 5 zu § 27). Ist ein Urkundsbeamter ausgeschlossen oder mit Erfolg abgelehnt, dann darf er das Protokoll nicht führen. Tut er es gleichwohl, etwa weil er den Ausschließungsgrund nicht kennt, so entbehrt sein Protokoll der Beweiskraft. Die Verlesung nach § 251 ist unzulässig, die Wirkung des § 274 tritt nicht ein (RGSt. **13** 77); das Revisionsgericht hat behauptete Verfahrensverstöße im Freibeweis zu würdigen. Keinesfalls sind Behauptungen des Revisionsführers dadurch bewiesen, daß ihr Gegenteil wegen der Untauglichkeit des Protokolls aus diesem nicht nachgewiesen werden kann. Auf diese Weise kann der Angeklagte durch das Fehlen der Beweiskraft des Protokolls erheblich benachteiligt sein. Gleichwohl gibt ihm das Gesetz keine durchgreifende Möglichkeit, seine Revision auf die Mitwirkung eines ausgeschlossenen Urkundsbeamten zu stützen (s. o. 4). Ein Ausgleich ist darin zu finden, daß die Revisionsgerichte an den Beweis eines Verfahrensverstoßes keine sehr hohen Anforderungen stellen werden, wenn ein beweistaugliches Protokoll fehlt.

§ 32

§ 32 hatte die entsprechende Anwendung der für Schöffen geltenden Vorschriften über Ausschließung und Ablehnung auf Geschworene vorgeschrieben. Art. 3 Nr. 12 VereinhG. hat den Inhalt von § 32 in § 31 Abs. 1 übernommen, Art. 3 Nr. 13 den § 32 **gestrichen.**

Vierter Abschnitt

Gerichtliche Entscheidungen und ihre Bekanntmachung

§ 33

(1) Eine Entscheidung des Gerichts, die im Laufe einer Hauptverhandlung ergeht, wird nach Anhörung der Beteiligten erlassen.

(2) Eine Entscheidung des Gerichts, die außerhalb einer Hauptverhandlung ergeht, wird nach schriftlicher oder mündlicher Erklärung der Staatsanwaltschaft erlassen.

(3) Bei einer in Absatz 2 bezeichneten Entscheidung ist ein anderer Beteiligter zu hören, bevor zu seinem Nachteil Tatsachen oder Beweisergebnisse, zu denen er noch nicht gehört worden ist, verwertet werden.

(4) Bei Anordnung der Untersuchungshaft, der Beschlagnahme oder anderer Maßnahmen ist Absatz 3 nicht anzuwenden, wenn die vorherige Anhörung den Zweck der Anordnung gefährden würde. Vorschriften, welche die Anhörung der Beteiligten besonders regeln, werden durch Absatz 3 nicht berührt.

Entstehungsgeschichte: I., II. und III. Entw. § 27.

Änderungsvorschläge: N. E. I und II § 26; N. E. III § 36; Entw. EGStGB. Art. 70 Nr. 14.

Spätere Änderungen: § 33 bestand früher nur aus einem Absatz, der den Inhalt der jetzigen ersten beiden Absätze hatte. Die jetzigen Absätze 3 und 4 sind angefügt durch Art. 8 Nr. 1 StPÄG., durch den auch die Teilung der alten Vorschrift in die beiden ersten Absätze herbeigeführt worden ist.

§ 33 a

Hat das Gericht in einem Beschluß zum Nachteil eines Beteiligten Tatsachen oder Beweisergebnisse verwertet, zu denen er noch nicht gehört worden ist, und steht ihm gegen den Beschluß keine Beschwerde und kein anderer Rechtsbehelf zu, so hat es, sofern der Nachteil noch besteht, von Amts wegen oder auf Antrag die Anhörung nachzuholen und auf einen Antrag zu entscheiden. Das Gericht kann seine Entscheidung auch ohne Antrag ändern.

Entstehungsgeschichte: Eingefügt durch Art. 8 Nr. 2 StPÄG.

Schrifttum: Arndt, Das rechtliche Gehör, NJW. **1959** 6; Die Verfassungsbeschwerde wegen Verletzung des rechtlichen Gehörs, NJW. **1959** 1297; Dahs jr., Das rechtliche Gehör im Strafprozeß, 1965; Hamann, Rechtliches Gehör, AnwBl. **1958** 141; Jagusch, Über das rechtliche Gehör im Strafverfahren, NJW. **1959** 265; Lesser, Anspruch auf rechtliches Gehör, DRiZ. **1960** 420; Röhl, Das rechtliche Gehör, NJW. **1953** 1531; NJW. **1958** 1268; von Winterfeld, Das Verfassungsprinzip des rechtlichen Gehörs, NJW. **1961** 849; Woesner, Rechtliches Gehör und Sitzungspolizei, NJW. **1959** 866.

Erläuterung zu den §§ 33 und 33 a

Übersicht

I. Inhalt und Begriffe.

1. Zweck der Vorschrift. Mit §§ 33, 33 a und den anderen Bestimmungen des Art. 8 StPÄG. soll das rechtliche Gehör vor Gericht gesichert werden. Die Begründung bemerkt dazu: „§ 33 StPO. in der geltenden Fassung bleibt hinter dem verfassungsrechtlichen Gebot (Art. 103 Abs. 1 GG.), wonach vor Gericht jedermann Anspruch auf rechtliches Gehör hat, zurück. Zwar gilt Art. 103 Abs. 1 unmittelbar für alle Arten des gerichtlichen Verfahrens; aber die Strafprozeßordnung ist unvollständig, solange der Verfahrensgrundsatz des rechtlichen Gehörs nicht in ihr ausgeformt wird. Diesen Mangel will der Entwurf durch eine Generalklausel beseitigen (§ 33 Abs. 3). Der Anspruch auf rechtliches Gehör ist ein dem Einzelnen zustehendes Recht auf Gelegenheit zur Äußerung. Es bedeutet nicht dasselbe wie das Recht auf Beteiligung am Verfahren. Denn der Anspruch auf rechtliches Gehör kann auch verletzt werden, obgleich der Träger dieses Anspruchs in das Verfahren eingeschaltet worden ist. Das wäre der Fall, wenn das Gericht bei seiner Entscheidung neue Tatsachen oder Beweisergebnisse verwerten würde, zu denen sich der Beteiligte bei seiner Einschaltung in das Verfahren noch nicht äußern konnte" (Begrdg., BTDrucks. III 2037, S. 18). Das Gesetz will damit die Grundsätze berücksichtigen, die das Bundesverfassungsgericht in seiner Rechtsprechung zu Art. 103 Abs. 1 GG. entwickelt hat; sie sind dargestellt in der Einleitung, Kap. 11 B 7.

Die §§ 33, 33 a sind nur ein Teil der Bestimmungen, die das rechtliche Gehör sicherstellen sollen. Für Rechtsmittelentscheidungen wird das Gehör des Gegners des Beschwerdeführers herbeigeführt nach § 308 Abs. 1 (Beschwerde), § 320 (Berufung) und § 347 (Revision). In vielen Vorschriften wird über das Minimum des § 33 hinausgegangen (s. u. II 3, III 3 und 6). Eine

Ausnahme von § 33 Abs. 3 enthält § 413 Abs. 4 Satz 2 (kein Gehör des Beschuldigten vor Erlaß einer gerichtlichen Strafverfügung).

2. Entscheidungen. Schon bei den Verhandlungen in der Reichstagskommission bestand kein Einverständnis, was alles unter dem Begriff Entscheidungen zu verstehen sei. Es wurden die Auffassungen vertreten: Entscheidungen seien nur die der Kollegialgerichte und des Amtsrichters als erkennenden Gerichts (Abg. Struckmann); es seien nur Beschlüsse gemeint, mit denen einem Antrag stattgegeben oder ein Antrag verworfen werde (Abg. Reichensperger); Entscheidung sei jede Entscheidung und Anordnung, die das Gericht durch Beschluß erläßt mit Ausnahme der Entscheidungen des Untersuchungsrichters und der des Amtsrichters im Vorverfahren (Regierungsvertreter, sämtlich Mat., Hahn **2** 1209). Keine der Auffassungen hat den Gesetzestext für sich. Dieser machte es gerade notwendig, für die Entscheidungen des Amtsrichters und des Untersuchungsrichters Ausnahmen vorzuschlagen, die aber nicht angenommen worden sind. Auch der schließlich gewählte Ausweg, das Gehör des Beschuldigten außerhalb der Hauptverhandlung nicht allgemein, sondern von Fall zu Fall zu regeln, macht deutlich, daß die Entscheidungen, zu denen nun allerdings nur die Staatsanwaltschaft zu hören war, alle Arten von Beschlüssen und Verfügungen sein sollten (Abg. Puttkammer und Schwarze, Mat. Hahn **1** 572), wie Schwarze meinte, sogar die prozeßleitenden Verfügungen. Dabei bestand allerdings Einigkeit, daß der Untersuchungsrichter unmöglich vor jeder Verfügung den Staatsanwalt hören könne. Dem Amtsrichter wollte man erlassen, den Amtsanwalt zu hören, weil dafür keine qualifizierten Beamten zur Verfügung ständen; ein Einwand, der heute ohnehin erledigt ist.

Obwohl der Wortlaut keinem der Wünsche entspricht und kaum eine der Interpretationen standhalten läßt, hat die Entstehungsgeschichte auf die Literatur eingewirkt, so daß im allgemeinen prozeßleitende Verfügungen sowie Anordnungen des Untersuchungsrichters und des Amtsrichters im Vorverfahren nicht unter den Begriff Entscheidungen gezählt werden (Vorauflagen; EbSchmidt, 1 zu § 33; Feisenberger, 2 zu § 33; Müller-Sax, 2a zu § 33). Die Einschränkungen sind aber nur zum Teil zu halten: Der Wortlaut gebietet weite Auslegung. Dem Sinn der Vorschrift nach muß der Beteiligte oder sein prozessualer Gegner immer gehört werden, wenn über einen Antrag entschieden wird, oder wenn eine Entscheidung in die Rechte eines Beteiligten eingreifen kann. Dabei ist es gleichgültig, ob eine solche Entscheidung von einem erkennenden Gericht kommt, oder ob sie vom Amtsrichter im Vorverfahren oder vom Untersuchungsrichter erlassen wird, wie sich aus Absatz 4 ergibt. Nur die prozeßleitenden Verfügungen und alle Entscheidungen, die lediglich den Gang des Verfahrens betreffen, wird man mit Sicherheit von dem in § 33 gemeinten Begriff ausnehmen können, weil sie keine Eingriffe in Rechte und Rechtsstellung bewirken, sondern allenfalls vorbereiten. Ebenso werden gerichtsinterne Entscheidungen (z. B. solche nach § 30) von § 33 nicht erfaßt (BGH. GA. **1962** 338), doch kann auch hier das Gehör der Beteiligten zweckmäßig sein, z. B. wenn das Gericht von Amts wegen über die Frage zu entscheiden hat, ob ein Richter kraft Gesetzes ausgeschlossen ist. Von diesen Ausnahmen abgesehen sind Entscheidungen die Urteile, Beschlüsse, Anordnungen und Befehle der erkennenden und beschließenden Gerichte, gleichviel ob sie in der Hauptverhandlung oder außerhalb dieser ergehen, ob sie von einem Kollegialgericht oder von einem Amtsrichter erlassen werden, ob im Hauptverfahren, in der Voruntersuchung oder im Vorverfahren. Die notwendige Einschränkung ist nicht durch eine Auslegung des Wortes Entscheidung zu suchen. Vielmehr trifft sie das Gesetz in Absatz 3 dahin, daß es das Gehör nur unter bestimmten Voraussetzungen verlangt, allerdings nicht bei der Staatsanwaltschaft, sondern nur bei den anderen Beteiligten.

3. Ergehen. Eine Entscheidung ist ergangen, wenn sie für das Gericht, das sie beschlossen hat, außer in den gesetzlich vorgesehenen Fällen (§ 33a, § 306 Abs. 2, § 311 Abs. 3, § 311a Abs. 1), unabänderlich ist. Unabänderlich ist sie, wenn sie außerhalb des Gerichts Wirksamkeit entfalten kann, d. h. sobald sie bekanntgegeben ist. Solange die Entscheidung noch geändert werden kann, ist sie nur ein Entwurf. Für einen Schwebezustand von der Beschlußfassung bis zur Bekanntmachung (Müller-Sax, 5c zu § 33; Niese JZ. **1951** 758) läßt die Notwendigkeit klarer Rechtslagen im Prozeß keinen Raum (OLG. Hamburg NJW. **1963** 874). Auch die Einheitlichkeit des Begriffs verlangt, auf die Unabänderlichkeit abzustellen; denn nur diese ist für Rechtskraft und Vollstreckung brauchbar (OLG. Hamm JZ. **1951** 756; OLG. Celle NJW. **1951** 415). Endlich ist unbestritten, daß bei Entscheidungen, die in der Hauptverhandlung ergehen, nicht auf die — der Beschlußfassung entsprechende — Entscheidung im Beratungszimmer

(§ 263), sondern nur auf die Verkündung abgestellt werden kann. Bei Entscheidungen, die außerhalb der Hauptverhandlung erlassen werden, entspricht diesem Akt der Kundgabe nach außen die Zustellung oder Mitteilung (§ 35 Abs. 1 und 2).

Danach ergeht eine in der Hauptverhandlung getroffene Entscheidung, sobald sie verkündet ist, gleichgültig ob der von ihr Betroffene bei der Verkündung anwesend oder abwesend ist. Sie kann allein durch Verkündung wirksam werden (OLG. Hamm NJW. **1962** 1734). Die Verkündung ist abgeschlossen, wenn die Urteilsformel und die Urteilsgründe vollständig bekanntgegeben sind, oder wenn nach Verlesen der Urteilsformel der Verkündungsakt — etwa wegen Erkrankung des Vorsitzenden — beendet werden mußte, und daher die Gründe teilweise oder ganz nicht eröffnet werden konnten. Bis zu diesem Abschluß steht es dem Gericht frei, von der beschlossenen Entscheidung wieder abzugehen und sie durch eine andere zu ersetzen (BGH. NJW. **1953** 155), selbst wenn die ursprüngliche Entscheidung niedergeschrieben und die Niederschrift unterzeichnet ist; vor der Verkündung hat die Niederschrift nur die Bedeutung eines Entwurfs. Nach der Verkündung kann die Entscheidung nie geändert werden; nur offensichtliche Schreibfehler dürfen berichtigt werden.

Auch im Verlauf anderer richterlicher Untersuchungshandlungen kann eine Entscheidung mündlich erlassen werden, jedoch nur, wenn der von ihr Betroffene bei der Verkündung anwesend ist. Als Beispiele sind die Entscheidungen am Schluß der mündlichen Verhandlung bei der Haftprüfung (§ 118a Abs. 4), die Maßnahmen, die der Untersuchungsrichter, der Amtsrichter im Vorverfahren oder der beauftragte oder ersuchte Richter nach § 70 bei gesetzwidriger Verweigerung des Zeugnisses oder der Eidesleistung ergreift, sowie die auf § 180 GVG. beruhenden Maßregeln zur Aufrechterhaltung der Ordnung zu erwähnen. In Fällen dieser Art ergeht die Entscheidung wie in der Hauptverhandlung durch die Verkündung; auf den Zeitpunkt, in dem sie schriftlich abgefaßt wird, kommt es nicht an.

Sonstige Entscheidungen, die außerhalb der Hauptverhandlung ergehen, sind erlassen, wenn sie, schriftlich abgefaßt und unterschrieben, im regelmäßigen Geschäftsgang an die Staatsanwaltschaft oder auf besondere Anordnungen des Vorsitzenden (§ 36 Abs. 2) an eine Person außerhalb des Gerichts bekanntgegeben werden (OLG. Bremen NJW. **1956** 435; OLG. Frankfurt MDR. **1962** 744; OLG. Hamburg NJW. **1963** 874; Fuhrmann-Dalcke, 1 zu § 33, vgl. auch BayVerfGH. MDR. **1963** 376), nicht schon dann, wenn sie zur Bekanntgabe an eine solche Person bestimmt werden (so RGSt. **56** 359, **66** 122; EbSchmidt, 12 zu § 33; Müller-Sax, 5c zu § 33; vgl. OLG. Köln NJW. **1954** 1738). Bis zur Bekanntgabe kann das Gericht, wie bis zur Verkündung, seine Entscheidung ändern, wenn auch nach den Umständen des Falles, z. B. beim Auftrag an die Post, praktisch die Möglichkeit, auf die Entscheidung einzuwirken, schon früher enden kann.

4. Beurkundung. Über die Beurkundung gerichtlicher Entscheidungen enthält die Strafprozeßordnung Bestimmungen nur für Urteile (§§ 271, 273 Abs. 1, § 275 Abs. 1), jedoch nicht für andere gerichtliche Entscheidungen. Entscheidungen, die der Untersuchungsrichter, der Amtsrichter im Vorverfahren, der beauftragte oder ersuchte Richter im Verlauf einer Untersuchungshandlung erläßt, werden durch die Verhandlungsniederschrift beurkundet. In den beratenden Sitzungen der Gerichte bedarf es keiner Niederschrift über den Hergang und das Ergebnis der Beratung; die in ihnen gefaßten Beschlüsse werden beurkundet, indem ein mitwirkender Richter, ein Referendar (§ 193 GVG.) oder eine nach Abschluß der Beratung zugezogene Hilfskraft (nicht notwendigerweise ein Urkundsbeamter der Geschäftsstelle) sie niederschreibt. Daß alle mitwirkenden Richter unterschreiben, ist zwar zweckmäßig, aber, weil das Gesetz die für die Urteile gegebene Vorschrift des § 275 Abs. 2 nicht auf Beschlüsse erstreckt, nicht unerläßlich (RGSt. **1** 210, 402, **43** 218; RG. R. **1** 362, 697; RG. JW. **1901** 247; GA. **63** 437; LZ. **1916** 1384; OLG. Köln NJW. **1954** 1738; OLG. Hamm NJW. **1957** 802). Unterschreiben nur — wie dies z. B. nach § 14 Abs. 2 der Geschäftsordnung des Bundesgerichtshofs vom 3.3.1952 (BAnz. Nr. 83 = DRiZ. **1963** 152) zulässig ist — der Vorsitzende und der Berichterstatter oder unterschreibt der Vorsitzende allein, dann ist es zweckmäßig, die Mitwirkung der übrigen Richter dadurch zu beurkunden, daß im Rubrum im Anschluß an die Gerichtsbezeichnung die Namen der Richter in derselben Weise wie bei Urteilen aufgeführt werden. Die Form ist geboten, wenn ein Richter auf Probe, ein Richter kraft Auftrags oder ein abgeordneter Richter an der Entscheidung mitwirkt; denn dann muß die Entscheidung dieses Richterverhältnis erkennen lassen (§ 29 Satz 2 DRiG.). Allerdings kann die Dienstbezeichnung auch der Unterschrift beigefügt werden, doch ist das nicht üblich. Läßt sich die Eigenschaft als Richter auf Probe oder kraft Auftrags oder als abgeordneter Richter nicht aus der Dienstbezeichnung erkennen, dann muß sie besonders angegeben werden (Schmidt-Räntsch, DRiG., 7 zu § 29).

II. Im Laufe einer Hauptverhandlung ergehende Entscheidungen (§ 33 Abs. 1).

1. Begriff. Die gerichtlichen Entscheidungen ergehen teils auf Grund einer mündlichen Verhandlung, die vor dem entscheidenden Gericht stattfindet, teils auf Grund des Inhalts der Akten. Die mündliche Verhandlung wird „Hauptverhandlung" genannt, wenn sie während des Hauptverfahrens stattfindet; sonst wird der erste Ausdruck statt des letzten gebraucht (§§ 118, 118a, 309 Abs. 1, § 462 Abs. 1), zuweilen allerdings auch, obwohl eine mündliche Verhandlung in Rede steht, absichtlich vermieden (§ 124 Abs. 2 Satz 3). Die Begriffe „Hauptverhandlung" und „Urteil" stehen zueinander in Wechselbeziehung: Einerseits kann ein Urteil regelmäßig nur in einer Hauptverhandlung erlassen werden; diese Regel erleidet eine Ausnahme nur durch § 371 (RGSt. **47** 166). Andererseits findet die Hauptverhandlung zwar zum Zweck der Urteilsfällung statt, doch kann das erkennende Gericht im Laufe der Hauptverhandlung auch andere Entscheidungen erlassen, z. B. daß der Beschuldigte zur Beobachtung seines Geisteszustandes gemäß § 81 in eine Heil- oder Pflegeanstalt gebracht oder daß ein als Beweismittel dienlicher Gegenstand nach § 94 in Verwahrung genommen oder der Angeklagte auf Grund des § 112 verhaftet werde. Auch die Beschlüsse, durch die das Gericht die Öffentlichkeit gemäß § 173 Abs. 2 GVG. für die Verkündung der Urteilsgründe ausschließt, gehören zu den hier in Betracht kommenden Entscheidungen (RGSt. **69** 176, 401).

2. Anhören der Beteiligten. Daß alle Beteiligten sich äußern — oder wenigstens die Möglichkeit haben, das zu tun —, bevor eine gerichtliche Entscheidung ergeht, ist das wünschenswerte Ideal. Es läßt sich verwirklichen für die Hauptverhandlung, weil in ihr regelmäßig alle Beteiligten anwesend sind. Aus dieser Grundlage für das Gesetz ergibt sich auch die Ausnahme: In der Hauptverhandlung müssen nur die Beteiligten gehört werden, die anwesend sind (OLG. Celle JR. **1957** 72).

Beteiligter i. S. von Absatz 1 ist der Angeklagte, der Staatsanwalt, der Privatkläger, der Nebenkläger, aber auch jeder andere, der von der Entscheidung betroffen wird (§ 304 Abs. 2), ohne Prozeßbeteiligter zu sein, z. B. eine „bei der Verhandlung nicht beteiligte Person", gegen die eine Ordnungsstrafe festgesetzt wird (§ 178 GVG.). Beteiligte, die nicht Prozeßbeteiligte sind, sind nur zu den sie betreffenden Entscheidungen zu hören, die Prozeßbeteiligten dagegen zu allen. Dazu braucht der Beteiligte nicht ausdrücklich zur Äußerung aufgefordert zu werden. Es genügt vielmehr, daß ihm Gelegenheit zur Äußerung auf irgendeine Weise gegeben wird, falls ihm nur dadurch sein Recht, sich erklären zu können, erkennbar zum Bewußtsein gebracht wird (RGSt. **10** 94, **47** 343, **69** 401; Feisenberger, 5 zu § 33; enger RGSt. **37** 438; OGHSt. **2** 114). Nicht ausreichend ist dagegen die bloße Möglichkeit (so BGHSt. **1** 349), die „tatsächliche Gelegenheit" (BGH. JZ. **1955** 385), Stellung zu nehmen (EbSchmidt, 4 zu § 33; Dahs, S. 61).

Der Staatsanwalt ist als berufsmäßiger Sitzungsvertreter mit dem Gang des Prozesses vertraut und zu besonderer Aufmerksamkeit verpflichtet. Bei ihm ist daher § 33 Genüge getan, wenn er erkennen kann, daß eine Prozeßhandlung bevorsteht, und wenn er Gelegenheit nehmen kann, sich zu äußern (BGHSt. **17** 341; OLG. Köln JMBlNRW. **1960** 107).

3. Weitere Vorschriften. Im Abschnitt über die Hauptverhandlung sind einige weitere Vorschriften enthalten, mit denen vorgeschrieben wird, die Beteiligten zu hören: Nach § 248 Satz 2 sind die Staatsanwaltschaft und der Angeklagte zu hören, bevor die prozeßleitende Verfügung ergeht, daß Zeugen und Sachverständige entlassen werden. Nach § 257 soll der Angeklagte nach jedem Akt der Beweisaufnahme befragt werden, ob er etwas zu erklären habe. § 257a schreibt vor, dem Staatsanwalt und dem Verteidiger Gelegenheit einzuräumen, Erklärungen abzugeben. Die drei Vorschriften erweitern § 33. Dagegen enthält § 258 Abs. 1 (ebenso wie § 326 Satz 1 und § 351 Abs. 2 Satz 1) nur eine Regelung, wann und wie das letzte Wort zu gewähren ist. Die Vorschriften, nach denen dem Angeklagten das letzte Wort gebührt (§ 258 Abs. 2, § 326 Satz 2 und § 351 Abs. 2 Satz 2), und die Bestimmung, daß der verteidigte Angeklagte auch selbst sprechen darf und zu befragen ist, ob er das will (§ 258 Abs. 3), erweitern § 33, allerdings mehr im Technischen als im Prinzip. Alle diese Bestimmungen sind neben § 33 sinnvoll und zweckmäßig.

§ 265 Abs. 1 und 2 verlangt über § 33 hinaus, daß der Angeklagte auf die Veränderung des rechtlichen Gesichtspunktes hingewiesen werde. Es handelt sich um eine der Verallgemeinerung nicht zugängliche Sondervorschrift (BayVerfGH. NJW. **1959** 285; zust. Röhl). Weder nach § 33 noch nach Art. 103 Abs. 1 GG. haben die Verfahrensbeteiligten einen Anspruch, daß das Gericht seiner Entscheidung bloß solche rechtlichen Erwägungen zugrunde legt, auf die das Gericht sie hingewiesen hat, wenn die rechtliche Beurteilung im Rahmen dessen liegt, was nach Lehre und Rechtsprechung zu erwarten ist. Das Gericht ist nicht verpflichtet, ein Rechtsgespräch mit den Prozeßbeteiligten zu führen (BayVerfGH. JZ. **1963** 64, abl. Ad. Arndt, NJW. **1957** 8). Dagegen muß es die Beteiligten auf eine Rechtsansicht hinweisen, die sie nicht voraussehen können (vgl. Dahs, S. 35), sei es, daß das Gericht von seiner eigenen Rechtsprechung abweicht, sei es, daß es eine den Parteien bekanntgegebene Rechtsauffassung verläßt, sei es endlich, daß es dem Gesetz eine völlig neue Auslegung gibt. Demzufolge braucht das Gericht im Anklageerzwingungsverfahren den Anzeigeerstatter nicht darauf hinweisen (wenn es das auch besser doch tun sollte), daß er und die Staatsanwaltschaft die Verjährung übersehen haben, wohl aber müßte der Angeklagte z. B. belehrt werden, wenn ein Gericht ihn — was niemand zu erwarten hat (BGHSt. **17** 144: durch den Tatbestand des § 142 StGB. nicht erfaßt) — etwa deshalb wegen Verkehrsunfallflucht verurteilen wollte, weil er zwar nicht, wie die Anklage angenommen hatte, sich von der Unfallstelle entfernt, wohl aber nach dem Unfall Alkohol getrunken hatte, um seinen Blutalkoholgehalt zu verschleiern.

4. Revision. Der Angeklagte kann die Revision auf unterlassenes Gehör stützen (RGSt. **69** 404). Da kein Fall des § 338 Nr. 8 vorliegt — denn es fehlt, wenn der Beteiligte schlicht nicht gehört worden ist, an einem Beschluß, daß das rechtliche Gehör versagt werde —, kommt es darauf an, daß das Urteil auf einer Verletzung des Gesetzes beruht. Das kann auf doppelte Weise der Fall sein: Einmal könnte das Gericht auf Grund der Äußerung des Angeklagten die Entscheidung nicht oder anders erlassen haben. Zum andern könnte der Angeklagte, wenn er sich vor der Entscheidung hätte äußern können, zufolge einer anschließenden Erörterung mit dem Gericht den Sinn der Entscheidung anders erkannt und alsdann weitere Entscheidungen beantragt haben. Immerhin wird von Bedeutung sein, ob der Angeklagte die ohne sein Gehör beschlossene Maßnahme beanstandet hat. Hat er sie gebilligt, wird kaum anzunehmen sein, daß das Urteil auf dem unterlassenen Gehör beruht. Hat er sie indessen beanstandet, wird zu beachten sein, daß es oft schwieriger ist, einen erlassenen Beschluß zu beseitigen, als zu verhüten, daß er erlassen wird.

III. Außerhalb der Hauptverhandlung ergehende Entscheidungen.

1. Inhalt. Das Ideal, vor einer gerichtlichen Entscheidung alle Beteiligten zu hören, läßt sich außerhalb der Hauptverhandlung regelmäßig nur verwirklichen, wenn man eine Verzögerung des Verfahrens in Kauf nimmt. Sowohl im Interesse der Wahrheitsfindung als auch im besonderen Interesse des Beschuldigten ist aber so rasch als möglich die Endentscheidung anzustreben. Daher schränkt § 33 das Gehör aller Beteiligten mit Ausnahme der Staatsanwaltschaft (s. u. 2) ein; doch wird es in Sondervorschriften wieder erweitert (s. u. 6).

2. Erklärung der Staatsanwaltschaft (§ 33 Abs. 2). Die Beschränkung der Idealforderung, vor allen Entscheidungen alle Beteiligten zu hören, trifft die Staatsanwaltschaft nicht. Absatz 2 verlangt vielmehr, daß sie ausnahmslos zu hören ist. Denn sie ist dazu berufen, das öffentliche Interesse wahrzunehmen und darauf hinzuwirken, daß das Gesetz beachtet wird (Nr. 109 Satz 1 RiStV.). Eine solche öffentlich-rechtliche Verpflichtung haben der Privat- und der Nebenkläger nicht. Trotz § 385 Abs. 1 (und § 397) ist daher Absatz 2 wörtlich zu verstehen: Er bezieht sich nur auf die Staatsanwaltschaft (§ 142 GVG.). Privat- und Nebenkläger sind „andere Beteiligte" i. S. von Absatz 3.

Bei der staatsanwaltschaftlichen Äußerung bildet die schriftliche Erklärung die Regel; nach ihr wird in der weit überwiegenden Zahl aller Fälle ohne weiteres Formerfordernis verfahren. Eine mündliche Erklärung ist in § 118a Abs. 3 Satz 1 für das Haftprüfungsverfahren, in § 124 Abs. 2 Satz 3 vor der Entscheidung über die Beschwerde gegen die Entscheidung, die den Verfall einer noch nicht frei gewordenen Sicherheit zum Gegenstand hat, und in § 138 Abs. 2 GVG. für die Beratung über die vom Großen Senat für Strafsachen oder von den Vereinigten Großen Senaten zu erlassenden Entscheidungen in dem Sinn vorgeschrieben, daß der Vertreter der Staatsanwaltschaft nicht verpflichtet ist, mündlich vorzutragen, aber einen Anspruch darauf hat, mit seinem mündlichen Vortrag gehört zu werden. Außer in den vorgenannten Fällen besteht kein Anspruch der Staatsanwaltschaft auf mündliches Gehör außerhalb der Hauptverhandlung. Da sie nie verpflichtet ist, sich außerhalb der Hauptverhandlung mündlich zu äußern, kommt diese Form sonst nur in Betracht, wenn Gericht und Staatsanwaltschaft sie übereinstimmend für zweckmäßig halten, etwa zur Erledigung einer größeren Anzahl von Amnestieentscheidungen nach Erlaß eines Straffreiheitsgesetzes. Wird ein Vertreter der Staatsanwaltschaft zu einer beratenden Sitzung des Gerichts zugezogen, so darf er zwar dem Vortrag des Berichterstatters beiwohnen, muß aber, wenn er seine Ansicht mündlich dargelegt hat, die Sitzung verlassen, bevor das Gericht berät und abstimmt (Mot., Hahn **1** 95).

3. Weitere Vorschriften enthalten § 118a Abs. 3 Satz 1, § 124 Abs. 2 Satz 2, wonach die Staatsanwaltschaft Gelegenheit zu mündlicher Äußerung erhält. Die Vorschriften sind sinnvoll, weil sie eine besondere Art der Erörterung mit dem Gericht sicherstellen. Schwerer einzuordnen sind dagegen § 453 Abs. 1 Satz 2 (Gehör der Staatsanwaltschaft vor Nachtragsentscheidungen über die Strafaussetzung), § 454 Abs. 1 Satz 2 (Gehör der Staatsanwaltschaft vor bedingter Entlassung) und § 462 Abs. 2 (Gehör der Staatsanwaltschaft vor Entscheidungen, die bei der Strafvollstreckung und der nachträglichen Gesamtstrafenbildung notwendig werden). Die Aufnahme dieser Bestimmungen erklärt sich aus der Entstehungsgeschichte: In der ersten Lesung der Kommission waren aus § 33 (27) die Vorschriften entfernt worden, die sich auf Entscheidungen außerhalb der Hauptverhandlung bezogen; es blieb nur das Gehör während der Hauptverhandlung geregelt (Hahn, Mat. **1** 573). Demzufolge erschien es notwendig, in § 462 (415) das Gehör besonders anzuordnen (Hahn, Mat. **1** 1143). Als in § 33 dann das Gehör der Staatsanwaltschaft auch außerhalb der Hauptverhandlung bestimmt wurde, ist wohl übersehen worden, in § 462 Abs. 2 die Anordnung, die Staatsanwaltschaft zu hören, wieder zu streichen. Die §§ 453 und 454 sind als spätere Einfügungen dem Vorbild des § 462 nachgebildet worden.

Alle drei Bestimmungen sind wegen des über Absatz 3 hinausgehenden Gehörs des Beschuldigten bedeutsam, lassen aber keinen Rückschluß zu, § 33 Abs. 2 einschränkend auszulegen; er gilt vielmehr für sämtliche Entscheidungen, die nach der Strafprozeßordnung ergehen. Nur für das Beschwerdeverfahren wird er durch § 309 durchbrochen. Die Einschränkung, die § 33 Abs. 2 dadurch erfährt, entspricht weder der Rolle der Staatsanwaltschaft im Verfahren, noch der Bedeutung, die das Gehör aller Beteiligten nicht nur für diese, sondern auch für das Gericht selbst hat. Die Beschwerdegerichte wenden daher § 33 Abs. 2 regelmäßig an, d. h. sie betrachten alle Beschwerdesachen als geeignet, erst nach Gehör der Staatsanwaltschaft entschieden zu werden.

4. Gehör von Beteiligten (§ 33 Abs. 3). Absatz 3 enthält die bedeutsamste Abweichung vom bisherigen Gesetzestext. Im Gegensatz zum Verfahren in der Hauptverhandlung (Absatz 1) sind zwar — abgesehen von der Staatsanwaltschaft (Absatz 2) — auch weiterhin nicht alle Beteiligten vor allen gerichtlichen Entscheidungen zu hören, wohl aber diejenigen, zu deren Nachteil die Entscheidung ergehen könnte. Auch sie haben, soweit nicht Einzelvorschriften weitergehende Anordnungen treffen, nur einen beschränkten Anspruch: Sie brauchen nur gehört zu werden, wenn bei der bevorstehenden Entscheidung Tatsachen oder Beweisergebnisse zu ihrem Nachteil verwertet werden könnten, zu denen sie noch nicht gehört worden sind.

Ergeht die Entscheidung außerhalb einer Hauptverhandlung, aber in einer mündlichen Verhandlung (Beisp.: § 118a, § 124 Abs. 2 Satz 3), gilt wegen der Art und Weise des Gehörs das o. II 2 Ausgeführte entsprechend. Im schriftlichen Verfahren sind dem Beteiligten die Tatsachen oder Beweisergebnisse mitzuteilen. Sie werden in einem Schreiben aufgeführt oder es werden Abschriften übersandt. Der Beteiligte kann auch von einem Richter oder Beamten (etwa in der Strafanstalt) zu Protokoll gehört werden. Dem Verteidiger können die Akten übersandt werden. Es ist nicht erforderlich, daß das Gehör von einem Richter veranlaßt wird. Auch der Staatsanwalt kann es vornehmen, bevor er dem Gericht seine Stellungnahme abgibt. Nur muß dem Beteiligten erkennbar sein, daß er vor einer richterlichen Entscheidung gehört wird. Werden ihm Tatsachen und Beweisergebnisse mitgeteilt, ist ihm gleichzeitig Gelegenheit zu geben, zu ihnen Stellung zu nehmen. Zweckmäßigerweise wird dabei eine Frist genannt, nach deren Ablauf entschieden — oder wenn das Gehör von der Staatsanwaltschaft ausgeht, die Sache dem Gericht zur Entscheidung übergeben — werden wird, auch wenn keine Stellungnahme eingegangen sein sollte. Der Beteiligte wird sich in der Regel (wenn überhaupt) schriftlich äußern. Er hat keinen Anspruch, seine Erklärungen vor dem Urkundsbeamten der Geschäftsstelle abzugeben, doch sollte sie dieser von ungewandten Beteiligten entgegennehmen.

5. Beispiele. Der bisherigen Rechtsprechung sind zu Bestimmungen, die nicht zur Sicherung des rechtlichen Gehörs geändert worden sind, folgende Beispiele entnommen.

Vor der Entscheidung nach § 42f Abs. 2 und 3 StGB. in Vbdg. mit § 463a Abs. 3, § 462 Abs. 1 und 2 StPO. ist der Verurteilte zu Beweisergebnissen, namentlich zu einer Äußerung der Anstalt zu hören. Die darin enthaltenen Werturteile werden sich dabei von den Tatsachenmitteilungen in der Regel nicht trennen lassen (BVerfGE. **17** 143 = NJW. **1964** 293; OLG. Hamm JMBlNRW. **1962** 199; ebenso Schmidt MDR. **1961** 195; NJW. **1965** 1318; a. A. Schütz NJW. **1961** 583). Dasselbe gilt bei Entscheidungen nach § 25 Abs. 2 StGB. in Vbdg. mit § 453 Abs. 1 StPO. (BVerfGE. **7** 340) und nach § 26 Abs. 1 StGB. in Vbdg. mit § 454 Abs. 1 StPO. (OLG. Hamm MDR. **1960** 424). Das Gehör ist nicht nur erforderlich, wenn das Gericht die Äußerung als entscheidungserheblich ansieht (OLG. Hamburg NJW. **1964** 2315); das Recht aus Art. 103 Abs. 1 GG. gewährleistet vielmehr die Möglichkeit, sich zu den Tatsachen in der Form zu äußern, wie sie dem Gericht zur Beurteilung vorliegen. Daher ist es geboten, dem Verurteilten die Stellungnahme der Vollzugsanstalt bekanntzugeben (BVerfG. 2 BvR. 337/65; 16. 11. 65). — Will das Gericht nach Voruntersuchung entgegen dem Antrag der Staatsanwaltschaft das Hauptverfahren eröffnen, so muß es den Angeschuldigten vor Erlaß des Eröffnungsbeschlusses (§ 208 Abs. 2 Satz 1) über die in der Voruntersuchung erhobenen Beweise unterrichten (BGHSt. **15** 40). — Beabsichtigt das Gericht, eine Beschwerde aus formellen Gründen zu verwerfen, so hat es dem Beschwerdeführer jedenfalls dann Gelegenheit zur Stellungnahme zu geben, wenn ein angenommener Verfahrensmangel vielleicht nicht vorliegt oder behoben werden kann (OLG. Köln JMBlNRW. **1962** 282). — Eine Privatklage darf nicht zurückgewiesen werden (BVerfGE. **8** 184 = NJW. **1958** 1723), ein Privatklageverfahren darf nicht eingestellt (§ 383 Abs. 2) werden (BVerfGE. **8** 208), bevor dem Privatkläger erhobene Beweise bekanntgegeben worden sind. Ebenso darf ein Strafverfahren nicht nach § 153 Abs. 3 eingestellt werden, ehe über den Antrag des im Anklageerzwingungsverfahren erfolgreichen Anzeigeerstatters, ihn als Nebenkläger zuzulassen (§ 395 Abs. 1, Abs. 2 Nr. 2), entschieden worden ist (BVerfGE. **14** 323). — Dagegen soll bei der Entscheidung über die Zulässigkeit eines Wiederaufnahmeantrags zuungunsten des Verurteilten (§ 367) kein rechtliches Gehör erforderlich sein (BVerfGE. **15** 307 = NJW. **1963** 758, eine Entscheidung, die sowohl in der Sache als auch in der Begründung nicht unbedenklich ist). — Rechtliches Gehör ist auch im Ordnungsstrafverfahren (§ 178 GVG.) erforderlich (OLG. Bremen NJW. **1959** 61; OLG. Neustadt MDR. **1962** 153), dagegen nicht bei Maßnahmen nach § 175 Abs. 1, § 176 GVG. (Woesner, S. 866).

Das rechtliche Gehör ist nicht gewährt, wenn der zu ihm Berechtigte eine Frist erbeten, aber keine oder keine ausreichende Frist erhalten hatte (BVerfGE. **4** 193 = NJW. **1955** 1145; BVerfGE. **8** 90 = NJW. **1958** 1436) oder wenn das Gericht zwar eine Frist gewährt, ihren Ablauf aber nicht abgewartet hatte (BVerfGE. **12** 113). Dagegen ist keine Verletzung von Art. 103 Abs. 1 GG. angenommen worden, wenn der Beteiligte sich ihm das nicht ausdrücklich eingeräumte rechtliche Gehör selbst verschafft hatte (BVerfGE. **7** 329). Eine Verletzung des Anspruchs auf rechtliches Gehör kann nicht geltend machen, wer die prozessualen Möglichkeiten, sich Gehör zu verschaffen, nicht wahrnimmt (BVerfGE. **5** 10 = NJW. **1956** 985; BVerfGE. **15** 267), oder gar eine Anhörung vereitelt (OLG. Köln NJW. **1963** 875). Endlich ist das Gehör des Beschwerdegegners nicht erforderlich, wenn ohne weiteres zu seinen Gunsten entschieden werden soll (KG. NJW. **1954** 1411).

6. Weitere Vorschriften (§ 33 Abs. 4 Satz 2). Über das Gehör der Beteiligten finden sich in vielen Bestimmungen weitere Vorschriften: § 81 Abs. 1 Satz 1 (Gehör des Verteidigers vor der Beobachtung in einer Heil- und Pflegeanstalt); § 101a Abs. 3 (Gehör des Beschuldigten, des Eigentümers und anderer, denen Rechte an der Sache zustehen, vor der Notveräußerung); § 118a Abs. 3 Satz 1 (Gehör der anwesenden Beteiligten im mündlichen Haftprüfungsverfahren); § 122 Abs. 2 Satz 1 (Gehör des Beschuldigten und des Verteidigers im Prüfungsverfahren des Oberlandesgerichts); § 124 Abs. 2 (Gehör des Beschuldigten und des Bürgen vor der Entscheidung, daß eine Sicherheit verfallen ist); § 153 Abs. 3 (Gehör des Angeschuldigten vor der Einstellung von Bagatellsachen); § 175 Satz 1 (Gehör des Beschuldigten vor Anordnung der Klage im Klageerzwingungsverfahren); § 192 (Vernehmung in der Voruntersuchung); § 201 Abs. 1 (Gehör des Beschuldigten vor der Eröffnung des Hauptverfahrens); § 208 Abs. 1 (Gehör des Beschuldigten, wenn das Gericht gegen den Antrag der Staatsanwaltschaft das Hauptverfahren eröffnen will); § 216 Abs. 2 (Befragung des nicht auf freiem Fuß befindlichen Angeklagten bei der Ladung zur Hauptverhandlung, welche Anträge er zu seiner Verteidigung zu stellen habe); § 308 Abs. 1 Satz 1 (Gehör des Gegners des Beschwerdeführers, bevor die angefochtene Entscheidung zu seinem Nachteil geändert wird); § 413 Abs. 1 Satz 1 (Anhörung des Beschuldigten im Strafverfügungsverfahren); § 453 Abs. 1 Satz 2 (Gehör des Angeklagten vor Nachtragsentscheidungen über die Strafaussetzung); § 462 Abs. 2 (Gehör des Verurteilten vor Entscheidungen, die bei der Strafvollstreckung und der nachträglichen Gesamtstrafenbildung notwendig werden); § 472 Abs. 2 (Gehör des Antragstellers, ehe im Klageerzwingungsverfahren eine Kostenentscheidung zu seinem Nachteil ergeht).

Alle diese Bestimmungen erweitern § 33 Abs. 3; sie werden durch ihn nicht berührt. Das Gehör hat — in den Fällen der §§ 308 und 472 unter der dort angegebenen Voraussetzung — stets stattzufinden, gleichviel ob Tatsachen und Beweisergebnisse in Rede stehen oder Rechtsfragen, und gleichviel ob, wenn Tatsachen und Beweisergebnisse verwertet werden sollen, diese Verwertung zum Nachteil des Beschuldigten in Aussicht genommen ist oder zu seinem Vorteil.

IV. Mit dem Prozeßzweck nicht zu vereinbarendes Gehör.

1. Wegfall des Gehörs (§ 33 Abs. 4 Satz 1). Das in Absatz 3 vorgeschriebene Gehör entfällt, wenn die vorherige Anhörung den Zweck der Anordnung gefährden würde. Der Zweck der Anordnung wäre gefährdet, wenn der von ihr Betroffene sie, wüßte er vorher von ihr, vereiteln könnte. Das kommt in Betracht bei Anordnung der Untersuchungshaft (§ 114) durch Flucht, bei der Beschlagnahme (§ 98 Abs. 1), der Anordnung der Hausdurchsuchung (§ 105 Abs. 1) oder der Postbeschlagnahme (§ 100 Abs. 1) durch Vernichten oder Verstecken. Stets kann vom Gehör nur abgesehen werden, wenn der Zweck der Anordnung durch das Gehör tatsächlich gefährdet würde. Ist das nicht zu erwarten, muß der Beteiligte gehört werden, bevor zu seinem Nachteil Tatsachen oder Beweisergebnisse verwertet werden, zu denen er noch nicht gehört worden ist (OLG. Hamm JMBlNRW. **1960** 118; BayVerfGH. JR **1963** 477). Die Vorschrift ersetzt bei gewissen Gruppen von Maßnahmen das vorherige Gehör durch das nachträgliche. Das erscheint dem Gesetzgeber gerechtfertigt, weil es sich in keinem Fall um endgültige Entscheidungen handelt; weil die Anordnungen in der Regel rasch ergehen müssen; und weil ihnen nach ihrem Inhalt leicht entgegengetreten werden kann. Nach diesem Sinn der Vorschrift ist keine zu weitgehende Abwägung im Einzelfall zu verlangen, ob die Persönlichkeit des Betroffenen und die Umstände des Einzelfalles eine Gefährdung nahe legen; sie wird vielmehr nach der Lebenserfahrung in der Regel anzunehmen sein, wenn nicht die Umstände des Einzelfalls die allgemeine Vermutung widerlegen.

2. Beschwerde. Daß der Beteiligte nicht gehört worden ist, kann er mit der Beschwerde gegen die ohne sein Gehör ergangene Entscheidung beanstanden, gleichviel ob das Gehör versehentlich oder nach Absatz 4 Satz 1 absichtlich unterblieben ist. Dabei kann er alles vorbringen, was er geäußert hätte, wenn er gehört worden wäre. Sind ihm Tatsachen oder Beweismittel, die zu seinem Nachteil verwertet worden sind, noch unbekannt, und kennt das Gericht, dessen Entscheidung angefochten wird, diesen Umstand, dann hat es ihm die Tatsachen bekanntzugeben. Denn das Gericht hat einer begründeten Beschwerde abzuhelfen (§ 306 Abs. 2; § 311 Abs. 3), dazu gehört, daß einem Mangel abgeholfen wird, auch wenn das schließlich nicht zu einer Änderung der angefochtenen Entscheidung führt. Unterläßt das Gericht, dessen Entscheidung angefochten wird, das nachträgliche Gehör, dann hat es das Beschwerdegericht zu gewähren, für das Absatz 3 ebenfalls gilt. Das Beschwerdegericht hat dann in der Regel in der Sache selbst zu entscheiden. Lag kein Fall des Absatzes 4 Satz 1 vor, und sind auf die Äußerung der Beteiligten umfängliche Ermittlungen zu veranlassen, zu denen er dann wieder zu hören ist, dann kann das Beschwerdegericht ausnahmsweise auch die angefochtene Entscheidung aufheben und dem ersten Richter das Weitere überlassen, wenn die angegriffene Entscheidung ohne Beeinträchtigung des Verfahrens zunächst wegfallen kann.

3. Nachholen des rechtlichen Gehörs (§ 33a). Hat das Gericht in einem Beschluß zum Nachteil eines Beteiligten Tatsachen oder Beweismittel verwertet, zu denen er noch nicht gehört worden ist, gleichviel ob das versehentlich oder nach § 33 Abs. 4 Satz 1 absichtlich geschehen ist, so ist der Beteiligte nachträglich zu hören. Das Gehör setzt zweierlei voraus: einmal, daß dem Beteiligten — auch im Falle des § 33 Abs. 4 Satz 1 (BVerfGE. **9** 107) — gegen den Beschluß keine Beschwerde oder kein anderer Rechtsbehelf, etwa der Antrag auf Haftprüfung (§ 117), zusteht, wie das z. B. bei dem Haftbefehl eines Strafsenats der Fall ist; zum anderen, daß der Nachteil noch besteht, d. h. die nachteilige Entscheidung nicht etwa inzwischen aufgehoben worden ist. Das Gericht hat so von Amts wegen oder auf Antrag zu verfahren. Im Falle des § 33 Abs. 4 Satz 1 wird das nachträgliche Gehör stets von Amts wegen zu erteilen sein; war es versehentlich unterlassen, wird es in der Regel auf einen Antrag des Beteiligten ankommen, falls das Gericht nicht den Mangel entdeckt. Denn den bekannten Mangel hat das Gericht grundsätzlich von Amts wegen abzustellen, es sei denn, daß die Entscheidung in Wirklichkeit gar nicht auf einem Beweisergebnis beruht, zu dem der Beteiligte nicht gehört worden ist, und das das Gericht nur versehentlich als entscheidungserheblich angenommen hatte. Ist ein Gericht in einer Entscheidung, gegen die keine Beschwerde gegeben ist, nach § 33 Abs. 4 Satz 1 verfahren und sieht es keinen Anlaß, von Amts wegen die Anhörung nachzuholen, dann muß es den Beschuldigten auf sein Antragsrecht hinweisen (BVerfGE. **9** 107).

Bei dem Gehör wird das Gericht dem Beteiligten Gelegenheit geben, Anträge zu stellen. Stellt er keine, wird es in der Regel keine Veranlassung haben, zu entscheiden. Drängt sich ihm aber auf Grund des Gehörs die Fehlerhaftigkeit der Entscheidung auf, dann hat es seine Entscheidung auch ohne Antrag zu ändern. Das kommt namentlich bei Haftentscheidungen in Betracht (§ 120 Abs. 1).

§ 37

(1) Für das Verfahren bei Zustellungen gelten die Vorschriften der Zivilprozeßordnung entsprechend. Als Notfristen im Sinne des § 187 Satz 2 der Zivilprozeßordnung gelten die gesetzlichen Fristen.

(2) Wird die für einen Beteiligten bestimmte Zustellung an mehrere Empfangsberechtigte bewirkt, so richtet sich die Berechnung einer Frist nach der zuletzt bewirkten Zustellung.

1. Änderung durch das StPÄG. Absatz 1 ist unverändert, Absatz 2 ist eingefügt durch Art. 10 Nr. 1 StPÄG. Das wurde notwendig, weil durch Art. 3 Nr. 4 die Zustellung an den Verteidiger neu geregelt worden ist. Nach § 145a gelten der Wahlverteidiger, wenn sich seine Vollmacht in den Akten befindet, sowie der Pflichtverteidiger als ermächtigt, Zustellungen von Entscheidungen für den Beschuldigten in Empfang zu nehmen (wegen der Ladungen vgl. § 145a Abs. 3). Wenn auch mehrfache Zustellungen vermieden werden sollen und können, so ist doch durch die Neuregelung die Gefahr gewachsen, daß sie gleichwohl vorgenommen werden. Ihren Auswirkungen wird durch die Bestimmung begegnet, daß die letzte Zustellung für die Fristberechnung maßgeblich ist. Damit wird die bisherige Praxis beseitigt, die die erste Zustellung als maßgeblich angesehen hatte (s. Hauptwerk, 6a Abs. 2 zu § 37).

2. Zustellung. Hat der Beschuldigte einen schriftlich bevollmächtigten Verteidiger oder einen Pflichtverteidiger, dann werden Entscheidungen in Zukunft nur dem Verteidiger zuzustellen sein. Einen Anspruch darauf hat der Beschuldigte jedoch nicht; § 176 ZPO. gilt nicht entsprechend (BGH. GA. **1965** 375). Eine Ausnahme von der Ermächtigung, Zustellungen in Empfang zu nehmen, gilt nur für den Fall des § 232 Abs. 4, nicht für die im Hauptwerk unter 6b zu § 37 aufgeführten Fälle (s. u. 3 zu § 145a). Wird dem Verteidiger zugestellt, erhält der Beschuldigte Mitteilung von der Zustellung und eine Abschrift der zugestellten Entscheidung; umgekehrt wird der Verteidiger unterrichtet, wenn ausnahmsweise dem Beschuldigten zugestellt wird (s. u. 5 zu § 145a).

3. Wirkung. Durch Zustellung sind notwendigerweise Entscheidungen bekanntzumachen, die in Abwesenheit des Betroffenen ergehen und durch deren Bekanntmachung eine Frist in Lauf gesetzt wird (§ 35 Abs. 1 und 2). Die Wirkung, Beginn des Fristlaufs, wird — in Abweichung von der bisherigen Rechtsprechung (OLG. Freiburg NJW. **1953** 678) — der zuletzt bewirkten Zustellung beigelegt. Diese ist auch dann maßgebend, wenn sie an den Beschuldigten bewirkt worden ist, ohne daß der Verteidiger davon nach § 145a Abs. 4 Satz 2 benachrichtigt worden ist (OLG. Hamburg NJW. **1965** 1614). Wirksam sind nur Zustellungen, die an Empfangsberechtigte bewirkt worden sind. Empfangsberechtigt sind der Beschuldigte, der Zustellungsbevollmächtigte (s. Hauptwerk, 6a zu § 37), der Pflichtverteidiger sowie derjenige Wahlverteidiger, dessen Verteidigervollmacht — nicht notwendig zugleich Zustellungsvollmacht — sich bei den Akten befindet (s. dazu u. 2 zu § 145a). Zustellungen an Verteidiger ohne Vollmacht zählen bei der Fristberechnung nicht mit.

Zustellung ist nur die gebotene, zumindest zulässige Zustellung. Die Zustellungsbehörde (§ 36) kann nicht dadurch gleichsam Wiedereinsetzung in den vorigen Stand gewähren, daß sie, nachdem eine Frist versäumt war, einem Empfangsberechtigten ein zweites Mal zustellt und dann die Frist nach der zuletzt bewirkten Zustellung berechnet. Sie ist aber nicht gehindert, wenn sie einem von mehreren Empfangsberechtigten zugestellt und dieser die Frist versäumt hat, nunmehr einem anderem Empfangsberechtigten zuzustellen, dem sie vorher noch nicht zugestellt hatte.

Fünfter Abschnitt

Fristen und Wiedereinsetzung in den vorigen Stand

§ 43

(1) Eine Frist, die nach Wochen oder Monaten bestimmt ist, endet mit Ablauf des Tages der letzten Woche oder des letzten Monats, der durch seine Benennung oder Zahl dem Tag entspricht, an dem die Frist begonnen hat; fehlt dieser Tag in dem letzten Monat, so endet die Frist mit dem Ablauf des letzten Tages dieses Monats.

(2) Fällt das Ende einer Frist auf einen Sonntag, einen allgemeinen Feiertag oder einen Sonnabend, so endet die Frist mit Ablauf des nächsten Werktages.

Änderung. Absatz 1 ist unverändert. Durch Art. 1 Nr. 3 des Sonnabend-Frist-Gesetzes sind in den bisherigen Text des Absatzes 2 die Worte „oder einem Sonnabend" eingefügt worden. Wegen der Veranlassung dazu s. Einl. IV.

Warum das Ende der Frist auf einen der in Absatz 2 genannten Tage fällt, ist gleichgültig. Die Bestimmung findet daher auch dann Anwendung, wenn der nächste Werktag, an dem die Frist zufolge der Regel des Absatzes 2 endet, ein Sonnabend ist, etwa der nach Karfreitag. Alsdann ist § 43 Abs. 2 zweimal anzuwenden, so daß die Frist, da Ostermontag ein Feiertag ist, am Dienstag endet.

Für die Berechnung von Fristen muß Eindeutigkeit und Sicherheit bestehen. Daher kann das Wort „Sonnabend" nur wörtlich genommen werden. Tage vor Feiertagen dürfen selbst dann nicht als Sonnabend behandelt werden, wenn an ihnen jeder Betrieb in Behörden und Anwaltskanzleien ruht, wie etwa an dem 24. Dezember, der auf einen Montag fällt.

Sechster Abschnitt

Zeugen

§ 52

(1) Zur Verweigerung des Zeugnisses sind berechtigt:

1. der Verlobte des Beschuldigten;

2. der Ehegatte des Beschuldigten, auch wenn die Ehe nicht mehr besteht;

3. wer mit dem Beschuldigten in gerader Linie verwandt, verschwägert oder durch Annahme an Kindes Statt verbunden oder in der Seitenlinie bis zum dritten Grade verwandt oder bis zum zweiten Grade verschwägert ist, auch wenn die Ehe, durch welche die Schwägerschaft begründet ist, nicht mehr besteht.

(2) Die bezeichneten Personen sind vor jeder Vernehmung über ihr Recht zur Verweigerung des Zeugnisses zu belehren. Sie können den Verzicht auf dieses Recht auch während der Vernehmung widerrufen.

Allgemeines: Obwohl der § 52 nicht verändert worden ist, macht die Fassung des § 163a Abs. 4 eine teilweise Neukommentierung erforderlich.

Anm. 4a, Hauptwerk Seite 300 ist dahingehend verändert, daß entgegen der bisherigen Auslegung und entsprechend den im Hauptwerk Seite 300 gegebenen Empfehlungen nunmehr die Belehrung auch durch Staatsanwaltschaft und Polizei zu erfolgen hat (§ 163a Abs. 4). Ob und inwieweit eine Verhörsperson, welche zur Belehrung verpflichtet ist und diese auch formrichtig durchgeführt hat, gleichermaßen wie der Richter nach § 252 StPO als Auskunftsperson über die früher gemachte Aussage vernommen werden kann, wird in Anm. 5a behandelt

Anm. 4b ist dahingehend zu ergänzen, daß nicht nur der Richter, sondern jede Verhörsperson die Belehrungsformalien einzuhalten hat. Das bedeutet, daß auch bei Staatsanwaltschaft und Polizei die Belehrung aktenkundig zu machen ist. Bei diesen Behörden empfiehlt es sich (da ein förmliches Protokoll mit Beweiskraft nicht geführt wird), die Belehrung vom Belehrten schriftlich bestätigen zu lassen.

Anm. 5a, Hauptwerk Seite 302 ist ab Zeile 14 dahin zu ergänzen: „Zulässig war bislang nur, den Richter über die Aussage des Zeugen, der erst später sein Zeugnis verweigert, dann zu vernehmen, wenn der Zeuge unter ausdrücklicher Belehrung über sein Zeugnisverweigerungsrecht nach § 52 vernommen worden war. Diesem Richter durfte dann die Niederschrift vorgehalten oder auch zur Stützung des Gedächtnisses vorgelesen werden (BGHSt. **2**, 99, **11** 338). Das muß nunmehr folgerichtig dahin ausgedehnt werden, Staatsanwälte oder Polizeibeamte, welche ordnungsgemäß über das Zeugnisverweigerungsrecht belehrt haben, als Zeugen über den Inhalt der ihnen gegenüber gemachten Angaben seitens der jetzt ihr Zeugnis verweigernden Auskunftsperson zu hören. Die innere Berechtigung der bislang von der Rechtsprechung anerkannten Privilegierung des vernehmenden Richters ist bei nunmehr gleichartigen Belehrungsgeboten und deren ordnungsgemäßer Befolgung gemäß § 163a Abs. 4 in Wegfall gekommen. A. A. unter Hinweis darauf, daß nur vor Gericht eine Wahrheitspflicht bestehe KMR. (Müller-Sax) § 52 Anm. 4a. Jedenfalls darf nur die Aussage der Vernehmungsperson die Beweisgrundlage bilden. In solchem Falle kann aber die Unglaubwürdigkeit des früher vernommenen Zeugen behauptet und darf ein dahin zielender Beweisantrag nicht mehr mit der Begründung abgelehnt werden, der Zeuge habe die Aussage verweigert (BGHSt. **14** 21). Die Vernehmung dritter Personen, die bei der richterlichen, staatsanwaltschaftlichen oder polizeilichen Vernehmung anwesend gewesen waren, bleibt unzulässig (BGHSt. **13** 394).

§ 252 steht jedoch nunmehr nach Schaffung einer Belehrungspflicht der Vernehmung eines Polizeibeamten über die polizeiliche Aussage eines Angeklagten dann entgegen, wenn er darüber bekunden soll, was der Angeklagte auf Vorhalt einer Zeugenaussage hin erklärt habe, obwohl der Zeuge entgegen § 52 Abs. 2 nicht belehrt worden war. Anders noch für den früheren Rechtszustand BGH. NJW. **1955** 1289.

Ab Seite 302 Zeile 26 von oben gilt die alte Kommentierung weiter.

§ 53

(1) Zur Verweigerung des Zeugnisses sind ferner berechtigt:

1. Geistliche über das, was ihnen in ihrer Eigenschaft als Seelsorger anvertraut worden oder bekannt geworden ist;

2. Verteidiger des Beschuldigten über das, was ihnen in dieser Eigenschaft anvertraut worden oder bekannt geworden ist;

3. Rechtsanwälte, Patentanwälte, Notare, Wirtschaftsprüfer, vereidigte Buchprüfer, Steuerberater und Steuerbevollmächtigte, Ärzte, Zahnärzte, Apotheker und Hebammen über das, was ihnen in dieser Eigenschaft anvertraut worden oder bekannt geworden ist;

4. Mitglieder des Bundestages, eines Landtages oder einer zweiten Kammer über Personen, die ihnen in ihrer Eigenschaft als Mitglieder dieser Organe oder denen sie in dieser Eigenschaft Tatsachen anvertraut haben sowie über diese Tatsachen selbst;

5. Redakteure, Verleger, Herausgeber, Drucker und andere, die bei der Herstellung oder Veröffentlichung einer periodischen Druckschrift mitgewirkt haben, über die Person des Verfassers, Einsenders oder Gewährsmanns einer Veröffentlichung strafbaren Inhalts, wenn ein Redakteur der Druckschrift wegen dieser Veröffentlichung bestraft ist oder seiner Bestrafung keine Hindernisse entgegenstehen;

6. Intendanten, Sendeleiter und andere, die bei der Vorbereitung oder Durchführung von Rundfunksendungen mitgewirkt haben, über die Person des Verfassers, Einsenders oder Gewährsmanns einer Rundfunksendung strafbaren Inhalts, wenn ein für die Sendung Verantwortlicher wegen dieser Sendung bestraft oder seiner Bestrafung keine Hindernisse entgegenstehen; über die Person des Verfassers, Einsenders oder Gewährsmanns, die selbst im Rundfunk spricht, darf das Zeugnis nicht verweigert werden.

Entgegen Hauptwerk Seite 306 Anm. 3b (achte Zeile innerhalb der Anmerkung) sind infolge der Neufassung des Abs. 1 Ziff. 3 nunmehr Steuerbevollmächtigte ebenfalls zeugnisverweigerungsberechtigt. Steuerhelfer oder andere Personen, die eine nicht nach § 12 des Gesetzes vom 16. August 1961 (BGBl. I 1301) geschütze Bezeichnung führen, fallen nicht unter § 53 Abs. 1 Ziff. 3.

§ 55

(1) Jeder Zeuge kann die Auskunft auf solche Fragen verweigern, deren Beantwortung ihm selbst oder einem der im § 52 Abs. 1 bezeichneten Angehörigen die Gefahr strafgerichtlicher Verfolgung zuziehen würde.

(2) Der Zeuge ist über sein Recht zur Verweigerung der Auskunft zu belehren.

Allgemeines: Obwohl § 55 nicht geändert worden ist, macht § 163a Abs. 4 eine teilweise Nachkommentierung erforderlich.

Anm. 4. Die vorgeschriebene Belehrung hat nicht nur der vernehmende Richter, sondern auch der Staatsanwalt oder der vernehmende Polizeibeamte zu erteilen (§ 163a Abs. 4). Solche Belehrung kann schon vor Beginn der Vernehmung erfolgen. Im allgemeinen ergibt sich aber erst aus der Vernehmung, ob ein Anlaß zur Annahme besteht, der Zeuge könne sich strafbar im Sinne der Anm. 2 gemacht haben. Ab Zeile 4 innerhalb dieser Anmerkung gilt die alte Kommentierung weiter (Seite 318 des Hauptwerks) jedoch mit der Maßgabe, daß überall, wo vom Richter die Rede ist auch Staatsanwalt und vernehmender Polizeibeamter mit gemeint sind.

Achter Abschnitt

Beschlagnahme und Durchsuchung

§ 111a

(1) Sind dringende Gründe für die Annahme vorhanden, daß die Fahrerlaubnis entzogen werden wird (§ 42 m des Strafgesetzbuches), so kann der Richter dem Beschuldigten durch Beschluß die Fahrerlaubnis vorläufig entziehen.

(2) Die vorläufige Entziehung der Fahrerlaubnis ist aufzuheben, wenn ihr Grund weggefallen ist oder wenn das Gericht im Urteil die Fahrerlaubnis nicht entzieht.

(3) Die vorläufige Entziehung der Fahrerlaubnis wirkt zugleich als Anordnung oder Bestätigung der Beschlagnahme des von einer deutschen Behörde erteilten Führerscheins.

(4) Ist ein Führerschein beschlagnahmt, weil er nach § 42m Abs. 3 Satz 2 des Strafgesetzbuches eingezogen werden kann, und bedarf es einer richterlichen Entscheidung über die Beschlagnahme, so tritt an deren Stelle die Entscheidung über die vorläufige Entziehung der Fahrerlaubnis.

(5) Ein Führerschein, der in Verwahrung genommen, sichergestellt oder beschlagnahmt ist, weil er nach § 42m Abs. 3 Satz 2 des Strafgesetzbuches eingezogen werden kann, ist dem Beschuldigten zurückzugeben, wenn der Richter die vorläufige Entziehung der Fahrerlaubnis wegen Fehlens der in Absatz 1 bezeichneten Voraussetzungen ablehnt, wenn er sie aufhebt oder wenn das Gericht im Urteil die Fahrerlaubnis nicht entzieht. Wird jedoch im Urteil ein Fahrverbot nach § 37 des Strafgesetzbuches verhängt, so kann die Rückgabe des Führerscheins aufgeschoben werden, wenn der Beschuldigte nicht widerspricht.

(6) In ausländischen Fahrausweisen ist die vorläufige Entziehung der Fahrerlaubnis zu vermerken. Zu diesem Zweck kann der Fahrausweis beschlagnahmt werden.

Entstehungsgeschichte: Eingefügt durch Art. 3 Nr. 1 des Gesetzes zur Sicherung des Straßenverkehrs vom 19. 12. 1952 (BGBl. I 832).

Keine Änderungsvorschläge.

Spätere Änderungen: Die Vorschrift verdankt ihre jetzige Fassung Art. 2 Nr. 1 des Zweiten Gesetzes zur Sicherung des Straßenverkehrs vom 26. 11. 1964 (BGBl. I 921). Die bisherige Fassung stimmte mit Absatz 1, Absatz 2 (früher Absatz 4), Absatz 6 (früher Absatz 3) im wesentlichen überein. Die Absätze 3, 4 und 5 sind neu.

Schrifttum: Bruns, Die Entziehung der Fahrerlaubnis (§ 42 m StGB., § 111a StPO.), GA. **1954** 161; Dahs jr., Ausnahmen für bestimmte Fahrzeugarten bei der vorläufigen Entziehung der Fahrerlaubnis nach § 111a StPO.; Guelde, Die vorläufige Entziehung der Fahrerlaubnis und die Beschlagnahme des Führerscheins nach dem Straßenverkehrs-Sicherungsgesetz, RdK. **1953** 57; Mohr, Fahrerlaubnisentzug auch künftig Sicherungsmaßregel? DAR. **1960** 280; Rüth, Können von der vorläufigen Entziehung der Fahrerlaubnis nach § 111a StPO. bestimmte Fahrzeugarten ausgenommen werden? NJW. **1965** 1118; v. Weber, Die Rechtsnatur der Entziehung der Fahrerlaubnis, JZ. **1960** 52.

Übersicht

I. Charakter. Durch die vorläufige Entziehung der Fahrerlaubnis werden dem Beschuldigten vorläufig die gleichen Rechte genommen, die ihm im Urteil endgültig entzogen werden. Damit nimmt die Anordnung, wie schon ihre Bezeichnung andeutet, die endgültige Entziehung, den Maßregelausspruch des künftigen Urteils, zum Teil vorweg. Darin ähnelt sie der einstweiligen Unterbringung (§ 126a Abs. 1). Wie diese ist sie als eine prozessuale Maßnahme ausgestaltet, die die Allgemeinheit sichern soll. Die Sicherung wird gewährt gegen künftige Rechtsbrüche des Beschuldigten, die er beim Führen eines Kraftfahrzeuges oder im Zusammenhang damit begehen könnte (KG. DAR. **1954** 190).

Mit dieser Kennzeichnung wird der Charakter der vorläufigen Entziehung der Fahrerlaubnis nur erschöpft, soweit sie über einen Zurechnungsunfähigen verhängt wird. Wird sie gegen einen Zurechnungsfähigen ausgesprochen, knüpft sie, ebenso wie die endgültige Entziehung, an eine schuldhaft begangene rechtswidrige Tat an und steht zu dieser ebenso in Beziehung wie die endgültige. Daß die endgültige Entziehung der Fahrerlaubnis als eine Strafe empfunden wird, bedarf keines Nachweises (Hartung DRiZ. **1954** 28; Floegel-Hartung, 20 zu § 42m StGB.; BGHSt. **15** 398). Es ist aber weiter anerkannt, daß die Strafe auf die Maßregel und diese auf die Strafe abzustimmen ist (OLG. Hamm DAR. **1955** 22), und daß die Maßregel der Entziehung der Fahrerlaubnis Strafzwecke übernehmen kann (Bruns, S. 166). Die Gefährdung der Allgemeinheit, die notwendige Voraussetzung einer Maßregel der Sicherung und Besserung, macht der Gesetzestext nicht zur Voraussetzung der Entziehung der Fahrerlaubnis; nach der Rechtsprechung soll sie unwiderleglich vermutet werden (Bruns, S. 166). Auf diese Weise war die endgültige Entziehung schon bisher stark einer Nebenstrafe angenähert (Mohr, S. 282).

Diese Annäherung ist durch das Zweite Gesetz zur Sicherung des Straßenverkehrs dadurch noch verstärkt worden, daß für gewisse Tatgruppen zu der unwiderleglichen Vermutung der Gefährlichkeit noch eine, wenn auch widerlegbare, der Ungeeignetheit zum Führen von Kraftfahrzeugen getreten ist (§ 42m Abs. 2 StGB.). Der Unterschied zu der durch das gleiche Gesetz eingeführten Sonderstrafe (v. Weber, DRiZ. **1951** 154) des Fahrverbots (§ 37 Abs. 1 und 2) ergibt sich, wenn einer der Vermutungsfälle vorliegt, dann im wesentlichen daraus, daß beim Fahrverbot die Fahrerlaubnis ruht, während sie bei der Entziehung erlischt, und aus der Länge. Das erste ist in der Wirkung auf den Beschuldigten von geringer Bedeutung. Die Länge ist auch bei der Maßregel abstufbar, sie wird in der Praxis auch abgestuft. Die Abstufung beruht aber nicht auf einer stärkeren oder schwächeren Ungeeignetheit, sondern auf dem größeren oder geringeren Unrechtsgehalt der Tat, wegen der die Fahrerlaubnis entzogen wird.

Nach alledem ist nicht zu leugnen, daß die Entziehung der Fahrerlaubnis nach ihrer gesetzlichen Ausgestaltung und nach ihrer Anwendung in der Praxis Elemente einer Nebenstrafe in sich trägt. Demzufolge nimmt die vorläufige Entziehung der Fahrerlaubnis auch weitgehend eine Nebenstrafe vorweg, ebenso wie die Untersuchungshaft im Falle der Wiederholungsgefahr eines Sittlichkeitsverbrechens (§ 112 Abs. 3) weitgehend eine vorweggenommene Freiheitsstrafe ist (s. u. 13a zu § 112). Aus diesem Grunde wird die vorläufige Entziehung auf die endgültige angerechnet, soweit sie nach Verkündung des letzten Tatsachenurteils verstrichen ist (§ 42n Abs. 5 Satz 2 StGB.); im übrigen wird zwar das Wort Anrechnung vermieden, doch kann das Mindestmaß der Sperre (§ 42n Abs. 1 StGB.) bis auf drei Monate um die Zeit verkürzt werden, während der die Fahrerlaubnis vorläufig entzogen war (§ 42n Abs. 4 StGB.). Zudem kann die vorläufige Entziehung der Fahrerlaubnis auch auf die Strafe des Fahrverbots angerechnet werden (§ 60 Abs. 2 StGB.); in diesem Falle nimmt sie eindeutig eine Strafe vorweg.

Wird so der Angeklagte die Entziehung der Fahrerlaubnis von dem Fahrverbot im Charakter nicht unterscheiden können, so empfiehlt es sich, sie von allen nebenstrafrechtlichen Elementen zu befreien und auf die Fälle dauernder Fahrunfähigkeit und auf solche zu beschränken, bei denen der Zustand der Unfähigkeit zwar behebbar, aber die für das Beheben benötigte Zeit unbestimmt ist. Im übrigen wird das Fahrverbot unter Verlängerung der Verbotszeit die jetzige Rolle der Entziehung der Fahrerlaubnis übernehmen müssen (v. Weber, S. 54; Mohr, S. 282; Kohlhaas DAR. **1959** 198). Für die vorläufige Entziehung wird das die klare Entscheidung über ihren Charakter ermöglichen und sie damit eindeutig zu einer vorweggenommenen Strafe machen, wie sie jetzt schon die „Untersuchungshaft" des Sittlichkeitsverbrechers darstellt, von dem weitere Sittlichkeitsverbrechen zu erwarten sind.

II. Voraussetzungen (Absatz 1).

1. Dringende Gründe. Die Fahrerlaubnis darf vorläufig nur dann entzogen werden, wenn dringende Gründe für die Annahme vorhanden sind, daß dem Beschuldigten in einem Strafverfahren die Erlaubnis zum Fahren von Kraftfahrzeugen nach § 42m StGB. entzogen werde. Die Worte „dringende Gründe" stehen in Gegensatz zu dem „genügenden Anlaß" zur Klageerhebung (§ 170 Abs. 1) und zu dem „hinreichenden Verdacht", der die Eröffnung des Hauptverfahrens gebietet (§ 203). Sie stimmen überein mit der Fassung, die § 126a Abs. 1 bei den Voraussetzungen der einstweiligen Unterbringung verwendet. Diese Fassung schließt sich derjenigen des „dringenden Tatverdachts" an, der Voraussetzung ist, die Untersuchungshaft anzuordnen (§ 112 Abs. 1), doch konnte bei § 126a und bei § 111a nicht von dringendem Tatverdacht gesprochen werden, weil beide Bestimmungen auch Täter erfassen, die keiner strafbaren, sondern nur einer mit Strafe bedrohten Handlung verdächtig sind. Die Übereinstimmung in dem Worte „dringend" und die Gründe für ein Abweichen in der übrigen Wortfassung lassen erkennen, daß der Verdachtsgrad in allen drei Vorschriften gleich stark ist. Die vorläufige Entziehung der Fahrerlaubnis ist daher wie die Anordnung der Untersuchungshaft nur zulässig, wenn eine erhebliche Wahrscheinlichkeit dafür besteht, daß es in der Hauptverhandlung zur Entziehung der Fahrerlaubnis kommen werde. Prognosezeitpunkt ist freilich der Augenblick, in dem über die vorläufige Entziehung unter Berücksichtigung des dabei vorliegenden Materials entschieden wird, so daß der Fall eintreten kann, wenn er auch vermieden werden sollte, daß es, obwohl die Fahrerlaubnis vorläufig entzogen war, nicht zur endgültigen Entziehung, ja ganz ausnahmsweise nicht einmal zur Anklage kommt.

2. Maßregelvoraussetzungen. Die dringenden Gründe für die Annahme, daß die Maßregel angeordnet werde, müssen in bezug auf jede der einzelnen Maßregelvoraussetzungen vorliegen. Diese gehören dem sachlichen Recht an, so daß auf die Kommentierungen zu § 42 m StGB. verwiesen werden muß. Wegen des Zusammenhanges sind die Voraussetzungen jedoch kurz zusammenzustellen.

Die gerichtliche Entziehung der Fahrerlaubnis ist nur zulässig, wenn jemand wegen einer mit Strafe bedrohten Handlung abgeurteilt wird. Mit Strafe bedrohte Handlung ist eine rechtswidrige Handlung, die den Tatbestand eines Strafgesetzes verwirklicht, auch wenn sie nicht schuldhaft begangen ist (§ 11 Abs. 1 Nr. 2 StGB. E 1962). Dabei kommen als rechtswidrige

Handlungen, wegen deren die Fahrerlaubnis entzogen werden kann, nur solche in Betracht, die der Täter bei der Führung eines Kraftfahrzeugs, im Zusammenhang damit oder unter Verletzung der Pflichten begangen hat, die dem Führer eines Kraftfahrzeugs obliegen.

Die Verfolgung muß zu einer Verurteilung oder zum Freispruch lediglich — nicht auch (Floegel-Hartung, 9 Abs. 3 zu § 42m StGB.) — deshalb führen können, weil die Zurechnungsunfähigkeit des Täters erwiesen oder nicht auszuschließen ist. Da nur auf die Verurteilung abgestellt wird (nicht mehr, wie bei der alten Fassung „zu Strafe"), kann die Entziehung der Fahrerlaubnis auch angeordnet werden, wenn im Verfahren gegen Jugendliche nicht auf Strafe oder auf Freispruch wegen Zurechnungsunfähigkeit erkannt, die Tat vielmehr mit Zuchtmitteln geahndet wird (§ 5 Abs. 2 JGG.) oder aus ihrem Anlaß Erziehungsmaßregeln angeordnet werden (§ 5 Abs. 1 JGG.) oder aber — wenn das auch sicher ein seltener Fall sein wird — von Strafe abgesehen wird (z B. nach § 90 Abs. 5, § 129 Abs. 3 StGB.). Demzufolge ist in diesen Fällen auch die vorläufige Entziehung zulässig. Die Immunität (Art. 46 Abs. 2 GG.) schließt — wenn nicht die Genehmigung des Parlaments vorliegt — die Entziehung aus, mag auch noch so sehr auf der Hand liegen, daß der Abgeordnete ungeeignet ist, Kraftfahrzeuge zu führen. Wegen der vorläufigen Entziehung der Fahrerlaubnis bei Angeordneten s. u. III 3, wegen der Beschlagnahme des Führerscheins s. u. V 5.

Eine Ausnahme von dem Grundsatz, daß die Entziehung der Fahrerlaubnis nur mit einem verurteilenden oder lediglich wegen erwiesener oder nicht auszuschließender Zurechnungsunfähigkeit freisprechenden Urteil verbunden werden darf, gilt regelmäßig für Straffreiheitsgesetze. So ist in § 13 des Gesetzes über die Gewährung von Straffreiheit vom 17. 7. 1954 (BGBl. I 203) bestimmt, daß Maßregeln der Sicherung und Besserung von der Einstellung des Verfahrens nicht berührt werden.

Die endgültige Entziehung der Fahrerlaubnis ist nur zulässig, wenn sich aus der Tat ergibt, daß der Täter ungeeignet ist, Kraftfahrzeuge zu führen. Dieser Zustand braucht kein dauernder zu sein; Gegenstand von § 42 m StGB. ist vielmehr in der Regel eine behebbare Ungeeignetheit. Die Prognose, ob die Fahrerlaubnis endgültig entzogen werde, ist dadurch erleichtert, daß für die in der Praxis hauptsächlich vorkommenden Fälle der Täter kraft Gesetzes in der Regel als ungeeignet zum Führen von Kraftfahrzeugen anzusehen ist (§ 42m Abs. 2 StGB.).

3. Gefährdung der Allgemeinheit. Nach dem bisherigen Recht war die vorläufige Entziehung der Fahrerlaubnis nur zulässig, wenn sie erforderlich war, um die Allgemeinheit vor weiterer Gefährdung zu schützen. Diese Voraussetzung ist entfallen, weil wegen der Regelung des Absatzes 3 die Anforderungen für die vorläufige Entziehung der Fahrerlaubnis nicht strenger sein sollen als für die Beschlagnahme des Führerscheins (Begrdg., BTDrucks. IV 651, S. 31). Diese gesetzgeberische Entscheidung nimmt die letzte Klausel weg, die den Maßregelcharakter wenigstens bei der vorläufigen Entziehung betonte und verwischt damit die Grenzen zwischen Strafe und Maßregel weiter. Zweck des Gesetzes ist der Schutz der Allgemeinheit freilich, und dieser Gesetzeszweck ist bei der Anwendung und Auslegung des Gesetzes weiter zu beachten.

III. Entziehung (Absatz 1).

1. Inhalt. Der Richter kann die Fahrerlaubnis vorläufig entziehen. Eine Richtlinie, wann er das tun soll, gibt ihm der Text des Gesetzes nicht; sie ist aber in seinem Zweck zu finden, ungeeignete Fahrer von Kraftfahrzeugen für eine gewisse Zeit aus dem Verkehr zu entfernen, um die von ihnen drohende Gefährdung der Allgemeinheit zu beseitigen. Ist dazu die vorläufige Entziehung der Fahrerlaubnis nicht erforderlich, so hat sie zu unterbleiben, z. B. wenn der Täter tatsächlich verhindert ist, Kraftfahrzeuge zu führen, etwa weil er seinen Führerschein freiwillig herausgibt oder sein Kraftfahrzeug stillegt (OLG. Hamm NJW. **1954** 812; OLG. Karlsruhe JZ. **1954** 49); weil er krank oder für Jahre im Gefängnis ist. Doch bleibt, wenn der Täter in Untersuchungshaft genommen wird, die Gefährdung in der Regel bestehen, weil jederzeit mit Aufhebung der Haft gerechnet werden muß. Die amtliche Verwahrung auf Grund freiwilliger Herausgabe des Führerscheins wird in § 24 Abs. 2 Nr. 2 der Verwahrung auf Grund einer Beschlagnahme gleichgestellt, jedoch nur für den Fall, daß der Führerschein nach § 94 Abs. 1 als Einziehungsgegenstand in Verwahrung genommen wird. Wird er aber als Sicherheit verwahrt, um eine vorläufige Entziehung der Fahrerlaubnis abzuwenden, dann ist der Beschuldigte, wenn er trotzdem fährt, nur nach § 4 Abs. 2 Satz 2 StVZO. in Vbdg. mit § 21 StVG. wegen Übertretung strafbar, nicht nach § 24 Abs. 1 Nr. 2 StVG. wegen Vergehens. Daher kann die freiwillige Herausgabe des Führerscheins nur bei einer gewissen Vertrauenswürdigkeit des Täters die künftige Gefährdung der Allgemeinheit ausschließen.

Bei der endgültigen Entziehung der Fahrerlaubnis bestimmt das Gericht zugleich eine Sperrfrist, während der dem Täter keine neue Fahrerlaubnis erteilt werden darf (§ 42n Abs. 1 StGB.). Von der Sperre kann es bestimmte Arten von Kraftfahrzeugen ausnehmen (§ 42n Abs. 2 StGB.), so daß die Verwaltungsbehörde die Möglichkeit hat, für die ausgenommenen Arten alsbald eine neue Fahrerlaubnis zu erteilen. Fürs alte Recht war die Ansicht vertreten worden, die vorläufige Entziehung der Fahrerlaubnis könne in der Weise beschränkt werden, daß von ihr bestimmte Arten von Kraftfahrzeugen ausgenommen werden (s. Hauptwerk, III 1 zu § 111a). Fürs neue Recht ist diese Auslegung nicht zulässig. Der Gesetzgeber hat die Streitfrage, ob eine Beschränkung, sei es der Entziehung, sei es der Sperre, zulässig sei, in § 42n Abs. 2 StGB. entschieden. Der zusammen mit dieser Bestimmung geänderte § 111a enthält darüber für die vorläufige Entziehung der Fahrerlaubnis nichts. Diesem Umstand muß die gesetzgeberische Entscheidung entnommen werden, daß die Fahrerlaubnis vorläufig nur ganz, nicht aber teilweise, entzogen werden kann. Hätte der Gesetzgeber den Gedanken des § 42n Abs. 2 StGB. auf die vorläufige Entziehung übertragen wollen, dann hätte er das Verfahren dazu (etwa Erklärung des Gerichts, daß ein Ersatzführerschein für bestimmte Arten von Kraftfahrzeugen ausgestellt werden könne) regeln müssen. Das hat er z. B. bei dem Fahrverbot getan, dem die vorläufige Entziehung der Fahrerlaubnis in der Wirkung gleichkommt. Dieses Verbot kann auf bestimmte Arten von Kraftfahrzeugen beschränkt werden (§ 37 Abs. 1 StGB.), und es ist vorgesehen, daß die Verwaltungsbehörde dem Betroffenen einen Ersatzführerschein ausstellen kann (BTDrucks. IV 651, S. 14). Wenn für die vorläufige Entziehung der Fahrerlaubnis entsprechende Bestimmungen fehlen, handelt es sich ersichtlich um eine gewollte Lücke. Eine solche darf die Auslegung nicht ausfüllen (OLG. Oldenburg MDR. **1965** 406; Schw Kleinknecht, 2 zu § 111a; Rüth, S. 1118; a. A. Müller-Sax, 3 zu § 111a; Dahs jr., S. 239).

Aus dem gleichen Grunde kann auch die fürs alte Recht vertretene Auffassung, die vorläufige Entziehung sei auch in der Weise möglich, daß vorläufig bestimmt werde, die Verwaltungsbehörde sei gehindert, eine Fahrerlaubnis zu erteilen (s. Hauptwerk, III 2 zu § 111a), fürs neue Recht nicht aufrechterhalten werden (a. A. Müller-Sax, 2 (5) zu § 111a). Denn der Gesetzgeber hat die strittige Frage in § 42n Abs. 1 Satz 2 StGB. für die endgültige Entziehung geregelt, in § 111a aber für die vorläufige Entziehung keine entsprechende Bestimmung vorgesehen. Die Staatsanwaltschaft wird in Fällen dieser Art die Verwaltungsbehörde rechtzeitig zu unterrichten haben.

2. Verfahren. Weil die Anordnung in die Rechte des Beschuldigten eingreift, ist das Verfahren ein ausschließlich gerichtliches. Wegen polizeilicher Gefahrenabwehr bei Gefahr im Verzuge s. u. V 2 Abs. 2.

Die vorläufige Entziehung der Fahrerlaubnis ist in jedem Stand des Verfahrens bis zur Rechtskraft eines Urteils zulässig (OLG. Karlsruhe DAR. **1954** 302; OLG. Stuttgart VRS. **5** 356), soweit nicht die Ausnahme in Absatz 2, 2. Halbsatz eingreift (s. dazu u. IV 2). Sie kann, wenn sie bisher unterblieben ist, auch in einem späteren Stadium des Verfahrens nachgeholt werden, auch ohne daß neue Tatsachen bekannt geworden sind, namentlich wenn die Fahrerlaubnis durch ein Urteil endgültig entzogen worden ist. Denn dann sind, mag eine andere Beurteilung im Rechtsmittelverfahren auch möglich sein, doch regelmäßig dringende Gründe für die Annahme vorhanden, daß die Fahrerlaubnis (endgültig) entzogen werde. Auch wenn der Richter die endgültige Entziehung der Fahrerlaubnis ausgesprochen hat, ohne gleichzeitig die Fahrerlaubnis vorläufig entzogen zu haben, kann das später nachgeholt werden. Der Zeitablauf spielt keine Rolle; denn sonst müßte er auch der Vollstreckung der endgültigen Entziehung entgegenstehen. Ein dringendes Schutzbedürfnis der Allgemeinheit an einer alsbaldigen Maßnahme ist zwar gesetzgeberischer Grund, aber nicht mehr Tatbestandsmerkmal (OLG. Hamm JMBlNRW. **1963** 158 ist durch die Neufassung überholt).

Über die Frage der Entziehung kann, da der Beschluß nicht in Rechtskraft erwächst, mehrfach entschieden werden, jedoch nur, wenn neue Tatsachen bekannt werden. In diesem Falle kann die vorläufige Entziehung auch dann angeordnet werden, wenn sie zunächst abgelehnt worden war.

3. Prozeßhindernis. Die vorläufige Entziehung ist unzulässig, wenn ein Prozeßhindernis besteht. In der Praxis spielt dabei nur die Abgeordnetenimmunität eine Rolle. Die (endgültige)

Entziehung der Fahrerlaubnis fällt als Maßregel der Sicherung und Besserung unter das Verfolgungsverbot des Art. 46 Abs. 2 GG. Sie wird wegen einer mit Strafe bedrohten Handlung verhängt; das Verhängen ist, ganz abgesehen von dem oft nebenstrafrechtlichen Charakter der Maßregel, ein Zur-Verantwortung-Ziehen (Bockelmann, S. 43; Reh NJW. **1959** 86; a. A. Nau NJW. **1958** 1669). Da die vorläufige Entziehung die endgültige vorwegnimmt, kann für sie nichts anderes gelten. Die vorläufige Entziehung der Fahrerlaubnis ist daher eine gegen den Täter gerichtete Strafverfolgung (KG. DAR. **1954** 190). Demzufolge ist sie gegen Abgeordnete erst zulässig, nachdem die Genehmigung des Parlaments erteilt ist.

Wegen der Beschlagnahme des Führerscheins s. u. V 5.

4. Entscheidung. Das Gericht entscheidet durch Beschluß auf Grund des ihm vorgelegten schriftlichen Materials. Es nimmt im allgemeinen keine selbständigen Ermittlungen vor, hat vielmehr, wenn die Unterlagen nicht ausreichen, den Antrag abzulehnen. Doch ist es ihm nicht schlechthin verwehrt, für eine Ergänzung der Beweise zu sorgen, namentlich einem substantiierten Schutzvorbringen des Beschuldigten nachzugehen. Der Beschluß bedarf der Begründung (§ 34), in der die Tatsachen anzuführen sind, welche die vorläufige Entziehung rechtfertigen (OLG. Hamm NJW. **1954** 812).

Da für den Vollzug des Beschlusses keine Überraschung des Beschuldigten erforderlich ist, ist ihm vor Erlaß der Entscheidung rechtliches Gehör nach § 33 Abs. 3 zu gewähren, soweit ihm nicht alle Tatsachen und Beweismittel, die die Entscheidung tragen sollen, schon bekannt sind. Das ist immer dann nicht der Fall, wenn ein Gutachten über den Blutalkoholgehalt des Beschuldigten zur Zeit der Tat eingeholt worden ist. Der Beschluß ist durch formlose Mitteilung bekanntzumachen (§ 35 Abs. 2 Satz 2), doch wird sich wegen der strafrechtlichen Folgen (s. u. III 7) in der Regel Zustellung (§ 35 Abs. 2 Satz 1) empfehlen.

5. Für die **Zuständigkeit** gilt das im Hauptwerk II 1a, b zu § 98 Ausgeführte entsprechend, d. h. es ist grundsätzlich das jeweils mit der Hauptsache befaßte Gericht zuständig (OLG. Hamm JZ. **1961** 233; OLG. Celle NJW. **1961** 1417), vor Erhebung der öffentlichen Klage der Amtsrichter, in dessen Bezirk die vorläufige Entziehung stattfinden soll (§ 162). Diese bisher herrschende Ansicht (EbSchmidt, 11 zu § 111a; Müller-Sax, 5a zu § 111a; SchwKleinknecht, 4 zu § 111a; LG. Siegen NJW. **1955** 274) ist in Frage gestellt worden mit der Begründung, die vorläufige Entziehung der Fahrerlaubnis sei keine Untersuchungshandlung i. S. von § 162, sondern eine Sicherungsmaßnahme (LG. München NJW. **1963** 1216). Damit wird der Begriff der Untersuchung verkannt. Er bedeutet nach dem Sprachgebrauch der Strafprozeßordnung zunächst das gerichtliche Verfahren (§ 12), dann aber auch das gesamte Strafverfahren schlechthin, wie sich z. B. aus § 94 Abs. 1, § 108 ergibt. Untersuchungshandlung ist daher jede Prozeßhandlung im gesamten Strafverfahren (s. Hauptwerk I 2 a aa zu § 94). Von dem Strafverfahren ist die vorläufige Entziehung der Fahrerlaubnis als „Vorgriff auf das Urteil" nicht zu trennen (KG. JR. **1954** 231). Demzufolge hat sie das Kammergericht zu Recht als eine die Strafverfolgungsverjährung unterbrechende Handlung angesehen.

Im vorbereitenden Verfahren ist daher die vorläufige Entziehung der Fahrerlaubnis von dem Gericht des Ortes anzuordnen, wo sich der Führerschein befindet (EbSchmidt, 11 zu § 111a). Das ist aber nur der Regelfall. § 162 wollte einen Gerichtsstand zur Verfügung stellen, weil oftmals, wenn die richterliche Handlung beantragt wird, noch kein Beschuldigter feststehe (Mot., Hahn **1** 149). Auch gibt er die Gelegenheit, unabhängig vom Gerichtsstand denjenigen Richter unmittelbar anzugehen, in dessen, vielleicht weitab vom Tatort oder vom Wohnort des Beschuldigten liegenden Bezirk die Handlung (z. B. eine Zeugenvernehmung) vorgenommen werden soll. Ob im letzteren Fall der Richter, in dessen Bezirk ein Gerichtsstand für die Sache begründet ist (vgl. § 125 Abs. 2), eine richterliche Untersuchungshandlung ablehnen kann, ist hier nicht zu untersuchen. Die Strafprozeßordnung bietet aber keinen Anhalt für die Annahme, in § 162 sei ein ausschließlicher Gerichtsstand verordnet worden. Auf die allgemeine Zuständigkeit muß etwa zurückgegriffen werden, wenn sich ein Beschlagnahmegegenstand im Auslande befindet (s. Hauptwerk II 1a zu § 98). Auf sie darf abgestellt werden, wenn die Sonderregelung des § 162 keine Vorteile bietet und nicht sinnvoll ist. Die vorläufige Entziehung der Fahrerlaubnis allein bedarf keiner Vollstreckung (s. u. V 1); kommt es, weil der Beschuldigte den Führerschein nicht freiwillig herausgibt, zur Vollstreckung, so kann sie die Staatsanwaltschaft überall vollziehen (§ 160). Demzufolge ist neben dem Amtsrichter des § 162 auch jeder Amtsrichter zur vorläufigen Entziehung der Fahrerlaubnis (wie auch zur Beschlagnahme) zuständig, in dessen Bezirk ein Gerichtsstand für die Sache begründet ist. Daß dieser Gedanke nur in §§ 125, 126 und nicht im Anschluß an § 21 ausgeführt ist, ist eine Folge unserer Gelegenheitsgesetzgebung, aber kein Grund für den Gegenschluß, die Grundsätze der dort getroffenen sachgerechten Regelung (dem § 162 entspricht die Vorschrift, daß zuständig auch der Amtsrichter ist, in dessen Bezirk der Beschuldigte sich aufhält) könnten auf andere Materien als das Haftrecht keine Anwendung finden.

6. Beschwerde. Der Beschluß über die vorläufige Entziehung der Fahrerlaubnis ist, wenn er nicht von einem Strafsenat erlassen ist (§ 304 Abs. 4), von der Staatsanwaltschaft, dem Nebenkläger und dem Beschuldigten mit Beschwerde anfechtbar (§ 304 Abs. 1), auch wenn er die Entscheidung eines erkennenden Gerichts ist (§ 305 Satz 2). Weitere Beschwerde ist ausgeschlossen (§ 310 Abs. 2 in Vbdg. mit Abs. 1; OLG. Oldenburg RdK. **1954** 111; OLG. Neustadt DAR. **1960** 211).

7. Wirkung. Wenn die Fahrerlaubnis endgültig entzogen wird, erlischt sie mit Rechtskraft des Urteils (§ 42m Abs. 3 Satz 1 StGB.). Die vorläufige Entziehung äußert diese Wirkung nicht. Die Fahrerlaubnis bleibt bestehen, die Anordnung hat die Wirkung eines Fahrverbotes. Die Folge dieser Rechtslage ist, daß die Fahrerlaubnis, von dem Fahrverbot befreit, ihrem Inhaber wieder zur Verfügung steht, wenn die vorläufige Entziehung aufgehoben worden ist. Eine weitere Folge ist, daß die Verwaltungsbehörde, da ja die Fahrerlaubnis bestehen geblieben ist, keine neue erteilen kann (Hohenester DAR. **1958** 223).

Wem die Fahrerlaubnis vorläufig entzogen ist, der hat nicht die erforderliche Fahrerlaubnis und ist, wenn er gleichwohl ein Kraftfahrzeug führt, nach § 24 Abs. 1 Nr. 1 StVG. strafbar.

IV. Aufhebung (Absatz 2).

1. Aufhebung bei Wegfall des Grundes. Während des ganzen Verfahrens bis zur Rechtskraft des Urteils ist zu prüfen, ob die vorläufige Entziehung der Fahrerlaubnis noch notwendig ist. Sie ist alsbald aufzuheben, wenn sich herausstellt, daß ein Prozeßhindernis vorliegt oder daß ihr Grund weggefallen ist, d. h. eine der oben unter II 1 und 2 genannten Voraussetzungen nicht mehr vorliegt.

Der erste Fall ist etwa dann gegeben, wenn sich herausstellt, daß der Beschuldigte Abgeordneter ist. Der zweite Fall kann dadurch eintreten, daß bei fortschreitender Aufklärung der Tatverdacht schwindet oder die Frage, ob der Beschuldigte geeignet oder ungeeignet ist, Kraftfahrzeuge zu führen, besser als kurz nach der Tat und nunmehr verneinend beantwortet werden kann. Der Grund der vorläufigen Entziehung ist aber auch dann weggefallen, wenn die endgültige deshalb nicht mehr zu erwarten ist, weil die vorläufige Entziehung schon so lange oder gar länger dauert, als voraussichtlich die endgültige — auch wenn § 42n Abs. 4 StGB. beachtet wird — dauern wird (OLG. Köln GA. **1954** 381; JMBlNRW. **1964** 191; KG. NJW. **1960** 2112). Zwar kann, etwa wenn Berufung läuft, nicht schematisch auf die Zeit abgestellt werden, für die in der ersten Instanz die Fahrerlaubnis vorläufig entzogen worden ist. Denn Strafe und Maßregel sollen zusammen ihre Wirkung auf den Angeklagten entfalten. Doch wird diese Zeit, wenn nicht gerade ihre Länge Gegenstand eines staatsanwaltschaftlichen Rechtsmittels ist, nicht unangemessen überschritten werden können. Die Grenze liegt dort, wo die Maßregel des § 42m StGB. auch mit dem Mindestmaß von drei Monaten (§ 42n Abs. 4 Satz 2 StGB.) zufolge des Zeitablaufs nicht mehr notwendig erscheint (OLG. Köln JMBlNRW. **1964** 191).

Das Gericht ist auch befugt, die Anordnung der vorläufigen Entziehung der Fahrerlaubnis aufzuheben, weil es seine ursprüngliche Würdigung des Sachverhalts — etwa bei neuer, aber auch bei gleichbleibender Besetzung — als irrtümlich erkennt. Demzufolge kann auch das Berufungsgericht die Anordnung des Amtsgerichts jederzeit, auch schon vor dem Berufungsurteil, aufheben, wenn es den Tatbestand anders als das Amtsgericht würdigt (OLG. Hamburg NJW. **1963** 1215).

2. Aufhebung bei Nichtentziehung im Urteil. Die vorläufige Entziehung der Fahrerlaubnis ist namentlich aufzuheben, wenn das Gericht im Urteil die Fahrerlaubnis nicht entzieht. Daß diese Folge eintritt, wenn das Urteil rechtskräftig geworden ist, ist eine Selbstverständlichkeit, die allein keine gesetzgeberische Regelung erfordert hätte. Die Vorschrift ist vielmehr nur sinnvoll, wenn sie — ebenso wie § 120 Abs. 1 Satz 2 und § 126a Abs. 3 Satz 1 — auch und in erster Linie auf nicht rechtskräftige Urteile bezogen wird (OLG. Frankfurt NJW. **1955** 1043; OLG.

Hamm DAR. **1957** 190; OLG. Hamburg DAR. **1959** 129; OLG. Bamberg DAR. **1959** 215; OLG. Schleswig SchlHA. **1962** 222; OLG. Oldenburg NJW. **1963** 826; OLG. Köln NJW. **1964** 1287). Demzufolge muß das Gericht, das im Urteil die Fahrerlaubnis nicht entzieht oder als Rechtsmittelgericht eine vom Vorderrichter angeordnete (endgültige) Entziehung aufhebt, auch die vorläufige Entziehung aufheben, selbst wenn die Staatsanwaltschaft alsbald gegen das Urteil ein Rechtsmittel einlegt und selbst dann, wenn dem Gericht alsbald bewußt wird, daß seine Entscheidung rechtsirrtümlich ist. Eine Beschwerde gegen die Aufhebung ist in der Regel unbegründet (s. u. 4), hat aber auf jeden Fall keine aufschiebende Wirkung (§ 307 Abs. 1).

Schon die entsprechende Regelung des Haftrechts ist nicht unbedenklich; es wäre vertretbar, eine alsbald einzulegende, mit Berufung oder Revision zu verbindende Beschwerde gegen die Aufhebung des Haftbefehls in Ausnahme von § 307 mit aufschiebender Wirkung auszustatten, und eine gleiche Regelung könnte für § 111a Abs. 2, 2. Halbsatz in Betracht gezogen werden. Die Lösung, die der Gesetzgeber gewählt hat, ist aber trotz der Bedenken, die gegen sie geltend gemacht werden können, hinzunehmen. Sie ist einem favor defensionis entsprungen, der anderwärts selbst Rechtsmittel der Staatsanwaltschaft gegen freisprechende Urteile ausschließt.

Der Umstand, daß das Gericht im Urteil die Fahrerlaubnis nicht entzogen hat, ist die alleinige Grundlage für die Aufhebung der vorläufigen Entziehung der Fahrerlaubnis. Wenn sie zwingt, die vorläufige Entziehung aufzuheben, dann schließt sie auch aus, daß die Fahrerlaubnis auf Grund anderer Beurteilung des bei Aufhebung bekannten Sachverhalts später erneut vorläufig entzogen wird, sei es durch das Gericht, das die Fahrerlaubnis im Urteil nicht entzogen hat, sei es durch das Gericht, an das die Sache durch ein Rechtsmittel gelangt, es sei denn, daß neue Tatsachen bekannt werden, die die vorläufige Entziehung rechtfertigen (OLG. Frankfurt NJW. **1955** 1043; OLG. Hamm DAR. **1957** 190; JZ. **1961** 234; OLG. Hamburg DAR. **1959** 129; OLG. Bamberg DAR. **1959** 215; OLG. Karlsruhe NJW. **1960** 2113; OLG. Schleswig SchlHA. **1962** 222; OLG. Oldenburg NJW. **1963** 826; OLG. Köln NJW. **1964** 1287; KleinknM, 4a zu § 111a; SchwKleinknecht, 5 zu § 111a; Floegel-Hartung, 9 Abs. 2 zu § 111a; Weigelt DAR. **1955** 191; a. A. OLG. Saarbrücken DAR. **1959** 214; Schäfer-Dalcke, 4 zu § 111a).

3. Zuständigkeit. Zuständig, die vorläufige Entziehung der Fahrerlaubnis aufzuheben, bleibt, wenn das mit der Sache befaßte Gericht wechselt, nicht das Gericht, das die Anordnung getroffen hat (so OLG. Celle GA. **1956** 359; teilweise anders MDR. **1961** 83); die Zuständigkeit richtet sich vielmehr nach der Lage des Verfahrens (OLG. Celle NJW. **1961** 133; OLG. Hamm JZ. **1961** 233). Das im Hauptwerk II 1a, b zu § 98 Ausgeführte gilt entsprechend, doch ist das Revisionsgericht, zwar nicht grundsätzlich (so OLG. Karlsruhe DAR. **1964** 302), so doch ausnahmsweise dann zuständig, wenn es eine in den Vorinstanzen angeordnete Entziehung der Fahrerlaubnis in Wegfall bringt, gleichgültig ob die Sache damit zum Abschluß kommt oder in die Vorinstanz zurückverwiesen wird (enger EbSchmidt, 19 zu § 111a).

4. Beschwerde. Der Beschluß, der die vorläufige Entziehung der Fahrerlaubnis wieder aufhebt, ist, wenn er nicht von einem Strafsenat ergeht (§ 304 Abs. 5), von der Staatsanwaltschaft und dem Nebenkläger mit Beschwerde anfechtbar (§ 304 Abs. 1), auch wenn er die Entscheidung eines erkennenden Gerichts ist (§ 305 Satz 2). Eine Beschwer des Beschuldigten ist nicht denkbar. Wird die vorläufige Entziehung aufgehoben, weil das Gericht im Urteil die Fahrerlaubnis nicht entzogen hat, kann die Beschwerde nur begründet sein, wenn in ihr neue Tatsachen enthalten sind, die das Gericht nicht berücksichtigt hat, als es im Urteil abgelehnt hatte, die Fahrerlaubnis zu entziehen; oder wenn sie darauf gestützt wird, daß das Gericht zu Unrecht angenommen habe, es habe die Fahrerlaubnis nicht entzogen. Dieser Fall ist außerordentlich selten. Er würde vorliegen, wenn das Gericht zwar die Fahrerlaubnis nicht entzogen, aber die gleichwertige Maßnahme einer isolierten Sperrfrist angeordnet hat.

V. Beschlagnahme.

1. Vollstreckung (Absatz 3). Die Anordnung, daß die Fahrerlaubnis vorläufig entzogen werde, bedarf, weil ihre Wirkungen kraft Gesetzes eintreten, keiner Vollstreckung; sie ist aber der Verwaltungsbehörde mitzuteilen, damit diese die Polizei für den Fall von Führerscheinkontrollen verständigen kann. Auf solche gelegentlichen Kontrollen und auf den Gehorsam des Beschuldigten will das Gesetz aber nicht allein abstellen. Deshalb bestimmt es, daß die Anordnung über die vorläufige Entziehung zugleich als Anordnung der Beschlagnahme des von einer deutschen

Behörde erteilten Führerscheins wirkt. Die Beschlagnahme ist keine Sicherung der vorläufigen Entziehung, sondern, wie sich aus Absatz 5 Satz 1 ergibt, eine Sicherung der künftigen Einziehung. Sie verstärkt aber zugleich die Wirkung der vorläufigen Entziehung: Zwar wird der Beschuldigte auch durch die Beschlagnahme seines Führerscheins nicht gehindert, Kraftfahrzeuge zu führen — eine völlige Verhinderung ist unmöglich; eine ernstliche Erschwerung wäre nur die Beschlagnahme des eigenen Kraftfahrzeugs —, aber die Gefahr entdeckt und dann bestraft zu werden (s. o. III 7 Abs. 2), wächst und wird einen gewissen Zwang ausüben, das Fahren zu unterlassen.

Die Anordnung hat die Staatsanwaltschaft zu vollstrecken, soweit der Vorsitzende die Vollstreckung nicht unmittelbar veranlaßt (§ 36). Die Vollstreckung besteht darin, daß der Führerschein dem Beschuldigten weggenommen und in amtliche Verwahrung genommen wird.

2. Polizeiliche Sicherstellung. Die Untersuchungshaft, wie die vorläufige Entziehung der Fahrerlaubnis eine vorläufige Maßnahme, wird nach § 114 vom Richter angeordnet. Ist es erforderlich, den Beschuldigten alsbald festzunehmen, ist die Polizei nach § 127 zur vorläufigen Festnahme befugt. Der Anordnung der Untersuchungshaft nach § 114 entspricht die Anordnung der vorläufigen Entziehung der Fahrerlaubnis nach § 111a Abs. 1; eine Parallele zu § 127, die in einer Ermächtigung an die Polizei liegen könnte, den Führerschein bis zur Entscheidung des Richters wegzunehmen, ist für die vorläufige Entziehung der Fahrerlaubnis nicht vorgesehen. Damit hat der Gesetzgeber entschieden, daß die Polizei nach Strafprozeßrecht nicht befugt ist, dem Richter vorzugreifen und, um die Allgemeinheit alsbald vor einem ungeeigneten Kraftfahrer zu schützen, die Wirkung der vorläufigen Entziehung durch Sicherstellung des Führerscheins vorwegzunehmen. Es wäre ungesetzlich, wenn sie aus Gründen der Abschreckung den Führerschein an Ort und Stelle wegnähme.

Geht von dem Fahrer eine akute Gefahr aus, kann die Polizei ihm den Führerschein nach Polizeirecht abnehmen, wenn dadurch die Gefahr abgewendet werden kann (OLG. Braunschweig NJW. **1956** 1088). Das wird nur selten der Fall sein. Denn die Verschlechterung der Rechtsstellung wird in der Regel nichts an der tatsächlichen Gefahrenlage ändern. Diese kann wohl nur durch Wegnahme des Zündschlüssels oder durch Sicherstellung des Wagens beseitigt werden. Hat die Polizei zur Gefahrensicherung den Führerschein weggenommen, so muß sie ihn alsbald zurückgeben, wenn die akute Gefahr beseitigt ist (Gross DAR. **1958** 128; Guelde RdK. **1953** 58). Fährt der Beschuldigte vor der Rückgabe gleichwohl, so ist er nach § 4 Abs. 2 Satz 2 StVZO. in Vbdg. mit § 21 StVG. strafbar.

3. Beschlagnahme nach § 98. Wohl aber darf der Führerschein nach § 94 Abs. 1 von der Polizei deshalb in Gewahrsam genommen werden, weil er nach § 42m Abs. 3 Satz 2 StGB. der Einziehung unterliegt. Dazu ist die Polizei, wie sich aus § 94 Abs. 2 ergibt, indessen nur in der Lage, wenn der Beschuldigte den Führerschein freiwillig herausgibt. Tut er das nicht, bedarf es der Beschlagnahme; § 95 findet auf den Beschuldigten keine Anwendung (s. Hauptwerk, 3b zu § 95). Die Beschlagnahme darf grundsätzlich nur durch den Richter angeordnet werden, und nur bei Gefahr im Verzug auch durch die Staatsanwaltschaft und ihre Hilfsbeamten (§ 98 Abs. 1). Indessen kommen beide Formen regelmäßig nicht in Betracht. Der Richter wird nicht die Beschlagnahme des Führerscheins, sondern die vorläufige Entziehung der Fahrerlaubnis anordnen. Denn diese Anordnung wirkt zugleich als Beschlagnahme (Absatz 3). Er hat auch keinen Anlaß, sich etwa zunächst mit der Beschlagnahme zu begnügen. Denn auch diese kann er nur unter den Voraussetzungen des § 111a Abs. 1 anordnen (Bgrdg., BTDrucks. IV 651, S. 31, zu Art. 2 Nr. 1, Abs. 4; vgl. fürs alte Recht OLG. Köln GA. **1954** 380; OLG. Hamburg DAR. **1959** 129; Deinhardt NJW. **1953** 891). Den Hilfsbeamten der Staatsanwaltschaft aber ist in der Regel deshalb keine Beschlagnahme erlaubt, weil meist keine Gefahr im Verzuge vorliegt. Eine solche Gefahr ist nur anzunehmen, wenn die Umstände nahelegen, daß die Einziehung deshalb nicht möglich sein werde, weil der Beschuldigte in der Zeit bis zu einer richterlichen Beschlagnahme den Führerschein beseitigen werde. Das ist für den Regelfall nicht anzunehmen (Guelde RdK. **1953** 58); denn die richterliche Entscheidung kann, wie der Erlaß eines Haftbefehls, in kürzester Frist erwirkt werden. Nur wenn ausnahmsweise jene Gefahr besteht, und wenn neben den Voraussetzungen des § 98 Abs. 1 auch die des § 111a Abs. 1 vorliegen, dürfen die Hilfsbeamten der Staatsanwaltschaft die Beschlagnahme anordnen und durchführen. In diesem — seltenen — Falle sind sie dazu auch verpflichtet. — Die Ansicht (Müller-Sax, 7b zu § 111a), Gefahr im Verzuge liege auch vor bei „der Gefahr erneuten Mißbrauchs" (die ohnehin kaum auf den Führerschein bezogen werden kann), ist im Gesetz nicht begründet. Die Wendung

„Gefahr im Verzuge" bedeutet „Gefährdung des Erfolgs durch Verzögerung" (§ 81 c Abs. 3). Der durch die Beschlagnahme erstrebte Erfolg ist allein die Sicherung einer künftigen Einziehung (§ 94 Abs. 1).

Fährt der Fahrer, dessen Führerschein nach § 94 Abs. 1 in Verwahrung genommen oder nach § 94 Abs. 2 beschlagnahmt worden ist, gleichwohl, so ist er nach § 24 Abs. 2 Nr. 2 StVG. strafbar.

4. Entscheidung über die polizeiliche Beschlagnahme (Absätze 3 und 4). Haben in den vorgenannten seltenen Fällen Hilfsbeamte der Staatsanwaltschaft eine Beschlagnahme angeordnet und durchgeführt, so sollen sie binnen drei Tagen die richterliche Bestätigung nachsuchen, wenn bei der Beschlagnahme weder der Beschuldigte noch ein erwachsener Angehöriger anwesend war, oder wenn der Beschuldigte, oder im Falle seiner Abwesenheit ein erwachsener Angehöriger, gegen die Beschlagnahme ausdrücklich Widerspruch erhoben hat (§ 98 Abs. 2 Satz 1). Ist in den drei Tagen die vorläufige Entziehung der Fahrerlaubnis angeordnet worden, so wirkt sie zugleich als die richterliche Bestätigung der Beschlagnahme (Absatz 3).

Ist dagegen die vorläufige Entziehung noch nicht angeordnet, so wird über die Bestätigung nicht entschieden. Vielmehr tritt an deren Stelle die Entscheidung über die vorläufige Entziehung der Fahrerlaubnis (Absatz 4). Das ist ebenso der Fall, wenn über die von einem Beamten angeordnete Beschlagnahme eine richterliche Entscheidung erforderlich wird, weil der Beschuldigte die richterliche Entscheidung nachsucht (§ 98 Abs. 2 Satz 2).

5. Abgeordnete. Weil für die Beschlagnahme des Führerscheins dieselben Voraussetzungen wie für die vorläufige Entziehung der Fahrerlaubnis vorliegen müssen (s. o. 3), ist bei Abgeordneten die Beschlagnahme ebenso wie die vorläufige Entziehung (s. o. III 3) vor der Genehmigung des Parlaments unzulässig. Das ergibt sich zusätzlich auch daraus, daß die Beschlagnahme zur Untersuchung gehört; damit fällt sie unter den Begriff des Zur-Verantwortung-Ziehens.

Auch für die frische Tat ergibt sich keine Ausnahme. Daß bei ihr die Verhaftung zulässig ist (Art. 46 Abs. 2, 2. Halbsatz GG.), könnte die Beschlagnahme allenfalls als Verhaftungsersatz rechtfertigen, wenn die Voraussetzungen eines Haftbefehls vorliegen (Nau NJW. **1958** 1670). Das wird nur selten der Fall sein. Die Auslegung, daß bei Flagrantendelikten die Genehmigung des Parlaments entbehrlich sei (Reh NJW. **1959** 87), könnte sich zwar auf Sinn und Zweck von Art. 46 Abs. 2 GG. stützen, scheitert aber doch an dem Wortlaut der Verfassungen, die lediglich bei Verhaftung nicht aber einem anderen Einschreiten gegen den auf frischer Tat Betroffenen oder Verfolgten von der parlamentarischen Genehmigung freistellen (Art. 46 Abs. 2, 2. Halbsatz GG. und beispielsweise Art. 28 Abs. 1 BayVerf., Art. 95 Brem. Verf., Art. 96 Abs. 1 Hess. Verf,. Art. 15 Abs. 1 Nds. Verf., Art. 46 Abs. 1 NRW. Verf.).

VI. Rückgabe des Führerscheins (Absatz 5).

1. Beschlagnahme. Wie schon bei § 98 ausgeführt (s. o. III 1 a zu § 98), sagt die Strafprozeßordnung nicht, wann eine Beschlagnahme erlischt und wann und unter welchen Voraussetzungen sie aufzuheben ist. Auch § 111 a macht hiervon keine Ausnahme; Absatz 5 regelt die Rückgabe des Führerscheins. Soweit diese Regelung die Rückgabe eines nach § 94 Abs. 1 ohne Beschlagnahme in Verwahrung genommenen (oder sichergestellten) Führerscheins behandelt, ist sie vollständig. Sie ist dagegen unvollständig, soweit sie sich auf die Rückgabe beschlagnahmter Führerscheine bezieht; denn es wird nicht bestimmt, was mit der Beschlagnahme zu geschehen hat. Da aber ein Gegenstand nicht wohl trotz bestehenbleibender Beschlagnahme zurückgegeben werden kann, ist zu folgern, daß unter den in Absatz 5 angegebenen Voraussetzungen die Beschlagnahme erlischt.

Dem Absatz 3 kann das nicht unmittelbar entnommen werden. Er verordnet, daß die vorläufige Entziehung als Anordnung der Beschlagnahme wirkt. Da aber nicht auf den Zustand des Entzogenseins abgestellt wird, sondern — wie in Absatz 4 ausdrücklich gesagt — auf die Entscheidung, daß die Fahrerlaubnis vorläufig entzogen werde, wird in Wirklichkeit der Anordnung der Entziehung die Wirkung der Anordnung der Beschlagnahme beigemessen. Daß die Entscheidung, mit der die vorläufige Entziehung aufgehoben wird (Absatz 2), zugleich die Wirkung einer die Beschlagnahme aufhebenden Entscheidung habe, wird in Absatz 3 nicht ausdrücklich bestimmt. Nach dem Sinn des Absatzes 3 und der Regelung in Absatz 5 kann das aber nicht anders sein: Die Beschlagnahme endet, wenn die vorläufige Entziehung der Fahrerlaubnis aufgehoben wird. Absatz 5 zieht dann hieraus die Folgerungen und regelt überdies, wie zu verfahren ist, wenn sich ein Führerschein, weil er freiwillig herausgegeben worden ist, vor der vorläufigen Entziehung der Fahrerlaubnis (nach ihr gilt er nach Absatz 3 als beschlagnahmt) ohne Beschlagnahme in amtlicher Verwahrung befindet. Wegen dieses Falles, und weil in der Regel keine ausdrückliche Beschlagnahmeanordnung ergeht, sondern nur die Wirkung einer Beschlagnahme eintritt (s. o. V 3), wird der Gesetzgeber davon abgesehen haben, das Ende der Beschlagnahme zu regeln.

2. Führerschein. Wenn in einem Strafverfahren die Fahrerlaubnis vorläufig entzogen wird, wird der Führerschein im Laufe des Verfahrens in der Regel in amtliche Verwahrung gelangen, sei es daß der Beschuldigte ihn freiwillig herausgibt, sei es, daß er zur Vollstreckung der vorläufigen Entziehung (s. o. V 1) oder ausnahmsweise schon vorher (s. o. V 3) beschlagnahmt wird. Nur von diesem Führerschein, der als Einziehungsgegenstand verwahrt wird, handelt Absatz 5. Nicht erfaßt werden Führerscheine, die als Beweismittel, etwa wegen einer Fälschung, verwahrt werden.

Aus Absatz 6 ergibt sich, daß unter Führerscheinen nur die von einer deutschen Behörde ausgestellten (§ 42m Abs. 3 Satz 2 StGB.) zu verstehen sind. Wegen der ausländischen Fahrausweise s. u. VII.

Die Vorschrift spricht von den in Verwahrung genommenen, sichergestellten oder beschlagnahmten Führerscheinen. Sowohl freiwillig herausgegebene Gegenstände als auch beschlagnahmte werden entweder — der Regelfall — amtlich verwahrt oder aber auf andere Weise als durch Verwahrung sichergestellt (§ 94 Abs. 1). Dabei spielt die letzte Form bei Führerscheinen keine Rolle. Die Verwahrung steht also nicht etwa im Gegensatz zu der Beschlagnahme; sie ist vielmehr eine Form, in der sowohl ein freiwillig herausgegebener als auch ein beschlagnahmter Gegenstand dem Berechtigten entzogen wird. Der Gegensatz zur Beschlagnahme ist die freiwillige Herausgabe (§ 94 Abs. 2). Demzufolge ist Sinn des ersten Halbsatzes, daß die Vorschrift auf alle Fälle Anwendung findet, in denen ein Führerschein der Verfügungsgewalt des Berechtigten entzogen ist, sei es nachdem er ihn freiwillig herausgegeben hat, sei es indem er beschlagnahmt worden ist, und gleichgültig in welcher Form er auf Grund der Herausgabe oder der Beschlagnahme sichergestellt worden ist; sei es durch Verwahrung, sei es „in anderer Weise".

3. Ablehnung der vorläufigen Entziehung der Fahrerlaubnis. Ist der Führerschein freiwillig herausgegeben oder ist er ausnahmsweise von einem Beamten beschlagnahmt worden, bevor der Richter die Fahrerlaubnis entzogen hat (s. o. V 3), dann ist die Verwahrung zu beenden, wenn der Richter es ablehnt, die Fahrerlaubnis vorläufig zu entziehen. Das Gesetz sieht das nur für den Fall vor, daß der Richter die Anordnung ablehnt, weil die in Absatz 1 geforderten Voraussetzungen fehlen. Diese Einschränkung ist überflüssig und irreführend. Denn bei einer Ablehnung aus anderen Gründen kann der Gesetzgeber nur fehlende Prozeßvoraussetzungen im Auge gehabt haben. Sind sie behebbar und ist damit zu rechnen, daß sie behoben werden, dann beseitigt das vorübergehende Fehlen der Prozeßvoraussetzung nicht sonst vorhandene dringende Gründe für die Annahme, daß dem Täter die Fahrerlaubnis entzogen werde. Das wird der Fall sein, wenn ein Strafantrag zu erwarten ist. Ist ungewiß, ob ein Prozeßhindernis behoben werde, wie im Falle der Immunität, oder steht fest, daß es nicht behoben werden kann, wie das bei der Verjährung der Fall ist, dann sind keine dringenden Gründe mehr für die Annahme vorhanden, daß die Fahrerlaubnis entzogen werde. Das Gegenteil kann auch durch den einschränkenden Zusatz „wegen Fehlens der in Absatz 1 bezeichneten Voraussetzungen" nicht bewirkt werden.

4. Aufhebung der vorläufigen Entziehung der Fahrerlaubnis. Die Verwahrung ist ferner durch Rückgabe des Führerscheins zu beenden, wenn der Richter vor dem Urteil die vorläufige Entziehung der Fahrerlaubnis aufhebt (s. o. IV 1) oder wenn das Gericht die Fahrerlaubnis im Urteil nicht entzieht (s. o. IV 2).

Für den letzten Fall gibt es eine Ausnahme. Wenn der Richter im Urteil zwar die Fahrerlaubnis nicht entzieht, wohl aber ein Fahrverbot nach § 37 StGB. verhängt, wäre der Führerschein zunächst zurückzugeben. Nach § 37 Abs. 3 StGB. ist er aber nach der Rechtskraft für die Dauer des Fahrverbots amtlich zu verwahren. Dazu kann er, wenn er nicht freiwillig herausgegeben wird, nach § 463b Abs. 1 beschlagnahmt werden. Der Angeklagte hat ein Interesse, daß sein Führerschein in amtlicher Verwahrung ist, wenn das Urteil rechtskräftig wird. Denn die Verbotsfrist wird erst von dem Beginn der amtlichen Verwahrung an gerechnet, wenn diese nach der Rechtskraft beginnt (§ 37 Abs. 4 Satz 1 StGB.). Auf der anderen Seite wird die Zeit der Verwahrung, die nach dem Urteil angedauert hat, unverkürzt auf das Fahrverbot angerechnet

(§ 450 Abs. 3). Aus diesen Gründen kann, wenn im Urteil die Entziehung der Fahrerlaubnis abgelehnt, jedoch ein Fahrverbot verhängt wird, die Rückgabe des Führerscheins aufgeschoben werden, wenn der Beschuldigte nicht widerspricht. Er wird es dann nicht tun, wenn er beabsichtigt, das Urteil rechtskräftig werden zu lassen.

5. Zuständigkeit. Die Rückgabe des Führerscheins obliegt im Vorverfahren der Staatsanwaltschaft, nach Erhebung der Klage bis zur Rechtskraft dem mit der Sache befaßten Gericht und nach der Rechtskraft der Vollstreckungsbehörde (s. Hauptwerk III 3 zu § 98). Soweit das Gericht zuständig ist, kann es, da keine Vollstreckung in Rede steht (§ 36), die Staatsanwaltschaft nicht in Anspruch nehmen.

Der Führerschein ist alsbald zurückzugeben, wenn das in Absatz 5 beschriebene Ereignis eingetreten ist. Daß nicht die Rechtskraft des Urteils abgewartet werden darf, in dem das Gericht die Fahrerlaubnis nicht entzieht, ergibt sich aus den Erwägungen, die o. IV 2 angestellt sind. In den anderen Fällen (Ablehnung oder Aufhebung der vorläufigen Entziehung) kommt eine Rechtskraft, die abgewartet werden könnte, nicht in Betracht. Legt die Staatsanwaltschaft gegen diese Entscheidungen Beschwerde ein, so darf deswegen die Rückgabe des Führerscheins nicht aufgeschoben werden. Wird im Beschwerdeverfahren die Entscheidung, durch die die Rückgabe veranlaßt worden ist, aufgehoben, so wirkt die darin liegende vorläufige Entziehung der Fahrerlaubnis als (erneute) Anordnung der Beschlagnahme (Absatz 2), die dann durch erneute Wegnahme zu vollstrecken ist.

VII. Ausländische Fahrausweise (Absatz 6) sind im Regelfall dem Inhaber auf jeden Fall dann zurückzugeben, wenn er die Bundesrepublik verläßt. Daher bezieht sich § 42m Abs. 3 Satz 2 StGB., der die Einziehung des Führerscheins vorschreibt, nur auf Führerscheine, die von einer deutschen Behörde erteilt worden sind, nicht aber auf ausländische Fahrausweise. Bei ihnen tritt an die Stelle der Einziehung ein Vermerk im Führerschein über die Entziehung der Fahrerlaubnis und die Dauer der Sperre (§ 42o Abs. 2 StGB.). Damit scheidet, weil der ausländische Führerschein nicht der Einziehung unterliegt, eine Beschlagnahme nach §§ 94, 98 aus.

Die Anordnung der vorläufigen Entziehung wird in der Weise vollstreckt, daß sie in den ausländischen Fahrausweis eingetragen wird. Wird der Ausweis dazu nicht freiwillig herausgegeben, kann er zu diesem Zweck, und zu keinem anderen, beschlagnahmt werden. Das bedeutet, daß er alsbald nach der Eintragung zurückzugeben ist. Die Beschlagnahme ordnet das Gericht an. Sie wird nach § 36 von der Staatsanwaltschaft durchgeführt, wenn nicht der Vorsitzende des Gerichts die Vollstreckung unmittelbar veranlaßt.

Das Gesetz sagt nicht, was zu geschehen hat, wenn der Richter die vorläufige Entziehung der Fahrerlaubnis aufhebt oder wenn das Gericht im Urteil die Fahrerlaubnis nicht entzieht. Da der Inhaber eines ausländischen Fahrausweises nicht schlechter gestellt sein kann, als der Inhaber eines von einer deutschen Behörde ausgestellten Führerscheins, müssen die für diesen geltenden Vorschriften (Absatz 5) entsprechend angewendet werden. An die Stelle der Rückgabe des Führerscheins tritt die Tilgung des Vermerks im ausländischen Fahrausweis.

Neunter Abschnitt

Verhaftung und vorläufige Festnahme

Vorbemerkungen

1. Schrifttum. Alsberg, Festnahme und Untersuchungshaft, JW. **1925** 1433; Aschaffenburg, Die Bedeutung der Untersuchungshaft für die Ermittlung des Tatbestandes, MSchrKrPsych. **1932** 257; Baumann, Neue Haftgründe, JZ. **1962** 649; Conze, Die Freiheitsbeschränkung durch Verhaftung und vorläufige Festnahme, Diss. Göttingen 1928; Dahs, Recht und Unrecht der Untersuchungshaft, NJW. **1959** 505; Ebermayer, Die Haftunfähigkeit, JW. **1925** 1453; Floegel, Das Recht der Untersuchungshaft nach dem Inkrafttreten der Strafprozeßnovelle von 1926 im Lichte der Praxis, 1927; Hartung, Das Recht der Untersuchungshaft, 1927; v. Hentig, Die Bedeutung der Untersuchungshaft für die Ermittlung des Tatbestandes, MSchrKrPsych. **1932** 268; Hetzel, Die Untersuchungshaft nach deutschem, österreichischem, französischem und englischem Recht, 1899; Jescheck, Recht und Praxis der Untersuchungshaft in Deutschland, GA. **1962** 65; Klefisch, Zur Reform der Untersuchungshaft, JW. **1925** 1449; Kohlrausch, Untersuchungshaft, JW. **1925** 1440; v. Lilienthal,

Zur Reform der Untersuchungshaft, JW. **1925** 1448; Lobe-Alsberg, Die Untersuchungshaft, 1927; Ohm, Persönlichkeitswandel unter Freiheitsentzug, 1964; Roesen, Voraussetzungen eines Haftbefehls, NJW. **1953** 1733; Rosenberg, Zur Reform der Untersuchungshaft, JW. **1925** 1446; Die Reform der Untersuchungshaft, ZStW. **26** 339; Sauer, Die Praxis der Untersuchungshaft, NJW. **1959** 1993; Schmidt-Leichner, Haftbefehl und Regreß, NJW. **1959** 841; Untersuchungshaft und Kleine Strafprozeßreform, NJW. **1961** 339; Schmolz, Die Untersuchungshaft in Theorie und Praxis, Diss. Köln 1930; Sarstedt, Reform der Untersuchungshaft, Justiz **1963** 184; Seibert, Die Praxis in Haftsachen, DRiZ. **1949** 106; Der Haftbefehl, NJW. **1950** 773; Sieverts, Die Wirkungen der Freiheitsstrafe und der Untersuchungshaft, 1929; Spiecker, Reform der Haftjustiz, MSchrKrim. **45** 97.

Dreves, Die Bestimmungen des Strafprozeßänderungsgesetzes über den Haftbefehl, DRiZ. **1965** 110; Gegenfurtner, Das Strafprozeß-Änderungsgesetz in der Praxis, DRiZ. **1965** 334; Kleinknecht, Entscheidungen über die Untersuchungshaft, MDR. **1965** 781; Philipp, Das künftige Haftrecht und seine Folgen, DRiZ. **1965** 83; R. Schmitt, Strafprozessuale Präventivmaßnahmen, JZ. **1965** 193; Schorn, die Untersuchungshaft nach dem Strafprozeßänderungsgesetz, NJW. **1965** 841; Theuerkauf, Untersuchungshaft bei Widerruf der Strafaussetzung zur Bewährung; Waldschmidt, Probleme des neuen Haftrechts, NJW. **1965** 1575.

Carstens, Das Recht des Europarats, 1956; Echterhölter, Die Europäische Menschenrechtskonvention im Rahmen der verfassungsmäßigen Ordnung, JZ. **1955** 689; Die Europäische Menschenrechtskonvention in der juristischen Praxis, JZ. **1956** 142; Golsong, Das Rechtsschutz-System der Europäischen Menschenrechts-Konvention, 1958; Guradze, Der Stand der Menschenrechte im Völkerrecht, 1956; Herzog, Das Verhältnis der Europäischen Menschenrechtskonvention zu späteren deutschen Gesetzen, DÖV. **1959** 44; Hodler, Die Europäische Menschenrechtskonvention und das Bonner Grundgesetz, Diss. Göttingen 1953; Jescheck, Die Europäische Konvention zum Schutze der Menschenrechte und Grundfreiheiten, NJW. **1954** 783; Mattil, Zur Anwendung des Abschnitts I der Europäischen Menschenrechtskonvention, JR. **1965** 167; Münch, Zur Anwendung der Menschenrechtskonvention in der Bundesrepublik Deutschland, JZ. **1961** 153; von Weber, Die strafrechtliche Bedeutung der Europäischen Menschenrechtskonvention, ZStW. **65** 334; Die Durchsetzung der Grundrechte der Europäischen Menschenrechtskonvention in der innerdeutschen Strafrechtspflege, MDR. **1955** 386; Wiebringhaus, Die Rom-Konvention für Menschenrechte in der Praxis der Straßburger Menschenrechtskommission, 1959; Woesner, Die Menschenrechtskonvention in der deutschen Strafrechtspraxis, NJW. **1961** 1381; Die ersten Entscheidungen des Europäischen Gerichtshofs für Menschenrechte, NJW. **1963** 694.

2. Entstehungsgeschichte bis 1953. Obwohl die Regelung der Untersuchungshaft — vielleicht aber mehr die Handhabung der dazu erlassenen Bestimmungen — immer wieder Anlaß zu Angriffen gegeben hatte, war trotz vieler, zum Teil allerdings nur vorübergehender, Eingriffe in das Haftrecht der ursprüngliche Bestand des neunten Abschnitts, selbst in der Fassung (Hahn, Mat. **2** 2393), bis zum Strafprozeßänderungsgesetz weitgehend erhalten, wenn man die eingeschobenen Bestimmungen (§§ 114a bis 114d, 115a bis 115d, 126a a. F.) unberücksichtigt läßt. Namentlich die beiden Haftgründe des Fluchtverdachts und der Verdunkelungsgefahr sowie die Beschränkung auf sie, die jetzt das Strafprozeßänderungsgesetz aufgegeben hat, waren alter Inhalt des Abschnitts. Die Aussetzung des Vollzugs der Untersuchungshaft (§ 116) war ursprünglich nur gegen Sicherheitsleistung zulässig.

Die Haftkontrolle war zunächst sehr einfach geregelt: Der Haftbefehl war grundsätzlich als Sicherungsmittel nach Erhebung der öffentlichen Klage gedacht; § 112 sprach nur von dem Angeschuldigten. Er war zwar auch vor diesem Zeitpunkt zulässig, mußte dann aber aufgehoben werden, wenn die Klage nicht binnen einer Woche nach seiner Vollstreckung erhoben war und das Gericht die Haftfortdauer beschlossen hatte. Der Amtsrichter konnte die Frist um eine Woche und bei Verbrechen und Vergehen um weitere zwei Wochen verlängern. Das Problem war dadurch allerdings kaum gelöst: Die Staatsanwaltschaft war gezwungen, Voruntersuchung zu beantragen. Damit war der Angeschuldigte zwar dem Richter näher; seine Aussicht, bald aus der Untersuchungshaft entlassen zu werden, wurde aber nicht verbessert.

Die sonst in den Strafprozeß tief eingreifende „Emminger-Verordnung" (vom 4. 1. 1924 — RGBl. I 15 —) hatte das Haftrecht unberührt gelassen. Erst der weite Kreise erregende Fall Höfle, der Tod eines ehemaligen Ministers in der Untersuchungshaft, war Ansporn, das

Haftkontrollverfahren neu zu regeln. Das Gesetz zur Abänderung der Untersuchungshaft vom 27. 12. 1926 (RGBl. I 529) führte das periodische Haftprüfungsverfahren ein und stattete es mit den Sicherungen der Mündlichkeit und Unmittelbarkeit aus. Der Glaube, damit das Beste gefunden zu haben, war so groß, daß die periodische Haftprüfung in den Grundrechtsteil einiger Landesverfassungen aufgenommen worden ist (s. u. 8).

Durch Art. V des Gesetzes zur Änderung von Vorschriften des Strafrechts und des Strafverfahrens vom 24. 4. 1934 (RGBl. I 341) wurde die periodische Haftprüfung wieder abgeschafft und durch die Vorschrift ersetzt (§ 115a): „Solange der Beschuldigte sich in Untersuchungshaft befindet, ist jederzeit von Amts wegen darauf zu achten, ob die Fortdauer der Haft zulässig und notwendig ist." Kurze Zeit später wurden die beiden klassischen Haftgründe um zwei neue vermehrt. Art. 5 des Gesetzes zur Änderung von Vorschriften des Strafverfahrens und des Gerichtsverfassungsgesetzes vom 28. 6. 1935 (RGBl. I 844) erklärte die Untersuchungshaft für zulässig,

wenn zu befürchten war, daß der Beschuldigte die Freiheit zu neuen strafbaren Handlungen mißbrauchen werde; oder

wenn es mit Rücksicht auf die Schwere der Tat und die durch sie hervorgerufene Erregung der Öffentlichkeit nicht erträglich wäre, den Angeschuldigten in Freiheit zu lassen.

Nachdem in den einzelnen Besatzungszonen bereits 1946 der Haftgrund der Erregung der Öffentlichkeit beseitigt worden war, kehrte das Gesetz zur Wiederherstellung der Rechtseinheit auf dem Gebiete der Gerichtsverfassung, der bürgerlichen Rechtspflege, des Strafverfahrens und des Kostenrechts vom 12. 9. 1950 (BGBl. 455, 631) allgemein auf den Rechtszustand von 1926 zurück. Erhalten blieb der durch die Ausführungsverordnung zum Gesetz gegen gefährliche Gewohnheitsverbrecher und über Maßregeln der Sicherung und Besserung vom 24. 11. 1933 (RGBl. I 1000) eingefügte § 126a über die einstweilige Unterbringung von Zurechnungsunfähigen. Die §§ 114a (jetzt 114b), 128, 129 und 131 wurden an Art. 104 GG. angepaßt. Das Dritte Strafrechtsänderungsgesetz vom 4. 8. 1953 (BGBl. I 735) hat das Haftrecht durch eine Neufassung des § 117 verbessert. Konnte der Beschuldigte bis dahin mit dem Vollzug der Untersuchungshaft nur gegen Sicherheitsleistung verschont werden, so ist die Verschonung seitdem möglich auf Grund aller (zulässigen) Maßnahmen, die geeignet sind, die Fluchtgefahr erheblich zu vermindern.

Die Änderungen, die der Abschnitt durch das Strafprozeßänderungsgesetz erhalten hat (s. u. 4), können nur dann richtig beurteilt werden, wenn man sich die wichtigsten Reformwünsche vor Augen hält.

3. Aus der Reformgeschichte. Der Entwurf 1908 des Reichsjustizamts (N. E. 1) enthielt keine Vorschläge für tiefere Eingriffe ins Haftrecht. Hervorzuheben ist, daß der Gedanke der Verhältnismäßigkeit, der in § 113 nur anklingt, stärker betont werden sollte: Die Untersuchungshaft sollte bei Straftaten, die mit keiner schwereren Strafe als Gefängnis bis zu drei Monaten oder mit Geldstrafe bis zu 3000 M bedroht waren, nur wegen Fluchtverdachts zulässig sein. Dabei sollte Voraussetzung sein, daß der Beschuldigte mindestens Fluchtanstalten getroffen hatte oder keinen inländischen Aufenthalt besaß. Auch bei anderen strafbaren Handlungen sollten die gleichen Voraussetzungen nachgewiesen werden müssen, wenn nicht mehr als ein Monat Gefängnis oder 3000 M Geldstrafe zu erwarten war (§ 111). Bei Fluchtverdacht sollte die Begründung erleichtert sein, wenn eine Freiheitsstrafe von mehr als einem Jahr in Aussicht stand (§ 110 Abs. 2). In § 127 erscheint der Gedanke der periodischen Haftkontrolle, und in § 122 wird vorgeschlagen, daß der Beschuldigte mit der Untersuchungshaft sowohl bei Fluchtverdacht als auch bei Verdunkelungsgefahr verschont werden könne, solange der Flucht oder der Verdunkelungsgefahr „auf andere Weise" vorgebeugt werden könne (§ 122).

Die Reichstagsvorlage (N. E. II) enthielt keine Änderungen. Wohl aber machte die Reichstagskommission eine Anzahl von Vorschlägen, die zum Teil in den Entwurf 1920 (N. E. III) eines Gesetzes über den Rechtsgang in Strafsachen übernommen, zum Teil sogar überboten wurden: Die Begründungserleichterung (§ 112 Abs. 2 Satz 2 StPO. a. F.) entfällt. Über Einwendungen gegen den Haftbefehl ist in mündlicher Verhandlung zu entscheiden und dazu dem Beschuldigten ein Verteidiger zu bestellen (§ 137 Abs. 2). Zwei Monate, nachdem der Beschuldigte verhaftet oder nachdem nach der Verhaftung eine Haftbeschwerde verworfen worden ist, hat das Gericht von Amts wegen zu entscheiden, ob die Haft fortzudauern habe und dem Beschuldigten für dieses Prüfungsverfahren einen Verteidiger zu bestellen (§ 148).

Der Entwurf 1930 eines Einführungsgesetzes zum Allgemeinen Deutschen Strafgesetzbuch und zum Strafvollzugsgesetz enthielt in Art. 70 Nr. 64 bis 76 eine Neufassung des Abschnitts über die Untersuchungshaft, aus der folgendes hervorzuheben ist: Die Fälle der Flucht und des Verbergens waren — so wie es jetzt der Fall ist — sinnvoll von denen des Fluchtverdachts abgegrenzt (§ 112a Nr. 1 und 2). War Gegenstand des Haftbefehls ein Verbrechen oder war eine Freiheitsstrafe von mindestens einem Jahr zu erwarten, oder hatte endlich der Beschuldigte keinen inländischen Wohnsitz, dann war die Begründung des Haftbefehls erleichtert. Der Grundsatz der Verhältnismäßigkeit kam in ähnlicher Weise wie im Entwurf 1908 zum Ausdruck — es war auf angedrohte Freiheitsstrafe bis zu drei Monaten oder auf Geldstrafe abgestellt —, doch blieb der Entwurf hinter dem von 1908 insoweit zurück, als keine Sonderbestimmung für den Fall vorgeschlagen war, daß lediglich eine Bagatellstrafe zu erwarten stand. Das Vorführungs- und Haftprüfungsverfahren wurde so eingesetzt, wie es 1926 gesetzlich geregelt worden war, doch sollte Verzicht auf die Haftprüfung möglich sein. War der Entwurf 1930 mit dieser Haftkontrolle strenger als seine Vorgänger, so erreichte er den von 1920 nicht, soweit dieser in großzügiger Weise die Verteidigerbestellung vorgesehen hatte. Neu war der Vorschlag für einen richterlichen Verwahrungsbefehl, der bei Fluchtverdacht oder Verdunkelungsgefahr für die Dauer von fünf Tagen sollte erlassen werden können, wenn „der Sachverhalt zwar für eine endgültige Entscheidung über die Untersuchungshaft noch nicht genügend geklärt, ... aber die Annahme gerechtfertigt" erschien, „daß der Tatverdacht durch die Beschaffung weiterer Unterlagen alsbald dringend wird" (§ 125).

Der Entwurf 1939 einer Strafverfahrensordnung übernahm den Bestand des gesetzlichen Haftrechts von 1934 und war damit nicht eben großzügig. Er enthielt aber doch auch eine Anzahl von Verbesserungen: Eine Begründungserleichterung war nicht mehr vorgesehen, allerdings wohl wegen der Vielzahl der Haftgründe auch entbehrlich. Die Verhältnismäßigkeit wurde erstmalig klar verlangt durch eine Vorschrift, der § 112 Abs. 1 Satz 2 unserer Fassung entspricht (§ 201 Abs. 2). Die Verschonung mit der Untersuchungshaft sollte nicht nur gegen Sicherheitsleistung zulässig sein (§ 207). Vernünftig und sinnvoll war auch die Bestimmung, daß der Staatsanwalt den Vollzug einer Haftentlassung dadurch hemmen konnte, daß er binnen 24 Stunden bei Freisprechung (§ 120 Abs. 1 Satz 2) einen neuen Haftbefehl beantragte (§ 210 Abs. 2) oder gegen den einen Haftbefehl aufhebenden Beschluß Beschwerde einlegte (§ 215 Abs. 3 Satz 2).

4. Das Strafprozeßänderungsgesetz will mit seinen Änderungen des Neunten Abschnitts sowohl die Verhaftungen als auch die Dauer der Untersuchungshaft einschränken. Es bedient sich dazu im wesentlichen folgender vier Mittel:

Die Voraussetzungen der Haft werden bestimmter und enger umschrieben (§ 112 Abs. 2); der Haftgrund der Verdunkelungsgefahr wird, indem der Nachweis der Absicht, zu verdunkeln, verlangt wird, aufs äußerste eingeschränkt (§ 112 Abs. 2 Nr. 3); die Begründungspflicht wird verschärft (§ 114). Die namentlich bei rückfälligen Dieben so beliebte und bequeme Begründung, daß der gesetzlich begründete Fluchtverdacht nicht ausgeräumt sei, war zwar schon bisher ein Mißverständnis; jetzt ist sie ausgeschlossen. Weil durch diese mehrfachen Einschränkungen jede weite Auslegung unmöglich wird, ist der zusätzliche Haftgrund bei Verbrechen wider das Leben geschaffen worden (§ 112 Abs. 4).

Bei Bagatelldelikten wird die Untersuchungshaft stärker als bisher ausgeschlossen. Wegen Verdunkelungsgefahr darf sie gar nicht, wegen Fluchtgefahr nur unter verschärften Voraussetzungen verhängt werden. Begrenzt werden die Bagatelldelikte durch eine Strafandrohung von drei Monaten Gefängnis, statt bisher sechs Wochen Haft (§ 113). Der darin liegende Gedanke, daß das Übel der Untersuchungshaft zu dem zu erwartenden Ergebnis des Verfahrens in einem angemessenen Verhältnis stehen müsse, wird darüber hinaus durch das Verbot betont, die Untersuchungshaft anzuordnen, wenn sie zu der Bedeutung der Sache und der zu erwartenden Strafe oder Maßregel außer Verhältnis steht (§ 112 Abs. 1 Satz 2).

Sollen diese beiden Bestimmungen die Anordnung der Untersuchungshaft einschränken, so dienen zwei weitere Änderungen dem Ziel, die Haft abzukürzen.

Daß die erste Haftprüfung bei mündlicher Verhandlung ein sehr wirksames Mittel sein kann, das Verfahren zu konzentrieren und damit abzukürzen (s. u. 1 zu § 118), kann nicht zweifelhaft sein. Die periodische Wiederholung der Haftprüfung (§ 115 a a. F.), selbst gegen den Willen des Beschuldigten, hat aber keinen Gewinn gebracht, sondern im Gegenteil manches Verfahren verzögert (Wagner JZ. **1959** 242). Das Strafprozeßänderungsgesetz läßt sie daher fallen, setzt die Haftprüfung in die Initiative des Beschuldigten (§ 117) und stellt ihm dazu in beschränktem Umfang die mündliche Verhandlung zur Verfügung, allerdings nicht über ein freiheitsentziehendes Urteil hinaus (§ 118).

Der Verzicht auf periodische Haftprüfung ist wohl dadurch erleichtert worden, daß die Untersuchungshaft vor einem freiheitsentziehenden Urteil nicht länger als sechs Monate dauern darf, wenn die längere Dauer nicht aus der Art des Verfahrens gerechtfertigt ist, und wenn nicht das Oberlandesgericht diese Voraussetzung in einer von Amts wegen anzustellenden Prüfung, die auch die allgemeinen Haftvoraussetzungen umfaßt, festgestellt hat (§ 121 Abs. 1 und 2). Mit dieser Regelung erfährt die Forderung der Menschenrechtskonvention, daß jeder Verhaftete den Anspruch hat, entweder in angemessener Frist abgeurteilt oder, wenn das nicht geschieht, freigelassen zu werden, ihre nationale Ausgestaltung (s. u. 9).

Von den sonstigen Änderungen ist hervorzuheben: Der bereits erwähnte Grundsatz der Verhältnismäßigkeit wird wiederholt durch die Anordnung, daß der Haftbefehl aufzuheben ist, wenn die weitere Untersuchungshaft zu der Bedeutung der Sache und zu der zu erwartenden Strafe oder Maßregel außer Verhältnis steht (§ 120 Abs. 1 Satz 1, 2. Halbsatz). — Kann der Festgenommene dem zuständigen Richter nicht fristgemäß vorgeführt werden, dann ist er dem nächsten Richter von Amts wegen vorzuführen (§ 115a Abs. 1) und nicht mehr nur dann, wenn er es verlangt (§ 114c Abs. 1 a. F.). Die Vorführung vom nächsten zum zuständigen Richter wird, was weder unbedenklich noch für das weitere Verfahren zweckmäßig ist, von einem Antrag des Beschuldigten abhängig gemacht. — Der Vollzug der Untersuchungshaft kann weitergehend als bisher ausgesetzt werden (§ 116), nicht nur (§ 117 a. F.) bei Fluchtgefahr.

Die bisherigen sichernden Maßnahmen vor dem Urteil (§ 111a: vorläufige Entziehung der Fahrerlaubnis; § 126a: einstweilige Unterbringung eines Zurechnungsunfähigen) baut der Gesetzgeber durch den Haftgrund der Wiederholungsgefahr bei Sittlichkeitsverbrechern weiter aus. Trotz der Benennung handelt es sich dabei nicht um Untersuchungshaft, sondern um Sicherungshaft (s. u. 13a zu § 112), zu der am Ende der übernächsten Anmerkung weitere Ausführungen zu machen sind.

5. Statistische Angaben. Ehe zu einer Kritik des geltenden Rechts fortgeschritten wird, erscheint es geboten, das Augenmerk auf einige statistische Unterlagen zu wenden, weil die Probleme der Untersuchungshaft vielfach mehr nach dem Gefühl beurteilt werden, das durch eine mehr oder minder große Zahl von Einzelfällen erregt worden ist, als auf der Grundlage einwandfreier Feststellungen. Das dafür vorliegende Material ist allerdings gering; es gestattet zwar Einblicke, aber keine abschließende Beurteilung.

Der Anteil der lediglich wegen Verdunkelungsgefahr Verhafteten betrug nach einer Reichsstatistik aus dem Jahre 1908 (Reichstag, Aktenstück 638, S. 3723; Materialien zur Strafrechtsreform, 13. Band) 0,49%, nach einer bremischen Statistik aus dem Jahre 1959 (MschrKrim. **45** 103) 0,37%.

Nach der Statistik von 1908 waren in Haft wegen Verdachts lediglich einer Übertretung 55,22%. Vergleichszahlen für die gegenwärtige Zeit ließen sich nicht ermitteln, doch kann mit Sicherheit gesagt werden, daß der Anteil der Übertretungssachen heute weit geringer ist.

Zur Dauer der Untersuchungshaft haben die Landesjustizverwaltungen im Jahre 1962 eine Erhebung in elf Landgerichtsbezirken durchgeführt. Durch die statistische Untersuchung wurden 19,4% der Gerichtseingesessenen der Bundesrepublik in Bezirken mit großstädtischem, mittelstädtischem und überwiegend ländlichem Charakter erfaßt. In der Zeit vom 1. 1. bis 31. 12. 1961 wurde in diesen Bezirken mit einer Gesamtbevölkerung von 10844497 Seelen in 441015 Fällen ein Strafverfahren entweder durch Verfügung der Staatsanwaltschaft oder durch rechtskräftige gerichtliche Entscheidung abgeschlossen. In diesen Verfahren wurden 9724 Beschuldigte in Untersuchungshaft genommen, d. s. 2,21%.

Diesen Erhebungen, die der Bundesminister der Justiz in der sog. Querschnittsstatistik zusammengestellt hat, sind über die Dauer der Untersuchungshaft die nachstehenden Zahlen zu entnehmen, denen die der oben erwähnten Reichsstatistik beigefügt sind.

Statistik	Dauer der Untersuchungshaft		
	bis zu 3 Monaten bei	mehr als 3 bis 6 Monate bei	mehr als 6 Monate bei
Querschnittsstatistik 1961	72,1%	20,0%	7,9%
Reichsstatistik 1908	94,1%	5,9%	
	der Untersuchungsgefangenen		

Vor der Anklageerhebung endete die Untersuchungshaft in 20,44% der Haftsachen. In 1,72% der Fälle dauerte die bei Anklageerhebung noch vollstreckte Untersuchungshaft länger als sechs Monate.

Über die Beendigung der Verfahren ergibt die Querschnittsstatistik:

Ohne Verurteilung ist das Verfahren in 9,8% der Fälle beendet worden, davon in 3,3% durch Freispruch. Einer preußischen Statistik für 1925 (DRiZ. **1926** 367) sind für die gleichen Gruppen die Sätze von 12,4% und von 4,5% zu entnehmen, der genannten bremischen die Zahlen von 11,9 und 3,29%.

Verurteilt worden sind:

Zu Geldstrafe	1,0 %,
zu einer zur Bewährung ausgesetzten Freiheitsstrafe	15,0 %,
zu einer Freiheitsstrafe, die nicht von längerer Dauer als die Untersuchungshaft war	11,4 %,
zu einer Freiheitsstrafe, die von längerer Dauer als die Untersuchungshaft war	62,8 %.

Die Dauer der in Haftsachen erkannten Freiheitsstrafen ist in der oben erwähnten bremischen Statistik wie folgt festgestellt:

Freiheitsstrafe bis zu 6 Wochen	22,16%,
Freiheitsstrafen von mehr als 6 Wochen bis zu 3 Monaten	10,63%,
Freiheitsstrafen von mehr als 3 Monaten bis zu 6 Monaten	10,63%,
Freiheitsstrafen von mehr als 6 Monaten bis zu 1 Jahr	17,57%,
Freiheitsstrafen von mehr als einem Jahr, unbestimmte Jugendstrafe, Zuchthaus, Sicherungsverwahrung, Heil- und Pflegeanstalt	24,54%,
zus.	85,53%.

Demnach machen die Verurteilungen bis zu 6 Monaten 43,42%
aus. Nimmt man dazu die Erledigungen ohne Urteil (8,61%), die Freisprüche (3,29%) und die Verurteilungen zu Geldstrafen (2,57%), die insgesamt 14,47%
betragen haben, so ergeben sich 57,89%
der Untersuchungsgefangenen, bei denen die Untersuchungshaft besonderer Rechtfertigung bedarf. Zum Teil kann sie darin gefunden werden, daß ein Teil der in einer Hafenstadt Straffälligen keine örtliche Bindung hat. So wurden nach einer bremischen Statistik für 1961 festgenommen

nach Fahndung oder Flucht	20,5 %,
weil ohne festen Wohnsitz in der Bundesrepublik	18,9 %.

6. Kritik. Der Untersuchungsgefangene gilt, da er noch nicht verurteilt ist, als unschuldig (Art. 6 Abs. 2 MenschRKonv.); zuweilen, wenn auch selten, ist er es. Mit der Anordnung der Untersuchungshaft ist von Rechts wegen kein Vorwurf verbunden. Gleichwohl belastet die Haft den Gefangenen schwer. Von der Außenwelt weitgehend abgeschlossen, um Familie, Beruf und soziale Stellung besorgt, kann er in eine seelische Erschöpfung geraten, die ihn in seiner Verteidigungsfähigkeit beeinträchtigt. Ein solcher Zustand läuft nicht nur seinem Interesse zuwider, sondern auch dem des Staates, der die freie Verteidigung als eine der Grundlagen, die Wahrheit zu finden, jederzeit sicherstellen muß. Daher darf die Untersuchungshaft nur dann verhängt und nur solange aufrechterhalten werden, als das unbedingt erforderlich ist (v. Hippel, § 66 B I).

Das neue Haftrecht ist, wenn es richtig angewendet wird, weitgehend geeignet, sowohl dem Zweck der Untersuchung zu dienen, als auch der Forderung nachzukommen, von der Untersuchungshaft nur den sparsamsten Gebrauch zu machen. Es ist keine Ideallösung; die gibt es nicht. Es läßt aber auch erfüllbare Wünsche für eine künftige Reform offen. Soweit den Statistiken und der Erfahrung der Praxis Anhaltspunkte entnommen werden können, ist dazu zu bemerken:

Will der Richter einen Beschuldigten in Haft nehmen, muß er die Voraussetzungen des § 112 nachweisen, sie nach § 114 begründen und sogleich nach § 116 prüfen, ob er davon absehen kann, die angeordnete Haft zu vollziehen. Die Regeln, die er nach den drei Bestimmungen zu beachten hat, sind zu vielfältig und kompliziert (s. u. spätere Änderungen Abs. 4 bei § 112; 7 Abs. 2 zu § 114; 4 Abs. 3 zu § 116). Haben sie ihren Zweck erfüllt, die Untersuchungshaft einzuschränken, wird ein künftiger Gesetzgeber einfachere Formulierungen vorziehen.

Der Haftgrund des Fluchtverdachts ist in keinem Strafprozeßrecht zu entbehren. Der Grundsatz der Verhältnismäßigkeit, den das neue Haftrecht zweimal betont (§ 112 Abs. 1 Satz 2; § 120 Abs. 1, 2. Halbsatz), verlangt jedoch bei Bagatellstrafsachen Zurückhaltung. Dem trägt § 113 Rechnung, doch hätte der Gesetzgeber dem Richter mehr Verantwortung abnehmen und die Ausnahmeregelung großzügiger gestalten können (s. u. spätere Änderungen Abs. 2 bei § 113).

Die Zahl der Fälle, in denen Untersuchungshaft ausschließlich wegen Verdunkelungsgefahr verhängt wird, ist klein. Von einem Mißbrauch dieses Haftgrunds wird man nicht sprechen können, wenn er auch in seltenen Fällen beobachtet worden ist („weil die Ermittlungen noch nicht abgeschlossen sind"). Der Haftgrund ist für Ausnahmefälle nicht zu entbehren (Rosenberg, S. 1447). Wenn jetzt auf die aus bestimmten Tatsachen erkennbare Absicht abgestellt wird, in genau umschriebenen Formen zu verdunkeln, ist die Grenze des für die Praxis Tragbaren erreicht. Der Haftgrund kann keineswegs, wie gelegentlich gefordert worden ist, an die Voraussetzung geknüpft werden, daß der Beschuldigte in der laufenden Strafsache bereits einmal zu verdunkeln unternommen habe.

Die neugeschaffene Untersuchungshaft bei Verbrechen wider das Leben (§ 112 Abs. 4) ist keine Bereicherung des Haftrechts. Der grobgeschnittene Tatbestand hat auch alsbald zu Auslegungsschwierigkeiten und zu einer Korrektur durch das Bundesverfassungsgericht geführt (s. u. 14 zu § 112; 7 zu § 116). Bei einer künftigen Reform sollte auf ihn verzichtet werden.

Das Gericht muß den Haftbefehl aufheben, „sobald" die Voraussetzungen der Untersuchungshaft nicht mehr vorliegen (§ 120 Abs. 1 Satz 1). Dazu muß der Richter unabhängig von Anträgen jederzeit prüfen, ob der Haftbefehl aufzuheben oder sein Vollzug auszusetzen ist (s. u. 20 zu § 112; I zu § 120). Es war ein überzeugender Gedanke, den Richter an diese dauernde Pflicht durch den Befehl periodischer Haftprüfung zu gemahnen. Die gute Idee hat sich indessen in der Praxis nicht bewährt. Haftbefehle sind häufiger auf wohlbegründete Anträge, auf Haftbeschwerden und namentlich auf weitere Beschwerden aufgehoben worden, als bei periodischen Haftprüfungen. Da mit diesen vielfach Zeit vertan worden ist, die besser den Ermittlungen gewidmet worden wäre, ist die Entscheidung der Novelle, die Haftprüfung in die Initiative des Beschuldigten zu stellen, ein beachtlicher Versuch; wie er sich auswirkt, wird sorgfältig zu beobachten sein. Die Staatsanwaltschaft wird die Haftfrage von Amts wegen bei der nicht geringen Zahl von Beschuldigten prüfen müssen, die sich aller Anträge und Beschwerden enthalten.

Erinnert man sich des verhältnismäßig großen Anteils von Gefangenen, deren Verfahren ohne Urteil, mit Freispruch, mit Geldstrafe oder mit geringen oder zur Bewährung ausgesetzten Freiheitsstrafen endet, dann empfindet man die doppelte Betonung des Grundsatzes der Verhältnismäßigkeit als den größten Gewinn, den die Neufassung erwarten läßt. Daneben kommt der Haftprüfung, die das Oberlandesgericht vor Ablauf von sechs Monaten anstellen muß, nahezu gleiche Bedeutung zu. Zu Unrecht bezeichnet Spiecker sie als eine bloße Verzögerung des Verfahrens (S. 101). Sie wird sich im Gegenteil wegen der strengen Anforderungen für eine Haftverlängerung als ein starker Antrieb erweisen, die Ermittlungen zu beschleunigen. Leider sind die §§ 121, 122 nicht klar genug abgefaßt und in einem Punkte auch nicht unbedenklich (s. u. 1 zu § 121).

Die durch die Statistik ausgewiesene Verlängerung der durchschnittlichen Haftzeit ist wohl in erster Linie auf eine Verlängerung der Bearbeitungszeit zurückzuführen. Dieser Umstand richtet das Augenmerk auf die Erkenntnis, daß letztlich nicht der Gesetzestext über die Güte des Haftrechts entscheidet, sondern seine Anwendung in der Praxis. Wenn die Praxis jede Routine vermeidet (Sauer, S. 1994), wenn sie der Erfahrung vertraut, daß der mit der Untersuchungshaft Verschonte nur sehr selten die Flucht ergreift (Alsberg, S. 1436), wenn sie sich durch gleichwohl gelegentlich getäuschtes Vertrauen nicht verhärten läßt, wird eine maßvolle Haftpraxis zu erzielen sein. Konzentrierte Bearbeitung und der Einsatz technischer Mittel, zu denen namentlich Hilfsakten (Nr. 12 Abs. 1 RiStV.) mit den Durchschlägen von Vernehmungsprotokollen usw. gehören (Spiecker, S. 102), werden das Verfahren in Haftsachen und damit die Untersuchungshaft wirksam abkürzen helfen. Allerdings scheint auf der Seite der Verteidigung ein Mißverständnis vorzuliegen, wenn sie einen Grundsatz des Strafrechts aufs Haftrecht übertragen will mit der Formel, „daß es eher gerechtfertigt sein kann, in zehn Fällen eine berechtigte Untersuchungshaft zu unterlassen, als in einem einzigen gesetzwidrig eine Untersuchungshaft zu verhängen" (Dahs NJW. **1959** 506). Die Annahme, daß willentlich Untersuchungshaft gesetzwidrig verhängt würde, sollte ausscheiden. Ersetzt man, wozu der Vergleich mit dem Grundsatz in dubio pro reo drängt, das Wort „gesetzwidrig" durch das wohl gemeinte Wort „zweifelhaft", so ist zu entgegnen: Was in bezug auf ein endgültiges Urteil notwendig ist, wäre fehlerhaft für eine vorläufige Maßnahme, die auf Verdachtsgrundlage das Verfahren sichern soll. Die Justiz darf diese Sicherung nicht übertreiben, aber sie ist nicht befugt, auf sie zu verzichten (Peters, § 47 VIII Abs. 2).

Kritik hat die „Untersuchungshaft" für Sittlichkeitsverbrecher erfahren, von denen Wiederholungsgefahr droht (§ 112 Abs. 3). Allerdings wäre es richtiger gewesen, sie klar als Sicherungshaft auszugestalten und mit der vorläufigen Entziehung der Fahrerlaubnis (§ 111a) und der einstweiligen Unterbringung (§ 126a) in einem Abschnitt zusammenzustellen. Diese vorläufigen Maßnahmen sind solange gerechtfertigt, als auch die endgültige Entziehung der Fahrerlaubnis (§ 42 m StGB.) und die Anordnung der Unterbringung in einer Heil- oder Pflegeanstalt (§ 42b StGB.) dem Strafverfahren überlassen bleiben und nicht ins Verwaltungsverfahren zurückgegeben werden. Hält man danach die beiden vorläufigen Maßnahmen im Strafprozeß für zulässig, dann kann man nicht die Sicherungshaft für Wiederholungstäter ablehnen. Dem Einwand Baumanns (S. 693), eine vorläufige Verwahrung wäre nur sinnvoll, wenn das Strafrecht die Verwahrung gefährlicher Täter allgemein zuließe, ist entgegenzuhalten, daß die Strafe Elemente der Sicherung in sich trägt, und somit die Sicherungshaft für Sittlichkeitsverbrecher, von denen Wiederholungsgefahr droht, eine vorweggenommene Strafvollstreckung ist. Sie ist nicht systemwidriger als die vorweggenommene Unterbringung in einer Heil- oder Pflegeanstalt oder als die vorweggenommene Entziehung der Fahrerlaubnis.

Der Ernst, mit dem der Gesetzgeber die Sicherungshaft beschränkt hat, verdient Achtung; aber anzuerkennen ist das Ergebnis nicht. Ebenso wie der Sittlichkeitsverbrecher, der sich laufend an Kindern vergangen hat, können auch der arbeitsscheue Seriendieb und der Kreditbetrüger (Habenicht, S. 402), der ein Loch aufreißt, um ein anderes zu stopfen, feste Wohnung haben, in ihr Schicksal ergeben sein und keine Fluchtgedanken hegen. Aber vom Verbrechen werden sie ebenso wie der Sittlichkeitsverbrecher allenfalls dann lassen, wenn sie ihre Strafe verbüßt haben werden. Sie bilden eine Gefahr für die Allgemeinheit ebenso wie der Sittlichkeitsverbrecher, von dem Wiederholung droht, wie der geisteskranke Verbrecher (§ 126a) und wie der gemeingefährliche Kraftfahrer (§ 111a). Aber die Mittel, die für die drei genannten Gruppen zur Verfügung stehen, um die Öffentlichkeit vor weiteren Straftaten zu sichern, versagt das Gesetz gegenüber schuldfähigen Tätern, von denen auf anderen Gebieten als dem der Sittlichkeitsverbrechen und des Straßenverkehrs durch Wiederholung ihrer Straftaten eine Gefahr für die Allgemeinheit droht. Die meisten von ihnen sind Verbrecher, die Diebe und Betrüger wegen Rückfalls, und viele von ihnen kamen bisher in Untersuchungshaft, „weil der gesetzlich begründete Fluchtverdacht durch die persönlichen Verhältnisse des Beschuldigten nicht ausgeräumt wird". Sie bilden auch den größten Anteil an der Gruppe der Untersuchungshäftlinge, die keine Haftbeschwerde einlegen, so daß die gesetzlich nicht einwandfreie aber nicht unverständliche (Seibert NJW. **1950** 773: Man sollte „doch die Kirche im Dorfe lassen") Haftanordnung selten angegriffen wurde. Das neue Haftrecht läßt diese Begründung nicht mehr zu; der Richter wird ihm bekannte Neigungstäter entlassen müssen. Sie werden nicht fliehen, aber alsbald wieder straffällig werden, bis sie zum Strafvollzug eingesperrt und durch ihn für einige Zeit abgeschreckt sind. Es wäre daher erwünscht, daß — gewiß unter strengen Voraussetzungen — der Haftgrund des § 112 Abs. 3 zu einer allgemeinen vorläufigen Verwahrung für Neigungstäter ausgebaut würde, damit Beschuldigte in Haft genommen werden könnten, die wegen ihrer Neigung zu erheblichen Straftaten deshalb eine Gefahr für die Allgemeinheit bilden, weil zu erwarten ist, daß sie serienmäßig verübte Straftaten fortsetzen, solange sie nicht durch den Strafvollzug davon abgeschreckt worden sind. Die Menschenrechtskonvention läßt in Art. 5 Abs. 1 Buchst. c die Freiheitsentziehung zu dem Zweck zu, den Beschuldigten zu hindern, eine strafbare Handlung zu begehen. In Übereinstimmung damit sieht das Jugendgerichtsgesetz die einstweilige Unterbringung in einem Erziehungsheim vor, wenn Jugendstrafe zu erwarten und die Unterbringung geboten ist, u. a. um einem Mißbrauch der Freiheit zu neuen Straftaten entgegenzuwirken (§ 71 Abs. 2 JGG.).

Zum Abschluß sei noch auf einige Einzelheiten hingewiesen: Zwar wird man die zuweilen nicht ganz unbedenkliche Entlassung bei Freispruch (§ 120 Abs. 1 Satz 2) hinnehmen können. Dagegen ist es oft schwer tragbar, daß § 120 Abs. 2 auch bei sonstigen haftaufhebenden Entscheidungen verbietet, die Vollziehung auszusetzen (§ 307 Abs. 2), wenn Beschwerde erhoben wird. Eine aufschiebende Wirkung für die staatsanwaltliche Beschwerde (vgl. § 454 Abs. 2 Satz 2), wenn sie innerhalb von 24 Stunden eingelegt wird, für die Dauer von etwa drei Tagen wäre der Praxis dringend erwünscht. — Der in § 127 Abs. 3 zum Ausdruck kommende Grundsatz muß in § 114 aufgenommen werden. — Die Bestimmungen über die Sicherheitsleistung gehören zu den am schlechtesten gefaßten des Gesetzes (Gerding, S. 1), die 1. Alternative von § 123 Abs. 3 ist nahezu unverständlich (s. u. 7 zu § 123). — § 119 würde nach dem Vorbild von E. 1930 (§ 132) besser am Schluß des Abschnitts stehen.

7. Untersuchungshaft und einstweilige Unterbringung. Zweck der Untersuchungshaft ist, ein inländisches Strafverfahren („die Untersuchung") gegen Verdunkelung und gegen Flucht des Beschuldigten sowie den Antritt einer in diesem Verfahren erkannten Freiheitsstrafe (§ 112 Abs. 1, § 122 Abs. 1) zu sichern. Was für Freiheitsstrafe gilt, muß auch für freiheitsentziehende Maßregeln (§§ 42b, 42c, 42d, 42e, 42i StGB.) gelten, die einen Schuldfähigen treffen sollen (OLG. Köln NJW. **1956** 1289). Den Vollzug nicht freiheitsentziehender Maßregeln (§§ 42l, 42m StGB.) oder einer Geldstrafe sicherzustellen, ist dagegen nicht Zweck der Untersuchungshaft (s. u. II 4 zu § 122). Ebenso darf sie keine erzieherischen (s. u. 5c zu § 116) oder strafverhütenden Zwecke erfüllen. Grundsätzlich hat sie auch nicht, wie gelegentlich (Siegert JW. **1925** 930; Hartung, S. 926) behauptet worden ist, die Funktion, die Allgemeinheit vor weiteren Straftaten zu schützen (Sicherungshaft). Eine Ausnahme enthält das geltende Recht in § 112 Abs. 3 (Untersuchungshaft bei Sittlichkeitsverbrechern), doch bestätigt diese einmalige Ausnahme zugleich die Regel. Selbstverständlich ist, daß die Untersuchungshaft kein Druckmittel sein darf, um den Verhafteten geständnisreif zu machen (Kohlrausch, S. 1441), und keine Erleichterung, damit ungestört ermittelt werden kann (Seibert NJW. **1950** 773; Roesen, S. 1734; Schmidt-Leichner, S. 845).

Die Untersuchungshaft ist Einsperrung in einer geschlossenen Anstalt, wobei die zivile Lebensführung soweit als möglich unangetastet bleiben muß, aber so weit eingeschränkt werden darf, als es notwendig ist, den Haftzweck zu sichern und die Ordnung in der Anstalt aufrechtzuerhalten. Das Verhalten des Gefangenen wird nach dem Wortlaut des Gesetzes anhand (kaum zulänglicher) gesetzlicher Richtlinien durch eine Unzahl richterlicher Verfügungen geregelt. In Wirklichkeit wird es durch die Untersuchungshaftvollzugsordnung bestimmt, die im Einzelfall durch richterliche Anordnungen verdrängt werden kann (s. u. I 2 zu § 119).

Ist die Untersuchungshaft danach grundsätzlich lediglich eine prozeßsichernde Maßnahme, die an einem als unschuldig Geltenden (Art. 6 Abs. 2 MenschRKonv.) vollzogen wird, so wird sie doch „erlitten" (§ 60 StGB.); der Untersuchungsgefangene empfindet sie als ein Übel. Dieses trifft den Gestrauchelten oft härter als die Strafhaft; für den Kriminellen dagegen nimmt die Untersuchungshaft die Strafe in erleichterter Form vorweg. Wegen ihres Übelcharakters kann sie auf die Strafe angerechnet werden (§ 60 StGB.; dazu Ackermann NJW. **1950** 367). Die Anrechnung ist die Regel, doch wird die Untersuchungshaft, die während der Behandlung eines erfolglosen Rechtsmittels verbüßt wird, meistens nicht angerechnet, weil es nicht in der Hand eines Gefangenen liegen kann, durch aussichtslose Rechtsmittel einen Teil der Strafe in der erleichterten Form der Untersuchungshaft zu verbüßen. Die Überlegung sollte dazu zwingen, die Rechtsmittelhaft anzurechnen, wenn der Angeklagte sich, wenn auch rechtsirrig, subjektiv beschwert fühlen durfte. So wird auch weitgehend verfahren. Da es indessen schwierig ist, frivole Rechtsmittel von den zwar subjektiv aussichtsvollen, aber objektiv offensichtlich unbegründeten abzugrenzen, läßt sich diese Forderung nicht rein verwirklichen.

Die einstweilige Unterbringung (§ 126a) dient im Gegensatz zur Untersuchungshaft nicht der Verfahrenssicherung. Wie die Untersuchungshaft sichert sie den künftigen Vollzug einer Freiheitsentziehung, doch ist das nicht ihre Aufgabe. Der Zweck, der dazu geführt hat, die Rechtseinrichtung zu schaffen, ist vielmehr ein der Untersuchungshaft fremder: die Allgemeinheit vor weiteren Straftaten des verbrecherischen Geisteskranken zu schützen. Weil der einstweiligen Unterbringung der Charakter des Vorläufigen anhaftet, wird sie in vielen Beziehungen wie die Untersuchungshaft behandelt (§ 126a Abs. 2 Satz 1). Ihrer Bestimmung nach gehört sie mit der vorläufigen Entziehung der Fahrerlaubnis und mit der „Untersuchungshaft" gegen wiederholungsverdächtige Sittlichkeitsverbrecher (s. u. 13a zu § 112) zusammen.

Die äußere Grundlage für die Untersuchungshaft ist der Haftbefehl (§ 114), doch kann die Vollstreckung eines zu erwartenden Haftbefehls in Eilfällen vorweggenommen werden (§ 127 Abs. 2). Der einstweiligen Unterbringung dient der Unterbringungsbefehl (§ 126a). Grundlage des Vollzugs ist in beiden Fällen ein schriftliches richterliches Aufnahmeersuchen (§ 15 UVollzO.). Der Haftbefehl und der Unterbringungsbefehl können nur durch eine andere richterliche Anordnung aufgehoben werden. Automatische Folgen der Verletzung von richterlichen Pflichten, etwa einer unterlassenen Vernehmung (§ 114b), einer übersehenen Entscheidung auf einen Antrag auf mündliche Verhandlung (§ 114d Abs. 1), eines unterbliebenen Haftprüfungsverfahrens (§ 115a), sieht das Gesetz nicht vor. Deshalb kommt der Benachrichtigung eines Außenstehenden von jeder Entscheidung über die Fortdauer der Haft oder der einstweiligen Unterbringung (§ 114b Abs. 1; § 126a Abs. 2 Satz 1) besondere Bedeutung zu.

Im Privatklageverfahren sind Untersuchungshaft und einstweilige Unterbringung ausgeschlossen (Hartung, 6 zu § 112; Hippel, S. 442; SchwKleinknecht, 2 zu § 112; Sangmeister NJW. **1964** 16; s. u. 5 zu § 387; Begr. E. 1919 S. 68; a. A. OLG. Köln Alsb. E. **1** 249; Lobe-Alsberg, Einl. 8). Für den Ausschluß spricht allerdings nicht (so EbSchmidt, 7 zu § 112) die Fassung von § 125 Abs. 1, wo auf die Erhebung der öffentlichen Klage abgestellt ist. Denn nach Eröffnung des Hauptverfahrens richtet sich das weitere Verfahren nach den Vorschriften, die für den Offizialprozeß gegeben sind (§ 384 Abs. 1). Sie umfassen die Untersuchungshaft (Lobe-Alsberg, a. a. O.) ebenso wie etwa die Beschlagnahme (s. o. I 2a aa zu § 94; EbSchmidt, Vorbem. 5 zum achten Abschnitt), bei der in § 98 Abs. 2 Satz 3 ebenso wie in § 125 Abs. 1 nur von öffentlicher und nicht auch von Privatklage die Rede ist. Wohl aber spricht § 387 Abs. 3 gegen die Zulässigkeit der Untersuchungshaft in Privatklagesachen. Er läßt beim Ausbleiben des im Privatklageverfahren Angeklagten nur die Vorführung, aber keinen Haftbefehl zu. Aus dem Gegensatz zu § 230 Abs. 2 kann auf die Unzulässigkeit der Untersuchungshaft im Privatklageverfahren schlechthin geschlossen werden (EbSchmidt, a. a. O.; a. A. — § 114 und § 230 StPO. sind ganz und gar unterschiedlich — Sangmeister, a. a. O.). Ausschlaggebend ist aber wohl die Erwägung — die auch das gesetzgeberische Motiv für § 387 Abs. 3 sein dürfte —, daß nach dem Grundsatze der Verhältnismäßigkeit der schwere Eingriff der Untersuchungshaft — anders als die Beschlagnahme — bei solchen Delikten ausgeschlossen ist, die zu verfolgen der Staat dem Privaten überläßt, weil kein öffentliches Interesse besteht, das von Amts wegen zu tun. Auch die einstweilige Unterbringung scheidet aus ähnlichen Erwägungen aus. Kommt Untersuchungshaft oder einstweilige Unterbringung in Betracht, was nach Art der Delikte ohnehin selten der Fall sein wird, dann liegt die Verfolgung im öffentlichen Interesse (§ 376).

Ergänzende Anordnungen zur Untersuchungshaft und zur einstweiligen Unterbringung treffen § 207 Abs. 4 und § 268b (Entscheidung über die Fortdauer der Untersuchungshaft oder der einstweiligen Unterbringung bei Zulassung der Anklage und bei Verurteilung).

Weitere Vorschriften über Haft enthalten § 230 Abs. 2, § 236 (sog. Ungehorsamshaft; s. dazu u. 1 zu §§ 112, 113), § 457 (Haftbefehl zur Erzwingung des Strafantritts); § 177 GVG.; § 164 StPO. (Sitzungspolizei), § 178 GVG. (Ordnungsstrafe), § 183 GVG. (vorläufige Festnahme in der Sitzung). Besonders, aber in Anlehnung an das Haftrecht der Strafprozeßordnung, ist die Haft in Auslieferungssachen geregelt in §§ 10 bis 23, 30 DAG., und diejenige für Gerichte der SBZ. in § 4 Abs. 3 RAHG.

8. Landesverfassungsrecht. Einige Landesverfassungen enthalten Bestimmungen, durch die Schutzvorschriften des Haftrechts verschärft oder Anordnungen getroffen werden, die der Strafprozeßordnung entgegenstehen. Zur ersten Gruppe gehören Art. 19 Abs. 2 LVerf. Hessen und Art. 5 Abs. 2 Satz 1 LVerf. Rheinland-Pfalz. Danach ist der Festgenommene binnen 24 Stunden dem Richter vorzuführen, und nicht spätestens am Tage nach der Ergreifung oder vorläufigen Festnahme (§ 115 Abs. 1, § 115a Abs. 1, § 128 Abs. 1). Hierzu rechnet weiter Art. 102 Abs. 2 Satz 1 LVerf. Bayern. Nach dieser Vorschrift ist der Festgenommene spätestens am Tage nach der Festnahme dem zuständigen Richter vorzuführen. Die Möglichkeit, ihn zum nächsten Amtsrichter zu bringen (§ 115a Abs. 1), entfällt (wenn man nicht die Worte zuständiger Richter als gesetzlicher Richter lesen will). Zur anderen Gruppe zählen Art. 5 Abs. 4 Satz 3 LVerf. Bremen, Art. 19 Abs. 2 Satz 1 LVerf. Hessen und Art. 5 Abs. 2 Satz 2 LVerf. Rheinland-Pfalz. Dort wird angeordnet, daß das Gericht in bestimmten Zwischenräumen — in Hessen und Rheinland-Pfalz monatlich, in Bremen alle zwei Monate — von Amts wegen nachprüfen müsse, ob die Fortdauer der Haft gerechtfertigt sei. Diese Bestimmungen stehen in Widerspruch zu § 117, der abgesehen von einer Ausnahme (§ 117 Abs. 5) keine periodische Haftprüfung von Amts wegen mehr kennt; der Gesetzgeber hat sie vielmehr ausdrücklich verworfen (vgl. § 117 in der Fassung des Entwurfs und der zweiten Lesung; BTDrucks. IV 2378, S. 10).

Alle diese Vorschriften haben ihren Platz in den Grundrechtsteilen der Landesverfassungen. Wenn sie Landesgrundrechte enthalten, ist ihre Gültigkeit nach Art. 142 GG. zu beurteilen. Ob sie Grundrechte sind oder (nur) Verfassungsbefehle, die an Grundrechte angeschlossen sind, und ob sie im letzten Fall Grundrechtsrang haben und daher wie Grundrechte zu behandeln sind, kann dahingestellt bleiben. Denn alle Vorschriften sind in bezug auf die Strafprozeßordnung außer Gültigkeit (Spitta, LVerf. Bremen, Anmerkung zu Art. 5 Abs. 3 bis 5, letzter Satz; Stein in Zinn-Stein, LVerf. Hessen, 1 zu Art. 19; OLG. Bremen MDR. **1965** 317; a. A. Süsterhenn-Schäfer, LVerf. Rheinland-Pfalz, 2 zu Art. 5; Dürig in Maunz-Dürig, GG., 42 zu Art. 104; Baumann, Festschr. für EbSchmidt, S. 534.

Nach Art. 31 GG. bricht Bundesrecht Landesrecht; d. h. zulässiges Bundesrecht beseitigt Landesrecht, das zum gleichen Gegenstand wie Bundesrecht ergangen ist (v. Mangoldt-Klein, BGG., 3c zu Art. 31), auf jeden Fall, wenn es ihm entgegensteht (Maunz bei Maunz-Dürig, GG., 6 zu Art. 31), und zwar auch dann, wenn das Landesrecht Landesverfassungsrecht ist (Maunz, 5 zu Art. 31). Als Ausnahme hiervon bleiben nach Art. 142 GG. Bestimmungen der Landesverfassungen auch insoweit in Kraft, als sie in Übereinstimmung mit den Art. 1 bis 18 (genauer: 17) des Grundgesetzes Grundrechte gewährleisten. Die Vorschrift hat einen doppelten Inhalt: einmal bleiben mit Bundesgrundrechten übereinstimmende Landesgrundrechte als Landesrecht erhalten, was Bedeutung für den Weg zu den Landesverfassungsgerichten hat (v. Mangoldt, BGG., 2 zu Art. 142; Kratzer, Festschr. für Laforet, S. 112). Zum anderen bleiben Landesgrundrechte in Kraft, die über die Bundesgrundrechte hinausgehen, was sich aus dem Wort „auch" ergibt. Diese Ausnahmen finden aber dann keine Anwendung, wenn der Bundesgesetzgeber durch Gesetz in das Grundrecht eingreifen kann (BVerfGE. **1** 280 = NJW. **1952** 866; BayObLGZ. **1956** 431; Holtkotten, 4a zu Art. 142; v. Mangoldt, GG., 2 zu Art. 142).

Das Verfahren nach Festnahme (Vorführung zum Richter in bestimmter Frist) und bei der Entscheidung über die Haft (alleinige Entscheidungsgewalt des Richters) ist in Art. 104 GG. geregelt. Art. 104 ergänzt Art. 2 Abs. 2 Satz 2 GG., so daß Art. 142 GG. auch für ihn gilt (BayObLGZ. **1956** 431). In das Grundrecht der persönlichen Freiheit darf aber nach Art. 2 Abs. 2 Satz 3 GG. auf Grund eines Gesetzes eingegriffen werden. Das ist durch die Strafprozeßordnung geschehen. Damit sind die angeführten Bestimmungen der Landesverfassungen aufgehoben. Der Aufhebungstermin interessiert hier nicht; er liegt wohl beim Inkrafttreten des Grundgesetzes (Art. 125 GG.), spätestens des Vereinheitlichungsgesetzes.

Die hier wiedergegebene Auffassung entspricht dem System der Art. 71 ff. GG. Die gegenteilige Ansicht würde der wohlausgewogenen Regelung im Neunten Abschnitt des Ersten Buches der Strafprozeßordnung eine sie störende Vielfalt entgegensetzen. Gegenüber der bundesgesetzlichen Regelung könnten allenfalls die verkürzten Vorführungsfristen als eine Verbesserung angesehen werden, freilich recht geringfügiger Natur. Bedenklich ist schon die sicher wohlwollend gemeinte Vorschrift in Art. 102 Abs. 2 Satz 1 LVerf. Bayern, wonach der Beschuldigte spätestens am Tage nach der Festnahme dem zuständigen Richter vorzuführen ist. Wird auf Grund eines in Passau ergangenen Haftbefehls ein Beschuldigter auf einer ostfriesischen Insel im Winter verhaftet, dann kann die Vorführungsfrist selbst unter Benutzung von Flugzeug und Auto nicht innegehalten werden; der Vorführende muß sie überschreiten. Um die Überschreitung gering zu halten, müßte die Vorführung zum nächsten Amtsrichter (§ 115a Abs. 1) unterbleiben, obwohl sie dem Beschuldigten vielleicht am ehesten helfen könnte. Geradezu im Widerspruch mit den Absichten des Strafprozeßänderungsgesetzes steht die periodische Haftprüfung (Art. 5 Abs. 4 Satz 3 LVerf. Bremen, Art. 19 Abs. 2 Satz 1 LVerf. Hessen und

Art. 5 Abs. 2 Satz 2 LVerf. Rheinland-Pfalz). In der Strafprozeßordnung ist sie abgeschafft, weil sie das Verfahren mehr aufgehalten als gefördert hat. Wollte man ein weitergehendes Grundrecht auf periodische Haftprüfung zulassen, würde es in den davon betroffenen Ländern neben der Haftprüfung der §§ 117 und 118 stehen und durch diese Häufung die Verfahren schwer beeinträchtigen. Es ist daher allein sinnvoll, daß Art. 142 GG. weicht und Art. 31 GG. herrscht, wo durch Bundesgesetz der Eingriff in das Grundrecht möglich und vorgenommen ist.

9. Menschenrechtskonvention. Die Konvention hat für das Haftrecht allgemeine Bedeutung, namentlich aber wegen der in Art. 5 Abs. 3 Satz 2 und 3 aufgestellten Pflicht, den Verhafteten, wenn auch ggf. gegen Sicherheitsleistung, zu entlassen, falls er nicht innerhalb angemessener Frist abgeurteilt werden kann. Wegen dieser Bedeutung ist es notwendig, auf die Stellung der Konvention in der deutschen Gesetzgebung einzugehen.

Die Konvention ist durch Art. II des Gesetzes vom 7. 8. 1952 — BGBl. II 685, 953 — mit Gesetzeskraft veröffentlicht worden. Sie ist am 3. 9. 1953 in Kraft getreten (Guradze, S. 171; Carstens, S. 197). In ihrem ersten Abschnitt werden allen der Jurisdiktion der vertragschließenden Staaten unterstehenden Personen Rechte und Freiheiten zugesichert. Werden sie verletzt, kann der Verletzte nach Art. 13 MenschRKonv. bei einer nationalen Instanz Beschwerde einlegen und sich nach Art. 25 MenschRKonv. mit einem Gesuch an die Europäische Kommission für Menschenrechte wenden. Namentlich aus diesen Bestimmungen ist gefolgert worden, daß die Konvention unmittelbar verbindliches innerstaatliches Recht sei (BTVerhdlgen., 1. Wahlp., 9537 C; Hodler, S. 64; Guradze, S. 171; Golsong, S. 9; Echterhölter JZ. **1955** 689; Dürig bei Maunz-Dürig, GG., 59 zu Art. 1 Abs. 2; Münch, S. 154; Woesner, S. 1383; BVerfGE. **6** 440 = NJW. **1957** 868; BGHZ. **25** 61 = NJW. **1957** 1480; BayVGH. DVBl. **1957** 57; OVG. Münster NJW. **1956** 1375; OLG. Bremen NJW. **1960** 1265; OLG. Saarbrücken NJW. **1961** 377). Der Ansicht ist indessen nur im Grundsatz zuzustimmen.

Gem. Art. 60 MenschRKonv. werden durch die Konvention keine in der nationalen Gesetzgebung begründeten Menschenrechte oder grundsätzlichen Freiheiten beschränkt. Daraus folgt, daß nicht schlechthin auf den Wortlaut der Konvention abgestellt werden kann, sondern zunächst ein Vergleich mit dem nationalen Recht anzustellen ist. Dieser Vergleich führt aber nicht nur dann zur Anwendung des nationalen Rechts, wenn dies dem Verhafteten günstiger ist. Vielmehr ist die Geltung nationalen Rechts auch anzunehmen, wenn unbestimmte Begriffe der Konvention im nationalen Recht präzisiert und allgemeine modifiziert enthalten sind. So widerstreitet die vorläufige Unterbringung eines Zurechnungsunfähigen (§ 126a) nicht etwa deshalb der Konvention, weil er weder eine strafbare Handlung begangen hat (Art. 5 Abs. 1 Buchst. c) noch im Einzelfall ein Geisteskranker (Buchst. e) ist. Denn es ist davon auszugehen, daß die Mitgliedstaaten grundsätzlich ihr Recht als mit der Konvention vereinbar ansehen (von Weber ZStW. **65** 346; a. A. Echterhölter JZ. **1956** 142). Demzufolge wollen sie in erster Linie, daß die in der Konvention zugesicherten Rechte in der Form gelten, wie sie im nationalen Recht ausgestaltet sind (vgl. Art. 57). Alsdann kommt dem Grundsatz, daß die Konvention unmittelbar gilt, nur dann Bedeutung zu, wenn sie ein Recht gewährt, das eine der Konvention zeitlich vorangehende nationale Gesetzgebung entweder gar nicht oder nur in so mangelhafter Ausbildung kennt, daß es nicht als dessen Ausgestaltung angesehen werden kann (einschränkender Jescheck, S. 784, und Henrichs MDR. **1955** 140, die jeden Eingriff in das innerstaatliche Recht leugnen).

Für das Recht der Untersuchungshaft kommt eine selbständige Bedeutung der Konvention allenfalls noch für die Entschädigung eines Freigesprochenen für erlittene Untersuchungshaft in Betracht (Echterhölter JZ. **1956** 145; Spiecker, S. 101), doch ist diese Frage hier nicht zu behandeln. Die Bestimmung des Art. 5 Abs. 3 Satz 2 MenschRKonv., wonach jeder Gefangene Anspruch hat, entweder innerhalb angemessener Frist abgeurteilt oder aber — ggf. gegen Sicherheit — aus der Untersuchungshaft entlassen zu werden, ist im deutschen Recht nicht mehr unmittelbar anzuwenden. Denn dieser Haftaufhebungsgrund hat durch §§ 121, 122, namentlich durch § 121 Abs. 1, seine nationale Ausgestaltung erfahren. Diese gilt für die Beteiligten, die Gerichte und die nationalen Beschwerdeinstanzen. Zwar kann der Beschuldigte die Europäische Kommission für Menschenrechte unmittelbar angehen (Art. 25; Bekanntmachung vom 4. 11. 1955 — BGBl. II 914 — und vom 20. 9. 1961 — BGBl. II 1626) mit der Behauptung, die Frist von sechs Monaten (§ 121 Abs. 1) könne schlechthin nicht mehr als angemessen angesehen werden oder die Einschränkungen des Absatzes 1, letzter Halbsatz, seien mit Art. 5 Abs. 3 Satz 2 und 3

MenschRKonv. nicht vereinbar. Aber wenn der Ministerausschuß (Art. 32) oder der Gerichtshof (Art. 48, 50, 56; Bekanntmachung vom 29. 6. 1959 — BGBl. II 786 — und vom 20. 9. 1961 — BGBl. II 1627 —) auf Antrag der Kommission feststellt, daß das deutsche Recht von der Konvention abweicht, dann ist es Sache des Gesetzgebers, entweder eine Änderung der Konvention herbeizuführen oder eine der Strafprozeßordnung zu beschließen (BTVerhdlgen. I 9537 D). Solange das nicht geschehen ist, geht die der Konvention zeitlich nachfolgende gesetzliche Regelung, die die Entlassung nach Ablauf angemessener Frist durch §§ 121, 122 erfahren hat, als späteres Gesetz (Herzog, S. 44) dem Art. 5 Abs. 3 Satz 2 MenschRKonv. vor. Deutsche Gerichte könnten die Frage, ob die §§ 121, 122 nicht mehr als nationale Ausgestaltung des Art. 5 angesehen werden könnten, nur dann prüfen, wenn diese Konventionsbestimmung Verfassungsrang hätte. Das ist indessen zu verneinen.

Die Bestimmungen der Konvention können wegen ihrer beschränkten Geltung nicht als den Gesetzen vorgehende Regeln des allgemeinen Völkerrechts (Art. 25 GG.) angesehen werden (Hodler, S. 66; von Weber MDR. **1955** 386; Echterhölter JZ **1955** 690; Herzog, S. 45; Münch, S. 154; Dürig bei Maunz-Dürig, GG., 57 zu Art. 1 Abs. 2; Guradze, S. 174, erkennt zwar die Grundbestimmungen der Konvention als allgemeines Völkerrecht an, spricht diese Eigenschaft aber dem ganzen Art. 5 mit Ausnahme des ersten Satzes ab). Sie sind auch keine Positivierungen der Menschenrechte des Art. 1 Abs. 2 GG. (Herzog, S. 45; Geck DVBl. **1957** 41; a. A. Echterhölter JZ. **1955** 691; **1956** 142). Endlich liegt auch keine Übertragung gesetzgebender Gewalt nach Art. 24 Abs. 1 GG. vor (Herzog, S. 47). Gegen eine entsprechende Anwendung von Art. 25 und Art. 1 Abs. 3 GG. (Guradze, S. 177) sprechen die Erwägungen, die oben dazu geführt haben, schon die allgemeine unmittelbare Geltung der Konvention nur dem Grundsatze nach zu bejahen.

§ 112

(1) Die Untersuchungshaft darf gegen den Beschuldigten angeordnet werden, wenn er der Tat dringend verdächtig ist und ein Haftgrund (Absätze 2 und 3) besteht. Sie darf nicht angeordnet werden, wenn sie zu der Bedeutung der Sache und der zu erwartenden Strafe oder Maßregel der Sicherung und Besserung außer Verhältnis steht.

(2) Ein Haftgrund besteht, wenn auf Grund bestimmter Tatsachen

1. festgestellt wird, daß der Beschuldigte flüchtig ist oder sich verborgen hält,

2. bei Würdigung der Umstände des Einzelfalles, namentlich der Verhältnisse des Beschuldigten und der Umstände, die einer Flucht entgegenstehen, die Gefahr besteht, daß der Beschuldigte sich dem Strafverfahren entziehen werde (Fluchtgefahr), oder

3. die Absicht des Beschuldigten erkennbar ist,

a) Beweismittel zu vernichten, zu verändern, beiseitezuschaffen, zu unterdrücken oder zu fälschen,

b) auf Mitbeschuldigte, Zeugen oder Sachverständige in unlauterer Weise einzuwirken oder

c) andere zu solchem Verhalten zu veranlassen, und wenn deshalb die Gefahr droht, daß er die Ermittlung der Wahrheit erschweren werde (Verdunkelungsgefahr).

(3) Gegen den Beschuldigten, der eines Verbrechens wider die Sittlichkeit nach § 173 Abs. 1, nach den §§ 174, 175a, 176 oder nach § 177 des Strafgesetzbuches dringend verdächtig ist, besteht ein Haftgrund auch dann, wenn bestimmte Tatsachen die Gefahr begründen, daß der Beschuldigte vor rechtskräftiger Aburteilung ein weiteres Verbrechen der bezeichneten Art begehen werde, und die Haft zur Abwendung der drohenden Gefahr erforderlich ist.

(4) Gegen den Beschuldigten, der eines Verbrechens wider das Leben nach den §§ 211, 212 oder § 220a Abs. 1 Nr. 1 des Strafgesetzbuches dringend verdächtig ist, darf die Untersuchungshaft auch angeordnet werden, wenn ein Haftgrund nach Absatz 2 und 3 nicht besteht.

Entstehungsgeschichte: I. Entw. §§ 98, 99. II. Entw. § 99. III. Entw. § 101.

Änderungsvorschläge: N. E. I, II, § 110. N. E. II, III, § 130. Entw. EGStGB. Art. 70 Nr. 64, §§ 112 bis 112b.

Spätere Änderungen: Die Vorschrift lautete ursprünglich: „Der Angeschuldigte darf nur dann in Untersuchungshaft genommen werden, wenn dringende Verdachtsgründe gegen ihn vorhanden sind und entweder er der Flucht verdächtig ist oder Tatsachen vorliegen, aus denen zu schließen ist, daß er Spuren der Tat vernichten oder daß er Zeugen oder Mitbeschuldigte zu einer falschen Aussage oder Zeugen dazu verleiten werde, sich der Zeugnispflicht zu entziehen." Fluchtverdacht und Verdunkelungsgefahr waren zu begründen, doch war eine Erleichterung der Begründung des Fluchtverdachts für gewisse Fälle (Verbrechen, Ausländer, Landstreicher) eingeräumt. Das führte bei Verbrechen leicht zu einer zu großzügigen Verhaftung. Denn bei vielen Verbrechen wird trotz der Zuchthausandrohung regelmäßig auf nicht zu lange Gefängnisstrafen erkannt, die nicht ernstlich zur Flucht anreizen.

Durch Art. 5 des Gesetzes zur Änderung von Vorschriften des Strafverfahrens und des Gerichtsverfassungsgesetzes vom 28. 6. 1935 (RGBl. I 844) wurde nach dem oben angeführten Text eingefügt: „oder daß er die Freiheit zu neuen strafbaren Handlungen mißbrauchen werde oder wenn es mit Rücksicht auf die Schwere der Tat und die durch sie hervorgerufene Erregung der Öffentlichkeit nicht erträglich wäre, den Angeschuldigten in Freiheit zu lassen". Mit dem ersten Haftgrund wurde „zur Sicherung vor Verbrechen" der Haftgrund des § 96 Nr. 4 MStGO. in die Strafprozeßordnung übernommen; der zweite sollte dem Rechtsbewußtsein des Volkes Genüge tun, welches bei schweren Taten erwarte, daß der Täter sofort in Haft genommen werde (Lehmann, DJust. **1935** 1005; Amtl. Begrdg., abgedruckt im Ergänzungsband zur 19. Auflage, S. 25). Der letztere Haftgrund wurde 1946 beseitigt, der erste zunächst beibehalten, aber durch Art. 3 Nr. 44 VereinhG. gestrichen, weil er „mit rechtsstaatlichem Denken nicht vereinbar" erschien (Begrdg., BTDrucks. I 530, Anl. 19, S. 37). Zugleich umschrieb das Gesetz im Hinblick auf Art. 2 Abs. 2 und Art. 104 GG. die Voraussetzungen der Untersuchungshaft schärfer. Für den Fluchtverdacht wurde etwa die jetzige Fassung erzielt, doch hieß der letzte Halbsatz: „die Befürchtung begründet ist, daß sich der Angeschuldigte dem Strafverfahren entziehen werde". Verdunkelungsgefahr war gegeben, wenn bestimmte Tatsachen vorlagen, welche die Gefahr begründeten, daß der Angeschuldigte durch Vernichtung von Spuren der Tat oder von anderen Beweismitteln oder durch Beeinflussung von Zeugen oder Mitschuldigen die Ermittlung der Wahrheit erschweren werde.

Die gegenwärtige Fassung beruht auf Art. 1 Nr. 1 StPÄG. Sie ist gegenüber dem Regierungsentwurf (BTDrucks. IV 178) noch eindeutiger. Die Wendung, daß „auf Grund bestimmter Tatsachen" eine bestimmte „Gefahr" bestehe, war dort nur für die Definition der Verdunkelungsgefahr gebraucht. Ihre Verwendung auch für die Fluchtgefahr hat erst der Rechtsausschuß herbeigeführt (BTDrucks. IV 1020), von dem auch das Moment der Absicht des Beschuldigten bei der Verdunkelungsgefahr stammt.

Die Änderungsvorschläge des Regierungsentwurfs bezweckten, daß bei beiden Haftgründen auf die objektive Gefahr abgestellt werden soll. Deshalb wurde der Begriff „Befürchtung" ausgeschieden, weil er subjektive Bestandteile enthielt, auf die es nicht entscheidend ankommen sollte (Begrdg., BTDrucks. IV 178, S. 21). Indem der Bundestag die Haftvoraussetzungen noch schärfer gefaßt hat, bringt er seine Absicht zum Ausdruck, die Untersuchungshaft so weit einzuschränken, daß sie nur im äußersten Notfall angewendet wird. Man wird einräumen müssen, daß eine zuweilen zu laxe Haftpraxis zu der fortschreitenden Differenzierung der Haftvoraussetzungen geführt hat; aber es muß deutlich gesagt werden, daß mit den äußerst differenzierten Bestimmungen — zu denen noch die des stets zu prüfenden § 116 hinzuzunehmen sind — die Grenze dessen erreicht ist, was ein Haftrichter in der ihm zur Verfügung stehenden Zeit an Subsumtionsarbeit bewältigen kann.

Die Einschränkung der Untersuchungshaft gibt der Gesetzgeber durch die vom Rechtsausschuß eingefügten Absätze 3 (Wiederholungsgefahr bei Sittlichkeitsverbrechern) und 4 (Verbrechen wider das Leben) zum Teil wieder auf, um anderen für wichtig erachteten Grundsätzen Genüge zu tun.

Schrifttum: Dahs, Die Untersuchungshaft wegen „erkennbarer" Absicht der Verdunkelung, NJW. **1965** 889; Dünnebier, Untersuchungshaft bei Verbrechen wider das Leben, NJW. **1966** 231; Franzheim, Der Nachweis der Verdunklungsabsicht nach § 112 StPO., GA. **1966** 47; Habenicht, Haftgrund der Verdunklungsgefahr und Kleine Strafprozeßreform, JR. **1963** 401; Englische Haftpraxis und Haftgrund der Verdunklungsgefahr, JR. **1964** 401; Hanack, Rechtliches Gehör, Vollstreckbarkeit und Verhaftung beim Widerruf der Strafaussetzung zur Bewährung, JZ. **1966** 43; Hartung, Krankheit und Untersuchungshaft, JR. **1925** 928; Kanka, Untersuchungshaft bei Mord, Totschlag und Völkermord, NJW. **1966** 428; Löwenstein, Die Haftunfähigkeit, JW. **1925** 1458; Schmidt-Leichner, Untersuchungshaft und Grundgesetz, NJW. **1966** 425.

Übersicht

1. Abschließende Regelung. Die sachlichen Voraussetzungen der Untersuchungshaft sind in §§ 112, 113 abschließend aufgeführt. Flucht (Absatz 2 Nr. 1), Fluchtgefahr (Absatz 2 Nr. 2), Verdunkelungsgefahr (Absatz 2 Nr. 3) und Wiederholungsgefahr bei Sittlichkeitsverbrechern (Absatz 3) werden als Haftgründe bezeichnet. Im Gegensatz dazu steht der Fall des Absatzes 4 (Verbrechen wider das Leben; s. u. 5 zu § 114), bei dem ausdrücklich das Wort Haftgrund vermieden wird. Das hat Bedeutung für den Inhalt des Haftbefehls (§ 114 Abs. 2 Nr. 3), ist aber ohne Auswirkung auf den Inhalt der Vernehmung (§ 115 Abs. 3 Satz 2). Dringender Tatverdacht und Haftgrund ergeben zusammen die sachlichen „Voraussetzungen der Untersuchungshaft" (§ 120 Abs. 1 Satz 1); diese rechtfertigen die Haft aber nur, wenn sie nicht außer Verhältnis zu der Bedeutung der Sache und der zu erwartenden Strafe oder Maßregel der Sicherung und Besserung steht (§ 112 Abs. 1 Satz 2; § 120 Abs. 1 Satz 1). Formelle Haftvoraussetzung ist ein schriftlicher Haftbefehl des Richters (§ 114).

Die sachlichen Voraussetzungen der Untersuchungshaft gelten auch für die vorläufige Festnahme nach § 127 Abs. 2. Die vorläufige Festnahme nach § 127 Abs. 1 ist dagegen auch bei weniger strengen Voraussetzungen zulässig. Für die Ungehorsamshaft (§ 230 Abs. 2, § 236) gilt nur der Grundsatz der Verhältnismäßigkeit, wenn er auch nicht oft Anwendung finden wird; sonst ist sie von den eingangs aufgeführten Voraussetzungen ganz unabhängig; sie hat ihre Grundlage in dem Ungehorsam des Angeklagten gegenüber einer Ladung (§ 230 Abs. 2) oder Anordnung (§ 236) und in der Aufklärungspflicht des Gerichts. Die Haftgründe spielen bei ihr keine Rolle. Ebenso wird nicht dringender Tatverdacht gefordert, vielmehr genügt der in der Eröffnung des Haupverfahrens zum Ausdruck kommende hinreichende Verdacht (§ 203). Finden daher § 112 Abs. 1 Satz 1, Abs. 2, 3 und 4 wie auch die Einschränkungen des § 113 keine Anwendung, so gelten doch die §§ 114, 114a, 114b, 115, 115a, 116 bis 124 und 131 auch für sie.

2. Rechtskraft des Strafausspruchs. Die Untersuchungshaft kann bis zur Rechtskraft des Urteils angeordnet werden (s. u. 3). Daher ist die Untersuchungshaft nicht ausgeschlossen, wenn lediglich der Strafausspruch rechtskräftig geworden ist, das Verfahren aber wegen der Anordnung einer Maßregel der Sicherung und Besserung noch anhängig bleibt. Als Maßregeln kommen dabei in erster Linie die freiheitsentziehenden der Unterbringung in einer Heil- oder Pflegeanstalt (§ 42b StGB., jedoch nur gegen den vermindert zurechnungsfähigen Täter; § 126a Abs. 1), in einer Trinkerheilanstalt oder Entziehungsanstalt (§ 42c StGB.) oder in einem Arbeitshaus (§ 42d StGB.) sowie die Sicherungsverwahrung (§ 42e StGB.) in Betracht. Bei dieser wird die Frage kaum von Bedeutung sein; sie wird in der Regel nur beim Arbeitshaus Beachtung fordern. Sind nach Rechtskraft des Schuldspruchs lediglich nicht freiheitsentziehende Maßregeln — Untersagung der Berufsausübung (§ 421 StGB.) und Entziehung der Fahrerlaubnis (§ 42m StGB.) — oder nur eine Geldstrafe zu erwarten, dann ist die Untersuchungshaft zwar rechtlich nicht ausgeschlossen, wohl aber wegen des Grundsatzes der Verhältnismäßigkeit meist nicht zulässig (s. u. 15). Ist das Verfahren noch anhängig, weil über den Maßregelausspruch noch nicht rechtskräftig entschieden worden ist, dann steht auch der Umstand, daß die Strafe durch Anrechnung der Untersuchungshaft nicht nur rechtskräftig, sondern sogar schon vollstreckt ist, der Anordnung oder Fortdauer der Untersuchungshaft nicht entgegen. Denn das durch die Untersuchungshaft gesicherte Verfahren ist erst beendet, wenn es auch in bezug auf zu erwartende Maßregeln rechtskräftig abgeschlossen ist (OLG. Karlsruhe NJW. **1957** 312; OLG. Koblenz NJW. **1957** 313; OLG. Hamm NJW. **1957** 1812; OLG. München NJW. **1958** 431; OLG. Nürnberg MDR. **1958** 363; OLG. Frankfurt NJW. **1958** 1009; OLG. Bremen NJW. **1960** 2260; Händel MDR. **1956** 209; SchwKleinknecht, 1 zu § 112; a. A. OLG. Köln MDR. **1956** 629; EbSchmidt, 7 zu § 123 und MDR. **1956** 630; Schwarz, 22. Aufl., 2 Bb zu § 112).

3. Rechtskraft des Urteils. Die Untersuchungshaft kann gegen den Beschuldigten angeordnet werden, d. h. also (§ 157) gegen den Beschuldigten im Ermittlungsverfahren, gegen den Angeschuldigten nach Erhebung der öffentlichen Klage, gegen den Angeklagten nach Eröffnung des Hauptverfahrens und auch noch nach Erlaß eines Urteils (Schneidewin NJW. **1954** 298; a. A. — kein Haftbefehl nach Erlaß eines Urteils — Wolf NJW. **1954** 60); Beschuldigter ist danach auch der Angeschuldigte und der Angeklagte bis zur rechtskräftigen Verurteilung (OLG. Hamm NJW. **1954** 403). Mit der Rechtskraft enden die Untersuchung und daher grundsätzlich sowohl die Untersuchungshaft (Ausnahme s. u. II 10 Abs. 3 zu § 120) als auch die Befugnis des Gerichts, Entscheidungen über die Untersuchungshaft zu erlassen (Ausnahmen s. u. 6 zu § 126). Ein Haftbefehl kann zwar in zwei Ausnahmefällen auch nach Rechtskraft des Urteils erlassen werden (s. u. 4), aber niemals nach Abschluß der Untersuchung.

Die Möglichkeit einer Untersuchungshaft nach Rechtskraft kann nicht (so Sax bei Bettermann-Scheuner-Nipperdey, Grundrechte, III 2, 977) aus § 450 Abs. 1 hergeleitet werden. Dort ist die Anrechnung der Untersuchungshaft geregelt, die der Angeklagte erlitten hat, nachdem er darauf verzichtet hat, ein Rechtsmittel einzulegen oder nachdem er ein eingelegtes Rechtsmittel zurückgenommen hat. Daß das Urteil damit rechtskräftig würde, ist — mag es auch praktisch meist so sein — von Rechts wegen nicht der Fall. Man kann also nicht sagen, daß der Gesetzgeber in jener Bestimmung Haft nach Rechtskraft als Untersuchungshaft bezeichne.

Auch der Schluß, nach Rechtskraft müsse ein Haftbefehl deshalb erlassen werden können, weil sonst die Sicherung der Strafvollstreckung nicht erreicht werden könne (Pohlmann, 3b zu § 38 StVollstrO.), trifft nicht zu. Strafurteile sind vollstreckbar, sobald sie rechtskräftig geworden sind (§ 449). Die Anordnung, daß die Strafvollstreckung auf Grund einer mit der Bescheinigung der Vollstreckbarkeit versehenen beglaubigten Abschrift der Urteilsformel zu betreiben sei (§ 451 Abs. 1), ist eine technische Vorschrift. Essentiale ist allein das rechtskräftige Urteil (§ 449); die Rechtskraftbescheinigung ist nur eine — für den normalen Geschäftsablauf durchaus gebotene — Sicherung. Deshalb kann der Staatsanwalt, wenn die schriftliche Urteilsformel (§ 268 Abs. 2 Satz 1) verlesen ist, Haftbefehl erlassen, wenn der Verurteilte der Flucht verdächtig ist (§ 457), sofern dieser und der Staatsanwalt im Anschluß ans Urteil auf Rechtsmittel verzichtet haben. Daß dieser Haftbefehl schriftlich sein müßte, ist — wenn das auch der Regelfall sein wird — nicht vorgeschrieben. Der Staatsanwalt kann also ggf. auch mündlich Haftbefehl erlassen, wenn der Verurteilte fliehen will. Im übrigen ist es, wenn Gefahr im Verzuge ist, Minutensache, die Rechtskraftbescheinigung zu erteilen. Auch für sie genügt es, daß die Urteilsformel verlesen ist (§ 268 Abs. 2); das Protokoll braucht weder unterschrieben, noch auch nur abgesetzt zu sein.

4. Haftbefehle nach Rechtskraft des Urteils sind gleichwohl in zwei Fällen möglich; in beiden läuft jedoch nach der Rechtskraft eine neue Untersuchung; sie rechtfertigt die Untersuchungshaft.

Der erste Fall ist die Untersuchungshaft im Wiederaufnahmeverfahren. Hierzu ist gelegentlich die Auffassung vertreten worden, sie sei erst zulässig, wenn die Wiederaufnahme des Verfahrens angeordnet (§ 370) und dadurch das erste Urteil beseitigt sei (Lobe-Alsberg, III 2 zu § 123). Aus § 120 Abs. 1 ist das jedoch nicht herzuleiten; dessen Schranke gegen einen neuen Haftbefehl wird vielmehr gerade durch neue Tatsachen und Beweismittel beseitigt (s. u. II 9 zu § 120).

Diese sind stets Voraussetzung der Wiederaufnahme zu ungunsten des Angeklagten. Bei der Wiederaufnahme zugunsten des Verurteilten (§ 359) sind sie allerdings nicht denkbar, weil sie dort nicht, um den Schuldspruch zu stützen, sondern um ihn zu beseitigen, vorgebracht werden, doch kommt, wenn das Verfahren zugunsten des Verurteilten wieder aufgenommen werden soll, auch keine Untersuchungshaft in Betracht. Auch sonst sind keine Gründe gegen eine Untersuchungshaft für das Beweisverfahren ersichtlich, das dem Beschluß aus § 370 voraufgeht. Sie ist vielmehr gegen den Angeklagten, zu dessen Ungunsten die Wiederaufnahme betrieben wird, statthaft, sobald der Antrag für zulässig befunden worden ist (s. u. 6 zu § 369). Wenn das Gericht die Wiederaufnahme des Verfahrens angeordnet hat (§ 370 Abs. 2), wird das Verfahren wieder anhängig. Für die Untersuchungshaft, die dann — theoretisch — auch gegenüber dem Verurteilten zulässig ist, zu dessen Gunsten die Wiederaufnahme betrieben wird, gelten nunmehr die allgemeinen Vorschriften.

Der andere Fall eines Haftbefehls nach Rechtskraft des Urteils ist die Sicherungshaft gegen einen Jugendlichen, der zu Jugendstrafe unter Aussetzung zur Bewährung verurteilt worden ist, wenn in Betracht kommt, die Aussetzung zu widerrufen. Hier kann der Richter, um sich der Person des Jugendlichen während der Vorbereitung seiner Entscheidung zu versichern, vorläufige Maßnahmen treffen, notfalls einen Haftbefehl (über dessen Inhalt s. u. 1 Abs. 4 zu § 114) erlassen (§ 61 Abs. 1 JGG.). Der Haftbefehl nach § 61 Abs. 1 JGG. ist gegenüber dem Untersuchungshaftbefehl der Strafprozeßordnung eine Anomalie. Er wird oft eher zu dem Vollstreckungshaftbefehl des § 457 in Parallele gesetzt (OLG. Düsseldorf NJW. **1964** 69; OLG. Hamburg NJW. **1964** 605). Doch ist das fraglich, weil im letzten Falle eine vollstreckbare Entscheidung vorliegt, im ersten keine. Immerhin läßt sich die gesetzgeberische Entscheidung mit der Erwägung rechtfertigen, daß die Untersuchung wieder aufgenommen wird mit dem (wahrscheinlichen) Erfolg, eine nicht ausgesetzte Strafe herbeizuführen. Einer ausdehnenden Auslegung auf das Erwachsenenstrafrecht ist die Ausnahmebestimmung nicht zugänglich.

Noch weniger darf die Untersuchungshaft angeordnet werden, wenn nach Verurteilung mit Strafaussetzung zur Bewährung die Strafaussetzung widerrufen worden ist (OLG. Karlsruhe NJW. **1964** 1085). Dazu besteht auch kein Anlaß, weil das Urteil nunmehr vollstreckt und daher ein Haftbefehl nach § 457 erlassen werden kann. Die Ansicht des OLG. Karlsruhe (der Pohlmann Rpfleger **1964** 147 und Theuerkauf MDR. **1965** 179 zustimmen), daß vor der Vollstreckung des Urteils der Widerrufsbeschluß rechtskräftig geworden sein müsse, trifft nicht zu.

Grundlage der Vollstreckung ist das Urteil in Verbindung mit dem Beschluß, der die im Urteil angeordnete Strafaussetzung zur Bewährung widerruft. Daß Beschlüsse vor ihrer Vollstreckung rechtskräftig sein müßten, sagt die Strafprozeßordnung nicht; das Gegenteil ist aus § 449 zu entnehmen, der das nur für Urteile vorschreibt. In der Tat werden täglich Haftbefehle und Beschlagnahmeanordnungen vollstreckt, die gar nicht in Rechtskraft erwachsen können. Wenn zudem eine vollzugsfähige Entscheidung nach § 307 Abs. 1 vor der Rechtskraft vollstreckt werden kann, fehlt es an jeder Begründung, warum bei einer nicht vollzugsfähigen die Wirkung, daß die Nichtvollstreckbarkeit des von ihr betroffenen rechtskräftigen Urteils beseitigt werde, die Rechtskraft des Widerrufsbeschlusses voraussetzen sollte. Das Oberlandesgericht vermengt Rechtskraft und Vollstreckbarkeit. Die Rechtskraft schützt den Beteiligten vor einer anderen Beurteilung des gleichen Sachverhalts durch einen anderen Richter. Daß § 449 sie zur Voraussetzung der Urteilsvollstreckung macht, ist ein aus dem Wesen der Rechtskraft nicht abzuleitender positiver Gesetzesbefehl, der z. B. im Gesetz über Ordnungswidrigkeiten in bezug auf die Rechtsbeschwerde nicht wiederholt worden ist (§ 57 Abs. 2 OWG.). Angesichts dieser Rechtslage könnte allenfalls die Frage aufgeworfen werden, ob zwar nicht § 449 selbst, wohl aber sein Grundgedanke es verbietet, ein Urteil, in dem eine Freiheitsstrafe zur Bewährung ausgesetzt ist, zu vollstrecken, bevor der Widerrufsbeschluß rechtskräftig geworden ist. Das ist aber nicht anzuerkennen (Kaiser NJW. **1964** 1947). Der Strafausspruch ist rechtskräftig, nur seine Vollstreckung ist ausgesetzt. Die Aussetzung ist mit dem Vorbehalt versehen, daß sie durch Beschluß beseitigt werden kann. Hätte der Gesetzgeber bei dieser Regelung ausnahmsweise die Rechtskraft des Widerrufsbeschlusses zur Voraussetzung der Vollstreckung des rechtskräftigen Urteils machen wollen, dann hätte er die Anordnung des § 449 in § 453 Abs. 3 wiederholen müssen.

Hanack vergleicht Urteile, bei denen die Strafe zur Bewährung ausgesetzt ist, mit solchen, die nur teilweise in Rechtskraft erwachsen sind, und will dann, wie bei diesen auch bei jenen die Untersuchungshaft zulassen (JZ. **1966** 52). Seine Auffassung beruht auf der Voraussetzung, daß die Strafaussetzung nicht bloß ein Vollstreckungshindernis sei, sondern eine rechtskräftige

Modifizierung des Strafausspruchs. So sehr nach dem Inhalte des Instituts einer solchen Betrachtung zuzustimmen ist (meine Auffassung, die ausgesetzte Strafe sei eine Mischsanktion — ZStW. 72, 33 — geht noch weiter), so wenig läßt sich übersehen, daß die äußere Ausgestaltung der Aussetzung mit der „auflösenden Bedingung guter Führung" (BTDrucks. I 3713, S. 30) nur ein Vollstreckungshindernis abgibt. Daher geht auch die Rechtsprechung dahin, daß die Strafaussetzungsentscheidung nur die Vollstreckung, nicht aber die Strafe betreffe (BGH. JZ. **1956** 101). Für die Praxis scheint das ganz selbstverständlich zu sein (Ostendorff, SchlHA. **1966** 28: Modifikation der Gefängnisstrafe hinsichtlich ihrer Vollstreckung).

5. Dringender Tatverdacht. Erste Voraussetzung eines Haftbefehls ist, daß der Beschuldigte einer Straftat dringend verdächtig ist. Der Verdacht muß sich darauf erstrecken, daß der Beschuldigte eine strafbare Handlung als Täter, Mittäter oder mittelbarer Täter begangen oder daß er den Täter zu der von diesem vorsätzlich (BGHSt. **9** 370) begangenen Tat angestiftet oder ihm dazu Beihilfe geleistet hat. Der Verdacht besteht nicht, wenn Gründe vorliegen, welche die Tat rechtfertigen oder entschuldigen.

Der dringende Tatverdacht steht begrifflich im Gegensatz zu dem Verdacht einer strafbaren Handlung (§ 160 Abs. 1) und dem genügenden Anlaß, die öffentliche Klage zu erheben (§ 170 Abs. 1); der letzte fällt mit dem Begriff des hinreichenden Verdachts (§ 203) zusammen (Lüttger GA. **1957** 195). Verdacht (§ 160 Abs. 1) liegt vor, wenn zureichende tatsächliche Anhaltspunkte gegeben sind, gegen den Beschuldigten einzuschreiten (§ 152 Abs. 2), hinreichender Verdacht, wenn die Wahrscheinlichkeit besteht, daß die demnächst vom Gericht festgestellten Tatsachen bei Annahme der Strafbarkeit der Handlung die Verurteilung erwarten lassen. Der Begriff des dringenden Tatverdachts bringt einen stärkeren Verdachtsgrad zum Ausdruck, verlangt daher eine erhebliche Wahrscheinlichkeit der Täterschaft (EbSchmidt, 10 zu § 112; Peters, § 47 II 2a; Henkel, § 75 II 1a; Rosenberg, S. 348; Alsberg, S. 1434), anders ausgedrückt, einen hohen Grad von Wahrscheinlichkeit (Kern, § 31 III 1), große Wahrscheinlichkeit (SchwKleinknecht, 2 zu § 112) oder höhere Wahrscheinlichkeit der Täterschaft und der Schuld (Müller-Sax, 2b zu § 112. Strenger: Feisenberger, 3 zu § 112: an Sicherheit grenzende Wahrscheinlichkeit der Täterschaft; Beling, § 102 II 1b Anm. 4: nahe an Gewißheit heranreichender Verdacht). Der Verdacht bezieht sich nur auf die Tatfrage (vgl. § 152 Abs. 2); für die Rechtsfrage gibt es keine Wahrscheinlichkeit (Lüttger GA. **1957** 211; Stratenwerth JZ. **1957** 301). Daher kann der Richter bei zweifelhafter Rechtslage die Auslegung nicht mit der Begründung offen lassen, wenn es auch zweifelhaft sei, ob eine (nach den Tatsachen eindeutig zu beurteilende) Tat den Tatbestand einer strafbaren Handlung erfülle, so sei (wegen der Zweifelhaftigkeit der Auslegung) doch auf jeden Fall dringender Tatverdacht begründet. Aus diesem Grunde darf der Richter, wenn er die Entscheidung des Bundesverfassungsgerichts einholt, weil er ein Strafgesetz für verfassungswidrig hält, keinen Haftbefehl erlassen und hat einen bestehenden aufzuheben (Stratenwerth, a. a. O.; zum letzten Punkt OLG. Köln NJW. **1955** 1409).

Der begriffliche Unterschied zwischen hinreichendem und dringendem Tatverdacht darf jedoch nicht dazu führen, den dringenden Verdacht an dem hinreichenden Verdacht des § 203 zu messen. Denn dieser ist auf den Zeitpunkt der Anklageerhebung bezogen, der dringende Verdacht dagegen auf den jeweiligen Stand der Ermittlungen (Müller-Sax, 2 zu § 112). Demgemäß ist er nicht für das ganze Verfahren gleich (Peters, § 47 II 2a), so daß etwa zu Beginn der Ermittlungen einzelne starke Indizien auch dann einen dringenden Tatverdacht begründen, wenn die Indizienkette noch nicht geschlossen ist und die Möglichkeit besteht, daß der dringende Tatverdacht bei weiteren Ermittlungen wieder zerstört werde (BGHZ. **27** 351). Sobald aber feststeht, daß Lücken im Indizienbeweis auch bei weiterer Ermittlung nicht ausgefüllt werden können, ist der Verdacht nicht mehr dringend. Im Zeitpunkt der Anklageerhebung muß der dringende Verdacht stets stärker als ein hinreichender sein, doch kann, was keiner Ausführung bedarf, dieses Verhältnis auch schon früher entstehen, und kann ein zur Anklageerhebung nötigender Verdacht stärker als hinreichend, also etwa dringend sein.

Ist der Angeklagte in erster Instanz verurteilt, so ist das in der Regel ein Indiz für dringenden Tatverdacht.

6. Tatsachengrundlage (Absatz 2). Bei den vier Haftgründen der Absätze 2 und 3 darf der Schluß, daß der Haftgrund vorliege — „festgestellt wird" (Nr. 1); „erkennbar ist" (Nr. 3) —, nur auf Grund bestimmter Tatsachen gezogen werden. Damit sind Vermutungen ausgeschlossen, die beim Fluchtverdacht des alten Rechts auf Grund der früheren Begründungserleichterung in der Praxis eine gewisse Rolle gespielt hatten. Die Tatsachen müssen „bestimmte" sein. Da aus unbestimmten Tatsachen ohnehin nichts gefolgert werden kann, soll sich der Ausdruck auf die Feststellung der Tatsachen durch den Beobachter beziehen (BTDrucks. zu IV 1020, S. 2, zu § 112 Abs. 2: „bestimmte (objektiv) festgestellte Tatsachen"). Damit scheint der Gesetzeswortlaut, da die meisten unserer Wahrnehmungen Schlüsse sind, als Grundlage des logischen Urteils des Haftrichters äußerlich wahrnehmbare Ereignisse zu fordern, die zu deuten der Beobachter keiner oder nur einfacher Schlüsse bedarf (Passage buchen, Abreisen, einen Brief erbitten, einen Zeugen fragen, ob er sich an den Umstand X erinnere, obwohl der Zeuge, wie der Beschuldigte weiß, den Umstand Y wahrgenommen hat). Für den Haftgrund der Verdunkelungsgefahr — aus dessen alter Fassung die Klausel stammt — dürfte ein solcher Tatsachenbegriff auch der Vorstellung des Gesetzgebers entsprechen. Im übrigen aber kann die Textfassung nicht fordern, nur auf äußerlich zutage liegende Tatsachen abzustellen. Das ergibt der vierte Haftgrund. Dort sind die bestimmten Tatsachen, die die Gefahr begründen, daß der Beschuldigte ein weiteres Sittlichkeitsverbrechen begehen werde, nicht die Vortaten und die Lebensumstände des Beschuldigten, sondern sein nach wissenschaftlichen Erkenntnissen daraus zu erschließender Hang, bestimmte Straftaten zu begehen. Ist aber Inhalt des Tatsachenbegriffs nicht allein das äußerlich wahrnehmbare, leicht zu deutende Ereignis, dann muß auch bei der Fluchtgefahr das als Tatsache bewertet werden, was nach der Lebenserfahrung aus dem Inneren eines Menschen erschlossen werden kann, nämlich die Antwort auf einen Fluchtreiz. Strafe und die Änderung aller Lebensumstände reizen den Beschuldigten, der sie zu erwarten hat, regelmäßig dazu an, sich ihnen zu entziehen. Daß eine Anzahl Beschuldigter diesem Anreiz nachgibt, wenn eine hohe Strafe zu erwarten ist, lehrt die Lebenserfahrung. Zwar ist die Regel nach den Umständen des Falles zu prüfen; sie wird oft zu verneinen sein (so wohl OLG. Frankfurt NJW. **1965** 1342). Die Einzelbewertung ändert aber nichts an der Erkenntnis, daß die aus der Straferwartung herzuleitende Fluchtneigung eine Tatsache im Sinne der Absätze 2 und 3 sein kann (im Ergebnis ebenso OLG. Braunschweig JZ. **1965** 619; KG. NJW. **1965** 1390; Kleinknecht, MDR. **1965** 781, die aber auf die Straferwartung abstellen; a. A. — Straferwartung ist keine Tatsache — Philipp, S. 84).

Mit dieser Auslegung ist indessen nicht anerkannt, daß die sachlichen Voraussetzungen der Untersuchungshaft durch die Worte „auf Grund bestimmter Tatsachen" sich nicht wesentlich geändert hätten, wie das Kammergericht in dem angegebenen, in mehreren Formulierungen nicht unbedenklichen Beschluß meint. In der Häufung der hafteinschränkenden Klauseln kommt der eindeutig bekundete Wille des Gesetzgebers klar zum Ausdruck. Er geht dahin, „noch stärker, als es das geltende Recht bereits tut", und noch entschiedener als die Regierungsvorlage „sicher(zu)stellen, daß die Untersuchungshaft nur ausnahmsweise ... angeordnet wird" (BT-Drucks. zu IV 1020, S. 1, zu Art. 1).

7. Gefahr. Bei den Haftgründen der Fluchtgefahr (Absatz 2 Nr. 2), der Verdunkelungsgefahr (Absatz 2 Nr. 3) und der Wiederholungsgefahr bei Sittlichkeitsverbrechern (Absatz 3) ist die Anordnung der Untersuchungshaft davon abhängig, daß eine bestimmte Gefahr bestehe, drohe oder begründet sei. Gefahr ist die hohe Wahrscheinlichkeit eines aus der Sachlage nach den Gesetzen der Kausalität und der Lebenserfahrung zu erwartenden schädlichen Erfolges (RGSt. **6** 397; **66** 100; BGH. NJW. **1951** 769). In anderem Zusammenhang (Gemeingefahr) hat der Bundegerichtshof angenommen, Gefahr liege nur vor, wenn es wahrscheinlicher sei, daß ein Erfolg eintrete, als daß er ausbleibe (BGHSt. **8** 31). Zwar ist der Gefahrenbegriff an den vielen Stellen, wo er im Strafgesetzbuch und in der Strafprozeßordnung verwendet wird, keineswegs überall gleichmäßig auszulegen (Mannheim, Revision, S. 50); deshalb ist es abgelehnt worden, für § 98 die genannte Rechtsprechung zu übernehmen (s. o. II 2a zu § 98). Im Haftrecht dagegen ist die Gefahrenklausel eine der geradezu gehäuften Kautelen, mit denen der Gesetzgeber bemüht ist, die Untersuchungshaft aufs äußerste zu beschränken. Daher liegt es im Sinne dieser Gesetzesstelle, den Begriff so auszulegen, daß der Gefahrenfall möglichst selten eintritt. Es ist daher dafür, daß der zu vermeidende Erfolg eintritt, eine sehr hohe Wahrscheinlichkeit zu fordern, die stets höher sein muß als die, daß er ausbleibt (OLG. Celle NdsRpfl. **1963** 214).

Wenn auch durch die Gesetzesfassung erreicht werden soll, daß Untersuchungshaft nur mit äußerster Zurückhaltung angeordnet wird, so kann doch der Gesetzgeber nichts Unmögliches verlangt haben. Daß die Gefahr bestehe, drohe oder begründet sei, kann im Haftverfahren regelmäßig nicht mit der gleichen Sicherheit festgestellt werden, wie bei Notwehr oder Verkehrsgefährdung in einer Hauptverhandlung. Es muß vielmehr der hohe Grad von Wahrscheinlichkeit ausreichen, wie er für die Feststellung des dringenden Tatverdachts erforderlich aber auch genügend ist (OLG. Bremen NJW. **1955** 1891; Dreves, S. 110; Franzheim, S. 50).

8. Flucht (Absatz 2 Nr. 1). Der erste Haftgrund liegt vor, wenn der Täter flüchtig ist oder sich verborgen hält. Flüchtig ist, wer, um unerreichbar zu sein, seine Wohnung verlassen hat, ohne eine neue zu beziehen oder wenigstens eine feste Anschrift zu haben, unter der ihn Post sicher erreichen kann. Danach kann flüchtig sein, wer dauernd sein Quartier wechselt, auch wenn er täglich Meldezettel ausfüllt. Dagegen ist z. B. der Seemann nicht flüchtig, der über seine Reederei, der Reisende, der über seine Firma erreicht werden kann. Flüchtigsein setzt den Willen voraus, für Behörden unerreichbar zu sein, doch kommt es nicht darauf an, ob der Täter sich gerade wegen der Sache nicht erreichen lassen will, in der über die Untersuchungshaft zu entscheiden ist (BayObLGSt. **13** 359; a. A wohl Kleinknecht MDR. **1965** 732). Wer jedoch ohne sicheres Wissen der Strafbarkeit eines Verhaltens, ohne Kenntnis eines wider ihn eingeleiteten Verfahrens und ohne den Willen, unerreichbar zu sein, sich auf Reisen begibt, ist nicht flüchtig, auch wenn er tatsächlich nicht erreichbar ist. Ist in der Annahme, er sei flüchtig, gegen ihn Haftbefehl ergangen, so muß er freigelassen werden, wenn feststeht, daß er nicht fliehen wollte, und daß er unter einer festen Anschrift erreicht werden kann.

Verborgen hält sich der Täter, der seinen Aufenthalt den Behörden vorenthält, namentlich unangemeldet oder unter falschem Namen lebt. Für die subjektive Seite gilt dabei das oben Gesagte entsprechend.

Daß der Beschuldigte flüchtig ist oder sich verborgen hält, muß der Richter auf Grund bestimmter Tatsachen (s. o. 6) feststellen. Bei den Nummern 2 und 3 und bei Absatz 3 genügt die Feststellung, daß die Gefahr besteht (droht, begründet ist), ein gewisses Ereignis (Flucht, Verdunkelung, Wiederholung eines Sittlichkeitsverbrechens) werde eintreten. Hier — bei Nummer 1 — wird dagegen die Feststellung gefordert, daß ein bestimmtes Ereignis (Flucht, Verbergen) eingetreten ist. Nähme man die Vorschrift wörtlich, dann könnte der erste Haftgrund nur festgestellt werden, wenn der Beschuldigte einem anderen vor der Flucht offenbart hat, daß er fliehen wolle, oder nach ihr, daß er geflohen sei. Denn daß eine nicht erreichbare Person verunglückt oder verschleppt worden ist oder mit verlorenem Gedächtnis umherirrt, ist, wenn man ihren Willen nicht kennt, nach den äußeren Umständen allein theoretisch meist nicht auszuschließen. Daher sind sichere Feststellungen nur selten möglich, bevor der Täter wieder aufgefunden ist. Von einem so wörtlichen Begriff der Feststellbarkeit kann aber der Gesetzgeber, dem die Regelfälle des täglichen Lebens nicht fremd sind, nicht ausgegangen sein. Es muß daher ausreichen, daß nach den Umständen (Verschwinden, nachdem ein Strafverfahren eingeleitet worden ist) Flucht oder Verbergen näher liegen als — theoretisch ebenfalls denkbare — andere Gründe der Unerreichbarkeit.

Der Haftgrund ist nicht mehr gegeben, wenn der Täter, der flüchtig war oder sich verborgen gehalten hatte, ereilt oder aufgespürt worden ist. Daß jemand flüchtig war oder sich verborgen gehalten hatte, ist kein gesetzlicher Haftgrund. Ob die Untersuchungshaft, nachdem der Flüchtige festgenommen worden ist, aufrechterhalten werden kann, ist nunmehr nach Nummer 2 zu beurteilen. Allerdings wird es in der Regel nicht zweifelhaft sein, daß Fluchtgefahr besteht, wenn der Beschuldigte schon einmal geflohen war oder sich verborgen gehalten hatte.

9. Fluchtgefahr (Absatz 2 Nr. 2) ist gegeben, wenn auf Grund bestimmter Tatsachen (s. o. 6) die hohe Wahrscheinlichkeit (s. o. 7) besteht, der Täter werde sich demjenigen Verfahren entziehen, in dem erwogen wird, die Untersuchungshaft anzuordnen. Entziehen ist das vom Beschuldigten oder mit seinem Wissen von anderen vorgenommene Verhalten, das den vom Beschuldigten beabsichtigten, erkannten oder in Kauf genommenen Erfolg hat, den Fortgang des Verfahrens dauernd oder vorübergehend durch Aufheben der Bereitschaft zu verhindern, für Ladungen, Vollzugs- und Vollstreckungsmaßnahmen zur Verfügung zu stehen (s. u. II 5 zu § 124). Dem Verfahren entzieht sich noch nicht, wer auf Terminsladungen nicht erscheint. Gegen ihn ist zunächst das mildere Zwangsmittel der Vorführung anzuwenden. Nur wenn die Gefahr besteht, der Beschuldigte werde es auch unmöglich machen, ihn vorzuführen, ist Haftbefehl zulässig.

Bei der Prüfung der Fluchtgefahr sind alle Umstände des Einzelfalles zu würdigen, namentlich die persönlichen Verhältnisse des Täters. Stets sind die Umstände, die für eine Flucht sprechen, gegen diejenigen abzuwägen, die ihr entgegenstehen. Zu den Umständen, die zur Flucht anreizen, gehört auch die Verfolgung wegen des dringenden Verdachts weiterer Straftaten, auch wenn sie nicht Gegenstand des Verfahrens sind, in dem der Haftbefehl erlassen werden soll. Indessen genügt es nicht, daß die äußeren Gelegenheiten einer Flucht günstig sind, vielmehr ist zu prüfen, ob der Beschuldigte von ihnen auch Gebrauch machen wird (OLG. Köln NJW. **1959** 544). Das wird in der Regel anzunehmen sein, wenn der Beschuldigte schon einmal geflohen war oder sich verborgen gehalten hatte. Die Tatsachen, die der Fluchtgefahr zugrunde liegen, brauchen nicht zur vollen richterlichen Gewißheit i. S. von § 267 StPO. festzustehen, vielmehr reicht derjenige Grad von Wahrscheinlichkeit aus, der im Haftverfahren erfordert wird, den Tatverdacht festzustellen (OLG. Bremen NJW. **1955** 1891).

Familiäre Bindungen und gesicherte Arbeits- und Wohnverhältnisse streiten in der Regel gegen Fluchtgefahr, gesellschaftlicher und wirtschaftlicher Ruin, der durch die Straftat oder durch eine Verurteilung eintreten wird, sprechen für sie. Die Erwartung einer hohen Strafe wird eine Neigung zur Flucht (s. dazu o. 6) zwar nicht für sich allein, aber doch bei sonst ungünstigen Verhältnissen in aller Regel erwecken und damit Fluchtgefahr begründen. Je höher die in Aussicht stehende Strafe, desto größer die Fluchtgefahr (Hahn, Mat. **1** 658). Zwar darf Fluchtgefahr nicht routinemäßig angenommen werden, wenn eine Strafe von einem Jahr zu erwarten ist (OLG. Celle NJW. **1950** 240; a. A. OLG. Nürnberg HESt. **2** 86), doch werden nur besondere Umstände die Lebenserfahrung ausschließen können, daß Fluchtgefahr besteht, wenn mehrjährige Zuchthausstrafe oder die Sicherungsverwahrung in Aussicht steht. Damit wird die Schwere der Straftat für die Wahrscheinlichkeit der Flucht bedeutsam. Nicht jedoch werden (so OLG. Hamburg NJW. **1961** 1881 und Kleinknecht MDR. **1965** 783) bei schweren Straftaten die Anforderungen für die Annahme der Fluchtgefahr erleichtert; dieser Begriff ist für alle Delikte einheitlich (Dahs NJW. **1961** 1881; EbSchmidt, JR. **1962** 28).

Bei dem Entziehen vom Verfahren ist in erster Linie daran gedacht, daß der Täter flüchten oder sich verbergen werde. Dem Verfahren kann sich aber auch entziehen, wer sich durch Einwirkung auf seinen Körper, namentlich durch Rauschgifte, verhandlungsunfähig macht, oder wer Selbstmord begeht (OLG. Bremen JZ. **1956** 375). Die gegen diese Ansicht gerichteten Angriffe (Bader JZ. **1956** 375; Müller-Sax, 3b zu § 112; SchwKleinknecht, 5 zu § 112; OLG. Oldenburg NJW. **1961** 1984) übersehen, daß in der ganzen Welt der Vollzug, namentlich schwerster Strafen, so gesichert wird, daß der Täter ihm nicht durch Selbstmord entrinnen kann. Erkennt man die Berechtigung des Staates an, auf diese Weise den Vollzug einer erkannten Strafe sicherzustellen, dann muß man ihm auch zugestehen, in gleicher Weise das Verfahren und den Vollzug der zu erwartenden Strafe zu sichern.

10. Verdunkelungsgefahr (Absatz 2 Nr. 3). Gegenüber dem bisherigen Recht ist der Haftgrund der Verdunkelungsgefahr wohl am bedeutsamsten eingeengt worden. Bisher lag er vor, wenn durch bestimmte Tatsachen die Gefahr begründet wurde, der Beschuldigte werde durch gewisse Verhaltensweisen die Ermittlung der Wahrheit erschweren. Jetzt wird verlangt, daß auf Grund bestimmter Tatsachen die Absicht des Beschuldigten erkennbar ist, er werde bestimmte Tätigkeiten vornehmen, und daß deshalb die Gefahr droht, er werde dadurch die Ermittlung der Wahrheit erschweren. Die Notwendigkeit, eine erkennbare Absicht auf Grund bestimmter Tatsachen festzustellen, wird es praktisch sehr weitgehend ausschließen, den Haftgrund der Verdunkelungsgefahr anzuwenden. Das entspricht dem Willen des Gesetzgebers, der diesem Haftgrund am mißtrauischsten gegenübersteht. Nur wenn die Absicht des Beschuldigten, Verdunkelungshandlungen vorzunehmen, erkennbar ist, ist Absatz 2 Nr. 3 anzuwenden. Der Begriff „erkennbar" weicht ab von dem Begriff „festgestellt wird", der in Nummer 1 verwendet wird, und ist schwächer als dieser. Es muß also der Umriß der Verdunkelungshandlung hervortreten; die Einzelheiten können noch im Dunkeln liegen (Dahs, S. 891). — Bei den danach verbleibenden seltenen Fällen ist der Haftgrund allerdings unentbehrlich.

Die Absicht, Verdunkelungshandlungen auszuführen, berechtigt noch nicht, die Untersuchungshaft anzuordnen. Vielmehr muß aus dieser Absicht die Gefahr drohen, der Beschuldigte werde die Ermittlung der Wahrheit gefährden. Daraus folgt, daß die Handlung tauglich sein muß, die Wahrheitsermittlung zu erschweren. Das ist nur der Fall, wenn das angegriffene Beweismittel sich auf einen zulässigen und erheblichen Beweis bezieht.

Wegen des Gefahrbegriffs s. o. 7.

11. Verdunkelungsabsicht. Der Beschuldigte handelt absichtlich, wenn es ihm darauf ankommt, eine der drei im Gesetz aufgeführten Verhaltensweisen zu verwirklichen (§ 17 StGB. E 1962). Da das Gesetz die Verdunkelung verhindern, nicht aber die Beweggründe des Beschuldigten bestrafen will, darf nicht auf den Beweggrund sondern nur auf die Zielvorstellung des Beschuldigten abgestellt werden. Wer seine Wohnung von Blut säubert, das einen Kampf verrät, kann das aus dem Motiv tun, wieder sauber zu wohnen, vielleicht aus dem unbewußten, vor sich und der Umwelt rein zu erscheinen. Dieses Ziel kann er aber nur auf dem Umwege erreichen, daß er eine ihn belastende Spur vernichtet. Auch auf dieses Zwischenziel ist seine Absicht gerichtet. In der Regel wird allerdings die Zielvorstellung zugleich der treibende Beweggrund des Beschuldigten sein. Wird mit der vom Gesetzgeber gewählten Form ausschlaggebend auf den Willen des Beschuldigten abgestellt, so rücken Dahs (S. 891) und SchwKleinknecht (6A zu § 112) das Wissen des Beschuldigten in den Vordergrund, indem sie den bedingten Vorsatz genügen lassen. Das ist abzulehnen. Absicht ist ein gesetzestechnischer Ausdruck, mit dem, mag seine Bedeutung sonst zwar nicht völlig eindeutig sein, auf jeden Fall der bedingte Vorsatz ausgeschlossen wird.

Die Zielvorstellung, die Absicht des Beschuldigten, muß auf Grund bestimmter Tatsachen (s. o. 6) erkennbar sein. Daher darf Verdunkelungsgefahr niemals aus der in nahezu jeder Strafsache möglichen Vermutung geschlossen werden, der Beschuldigte werde die Ermittlung der Wahrheit erschweren (OLG. Köln NJW. **1959** 544). Auf keinen Fall rechtfertigen noch ausstehende Ermittlungen (OLG. Schleswig SchlHA. **1954** 25) die Untersuchungshaft. Da der Beschuldigte nicht zur Einlassung verpflichtet ist (§ 136 Abs. 1 Satz 2), wird dadurch, daß er sich nicht zur Sache erklärt, keine Verdunkelungsgefahr begründet (OLG. Frankfurt NJW. **1960** 352).

Die bisherige Fassung ließ die Auslegung zu, die Verdunkelungsgefahr werde sich oft aus unternommenen oder durchgeführten Verdunkelungsmaßnahmen — z. B. der Verwendung ge- oder verfälschter Schriftstücke, der Einschüchterung, Bedrohung oder Bestechung von Zeugen — ergeben (OLG. Frankfurt NJW. **1960** 352), selbst wenn der Beschuldigte diese Maßnahmen vor dem anhängigen Verfahren angewendet hatte, etwa in einem Zivilprozeß, aus dem ein Verfahren wegen Verleitung zum Meineid hervorgegangen war. Diese Auslegung ist nicht mehr zulässig Aus früherer Tätigkeit kann man auf eine künftige nur mit einer Vermutung schließen. Der Beweis — selbst in der eingeschränkten Form, die im Haftverfahren anerkannt ist (s. o. 7 Abs. 2) — einer erkennbaren Absicht des Beschuldigten ist das nicht. Auch der Begründungsverzicht in Staatssicherheitssachen (§ 114 Abs. 2 Nr. 4) gibt für die Feststellung der Absicht keine Erleichterung (s. u. 6 Abs. 2 zu § 114). Dagegen ist die Ansicht, Verdunkelungsgefahr bestehe, wenn die ganze Lebensführung des Beschuldigten auf Verheimlichen, Verbergen und Verdunkeln, auf Täuschung, Drohung und Gewalt abgestellt sei (gewerbsmäßige Hehler, Zuhälter, Spione und Verräter; OLG. Köln NJW. **1961** 1880; JMBlNRW. **1963** 252), auch für das geänderte Recht richtig, weil Absicht und Gefahr hier auf der Hand liegen (Dahs, S. 893). Doch ist immer zu prüfen, ob es (noch) etwas zu verdunkeln gibt.

12. Verdunkelungshandlungen. Der Haftgrund der Verdunkelungsgefahr besteht nur, wenn auf Grund bestimmter Tatsachen die Absicht erkennbar ist, der Beschuldigte werde eine der drei im Gesetz aufgeführten Verdunkelungshandlungen begehen, und wenn weiter durch diese Absicht die Gefahr droht, der Beschuldigte werde die Ermittlung der Wahrheit in dem Verfahren wegen derjenigen Straftat erschweren, deren er dringend verdächtig ist. Die Vermutung weiterer Straftaten, die sich noch nicht zu einem dringenden Tatverdacht verdichtet hat, hat außer Betracht zu bleiben (Sauer NJW. **1960** 351). Die Verdunkelungshandlungen müssen zu dem Zweck der Verdunkelung geeignet (KG. JR. **1956** 192), der Zweck muß ein künftiger sein. Die Untersuchungshaft wegen Verdunkelungsgefahr ist keine Prozeßstrafe. Selbst wenn der Beschuldigte Beweismittel vernichtet und Zeugen beeinflußt hat, ist sie unzulässig, wenn keine durch Tatsachen begründete Absicht erwiesen ist, daß der Beschuldigte auch in Zukunft Verdunkelungshandlungen vornehmen werde, und daß deshalb die Gefahr drohe, er werde durch diese Handlungen (RG. GA. **60** 89) die weitere Wahrheitsermittlung erschweren.

Verdunkelungshandlungen sind im einzelnen:

a) Das **Vernichten,** Beiseiteschaffen und Unterdrücken, das Verändern und Verfälschen von Beweismitteln. Ob der Beschuldigte berechtigt ist, über das Beweismittel zu verfügen (ein von ihm gefertigtes Tonband zu löschen, einen von ihm geschriebenen, aber noch nicht abgesandten Brief zu verbrennen; die in seinem Eigentum stehende Mordwaffe zu vernichten; eine in der Natur gesetzte Spur zu verwischen), ist gleichgültig. Wer die Absicht erkennen läßt, Beweismittel anzugreifen, setzt sich der Verhaftung aus, gleichviel ob sein Verhalten „anstößig" ist (Kleinknecht JZ. **1965** 116) oder edel (etwa um eine an der Tat unbeteiligte Frau nicht zu kompromittieren). Das Merkmal „unlauter" des Buchstaben b) darf nicht auf den Fall des Buchstaben a) übertragen werden.

Zu den Beweismitteln zählen auch die bisher besonders genannten Spuren der Tat. Beiseiteschaffen ist auch jede Veräußerung, wenn sie bewirkt, daß das Beweismittel nicht mehr jederzeit unverändert zur Verfügung steht. Das Verändern umfaßt auch das Unbrauchbarmachen, etwa das Löschen eines Tonträgers. Dagegen verändert ein Beweismittel nicht, wer sich einer Blutalkoholuntersuchung entzieht (s. o. 9 zu § 81 a, u. III 3 zu § 127); er verhindert nur, daß von einem sich verändernden und vergehenden Beweismittel Gebrauch gemacht werden kann.

b) Die **Einwirkung auf** Mitbeschuldigte, **Zeugen** und Sachverständige, jedoch nur, wenn sie in unlauterer Weise vorgenommen wird. Das ist immer der Fall, wenn der Mitbeschuldigte oder Zeuge beeinflußt wird, die Unwahrheit zu sagen, oder der Sachverständige, ein falsches Gutachten abzulegen oder Befundtatsachen (vgl. BGHSt. **18** 108) falsch zu bekunden. Dagegen ist die bloße Besprechung mit Verfahrenszeugen (OLG. Köln NJW. **1959** 544), die Frage, wie sich ein Hergang ereignet oder ob sie sich an einen bestimmten Umstand erinnerten, nicht unlauter; sie wird es aber, wenn ihnen eine Erinnerung, die sie nicht haben — auch wenn sie sie haben könnten — suggeriert wird. Es ist auch nicht unlauter, daß der Beschuldigte Zeugen bittet, von ihrem Zeugnisverweigerungsrecht Gebrauch zu machen (OLG. Bremen MDR. **1951** 55). Denn zu seinen Gunsten ist es dem Zeugen eingeräumt, und der Beschuldigte kann ihm wohl die Folgen einer Aussage vorstellen (zust. EbSchmidt, 10 zu § 112; einschränkend — Verdunkelung bei Ausnutzung eines Autoritätsverhältnisses — Müller-Sax, 4a (2) zu § 112).

c) Die **Veranlassung eines anderen,** die vorgenannten Verdunkelungshandlungen vorzunehmen. Der Beschuldigte muß den Anlaß geben, daß der andere handelt, gleichviel ob der andere weiß, welchem Ziel seine Handlungen dienen. Auf der Seite des Beschuldigten genügt nicht jede, auch eine fahrlässige Veranlassung, vielmehr nur eine, die von der Absicht des Beschuldigten getragen ist, das Handeln des anderen herbeizuführen.

13. Sittlichkeitsverbrechen (Absatz 3).

a) **Inhalt.** Der Gesetzgeber hat richtig erkannt, daß Wiederholungstäter von weiteren Taten nicht dadurch abgehalten werden können, daß ein Strafverfahren gegen sie eingeleitet wird, sondern allenfalls durch die Vollstreckung der Strafe. Wie die vorläufige Entziehung der Fahrerlaubnis (§ 111a) die Vollstreckung der endgültigen Entziehung (§ 42m StGB.), wie die einstweilige Unterbringung (§ 126a) den Vollzug der Unterbringung in einer Heil- oder Pflegeanstalt (§ 42b StGB.) vorwegnimmt, so wird hier die zu erwartende Strafe vollzogen, damit sie alsbald ihre die Öffentlichkeit sichernde und den Beschuldigten abschreckende Wirkung entfallen kann. Mit Untersuchungshaft hat diese Verwahrung — mag sie auch deren Rolle zuweilen mit übernehmen — allerdings nichts zu tun. Denn der Untersuchungszweck kann nur erfordern, daß der Beschuldigte zur Hauptverhandlung zur Stelle ist, und daß die Beweismittel nicht angestastet werden. Obwohl das Wort „Untersuchungshaft" gebraucht wird, handelt es sich der Sache nach um eine vorbeugende Verwahrung für Sittlichkeitsverbrecher, von denen weitere Sittlichkeitsverbrechen zu erwarten sind (vgl. BTProt. IV 6438, Bundesjustizminister Dr. Bucher: „Sicherungshaft"). Warum das Institut auf diesen Verbrechenskreis beschränkt worden ist, liegt nicht auf der Hand; in der Praxis spielen Serieneinbrecher und reisende Rückfallbetrüger eine größere Rolle, und im Bundestag war auch versucht worden, den Haftgrund der Wiederholungsgefahr, wenn auch unter strengen Voraussetzungen, zu erweitern (BTProt. IV 6437ff., 6504). Die Einschränkung ist wohl mit den Erwägungen zu begründen, daß es besonders unerträglich ist, mit großer Wahrscheinlichkeit einem neuen Sittlichkeitsverbrechen entgegenzusehen, und daß die in der Literatur (Baumann, S. 693) angegriffene Maßnahme einer vorbeugenden Verwahrung mit Zurückhaltung eingesetzt und namentlich für Verletzung bloßer Vermögensinteressen ausgeschlossen worden ist (vgl. BT-Prot. IV 6443 A, Abg. Jahn: „. . . haben wir es für notwendig gehalten, diesen Haftgrund auf das äußerste Mindestmaß zu beschränken").

Es ist bedauerlich, daß der Gesetzgeber die Vorschrift nicht mit § 111a und § 126a zu einem besonderen Abschnitt über vorbeugende Maßnahmen vor dem Urteil zusammengefaßt hat. Die Notwendigkeit, von den Regeln der Untersuchungshaft mehrfach abzuweichen, hätte das geboten (vgl. BTProt. IV 6445 A). Die Erkenntnis ihres Charakters sollte dazu führen, diese „Untersuchungshaft", wenn der Haftbefehl allein auf Absatz 3 beruht, stets ganz auf die Strafe anzurechnen (§ 60 StGB.), wie dies für die Sicherungshaft des § 61 Abs. 1 JGG. vorgeschrieben ist (§ 61 Abs. 2 Satz 1 JGG.), und den Beschuldigten stets dann zu entlassen, wenn die Haft die Höhe der zu erwartenden Strafe erreicht hat.

b) Voraussetzungen. Voraussetzung der Untersuchungshaft nach Absatz 3 ist, daß der Beschuldigte dringend verdächtig ist eines Verbrechens wider die Sittlichkeit nach

§ 173 Abs. 1 StGB. (Blutschande zwischen Verwandten auf- und absteigender Linie, begangen von Verwandten aufsteigender Linie);

§ 174 StGB. (Unzucht mit Abhängigen);

§ 175a StGB. (erschwerte Unzucht mit einem Mann);

§ 176 StGB. (erzwungene Vornahme unzüchtiger Handlungen an einer Frau; Mißbrauch einer Willensunfreien zum außerehelichen Beischlaf; Unzucht mit Kindern unter vierzehn Jahren);

§ 177 StGB. (Notzucht).

Versuch, Anstiftung und Beihilfe zu den genannten Verbrechen sind nach dem Sprachgebrauch des Strafgesetzbuchs unter dem Begriff des Verbrechens mit zu verstehen (vgl. RGSt. **31** 40, **68** 169; BGHSt. **2** 361). Das gleiche wird für die versuchte Anstiftung und die Verabredung zu einem jener Verbrechen anzunehmen sein (vgl. BGHSt. **2** 360, **6** 213).

Weitere Voraussetzung ist, daß bestimmte Tatsachen die Gefahr begründen, der Beschuldigte werde ein weiteres Verbrechen der bezeichneten Art begehen, bevor er in der Sache rechtskräftig abgeurteilt ist, wo die Untersuchungshaft angeordnet wird. Das Verbrechen, das befürchtet wird, braucht nicht den gleichen Tatbestand zu erfüllen wie das verübte, es muß nur zu dem Katalog des Absatzes 3 gehören. Die Vorschrift zeigt klar, daß der Begriff „Tatsache" in § 112 nicht einheitlich verwendet worden ist. Nach dem Zweck der Vorschrift können die Tatsachen nicht darin erblickt werden, daß der Beschuldigte sich anschickt, ein neues Sittlichkeitsverbrechen zu begehen; denn daran soll er gerade gehindert werden. Die Tatsachen liegen also in der Vergangenheit; sie sind die Vortaten und alle Lebensverhältnisse des Beschuldigten, die eine Prognose zulassen, ob er künftig neue Taten begehen werde (s. auch o. 6).

Liegen alle diese Voraussetzungen vor, dann ist die „Untersuchungshaft" gleichwohl nur zulässig, wenn sie erforderlich ist, die drohende Gefahr abzuwenden. Sind also andere Möglichkeiten gegeben, eine neue Tat zu verhindern, so sind diese zu wählen. Dafür kommen etwa in Betracht die Vollstreckung einer Reststrafe, die freiwillige Verbringung eines gefährdeten Kindes in ein Heim, der freiwillige Eintritt des Beschuldigten in eine Nervenheilanstalt und ähnl.

c) Volltrunkenheit. Das Oberlandesgericht Frankfurt (zust. Müller-Sax, 5 zu § 112; SchwKleinknecht, 7 zu § 112) will die Haft nach Absatz 3 auch bei Beschuldigten zulassen, die der Volltrunkenheit (§ 330a StGB.) dringend verdächtig sind, wenn dabei als Bedingung der Strafbarkeit eine der in Absatz 3 bezeichneten Taten in Betracht kommt (NJW. **1965** 1728). Es begründet seine Ansicht im wesentlichen mit folgenden Erwägungen: Sinn des Haftgrundes der Wiederholungsgefahr sei, die Allgemeinheit vor Hangtätern zu schützen, die zu Sittlicheitsverbrechen neigen. Es sei kein Grund ersichtlich, warum der Haftgrund ausscheiden solle, wenn der Täter möglicherweise infolge eines Rauschzustandes unzurechnungsfähig gewesen sei. Die Ausdehnung des Haftgrundes auf Sittlichkeitsdelikte, die im Vollrausch begangen sind, werde dem Präventivcharakter der Vorschrift gerecht. — Ob die Argumente dem Gesetzgeber hätten Anlaß geben können, den in Absatz 3 genannten Verbrechen das Vergehen der Volltrunkenheit an die Seite zu stellen, das sich auf eine der mit Strafe bedrohten Handlungen nach § 173 Abs. 1, nach den §§ 174, 175a, 176 oder nach § 177 StGB. bezieht, kann zweifelhaft sein, braucht aber nicht erörtert zu werden. Denn der Gesetzgeber hat jenen Schritt nicht getan, und der Rechtsprechung ist nicht erlaubt, ihn zu korrigieren. Sie könnte es, wenn der Gesetzgeber den Vollrauschfall hätte einbeziehen wollen, das aber bei der Redaktion versehentlich unterlassen hätte. Sie könnte es wohl auch (wenn das auch nicht unbestritten ist), wenn der Gesetzgeber (irrtümlich) angenommen hätte, der Fall der Volltrunkenheit sei selbstverständlich einbezogen.

Für beide Voraussetzungen bietet die Entstehungsgeschichte keinen Anhalt. Wenige Wochen vor Erlaß des § 112 Abs. 3 ist dem Strafgesetzbuch § 42m Abs. 2 StGB. eingefügt worden. Dort wird die Vermutung aufgestellt, ein Täter sei ungeeignet, Kraftfahrzeuge zu führen, wenn er bestimmte Delikte begangen habe, und als letztes dieser Delikte ist die Volltrunkenheit genannt, die sich auf eine der mit Strafe bedrohten Handlungen nach den vorher genannten Strafbestimmungen bezieht. Angesichts dieses Vorbilds, das in frischer Erinnerung war, ist es unzulässig anzunehmen, der Gesetzgeber habe geglaubt, der Fall der Volltrunkenheit sei als selbstverständlich einbezogen, auch wenn § 330a nicht genannt werde.

Auch ein Redaktionsversehen liegt nicht nahe. Es könnte nur angenommen werden, wenn die klare Absicht des Gesetzgebers im Gesetzestext nicht zum Ausdruck gekommen ist — ein Fall, der ausscheidet — oder wenn zwar die Absicht des Gesetzgebers unbekannt geblieben ist, seine Regelung aber sinnlos wäre, wenn man sie nicht nach einer Absicht ergänzte, auf die deshalb zu schließen ist, weil jede andere Regelung — und darunter die des Gesetzestextes — sinnlos wäre. Davon kann keine Rede sein. Die Mehrheit des Bundestages hat den Tatbestand der Wiederholungsgefahr stark eingeschränkt und dabei nicht unberechtigte kriminalpolitische Wünsche abgelehnt. Es ist sowohl denkbar, daß sie zunächst vorsichtig vorangehen wollte, als auch — und das wird ausschlaggebend gewesen sein — daß sie nicht allein auf den Schutzzweck abstellen, sondern von den Tätern, wie schon die Auswahl zeigt, nur Verbrecher treffen wollte. Dann wäre es verständlich, daß das Vergehen des Vollrausches nicht als ausreichend befunden worden ist, zumal da es, entgegen der Ansicht des Oberlandesgerichts, die Tat keineswegs nur hinsichtlich ihrer subjektiven Tatseite modifiziert. Da sohin beachtliche Gründe maßgebend gewesen sein können, die Voraussetzungen der Haft des Absatzes 3 zu beschränken, ist es unzulässig, die gesetzliche Beschränkung im Wege der Auslegung wieder aufzugeben.

14. Verbrechen wider das Leben (Absatz 4).

a) Gesetzesinhalt. Die Untersuchungshaft bei Verbrechen wider das Leben schließt sich, anders als der soeben behandelte Haftgrund, wieder den klassischen Haftgründen an, wenn auch die Grundlagen des neuen Instituts nicht ganz klar zutage liegen. Voraussetzung der Untersuchungshaft ist nach dem Wortlaut allein der dringende Verdacht eines Verbrechens nach § 211 StGB. (Mord), § 212 StGB. (Totschlag) oder § 220a Abs. 1 Nr. 1 StGB. (Völkermord), doch findet, wie noch darzulegen, eine scharfe Typenkorrektur statt. Für Versuch, Anstiftung und Beihilfe (OLG. Hamm NJW. **1965** 1729; OLG. Düsseldorf NJW. **1965** 2119), für die mißlungene Anstiftung und die Verabredung (§ 49a StGB.) sowie für die Volltrunkenheit (§ 330a StGB.), die sich auf eine mit Strafe bedrohte Handlung nach den vorher genannten Bestimmungen bezieht, gilt das o. 13b Abs. 2, 13c Ausgeführte entsprechend (a. A. für Versuch und mißlungene Anstiftung Kanka, S. 430).

Absatz 4 findet nach der Tatbestandstechnik keine Anwendung, wenn zu erwarten ist, daß die Strafe den §§ 213, 216 und 217 StGB. zu entnehmen sein wird (Dünnebier, S. 231; Kanka, S. 430; für § 213 a. A. Creifelds NJW. **1965** 950; Grauhan NJW. **1965** 1363; Waldschmidt NJW. **1965** 1576; wie hier SchwKleinknecht, 8 zu § 112; OLG. Düsseldorf NJW. **1965** 2119). Die Vorschrift ist ferner nicht anzuwenden — wodurch viele Fälle des Versuchs und der Beihilfe ausscheiden werden —, wenn der „unausgesprochene Haftgrund" des Absatzes 4 nicht gegeben ist. Dieser ist nach der NJW. **1966** 232 mitgeteilten Entstehungsgeschichte in der Unerträglichkeit zu sehen, einen solchen Beschuldigten in Freiheit zu lassen, der dringend verdächtig ist, eine der in Absatz 4 genannten Straftaten begangen zu haben und dem Typus des „brutalen Mörders" zu entsprechen. Fehlt dieser Haftgrund, kann gleichwohl ein Haftbefehl ergehen, wenn einer der Haftgründe der Absätze 2 oder 3 vorliegt (OLG. Oldenburg NJW. **1965** 1613; OLG. Hamm NJW. **1965** 2117; Waldschmidt NJW. **1965** 2117; a. A. — Haftbefehl, der sich auf Mord und Totschlag bezieht, darf nur nach Absatz 4 erlassen werden — OLG. Düsseldorf NJW. **1965** 2119).

Kanka (S. 429) will bei Absatz 4 von keinem Haftgrund sprechen, die Vorschrift aber auch nicht auf alle, sondern nur auf besonders gelagerte Fälle der drei genannten Verbrechen angewendet wissen. Ob solche Fälle vorliegen, sollen die Gerichte von Fall zu Fall entscheiden auf Grund der „Bestimmung, daß in diesen Fällen der Haftbefehl erlassen werden darf". Das Wort „darf", das im übrigen für alle Haftgründe gilt, kann indessen nicht die Grundlage der von Kanka angenommenen Freiheit bieten (s. u. 17). Vor allem ist ihm keine Richtlinie für eine Typenkorrektur des lakonischen Tatbestandes des Absatzes 4, die doch auch Kanka für erforderlich hält, zu entnehmen. Diese ist nur dadurch zu gewinnen, daß man aus der Entstehungsgeschichte den verborgenen Haftgrund des Absatzes 4 erkennt; ein technischer Haftgrund i. S. der Absätze 2 und 3 ist er freilich nicht.

b) Das **Bundesverfassungsgericht** (NJW. **1966** 243) hält Absatz 4 für unvereinbar mit dem Grundgesetz, wenn dieser dahin ausgelegt wird, daß bei dringendem Verdacht der genannten

Verbrechen die Untersuchungshaft ohne weiteres verhängt werden dürfte. Es läßt „weder die Schwere des Verbrechens ... noch die Schwere der (noch nicht festgestellten) Schuld", noch weniger die „Rücksicht auf eine mehr oder minder deutlich feststellbare ‚Erregung der Bevölkerung' ..., die es unerträglich finde, wenn ein ‚Mörder' frei umhergehe", für sich allein als Grundlage der Verhaftung genügen. Dagegen hält es Absatz 4 für vereinbar mit dem Grundgesetz bei folgender Auslegung: „Es müssen ... Umstände vorliegen, die die Gefahr begründen, daß ohne Festnahme des Beschuldigten die alsbaldige Aufklärung und Ahndung der Tat gefährdet sein könnte. Der zwar nicht mit ‚bestimmten Tatsachen' belegbare, aber nach den Umständen des Falles doch nicht auszuschließende Flucht- oder Verdunkelungsverdacht kann u. U. bereits ausreichen. Ebenso könnte die ernstliche Befürchtung, daß der Beschuldigte weitere Verbrechen ähnlicher Art begeht, für den Erlaß eines Haftbefehls genügen". Diese Auslegung enthält „mit Rücksicht auf die Schwere der hier bezeichneten Straftaten" eine Lockerung der „strengen Voraussetzungen der Haftgründe des Absatzes 2 ..., um die Gefahr auszuschließen, daß gerade besonders gefährliche Täter sich der Bestrafung entziehen". Darüber hinaus wird für Verbrechen wider das Leben ein Haftgrund der Wiederholungsgefahr geschaffen, für den ebenfalls weniger strenge Voraussetzungen gelten als für Absatz 3. Da aber Flucht-, Verdunkelungs- und Wiederholungsgefahr vorliegen müssen, läuft die Auslegung auf eine Vermutung der Haftgründe, wenn nur gewisse Anhaltspunkte für sie vorliegen, und damit letztlich auf eine Begründungserleichterung hinaus.

Der Gesetzgeber hat indessen weder das gewollt, was das Bundesverfassungsgericht als mit dem Grundgesetz unvereinbare Auslegung erwägt, noch was es als verfassungskonforme Auslegung zuläßt.

Wie an anderer Stelle dargelegt (NJW. **1966** 231), ergibt sich aus der Entstehungsgeschichte (S. 232 II a, b) und der Auslegung des Gesetzestextes (II c), daß die Schwere des Unrechts und der Schuld allein den unbenannten Haftgrund des Absatzes 4 nicht ausmacht (vgl. Abg. Dr. h. c. Güde, BTRAusschußProt. 37, 11; Abg. Dr. Kanka, BTProt. IV 6439 A; abgedruckt a. a. O., S. 232; OLG. Hamburg NJW. **1965** 2116; OLG. Stuttgart, Justiz **1965** 359; Oppe, NJW. **1966** 94). Auf die „Erregung der Bevölkerung", die das Bundesverfassungsgericht ins Auge faßt, hat die Mehrheit des Bundestags gewiß nicht abgestellt (Kanka, S. 429). Auch sollte im Falle des Absatzes 4 die Untersuchungshaft nicht — wie die Praxis nach den von Schmidt-Leichner mitgeteilten Beispielen (S. 427) zuweilen angenommen zu haben scheint — „ohne weiteres" verhängt werden dürfen, sondern nur, wenn die Unerträglichkeit objektiv empfunden wird, einen Menschen in Freiheit zu lassen, der dringend verdächtig ist, einen Mord begangen zu haben, und dem Typus des „brutalen Mörders" zu entsprechen (a. a. O., S. 233, IId). Man wird indessen nicht fehlgehen, wenn man annimmt, daß das Bundesverfassungsgericht auch dann nicht anders entschieden hätte, wenn es den Willen des Gesetzgebers und den Inhalt des Gesetzes im Sinne der vom Verfasser vertretenen Auffassung gesehen hätte.

Andererseits darf man ausschließen, daß der Gesetzgeber das gewollt hat, was das Bundesverfassungsgericht als verfassungskonforme Auslegung zugesteht. Die Auffassung, daß bei schweren Verbrechen die Haftvoraussetzungen gelockert werden dürften (OLG. Hamm NJW. **1965** 1729; ähnlich Kleinknecht MDR. **1965** 782) — die oben 9 abgelehnt worden ist (ebenso Dahs NJW. **1961** 1881; EbSchmidt JR. **1962** 28; Schmidt-Leichner, S. 428) —, dürfte gewiß den Gesetzgeber nicht geleitet haben, der ausdrücklich das Ziel verfolgt hat, die „apokryphen Haftgründe" abzuschaffen, d. h. der Neigung entgegenzuwirken, „einen der ... Haftgründe, obwohl er bei strenger Anwendung des Gesetzes nicht gegeben ist, in solchen Fällen dennoch als gegeben anzusehen, in denen es aus anderen besonders triftigen Gründen angebracht erscheint, über den dringend verdächtigen Beschuldigten die Untersuchungshaft zu verhängen" (Abg. Kanka, zu BTDrucks. IV 1020, S. 2). Auch ist es undenkbar, daß der Gesetzgeber eine erkennbare Begründungserleichterung (§ 112 Abs. 2 Satz 2 a. F.) abschafft und im gleichen Augenblick eine viel weitergehende verdeckte einführt.

Auch die verfassungskonforme Auslegung ist nicht frei. Sie kann wohl den Willen des Gesetzgebers und des Gesetzes verkürzen, soweit er dem Grundgesetz zuwiderläuft. Sie kann aber dem Gesetz nicht einen Sinn unterlegen, den es nach dem erkennbaren Willen des Gesetzgebers gerade nicht haben soll. Wenn daher zufolge des Beschlusses des Bundesverfassungsgerichts als verfassungswidrig das nicht erlaubt ist, was der Gesetzgeber gewollt hat, der Gesetzgeber aber das nicht gewollt hat, was das Bundesverfassungsgericht als verfassungsgemäß zugesteht, dann ist für eine verfassungskonforme Auslegung kein Raum; vielmehr ist Absatz 4, weil verfassungswidrig, ungültig (ebenso Dahs NJW. **1966,** 761 und, wenn auch aus anderen Erwägungen, Schmidt-Leichner, S. 428).

15. Verhältnismäßigkeit (Absatz 1 Satz 2). Mit der Untersuchungshaft wird in das Grundrecht des Beschuldigten auf Freiheit seiner Person (Art. 2 Abs. 2 Satz 2 GG.) eingegriffen. Da der Eingriff, um das Grundrecht so lange wie möglich zu erhalten, so zurückhaltend wie möglich auszuüben ist, darf die Untersuchungshaft nicht angeordnet werden, wenn sie zu der Bedeutung der Sache und der zu erwartenden Strafe oder Maßregel der Sicherung und Besserung außer Verhältnis steht. Dieser Grundsatz der Verhältnismäßigkeit, der in § 120 Abs. 1 für die Frage der Aufhebung des Haftbefehls nochmals wiederholt wird, ist eine der bedeutendsten Sicherungen gegen eine zu großzügige Verwendung der Untersuchungshaft. Der Grundsatz berührt sich mit der Anordnung in Art. 5 MenschRKonv., daß jedermann Anspruch auf Hauptverhandlung innerhalb angemessener Frist oder auf Entlassung gegen Sicherheitsleistung hat — ein Anspruch, der jetzt in § 121 seine Ausformung erhalten hat —; er ist aber von ihr zu unterscheiden.

Der Grundsatz der Verhältnismäßigkeit kommt in der negativen Form zum Ausdruck, daß die Untersuchungshaft nicht angeordnet werden darf, wenn sie zu der Sanktion außer Verhältnis steht. Sinn hat diese Fassung nur, wenn damit der Grundsatz in dubio pro reo ausgeschlossen werden soll (vgl. SchwKleinknecht, 3B zu § 112). Ihr liegt also die Auffassung zugrunde, daß dieser Grundsatz auch bei Wertungen selbst anzuwenden ist (SchwKleinknecht, 8C zu § 261), und nicht nur für die den Wertungen zugrunde liegenden Tatsachen. Ist man dagegen der Ansicht, daß die Regel in dubio pro reo sich nur auf die Tatsachenfeststellung bezieht (Henkel, § 16 I 4; Kern, § 15 D 2), dann kommt der negativen Fassung keine Bedeutung zu; sie zwingt nicht zu der Theorie, der sie entsprungen ist. Die Feststellung, daß die Haft zur Sanktion nicht außer Verhältnis stehe, kann dann zu keinem anderen Ergebnis führen, als daß die Haft zur Sanktion in einem (angemessenen) Verhältnis stehe. Hätte das Gesetz diese Fassung erhalten, wäre es einfacher geworden; die Verhältnismäßigkeit wäre als Haftvoraussetzung herausgestellt, was sie nach überwiegender Auffassung auch ist; damit hätte die umständliche Fassung des § 120 Abs. 1 Satz 1 vermieden werden können. Immerhin hat die Fassung die Bedeutung, den Richter darauf hinzuweisen, daß er nach Lage der Akten zu entscheiden hat und keine Ermittlungen anzustellen braucht, um die Tatfolgen zu klären (Begrdg., BTDrucks., IV 178, S. 22), die vielleicht erst ein sicheres Urteil über die Verhältnismäßigkeit zulassen. Aber das ist selbstverständlich; im Haftverfahren sind alle Beurteilungen vorläufiger Art auf der Grundlage eines der Veränderung unterworfenen Tatsachenmaterials.

Nach Absatz 1 Satz 2 darf die „erlittene" (§ 60 StGB.) Untersuchungshaft dem Grundsatze nach nicht schwerer wiegen, als das durch die Haft gesicherte Verfahrensziel, die Strafe oder die Maßregel der Sicherung und Besserung. Dazu ist abzuschätzen, welche Freiheitsstrafe der Beschuldigte zu erwarten hat. Weiter ist zu prüfen (Schultz JR. **1963** 297), ob sie vielleicht ganz (§ 23 StGB.) oder teilweise (§ 26 StGB.) auszusetzen ist, oder ob nicht nur eine Geldstrafe oder eine nicht freiheitsentziehende Maßregel zu erwarten ist. In diesen Fällen, die nach der Statistik ein Sechstel aller Untersuchungshaftfälle ausmachen, wird in der Regel schon Fluchtverdacht, grundsätzlich aber die Verhältnismäßigkeit zu verneinen sein. Im Einzelfall kann jedoch, namentlich wenn der Beschuldigte flüchtig ist, und insbesondere im Hinblick auf eine später mögliche Rückfallverschärfung, durchaus die Verurteilung als solche bedeutungsvoll genug sein, die Untersuchungshaft zu verhängen (Müller-Sax, 8b zu § 112). Da indessen die Untersuchungshaft ein schwerer Eingriff in die Freiheit einer Person ist, deren Schuld erst festgestellt werden muß (Nr. 35 Satz 1 RiStV.), ist sie als eine Ausnahmemaßnahme anzusehen, die nur angewendet werden darf, wenn sie unbedingt notwendig ist. Bei Abwägung werden die Art des verletzten Rechtsgutes und die Schuld des Täters, in geringerem Umfange auch das Unrecht der Tat, Berücksichtigung erheischen (a. A. Baumann, S. 652, der die Tatschwere nur im Sinne der zu erwartenden Strafhöhe bedeutsam sein läßt).

16. Subsidiarität. Sind alle vorhergenannten Voraussetzungen erfüllt, so darf die Untersuchungshaft gleichwohl nicht verhängt werden, wenn der Beschuldigte freiwillig Pflichten übernimmt oder sich freiwillig Beschränkungen unterwirft, durch welche die erstrebte Wirkung auch ohne Verhaftung erreicht wird (OLG. Frankfurt JR. **1951** 92). § 116 sieht bei Maßnahmen, welche die Fluchtgefahr erheblich vermindern, die Aussetzung des Vollzugs eines Haftbefehls vor. Ist es indessen nicht notwendig, dem Beschuldigten Pflichten und Beschränkungen aufzuerlegen, wird vielmehr der Haftgrund schon dadurch ausgeschlossen, daß er sie freiwillig übernimmt, dann entfallen damit die Haftvoraussetzungen. Das kann auch bei Verdunkelungsgefahr der Fall sein, etwa wenn ein kindlicher Zeuge in ein Heim verbracht und sichergestellt wird, daß der Beschuldigte dort mit ihm nicht in Verbindung treten kann. In der Regel wird es allerdings die Fluchtgefahr sein, die durch Übernahme von Pflichten ausgeschlossen wird. So kann z. B. bei Vermögenslosen die Abgabe des Reisepasses die Fluchtgefahr beseitigen, weil ohne einen Paß im Ausland keine Arbeitsgenehmigung erteilt zu werden pflegt.

Freiwillige Übernahme von Pflichten und Beschränkungen macht die Untersuchungshaft allerdings nur entbehrlich, wenn eine große Sicherheit dafür gegeben ist, daß sie auch innegehalten werden, und wenn weder behördliche Überwachung notwendig ist, noch andere Sanktionen als der Erlaß eines Haftbefehls geboten sind. Ist dagegen die stärkere Drohung erforderlich, es werde alsbald ein bereits erlassener Haftbefehl vollstreckt werden, dann ist der Weg des § 116 zu wählen. Er ist allein zulässig bei einer Sicherheitsleistung, weil bei formloser Sicherheitsbestellung § 122 (Verfall) keine Anwendung finden könnte.

In Jugendsachen ist das dem allgemeinen Haftrecht angehörende Subsidiaritätsprinzip in § 72 Abs. 1 JGG. ausdrücklich festgelegt. Nach dieser Bestimmung darf Untersuchungshaft nur verhängt werden, wenn ihr Zweck nicht durch eine vorläufige Anordnung über die Erziehung oder durch andere Maßnahmen erreicht werden kann. Als solche kommen in Betracht Weisungen über den Aufenthalt, den Arbeitsplatz, Meldepflichten und ähnl. (Dallinger-Lackner, 8 zu § 71), jedoch ist es unzulässig, die vorläufige Fürsorgeerziehung anzuordnen (§ 71 Abs. 1 Satz 2 JGG.).

17. Gesamtwürdigung. Ist unter Berücksichtigung aller dieser Umstände die Untersuchungshaft zulässig, so sollte — scheint es — ein Zwang (so Siegert JW. **1925** 929) bestehen, sie zu verhängen. Denn wenn das Mittel der Untersuchungshaft einem bestimmten Verfahrenszweck dient, so scheint der Richter, weil er diesen Zweck nicht nach Belieben preisgeben kann, dieses Mittel, wenn es zulässig ist, auch anwenden zu müssen. Das Gesetz verordnet aber ausdrücklich, daß die Untersuchungshaft, wenn bestimmte Voraussetzungen vorliegen, verhängt werden darf, nicht daß sie alsdann zu verhängen ist. Darin liegt die Erkenntnis, daß sich die Haftvoraussetzungen niemals mathematisch berechnen lassen. Der Richter muß nicht nur abwägen, was etwa für und gegen eine Flucht spricht, sondern auch, ob der Fluchtverdacht mehr oder weniger dringend ist, und ob bei Abwägung dieser Umstände die Nachteile der Haft, etwa für Gesundheit, Beruf und Familie, im rechten Verhältnis zu der zu erwartenden Strafe stehen (Dürig bei Maunz-Dürig, GG., 54 zu Art. 2 Abs. 2). Die Erwägungen greifen oft ineinander und betreffen verschiedene Haftvoraussetzungen. Wenn sich der Haftrichter auch über jede einzelne von ihnen Rechenschaft zu geben hat, so muß er zuletzt doch auf Grund einer Gesamtwürdigung entscheiden, ob der Zweck des Verfahrens das Mittel der Untersuchungshaft erfordert. Bejaht er das, dann muß er allerdings die Haft verhängen und kann nicht in einer Art Gnadenentscheidung willkürlich in dem einen Fall von einer Verhaftung absehen und sie in einem anderen Fall anordnen.

18. Haftunfähigkeit. § 455 enthält zwei Gründe, die der Vollstreckung einer Freiheitsstrafe entgegenstehen:

wenn der Verurteilte in Geisteskrankheit verfällt;

wenn von der Vollstreckung wegen anderer Krankheiten eine nahe Lebensgefahr für den Verurteilten zu besorgen ist.

Endlich kann die Strafvollstreckung aufgeschoben werden,

wenn sich der Verurteilte in einem körperlichen Zustand befindet, bei dem eine sofortige Vollstreckung mit der Einrichtung der Strafanstalt unverträglich ist.

Die Vorschrift bezieht sich nach ihrem Wortlaut nicht auf die Untersuchungshaft, ist aber doch teilweise auf sie entsprechend anzuwenden.

a) Geisteskrankheit. Der erste dieser Gründe schließt schon seiner Natur nach die Untersuchungshaft regelmäßig aus: Gegen einen Geisteskranken kann, weil er nicht verhandlungsfähig ist, kein Verfahren und nach § 455 Abs. 1 Satz 1 keine Vollstreckung stattfinden. Demzufolge ist auch die Untersuchungshaft, weil sie der Sicherung des Verfahrens und einer künftigen Vollstreckung dient, unzulässig. Das gilt immer, wenn ein Ende der Geisteskrankheit nicht abzusehen ist. Ist das nach ärztlichem Gutachten ausnahmsweise der Fall, kann wohl ein Haftbefehl ergehen, doch kann er erst nach Beendigung der Geisteskrankheit vollstreckt werden. Denn vorher ist wegen Verhandlungsunfähigkeit das Haftverfahren (§ 114b Abs. 2 und 3, § 114d Abs. 1, § 115a Abs. 4) nicht durchführbar. Hat die Geisteskrankheit schon bei der Tat vorgelegen, ist einstweilige Unterbringung nach § 126a zulässig.

b) Lebensgefährdung durch den Vollzug der Untersuchungshaft schließt diese in der Regel ebenfalls aus. Wenn diese Gefährdung den Staat zu dem Verzicht veranlaßt, einen Schuldigen einzusperren (§ 455 Abs. 2), so ist diesem Umstand der Wille des Gesetzgebers zu entnehmen, auch auf die Inhaftierung eines Beschuldigten zu verzichten, der noch als unschuldig gilt (Art. 6 Abs. 2 MenschRKonv.) und es vielleicht sogar ist. Das Ergebnis folgt aus den oben dargestellten Grundsätzen der Verhältnismäßigkeit (Beling, § 102 II 7b Abs. 3; Hartung, S. 930; Kohlrausch, S. 1440) und der Gesamtwürdigung (Löwenstein JW. **1925** 1458). Das Leben des Beschuldigten steht höher als der Untersuchungszweck (Ebermayer, S. 1455); der Staat hat nicht das Recht, jenem Zweck ein Menschenleben zu opfern (v. Lilienthal, S. 1448).

Aus den Grundsätzen der Verhältnismäßigkeit und der Gesamtwürdigung, aus denen das Ergebnis gewonnen ist, ergibt sich auch die Ausnahme von ihm: Ein wegen schwerster Taten dringend Verdächtiger, der höchste Strafen und bei deren Verbüßung den Tod im Zuchthaus oder in der Sicherungsverwahrung zu erwarten hat, muß wegen des hohen Sühneverlangens auch der Lebensgefahr bei Verhaftung ausgesetzt werden (Klefisch, S. 1450; Strassmann JW. **1925** 1453; a. A. — bei Lebensgefährdung darf auch gegen Mörder kein Haftbefehl ergehen — „Judex" JR. **1925** 918), wenn — was in der Regel nicht der Fall sein wird — der Fluchtverdacht sehr dringend ist. Das wird zu bejahen sein, wenn Angehörige Anstalten treffen, den Beschuldigten in ein Gebiet zu verbringen, aus dem er nicht ausgeliefert werden wird. Steht allerdings mit Sicherheit zu erwarten, daß der Beschuldigte die Hauptverhandlung nicht erleben wird, dann ist die Untersuchungshaft, weil für das Verfahren sinnlos, unzulässig.

c) Sonstige Krankheiten stehen der Anordnung der Untersuchungshaft nicht entgegen. Der Gedanke des § 455 Abs. 2 („Die Strafvollstreckung kann aufgeschoben werden, wenn sich der Verurteilte in einem körperlichen Zustand befindet, bei dem eine sofortige Vollstreckung mit der Einrichtung der Strafanstalt unverträglich ist") kann ggf. die Vollstreckung der Untersuchungshaft gegen einen Seuchenkranken unmöglich machen. Doch wird dabei auf Anstaltszwecke abgestellt, die mit den Haftvoraussetzungen nichts zu tun haben. Die Gefahr der Verschlimmerung einer Krankheit, meist zufolge der seelischen Belastung der Untersuchungshaft, ist bei der Prüfung des Grundsatzes der Verhältnismäßigkeit und bei der Gesamtwürdigung zu berücksichtigen, kann aber für sich allein die Anordnung der Untersuchungshaft nicht hindern.

Die entwickelten Gedanken gelten auch für die Schwangerschaft. Doch wird der Erwägung, daß durch die Ungewißheit der Haft seelische Belastungen entstehen und dadurch Komplikationen hervorgerufen werden können, in den letzten Schwangerschaftsmonaten besonderes Gewicht beizumessen sein.

19. Haft in anderer Sache. Strafhaft oder Untersuchungshaft in anderer Sache ist vom Richter beim Erlaß des Haftbefehls nicht zu berücksichtigen, weil sie, in der Regel ohne seinen Einfluß, jederzeit beendet werden kann. Dagegen spielt sie beim Vollzug des Haftbefehls eine Rolle (s. u. 11 bis 13 zu § 114).

20. Haftprüfung. Die Untersuchungshaft ist nur zulässig, wenn die Voraussetzungen der §§ 112, 113, einschließlich der Verhältnismäßigkeit, gegeben sind. Daraus folgt, daß sie unzulässig ist, wenn diese Voraussetzungen nicht bestehen und weiter, daß sie unzulässig wird, sobald sie weggefallen sind. Deshalb ist der Haftbefehl aufzuheben, „sobald" die Voraussetzungen der Untersuchungshaft nicht mehr vorliegen (§ 120 Abs. 1 Satz 1), d. h. in dem Augenblick, in dem sie entfallen sind. Um diesem Befehl des Gesetzes zu gehorchen, muß der Richter unabhängig von Anträgen jederzeit prüfen, ob die Voraussetzungen des Haftbefehls noch bestehen oder ob der Haftbefehl aufzuheben oder wenigstens sein Vollzug nach § 116 auszusetzen ist. Die gleiche Pflicht trifft den Staatsanwalt (Nr. 43 Abs. 1 Satz 1 RiStV.), gleichviel ob das Ermittlungsverfahren noch läuft oder ob öffentliche Klage erhoben ist. Zu diesem Zweck wird der Staatsanwalt während des Ermittlungsverfahrens die Sachakten regelmäßig nicht aus der Hand geben (Nr. 43 Abs. 3 Satz 1 RiStV.). Muß er das ausnahmsweise tun, wird er die Haftsache an Hand von Hilfsakten fortlaufend weiter bearbeiten (Nr. 12 Abs. 1 Satz 4 RiStV.) und dabei dauernd die Haftfrage prüfen. Auch wenn Anklage erhoben ist, bleibt der Staatsanwalt dafür verantwortlich, daß nach den §§ 116, 120 verfahren wird, sobald das irgend möglich ist. Er hat daher die Haftsachen weiterhin an Hand der Handakten im Auge zu behalten und namentlich darauf zu achten, ob die weitere Untersuchungshaft zu der zu erwartenden Strafe noch in einem angemessenen Verhältnis steht (Nr. 43 Abs. 1 Nr. 2 RiStV.).

S. auch u. § 120.

21. Hinweise. Anordnung der Untersuchungshaft: § 114 Abs. 1; Inhalt des Haftbefehls: § 114 Abs. 2 und 3; Vollstreckung des Haftbefehls: §§ 115, 115a; Aussetzung des Vollzugs des Haftbefehls: § 116; Aufhebung des Haftbefehls: § 120; zuständiges Gericht: §§ 125, 126.

Haftprüfung: §§ 117 bis 118c; Sechsmonatsprüfung: §§ 121, 122; Vollstreckung der Untersuchungshaft: § 119.

Einstweilige Unterbringung für geisteskranke Täter: § 126a.

22. Übergangsrecht. Durch die neue Fassung der §§ 112, 113 sind die Voraussetzungen der Untersuchungshaft verschärft worden; der bisher schon geltende Grundsatz der Verhältnismäßigkeit hat in § 112 Abs. 1 Satz 2 und in § 120 Abs. 1 Satz 2 ausdrücklich gesetzliche Ausformung erhalten. Da die Untersuchungshaft nur zulässig ist, wenn die Voraussetzungen der §§ 112, 113 gegeben sind, müßten beim Inkrafttreten des Strafprozeßänderungsgesetzes sämtliche Haftbefehle von Amts wegen überprüft werden. Davon stellt Art. 15 Abs. 2 StPÄG. den Richter durch die Vorschrift frei, daß bei einem vor dem Inkrafttreten des Strafprozeßänderungsgesetzes erlassenen Haftbefehl die (strengeren) Voraussetzungen des neuen Rechts von Amts wegen erst dann zu prüfen sind, wenn der Richter bei einer Haftprüfung, die nach den bisher geltenden Vorschriften vorzunehmen ist, oder aus einem sonstigen Grund mit dem Haftbefehl erneut befaßt wird. Wegen des Relativsatzes „die nach den bisher geltenden Vorschriften vorgenommen wird" s. u. 10 zu § 117. Im übrigen ist eine Kommentierung wegen des Zeitablaufs entbehrlich.

§ 113

(1) Ist die Tat nur mit Gefängnis bis zu sechs Monaten, mit Haft oder mit Geldstrafe, allein oder nebeneinander, bedroht, so darf die Untersuchungshaft wegen Verdunkelungsgefahr nicht angeordnet werden.

(2) In diesen Fällen darf die Untersuchungshaft wegen Fluchtgefahr nur angeordnet werden, wenn der Beschuldigte

1. sich dem Verfahren bereits einmal entzogen hatte oder Anstalten zur Flucht getroffen hat,

2. im Geltungsbereich dieses Gesetzes keinen festen Wohnsitz oder Aufenthalt hat oder

3. sich über seine Person nicht ausweisen kann.

(3) Die Beschränkungen des Absatzes 2 entfallen, wenn der Beschuldigte einer Tat verdächtig ist, wegen deren die Unterbringung in einem Arbeitshaus angeordnet werden kann.

Entstehungsgeschichte: I. Entw. § 98 Abs. 2. II. Entw. § 100. III. Entw. § 102.

Änderungsvorschläge: N. E. I, II § 111. N. E. III § 115. Entw. EGStGB. Art. 70 Nr. 64 § 112c.

Spätere Änderungen: Die Einschränkung der Untersuchungshaft fand früher bei Taten statt, die nur mit Haft oder Geldstrafe bedroht waren. Eine Ausnahme war zunächst vorgesehen für Übertretungen, bei denen Überweisung an die Landespolizeibehörde angeordnet werden konnte. Durch Art. 2 Nr. 5 des G. vom 24. 11. 1933 wurde dafür die Anordnung der Unterbringung in einem Arbeitshaus eingesetzt. Diese Änderung wurde durch Art. 3 Nr. 44 VereinhG. aufrechterhalten. Ihre jetzige Fassung, die namentlich mit dem weiteren Strafrahmen die Einschränkung erweitert, hat die Vorschrift erhalten durch Art. 1 Nr. 1 StPÄG.

Die Bestimmung zeigt die Möglichkeiten, mit denen der Gesetzgeber die Untersuchungshaft wohl wirksamer einschränken kann, als wenn er fortfährt, die Voraussetzungen der Haft mit Hilfe von Klauseln und Kautelen zu erschweren, die die Praxis kaum anwenden kann, ja in einigen Fällen unbeachtet lassen muß, wenn sie dem erkennbaren Willen des Gesetzgebers genügen will. Im Falle des § 113 wird, von den in Absatz 2 aufgeführten Ausnahmen abgesehen, selbst bei eindeutiger Fluchtgefahr die Verhaftung untersagt, obwohl im Einzelfall eine Strafe von sechs Monaten erwartet werden kann. Das ist ein klarer Verzicht des Gesetzgebers, nicht nur auf die Haft, sondern ggf. auch auf die Durchführung des Verfahrens überhaupt. Der Verzicht sollte nicht auf die Strafdrohung, sondern auf die zu erwartende Strafe aufbauen und diese Strafe mit neun Monaten bemessen. Damit würde der Gesetzgeber die Entscheidung übernehmen, die die Praxis ihm, wie sich gezeigt hat, nicht abgenommen hat und wohl auch nicht abnehmen will. Würde auf diese Weise die Kleinkriminalität großzügig von der Untersuchungshaft ausgenommen, dann wären wohl die augenfälligsten Beschwerden beseitigt.

1. Bagatelldelikte. Aus dem allgemein im Haftrecht geltenden Grundsatz der Verhältnismäßigkeit (s. o. 15 zu § 112) zieht der Gesetzgeber in § 113 selbst die Folgerung, daß er bei Straftaten, die nur mit geringer Strafe bedroht sind, die Untersuchungshaft nur sehr eingeschränkt zuläßt: Nur bei Flucht (§ 112 Abs. 2 Nr. 1) bleibt die Untersuchungshaft ohne einschränkende Voraussetzungen zulässig. Dagegen darf sie wegen Verdunkelungsgefahr (§ 112 Abs. 1 Nr. 3) überhaupt nicht angeordent werden und wegen Fluchtgefahr (§ 112 Abs. 1 Nr. 2) nur, wenn diese besonders naheliegt. Als Strafrahmengrenze werden bezeichnet Gefängnis bis zu sechs Monaten, Haft oder Geldstrafe, allein oder nebeneinander, gleichgültig, ob neben der Hauptstrafe auch auf Nebenstrafen, z. B. auf Einziehung erkannt werden kann oder muß. Darunter fallen alle Übertretungen (§ 1 Abs. 3 StGB.) und eine nicht unbedeutende Zahl von Vergehen, die freilich in der Haftpraxis keine große Rolle spielen, z. B. Parlamentsbannmeilenbruch (§ 106a Abs. 1 StGB.), Hausfriedensbruch (§ 123 Abs. 1 StGB.), Verletzung amtlicher Anschläge (§ 134 StGB.), Siegelbruch (§ 136 StGB.), Verleitung zur Abgabe einer falschen Versicherung an Eides Statt oder einer falschen uneidlichen Aussage (§ 160 StGB.), Ehebruch (§ 172 StGB.), Verkauf schamloser Schriften an Jugendliche (§ 184a StGB.), Bedrohung (§ 241 StGB.), mittelbare Falschbeurkundung (§ 271 StGB.), Beteiligung am Glücksspiel (§ 284a StGB.), unbefugtes Fischen in deutschen Küstengewässern (§ 296a StGB.), Verletzung des Briefgeheimnisses (§ 299 StGB.), Bruch des Berufsgeheimnisses (§ 300 Abs. 1 StGB.), Ausbeutung Minderjähriger (§ 301 StGB.), Kreditwucher (§ 302a StGB.), Nachwucher (§ 302c in Vbdg. mit § 302a StGB.), Bestechlichkeit (§ 331 StGB.), fahrlässiges Entweichenlassen eines Gefangenen.

Das Gesetz erwähnt die Einschließung nicht, obwohl bei zwei Tatbeständen (§ 201: Herausforderung zum Zweikampf; § 203: Kartelltragen) Einschließung mit der Höchststrafe von sechs Monaten angedroht ist. Da Einschließung gegenüber Gefängnis die mildere Strafe darstellt, und da kein Grund zu erkennen ist, sie von § 113 auszunehmen, muß ein Redaktionsversehen angenommen werden. Es wird dadurch entstanden sein, daß der Regierungsentwurf nur drei Monate Gefängnis vorgesehen hatte (BTDrucks. IV 178, S. 2). Da die mildeste Einschließungsstrafe die bis zu sechs Monaten ist, konnte der Regierungsentwurf sie nicht berücksichtigen. Als der Bundestag die Gefängnisstrafe auf sechs Monate erhöht hat (BTDrucks. IV 1020, S. 3; BTProt. IV 3107 B), ist wohl übersehen worden, die Einschließung einzubeziehen. § 113 ist daher auch bei den beiden genannten Tatbeständen anzuwenden (eingehend Amft und Gintzel NJW. **1966** 95). Ob man sich den Eingang des § 113 um die Worte „mit Einschließung bis zu neun Monaten" (vgl. § 21 StGB.) oder „bis zu sechs Monaten" ergänzt vorstellen muß, kann dahingestellt bleiben, weil es Einschließung bis zu neun Monaten nicht gibt.

Die gleichen Erwägungen müssen für § 39 Abs. 2 WStG. (Mißbrauch der Disziplinarstrafgewalt in besonders leichten Fällen) gelten, den einzigen Tatbestand, wo Strafarrest (Höchstmaß sechs Monate, § 9 Abs. 1 WStG.) allein angedroht ist. Strafarrest ist nach § 8 WStG. die leichteste der im Wehrstrafgesetz angedrohten Strafen; er ist jedenfalls gegenüber der Gefängnisstrafe die der Art nach mildere Strafe (BGHSt. **12** 246).

Die Ungehorsamshaft (§ 230 Abs. 2, § 236) wird von § 113 nicht berührt.

2. Fluchtgefahr. Während bei Delikten dieser Gruppe Untersuchungshaft wegen Verdunkelungsgefahr in keinem Fall angeordnet werden darf, ist sie wegen Fluchtgefahr nur zulässig, wenn besondere Voraussetzungen vorliegen. Sie werden in der Regel Fluchtgefahr begründen, brauchen das aber nicht immer. Sie brauchen auf der anderen Seite nicht die Tatsachen zu sein, aus denen sich die Fluchtgefahr ergibt. Daraus und weil § 113 den § 112 einschränkt, folgt, daß bei Bagatelldelikten sowohl die Voraussetzungen des § 112 als auch diejenigen des § 113 Abs. 2 festgestellt werden müssen (Kleinknecht MDR. **1965** 782; a. A. — Haftgründe des § 112 brauchen nicht vorzuliegen — Dreves DRiZ. **1965** 112). Die besonderen Voraussetzungen sind gegeben, wenn der Beschuldigte

sich dem Verfahren bereits einmal, z. B. durch Flucht oder Verbergen, entzogen hatte, oder wenn er Anstalten zur Flucht getroffen hat. Das kommt in Betracht, wenn er nach einer Straftat, namentlich aber nachdem ihm die Strafverfolgung bekannt geworden ist, Geld flüssig macht, sich Fahrkarten versorgt, einen Reisepaß erteilen läßt, und wenn kein Anlaß (Geschäftsreise, Verwandtenbesuch) zu der Reise ersichtlich ist;

in der Bundesrepublik und in West-Berlin keinen festen Wohnsitz (s. o. 1 zu § 8) oder Aufenthalt hat. Gefordert wird nicht der gewöhnliche Aufenthalt (s. o. 2 zu § 8), sondern lediglich ein tatsächlicher, an dem der Beschuldigte erreichbar ist. Wohnsitz im Ausland, in der SBZ. oder in Ostberlin reicht nicht aus;

sich über seine Person nicht ausweisen kann. Solchen Personen ist gleichzustellen, wer sich nicht ausweisen will, wer seinen Namen verschweigt oder falsch angibt (OLG. Hamburg GA. **72** 275). Im übrigen kommt es auf den guten oder bösen Willen nicht an: Die Tatsache, daß sich jemand nicht ausweisen kann, ist entscheidend; die Gründe hierfür spielen keine Rolle, können aber zu dringlichen, ggf. telefonischen, Ermittlungen nötigen. Die Vorschrift findet keine Anwendung, wenn der Beschuldigte, der sich nicht ausweisen kann, bekannt ist (Feisenberger, 7 zu § 112).

3. Arbeitshaus. Ist der Beschuldigte einer Tat verdächtig, wegen deren die Unterbringung in einem Arbeitshaus angeordnet werden kann, dann entfallen die Beschränkungen des Absatzes 2, der Beschuldigte kann also wegen Fluchtgefahr in Untersuchungshaft genommen werden, falls die Voraussetzungen des § 112 vorliegen. Untersuchungshaft wegen Verdunkelungsgefahr bleibt unzulässig. Das Gesetz gebraucht abkürzend das Wort „verdächtig", doch ist nicht zweifelhaft, daß auf den in § 112 Abs. 1 genannten Verdacht, also den dringenden Verdacht, Bezug genommen werden soll.

Die Unterbringung in einem Arbeitshaus kann angeordnet werden bei Übertretungen nach § 361 Nr. 3 bis 5 StGB. (Verletzungen von Beschränkungen bei Polizeiaufsicht, Betteln, Landstreichen, Verkommen), 6a bis 8 StGB. (Unzuchtsdelikte, Weigerung des Unterstützten, zu arbeiten, verschuldete Obdachlosigkeit) und bei jemandem, der gewohnheitsmäßig zum Erwerbe Unzucht treibt, bei Übertretungen nach § 361 Nr. 6 StGB. (Anbieten zur Unzucht).

4. Wegen des **Übergangsrechts** s. o. 22 zu § 112.

§ 114

(1) Die Untersuchungshaft wird durch schriftlichen Haftbefehl des Richters angeordnet.

(2) In dem Haftbefehl sind anzuführen

1. der Beschuldigte,

2. die Tat, deren er dringend verdächtig ist, Zeit und Ort ihrer Begehung, die gesetzlichen Merkmale der strafbaren Handlung und die anzuwendenden Strafvorschriften,

3. der Haftgrund sowie

4. die Tatsachen, aus denen sich der dringende Tatverdacht und der Haftgrund ergibt, soweit nicht dadurch die Staatssicherheit gefährdet wird.

(3) Wenn die Anwendung des § 112 Abs. 1 Satz 2 naheliegt oder der Beschuldigte sich auf diese Vorschrift beruft, sind die Gründe dafür anzugeben, daß sie nicht angewandt wurde.

Entstehungsgeschichte: I. Entw. § 100. II. Entw. § 101. III. Entw. § 103.

Änderungsvorschläge: N. E. I, II §§ 112, 114. N. E. III §§ 129, 134, 135 Entw. EGStGB. Art. 70 Nr. 64 bis 66, §§ 113b, 114.

Spätere Änderungen: § 114 Abs. 1 und 2 lautete früher: „Die Verhaftung erfolgt auf Grund eines schriftlichen Haftbefehls des Richters. In dem Haftbefehl ist der Angeschuldigte genau zu bezeichnen und die ihm zur Last gelegte Handlung sowie der Grund der Verhaftung anzugeben". Die gegenwärtige Fassung beruht auf Art. 1 Nr. 1 StPÄG. Neu sind Absatz 2 Nr. 3

und Absatz 3. Der frühere Absatz 3 (Bekanntmachung des Haftbefehls) hat jetzt als § 114a eine selbständige Stellung erhalten.

Schrifttum: Creifelds, Die Begründung des Haftbefehls nach dem Strafprozeß-Änderungsgesetz, NJW. **1965** 946.

1. Haftbefehl. Die §§ 112 und 113 enthalten die sachlichen Voraussetzungen des Haftbefehls, § 114 Abs. 2 und 3 trifft — abschließend — Bestimmungen über seinen Inhalt. Absatz 1 behält die Anordnung der Untersuchungshaft in Ausführung von Art. 104 Abs. 1 Satz 2 GG. dem Richter vor. Die Vorschrift wird ergänzt durch § 125; dort wird bestimmt, welcher Richter in den verschiedenen Verfahrensabschnitten zuständig ist, den Haftbefehl zu erlassen. Die alleinige Zuständigkeit des Richters, die Untersuchungshaft anzuordnen, erleidet keine Ausnahme. Zwar ist in § 127 Abs. 1 und 2 für genau abgegrenzte Fälle die Verhaftung ohne Haftbefehl zugelassen; die Anordnung der Untersuchungshaft, d. i. die Entscheidung über die Zulässigkeit einer Freiheitsentziehung i. S. von Art. 104 Abs. 2 Satz 1 und 2 GG., ist aber auch dort dem Richter vorbehalten (§ 128 Abs. 2 Satz 1).

Haftbefehl ist nach der Definition des Absatzes 1 die gerichtliche Entscheidung, daß gegen den Beschuldigten die Untersuchungshaft angeordnet wird. Diese Anordnung („Gegen den Beschuldigten wird die Untersuchungshaft angeordnet"; „der Beschuldigte ist zur Untersuchungshaft zu bringen") ist notwendiger Inhalt des Haftbefehls. Fehlt ein die Untersuchungshaft anordnender Satz, dann liegt kein Haftbefehl vor; die Bezeichnung als Haftbefehl ersetzt die ausdrückliche Anordnung nicht. Der Mangel kann jederzeit, auch vom Beschwerdegericht, geheilt werden, kann aber die Festnahme rechtswidrig machen, wenn nicht bei ihr die Voraussetzungen dafür vorliegen, den Beschuldigten auch ohne Haftbefehl festzunehmen (§ 127 Abs. 2).

Die Untersuchungshaft kann nur schriftlich angeordnet werden, doch ist der Schriftform genügt, wenn der Haftbefehl in ein Protokoll aufgenommen ist (EbSchmidt, 3 zu § 114; Müller-Sax, 1 zu § 114; SchwKleinknecht, 1 zu § 114). Die Angaben des Absatzes 2, und ggf. des Absatzes 3, müssen dann ebenfalls im Protokoll enthalten sein; die Personalangaben (s. u. 3) können dem Protokolleingang entnommen werden (a. A. — auch die Personalangaben müssen wiederholt werden — Müller-Sax, 1 zu § 114), die Unterschrift kann der Richter bei Abschluß des Protokolls anfügen. Ein solches Verfahren ist aber schon deshalb nicht zu empfehlen, weil der Beschuldigte bei seiner Verhaftung eine Abschrift des Haftbefehls zu erhalten hat; sie ist leichter nach dem amtlichen Vordruck als aus dem Protokoll anzufertigen. Es wird daher grundsätzlich ein Haftbefehl nach dem amtlichen Vordruck auszustellen, zu unterschreiben und dem Protokoll als Anlage beizufügen sein.

Auf den Haftbefehl nach § 61 Abs. 1 JGG. ist § 114 sinngemäß anzuwenden. Da der Jugendliche schon verurteilt ist, können die Tat, deren er dringend verdächtig ist, und die Tatsachen, die den Verdacht rechtfertigen, nicht eingesetzt werden. Dafür ist das Urteil unter Angabe der Strafe aufzuführen; die Straftat braucht nur kurz (wegen Diebstahls) bezeichnet zu werden. Als Haftgrund ist die Notwendigkeit anzugeben, den Widerruf der Aussetzung zu prüfen.

2. Prozeßvoraussetzungen. Ein Haftbefehl darf nicht erlassen werden, wenn Prozeßhindernisse (z. B. Verjährung) der Bestrafung entgegenstehen (Lobe-Alsberg, 2 zu § 112), auch wenn sie noch beseitigt werden können. Daher darf, soweit die Strafverfolgung von der Genehmigung des Parlaments abhängt (Art. 46 Abs. 2), ein Haftbefehl erst ergehen, nachdem die Verhaftung genehmigt worden ist, es sei denn, daß der Abgeordnete bei Begehung der Tat oder im Laufe des folgenden Tags festgenommen worden ist. Im letzteren Fall bedarf weder die Strafverfolgung im allgemeinen noch die Verhaftung im besonderen der parlamentarischen Genehmigung. Soweit der Abgeordnete nicht verfolgbar ist (Art. 46 Abs. 1 GG.), darf gegen ihn auch kein Haftbefehl ergehen. Ebenso ist kein Haftbefehl zulässig gegen Exterritoriale, d. s. die Missionschefs (Botschafter, Legaten und Nuntien, Gesandte, außerordentliche Gesandte und Geschäftsträger), ihre Familien und ihr nichtdeutsches Personal (§§ 18, 19 GVG.; Dahm, Völkerrecht I 315, 325, 341).

Dagegen wird die Anordnung der Untersuchungshaft nicht ausgeschlossen (vgl. § 127 Abs. 3; § 130 Satz 1) durch das noch behebbare Fehlen eines Strafantrags (§ 61 StGB.), der noch gestellt werden kann, einer Ermächtigung (§ 95 Abs. 4, § 97 Abs. 2, § 100c Abs. 2 Satz 2, § 104a, § 197 Satz 2, § 353a Abs. 2 StGB.), eines Strafverlangens (§ 104a StGB.), einer Anordnung (§ 353b Abs. 4, § 353c Abs. 6 StGB.), einer Zustimmung (§ 353b Abs. 4 StGB.) oder eines

Behördenantrags (z. B. § 122b Abs. 3 StGB.). Da indessen die Klage nicht erhoben werden kann, solange kein Strafantrag gestellt oder keine Ermächtigung usw. erteilt ist, kommt dem Erlaß eines Haftbefehls ohne Strafantrag usw. nur für das staatsanwaltschaftliche Ermittlungsverfahren Bedeutung zu. Die Vorschriften des § 127 Abs. 3, § 130 Satz 1 sind Ausnahmevorschriften. Ihnen kann kein allgemeiner Gedanke entnommen werden, daß dringende Prozeßhandlungen nicht anstehen dürfen, bis Prozeßvoraussetzungen, die noch geschaffen werden können, erfüllt worden sind, so daß etwa ein Abgeordneter schon vor der Genehmigung des Parlaments verhaftet werden dürfte. Es ist auch unmöglich, aus ihnen zu folgern, daß die Prozeßvoraussetzungen vor dringenden Zwangsmaßnahmen nicht geprüft zu werden brauchen (so EbSchmidt, 18 zu § 112; Stratenwerth JZ. **1957** 302). Denn der Grundsatz, daß Prozeßhandlungen untersagt sind, wenn ihnen Prozeßhindernisse entgegenstehen oder Prozeßvoraussetzungen für sie fehlen, ist so bedeutsam, daß er nur durch ausdrückliche Gesetzesvorschriften beeinträchtigt werden kann.

3. Personalangaben (Absatz 2 Nr. 1). In der alten Fassung des § 114 Abs. 2 war angeordnet, daß der Beschuldigte im Haftbefehl „genau" zu bezeichnen sei. Obwohl dieses Wort jetzt fehlt, ist der Anordnung, daß der Beschuldigte „anzuführen" ist, keine Abschwächung zu entnehmen. Denn der Haftbefehl, der oft weit entfernt vom Orte des Erlasses vollstreckt wird, muß den Beschuldigten eindeutig angeben. Die Bezeichnung muß so genau sein, daß die Identität derjenigen Person, über die der Richter die Untersuchungshaft verhängt hat, mit derjenigen, gegen die der Haftbefehl vollstreckt werden soll, außer Zweifel steht. Dazu sind Vor- und Familiennamen, Geburtstag und -ort erforderlich, soweit die Geburtsdaten nicht ausnahmsweise unbekannt sind. Auch die Wohnung zur Zeit der Verhaftung ist, wenn irgend möglich, beizufügen. Eine Personalbeschreibung (§ 131 Abs. 3 Satz 1) ist in der Regel entbehrlich, aber erforderlich, wenn der Beschuldigte nur mit Spitz- oder Decknamen bezeichnet werden kann. Bei Ausländern sollte die Staatsangehörigkeit angegeben werden.

Soll eine Auslieferung aus dem Auslande nach Deutschland beantragt werden, so muß der Haftbefehl eine genaue Beschreibung des Verfolgten enthalten (Nr. 117 Buchst. a RiVASt.).

4. Straftat (Absatz 2 Nr. 2). Der strafrechtliche Vorwurf, der die Untersuchungshaft rechtfertigen soll, ist in ähnlicher Weise wie in der Anklageschrift (§ 200 Abs. 1 Satz 1) zu bezeichnen (OLG. Hamm HESt. **3** 21). Es sind also anzugeben

die Tat, deren der Beschuldigte dringend verdächtig ist. Dazu ist der historische Vorgang so genau anzugeben, daß der Beschuldigte den Vorwurf und seine Begrenzung genau erkennen kann;

der Ort der Tat und die Zeit, zu der sie begangen sein soll, zumindest nach dem Jahre (nicht: in nicht rechtsverjährter Zeit) und wenn die Tat der Zeit nach verjährt ist, die Handlungen, die die Verjährung unterbrochen haben;

die strafbare Handlung, welche die Tat darstellt, nach ihren gesetzlichen Merkmalen und die anzuwendenden Strafvorschriften. Die Tatbeschreibung und die Angabe der gesetzlichen Merkmale können ineinander verflochten werden. Dabei können die Handlungsangaben die Tatmerkmale in einfachen Fällen ersetzen („eine Geldkassette, Eigentum des Gastwirts Müller, diesem in der Absicht weggenommen zu haben, sie sich rechtswidrig zuzueignen).

Die Untersuchungshaft braucht nicht wegen sämtlicher Taten angeordnet zu werden, wegen deren die Untersuchung geführt wird (a. A. SchwKleinknecht, 4a zu § 114). Oft ist es zweckmäßig, sie auf „sichere Fälle" zu beschränken. Ideell konkurrierende Strafvorschriften können wegbleiben (a. A. Creifelds, S. 94). Denn der Haftbefehl dient nicht dazu, den Beschuldigten über den Verfahrensgegenstand zu unterrichten, sondern allein die Grundlage des Haftbefehls darzulegen.

Soll eine Auslieferung aus dem Auslande nach Deutschland beantragt werden, dann bedarf die Tatdarstellung besonderer Angaben, die den ausländischen Behörden die Prüfung ermöglichen, ob die Tat auch dort mit Strafe bedroht und verfolgbar ist (Nr. 117 Buchst. b RiVASt.).

5. Haftgründe (Absatz 2 Nr. 3). Nach Absatz 2 Nr. 3 ist im Haftbefehl der Haftgrund anzugeben. Haftgründe sind nach § 112 Abs. 2 und 3 Flucht, Fluchtgefahr, Verdunkelungsgefahr und Wiederholungsgefahr bei Sittlichkeitsverbrechern. Nach § 112 Abs. 4 ist Untersuchungshaft bei bestimmten Verbrechen wider das Leben zulässig, doch spricht das Gesetz dabei nicht von einem Haftgrund. Dessen bedarf es nicht, weil sich die Rechtfertigung der nach § 112 Abs. 4 angeordneten Untersuchungshaft ohne weiteres aus den zu Nr. 1 geforderten Angaben ergibt.

Demzufolge ist im Haftbefehl anzugeben, ob der Beschuldigte wegen Flucht (§ 112 Abs. 2 Nr. 1), wegen Fluchtgefahr (§ 112 Abs. 2 Nr. 2), wegen Verdunkelungsgefahr (§ 112 Abs. 2 Nr. 3) oder wegen Wiederholungsgefahr eines Sittlichkeitsverbrechens (§ 112 Abs. 3) oder aus mehreren Gründen in Untersuchungshaft genommen wird. Wird der Haftbefehl auf § 112 Abs. 4 gestützt — sofern die Vorschrift für anwendbar gehalten wird —, sollte das zum Ausdruck kommen („... wird die Untersuchungshaft nach § 112 Abs. 4 StPO. angeordnet"), doch ist es, da sich aus dem Haftbefehl ergibt, daß der Beschuldigte eines Verbrechens nach den §§ 211, 212 oder 220a Abs. 1 Nr. 1 StGB. dringend verdächtig ist (§ 114 Abs. 1 Nr. 2), unschädlich, wenn die Worte „nach § 112 Abs. 4 StPO." wegbleiben (OLG. Oldenburg NJW. **1965** 1613 ist durch BVerfG. NJW. **1966** 243 überholt). — Bei den Haftbefehlen nach § 230 Abs. 2, § 236 ist anzugeben, aus welchem Grunde (unentschuldigtes Ausbleiben, ggf. trotz der Aufforderung, persönlich zu erscheinen) die Verhaftung angeordnet wird.

Liegen mehrere Haftgründe vor, braucht der Haftbefehl nicht auf alle gestützt zu werden. Oft empfiehlt es sich, allein den Haftgrund anzugeben, der keinem Angriff ausgesetzt ist.

6. Begründung (Absatz 2 Nr. 4). Während der bisherige Text eine Einschränkung des in § 34 verordneten Begründungszwanges enthielt, fordert jetzt Absatz 1 Nr. 4 als Spezialvorschrift zu § 34 ausdrücklich als Begründung die Angabe der Tatsachen, aus denen sich der dringende Tatverdacht und der Haftgrund ergeben. Die schriftliche Begründung dient einmal der Selbstkontrolle des Richters, zum anderen der Nachprüfung durch den Beschuldigten und seinen Verteidiger sowie durch das Beschwerdegericht. Bei der Raschheit, mit der in Haftsachen oft gearbeitet werden muß, kann die Tatsachenangabe allerdings nur in knapper Form gefordert werden, doch sind alle (wesentlichen) Tatsachen aufzuführen (Creifelds, S. 947). Auch werden die Beweismittel („nach der Angabe seines Arbeitgebers"; „auf Grund seines Briefes vom ... an seinen Tatgenossen ...") stets kurz anzugeben sein, damit der Beschuldigte in die Lage versetzt wird, sie zu entkräften, den Haftbefehl sachgemäß im Haftprüfungsverfahren oder mit der Beschwerde anzugreifen, Material zu seiner Verteidigung herbeizubringen, oder das Verfahren durch ein Geständnis abzukürzen. Größere Ausführlichkeit, wenn auch bei Knappheit im Ausdruck, wird den Haftgründen zu widmen sein, damit jede Routine vermieden wird. Begründung ist auch erforderlich, wenn der Haftbefehl auf § 112 Abs. 4 (Verbrechen wider das Leben) gestützt wird. Es sind die Umstände anzugeben, die im Beschluß des Bundesverfassungsgerichts (NJW. **1966** 244) aufgeführt sind.

§ 114 Abs. 2 ist Spezialvorschrift gegenüber § 34 (a. A. Kleinknecht MDR. **1965** 784).

Die Tatsachen sind nicht anzuführen, wenn „dadurch" die Staatssicherheit gefährdet würde. Die Gefährdung kann nur auf die schriftliche Niederlegung bezogen werden. Die Tatsachen, die den dringenden Tatverdacht und den Haftgrund rechtfertigen, dürfen dem Beschuldigten nicht vorenthalten werden. Sie sind ihm beim Gehör nach dem Ergreifen (§ 115 Abs. 3) mündlich zu eröffnen und darüber hinaus dem Verteidiger, unter Geheimschutz entweder mündlich oder durch Akteneinsicht bekannt zu machen.

7. Begründung der Verhältnismäßigkeit (Absatz 3). Nach § 112 Abs. 1 Satz 2 darf die Untersuchungshaft nicht angeordnet werden, wenn sie zu der Bedeutung der Sache und zu der zu erwartenden Strafe oder Maßregel der Sicherung und Besserung außer Verhältnis steht. Absatz 3 verlangt, daß der Haftbefehl sich darüber verhält, warum diese Vorschrift nicht angewendet worden ist, in zwei Fällen: einmal wenn ihre Anwendung naheliegt, zum anderen, wenn der Beschuldigte sich auf diese Vorschrift beruft. Der letzte Fall wird selten eintreten, weil Haftbefehle in der Regel ohne Gehör des Beschuldigten ergehen und dieser daher vor der Anordnung kaum die Unverhältnismäßigkeit geltend machen kann. Tut er es nach der Verhaftung, besteht keine Verpflichtung, den Haftbefehl zu ergänzen; das Gericht lehnt, wenn es den Haftbefehl nicht aufhebt, die Anwendung von § 112 Abs. 1 Satz 2 vielmehr in dem Beschluß ab, mit dem es einen auf diese Vorschrift gestützten Haftentlassungsantrag verwirft.

Die Regel des ersten Falls (wenn die Anwendung des § 112 Abs. 1 Satz 2 naheliegt) ist keine glückliche Vorschrift; sie wird in der Praxis nur geringe Bedeutung erlangen. Die Verhältnismäßigkeit zu prüfen, ist die notwendige Gedankenarbeit jedes Haftrichters. Ihre Erörterung wird im Beschwerdeverfahren eine große Rolle spielen; der Haftrichter dagegen, der einen Haftbefehl erläßt, wird kaum einräumen, daß es nahelag, von der Verhaftung abzusehen, und er wird schwer erklären können, warum die Nähe der Anwendbarkeit der Klausel eben doch noch nicht die Anwendungsnotwendigkeit selbst war. Die Begründung nach Absatz 3 wird z. B. dann zu geben sein, wenn eine Geldstrafe oder eine auszusetzende Freiheitsstrafe zu erwarten ist, der Beschuldigte aber gleichwohl verhaftet werden muß, etwa weil er geflohen war und auf die Durchführung des Verfahrens nicht verzichtet werden kann.

8. Veranlassung der Entscheidung. Der Haftbefehl ergeht auf Antrag der Staatsanwaltschaft oder von Amts wegen. Wenn die Staatsanwaltschaft die öffentliche Klage noch nicht erhoben hat, darf der Amtsrichter (§ 162 Abs. 1, § 125 Abs. 1) oder der Ermittlungsrichter des Bundesgerichtshofs (§ 168a Abs. 1) die Untersuchungshaft grundsätzlich nur auf Antrag der Staatsanwaltschaft anordnen, und in entsprechender Anwendung von § 120 Abs. 3 Satz 1 über deren Antrag, den Haftbefehl nur wegen bestimmter Taten zu erlassen (s. o. 4 Abs. 2), nicht hinausgehen; er kann aber den Antrag ablehnen oder hinter ihm zurückbleiben, das letztere aber nur, wenn er wegen einer von mehreren Taten den dringenden Tatverdacht oder den Haftgrund verneint, nicht — wie der Staatsanwalt — aus Gründen der Zweckmäßigkeit. Bei Gefahr im Verzuge kann der Richter die Untersuchungshaft auch von Amts wegen anordnen (§§ 165, 125 Abs. 1), doch ist der Haftbefehl auf Antrag der Staatsanwaltschaft aufzuheben (§ 120 Abs. 3 Satz 1) oder in entsprechender Anwendung dieser Vorschrift auf von der Staatsanwaltschaft zu bestimmende Straftaten zu beschränken.

Gefahr im Verzuge liegt vor, wenn ohne das Handeln des Amtsrichters die Verhaftung in Frage gestellt würde, oder wenn ein vorläufig Festgenommener (§ 127 Abs. 1 und 2) bei vorheriger Entschließung der Staatsanwaltschaft nicht unverzüglich, spätestens am Tage nach der Verhaftung, dem Richter vorgeführt werden könnte.

9. Anhören der Beteiligten.

a) Die **Staatsanwaltschaft** ist vor Anordnung der Untersuchungshaft zu hören, gleichviel ob die Entscheidung im Laufe einer Hauptverhandlung (§ 33 Abs. 1) oder außerhalb einer solchen (§ 33 Abs. 2) ergeht. Der Pflicht zur Anhörung ist genügt, wenn das Gericht auf einen Antrag der Staatsanwaltschaft entscheidet, gleichgültig ob es ihm entspricht oder ob es ihn ablehnt.

Bei Gefahr im Verzuge (§ 165; wegen des Begriffs s. o. 8 Abs. 2) braucht die Staatsanwaltschaft nicht gehört zu werden. Die Staatsanwaltschaft hat alsdann (§ 167) alsbald nach Anordnung der Untersuchungshaft zu prüfen, ob auch sie den Haftbefehl für erforderlich hält; das Ergebnis der Prüfung wird sie zu den Akten vermerken. Verneint sie die Notwendigkeit eines Haftbefehls, hat sie nach § 120 Abs. 3 Satz 1 zu verfahren. Hält sie zwar den Haftbefehl, nicht aber die Vollstreckung für notwendig, wird sie beantragen, den Vollzug des Haftbefehls auszusetzen. Es entspricht nicht der Amtspflicht der Staatsanwaltschaft, wenn sie die Entlassung unterläßt, weil der Beschuldigte, in Erwartung, daß die Untersuchungshaft angerechnet werde, selbst keinen Antrag stellt.

b) Beschuldigter. Ergeht der Haftbefehl im Laufe einer Hauptverhandlung, so ist der Angeklagte vorher zu hören (§ 33 Abs. 1). Das Gericht wird beim Anhören einen schriftlichen Haftbefehl bereithalten, diesen nach Anhören durch stillschweigende Verständigung beschließen und während dieses Vorganges Sicherungen treffen, um den Beschuldigten alsbald festnehmen zu können.

Wird die Untersuchungshaft außerhalb der Hauptverhandlung angeordnet, gilt grundsätzlich § 33 Abs. 3. Danach ist der Beschuldigte zu hören, bevor zu seinem Nachteil Tatsachen oder Beweisergebnisse verwertet werden, zu denen er noch nicht gehört worden ist. Das wird regelmäßig wenigstens in bezug auf die Tatsachen der Fall sein, die den Haftgrund rechtfertigen. Indessen würde durch das vorherige Gehör oftmals die Verhaftung unmöglich werden, es sei denn, daß ein Vorführungsbefehl zum Zwecke der Anhörung erginge. Das würde das Problem aber nicht lösen, sondern nur verschieben, weil § 33 Abs. 3, wenn er ohne Ausnahme gälte, auch auf den Vorführungsbefehl Anwendung finden müßte. Weil es meist notwendig ist, den Beschuldigten zu überraschen, ist daher — in Übereinstimmung mit der Rechtsprechung des Bundesverfassungsgerichts (BVerfGE. **9** 89 = NJW. **1959** 427) — in § 33 Abs. 4 bestimmt, daß bei Anordnung der Untersuchungshaft außerhalb der Hauptverhandlung vom vorherigen Gehör des Beschuldigten abzusehen ist, wenn es den Zweck der Anordnung, den Beschuldigten zur Haft zu bringen, gefährden würde. Das wird bei einem nicht vorläufig festgenommenen Beschuldigten regelmäßig der Fall sein. Für den Fall der vorläufigen Festnahme ist das Gehör in § 128 Abs. 1 Satz 2 ausdrücklich vorgeschrieben. Der nicht vorher gehörte Beschuldigte ist nach seiner Verhaftung zu hören (§ 115 Abs. 2 und 3).

10. Vollstreckung. Der Haftbefehl wird vollstreckt durch die Verhaftung. Verhaftung ist der Akt, durch den sich der Staat auf Grund des Haftbefehls des Beschuldigten tatsächlich bemächtigt. Sie ist nach § 36 Sache der Staatsanwaltschaft, die sich dazu ihrer Hilfsbeamten (§ 152 GVG.) und der sonstigen Behörden und Beamten des Polizeidienstes (§ 161) bedient, ohne Rücksicht darauf, in welchem Lande der Bundesrepublik die Verhaftung vorzunehmen ist (§ 160 GVG.).

Wegen der Mittel der Vollstreckung vgl. § 131 (Steckbrief), §§ 102 bis 104 (Durchsuchung), § 167 GVG. (Nacheile).

Bei Abgeordneten bedarf die Verhaftung der Genehmigung des Bundestags, es sei denn, daß der Abgeordnete bei Begehung der Tat oder im Laufe des folgenden Tages festgenommen wird (Art. 46 Abs. 2 GG.). Wird ein Abgeordneter im Bundestag verhaftet, so ist dazu die Genehmigung des Präsidenten erforderlich. Denn zum Zwecke der Verhaftung muß der Bundestag durchsucht werden (§ 103 Abs. 1), und die Durchsuchung darf nicht ohne Genehmigung des Präsidenten stattfinden (Art. 40 Abs. 2 Satz 2 GG.). — Dasselbe gilt nach den Landesverfassungen für die Abgeordneten der Länder.

Soll in deutschen Hoheitsgewässern, namentlich in einem deutschen Seehafen an Bord eines ausländischen Handelsschiffes oder seiner Hilfsfahrzeuge eine Verhaftung vorgenommen werden, so ist, wenn nicht Gefahr im Verzuge vorliegt, die konsularische Vertretung, die zur Wahrnehmung der Interessen des Flaggenstaates zugelassen ist, vorher zu benachrichtigen (GV. vom 18. 12. 1936 — RMBl. **1936** 519).

Zur Nachtzeit kann ohne Beschränkung verhaftet werden (RGSt. **40** 67), wenn der zu Verhaftende außerhalb einer Wohnung, eines Geschäftsraumes oder eines befriedeten Besitztums betroffen wird oder diese Örtlichkeiten auf Aufforderung freiwillig verläßt. Tut er das nicht und muß eine Wohnung usw. zum Zwecke der Verhaftung betreten werden, dann liegt darin eine Durchsuchung, die nur unter den Voraussetzungen des § 104 zulässig ist (RGSt. **31** 307).

11. Überhaft. Wird ein Haftbefehl erlassen, der erst nach Ablauf von Untersuchungshaft in anderer Sache oder von Strafhaft vollstreckt werden soll (Überhaft), so ist er dem Beschuldigten bekanntzumachen (§ 35), damit dieser gegen ihn mit der Beschwerde angehen kann. Die Vorschriften der §§ 114b bis 115a, 117 bis 118b finden jedoch erst Anwendung, wenn der Haftbefehl vollzogen wird (OLG. Königsberg JW. **1932** 965; a. A. Kunt DStRZ. **1920** 46). Dagegen ist alsbald Beschwerde gegeben und sind die §§ 116, 116a anwendbar. Der Haftbefehl ist der Haftanstalt mitzuteilen (Nr. 7 Satz 2 UVollzO.). Diese notiert Überhaft und vollzieht den Haftbefehl ohne weitere Anordnung von dem Augenblick an, in dem der zunächst vollstreckte Haftbefehl aufgehoben, sein Vollzug ausgesetzt oder eine Strafvollstreckung beendet oder unterbrochen wird. Es ist Sache der zuständigen Gerichte, für das Verfahren nach § 115 besorgt zu sein. Die Staatsanwaltschaft hat hierzu Anträge zu stellen.

12. Doppelhaft. Der Vollzug der Untersuchungshaft ist unmöglich, wenn der Beschuldigte bereits in anderer Sache in Untersuchungshaft einsitzt und zum Zwecke des Vollzugs des neuen Haftbefehls in eine andere Anstalt gebracht werden müßte. Denn die auswärtige Staatsanwaltschaft kann, auch wenn sie die bei einem höheren Gericht ist, nicht in einer fremden Anstalt verhaften lassen. Dagegen ist der Vollzug der Untersuchungshaft aus mehreren Haftbefehlen nicht unmöglich, wenn dieselbe Haftanstalt zuständig ist. In solchen Fällen müssen sich die Richter über die für den Vollzug der Untersuchungshaft erforderlichen Verfügungen (§ 119 Abs. 5) einigen. Es ist unzulässig, an Stelle der (Mit-)Vollstreckung des neuen Haftbefehls dem Beschuldigten in der Sache, in der er bereits Untersuchungshaft erleidet, Beschränkungen aufzuerlegen, um damit den Untersuchungszweck in der neuen Sache zu sichern. Diese Sicherung (EbSchmidt, 31 zu § 112) scheitert für den Richter der zweiten Sache daran, daß der Beschuldigte in seiner Sache nicht verhaftet (§ 148) ist, für den Richter der ersten Sache daran, daß er für die zweite nicht zuständig ist.

13. Unterbrechung. Wenn solche seltenen Ausnahmefälle nicht vorliegen und die besondere Notwendigkeit besteht, einen späteren Haftbefehl alsbald zu vollstrecken, kann die Untersuchungshaft in der ersten Sache unterbrochen werden, um die später angeordnete Untersuchungshaft zu vollstrecken. Für die erste Untersuchungshaft wird dann Überhaft notiert.

Ebenso kann die Untersuchungshaft unterbrochen werden, um Strafhaft zu vollstrecken (Nr. 92 Abs. 1 Satz 1 UVollzO.). Davon sollte Gebrauch gemacht werden, wenn die Strafe in einer festen Anstalt zu vollstrecken ist und die Untersuchungshaft nicht wegen Verdunkelungsgefahr verhängt ist. Jedoch darf der Strafvollzug ohne Einwilligung des Gefangenen nicht wegen einer schwebenden Untersuchung modifiziert werden, ein gebotener gelockerter Vollzug also nicht zu dem Zwecke unterbleiben, daß die Strafhaft die Zwecke der Untersuchungshaft mit übernimmt (a. A. — der Gefangene ist von der Außenarbeit auszuschließen und von anderen Gefangenen getrennt zu halten — Nr. 92 Abs. 2 Satz 3 und 4 UVollzO.).

Die Unterbrechung hat der Richter zu bewilligen, der für die Entscheidungen zuständig ist, die sich auf die zu unterbrechende Untersuchungshaft beziehen. Er kann seine Zustimmung davon abhängig machen, daß ihm der Briefverkehr des Gefangenen zur Mitprüfung vorgelegt wird (Nr. 92 Abs. 3 UVollzO.); wenn der Gefangene in die Unterbrechung eingewilligt hat, auch davon, daß vor der Zulassung von Besuchen seine Zustimmung eingeholt wird (weitergehend Nr. 92 Abs. 3 UVollzO.).

Wenn es auch grundsätzlich zu vermeiden sein wird, die Strafhaft zu unterbrechen, um Untersuchungshaft zu vollstrecken, so ist die Unterbrechung doch rechtlich möglich und in seltenen Fällen nicht zu umgehen, etwa wenn sich der Verurteilte im gelockerten Vollzug in einer halboffenen Anstalt befindet oder wenn bei Verdunkelungsgefahr die Überwachung im Strafvollzug nicht gewährleistet ist (Nr. 93 Abs. 1 UVollzO.; OLG. Düsseldorf JMBlNRW. **1957** 108). Zuständig, die Strafvollstreckung zu unterbrechen, ist die Staatsanwaltschaft, welche die Strafe vollstreckt.

14. Beschwerdeberechtigte.

a) Beschuldigter. Dem Beschuldigten steht gegen den Haftbefehl und gegen ihn ändernde Beschlüsse, soweit diese Entscheidungen nicht von einem Strafsenat erlassen sind (§ 304 Abs. 5), das Recht der Beschwerde zu (§ 304 Abs. 1), auch wenn der Haftbefehl vom erkennenden Gericht erlassen worden ist (§ 305 Satz 2). Die Beschwerde ist auch dann statthaft, wenn der Haftbefehl nicht alsbald vollstreckt, sondern Überhaft notiert wird. Gegen die Unterbrechung der Untersuchungshaft und der Strafhaft (s. o. 13) hat der Beschuldigte kein Rechtsmittel, weil er im Rechtssinne nicht beschwert ist, wenn eine Untersuchungshaft oder eine Strafe nicht vollstreckt wird, mag ihm auch im letzteren Falle die Strafunterbrechung unerwünscht sein.

Wegen des Verteidigers und des gesetzlichen Vertreters s. u. §§ 297, 298; wegen des Antrags auf Haftprüfung, der die Beschwerde unzulässig macht, s. u. 4 zu § 117.

Beschwerdeentscheidungen des Landgerichts können mit der weiteren Beschwerde angefochten werden (§ 310 Abs. 1). Beschwerdegericht über landgerichtliche Entscheidungen in Haftsachen ist auch in Bayern das Oberlandesgericht, nicht das Bayerische Oberste Landesgericht (vgl. BayObLGSt. **1954** 119 = NJW. **1955** 233). Gegen den Haftbefehl nach § 61 Abs. 1 JGG. will das Oberlandesgericht Düsseldorf die weitere Beschwerde versagen mit der Begründung, daß jener Haftbefehl eine dem Jugendrecht entsprechende Ergänzung des § 457 StPO. sei (NJW. **1964** 69). Das trifft indessen nicht zu. Zwar steht der Haftbefehl des § 61 Abs. 1 JGG. dem nach § 457 StPO. nahe. Er beruht aber nicht wie dieser auf der Verurteilung zu einer zu vollstreckenden Strafe oder auf einem Beschluß, mit dem eine Aussetzung widerrufen worden ist, soll vielmehr eine künftige Vollstreckung für den Fall sichern, daß die Strafaussetzung widerrufen wird. Daher dient er der Sicherung eines zu einem Teil (der alsbaldigen Vollstreckbarkeit des Strafausspruchs) noch nicht rechtskräftigen Verfahrens und ist deshalb insoweit Untersuchungshaft. Zwar mag er auch Elemente der vorbeugenden Verwahrung in sich tragen; aber auch diese ist, soweit sie zulässig ist (§ 112 Abs. 3), nach den Grundsätzen der Untersuchungshaft ausgestaltet. Nach alledem ist auch bei Haftbefehlen nach § 61 Abs. 1 JGG. weitere Beschwerde statthaft.

b) Die Staatsanwaltschaft hat die gleichen Rechtsmittel, sowohl wenn sie zugunsten des Beschuldigten (§ 296 Abs. 2) als auch, wenn sie zu seinen Ungunsten Beschwerde einlegt. Zwar ist die weitere Beschwerde (§ 310 Abs. 1) zugunsten des Beschuldigten geschaffen worden, weil die Verhaftung empfindlich in sein Leben eingreift. Das gesetzgeberische Motiv hat aber im Gesetzestext keinen Ausdruck gefunden. Denn § 310 Abs. 1 spricht nicht von Entscheidungen, die die Verhaftung anordnen, sondern von solchen, die die Verhaftung betreffen. Das ist auch dann der Fall, wenn die begehrte Verhaftung abgelehnt worden ist. Demzufolge steht die weitere Beschwerde in Haftsachen auch der Staatsanwaltschaft zu (Kleinknecht, JR. **1965** 475; a. A. — keine weitere Beschwerde der Staatsanwaltschaft, wenn sowohl das Amts- als auch das Landgericht die Anordnung der Untersuchungshaft abgelehnt haben — OLG. Braunschweig, NJW. **1965** 1288). Die staatsanwaltschaftliche Beschwerde zuungunsten des Beschuldigten kommt in Betracht, wenn das Gericht es ablehnt, einen beantragten Haftbefehl überhaupt oder in dem beantragten Umfang (s. o. 8) zu erlassen.

Die der Staatsanwaltschaft zustehenden Rechtsmittel hat auch der Nebenkläger (§ 401 Abs. 1), wenn dem auch, weil er sich dem Verfahren erst nach erhobener öffentlicher Klage anschließen kann (§ 395 Abs. 1 Satz 1), im wesentlichen nur für die Voruntersuchung größere praktische Bedeutung zukommt. Er kann indessen nicht zugunsten des Beschuldigten Beschwerde einlegen (a. A. Sarstedt, u. 4 zu § 401), weil sich dieses Recht und die mit ihm verbundene Pflicht, von der Rechtsmittelbefugnis auch Gebrauch zu machen, aus der Stellung der Staatsanwaltschaft ableiten, die nicht nur in § 296 Abs. 2, sondern auch in § 160 Abs. 2 zum Ausdruck kommt. Diese öffentlich-rechtliche Stellung können der Privatkläger und der Nebenkläger nicht einnehmen. Behörden als Nebenkläger spricht die herrschende Ansicht das Recht zu, zugunsten des Beschuldigten Rechtsmittel einzulegen (s. u. 4 zu § 401). Dieser Auffassung kann nur für den Fall beigepflichtet werden, daß der Nebenklägerbehörde ausdrücklich nicht nur die Rechte der Staatsanwaltschaft zugesprochen, sondern auch deren Pflichten auferlegt worden sind. Dies ist für das Finanz-(Hauptzoll)amt nach § 437 AO. der Fall.

15. Beschwerdeverfahren. Es gelten die allgemeinen Vorschriften. Danach kann das Beschwerdegericht Ermittlungen anordnen oder selbst vornehmen (§ 308 Abs. 2). Das kann geboten sein, wenn zu erwarten ist, daß der Beschuldigte entlassen und der Haftbefehl aufgehoben (§ 120) oder sein Vollzug ausgesetzt (§ 116; § 72 Abs. 1 JGG.) wird. Dagegen sind keine Ermittlungen zulässig, die einen aufhebungsreifen Haftbefehl vielleicht stützen könnten. Das Beschwerdegericht hat zu entscheiden, ob in dem Augenblick, wo ihm die Sache zur Entscheidung vorgelegt wird, der Tatverdacht dringend und ein gesetzlicher Haftgrund gegeben ist. Muß es das verneinen, dann ist es nicht berechtigt, den alsdann zu Unrecht einsitzenden Gefangenen länger festzuhalten (OLG. Bremen NJW. **1951** 46). Zum Zwecke seiner Entscheidung kann das Beschwerdegericht auf Antrag des Beschuldigten oder von Amts wegen mündliche Verhandlung anordnen (§ 118 Abs. 2).

Wegen der Anhörung der Beteiligten gilt nach § 308 Abs. 1 Satz 2 dasselbe, wie unter 9b für die Anordnung der Untersuchungshaft ausgeführt. Hat der erste Richter einen Antrag der Staatsanwaltschaft, einen Haftbefehl zu erlassen, ohne Gehör des Beschuldigten zurückgewiesen, so braucht das von der Staatsanwaltschaft angegangene Beschwerdegericht, das der Beschwerde stattgeben will, den Beschuldigten — entgegen § 308 Abs. 1 Satz 1 — nicht zu hören, wenn durch vorgängiges Anhören das mit der Untersuchungshaft verfolgte Ziel gefährdet würde. Der Beschuldigte kann seine Einwendungen mit weiterer Beschwerde vorbringen. Ist das Beschwerdegericht ein Oberlandesgericht, so muß es den Verhafteten auf Antrag nachträglich hören (§ 311a Abs. 1 Satz 1). Die Anhörung ist auch ohne Antrag zulässig. Sie ist geboten, wenn wesentliche neue Tatsachen die Entscheidung tragen und der Beschuldigte, der aus Ungeschicklichkeit keinen Antrag stellt, erkennen läßt, daß er die verwendeten Tatsachen leugnet und sich gegen sie verteidigen möchte. Zufolge des Gehörs kann das Gericht den Vollzug des Haftbefehls aussetzen (§ 311a Abs. 2 in Vbdg. mit § 307 Abs. 2) — was in der Regel unangebracht sein wird — und Ermittlungen anstellen (§ 311a Abs. 2 in Vbdg. mit § 308 Abs. 2). Auf Grund der Einlassung des Beschuldigten und etwaiger Ermittlungen hat es seine Entscheidung zu prüfen und auf Antrag des Beschuldigten zu ändern oder aufzuheben (§ 311a Abs. 1 Satz 1). Das kann es auch ohne Antrag tun (§ 311a Abs. 1 Satz 2). Die Notwendigkeit, auch ohne Antrag zu entscheiden, ergibt sich aus der Verpflichtung des jeweils mit der Sache befaßten Gerichts, alsbald den Haftbefehl aufzuheben, wenn der dringende Tatverdacht oder die Haftgründe entfallen sind, oder eine Entscheidung nach § 116 zu treffen, wenn dessen Voraussetzungen vorliegen.

Die Entscheidung des Beschwerdegerichts ist für das Gericht, dessen Entscheidung angefochten war — nicht auch für eines, an das es im Prozeßverlaufe gelangt — bindend. Es bleibt aber befugt und verpflichtet, eine abweichende Entscheidung zu treffen, wenn die Veränderung der Sachlage eine solche gebietet.

16. Zuständigkeit. Zur Entscheidung über die Beschwerde ist das Gericht zuständig, das als nächsthöheres im Instanzenzug demjenigen Gericht übergeordnet ist, dessen Entscheidung angefochten wird. Tritt ein Wechsel in der Zuständigkeit ein, nachdem die dann später angefochtene Entscheidung erlassen war — sei es weil die Sache einem anderen Amtsrichter übertragen wird (§ 126 Abs. 1 Satz 2), sei es weil sie im Prozeßgange an ein anderes Gericht gelangt —, dann fällt nicht nur die Zuständigkeit des Gerichts weg, das mit der Sache nicht mehr befaßt ist, sondern auch die der ihm übergeordenten Gerichte (OLG. Oldenburg NJW. **1957** 233), wenn diese nicht zugleich über dem neuen Gericht stehen. Ist das nicht der Fall, dann ist die Beschwerde, da ein Rechtsmittelgericht nicht über Entscheidungen ihm nicht nachgeordneter Gerichte befinden kann, durch die Prozeßgestaltung gegenstandslos geworden (OLG. Dresden JW. **1931** 2859). Das gilt auch dann, wenn die Beschwerde vor dem Zuständigkeitswechsel eingelegt, bei diesem aber noch nicht über sie entschieden war (OLG. Hamburg MDR. **1966** 256). Die Beschwerdeberechtigten müssen bei dem nunmehr zuständigen Gericht Anträge stellen und ggf. die darauf ergehenden Entscheidungen neu anfechten. Das zuständig gewordene Gericht wird unerledigte Beschwerden, die mit der Sache zu ihm gelangen, in der Regel in Anträge, meist auf Aufhebung des Haftbefehls, umdeuten (OLG. Oldenburg NJW. **1957** 232).

Mit der Rechtskraft des Urteils verwandelt sich die Untersuchungshaft in Strafhaft (s. o. 3 zu § 112). Unerledigte Beschwerden werden damit gegenstandslos. Das kann das Beschwerdegericht feststellen. Wegen der Aufhebung des Haftbefehls nach Rechtskraft s. u. II 10 zu § 120.

17. Änderung. Der Haftbefehl kann jederzeit in der Weise geändert werden, daß er für die Zukunft auf anderen Haftvoraussetzungen beruht, d. h. daß sich der dringende Tatverdacht zusätzlich oder allein auf eine andere als die bisher angenommene Tat erstreckt oder daß neben oder anstelle von Fluchtgefahr nunmehr Verdunkelungsgefahr oder ein anderer Haftgrund eingesetzt wird und umgekehrt. War der Haftbefehl z. B. aus Gründen der Vereinfachung nur auf Landstreicherei gestützt, so kann er, wenn der Tatverdacht deshalb nicht mehr dringend ist, nunmehr auf einen weiterhin begangenen Betrug umgestellt werden. War er wegen Verdunkelungsgefahr ergangen und ist diese weggefallen, so kann er auf eine gleichfalls bestehende Fluchtgefahr gestützt werden. Ein nach § 230 Abs. 2 erlassener Haftbefehl kann in einen nach § 112 umgestellt werden (OLG. Celle NdsRpfl. **1964** 238). In allen diesen Fällen muß der Haftrichter einen den Haftbefehl ergänzenden Beschluß erlassen; das Beschwerdegericht kann die Änderung in den Gründen seiner Beschwerdeentscheidung vornehmen. Der Text des Haftbefehls braucht nicht geändert zu werden, doch empfiehlt es sich, das in jedem Falle zu tun.

Eine jede solche Änderung ist wie ein neuer Haftbefehl zu behandeln, d. h. sie löst alle in den §§ 114a ff. geregelten Folgen und Verpflichtungen aus, wie es ein neuer Haftbefehl nach Aufhebung des alten tun würde (OLG. Hamm NJW. **1960** 587) und eröffnet — als selbständige Entscheidung — die Beschwerde, auch wenn sie nur dagegen eingelegt wird, daß dem einen Haftgrund ein weiterer angefügt wird (OLG. Nürnberg MDR. **1964** 943). Vor der Änderung ist der Beschuldigte zu hören, wenn zu seinem Nachteil Tatsachen oder Beweisergebnisse verwertet werden sollen, zu denen er noch nicht gehört worden ist (§ 33 Abs. 3). Die Vorschrift des § 33 Abs. 4, nach der bei Anordnung der Untersuchungshaft unter Umständen vom Gehör des Beschuldigten abgesehen werden kann, findet keine Anwendung. Denn der Beschuldigte ist in Haft; wird er vorher gehört, kann das den Zweck nicht gefährden, der mit der Umstellung des Haftbefehls verfolgt wird. Im Beschwerdeverfahren gilt das gleiche nach § 308 Abs. 1 Satz 1. Die Bestimmung des § 33 Abs. 2 (Gehör der Staatsanwaltschaft) gilt nach § 309 Abs. 1 nicht uneingeschränkt, obwohl die meisten Beschwerdegerichte sie regelmäßig anwenden. Auch wo das nicht geschieht, sollte vor Umstellung von Haftbefehlen die Staatsanwaltschaft jedenfalls dann stets gehört werden, wenn sie die öffentliche Klage noch nicht erhoben hat. Denn dann liegt es in ihrer Hand, ob sie die Umstellung hinnehmen oder die Entlassung des Gefangenen verfügen und die Aufhebung des Haftbefehls beantragen will (§ 120 Abs. 3 Satz 1; s. u. III 2 zu § 120). Das Beschwerdegericht sollte es aber vermeiden, daß die Gerichte in die Lage geraten, einen ohne Zustimmung der Staatsanwaltschaft umgestellten Haftbefehl auf deren Antrag aufheben zu müssen.

Die Grundsätze gelten auch, wenn ein Haftbefehl deshalb aufgehoben wird, weil der Täter zur Tatzeit geisteskrank war, und gleichzeitig ein Unterbringungsbefehl nach § 126a ergeht.

§ 114a

(1) Der Haftbefehl ist dem Beschuldigten bei der Verhaftung bekanntzugeben. Ist dies nicht möglich, so ist ihm vorläufig mitzuteilen, welcher Tat er verdächtig ist. Die Bekanntgabe des Haftbefehls ist in diesem Fall unverzüglich nachzuholen.

(2) Der Beschuldigte erhält eine Abschrift des Haftbefehls.

Entstehungsgeschichte: I. Entw. § 100 Abs. 3. II. Entw. § 101 Abs. 3. III. Entw. § 103 Abs. 3. Frühere Bezeichnung: § 114 Abs. 3.

Änderungsvorschläge: N. E. I, II § 114 Abs. 3. N. E. III § 135 Abs. 1, Entw. EGStGB. 1930 § 114.

Spätere Änderungen: Die Vorschrift ging ursprünglich dahin, daß dem Beschuldigten der Haftbefehl bei der Verhaftung, spätestens am Tage nach seiner Einlieferung ins Gefängnis bekanntzumachen sei. Durch A Nr. 2 des G. vom 27. 12. 1926 wurde bestimmt, daß der Beschuldigte darauf hinzuweisen sei, er könne, wenn der Haftbefehl durch Verkünden bekanntgemacht werde, eine Abschrift verlangen. Auch wurden die jetzigen Sätze 2 und 3 eingefügt. Die derzeitige Fassung stammt aus Art. 1 Nr. 1 StPÄG. Neu an ihr ist die Anordnung des Absatzes 2.

1. Inhalt. Grundsätzlich sind Entscheidungen dem Betroffenen bekanntzumachen, bevor sie vollstreckt werden (§ 35). Beim Haftbefehl ist das in der Regel entweder nicht möglich (z. B. wenn der Beschuldigte flüchtig ist oder sich verborgen hält) oder aber unangebracht, weil der Erfolg der Haft, z. B. Flucht oder Verdunkelung zu verhindern, vereitelt werden könnte, wenn dem Beschuldigten der Haftbefehl vor dem Zugriff bekannt würde. Deshalb befreit § 33 Abs. 4 schon von der Pflicht, den Beschuldigten, ehe der Haftbefehl erlassen wird, zu hören, wenn sonst dessen Zweck gefährdet würde. § 114a Abs. 1 Satz 1 schiebt aus dem gleichen Grunde die Pflicht, den Haftbefehl bekanntzugeben, bis zur Vollstreckung hinaus.

2. Bekanntmachung. Die Form der Bekanntmachung ist § 35 zu entnehmen. Danach ist der Haftbefehl zu verkünden, wenn er in Anwesenheit des Beschuldigten erlassen worden ist (§ 35 Abs. 1; s. o. 3 zu § 35). Ist er in seiner Abwesenheit ergangen, so genügt, da durch seine Bekanntmachung keine Frist in Lauf gesetzt wird, daß er dem Beschuldigten formlos mitgeteilt wird (§ 35 Abs. 2 Satz 2); ihn zuzustellen, wird in der Regel nicht geboten sein. Die formlose Mitteilung besteht darin, daß dem Beschuldigten eine Ausfertigung oder Abschrift des Haftbefehls ausgehändigt oder sein Inhalt schriftlich mitgeteilt wird. Da die Mitteilung formlos ist, kann sie auch in der Weise ausgeführt werden, daß der Haftbefehl, namentlich im Vorführungstermin (§ 115), verkündet wird (ebenso Müller-Sax, 1a zu § 114a; verneinend KleinknM, 3b zu § 114), und zwar auch durch einen anderen Richter als den, der die Untersuchungshaft angeordent hat (s. o. 6 zu § 35).

3. Vorläufige Mitteilung. Dem mit der Verhaftung beauftragten Polizeibeamten wird, damit er den Haftbefehl bekanntmachen kann, eine Ausfertigung oder Abschrift des Haftbefehls mitzugeben sein. Doch werden die Umstände (Gegenwehr — RG. R. 8 424 —, Anwesenheit Unbeteiligter) die Bekanntmachung nicht immer gestatten. Auch liegt keine Abschrift bereit, wenn der Beschuldigte auf Grund eines Steckbriefs (§ 131) oder sonst auf Grund einer Ausschreibung in Fahndungsblättern festgenommen wird. Alsdann hat ihm der Festnehmende mitzuteilen, welcher strafbaren Handlung er verdächtig ist; den Haftgrund braucht er ihm nicht zu eröffnen. Der Haftbefehl ist dann unverzüglich bekanntzugeben, sobald das möglich ist, in der Regel vom Richter, wenn der Beschuldigte ihm vorgeführt wird (§ 115). Wegen des Begriffs unverzüglich s. u. 4 Abs. 2 zu §§ 115, 115a.

4. Abschrift des Haftbefehls. Welche Form der Bekanntmachung auch immer gewählt wird, auf jeden Fall hat der Beschuldigte eine Abschrift des Haftbefehls zu erhalten. Die Abschrift ist, wie im Behördenverkehr selbstverständlich, zu beglaubigen. Es ist unschädlich, wenn dem Beschuldigten statt der beglaubigten Abschrift eine Ausfertigung des Haftbefehls erteilt wird. Die Abschrift erhält er als Verteidigungsunterlage von Amts wegen, doch ist dieser Akt keine Voraussetzung des weiteren Verfahrens. Demzufolge kann der Beschuldigte auf die Abschrift verzichten. Ihm einen Verzicht nahezulegen, widerspräche jedoch der Absicht des Gesetzgebers. Absatz 2 enthält keine Zeitangabe, ist aber nach dem Zweck der Vorschrift dahin zu verstehen, daß der Beschuldigte die Abschrift bei der Verhaftung erhält. Dazu ist dem mit der Verhaftung beauftragten Beamten eine Abschrift mitzugeben. Ist das ausnahmsweise nicht möglich, z. B. weil der Haftbefehl fernschriftlich übermittelt wird und daher keine beglaubigte Abschrift erstellt werden kann, ist die Aushändigung auf dem schnellsten Wege nachzuholen. Auf jeden Fall muß der Beschuldigte die Abschrift in seiner Hand haben, bevor er vom zuständigen Richter nach § 115 vernommen wird. Vor der Vernehmung durch den nächsten

Richter (§ 115a) sollte stets versucht werden, wenigstens eine unbeglaubigte Abschrift an Hand des Fernschreibens anzufertigen.

Abschrift ist auch von Beschlüssen, sei es des Haftrichters, sei es des Beschwerdegerichts, zu erteilen, mit denen ein Haftbefehl geändert oder ergänzt wird (s. o. 17 zu § 114), doch werden diese Beschlüsse ohnehin in der Regel dadurch bekanntgemacht, daß dem Beschuldigten eine Abschrift zugesandt oder zugestellt wird.

§ 114b

(1) Von der Verhaftung und jeder weiteren Entscheidung über die Fortdauer der Haft wird ein Angehöriger des Verhafteten oder eine Person seines Vertrauens unverzüglich benachrichtigt. Für die Anordnung ist der Richter zuständig.

(2) Außerdem ist dem Verhafteten selbst Gelegenheit zu geben, einen Angehörigen oder eine Person seines Vertrauens von der Verhaftung zu benachrichtigen, sofern der Zweck der Untersuchung dadurch nicht gefährdet wird.

Entstehungsgeschichte: Durch A Nr. 2 des Gesetzes zur Abänderung der Strafprozeßordnung vom 27. 12. 1926 (RGBl. I 529) wurde als § 114a eine dem jetzigen § 114a Abs. 2 entsprechende Bestimmung eingefügt. Statt „Person seines Vertrauens“ war von „anderen Personen“ die Rede. Die Benachrichtigung war auf Verlangen des Verhafteten von Amts wegen zu bewirken. Die jetzige Fassung beruht auf Art. 3 Nr. 45 VereinhG., durch das namentlich der jetzige Absatz 1 eingefügt worden ist. Sie geht zurück auf einen Vorschlag des Bundesrats (Anl. II zu BT-Drucks. 530, S. 15) und will § 114a an Art. 104 Abs. 4 GG. angleichen. Da dieser auch dem öffentlichen Interesse und auch dem der Angehörigen dient, soll durch die Fassung sichergestellt werden, daß die Benachrichtigung auch gegen den begründeten Widerspruch des Verhafteten durchzuführen ist. Vgl. weiterhin Vhdlgen. des 23. Ausschusses des BT. über das VereinhG., S. 56, 65. Frühere Bezeichnung: § 114a.

Änderungsvorschläge: —

Spätere Änderungen: Absatz 1 Satz 2 ist eingefügt durch Art. 1 Nr. 1 StPÄG.; die Einfügung soll lediglich der Klarstellung (Begrdg., BTDrucks. III 2037 S. 21) einer schon bestehenden Rechtslage (BVerfGE. **16** 123 = NJW. **1963** 1821) dienen.

Verwandte Vorschrift: Art. 104 Abs. 4 GG.

Schrifttum: Kohlhaas, Benachrichtigungspflicht bei Verhaftungen, NJW. **1951** 262; Lorenzen, Die Nachricht von der Verhaftung, SchlHA. **1959** 163; Wagner und Dünnebier, Die Benachrichtigung gemäß Art. 104 Abs. 4 GG., § 114a StPO., JZ. **1963** 689.

1. Sinn der Vorschrift. Absatz 1 führt das Gebot des Art. 104 Abs. 4 GG. für den Strafprozeß durch. Durch die Benachrichtigung soll verhindert werden, daß die öffentliche Gewalt einen Staatsbürger, mag seine Verhaftung selbst auch gerechtfertigt sein, spurlos verschwinden lassen könne (v. Mangoldt, GG., 1. Aufl., 2 zu Art. 104). Die Vorschrift dient letztlich dem Beschuldigten: Er soll nicht hilflos und verlassen, in seiner Handlungsfähigkeit durch die Haft beschränkt, dem Verfahren ausgesetzt sein. Sie ist indessen keine Schutzvorschrift für den einzelnen Beschuldigten. Nach Zweck und Entstehungsgeschichte steht vielmehr das öffentliche Interesse im Vordergrund (s. u. 5). Sinn der Vorschrift ist, sicherzustellen, daß jedermann gewiß ist, niemand kann in Haft sein, ohne daß das ein Angehöriger oder Vertrauter weiß. Für den Verhafteten selbst hat die Vorschrift einen doppelten Inhalt: Auf der einen Seite garantiert sie ihm, daß er Beistand von außen erbitten kann. Auf der anderen Seite beschränkt sie seine Befugnis, die Haft geheimzuhalten. Daher kann er nicht darauf verzichten, daß ihr genügt wird. Freilich ist das Opfer, das von ihm verlangt wird, nicht viel größer als das, was jeder Angeklagte erbringt, wenn er sich in öffentlicher Hauptverhandlung verteidigen muß. Durch die Möglichkeit, eine Vertrauensperson zu benennen, wird seinen Interessen soweit als möglich Rechnung getragen. Aber seine Interessen sind nicht ausschlaggebend. Letztlich besagt die Norm, daß es kein Geheimverfahren gibt, sobald der Beschuldigte vernommen worden ist. Sie dient, wie der Grundsatz der Öffentlichkeit (§ 169 GVG.), in deren Kreis sie gehört (Lorenzen, S. 167), dem Vertrauen in die Rechtspflege. Alsdann ist sie, wenn auch mit dem Ziel, individuelle Interessen zu schützen, eine verfassungsrechtliche Schutzvorschrift zugunsten der Allgemeinheit (Dallinger SJZ. **1950** 738; Lorenzen, S. 167; a. A. — im Vordergrund steht das Interesse des Festgehaltenen — Dürig bei Maunz-Dürig, GG., 43 zu Art. 104; Wagner, S. 691). Ausgestaltet ist sie als Befehl an den Richter; zugleich verleiht sie dem Gefangenen ein subjektives Recht darauf, daß sie beachtet wird (BVerfGE. **16** 122 = NJW. **1963** 1820).

2. Verhaftung ist jede in der Strafprozeßordnung geregelte Festnahme zu dem Zwecke, eine Person für das Strafverfahren festzuhalten. Außer der Untersuchungshaft (§ 114) zählen hierher die Ungehorsamshaft (§ 230 Abs. 2, § 236) — nicht aber die in den genannten Vorschriften geregelte bloße Vorführung — und die Sicherungshaft nach § 61 JGG. zufolge der ausdrücklichen Anordnung in § 61 Abs. 2 JGG. Verhaftung ist auch der Haftbeginn in einer Sache, für die bisher Überhaft notiert war, nach Beendigung der alten Haft (s. o. 11 zu § 114). Die vorläufige Festnahme (§ 127) ist nur eine einstweilige Maßnahme, die alsbald ihr Ende finden oder in Untersuchungshaft übergehen muß. Sie löst die Benachrichtigungspflicht noch nicht aus (Kohlhaas, S. 262; a. A. Lang DJZ. **1927** 782). Nach dem Standort bezieht sich die Vorschrift nicht auf die Strafhaft (§ 457) sowie auf die Erzwingungshaft (§ 70 Abs. 1 und 2), die Haft der Ordnungsstrafe (§ 178 GVG.) und der Sitzungspolizei (§ 164; § 177 GVG.). Ob bei diesen Haftarten Art. 104 Abs. 4 GVG. unmittelbar anzuwenden ist, ist hier nicht zu untersuchen.

3. Weitere Entscheidungen über die Fortdauer der Haft sind solche, mit denen die Fortdauer ausdrücklich beschlossen (§ 207 Abs. 4, § 268b), der Haftbefehl aufrechterhalten (§ 115 Abs. 4, § 117, § 118 Abs. 1, § 118a Abs. 4, § 122 Abs. 3) oder die Beschwerde (§ 304 Abs. 1; BVerfGE. **16** 123 = NJW. **1963** 1820) oder weitere Beschwerde (§ 310 Abs. 1) gegen einen Haftbefehl oder gegen eine der vorgenannten Entscheidungen verworfen wird (§ 309 Abs. 1, § 310). Entscheidungen, die die Haft endgültig (§ 120) oder vorläufig (§ 116) beenden, fallen nach Wortlaut und Sinn der Vorschrift nicht unter Absatz 1 (Müller-Sax, 1 zu § 114b; Dalcke-Fuhrmann, 1 zu § 114a; SchwKleinknecht, 1 zu § 114b; a. A. — Nachricht auch von Entlassung — EbSchmidt, 9 zu § 114a). Denn § 114b soll nicht den Aufenthalt eines Beschuldigten nachweisen, sondern sicherstellen, daß die Verhaftung, die Haft und ihre Fortdauer einem Angehörigen oder einer Vertrauensperson bekannt werden. Doch dürfen die Entlassung und in der Regel auch die Entlassungsanschrift dem benachrichtigten Angehörigen mitgeteilt werden, wenn er darum nachsucht. Denn das Dienstgeheimnis verbietet, da ihm durch die Nachricht von der Verhaftung die Haft bekannt ist, es nicht, ihm auch ihr Ende mitzuteilen. In seltenen Fällen kann aber der Wille des Entlassenen erkennbar sein, daß er seine Anschrift nur den Behörden anvertrauen will.

4. Angehöriger oder Vertrauter. Der Begriff Angehöriger ist, da das Gesetz keine Begriffsbestimmung gibt, durch Auslegung zu bestimmen; § 52 Abs. 2 StGB. kann, weil er in einem der hier geregelten Materie fremden Zusammenhang steht, nicht angewendet werden. Nach dem Zweck der Vorschrift und wegen der Zusammenstellung mit dem Wort „Vertrauensperson" ist der Begriff im weitesten Sinne zu verstehen. Demnach sind selbst Personen, die nur in einem entfernten Grade oder auch gar nicht mit dem Betroffenen verwandt oder verschwägert sind, Angehörige im Sinne von § 114b Abs. 1. Namentlich zählen hierzu der Ehegatte sowie Adoptiv- und Pflegeeltern.

Personen des Vertrauens sind u. a. Freunde, Vereins- und Parteimitglieder, Berufskollegen, Seelsorger, u. U. auch berufliche Vorgesetzte, bei Ausländern der zuständige Konsul. Der Wahlverteidiger ist stets als Vertrauensperson anzusehen, der Pflichtverteidiger dann, wenn der Beschuldigte sich ihn selbst als Pflichtverteidiger gewünscht hat, oder wenn er ihn als Vertrauensperson bezeichnet (BVerfGE. **16** 124 = NJW. **1963** 1821). Bei Zonenflüchtlingen kann u. U. auch die Benachrichtigung einer Organisation als Vertrauensperson in Betracht kommen.

Die Vertrauensperson entscheidet aus eigener Entschließung, ob sie Angehörige benachrichtigt, wann und welche von ihnen. Sie hat die Wünsche des Beschuldigten zu beachten, ist aber unabhängig von ihnen und von der Auffassung des Gerichts.

5. Benachrichtigungspflicht. Nach dem Sinn der Vorschrift ist die Pflicht zur Benachrichtigung zwingend; sie unterliegt nicht dem Verzicht des Beschuldigten (Nr. 38 Abs. 3, 2. Halbsatz RiStV.; LG. Frankfurt NJW. **1959** 61; Henkel, § 75 V 2b Anm. 15; Peters, § 47 III 3c Abs. 2; Müller-Sax, 2a zu § 114b; SchwKleinknecht, 1B zu § 114b; Dalcke-Fuhrmann, 4 zu § 114a; Dallinger SJZ. **1950** 738; Kohlhaas, S. 262; Erdsiek NJW. **1959** 232; Lorenzen, S. 163). Die Gegenmeinung, die Ausnahmen zugesteht, insbesondere einen Widerspruch des Beschuldigten beachtet wissen will (Händel NJW. **1959** 544; Eckels NJW. **1959** 1908; Odersky MDR. **1958** 832; Wagner, S. 690; teilweise auch Dürig bei Maunz-Dürig, GG., 42 2c zu Art. 104), geht von der Auffassung aus, als Gesetzeszweck stehe im Vordergrund das Interesse des Festgehaltenen. Diese Ansicht wird indessen durch den Zweck der Vorschrift, nach dem System der beiden Vorschriften über die Haftbenachrichtigung und aus der Entstehungsgeschichte des Art. 104 Abs. 4 GG. widerlegt (Dünnebier, S. 694). Technische Schwierigkeiten, denen zuweilen Gewicht beigemessen wird, müssen, um dem Verfassungsbefehl zu genügen, überwunden werden (s. u. 7 Abs. 1). Angehörige werden täglich von der Polizei ermittelt; dem Richter ist es alsdann, wenn der Beschuldigte einmal schweigen sollte, auch möglich.

Die Benachrichtigung darf namentlich nicht unterbleiben oder aufgeschoben werden, wenn durch sie der Untersuchungszweck gefährdet wird, wie ein Vergleich der Absätze 1 und 2 zweifelsfrei ergibt (Nüse JR. **1950** 554; Loesdau, MDR. **1962** 774), doch kann die Gefährdung durch die Bestimmung des Mitteilungsempfängers (s. u. 7 Abs. 2) gemildert werden.

6. Ausnahmen. Art. 104 Abs. 4 GG. gehört zu der wertgebundenen Ordnung des Grundgesetzes. Dieses bestimmt selbst, inwieweit wegen des mit Art. 104 Abs. 4 GG. erstrebten Zweckes die Freiheit des Individuums zurückzutreten habe. Daher muß man es ablehnen, das Grundgesetz aus Erwägungen einzuschränken, die dem Grundgesetzgeber bekannt gewesen sind. Damit scheiden Rücksichten auf Ruf, Fortkommen, Familienwohl und Ähnliches aus. Dagegen war, als das Grundgesetz erlassen wurde, nicht vorauszusehen, ein Angehöriger könne in seiner Freiheit und Menschenwürde durch die Benachrichtigung gefährdet werden. Zum Schutze dieser Rechtsgüter ist daher, wenn die Nachricht die Rechte anderer ernstlich gefährden könnte, im Einzelfall abzuwägen, ob die Benachrichtigung unterbleiben kann. Dabei ist allerdings zu berücksichtigen, daß ein Beschuldigter für seine Angehörigen „spurlos verschwinden" kann, wenn man die Mitteilung unterläßt. Da der Sicherheit, daß der grundgesetzliche Auftrag verfehlt wird, immer nur die Möglichkeit einer Gefährdung gegenübersteht, kann nur eine naheliegende schwere Gefahr für Dritte es zulassen, von der Benachrichtigung abzusehen.

Eine weitere Ausnahme ist zuzugestehen, wenn zu befürchten ist, die Sicherheit des Staates werde gefährdet. Daß eine solche Gefährdung eintreten kann, wenn die Benachrichtigung in die Hand eines fremden Nachrichtendienstes fällt, wird — wenn auch nur für wenige Fälle — zu bejahen sein. Freilich ist der Verlust möglicher nachrichtendienstlicher Gewinne, die einzuholen wären, wenn die Haft unbekannt bliebe, keine Staatsgefährdung. Eine solche läge aber etwa vor, wenn mit der Festnahme eigener Agenten zu rechnen wäre, falls sie nicht zurückgerufen werden könnten, bevor die Verhaftung des Beschuldigten bekannt würde.

Nicht jede Gefährdung der Staatssicherheit berechtigt aber, von der Benachrichtigung abzusehen. Der Verfassungsgesetzgeber hat sein Gebot unbeschränkt aufgestellt. Mit Überlegungen, die er selbst anstellen konnte, kann man es alsdann nicht einengen. Mit Sicherheit aber hat der Parlamentarische Rat, als er den Verfassungsbefehl des Art. 104 Abs. 4 GG. aufstellte, auch an Personen gedacht, die aus Interessen des Staatsschutzes festgenommen werden. Nach den traurigen und schmerzlichen Erfahrungen, die in der nationalsozialistischen Zeit gemacht worden sind, wollte man zusätzliche Sicherungen schaffen. Wenn man daher aus Gründen der Staatssicherheit von einer Benachrichtigung — sei es ganz, sei es vorübergehend — absehen will, dann kann man nicht wie bei der Frage der Gefährdung davon ausgehen, daß der Tatbestand für den Gesetzgeber nicht voraussehbar war. Wer Art. 104 Abs. 4 GG. in Staatsschutzsachen einschränken will, kann sich vielmehr nur darauf berufen, daß seit 1949 Möglichkeiten der Gefährdung erwachsen sind, die sich der Verfassungsgeber nicht vorstellen konnte. Man wird das bejahen müssen und darf für diese Fälle neuer Gefahren im einzelnen Fall abwägen, ob die Benachrichtigung zurückgestellt werden oder ganz unterbleiben kann, um einer erheblichen konkreten durch die Benachrichtigung drohenden Gefahr entgegenzutreten.

Bei der Abwägung muß klar erkannt werden, daß die Benachrichtigung vornehmlich im Interesse der Allgemeinheit liegt. Es steht nicht allein ein Einzelinteresse dem Allgemeininteresse gegenüber; vielmehr ist hauptsächlich zwischen zwei Grundsätzen abzuwägen, die gleicherweise dem Interesse der Allgemeinheit dienen. Dabei ist zu beachten, daß der Verfassungsgesetzgeber grundsätzlich die Abwägung selbst getroffen hat, indem er davon abgesehen hat, den Tatbestand einzuschränken oder mit einem — an sich naheliegenden — Gesetzesvorbehalt zu versehen. Daher bleibt nur Raum für Fälle bedeutender Schädigungen.

7. Verfahren. Die Benachrichtigung ist ohne eine nicht durch die Sachlage begründete Verzögerung zu geben, also so bald als möglich. Der Richter hat ggf. — nicht in den Sachakten, sondern in einem besonderen Vorgang — Ermittlungen nach Angehörigen anzustellen. Er kann sie unterlassen, wenn der Beschuldigte keine Namen benennt und auch sonst keine Anhaltspunkte gegeben sind. Das wird jedoch selten der Fall sein. Anhaltspunkte können bei Vorbestraften dem Strafregisterauszug, den Vor- und Anstaltsakten, bei Erstbestraften Vorgängen des Jugendrichters zu entnehmen sein. Die besonderen Vorgänge werden nach Erledigung zu den Sachakten gegeben.

Den Empfänger der Benachrichtigung bestimmt der Richter. Er wird dem Wunsche des Beschuldigten weitgehend Rechnung tragen, ist aber nicht an ihn gebunden. Er kann dem Beschuldigten zwar keine Vertrauensperson aufzwingen, ist aber frei, ob er eine solche oder einen Angehörigen benachrichtigt, auch wenn der Beschuldigte die Nachricht gerade an einen Vertrauten wünscht (a. A. Kohlhaas, S. 262; Müller-Sax, 2a zu § 114b). Namentlich braucht er nicht etwa einem der Mittäterschaft Verdächtigen die Nachricht zukommen zu lassen (Kern MDR. **1950** 585; Müller-Sax, a. a. O.). Auf diese Weise hat er Gelegenheit, Verfahrensgefährdungen zu verringern.

Mittel der Benachrichtigung ist zweckmäßig eine schriftliche Mitteilung, doch kann u. U. eine mündliche Benachrichtigung — etwa an den Verteidiger — geboten sein. Die Mitteilung beschränkt sich auf die Tatsache, daß der Beschuldigte verhaftet, eine Haftbeschwerde verworfen sei usw.; die Gründe dafür werden, schon mit Rücksicht auf das Dienstgeheimnis, nicht mitgeteilt.

8. Zuständigkeit (Satz 2). Der Richter ist zuständig, die Benachrichtigung anzuordnen, d. h. den Empfänger und das Benachrichtigungsmittel zu bestimmen. Die erste Nachricht erläßt der Richter, dem der ergriffene Beschuldigte gemäß § 115 Abs. 1 nach der Verhaftung zugeführt wird. Wird der Beschuldigte nicht vor den zuständigen, sondern vor den nächsten Richter gebracht (§ 115a Abs. 1), dann benachrichtigt dieser (EbSchmidt, 6 zu § 114a), wenn er das alsbald tun kann. Sind dazu Ermittlungen erforderlich, kann er diese und die Benachrichtigung dem zuständigen Richter überlassen. Welcher Richter in den einzelnen Verfahrensabschnitten zuständig ist, bestimmt § 126; werden Haftbeschwerden verworfen, ist es das Beschwerdegericht (BVerfGE. **16** 123 = NJW. **1963** 1821).

Behält sich der Richter die Benachrichtigung nicht selbst vor, dann führt sie die Geschäftsstelle aus. Polizei und Staatsanwaltschaft haben keine Zuständigkeit, zu benachrichtigen. Der Staatsanwalt wird aber die Benachrichtigung beantragen, wenn der Richter sie unterlassen hat, damit er sie ggf. durch Beschwerde erzwingen kann. Auch die dazu ergehenden Vorgänge sollten zunächst getrennt von den Hauptakten geführt werden, damit die Akten nicht dem Verfahren entzogen werden (s. o. 7 Abs. 1).

9. Zugangsbrief (Absatz 2). Die Vorschrift will dem Verhafteten die Möglichkeit geben, seine Angehörigen oder Vertrauten zu beruhigen, sie um Beistand zu bitten und Vorsorge für seine persönlichen Angelegenheiten (Miete, Vieh, Arbeitsplatz) zu treffen. Damit dient Absatz 2 den Interessen des Gefangenen. Wegen dieses Zwecks steht er völlig selbständig neben Absatz 1, der öffentliche Interessen sicherstellt. Aus dieser Selbständigkeit folgt: Weder kann der Richter von der Benachrichtigung nach Absatz 1 absehen, weil der Beschuldigte ihm seine eigene zur Postkontrolle und Beförderung übergibt, noch kann dem Beschuldigten seine Benachrichtigung nach Absatz 2, der sog. Zugangsbrief, mit der Begründung versagt werden, daß schon amtliche Nachricht ergangen sei.

Während nach Absatz 1 eine dauernde Benachrichtigungspflicht bei allen Entscheidungen über die Fortdauer der Untersuchungshaft besteht, ist das Recht auf den Zugangsbrief einmalig und auf den Zeitpunkt der Verhaftung beschränkt. Dem Beschuldigten ist Gelegenheit zu geben, sein Recht auszuüben; dazu ist ihm Briefpapier, und, wenn er mittellos ist, Porto zur Verfügung zu stellen (Nr. 29 Abs. 2 UVollzO.). Auf eigene Kosten kann er sich auch des Fernsprechers oder des Telegrafen bedienen, wenn er dringende Anordnungen zu treffen hat. Nimmt der Gefangene die Gelegenheit nicht wahr, einen Zugangsbrief zu schreiben, kann er das nicht nach Jahr und Tag nachholen; doch ist ihm Zeit einzuräumen, eine wohlüberlegte Nachricht zu geben.

Der Untersuchungszweck darf der Benachrichtigung nicht entgegenstehen. Daher darf der Beschuldigte nicht an Tatgenossen schreiben. Erfordert es der Untersuchungszweck, die Verhaftung geheimzuhalten (eine Bande soll unsicher werden und auffliegen), so kann dieser Zweck nur dadurch berücksichtigt werden, daß die Auswahl der Empfänger beschränkt wird. Beseitigt werden darf das Recht des Gefangenen auf den Zugangsbrief mit dieser Begründung aber nicht. Denn Absatz 1 schließt die Geheimhaltung der Verhaftung aus und äußert insoweit seine Wirkung auch auf Absatz 2.

10. Beschwerde. Gegen die Entscheidung, daß keine Benachrichtigung gegeben werde, und gegen die Ablehnung, einen Zugangsbrief zu befördern, ist, wenn die Entscheidung nicht von einem Strafsenat ergeht (§ 304 Abs. 4), Beschwerde der Staatsanwaltschaft und des Beschuldigten statthaft. Die Beschwerde ist auch gegen Entscheidungen des erkennenden Gerichts (§ 305) gegeben, weil diese nicht der Urteilsvorbereitung dienen. Weitere Beschwerde ist unstatthaft, da die Entscheidungen nicht die Verhaftung selbst betreffen (§ 310; Müller-Sax, 6b zu § 115; a. A. — weitere Beschwerde statthaft — EbSchmidt, 12 zu § 114a). Da Absatz 1 auf dem Grundgesetz beruht (Art. 104 Abs. 4), wird die Staatsanwaltschaft Beschwerde einzulegen haben, wenn das Gericht die Amtsbenachrichtigung unterläßt. Eine Beschwer des Nebenklägers ist nicht gegeben.

Die Beschwerde ist im Falle des Absatzes 1 nicht nur zulässig, wenn das Gericht es ausdrücklich ablehnt, Benachrichtigung zu geben, sondern auch, wenn es die vorgeschriebene Benachrichtigung unterläßt. Denn das Gericht bringt, wenn es von dem Verfassungsbefehl abweicht, eine ablehnende Verfügung deutlich zum Ausdruck. Der Staatsanwaltschaft, die in solchen Fällen in erster Linie zur Beschwerde verpflichtet ist, steht es indessen, ebenso wie dem Gefangenen, frei, eine ausdrückliche Entscheidung nachzusuchen.

11. Weitere Mitteilungen. Die Verhaftung eines Jugendlichen und Heranwachsenden ist nach Nr. 35 Abs. 2 Buchst. b MiStra. dem Erziehungsberechtigten und dem gesetzlichen Vertreter mitzuteilen.

Zu den Aufgaben der diplomatischen oder konsularischen Vertretungen gehört es, den Angehörigen des von ihnen vertretenen Staates und ihren sonstigen Schutzbefohlenen Rat und Beistand zu gewähren. Einem Ausländer, der in Haft genommen wird, ist daher zu gestatten, die Vertretung seines Landes schriftlich oder telegrafisch von der Verhaftung und von seinem Aufenthaltsort zu benachrichtigen, sofern der Zweck der Untersuchung dadurch nicht gefährdet wird (Nr. 183 Abs. 1 RiVASt.). Gegenüber einzelnen Staaten besteht eine vertragliche Verpflichtung, die konsularische Vertretung von Amts wegen zu benachrichtigen.

§ 115

(1) Wird der Beschuldigte auf Grund des Haftbefehls ergriffen, so ist er unverzüglich dem zuständigen Richter vorzuführen.

(2) Der Richter hat den Beschuldigten unverzüglich nach der Vorführung, spätestens am nächsten Tage, über den Gegenstand der Beschuldigung zu vernehmen.

(3) Bei der Vernehmung ist der Beschuldigte auf die ihn belastenden Umstände und sein Recht hinzuweisen, sich zur Beschuldigung zu äußern oder nicht zur Sache auszusagen. Ihm ist Gelegenheit zu geben, die Verdachts- und Haftgründe zu entkräften und die Tatsachen geltend zu machen, die zu seinen Gunsten sprechen.

(4) Wird die Haft aufrechterhalten, so ist der Beschuldigte über das Recht der Beschwerde und die anderen Rechtsbehelfe (§ 117 Abs. 1, 2, § 118 Abs. 1, 2) zu belehren.

Entstehungsgeschichte: Eingefügt durch G. vom 27. 1. 1926. Frühere Bezeichnung: § 114b, von Absatz 2 vor 1926: § 115.

Änderungsvorschläge: N. E. I § 115. Entw. EGStGB. Art. 70 Nr. 66.

Spätere Änderungen: Durch Art. 1 Nr. 1 StPÄG. ist Absatz 3 in Übereinstimmung mit § 136 Abs. 1 gebracht und Absatz 4 angefügt worden. Die Rechtsmittelbelehrung war früher in § 115 für den Zeitpunkt der Bekanntmachung des Haftbefehls vorgesehen.

§ 115a

(1) Kann der Beschuldigte nicht spätestens am Tage nach der Ergreifung vor den zuständigen Richter gestellt werden, so ist er unverzüglich, spätestens am Tage nach der Ergreifung, dem nächsten Amtsrichter vorzuführen.

(2) Der Amtsrichter hat den Beschuldigten unverzüglich nach der Vorführung, spätestens am nächsten Tage, zu vernehmen. Bei der Vernehmung wird, soweit möglich, § 115 Abs. 3 angewandt. Ergibt sich bei der Vernehmung, daß der Haftbefehl aufgehoben oder der Ergriffene nicht die in dem Haftbefehl bezeichnete Person ist, so ist der Ergriffene freizulassen. Erhebt dieser sonst gegen den Haftbefehl oder dessen Vollzug Einwendungen, die nicht offensichtlich unbegründet sind, oder hat der Amtsrichter Bedenken gegen die Aufrechterhaltung der Haft, so teilt er sie dem zuständigen Richter unverzüglich und auf dem nach den Umständen angezeigten schnellsten Wege mit.

(3) Wird der Beschuldigte nicht freigelassen, so ist er auf sein Verlangen dem zuständigen Richter zur Vernehmung nach § 115 vorzuführen. Der Beschuldigte ist auf dieses Recht hinzuweisen und gemäß § 115 Abs. 4 zu belehren.

Entstehungsgeschichte: Eingefügt durch das G. vom 27. 12. 1926. Frühere Bezeichnung: § 132, später § 114c.

Änderungsvorschläge: N. E. I § 115. Entw. EGStGB. Art. 70 Nr. 66, 67.

Spätere Änderungen: Die Vorschrift ist durch Art. 1 Nr. 1 StPÄG. in dreifacher Hinsicht geändert worden: Einmal ist in Absatz 1 die Vorführung, die bisher nur auf Verlangen des Beschuldigten zu bewirken war, obligatorisch gemacht worden. Zum anderen ist Satz 4 des Absatzes 2 angefügt worden. Endlich ist in Absatz 3 bestimmt worden, daß der nicht freigelassene Untersuchungsgefangene nur auf sein Verlangen dem zuständigen Richter vorzuführen ist.

Erläuterung zu den §§ 115 und 115 a

Übersicht

1. Inhalt. Die Vorschriften beruhen auf Art. 114 Abs. 2 WeimVerf. Danach war Personen, denen die Freiheit entzogen worden ist, unverzüglich Gelegenheit zu geben, Einwendungen gegen ihre Freiheitsentziehung vorzubringen. Daß sie dazu einem Richter vorzuführen waren, war nicht bestimmt, folgte aber jedenfalls für den Strafprozeß aus der Tatsache, daß dort Verhaftungen, soweit sie nicht auf einem Strafurteil beruhen, nur ein Richter anordnen kann. Ausdrücklich angeordnet wird die unverzügliche Vorführung vor einen Richter („oder einen anderen, gesetzlich zur Ausübung richterlicher Funktionen ermächtigten Beamten") in Art. 5 Abs. 3 MenschRKonv. Dagegen bezieht sich Art. 104 Abs. 3 GG. nur auf vorläufig Festgenommene; ihm entspricht § 128. Doch ist jener Verfassungsvorschrift der allgemeine Gedanke zu entnehmen, daß ein Verhafteter alsbald nach seiner Verhaftung Anspruch auf richterliches Gehör hat (EbSchmidt, 2 zu § 114b). Dieser Anspruch kann sinnvoll nur durch Vorführung vor den Richter erfüllt werden, der die Strafsache gegen den Beschuldigten kennt, und der zuständig ist, den Vollzug des Haftbefehls auszusetzen (§ 116), den Haftbefehl aufzuheben (§ 120) und die Entscheidungen zu treffen, die sich auf die Untersuchungshaft beziehen (§ 126). Demzufolge ist der Verhaftete grundsätzlich dem zuständigen Richter vorzuführen (§ 115 Abs. 1) und nur hilfsweise dem nächsten Amtsrichter (§ 115a Abs. 1).

Diesem System ist ein doppelter Zweck zu entnehmen: Einmal soll der Gefangene in richterliche Obhut gelangen, zum anderen soll die Möglichkeit geboten werden, die Untersuchung zu fördern. Indem die neue Fassung von § 115a Abs. 3 es dem zum nächsten Amtsrichter gebrachten Gefangenen überläßt, ob er es dabei bewenden lassen oder seine Vorführung zum zuständigen Richter verlangen will, wird der Gesichtspunkt der Sachförderung zurückgesetzt und der Initiative des Richters, des Staatsanwalts oder des Beschuldigten größere Bedeutung eingeräumt. Damit wird zugleich das Gewicht der Vorschrift mehr auf ihren ersten Zweck verlagert, die alleinige Gewalt des unabhängigen Richters über den der Freiheit beraubten Gefangenen sicherzustellen.

2. Haftbefehl. Das Verfahren findet Anwendung, wenn der Beschuldigte auf Grund eines Haftbefehls ergriffen wird. Es ist gleichgültig, ob der Haftbefehl vor (§ 125 Abs. 1) oder nach (§ 125 Abs. 2 und 3) Erhebung der öffentlichen Klage erlassen worden ist oder vollstreckt wird, solange nur noch die Untersuchung andauert, d. h. noch kein rechtskräftiges Urteil vorliegt. Denn mit der Rechtskraft des Urteils erlischt die Möglichkeit, einen Haftbefehl sowohl zu erlassen, als auch zu vollstrecken (s. o. 3 zu § 112), wenn man von dem nicht mehr der Untersuchung, sondern der Vollstreckung dienenden Haftbefehl des § 457 Abs. 1 absieht. Für diesen gelten, weil er nach beendeter Untersuchung ergeht, die §§ 115, 115a nicht (OLG. Königsberg DRiZ. **1931** 782). Sie beziehen sich auf die in § 114 Abs. 1, § 128 Abs. 2, § 230 Abs. 2, § 236, § 61 Abs. 1 JGG. bezeichneten Haftbefehle. Die Vorführung eines ohne Haftbefehl Festgenommenen (§ 127 Abs. 1 und 2) zum Richter ist für Festnahmen vor Klageerhebung in § 128 Abs. 1 und für solche nach Klageerhebung in § 129 geregelt.

Unter Ergreifung ist die Festnahme des Beschuldigten durch die öffentliche Gewalt zum Zwecke der Vollstreckung des Haftbefehls zu verstehen (s. o. 10 zu § 114).

3. Vorführung. Das Wort „vorführen" kann — entgegen der Ansicht von Dürig (Maunz-Dürig, GG., Nr. 42 Anm. 1) — nicht wörtlich genommen werden. Denn der Vorführende kann nicht über die Zeit des Richters verfügen; bei größeren Gerichten hat er in der Regel gar nicht die Möglichkeit, mit dem Gefangenen selbst zum Richter zu gehen. Wo er es kann, ist es oft unangebracht, das zu tun, weil der Vorführ- und Überwachungsdienst auf die dienstlichen Bedürfnisse des Richters und des Gerichtspersonals abgestimmt und keinen Eingriffen zugänglich ist. Vorführen bedeutet daher, den Festgenommenen in den Machtbereich des Richters zu bringen (EbSchmidt, 5 zu § 114b), ihn dem Richter so zu überantworten, daß dieser die Möglichkeit erhält, über die Person des Gefangenen zu verfügen, d. h. ihn durch das Personal des Gerichts oder des Gefängnisses körperlich vor sich bringen zu lassen. Dazu ist der Festgenommene in der Regel in die für den Richter zuständige Untersuchungshaftanstalt einzuliefern (Müller-Sax, 1b zu § 115) und dem Richter die Möglichkeit zu verschaffen, von dem Beginn der Untersuchungshaft Kenntnis zu nehmen. Ob er das tut, ist für die weitere Frist des Absatzes 2 gleichgültig; der Richter hat dafür Sorge zu tragen, daß er sie innehält. Wenn die Polizei nach Dienstschluß keinen Notdienst vorfindet und die Akten mit der Nachricht, daß der Beschuldigte in die Untersuchungshaftanstalt eingeliefert sei, in den Briefkasten einwirft, ist der Beschuldigte vorgeführt. Es ist Sache des Richters, den Vorführungsdienst so zu regeln, daß er von den Vorführungsakten unverzüglich Kenntnis erhält.

Kann ein vorläufig Festgenommener nicht in den dienstlichen Machtbereich des Richters gebracht werden, etwa weil er im Gefängnislazarett oder in einer Heil- oder Pflegeanstalt liegt, dann sind die Akten gleichwohl unverzüglich dem Richter vorzulegen (sog. „symbolische Vorführung"; Nr. 39 RiStV.).

Zur Vorführung gehört die Übermittlung etwaiger Akten oder Vorgänge, die in der Hand des vorführenden Beamten oder der Behörde sind, der er angehört. Befindet sich am Sitze des Gerichts eine Staatsanwaltschaft, dann werden die Akten, wenn die Zeit es zuläßt, dort vorzulegen sein, damit durch die Anhörung (§ 33) keine weitere Zeit verloren geht. Das ist namentlich geboten, wenn die öffentliche Klage noch nicht erhoben ist, weil sich dann die Vorgänge bei der Staatsanwaltschaft befinden, diese auch ggf. nach § 120 Abs. 3 verfahren kann.

4. Vorführungsfrist. Der ergriffene Beschuldigte ist nach § 115 Abs. 1 unverzüglich dem zuständigen Richter vorzuführen. In der früheren Fassung (§ 114b) war die Vorführung „unverzüglich, spätestens am Tage der Ergreifung" angeordnet, doch galt zugleich der mit dem jetzigen § 115a Abs. 1 übereinstimmende § 114c Abs. 1. Danach war — und ist — der Beschuldigte spätestens am Tage nach der Ergreifung dem nächsten Amtsrichter vorzuführen, wenn er in dieser Frist nicht dem zuständigen Richter vorgeführt werden kann. Mit der neuen Fassung von § 115 Abs. 1 soll das Verhältnis beider Vorschriften klarer dargestellt werden: Der Beschuldigte ist auf jeden Fall spätestens am Tage nach der Ergreifung dem Richter vorzuführen, und zwar entweder dem zuständigen Richter oder dem nächsten Amtsrichter (Begr., BTDrucks. IV/178, S. 23). Die beiden Richter stehen dem vorführenden Beamten aber nicht zur Wahl (s. u. 6).

Die Vorführung ist unverzüglich nach der Festnahme, spätestens am Tage nach ihr, zu bewirken. Tag ist jeder Kalendertag, so daß die Vorführung auch an Werktagen, an denen nicht gearbeitet wird, namentlich an Sonnabenden, und an Sonn- und Feiertagen durchzuführen und die Möglichkeit dazu durch die Dienstgestaltung sicherzustellen ist. Unverzüglich bedeutet: ohne eine durch die Lage der Sache nicht gerechtfertigte Verzögerung oder positiv ausgedrückt: mit der nach Lage der Sache und unter Berücksichtigung der Geschäftsverhältnisse der beteiligten Behörden notwendigen Beschleunigung. Weitere Ermittlungen zur Sachaufklärung rechtfertigen eine Verzögerung nicht (EbSchmidt, 7 zu § 114b), doch darf der Beamte ein Protokoll aufnehmen und einen Festnahmebericht fertigen. Der Vorführende darf die Frist nicht „ausnutzen"; wenn irgend möglich, muß er den Gefangenen früher als am Tage nach der Ergreifung einliefern (OLG. Frankfurt HESt. 2 350). Die Frist gestattet im Grundsatz keinerlei Verlängerung. Sie kann nur in Fällen höherer Gewalt (Krieg, Seuchen, Streik) überschritten werden.

5. Vorführung zum zuständigen Richter (§ 115 Abs. 1). Den Gefangenen innerhalb der Vorführungsfrist dem zuständigen Richter vorzuführen, muß das Ziel der mit der Vorführung befaßten Beamten sein. Die von der Festnahme benachrichtigte Staatsanwaltschaft beim zuständigen Richter hat dazu die notwendigen Anordnungen zu treffen. Zur Überführung ist ein Einzeltransport zu wählen, wenn dadurch der zuständige Richter noch rechtzeitig erreicht werden kann. Der Umstand, daß das bei einem Sammeltransport nicht möglich ist, berechtigt nur dann, von der Vorführung zum zuständigen Richter abzusehen und die zum nächsten Amtsrichter zu wählen, wenn Sicherheitsgründe dem Einzeltransport entgegenstehen (so auch Beschluß der Justizministerkonferenz vom 9. 12. 1954, Punkt 24 der TO.). Ein Verzicht auf die innerhalb der Frist mögliche Vorführung zum zuständigen Richter ist ohne Wirkung. Das gilt auch für die Unverzüglichkeit (EbSchmidt, 11 zu § 114b). Die Einwilligung des Beschuldigten in eine spätere Vorführung, etwa zu dem Zwecke, Vernehmungen von Zeugen durchzuführen und Gegenüberstellungen möglich zu machen, ist wirkungslos; sie ist bei einem der Freiheit Beraubten niemals mit Sicherheit wirklich frei.

Der zuständige Richter ist in der Regel derjenige, der den Haftbefehl erlassen hat. In Ausnahmefällen ist ein Zuständigkeitswechsel denkbar; der zuständige Richter ist dann nach § 126 zu ermitteln. Er wird der Staatsanwaltschaft, die die Vollstreckung des Haftbefehls angeordnet hat (§ 36 Abs. 1 Satz 1), bekannt sein; diese wird den festnehmenden Beamten benachrichtigen. Liegen die Akten — etwa zufolge der Beschwerde des Verteidigers eines flüchtigen und dann wieder ergriffenen Gefangenen — beim Beschwerdegericht, so ist nicht dieses, sondern vor Klageerhebung der Amtsrichter zuständig, der den Haftbefehl erlassen hat, und nach diesem Zeitpunkt das mit der Sache selbst befaßte Gericht.

6. Vorführung zum nächsten Amtsrichter (§ 115a Abs. 1). Der Beschuldigte darf dem nächsten Amtsrichter nicht aus Bequemlichkeit oder Routine vorgeführt werden. Das Verfahren ist nur zulässig, wenn der Gefangene nicht bis zum Ende des Tages nach seiner Ergreifung vor den zuständigen Richter gebracht werden kann. In diesem Falle aber ist es unerläßlich; die Vorführung zum nächsten Amtsrichter darf nicht etwa deshalb aufgeschoben werden, weil der Beschuldigte damit einverstanden ist, unter Fristversäumnis vor den zuständigen Richter gebracht zu werden. Denn die Gewalt über den Gefangenen soll am Tage nach der Verhaftung von der Polizei auf den unabhängigen Richter übergehen. Diese Kontrolle der Freiheitsentziehung liegt im öffentlichen Interesse und kann nicht der Verfügung des Beschuldigten überlassen bleiben.

Nächster Amtsrichter ist nicht der räumlich nächste, sondern derjenige, der im Hinblick auf die Verkehrsmittel am raschesten erreicht werden kann. Er braucht seinen Sitz nicht in dem Bezirke zu haben, in dem der Beschuldigte verhaftet worden ist. Ob der Amtsrichter für die Bearbeitung von Straf- oder Haftsachen zuständig ist, wenn die Landesjustizverwaltung von der Zuweisung von Strafsachen an bestimmte Amtsgerichte (§ 58 Abs. 1 GVG.) Gebrauch gemacht hat, ist nach Wortlaut und Zweck des Gesetzes gleichgültig. Der vorführende Beamte hat jedoch auf solche Zuweisungen, wie auch darauf, ob sich am Gerichtsort Hafträume befinden, Bedacht zu nehmen und kann dazu durch allgemeine Anweisungen angehalten werden. Die Verzögerung, die eintritt, weil er solche Umstände beachtet, ist nach der Sachlage gerechtfertigt. Wird jedoch die Frist — Tag nach der Ergreifung — in Frage gestellt, dann hat der vorführende Beamte alle anderen Erwägungen beiseitezustellen und den Gefangenen dem nächsten Amtsrichter vorzuführen, den er erreichen kann. Denn nur beim Richter kann sich der Gefangene mit Sicherheit gegen unzulässige, etwa zu lang ausgedehnte, Vernehmungen wehren und die Pflicht auslösen, Angehörige zu benachrichtigen.

7. Vernehmung.

a) Zeitpunkt. Der Richter — sowohl der zuständige als auch der nächste — hat den Beschuldigten unverzüglich nach der Vorführung, spätestens am Tage nach ihr, zu vernehmen. Für die Begriffe „unverzüglich" und „Tag" gilt das o. 4 Abs. 2 Ausgeführte. Die Notwendigkeit, die Sache durchzuarbeiten, rechtfertigt einen Aufschub, der seine Grenze am Ende des Tages nach der Vorführung findet. Da die Vorführung in der Bereitstellung für den Richter liegt, kommt es nicht darauf an, wann diesem die Akten vorgelegt werden. Ist der Gefangene am Sonnabend nachmittag eingeliefert worden, und sind die Akten in den Briefkasten des unbesetzten Gerichts eingelegt worden, dann läuft die Vernehmungsfrist am Sonntag ab, auch wenn der Richter erst an diesem Tage Kenntnis von der Einlieferung und von den Akten erhält. Es ist seine Amtspflicht, die technischen Voraussetzungen zu schaffen, daß ihm Vorführungen rechtzeitig zur Kenntnis gebracht werden.

Die Vernehmungsfrist des § 115 Abs. 2 kann ebenso wie die Vorführungsfrist grundsätzlich nicht verlängert werden, jedoch gestattet höhere Gewalt (Krieg, Seuchen, Streik) Ausnahmen. Eine weitere Ausnahme ergibt sich aus dem Zustande des Beschuldigten: Ist ein Verhafteter nicht in den Machtbereich des Richters gebracht worden (s. o. 3 Abs. 2), dann ist es dessen Pflicht, sich zur Vernehmung an den Verwahrungsort zu begeben. Die Verpflichtung ruht indessen, solange der Beschuldigte nicht vernehmungsfähig ist, etwa weil er operiert werden mußte oder weil er einen Selbstmordversuch unternommen hatte. Die Vernehmungsunfähigkeit muß, jedenfalls bei einem Zeitraum von mehreren Tagen, amtsärztlich festgestellt werden; es ist fortlaufend zu prüfen, ob sie behoben ist.

b) Form. Der Richter, sowohl der zuständige als auch der nächste Amtsrichter, hat einen Urkundsbeamten zuzuziehen. Über die Vernehmung ist ein Protokoll aufzunehmen; es ist vom Beschuldigten zu unterschreiben, oder es ist darin anzugeben, weshalb die Unterschrift unterblieben ist (§§ 168, 187, 188). Ist zuständiges Gericht ein Kollegialgericht, kann es den Beschuldigten in Beschlußbesetzung vernehmen, die Vernehmung aber auch einem beauftragten Richter übertragen (s. u. 5 zu § 126). Die Vernehmung zur Tatfrage kann unterbleiben, wenn der Haftbefehl ergeht, nachdem der Angeklagte in der Hauptverhandlung vernommen worden ist; namentlich wenn der Haftbefehl im Anschluß an die Vernehmung oder unmittelbar nach der Urteilsverkündung erlassen wird; sie wäre dann eine leere Formalität. Dagegen muß der Angeklagte stets, also auch in den genannten Fällen, zu den Haftgründen vernommen werden. Findet die Hauptverhandlung am Tage der Vorführung, oder wenn der Beschuldigte erst am Tage nach der Ergreifung vernommen werden kann, an diesem Tage statt, dann kann die Vernehmung nach § 115 mit der nach § 243 Abs. 2 verbunden werden; sie muß dann aber auf den besonderen Inhalt von § 115 Abs. 3 (s. u. 8a) erstreckt werden.

An der Vernehmung können Staatsanwalt und Verteidiger teilnehmen (§ 169 Abs. 1, § 192 Abs. 2 Satz 1). Sie sind von dem Termin zu benachrichtigen, soweit das ohne Aufenthalt für die Sache möglich ist. Terminsverlegung können sie nicht beanspruchen. Die Benachrichtigung der Staatsanwaltschaft (fernmündlich von Kanzlei zu Kanzlei) bietet keine Schwierigkeit. Daß der Beschuldigte einen Verteidiger hat, wird der Richter oft nicht wissen; meist wird der Beschuldigte noch keinen gewählt haben. Wünscht der Beschuldigte einen Verteidiger zu bestellen und zuzuziehen, ist ihm Gelegenheit zu geben, das — in der Regel fernmündlich — zu tun. Der Richter wird dann (trotz § 192 Abs. 2 Satz 3) die Vernehmung um einige Stunden zurückstellen, doch darf er die Fristen des § 115 Abs. 2 und des § 115a Abs. 2 Satz 1 nicht überschreiten.

8. Inhalt der Vernehmung.

a) Vernehmung durch den zuständigen Richter (§ 115 Abs. 3). Der Beschuldigte ist über den Gegenstand der Beschuldigung zu vernehmen (§ 115 Abs. 2). Dabei sind mit ihm die belastenden Umstände und die Verdachts- und Haftgründe zu erörtern. Die Erwähnung der Gründe für den (dringenden) Verdacht weist auf die Notwendigkeit hin, dem Beschuldigten die Beweisgrundlage mitzuteilen. Ihm soll Gelegenheit gegeben werden, die Verdachts- und Haftgründe zu entkräften und die Tatsachen geltend zu machen, die zu seinen Gunsten sprechen. Daher darf der Richter nicht warten, ob der Beschuldigte Erklärungen abgeben will; er hat ihn vielmehr ausdrücklich auf die Möglichkeit hinzuweisen, daß er das tun kann. Haftgründe sind — wie in § 114 Abs. 2 Nr. 3 (s. o. 1 zu § 112; 5 zu § 114) — sowohl die in § 112 Abs. 2 aufgeführten (Flucht, Fluchtgefahr, Verdunkelungsgefahr) als auch die Wiederholungsgefahr bei Sittlichkeitsverbrechern (§ 112 Abs. 3). Im Falle der Verhaftung wegen eines Verbrechens wider das Leben (§ 112 Abs. 4) sind, wenn man die Vorschrift überhaupt für anwendbar hält (s. o. 14b Abs. 5 zu § 112) die Umstände zu erörtern, die der Verhaftung nach der Rechtsprechung des Bundesverfassungsgerichts zu Grunde liegen (s. o. 14b Abs. 1 zu § 112).

Die Vorschriften enthalten eine Verstärkung der richterlichen Verpflichtung gegenüber sonstigen Vernehmungen. Sie ist in der Notwendigkeit der Fürsorge für den von der Außenwelt abgeschnittenen Gefangenen begründet. Das rechtfertigt die Erweiterung gegenüber § 136, der indessen zusätzlich zu beachten ist. Diese Vorschrift gilt für eine jede erste Vernehmung (a. A. Dreves, DRiZ. **1965** 113; Gegenfurtner, DRiZ. **1965** 334), also auch für die nach § 115. Nach § 136 Abs. 1, dessen Inhalt nur teilweise in § 115 Abs. 3 wiederholt wird, ist der Beschuldigte darauf hinzuweisen, daß es ihm freistehe, sich zu der Beschuldigung zu äußern oder nicht zur Sache auszusagen; daß er jederzeit, auch schon vor seiner Vernehmung, einen von ihm zu wählenden Verteidiger befragen darf; in geeigneten Fällen auch, daß er sich schriftlich äußern kann. Verweigert der Beschuldigte seine Einlassung, so dürfen daraus keine Schlüsse zu seinem Nachteil gezogen werden (s. u. 4a zu § 136; a. A. — aus dem Schweigen des Angeklagten kann seine Schuld gefolgert werden — OLG. Hamburg GA. **74** 315).

Veranlaßt die Vernehmung zu einer der angeführten Voraussetzungen den Richter, den Haftbefehl aufzuheben (§ 120), den Vollzug des Haftbefehls auszusetzen (§ 116) oder bei einem Jugendlichen von der Vollstreckung des Haftbefehls abzusehen (§ 72 Abs. 1 JGG.), dann wird er die Vernehmung nur dann auf weitere Voraussetzungen zu erstrecken brauchen, wenn er — bei zweifelhafter Sachlage — mit einer Beschwerde der Staatsanwaltschaft rechnen muß (Lobe-Alsberg, II 2a zu § 114b).

b) Vernehmung durch den nächsten Amtsrichter (§ 115a Abs. 2). Der nächste Amtsrichter hat seine Vernehmung, soweit möglich, ebenso zu gestalten wie der zuständige Richter. Die Möglichkeit besteht immer für die in § 115 Abs. 3 und in § 136 Abs. 1 aufgeführten Hinweise auf die Rechte des Beschuldigten. Im übrigen muß die Vernehmung in der Regel notwendigerweise von der des zuständigen Richters abweichen. Der Hinweis auf die belastenden Umstände (§ 115 Abs. 3) setzt ebenso Aktenkenntnis voraus, wie das Einräumen von Gelegenheit, den dringenden Tatverdacht und die Haftgründe zu entkräften. Diese Kenntnis fehlt dem nächsten Amtsrichter. Gleichwohl muß er versuchen, seiner Verpflichtung nachzukommen; die Erfahrung in der Bearbeitung von Haftsachen wird ihm dabei Hilfe leisten, mehr zu tun, als den Haftbefehl zu erläutern und Erklärungen entgegenzunehmen. Ggf. hat er sich mit dem zuständigen Richter ins Benehmen zu setzen (§ 115a Abs. 2 Satz 3).

9. Entscheidung.

a) Der zuständige Richter hat in vollem Umfang sämtliche Haftvoraussetzungen nachzuprüfen und daraufhin zu entscheiden, ob der Haftbefehl aufrechtzuerhalten oder aufzuheben (§ 120), der Vollzug (§ 116 Abs. 1 bis 3) oder bei einem Jugendlichen die Vollstreckung des Haftbefehls auszusetzen ist (§ 72 Abs. 1 JGG.). Beweisanträgen des Beschuldigten, die auf eine Freilassung zielen, hat er dazu nachzukommen (§ 166 Abs. 1).

b) Der nächste Amtsrichter hat dagegen weit geringere Befugnisse. Ihm ist, da er immer nur beschränkt unterrichtet sein kann, zu Recht nicht die Macht erteilt worden, über den Haftbefehl zu verfügen. Daher darf er aus eigenem Recht weder den Haftbefehl aufheben noch dessen Vollzug nach § 116 oder bis zur Entscheidung des zuständigen Richters vorläufig aussetzen (so Lang, DJZ. **1927** 780). Seiner Prüfung unterliegen nur die Fragen, ob ein wirksamer Haftbefehl besteht, d. h. ob ein Haftbefehl von einem Gericht erlassen (s. o. 1 zu § 114) und, wenn dies geschehen, nicht wieder aufgehoben ist, sowie ob der Ergriffene und der Verfolgte personengleich sind. Muß der nächste Amtsrichter diese Fragen verneinen, so hat er den Beschuldigten freizulassen. Dagegen darf er die Wirksamkeit des Haftbefehls nicht verneinen, weil die beigefügte Begründung fehlerhaft (Beisp.: Annahme von Verdunkelungsgefahr, „weil die Ermittlungen noch nicht abgeschlossen sind") ist (so Enzian NJW. **1956** 1786). Denn er ist weder ein Beschwerderichter noch hat er dessen Unterlagen, aus denen sich durchaus ergeben kann, daß der Haftrichter bei einem guten Haftgrund eine schlechte Begründung gegeben hat. Ebenso darf er einen Haftbefehl nicht, wie Dreves (DRiZ. **1965** 113) annimmt, deshalb aufheben, weil Verjährung oder Amnestie vorliegen kann; weil der Haftbefehl schwere Mängel hat; weil die rechtskräftige Erledigung der Sache oder die Unschuld urkundlich erwiesen ist. Der letzte Punkt bedarf keiner Widerlegung. Die Verjährung kann unterbrochen, die Angabe der unterbrechenden Akte im Haftbefehl (s. o. 4 zu § 114) übersehen worden sein. Amnestievoraussetzungen sind nicht immer eindeutig; meist kommt es auf die Strafe an, die der Täter zu erwarten hat, oft gibt es Amnestiehindernisse (vgl. § 9 Abs. 2 StFG. 1954), und regelmäßig können weitere Taten die Einstellung ausschließen (z. B. § 11 StFG. 1954). Das alles kann der nächste Richter nicht beurteilen. Die Frage der anderweiten Verurteilung ist stets schwierig und ohne Akten nicht zu entscheiden. Mängel in der Begründung des Haftbefehls können jederzeit behoben werden; sie rechtfertigen die Entlassung nicht. Der Text des § 115a ist eindeutig. Die Vorschrift hat zwar nur einen beschränkten Zweck; sie ist aber nicht, wie Dreves meint, sinnlos, wenn man die Befugnis des nächsten Richters verneint, in weiteren Fällen als in Absatz 2 Satz 2 angegeben, den Haftbefehl aufzuheben (s. o. 1 Abs. 2 zu § 115a).

Schon die Frage nach dem Bestand eines Haftbefehls wird sich nicht immer allein aus der Vernehmung und aus den Ausschreibungsunterlagen ergeben, sondern ggf. durch Rückfragen beim zuständigen Richter geklärt werden müssen. Die Verpflichtung, mit diesem ins Benehmen zu treten, wird in § 115a Abs. 2 Satz 3 dem nächsten Amtsrichter auferlegt, wenn der Beschuldigte Einwendungen gegen den Haftbefehl oder dessen Vollzug erhebt, die nicht offensichtlich unbegründet sind, oder wenn der Amtsrichter selbst Bedenken trägt, die Haft aufrechtzuerhalten. In diesen Fällen hat er die Einwendungen oder Bedenken dem zuständigen Richter fernmündlich oder fernschriftlich mitzuteilen, dessen Entscheidung herbeizuführen und diese, wenn sie in einer Freilassung besteht, im Wege der Rechtshilfe durchzuführen.

Die Einwendungen des Beschuldigten können sich gegen den Tatverdacht oder gegen den Haftgrund richten. Sie können aber auch — unter Berufung auf § 116 oder auf § 72 Abs. 1 JGG. — allein gegen den Vollzug des Haftbefehls erhoben werden. Offensichtlich unbegründet sind Einwendungen, bei denen auf der Hand liegt, daß sie entweder unglaubhaft sind, oder daß sie keinerlei Einfluß auf die Entscheidung haben können. Bedenken des Amtsrichters, die Haft aufrechtzuerhalten, werden z. B. entstehen, wenn er Verjährung oder Amnestie annehmen kann, oder wenn er nach den ihm bekannten Umständen erkennt, daß der zuständige Richter irrigerweise Fluchtgefahr angenommen hatte, oder daß eine früher zu Recht angenommene inzwischen weggefallen ist.

10. Rechtsmittelbelehrung. Hält der zuständige Richter die Haft aufrecht, dann hat er den Beschuldigten über das Recht der Beschwerde (§ 304 Abs. 1) und über die Rechtsbehelfe der Haftprüfung (§ 117 Abs. 1) sowie der mündlichen Verhandlung im Haftprüfungsverfahren (§ 118 Abs. 1) und im Beschwerdeverfahren (§ 118 Abs. 2) zu belehren (§ 115 Abs. 4) und ihn darauf hinzuweisen, daß durch den Antrag auf Haftprüfung die Beschwerde ausgeschlossen wird (§ 117 Abs. 2). Das hat auch der nächste Amtsrichter zu tun, wenn er den Beschuldigten nicht freiläßt (§ 115a Abs. 3). Der Wortlaut bedeutet in beiden Fällen dasselbe: Die Belehrung ist nur zu erteilen, wenn der Beschuldigte in Haft verbleibt; sie entfällt, wenn der Vollzug der Haft nicht aufrechterhalten, d. h. der Beschuldigte freigelassen wird, mag auch die Anordnung der Untersuchungshaft, der Haftbefehl, selbst bestehen bleiben, wie das bei der Aussetzung des Vollzugs der Untersuchungshaft nach § 116 oder nach § 72 Abs. 2 JGG. der Fall ist. Bei dem Wortlaut von § 115a Abs. 3 („nicht freigelassen") ist das zweifelsfrei. Bei der Fassung von § 115 Abs. 4 („die Haft aufrechterhalten") könnten Zweifel bestehen, ob der Vollzug oder die Anordnung der Haft gemeint ist, zumal da die Haftbeschwerde zulässig bleibt, auch wenn der Vollzug des Haftbefehls ausgesetzt wird. Da aber Haftprüfung und mündliche Verhandlung bei ihr nur zulässig sind, wenn die Untersuchungshaft vollzogen wird (s. u. 2b zu § 117), wäre eine Anordnung sinnlos, die eine Belehrung auch bei einem vollzogenen Haftbefehl vorschriebe. Demzufolge kann sich das Wort „Haft" in § 115 Abs. 4 nur auf den Vollzug der Haft, nicht aber auf ihre Anordnung beziehen.

Die Belehrung haben der nächste Amtsrichter und das zuständige Gericht stets zu geben, es sei denn, daß der Haftbefehl von einem Strafsenat erlassen worden ist (§ 304 Abs. 4). Dagegen ist über die Möglichkeit der weiteren Beschwerde (§ 310 Abs. 1) nicht zu belehren. Erläßt das Oberlandesgericht einen in der unteren Instanz abgelehnten oder aufgehobenen Haftbefehl auf Beschwerde der Staatsanwaltschaft, ohne den Beschuldigten vorher zu hören (§ 33 Abs. 4), so hat es den Beschuldigten auf seinen Antrag oder, wenn er einen solchen nicht stellt, von Amts wegen nachträglich zu hören (§ 311a Abs. 1).

Eine Belehrung des gesetzlichen Vertreters (§ 118b, § 298 Abs. 1) ist nicht vorgeschrieben und in der Regel nicht angebracht.

11. Weiteres Verfahren. Verbleibt der Beschuldigte in Untersuchungshaft, so regelt sich das weitere Verfahren nach den folgenden Bestimmungen des Abschnitts. Wenn jedoch das Verbleiben in der Haft nicht auf einer Entschließung des zuständigen Richters beruht, vielmehr der nächste Amtsrichter den Beschuldigten nicht freigelassen hat, dann kann dieser verlangen, daß er dem zuständigen Richter vorgeführt werde. Der nächste Amtsrichter hat ihn über dieses Recht zu belehren (§ 115a Abs. 3 Satz 2). Er wird ihm den Antrag nahelegen, wenn er bei seiner Vernehmung den Eindruck gewonnen hat, daß der zuständige Richter, weil diesem die Akten vorliegen, den Beschuldigten besser vernehmen und entweder zu einer dem Beschuldigten günstigeren Beurteilung der Haftfrage gelangen könnte oder Aussagen erzielen werde, die das Verfahren fördern könnten. Verlangt der Beschuldigte die Vorführung zum zuständigen Richter, dann ist sie unverzüglich durchzuführen. Das Gesetz sagt das zwar nicht, es ist ihm aber zu entnehmen. Denn die Vorführung zum nächsten Richter ist nur ein Behelf. Der Beschuldigte kann sämtliche Möglichkeiten, die Freilassung zu erzielen, nur dadurch ausschöpfen, daß der zuständige Richter ihn vernimmt und dann entscheidet. Daher kann allein die unverzügliche Vorführung zum zuständigen Richter im Sinne des Vorführungssystems liegen. Auch für sie ist grundsätzlich der Einzeltransport zu wählen.

Auch wenn der Gefangene die Vorführung zum zuständigen Richter nicht verlangt, ist dafür Sorge zu tragen, daß er in dessen Bezirk verbracht wird, weil er nur dort seine weiteren Rechte auf Haftprüfung und auf mündliche Verhandlung sinnvoll wahrnehmen kann. Im allgemeinen wird die Verschubung von der Staatsanwaltschaft beim zuständigen Gericht, vom Untersuchungsrichter oder nach Rechtshängigkeit auch vom Vorsitzenden des zuständigen Gerichts veranlaßt werden. Doch hat auch der nächste Amtsrichter dafür Sorge zu tragen, daß der Gefangene nicht ohne Not länger als erforderlich bei einem unzuständigen Gericht einsitzt.

12. Mehrere Haftbefehle. Liegen mehrere Haftbefehle vor, so ist der Verfolgte allen zuständigen Richtern nacheinander vorzuführen, doch wird in der Regel feststehen, daß er nicht allen am Tage nach der Ergreifung vorgeführt werden kann. Der vorführende Beamte muß daher zunächst die Vorführungen soweit bewirken, als das bis zum Tage nach der Festnahme möglich ist. Kann er mehrere Richter erreichen, hat er den nächsten von ihnen auszuwählen, doch ist es gerechtfertigt, wenn er den Beschuldigten zu dem Gericht vorführt, das den Haftbefehl wegen des schwersten Delikts erlassen hat. Nachdem der Beschuldigte von diesem vernommen worden ist, ist er den nächsten weiter zuständigen Richtern vorzuführen, wenn das noch am Tage nach der Festnahme geschehen kann.

Ist das nicht möglich, ist der Beschuldigte dem nächsten Amtsrichter wegen aller noch unerledigten Haftbefehle vorzuführen. Ist einer der zuständigen Richter, denen der Beschuldigte bis zum Tage nach der Festnahme vorgeführt wird, ein Amtsrichter, so ist er zugleich der nächste Amtsrichter für alle Haftbefehle, wegen deren der Beschuldigte nicht mehr bis zum Tage nach der Ergreifung dem zuständigen Gericht vorgeführt werden kann. Ein Kollegialgericht dagegen hat keine Zuständigkeit, die Geschäfte des nächsten Amtsrichters zu übernehmen (a. A. Eb. Schmidt, 20 zu § 114b).

Nach der Vernehmung durch den nächsten Amtsrichter ist der Beschuldigte nacheinander denjenigen zuständigen Richtern, die ihn noch nicht vernommen haben, vorzuführen, zu denen er die Vorführung verlangt. Diese Umständlichkeit wird sich vermeiden lassen, wenn die beteiligten Richter unter sich Fühlung nehmen und vereinbaren, daß nur einer der Haftbefehle vollstreckt, für die anderen aber Überhaft vermerkt wird.

Wird ein Haftbefehl nicht vollzogen, sondern nur Überhaft notiert (s. o. 8a zu § 114), so finden die §§ 115, 115a erst Anwendung, wenn die Überhaft vollstreckt wird (OLG. Königsberg JW. **1932** 965; a. A. Kunt DStRZ. **1920** 46). Alsdann ist — wofür Gericht und Staatsanwaltschaft durch Fristnotierung Sorge zu tragen haben — das Verfahren der §§ 115, 115a durchzuführen, doch ist es auch zulässig, das schon vorher zu tun.

§ 116

(1) Der Richter setzt den Vollzug eines Haftbefehls, der lediglich wegen Fluchtgefahr gerechtfertigt ist, aus, wenn weniger einschneidende Maßnahmen die Erwartung hinreichend begründen, daß der Zweck der Untersuchungshaft auch durch sie erreicht werden kann. In Betracht kommen namentlich

1. die Anweisung, sich zu bestimmten Zeiten bei dem Richter, der Strafverfolgungsbehörde oder einer von ihnen bestimmten Dienststelle zu melden,

2. die Anweisung, den Wohn- oder Aufenthaltsort oder einen bestimmten Bereich nicht ohne Erlaubnis des Richters oder der Strafverfolgungsbehörde zu verlassen,

3. die Anweisung, die Wohnung nur unter Aufsicht einer bestimmten Person zu verlassen,

4. die Leistung einer angemessenen Sicherheit durch den Beschuldigten oder einen anderen.

(2) Der Richter kann auch den Vollzug eines Haftbefehls, der wegen Verdunkelungsgefahr gerechtfertigt ist, aussetzen, wenn weniger einschneidende Maßnahmen die Erwartung hinreichend begründen, daß sie die Verdunkelungsgefahr erheblich vermindern werden. In Betracht kommt namentlich die Anweisung, mit Mitbeschuldigten, Zeugen oder Sachverständigen keine Verbindung aufzunehmen.

(3) Der Richter kann auch den Vollzug eines Haftbefehls, der nach § 112 Abs. 3 erlassen worden ist, unter der Bedingung aussetzen, daß der Beschuldigte bestimmte Anweisungen befolgt.

(4) Der Richter ordnet in den Fällen der Absätze 1 bis 3 den Vollzug des Haftbefehls an, wenn

1. der Beschuldigte den ihm auferlegten Pflichten oder Beschränkungen gröblich zuwiderhandelt,

2. der Beschuldigte Anstalten zur Flucht trifft, auf ordnungsmäßige Ladung ohne genügende Entschuldigung ausbleibt oder sich auf andere Weise zeigt, daß das in ihn gesetzte Vertrauen nicht gerechtfertigt war, oder

3. neu hervorgetretene Umstände die Verhaftung erforderlich machen.

Entstehungsgeschichte: I. Entw. § 103. II. Entw. § 104. III. Entw. § 106. Frühere Bezeichnung: § 117.

Änderungsvorschläge: N. E. I, II §§ 118, 122. N. E. III § 139. Entw. EGStGB. Art. 70 Nr. 72.

Spätere Änderungen: Die Strafprozeßordnung hatte ursprünglich (in § 117) die Verschonung des Beschuldigten mit dem Vollzug der Untersuchungshaft nur für den Fall vorgesehen, daß sie allein wegen Fluchtverdachts gerechtfertigt war. Einziges Mittel zur Abwendung des Haftvollzugs war zunächst die Sicherheitsleistung. Durch Art. 4 Nr. 16 des 3. StRÄndG. wurde die Verschonung allgemein auf Grund von Maßnahmen zugelassen, welche die Fluchtgefahr erheblich zu vermindern geeignet waren. Ihre jetzige Fassung hat die Bestimmung erhalten durch Art. 1 Nr. 1 StPÄG. Danach sind namentlich eingefügt der Katalog des Absatzes 1, die Möglichkeit, den Vollzug des Haftbefehls bei sämtlichen Haftgründen auszusetzen, und die Regelung des Widerrufs der Aussetzung durch Absatz 4.

1. Inhalt. Das Haftrecht wird, wie § 112 Abs. 1 Satz 2, § 120 Abs. 1 Satz 1, aber auch § 121 Abs. 1, dartun, besonders eindeutig von dem Grundsatze beherrscht, daß das angewendete Mittel zu dem erstrebten Zweck in einem angemessenen Verhältnis stehen muß (Grundsatz der Verhältnismäßigkeit). Auch die Bestimmung des § 116 ist eine Ausprägung dieser Maxime. Sie verlangt, wenn schon auf einen Eingriff in die Freiheit des Beschuldigten nicht verzichtet werden kann, daß dann auf jeden Fall die am wenigsten einschneidende Maßnahme auszuwählen ist. Da kein Mittel angewendet werden darf, das vom Zweck nicht gefordert wird, sind grundsätzlich keine Ausnahmen gerechtfertigt. Das Gesetz sieht sie in zwei Fällen vor: Bei dem Haftgrund der Flucht (§ 112 Abs. 2 Nr. 1) und bei Haftbefehlen wegen Verbrechens wider das Leben (§ 112 Abs. 4). Wegen des letzten Falles s. u. 7. Im ersten Falle kann der Vollzug nicht ausgesetzt werden, weil der Haftbefehl erlassen wird, um den Beschuldigten zu ergreifen. Im übrigen kann der Vollzug des Haftbefehls bei jedem Haftgrund ausgesetzt werden. Das frühere Recht ließ das nur bei Fluchtgefahr zu (§ 117 a. F.), und die Anknüpfung an den Wortlaut des alten Rechts dürfte der Grund für den etwas umständlichen Aufbau der Vorschrift sein. Allerdings kommt auch den Fällen des Absatzes 1 die größte Bedeutung zu. Denn wenn der Haftvollzug auch bei Flucht-, Verdunkelungs- und Wiederholungsgefahr gleicherweise ausgesetzt werden kann, so gibt es doch weniger Maßnahmen, die Verdunkelungs- oder Wiederholungsgefahr vermindern, als solche, die die Fluchtgefahr herabsetzen.

2. Anwendungsbereich. § 116 dient dem Zweck, den Vollzug der Untersuchungshaft soweit als möglich einzuschränken. Daher ist er anzuwenden, wenn ein Haftbefehl erlassen wird, und dann solange, als ein erlassener nicht aufgehoben (§ 120) oder durch Rechtskraft erledigt ist. Seine Anwendung ist bei der Anordnung der Haft, bei jeder Haftprüfung und bei jeder Beschwerdeentscheidung von Amts wegen zu erwägen. Dabei kommt es nach dem Wortlaut von Absatz 3 auf den im Haftbefehl angegebenen Haftgrund an, während bei den Absätzen 1 und 2 bei der Entscheidung geprüft werden muß, aus welchem Grunde die Untersuchungshaft gerechtfertigt ist. In Wirklichkeit ist auch bei den Fällen des Absatzes 3 die Prüfung unentbehrlich, ob nicht auch Flucht- oder Verdunkelungsgefahr vorliegt, im Falle des Absatzes 2, ob auch Fluchtgefahr, und im Falle des Absatzes 1, ob auch Verdunkelungsgefahr gegeben ist. Nur darf in den Fällen der Absätze 1 und 2 nicht untersucht werden, ob die Haft nicht auch nach § 112 Abs. 3 gerechtfertigt ist; denn für diesen Fall ist der im Haftbefehl angegebene Haftgrund maßgebend (Absatz 3). Da der Richter aber auch im Falle des Absatzes 3 nicht gehindert ist, den Haftbefehl auf einen der beiden genannten Gründe umzustellen oder zu erweitern (s. o. 12 zu § 114), ist nach alledem nur bedeutsam, daß die obligatorische Aussetzung des Absatzes 1 nur geboten ist, wenn der Haftbefehl lediglich wegen Fluchtverdachts gerechtfertigt ist; liegt außerdem noch Verdunkelungsgefahr vor, dann müssen zugleich auch die Voraussetzungen des Absatzes 2 erfüllt sein, und steht die Aussetzung im — freilich beschränkten (s. u. 3 Abs. 2) — Ermessen des Gerichts.

Aus der unbeschränkten Wirksamkeit des Grundsatzes der Verhältnismäßigkeit folgt trotz des Wortlauts des § 116 Abs. 1, daß die Vorschrift auch bei der sog. Ungehorsamshaft (§ 230 Abs. 2, § 236) anzuwenden ist. Denn mit einem Haftbefehl nach den genannten Vorschriften soll ebenso wie mit einem nach § 114 verhindert werden, daß sich der Beschuldigte dem Strafverfahren entzieht (§ 112 Abs. 2 Nr. 2). Dagegen erfaßt § 117 nicht die Vorführung (§ 134), weil sie zu keinem längeren Festhalten führen kann, sowie die sitzungspolizeiliche (§ 177 GVG.) und die Ordnungsstrafhaft (§ 178 GVG.), weil sie keine Untersuchungshaft sind.

§ 116 findet nach § 61 Abs. 2 JGG. auf die Sicherungshaft des § 61 Abs. 1 JGG. nicht ausdrücklich Anwendung. Der Sache nach gilt er aber auch. Denn nach § 61 Abs. 1 JGG. hat der Richter vorläufige Maßnahmen zu treffen, „notfalls" einen Haftbefehl zu erlassen. Unter diese Befugnis fallen auch die Anordnung der Sicherungshaft und die Aussetzung ihres Vollzugs.

3. Aussetzung des Vollzugs. Mit der Wortfassung, daß der Vollzug des Haftbefehls ausgesetzt wird, trägt das Gesetz dem Umstand Rechnung, daß der Haftbefehl bestehen bleibt. Bestehen bleiben kann der Haftbefehl nur, wenn die Haftgründe ebenfalls fortbestehen. Da die Haftgründe nur bei einer durch Tatsachen belegten konkreten Gefahr gegeben sind, ist auch die den Fortbestand des Haftbefehls rechtfertigende fortbestehende Gefahr nicht nur eine theoretische, sondern eine konkrete, wenn auch eine gegenüber dem nicht durch Maßnahmen gesicherten Zustand erheblich herabgesetzte. Das Gesetz nimmt also ein gewisses Risiko in Kauf. Diese gesetzgeberische Entscheidung ist bei der Auswahl und Bewertung der Maßnahmen zu berücksichtigen. Wird durch die Übernahme von Pflichten oder von Beschränkungen, etwa bei einem Sittlichkeitsverbrecher durch den Eintritt in eine Heilanstalt, der Haftgrund nicht nur abgeschwächt, sondern ganz beseitigt, darf kein Haftbefehl erlassen und muß ein erlassener aufgehoben werden.

Liegen die Voraussetzungen des § 116 vor, ist im Falle des Absatzes 1 der Vollzug des Haftbefehls auszusetzen (der Richter „setzt . . . aus"). Für die Absätze 2 und 3 gibt das Gesetz dem Richter eine größere Freiheit (der Richter „kann . . . aussetzen"). Er ist aber gleichwohl gebunden durch den Grundsatz, daß stets die am wenigsten einschneidende Maßnahme zu wählen ist. Wird der Zweck der Untersuchungshaft durch solche Maßnahmen erreicht, so ist der Vollzug des Haftbefehls auszusetzen (BVerfG. NJW. **1966** 244). Das in den beiden Absätzen gebrauchte Wort „kann" stellt ihn daher nicht in der Entscheidung frei, sondern nur in der Begründung, weil bei der Auslegung der unbestimmten Rechtsbegriffe die ausschlaggebenden Abwägungen nicht stets deutlich in Worte zu fassen sind. Der früher zur Haftverschonung gegen Sicherheitsleistung geführte Streit, ob der Beschuldigte, wenn die Voraussetzungen der Absätze 2 und 3 vorliegen, ein Recht auf Aussetzung des Vollzugs habe (so Peters, § 47 A II 2b cc Abs. 2; a. A. EbSchmidt, 3 zu § 117; KleinknM, 3a zu § 117; vermittelnd Lobe-Alsberg, II zu § 117), ist müßig. Der Frage käme nur Bedeutung zu, wenn das Ermessen nicht oder nur beschränkt nachprüfbar wäre. Das ist aber nicht der Fall. Denn im Beschwerdeverfahren spielt die Unterscheidung zwischen Rechts- und Ermessensentscheidung keine Rolle. Das Beschwerdegericht hat, wenn ein Ermessen obwalten darf, seines an die Stelle desjenigen des Vorderrichters zu setzen.

Der Richter kann den Vollzug der Untersuchungshaft auch nur auf eine bestimmte Zeit aussetzen, etwa zu wichtigen Geschäftsverhandlungen. Dabei wird meist die Leistung einer angemessenen Sicherheit (Nr. 4), aber auch die Aufsicht einer bestimmten Person (Nr. 3), zu verlangen sein.

4. Voraussetzungen. Nach **§ 72 Abs. 1 JGG.** darf Untersuchungshaft nur verhängt und vollstreckt werden, wenn ihr Zweck nicht durch eine vorläufige Anordnung über die Erziehung oder durch andere Maßnahmen erreicht werden kann. In der Terminologie des § 116 heißt das, daß der Jugendrichter den Vollzug des Haftbefehls gegen einen Jugendlichen aussetzt, wenn der Zweck der Untersuchungshaft auch durch weniger einschneidende Maßnahmen erreicht werden kann. Das stimmt nahezu überein mit der Fassung von **Absatz 1** (Aussetzung bei Fluchtgefahr), nur wird dort das Unsicherheitsmoment, das notwendigerweise bei der Abschätzung der Wirkung einer Maßnahme auftritt, betont durch die Worte, daß weniger einschneidende Maßnahmen die Erwartung „hinreichend" begründen, der Haftzweck werde durch sie erreicht werden „können". Da die Aussetzung des Vollzugs stets, also auch im Jugendrecht, ein Risiko in sich birgt, ist der Unterschied in der Fassung nicht erheblich, doch macht § 116 Abs. 1 ganz deutlich, daß der Richter keine Sicherheit anstreben, keine fest bestimmten Erwartungen hegen darf, sondern eine hinreichend begründete Erwartung ausreichen lassen muß. Hinreichend begründet ist die Erwartung, wenn die Maßnahme zwar keinen sicheren Erfolg, aber bei Übernahme eines gewissen Risikos die große Wahrscheinlichkeit des Erfolges begründet, der Beschuldigte werde sich nicht dem Strafverfahren entziehen.

Auch in **Absatz 2** (Aussetzung bei Verdunkelungsgefahr) kehrt die Verbindung der weniger einschneidenden Maßnahmen mit einer hinreichend begründeten Erwartung wieder. Hier geht die Erwartung aber nicht dahin, daß der Haftzweck erreicht werden könne, sondern daß die Verdunkelungsgefahr erheblich vermindert werde. Es wird also weniger verlangt als in Absatz 1; die Fassung ähnelt der des alten § 117, wo Verschonung möglich war auf Grund von Maßnahmen, welche die Fluchtgefahr erheblich zu vermindern geeignet sind. Die mindere Anforderung wird ausgeglichen durch eine freiere Stellung des Richters, der hier nicht (wie in Absatz 1 und im Jugendrecht) auszusetzen hat, sondern aussetzen kann (vgl. Begr. BTDrucks. IV/178, S. 23 und die Ausführungen o. 3 Abs. 2). In **Absatz 3** (Wiederholungsgefahr bei Sittlichkeitsverbrechern) ist wiederum die gleiche Fassung „kann" gewählt, doch werden hier gar keine Voraussetzungen mehr aufgestellt. Gleichwohl ist der Richter nicht frei. Nach dem System der Vorschrift kann er vielmehr sinnvollerweise den Vollzug auch hier nur aussetzen, wenn durch die von ihm gestellten Bedingungen der Haftzweck erreicht, d. h. also die Wiederholungsgefahr, die von dem Sittlichkeitsverbrecher ausgeht, gebannt wird.

Es ist nicht zu leugnen, daß alle Fassungen in Nuancen voneinander abweichen. Die Praxis wird wohl nur in der Lage sein, zwischen der strengeren Anforderung des Absatzes 1 verbunden mit der obligatorischen Aussetzung und den weniger strengen Anforderungen der Absätze 2 und 3 verbunden mit fakultativer Aussetzung zu unterscheiden. Die übrigen Unterschiede wird sie kaum beachten oder gar die Beachtung begründen können. Sie wird in diesen Fällen fragen, ob durch weniger einschneidende Maßnahmen die Gefahr, der mit der Verhaftung begegnet werden soll, so erheblich vermindert wird, daß, wenn man ein gewisses Risiko in Kauf nimmt, erwartet werden kann, der Haftzweck werde auch ohne Haftvollzug erreicht werden. Es wäre erwünscht, daß bei einer großen Prozeßreform die Voraussetzungen für die Aussetzung des Vollzugs des Haftbefehls handlicher, einfacher und weniger nuancenreich gefaßt würden.

5. Maßnahmen.

a) Allgemein. Die Absätze 1 und 2 lassen die Aussetzung des Vollzugs des Haftbefehls gegen Maßnahmen zu, die weniger einschneidend sind als die Haft, und die geeignet sein müssen, die in Anmerkung 4 angegebenen Erwartungen zu begründen. Die Maßnahmen werden meist in der Auferlegung von Pflichten und Beschränkungen (§ 116 Abs. 3 Nr. 1) bestehen, können aber auch einen anderen Inhalt haben, selbst Handlungen eines Dritten sein, wie sich aus § 116a ergibt. Absatz 3 spricht von der Bedingung, daß der Beschuldigte bestimmte Weisungen befolgt, doch sagt das, da man Pflichten und Beschränkungen durch Weisungen auferlegen kann, nichts anderes.

In den Absätzen 1 und 2 sind Beispielsfälle angegeben, in Absatz 3 und in § 72 Abs. 1 JGG. nicht. Die Beispiele beziehen sich zwar auf den jeweils geregelten Fall; sie können aber auch in anderen Fällen als Beispiel dienen, wenn das sinnvoll ist. Die Sicherheitsleistung wird dabei grundsätzlich nur zur Abwendung der Fluchtgefahr verwendet werden können, weil sie nicht nur den Zweck hat, den ungestörten Gang der Untersuchung zu gewährleisten, sondern darüber hinaus sicherstellen soll, daß der zu Freiheitsstrafe oder zu einer freiheitsentziehenden Maßregel der Sicherung und Besserung Verurteilte diese auch antritt (§ 124 Abs. 1). Gesetzlich ausgeschlossen ist sie aber als sonstige Maßregel des Absatzes 2 oder als Inhalt einer Weisung nach Absatz 3 nicht, wenn sie in den letzteren Fällen auch stets und zur Minderung der Verdunkelungsgefahr regelmäßig ungeeignet sein wird.

Zu den Beispielsfällen:

b) Absatz 1. Nr. 1: Die Anweisung wird in der Regel die Meldung auf einem bestimmten Polizeirevier zum Inhalt haben, deren Beamte dazu gewohnheitsrechtlich zur Verfügung stehen. Die Anweisung, der Beschuldigte solle sich bei der Strafverfolgungsbehörde melden, setzt, da das Gericht über deren Personal nicht verfügen kann, das Einverständnis dieser Behörde voraus.

Nr. 2: Ob der Beschuldigte die Anweisung befolgt, einen bestimmten Ort nicht unerlaubt zu verlassen, ist nicht kontrollierbar. Die Aussetzung des Vollzugs kommt daher einer Entlassung auf Ehrenwort nahe; sie setzt ein Vertrauen des Richters in den Beschuldigten voraus. Verspricht der Beschuldigte, der Anweisung nachzukommen, so kann darin bei ehrenhaften Menschen eine größere Sicherung liegen, als sie etwa mit der Meldeauflage zu erzielen ist.

Nr. 3: Der Anweisung, die Wohnung nur unter Aufsicht zu verlassen, wird namentlich bei Jugendlichen Bedeutung zukommen. Bei Erwachsenen wird es einer sehr sorgfältigen Auswahl der Aufsichtsperson bedürfen, damit die Aufsicht nicht zur Demütigung wird. Die Aufsichtsperson muß zudem in der Lage sein, die Kontrolle zu übernehmen, daß der Beschuldigte nicht ohne seine Aufsicht handelt. Die Aufsicht braucht nicht in steter Begleitung zu bestehen. Es kann u. U. genügen, daß der Beschuldigte sich beim Gange zur Arbeit und von ihr bei der Aufsichtsperson meldet, wenn diese zugleich die Gelegenheit hat, durch Stichproben festzustellen, daß der Beschuldigte auch wirklich zur Arbeit geht.

Der Katalog der Maßnahmen ist nicht abschließend. Die Umstände des Einzelfalles lassen dem Richter Raum zu sonstigen Maßnahmen, die durchaus einen freiwilligen Verzicht auf die Ausübung von Grundrechten bewirken können, ihre Grenze aber in der Achtung der Menschenwürde finden (vgl. § 305a Abs. 1 Satz 2; Kleinknecht MDR. **1965** 784 mit Beispielen). Danach ist z. B. die Entlassung auf Ehrenwort zulässig, aber kaum empfehlenswert, weil sie zu Berufungen führt, denen nur mit peinlicher Begründung begegnet werden kann. Als weitere Maßnahme kommt die Verpflichtung in Betracht, den Reisepaß abzuliefern. Zwar hindert das nicht die Flucht ins Ausland, erschwert es dem Beschuldigten aber, dort Arbeit aufzunehmen. Damit wird bei einem auf Verdienst angewiesenen Beschuldigten die Fluchtgefahr dann erheblich vermindert, wenn er eine ordentliche Lebensführung gewöhnt ist. Will das

Gericht dem Beschuldigten einen Auslandsaufenthalt gestatten, so kann es anordnen, daß er einen Zustellungsbevollmächtigten zu bestellen hat.

Alle Maßnahmen können einzeln oder mit anderen verbunden angeordnet werden. Die Handlungen und Unterlassungen müssen, auch wenn sie auf einer Anweisung beruhen, stets freiwillig erbracht werden, wenn auch unter dem Druck, daß sonst die Haft fortbestehen werde. Die „Beschlagnahme" des Passes ist unzulässig.

Die Auflage, den Personalausweis abzugeben, kann dem Beschuldigten nicht erteilt werden, weil er dadurch die Möglichkeit verlieren würde, sich auszuweisen. Dieser Möglichkeit soll der Ausweis aber gerade dienen (§ 1 Abs. 1 des G. über Personalausweise vom 19. 12. 1950 — BGBl. I 807 —). Zwar könnte sich der Beschuldigte bei Behörden und Beamten darauf berufen, daß er seinen Ausweis bei einer Behörde hinterlegt habe, doch könnten schon dabei (Kontrolle auf der Straße) Mißhelligkeiten eintreten. Mit dem Zweck der Auflage wären aber die Schwierigkeiten nicht mehr zu vereinbaren, die dem Beschuldigten bei Abgabe seines Ausweises erwachsen würden, wenn er ihn benötigt, um ein Arbeitsverhältnis einzugehen, Kredit aufzunehmen und ähnl. Der Praxis wäre Abhilfe erwünscht. Sie könnte aber nur der Gesetzgeber schaffen, indem er die Möglichkeit einführte, die Gültigkeit von Ausweisen oder Ersatzausweisen auf das Inland zu beschränken (zu der Streitfrage vgl. Oske und Fuhrmann, JR. **1964** 454).

Die Sicherheitsleistung (Nr. 4) ist bei § 116a behandelt.

c) **Absatz 2:** Die Anweisung, mit Mitbeschuldigten, Zeugen oder Sachverständigen keine Verbindung aufzunehmen, kann mit der nach Absatz 1 Nr. 2 gekoppelt werden, namentlich wenn der Beschuldigte kein Telefon hat. Mit der genannten Maßregel hat sie gemeinsam, daß sie ein Vertrauen des Richters voraussetzt. Auch die Anweisung nach Absatz 1 Nr. 3 kann in Betracht kommen, die unter Nr. 1 nur in Ausnahmefällen, nämlich wenn dadurch die persönliche Verbindung mit weit entfernt wohnenden Zeugen unterbunden würde und eine sonstige Verbindung (schriftlich oder durch Mittelsmänner) als Verdunkelungsmöglichkeit ausschiede.

d) In den Fällen des **Absatzes 3** kann bei einem Sittlichkeitsverbrecher, der sich an seinen Töchtern vergangen hat, die Weisung, auswärts Wohnung und Arbeit zu nehmen, bei Verbrechern mit gesteigertem Geschlechtstrieb diejenige, sich in eine Anstalt zu begeben oder sich einer ärztlichen Behandlung zu unterziehen, den Haftzweck sichern.

e) **Bei Jugendlichen** kommt als vorläufige Anordnung über die Erziehung namentlich die Unterbringung in einem Erziehungsheim in Betracht (§ 71 Abs. 2 JGG.), das geeignet ist, den Jugendlichen an der Flucht oder Verdunkelung zu hindern. Eine solche Unterbringung ist während des Strafverfahrens gegen einen Jugendlichen auch zulässig, um einem Mißbrauch der Freiheit zu neuen Straftaten entgegenzuwirken oder um den Jugendlichen vor einer weiteren Gefährdung seiner Entwicklung zu bewahren. Diese Gründe rechtfertigen aber auf der anderen Seite in keinem Fall, die Untersuchungshaft gegen einen Jugendlichen anzuordnen. In den Fällen von Absatz 3 (Wiederholungsgefahr bei Sittlichkeitsverbrechen) wird regelmäßig die Unterbringung in einem Erziehungsheim die einzige Maßnahme zur Aussetzung der Haftvollstreckung sein, die sinnvoll angewendet werden kann.

6. Wirkung der Aussetzung. Nach dem Wortlaut des Gesetzes wird nur der Vollzug des Haftbefehls, also die Verwahrung des Beschuldigten in der Untersuchungshaftanstalt, ausgesetzt, nicht aber die Vollstreckung. Demgegenüber ist der Wortlaut von § 72 Abs. 1 JGG., der auf ein Absehen von der Vollstreckung abstellt, richtiger. Der Inhalt des Haftbefehls, die Anordnung der Untersuchungshaft (§ 114 Abs. 1), wird nicht mehr vollstreckt. Vollstreckt, etwa durch das Überwachen von Meldeterminen, wird der Aussetzungsbeschluß. Es ist also nicht nur der Vollzug, sondern — wie im Jugendrecht — auch die Vollstreckung des Haftbefehls ausgeschlossen. Der Haftbefehl bleibt, wie durch den Wortlaut eindeutig klargestellt, bestehen.

Die Wirkung der Aussetzung tritt im allgemeinen mit der Entscheidung ein, doch gelten für die Sicherheitsleistung Besonderheiten (s. u. 6 zu § 116a). Auch sonst kann das Gericht die Entlassung aus der Haft von dem Eintritt eines Ereignisses abhängig machen, so z. B. von der Zusage einer Anstalt, einen Beschuldigten aufzunehmen.

7. Beim **Haftbefehl nach § 112 Abs. 4** ist im Gesetz keine Aussetzung des Vollzugs vorgesehen. Das war bei einem Haftbefehl sinnvoll, der bei äußerster Beschränkung der Zulässigkeit nur dann ergehen durfte, wenn es unerträglich war, den Beschuldigten in Freiheit zu lassen. Denn wenn das Freisein verhütet werden sollte, konnte es nicht über § 116 gewährt werden (vgl. zu den zu § 112 Abs. 4, § 116 entstandenen, für § 116 inzwischen erledigten Streitfragen Dünnebier NJW. **1966** 231 und die dort angegebene Literatur und Rechtsprechung; Schmidt-Leichner, NJW. **1966** 425). Das Bundesverfassungsgericht hat jedoch bindend (§ 31 Abs. 1 BVerfGG.) entschieden, daß nach dem verfassungsrechtlichen Grundsatz der Verhältnismäßigkeit auch bei einem auf § 112 Abs. 4 gestützten Haftbefehl eine Haftverschonung in entsprechender Anwendung des § 116 möglich ist (NJW. **1966** 243). Das ist wiederum folgerichtig; denn der Beschluß des Bundesverfassungsgerichts führt im Ergebnis die durch das Strafprozeßänderungsgesetz abgeschafften apokryphen Haftgründe wieder ein. Es verlangt für einen Haftbefehl nach § 112 Abs. 4 geringere Voraussetzungen als für solche nach § 112 Abs. 2 und 3, und muß daher den für diese Fälle geltenden § 116 auch auf den Fall des § 112 Abs. 4 anwenden. Da das Gericht von der „möglichen" Haftverschonung spricht, dürfte es die entsprechende Anwendung des Absatzes 3 ins Auge gefaßt haben (der Richter „kann" . . . aussetzen). Doch ist der Unterschied zu Absatz 1 (der Richter „setzt . . . aus") nur gering, wie o. 3 Abs. 2 ausgeführt.

Wegen der verfassungsrechtlichen Gültigkeit des § 112 Abs. 4 s. o. 14b zu § 112.

8. Widerruf (Absatz 4). Das Gericht ist an seine Beurteilung der Umstände, auf denen die Vollzugsaussetzung beruht, gebunden. Es kann sie nicht, etwa in neuer Besetzung, bei gleichbleibenden Umständen ändern und den Vollzug der Untersuchungshaft anordnen, weil es inzwischen den Erfolg der getroffenen Maßnahmen weniger günstig beurteilt als zur Zeit ihrer Anordnung. Ändern sich indessen die Verhältnisse, dann hat das Gericht die Frage der Vollzugsaussetzung erneut zu prüfen.

Ist durch die Veränderung der Haftgrund beseitigt, etwa durch Heirat die Fluchtgefahr oder durch Sachaufklärung die Verdunkelungsgefahr, dann hat das Gericht den Haftbefehl und die bei der Vollzugsaussetzung getroffenen Maßnahmen aufzuheben (§ 123 Abs. 1 Nr. 1). Hat sich dagegen die Lage verschlechtert, kann der Richter die ursprünglich angeordneten Maßnahmen ändern, namentlich verschärfen, z. B. die Sicherheit erhöhen. Begründen neu hervorgetretene Umstände die Befürchtung, der Beschuldigte werde sich dem Verfahren entziehen, er werde auf Zeugen einwirken, er werde, wenn er als Sittlichkeitsverbrecher verfolgt wird, weitere Sittlichkeitsverbrechen begehen, dann hat das Gericht den Vollzug oder den Wiedervollzug des Haftbefehls anzuordnen. Nach Vollzug des Haftbefehls hat es die zur Abwendung der Haft getroffenen Maßnahmen aufzuheben (§ 123 Abs. 1 Nr. 2), doch bestehen keine Bedenken, wenn es das in geeigneten Fällen gleichzeitig tut. Eine solche Verbindung wird sich empfehlen, wenn mit Sicherheit feststeht, daß der Haftbefehl ohne Schwierigkeit vollzogen werden kann, aber auch dann, wenn ohnehin nicht mehr zu erwarten ist, daß der Beschuldigte den Anweisungen nachkommt. Über die Sicherheit ist stets gesondert nach den §§ 123, 124 zu entscheiden. — Die Maßnahmen sind auch dann aufzuheben, wenn eine in dem Verfahren erkannte Freiheitsstrafe oder Maßregel der Sicherung und Besserung vollzogen wird (§ 123 Abs. 1 Nr. 2).

9. Widerrufsumstände. Die soeben erwähnten neu hervorgetretenen Umstände können sich nicht auf den Tatverdacht beziehen. Dieser mußte dringend gewesen sein, als der Haftvollzug ausgesetzt wurde — sonst hätte der Haftbefehl aufgehoben werden müssen — und dringender kann er nicht werden. Wohl aber kann es ein neuer Umstand sein, wenn neue Taten (OLG. Karlsruhe Amtsbl. Baden-Württemberg **1963** 63) oder Einzelakte einer fortgesetzten Handlung aufgedeckt werden. Meist werden die Umstände jedoch die Haftgründe berühren: Tritt zur Fluchtgefahr auch noch Verdunkelungsgefahr, dann können sich die getroffenen Maßnahmen als unzulänglich erweisen. Verschärft sich die Fluchtgefahr, dann können die bisher bestehenden Maßnahmen unwirksam sein, den Zweck der Untersuchungshaft auch jetzt noch zu erreichen. Eine solche Verschärfung liegt auf jeden Fall vor (Nr. 2),

wenn der Beschuldigte Anstalten zur Flucht trifft, d. h. eine Veränderung seiner Umstände in die Wege leitet, die es den Strafverfolgungsbehörden unmöglich machen soll, seiner habhaft zu werden. Es ist selbstverständlich, daß es den Fluchtveranstaltungen gleichsteht, wenn der Beschuldigte tatsächlich geflohen ist oder sich verborgen hat;

wenn der Beschuldigte auf Ladungen ausbleibt, ohne sich genügend zu entschuldigen. Unter Ladungen sind dabei solche zu gerichtlichen Terminen zu verstehen, zu denen der Beschuldigte erscheinen muß, gleichviel ob sie an den Beschuldigten oder an seinen Zustellungsbevollmächtigten (§ 116a Abs. 3) gerichtet waren.

Bei den beiden ebengenannten Widerrufsgründen muß zwingend der Vollzug des Haftbefehls angeordnet werden. Lobe-Alsberg (III zu § 120) sprechen deshalb von einer gesetzlichen Vermutung, doch enthalten die Merkmale „Anstalten ... trifft" und „ohne genügende Entschuldigung" hinreichend Raum für eine richterliche Wertung. Eine solche ist immer erforderlich, wenn die Frage zu beurteilen ist, ob der Beschuldigte den ihm auferlegten Verpflichtungen und Beschränkungen in gröblicher Weise zuwidergehandelt hat (Nr. 1). Dabei wird mehr gefordert als ein Verstoß aus Versehen, Unmut oder Verzweiflung, wenn es auch nicht auf böse Gesinnung ankommt; dauernde Schlamperei kann durchaus als gröbliche Zuwiderhandlung gewertet werden. Die Nummer 3 umfaßt die Nrn. 1 und 2, weil die dort aufgeführten Handlungen neu hervorgetretene Umstände sind, und gibt im übrigen Raum, alle Veränderungen der Tatsachengrundlage für die Aussetzung zu berücksichtigen. Dabei ist nochmals zu betonen, daß neu hervorgetretene Umstände es nicht stets erforderlich machen, den Beschuldigten zu verhaften. Es kann ausreichen, die Beschränkungen zu verschärfen; es kann aber auch notwendig werden, den Haftbefehl aufzuheben.

10. Verfahren. Das Gericht entscheidet über die Aussetzung des Vollzugs auf Antrag des Beschuldigten, der Staatsanwaltschaft oder von Amts wegen, über die Anordnung des Vollzugs auf Antrag der Staatsanwaltschaft oder von Amts wegen. Es hat die Frage der Aussetzung, bei Jugendlichen des Absehens von der Vollstreckung, bei jeder Haftentscheidung zu prüfen. Vor der Entscheidung ist die Staatsanwaltschaft zu hören (§ 33), der Beschuldigte dann, wenn nicht — was der Regelfall sein wird — anzunehmen ist, daß er einer in Aussicht genommenen Maßnahme nachkommen wird. Die Entscheidung ergeht als Beschluß. Der Beschluß ist zu begründen (§ 34), doch können längere Ausführungen weder bei der Ablehnung noch bei der Bewilligung gemacht werden, weil letztlich eine schwer in Worte zu fassende Abwägung ausschlaggebend ist. Jedoch wird die Begründung bei der Anordnung des Vollzugs ausführlicher sein (KG. JR. **1956** 192). Der Aussetzungsbeschluß kann, da durch seine Bekanntmachung keine Frist in Lauf gesetzt wird, formlos mitgeteilt werden (§ 35 Abs. 2). Im Hinblick auf die Folgen, welche die Zuwiderhandlung gegen auferlegte Pflichten oder Beschränkungen nach sich zieht, ist jedoch bei Beschlüssen, die auf Aussetzung des Vollzugs oder bei Jugendlichen auf Absehen von der Vollstreckung lauten, in der Regel die förmliche Zustellung vorzuziehen.

Wegen der Zuständigkeit s. u. § 126. Zuständig ist auch das zur Entscheidung über eine Beschwerde angegangene Beschwerdegericht.

Gegen die Entscheidungen ist, wenn sie nicht von einem Strafsenat erlassen werden (§ 304 Abs. 4), Beschwerde zulässig, auch wenn sie solche eines erkennenden Gerichts sind. Gegen Beschwerdeentscheidungen des Landgerichts ist die weitere Beschwerde zulässig. Denn Entscheidungen nach § 116 haben die Vollstreckung eines Haftbefehls zum Gegenstand (OLG. Nürnberg GA. **1961** 157). Sie sind damit Entscheidungen über die Verhaftung (§ 305 Satz 2); Beschlüsse des Landgerichts darüber betreffen die Verhaftung (§ 310 Abs. 1).

Im Falle der Anordnung des Vollzugs ist der Haftbefehl wieder zu vollstrecken. Schon vor dem Widerruf ist bei Gefahr im Verzuge vorläufige Festnahme statthaft. Das Verfahren der §§ 114b ff. beginnt. War der Beschuldigte schon in Haft, so beginnt es von neuem.

11. Mehrere Haftbefehle. Die Aussetzung des Vollzugs und bei Jugendlichen des Absehens von der Vollstreckung haben Wirkung nur in dem Verfahren, in dem sie bewilligt worden sind. Sie haben daher, wenn in mehreren Verfahren Haftbefehle ergangen oder zu erwarten sind, für den Beschuldigten in der Regel nur dann Bedeutung, wenn er in allen Verfahren Haftverschonung erfährt. Dazu wird er entsprechende Anträge zu stellen haben. Wenn auch, anders als bei der Gewährung sicheren Geleits (s. u. 3d zu § 295), kein amtliches Interesse daran besteht, daß sich die beteiligten Gerichte von Amts wegen verständigen, so kann das doch durch die Fürsorgepflicht für den Beschuldigten, aber auch aus Gründen der Zweckmäßigkeit, jedenfalls dann geboten sein, wenn eine Bewilligung sämtlicher Anträge zu erwarten ist.

§ 116a

(1) Die Sicherheit ist durch Hinterlegung in barem Geld, in Wertpapieren, durch Pfandbestellung oder durch Bürgschaft geeigneter Personen zu leisten.

(2) Der Richter setzt Höhe und Art der Sicherheit nach freiem Ermessen fest.

(3) Der Beschuldigte, der die Aussetzung des Vollzugs des Haftbefehls gegen Sicherheitsleistung beantragt und nicht im Geltungsbereich dieses Gesetzes wohnt, ist verpflichtet, eine im Bezirk des zuständigen Gerichts wohnende Person zum Empfang von Zustellungen zu bevollmächtigen.

Entstehungsgeschichte: I. Entw. §§ 104, 105. II. Entw. §§ 105, 106. III. Entw. §§ 107, 108. Frühere Bezeichnung von Absatz 1 und 2: § 118, von Absatz 3: § 119.

Änderungsvorschläge: N. E. I, II § 118. N. E. III § 139.

Spätere Änderungen: Die Absätze 1 und 2 sind inhaltlich unverändert, sprachlich geringfügig geändert durch Art. 1 Nr. 1 StPÄG. Durch dieselbe Vorschrift sind die Worte „Geltungsbereich dieses Gesetzes" an die Stelle der früheren Fassung „Inland" gesetzt worden.

1. Zweck. Nach § 116 Abs. 1 kann der Richter den Vollzug eines Haftbefehls, der lediglich wegen Fluchtgefahr gerechtfertigt ist, aussetzen, wenn Maßnahmen, die weniger einschneidend sind als die Untersuchungshaft, die Erwartung hinreichend begründen, daß der Haftzweck auch durch sie erreicht werden kann. Als Beispielsfall ist in Nr. 4 die Leistung einer angemessenen Sicherheit durch den Beschuldigten oder einen anderen genannt. Während die sonstigen Maßnahmen dem Zweck dienen, die Anwesenheit des Beschuldigten während der Untersuchung sicherzustellen, soll durch die Sicherheitsleistung darüber hinaus auch der Antritt einer erkannten Freiheitsstrafe oder einer freiheitsentziehenden Maßregel der Sicherung oder Besserung unmittelbar sichergestellt werden (§ 124 Abs. 1), ein Ziel, dem andere Maßnahmen nur mittelbar förderlich sind. Weitere Zwecke verfolgt sie indessen nicht. Sie verfällt insbesondere nicht — wie der Wortlaut des § 124 Abs. 1 eindeutig besagt —, wenn der Verurteilte eine Geldstrafe nicht bezahlt oder eine Ersatzfreiheitsstrafe nicht antritt (s. u. II 2 und 4 zu § 124) oder die Gerichtskosten nicht begleicht (BayObLGSt. **7** 330).

Während in den anderen Fällen des § 116 (Absatz 1 Nr. 1 bis 3) der Vollzug des Haftbefehls von Amts wegen ausgesetzt werden kann und dem Beschuldigten Pflichten und Beschränkungen durch Anweisungen auferlegt werden können, darf der Haftvollzug gegen Sicherheitsleistung nur auf Antrag (Absatz 3) ausgesetzt werden. Der Beschuldigte kann nicht zur Sicherheitsleistung gezwungen werden. Es darf auch nicht eine Sicherheit festgesetzt und dem Beschuldigten die Wahl zwischen Sicherheit und Haft gelassen werden, wie das Art. 5 Abs. 3 Satz 3 MenschR-Konv. zuläßt. Es steht vielmehr allein im Belieben des Beschuldigten, ob er gegen Sicherheitsleistung aus der Haft entlassen werden will.

2. Als **Arten** der Sicherheitsleistung führt das Gesetz abschließend auf:

Hinterlegung von barem Geld oder von Wertpapieren, ohne daß es auf Mündelsicherheit ankäme, in beiden Fällen des In- oder Auslands, regelmäßig nach der Hinterlegungsordnung, aber auch bei einem Treuhänder, z. B. einer Bank;

Pfandbestellung. Der Ausdruck ist nicht im bürgerlich-rechtlichen Sinne zu verstehen, umfaßt vielmehr jede Art der Sicherung an beweglichen (Pfand, Sicherungsübereignung) und unbeweglichen Sachen (Grundschulden; Nr. 44 Abs. 2 RiStV.) und an Vermögenswerten (Sicherungsabtretung);

Bürgschaft geeigneter Personen. Die Bürgschaft ist, schon weil eine Schuld des Beschuldigten fehlt, nicht nach bürgerlichem Recht zu beurteilen. Daher bedarf sie nicht der Schriftform (a. A. OLG. Celle GA. **60** 480) und hat der Bürge nicht die Einrede der Vorausklage. Sie kann als aufschiebend bedingtes selbstschuldnerisches Zahlungsversprechen (OLG. Celle, a. a. O.), abgegeben werden. In der Regel wird die „Bürgschaft" aber darin bestehen, daß der Dritte Geld oder Wertpapiere bei einer Bank hinterlegt und ihr gegenüber den Staat ermächtigt, die Herausgabe zu verlangen. Der Staat kann von dieser Ermächtigung erst nach Verfall der Sicherheit (§ 124) Gebrauch machen. In dem zuletzt genannten Falle haftet der Dritte nur mit der hinterlegten Sache, im ersten mit seinem gesamten Vermögen. Der darin liegende Vorteil wird durch den Nachteil aufgehoben, daß eine besondere Vollstreckung notwendig ist.

Die Bürgschaft darf nur angenommen werden, wenn sich der Beschuldigte mit ihr einverstanden erklärt, d. h. den nach Absatz 3 erforderlichen Antrag stellt. Denn nur, wenn der Beschuldigte einwilligt, kann von der Bürgschaft die seelische Einwirkung auf das Verhalten des Beschuldigten ausgehen, die den Sinn der Sicherheitsleistung bildet (Lobe-Alsberg, 4 zu § 118).

Die verschiedenen Arten der Sicherheit stehen dem Gericht zur Wahl, nicht dem Beschuldigten. Das Gericht kann sie nebeneinander anordnen und kann sich auch von dem Beschuldigten und einem Dritten nebeneinander Sicherheiten bestellen lassen.

3. Bemessung. Die Sicherheit des Beschuldigten ist nach Art und Höhe so zu bemessen, daß anzunehmen ist, dieser werde lieber das Verfahren und die Strafe als den Verlust der Vermögenswerte hinnehmen. Dazu muß der Verlust empfindlich sein. Zu diesem Zwecke ist die Sicherheit nach dem Vermögen des Beschuldigten zu bemessen. Ist das Vermögen gering (Sparkassenbuch), kann auch eine niedrige Sicherheitsleistung den Beschuldigten von der Flucht abhalten. Es wäre verfehlt, nur absolut beträchtliche Summen als Sicherheitsleistung zuzulassen. Tiedemann (GA. **1964** 374) behauptet eine — gegen Art. 3 Abs. 1 GG. verstoßende — Praxis, von einer niedrigen Sicherheitsleistung so gut wie keinen Gebrauch zu machen. Die Behauptung ist nicht nachprüfbar, doch darf nicht übersehen werden, daß die Entlassung gegen Sicherheitsleistung von einem Antrag des Gefangenen abhängt, der ihm freilich nahegelegt werden kann. Gerichtliche Entscheidungen, die eine niedrige Sicherheit allein wegen ihrer absoluten Geringfügigkeit ablehnen, obwohl ihr Verlust den Beschuldigten empfindlich treffen würde, sind nicht bekannt geworden.

Die Sicherheit Dritter wird nur zuzulassen sein, wenn nach der Persönlichkeit des Beschuldigten und nach seinen Beziehungen zu dem Dritten zu erwarten ist, er werde diesen nicht durch Verlust der Sicherheit zu Schaden kommen lassen. Dazu muß, damit der Dritte die Sicherheit nicht als ein Freundschaftsgeschenk ansehen kann, die Bürgschaftssumme nach dem Vermögen des Leistenden festgesetzt werden. In bezug auf den Beschuldigten, der kein Vermögen, sondern seine Ehre aufs Spiel setzt, verlangt die Form der Bürgschaft geeigneter Personen ein gewisses Vertrauen.

Bei der Bemessung der Sicherheit ist lediglich der Wunsch des Beschuldigten, die verstrickten Vermögenswerte sich oder dem Bürgen zu erhalten, dem Verlangen des Beschuldigten gegenüberzustellen, sich einer Bestrafung zu entziehen. Diese Abwägung ist nicht begründbar; daher gesteht das Gesetz dem Richter für die Festsetzung von Art und Höhe der Sicherheitsleistung freies Ermessen zu. Indessen ist auch das „freie" Ermessen nicht ohne Bindung auszuüben. So dürfen keine übermäßigen Sicherheiten verlangt werden; insoweit hat auch die zu erwartende Strafe einen Einfluß auf die Höhe der Sicherheit. Dagegen ist die bloße Angleichung der Sicherheit an die Höhe einer etwa zu erwartenden Geldstrafe — ohne die im ersten Satze geforderte Abwägung — oder die Rücksicht auf Gerichtskosten und Ersatzansprüche des Verletzten nicht zulässig.

4. Zustellungsvollmacht (Absatz 3). Für die prozessuale Last, einen Zustellungsbevollmächtigten zu bestellen, stellt das Gesetz zwei Voraussetzungen auf. Die erste ist ein Antrag des Beschuldigten auf Aussetzung des Vollzugs des Haftbefehls gegen Sicherheitsleistung. Grundsätzlich ist mit dem Antrage sowohl ein Bevollmächtigter zu benennen als auch die Annahme des Mandats nachzuweisen. Die Bestellung eines Zustellungsbevollmächtigten ist indessen nicht, (so Lobe-Alsberg, II zu § 119; EbSchmidt, 4 zu § 119) eine Verfahrensvoraussetzung, sondern eine im Gesetz besonders genannte Maßnahme (§ 116). Demzufolge kann das Gericht einen Antrag, dem es nachkommen möchte, zwar zurückweisen, wenn in ihm kein Zustellungsempfänger und dessen Mandatsannahme nachgewiesen sind; es braucht das aber nicht. Stattdessen kann es dem Beschuldigten Gelegenheit geben, die Benennnug nachzuholen, kann aber auch dem Antrag alsbald stattgeben und dem Beschuldigten in dem Aussetzungsbeschluß auferlegen, einen Zustellungsbevollmächtigten zu bestellen. Die Freilassung hängt dann davon ab, daß der Beschuldigte diese Pflicht erfüllt hat (Hartung, 1, 3 zu § 119).

Die zweite Voraussetzung ist, daß der Beschuldigte nicht im räumlichen Geltungsbereich der Strafprozeßordnung, d. h. in der Bundesrepublik einschl. West-Berlin wohnt. Es kommt nicht auf den Wohnsitz an, sondern darauf, daß der Beschuldigte tatsächlich für eine auf eine gewisse Dauer berechnete Zeit außerhalb des räumlichen Geltungsbereichs der Strafprozeßordnung seinen Aufenthalt genommen hat. Der Zweck der Regelung ist, die oft nicht unerheblichen Erschwernisse einer Zustellung im Auslande sowie in der SBZ. und in Ostberlin zu vermeiden, wenn dem fluchtverdächtigen Beschuldigten schon der Vollzug der Untersuchungshaft erspart und der weitere Aufenthalt außerhalb der Bundesrepublik nachgelassen wird.

5. Zustellungsbevollmächtigter (s. o. 6a zu § 37) ist eine verhandlungsfähige Person, meist ein Rechtsanwalt, die der Vollmachtgeber ermächtigt hat, Zustellungen für ihn in Empfang zu nehmen, und die bereit ist, solche Zustellungen entgegenzunehmen.

Dem Zweck der Vorschrift, einen außerhalb der Bundesrepublik einschl. Westberlin wohnenden Beschuldigten für die Zustellung so zu behandeln, als ob er dort wohnte, hätte es — zumal im Hinblick auf die Freiheit der Anwaltswahl — entsprochen, eine Wohnung des Zustellungsbevollmächtigten im räumlichen Geltungsbereich der Strafprozeßordnung zu verlangen. Weitergehend fordert das Gesetz indessen aus Gründen der Geschäftserleichterung eine solche im Bezirke des zuständigen Gerichts. Hat indessen das Gericht seinen Sitz selbst außerhalb seines Bezirks, wie das Landgericht München II, so muß auch eine Wohnung am Gerichtssitz für ausreichend erachtet werden. Auch sonst kann das Gericht einen außerhalb seines Bezirks wohnenden Bevollmächtigten zulassen. Zwar ist der Beschuldigte verpflichtet, wenn das Gericht das verlangt, sich auf die Wahl eines im Gerichtsbezirk ansässigen Verteidigers zu beschränken. Dem Gericht schreibt das Gesetz eine gleiche Beschränkung nicht vor.

Indem das Gesetz von Wohnen und nicht vom Wohnsitz spricht, verlangt es über die Wohnungsanmeldung hinaus einen tatsächlichen, wenn auch nicht ununterbrochenen Aufenthalt an einem Ort des Gerichtsbezirks.

Die Bevollmächtigung hat Wirksamkeit, bis die Sicherheit frei wird (§ 123 Abs. 2) oder verfällt (§ 124) oder bis das Strafverfahren durch den Tod des Beschuldigten endet (BayObLGSt. **21** 100) in der Weise, daß alle für den Beschuldigten bestimmten Zustellungen an den Zustellungsbevollmächtigten bewirkt werden können. Er tritt, soweit Zustellungen in Betracht kommen, an die Stelle des Angeklagten (RGSt. **77** 214). Dabei besteht kein Unterschied nach der Art oder dem Inhalt des Zustellungsstücks; dem Zustellungsbevollmächtigten können danach auch Ladungen (BGHSt. **10** 63) und Urteile (RGSt. **77** 212) zugestellt werden. Alle Zustellungen an den Zustellungsbevollmächtigten haben die Folge, als ob sie an den Beschuldigten selbst bewirkt worden wären (s. o. 6 zu § 37). Diesem kann selbstverständlich jederzeit auch selbst zugestellt werden.

Ersatzzustellung an den Zustellungsbevollmächtigten ist zulässig.

6. Die **Wirkung** der Sicherheitsleistung, nämlich die Aussetzung des Vollzugs, tritt ein, wenn die Sicherheitsleistung erbracht, ein Zustellungsbevollmächtigter ernannt, und nachgewiesen ist, daß er das Mandat angenommen hat. Im vorbereitenden Verfahren kann die Staatsanwaltschaft den Beschuldigten alsdann ohne weitere gerichtliche Entscheidung freilassen. Ist die öffentliche Klage erhoben, muß das Gericht die Entlassung anordnen und veranlassen (vgl. wegen des Vollzugs der Entlassungsanordnung u. II 6 Abs. 3 zu § 120). Das Gericht hat das auch vor Klageerhebung zu tun, wenn die Staatsanwaltschaft sich der Entlassung enthält, weil sie Zweifel hat, ob die erbrachte Sicherheit die auferlegte ist oder weil das Gericht einen erst nachträglich benannten Zustellungsbevollmächtigten noch nicht zugelassen hat.

7. Die **Änderung der Verhältnisse** kann auch zu einer Änderung der Maßnahmen führen (s. o. 7 zu § 116). So können Kursänderungen von Wertpapieren oder ausländischen Geldsorten Anlaß bieten, die Sicherheit nominell zu verstärken, um sie ihrem Werte nach auf der ursprünglichen Höhe zu belassen. Dabei ist jedoch zu beachten, daß eine Sicherheit ihren Wert nicht nur aus ihrer absoluten Höhe erhält, sondern weitgehend aus ihrem Verhältnis zum Gesamtvermögen des Leistenden. Daher kann auch der Tod des Bürgen ein Anlaß sein, die Sicherheit in ihrer Höhe zu verändern, weil nunmehr auf die Vermögensverhältnisse des Erben abzustellen ist. Der Tod des Bürgen kann auch nötigen, den Haftbefehl zu vollziehen (§ 116 Abs. 4), wenn das besondere Vertrauensverhältnis zwischen Bürgen und Beschuldigtem, das den Beschuldigten zwingt, lieber seine Freiheit als seine Ehre zu verlieren, zu dem Erben nicht besteht.

Wenn auch Ersatzzustellungen an den Zustellungsbevollmächtigten zulässig und wirksam sind, so braucht das Gericht sich auf Erschwerungen und Unsicherheiten bei der Zustellung nicht einzulassen. Es kann daher den Zustellungsbevollmächtigten als weggefallen ansehen, wenn er seine Bereitschaft, Zustellungen entgegenzunehmen, widerruft; wenn er ohne einen solchen Widerruf die Zustellung durch Verweigerung der Annahme erschwert; oder wenn er, ohne die Annahme zu verweigern, Zustellungen durch Abwesenheit in ihrer Wirkung unsicher (§ 44) macht.

Dagegen muß, wenn das Verfahren auf das Gericht eines anderen Bezirks übergeht, der Bevollmächtigte nicht etwa deshalb abberufen werden, weil er nunmehr nicht mehr im Bezirk des zuständigen Gerichts wohnt; denn das Gericht ist in der Zulassung des Bevollmächtigten nicht beschränkt (s. o. 5). Es ist aber, da die Vorschrift auf die Zweckmäßigkeit für das zuständige Gericht abstellt, berechtigt, einen Wechsel zu verlangen.

8. **Widerruf.** Die allgemeine Vorschrift, daß der Richter den Vollzug des Haftbefehls anordnet (§ 116 Abs. 4) und die getroffenen Maßnahmen aufhebt (§ 123 Abs. 1 Nr. 2), wenn die besonderen Umstände des § 116 Abs. 4 vorliegen, gilt zwar auch für die Aussetzung des Vollzugs gegen Sicherheitsleistung, jedoch mit der Besonderheit, daß nach den §§ 123, 124 entschieden wird, ob die Sicherheit freigeworden oder verfallen ist.

Der Beschuldigte kann auch selbst bewirken, daß die Sicherheit frei wird. Zwar ist sie unkündbar, gleichviel ob der Beschuldigte oder ein Dritter sie bestellt hat (a. A. — Rücknahme der Sicherheitsleistung statthaft — EbSchmidt, 4 zu § 118), doch können der Beschuldigte und der Dritte, dieser allerdings nur im Einverständnis mit dem Beschuldigten, sie freimachen: Traut der Beschuldigte sich nicht mehr die Kraft zu, seinem Fluchtbegehren zu widerstehen, oder benötigt er die Sicherheit zu anderen Zwecken, so muß er sich in die Haft begeben, vertraut ihm der Dritte nicht mehr oder will er über sein Vermögen anderweit verfügen, so muß er bewirken, daß der Beschuldigte sich stellt (s. u. 3 zu § 123).

Die Zustellungsvollmacht kann der Beschuldigte nicht zurücknehmen, der Bevollmächtigte kann die dem Beschuldigten und dem Gericht gegenüber übernommene Verpflichtung, Zustellungen entgegenzunehmen, nicht durch Vertrag mit dem Beschuldigten kündigen oder dem Gericht gegenüber einseitig aufgeben. Tritt indessen ein solcher Fall ein, dann handelt der Beschuldigte der Pflicht, einen empfangsbereiten Zustellungsbevollmächtigten zur Verfügung zu halten, zuwider. Die Zuwiderhandlung ist gröblich, wenn er nicht alsbald einen neuen, dem Gericht genehmen Bevollmächtigten benennt. Alsdann ist der Vollzug des Haftbefehls anzuordnen (§ 116 Abs. 4 Nr. 1).

§ 117

(1) Solange der Beschuldigte in Untersuchungshaft ist, kann er jederzeit die gerichtliche Prüfung beantragen, ob der Haftbefehl aufzuheben oder dessen Vollzug nach § 116 auszusetzen ist (Haftprüfung).

(2) Neben dem Antrag auf Haftprüfung ist die Beschwerde unzulässig. Das Recht der Beschwerde gegen die Entscheidung, die auf den Antrag ergeht, wird dadurch nicht berührt.

(3) Der Richter kann einzelne Ermittlungen anordnen, die für die künftige Entscheidung über die Aufrechterhaltung der Untersuchungshaft von Bedeutung sind, und nach Durchführung dieser Ermittlungen eine neue Prüfung vornehmen.

(4) Hat der Beschuldigte noch keinen Verteidiger, so wird ihm ein Verteidiger für die Dauer der Untersuchungshaft bestellt, wenn deren Vollzug mindestens drei Monate gedauert hat und die Staatsanwaltschaft oder der Beschuldigte oder sein gesetzlicher Vertreter es beantragt. Über das Antragsrecht ist der Beschuldigte zu belehren. Die §§ 142, 143 und 145 gelten entsprechend.

(5) Hat die Untersuchungshaft drei Monate gedauert, ohne daß der Beschuldigte die Haftprüfung beantragt oder Haftbeschwerde eingelegt hat, so findet die Haftprüfung von Amts wegen statt, es sei denn, daß der Beschuldigte einen Verteidiger hat.

Entstehungsgeschichte: Die Vorschrift ist eingefügt durch Art. 1 Nr. 1 StPÄG. Sie enthält Bruchstücke aus früheren Bestimmungen, die sich aber zumeist auf die mündliche Verhandlung bezogen. So stammt Absatz 2 aus § 115 e a. F., Absatz 4 aus § 115d Abs. 4 a. F. Insgesamt aber ist die Vorschrift neu: Bisher hatte das Gericht von Amts wegen periodische Haftprüfungen anzustellen (§ 115a Abs. 1 bis 3), jetzt findet die Haftprüfung nur auf Antrag statt. Nach früherem Recht war bei dreimonatiger Untersuchungshaft bei mündlicher Verhandlung ein Verteidiger zuzuziehen und dazu dem Beschuldigten zu bestellen (§ 115d Abs. 3 und 4), jetzt geschieht das für die Dauer der Untersuchungshaft. Die Änderung ist vom Bundestag beschlossen worden mit der Begründung, sie solle das Haftprüfungsverfahren vereinfachen, ohne gleichzeitig die Stellung des Beschuldigten zu schwächen (BTDrucks. zu IV 1020, S. 2; BTProt. IV 3109 A).

Frühere Änderungsvorschläge: N. E. I, II § 127. N. E. III § 148. Entw. EGStB. Art. 70 Nr. 68.

Keine späteren Änderungen.

Übersicht

1. Inhalt. Der Prozeß ist ein Fortschreiten der Untersuchung, die zur Verurteilung des Angeklagten, zu seinem Freispruch oder zur Einstellung des Verfahrens führen kann. Demzufolge kann der dringende Tatverdacht sich entweder bestätigen oder abschwächen, oder es können Prozeßhindernisse entstehen oder bekanntwerden. Namentlich die Haftgründe sind im Verlaufe des Prozesses der Veränderung unterworfen: Die Fluchtgefahr kann durch eine Veränderung der Verhältnisse oder deshalb schwinden, weil die Untersuchungshaft im Verhältnis zu der zu erwartenden Strafe nur noch gering ist; die Verdunkelungsgefahr kann durch Sachaufklärung gebannt sein. Deshalb haben Gericht und Staatsanwaltschaft gleicherweise in jeder Lage des Verfahrens ohne Anträge der Beteiligten und unabhängig vom Haftprüfungsverfahren von Amts wegen zu prüfen, ob der Haftbefehl aufgehoben (§ 120) oder sein Vollzug ausgesetzt werden kann (§ 116; § 72 Abs. 1 JGG.; Nr. 43 Abs. 1 RiStV.). Der Staatsanwalt darf deshalb in der Regel die Akten nicht aus der Hand geben (Nr. 43 Abs. 3 RiStV.); muß er es ausnahmsweise doch tun — etwa wenn sie ans Gericht oder zum Sachverständigen gehen müssen —, wird er die Ermittlungen an der Hand von Hilfsakten fortsetzen (Nr. 12 Abs. 1 Satz 3 und 4 RiStV.) und die Haftfrage stets im Auge behalten.

Dieser dauernden stillschweigenden Haftprüfung wird in § 117 ein förmliches Haftprüfungsverfahren gegenübergestellt. In diesem wird der Richter, regelmäßig durch einen Antrag des Beschuldigten, zum rechtlichen Gehör (§ 33 Abs. 3), auf Antrag des Beschuldigten zur mündlichen Verhandlung (§ 118 Abs. 1), und zur ausdrücklichen Entscheidung gezwungen. Die Vorschrift würde falsch verstanden, wenn man sie dahin auslegte, daß die gesamte Haftprüfung — vom Falle des Absatzes 5 abgesehen — von der Initiative des Beschuldigten abhängig wäre. Nach wie vor ist es Pflicht des Richters und Staatsanwalts, dauernd die Haftfrage von Amts wegen zu prüfen.

Der Inhalt des Absatzes 1 wäre entbehrlich. Denn es versteht sich von selbst, daß der Beschuldigte jederzeit eine richterliche Prüfung der Haftfrage verlangen kann, solange das Gesetz nicht, wie dies für die mündliche Verhandlung in § 118 Abs. 3 und 4 geschehen ist, Beschränkungen verordnet. Erst durch das rechtliche Gehör (§ 33 Abs. 3), durch die Verbindung mit der mündlichen Verhandlung (§ 118) sowie durch die Vorschriften über die Verteidigerbestellung (Absatz 4) und über die Haftprüfung von Amts wegen (Absatz 5) gewinnt § 117 seinen eigentlichen Inhalt.

2. Voraussetzungen (Absatz 1).

a) Haftbefehl. Nach dem Zweck der Vorschrift, die Rechtmäßigkeit der Untersuchungshaft zu prüfen, kommt das Verfahren zur Anwendung bei einem Haftbefehl nach § 114. Ob der Haftbefehl vor (§ 125 Abs. 1) oder nach Erhebung der öffentlichen Klage (§ 125 Abs. 2 und 3) erlassen ist oder vollstreckt wird, ist gleichgültig. Im weiteren Sinne zählt zur Untersuchungshaft auch die den Zwecken der Untersuchung dienende Ungehorsamshaft (§§ 230 Abs. 2, 236). Dagegen ist die Sicherungshaft des § 61 Abs. 1 JGG. nach § 61 Abs. 2 Satz 2 JGG. von der Haftprüfung ausdrücklich ausgenommen. Der Gesetzgeber geht davon aus, daß ein verurteilendes Erkenntnis — wenn auch mit noch ausgesetzter Strafe — vorliegt und wohl auch, daß die

Sicherungshaft in aller Regel sehr rasch in Strafhaft übergeht. Aus diesen Gründen wird der gesetzgeberischen Entscheidung zuzustimmen sein. Die Haftprüfung findet ferner nicht statt bei der Vorführung (§ 134), bei der sitzungspolizeilichen Haft (§ 177 GVG.) und der Ordnungsstrafhaft (§ 178 GVG.) sowie bei einem Haftbefehl zur Strafvollstreckung (§ 457 Abs. 1).

Das Haftprüfungsverfahren ist während der gesamten Dauer des Verfahrens statthaft, solange der Beschuldigte in Untersuchungshaft ist. Die Untersuchungshaft beginnt, sobald der Beschuldigte auf Grund eines Haftbefehls ergriffen worden ist (§ 115; a. A. — Beginn mit Vorführung — Lobe-Alsberg, III 1a zu § 115a) oder sobald der Richter gegen den vorläufig Festgenommenen (§ 127 Abs. 1 und 2) Haftbefehl erlassen hat (§ 128 Abs. 2). Wird der Beschuldigte im Ausland festgenommen, so fängt die Untersuchungshaft mit der Ablieferung an eine deutsche Behörde an. Die Untersuchungshaft endet mit der Aufhebung des Haftbefehls (§ 120) sowie mit der Rechtskraft eines zu Freiheitsstrafe verurteilenden Erkenntnisses (s. u. II 10 zu § 120).

b) Haftvollzug. Da die Vorschrift dem Verhafteten Schutz gewähren soll, ist sie nach ihrem ausdrücklichen Wortlaut nur anwendbar, wenn sich der Beschuldigte tatsächlich in Untersuchungshaft befindet, und zwar auf Grund desjenigen Haftbefehls, zu dessen Überprüfung das Haftprüfungsverfahren dienen soll. Der Haftvollzug ist Antragsvoraussetzung. Demzufolge ist der Antrag unzulässig, wenn bei bestehendem Haftbefehl

der Vollzug eines Haftbefehls ausgesetzt ist (§ 116);

der Haftbefehl gegen einen Jugendlichen nicht vollstreckt wird (§ 72 Abs. 1 JGG.);

der Beschuldigte flüchtig ist oder sich verborgen hält. Sicheres Geleit (§ 295) zur mündlichen Verhandlung bei der Haftprüfung (§ 118 Abs. 1 und 2) findet nicht statt;

nur Überhaft notiert ist. Daß sich der Beschuldigte in anderer Sache in Untersuchungshaft (OLG. Bremen NJW. **1951** 45) oder in Strafhaft (OLG. Hamburg JR. **1933** 177) befindet, ist gleichgültig.

Der Haftvollzug ist aber auch Voraussetzung der Entscheidung; wenn sie ergeht, muß er noch andauern. Deshalb wird ein zulässiger Antrag unzulässig, wenn nach Antragstellung aber vor der Entscheidung des Gerichts einer der vorgenannten Hinderungsgründe eintritt oder wenn der Haftbefehl aufgehoben wird. Fällt der Hinderungsgrund später wieder weg, wird etwa eine durch Strafhaft unterbrochene Untersuchungshaft wieder vollzogen, so lebt der frühere Antrag nicht wieder auf; er ist neu zu stellen.

3. Antrag.

a) Antragsberechtigte. Der förmlichen Haftprüfung hat sich das Gericht nur auf Antrag zu unterziehen. Über das Antragsrecht hat der Richter den Beschuldigten zu belehren, wenn er ihn nach der Vorführung vernimmt (§ 115 Abs. 4); die sonst Antragsberechtigten erhalten keine Belehrung. Antragsberechtigt sind der Verhaftete sowie (§ 118b) sein Verteidiger, jedoch nicht gegen den ausdrücklichen Willen des Beschuldigten (§ 297), und sein gesetzlicher Vertreter (s. dazu u. 2 zu § 118b). Wer den Antrag gestellt hat, kann ihn auch zurücknehmen, der Verteidiger freilich nur mit ausdrücklicher Ermächtigung des Beschuldigten (§ 118b, § 302 Abs. 2).

Der Richter hat zwar die Haftfrage jederzeit zu prüfen; das förmliche Haftprüfungsverfahren kann er aber nicht von Amts wegen durchführen. Diese Beschränkung ist begründet, weil bei der Haftprüfung von Amts wegen nach mündlicher Verhandlung entschieden werden kann (§ 118 Abs. 1) und dann eine Befristung weiterer Anträge auf mündliche Verhandlung eintritt (§ 118 Abs. 3). Würde das Haftprüfungsverfahren gegen den Willen des Beschuldigten oder des für ihn handelnden gesetzlichen Vertreters betrieben, dann könnte es zu einem Zeitpunkt stattfinden, in dem er seine Verteidigungsmittel nicht bereit hat; und er wäre, wenn sie ihm später zur Verfügung stehen, für die Dauer von drei Monaten an einem neuen Antrag auf mündliche Verhandlung gehindert, falls in einem von Amts wegen durchgeführten Verfahren nach mündlicher Verhandlung entschieden worden ist. Diese Überlegungen lassen erkennen, daß das Antragsrecht dem Beschuldigten (und dem für ihn handelnden gesetzlichen Vertreter) persönlich zusteht. Demzufolge können die Staatsanwaltschaft und der Nebenkläger den Antrag nicht stellen; sie sind nicht in der Lage, die Verteidigungsbereitschaft des Beschuldigten zu beurteilen und dürfen in sein Recht, sich vorzubereiten, nicht eingreifen.

Von dem Grundsatz, daß der Beschuldigte bestimmt, wann das förmliche Haftprüfungsverfahren stattfindet, macht das Gesetz zwei Ausnahmen (Absatz 3 und Absatz 5). Sie liegen zwar in seinem Interesse, sind aber, zumal im Falle des Absatzes 3, nicht ohne Bedenken, weil das Recht des Beschuldigten auf mündliche Verhandlung (§ 118 Abs. 1) eingeschränkt wird (§ 118 Abs. 3), wenn bei der von Amts wegen angestellten Haftprüfung von Amts wegen nach mündlicher Verhandlung entschieden worden ist. Die beiden Ausnahmen sind daher eng auszulegen.

b) Form. Für den Rechtsbehelf (§ 115 Abs. 4) des Antrags sind wesentliche Vorschriften für Rechtsmittel für anwendbar erklärt (§ 118b), doch schweigt das Gesetz über Form und Adresse. Aus allgemeinen Grundsätzen ist dafür das Folgende herzuleiten.

Der Antrag ist formfrei und an keine Frist gebunden. Er ist bei dem zuständigen Gericht zu stellen. Anzubringen ist er schriftlich oder zu Protokoll des Urkundsbeamten der Geschäftsstelle des angerufenen Gerichts oder des Amtsgerichts, in dessen Bezirk die Untersuchungshaftanstalt liegt (§ 118b, § 299 Abs. 1). Wird der Beschuldigte am Sitz eines zuständigen höheren Gerichts (Strafkammer, Strafsenat) verwahrt, dann stehen ihm die Geschäftsstellen dieses Gerichts und des Amtsgerichts zu seiner Wahl (OLG. Bremen Rpfleger **1956** 290). Der Antrag kann auch mündlich gestellt werden (Lobe-Alsberg, I 3b zu § 114d), etwa anläßlich der Vernehmung vor dem nächsten Amtsrichter (§ 115a Abs. 2). Geht er bei einer unzuständigen Stelle ein, hat diese ihn unverzüglich dem zuständigen Gericht weiterzugeben; das hat ihn nunmehr als bei sich eingegangen zu behandeln (a. A. — bei unzuständigem Gericht angebrachter Antrag wird als unzulässig verworfen — Feisenberger DRiZ. **1927** 5).

Der Antrag muß das Begehren zum Ausdruck bringen, die Haftfrage gerichtlich zu prüfen. Einen Antrag, den Haftbefehl aufzuheben oder dessen Vollzug auszusetzen, braucht er nicht zu enthalten, doch ist andererseits ein solcher bestimmter Antrag stets ein Antrag auf Haftprüfung. Ein Irrtum in der Bezeichnung des Antrags ist unschädlich (§ 118b; § 300). So ist ein Antrag auf mündliche Verhandlung, einer auf Haftprüfung (§ 117 Abs. 1) verbunden mit dem weiteren, nach mündlicher Verhandlung zu entscheiden (§ 118 Abs. 1).

4. Ausschluß der Beschwerde (Absatz 2).

a) Inhalt. Die Vorschrift schränkt § 304 Abs. 1 ein, indem neben dem Antrag auf mündliche Verhandlung, nicht nach ihm (Satz 2), die Beschwerde in der gleichen Sache ausgeschlossen wird. Die Haftprüfung von Amts wegen (Absatz 5) hat keinen Einfluß auf das Beschwerderecht; dieses wird nur durch einen Antrag auf Haftprüfung, nicht durch diese selbst eingeschränkt. Es ist selbstverständlich, daß eine laufende Beschwerde einen Antrag auf mündliche Verhandlung nicht hindert (RG. JW. **1931** 3560), vielmehr macht, wie unter b auszuführen sein wird, der Antrag die Beschwerde unzulässig. Unter Beschwerde ist sowohl die erste (§ 304 Abs. 1) wie auch die weitere (§ 310 Abs. 1) zu verstehen. Der Beschwerde über den Haftbefehl stehen Beschwerden gegen Entscheidungen gleich, mit denen die Fortdauer der Untersuchungshaft angeordnet (§ 207 Abs. 2, § 268b) oder der Haftbefehl aufrechterhalten (§ 115 Abs. 4, § 117, § 118 Abs. 3) wird. Denn auch sie sind ihrem Inhalte nach Beschwerden gegen den Haftbefehl.

Für die bloß schriftliche Haftprüfung ist die Vorschrift von untergeordneter Bedeutung. Denn es ist schwer einzusehen, warum ein Beschuldigter, den eine Entscheidung des Haftrichters nicht befriedigt, statt gegen sie Beschwerde einzulegen, nochmals dessen Entscheidung nachsuchen sollte. Hier wird sie nur Bedeutung gewinnen, wenn der Beschuldigte Ermittlungen nach Absatz 3 anregen will, oder wenn inzwischen die Dreimonatsfrist des Absatzes 4 abgelaufen ist, und der Beschuldigte sich zufolge der Mitwirkung des Verteidigers eine Änderung der bisherigen Ansicht des Haftrichters verspricht. Ihre eigentliche Bedeutung gewinnt die Wahl zwischen Haftprüfung und Beschwerde, wenn der Beschuldigte beantragt, nach mündlicher Verhandlung zu entscheiden (§ 118 Abs. 1). Dann hat der Beschuldigte, dessen Initiative im Interesse der Verfahrensbeschleunigung beschränkt werden muß, die sinnvolle Wahl, ob er die größere Freiheit der Äußerung und die Möglichkeit besserer Aufklärung in mündlicher Verhandlung vor dem zuständigen Gericht suchen oder lieber die Entscheidung eines höheren Gerichts begehren soll, bei dem er sich, weil er dort die mündliche Verhandlung nicht erzwingen kann (§ 118 Abs. 2), ggf. mit schriftlichen Ausführungen begnügen muß.

b) Unzulässigkeit. Wenn die Beschwerde „neben" dem Antrag unzulässig ist, dann bedeutet das zunächst, daß keine Beschwerde angebracht werden kann, sobald ein Antrag auf Haftprüfung eingegangen ist, und so lange, bis das Gericht über ihn entschieden hat. Dem Zweck der Vorschrift, das Nebeneinander von Haftprüfung und Beschwerdeverfahren auszuschließen, ist aber damit, daß neue Beschwerden nach Eingang des Antrags ausgeschlossen werden, noch nicht Genüge getan. Ihrem Sinn wird nur die Auslegung gerecht, daß nicht nur eine nach dem

Antrag angebrachte Beschwerde unzulässig ist, sondern daß auch eine bereits laufende Beschwerde unzulässig wird, sobald der Beschuldigte die Haftprüfung beantragt. Hat er sich entschlossen, sein Glück beim zuständigen Gericht zu suchen, dann muß er abwarten, wie es entscheidet, ehe er, was ihm Satz 2 ausdrücklich vorbehält, das Beschwerdegericht mit der Sache befaßt. Das muß auch gelten, wenn der gesetzliche Vertreter (§ 118b, § 298) — der Verteidiger (§ 297) kann nicht gegen den Willen des Beschuldigten handeln — die Haftprüfung beantragt. Zwar kann er auf diese Weise dem Beschuldigten die Entscheidung auf eine weitere Beschwerde abschneiden, doch erkennt das Gesetz den übergeordneten Willen des gesetzlichen Vertreters an (s. u. 2 zu § 118b).

Da die Unzulässigkeit, die durch den Antrag eingetreten ist, nicht wieder beseitigt werden kann, wird eine vor dem Antrag eingelegte Beschwerde nicht wieder zulässig, wenn der Beschuldigte oder sein gesetzlicher Vertreter den Antrag wieder zurücknimmt. Das ist nicht unbillig; denn wer den Antrag zurücknimmt, kann damit mit wenigen Worten eine neue Beschwerde verbinden, freilich nur eine erste.

Liegt, wenn ein Antrag auf gerichtliche Entscheidung eingeht, beim zuständigen Gericht noch eine Beschwerde vor, dann weist dieses den Beschuldigten beim rechtlichen Gehör darauf hin, daß seine Beschwerde unzulässig geworden ist. Nimmt er sie alsdann nicht zurück, dann sind die Akten dem Beschwerdegericht vorzulegen; das hat die Beschwerde als unzulässig zu verwerfen. Das hat es auch zu tun, wenn sich die Akten auf eine Beschwerde bei ihm befinden und der Beschuldigte der Entscheidung mit einem Antrag auf Haftprüfung zuvorkommt. Hat das Beschwerdegericht nach dem Antrag auf Haftprüfung, aber vor der Entscheidung des zuständigen Gerichts in Unkenntnis eines Haftprüfungsantrags noch sachlich über die unzulässig gewordene Beschwerde entschieden, dann ist seine Entscheidung wirksam, aber auf weitere Beschwerde aufzuheben; für die Staatsanwaltschaft wird sich eine solche weitere Beschwerde kaum empfehlen. Hat das Beschwerdegericht den Haftbefehl aufgehoben, dann entfällt die Haftprüfung, nicht dagegen, wenn es ihn ausgesetzt (§ 116) oder bei einem Jugendlichen von der Vollstreckung des Haftbefehls abgesehen hat (§ 72 Abs. 1 JGG.), und — was selbstverständlich ist — wenn es eine Beschwerde des Beschuldigten als unbegründet zurückgewiesen hat. Ergehen, was vermeidbar ist, in Unkenntnis der Verfahren gleichzeitig oder kurz nacheinander Entscheidungen sowohl des zuständigen als auch des Beschwerdegerichts, so geht die dem Beschuldigten günstigere vor, auch wenn sie vor der ihm nachteiligeren ergangen ist.

5. Gehör.

a) Staatsanwalt und Beschuldigter. Die Entscheidung wird erlassen, nachdem sich die Staatsanwaltschaft mündlich oder — was die Regel ist — schriftlich erklärt hat (§ 33 Abs. 2). Der Beschuldigte ist zu hören, bevor zu seinem Nachteil Tatsachen oder Beweisergebnisse verwertet werden, zu denen er nicht schon gehört ist (§ 33 Abs. 3). Dieses frühere Gehör braucht kein richterliches zu sein; es genügt, wenn die Staatsanwaltschaft oder die Polizei dem Beschuldigten die Aussagen von Zeugen vorgehalten hat. Auch das Gehör nach § 33 Abs. 3 muß der Richter nicht stets selbst und mündlich vornehmen. Er kann das schriftlich tun, etwa dadurch, daß er dem Beschuldigten Abschriften der Protokolle über die Vernehmung von Zeugen und Sachverständigen übersendet und ihm Gelegenheit gibt, sich zu äußern. Auch kann er sich der Geschäftsstelle bedienen, um dem Beschuldigten Tatsachen und Beweisergebnisse bekanntzugeben und seine Erklärungen entgegenzunehmen. Er wird jedoch stets zu prüfen haben, ob der Zweck des Gehörs, dem Beschuldigten die Verteidigung zu erleichtern, nicht richterliches Gehör erfordert. Ist das der Fall, wird oft Entscheidung nach mündlicher Verhandlung (§ 118 Abs. 1) zweckmäßig sein.

b) Verteidiger. Ein gesondertes Gehör des Verteidigers, wie es früher in § 115a Abs. 4 Satz 2 und in § 115b Satz 2 a. F. vorgeschrieben war, wird nicht mehr gefordert. Es ist Sache des Beschuldigten, den Verteidiger zu unterrichten. Der Beschuldigte kann aber verlangen, daß der Verteidiger, dessen Beistand er sich in jeder Lage des Verfahrens bedienen kann (§ 137 Abs. 1), zu dem Gehör nach § 33 Abs. 3 dann zugezogen wird, wenn es mündlich stattfindet. Damit keine Vertagung notwendig wird, empfiehlt es sich, den Verteidiger zu einem Gehörstermin zu laden. Das wird in der Regel zu einer mündlichen Verhandlung (§ 118 Abs. 1) führen. Sowohl eine mündliche Verhandlung als auch mündliches Gehör werden oft dadurch erspart werden können, daß der Richter dem Verteidiger Akteneinsicht gewährt und eine Stellungnahme anheim gibt. Damit ist den Erfordernissen des § 33 Abs. 3 meist am sachdienlichsten Genüge getan.

c) **Kein Absehen vom Gehör.** Es ist nicht statthaft, von dem Gehör des Beschuldigten auf Grund von § 33 Abs. 4 abzusehen. Einmal besteht diese Befugnis nur bei Anordnung der Untersuchungshaft, der Beschlagnahme oder anderer Maßnahmen (wie etwa der Durchsuchung), nicht aber, wenn eine bereits erlassene Anordnung später überprüft und bestätigt wird. Zum anderen kann die Anhörung nur unterbleiben, wenn sie den Zweck der Anordnung gefährden würde. Der Zweck der Anordnung besteht in der Verhinderung der Flucht, der Verdunkelung, der Wiederholung von Sittlichkeitsverbrechen und in der Sicherung der Aburteilung von Verbrechen wider das Leben. Dieser Zweck wird durch die Untersuchungshaft gesichert; solange diese besteht, kann er durch das rechtliche Gehör nicht mehr gefährdet werden. Ausnahmsweise könnte man eine solche Gefährdung bei Untersuchungshaft wegen Verdunkelungsgefahr annehmen, wenn man dem Verteidiger zutraute, daß er für den Verhafteten Verdunkelungshandlungen (§ 112 Abs. 2 Nr. 3) vornehmen werde. Eine solche Annahme ist nicht mehr erlaubt, nachdem der alte § 148 Abs. 2 durch Art. 3 Nr. 5 StPÄG. gestrichen worden ist. Liegt der hinreichende Verdacht einer Begünstigung vor, kann der Verteidiger von der Verteidigung ausgeschlossen werden (s. u. III 2b zu § 138).

6. Entscheidung. Findet keine mündliche Verhandlung nach § 118 Abs. 1 statt, so entscheidet das Gericht nach Gehör (s. o. 5) im schriftlichen Verfahren. Dabei prüft es den dringenden Tatverdacht und die Haftgründe (§ 112 Abs. 1 Satz 1) sowie die Verhältnismäßigkeit der Haft zu der Sanktion, die zu erwarten ist (§ 112 Abs. 1 Satz 2, § 120 Abs. 1 Satz 1, 2. Halbsatz). Dabei ist es nicht auf die im Haftbefehl angegebenen Taten und Haftgründe beschränkt, hat vielmehr den gesamten Inhalt der Akten zu berücksichtigen. Ist im Haftbefehl angenommene Verdunkelungsgefahr weggefallen, aber inzwischen Fluchtgefahr begründet worden, kann es die Untersuchungshaft mit dem neuen Haftgrund aufrechterhalten. Auf Grund der Prüfung hat das Gericht zu entscheiden, ob der Haftbefehl aufrechtzuerhalten, aufzuheben (§ 120), der Vollzug des Haftbefehls auszusetzen (§ 116) oder bei einem Jugendlichen die Vollstreckung auszusetzen ist (§ 72 Abs. 1 JGG.). Auch kann der Haftbefehl wegen neuer Taten erweitert oder ergänzt werden (s. o. 17 zu § 114). In diesem Falle hat sich sofort das Verfahren nach §§ 114a, 115 Abs. 2 und 3 anzuschließen.

Müßte die Haft aufrechterhalten werden, ergibt sich aber ein Anhaltspunkt, daß weiteres entlastendes Material beigebracht werden könnte, kann das erkennende Gericht vor seiner Entscheidung die erforderlichen Beweise erheben oder durch einen beauftragten oder ersuchten Richter aufnehmen lassen. Die Staatsanwaltschaft kann angegangen werden, wenn Maßnahmen durchzuführen sind, für die es den Gerichten an einer besonderen gesetzlichen Grundlage fehlt, während sie für die Staatsanwaltschaft gegeben ist (OLG. Celle GA. **59** 366). Das ist bei polizeilichen Ermittlungen der Fall. Bei diesen ist das Gericht auf die allgemeine Rechtshilfe angewiesen, die Staatsanwaltschaft hat dagegen ein Anordnungs- (§ 152 Abs. 1 GVG.) und Auftragsrecht (§ 161 Satz 2). Demzufolge kann das Gericht die Staatsanwaltschaft um Vornahme polizeilicher Ermittlungen ersuchen. Der Untersuchungsrichter darf das nicht, weil er die Polizei selbst beauftragen kann (§ 189). Prüft der Amtsrichter im Vorverfahren, darf er den ihm in § 166 gesteckten Rahmen nicht überschreiten.

Dagegen ist es unzulässig, eine nach der Aktenlage gebotene Aufhebung des Haftbefehls deshalb zu unterlassen, weil weitere Ermittlungen vielleicht noch Belastungsmaterial erbringen könnten (s. o. 15 Abs. 1 zu § 114). Denn der Haftbefehl ist aufzuheben, sobald die Voraussetzungen der Untersuchungshaft nicht mehr vorliegen (§ 120 Abs. 1 Satz 1, 2. Halbsatz); die Aufhebung darf daher nicht unterbleiben, weil die Voraussetzungen vielleicht wieder entstehen könnten.

Die Entscheidung ergeht als Beschluß, der mit Gründen zu versehen ist (§ 34). Die Gründe müssen dem Beschuldigten seine weitere Verteidigung ermöglichen und dem Beschwerdegericht die Nachprüfung der ergangenen Entscheidung gestatten. Sie haben sich daher mit neuen Tatsachen und Beweismitteln zu befassen, die seit Erlaß des Haftbefehls oder seit der letzten Entscheidung beigebracht worden sind. Ist der Sachstand, namentlich bei späteren Entscheidungen, unverändert, kann es genügen, auf die Gründe des Haftbefehls oder einer früheren Entscheidung zu verweisen. Im Falle der Freilassung sind die Gründe hierfür anzugeben. Hatte die Staatsanwaltschaft die Freilassung beantragt, wird die Begründung in der Regel sehr kurz sein.

Die Entscheidung wird dem Beschuldigten und der Staatsanwaltschaft bekanntgemacht. Formlose Mitteilung genügt, weil durch die Bekanntmachung der Entscheidung keine Frist in Lauf gesetzt wird (§ 35 Abs. 2).

7. Neue Prüfung (Absatz 3). Nach Absatz 3 kann der Richter „einzelne Ermittlungen anordnen, die für die künftige Entscheidung über die Aufrechterhaltung der Untersuchungshaft von Bedeutung sind, und nach Durchführung dieser Ermittlungen eine neue Prüfung vornehmen". Die Vorschrift, über deren Sinn den Materialien nichts zu entnehmen ist, gibt zu mehrfachen Zweifeln Anlaß.

Da das Gesetz von einer neuen Prüfung spricht, findet das Verfahren nicht statt, um die in Gang gesetzte Prüfung vorzubereiten, sondern nach dieser Prüfung, um sie zu ergänzen. Demzufolge muß jene Prüfung mit der Anordnung abgeschlossen worden sein, daß die Untersuchungshaft und ihr Vollzug fortzudauern haben (Kleinknecht, JZ. **1965** 120). Dem Sinn des Gesetzes ist zu entnehmen, daß das Verfahren nicht angewendet wird, wenn zu erwarten ist, daß die Untersuchungshaft auch nach Abschluß der Ermittlungen aufrechterhalten werde, sondern nur, wenn damit zu rechnen ist, daß der Haftbefehl aufgehoben oder dessen Vollzug nach § 116 ausgesetzt werden könnte.

Unklar ist, an wen der Richter seine Anordnung richten kann. Nach Anklageerhebung ist das Verfahren ein gerichtliches, und das Gericht kann Beweise durch einen beauftragten oder ersuchten Richter erheben lassen und, wenn polizeiliche Ermittlungen veranlaßt sind, die Staatsanwaltschaft um Vornahme polizeilicher Ermittlungen ersuchen (s. o. 6 Abs. 2). In der Mehrzahl der Fälle sind die Entscheidungen aber im Vorverfahren vom Amtsrichter zu treffen, der dabei nur sehr beschränkte Befugnisse hat (§ 166) und von Amts wegen allein bei Gefahr im Verzuge tätig werden kann (§ 165), die in der Regel, da ein Staatsanwalt fast stets zu erreichen ist, nicht vorliegen wird. Zu Anordnungen an die Staatsanwaltschaft ist der Richter nicht befugt. Im Hinblick auf § 150 GVG. und das ganze System der Strafprozeßordnung ist die Annahme Kleinknechts (MDR. **1965** 786) auszuschließen, daß dem Amtsrichter durch Absatz 3 diese Befugnis verliehen worden sein sollte. Einen so grundlegenden Bruch mit dem System des Strafprozesses und der Gerichtsverfassung hätte der Bundestag nicht ohne Debatte, ja ohne jede Bemerkung, beschlossen. Absatz 3, der in den Worten „Ermittlungen anordnen" mit § 173 Abs. 3 übereinstimmt, ist daher nicht anders zu lesen als dort, und damit eine Vorschrift, die in diesem Punkt im wesentlichen (Ausnahme: § 166 Abs. 2) erst nach der Anklage bei einem Kollegialgericht Bedeutung erlangt.

Im übrigen ist von Bedeutung, daß der Richter von Amts wegen eine neue Prüfung vornehmen kann. Dabei kann der Amtsrichter der Staatsanwaltschaft die Punkte bezeichnen, deren Aufklärung er für eine Entlassung des Beschuldigten als bedeutungsvoll erachtet. Angesichts der Verantwortung, die der Haftrichter für die Haftfrage trägt, wird die Staatsanwaltschaft seine Vorstellung sorgsam beachten; Anordnungen des Haftrichters an sie werden durch Absatz 3 nicht gerechtfertigt.

8. Beschwerde. Gegen die Entscheidung im Haftprüfungsverfahren ist, soweit sie nicht von einem Strafsenat erlassen ist (§ 304 Abs. 4), Beschwerde zulässig (§ 304 Abs. 1), auch wenn sie die eines erkennenden Gerichts ist (§ 305 Satz 2). Gegen Beschwerdeentscheidungen des Landgerichts ist die weitere Beschwerde gegeben (§ 310 Abs. 1).

Der Beschuldigte kann Beschwerde einlegen, wenn der Haftbefehl entgegen seinem Antrag aufrechterhalten wird. Hatte er jedoch nur beantragt, den Vollzug des Haftbefehls auszusetzen (§ 116), dann hat er, wenn das Gericht dem Antrag nachgekommen ist, mangels Beschwer kein Beschwerderecht. Es steht ihm aber frei, Beschwerde gegen den bestehen gebliebenen Haftbefehl anzubringen.

Wenn der Beschuldigte beschwert ist, können auch sein Verteidiger, jedoch nicht gegen den ausdrücklichen Willen des Beschuldigten (§ 297), und sein gesetzlicher Vertreter (§ 298 Abs. 1) Beschwerde einlegen. Die Beschwerde steht auch der Staatsanwaltschaft zu. Sie hat zugunsten oder zuungunsten des Beschuldigten auch die weitere Beschwerde (s. o. 14b zu § 114).

Wegen des Verfahrens gilt das o. 15 zu § 114 Gesagte entsprechend, namentlich auch wegen der Anhörung, falls das zuständige Gericht den Beschuldigten freigelassen und die Staatsanwaltschaft dagegen Beschwerde eingelegt hat. Wegen der Zuständigkeit s. o. 16 zu § 114, wegen der bindenden Wirkung 15 Abs. 3 zu § 114.

9. Verteidiger (Absatz 4).

a) § 140 Abs. 1 Nr. 5. Hat sich der Beschuldigte mindestens drei Monate in derselben (oder in einer anderen) Sache in Untersuchungshaft befunden, dann ist die Verteidigung notwendig, wenn der Beschuldigte nicht mindestens zwei Wochen vor Beginn der Hauptverhandlung aus der Untersuchungshaft entlassen wird (§ 140 Abs. 1 Nr. 5). Wegen dieser Bedingung wird der Verteidiger grundsätzlich erst bestellt, sobald der Beschuldigte zur Erklärung über die Anklageschrift aufgefordert worden ist (§ 141 Abs. 1), doch kann er auch schon im Vorverfahren beigeordnet werden (§ 141 Abs. 3). Geschieht dies, dann hat Absatz 4 keine selbständige Bedeutung. Der Bestellung im Vorverfahren kommt nach dem neuen Rechtszustand größere Bedeutung zu als früher. Denn die Staatsanwaltschaft soll nach dem Abschluß der Ermittlungen (§ 169a Abs. 1) die Bestellung beantragen, wenn die Verteidigung im gerichtlichen Verfahren notwendig sein wird; einem solchen Antrage der Staatsanwaltschaft hat das Gericht — das allerdings ein anderes als das nach § 126 zuständige sein kann (§ 141 Abs. 4) — stattzugeben (§ 141 Abs. 3).

b) § 117 Abs. 4. Trotz dieser Regelung wird es auch weiterhin Beschuldigte geben, die in der Sache, in der sie einsitzen, drei Monate Untersuchungshaft erlitten haben, aber noch ohne Verteidiger sind. Solchen Beschuldigten ist nach Absatz 4 ein Verteidiger zu bestellen. Die Vorschrift ist zwar in die Bestimmungen über die Haftprüfung eingebaut (weil Abs. 5 auf die Verteidigung Bezug nimmt), hat aber selbständig Bedeutung. Sie will demjenigen Beschuldigten den Beistand eines Verteidigers sichern, der durch lange Freiheitsentziehung in seiner Verteidigung behindert ist. Daher ist es gleichgültig, ob der Beschuldigte ununterbrochen in Untersuchungshaft eingesessen hat, oder ob diese unterbrochen war durch Verbüßung von Strafhaft oder Untersuchungshaft in anderer Sache, durch Aussetzung des Vollzugs (§ 116), durch Absehen von der Vollstreckung des Haftbefehls bei einem Jugendlichen (§ 72 Abs. 1 JGG.) oder durch Entlassung mit nachfolgendem neuen Haftbefehl in der gleichen Sache (Müller-Sax, 5 in Vbdg. mit 3a zu § 117; a. A. — Zusammenrechnung nur, wenn die mehrfache Vollstreckung auf Grund desselben Haftbefehls vorgenommen wird — Lobe-Alsberg, I 4d bb zu § 115d), selbst wegen einer anderen, aber zum gleichen Verfahren gehörenden Straftat. In solchen Fällen sind die einzelnen Zeiten der Untersuchungshaft in dieser Sache zusammenzuzählen. Entgegen dem bisherigen, allerdings auf die mündliche Verhandlung bezogenen Zustand (§ 115d Abs. 4), wird der Verteidiger nur auf Antrag bestellt, doch ist der Beschuldigte über sein Antragsrecht zu belehren. Auch kann der gesetzliche Vertreter oder der Staatsanwalt den Antrag stellen. Die Staatsanwaltschaft sollte das stets tun, wenn zu erwarten ist, die Verteidigung werde im gerichtlichen Verfahren deshalb notwendig sein, weil der Beschuldigte nicht zwei Wochen vor der Hauptverhandlung entlassen werden wird (§ 140 Abs. 1 Nr. 5).

c) Verfahren. Der Verteidiger wird vom zuständigen Gericht bestellt, wenn dieses ein Kollegialgericht ist, vom Vorsitzenden (§ 117 Abs. 4 Satz 3, § 142 Abs. 1). Die Bestellung ist eine richterliche Entscheidung, die sich auf die Untersuchungshaft bezieht. Daher richtet sich die Zuständigkeit nach § 126. § 141 Abs. 4, der eine von § 126 abweichende Regelung vorsieht, ist in § 117 Abs. 4 Satz 3 ausdrücklich nicht angezogen. Nach § 126 ist zuständig im Ermittlungsverfahren der Amtsrichter (§ 126 Abs. 1), in der Voruntersuchung der Untersuchungsrichter (§ 126 Abs. 4), sonst das mit der Sache befaßte Gericht (§ 126 Abs. 2). Bei diesem ist zuständig der Vorsitzende, sowohl nach § 126 Abs. 2 Satz 3 (s. u. 4a zu § 126) als auch nach § 142 Abs. 1 zufolge der Verweisung in § 117 Abs. 4 Satz 3. Die Bestellung eines Verteidigers unterbleibt, wenn der Beschuldigte einen Wahlverteidiger hat. Solange keine Verteidigerwahl zu den Akten angezeigt ist, wird das Gericht davon ausgehen, daß kein Verteidiger gewählt ist.

Der Verteidiger wird für die Dauer der Untersuchungshaft bestellt bis zur Zustellung einer Anklageschrift. Denn dann ist nach § 141 Abs. 1 in Vbdg. mit § 140 Abs. 1 Nr. 5 vom Vorsitzenden des mit Anklage angegangenen Gerichts ein neuer Verteidiger zu bestellen. Doch bleibt die Bestellung, wenn die Untersuchungshaft andauert, auch für die Hauptverhandlung wirksam, falls nicht ein anderer Verteidiger bestellt wird (§ 140 Abs. 3). Die Bestellung ist zurückzunehmen, wenn der Beschuldigte oder sein gesetzlicher Vertreter (§ 137 Abs. 2) einen Verteidiger gewählt und dieser die Wahl angenommen hat (§ 143).

10. Haftprüfung von Amts wegen (Absatz 5). Nach den Ausführungen zu 8a und b wird in einigen Fällen ein Beschuldigter nach drei Monaten Untersuchungshaft noch keinen Verteidiger haben. Für diese wenigen Fälle ist die Haftprüfung von Amts wegen vorgeschrieben, aber auch nur, wenn der Beschuldigte oder sein gesetzlicher Vertreter (§ 118b, § 298 Abs. 1) weder die Haftprüfung beantragt, noch Beschwerde eingelegt hat. Es dürfte sich um seltene Ausnahmen handeln. Betroffen werden namentlich diejenigen Dauerrückfälligen sein, die sich ins Gefängnisleben ergeben haben und keine Anträge stellen.

Die Haftprüfung findet statt, wenn die Untersuchungshaft drei Monate gedauert hat. Die Vorschrift will zusammen mit § 121, § 122 Abs. 4 sicherstellen, daß die Haftfrage auch unabhängig von Anträgen und Beschwerden des Beschuldigten alle drei Monate gerichtlich förmlich überprüft wird. Da bei jeder Wiederverhaftung nach einer Freilassung über die Haftfrage nach § 115 neu entschieden wird, zählen — anders als im Falle des Absatzes 4 — Zeiten, die vor einer Entlassung (§ 120) oder vor einer Freilassung bei Aussetzung des Vollzugs eines Haftbefehls (§ 116, § 72 Abs. 1 JGG.) liegen, bei der Berechnung der Frist nicht mit; die Dreimonatsfrist des Absatzes 5 beginnt bei einer neuen Verhaftung neu. Wird dagegen die Untersuchungshaft unterbrochen, ohne daß der Beschuldigte freigelassen wird, z. B. bei Verbüßung von Strafhaft oder von Untersuchungshaft in anderer Sache, dann beginnt nach dem Ende der Unterbrechung keine neue Frist zu laufen. Die Unterbrechungszeiten zählen nicht mit; die Zeiten vor der Unterbrechung und die nach ihr werden zusammengezählt.

Die Frist zur Prüfung von Amts wegen beträgt drei Monate, genauer („hat die Untersuchungshaft drei Monate gedauert") drei Monate und einen Tag. Die Frist beginnt mit dem Anfang der Untersuchungshaft (s. o. 2a Abs. 2). Ihr Ende ist in Absatz 5 selbst festgelegt, so daß § 43 Abs. 1 keine Anwendung findet, doch läuft die Regelung auf dasselbe hinaus, als wenn das Gesetz von einer Frist von drei Monaten spräche: Hat die Untersuchungshaft am 1. Februar begonnen, so findet die Prüfung am 1. Mai statt. § 43 Abs. 2 gilt. Danach endet die Frist, wenn das Ende auf einen Sonnabend, einen Sonntag oder allgemeinen Feiertag fällt, mit Ablauf des nächstfolgenden Werktags. Die Haftprüfung ist wegen des rechtlichen Gehörs (§ 33 Abs. 3) und ggf. der mündlichen Verhandlung (§ 118 Abs. 1) ein Haftprüfungsverfahren. Mit diesem Verfahren muß das Gericht an dem errechneten Tage beginnen.

Das Gericht darf die Frist, etwa weil noch eine wichtige Vernehmung abgewartet werden soll, selbst bei Zustimmung des Beschuldigten nicht überschreiten. Da es außer im Falle des Absatzes 5 die Haftprüfung nicht von Amts wegen vornehmen darf (s. o. 3a), darf es die Frist des Absatzes 5 nicht verkürzen; denn das liefe auf eine frühere Haftprüfung von Amts wegen hinaus. Daraus folgt zugleich, daß die früher teilweise gelehrte Ansicht, die Prüfung müsse innerhalb der Frist nicht nur begonnen, sondern auch beendet sein (so Hartung, 7 zu § 115a; KleinknM, 2d zu § 115a), für § 117 nicht vertretbar ist. Schon das rechtliche Gehör kann das Verfahren verzögern, so daß es nicht innerhalb der Frist abzuschließen ist. Weitere Verzögerungen ergeben sich, wenn die Entscheidung in mündlicher Verhandlung ergeht (§ 118), weil dann Termin anzuberaumen ist, und Staatsanwalt und Verteidiger benachrichtigt werden müssen (§ 118a Abs. 1).

Die Haftprüfung nach Absatz 5 ist ein einmaliges Verfahren, doch ist durch die §§ 121, 122 Abs. 4 Satz 2 sichergestellt, daß die Haftfrage bis zu einem verurteilenden Erkenntnis alle drei Monate von Amts wegen geprüft wird, solange nicht die Hauptverhandlung läuft.

§ 118

(1) Bei der Haftprüfung wird auf Antrag des Beschuldigten oder nach dem Ermessen des Gerichts von Amts wegen nach mündlicher Verhandlung entschieden.

(2) Ist gegen den Haftbefehl Beschwerde eingelegt, so kann auch im Beschwerdeverfahren auf Antrag des Beschuldigten oder von Amts wegen nach mündlicher Verhandlung entschieden werden.

(3) Ist die Untersuchungshaft nach mündlicher Verhandlung aufrechterhalten worden, so hat der Beschuldigte einen Anspruch auf eine weitere mündliche Verhandlung nur, wenn die Untersuchungshaft mindestens drei Monate und seit der letzten mündlichen Verhandlung mindestens zwei Monate gedauert hat.

(4) Ein Anspruch auf mündliche Verhandlung besteht nicht, solange die Hauptverhandlung andauert oder wenn ein Urteil ergangen ist, das auf eine Freiheitsstrafe oder eine freiheitsentziehende Maßregel der Sicherung und Besserung erkennt.

(5) Die mündliche Verhandlung ist unverzüglich durchzuführen; sie darf ohne Zustimmung des Beschuldigten nicht über zwei Wochen nach dem Eingang des Antrags anberaumt werden.

Entstehungsgeschichte: Die Vorschrift ist eingefügt durch Art. 1 Nr. 1 StPÄG. Absatz 1 stammt von § 115a Abs. 4 Satz 1 a. F., Absatz 5 von § 114d Abs. 2 a. F., Absatz 4 ist eine Abwandlung von § 115b Satz 1 a. F., wonach nach Eröffnung des Hauptverfahrens keine mündliche Verhandlung über den Haftbefehl mehr stattfinden durfte. Absatz 3 verwertet Gedanken aus § 115a Abs. 3 a. F. Gänzlich neu ist Absatz 2; er enthält eine wesentliche Ausnahme von § 309 Abs. 1, erstem Halbsatz.

Frühere Änderungsvorschläge: Entw. EGStGB. 1928 Art. 70 Nr. 68 (§§ 115a Abs. 3, 115b bis 115d).

Keine späteren Änderungen.

1. Inhalt. Das Recht auf mündliche Verhandlung über den Haftbefehl, Bestandteil unseres Haftrechts seit 1926, verwirklicht die alte Reformforderung (Verhandlungen des 16. Anwaltstages, S. 52; Mitteilungen der JKV. **11** 684, 694, 809, 818, 844; **12** 288, 302; Gneist, Vier Fragen zur deutschen Strafprozeßordnung, S. 74; von Liszt, Reform des Strafverfahrens, S. 45), daß der Verhaftete Anspruch auf mündliche Verhandlung vor dem zuständigen Gericht haben müsse. Die Vorschriften über die mündliche Verhandlung sind als Kernstück der Schutzvorschriften für den verhafteten Angeklagten bezeichnet worden (Feisenberger DRiZ. **1927** 4), und eine wohlvorbereitete und gut durchgeführte mündliche Verhandlung am Anfang der Untersuchungshaft ist ein wirksames Mittel, das Verfahren zu konzentrieren und die Haft abzukürzen (Alsberg JW. **1925** 1437). Das Strafprozeßänderungsgesetz hat die etwas unübersichtlichen Vorschriften über Haftprüfung und mündliche Verhandlung vereinfacht: Die mündliche Verhandlung ist eine Form der Haftprüfung. Dieser Form muß sich das Gericht (Ausnahmen in Absatz 3 und 4) auf Antrag des Beschuldigten bedienen; es kann sie nach seinem Ermessen auch von Amts wegen wählen. Danach kann jede Haftprüfung nach mündlicher Verhandlung durchgeführt werden. Ob aber überhaupt eine Haftprüfung stattfindet, liegt allein in der Hand des Beschuldigten (oder seines gesetzlichen Vertreters). Dieser wiederum kann zwar jederzeit die Haftprüfung erzwingen, die mündliche Verhandlung aber nur in angemessenen Fristen (Absatz 3) und nach einem verurteilenden Erkenntnis überhaupt nicht mehr (Absatz 4). Auf diese Weise werden weitgehend bloß routinemäßige mündliche Verhandlungen ausgeschaltet. Damit wird der Weg frei, dem etwas verkümmerten Kernstück des Haftschutzes die ihm zukommende Bedeutung in der Praxis zu verschaffen.

Wie der Beschuldigte können auch sein Verteidiger, jedoch nicht gegen den Willen des Beschuldigten (§ 118b; § 297), und sein gesetzlicher Vertreter Antrag auf Entscheidung in mündlicher Verhandlung stellen (§ 118b; § 298) mit der gleichen Wirkung, als ob der Beschuldigte den Antrag gestellt hätte (s. u. 2 zu § 118b). Auch die Staatsanwaltschaft kann auf mündliche Verhandlung antragen, doch kommt ihrem Antrag nicht, wie dem des Beschuldigten, zwingende Wirkung zu. Wer den Antrag gestellt hat, kann ihn auch wieder zurücknehmen.

2. Mündliche Verhandlung im Beschwerdeverfahren (Absatz 2). § 309 Abs. 1, 1. Halbsatz verbietet die mündliche Verhandlung im Beschwerdeverfahren. Das Verbot ist nicht immer praktisch und für das Verfahren bei Verfall einer Sicherheit bereits durchbrochen (§ 124 Abs. 2 Satz 2). Auch im Haftbeschwerdeverfahren kann es erwünscht sein, den Beschuldigten zu sehen, seine mündliche Einlassung zu hören und ihm Zeugen gegenüberzustellen. Daher wird dem Gericht die Befugnis eingeräumt, über Haftbeschwerden nach mündlicher Verhandlung zu entscheiden. Der Beschuldigte, wie auch die Staatsanwaltschaft, können das beantragen, doch entscheidet allein das Ermessen des Gerichts, ob eine mündliche Verhandlung stattfindet (OLG. Celle NdsRpfl. **1965** 255). Damit wird das Verfahren auf Fälle beschränkt, in denen es angebracht ist. Das werden nicht sehr viele sein, doch sollte das Beschwerdegericht von der mündlichen Verhandlung Gebrauch machen, wenn sie Nutzen verspricht. Das ist der Fall, wenn bei zweifelhafter Sachlage erwartet werden kann, daß sich zufolge der mündlichen Erörterung des Materials bei persönlicher Gegenwart des Beschuldigten, seines Verteidigers und ggf. von Zeugen Unklarheiten beseitigen lassen und der dringende Tatverdacht sowie die Haftgründe sicherer als im schriftlichen Verfahren beurteilt werden können.

3. Weitere mündliche Verhandlung (Absatz 3).

a) Beschränkung. Nach § 117 Abs. 1 kann der Beschuldigte während der ganzen Dauer der Untersuchungshaft ohne jede Beschränkung die förmliche Haftprüfung beantragen; bei dieser ist gemäß § 118 Abs. 1 auf seinen Antrag nach mündlicher Verhandlung zu entscheiden. Gälte die letzte Vorschrift ohne Einschränkung, könnte das Gericht zu einer dauernden Wiederholung der mündlichen Verhandlung auch dann gezwungen werden, wenn seit der letzten kein Material beigebracht worden ist, das den dringenden Tatverdacht oder die Haftgründe in Frage zu stellen geeignet wäre. Die mündliche Verhandlung würde dann zu einer lästigen Formalität, und diese Bewertung könnte sich auf das ganze Institut übertragen und das Verfahren auch dort zur Routine werden lassen, wo eine sorgfältige Verhandlung das Verfahren und die Haft abkürzen könnte. Deshalb schränkt Absatz 3 die Wirkung des nach Absatz 1 zulässigen Antrags dahin ein, daß unter bestimmten Voraussetzungen kein Anspruch auf mündliche Verhandlung besteht. Die Zulässigkeit des Antrags selbst bleibt unberührt; er hat nur nicht die zwingende Wirkung, die er ohne die Einschränkung des Absatzes 3 zufolge des Wortlauts von Absatz 1 hätte. Die Befugnis des Gerichts, nach seinem Ermessen von Amts wegen nach mündlicher Verhandlung zu entscheiden (Absatz 1), bleibt unberührt. Die Beschränkung, die für die Wirkung des Antrags des Beschuldigten eintritt, wird gesetzgeberisch so ausgedrückt, daß Fristen angegeben werden, nach deren Ablauf der Antrag wieder seine zwingende Wirkung erhält. Daraus folgt, daß ein vor Ablauf der Fristen gestellter Antrag seine Wirksamkeit erhält, wenn bis zur Entscheidung die beiden Fristen noch ablaufen.

b) Voraussetzungen. Die Beschränkung tritt ein, wenn die Untersuchungshaft nach mündlicher Verhandlung — auch im Beschwerdeverfahren — aufrechterhalten worden ist. Das Gesetz macht auch für den Fall keine Ausnahme, daß die mündliche Verhandlung von Amts wegen in einem Haftprüfungsverfahren gewählt worden ist, das ebenfalls von Amts wegen stattgefunden hat (s. o. 7 und 10 zu § 117). Eine solche Ausnahme wäre gerechtfertigt, kann aber nicht gegen den Gesetzeswortlaut im Wege der Auslegung gewonnen werden. Für die Beschränkung des Anspruchs auf mündliche Verhandlung kommt es nach dem Wortlaut, der dem Sinn der Bestimmung entspricht, nicht darauf an, daß der Haftbefehl, sondern darauf, daß die Untersuchungshaft aufrechterhalten worden ist. War der Vollzug der Untersuchungshaft ausgesetzt worden (§ 116; § 72 Abs. 1 JGG.), dann findet ebenso wie bei der Aufhebung des Haftbefehls (§ 120) § 118 Abs. 3 keine Anwendung, vielmehr beginnt das Verfahren der §§ 114a ff. erneut (s. o. 9 zu § 116). Die Dreimonatsfrist und die Zweimonatsfrist sind daher ebenso wie im Falle des § 117 Abs. 5 zu berechnen: Zeiten, die vor einer Entlassung (§ 120) oder vor einer Freilassung bei Aussetzung des Vollzugs eines Haftbefehls (§ 116; § 72 Abs. 1 JGG.) liegen, scheiden für die Dauer der beiden Fristen aus. Wird dagegen die Untersuchungshaft unterbrochen, ohne daß der Beschuldigte freigelassen wird, z. B. bei Verbüßung von Strafhaft oder von Untersuchungshaft in anderer Sache, dann zählen die Zeiten vor der Unterbrechung mit; die Zeiten vor und nach der Unterbrechung werden zusammengerechnet (s. o. 9 zu § 117).

4. Hauptverhandlung (Absatz 4). Stellt Absatz 3 für die Beschränkung des Rechts auf mündliche Verhandlung auf die Dauer der Untersuchungshaft ab, so bringt Absatz 4 eine Beschränkung für bestimmte Verfahrensabschnitte. Der Beschuldigte hat keinen Anspruch auf mündliche Verhandlung, „solange die Hauptverhandlung andauert". Die Hauptverhandlung beginnt mit dem Aufruf der Sache (s. u. § 243 Abs. 1 Satz 1); sie schließt grundsätzlich mit der Verkündung des Urteils (§ 260 Abs. 1 Satz 1), aber auch mit einer Verweisung an das zuständige Gericht (§ 270 Abs. 1) oder mit Aussetzung der Hauptverhandlung (§ 228 Abs. 1 Satz 1, § 145 Abs. 1 bis 3, § 246 Abs. 2, § 265 Abs. 2, 3 und 4). Dagegen beendet eine Unterbrechung die Hauptverhandlung nicht; denn es ist dieselbe Hauptverhandlung, die spätestens am elften Tage nach der Unterbrechung „fortgesetzt" werden muß (§ 229).

Nach dem Sinn der Vorschrift und nach ihrem Wortlaut („andauert") kann aber nicht auf das Ende der Hauptverhandlung abgestellt werden, sondern vielmehr auf das Andauern des wirklichen Verhandelns. Denn die Verneinung des Anspruchs auf mündliche Verhandlung während der Hauptverhandlung rechtfertigt sich aus zwei Gründen: einmal ist das Gericht mit der Sache besonders nachdrücklich befaßt und daher mit dem gleichen gesteigerten Nachdruck zur Prüfung der Haftfrage verpflichtet. Zum anderen wäre der Anspruch auf mündliche Verhandlung wenig sinnvoll, da ja das Gericht schon mündlich verhandelt, dabei den Angeklagten hört, die Tatsachen erörtert, die den dringenden Tatverdacht begründen, und jederzeit auch in die Prüfung der Haftgründe und der Verhältnismäßigkeit eintreten kann.

Während einer Unterbrechung entfällt der zweite Grund und verliert der erste an Gewicht. Zwar kann die Unterbrechung gerade deshalb notwendig werden, weil das Gericht außerhalb des Sitzungssaals einen umfangreichen Stoff sichten und ordnen muß, wobei es ebenso intensiv wie in der Hauptverhandlung selbst mit der Sache befaßt ist. Es können aber auch ganz andere

Gründe (Verteidigerwechsel, § 145 Abs. 3; Nachladung von Zeugen und Sachverständigen, Krankheit von Prozeßbeteiligten, Feiertagszeit) die Unterbrechung notwendig machen und die Haftfrage aus der gerichtlichen Betrachtung rücken. Daher dauert die Hauptverhandlung während einer Unterbrechung nicht an.

Hauptverhandlung ist diejenige erster Instanz (§ 226) und die in der Berufungsinstanz (§ 324) nach einem freisprechenden Urteil (s. u. 9 zu § 120). Die Hauptverhandlung in der Revisionsinstanz beseitigt den Anspruch auf Haftprüfung nicht. Denn nach Einlegung der Revision ist für die Haftprüfung das Gericht zuständig, dessen Urteil angefochten ist (§ 126 Abs. 2 Satz 2). Die Gründe, die den Ausschluß der mündlichen Verhandlung während der Hauptverhandlung vor den Instanzgerichten rechtfertigen, können daher während der Revisionshauptverhandlung nicht vorliegen.

War der Antrag vor Beginn der Hauptverhandlung angebracht, konnte aber bis zu deren Beginn noch nicht in der Sache entschieden werden, so entfällt mit dem Beginn der Hauptverhandlung nachträglich der Anspruch auf mündliche Verhandlung.

5. Verurteilendes Erkenntnis (Absatz 4). Dem Antrag auf mündliche Verhandlung wird seine zwingende Wirkung weiter für den Fall genommen, daß ein Urteil ergangen ist, in dem gegen den Gefangenen auf Freiheitsstrafe oder auf eine freiheitsentziehende Maßregel der Sicherung und Besserung erkannt worden ist. Es kommt jede Freiheitsstafe in Betracht: Zuchthaus (§ 14 StGB.), Gefängnis (§ 16 StGB.), Einschließung (§ 17 StGB.), Haft (§ 18 StGB.), Jugendstrafe (§§ 18, 19 JGG.) und Strafarrest (§ 9 WStG.). Der Jugendarrest (§ 16 JGG.) ist ein Zuchtmittel (§ 13 Abs. 2 Nr. 3 JGG.), aber hier nach dem Sinn der Vorschrift, das Recht auf mündliche Verhandlung auszuschließen, wenn durch Urteil auf Freiheitsentziehung erkannt wird, den Freiheitsstrafen und freiheitsentziehenden Maßregeln gleichzuachten. Die Freiheitsstrafe muß selbst als Strafe ausgesprochen sein; die Verurteilung zu einer Ersatzfreiheitsstrafe (§ 29 StGB.) schließt das Recht auf mündliche Verhandlung nicht aus. Dagegen spielt es für den Ausschluß dieses Rechts keine Rolle, wenn die Freiheitsstrafe zur Bewährung ausgesetzt worden ist (§ 23 Abs. 1 StGB.) oder wenn eine erlittene Untersuchungshaft oder einstweilige Unterbringung auf sie ganz angerechnet worden ist (§ 60 StGB.); allerdings wird in diesen Fällen regelmäßig der Haftbefehl aufzuheben sein (s. u. II 2 zu § 120).

Als freiheitsentziehende Maßregeln der Sicherung und Besserung kommen nur die Unterbringung in einer Heil- oder Pflegeanstalt (§ 42b Abs. 2 StGB.) und in einer Trinkerheilanstalt in Betracht. Denn auf sie kann auch neben einer Geldstrafe erkannt werden. Dagegen sind das Arbeitshaus (§ 42d StGB.) und die Sicherungsverwahrung (§ 42e in Vbdg. mit § 20a StGB.) nur neben Freiheitsstrafe zulässig, so daß der Anspruch auf mündliche Verhandlung schon wegen der Verurteilung zu Freiheitsstrafe endet.

Der Anspruch auf mündliche Verhandlung endet, wenn ein freiheitsentziehendes Urteil ergangen ist. Es wird nicht auf die Verurteilung abgestellt, sondern auf das Ergehen des Urteils. Danach kommt es — wie bei der ähnlichen Formulierung der Rücknahme des Strafantrags (§ 64 StGB.; RGSt. **2** 420) — nicht auf den Bestand der Verurteilung an; maßgebend ist lediglich der Akt des Urteilserlasses. Daraus folgt, daß der Anspruch auf mündliche Verhandlung nicht wieder auflebt, wenn das Urteil durch das Berufungs- oder Revisionsgericht aufgehoben wird. Denn die Aufhebung beseitigt zwar die Verurteilung, schafft aber die Tatsache nicht aus der Welt, daß ein Urteil ergangen ist, in dem auf Freiheitsstrafe oder auf eine freiheitsentziehende Maßregel der Sicherung und Besserung erkannt worden ist.

Die Entscheidung des Gesetzgebers entbehrt auch nicht des Sinns: in der Hauptverhandlung ist über den dringenden Tatverdacht umfassend verhandelt worden; dazu kann eine spätere mündliche Verhandlung nichts mehr erbringen, auch wenn das verurteilende Erkenntnis vom Revisionsgericht aufgehoben wird, ohne daß es zum Freispruch des Angeklagten kommt, bei dem der Haftbefehl aufzuheben ist (§ 120 Abs. 1 Satz 2; § 126 Abs. 3). Die Haftgründe werden sich nach der Hauptverhandlung nur selten ändern, so daß die gesetzgeberische Entscheidung, für den Regelfall (von Amts wegen kann immer nach mündlicher Verhandlung entschieden werden) auf die mündliche Verhandlung zu verzichten, nicht unbegründet ist.

6. Terminsfrist (Absatz 5). Das Verfahren ist in § 118a geregelt, doch ist hier die Bestimmung vorweggenommen, daß die mündliche Verhandlung unverzüglich durchzuführen ist. Wegen des Begriffs unverzüglich s. o. 4 zu §§ 115, 115a. Als äußerste Frist für den Termin zur mündlichen Verhandlung werden zwei Wochen nach dem Eingang des Antrags festgesetzt.

Es kommt auf den Tag des Eingangs bei dem zuständigen Gericht an. Ist jedoch der Antrag nach § 118b in Vbdg. mit § 299 zu Protokoll der Geschäftsstelle des Amtsgerichts angebracht, in dessen Bezirk die Untersuchungshaftanstalt liegt, dann rechnet die Frist von dem Tage an, an dem das Protokoll aufgenommen worden ist. Für die Frist gilt § 43: Geht der Antrag dienstags ein, so muß die mündliche Verhandlung spätestens am übernächsten Dienstag stattfinden. Fällt das Ende der Frist auf einen Sonnabend, einen Sonntag oder einen allgemeinen Feiertag, dann endet die Frist mit Ablauf des nächsten Werktags. Die Frist wird nicht dadurch verlängert, daß nach dem Antrag ein Wechsel der Zuständigkeit, etwa durch Anklage, eintritt.

Da die mündliche Verhandlung von einem — rücknehmbaren — Antrag des Beschuldigten abhängt, kann er auch einer Verlängerung der vom Gesetzgeber zu seinen Gunsten bestimmten Frist zustimmen. Doch wird die Zustimmung nur zu erfragen sein, wenn Beweiserhebungen laufen, die zu einer dem Beschuldigten günstigen Haftentscheidung führen können, nicht dagegen wegen der Geschäftslage. Die Zustimmung muß sich nicht nur auf die Überschreitung, sondern auch auf deren Ausmaß erstrecken. Ist der Antrag nicht vom Beschuldigten, sondern vom Verteidiger oder vom gesetzlichen Vertreter gestellt (§ 118b, §§ 297, 298 Abs. 1), so ist für die Fristverlängerung dessen Zustimmung erforderlich, nicht auch diejenige des Beschuldigten, doch bedarf der Verteidiger in entsprechender Anwendung von § 302 Abs. 2 in Vbdg. mit § 118b der ausdrücklichen Ermächtigung des Beschuldigten.

§ 118a

(1) Von Ort und Zeit der mündlichen Verhandlung sind die Staatsanwaltschaft sowie der Beschuldigte und der Verteidiger zu benachrichtigen.

(2) Der Beschuldigte ist zu der Verhandlung vorzuführen, es sei denn, daß er auf die Anwesenheit in der Verhandlung verzichtet hat, oder daß der Vorführung weite Entfernung oder Krankheit des Beschuldigten oder andere nicht zu beseitigende Hindernisse entgegenstehen. Wird der Beschuldigte zur mündlichen Verhandlung nicht vorgeführt, so muß ein Verteidiger seine Rechte in der Verhandlung wahrnehmen. In diesem Falle ist ihm für die mündliche Verhandlung ein Verteidiger zu bestellen, wenn er noch keinen Verteidiger hat. Die §§ 142, 143 und 145 gelten entsprechend.

(3) In der mündlichen Verhandlung sind die anwesenden Beteiligten zu hören. Art und Umfang der Beweisaufnahme bestimmt das Gericht. Über die Verhandlung ist eine Niederschrift aufzunehmen; die §§ 271 bis 273 gelten entsprechend.

(4) Die Entscheidung ist am Schluß der mündlichen Verhandlung zu verkünden. Ist dies nicht möglich, so ist die Entscheidung spätestens binnen einer Woche zu erlassen.

Entstehungsgeschichte: Eingefügt durch das G. vom 27. 12. 1926. Die derzeitige Fassung hat die Bestimmung erhalten durch Art. 1 Nr. 1 StPÄG. Frühere Bezeichnung: § 115d.

Änderungsvorschläge: Entw. EGStGB. Art. 70 Nr. 70.

Keine späteren Änderungen.

1. Zweck. Es ist ein Nachteil unseres Strafprozesses, daß er zu lange schriftlich und geheim vorbereitet wird. Das geheime Verfahren vermindert wohl die Möglichkeit der Verdunkelung, ist aber zugleich einer frühzeitigen wirksamen Verteidigung hinderlich. Das schriftliche Verfahren fördert zwar die Gründlichkeit der Ermittlungen; ihrer Zielstrebigkeit, Konzentration und Schnelligkeit kann es jedoch oft im Wege stehen. Da allein die Hauptverhandlung für das endliche Erkenntnis maßgebend ist (§ 261), ihr Ablauf aber nicht voll vorausgesehen werden kann, wird im Ermittlungsverfahren in der Regel vorsichtshalber der Schnelligkeit eine Gründlichkeit vorgezogen, die — vom Verhalten des Beschuldigten in der Hauptverhandlung aus rückblickend betrachtet — zuweilen nicht notwendig gewesen wäre. Deshalb ist die mündliche Verhandlung in Haftsachen ein wünschenswerter Einbruch der Mündlichkeit ins Vorverfahren. Das gilt namentlich für die erste. Die erste mündliche Verhandlung, das eigentliche habeas-corpus-Verfahren, bringt den Beschuldigten und seinen Verteidiger mit Gericht und Staatsanwaltschaft zusammen und gibt ihm, nachdem er bei der Verhaftung die Beschuldigung kennengelernt hat (§ 115 Abs. 2 und 3, § 115a Abs. 2), Gelegenheit, sich verteidigend in das Verfahren einzuschalten und selbst, indem er Beweismittel benennt und Handlungen eingesteht, zu seiner Abkürzung beizutragen. Staatsanwalt und Untersuchungsrichter aber können ihrerseits, auf der Einlassung, namentlich auf einem etwaigen Teilgeständnis aufbauend, den Gang der Ermittlungen festlegen, das Verfahren konzentrieren und abkürzen, seinen Abschluß beschleunigen und damit die Untersuchungshaft, den schwersten Eingriff in die Rechte des als unschuldig geltenden nicht Verurteilten (Art. 6 Abs. 2 MenschRKonv.), wirksam einschränken. Dem ist bei Vorbereitung und Durchführung der Verhandlungen Rechnung zu tragen. Die erste Verhandlung sollte, wenn ihre Nutzlosigkeit nicht auf der Hand liegt, keine Routine sein. Findet sie im Vorverfahren oder in der Voruntersuchung statt, dann kann sie die Weichenstellung für die weitere Behandlung der Haftsache ergeben. Dazu sollten die wichtigsten Zeugen Aug' in Auge mit dem Beschuldigten vernommen, seine Beweisanträge entgegengenommen und, wenn nötig nach kurzer Vertagung, erledigt werden. Allerdings darf die mündliche Verhandlung nicht über ihr Ziel, neben den Haftgründen den dringenden Tatverdacht zu prüfen, hinausgehen; die Sicherheit von Schuldfeststellungen darf sie nicht anstreben.

In späteren Verhandlungen wird nur in großen Sachen ein Gewinn an Erkenntnissen in bezug auf den dringenden Tatverdacht gegenüber der schriftlichen Prüfung zu erzielen sein. Aber auch in bezug auf die Haftgründe kann sie in der Regel nicht viel erbringen. In den wenigen Fällen der Verhaftung wegen Verdunkelungsgefahr wird ohnehin laufend, spätestens bei der Eröffnung des Hauptverfahrens (§ 207 Abs. 2) geprüft, ob der Fortgang oder Abschluß der Ermittlungen nicht wirksam eine weitere Verdunkelung schon deshalb ausschließt, weil es, wenigstens praktisch, nichts mehr zu verdunkeln gibt. Die Umstände, die die Fluchtgefahr begründen, werden sich im Laufe des Verfahrens, abgesehen von dem Verhältnis der Haft zu der zu erwartenden Strafe, selten verändern. Die Gründe von § 112 Abs. 3 (Wiederholungsgefahr bei Sittlichkeitsverbrechern) und § 112 Abs. 4 (Verbrechen wider das Leben) werden kaum eine Veränderung erfahren. Auch sonst wird in manchen Fällen eine vom Beschuldigten erzwungene mündliche Verhandlung, auch eine erste, das Verfahren nicht fördern können, weil die Verteidigung bekannt und alles Sachdienliche schon veranlaßt ist. Das wird in Voruntersuchungssachen die Regel sein, aber auch in staatsanwaltlichen Ermittlungsverfahren, wenn der Staatsanwalt frühzeitig den Beschuldigten und seinen Verteidiger gehört hat. Wo aber die Möglichkeit einer Sachförderung besteht, würde der Zweck der mündlichen Verhandlung, jedenfalls einer ersten, verfehlt, wenn sie routinemäßig ohne Anwesenheit der Staatsanwaltschaft und eines Verteidigers dadurch abgewickelt würde, daß der Beschuldigte gehört wird und Gelegenheit erhält, zu einigen vorgehaltenen oder vorgelesenen Zeugenaussagen Stellung zu nehmen.

2. Verhandlungen außerhalb des förmlichen Haftprüfungsverfahrens. Die mündliche Verhandlung ist Teil des förmlichen Haftprüfungsverfahrens (§ 118 Abs. 1). Dieses Verfahren findet nur auf Antrag des Beschuldigten statt (§ 117 Abs. 1), nicht von Amts wegen. Das ist notwendig, damit der Beschuldigte wegen der Folgen (§ 118 Abs. 1 und 3) den Zeitpunkt der Haftprüfung danach einrichten kann, wann er verteidigungsbereit ist. Das besagt aber nicht, daß das Gericht nicht jederzeit auch außerhalb eines förmlichen Haftprüfungsverfahrens mündlich verhandeln könnte, wenn ihm dies geboten erscheint. Namentlich kann die Vernehmung nach § 115 Abs. 2 in die Form einer mündlichen Verhandlung gekleidet und auch beim Kollegialgericht vor diesem (s. u. 1 und 5 zu § 126) durchgeführt werden. Wird im beschleunigten Verfahren (§§ 212a ff.) die Aburteilung in dieser Verfahrensart abgelehnt (§ 212b), kann der Termin, wenn die Zuständigkeitsverhältnisse es gestatten, als mündliche Verhandlung zur Haftprüfung ausgestaltet werden. Solche Verhandlungen haben nicht die Folge des § 118 Abs. 3, soweit nicht der Beschuldigte förmliche Haftprüfung beantragt (§ 117 Abs. 1) und damit dem Gericht die Möglichkeit eröffnet, nach § 118 Abs. 1 von Amts wegen in mündlicher Verhandlung zu entscheiden.

Auf der anderen Seite kann die mündliche Verhandlung des § 118a, wenn der für die Haftsache zuständige Richter auch für das beschleunigte Verfahren zuständig ist, in dieses übergeführt werden. Davon sollte regelmäßig Gebrauch gemacht werden, wenn der Sachverhalt klar ist, und stets, wenn der Beschuldigte es beantragt. Das beschleunigte Verfahren wiederum kann einer beantragten mündlichen Verhandlung im Haftprüfungsverfahren zuvorkommen und sie unnötig machen, wenn es mit einem Urteil endet.

3. Vorbereitung der Beweisaufnahme. Nach Absatz 3 Satz 2 bestimmt das Gericht Art und Umfang der Beweisaufnahme. Die Vorschrift gilt für die Verhandlung, hat aber auch Bedeutung für ihre Vorbereitung. Wenn der Beschuldigte in seinem Antrag nicht eindeutig zum Ausdruck bringt, wogegen er sich wenden will, wird der Vorsitzende oder ein beauftragter Richter festzustellen haben, ob der Beschuldigte den Tatverdacht, dessen Dringlichkeit oder den Haftgrund angreifen will und was er dazu vorzubringen hat. Alsdann muß das Gericht in einer Vorberatung, in der Regel nach Fühlungnahme mit der Staatsanwaltschaft, die ggf. Anträge zu stellen hat, und dem Verteidiger bestimmen, welche Beweismittel in der Verhandlung benötigt werden, namentlich welche Zeugen geladen werden sollen. Wenn auf der Hand liegt, welche Beweismittel für die mündliche Verhandlung in Betracht kommen, bedarf es des soeben dargelegten Verfahrens nicht; dann veranlaßt der Vorsitzende, daß die Beweismittel herbeigeschafft und die Zeugen geladen werden.

4. Terminsbenachrichtigung (Absatz 1). Benachrichtigung von Ort und Zeit der mündlichen Verhandlung erhalten

der Beschuldigte;

sein Verteidiger, gleichgültig ob es ein Pflicht- oder ein Wahlverteidiger ist;

die Staatsanwaltschaft;

der Nebenkläger (§ 397, § 385 Abs. 1 Satz 1). Der Verpflichtung, ihn zu benachrichtigen, kommt jedoch außer in Voruntersuchungssachen nur geringe Bedeutung zu, nämlich erst von Erhebung der öffentlichen Klage an (§ 395 Abs. 1, § 472 Abs. 1 AO.).

Der Einziehungsbeteiligte erhält keine Nachricht.

Bei Jugendlichen sollen der Erziehungsberechtigte und der gesetzliche Vertreter benachrichtigt werden (§ 67 Abs. 2 JGG.), doch darf, wenn sie unbekannt sind, die Terminsfrist nicht überschritten werden, um sie zu ermitteln. Für den Beistand eines Jugendlichen (§ 69 Abs. 1 JGG.) sieht § 69 Abs. 3 JGG. Rechte nur in der Hauptverhandlung vor, doch wird ihn der Jugendrichter, wenn er ihn schon im Vorverfahren bestellt hat, auch von der mündlichen Verhandlung über den Haftbefehl benachrichtigen.

Zeugen und Sachverständige, sowohl für die Frage des dringenden Tatverdachts, als auch für die Flucht- oder Verdunkelungsgefahr, sind zu laden, ihre Namen sind dem Beschuldigten in seiner Benachrichtigung bekanntzugeben. Der Beschuldigte kann die Ladung weiterer Zeugen beantragen oder sie auch selbst laden.

Da der Beschuldigte vorgeführt wird, ist er nicht zu laden. Auch bei den anderen Beteiligten, mit Ausnahme des Verteidigers und bei Zeugen und Sachverständigen, scheidet, da sie zum Erscheinen nicht verpflichtet sind, die Form der Ladung aus. Ihnen ist der Termin vielmehr formlos mitzuteilen. Wegen der kurzen Frist ist auch fernmündliche Benachrichtigung zulässig (OLG. Hamm Rpfleger **1949** 85). Da die Benachrichtigung weder eine Ladung ist (§ 214) noch der Zustellung bedarf (§ 36), ist sie Sache des Gerichts und nicht der Staatsanwaltschaft (a. A. Hartung, 4 Abs. 7 zu § 115d).

Ist zu der mündlichen Verhandlung ein Verteidiger zuzuziehen (Absatz 2 Satz 2), so kann im Hinblick auf den entsprechend anzuwendenden (Absatz 2 Satz 3) § 145 Abs. 4 (Verurteilung in die Kosten der Aussetzung, wenn der Verteidiger sie durch sein Ausbleiben verschuldet hat) eine Ladung in Betracht kommen, doch wird in der Regel von ihr abgesehen werden. Wird sie angeordnet, so ist sie, ebenso wie diejenige von Zeugen, von der Staatsanwaltschaft auszuführen (§ 36 Abs. 1 Satz 1), doch wird es sich wegen der kurzen Frist in der Regel empfehlen, daß der Vorsitzende oder der Untersuchungsrichter sie selbst veranlaßt (§ 36 Abs. 2).

5. Vorführung (Absatz 2). Gegenüber der schlichten Haftprüfung liegt der Sinn der mündlichen Verhandlung darin, daß der Sachverhalt und die Haftgründe mit dem Beschuldigten mündlich erörtert werden, damit dieser Gelegenheit erhält, sich in Rede und Gegenrede gegen die Vorwürfe zu verteidigen, er sei einer Tat verdächtig, dieser Verdacht sei dringend, es bestehe die Gefahr, daß er fliehe oder verdunkele, oder es liege einer der in § 112 Abs. 3 und 4 genannten Haftgründe vor. Diese Verteidigung kann er sinnvoll nur führen, wenn er in der mündlichen Verhandlung anwesend ist. Dazu ist er vorzuführen.

Verzichtet der Beschuldigte auf die Vorführung, dann kann sie unterbleiben, doch kommt diesem Befreiungsgrund wenig Bedeutung zu, weil der Beschuldigte, wenn er schon mündliche

Verhandlung beantragt hat, im allgemeinen keinen Anlaß haben wird, einen Verzicht zu erklären. Noch weniger wird er dazu Veranlassung finden, wenn das Gericht die mündliche Verhandlung von Amts wegen anberaumt und dadurch den Wunsch zu erkennen gegeben hat, die Sach- und Haftfrage mit dem Beschuldigten zu erörtern. Nicht nur in diesem Falle, sondern auch bei einer Verhandlung auf Antrag des Beschuldigten wird es sich, da der Staat an einer wirksamen Haftkontrolle selbst Interesse hat, auch nicht empfehlen, dem Beschuldigten nahezulegen, auf die Vorführung zu verzichten. Daraus wäre bei weiter, aber der Teilnahme nicht hinderlichen Entfernung auch kein Gewinn zu erzielen, weil ein Verteidiger zu bestellen und diesem eine Reise zum Beschuldigten zu bezahlen wäre; schriftliche Information wird für Zwecke der mündlichen Verhandlung regelmäßig kaum genügen. Allenfalls könnte der Verzicht einem Beschuldigten empfohlen werden, der zwar nicht so krank ist, daß er an der Verhandlung nicht teilnehmen kann, bei dem aber, etwa wegen der Aufregung als Folge der Teilnahme, eine wesentliche Verschlimmerung der Krankheit zu erwarten ist. Der Verzicht ist widerruflich, doch kommt dem Widerruf nur insoweit Bedeutung zu, als er noch berücksichtigt werden kann. Eine Verlegung des Termins kann der widerrufende Beschuldigte nicht verlangen.

Die Vorführung kann ferner unterbleiben, wenn ihr Hindernisse entgegenstehen, die nicht zu beseitigen sind. Als Beispiele nennt das Gesetz weite Entfernung und Krankheit. Wegen des Zwecks der mündlichen Verhandlung müssen die Hinderungsgründe eng ausgelegt und die Hindernisse nach Möglichkeit beseitigt werden. Stehen sie nicht der Vorführung, sondern der Innehaltung der Frist entgegen, so ist, ehe ohne den Beschuldigten verhandelt wird, dieser zunächst zu befragen, ob er einer Verlängerung der Frist (s. o. 6 Abs. 2 zu § 118) zustimmt. Ein Hindernis kann auch dadurch beseitigt werden, daß die Art der Vorführung verändert, mit einem erkrankten Gefangenen also nicht im Gericht, sondern in der Vorführzelle des Gefängnisses oder seines Lazaretts, ggf. auch unmittelbar am Krankenbett, die mündliche Verhandlung durchgeführt wird. Weite Entfernung braucht nicht stets ein Hinderungsgrund zu sein. Jedenfalls bei der ersten mündlichen Verhandlung wird die Vorführung mittels Transports dem Sinn des Gesetzes entsprechen. Die Transportzeit kann dazu führen, die Zustimmung zu einer Fristverlängerung herbeizuführen. Fluchtgefahr bei einem notorischen Ausbrecher ist ein Hinderungsgrund, wenn der Gefangene von einem anderen Ort zur Verhandlung transportiert werden muß. Sitzt er am Gerichtsort ein, kann die Vernehmung im Gefängnis stattfinden. Dagegen ist die Gefahr der Ein- oder Ausschleppung von Seuchen ein Hinderungsgrund, der in aller Regel auch durch Zustimmung zur Fristverlängerung nicht zu beseitigen ist.

6. Verteidiger (Absatz 2). Kann der Beschuldigte ausnahmsweise nicht vorgeführt werden, so muß ein Verteidiger seine Rechte wahrnehmen. Hat er noch keinen, sei es zufolge Wahl, sei es zufolge Bestellung, ist ihm einer beizuordnen. Es genügt aber nicht, daß er einen hat, vielmehr muß der Verteidiger die Rechte des Beschuldigten in der Verhandlung wahrnehmen. Erscheint er nicht, etwa weil er entgegen der Ansicht des Gerichts die mündliche Verhandlung für nutzlos hält, ist dem Beschuldigten von Amts wegen ein Verteidiger zu bestellen. Da die mündliche Verhandlung bei Abwesenheit des Beschuldigten genau so wie eine Hauptverhandlung bei notwendiger Verteidigung nur stattfinden kann, wenn ein Verteidiger anwesend ist, findet § 145 entsprechende Anwendung (Satz 3).

Hat der Beschuldigte noch keinen Verteidiger, so hat ihm der Vorsitzende des zuständigen Gerichts (s. o. 8c zu § 117) einen zu bestellen. Die Bestellung erstreckt sich nur auf die Verhandlung; doch stehen dem Verteidiger auch außerhalb der Verhandlung diejenigen Rechte zu, deren er bedarf, um sich auf sie vorzubereiten, namentlich das Recht auf Akteneinsicht (§ 147) und auf Verkehr mit dem Beschuldigten (§ 148). Damit er diese Rechte ausüben kann, ist er so frühzeitig wie möglich zu bestellen, alsbald nachdem das Bedürfnis hervorgetreten ist. Die Bestellung erlischt mit dem Ende der mündlichen Verhandlung, doch kann nach § 141 Abs. 3 Satz 1 — allerdings in der Regel von einem anderen Gericht (§ 141 Abs. 4) — der Verteidiger auch schon im Vorverfahren für das ganze Verfahren, also auch die künftige Hauptverhandlung, bestellt werden. Die Bestellung ist zurückzunehmen, wenn der Beschuldigte oder sein gesetzlicher Vertreter (§ 137 Abs. 2) einen Verteidiger gewählt und dieser die Wahl angenommen hat (§ 143).

7. Verhandelndes Gericht. Wegen der Zuständigkeit s. § 126. Das Gericht verhandelt und entscheidet in Beschlußbesetzung in nichtöffentlicher Sitzung. Die Übertragung der Verhandlung auf ein anderes Gericht oder auf einen beauftragten oder ersuchten Richter ist unzulässig, weil die Überzeugung des gesamten zuständigen Gerichts in der mündlichen Verhandlung unmittelbar gebildet werden muß (OLG. München MDR. **1958** 181; KG. JR. **1964** 267). Die mündliche Verhandlung kann — wenn der Beschuldigte dann auch keinen Anspruch auf sie hat — auch während der Hauptverhandlung stattfinden. Mit der Sache befaßt (§ 126 Abs. 2 Satz 1) ist dann das erkennende Gericht, das in Spruchbesetzung (z. B. § 76 Abs. 2 GVG.) verhandelt und entscheidet.

8. Beteiligte. An der Verhandlung müssen das Gericht mit einem Urkundsbeamten und der Beschuldigte teilnehmen. Gegen mehrere Beschuldigte kann die mündliche Verhandlung gleichzeitig durchgeführt werden, wenn sie gleichzeitig Anträge gestellt haben. Einen Anspruch auf gleichzeitige Verhandlung haben sie nicht. Sie unterbleibt, wenn ihr die Gefahr der Verdunkelung entgegensteht. Liegen für den Beschuldigten die Ausnahmegründe von Absatz 2 Satz 1 vor, dann muß auch der Verteidiger, von mehreren einer, an der gesamten Verhandlung teilnehmen, wie sich namentlich aus dem Zitat von § 145 ergibt. Dieser ist zu vergleichen für die Fälle, daß der Verteidiger ausbleibt, sich entfernt, sich weigert, die Verteidigung zu führen, oder daß ein Verteidiger erst in der Hauptverhandlung bestellt wird. Ist der Antragsteller nicht der Beschuldigte, so braucht er an der Verhandlung nicht teilzunehmen.

Die Teilnahme der Staatsanwaltschaft ist für die Hauptverhandlung in § 226 vorgeschrieben. Hätte der Gesetzgeber gewollt, daß diese Vorschrift für die mündliche Verhandlung entsprechend anzuwenden sei, hätte er das — bei aller Dürftigkeit der Vorschrift — in § 118a anordnen müssen. Da er das nicht getan hat, ist die Folgerung geboten, daß der Staatsanwaltschaft nach dem Willen des Gesetzgebers die Teilnahme an der mündlichen Verhandlung freistehen soll (a. A. mit beachtlichen Gründen Lobe-Alsberg, I 4b zu § 115d). Der gesetzgeberischen Entscheidung ist nicht entgegenzutreten für wiederholte Verhandlungen, die oft ohne Aussicht auf Sachförderung beantragt werden; bei ihnen mag die Staatsanwaltschaft, wenn ihre dienstlichen Verhältnisse die Teilnahme erschweren, sich für oder gegen sie an Hand der Akten entscheiden. Die erste Verhandlung indessen, die in der Regel ins Vorverfahren fällt, dürfte nicht ohne die Staatsanwaltschaft stattfinden, die im Vorverfahren am besten unterrichtet ist und zudem nach § 120 Abs. 3 über den Bestand des Haftbefehls verfügen kann. Daher sollte die Staatsanwaltschaft es als ihre Pflicht ansehen, an einer ersten mündlichen Verhandlung stets teilzunehmen.

9. Verhandlung (Absatz 3). Die anwesenden Beteiligten sind zu hören, in erster Linie und regelmäßig als erster der Beschuldigte. Da Absatz 3 Satz 1 neben § 33 Abs. 3 gilt, besagt die Vorschrift, daß der gesamte Tatsachenstoff auszubreiten ist, auch wenn der Beschuldigte zu ihm schon früher, etwa von der Polizei, gehört worden ist. Das Gehör geht also weiter als im Falle des § 117 (s. o. 5a zu § 117). § 33 Abs. 4 ist nicht anwendbar (s. o. 5c zu § 117). Bei dem Gehör ist der Beschuldigte auf die belastenden Umstände hinzuweisen. Ihm ist Gelegenheit zu geben, die Verdachtsgründe zu beseitigen und die Tatsachen geltend zu machen, die zu seinen Gunsten sprechen (§ 115 Abs. 3). § 136 Abs. 1 ist zu beachten. Ist der Beschuldigte nicht anwesend, ist für ihn der Verteidiger zu hören. Wenn anwesend, sind auch die sonstigen Beteiligten zu hören, namentlich der Staatsanwalt, der Gelegenheit nehmen wird, auch die zur Entlastung dienenden Umstände zu ermitteln (§ 160 Abs. 2) und auf sie hinzuweisen.

Das Gericht ist frei, Art und Umfang der Beweisaufnahme zu bestimmen; die §§ 244, 245 gelten nicht. Es kann, statt Zeugen zu vernehmen, gerichtliche und polizeiliche Protokolle verlesen oder auch nur vortragen. Die Rücksicht auf den Untersuchungszweck kann dem Vortrag noch nicht abgeschlossener Beweiserhebungen entgegenstehen, doch sollte das belastende Material soweit als irgend möglich Gegenstand der Verhandlung sein. Die Erfahrung, daß Zeugen Aug' in Auge mit dem Beschuldigten und in Rede und Gegenrede mit ihm oftmals anders aussagen als vor der Polizei, sollte zur Vernehmung der wichtigsten Zeugen in der ersten Verhandlung führen. Bei wiederholten Verhandlungen wird das Verfahren dagegen in der Regel einfacher ablaufen.

Beweisverbote sind zu beachten, namentlich findet § 252 Anwendung. Das Gericht braucht Zeugen nicht zu vereidigen, es kann sich mit uneidlicher Aussage oder mit Glaubhaftmachung begnügen. Findet die mündliche Verhandlung, wie in der Regel, im Vorverfahren oder während der Voruntersuchung statt, dann dürfen Zeugen und Sachverständige nur unter den Voraussetzungen der §§ 65, 66, 72 vereidigt werden.

10. Protokoll. Die wesentlichen Vorschriften für das Protokoll sind für anwendbar erklärt, doch ist zu beachten, daß sie nur entsprechend gelten. So entfällt die Angabe der Schöffen und

Geschworenen ebenso wie die, daß öffentlich verhandelt ist, schon wegen der anderen Verfahrensart. Auch ist § 273 nach dem Zweck der Verhandlung zu modifizieren. Zwar sind regelmäßig die wesentlichen Ergebnisse der Vernehmungen in das Protokoll aufzunehmen (§ 273 Abs. 2). Denn die Ergebnisse dienen stets zugleich dem weiteren Verfahren. Ist die Einlassung des Beschuldigten jedoch nichtssagend, muß der Hinweis genügen, daß er gehört worden ist. Wiederholt er nur, was er bereits früher gesagt hat, sind Verweisungen auf frühere, auch polizeiliche Protokolle erlaubt. Auf jeden Fall muß das Protokoll, wenn gegen die ergehende Entscheidung (Absatz 4) Beschwerde zulässig ist, so abgefaßt sein, daß das Beschwerdegericht die Entscheidungsgrundlagen nachprüfen kann.

§ 274 hat nur für die Hauptverhandlung Sinn. Die Verweisung nimmt ihn daher zu Recht von den Vorschriften aus, die entsprechend anzuwenden sind.

11. Entscheidung (Absatz 4). Das Gericht stellt dieselbe Prüfung an und hat dieselben Entscheidungsmöglichkeiten wie im schriftlichen Verfahren (s. o. 6 zu § 117). Im Gegensatz zu diesem beruht die Entscheidung in der mündlichen Verhandlung aber nicht auf den Akten, sondern — und zwar allein — auf dem Inhalt der mündlichen Verhandlung, zu der allerdings der Vortrag der entscheidungserheblichen Teile der Akten gehört. Werden Teile der Akten von der Bekanntgabe ausgeschlossen (s. o. 3), so dürfen sie bei der Entscheidung keinesfalls verwertet werden.

Die Entscheidung ergeht — wenn die Staatsanwaltschaft nicht anwesend ist, nach ihrer schriftlichen Erklärung (§ 33) — als Beschluß, der mit Gründen zu versehen ist (§ 34). Die Gründe müssen es dem Beschwerdegericht ermöglichen, die ergangene Entscheidung zu überprüfen. Daher müssen sie, wenn der Haftbefehl aufrechterhalten wird, die Tatsachen angeben, aus denen der dringende Verdacht einer bestimmten strafbaren Handlung begründet ist. Eine Verweisung auf den Haftbefehl oder eine frühere Entscheidung ist zulässig, reicht aber nur aus, wenn seitdem keine neuen Umstände zutage getreten sind, die eine Auseinandersetzung erfordern. Die Begründung muß ferner die Tatsachen angeben, aus denen sich der Haftgrund ergibt. Hatten die bei der Entscheidung angenommenen Haftgründe auch schon dem Haftbefehl oder einer früheren Entscheidung zugrunde gelegen und sind sie unverändert, kann hierauf verwiesen werden. Die gleichen Angaben müssen gemacht werden, wenn der Vollzug der Untersuchungshaft ausgesetzt wird (§ 116, § 72 Abs. 1 JGG.). Denn bei dieser Entscheidung bleibt der Haftbefehl unberührt und bedarf der Begründung. Zusätzlich sind auch die tragenden Gründe für die Aussetzung der Vollstreckung anzugeben. Wird der Haftbefehl aufgehoben, braucht das Gericht nur die Verneinung entweder des Tatverdachts oder des Haftgrundes zu begründen.

12. Bekanntmachung. Die Entscheidung ist grundsätzlich am Schluß der mündlichen Verhandlung vom Vorsitzenden in Gegenwart des Beschuldigten oder, wenn dieser nicht vorgeführt worden ist, in Gegenwart des Verteidigers zu verkünden. Sonst Teilnahmeberechtigten, die am Schluß der mündlichen Verhandlung nicht anwesend sind, ist der Beschluß mitzuteilen. Die formlose Mitteilung genügt, weil durch die Bekanntmachung der Entscheidung keine Frist in Lauf gesetzt wird (§ 35 Abs. 2). Auch dem Beschuldigten oder seinem Verteidiger ist die Entscheidung mitzuteilen, wenn sie nicht am Schluß der mündlichen Verhandlung ergehen konnte, etwa weil eine längere Beratung erforderlich war. Wird die Entscheidung nicht am Verhandlungsschluß verkündet, so ist sie möglichst rasch, spätestens binnen einer Woche, zu erlassen und umgehend bekanntzumachen. Neue Tatsachen, die nach Schluß der mündlichen Verhandlung bekannt werden, dürfen nicht verwertet werden, doch kann das Gericht die Verhandlung wieder eröffnen, solange die Entscheidung noch nicht ergangen (s. o. I 3 zu § 33) ist.

13. Beschwerde. Gegen die Entscheidung ist, wenn sie nicht von einem Strafsenat ergeht (§ 304 Abs. 4), Beschwerde zulässig, selbst wenn die Entscheidung die eines erkennenden Gerichts ist (§ 305 Satz 2). Hat die Beschwerdeentscheidung das Landgericht getroffen, ist weitere Beschwerde zulässig (§ 310 Abs. 1). Beschwerdeberechtigt sind die Teilnahmeberechtigten (s. o. 8), die Staatsanwaltschaft stets, die übrigen, auch der Nebenkläger (s. dazu o. 14b Abs. 2 zu § 114), soweit sie beschwert sind.

Die Beschwerdeentscheidung ergeht nach Lage der Akten, so daß auch zu berücksichtigen ist, was nach Schluß der mündlichen Verhandlung zu den Akten gebracht worden ist. Mit der Beschwerde kann auch die Verletzung von Formvorschriften geltend gemacht werden, etwa daß die Verhandlung statt vor dem Gericht nur vor dem Vorsitzenden oder einem beauftragten

Richter oder in Abwesenheit eines Verteidigers stattgefunden habe, obwohl einer mitwirken mußte. Das Protokoll hat hierfür, da § 274 in Absatz 5 nicht angezogen ist, keine Beweiskraft. Sind Formvorschriften verletzt, so kann das Beschwerdegericht die in der Sache erforderliche Entscheidung, weil diese eine mündliche Verhandlung voraussetzt, nur erlassen, wenn es nach § 118 Abs. 3 in mündlicher Verhandlung entscheidet; andernfalls muß es die Sache zur erneuten Verhandlung und Entscheidung an das zuständige Gericht zurückverweisen (OLG. Hamm Rpfleger **1949** 519; BayObLGSt. **1953** 202 = NJW. **1954** 204).

Im übrigen gilt das o. 7 zu § 117 und 15 zu § 114 Ausgeführte entsprechend.

§ 118b

Für den Antrag auf Haftprüfung (§ 117 Abs. 1) und den Antrag auf mündliche Verhandlung gelten die §§ 297 bis 300 und 302 Abs. 2 entsprechend.

Entstehungsgeschichte: Eingefügt durch das Gesetz vom 27. 12. 1926 als § 115c. Dessen Absatz 2 ist durch Art. 1 Nr. 1 StPÄG. entfallen.

Änderungsvorschläge: —

Keine späteren Änderungen.

1. Inhalt der Verweisung. Der Antrag auf Haftprüfung (§ 117 Abs. 1) ist ein Rechtsbehelf, der Antrag auf mündliche Verhandlung (§ 118 Abs. 1) ist eine Modifizierung des Rechtsbehelfs und daher selbst als solcher anzusehen. Für diese Rechtsbehelfe werden wesentliche Vorschriften für die Rechtsmittel für anwendbar erklärt: Die Anträge kann für den Beschuldigten dessen Verteidiger stellen, jedoch nicht gegen dessen ausdrücklichen Willen (§ 297). Für die Rücknahme des Antrags bedarf es einer ausdrücklichen Ermächtigung (§ 302 Abs. 2). Auch der gesetzliche Vertreter kann die Anträge anbringen (§ 298). Der nicht auf freiem Fuß befindliche Beschuldigte hat Vergünstigungen für das Anbringen der Anträge (§ 299; s. o. 3b zu § 117). Ein Irrtum in der Bezeichnung des Antrags ist unschädlich (§ 300).

2. Gesetzlicher Vertreter. § 298 verleiht dem gesetzlichen Vertreter des Beschuldigten (wegen des Begriffs s. u. Vorbem. 7b zum elften Abschnitt) die Befugnis, Rechtsmittel selbständig einzulegen. Wegen des Verbots der reformatio in pejus (§ 331 Abs. 1, § 358 Abs. 2) können Rechtsmittel dem Angeklagten grundsätzlich — setzt man die Kostenfrage und die Möglichkeit der Änderung des Schuldspruchs beiseite — nur nützen. Die „entsprechende" Anwendung von § 298, die § 118b vorschreibt, könnte daher zu der Auslegung führen, daß dem gesetzlichen Vertreter der Gebrauch des Antrags auf Haftprüfung und auf mündliche Verhandlung untersagt ist, wenn damit das Recht des Beschuldigten gefährdet wird, sich zu der Zeit zu verteidigen, die er für geeignet hält. Da diese Gefährdung aber wegen der Befugnis des Gerichts, von Amts wegen nach mündlicher Verhandlung zu entscheiden (§ 118 Abs. 1), und dadurch weitere Anträge auf mündliche Verhandlung zu begrenzen (§ 118 Abs. 3), mit jedem Antrag auf Haftprüfung eintritt, bliebe bei dieser Auslegung für die entsprechende Anwendung von § 298 kein Raum. Da der Gesetzgeber sie aber verordnet hat, bringt er damit zum Ausdruck, daß der Ausdruck „entsprechend" nicht die Forderung enthält, der Rechtsbehelf müsse dem Beschuldigten wie das Rechtsmittel grundsätzlich nur nützlich sein. Trotz der Selbständigkeit des Antrags des gesetzlichen Vertreters und trotz der Freiheit des Beschuldigten, sich selbst des Rechtsbehelfs zu bedienen, wirkt hier der Wille des gesetzlichen Vertreters auf die Rechte des Vertretenen ein, wie das im Zivilrecht die Regel, im Strafprozeß aber eine seltene Ausnahme ist. Bei einer Reform wird indessen zu prüfen sein, ob Handlungen des Vertreters, die dem Vertretenen nicht nur nützlich sein können, auch weiterhin zugelassen werden sollen.

§ 119

(1) Der Verhaftete darf nicht mit anderen Gefangenen in demselben Raum untergebracht werden. Er ist auch sonst von Strafgefangenen, soweit möglich, getrennt zu halten.

(2) Mit anderen Untersuchungsgefangenen darf er in demselben Raum untergebracht werden, wenn er es ausdrücklich schriftlich beantragt. Der Antrag kann jederzeit in gleicher Weise zurück-

genommen werden. Der Verhaftete darf auch dann mit anderen Gefangenen in demselben Raum untergebracht werden, wenn sein körperlicher oder geistiger Zustand es erfordert.

(3) Dem Verhafteten dürfen nur solche Beschränkungen auferlegt werden, die der Zweck der Untersuchungshaft oder die Ordnung in der Vollzugsanstalt erfordert.

(4) Bequemlichkeiten und Beschäftigungen darf er sich auf seine Kosten verschaffen, soweit sie mit dem Zweck der Haft vereinbar sind und nicht die Ordnung in der Vollzugsanstalt stören.

(5) Der Verhaftete darf gefesselt werden, wenn

1. die Gefahr besteht, daß er Gewalt gegen Personen oder Sachen anwendet oder wenn er Widerstand leistet,

2. er zu fliehen versucht oder wenn bei Würdigung der Umstände des Einzelfalles, namentlich der Verhältnisse des Beschuldigten und der Umstände, die einer Flucht entgegenstehen, die Gefahr besteht, daß er sich aus dem Gewahrsam befreien wird,

3. die Gefahr des Selbstmordes oder der Selbstbeschädigung besteht

und wenn die Gefahr durch keine andere, weniger einschneidende Maßnahme abgewendet werden kann. Bei der Hauptverhandlung soll er ungefesselt sein.

(6) Die nach diesen Vorschriften erforderlichen Maßnahmen ordnet der Richter an. In dringenden Fällen kann der Staatsanwalt, der Anstaltsleiter oder ein anderer Beamter, unter dessen Aufsicht der Verhaftete steht, vorläufige Maßnahmen treffen. Sie bedürfen der Genehmigung des Richters.

Entstehungsgeschichte: I. Entw. § 103. II. Entw. § 102. III. Entw. § 105. Frühere Bezeichnung: § 116.

Änderungsvorschläge: N. E. I, II § 114. N. E. III § 138. Entw. EGStGB. Art. 70 Nr. 71, 76. EStPÄG. § 119.

Spätere Änderungen: Nachdem der Untersuchungsgefangene durch die AV. des Reichsjustizministers vom 23. 3. 1938 (DJ. 447) für „grundsätzlich arbeitspflichtig" erklärt worden war, erhielt § 116 durch Art. 9 § 3 der VO. zur weiteren Vereinfachung der Strafrechtspflege vom 13. 8. 1942 (RGBl. I 508) folgende Fassung: (1) Dem Verhafteten dürfen die Beschränkungen auferlegt werden, die der Zweck der Untersuchungshaft, die Ordnung in der Anstalt oder die Sicherheit erfordern. Er kann zur Arbeit angehalten werden. (2) Der Verhaftete soll in Einzelhaft untergebracht werden; das muß geschehen, wenn es der Zweck des Verfahrens erfordert. (3) Über Maßnahmen zur Sicherung des Strafverfahrens entscheidet im Vorverfahren der Amtsrichter oder der Staatsanwalt, in der Voruntersuchung der Untersuchungsrichter und im Hauptverfahren der Vorsitzer des Gerichts. In dringenden Fällen kann der Anstaltsleiter vorläufige Anordnungen treffen; sie bedürfen der Bestätigung durch den Richter oder Staatsanwalt. (4) Die näheren Rechts- und Verwaltungsvorschriften über den Vollzug der Untersuchungshaft erläßt der Reichsminister der Justiz.

Mit Art. 3 Nr. 47 VereinhG. wurde § 116 (jetzt 119) wieder mit geringen Abweichungen auf seinen ursprünglichen Inhalt zurückgeführt. Die jetzige Fassung und Paragraphenbezeichnung ist eingefügt durch Art. 1 Nr. 1 StPÄG. Durch diese Vorschrift ist der bisherige Absatz 1, um den Trennungsgrundsatz schärfer zum Ausdruck zu bringen, in zwei Absätze aufgeteilt worden. Absatz 5 ist ausführlicher gehalten. Im übrigen hat die Vorschrift etwa den ursprünglichen Inhalt.

Schrifttum: Baumann, Der Briefverkehr des Untersuchungsgefangenen, DRiZ. **1959** 379; Engelbrechten, Zensur, Beanstandung und Beschlagnahme von Postsendungen der Untersuchungsgefangenen, DRiZ. **1959** 238; Franz, Rechtliches Gehör und die Briefkontrolle des Untersuchungsgefangenen, NJW. **1965** 855; Klee, Der Vollzug der Untersuchungshaft, GA. **55** 257; Kleinknecht, Der Vollzug der Untersuchungshaft, JZ. **1953** 531; Röhl, Der Rechtsschutz des Gefangenen, JZ. **1954** 65; Schmidt, Die Verbindung des Untersuchungsgefangenen zur Außenwelt, SchlHA. **1964** 274; Wagner, Der mündliche und schriftliche Verkehr des Untersuchungsgefangenen, JW. **1928** 2962.

Übersicht

I. Vorbemerkungen.

1. Inhalt und Grenzen. Die Vorschrift bringt außer dem Trennungsgrundsatz (Absätze 1 und 2) zwei Prinzipien zum Ausdruck: Der Verhaftete ist von allen Beschränkungen frei, die nicht notwendig sind, um den Haftzweck und die Ordnung im Gefängnis zu sichern (Absätze 3 und 4). Wie sich danach der Haftvollzug gestaltet, bestimmt allein der Richter (Absatz 6). Beide Grundsätze unterliegen jedoch Einschränkungen.

Die meisten Untersuchungsgefangenen werden festgehalten, um ihre Flucht zu verhindern. Diesem Zweck würde, wären die Untersuchungshaftanstalten zweckentsprechend gebaut, und wäre reichliche Bewachung vorhanden, die Verwahrung allein und ohne weitere Beschränkungen genügen. Auch für Bequemlichkeiten und private Beschäftigungen ließen sich Voraussetzungen schaffen, die dem Gefangenen gestatten würden, sein privates Leben weitgehend ungestört fortzusetzen. Da indessen die Staatsausgaben notwendigerweise beschränkt sein müssen, kann es nicht allein der Anstaltsmauer überlassen bleiben, den Haftzweck zu sichern; vielmehr müssen Beschränkungen im Verkehr mit der Außenwelt zusätzliche Sicherungen bieten.

Auch die Ordnung im Gefängnis ist ein Begriff, der sich aus der tatsächlichen Einrichtung ergibt und starke Eingriffe in die Lebensführung der Gefangenen erheischt. Hotels, die jede Freiheit in der Lebensführung ermöglichen, sind nicht ohne Ordnung; aber ihre unauffällige und dem einzelnen Reisenden angepaßte Ordnung ist teuer. Die Ordnung im Gefängnis muß mit beschränkten sachlichen Mitteln und mit einem eben ausreichenden Personal aufrechterhalten werden. Deshalb verlangt sie Verzicht und Einordnung.

Sicherung und Ordnung setzen auch der Individualisierung der Untersuchungshaft, die nach dem Wortlaut von Absatz 6 sehr weit gehen könnte, Grenzen. Die Ordnung im Gefängnis darf auch der Richter nicht aufheben. Was sie zuläßt, bestimmt sich weitegehend nicht nach seinen Vorstellungen, sondern nach Menge und Ausstattung der Zellen, der Arbeitsstätten und sonstigen Räume sowie nach Zahl und Güte des Aufsichtspersonals. Auch hindert die Fülle der Dienstgeschäfte den Richter daran, für jeden einzelnen Gefangenen Beschränkungen und Freiheiten individuell festzulegen. Endlich steht der Grundsatz der Gleichheit vor dem Gesetz einer zu weitgehenden Verschiedenheit entgegen. Eine solche wäre aber ohne einen Kanon schon deshalb zu erwarten, weil Haftentscheidungen täglich von Hunderten von Richtern getroffen werden, die, wenn sie Amtsrichter sind, das Amt des Haftrichters in der Regel nicht jahrelang behalten.

2. Untersuchungshaftvollzugsordnung. Aus diesen Gründen stellen die Landesjustizverwaltungen Untersuchungshaftvollzugsordnungen zur Verfügung, die bundeseinheitlich am 12. 2. 1953 beschlossen worden sind (letzte Änderung vom 15. 12. 1965). Soweit sie sich an die Staatsanwaltschaft und an das Anstaltspersonal wenden, sind sie hier nicht zu erörtern. Im Verhältnis zum Richter sind sie unverbindlich (OLG. Celle NJW. **1951** 676; OLG. Köln MDR. **1953** 570; OLG. Hamburg JZ. **1963** 375; OLG. Frankfurt MDR. **1965** 1011) und — dem Grundsatz nach — ein ihm zum Gebrauch bereitgestelltes Modell oder Muster (Kleinknecht, S. 532), dessen er sich bedienen kann, um es sich zu ersparen, Beschränkungen und Freiheiten für jeden einzelnen Gefangenen festzusetzen (Nr. 2 Abs. 1 und 2 UVollzO.; II Nr. 1 des Aufnahmeersuchens). In Wahrheit freilich ist, weil der Richter nur selten, und dann meist nicht von Amts wegen, sondern erst auf Anträge oder Beschwerden, abweichende Anordnungen trifft, von geringen Ausnahmen abgesehen das Leben des Gefangenen in der Untersuchungshaft durch den Inhalt der Untersuchungshaftvollzugsordnung bestimmt. Sie darf daher dem Untersuchungsgefangenen, damit er sich über seine Rechte unterrichten kann, nicht vorenthalten werden (OLG. Bremen NJW. **1956** 922).

Die Praxis der Richter, sich an die Vollzugsordnung zu halten, ist — wenn man zunächst Bedenken gegen einige wenige ihrer Bestimmungen beiseite setzt — durchaus gerechtfertigt. Sie beruht auf der Anerkennung einer im ganzen wohlerwogenen Regelung, die der Niederschlag jahrzehntelanger Erfahrung ist, und wirkt zu weitgehenden Unterschieden in der Behandlung der Untersuchungsgefangenen entgegen. Der Richter sollte daher nur aus besonderen Gründen abweichende Anordnungen treffen (OLG. Köln MDR. **1953** 570).

Gründe für abweichende Anordnungen können im Haftgrund, in der Persönlichkeit des Gefangenen, aber auch im Charakter seiner Straftat wie auch in der Dauer der Haft (OLG. Hamburg NJW. **1962** 1633) und in der Art und Weise liegen, wie er sich in die Anstaltsordnung einpaßt. In wenigen Fällen sind sie durch den Inhalt der Vollzugsordnung geboten. Zwar sind deren Bestimmungen in der Regel dem Zweck der Untersuchungshaft, der Ordnung in der Vollzugsanstalt und der Forderung, die Grundrechte so schonend wie möglich anzutasten, sorgfältig angepaßt, so daß auch ein Gesetz nicht viel anders lauten könnte. In einzelnen — sehr wenigen — Bestimmungen trägt sie aber, da bei ihrer Entstehung doch die ausgleichenden Kräfte gefehlt haben, die allein der Gang der Gesetzgebung sichern kann, den Anforderungen des Vollzugs stärker Rechnung, als dessen Notwendigkeiten das erfordern.

Ist die Untersuchungshaftvollzugsordnung auch in ihrem weitaus größten Teil als wohlerwogener Niederschlag langjähriger Erfahrung anzuerkennen, so ist gleichwohl dringend zu fordern, den Vollzug der Untersuchungshaft bald gesetzlich zu regeln. Das Richtergesetz schließt Empfehlungen an den Richter aus, aber es ist nicht zu leugnen, daß die Untersuchungshaftvollzugsordnung den Haftrichtern, die an ihrem Erlaß kaum beteiligt gewesen sind, mehr ist als nur Modell und Muster. Notwendigerweise muß sie das auch sein. Denn ein Haftrecht, das auf täglich neuen Entschließungen der Haftrichter beruhte, wäre für diese und für den Vollzug untragbar. Endlich gibt es auch Notwendigkeiten des Haftvollzugs, in die durch richterliche Anordnungen nicht eingegriffen werden sollte, ohne daß, wenn dies geschieht, stets die Ordnung in der Anstalt gestört würde. Hierzu gehören die Belegung der Zellen, Beköstigung, Beleuchtung, Krankenversorgung, Benutzung der Duschräume und Bäder, Bemessung der Freistunde (OLG. Hamburg NJW. **1959** 903), wie überhaupt die Regelung des Tageslaufs. Der Richter kann nicht wirksam anordnen, daß Eheleute in einer und derselben Zelle untergebracht werden. Er kann keine Besuchszellen einrichten, in denen Ehegatten übernachten dürfen. Er darf nicht anordnen, daß Zellen statt mit einem oder mit drei Mann mit zwei belegt werden. Er kann keinen Einfluß auf die Verpflegungssätze nehmen, den ärztlichen Dienst bestimmen oder den Gottesdienst regeln. Die hierzu notwendige Abgrenzung der Rechte des Richters von denen des Anstaltsleiters kann nur ein Gesetz vornehmen.

3. Sachlicher Geltungsbereich. § 116 gilt für die Untersuchungshaft (§ 112; § 72 Abs. 1 JGG.), die einstweilige Unterbringung (§ 126a Abs. 2 Satz 1) und die Sicherungshaft (§ 61 Abs. 1 JGG.). Darüber hinaus ist er für jede Festhaltung auf Grund der Strafprozeßordnung anzuwenden, also bei vorläufiger Festnahme (§§ 127, 128) und in den Fällen von § 230 Abs. 2 und von § 236, gleichviel ob Haftbefehl oder Vorführungsbefehl ergangen ist. Denn auch bei der Vorführung kann es erforderlich sein, den Beschuldigten in einem Haftraum für den Termin bereitzustellen. Während dieser Zeit sowie auf dem Transport können Beschränkungen notwendig werden. In der Hauptverhandlung selbst gilt § 238 Abs. 1.

Für Jugendliche besteht der besondere Grundsatz, daß der Vollzug der Untersuchungshaft erzieherisch gestaltet werden soll (§ 93 Abs. 2 JGG.).

II. Trennungsgrundsatz (Absätze 1 und 2).

1. Inhalt. Absatz 1 enthält zwei Bestimmungen, in Satz 1 den Grundsatz der Einzelhaft und in Satz 2 den der Trennung der Untersuchungs- von den Strafgefangenen. Der zweite Grundsatz gilt außerhalb der Zelle nur, „soweit möglich"; einen Fall der Unmöglichkeit, der sogar die Unterbringung von Straf- und Untersuchungsgefangenen im gleichen Raum zuläßt, führt Absatz 2 Satz 3 auf. Der erste Grundsatz wird durch Absatz 2 eingeschränkt. Dabei ist die Einschränkung von Satz 3 schlechthin gegeben; die des Satzes 1 kann nur durch den Willen des Gefangenen herbeigeführt werden.

2. Die **Trennung von Strafgefangenen** ist eine Grundforderung, die sich aus der Notwendigkeit ergibt, den Charakter der Untersuchungshaft als einer prozessualen Sicherungsmaßnahme gegen den als unschuldig Geltenden (Art. 6 Abs. 2 MenschRKonv.) von der Vollstreckung der Strafe an einem Schuldigen eindeutig abzugrenzen. Der Forderung wird nur durch selbständige Untersuchungshaftanstalten voll genügt (Klee, S. 261). Diese fordert auch die Untersuchungshaftvollzugsordnung in erster Linie (Nr. 11 Abs. 1); besondere Abteilungen von Gefängnissen werden nur hilfsweise zugestanden (Nr. 11 Abs. 2 UVollzO.). Daher dürfen Untersuchungsgefangene grundsätzlich mit Strafgefangenen nicht im gleichen Raum (Zelle, Schlafsaal) untergebracht sein (Absatz 1 Satz 1), es sei denn, daß es ihr körperlicher oder geistiger Zustand erfordere (Absatz 2 Satz 3). Ist das der Fall, dürfen im Lazarett oder in der Krankenabteilung Untersuchungsgefangene mit Strafgefangenen im gleichen Saal oder in der gleichen Zelle zusammenliegen, notfalls auch außerhalb des Lazaretts. Sonst, etwa bei der Arbeit und in der Freizeit, sind sie (Absatz 1 Satz 2) von Strafgefangenen soweit getrennt zu halten, als das nach den Anstaltsverhältnissen möglich ist. Daher sollen Untersuchungsgefangene grundsätzlich in der Zelle arbeiten (Nr. 46 Abs. 2 UVollzO.). Für Arbeiten, die sie mit anderen Gefangenen zusammenbringt, ist die Zustimmung des Richters erforderlich. Soweit die anderen Gefangenen Strafgefangene sind, wird sie nur zu erteilen sein, wenn der Untersuchungsgefangene gerade solche Arbeit begehrt, die er nur gemeinschaftlich mit Strafgefangenen ausüben kann (Nr. 22 Abs. 1 Satz 2 UVollzO.), und wenn wegen der dabei zu befürchtenden Einflüsse keine Bedenken gegen die gemeinschaftliche Beschäftigung bestehen, wie etwa bei Rückfälligen, die die Untersuchungshaft ohnehin meist als vorweggenommene Strafhaft empfinden.

Die Trennung der Untersuchungsgefangenen von den Strafgefangenen ist auch auf Transporten (Klee, S. 262), in der Freizeit und, soweit nicht die oben dargestellten Ausnahmen vorliegen, bei der Arbeit erforderlich (Nr. 22 Abs. 1 Satz 2 UVollzO.).

3. Einzelhaft. Innerhalb der Untersuchungshaftanstalt soll der Untersuchungsgefangene grundsätzlich getrennt von seinen Schicksalsgenossen untergebracht sein (Absatz 1 Satz 1), doch wird die Trennung der einzelnen Gefangenen nicht mit der gleichen Schärfe gefordert, wie diejenige der Untersuchungs- von den Strafgefangenen. Schicksal und Herkunft einer breiten Gruppe von Untersuchungsgefangenen (der Rückfälligen) sind gleich. Die Einzelhaft dient daher, von Ausnahmefällen abgesehen, dem Interesse des Beschuldigten. Mit ihrer Einrichtung soll sichergestellt werden, daß ein Gestrauchelter (oder gar ein Unschuldiger) nicht in die Gesellschaft von Kriminellen gezwungen werden kann (Nr. 22 Abs. 5 UVollzO.); sie soll es dem Untersuchungsgefangenen möglich machen, sich der Bequemlichkeiten zu erfreuen und die Beschäftigungen auszuüben, die Absatz 4 ihm gestatten. Legt er hierauf keinen Wert, dann kann er auf seinen ausdrücklichen schriftlichen Antrag in Gemeinschaftshaft gehalten werden (Absatz 2 Satz 1). Einem Verlangen auf Gemeinschaftshaft wird zu entsprechen sein (enger OLG. Hamburg NJW. **1963** 1840), wenn nicht besondere Gründe (Unverträglichkeit, Durchstechereien, Homosexualität, Gefährlichkeit) erfordern, daß der Richter Einzelhaft anordnet (§ 23 Abs. 1 Satz 2 UVollzO.). Tut er das trotz der Einwilligung des Gefangenen in die Gemeinschaftshaft, so liegt darin die Zurückführung auf den Grundsatz, so daß der Maßnahme kein Strafcharakter innewohnt (OLG. Oldenburg NJW. **1953** 235). Der Beschwerde bleibt die Anordnung gleichwohl zugänglich.

Den Antrag auf Zusammenlegung kann der Gefangene jederzeit schriftlich zurücknehmen (Absatz 2 Satz 2); doch wird er in der Regel nicht sofort, sondern nur zu bestimmten Tageszeiten in eine Einzelzelle verlegt werden. Außerhalb der Zelle darf er jederzeit mit anderen Untersuchungsgefangenen zusammengebracht werden, etwa zur Arbeit, zum Gottesdienst oder zu Gemeinschaftsveranstaltungen.

4. Sonderung. Dem öffentlichen Interesse, einen Gestrauchelten selbst wider seinen Wunsch nicht der Ansteckung durch Kriminelle auszusetzen, kann auch ohne Einzelhaft dadurch genügt werden, daß Untersuchungshäftlinge nach Gruppen untereinander gesondert werden. Das ist weitgehend anzustreben. Eine Scheidung der Männer von den Frauen ist selbstverständlich (Nr. 12, Nr. 22 Abs. 3 UVollzO.), die der Jugendlichen von den Erwachsenen in § 93 JGG. für den Regelfall vorgeschrieben (Nr. 13 UVollzO.). Eine Sonderung der Kriminellen von den Gestrauchelten, wie sie im Strafvollzug durchgeführt wird, ist auch in der Untersuchungshaftanstalt Pflicht (§ 22 Abs. 5 UVollzO.). Darüber hinaus ist darauf Bedacht zu nehmen, daß die Untersuchungsgefangenen nach Lebensalter und Vorleben sowie nach der Art der vorgeworfenen Straftat getrennt verwahrt (Nr. 23 Abs. 3 UVollzO.), namentlich Konfliktstäter von Hangtätern und beide Gruppen von den Fahrlässigkeitstätern getrennt werden. Der Richter kann dazu Abweichungen vom Einweisungsplan anordnen (Nr. 14 Abs. 3 UVollzO.).

5. Übergangsrecht. § 119 ist zwar mit dem gesamten Strafprozeßänderungsgesetz am 1. 4. 1965 in Kraft getreten (Art. 19 StPÄG.). Nach Art. 15 Abs. 3 StPÄG. darf jedoch, solange und soweit die räumlichen Verhältnisse dazu zwingen, von dem Grundsatze der Trennung der Verhafteten (§ 119 Abs. 1 Satz 1) von Strafgefangenen bis zum Ablauf von fünf Jahren und von anderen Gefangenen bis zum Ablauf von acht Jahren nach dem Inkrafttreten des Strafprozeßänderungsgesetzes abgewichen werden.

Da § 119 Abs. 2 alsbald gilt, ist ein schriftlicher Antrag schon jetzt grundsätzlich die Voraussetzung dafür, einen Untersuchungsgefangenen mit anderen Untersuchungsgefangenen in demselben Raum unterzubringen. Da solche Anträge vielfach gestellt werden und ihnen auch meist stattgegeben werden kann, werden die meisten Zellen mit mehreren Gefangenen belegt. Nur wenn auch dann der Raum nicht ausreicht, darf der Untersuchungsgefangene ohne seinen schriftlichen Antrag mit anderen Untersuchungsgefangenen zusammengelegt werden. Das darf selbst gegen seinen Willen geschehen, doch sollte einem ausdrücklichen Antrag auf Einzelhaft solange entsprochen werden, als es irgend angeht. Zunächst sind also, wenn der Raum nicht ausreicht, um jedem eine Einzelzelle zu geben, solche Gefangenen zusammenzulegen, die das zwar nicht schriftlich beantragen, aber doch nicht ausdrücklich Einzelhaft verlangen.

Solange und soweit die räumlichen Verhältnisse dazu zwingen, darf in der Übergangszeit von fünf Jahren ein Untersuchungsgefangener auch mit Strafgefangenen in demselben Raum untergebracht werden. Da der Fall der gemeinschaftlichen Lazarettunterbringung besonders geregelt ist (Absatz 2 Satz 3), kann es sich hierbei nur um besondere Ausnahmen handeln, etwa wenn in einem kleinen Untersuchungsgefängnis auch Strafgefangene als Handwerker tätig sind, und die Zelleneinteilung vorübergehend dazu zwingt, sie mit den Untersuchungsgefangenen zusammenzulegen.

III. Beschränkungen (Absatz 3).

1. Inhalt. Absatz 3 ist die magna charta des Untersuchungsgefangenen (Wagner, S. 2963; Dallinger MDR. **1951** 120). Sie besagt, daß der als unschuldig geltende (Art. 6 Abs. 2 MenschRKonv.) Beschuldigte über seine Bewegungsfreiheit hinaus in seiner Freiheit nur aus zwei Gründen beschränkt werden darf: wegen des Haftzwecks und wegen der Ordnung in der Anstalt. Daraus folgt, daß die Persönlichkeit des Gefangenen zu achten und sein Ehrgefühl zu schonen ist; daß er würdig und menschlich zu behandeln ist (Nr. 18 Abs. 1 UVollzO.); daß der Vollzug der Haft auf seine bisherige Lebensweise Rücksicht zu nehmen hat (Klee, S. 259) und daß Schäden durch die Haft von ihm fernzuhalten sind (Nr. 1 Abs. 3 UVollzO.). Bei der nach diesen Grundsätzen auszugestaltenden Untersuchungshaft sind die durch das Grundgesetz gewährleisteten Grundrechte zu achten. Die Untersuchungshaft schafft kein die Grundrechte umfassend verdrängendes Gewaltverhältnis, wenn diese auch, je nach ihrem Inhalte verschieden stark, Beschränkungen unterworfen werden (BVerfGE. **15** 293 = NJW. **1963** 755). Am Grundgesetz und an dem Grundsatz des § 116 Abs. 2 ist jeder einzelne Vorschlag der Untersuchungshaftvollzugsordnung zu messen und zu prüfen. Ist er mit ihnen unvereinbar, darf der Richter ihn sich nicht zu eigen machen (RGSt. **31** 129; OLG. Bremen MDR. **1951** 120; MDR. **1962** 235; NJW. **1962** 649; OLG. Celle NJW. **1951** 676; OLG. Hamburg NJW. **1959** 903; **1962** 1633; Dallinger MDR. **1951** 120; Kleinknecht, S. 531; Röhl, S. 65). Zwar kann der Richter in der Anordnung für den Vollzug der Untersuchungshaft (Nr. II des Aufnahmeersuchens des Richters; Nr. 15 Abs. 1 UVollzO.) ein für den Regelfall angemessenes Verbot der Ausübung von Grundrechten mit Erlaubnisvorbehalt aussprechen. Jedoch hat der Gefangene einen grundrechtlich geschützten Rechtsanspruch auf die Genehmigung, seine Grundrechte dann auszuüben, wenn eine Gefährdung der in § 116 Abs. 2 bezeichneten Interessen im konkreten Fall nicht eintreten kann. Lästigkeiten der Überwachung sind dabei hinzunehmen; denn die Grundrechte bestehen nicht nur nach Maßgabe dessen, was an Verwaltungseinrichtungen üblicherweise vorhanden ist (BVerfGE. **15** 296 = NJW. **1963** 755). Jene Prüfung und die damit verbundene Abwägung führt bei den einzelnen Grundrechten freilich zu verschiedenen Ergebnissen: Während z. B. Versammlungsfreiheit (Art. 8 Abs. 1 GG.) und Freizügigkeit (Art. 11 Abs. 1 GG.) ausgeschaltet werden, müssen die Freiheit der Religionsausübung (Art. 4 Abs. 2 GG.) und diejenige der ungehinderten Unterrichtung (Art. 5 Abs. 1 GG.) soweit als irgend möglich aufrechterhalten bleiben.

2. Zweck der Haft. Mit beachtlichen Gründen vertreten Lobe-Alsberg (I 1 zu § 116) und Klee (S. 278) die Ansicht, daß es keinen allgemeinen Haftzweck gebe, daß Zweck der Haft vielmehr jeweils der konkrete Haftzweck sei, der der Anordnung der Untersuchungshaft zugrunde liege. Daraus folgern sie, daß z. B. eine Briefkontrolle nur zulässig sei, wenn das Gericht die Untersuchungshaft wegen Verdunkelungsgefahr verhängt habe.

Der Ansicht, daß unter Zweck der Haft der konkrete Haftanlaß zu verstehen sei, ist zuzustimmen (vgl. auch Nr. 1 Abs. 1 und 2 UVollzO.). Doch kommt es hierauf nicht an, weil der Folgerung nicht beizutreten ist. Auch bei Fluchtverdacht muß der Verkehr mit der Außenwelt, auch der briefliche, überwacht werden, damit der Beschuldigte keine Fluchtanstalten treffen kann. Kommen dabei Briefe zur Kontrolle, mit denen er verdunkeln will, so darf der Richter vor dieser Tatsache die Augen nicht deshalb verschließen, weil er die Überwachung zu dem Zwecke angeordnet hatte, Fluchtmaßnahmen zu verhindern. Für eine Beanstandung kommt es dann nur darauf an, daß die wegen Fluchtverdachts angeordnete Haft im Zeitpunkt der Entscheidung nicht mehr lediglich wegen Verdachts der Flucht gerechtfertigt ist (Dallinger MDR. **1951** 121; OLG. Bremen NJW. **1962** 649; OLG. Hamburg HambJVBl. **1963** 50).

Der Richter ist jedoch nicht gehindert, Freiheiten, z. B. unkontrollierten Briefverkehr, ganz oder teilweise, etwa mit dem Ehegatten, zuzulassen, wenn er Einschränkungen im Hinblick auf den konkreten Haftzweck für entbehrlich hält.

3. Ordnung im Gefängnis. Zulässig sind Beschränkungen zur Sicherung des tatsächlichen geordneten Zustandes in der Vollzugsanstalt, nicht etwa einer von der Verwaltung erlassenen schriftlichen Gefängnisordnung (Hahn, Mat. **1** 858; John, S. 856; RGSt. **31** 129; OLG. Köln MDR. **1953** 570; OLG. Hamburg NJW. **1962** 1633). Ist die Notwendigkeit, die Ordnung aufrechtzuerhalten, auf der einen Seite eine Voraussetzung dafür, dem Gefangenen Beschränkungen aufzuerlegen, so setzt sie auf der anderen Seite dem Richter die Grenze, wie weit er Freiheiten zugestehen und Beschränkungen unterlassen darf. Auch ihn bindet die Ordnung im Gefängnis. Demzufolge darf er sich bei seinen Anordnungen nicht allein von dem Interesse des einzelnen Gefangenen leiten lassen. Er hat vielmehr auch die Interessen der anderen Untersuchungsgefangenen, die zur Verfügung stehenden Räumlichkeiten sowie die Zahl der Aufsichtsbeamten zu berücksichtigen. Diese Rücksicht wird allerdings wieder durch den Umstand beschränkt, daß Nichtverurteilte verwahrt werden, deren Grundrechte soweit als möglich zu erhalten sind, und denen das Gesetz nicht nur Freiheiten, sondern auch Bequemlichkeiten garantiert.

4. Besuche sind zulässig (Nr. 24 Abs. 1 Satz 1 UVollzO.), wenn sie auch bei Verdunkelungsgefahr besonders sorgfältig zu überwachen sind. Die Überwachung ist aber auch bei Fluchtgefahr statthaft (s. o. 2), doch kann der Richter auch unbewachte Besuche genehmigen, wenn der Haftzweck, die Persönlichkeit der Beteiligten und die Ordnung im Gefängnis es zulassen. Sind zwei Untersuchungsgefangene in derselben Anstalt untergebracht, von denen keiner verdächtig ist, an der dem anderen vorgeworfenen Tat beteiligt zu sein, dann können sie sich unter denselben Voraussetzungen besuchen, unter denen sie es könnten, wenn einer in Freiheit wäre (OLG. Hamburg NJW. **1965** 364). „Unzuträglichkeiten" in der Anstalt sind kein Grund, Genehmigung und Vorführung zu versagen. Der begrenzte Personalbestand macht es aber erforderlich, die Zahl der Besuche einzuschränken (Nr. 25 UVollzO.), die Überwachung erfordert, daß die

Zahl der Personen, die gleichzeitig einen Besuch abstatten, gering gehalten wird (Nr. 26 UVollzO.). Es ist Sache des Richters, die Interessen des Anstaltsbetriebs mit denen des Gefangenen abzuwägen. Dabei wird er auch die Persönlichkeit des Gefangenen und die Länge einer schon verflossenen Haftzeit berücksichtigen.

5. Schriftverkehr. Der Schriftverkehr ist grundsätzlich unbeschränkt, kann aber eingeschränkt werden, wenn durch seinen Umfang „die Überwachung oder die Ordnung in der Anstalt gefährdet wird" (Nr. 28 Abs. 1 Satz 1; Nr. 30 Abs. 1 und 2 UVollzO.). Mit der Überwachung kann, wie sich aus Nr. 31 Abs. 1 DVollzO. ergibt, nur die durch den Richter oder Staatsanwalt gemeint sein. Soweit die Untersuchungshaftvollzugsordnung als Beschränkungsgrund genügen läßt, daß die Überwachung durch den Umfang des Briefswechsels gefährdet wird, geht sie zu weit. Die Gefährdung der Überwachung genügt nur, wenn durch sie die Ordnung in der Anstalt bedroht ist. Das kann der Fall sein, wenn der Richter durch das Lesen der Gefangenenpost übermäßig in Anspruch genommen wird. Denn dann wird es ihm erschwert, die Kontrolle so zuverlässig zu führen, wie es notwendig ist, um den Zweck der Haft zu sichern und die Ordnung im Gefängnis aufrechtzuerhalten (OLG. Hamburg HambJVBl. **1963** 50). Eine so starke Belastung wird schon ohnehin selten vorliegen. Dabei muß zusätzlich berücksichtigt werden, daß die eingehende Post der Einwirkung des Gefangenen weitgehend entzogen ist (OLG. Frankfurt MDR. **1965** 1012). Zudem muß für eine Kontrolle Sorge getragen werden, die so ausreichend ist, daß sie der grundsätzlichen Freiheit des Briefverkehrs Rechnung trägt; das ist nicht mehr der Fall, wenn der Briefverkehr auf einen Brief je Woche (Nr. 28 Abs. 1 Satz 3 UVollzO.) beschränkt wird (Baumann, S. 379).

In dringenden Fällen kann es notwendig sein, den Schriftverkehr durch fernmündlichen Verkehr zu ersetzen (Nr. 38 UVollzO.), doch wird dem in der Regel die Ordnung in der Anstalt entgegenstehen. Auf keinen Fall hat der Gefangene einen Anspruch darauf, seinen Verkehr mit der Außenwelt durch den Fernsprecher aufrechtzuerhalten, auch nicht, wenn er mit seinem Verteidiger sprechen will (OLG. Oldenburg NJW. **1964** 215).

Der Inhalt eines Briefes kann beanstandet (s. u. 6) und der Brief kann von der Beförderung ausgeschlossen werden (s. u. 7), wenn durch den Inhalt oder von ihm zu erwartende Folgen der Zweck der Untersuchungshaft oder die Ordnung in der Vollzuganstalt gefährdet werden. Dazu kann die Post eingesehen werden. Das bezieht sich sowohl auf Briefe, die der Untersuchungsgefangene schreibt (ausgehende Briefe) als auch auf solche, die an ihn gerichtet sind (eingehende Briefe). Mit der Aushändigung des Briefes an den Empfänger verliert der Absender die rechtliche Möglichkeit, über ihn zu verfügen, namentlich ihn zurückzufordern. Das ergab sich früher aus dem Wortlaute des § 35 Abs. 1 der Postordnung vom 30. 1. 1929 (RGBl. I 33), ist aber auch § 44 der Postordnung vom 16. 5. 1963 (BGBl. I 341) — als selbstverständlich — zu entnehmen (LG. Krefeld NJW. **1965** 596). Ausgehändigt ist der Brief, wenn er bei der auf ihm bezeichneten Anschrift abgeliefert worden ist (§ 51 Abs. 2 Nr. 3 PostO.). Von diesem Zeitpunkt an ist der Empfänger allein verfügungsberechtigt. Demzufolge sind auch Eingriffe in das Briefgeheimnis — ein Eingriff in das Postgeheimnis ist nicht mehr denkbar — allein nach seiner Person zu beurteilen (a. A. — die Maßnahme richtet sich bei eingehenden Briefen allein gegen den Absender — Franz NJW. **1965** 26). Sie sind auf Grund des Gesetzesvorbehalts in Art. 10 GG im Rahmen des § 119 Abs. 3 zulässig. Dem Gefangenen bleibt es aber unbenommen, zu erklären, daß er bestimmte Briefe — etwa die vor seiner Verhaftung abgesandten — nicht annehmen oder. während der Haft nicht zur Kenntnis und in Eigenbesitz nehmen wolle. Briefe, die der Gefangene nicht zum Lesen erhält, können die Ordnung in der Anstalt nicht gefährden und dürfen daher nicht überwacht werden. Demzufolge bleiben in beiden Fällen die Briefe unkontrolliert; im ersten werden sie zurückgesandt, im zweiten zur Habe des Gefangenen genommen.

6. Die **Inhaltskontrolle** sollte großzügig sein. Der Richter muß sich bewußt halten, daß der Untersuchungsgefangene nicht unter Vormundschaft des Gerichts steht oder von ihm erzogen werden soll, und daß er daher grundsätzlich — einige Ausnahmen sind sogleich zu behandeln — das gleiche schreiben kann, wie in Freiheit (Baumann, S. 380; Arndt, NJW. **1964** 855; OLG. Hamm JMBlNRW. **1964** 247; OLG. Hamburg MDR. **1966** 168). Demzufolge darf der Briefwechsel nicht auf wichtige Mitteilungen beschränkt werden (OLG. Hamburg Alsb. E. **1** 313), auch ist es nicht zulässig, unpassende und ungehörige Ausdrücke zu verhüten (OLG. Hamburg Alsb. E. **1** 311). Ebenso ist es nicht gerechtfertigt, Schriftwechsel mit Behörden der SBZ. allgemein zu unterbinden (so OLG. Celle JZ. **1964** 428, abl. Evers; Erdsiek NJW. **1964** 1118; Schmidt, S. 277), wenn nicht im Einzelfall aus der Anfrage oder aus der Antwort eine konkrete Störung der Ordnung in der Anstalt zu erwarten ist. Der Richter des § 119 Abs. 6 Satz 1 darf auch nicht entscheiden, wer im Recht ist, wenn zwischen einem minderjährigen Gefangenen und seinen Eltern Streit besteht, ob der Gefangene an bestimmte Personen schreiben darf; er hat die Beförderung der Sendungen zuzulassen (OLG. Hamburg JR. **1965** 110). Briefe beleidigenden Inhalts dürfen nicht stets (so OLG. Köln MDR. **1953** 570) angehalten werden, sondern nur, wenn sie die Ordnung in der Anstalt gefährden (OLG. Bremen JZ. **1961** 265; OLG. Hamm JMBlNRW. **1964** 247; OLG. Hamburg JR. **1965** 394), etwa weil ihr Inhalt in der Vollzugsanstalt besprochen wird, und dadurch andere Untersuchungsgefangene zu zügellosem Verhalten veranlaßt werden, oder wenn sie eine bedeutsame Straftat darstellen. Die Ordnung in der Anstalt wird regelmäßig gefährdet sein durch Briefe mit wichtigen unrichtigen oder gröblich entstellenden Behauptungen über die Verhältnisse in der Anstalt (Nr. 34 Abs. 1 Nr. 4 UVollzO.) und durch Beleidigung von Richtern und Beamten, weil unkritischen Gefangenen Mut gemacht wird, sich gegen die Ordnung aufzulehnen, wenn solche Briefe unter den Gefangenen besprochen werden, wie dies erfahrungsgemäß geschieht (OLG. Bremen MDR. **1956** 246; Kleinknecht, S. 533). Doch sollten auch hier die Worte nicht auf die Goldwaage gelegt und darf nicht jedes Fehlgreifen im Ausdruck als Beleidigung empfunden werden, namentlich wenn offensichtlich ist, daß der Gefangene im Unmut unsachliche Äußerungen von sich gibt, die niemand ernst nimmt (OLG. Hamburg JR. **1965** 394). Dagegen wäre die Ordnung in der Anstalt gefährdet, wenn der Richter seine Autorität dadurch aufgäbe, daß er sich zum Briefträger für Schreiben machte, die bedeutsamere Straftaten zum Inhalt haben oder sie vorbereiten, wie Delikte gegen die Staatssicherheit, aber auch Personenstandsfälschung (OLG. Bremen NJW. **1958** 472), Kredit- oder Heiratsschwindel und dgl. (enger Schmidt, S. 277). Auch Briefe, deren Inhalt selbst strafbar ist (Nr. 34 Abs. 1 Nr. 3 UVollzO.), wie unzüchtige Schriften, sind von der Beförderung auszuschließen.

Wenn der Gefangene seine Heimatanschrift anstelle der Anstaltsanschrift benutzt, begründet das allein keinen Verdacht einer strafbaren Handlung und bietet daher keinen Anlaß, den Brief zu beanstanden.

Meyer (MDR. **1964** 724) meint: Auf Grund des besonderen Gewaltverhältnisses, wie es die Untersuchungshaft darstelle, könne der Gefangene darin beschränkt werden, Rechte anderer zu verletzen. Absatz 3 schütze den Gefangenen vor Einschränkung seiner Rechte; das Recht, Straftaten (durch Beleidigungen) zu begehen, habe er als freier Mann nicht gehabt und es wachse ihm in der Anstalt nicht zu. Zudem dürfe der Richter nicht Beihilfe zu Beleidigungen leisten; es gäbe keinen Rechtfertigungsgrund, der ihm das erlaube. Das trifft nicht zu. Wenn der Richter den Brief nach seiner Amtspflicht befördern darf oder muß, ist er nicht strafbar. Der Beschuldigte hat als freier Mann zwar nicht das Recht, Straftaten zu begehen, aber die Freiheit dazu. Es gibt keinen Rechtssatz, daß gezwungen werden könnte, sich straffrei zu führen, wer sich in einem „besonderen Gewaltverhältnis" befindet. Das besondere Gewaltverhältnis der Untersuchungshaft hat zudem sein eigenes Gesetz, das besagt: Dem Gefangenen dürfen nur solche Beschränkungen auferlegt werden, die der Haftzweck und die Ordnung in der Anstalt erfordern — und keine anderen. Achtet der Richter die dem Gefangenen danach verbleibende Freiheit, auch wenn dieser einen unvernünftigen Gebrauch von ihr macht, dann räumt er ihm damit nicht, wie Meyer (JR. **1965** 395) meint, ein „Recht" ein, andere zu beleidigen.

Nach dem Zweck der Kontrolle sind immer anzuhalten Briefe, mit denen eine Flucht vorbereitet oder Verdunkelung betrieben wird, gleichviel aus welchem Grunde die Untersuchungshaft verhängt ist (s. o. 2). Indessen sollte der Richter sich vor Kleinlichkeit hüten und nicht jeden Brief beanstanden, in dem ein Ehemann seiner Frau versichert, er sei unschuldig. Lediglich deshalb, „weil sich der Brief mit der Strafhaft befaßt", darf er nicht angehalten werden (a. A. Engelbrechten, S. 23). Auch die „Beeinträchtigung des Strafverfahrens" (Nr. 34 Abs. 1 Nr. 2 UVollzO.) ist kein Grund, einen Brief nicht zu befördern; der Begriff ist zu unbestimmt. Ein Brief ist vielmehr im Hinblick auf das laufende Strafverfahren nur dann zu beanstanden, wenn sein Inhalt entweder die Gefahr begründet, der Beschuldigte werde sich dem Strafverfahren entziehen oder die Ermittlung der Wahrheit erschweren (§ 112 Abs. 2; OLG. Hamburg MDR. **1966** 168). Eine solche Befürchtung scheidet aus, wenn sich der Beschuldigte an die Volksvertretung oder an politische Parteien wendet (OLG. Dresden JW. **1929** 1074; OLG. Bremen NJW. **1950** 395) oder ein Gesuch an die Europäische Kommission für Menschenrechte (Art. 25 Abs. 1, namentlich Satz 2, Art. 19 MenschRKonv.) richtet (Nr. 34 Abs. 2 UVollzO.). Im letzten Falle darf er nicht gehindert werden, sich der englischen oder französischen Sprache zu bedienen, aber er kann, da die Kommission Gesuche auch in deutscher Sprache entgegennimmt, nicht verlangen, daß sein Gesuch amtlich in eine der beiden Sprachen übersetzt werde.

7. Kontrollverfahren. Eingehende Briefe öffnet der Richter. Unbeanstandete Briefe gibt er der Anstalt zum Aushändigen an den Gefangenen verschlossen weiter (Nr. 33 UVollzO.). Abgehende Briefe sollen nach Nr. 32 Abs. 1 dem Richter unverschlossen vorgelegt werden. Dieser soll die Genehmigung unauffällig schriftlich vermerken (Absatz 2). Wünscht ein Untersuchungsgefangener, daß ein von ihm geschriebener Brief dem Richter verschlossen vorgelegt werde, so ist ihm ein besonderer Begleitumschlag auszuhändigen, den er selbst verschließt (Absatz 3 Satz 1).

Dieser Vorschlag ist bedenklich. Einmal gebietet es weder der Haftzweck noch die Ordnung in der Anstalt, ausgehende Briefe mit einem Kontrollvermerk zu versehen; der Nachweis der Kontrolle kann auf einem Begleitumschlag angebracht oder auf andere Weise geführt werden. Zum anderen widerspricht die unverschlossene Vorlage (Nr. 32 Abs. 1 UVollzO.) dem Art. 10 GG., nach dem das Briefgeheimnis unverletzlich ist. Die Zusage, auf einen Wunsch des Untersuchungsgefangenen das Briefgeheimnis zu wahren, ersetzt nicht dessen fehlende Einwilligung. Zwar ließe sich die Auffassung vertreten, ein Gefangener, der das Verlangen unterläßt, seine Briefe sollten dem Richter verschlossen übergeben werden, erkläre damit seine Einwilligung in die Verletzung des Briefgeheimnisses. Man darf aber nicht übersehen, daß das Verhalten des Gefangenen nicht völlig frei ist. Er kann befürchten, die Aufsichtsbeamten — von denen er abhängt, die aber außerhalb der Beobachtung des Richters stehen — durch Wünsche auf Sonderbehandlung zu verstimmen. Zudem wird ihm sein Recht in der Regel unbekannt sein. Der Richter sollte daher allgemein anordnen, daß Begleitumschläge verwendet werden (Nr. 32 Abs. 3 Satz 2 UVollzO.). Es sollte nachdenklich stimmen, daß Hartung in einer Zeit, als die Rechte des Untersuchungsgefangenen stark eingeengt waren, die Vorlage ausgehender Briefe in einem Begleitumschlag als selbstverständlich angesehen hat (ZStW. 55 [**1936**] 232).

Wegen der Überlassung der Briefkontrolle an den Staatsanwalt (Nr. 31 Abs. 1 Satz 1 in Vbdg. mit Nr. 3 Abs. 1 UVollzO.) s. u. V 3. Eine Überlassung der Briefkontrolle an Vollzugsbeamte oder an den Anstaltsarzt (vgl. BGH. NJW. **1961** 2069) ist unzulässig. Der Richter darf auch der Anstaltsleitung keine Einsicht in den Schriftverkehr gewähren, muß sie aber über allgemeine Möglichkeiten unterrichten, die die Einrichtungen der Anstalt für Flucht und Verdunkelung bieten (Nr. 34 Abs. 4 UVollzO.).

Wird der Inhalt beanstandet, werden ein- und ausgehende Briefe zur Habe des Gefangenen genommen; eingehende können auch dem Absender zurückgesandt werden (Nr. 34 Abs. 5 UVollzO.). Es ist unzulässig, Briefe oder Abschriften von ihnen ohne Beschlagnahme zu den Strafakten oder zu den Personalakten des Gefangenen zu nehmen (BGH. NJW. **1961** 2069; OLG. Bremen MDR. **1951** 120; OLG. Hamburg MDR. **1966** 168). Kann der Brief als Beweismittel für die Untersuchung in der Sache, in der der Gefangene einsitzt, bedeutsam sein, dann kann ihn der Richter der anhängigen Sache beschlagnahmen. Kommt ihm die Bedeutung für eine neue Sache (etwa wegen Verleitung zum Meineid, Betrugs, Beleidigung) zu, dann kann ihn der Richter der anhängigen Sache über die Staatsanwaltschaft dem Amtsrichter zuleiten, damit dieser ihn beschlagnahme (OLG. Schleswig SchlHA. **1960** 29), falls die Staatsanwaltschaft das beantragt.

8. Pakete. Die Untersuchungshaftvollzugsordnung gestattet dem Gefangenen nur, Wäschepakete zu empfangen, untersagt den Paketempfang sonst grundsätzlich und gesteht dem Anstaltsleiter zu, Ausnahmen zu bewilligen (Nr. 39 Abs. 1 und 2 UVollzO.). Gegen diesen Vorschlag bestehen Bedenken. Zwar ist einzuräumen, daß der Paketverkehr Gelegenheit gibt, dem Gefangenen Fluchtgeräte zuzustecken. Dem kann aber durch Durchsicht begegnet werden. Der dazu erforderliche Personalaufwand kann durch Begrenzen des Paketempfangs gemindert, muß aber im übrigen erbracht werden, weil die Paketkontrolle zum ordnungsmäßigen Vollzug der Untersuchungshaft gehört. Das Oberlandesgericht Celle hat in einem anderen Zusammenhang (Bücherverbot) ausgeführt: „Die zur Aufrechterhaltung der Ordnung im Gefängnis angeordneten Beschränkungen müssen in angemessenem Verhältnis zu diesem Zweck stehen. Das Verbot ... ist unzulässig, wenn sich der erstrebte Zweck durch eine sachgemäße Handhabung der Überwachung ... erreichen läßt“ (NJW. **1951** 676). Dieser Grundsatz erfordert beim Paketempfang besondere Beachtung. Denn die Verbindung zur Familie wird durch ein liebevoll gepacktes Paket oft inniger aufrechterhalten als durch Briefe. Die Verbindung zur Familie zu fördern, muß angesichts des Grundsatzes, den Untersuchungsgefangenen menschlich zu behandeln (Nr. 18 Abs. 1 UVollzO.), als eine dringliche Fürsorgemaßnahme angesehen werden.

Der Empfang von Paketen wird daher, wenn auch in beschränktem Umfang, grundsätzlich zuzulassen sein (Wagner, S. 2965). Weil er nicht nur einen materiellen, sondern auch einen ideellen Zweck verfolgt, kann er nicht allein mit der Begründung untersagt werden, der Gefangene habe die — zudem beschränkte — Möglichkeit, in der Vollzugsanstalt einzukaufen. Das empfangene Paket unterliegt der Kontrolle. Dabei können einzelne Gegenstände zurückgewiesen oder zur Habe des Gefangenen genommen werden (Nr. 39 Abs. 3 UVollzO.); Beispiel: Kugelschreiberminen, in denen Nachrichten oder Flüssigkeiten verborgen sein können, deren Untersuchung aber ohne Zerstörung nicht möglich ist (OLG. Oldenburg NJW. **1964** 215).

9. Hausstrafen. Die Ordnung in der Vollzugsanstalt kann, schon im Hinblick auf die vielen rückfälligen Schwerverbrecher, nicht ohne eine Hausstrafgewalt aufrechterhalten werden. Wenn auch für die Hausstrafe der Mangel eines Vollzugsgesetzes am empfindlichsten zutage tritt, so läßt sich doch die Hausstrafgewalt aus der Natur des besonderen Gewaltverhältnisses, in dem sich der Untersuchungshäftling befindet, und aus dem Grundsatz des Absatzes 3 noch hinreichend ableiten (OLG. Hamburg GA. **71** 74; BayObLG. JW. **1927** 2059; OLG. Celle NJW. **1951** 676; OLG. Braunschweig MDR. **1965** 1007; Schmidt-Leichner NJW. **1951** 676). Dabei bleibt es freilich erwünscht, daß die Hausstrafgewalt ihre gesetzliche Grundlage und ihre Grenzen schon vor einer allgemeinen Prozeßreform so bald als möglich gelegentlich einer sonst gebotenen Gesetzesänderung erhielte.

Die Hausstrafe ist ein bloßes Ordnungsmittel. Daher wohnt ihr im Gegensatz zur Kriminalstrafe kein Vergeltungszweck inne. Demzufolge sind für ihre Verhängung ausschließlich Gesichtspunkte der General- und Spezialprävention maßgebend (OLG. Bremen NJW. **1957** 275). Die Bestrafung soll dem störenden Gefangenen und seinen Mitgefangenen dartun, daß die Ordnung in der Anstalt, wenn es nottut auch mit Gewalt, aufrechterhalten wird. Kann sie diese Wirkung nicht erfüllen, etwa weil der Beschuldigte in Strafhaft überführt ist, oder weil die Hausstrafe dem Verstoß nicht auf dem Fuße folgt, so sind Verhängung und Vollstreckung unzulässig (Beispiele: OLG. Bremen NJW. **1956** 72; **1957** 275). Der Wegfall der Wirkung auf den störenden Gefangenen allein macht jedoch die Strafe nicht unzulässig, wenn sie ihrer generalprävenierenden Wirkung wegen noch erforderlich ist, um die Ordnung in der Anstalt aufrechtzuerhalten.

Voraussetzung der Hausstrafe ist, daß der Gefangene der Ordnung in der Vollzugsanstalt zuwiderhandelt (Nr. 67 Abs. 1 UVollzO.). Die Untersuchungshaftvollzugsordnung läßt eine Strafe auch zu, wenn der Beschuldigte den Haftzweck — etwa durch einen Fluchtversuch — gefährdet oder vereitelt. Wenn auch gewisse Bedenken nicht unterdrückt werden können, nicht nur die Ordnung, sondern auch den Haftzweck durch Hausstrafen zu sichern (Klee, S. 270), so steht die Bestimmung doch im Einklang mit Absatz 3. Zu den dort aufgeführten Beschränkungen gehört als äußerste auch eine Hausstrafe. Sie ist daher auch bei einem Fluchtversuch als zulässig anzusehen (OLG. Hamburg NJW. **1965** 1544).

Der Begriff „in" der Anstalt umfaßt das gesamte besondere Gewaltverhältnis der Gefangenhaltung. Daher kann auch eine außerhalb der Vollzugsanstalt begangene Handlung gegen die Ordnung in der Anstalt verstoßen (OLG. Düsseldorf JMBlNRW. **1955** 9).

10. Arten der Hausstrafen. Da die Hausstrafe Ordnungsmittel ist, kommen alle Hafterschwerungen als Hausstrafen in Betracht, die geeignet sind, Ordnungsfunktionen zu entfalten. Es braucht kaum hervorgehoben zu werden, daß grausame und herabwürdigende Strafen verboten sind. Wegen des Gleichheitssgrundsatzes ist es erforderlich, bei gleichen Umständen gleiche Ordnungsmittel anzuwenden. Daher empfiehlt es sich, den Katalog der Untersuchungshaftvollzugsordnung zu benutzen, der sinnvolle Abstufungen und Begrenzungen enthält. Bei der Verhängung (wie auch beim Vollzug) der Hausstrafe ist darauf zu achten, daß die Verteidigung und die Verhandlungsfähigkeit des Gefangenen nicht beeinträchtigt werden (Nr. 69 Abs. 3 UVollzO.).

Nr. 68 UVollzO.

lautet:

Arten der Hausstrafen

(1) Als Hausstrafen kommen in Betracht:

1. Verweis;
2. Beschränkung oder Entziehung der dem Untersuchungsgefangenen nach Nr. 18 Abs. 3 allgemein oder nach den Nummern 44 (Selbstbeschäftigung), 45 (Lesestoff),

46 (Teilnahme an gemeinsamen Veranstaltungen), 50 Abs. 2 (Selbstbeköstigung), 51 (Beschaffung von Zusatznahrungs- und Genußmitteln und Gegenständen des persönlichen Bedarfs), 53 Abs. 1 (Überlassung von Stücken aus der Habe) oder 54 Abs. 3 (verlängerte Zellenbeleuchtung) zustehenden Rechte oder bewilligten Vergünstigungen bis zu vier Wochen;

3. Beschränkung des Verkehrs mit der Außenwelt auf dringende Fälle bis zu vier Wochen; bei Beschränkung des Briefverkehrs darf der Gefangene einer der Personen, mit denen er in Briefwechsel steht, Mitteilung machen;
4. Beschränkung oder Entziehung der Bewegung im Freien bis zu einer Woche;
5. Schmälerung der Kost bis zu einer Woche;
6. hartes Lager bis zu einer Woche;
7. Arrest bis zu zwei Wochen.

(2) Mehrere Arten von Hausstrafen dürfen nebeneinander verhängt werden. Dies gilt nicht für Arrest. Nr. 71 Abs. 2 bleibt unberührt.

(3) Bei der Wahl der Hausstrafe sind Grund und Zweck der Haft sowie die seelischen Wirkungen der Untersuchungshaft und des Strafverfahrens zu berücksichtigen.

Die in Nr. 68 Abs. 2 Satz 3 erwähnte Nr. 71 Abs. 2 handelt von der Verschärfung des Arrests durch Entziehung der Arbeit, des Bettlagers, Schmälerung der Kost und Ausschluß von der Bewegung im Freien.

11. Hausstrafverfahren. Hausstrafen kann nur der Richter verhängen (Nr. 67 Abs. 1 UVollzO.). Der Anstaltsleiter klärt den Sachverhalt und legt seine Ermittlungen dem Richter vor mit dem Antrage, eine bestimmte Hausstrafe festzusetzen. Der Richter kann weitere Ermittlungen veranlassen (Nr. 69 Abs. 1 UVollzOl). Der Gefangene ist vor Verhängung der Hausstrafe zu hören. Daß dies der Richter selbst (so EbSchmidt, 15 zu § 116) und nur mündlich tut (so OLG. Frankfurt NJW. **1952** 799; **1953** 118), ist nicht erforderlich (OLG. Hamm NJW. **1953** 356; Gottwaldt NJW. **1952** 799; Kleinknecht, S. 534), da selbst bei der Strafverfügung das Gehör durch eine nichtrichterliche Stelle genügt (§ 413 Abs. 1 Satz 1). Dem Argument, daß der Anstaltsleiter, der die Strafe beantragt, nicht zugleich die Stelle sein soll, wo der Beschuldigte sich rechtfertigen kann (Schmidt-Leichner NJW. **1952** 799), kommt insofern Bedeutung zu, als der Richter einem Wunsch des Beschuldigten, ihn persönlich zu hören, grundsätzlich nachkommen sollte; ein Verbot, den Gefangenen auf andere Weise zu hören als mündlich durch den Richter selbst, trägt es nicht.

Die Hausstrafe ist eine prozessuale Maßnahme. Sie wird daher durch schriftlich begründeten (§ 34) Beschluß nach Anhören der Staatsanwaltschaft (§ 33) erlassen. Für die Bekanntmachung des Beschlusses genügt formlose Mitteilung (§ 35 Abs. 2 Satz 2; Nr. 69 Abs. 2 Satz 2 UVollzO.). Sie wird in der Regel in der Weise vorzunehmen sein, daß ein Anstaltsbeamter dem Gefangenen den Hausstrafenbeschluß mündlich eröffnet.

12. Fesseln (Absatz 5). Die Fesselung als der stärkste Eingriff in die Bewegungsfreiheit ist an besonders strenge Voraussetzungen geknüpft, die in Absatz 5 abschließend aufgeführt sind. Sie ist danach nur zulässig

a) bei einer bestimmten Gefährlichkeit für Personen, namentlich Vollzugsbedienstete, und Sachen (Nr. 1). Nach dem Grundsatze der Verhältnismäßigkeit (Absatz 5 Satz 1 letzter Absatz) dürfen die gefährdeten Sachwerte aber nicht geringfügig sein. Der Gefangene, der androht, die in der Zelle hängenden Verhaltensvorschriften zu zerreißen, darf deshalb nicht gefesselt werden;

b) bei Fluchtversuch oder bei Ausbruchsgefahr (Nr. 2) und

c) bei Selbstmordgefahr und Gefahr der Selbstbeschädigung (Nr. 3).

Die Fesselung bei Selbstmordgefahr beanstandet Klee (S. 269) als eine „Überspannung des Gedankens der Durchführung des staatlichen jus puniendi um jeden Preis". Man wird dem nicht zustimmen können und wird auch die Fesselung bei der ernstlichen Gefahr nicht unbedeutender Selbstbeschädigung billigen müssen, weil sie nicht selten eine Flucht aus dem Lazarett vorbereiten soll.

Die Fesselung kann auch außerhalb der Anstalt, etwa bei Überführungen (OLG. Bremen NJW. **1959** 1982), Platz greifen, hier aber in der Regel nur in der Form der Handfessel, des sog. Knebels. Das Fesseln ist nur soweit statthaft und darf nur solange aufrechterhalten werden, als der Gefahrenzustand es erfordert (Nr. 45 UVollzO.) und durch keine andere, weniger einschneidende Maßnahme abgewendet werden kann. Demnach muß es ggf. auf die Nachtzeit beschränkt werden (OLG. München Alsb. **1** 310), wenn am Tage Bewachung noch ausreicht. Auch darf bei Transporten keinesfalls routinemäßig jeder Gefangene auf dem Bahnsteig gefesselt werden. Die Örtlichkeit allein begründet die Ausbruchsgefahr noch nicht.

Die Anordnung in Satz 2, daß der Gefangene in der Hauptverhandlung ungefesselt sein soll, gehört streng genommen nicht hierher. Ordnet der Vorsitzende an, daß der Angeklagte während der Hauptverhandlung gefesselt bleibe, so handelt es sich um eine Maßnahme der äußeren Verhandlungsleitung (§ 238 Abs. 1; BGH. NJW. **1957** 271), nicht dagegen um eine Verfügung nach § 119.

IV. Freiheiten (Absatz 4).

1. Grundsatz. Absatz 4 ist von Absatz 3 nicht völlig abzuscheiden, weil das Versagen und der Entzug von Bequemlichkeiten Beschränkungen sind und weil nicht eindeutig festgestellt werden kann, was zur normalen Lebensführung gehört und was eine Bequemlichkeit darstellt. Indessen ist die Scheidung mehr äußerlich, weil Absatz 4 ebenso auf den Zweck der Haft und auf die Ordnung im Gefängnis abstellt wie Absatz 3. Aus diesem Grunde sind hier gewisse Beschränkungen (etwa Alkoholverbot) mit den entsprechenden Freiheiten (etwa Selbstbeköstigung) zusammen behandelt worden, um einheitliche Gebiete nicht zu zerreißen.

2. Ausführungen an Orte außerhalb der Anstalt sind zulässig, wenn wichtige und unaufschiebbare Angelegenheiten persönlicher (Beerdigung), geschäftlicher (Heraussuchen von Urkunden) oder rechtlicher Art (Gerichtstermine) die Anwesenheit des Gefangenen erforderlich machen (Nr. 41 Abs. 2 UVollzO.). Ein Urlaub aus der Untersuchungshaft ist dagegen mit deren Zweck unvereinbar (RG. JW. **1915** 721; Nr. 41 Abs. 3 UVollzO.), doch kann der gleiche Erfolg durch die befristete Aussetzung des Vollzugs der Untersuchungshaft erreicht werden (s. o. 3 Abs. 3 zu § 116), wenn deren Voraussetzungen vorliegen. Ausführungen sind, weil durch sie der Gewahrsam gelockert wird, auf solche Fälle zu beschränken, in denen auch bei strengen Maßstäben die Anwesenheit außerhalb der Anstalt dringend geboten ist (OLG. Bremen MDR. **1963** 158). Ist der Untersuchungsgefangene Prozeßpartei, so hat er sich in der mündlichen Verhandlung und bei der Beweisaufnahme grundsätzlich vertreten zu lassen; ggf. muß er dazu das Armenrecht nachsuchen. Kommt es jedoch bei der Beweisaufnahme über einen komplizierten Sachverhalt, den nur der Zeuge und der Angeklagte kennen, entscheidend auf persönliche Vorhalte an, so ist die Anwesenheit des Angeklagten dringend geboten.

Das Ausführen gehört zur Fürsorge für den Gefangenen. Der Staat muß dazu Personal zur Verfügung stellen. Demzufolge ist Mangel an Bewachungspersonal kein Grund, berechtigte Ausführungsanträge abzulehnen (KG. JR. **1959** 308).

Die grundsätzlich notwendige Prüfung, ob eine Ausführung unaufschiebbar ist, wird zu unterbleiben haben, wenn der Untersuchungsgefangene sich verheiraten will. Seine Motive zu erforschen, wird stets unangemessen sein. Die Zahl der Eheschließungen in der Untersuchungshaft ist auch so gering, daß Personalrücksichten keine Rolle spielen; a. A. — Heirat nur unter ganz besonderen Umständen mit der Ordnung im Gefängnis vereinbar — BayObLG. DRiZ. **1932** 625). Zur Eheschließung selbst braucht der Gefangene keine Erlaubnis. Ihm ist die Gelegenheit zur Eheschließung zu geben (OLG. Nürnberg FamRZ. **1959** 116 und Bosch, ebenda); dazu ist er grundsätzlich zum Standesamt vorzuführen. Bei Ausbrechern kann dem Gefangenen überlassen bleiben, beim Standesbeamten die Eheschließung in der Anstalt zu beantragen.

3. Arbeit. Auf Verlangen soll dem Untersuchungsgefangenen Gelegenheit gegeben werden, zu arbeiten (Nr. 43 Abs. 1 Satz 1 UVollzO.). Er ist jedoch zur Arbeit nicht verpflichtet (Nr. 42 UVollzO.). Nimmt er welche an, darf er nicht gezwungen werden, Tagespensen zu leisten (Mehliss DStRZ. **1917** 213), auch ist keine Hausstrafe zulässig, wenn er der Arbeit nicht nachkommt (Klee, S. 263) oder sie zur Unzeit niederlegt. Ihm kann jedoch die Arbeit entzogen werden; in seltenen Fällen kann bei unzeitiger Niederlegung Schadensersatz in Betracht kommen.

Fleißiges Arbeiten sollte zu den Strafakten mitgeteilt und strafmildernd berücksichtigt werden (Mehliss a. a. O.).

Die Pflicht, den Haftraum zu reinigen, die dem Gefangenen auferlegt wird (Nr. 54 Abs. 2 Satz 1 UVollzO.), entspricht dem, was in Gemeinschaftsunterkünften üblich ist, und kann nicht als Arbeitszwang gewertet werden (EbSchmidt, 8 zu § 116; a. A. Klee, S. 266).

4. Selbstbeschäftigung. In den Grenzen, die sich aus Absatz 4 ergeben, kann sich der Untersuchungsgefangene selbst beschäftigen (Nr. 44 UVollzO.). Er darf also in seiner Zelle zeichnen, malen oder modellieren, aber, weil das andere stört und die Kontrolle erschwert, keine Musik machen. Schriftstellerische Arbeiten (Prot. der StPKomm. **1** 117) sind stets erlaubt. Ihre Versendung kann bei großem Umfang beschränkt werden, wenn die Kontrolle unzumutbar ist, doch sind Ausnahmen erforderlich, wenn der Gefangene den Ertrag seiner Arbeit für seine Familie oder für sich benötigt. Zu schriftlichen Arbeiten ist ihm der Gebrauch einer eigenen Schreibmaschine zu erlauben, wenn kein Mißbrauch zu befürchten ist (OLG. Schleswig SchlHA. **1958** 236; OLG. Hamburg MDR. **1965** 1011; enger — Erlaubnis nur, wenn das Versagen Nachteile bringen würde — OLG. Köln MDR. **1953** 570).

Die Hauptbeschäftigung der Untersuchungsgefangenen ist das Lesen. Dazu dürfen sie aus Büchereien, vom Verlag, von der Post oder vom Buchhandel Bücher und Zeitungen beziehen, mit Genehmigung des Richters auch aus ihrer häuslichen Bibliothek (Nr. 45 UVollzO.). Es ist selbstverständlich, daß unzüchtige und staatsfeindliche (Wagner, S. 2964) Bücher nicht erlaubt sind, doch ist davon abgesehen keine Geschmacks- oder politische Zensur statthaft (Prot. der StPKomm. **1** 117). Wohl aber können Bücher und Zeitschriften angehalten werden, wenn durch ihren Inhalt (Bericht über Gefangenenmeutereien und Ausbrüche) die Ordnung in der Anstalt gefährdet werden könnte (OLG. Hamburg NJW. **1965** 2361). Dazu und zur Kontrolle nach versteckten Nachrichten dürfen die Schriften durchgesehen werden (a. A. Schmidt, S. 278). Diese Kontrolle kann Anstaltsbeamten übertragen werden (OLG. Oldenburg NJW. **1964** 215); das Anhalten darf aber nur der Richter verfügen. Das Heraustrennen von Gerichtsberichten aus Tageszeitungen wird weder durch den Haftzweck noch durch die Ordnung im Gefängnis gerechtfertigt (Schmidt-Leichner NJW. **1952** 1309; a. A. OLG. Neustadt ebendort). Kein Rechtsgrund ist denkbar, aus dem es gestattet wäre, eine wissenschaftliche Zeitschrift anzuhalten, weil sie die Kritik einer den Gefangenen betreffenden Gerichtsentscheidung enthält (Fall NJW. **1964** 1310, Umwelt und Recht Nr. 1).

Liegen mehrere Untersuchungsgefangene in einer Zelle, so dürfen sie sich durch Brettspiele und sonstige Unterhaltungsspiele, auch durch Kartenspiele, unterhalten (OLG. Bremen Rpfleger **1963** 82). Das Spielen kann verboten werden, wenn es in Lärmen ausartet. Glücksspiele sind unerlaubt.

Die Selbstbeschäftigung gehört zu den sinnvollen, dem Gefangenen zustehenden Bequemlichkeiten. Das Kontrollpersonal muß zur Verfügung gestellt werden. Daher ist das Verbot, eigene Bücher zu benutzen, unzulässig, wenn Durchstechereien durch sachgemäße Überwachung begegnet werden kann (OLG. Celle NJW. **1951** 676). Auch können Kartenspiele auf der Zelle nicht mit der Begründung untersagt werden, daß Unterhaltungsräume und Personal für eine fortdauernde Überwachung nicht zur Verfügung ständen (OLG. Bremen Rpfleger **1963** 82).

5. Rundfunkempfang. Einzelempfang mit eigenem Rundfunkgerät soll nach der Untersuchungshaftvollzugsordnung dem Beschuldigten nicht erlaubt werden; wohl aber kann er am Gemeinschaftsempfang teilnehmen (Nr. 40 UVollzO.). Wenn auch ein solches Verbot mit Erlaubnisvorbehalt in der richterlichen Anordnung für den Vollzug (Nr. II des richterlichen Aufnahmeersuchens; Nr. 15 Abs. 1 UVollzO.) grundsätzlich nicht unzulässig sein wird, so ist doch dem Gefangenen der Rundfunkempfang als Ausfluß seines Rechts auf Information dann zu gestatten, wenn nach den Umständen des Einzelfalls durch den Empfang die Ordnung in der Anstalt nicht gefährdet werden kann (BVerfGE. **15** 295 = NJW. **1963** 755; Löffler NJW. **1964** 1103). Demzufolge ist Gefangenen, die in Einzelzellen liegen, auf Antrag einzuräumen, eigene Geräte zu gebrauchen, solange sie diese nur zu bestimmten Zeiten und lediglich mit Kopfhörer betreiben, und wenn sichergestellt ist, daß die Geräte nach ihrer Bauart nicht als Sender benutzt werden können (a. A. — grundsätzlich nur Gemeinschaftsempfang, ausnahmsweise Empfang durch Einzelgerät mit Kopfhörer — OLG. Hamburg NJW. **1962** 1633). Die Genehmigung darf nicht erteilt werden, wenn die Gefahr besteht, daß der Gefangene Nachrichten politischer Auftraggeber oder von Hintermännern erhält (LG. Flensburg SchlHA. **1963** 192).

6. Selbstbeköstigung. Der Gefangene darf sich auf seine Kosten selbst verpflegen. Da auch der hierzu erforderliche Verkehr mit der Außenwelt grundsätzlich der Kontrolle unterliegen muß, hat der Beschuldigte die Vermittlung der Anstalt in Anspruch zu nehmen; diese bestimmt die Speisewirtschaft, von der das Essen bezogen wird (Nr. 50 Abs. 2 UVollzO.). Ebenso durch Vermittlung der Anstalt kann der Beschuldigte Zusatznahrungs- und Genußmittel kaufen (Nr. 51 Abs. 1 und 2 UVollzO.), von den letzteren namentlich Tabakwaren (Nr. 51 Abs. 3 Satz 2 UVollzO.). Die Selbstbeköstigung darf allerdings keinen Zusammenhang mit einer strafbaren Handlung herstellen, indem etwa der Zuhälter sich von seiner Dirne beköstigen läßt (BayObLG. LZ. **1922** 522). Der Genuß alkoholischer Getränke ist verboten (Nr. 51 Abs. 3 Satz 1 UVollzO.). Gegen das Verbot bestehen keine Bedenken, weil Alkohol in Deutschland nicht zur täglichen Nahrung gehört, sein Genuß auch erfahrungsgemäß geeignet ist, zu Störungen im Anstaltsbetrieb zu führen (Klee, S. 267).

7. Arztwahl. Nach Nr. 56 UVollzO. obliegt die ärztliche Betreuung dem Anstaltsarzt und ist dem Beschuldigten nur gestattet, einen beratenden Arzt hinzuzuziehen sowie sich von seinem eigenen Zahnarzt behandeln zu lassen. Der Vorschlag erscheint zu eng. Wenn es mit der Ordnung im Gefängnis vereinbar ist, die Behandlung durch den eigenen Zahnarzt zuzulassen, können auch der durch den eigenen Arzt keine Bedenken entgegenstehen, zumal da diese im Gegensatz zur zahnärztlichen Behandlung, in der Regel in der Vollzugsanstalt selbst wird durchgeführt werden können. Die Behandlung durch den Arzt des Vertrauens sollte daher stets zugelassen, dem Arzt sollte das gleiche Vertrauen wie dem Verteidiger entgegengebracht werden (Judex JR. **1925** 920; Wagner, S. 56; EbSchmidt, 16 zu § 116; OLG. Schleswig SchlHA. **1954** 26 für die zahnärztliche Behandlung). Das gilt namentlich, wenn ein Untersuchungsgefangener sich in rechtlich erlaubter Weise freiwillig entmannen lassen will (OLG. Hamburg JZ. **1963** 374).

8. Zwangseingriffe. Wegen des Zusammenhangs soll hier die Frage der Zwangseingriffe behandelt werden, obwohl sie nicht zu Absatz 4 gehört. Sie fällt aber auch nicht unter die Beschränkungen des Absatzes 3. Denn die Ansicht, daß Haftzweck auch sei, den Gefangenen bis zur Aburteilung am Leben zu halten (Delius LZ. **1914** 162), oder gar, ihn „zur ungehinderten Durchführung der gerichtlichen Untersuchung" gesund zu erhalten (KG. JR. **1958** 470), ist unzutreffend. Die Zulässigkeit, den Gefangenen zwangsweise zu behandeln, ist vielmehr — abgesehen von dem noch zu behandelnden Fall der Seuchengefahr — allein aus dem besonderen Gewaltverhältnis herzuleiten, in das er mit der Festnahme gerät. Der Staat, der sich des Beschuldigten bemächtigt, ist verpflichtet, ihn, soweit irgend möglich, so wieder zu entlassen, wie er ihn gefangengenommen hat. Zu diesem Zweck hat er ihm Pflege und, wenn nötig, ärztliche Behandlung bereitzustellen (Nr. 57 Abs. 1 UVollzO.). Wie jedermann kann auch die Anstalt einen Selbstmord verhindern; auf Grund des besonderen Gewaltverhältnisses ist sie dazu verpflichtet. Demzufolge hat sie das Recht und die Pflicht, einen Gefangenen, der in den Hungerstreik getreten ist, zwangsweise zu ernähren (Nr. 58 Abs. 2 UVollzO.; Lobe-Alsberg, III 1 zu § 116 mit weit. Nachw.; Klee DJZ. **1925** 564; Feisenberger, 3 zu § 116; EbSchmidt, 17 zu § 116). Sie kann einen „Schlucker" operieren lassen, wenn er sonst in Todesgefahr käme.

Das Leben zu erhalten, ist aber nicht die einzige Rechtfertigung, zwangsweise einzugreifen. Zwar ist die Staatsgewalt, wenn keine Lebensgefahr droht, grundsätzlich nicht berechtigt, das Leben des Beschuldigten durch eine gefährliche Operation aufs Spiel zu setzen (Klee DJZ. **1925** 654; Feisenberger, 3 zu § 116). Mit Recht läßt die Untersuchungshaftvollzugsordnung aber auch noch die Zwangsbehandlung bei Seuchengefahr zu (Nr. 58 Abs. 1). Eingriffe zu diesem Zweck, etwa Impfungen, rechtfertigen sich als Beschränkungen mit dem Ziele, die Ordnung in der Anstalt aufrechtzuerhalten. Denn bei dem Verkehr im Gefängnis durch wechselnden Zu- und Abgang kann allein durch Isolierung nicht mit Sicherheit verhindert werden, daß sich eine Seuche ausbreitet.

V. Zuständigkeit (Absatz 6).

1. Gericht. Die Anordnungen trifft grundsätzlich der Richter (Satz 1). Er ist stets ein Einzelrichter, nämlich im Vorverfahren der Amtsrichter, der den Haftbefehl erlassen hat oder dem die Zuständigkeit übertragen worden ist (§ 126 Abs. 1), in der Voruntersuchung der Untersuchungsrichter (§ 126 Abs. 4 Satz 1) und sonst nach Erhebung der öffentlichen Klage der Vorsitzende des mit der Sache befaßten Gerichts, nach Einlegung der Revision desjenigen Gerichts, dessen Urteil angefochten ist (§ 126 Abs. 2 Satz 3 in Vbdg. mit Satz 1 und 2). Der Vorsitzende kann einzelne Maßnahmen, die den Gefangenen nicht beschweren, wie etwa die, Besuche zu genehmigen und unbeanstandete Briefe weiterzugeben, dem Berichterstatter überlassen, der dann auch für ihn die Briefkontrolle ausüben darf (Wagner, S. 2964). Wegen der Entscheidung durch das Gericht anstelle des Vorgesetzten s. u. 4a zu § 126.

Richterliche Anordnungen vor Erlaß des Haftbefehls werden kaum vorkommen, sind aber in Eilfällen in bezug auf einen vorläufig Festgenommenen (Fesselung) nicht undenkbar. Alsdann ist der Richter zuständig, dem der Gefangene nach §§ 128, 129 vorgeführt wird.

Für Jugendliche gelten grundsätzlich keine Besonderheiten, doch kann der zuständige Richter aus wichtigen Gründen die Entscheidungen, die die Untersuchungshaft betreffen, sämtlich oder zum Teil einem anderen Jugendrichter übertragen (§ 72 Abs. 5 JGG.). Das kommt vor allem dann in Betracht, wenn die Haftanstalt außerhalb des Bezirks des zuständigen Jugendrichters liegt (Dallinger-Lackner, 14 zu § 72 JGG.). Der Jugendrichter am Orte des Vollzugs als Vollzugsleiter (§ 90 Abs. 2 JGG.) ist ein anderer Jugendrichter selbst dann, wenn der zuständige Richter seinen Sitz ebenfalls am Vollzugsort hat. Die Übertragung auf den Vollzugsleiter kann wegen der erzieherischen Gestaltung der Untersuchungshaft (§ 93 Abs. 2 JGG.) notwendig werden.

Verbüßt ein Gefangener Strafhaft in Unterbrechung von Untersuchungshaft im Untersuchungsgefängnis, so findet § 119 keine Anwendung; der Gefangene ist Strafgefangener und wird nach der Dienst- und Vollzugsordnung behandelt. Hausstrafen verhängt nicht der Richter der Sache, in der die Untersuchungshaft unterbrochen worden ist, sondern der Anstaltsleiter (§ 187 Abs. 1 DVollzO.; OLG. Hamburg MDR. **1965** 505).

2. Staatsanwalt.

a) Grundsatz. Nach Nr. 3 Abs. 1 UVollzO. kann der Richter, bis die öffentliche Klage erhoben ist, auf Antrag des Untersuchungsgefangenen dem Staatsanwalt überlassen, einzelne Maßnahmen, insbesondere über den Verkehr mit der Außenwelt, anzuordnen, wenn sie den Gefangenen nicht beschweren. Voraussetzung dafür ist, daß dadurch das Verfahren beschleunigt, namentlich vermieden wird, die Akten zu verschicken. Da die Behörden während der Untersuchungshaft mit jedem Tag geizen müssen, kommt dem Vorschlag erhebliche Bedeutung zu. Er ist auch mit § 119 Abs. 6 Satz 1 zu vereinbaren. Kleinknecht folgert das aus § 120 Abs. 3: Da der Staatsanwalt im Vorverfahren den Beschuldigten freilassen könne, sei er auch befugt, solche Haftanordnungen zu treffen, die den Gefangenen nicht beschweren (S. 532). Dem ist nicht zu folgen. Das Recht, von Untersuchungshaft abzusehen, verleiht nicht die Befugnis, Maßnahmen für deren Vollzug zu treffen, wie ja der Staatsanwalt den Beschuldigten auch nicht unter Anordnung von Maßnahmen (§ 116) entlassen kann, sondern nur entweder vorbehaltlos oder aber gar nicht. Der Ansicht Kleinknechts ist aber im Ergebnis aus anderen Erwägungen beizupflichten: Hat der Richter durch die erste Anordnung bei der Aufnahme (Nr. II des Aufnahmeersuchens) festgelegt, was dem Gefangenen erlaubt ist, dann ist es gleichgültig, wer feststellt, daß das grundsätzlich Erlaubte auch im Einzelfall unter die Erlaubnis fällt, wenn nur gesichert bleibt, daß die Entscheidung, etwas falle nicht darunter, oder es müsse nach ursprünglicher Erlaubnis nunmehr eine Beschränkung eintreten, dem Richter vorbehalten bleibt. Das Gericht könnte auch anderen Stellen, etwa der Anstalt, festzustellen überlassen, daß eine begehrte Handlung unter das von ihm Erlaubte falle. Wenn die Landesjustizverwaltungen ihm nicht diese, sondern nur die Staatsanwaltschaften zur Verfügung stellen, dann ist er an diese Einschränkung gebunden, weil ihm keine Befehlsgewalt über die Anstaltsbeamten zusteht.

b) Voraussetzungen. Die Staatsanwaltschaft ist nicht verpflichtet, die Anordnungen zu erlassen. Denn dem Richter ist nicht das Recht eingeräumt, sie dem Staatsanwalt zu übertragen, sondern nur die mindere Befugnis, sie ihm zu überlassen. Überlassung setzt Bereitwilligkeit zur Übernahme voraus, ist also davon abhängig, daß die Staatsanwaltschaft zustimmt (LG. Hannover Nds. Rpfl. **1962** 143). Der Staatsanwalt kann die Zustimmung verweigern oder widerrufen (a. A. — kein Widerruf zulässig — LG. Hannover, a. a. O.), etwa wenn er der Ansicht ist, das Verfahren werde durch das Überlassen nicht oder nicht mehr beschleunigt.

Die Untersuchungshaftvollzugsordnung macht die Überlassung gewährender Entscheidungen auf die Staatsanwaltschaft von einem Antrag des Untersuchungsgefangenen abhängig (Nr. 3 Abs. 1 UVollzO.). Nach den Ausführungen unter a wäre ein Antrag oder eine Einwilligung des Beschuldigten grundsätzlich nicht erforderlich; Ausnahmen, etwa für eine nichtrichterliche Briefkontrolle, könnten sich aus anderen als den hier angestellten Erwägungen ergeben. Die

Frage kann aber auf sich beruhen. Denn die Übertragung nicht beschwerender Anordnungen ist, da kein Zwang benötigt wird, keine Vollstreckung i. S. von § 36 (s. o. 1 zu § 36). Alsdann hat der Richter keine Möglichkeit, die Staatsanwaltschaft in Anspruch zu nehmen, es sei denn, die Landesjustizverwaltung stellte sie ihm dazu zur Verfügung. Tut sie das, dann kann sie das Tätigwerden auch an Voraussetzungen knüpfen; an diese ist der Richter gebunden.

Beantragt der Beschuldigte, daß der Staatsanwalt die Briefkontrolle ausübe (Nr. 31 Abs. 1 UVollzO.), dann liegt darin zugleich die Einwilligung, daß der kontrollierende Beamte von dem Briefinhalt Kenntnis nehme.

Die Überlassung ist davon abhängig, daß durch sie das Verfahren beschleunigt wird (Nr. 3 UVollzO.). Das wird regelmäßig der Fall sein, wenn sich die Akten bei der Staatsanwaltschaft befinden. Besondere Bedeutung kommt dieser Voraussetzung nicht zu. Hat der Beschuldigte den Antrag gestellt und sind sich Richter und Staatsanwalt einig, dann besteht, da nichtbeschwerende Anordnungen nicht angefochten werden, keine Möglichkeit, die Frage der Beschleunigung zu prüfen. Einigen sie sich dagegen nicht, dann kommt es nicht zur Überlassung. Immerhin liegt eine den Staatsanwalt bindende Anordnung vor, die ihn ggf. zwingt, eine vom Gefangenen beantragte und ihm vom Gericht angebotene Überlassung abzulehnen.

3. Dringende Fälle. Für dringende Fälle werden der Staatsanwalt, der Anstaltsleiter und sonstige Beamte, unter deren Aufsicht der Gefangene steht, ermächtigt, vorläufig Maßnahmen zu treffen. Während in dem unter 2 beschriebenen Fall der Staatsanwalt vom Richter überlassene Befugnisse ausübt, handelt im Falle des Satzes 2 der Beamte aus eigenem Recht, in eigener Verantwortung und, soweit ein Ermessen stattfindet, nach seinem Ermessen. Da er nur hilfsweise zuständig ist, haben seine Verfügungen den Charakter nur vorläufiger Maßnahmen; sie können jedoch im Einzelfall zu endgültigen werden (Fesselung für die Dauer einer Stunde).

Ein dringender Fall liegt vor, wenn eine Maßnahme erforderlich ist, um den Zweck der Haft oder die Ordnung im Gefängnis zu sichern, und wenn diese Ordnung oder der Haftzweck durch den Zeitverlust gefährdet wäre, der einträte, falls eine richterliche Entscheidung herbeigeführt würde. Da die Entschließung des Richters fernmündlich und u. U. auch außerhalb der Dienststunden eingeholt werden kann, wird für solche Anordnungen nur wenig Raum bleiben. Allgemeine Anordnungen, etwa Gefangene nur gefesselt vorzuführen, sind danach ausgeschlossen (OVG. Münster JMBlNRW. **1965** 250). Dringende Fälle kommen namentlich in Betracht, wenn bei Meuterei und sonstigen Gewalttätigkeiten, bei Gefahr des Selbstmords oder der Selbstbeschädigung oder bei erhöhtem Fluchtverdacht besondere Sicherungsmaßnahmen (Nr. 62, 63 UVollzO.) zu treffen sind. Ein dringender Fall ist nie denkbar in bezug auf Hausstrafen (OLG. Celle NJW. **1951** 676; OLG. München BayJMBl. **1955** 210; NJW. **1956** 316), wohl aber für vorläufige Sicherungsmaßnahmen, wie etwa das Verlegen in eine Einzelzelle.

Der Ausdruck (andere) Beamte umfaßt die Beamten im staatsrechtlichen Sinne und Amtsträger, die damit betraut sind, Hoheitsaufgaben wahrzunehmen (vgl. § 10 Nr. 4 StGB. E. 1962), gleichgültig ob sie auch im staatsrechtlichen Sinne Beamte sind. Hierzu zählen die Beamten des Aufsichtsdienstes, u. U. aber auch der Arzt, selbst wenn er Vertragsarzt ist, Polizei- und Gerichtsbeamte bei Transporten und Ausführungen. Der Ausdruck Staatsanwalt bezeichnet die Bundesanwälte, Staatsanwälte und Amtsanwälte (§ 142 Abs. 1), die letzten nicht nur, soweit sie nach den Anordnungen der Landesjustizverwaltungen über Organisation und Dienstbetrieb der Staatsanwaltschaft (OrgStA.) zuständig sind, sondern in allen Sachen, die zur Zuständigkeit des Amtsgerichts (§ 24 GVG.) gehören (§ 142 Abs. 2). Der Amtsanwalt wird sich jedoch in Sachen, die ihm nach dem OrgStA. nicht zugewiesen sind, einer Anordnung zu enthalten haben, wenn der Fall nicht so dringend ist, daß nicht nur kein Richter sondern auch kein Staatsanwalt zu erlangen ist.

4. Genehmigung. Die Anordnungen der Beamten bedürfen der Genehmigung des Richters. Sie ist, dem Zweck der Bestimmung entsprechend, unverzüglich einzuholen. Nach dem Sinn der Vorschrift hat der Richter von Amts wegen nur solche Anordnungen zu genehmigen, die noch fortwirken, wenn er um die Genehmigung angegangen wird (Fesselung, Zwangsernährung). Diese Anordnungen macht er, indem er sie genehmigt, zu seinen eigenen. Ist dagegen der Vollzug der Anordnung abgeschlossen, ehe der Richter von ihr Kenntnis erlangt hat, dann kommt es auf seine Genehmigung nur an, wenn der Beschuldigte die richterliche Entscheidung nachsucht. Denn das Gesetz räumt dem Beamten für den Notfall ein Handlungsrecht ein. Hat er davon Gebrauch machen müssen, kann daran der Umstand, daß eine Genehmigung erteilt oder versagt wird, nichts mehr ändern. Die richterliche Entscheidung ist nur bedeutsam, wenn der Beschuldigte ein Interesse daran hat, daß die Unrechtmäßigkeit der Verfügung des Beamten nachträglich festgestellt werde. Demzufolge kann sie der Gefangene mit der Behauptung beantragen, die Anordnung eines Beamten sei rechtswidrig gewesen (s. u. VI 2). Dagegen ist für ein abstraktes Kontrollverfahren von Amts wegen kein Raum. Aus der Fassung von Satz 2 ist es nicht zwingend herzuleiten; dazu hätte es eingehender Vorschriften bedurft (vgl. etwa für die Anordnung im Strafvollzug §§ 23ff. EGGVG., namentlich § 28 Abs. 1 Satz 2 bis 4).

Da der Richter indessen den gesamten Vollzug der Untersuchungshaft, weil er für ihn verantwortlich ist, überblicken muß, sind ihm Anordnungen von Beamten auch dann zur Kenntnis zu bringen, wenn ihr Vollzug bereits abgeschlossen ist. Er nimmt sie dann lediglich zur Kenntnis (a. A. — Richter muß von Amts wegen kontrollieren und (wem?) zum Ausdruck bringen, daß er die Maßnahme billigt — Kleinknecht, S. 532). Es bleibt ihm unbenommen, bei der Dienstaufsichtsbehörde der Beamten die Beanstandung des einzelnen Falles oder Richtlinien für künftige Fälle anzuregen.

5. Meinungsverschiedenheiten. Richter, Staatsanwalt und Anstaltsleiter verfolgen gemeinschaftlich das Ziel, die Untersuchungshaft ihrem Zweck entsprechend zu vollziehen und die Ordnung in der Anstalt zu wahren (Nr. 6 UVollzO.). Gleichwohl sind Meinungsverschiedenheiten zwischen Richter und Anstaltsleiter nicht ausgeschlossen. Sie werden im allgemeinen dadurch verhütet, daß der Richter keine Maßnahmen anordnet, die in solche Gebiete des inneren Anstaltsbetriebs eingreifen, die sinnvollerweise der Anstaltsleiter allein regeln muß (s. o. I 2 am Ende). Befürchtet der Anstaltsleiter, daß eine richterliche Verfügung die Ordnung in der Anstalt gefährdet, so soll er sie erst durchführen, wenn der Richter trotz Gegenvorstellung darauf besteht. Auch kann der Anstaltsleiter bei der Staatsanwaltschaft anregen, Beschwerde einzulegen (Nr. 10 UVollzO.).

6. Dauer. Die Zuständigkeit endet grundsätzlich mit der Untersuchungshaft (OLG. Hamm NJW. **1953** 1933). Demzufolge kann, wenn der Untersuchungsgefangene aus der Untersuchungshaft entlassen wird, ohne daß sich eine andere Untersuchungshaft oder Strafhaft unmittelbar an die Entlassung anschließt, wegen einer vorher begangenen Unregelmäßigkeit eine Maßregel nicht mehr angeordnet (ein noch nicht abgesandter Brief angehalten, eine Hausstrafe verhängt) und eine bereits ausgesprochene nicht mehr vollstreckt (OLG. Hamburg GA. **1962** 347) werden. Ausnahmen ergeben sich für das Beschwerdegericht (s. u. VI 3) und für den Fall der Überführung in Strafhaft. Mit dieser wird das besondere Gewaltverhältnis, wenn auch auf anderer Grundlage und in verschärfter Form, fortgesetzt. Das Gericht ist daher befugt, einen am letzten Tag der Untersuchungshaft abgegebenen Brief am ersten Tage der Strafhaft anzuhalten. Ebenso kann es wegen eines Verstoßes, den der Beschuldigte am Ende der Untersuchungshaft begangen hat, eine Hausstrafe auch dann noch verhängen, wenn der Gefangene inzwischen in die Strafhaft überführt worden ist (BayObLGSt. **23** 63; OLG. München BayJMBl. **1955** 210; NJW. **1956** 316; OLG. Bremen NJW. **1958** 472; KG. JR. **1964** 310; a. A. — nach Ende der Untersuchungshaft kann auch bei Überführung in Strafhaft keine Hausstrafe mehr verhängt werden — OLG. Hamm NJW. **1953** 1933). Eine alsdann oder kurz vor Beendigung der Untersuchungshaft verhängte Hausstrafe kann auch in der Strafhaft noch vollstreckt werden (OLG. Hamm, a. a. O.; Nr. 70 Abs. 3 UVollzO.).

Zuständig für die Entscheidung bleibt das zuletzt zuständige Haftgericht. Es entscheidet nach § 119 Abs. 3 und 4, nicht etwa nach der Strafvollzugsordnung (vgl. OLG. Bremen NJW. **1958** 472). Danach kommt es bei einer Hausstrafe darauf an, ob sie zur Aufrechterhaltung der Ordnung in der Untersuchungshaftanstalt erforderlich ist. Diese Notwendigkeit kann durch die Verlegung in die Strafanstalt entfallen sein (Beispiel: OLG. Bremen NJW. **1956** 72), braucht es aber nicht (OLG. Bremen NJW. **1957** 274).

VI. Rechtsbehelfe und Rechtsmittel.

1. Dienstaufsichtsbeschwerde. Gegen Maßnahmen und Verfügungen der Anstaltsbeamten ist die Dienstaufsichtsbeschwerde statthaft (Nr. 75 UVollzO.). Bei der allumfassenden Zuständigkeit des Gerichts wird sie, wenn sie auch stets zulässig bleibt, in der Regel nur in Betracht kommen, wenn weder der Haftrichter und das Beschwerdegericht, noch auch das Oberlandesgericht nach §§ 23ff. EGGVG. entscheiden kann. Das ist z. B. der Fall, wenn sich die Beanstandung nicht gegen Verfügungen und Maßnahmen richtet, sondern dagegen, daß richterliche Verfügungen gar nicht (OLG. Hamm NJW. **1965** 1544) oder unangemessen ausgeführt worden sind.

2. Antrag auf richterliche Entscheidung ist gegeben gegen Verfügungen und Maßnahmen, die Beamte (Staatsanwalt, Anstalts-, Polizei-, Gerichtsbeamte) in dringenden Fällen (s. o. V 3) getroffen haben, oder die der Staatsanwalt als angeblich begünstigende kraft Überlassung (s. o. V 2) vorgenommen hat. Es entscheidet der o. V 1 genannte Richter, bei Kollegialgerichten der Vorsitzende. Dieser kann auch angerufen werden, wenn der Berichterstatter Entscheidungen kraft Überlassung als angeblich begünstigende getroffen hatte (s. o. V 1 Abs. 1 a. E.). Bei Entscheidungen des Vorsitzenden hat der Betroffene, da der Vorsitzende aus eigener Zuständigkeit und nicht für das Gericht entscheidet, nicht die Möglichkeit, das Gericht anzugehen, muß vielmehr unmittelbar das Beschwerdegericht anrufen (§ 304 Abs. 1).

Wegen der Erledigung des Antrags gilt das bei der Beschwerde Ausgeführte.

3. Beschwerde. Den Beteiligten steht gegen die Verfügungen des Gerichts, wenn sie nicht von einem Strafsenat erlassen sind (§ 304 Abs. 4), die Beschwerde zu (§ 304 Abs. 1). Die Beschwerde ist auch statthaft, wenn die Verfügung von einem erkennenden Gericht (§ 305) ausgegangen ist, weil die auf die Untersuchungshaft bezüglichen Entscheidungen in keinem Zusammenhang mit der Urteilsfällung stehen (s. u. 3b zu § 305). Der Fall der Fesselung in der Hauptverhandlung fällt nicht unter § 119 (s. o. III 11).

Beschwerdeberechtigt sind der Gefangene, sein Verteidiger, jedoch nicht gegen den ausdrücklichen Willen des Beschuldigten (§ 297), der gesetzliche Vertreter (§ 298 Abs. 1; a. A. — gesetzlicher Vertreter hat kein Beschwerderecht — EbSchmidt, 19 zu § 116) und der Staatsanwalt (§ 296). Eine Beschwer des Nebenklägers (§ 397 in Vbdg. mit § 390 Abs. 1 Satz 1) ist nicht denkbar. Dagegen kann ein Dritter (§ 304 Abs. 2), der etwa durch die Ablehnung eines Besuchsantrags betroffen wird, sich der Beschwerde bedienen (BayObLGSt. **8** 393). Hierunter fällt jedoch nicht der Anstaltsleiter. Er ist, da er von der Entscheidung nicht persönlich berührt wird, von ihr nicht betroffen (vgl. zu diesem Begriff § 35 Abs. 1, § 98 Abs. 2) im Sinne von § 304 Abs. 2 (Klee, S. 273; Schweichler GA. **55** 282). Indessen hat die Staatsanwaltschaft Ersuchen des Anstaltsleiters, eine Beschwerde einzulegen, stets sorgfältig zu prüfen.

Wird die Entscheidung des Vorsitzenden einer Strafkammer angefochten, so entscheidet auch in Bayern das Oberlandesgericht, nicht das Bayerische Oberste Landesgericht (BayObLGSt. **1954** 119 = NJW. **1955** 233).

4. Nach der Untersuchungshaft. Endet die Untersuchungshaft, so wird eine Beschwerde grundsätzlich hinfällig (BVerfGE. **9** 161 = NJW. **1959** 431). Sie bleibt jedoch wirksam, wenn die Entscheidung fortwirkt (Müller-Sax, 6a zu § 120). Das ist der Fall, wenn der Untersuchungsgefangene anschließend an die Untersuchungshaft in Strafhaft genommen wird und eine Verfügung noch unerledigt, z. B. ein Brief noch angehalten, eine Hausstrafe noch nicht vollstreckt ist (s. o. V 6). Alsdann ist über die Beschwerde noch zu entscheiden (OLG. Hamm NJW. **1953** 1933; OLG. München BayJMBl. **1955** 210; NJW. **1956** 317; KG. JR. **1964** 310), und zwar nach § 119 Abs. 3 und 4 und nicht nach der Strafvollzugsordnung, so daß z. B. ein zu Unrecht zurückgehaltener Brief selbst dann abzusenden ist, wenn er nunmehr nach dieser beanstandet werden könnte (OLG. Bremen NJW. **1958** 472).

Außerdem ist über die Beschwerde nach Beendigung der Untersuchungshaft auch dann noch zu entscheiden, wenn der Beschuldigte an der Entscheidung noch ein rechtliches Interesse hat. Das kann z. B. darin liegen, daß er im Hinblick auf eine künftige Entlassung aus einer im Anschluß an die Untersuchungshaft vollstreckten Strafe (§ 26 StGB.) nicht als disziplinarisch bestraft gelten möchte (vgl. § 28 Abs. 1 Satz 4 EGGVG.). Alsdann steht der Entscheidung auch nicht entgegen, daß die Verfügung bereits vollstreckt, eine Hausstrafe etwa verbüßt ist (OLG. Hamm HRR. **1928** 98; Kleinknecht, S. 532; Röhl, S. 67).

5. Weitere Beschwerde findet nicht statt, weil die vom Beschwerdegericht erlassenen Beschlüsse nicht die Verhaftung betreffen, sondern die Art und Weise, wie die Untersuchungshaft vollzogen wird (BayObLG. DRiZ. **1929** 450; OLG. Nürnberg HESt. **2** 87; Röhl, S. 67; a. A. EbSchmidt, 20 zu § 116). Der Grund der Ausnahmebestimmung des § 310 Abs. 1 ruht in der Bedeutung, welche der Entziehung der persönlichen Freiheit innewohnt (Hahn, **1** 249; BayObLGSt. **26** 178). Die Erwägung, daß die Untersuchungshaft ein tiefer Eingriff sei, rechtfertigt

es nicht, daraus die Folgerung zu ziehen, daß auch Entscheidungen über die Art und Weise des Vollzugs der Haft entgegen dem Gesetzeswortlaut der weiteren Beschwerde zugänglich wären (OLG. Hamburg GA. **1966** 187).

6. Antrag nach § 23 Abs. 1 EGGVG. Nach § 23 Abs. 1 Satz 2 EGGVG. kann gegen Anordnungen, Verfügungen und sonstige Maßnahmen der Vollzugsbehörden im Vollzug der Untersuchungshaft Antrag auf gerichtliche Entscheidung (§ 24 Abs. 1 EGGVG.) des Oberlandesgerichts (§ 26 Abs. 1 EGGVG.) gestellt werden. Die Vorschriften der §§ 23ff. EGGVG. gelten jedoch nur subsidiär, wenn keine sonstige strafprozessuale Möglichkeit besteht, eine gerichtliche Entscheidung zu erlangen. Das ist bei Entscheidungen, die sich auf die Untersuchungshaft beziehen, fast stets (weitergehend Röhl NJW. **1960** 416) der Fall. Der Antrag auf gerichtliche Entscheidung kann daher nur in bezug auf Maßnahmen der Anstaltsleitung angebracht werden, die der Richter nicht abstellen kann, z. B. die Größe und Ausgestaltung der Zellen, Güte, Menge und Zubereitung der Anstaltsverpflegung und dgl. (s. o. I 2 Abs. 4 a. E.). Führt die Anstalt einen Beschuldigten dem Arzt nicht vor, leitet sie von diesem angeordnete Maßnahmen nicht durch, dann ordnet der Richter nach Absatz 6 die erforderlichen Maßnahmen an (wegen Meinungsverschiedenheiten s. o. V 5). Gewährt aber der Arzt keine oder eine vorgeblich falsche Behandlung, dann versagen die Möglichkeiten des Absatzes 6. Dem Beschuldigten steht aber der Antrag nach § 23 EGGVG. offen (OLG. Hamburg NJW. **1963** 2388).

7. Die **Revision** kann auf eine Verletzung des § 116 in Vbdg. mit §§ 336, 337 gestützt werden. Sie wird jedoch regelmäßig erfolglos sein, weil der Angeklagte in der Hauptverhandlung die Rechte ausüben kann, an deren Gebrauch ihn Beschränkungen in der Untersuchungshaft gehindert haben. Ggf. ist die Hauptverhandlung dazu auszusetzen und dem Angeklagten ein Verteidiger zu bestellen, wenn er selbst wegen Verdunkelungsgefahr im Schriftwechsel beschränkt werden muß.

Die Fesselung in der Hauptverhandlung ist nicht nach § 116 zu beurteilen (BGH. NJW. **1957** 271; das Reichsgericht hatte eine Verletzung von § 116 Abs. 4 (jetzt 119 Abs. 5) schon deshalb verneint, weil dort nur eine Ordnungsvorschrift gegeben sei; RGSt. **54** 206).

§ 120

(1) Der Haftbefehl ist aufzuheben, sobald die Voraussetzungen der Untersuchungshaft nicht mehr vorliegen oder sich ergibt, daß die weitere Untersuchungshaft zu der Bedeutung der Sache und der zu erwartenden Strafe oder Maßregel der Sicherung und Besserung außer Verhältnis stehen würde. Er ist namentlich aufzuheben, wenn der Beschuldigte freigesprochen oder außer Verfolgung gesetzt wird oder wenn das Verfahren nicht bloß vorläufig eingestellt wird.

(2) Durch die Einlegung eines Rechtsmittels darf die Freilassung des Beschuldigten nicht aufgehalten werden.

(3) Der Haftbefehl ist auch aufzuheben, wenn die Staatsanwaltschaft es vor Erhebung der öffentlichen Klage beantragt. Gleichzeitig mit dem Antrag kann die Staatsanwaltschaft die Freilassung des Beschuldigten anordnen.

Entstehungsgeschichte: Für Absatz 1 Satz 1, erste Möglichkeit (Wegfall der Haftvoraussetzungen), Absatz 1 Satz 2 und Absatz 2: I. Entw. § 109. II. Entw. § 110. III. Entw. § 112. Frühere Bezeichnung: § 123. Für Absatz 3: II. Entw. § 113. III. Entw. § 115. Frühere Bezeichnung: § 126.

Änderungsvorschläge: N. E. I, II § 124. N. E. III § 145. Entw. EGStGB. Art. 70 Nr. 75

Spätere Änderungen: Durch Art. 7 Nr. 1 StPÄG. sind die früheren §§ 123 und 126 zusammengefaßt worden. Dabei ist in Angleichung an § 112 Abs. 1 Satz 2 in Satz 1 die Bestimmung eingefügt worden, daß der Haftbefehl auch aufzuheben ist, wenn die weitere Untersuchungshaft zu der Bedeutung der Sache und zu der zu erwartenden Strafe oder Maßregel der Sicherung und Besserung außer Verhältnis steht.

Übersicht

I. Vorbemerkung. Die Vorschrift stellt die Aufhebungsgründe zusammen, wird aber durch § 121 Abs. 1 ergänzt. Satz 1 — an sich selbstverständlich — ist bedeutungsvoll durch den an die Spitze gestellten Gesetzesbefehl, den Haftbefehl alsbald aufzuheben, sobald die Voraussetzungen der Untersuchungshaft nicht mehr vorliegen. Um ihn zu befolgen, ist ständige Prüfung notwendig. Demzufolge wird durch das Wort „sobald" eindeutig der Grundsatz zum Ausdruck gebracht, daß die Haftfrage unabhängig vom Haftprüfungsverfahren und unabhängig von Anträgen jederzeit von Amts wegen zu prüfen ist (s. o. 20 zu § 112; 1 zu § 117). Zufolge der besonderen Konstruktion des Grundsatzes der Verhältnismäßigkeit (s. o. 15 Abs. 2 zu § 112) gehört die Verhältnismäßigkeit nicht zu den formellen Haftvoraussetzungen. Deshalb muß die „Unverhältnismäßigkeit" nochmals besonders als Haftaufhebungsgrund aufgeführt werden. Zugleich wird damit der bedeutsame Grundsatz der Verhältnismäßigkeit der Staatsakte besonders hervorgehoben und in seiner Bedeutung unterstrichen. Der letzte Fall des Absatzes 1 (Freispruch usw.) ist wegen seiner gesetzlichen Vermutung, daß die Haftvoraussetzungen weggefallen seien, neben Absatz 2 der Hauptinhalt der Vorschrift. Der Fall des Absatzes 3 (Aufhebung im Vorverfahren auf Antrag der Staatsanwaltschaft) ist mit Recht von den anderen Aufhebungsfällen abgetrennt. Denn bei ihm prüft das Gericht nicht, ob die Voraussetzungen des Haftbefehls weggefallen sind.

Die Bestimmung des § 120 bezieht sich sowohl auf die Untersuchungshaft nach den §§ 112, 113 als auch auf die Ungehorsamshaft nach § 230 Abs. 2, § 236. Bei dieser wird allerdings der Aufhebungsgrund des Absatzes 1 Satz 1, 2. Möglichkeit (Unverhältnismäßigkeit) nur ganz ausnahmsweise Anwendung finden können; Absatz 3 ist für sie ohne Bedeutung. Für die einstweilige Unterbringung (§ 126a Abs. 1) gilt § 120 nicht (§ 126a Abs. 2); vielmehr ist in § 126a Abs. 3 eine besondere Regelung getroffen. Sie stimmt im wesentlichen mit § 120 überein, muß aber auf die Entlassung wegen Unverhältnismäßigkeit verzichten, weil die der Sicherung dienende einstweilige Unterbringung im Verhältnis zu der ebenfalls der Sicherung dienenden endgültigen Unterbringung nicht wohl in einem unangemessenen Verhältnis stehen kann.

II. Aufhebung von Amts wegen (Absatz 1).

1. Wegfall der Haftvoraussetzungen. Voraussetzungen der Untersuchungshaft sind nach § 112 Abs. 1 dringender Tatverdacht und in den Fällen des § 112 Abs. 2 und 3 ein Haftgrund (Flucht, Fluchtgefahr, Verdunkelungsgefahr und Wiederholungsgefahr bei Sittlichkeitsverbrechern); im Falle des § 112 Abs. 4 gewisse besondere Umstände (s. o. 14b zu § 112). Nach dem klaren Wortlaut der Vorschrift kommt es nicht auf den Wegfall der in dem Haftbefehl bezeichneten strafbaren Handlung und des dort angegebenen Haftgrundes an; der Haftbefehl ist vielmehr nur dann aufzuheben, wenn jeglicher Grund für die Untersuchungshaft (§ 112 Abs. 1 bis 4) weggefallen ist. Der Haftbefehl kann daher, wenn die in ihm angegebene Haftvoraussetzung weggefallen ist, auf eine andere umgestellt werden (s. o. 12 zu § 114). Der Sache nach bedeutet das Aufhebung des Haftbefehls und Erlaß eines neuen, so daß es nicht zur Entlassung kommt.

Wie bereits oben (20 zu § 112; 1 zu § 117) ausgeführt, ist die Haftfrage in jeder Lage des Verfahrens unabhängig von Anträgen der Beteiligten jederzeit von Amts wegen zu prüfen. Diese Verpflichtung ist an sich selbstverständlich; denn kein Eingriff in die grundgesetzlich garantierten Freiheitsrechte kann länger als notwendig bestehen bleiben. Die Pflicht wird aber wegen ihrer Wichtigkeit betont durch die ausdrückliche Anordnung, den Haftbefehl dann aufzuheben, sobald die Voraussetzungen der Untersuchungshaft nicht mehr vorliegen (s. o. I).

Der Tatverdacht ist mit dem Fortschreiten der Ermittlungen immer kritischer zu prüfen. Genügen beim ersten Zugriff einzelne starke Indizien, so ist die Dringlichkeit des Verdachts alsbald zu verneinen, wenn feststeht, daß eine Indizienkette nicht geschlossen werden kann oder wenn nur noch geringe Wahrscheinlichkeit dafür gegeben ist, daß die weiteren Ermittlungen Material erbringen werden, um einzelne starke Indizien durch weitere Tatsachen lückenlos zu verbinden. Die Fluchtgefahr vermindert sich, wenn der Fluchtanreiz geringer wird. Liegt dieser nicht in der Furcht vor dem Bestraftwerden überhaupt, sondern vor der Strafverbüßung, dann wird er um so schwächer, je länger der Beschuldigte Untersuchungshaft erleidet, mit deren Anrechnung auf die Strafe er stets rechnet und in der Regel auch rechnen darf. Die Verdunkelungsmöglichkeit und damit die Verdunkelungsgefahr nehmen mit dem Fortschreiten der Untersuchung in der Regel ab. Ist die Tat aufgeklärt und sind die Beweise gesichert, dann wird meist die Verdunkelungsgefahr entfallen, auch wenn der Beschuldigte vorher tatsächlich verdunkelt hatte. Allerdings sind im Einzelfall Einwirkungen auf Zeugen bis zur Rechtskraft des Schuldspruchs denkbar und auch durch eidliche Vernehmung von Zeugen (§ 65) nicht immer auszuschließen. Doch wird, wenn eidliche Aussagen von Zeugen und ein richterliches Geständnis des Beschuldigten vorliegen, Verdunkelungsgefahr nur in ganz besonderen Ausnahmefällen begründet bleiben. Daher ist ein lediglich wegen Verdunkelungsgefahr erlassener Haftbefehl regelmäßig nach der Hauptverhandlung in der letzten Tatsacheninstanz aufzuheben (OLG. Celle NJW. **1963** 1264).

Der Haftbefehl ist auch aufzuheben, wenn die Gesamtwürdigung (s. o. 17 zu § 112), eingetretene Geisteskrankheit (s. o. 18a zu § 112), oder wenn nahe Lebensgefahr durch Fortsetzung der Untersuchungshaft (s. o. 18b zu § 112) dem Erlaß eines Haftbefehls entgegenstehen würde.

2. Fehlende Verhältnismäßigkeit. Der Grundsatz der Verhältnismäßigkeit (s. dazu o. 15 zu § 112) bedarf als einer der Fundamentalgrundsätze für staatliches belastendes Handeln jederzeit besonderer Prüfung, weil das Verhältnis der Haft zu dem durch das Strafverfahren angestrebten Erfolg sich schon durch Zeitablauf immer ändert. Freilich wird es nicht immer möglich sein, das Fehlen der Verhältnismäßigkeit von dem Wegfall eines anderen Haftgrundes zu trennen. So wird z. B. meist schon der Fluchtverdacht entfallen, wenn wegen der Länge der Untersuchungshaft im Hinblick auf die bei ihrer Anrechnung noch zu verbüßende Strafe der Grundsatz der Verhältnismäßigkeit nicht mehr gewahrt wäre. Aber auch wenn die Fluchtgefahr fortbesteht, kann fehlende Verhältnismäßigkeit nötigen, den Haftbefehl aufzuheben. Daß sie fehlt, ist grundsätzlich anzunehmen, wenn ein Vergleich zwischen der Strafe, die der Täter zu erwarten, und der Untersuchungshaft, die er erlitten hat, erkennen läßt, daß diese die vermutliche Strafhöhe nahezu erreicht oder gar übersteigt (Nr. 43 Abs. 1 Satz 2 RiStV.; vgl. OLG. Bremen NJW. **1960** 1265; Dürig in Maunz-Dürig, GG., 71 zu Art. 1). Ob und in welcher Höhe Rechtsmitteluntersuchungshaft voraussichtlich angerechnet werden wird, hat dabei regelmäßig außer Betracht zu bleiben (OLG. Bremen GA. **1962** 311); es ist also, wenn nicht besondere Umstände vorliegen, davon auszugehen, daß die gesamte Untersuchungshaft angerechnet werden wird. Dabei ist auch die Anwendung von § 26 StGB. (BGHSt. **6** 215) ins Auge zu fassen (Schultz JR. **1963** 297).

Indessen kommt es nicht allein auf das Verhältnis der Untersuchungshaft zu der zu erwartenden Strafe oder Maßregel an, vielmehr ist auch auf die Bedeutung der Sache abzustellen. Daraus folgt: Auch wenn die erlittene Untersuchungshaft nicht mehr in angemessenem Verhältnis zu der zu erwartenden Sanktion steht, kann die Untersuchungshaft gleichwohl aufrechterhalten werden, wenn das durch die Bedeutung der Sache geboten ist. Das ist etwa der Fall, wenn anzunehmen ist, der Beschuldigte werde ungeachtet der Geringfügigkeit eines Strafrestes fliehen, wenn die Aburteilung aber, namentlich im Hinblick auf eine später mögliche Rückfallverschärfung, bedeutungsvoll ist. Auf der anderen Seite bedeutet das Gebot, bei fehlender Verhältnismäßigkeit den Haftbefehl aufzuheben, daß der Staat bei unbedeutenden Sachen notfalls einen Verzicht auf die Verurteilung in Kauf nimmt.

Zur Prüfung, ob die Haftvoraussetzungen entfallen sind, ist namentlich in folgenden Fällen Anlaß gegeben:

wenn durch ein Urteil von Strafe abgesehen wird (§§ 199, 233 StGB.);

wenn im Urteil die gesamte Strafe durch die Untersuchungshaft als verbüßt erklärt (§ 60 StGB.) oder angeordnet wird, daß wegen erlittener Untersuchungshaft Jugendarrest nicht zu vollstrecken ist (§ 52 Abs. 1 JGG.), und das Verfahren wegen keiner freiheitsentziehenden Maßregel anhängig bleibt (s. o. 2 zu § 112);

wenn im Urteil nur auf andere als freiheitsentziehende Strafen oder Maßregeln erkannt (OG. Danzig GA. **71** 73) oder die Vollstreckung erkannter Freiheitsstrafen zur Bewährung ausgesetzt (§ 23 Abs. 1 StGB., § 20 JGG.) oder der Beschuldigte bei Anrechnung der Untersuchungshaft bedingt entlassen wird (§ 26 Abs. 1 StGB.; BGHSt. **6** 215; Schultz. JR **1963** 297).

In den vorgenannten Fällen können Umstände denkbar sein, die die weitere Untersuchungshaft rechtfertigen. Das kann beispielsweise der Fall sein, wenn ein Angeklagter Berufung einlegt, der deshalb in Untersuchungshaft ist, weil er tatkräftig auf Zeugen eingewirkt hatte; wenn die Gefahr besteht, daß er das bei Freilassung weiterhin tun und dadurch, ungeachtet der Zeugenaussage in der ersten Instanz, die Ermittlung der Wahrheit erschweren werde; und wenn die Wichtigkeit der Verurteilung die Untersuchungshaft auch für den Fall rechtfertigt, daß feststeht, es werde auf keine zu vollstreckende Freiheitsstrafe erkannt werden. Dabei kann es sich nur um ungewöhnliche Ausnahmefälle handeln.

Wegen der Aufhebung des Haftbefehls in den vorgenannten Fällen bei Eintritt der Rechtskraft s. u. 10 Abs. 3.

3. Freispruch. In Absatz 1 Satz 1 ist verordnet, daß der Haftbefehl aufzuheben ist, wenn die Haftvoraussetzungen weggefallen sind oder die Verhältnismäßigkeit der Haft zur Strafe und zur Sache nicht mehr besteht. Als Sonderfall hiervon („namentlich“) wird in Satz 2 der Fall des Freispruchs — und einiger ähnlich liegender Fälle — behandelt. Die Bestimmung des Satzes 2 enthält indessen mehr als lediglich einen Sonderfall von Satz 1. Da es nämlich auf den Akt des Freispruchs und nicht auf dessen Richtigkeit oder Rechtskraft ankommt, liegt in der Behandlung von Satz 2 als Unterfall von Satz 1 die gesetzliche Vermutung (OLG. Hamm NJW. **1954** 86), daß die Haftvoraussetzungen weggefallen seien oder daß wenigstens die Haft zu dem endlichen Ergebnis nicht mehr in einem angemessenen Verhältnis stehe. Der Haftbefehl ist in den Fällen von Satz 2 daher auch dann aufzuheben, wenn bei (erkannter) Fehlerhaftigkeit des Freispruchs die Voraussetzungen der Untersuchungshaft noch vorliegen.

Das Gesetz knüpft die Verpflichtung, den Haftbefehl aufzuheben, an den Umstand, daß der Angeschuldigte freigesprochen oder außer Verfolgung gesetzt werde.

Der Freispruch kann grundsätzlich nur durch Urteil ausgepsrochen werden (§ 260 Abs. 1 Satz 2), ausnahmsweise in gewissen Wiederaufnahmefällen durch Beschluß (§ 371 Abs. 2; BGHSt. 8 383; **14** 66). Der Freispruch muß die Tat betreffen, wegen der der Haftbefehl ergangen ist. Wird der Angeklagte, wenn er freigesprochen wird, gleichzeitig wegen anderer Taten verurteilt, so bleibt der Haftbefehl, wenn er auch wegen dieser Taten erlassen worden war, unberührt; war noch keiner erlassen, ist es zulässig, wegen dieser Taten die Untersuchungshaft anzuordnen. Doch wird dabei der Grundsatz der Verhältnismäßigkeit besonders sorgfältig zu beachten sein.

Außer Verfolgung gesetzt wird der Angeschuldigte durch den Beschluß, mit dem das Gericht nach abgeschlossener Voruntersuchung erklärt, daß es das Hauptverfahren nicht eröffne (§ 204 Abs. 2). Auch hier ist Identität der im Haftbefehl angenommenen Tat mit derjenigen, die in dem Beschluß nach § 204 Abs. 2 behandelt wird, Voraussetzung der Aufhebung des Haftbefehls.

4. Einstellung. Als weiteren Grund für die notwendige Aufhebung des Haftbefehls nennt Satz 2 die Einstellung, wenn sie nicht bloß vorübergehend wirkt. Dafür kommen in Betracht das Urteil (§ 260 Abs. 1) und der Beschluß (§ 206a), durch die das Verfahren wegen eines nicht mehr behebbaren Verfahrenshindernisses (Verjährung, Amnestie, fehlender Strafantrag bei abgelaufener Antragsfrist) mit der Wirkung eingestellt wird, daß es, wenn nicht neue Tatsachen oder Beweismittel bekannt werden, nicht wieder aufgenommen werden kann. Hierunter fällt, weil die letztere Voraussetzung fehlt, nicht die vorläufige Einstellung (§ 205 Abs. 1) oder die Einstellung wegen fehlenden Gerichtsstandes (s. o. 4b, c zu § 12; KG. GA. **42** 147).

Eine nicht bloß vorläufige Einstellung des Verfahrens wird auch durch den Beschluß bewirkt, durch den das Hauptverfahren nicht eröffnet (§ 204 Abs. 1) oder — in anderer Fassung — die Eröffnung des Hauptverfahrens abgelehnt wird (§ 210 Abs. 2). Auch in diesem Falle kann die Klage nur auf Grund neuer Tatsachen oder Beweismittel wieder aufgenommen werden (§ 211). Dagegen ist nicht anzunehmen, daß das Gesetz auch die staatsanwaltschaftliche Einstellung (§ 170 Abs. 2) im Auge hat. Denn ihr kommt — anders als der Ablehnung der Eröffnung des Hauptverfahrens — keine beschränkte Rechtskraftwirkung zu. Auch sind die anderen Akte, mit denen die Aufhebung des Haftbefehls zu verbinden ist, gerichtliche, so daß das Gericht aus seiner eigenen Entscheidung eine vom Gesetz vorgeschriebene Folgerung ziehen muß. Bei diesen Verschiedenheiten kann dem Gesetz nicht die Anordnung entnommen werden, das Gericht müsse den Haftbefehl aufheben, wenn die Staatsanwaltschaft das Verfahren eingestellt hat. Gleichwohl wird es regelmäßig dazu kommen. Denn mit der Einstellung verneint die Staatsanwaltschaft den hinreichenden und damit erst recht den dringenden Tatverdacht. Alsdann muß sie die Aufhebung des Haftbefehls beantragen, und das Gericht muß diesem Antrag entsprechen (§ 120 Abs. 3 Satz 1). Es ist nahezu ausgeschlossen, daß die Staatsanwaltschaft bei einer Einstellung nicht die Aufhebung des Haftbefehls beantragt. Sollte es doch einmal regelwidrig der Fall sein (Beispiel: Einstellung eines Mordverfahrens wegen eines zweifelhaften Rechtfertigungsgrundes und alsbaldige Beschwerde des Verletzten mit dem Ziele der Anklageerzwingung), hat das Gericht über einen Antrag des Beschuldigten auf Aufhebung des Haftbefehls nach allgemeinen Grundsätzen zu entscheiden; ein Fall des § 120 Abs. 1 liegt nicht vor.

5. Bagatelldelikte. So wie bei Freispruch der Wegfall des dringenden Tatverdachts schlechthin vermutet wird, muß bei Verurteilung wegen einer Tat, die nur mit Gefängnis bis zu sechs Monaten, mit Haft oder mit Geldstrafe, allein oder nebeneinander, bedroht ist (§ 113 Abs. 1; Beisp.: Anklage wegen Nötigung, Verurteilung nur wegen Bedrohung), der dringende Tatverdacht wegen einer anderen strafbaren Handlung kraft gesetzlicher Vermutung ausgeschlossen werden. Die Untersuchungshaft darf alsdann lediglich wegen Fluchtgefahr und nur dann fortdauern, wenn — sofern nicht der Ausnahmefall von § 113 Abs. 3 gegeben ist — die Voraussetzungen des § 113 Abs. 2 vorliegen. Sind sie nicht gegeben, ist der Haftbefehl aufzuheben. Dasselbe gilt, wenn das Hauptverfahren abweichend von dem Antrage des Staatsanwalts (§ 206, § 210 Abs. 2) nur wegen einer in § 113 Abs. 1 aufgeführten Tat eröffnet wird.

6. Verfahren. In jedem Zeitpunkt des Verfahrens haben Richter und Staatsanwalt, der letztere auch dann, wenn die Verfahrensherrschaft aufs Gericht übergegangen ist, zu prüfen, ob die Untersuchungshaft noch aufrechterhalten werden muß. Einen Zwang hierzu kann der Beschuldigte durch das Haftprüfungsverfahren (§ 117) ausüben, doch ist stets auch unabhängig von diesem von Amts wegen darauf zu achten, ob die Fortdauer der Untersuchungshaft noch nötig ist (Nr. 43 Abs. 1 RiStV.). Ist das nicht der Fall, hat die Staatsanwaltschaft die Aufhebung des Haftbefehls zu beantragen. Das Gericht hat die Haftfrage aber auch von Amts wegen zu prüfen und bei Wegfall der Haftvoraussetzungen nach Anhörung der Staatsanwaltschaft (§ 33) den Haftbefehl durch Beschluß (s. o. Vorbem. 3d zum vierten Abschnitt) aufzuheben. Der Beschluß ist zu begründen (§ 34).

Wegen der Zuständigkeit s. § 126.

Der den Haftbefehl aufhebende Beschluß ist durch Entlassung zu vollziehen. Einer Vollstreckung (§ 36 Abs. 1 Satz 1) bedarf die Entscheidung nicht, weil zu ihrer Durchführung keine Anwendung von Gewalt erforderlich ist (s. o. 1 zu § 36). Da die Entscheidung auch nicht der Zustellung bedarf (§ 35 Abs. 2 Satz 2), findet § 36 keine Anwendung. Das Gericht hat vielmehr, ggf. durch seine Geschäftsstelle, die Entlassung selbst zu veranlassen und den Beschluß dem Beschuldigten formlos und der Staatsanwaltschaft durch Aktenübersendung mitzuteilen.

Die Anstalt hat den Gefangenen unverzüglich zu entlassen. Sie kann ihn für den Zeitraum zurückhalten, der erforderlich ist, ihm Sachen auszuhändigen, ihn darüber quittieren zu lassen usw. Macht sich eine Gesundheitsuntersuchung erforderlich, so kann sie durchgeführt werden, wenn das sofort möglich ist. Der Entlassene darf aber nicht zurückgehalten werden, weil der Arzt etwa erst später oder nur zu einer besonderen Stunde zur Verfügung steht. Bei den Entlassungsformalitäten ist der Entlassene als freier Mann zu behandeln und anzureden. Er muß sich in den Anstaltsbetrieb einordnen, kann aber nicht mehr mit Hausstrafen belegt werden. Befindet er sich zur Zeit der Entlassung außerhalb des Anstaltsgeländes, insbesondere im Gerichtssaal, so darf er, wenn er Zivilkleidung trägt, nicht gegen seinen Willen mit Gewalt in die Anstalt zurückgeführt werden. Es steht ihm frei, seine Sachen am Eingang der Untersuchungshaftanstalt in Empfang zu nehmen (Merz NJW. **1961** 1852).

Ist der Untersuchungsgefangene am Abend zu entlassen und hat er keine Bleibe und auch kein Geld, eine Hotelübernachtung zu bezahlen, dann ist die Anstalt befugt, ihn auf seinen Wunsch bis zum anderen Morgen zu beherbergen. Auch er ist freier Mann und zwar der Anstaltsordnung nicht aber der Anstaltsgewalt unterworfen; notfalls muß er auf die Straße gesetzt werden.

7. Beschwerde (Absatz 2). Gegen den den Haftbefehl aufhebenden Beschluß ist, sofern er nicht von einem Strafsenat ergeht (§ 304 Abs. 4), Beschwerde zulässig, auch — weil er eine

Entscheidung über die Verhaftung darstellt — wenn er der Beschluß eines erkennenden Gerichts ist (§ 305 Satz 2). Gegen den einen Haftbefehl aufhebenden Beschluß des Landgerichts findet, weil er die Verhaftung betrifft (§ 310 Abs. 1), weitere Beschwerde statt. Zwar hat die weitere Beschwerde ihren Grund im Schutze des Beschuldigten. Aus diesem Gesetzeszweck könnte man schließen, daß der Staatsanwaltschaft die weitere Beschwerde nicht zustehe. Indessen ist der Wortlaut nicht auf eine Beschwerde des Beschuldigten beschränkt. Da er eindeutig ist, bleibt für eine einschränkende Auslegung kein Raum. Daher sind die Staatsanwaltschaft und der Nebenkläger (§ 401 Abs. 1 Satz 1) beschwerdeberechtigt (s. o. 14b zu § 114). Der Beschuldigte hat mangels Beschwer kein Beschwerderecht.

Für die Beschwerde gegen die Ablehnung, einen Haftbefehl aufzuheben, ergeben sich keine Besonderheiten.

Die Beschwerde hat keine aufschiebende Wirkung (§ 307 Abs. 1). Die nach den allgemeinen Vorschriften gegebene Befugnis des Gerichts, den Vollzug der angefochtenen Entscheidung auszusetzen (§ 307 Abs. 2), ist durch Absatz 2 ausdrücklich ausgeschlossen, gleichgültig ob die Beschwerde allein eingelegt oder ob sie mit einer Anfechtung der o. 3 und 4 aufgeführten Entscheidungen verbunden wird.

Absatz 2 gilt für alle Fälle, in denen ein Haftbefehl aufgehoben wird, nicht nur für die Aufhebung beim Freispruch und bei ihm gleichstehenden Entscheidungen. Die Bestimmung ist nicht unbedenklich (vgl. die andersartige Regelung in § 454 Abs. 2 Satz 2) und für die Fälle von Absatz 1 Satz 1 auch zuweilen mißlich. Für den Freispruch und die ihm gleichstehenden Entscheidungen ist sie eher hinzunehmen, namentlich wenn man im Auge behält, daß manche Rechtsordnungen Rechtsmittel gegen freisprechende Entscheidungen schlechthin ausschließen.

8. Entscheidung des Beschwerdegerichts. Das Beschwerdegericht überprüft die Entscheidung vollständig und hat dabei seine Erwägungen an die Stelle derjenigen des Vorderrichters zu setzen. Bei seiner Entscheidung hat es auch neu bekanntgewordene Tatsachen zu berücksichtigen. Den Freispruch oder die ihm gleichstehenden Entscheidungen kann es jedoch nicht überprüfen; es ist vielmehr an die gesetzliche Vermutung gebunden, daß der dringende Tatverdacht entfallen ist (OLG. Hamm NJW. **1954** 86). In den o. 3 und 4 aufgeführten Fällen muß daher eine Beschwerde grundsätzlich wirkungslos bleiben (Ausnahmen s. u. 9). War dagegen der Haftbefehl aus sonstigen Gründen aufgehoben, dann kann das Beschwerdegericht den aufhebenden Beschluß des Vorderrichters seinerseits aufheben und damit dem Haftbefehl wieder Wirksamkeit verleihen. Dabei kann es den Haftbefehl auch umstellen, indem es etwa an die Stelle eines vom Vorderrichter zu Recht verneinten Betrugsverdachts den von diesem übersehenen Verdacht einer Urkundenfälschung setzt, oder indem es anstelle zu Recht als weggefallen angesehener Verdunkelungsgefahr entgegen der Ansicht des Vorderrichters Fluchtgefahr annimmt (s. o. 12 zu § 114).

9. Neue Haftgründe. Durch den Freispruch und die ihm gleichstehenden gerichtlichen Entscheidungen wird die gesetzliche Vermutung begründet, die Haftvoraussetzungen seien entfallen oder die Untersuchungshaft stehe auf jeden Fall zu der zu erwartenden Sanktion nicht mehr in einem angemessenen Verhältnis (s. o. 3, 4). Die Vermutung kann durch neue Tatsachen oder durch neue Beweismittel widerlegt werden (OLG. München HRR. **1940** 86). Werden sie alsbald nach Freispruch usw. bekannt (Geständnis nach Urteilsverkündung), dann ist trotz des Freispruchs der Aufhebungsgrund des § 120 Abs. 1 Satz 2 nicht gegeben. Ergeben sie sich, nachdem der Haftbefehl aufgehoben worden ist, dann kann das Beschwerdegericht die aufhebende Entscheidung des Vorderrichters beseitigen oder dieser einer Beschwerde der Staatsanwaltschaft abhelfen. In der Regel werden neue Tatsachen oder neue Beweismittel erst nach einiger Zeit hervortreten. Auch dann kann die Staatsanwaltschaft, weil das Beschwerdegericht die neuen Umstände berücksichtigen muß, noch den Weg der Beschwerde wählen; doch wird es in der Regel angemessener sein, einen neuen Haftbefehl zu beantragen.

Dagegen kann die Vermutung, die Haftvoraussetzungen seien weggefallen, nicht dadurch ausgeräumt werden, daß das gleiche oder ein höheres Gericht unveränderte Tatsachen anders würdigt oder die Rechtslage anders beurteilt, als es das freisprechende Gericht beim Freispruch oder den ihm gleichstehenden Entscheidungen getan hatte (OLG. München HRR. **1940** 837; OLG. Hamm NJW. **1954** 86), selbst wenn die neue Beurteilung zur Aufhebung des freisprechenden

Urteils führt (Lobe-Alsberg, III 1 zu § 123). Die gegenteilige Ansicht, der Angeschuldigte sei nicht mehr freigesprochen, wenn das freisprechende Urteil aufgehoben worden sei (Müller-Sax, 2b zu § 120; Schwarz, 22. Aufl., 1B zu § 123), übersieht, daß der Gesetzgeber das Aufhebungsgebot an die Tatsache eines freisprechenden Urteils knüpft. Mag auch das freisprechende Urteil aufgehoben werden, so bleibt doch der Umstand, daß der Angeklagte einmal freigesprochen worden ist, immerdar bestehen, und mit ihm der Grund für die gesetzgeberische Entscheidung, daß ohne neue Tatsachen oder Beweismittel niemand für dringend verdächtig gehalten werden könne, dem in einem solennen Verfahren — wenn auch möglichenfalls zu Unrecht — bescheinigt worden ist, er sei nicht zu überführen. Im Wiederaufnahmeverfahren besteht dieser Grund nicht, wenn es zu ungunsten des Verurteilten auf Grund neuer Tatsachen oder Beweismittel betrieben wird (§ 362 Nr. 1, 2, 4). Dieses Verfahren ist vom Zulassungsbeschluß (§ 369) an ein neues Ermittlungsverfahren, so daß auf Grund neuer Tatsachen oder Beweismittel ein neuer Haftbefehl ergehen kann (s. o. 4 zu § 112).

10. Die **Rechtskraft** beendet die Untersuchung und damit die Untersuchungshaft (s. o. 3 zu § 112). Ist der Beschuldigte bei Rechtskraft in Untersuchungshaft, so geht diese auf Grund eines zu Freiheitsstrafe oder zu freiheitsentziehenden Maßregeln verurteilenden Erkenntnisses in Strafhaft oder in den Vollzug der freiheitsentziehenden Maßregel über (EbSchmidt, 14 zu § 124, Müller-Sax, 1a zu § 450; Dalcke-Fuhrmann, 4 zu § 450; Dallinger-Lackner, 6 zu § 87 JGG.; OLG. München Rpfleger **1964** 370; a. A. Henkel, § 73 III Anm. 8; Pohlmann, I 3b Abs. 5 zu § 38 StVollstrO.; weitere Nachweise BGHSt. **20** 65). Der Haftbefehl erledigt sich damit von selbst (BVerfGE. **9** 161 = NJW. **1959** 431), er braucht nicht aufgehoben zu werden (Hartung, 5 zu § 123; a. A. — Haftbefehl bleibt Grundlage der Vollstreckungshaft — OLG. Celle NJW. **1963** 2240).

Das Gericht ist zwar nicht gehindert, den Haftbefehl aufzuheben (verneinend BayObLGSt. **32** 147; OLG. Nürnberg SJZ. **1950** 141 zust. Kleinknecht). Wenn es darüber hinaus aber die Entlassung aus der Untersuchungshaft anordnet, geht die Anordnung ins Leere; die Anstalt darf den Verurteilten auf Grund dieser Verfügung nicht aus der Strafhaft entlassen (vgl. OLG. Celle NJW. **1963** 2240: Das Prozeßgericht darf keine Entscheidungen erlassen, die die Vollstreckungshaft betreffen). Dem erkennenden Gericht bleibt, wenn es der Ansicht ist, die Untersuchungshaft verwandele sich nicht zufolge der Rechtskraft in Strafhaft (OLG. Frankfurt HESt. **1** 163; OLG. Braunschweig MDR. **1950** 755), die Möglichkeit, nach § 458 Abs. 1 die Unzulässigkeit der Strafvollstreckung festzustellen, wenn Einwendungen gegen die Strafvollstreckung erhoben werden. Die Staatsanwaltschaft wird dem Gericht die Entscheidung dadurch abzunehmen haben, daß sie die Strafvollstreckung einleitet. Die Entscheidung des Oberlandesgerichts Celle zeigt, wie selbst bei unterschiedlichen Auffassungen Mißhelligkeiten vermieden werden können.

Wird ein Urteil rechtskräftig, in dem nicht auf freiheitsentziehende Strafen oder Maßregeln erkannt oder in dem die Vollstreckung einer erkannten Freiheitsstrafe ausgesetzt wird, dann kann sich die Untersuchungshaft nicht in Strafhaft fortsetzen. Die Untersuchungshaft kann aber auch nicht fortbestehen, weil sie ihr Ziel, die Untersuchung zu sichern, erreicht hat. Der Verurteilte befindet sich damit ohne Rechtsgrund in Haft. Demzufolge ist der Haftbefehl alsbald aufzuheben, auch wenn sein Vollzug gegen Sicherheitsleistung ausgesetzt war (a. A. — Verurteilung zu Geldstrafe ist kein Grund, einen gegen Sicherheitsleistung ausgesetzten Haftbefehl aufzuheben — EbSchmidt, 4 zu § 117). Für die Ansicht, daß ein Haftbefehl, dessen Vollzug gegen Sicherheitsleistung ausgesetzt ist, auch nach Rechtskraft weiterbestehen (jedoch nicht mehr vollzogen werden) könne (KleinknM, 2d Abs. 2 zu § 123), fehlt es an einer Begründung. In den Folgen läuft allerdings die abgelehnte Ansicht auf dasselbe hinaus, wie die hier vertretene (s. u. 2 zu § 123).

III. Aufhebung auf Antrag der Staatsanwaltschaft (Absatz 3).

1. Inhalt. Im Ermittlungsverfahren ist die Staatsanwaltschaft besser als das nur gelegentlich (§ 162) beteiligte Gericht über das Verfahren und seine Aussichten unterrichtet und daher am ehesten in der Lage, zu beurteilen, ob die Untersuchungshaft noch notwendig ist oder ob sie entbehrt werden kann. Die Verfahrenskenntnis gäbe allerdings keine Grundlage, den Amtsrichter an einen Aufhebungsantrag der Staatsanwaltschaft zu binden, wie das in Absatz 3 Satz 1 geschieht. Die dort verordnete Bindung beruht vielmehr auf der Verfahrensherrschaft, die im Ermittlungsverfahren dem Staatsanwalt zusteht. Zwar kann diese Herrschaft nicht ausreichen, dem Staatsanwalt die Befugnis zu verleihen, selbst Anordnungen zu treffen, die den Beschuldigten belasten (Haftbefehl, Beschlagnahme); solche Entscheidungen müssen dem Richter vorbehalten bleiben. Die Verfahrensherrschaft rechtfertigt es aber, es vom Ermessen des Staatsanwalts abhängig zu machen, ob solche Anordnungen ergehen sollen, welchen Umfang sie haben können und wie lange sie bestehen dürfen. § 120 Abs. 3 ist nur eine der vielfältigen Auswirkungen dieses Grundsatzes. Die Vorschrift gewinnt namentlich Bedeutung, wenn die Polizei einen Verhafteten, damit die Frist gewahrt werde, dem Amtsrichter unmittelbar zuführt und dieser dann ohne Gehör der Staatsanwaltschaft (§ 165) einen Haftbefehl erlassen hat.

Die Bindungswirkung bezieht sich nur auf einen Antrag, den Haftbefehl aufzuheben. Das Aussetzen des Vollzugs eines Haftbefehls (§ 116) ist gegenüber seiner Aufhebung das Mindere. Gleichwohl ist ein Antrag der Staatsanwaltschaft, den Vollzug des Haftbefehls auszusetzen, dem Antrage, den Haftbefehl aufzuheben, in der Bindungswirkung nicht gleichgestellt. Diese klare gesetzgeberische Entscheidung kann durch Auslegung nicht geändert werden.

Durch Absatz 3 werden die Befugnis und die Verpflichtung des Amtsrichters nicht berührt, einen Haftbefehl auch entgegen einem Antrag des Staatsanwalts von Amts wegen aufzuheben, wenn die Voraussetzungen der Untersuchungshaft weggefallen sind.

2. Zeitpunkt. Der Haftbefehl ist aufzuheben, wenn die Staatsanwaltschaft es beantragt, solange ihr die Verfahrensherrschaft zusteht, d. h. bis zur Erhebung der öffentlichen Klage. Erhebung der öffentlichen Klage (§ 170 Abs. 1) sind der Antrag auf gerichtliche Voruntersuchung (§ 179), die schriftliche Anklage (§ 199 Abs. 2, § 200), die Nachtragsanklage (§ 266 Abs. 2), der Antrag auf Erlaß eines Strafbefehls (§ 408 Abs. 1) und — die Klage ersetzend — der polizeiliche Antrag auf Erlaß einer amtsrichterlichen Strafverfügung (§ 413 Abs. 1). Im beschleunigten Verfahren wird die Anklage entweder durch Einreichen einer Anklageschrift oder in der Hauptverhandlung mündlich erhoben (§ 212a Abs. 2).

Die bindende Wirkung des staatsanwaltschaftlichen Antrags endet mit der Klageerhebung. Daher kann der Antrag nur an den Amtsrichter, den Ermittlungsrichter des Bundesgerichtshofs (§ 168a) oder an die diesen Richtern übergeordneten Beschwerdegerichte (§ 73 Abs. 1, § 134 Abs. 3 Satz 2 GVG.) gerichtet werden. Aus diesem Grunde kann ein mit der Anklage verbundener Antrag, den Haftbefehl aufzuheben, das mit der Anklage angerufene Gericht nicht binden. Wird allerdings die Klage zu dem Amtsrichter erhoben, der zugleich Richter des § 162 ist, dann ist der mit ihr verbundene Antrag, den Haftbefehl aufzuheben, für den Amtsrichter noch bindend. Denn die Gesetze sind sinnvoll auszulegen, und es kann nicht verlangt werden, daß der Staatsanwalt zwei getrennte Schriftstücke in Minutenabstand abgibt (a. A. — mit Anklage verbundener Aufhebungsantrag stets bindend — Lobe-Alsberg, 2 zu § 126; — nie bindend — EbSchmidt, 8 zu § 126; Müller-Sax, 3b (1) zu § 120).

3. Antrag. Den Antrag, den Haftbefehl aufzuheben, braucht die Staatsanwaltschaft nicht zu begründen; sie wird das nur tun, wenn ihre Gründe für die weitere Bearbeitung bedeutsam sind oder wenn aus anderen Gründen erwünscht ist, daß sie aktenkundig bleiben. Der Antrag wird in der Regel beim Amtsrichter gestellt werden, doch ist auch ein im Verfahren des § 122 ans Oberlandesgericht oder im Beschwerdeverfahren an das Beschwerdegericht gerichteter Antrag bindend. Er kommt z. B. in Betracht, wenn der Amtsrichter § 120 Abs. 3 übersehen hat; wenn eine Haftsache auf weitere Beschwerde des Beschuldigten ans Oberlandesgericht gelangt, und der Generalstaatsanwalt ihr beitritt; oder wenn das Beschwerdegericht einen Haftbefehl ohne Gehör der Staatsanwaltschaft umgestellt hat (s. o. 17 zu § 114), und die Staatsanwaltschaft der Umstellung nicht zustimmt, sondern die Entlassung des Gefangenen für geboten erachtet. Der letzte Fall ist unerwünscht; die Gerichtspraxis kann ihn durch Gehör der Staatsanwaltschaft vermeiden.

Die gerichtliche Entscheidung ist ein Formalakt ohne Sachprüfung. Sie ist, wenn auch die Ansicht der Staatsanwaltschaft bindend ist, erforderlich, weil dieser keine Verfügung über den gerichtlichen Haftbefehl eingeräumt werden kann. Die gerichtliche Prüfung beschränkt sich darauf, daß die öffentliche Klage nicht erhoben ist und daß ein Antrag der Staatsanwaltschaft vorliegt, den Haftbefehl aufzuheben. Zur Begründung (§ 34) genügen alsdann die Worte „auf Antrag der Staatsanwaltschaft".

Der Antrag wirkt bei gleicher Sachlage dergestalt fort, daß der Amtsrichter nicht ohne Änderung der Verhältnisse, etwa weil er die Fluchtgefahr anders beurteilt als der Staatsanwalt, von Amts wegen (§ 125 Abs. 1) einen Haftbefehl mit der Begründung erlassen kann, es liege Gefahr im Verzuge vor, weil ein antragstellender Staatsanwalt nicht zu erreichen sei (im Ergebnis ebenso Lobe-Alsberg, 2 zu § 126). Dagegen ist der Amtsrichter nicht gehindert, bei Gefahr im Verzuge einen neuen Haftbefehl von Amts wegen zu erlassen, wenn ihm neue Tatsachen (Fluchtvorbereitung) bekannt werden. Diesen Fall hat wohl auch Eb. Schmidt (3 zu § 126) im Auge.

4. Freilassung. Stellt die Staatsanwaltschaft den Antrag, den Haftbefehl aufzuheben, dann ist sie der Ansicht, der Beschuldigte sei zu Unrecht in Haft. Im Hinblick auf ihre Verfahrensherrschaft muß ihr alsdann die Befugnis zustehen, den Beschuldigten alsbald zu entlassen. Dazu räumt ihr Satz 2 die Fähigkeit ein, gleichzeitig mit ihrem Antrag die Freilassung des Beschuldigten anzuordnen. Da die Entscheidung des Gerichts wegen der Bindungswirkung nicht zweifelhaft sein kann, hat die Staatsanwaltschaft die Anordnung stets zu treffen. Das Wort „kann" will nur die gesetzliche Befugnis der Staatsanwaltschaft zu dem Eingriff in die richterlich angeordnete Haft klarstellen, hat aber nicht den Inhalt, daß die Staatsanwaltschaft mit der Entlassung bis zur gerichtlichen Entscheidung zuwarten dürfe (a. A. — Staatsanwaltschaft ist zur Entlassung nur verpflichtet, wenn zwischen ihrem Antrag und der Entscheidung voraussichtlich ein längerer Zeitraum liegen wird — Müller-Sax, 4 zu § 120.)

IV. Wegen des **Übergangsrechts** zu Absatz 1 Satz 1 s. o. 22 zu § 112.

§ 121

(1) Solange kein Urteil ergangen ist, das auf Freiheitsstrafe oder eine freiheitsentziehende Maßregel der Sicherung und Besserung erkennt, darf der Vollzug der Untersuchungshaft wegen derselben Tat über sechs Monate hinaus nur aufrechterhalten werden, wenn die besondere Schwierigkeit oder der besondere Umfang der Ermittlungen oder ein anderer wichtiger Grund das Urteil noch nicht zulassen und die Fortdauer der Haft rechtfertigen.

(2) In den Fällen des Absatzes 1 ist der Haftbefehl nach Ablauf der sechs Monate aufzuheben, wenn nicht der Vollzug des Haftbefehls nach § 116 ausgesetzt wird oder das Oberlandesgericht die Fortdauer der Untersuchungshaft anordnet.

(3) Werden die Akten dem Oberlandesgericht vor Ablauf der in Absatz 2 bezeichneten Frist vorgelegt, so ruht der Fristenlauf bis zu dessen Entscheidung. Hat die Hauptverhandlung begonnen, bevor die Frist abgelaufen ist, so ruht der Fristenlauf auch bis zur Verkündung des Urteils. Wird die Hauptverhandlung ausgesetzt und werden die Akten unverzüglich nach der Aussetzung dem Oberlandesgericht vorgelegt, so ruht der Fristenlauf ebenfalls bis zu dessen Entscheidung.

(4) An die Stelle des Oberlandesgerichts tritt der Bundesgerichtshof in den Sachen, die zu seiner Zuständigkeit gehören.

Entstehungsgeschichte: Die Vorschrift ist eingefügt durch Art. 1 StPÄG., um damit der Forderung in Art. 5 Abs. 2 Satz 2 MenschRKonv. zu genügen (Begrdg., BTDrucks. IV 178, S. 25). In der Regierungsvorlage hatte der Bedingungssatz am Schluß des ersten Absatzes folgenden Wortlaut: „wenn ... die Schwierigkeit der Untersuchung oder wichtige Belange der Strafrechtspflege die Fortdauer der Haft erfordern". Dadurch kam der Grundsatz zum Ausdruck, daß die Untersuchungshaft nicht mehr vollzogen werden dürfe, wenn es möglich gewesen wäre, innerhalb von sechs Monaten zur Hautpverhandlung zu kommen, und die Ausnahme, daß auf den Haftvollzug gleichwohl nicht verzichtet werden sollte, wenn wichtige Belange der Strafrechtspflege den weiteren Vollzug erfordern, z. B. wenn das Verfahren gegen einen Schwerverbrecher falsch behandelt worden war. Die Ausnahme ist in den Beratungen des Rechtsausschusses gefallen. Dort hat die Vorschrift auch die jetzige — etwas umständliche — Fassung erhalten. Wegen der Einzelheiten der Entstehungsgeschichte und der in den Beratungen vertretenen Auffassungen über den Inhalt der Vorschrift vgl. Dünnebier, JZ. **1966** 251.

Schrifttum: Dünnebier, Bemerkungen zum Verfahren des Oberlandesgerichts nach §§ 121, 122 StPO., JZ. **1966** 251; E. Kaiser, Die Bedeutung des oberlandesgerichtlichen Prüfungsrechtes gemäß § 121 StPO., NJW. **1966** 435; Rebmann, Der Begriff „dieselbe Tat" in § 121 Abs. 1 StPO., NJW. **1965** 1752.

1. Inhalt. Nach Art. 5 Abs. 3 Satz 2 und 3 MenschRKonv. hat der Beschuldigte Anspruch, innerhalb angemessener Frist abgeurteilt oder gegen Sicherheitsleistung aus der Untersuchungshaft entlassen zu werden. Dieses Recht erfährt seine nationale Ausgestaltung in den §§ 121, 122 in der Weise, daß die Dauer des Vollzugs der Untersuchungshaft grundsätzlich auf sechs Monate begrenzt und ihre Verlängerung nur unter besonderen Umständen und nach Prüfung durch das Oberlandesgericht zugelassen wird. Die Dauer der Untersuchungshaft wird hier nicht wie in § 112 Abs. 1 Satz 2 und in § 120 Abs. 1 Satz 2 in ein Verhältnis zu der Bedeutung der Sache und der zu erwartenden Strafe oder Maßregel der Sicherung oder Besserung gesetzt, sondern in eines zu der Erledigungsschwierigkeit und zu anderen wichtigen Gründen. Solche Gründe müssen nicht nur dem Urteil entgegenstehen (s. u. 6, 7), sondern auch die Haftfortdauer rechtfertigen (s. u. 8). Bei dieser Verbindung der beiden Voraussetzungen bietet die Gegenwartsform der Auslegung kein Hindernis: Die Schwierigkeiten usw. müssen im Zeitpunkt der Prüfung bestehen oder wenigstens bis zu einem Zeitpunkt bestanden haben, der soviel Zeit vor der Prüfung liegt, als notwendig ist, nahezu zum Urteil zu kommen. In beiden Fällen lassen sie das Urteil zur Prüfungszeit noch nicht zu. Die gleichen Schwierigkeiten usw. müssen aber auch unabwendbar gewesen sein (s. u. 8). Damit kommt es auf die Vergangenheit an.

Die Regelung ist keine Straf- oder Erziehungsmaßnahme, sondern eine Folgerung aus dem Charakter der Untersuchungshaft. An einem als unschuldig Geltenden vollzogen, ist sie keine vorweggenommene Strafe, sondern ein im Interesse der Strafrechtspflege gefordertes Opfer, für das — wie für jedes Opfer — grundsätzlich das Übermaßverbot und der Grundsatz der Verhältnismäßigkeit gelten. Daraus folgt: Die Untersuchungshaft darf regelmäßig nur solange vollzogen werden, als es unerläßlich ist, das Urteil zu erreichen.

Die Vorschrift ist bei jedem Haftbefehl anzuwenden, auch bei dem nach § 230 Abs. 2 und nach § 236, wenn sie bei letzterem auch selten von Bedeutung werden wird. Bei dem Haftbefehl nach § 114 ist es gleichgültig, auf welchem Haftgrund er beruht (§ 112 Abs. 2 und 3), der Haftbefehl ist also auch dann aufzuheben, wenn sicher ist, daß der Beschuldigte fliehen werde (a. A. für Art. 5 MenschRKonv. LG. Köln NJW. **1964** 1817). Es gibt auch keine Ausnahme für den Haftbefehl gegen einen Beschuldigten, der eines Verbrechens wider das Leben dringend verdächtig ist (§ 112 Abs. 4). Die Fassung der Regierungsvorlage (s. o. Entstehungsgeschichte), die im letzten Falle regelmäßig zugelassen haben würde, den Haftvollzug zu verlängern, hat der Bundestag ausdrücklich verworfen. Für die Untersuchungshaft bei Wiederholungsgefahr eines Sittlichkeitsverbrechens, die ihrer Natur nach eine vorbeugende Sicherungsmaßnahme ist (s. o. 13a zu § 112), paßt die Haftbegrenzung am wenigsten. Nach dem Willen des Gesetzgebers findet sie gleichwohl statt. Dagegen sind die §§ 121, 122 nicht anzuwenden bei der einstweiligen Unterbringung von Erwachsenen (§ 126a Abs. 2 Satz 1) und von Jugendlichen (§ 71 Abs. 2 Satz 2 JGG.; OLG. Celle NJW. **1965** 2069) sowie bei der Sicherungshaft vor dem Widerruf der Aussetzung einer Jugendstrafe (§ 61 Abs. 2 Satz 2 JGG.).

Mit der Haftbegrenzung wird ein starker Zwang auf Polizei, Staatsanwaltschaft und Gericht ausgeübt, zielstrebig, konzentriert, rasch und sachgemäß zu ermitteln und zum Urteil zu kommen. Da auch selbst frühere Flucht und die Vorbereitung einer Flucht, sei es eine frühere, sei es eine aus dem Gefängnis, nicht als Ausnahmegrund aufgenommen und keine Ausnahme für § 230 Abs. 2, § 236 gemacht worden ist, muß daraus der Wille des Gesetzgebers gefolgert werden, unter Umständen in Kauf zu nehmen, daß ein verschlepptes Strafverfahren nicht zum Abschluß gebracht werden kann. In geeigneten Fällen wird die Verschonung mit dem Haftvollzug nach § 116 helfen, doch kann, anders als im anglo-amerikanischen Recht, aus dem der Gedanke des Art. 5 Abs. 3 Satz 2 und 3 MenschRKonv. entnommen ist, im deutschen Recht dem Beschuldigten nicht die Wahl zwischen Haft und Sicherheitsleistung gelassen werden. Denn die Sicherheitsleistung darf nur auf Antrag zugelassen werden (§ 116a Abs. 3).

Die Haftbegrenzung und die festumschriebenen Ausnahmen sind zu billigen. Auch die Folge ist anzuerkennen, daß ein fluchtverdächtiger Betrüger entlassen wird, wenn das Urteil in sechs Monaten nicht ergeht, obwohl das möglich gewesen wäre. Dagegen ist das Gesetz abzulehnen, soweit es von diesem Grundsatz auch bei schwersten Verbrechen keine Ausnahme macht. Für Kapitalverbrechen ist das nicht erträglich.

Kleinknecht will der untragbaren Konsequenz dadurch entgehen, daß er den Konditionalsatz in zwei Teile zerlegt und sie als an verschiedene Normadressaten gerichtet ansieht. Der erste Teil soll sich an die das Verfahren betreibenden Justizorgane richten (Vorlegungsvoraussetzungen), der zweite an die Justizorgane, die zur Frage der Haftverlängerung Stellung nehmen oder über sie entscheiden müssen (Verlängerungsvoraussetzungen; MDR. **1965** 788; JZ. **1965** 119). Das Gesetz enthält indessen eindeutig nur Verlängerungsvoraussetzungen, und versteht darunter Umstände, die das Urteil (objektiv) noch nicht zulassen und zugleich — zufolge ihrer Unabwendbarkeit — die Fortdauer der Haft rechtfertigen. — Müller-Sax (1c zu § 121) wollen zwischen dem Schutzbedürfnis des Beschuldigten vor überlanger Haft und den Notwendigkeiten der Verfahrenssicherung abwägen. Das wäre bei der Fassung des Regierungsentwurfs geboten gewesen; der Gesetz gewordene Text gestattet es nicht.

Die Vorschrift setzt die Frist, gibt Bestimmungen über ihre Verlängerung und räumt dem Oberlandesgericht die alleinige Zuständigkeit ein, über die Fortdauer des Vollzugs der Untersuchungshaft zu entscheiden. Das Verfahren, wie das Oberlandesgericht entscheidet, und wie seine Entscheidung herbeigeführt wird, ist in § 122 geregelt.

2. Frist. Die Untersuchungshaft darf grundsätzlich nicht über sechs Monate hinaus vollzogen werden. Diese Grenze betrifft nur die Freiheitsentziehung; der Haftbefehl selbst und Maßnahmen nach § 116 Abs. 1 bis 3, selbst freiheitsbeschränkende, können auch über die sechs Monate hinaus aufrechterhalten werden, wie sich aus Absatz 2 eindeutig ergibt. Die Vorschrift will den Beschuldigten nicht nur vor einer ununterbrochenen Untersuchungshaft von längerer Dauer als sechs Monate bewahren, sondern vor dem Vollzug auf eine solche Zeitdauer überhaupt. Es ist auch nicht auf die Vollstreckung eines (und desselben) Haftbefehls abgestellt, sondern auf den Vollzug der Untersuchungshaft wegen derselben Tat. Nach diesen Voraussetzungen ist es für die Berechnung der sechs Monate gleichgültig, ob der Beschuldigte ununterbrochen in Untersuchungshaft eingesessen hat, ob diese unterbrochen war, weil der Beschuldigte Strafhaft oder Untersuchungshaft in anderer Sache verbüßt hat, weil der Vollzug des Haftbefehls ausgesetzt war (§ 116); oder weil bei einem Jugendlichen von der Vollstreckung des Haftbefehls abgesehen worden ist (§ 72 Abs. 1 JGG.); oder endlich, ob der Beschuldigte aus der Untersuchungshaft entlassen worden und anschließend wegen der gleichen Straftat auf Grund eines neuen Haftbefehls wieder in Untersuchungshaft gekommen ist, selbst wegen eines anderen Ereignisses, wenn es nur zu dem gleichen historischen Vorgang gehört, das Gegenstand des ersten Haftbefehls war. In allen Fällen der Unterbrechung sind die einzelnen Haftzeiten zusammenzuzählen. Nur diese Vollzugszeiten sind für die Fristberechnung maßgebend; wie lange der Haftbefehl besteht, spielt dagegen keine Rolle.

Tat ist i. S. des § 264 zu verstehen; sie umfaßt den geschichtlichen Vorgang, der dem Beschuldigten vorgeworfen wird, wenn ihm mehrere vorgeworfen werden, die mehreren. Zur „Tat" gehören also alle Taten, die bei Beginn des Vollzugs des Haftbefehls in den Haftbefehl hätten aufgenommen werden können (Rebmann, S. 1753), wobei die Taten wieder alles umfassen, was ihren geschichtlichen Vorgang bildet, gleichviel ob das auf diese Weise zur Tat Gehörende zu Beginn des Haftvollzugs bekannt war und ob, wenn das der Fall war, der deswegen bestehende Verdacht dringend war, wenn dieser dringende Verdacht nur wegen eines rechtlich selbständigen Teils des gesamten geschichtlichen Vorgangs bestanden hat. Werden Teile erst nach und nach bekannt, so sind das Umstände, die ggf. eine Haftverlängerung gestatten; neue Taten, für die bei neuem Haftbefehl eine neue Frist begönne, sind es nicht. Auf den Inhalt des Haftbefehls kommt es nicht an, da der Haftbefehl auf einen Teil der Tat beschränkt werden kann (s. o. 5 Abs. 3 zu § 114).

Die Frist beginnt, sobald der Beschuldigte auf Grund eines Haftbefehls ergriffen worden ist, oder sobald der Richter gegen den vorläufig Festgenommenen Haftbefehl erlassen hat (s. o. 2a Abs. 2 zu § 117; OLG. Braunschweig NJW. **1966** 117). In Auslieferungssachen beginnt die Frist, sobald der Ausgelieferte auf Grund des deutschen Haftbefehls den deutschen Behörden übergeben worden ist. Die im Ausland vollzogene Auslieferungshaft zählt nicht mit. Sie beruht auf ausländischem Recht; auf ihre Dauer haben die deutschen Behörden keinen ausschlaggebenden Einfluß (OLG. Hamm NJW. **1966** 314).

3. Ruhen der Frist nach Vorlage (Absatz 3 Satz 1). Die Fortdauer der Untersuchungshaft über sechs Monate vollzogener Untersuchungshaft hinaus kann nur das Oberlandesgericht anordnen (Absatz 2; § 122 Abs. 4 Satz 1; wegen des Bundesgerichtshofs s. u. 10). Wollte man darauf abstellen, daß das Oberlandesgericht bis zum Fristablauf entschieden haben muß, so wäre in Sachen, die nicht bei ihm anhängig sind, dem Zufall, der die Entscheidung verzögern könnte, Raum gegeben. Demzufolge wird verordnet, daß der Fristablauf von der Aktenvorlage an ruht, bis das Oberlandesgericht entschieden hat, wenn ihm die Akten nur rechtzeitig vor Fristablauf vorgelegt werden. Dazu kommt es, wie das Gesetz eindeutig besagt, auf den Tag des Eingangs beim Oberlandesgericht an (Müller-Sax, 2c zu § 121). Denn die Akten sind dem Oberlandesgericht nur dann „vorgelegt“, wenn sie bei ihm eingegangen sind. Der Eingang bei der zur Vermittlung der Vorlage regelmäßig zu beteiligenden Staatsanwaltschaft (§ 122 Abs. 1) oder gar die Anordnung, die Akten abzusenden (so OLG. Frankfurt, NJW. **1965** 1730). genügt nicht, das Ruhen der Frist eintreten zu lassen.

Ist das Ruhen beim Oberlandesgericht in erster und letzter Instanz anhängig, dann gilt Absatz 3 Satz 1 nicht. Der Strafsenat muß vor Ablauf der sechs Monate den Vollzug des Haftbefehls (§ 116) oder bei Jugendlichen die Vollstreckung des Haftsbefehls aussetzen (§ 72 Abs. 1 JGG.) oder die Fortdauer der Untersuchungshaft anordnen. Allerdings kann das Oberlandesgericht auch noch nach Ablauf der Frist entscheiden (s. u. 9). Zwar hätte es nahegelegen, die Frist auch während des Verfahrens des Oberlandesgerichts ruhen zu lassen, wenn nur vor Ablauf der sechs Monate mit der Prüfung begonnen, etwa das Gehör des Beschuldigten und seines Verteidigers (§ 122 Abs. 2 Satz 1) veranlaßt oder Termin zur mündlichen Verhandlung (§ 122 Abs. 2 Satz 2) bestimmt worden ist. Der eindeutige Wortlaut des Absatzes 3 schließt es aus, dieses Ergebnis im Wege der Auslegung zu gewinnen. Auf eine Vorlage durch die Staatsanwaltschaft beim Oberlandesgericht kann man nicht abstellen. Denn Vorlage ist nur diejenige durch den zuständigen Richter (§ 122 Abs. 1; s. u. I 1 zu § 122).

4. Ruhen der Frist während der Hauptverhandlung (Absatz 3 Satz 2). Die Beschränkung des Haftvollzugs endet, wenn ein die Freiheit entziehendes Urteil ergangen ist (Absatz 1, erster Halbsatz). Das Urteil ergeht am Schluß der Hauptverhandlung (§ 260 Abs. 1 Satz 1). Die Hanptverhandlung verträgt schwer die Unterbrechung, die mit einer Aktenversendung ans Oberlandesgericht verbunden wäre. Da zudem, wenn die Hauptverhandlung läuft, das Urteil regelmäßig alsbald zu erwarten ist, wird verordnet, daß der Fristablauf nach begonnener Hauptverhandlung bis zur Verkündung des Urteils ruht. Kürzere Unterbrechungen der Hauptverhandlung (§ 228 Abs. 1 Satz 2) heben das Ruhen für die Zeit der Unterbrechung nicht auf. Absatz 3 Satz 2 gilt auch für Verfahren, bei denen das Oberlandesgericht erkennendes Gericht ist.

Ergeht ein freiheitsentziehendes Urteil (s. o. 5 Abs. 1 und 2 zu § 118), dann endet die Beschränkung (s. u. 5). Wird der Angeklagte freigesprochen oder das Verfahren nicht bloß vorläufig eingestellt, ist der Haftbefehl aufzuheben (§ 120 Abs. 1 Satz 2). Wird nur auf Geldstrafe erkannt, wird der Haftbefehl regelmäßig aufzuheben sein (s. o. II 2 zu § 120). Ist das ausnahmsweise nicht der Fall, hat das erkennende Gericht die Akten unverzüglich dem Oberlandesgericht vorzulegen.

Kommt es jedoch regelwidrig nicht zum Urteil, sondern wird die Hauptverhandlung ausgesetzt (§ 228 Abs. 1 Satz 1, § 145 Abs. 3, § 217 Abs. 2, § 246 Abs. 2, § 265 Abs. 3 und 4) mit der Folge, daß sie neu durchgeführt werden muß, so läuft die Frist von der Aussetzung an weiter. Werden die Akten jedoch unverzüglich nach der Aussetzung dem Oberlandesgericht vorgelegt, so ruht der Fristablauf, bis dieses Gericht entschieden hat (Absatz 3 Satz 3). Läuft das Verfahren beim Oberlandesgericht, dann gibt es keine Vorlage nach der Aussetzung; demzufolge kann auch der Fristablauf nicht ruhen; Absatz 3 Satz 3 gilt nicht, das Oberlandesgericht muß entscheiden, ehe es eine Hauptverhandlung aussetzt.

5. Ende der Beschränkung. Die §§ 121, 122 sind nicht mehr anzuwenden, sobald ein Urteil ergeht, in dem auf Freiheitsstrafe oder auf eine freiheitsentziehende Maßregel der Sicherung und Besserung erkannt wird. Wegen der Begriffe Freiheitsstrafe und freiheitsentziehende Maßregeln s. o. 5 zu § 118. Wie im Falle des § 118 ist auch hier der Jugendarrest den Freiheitsstrafen und den freiheitsentziehenden Maßregeln gleichzuachten. Allerdings kann der Fall, daß ein Jugendlicher sechs Monate in Untersuchungshaft sitzt und dann vier Wochen Dauerarrest erhält, kaum je in Betracht kommen, wenn § 120 Abs. 1 Satz 1 beachtet wird. Tritt er ausnahmsweise ein, etwa weil eine Jugendstrafe zu erwarten war, wegen der besonderen Gestaltung des Falles in der Hauptverhandlung dann aber nur auf Jugendarrest erkannt worden ist, dann wird der Haftbefehl alsbald aufzuheben sein.

Die Beschränkung der Untersuchungshaft endet, sobald ein freiheitsentziehendes Urteil ergangen ist. Der Text von Absatz 1 stimmt insoweit mit dem des § 118 Abs. 4 überein. Wie dort ist auch hier nach dem eindeutigen Wortlaut des Gesetzes nur die Auslegung zulässig, daß die einmal eingetretene Prozeßlage sich nicht wieder ändert, die Beschränkung des Haftvollzugs also nicht wieder eintritt, wenn das verurteilende Erkenntnis vom übergeordneten Gericht aufgehoben wird (OLG. Hamm NJW. **1965** 1818; OLG. Oldenburg NJW. **1965** 1819; OLG. Karlsruhe, JZ. **1965** 587; OLG. Celle NJW. **1965** 2121). Hätte der Gesetzgeber gewollt, daß die Vorschriften der §§ 121, 122 wieder Anwendung finden, wenn ein freiheitsentziehendes Urteil wieder aufgehoben worden ist, so hätte das, auch für Absatz 3, einer eingehenden Regelung bedurft. Sie kann bei dem klaren Wortlaut des Gesetzes nicht durch Analogien gewonnen werden.

Der Grund für die gesetzgeberische Entscheidung, mit dem ersten freiheitsentziehenden Urteil die Begrenzung der Untersuchungshaft entfallen zu lassen, kann nur darin liegen, daß gleichsam vermutet wird, die Durchführung einer etwaigen neuen Verhandlung sei stets ein wichtiger Grund, der das neue Urteil noch nicht zulasse und die Fortdauer der Haft rechtfertige. Für die Regel wird das richtig sein; und der Angeklagte kann darauf verwiesen werden, daß der Haftbefehl aufzuheben ist, wenn die weitere Haft zu der Bedeutung der Sache und der zu erwartenden Strafe oder Maßregel der Sicherung und Besserung außer Verhältnis stehen würde (§ 120 Abs. 1). Doch sind Fälle nicht undenkbar, in denen eine Sache, nachdem sie zur erneuten Verhandlung und Entscheidung zurückverwiesen ist, verzögerlich behandelt wird. Mit dem Mittel der Haftbeschränkung wird diesen — hoffentlich seltenen — Fällen nicht entgegengewirkt.

6. Schwierigkeiten und Umfang der Ermittlungen. Die Dauer des Vollzugs der Untersuchungshaft kann nur unter bestimmten Voraussetzungen über sechs Monate hinaus verlängert werden. Vom Gesetz wird, weil selbstverständlich, nicht erwähnt, daß die allgemeinen Voraussetzungen der Untersuchungshaft (§§ 112, 113) fortbestehen müssen. Besondere Voraussetzungen der weiteren Haft sind, daß die besondere Schwierigkeit oder der besondere Umfang der Ermittlungen oder ein anderer wichtiger Grund das Urteil noch nicht zulassen und die Fortdauer der Haft rechtfertigen. Das zusätzliche Erfordernis der Rechtfertigung läßt nur die Deutung zu, daß es für die Schwierigkeiten und den Umfang der Ermittlungen lediglich darauf ankommt, ob sie vorhanden sind. Dagegen ist es zunächst gleichgültig, ob sich ihre Existenz aus der Natur der Strafsache ergibt, oder ob sie durch Fehlgriffe entstanden sind. Doch werden diese Umstände das Urteil darüber beeinflussen, ob die weitere Haft gerechtfertigt ist (s. u. 8).

Bei den Schwierigkeiten und dem Umfang sind namentlich in Rechnung zu stellen die Zahl der Beschuldigten, der Zeugen und Sachverständigen; die Zeit, die Zeugen, wenn sie aus dem Auslande anreisen müssen, benötigen, um die Reise zu machen und sich auf sie vorzubereiten, und diejenige, die Sachverständigen eingeräumt werden muß, damit sie schriftliche Gutachten erstellen und mündliche vorbereiten können; die Erreichbarkeit von Mitbeschuldigten und Zeugen; sowie die Art ihrer Äußerung und die Notwendigkeit, Zweifel zu klären, die durch diese entstanden sind.

Das Gesetz spricht nur von der Schwierigkeit der Ermittlungen; sonstige Schwierigkeiten des Verfahrens fallen nicht unter diesen Begriff. Daher sind die Verhandlungsmöglichkeiten des Gerichts und das Verhalten des Beschuldigten in bezug auf andere Punkte als die Ermittlungen (z. B. Beschwerden) bei den anderen wichtigen Gründen (s. u. 7) zu untersuchen. Dagegen kann es durchaus die besondere Schwierigkeit der Ermittlungen begründen, wenn der Beschuldigte sich nicht einläßt.

7. Wichtiger Grund. Der Vollzug der Untersuchungshaft darf auch aufrechterhalten werden, wenn ein (anderer) wichtiger Grund das Urteil noch nicht zuläßt. Viele wichtige Gründe sind neben Schwierigkeit und Umfang der Ermittlungen nicht denkbar. Selbstverständlich fällt hierunter Stillstand der Rechtspflege, doch ist das ein mehr theoretisches Beispiel. Dagegen können als wichtige Gründe in Betracht kommen, daß Beamte während der Ermittlungen ausfallen oder daß die Strafkammer mangelhaft besetzt ist, und dieser Umstand rechtzeitiger Terminierung entgegensteht. Weitere wichtige Gründe sind Erkrankung von Zeugen und Sachverständigen, des Beschuldigten, seines Verteidigers, des Vorsitzenden und des Berichtserstatters, in umfangreichen Sachen auch des allein eingearbeiteten Staatsanwalts. Ebenso kann es ein wichtiger Grund sein, wenn der Beschuldigte durch sein Verhalten (dauernde Beschwerden und Eingaben) das Urteil verzögert. Freilich wird in diesen Fällen die Rechtfertigung der weiteren Haft besonders sorgsam zu prüfen sein.

8. Rechtfertigung der Haftfortdauer. Wenn die besondere Schwierigkeit oder der besondere Umfang der Ermittlungen oder ein anderer wichtiger Grund das Urteil noch nicht zulassen, gibt das allein noch keine Berechtigung, den Vollzug der Untersuchungshaft über sechs Monate hinaus aufrechtzuerhalten. Das Gesetz fordert vielmehr als weitere Voraussetzung, daß die gleichen Umstände, die das Urteil noch nicht zulassen, auch die Fortdauer der Haft rechtfertigen. Da die Untersuchungshaft grundsätzlich nur solange vollzogen werden darf, als das unerläßlich ist, um das Urteil zu erreichen, ist die Haftverlängerung nur gerechtfertigt, wenn die Schwierigkeiten usw. unabwendbar sind und unabwendbar gewesen sind. Das ist nicht der Fall, wenn den Umständen, die das Urteil noch nicht zulassen, entgegengewirkt werden konnte. Zu diesem Zweck muß ggf. der Urteilsstoff begrenzt werden. Zwar kann es in einzelnen Fällen unerläßlich sein, alle Vorwürfe gegen den Beschuldigten, in seltenen Fällen auch gegen mehrere Beschuldigte, gleichzeitig abzuurteilen, wenn nur auf diese Weise eine gerechte Rechtsfindung und Strafzumessung sichergestellt werden kann (OLG. Hamm JZ. **1965** 545). In den meisten Fällen dagegen ist das zwar wünschenswert, aber nicht unerläßlich. Dann ist auf den Vorteil zu verzichten, denselben Beschuldigten wegen mehrerer Taten gleichzeitig zu belangen, oder gegen mehrere Beschuldigte gleichzeitig zu verhandeln. Vielmehr sind Anklage und Verhandlung auf die zuerst verhandlungsreife Tat gegen den inhaftierten Beschuldigten zu beschränken; die endgültige Strafe muß der Gesamtstrafenbildung in einer späteren Verhandlung (meist während der Strafhaft) vorbehalten bleiben.

Die weitere Haft wird im allgemeinen nicht deshalb gerechtfertigt sein, weil der Terminkalender des Gerichts überfüllt ist. Die Ausnahmetatbestände des § 121 Abs. 1 sind eng auszulegen. Schwierigkeiten bei der Besetzung der Richterbank wegen Krankheit und Urlaub sind kein wichtiger Grund, der die Haftfortdauer rechtfertigt (OLG. Bremen NJW. **1965** 2361). Andere Sachen sind hinter den Haftsachen zurückzustellen, selbst wenn dafür angesetzte Termine wieder aufgehoben werden müssen. Doch sind Ausnahmen anzuerkennen, wenn sich umfangreiche Haftsachen häufen. „Personalmangel" ist nach einer im Rechtsausschuß vertretenen Auffassung kein Grund, der es rechtfertigt, die Untersuchungshaft zu verlängern (RAusschußProt. 11/7). Allgemein ist diese Ansicht indessen kaum richtig. Der entgegengesetzten Ansicht des Oberlandesgerichts Hamburg (NJW. **1965** 1777), daß eine Verzögerung, die sich „zwangsläufig" aus der Geschäftslage der Gerichte und der Strafverfolgungsbehörden ergibt, ein wichtiger Grund für die Haftfortdauer sein könne, ist eher zuzustimmen, wenn das Wort „zwangsläufig" richtig angewendet wird; für den vom Gericht entschiedenen Fall (gegen den vor dem 13. 7. Angeklagten konnte nach der Geschäftslage der Strafkammer nicht vor Ende September verhandelt werden) erscheint das zweifelhaft. Jedenfalls darf nicht auf die Geschäftslage der zuständigen Kammer abgestellt werden, wenn Hilfe innerhalb des Gerichts (§ 69 Abs. 2, 2. Halbsatz GVG.) möglich ist; auch müssen den Behörden ausreichend Kräfte zur Verfügung gestellt werden, damit der Gesetzesbefehl erfüllt werden kann. Für die Übergangszeit konnte manches als wichtiger Grund angesehen werden (OLG. Köln NJW. **1965** 2416), was jetzt nicht mehr als solcher gelten kann.

Kann es nicht zum Urteil kommen, weil der Beschuldigte das Verfahren durch dauernde Eingaben und Beschwerden aufhält, so ist das zwar ein wichtiger Grund, der dem Urteil entgegensteht, aber in der Regel keiner, der es rechtfertigt, die Haft fortdauern zu lassen. Denn in der Mehrzahl der Fälle wäre es möglich gewesen, der Verzögerung durch technische Mittel entgegenzuwirken. Dafür kommen Hilfsakten mit Durchschlägen der wichtigsten Schriftstücke in Betracht. Durch sie kann der Staatsanwalt sicherstellen, daß er die Ermittlungen auch dann fortsetzen kann, wenn er die Akten versenden muß (Nr. 12 RiStV.). Indessen werden in einzelnen Fällen Schwierigkeiten bestehen, mit Abschriften und Hilfsakten das Verfahren zügig zu fördern, weil es etwa erst weit nach Beginn der Untersuchung zur Haft gekommen und die Sache umfangreich und verwickelt ist. Wird das Urteil dann verzögert, weil die Sachakten wegen dauernder Beschwerden und Eingaben immer wieder versandt werden müssen, so ist das Verhalten des Beschuldigten ein wichtiger Grund, der die Fortdauer der Haft rechtfertigt.

Schwierigkeiten und Umfang der Ermittlungen rechtfertigen die Fortdauer der Haft grundsätzlich nicht, wenn sie nicht in der Natur der Sache begründet, sondern durch grobe Fehler und Versäumnisse entstanden sind. Für die Beurteilung dieser Frage ist die Bearbeitungsweise normaler Kriminalbeamten, Staatsanwälte und Richter zugrunde zu legen; Meisterleistungen sind kein Maßstab. — Die Fortdauer der Haft müßte auch bei verschuldeter Schwierigkeit ausnahmsweise gestattet sein, wenn im konkreten Fall das öffentliche Interesse auf Sicherung des Verfahrens gegenüber dem Interesse des Beschuldigten, entweder rasch abgeurteilt oder aber entlassen zu werden, wegen der besonderen Schwere der Straftat eindeutig das Übergewicht hat. Die Fassung der Regierungsvorlage hätte das sichergestellt. Die vom Bundestag beschlossene Gesetzesfassung läßt eine Haftverlängerung allein wegen der Schwere der verfolgten Straftat nicht zu. Eine Änderung des Gesetzes ist notwendig und vordringlich.

9. Entscheidung nach Fristablauf (Absatz 2). Alsbald nach sechs Monaten Vollzugs der Untersuchungshaft zuzüglich der Zeiten, in denen der Fristablauf nach Absatz 2 geruht hat, ist der Haftbefehl aufzuheben. Das kann nur unterbleiben, wenn er vom zuständigen Gericht oder vom Oberlandesgericht ausgesetzt worden ist, oder wenn das Oberlandesgericht, das dafür allein zuständig ist, die Fortdauer der Untersuchungshaft angeordnet hat.

Absatz 2 kann — wenn nicht der Vollzug ausgesetzt wird — als absoluter Haftaufhebungsgrund mißverstanden werden (so OLG. Frankfurt NJW. **1965** 1731; OLG. Schleswig, SchlHA. **1965** 243). Die Ansicht liegt nahe, weil die Setzung der Sechsmonatsfrist als Ordnungsvorschrift nicht recht überzeugend ist; wird die Frist versäumt, hat das nur auf deren Ruhen Einfluß (s. o. 3) und die Folge, wenn sie nicht ruht, ist gering (s. u. II 3 Abs. 4 zu § 122). Gleichwohl ist aus dem Wortlaut der Vorschrift zu entnehmen, daß die (negative) Entscheidung des Oberlandesgerichts Voraussetzung der Aufhebung der Untersuchungshaft ist. Denn die Bestimmung lautet nicht (der Haftbefehl ist aufzuheben) „falls nicht das Oberlandesgericht die Fortdauer der Untersuchungshaft angeordnet hat", sondern „wenn nicht das Oberlandesgericht die Fortdauer ... anordnet". Demzufolge darf der Haftbefehl nicht allein deshalb aufgehoben werden, weil versäumt worden ist, die Akten vor Ablauf der sechs Monate vorzulegen (OLG. Celle, NJW. **1965** 2068; OLG. Hamm, NJW. **1965** 2312; Kleinknecht, MDR. **1965** 787). Für die Entscheidung des Oberlandesgerichts ist ohnehin keine Frist vorgeschrieben, so daß es auch nach mehr als sechs Monaten die Fortdauer der Haft anordnen kann, wenn etwa ein Gericht die Vorlage versäumt, nach Ablauf von sechs Monaten sich verpflichtet gehalten hat, den Haftbefehl aufzuheben, ihn aber später wegen veränderter Umstände neu erlassen hat.

Dazu ist es befugt. Denn das zuständige Gericht kann, da die (negative) Entscheidung des Oberlandesgerichts Voraussetzung der Haftaufhebung ist, einen Haftbefehl erlassen oder den ausgesetzten Vollzug wieder anordnen, auch wenn zur Zeit der Anordnung sechs Monate verstrichen sind (OLG. Hamm NJW. **1965** 1730), wenn nur noch keine Entscheidung des Oberlandesgerichts ergangen ist. Das kommt etwa in Betracht, wenn das zuständige Gericht den Haftbefehl nach § 120 Abs. 1 Satz 1 oder Absatz 3 gerade bei Ablauf der sechs Monate aufgehoben hatte. Dagegen zählen die Fälle nicht hierher, in denen ein Beschuldigter vor dem Inkrafttreten des StPÄG. nach Vollzug von sechs Monaten entlassen worden ist (vgl. OLG. Köln NJW. **1965** 2414). Sie scheiden schon deshalb aus, weil in diesen Fällen nach Art. 14 Abs. 4, Art. 18 Abs. 1 StPÄG. von der vor dem 1. 4. 1965 verbüßten Haft für das Verfahren des Oberlandesgerichts nur drei Monate zählen.

Dagegen darf das zuständige Gericht keinen Haftbefehl erlassen — weil es ihn alsbald nach § 121 Abs. 2 wieder aufheben müßte —, wenn der Beschuldigte in der gleichen Sache sechs Monate Untersuchungshaft verbüßt hat und das Oberlandesgericht schon die Fortdauer der Haft abgelehnt hatte. Es ist schwer abzusehen, wann das der Fall sein könnte. Die Begründung hat den Fall im Auge, daß ein Beschuldigter wegen derselben Tat neu verhaftet werden solle, nachdem das Oberlandesgericht den Haftbefehl nach § 121 aufgehoben hatte (BT-Drucks. IV 178, S. 25). Dieser Fall ist indessen nicht denkbar: ist der Haftbefehl nach § 121 Abs. 1 aufgehoben, dann ist das endgültig (s. u. II 6 zu § 122).

10. Bundesgerichtshof (Absatz 4). Bei der Frage, ob festgestellte Verlängerungsgründe die Fortdauer der Haft rechtfertigen, ist u. U. das Verfahren der Staatsanwaltschaft und des von ihr angerufenen Gerichts zu beurteilen. Das ist einer der Gründe, warum die Entscheidung, ob die Haft zu verlängern ist, dem Oberlandesgericht anvertraut wird. Der Vorteil, daß ein anderes als das erkennende Gericht entscheidet, muß notwendigerweise entfallen, wenn die Sache vor dem Oberlandesgericht verhandelt wird (§ 120 Abs. 1 GVG.). In diesem Fall, den das Gesetz nicht erwähnt, ergeben sich nur dann Besonderheiten, wenn zur Zeit der Entscheidung bereits Anklage beim Oberlandesgericht erhoben ist. Dann entfällt das Vorlegungsverfahren (§ 122 Abs. 1); demzufolge kann Absatz 3 Satz 1 und 3 (Ruhen vor der Entscheidung des Oberlandesgerichts) keine Anwendung finden (s. o. 3 und 4).

Die gleiche Lage ist gegeben, wenn der Bundesgerichtshof zuständig ist. Dann tritt er, wo in den §§ 121, 122 das Oberlandesgericht genannt ist, an dessen Stelle. Der Bundesgerichtshof ist zuständig in den Fällen des § 134 Abs. 1 GVG.; in denen des § 134 Abs. 2 GVG. wird er es, wenn der Generalbundesanwalt die Verfolgung übernommen hat. Die Zuständigkeit nach § 134 Abs. 1 GVG. entfällt, wenn der Generalbundesanwalt das Verfahren an die Landesstaatsanwaltschaft abgegeben (§ 134a Abs. 1 GVG.) oder der Bundesgerichtshof die Verhandlung und Entscheidung dem Oberlandesgericht überwiesen hat (§ 134a Abs. 3 GVG.); in denen des § 134 Abs. 2, wenn der Generalbundesanwalt die Sache wieder an die Landesstaatsanwaltschaft abgegeben (§ 134a Abs. 2 GVG.) oder der Bundesgerichtshof die Verhandlung und Entscheidung dem Landgericht überwiesen hat (§ 134a Abs. 3 GVG.).

Wegen des Untersuchungsrichters s. u. I 3 zu § 122.

§ 122

(1) In den Fällen des § 121 legt der zuständige Richter des Amtsgerichts oder des Landgerichts die Akten durch Vermittlung der Staatsanwaltschaft dem Oberlandesgericht zur Entscheidung vor, wenn er die Fortdauer der Untersuchungshaft für erforderlich hält oder die Staatsanwaltschaft es beantragt.

(2) Vor der Entscheidung sind der Beschuldigte und der Verteidiger zu hören. Das Oberlandesgericht kann über die Fortdauer der Untersuchungshaft nach mündlicher Verhandlung entscheiden; geschieht dies, so gilt § 118a entsprechend.

(3) Ordnet das Oberlandesgericht die Fortdauer der Untersuchungshaft an, so gilt § 114 Abs. 2 Nr. 4 entsprechend. Für die weitere Haftprüfung (§ 117 Abs. 1) ist das Oberlandesgericht zuständig, bis ein Urteil ergeht, das auf Freiheitsstrafe oder eine freiheitsentziehende Maßregel der Sicherung und Besserung erkennt. Es kann die Haftprüfung dem Gericht, das nach den allgemeinen Vorschriften dafür zuständig ist, für die Zeit von jeweils höchstens drei Monaten übertragen. In den Fällen des § 118 Abs. 1 entscheidet das Oberlandesgericht über einen Antrag auf mündliche Verhandlung nach seinem Ermessen.

(4) Die Prüfung der Voraussetzungen nach § 121 Abs. 1 ist auch im weiteren Verfahren dem Oberlandesgericht vorbehalten. Die Prüfung muß jeweils spätestens nach drei Monaten wiederholt werden.

(5) Das Oberlandesgericht kann den Vollzug des Haftbefehls nach § 116 aussetzen.

(6) Sind in derselben Sache mehrere Beschuldigte in Untersuchungshaft, so kann das Oberlandesgericht über die Fortdauer der Untersuchungshaft auch solcher Beschuldigter entscheiden, für die es nach § 121 und den vorstehenden Vorschriften noch nicht zuständig wäre.

Entstehungsgeschichte: Eingefügt durch Art. 1 StPÄG.

Schrifttum: Pusinelli, Die weitere Prüfung der Fortdauer der Untersuchungshaft nach § 121 Abs. 1 StPO., NJW. **1965** 96.

Übersicht

I. Vorlage (Absatz 1).

1. Zuständiger Richter. Werden die Akten dem Oberlandesgericht vorgelegt, bevor sechs Monate Untersuchungshaft vollzogen worden sind (§ 121 Abs. 2), dann bewirkt diese Vorlage, daß die Sechsmonatsfrist ruht (§ 121 Abs. 3). Vorlage i. S. des § 121 Abs. 3 ist die in Absatz 1 geordnete Vorlage durch den zuständigen Richter. Legt die Staatsanwaltschaft oder ein unzuständiger Richter, der etwa zufolge eines Ersuchens vorübergehend mit der Sache befaßt ist, die Akten vor, dann tritt diese Folge nicht ein. Von der Frage des Ruhens der Frist abgesehen ist es jedoch gleichgültig, wie die Sache ans Oberlandesgericht gelangt ist, wenn dieses nur nach der Prozeßlage zuständig ist, über die Haftfrage zu entscheiden; die Vorlage durch den zuständigen Richter ist keine Entscheidungsvoraussetzung. Das Oberlandesgericht kann also auch entscheiden, wenn es durch weitere Beschwerde mit der Sache befaßt ist. Es kann die Akten aber nicht von sich aus anfordern und von Amts wegen die Fortdauer der Untersuchungshaft anordnen. Wegen der Entscheidung über die Haft eines Mitbeschuldigten vgl. Absatz 6 (s. u. II 7).

Welcher Richter zuständig ist, ergibt sich aus § 126: Der Amtsrichter im vorbereitenden Verfahren, nach Anklage das mit der Sache befaßte Gericht, aber nicht das Revisionsgericht, und in der Voruntersuchung der Untersuchungsrichter.

Als zuständig muß über die allgemeine Regel des § 126 hinaus auch die Beschwerdekammer angesehen werden. Die Vorlage durch den zuständigen Richter — und nicht etwa im Ermittlungsverfahren durch den Staatsanwalt — ist angeordnet, damit der Richter vorher prüfen kann, ob er den Haftbefehl aufhebt oder den Vollzug des Haftbefehls nach § 116 aussetzt und damit das Vorlageverfahren überflüssig macht. Ist Beschwerde eingelegt, hat das Beschwerdegericht die Haftfrage umfassend zu prüfen und nimmt damit in diesem Punkte die Aufgabe des nach § 126 zuständigen Richters wahr. Daher ist es berechtigt und, wenn sonst die Vorlage zu spät käme, verpflichtet, die Akten dem Oberlandesgericht nach Absatz 1 vorzulegen.

Ist die Sache beim Oberlandesgericht oder beim Bundesgerichtshof (§ 121 Abs. 4) durch Anklage (§ 199 Abs. 2, § 200) anhängig geworden, dann findet § 122 Abs. 1 keine Anwendung. Damit entfällt auch das Ruhen der Frist nach § 121 Abs. 3 Satz 1 und 3 (s. o. 3 Abs. 2, 4 Abs. 3 zu § 121). Wegen der Voruntersuchungssachen s. u. 3.

2. Revisionssachen. Für das Revisionsgericht ist die Zuständigkeit in Haftsachen besonders geregelt (§ 126 Abs. 2 Satz 2, Abs. 3), doch kann der Fall des § 121, wenn die Akten in die Revision gehen, in der Regel nicht eintreten. Meistens ist dann ein Urteil ergangen, das auf Freiheitsstrafe oder auf eine freiheitsentziehende Maßregel der Sicherung und Besserung lautet. Dann findet das Verfahren des § 122 nach § 121 Abs. 1 keine Anwendung. Ist der Angeklagte freigesprochen oder ist das Verfahren nicht bloß vorläufig eingestellt worden, dann ist der Haftbefehl aufgehoben worden (§ 120 Abs. 1 Satz 2). Ist nur auf Geldstrafe oder auf eine nicht freiheitsentziehende Maßregel (Verbot der Berufsausübung, § 42 l StGB.; Entziehung der Fahrerlaubnis, § 42 m StGB.) oder auf Einziehung, Verfall, Unbrauchbarmachung usw. (s. o. I 3 b aa zu § 94) erkannt worden, wird in aller Regel der Haftbefehl aufgehoben worden sein (s. o. II 2 zu § 120). Ist das ausnahmsweise nicht der Fall, hat der letzte Tatrichter eine Frist zu notieren, die Akten rechtzeitig zurückzufordern, die Haftfrage zu prüfen (s. u. 4 Abs. 3) und die Akten dem Oberlandesgericht vorzulegen.

Auch wenn Revisionsgericht das Oberlandesgericht ist, kann es, wenn ihm die Sache nicht mit weiterer Haftbeschwerde (§ 310) zugegangen ist, nicht ohne Vorlage des zuständigen Richters vor dem Urteil über die Haftfrage entscheiden (§ 126 Abs. 2 Satz 2) und bei diesem nur in der Weise, daß es den Haftbefehl aufhebt (§ 126 Abs. 3). Es ist daher, obwohl mit der Sache befaßt (vgl. § 126 Abs. 2 Satz 1), nicht zur Entscheidung über die Haftfrage zuständig. Demgemäß müssen ihm die Akten zur Entscheidung vorgelegt werden. Die Vorlage führt auch allein die Folge des § 121 Abs. 3 herbei. Sie braucht aber nicht in der Weise bewirkt zu werden, daß der zuständige Richter die Akten vom Oberlandesgericht zurückfordert und sie ihm nach Prüfung der Haftfrage (s. u. 4 Abs. 3) wieder vorlegt. Sie kann vielmehr in einem Schreiben des zuständigen Richters bestehen, daß die mit Revision von der Staatsanwaltschaft übersandten Akten (§ 347 Abs. 2) nunmehr dem Oberlandesgericht nach § 122 Abs. 1 vorgelegt werden. Das Schreiben hat eine fristhemmende Wirkung (§ 121 Abs. 3) jedoch nur, wenn sich bei seinem Eingang die Akten beim Revisionsgericht befinden. Das wird das Gericht fernmündlich feststellen, ehe es das die Vorlage bewirkende Schreiben absendet. Steht fest, daß während der Zeit, in der sich die Akten auf Revision beim Oberlandesgericht befinden, die Frist des § 121 Abs. 1 ablaufen wird, und kann der nach § 126 zuständige Richter mit Sicherheit voraussehen, daß für diesen Zeitpunkt die Fortdauer der Untersuchungshaft erforderlich ist, kann er die Akten dem Oberlandesgericht schon vorlegen, wenn er sie nach Nr. 144 Abs. 4 RiStV. der Staatsanwaltschaft zuleitet.

3. Voruntersuchung. Auch wenn Voruntersuchung schwebt (wegen dieses Zeitraums s. u. 3 zu § 125), ist in der Person des Untersuchungsrichters ein zuständiger Richter vorhanden, der die Akten dem Oberlandesgericht vorlegen kann. Zwar spricht Absatz 1 nur von dem zuständigen Richter des Amtsgerichts oder des Landgerichts, obwohl Untersuchungsrichter auch ein Mitglied des Bundesgerichtshofs (§ 186 Abs. 1) und des Oberlandesgerichts (§ 186 Abs. 2 und 4) sein kann. Es muß ein Redaktionsversehen angenommen werden. Dem Sinn der Vorschrift kann es allein entsprechen, wenn als zuständiger Richter auch der Untersuchungsrichter angesehen wird, ohne Unterschied, ob er ein Richter des Amtsgerichts oder des Landgerichts ist oder aber ein Mitglied des Bundesgerichtshofs oder des Oberlandesgerichts (Dünnebier JZ. **1966** 254).

4. Vorlegungsverfahren. So rechtzeitig vor Ablauf von sechs Monaten Vollzugs der Untersuchungshaft, daß die Akten spätestens am letzten Tage der Frist beim Oberlandesgericht eingegangen sind (§ 121 Abs. 3 Satz 1), hat sie der zuständige Richter des Amtsgerichts oder des Landgerichts oder der Untersuchungsrichter (s. o. 3) dem Oberlandesgericht vorzulegen. Wenn keine Untersuchungshaft vollzogen wird — sei es weil der Vollzug des Haftbefehls nach § 116 ausgesetzt ist, sei es weil der Haftbefehl gegen einen Jugendlichen nicht vollstreckt wird (§ 72 Abs. 1 JGG.) —, findet das Vorlegungsverfahren nicht statt.

Vor der Vorlage ist die Staatsanwaltschaft beim Landgericht zu hören. Diese hat sich, wenn die öffentliche Klage noch nicht erhoben ist, zu entscheiden, ob sie beantragen soll, den Haftbefehl aufzuheben (§ 120 Abs. 3 Satz 1). Stellt sie diesen Antrag nicht, hat sie zu prüfen, ob sie die Vorlegung beantragen soll (s. u. 5). Der Richter hat die Akten dann durch Vermittlung der Staatsanwaltschaft dem Oberlandesgericht vorzulegen. Diese kann noch die Aufhebung des Haftbefehls nach § 120 Abs. 3 Satz 1 herbeiführen. Sonst gibt sie ihre Erklärung nach § 33 Abs. 2 ab. Könnte, wenn der Weg über die Staatsanwaltschaft befolgt wird, die Frist von sechs Monaten nicht innegehalten werden, sind die Akten dem Oberlandesgericht unmittelbar vorzulegen; dieses hört seine Staatsanwaltschaft dann nach § 33 Abs. 2.

Bevor der zuständige Richter die Akten vorlegt, hat er zu prüfen, ob der Haftbefehl nach § 120 aufzuheben ist. Alsdann entscheidet er, ob der Vollzug des Haftbefehls nach § 116 Abs. 1 bis 3 ausgesetzt werden kann. Seine Befugnis dazu ergibt sich aus folgenden Erwägungen: Liegen die Voraussetzungen des § 121 Abs. 1 vor, ist nach § 121 Abs. 2 der Haftbefehl aufzuheben, wenn nicht entweder der Vollzug des Haftbefehls nach § 116 ausgesetzt wird, oder aber das Oberlandesgericht die Fortdauer der Untersuchungshaft anordnet. Aus dieser Gegenüberstellung ergibt sich, daß schon der zuständige Richter den Vollzug des Haftbefehls aussetzen kann, und daß diese Aussetzung das Vorlegungsverfahren überflüssig macht. In diesem Sinne heißt es in der Begründung: „In Absatz 1 wird dem zuständigen Richter . . ., falls er den Vollzug des Haftbefehls nicht nach § 116 aussetzen will, die Einholung der Entscheidung des Oberlandesgerichts zur Pflicht gemacht . . .“ (BTDrucks. IV 178, S. 26).

Verneint der zuständige Richter die Voraussetzungen sowohl des § 120 Abs. 1 als auch des § 116 und bringt er damit zum Ausdruck, daß er für erforderlich hält, die Untersuchungshaft weiter zu vollziehen, hat er die Akten dem Oberlandesgericht vorzulegen. Er darf davon nicht absehen, weil er voraussieht, daß die Voraussetzungen des § 121 Abs. 1 nicht gegeben sein werden, die Fortdauer der Untersuchungshaft also zwar erforderlich ist, aber nicht zulässig sein werde (a. A. — keine Vorlage, wenn nach übereinstimmender Auffassung des zuständigen Richters und der Staatsanwaltschaft kein wichtiger Grund für die Fortdauer der Untersuchungshaft gegeben ist — Pusinelli, S. 96). Dagegen kann die Staatsanwaltschaft, wenn die öffentliche Klage noch nicht erhoben ist, einen Antrag nach § 120 Abs. 3 auch deshalb stellen, weil sie das Verfahren nach § 122 für aussichtslos hält. Denn ihr bloßer Antrag nötigt, den Haftbefehl aufzuheben; die Begründung ist für das Gericht bedeutungslos.

5. Antrag der Staatsanwaltschaft. Nach dem letzten Halbsatz des Absatzes 1 muß der Richter die Akten dem Oberlandesgericht stets vorlegen, wenn die Staatsanwaltschaft es beantragt. Damit werden das Recht und die Pflicht des Richters ausgeschaltet, den Haftbefehl nach § 120 Abs. 1 Satz 1 aufzuheben, seinen Vollzug nach § 116 auszusetzen oder bei einem Jugendlichen von der Vollstreckung des Haftbefehls abzusehen (§ 72 Abs. 1 JGG.), wenn die Voraussetzungen des § 121 Abs. 1 vorliegen und die Staatsanwaltschaft die Vorlage zum Oberlandesgericht beantragt. Auf diese Weise wird der Weg zum Oberlandesgericht abgekürzt, den die Staatsanwaltschaft, wenn der zuständige Richter nach § 120 Abs. 1 Satz 1 oder nach § 116 Abs. 1 bis 3 entschiede, durch Beschwerde und weitere Beschwerde ohnehin erzwingen könnte.

6. Staatsanwaltschaft. Die Vorlage bewirkt der Richter, auch wenn er im Ermittlungsverfahren mit der Sache nicht befaßt ist. Sobald ein Richter einen Haftbefehl erlassen hat, wird er daher eine Frist zu notieren und nach deren Ablauf festzustellen haben, ob der Haftbefehl vollzogen wird und wo sich die Akten befinden. Wenn die Zuständigkeit nicht gewechselt hat, wird er, falls die Voraussetzungen des § 121 Abs. 1 vorliegen, die Akten beizuziehen und das Verfahren des Absatzes 1 durchzuführen haben. Die Frist wird nach den örtlichen Verhältnissen verschieden lang ausfallen. Sie sollte nicht kürzer als fünf Monate sein, wird aber, auch wenn sich das Oberlandesgericht am Sitze des zuständigen Richters befindet, so zu bemessen sein, daß zehn Tage für das o. 4 dargestellte Verfahren zur Verfügung stehen.

Die Staatsanwaltschaft trifft die gleiche Verantwortung wie den Richter. Ihr ist zudem in Absatz 1 ein besonderes Antragsrecht eingeräumt worden, das die Entscheidungsmöglichkeiten des zuständigen Richters einschränkt (s. o. 5). Außerdem ist sie verpflichtet, dauernd darauf zu achten, ob die Untersuchungshaft noch nötig ist (Nr. 43 Abs. 1 Satz 1 und 2 RiStV.). Daher hat auch die Staatsanwaltschaft Fristen zu notieren und dafür besorgt zu sein, daß der zuständige Richter rechtzeitig im Besitz der Akten ist, um sie dem Oberlandesgericht vorzulegen. Hält sie den Haftvollzug weiter für erforderlich, wird sie den Antrag nach Absatz 1 stellen, sonst aber beantragen, den Haftbefehl aufzuheben, seinen Vollzug auszusetzen oder bei einem Jugendlichen von der Vollstreckung abzusehen. Ihre Verpflichtung endet nicht, wenn sie die öffentliche Klage erhebt; sie dauert fort, bis der Haftbefehl erledigt ist.

II. Verfahren des Oberlandesgerichts.

1. Rechtliches Gehör (Absatz 2 Satz 1). Nach § 33 Abs. 3 müßte der Beschuldigte nur gehört werden, bevor zu seinem Nachteil Tatsachen oder Beweisergebnisse verwertet werden, zu denen er noch nicht gehört worden ist. Diese Voraussetzung wird zwar regelmäßig zutreffen, weil Schwierigkeit und Umfang der Ermittlungen wie auch ein sonstiger wichtiger Grund auf Tatsachen beruhen, die mit dem Beschuldigten nicht erörtert worden sind; im Einzelfall könnte es aber zweifelhaft sein. Deshalb wird das Gehör des Beschuldigten, und zusätzlich seines Verteidigers, ausdrücklich angeordnet. Zufolge dieser Sonderbestimmung ist das Gehör auch umfassender ausgestaltet als das nach § 33 Abs. 3. Es hat sich auf alle nach § 121 Abs. 1 für die Verlängerung erforderlichen Voraussetzungen zu erstrecken; der Beschuldigte und sein Verteidiger müssen daher Gelegenheit erhalten, sich auch zu den wertenden Erwägungen („besonders“, „wichtig“, „rechtfertigen“) zu äußern.

Das Gehör braucht das Oberlandesgericht nicht selbst durchzuführen, wenn nur klargestellt wird, daß dem Beschuldigten Gelegenheit gegeben wird, sich vor seiner Entscheidung zu äußern (s. o. III 4 zu §§ 33, 33a). Daher ist es zulässig, daß der die Akten vorlegende Richter das Gehör veranlaßt. Das hat den Vorteil, daß der örtliche Anwalt die Akten einsehen kann, ehe sie versandt werden, und daß seine Äußerung vorliegen wird, wenn das Oberlandesgericht zur Entscheidung kommt. Auf der anderen Seite wird der vorlegende Richter nicht immer die gleichen Gesichtspunkte ins Auge fassen, die das Oberlandesgericht als Entscheidungsgrundlage erwägt. Von diesem Gesichtspunkt aus ist es am sichersten, wenn es das Gehör selbst veranlaßt. Das ist am einfachsten in der Weise durchzuführen, daß es dem Verteidiger die Stellungnahme des Generalstaatsanwalts mitteilt, wobei es, falls erforderlich, auf zusätzliche Punkte hinweisen kann. Erübrigt sich das in der Regel, kann auch der Generalstaatsanwalt seine Stellungnahme dem Verteidiger mitteilen und ihm eröffnen, daß das Oberlandesgericht nach einer bestimmten Frist entscheiden werde (vgl. § 349 Abs. 3). Welches Verfahren am einfachsten und raschesten zum Ziele führt, wird nach den örtlichen Verhältnissen zu entscheiden sein.

Der Verteidiger ist nur zu hören, wenn der Beschuldigte einen hat. Das wird in der Regel der Fall sein (s. o. 8 zu § 117), doch ist es in vereinzelten Fällen möglich, daß der Beschuldigte auch nach fünf und mehr Monaten ohne Verteidiger ist (s. o. 9 zu § 117). Aus der Anordnung, den Verteidiger zu hören, ist nicht zu entnehmen, daß dem Beschuldigten einer beigeordnet werden müßte. Doch sollte die Staatsanwaltschaft regelmäßig einen Antrag nach § 117 Abs. 4 stellen.

2. Mündliche Verhandlung (Absatz 2 Satz 2). Das Gehör des Beschuldigten und des Verteidigers wird sich manchmal am zweckmäßigsten und schnellsten in einer mündlichen Verhandlung durchführen lassen. Aus diesem Grunde wird dem Oberlandesgericht freigestellt, wie im Beschwerdeverfahren (§ 118 Abs. 2), nach mündlicher Verhandlung zu entscheiden. Der Beschuldigte, sein Verteidiger, wie auch die Staatsanwaltschaft, können das beantragen, doch gibt allein das Ermessen des Gerichts den Ausschlag, ob mündlich verhandelt werden soll. Das Oberlandesgericht wird das anordnen, wenn seine Entscheidung zweifelhaft sein könnte, und wenn erwartet werden kann, daß sich die Fragen, ob die besondere Schwierigkeit oder der besondere Umfang der Ermittlungen oder ein anderer wichtiger Grund das Urteil noch nicht zulassen und die Fortdauer der Haft rechtfertigen, schneller oder sicherer als im schriftlichen Verfahren beurteilen lassen, wenn das Material in persönlicher Gegenwart des Beschuldigten, seines Verteidigers und des Staatsanwalts mündlich erörtert wird.

Für die mündliche Verhandlung gilt § 118a entsprechend.

3. Entscheidung des Oberlandesgerichts. Das Oberlandesgericht hat zunächst nach § 120 Abs. 1 Satz 1 zu prüfen, ob etwa der Haftbefehl aufzuheben ist. Denn es kann die Fortdauer der Untersuchungshaft nur anordnen, wenn deren allgemeine Voraussetzungen bestehen und sich nicht ergibt, daß die weitere Untersuchungshaft zu der Bedeutung der Sache und der zu erwartenden Strafe oder Maßregel der Sicherung und Besserung außer Verhältnis stehen würde. Bejaht es im Gegensatz zu den Vorinstanzen, daß der Fall des § 120 Abs. 1 Satz 1 vorliegt, hebt es den Haftbefehl auf. Das kann es auch schon vor Gehör des Beschuldigten und seines Verteidigers tun, allerdings erst, nachdem die Staatsanwaltschaft sich geäußert hat. Dann findet das besondere Verfahren des Absatzes 2 nicht statt. Das Oberlandesgericht kann aber auch erst im Laufe des Prüfungsverfahrens zu der Erkenntnis gelangen, daß es den Haftbefehl aufheben muß.

Verfährt das Oberlandesgericht nicht nach § 120 Abs. 1 Satz 1, hat es die Prüfung nach § 116 anzustellen (s. u. 5). Lehnt es ab, den Vollzug des Haftbefehls auszusetzen, prüft es die Voraussetzungen des § 121 Abs. 1. Stellt es fest, daß ein Urteil ergangen ist, erklärt es das Prüfungsverfahren für unzulässig. Allerdings werden ihm die Akten bei einem solchen Verfahrensstand regelmäßig nicht vorgelegt werden. Das Gericht hat dann weiter zu prüfen, ob die weiteren Voraussetzungen des § 121 Abs. 1 (s. dazu o. 6 bis 8 zu § 121) erfüllt sind. Ist das der Fall, ordnet es die Fortdauer der Untersuchungshaft an. Ist es nicht der Fall, „ist der Haftbefehl nach Ablauf der sechs Monate aufzuheben" (§ 121 Abs. 2, erster Halbsatz). Bei der Berechnung der sechs Monate hat die Bearbeitungszeit beim Oberlandesgericht außer Ansatz zu bleiben (§ 121 Abs. 3 Satz 1).

Lehnt das Oberlandesgericht die Fortdauer der Untersuchungshaft ab, dann kann es die Akten dem zuständigen Richter zurückgeben, damit dieser nach Ablauf der Frist (sechs Monate zuzüglich Bearbeitungszeit) den Haftbefehl aufhebt. Der zuständige Richter ist dazu am Tage des Fristablaufs verpflichtet, es sei denn, daß inzwischen vor Fristablauf die Hauptverhandlung begonnen hat (§ 121 Abs. 3 Satz 2). Da das Oberlandesgericht in der Regel kurze Zeit vor Fristablauf entscheiden wird, wird man ihm die Befugnis einräumen dürfen, den Haftbefehl auch schon kurz vor Ablauf der (um die Ruhenszeiten verlängerten) sechs Monate aufzuheben. Es wäre eine unnötige Förmlichkeit, wollte man das Oberlandesgericht für verpflichtet halten, dem zuständigen Richter eine Entscheidung zu überlassen, die er in wenigen Tagen erlassen muß, ohne daß ihm eine Entscheidungsfreiheit zusteht. Verwehrt ist dem Oberlandesgericht ein solches Verfahren freilich nicht. Die Entscheidung wird auch dahin ergehen können, daß der Haftbefehl zu dem im Beschluß zu bezeichnenden Tage des Fristablaufs aufgehoben wird. Diese Form scheidet allerdings aus, wenn die Möglichkeit besteht, daß noch während der Frist mit der Hauptverhandlung begonnen wird; denn dann verlängert sich die Frist weiter (§ 121 Abs. 3 Satz 2).

Sind die Akten verspätet vorgelegt worden, so ruht die Frist bis zur Entscheidung des Oberlandesgerichts nicht (s. o. 3 zu § 121, I 1 zu § 122). Wenn in einem solchen Falle das Oberlandesgericht die Fortdauer der Haft nicht anordnet, muß es den Haftbefehl stets selbst aufheben, weil der Beschuldigte sonst bis zur Entscheidung des zuständigen Gerichts entgegen § 121 Abs. 2 ungesetzlich in Haft wäre. Ebenso muß das Oberlandesgericht — wie auch der Bundesgerichtshof — den Haftbefehl selbst aufheben, wenn das Verfahren bei ihm in erster und letzter Instanz anhängig ist.

4. Begründung (Absatz 3 Satz 1). Die Anordnung ergeht als Beschluß. In ihm ist der nächste Prüfungstermin jedenfalls dann zu bestimmen, wenn die Dreimonatsfrist des Absatzes 4 Satz 2 unterschritten werden soll. Ist das nicht der Fall, ergibt sich die Frist aus dem Gesetz, doch sollte sie zweckmäßigerweise auch dann in den Beschluß aufgenommen werden. Der Beschluß ist formlos bekanntzumachen (§ 35 Abs. 2 Satz 2). Ergeht er auf mündliche Verhandlung, ist er an deren Schluß zu verkünden oder, wenn er erst später erlassen wird, ebenfalls formlos bekanntzumachen (§ 118a Abs. 4; Absatz 2 Satz 2). Beschwerde findet nicht statt (§ 304 Abs. 4).

Nach § 34 braucht der Beschluß, da er nicht durch Rechtsmittel anfechtbar ist, nur dann begründet zu werden, wenn der Beschuldigte, etwa bei dem Gehör nach Absatz 2 Satz 1, beantragt, den Haftbefehl aufzuheben. Das Gesetz will aber auf jeden Fall eine Begründung und bringt diesen Willen in der gesetzestechnisch wenig begrüßenswerten Form durch die Anordnung zum Ausdruck, daß § 114 Abs. 2 Nr. 4 entsprechend zu gelten habe. Dort wird angeordnet, im Haftbefehl die Tatsachen anzuführen, aus denen sich der dringende Tatverdacht und der Haftgrund ergeben, soweit dadurch nicht die Staatssicherheit gefährdet wird. Da die Vorschrift entsprechend gilt, werden keine Bedenken bestehen, auf vorangegangene Beschlüsse oder auf den Haftbefehl zu verweisen, wenn zum dringenden Tatverdacht und zum Haftgrund nichts Neues zu sagen ist. Auf der anderen Seite bedeutet die dem Zweck des § 122 entsprechende Anwendung, daß die Begründung des Beschlusses weiterzugehen hat als die des Haftbefehls. Denn der Beschluß beruht auf § 121 Abs. 1 und muß sich daher in erster Linie mit den Verlängerungsgründen befassen. Demzufolge sind neben dem Inhalt des § 114 Abs. 2 Nr. 4, der sogar etwas zurücktreten kann, in erster Linie die Tatsachen aufzuführen, aus denen sich die besondere Schwierigkeit oder der besondere Umfang der Ermittlungen oder ein anderer wichtiger Grund ergibt, der das Urteil noch nicht zuläßt und die Fortdauer der Haft rechtfertigt. Auch wird eine Würdigung der Tatsachen zu erwarten sein. Da die Oberlandesgerichte ihre Beschlüsse stets voll zu begründen pflegen, wird der Beschluß auch Ausführungen zu der Verhältnismäßigkeit (§ 112 Abs. 1 Satz 2, § 120 Abs. 1, zweiter Halbsatz) enthalten. Wegen der Gefährdung der Staatssicherheit s. o. 6 Abs. 2 zu § 114.

5. Aussetzung des Vollzugs (Absatz 5). Wenn der zuständige Richter das Vorlegungsverfahren dadurch überflüssig machen kann, daß er den Vollzug des Haftbefehls nach § 116 aussetzt (s. o. I 4 Abs. 3 zu § 122), so muß dem Oberlandesgericht die Befugnis zustehen, auf dem gleichen Wege sein Entscheidungsverfahren zu erledigen. Denn dieses setzt voraus, daß Untersuchungshaft vollzogen wird. Daher ist zunächst nach den allgemeinen Vorschriften zu prüfen, ob der Vollzug überhaupt stattfinden darf.

Indessen ist diese logisch gebotene Reihenfolge für das Oberlandesgericht, wie sich aus Absatz 5 ergibt, nicht zwingend und nicht immer zu empfehlen. Setzt es nämlich den Vollzug des Haftbefehls aus, ohne die Fortdauer der Haft anzuordnen, dann können sich Mißhelligkeiten ergeben, wenn nach § 116 Abs. 4 der Vollzug des Haftbefehls angeordnet werden muß. Die Zeit bis zum Ablauf der Sechsmonatsfrist kann dann so kurz sein, daß die rechtzeitige Vorlage gefährdet sein könnte. Um solchen Nachteilen zu begegnen, gibt Absatz 5 dem Oberlandesgericht die Befugnis, nicht nur vor seiner Entscheidung, daß die Untersuchungshaft fortzudauern habe, sondern auch zugleich mit ihr den Vollzug des Haftbefehls auszusetzen. Auf diese Weise entstehen bei Anordnung des Vollzugs keine Schwierigkeiten, wenn das zuständige Gericht den Vollzug nach § 116 Abs. 4 anordnet; es braucht die Akten nicht alsbald nach der Wiederverhaftung vorzulegen, sondern erst so rechtzeitig, daß das Oberlandesgericht nach drei Monaten (Absatz 4 Satz 2) entscheiden kann.

6. Wirkung einer die Fortdauer der Untersuchungshaft verneinenden Entscheidung. Hat das Oberlandesgericht abgelehnt, die Fortdauer der Untersuchungshaft anzuordnen, dann kann es diese Entscheidung nicht wieder ändern. Ausgeschlossen ist die Änderung, wenn der Senat, etwa in anderer Besetzung, von seiner bisherigen rechtlichen Beurteilung abweicht. Sie wäre möglich, wenn sich die tatsächlichen Verhältnisse änderten. Aber das ist nicht denkbar. Denn die Beurteilung der tatsächlichen Umstände, aus denen die besondere Schwierigkeit oder der besondere Umfang der Ermittlungen oder ein anderer wichtiger Grund das Urteil noch nicht zulassen und die Fortdauer der Haft rechtfertigen, war gerade Gegenstand der Entscheidung. Es ist keine Änderung der Tatsachengrundlage der Entscheidung, wenn nachträglich Umstände aufgedeckt werden, die bei der Entscheidung vorhanden waren, aber übersehen worden sind. Was sich nach Ablauf der sechs Monate neu ereignet, etwa die Erkrankung eines Sachverständigen, ist kein Umstand, der auf die Verlängerung des Haftvollzugs über sechs Monate hinaus Einfluß haben kann. Denn für diese Entscheidung darf nur berücksichtigt werden, was sich bis zum Ablauf von sechs Monaten Haftvollzug ereignet hat.

7. Mitbeschuldigte (Absatz 6). Sind im gleichen Verfahren mehrere Beschuldigte in Haft, dann können sich die Vorlagen häufen. Bei vielen Beschuldigten könnte der Ablauf des Verfahrens gestört werden, selbst wenn der Staatsanwalt durch Hilfsakten (Nr. 12 RiStV.) Vorsorge getroffen hat, daß er die Ermittlungen auch während des Vorlegungsverfahrens fortsetzen kann. Fallen die Sechs-Monats-Fristen oder spätere Drei-Monats-Fristen (Absatz 4 Satz 2) eng zusammen, dann könnte die rechtzeitige Vorlage der später vorzulegenden Sache gefährdet sein. Aus diesen Gründen gibt Absatz 6 dem Oberlandesgericht die Zuständigkeit, wenn ihm die Akten wegen eines Beschuldigten vorgelegt werden, zugleich auch über die Fortdauer der Untersuchungshaft von Beschuldigten zu entscheiden, für die es noch nicht zuständig wäre.

Liegen die Vorlegungszeiten nur wenig, etwa bis zu drei Wochen, auseinander, muß man den zuständigen Richter für berechtigt erachten, die Akten auch für den Beschuldigten vorzulegen, bei dem das Prüfungsverfahren noch Zeit hat. In diesem Falle bewirkt die Vorlage, daß der Fristablauf bis zur Entscheidung des Oberlandesgerichts ruht (§ 121 Abs. 2 Satz 1). Dagegen ruht der Fristablauf nicht, wenn das Oberlandesgericht über die Fortdauer der Untersuchungshaft eines Beschuldigten, für den es an sich noch nicht zuständig wäre, von Amts wegen entscheidet. Denn in bezug auf diesen Beschuldigten werden dem Oberlandesgericht die Akten nicht im Sinne des § 121 Abs. 3 Satz 1 vorgelegt. Wohl aber kann der zuständige Richter, wenn sich die Entscheidung beim Oberlandesgericht verzögert, diesem die Akten nachträglich auch für den Mitbeschuldigten in der Weise vorlegen, daß er dem Oberlandesgericht mitteilt, die für den Beschuldigten A vorgelegten Akten würden nunmehr auch für den Beschuldigten B vorgelegt (vgl. oben I 2 Abs. 2).

III. Weiteres Verfahren.

1. Allgemeine Haftprüfung (Absatz 3 Satz 2 bis 4). Nachdem das Oberlandesgericht die Fortdauer der Untersuchungshaft angeordnet hat, weil es die allgemeinen Voraussetzungen der Untersuchungshaft (§ 120 Abs. 1 Satz 1) und die besonderen des § 121 Abs. 1 bejaht hat, können beide Voraussetzungen sich ändern. Sie sind daher beide weiter zu prüfen. Für die Prüfung der besonderen Voraussetzungen ist ein besonderes Verfahren angeordnet (s. u. 3). Die allgemeinen Voraussetzungen sind fortlaufend (s. 20 zu § 112), bei jedem Antrag, den Haftbefehl aufzuheben, und bei jeder Beschwerde sowie in dem Verfahren des § 117 zu prüfen. Die laufende Prüfung ist Sache des zuständigen Gerichts. Dieses kann, ebenso wie das Beschwerdegericht, jederzeit einen Haftbefehl aufheben oder seinen Vollzug aussetzen, auch wenn das Oberlandesgericht nach Absatz 3 Satz 1 die Fortdauer der Haft angeordnet hatte. Lediglich die Haftprüfung nach § 117 Abs. 1 überträgt das Gesetz dem Oberlandesgericht. Das war nach dem Regierungsentwurf sinnvoll, weil dort für die Haftprüfung nach § 117 Fristen vorgesehen waren (BTDrucks. IV 178; § 117 Abs. 1, Abs. 4) und der Beschuldigte außerhalb dieser Fristen keine Haftprüfung verlangen konnte. Die Haftprüfung des § 117 mit der des § 121 zu einer einzigen zu vereinigen, bedeutete Arbeitsersparnis und belastete das Oberlandesgericht nicht, weil es beide Fristen gleich ansetzen konnte. Im Bundestag ist die automatische Haftprüfung gefallen. Nur der Anspruch auf mündliche Verhandlung ist von Fristen abhängig (§ 118 Abs. 3), die Haftprüfung nicht. Sie findet nur noch auf Antrag des Beschuldigten statt, dafür aber jederzeit (BTDrucks. IV 2378; § 117 Abs. 1). Beantragt der Beschuldigte sie oft, so werden die Akten durch die Vorlage ans Oberlandesgericht zu lange dem Verfahren entzogen.

Da es nach dieser Änderung nicht mehr möglich ist, die Prüfungen nach § 117 Abs. 1 und nach § 122 Abs. 4 zu einer einzigen zu vereinigen, wird es in der Regel angemessen sein, die Haftprüfung (für den Fall, daß sie beantragt werde), dem zuständigen Gericht zu übertragen. Das wird in Absatz 3 Satz 3 ausdrücklich für zulässig erklärt, jedoch nur jeweils für einen bestimmten Zeitraum — höchsten drei Monate —, der mit der nach Absatz 4 zu wählenden Frist übereinstimmend bestimmt werden sollte. Spricht das Oberlandesgericht diese Übertragung nicht aus, muß es selbst nach § 117 entscheiden. Findet das Verfahren des § 117 vor dem Oberlandesgericht statt, kann der Beschuldigte die mündliche Verhandlung (§ 118) nicht erzwingen; es entscheidet das Ermessen des Oberlandesgerichts.

Die Zuständigkeit des Oberlandesgerichts zur Haftprüfung nach § 117 Abs. 1 endet zu dem gleichen Zeitpunkt, in dem auch die nach § 122 Abs. 4 aufhört, nämlich sobald ein Urteil ergangen ist, das auf Freiheitsstrafe oder auf eine freiheitsentziehende Maßregel der Sicherung und Besserung (s. dazu o. 5 zu § 118) erkannt hat.

2. Verfahren des zuständigen Richters. Behält das Oberlandesgericht sich die Haftprüfung nach § 117 Abs. 1 vor, dann findet die Vorschrift des § 117 mit der Maßgabe Anwendung, daß ein Antrag auf Haftprüfung, wenn er nicht beim Oberlandesgericht eingeht, diesem vom zuständigen Gericht über die Staatsanwaltschaft vorzulegen ist. Der zuständige Richter kann die Haftprüfung dadurch entbehrlich machen, daß er den Haftbefehl aufhebt, falls die Voraussetzungen der Untersuchungshaft nicht mehr vorliegen (§ 120 Abs. 1 Satz 1). Die Staatsanwaltschaft kann, wenn noch keine öffentliche Klage erhoben ist, die Aufhebung des Haftbefehls nach § 120 Abs. 3 bewirken. Dagegen wird die Entscheidung des Oberlandesgerichts im Verfahren nach § 117 Abs. 1 nicht dadurch überflüssig, daß der zuständige Richter den Vollzug der Untersuchungshaft nach § 116 aussetzt oder bei einem Jugendlichen nach § 72 Abs. 1 JGG. von der Vollstreckung des Haftbefehls absieht. Denn Ziel des Haftprüfungsantrags ist in erster Linie die Prüfung, ob der Haftbefehl aufzuheben ist. Nur wenn der Antragsteller sich darauf beschränkt, die Aussetzung des Vollzugs zu beantragen, macht die dem Antrag entsprechende Entscheidung des zuständigen Richters die Vorlage ans Oberlandesgericht hinfällig.

Hat das Oberlandesgericht dem zuständigen Richter die Haftprüfung übertragen, dann ergeben sich für das Verfahren nach §§ 117, 118 keine Besonderheiten.

3. Weitere Prüfung der besonderen Voraussetzungen (Absatz 4). Ob die Voraussetzungen des § 121 Abs. 1 vorliegen, darf allein das Oberlandesgericht prüfen und entscheiden. Der sonst für Haftentscheidungen zuständige Richter darf die Frage weder bejahen noch auch verneinen (Begrdg., BDDrucks. IV 178, S. 26). Das ergibt sich aus § 121 Abs. 2, § 122 Abs. 1 (s. auch o. I 4 Abs. 4), wie auch aus dem ganzen System der §§ 121, 122 Abs. 1 bis 3, wird aber in Absatz 4 für das Verfahren nach der ersten Entscheidung des Oberlandesgerichts ausdrücklich noch einmal ausgesprochen. Zugleich wird durch das Wort „auch" (im weiteren Verfahren) das Prinzip nochmals deutlich wiederholt (a. A. — Entscheidungsmonopol des Oberlandesgerichts besteht „nur in positiver Hinsicht" — Pusinelli, S. 97).

In der Entscheidung nach Absatz 3 Satz 1 bestimmt das Oberlandesgericht den ersten Prüfungstermin, wenn die Frist von drei Monaten unterschritten werden soll. Ist kein neuer Termin bestimmt worden, findet die Prüfung nach drei Monaten statt. Da die Prüfung eine Wiederholung der ersten Prüfung ist, gelten für das Verfahren alle Bestimmungen, die für die erste Prüfung gegeben sind, d. h. für das Ruhen der Frist § 121 Abs. 3 (OLG. Oldenburg JZ. **1965** 770), für das Vorlegungsverfahren Absatz 1 (s. o. I, namentlich I 4, 5), für das Verfahren des Oberlandesgerichts Absatz 2 und Absatz 3 Satz 1. Daraus folgt, daß das Oberlandesgericht die Sache nicht unter Kontrolle behält, die Akten anfordert und von Amts wegen entscheidet, daß es vielmehr, wie bei der ersten Prüfung (s. o. I 1), regelmäßig zufolge der Vorlage durch das zuständige Gericht mit der Sache befaßt wird (weitergehend — Oberlandesgericht entscheidet „nur und erst" nach Vorlage der Akten durch den zuständigen Richter — Pusinelli, S. 97).

Die Prüfung ist solange wenigstens alle drei Monate zu wiederholen, bis ein Urteil ergeht, das auf Freiheitsstrafe oder auf eine freiheitsentziehende Maßregel der Sicherung und Besserung (s. dazu o. 5 zu § 118) erkennt (§ 121 Abs. 1), bis der Haftbefehl nach § 120 Abs. 1 oder 3 aufgehoben oder sein Vollzug nach § 116 ausgesetzt oder bei einem Jugendlichen nach § 72 Abs. 1 JGG. von der Vollstreckung des Haftbefehls abgesehen wird. Tritt einer dieser Fälle ein, wird ein vom Oberlandesgericht bestimmter oder der im Gesetz (Absatz 4 Satz 2) vorgesehene neue Prüfungstermin gegenstandslos; er wird nicht ausdrücklich aufgehoben.

§ 123

(1) Eine Maßnahme, die der Aussetzung des Haftvollzugs dient (§ 116), ist aufzuheben, wenn

1. der Haftbefehl aufgehoben wird oder

2. die Untersuchungshaft oder die erkannte Freiheitsstrafe oder freiheitsentziehende Maßregel der Sicherung und Besserung vollzogen wird.

(2) Unter denselben Voraussetzungen wird eine noch nicht verfallene Sicherheit frei.

(3) Wer für den Beschuldigten Sicherheit geleistet hat, kann deren Freigabe dadurch erlangen, daß er entweder binnen einer vom Gericht zu bestimmenden Frist die Gestellung des Beschuldigten bewirkt oder die Tatsachen, die den Verdacht einer vom Beschuldigten beabsichtigten Flucht begründen, so rechtzeitig mitteilt, daß der Beschuldigte verhaftet werden kann.

Entstehungsgeschichte: I. Entw. § 107. II. Entw. § 108. III. Entw. § 110. Frühere Bezeichnung: § 121.

Änderungsvorschläge: N. E. I, II § 120. N. E. III § 141.

Spätere Änderungen: § 121 bezog sich früher nur auf das Freiwerden einer Sicherheit. Die jetzige allgemeine Fassung hat die Vorschrift erhalten durch Art. 1 Nr. 1 StPÄG.

1. Aufheben und Freiwerden. Der Vollzug eines Haftbefehls wird unter bestimmten Voraussetzungen nach § 116 ausgesetzt. Dabei werden regelmäßig Maßnahmen angeordnet, die in Anweisungen an den Beschuldigten oder in der Leistung einer Sicherheit bestehen. Die Vorschrift verordnet, wann diese Maßnahmen aufzuheben sind. Die Aufhebungsgründe zerfallen in zwei Gruppen: Wird der Haftbefehl aufgehoben (Nr. 1), dann ist der Anlaß zur Haft entfallen; wird die Untersuchungshaft, Strafhaft oder eine Maßregel der Sicherung und Besserung vollzogen (Nr. 2), dann entfällt der Anlaß zu den Maßnahmen oder zur Sicherheitsleistung. In beiden Fallgruppen müssen daher die Maßnahmen aufgehoben werden.

Unter denselben Voraussetzungen, unter denen Maßnahmen aufzuheben sind, wird auch eine Sicherheit frei (Absatz 2), wenn sie — was selbstverständlich ist — nicht schon vorher verfallen war. Absatz 2 bezieht sich sowohl auf Sicherheiten, die der Beschuldigte, als auch auf solche, die ein Dritter geleistet hat, Absatz 3 nur auf letztere.

Die Pflichten und Beschränkungen (§ 116 Abs. 3 Nr. 1) entfallen, wenn die Voraussetzungen des Absatzes 1 eintreten, nicht von selbst, vielmehr sind die Maßnahmen, mit denen jene Lasten auferlegt worden sind, ausdrücklich aufzuheben, obwohl es dem Beschuldigten keine Nachteile mehr bringen kann, wenn er Pflichten nicht mehr erfüllt und sich Beschränkungen nicht mehr unterwirft; im Falle des Vollzugs kann er das ohnehin nicht tun. Die Sicherheit dagegen wird eo ipso frei, sobald der Haftbefehl aufgehoben oder Haft vollzogen wird. Zwar nützt das Freiwerden dem Beschuldigten ohne weitere behördliche Akte nichts, doch wird durch die Bestimmung, die Sicherheit werde kraft Gesetzes frei, die Unverrückbarkeit der Rechtslage betont: die frei gewordene Sicherheit kann nicht mehr in Anspruch genommen werden, auch wenn der Haftbefehl irrtümlich aufgehoben worden ist; sie bleibt auch dann frei, wenn nachträglich ein Ereignis eintritt, durch das, wenn es sich früher ereignet hätte, die Sicherheit verfallen wäre. Beisp.: Der Verurteilte tritt die Strafe an und flieht am ersten Tage, ehe der Beschluß ergangen ist, daß die Sicherheit frei geworden sei.

Die Sicherheit wird nur frei, wenn sie nicht schon verfallen war. Ob dieser Umstand eingetreten ist, hat das Gericht nach § 124 Abs. 1 zu prüfen und ggf. nach § 124 Abs. 2 festzustellen. Der Verfall ist bei keinem der Befreiungsgründe ausgeschlossen, auch nicht wenn der Haftbefehl aufgehoben wird. Denn das kann der Fall sein, obwohl der Beschuldigte sich vorher — etwa durch Flucht — der Untersuchung entzogen hatte (§ 124 Abs. 1), etwa weil er freiwillig zurückgekehrt und in Krankheit verfallen ist. In der Regel indessen wird, anders als bei den beiden anderen Befreiungsgründen, der vorherige Verfall der Sicherheit keine Rolle spielen, wenn der Haftbefehl aufgehoben wird.

2. Aufhebung des Haftbefehls. Der erste Grund, der das Gericht nötigt, Maßnahmen aufzuheben, und der die Sicherheit frei macht, ist die Aufhebung des Haftbefehls. Alle Gründe, die zur Einstellung des Verfahrens führen (Verjährung, Rücknahme des Strafantrags, Amnestie usw.), zwingen, weil sie die Untersuchung beenden, den Haftbefehl aufzuheben. Zufolge der Aufhebung setzen sie den Maßnahmen des § 116 ein Ende (Absatz 1 Nr. 1). Aber ohne daß der Haftbefehl aufgehoben wird, erledigen sich die Maßnahmen nicht von selbst. Auch die Sicherheit wird in keinem Falle ohne diesen Akt frei. Selbst wenn bei Freispruch und ihm gleichstehenden Entscheidungen der Haftbefehl ohne weitere Prüfung aufgehoben werden muß (§ 120 Abs. 1 Satz 2; s. dazu o. II 3 und 4 zu § 120), macht erst die Aufhebung die Sicherheit frei (EbSchmidt, 9 zu § 121; KleinknM, 3b zu § 121), nicht (so Hartung, 4 zu § 121) schon die Freisprechung usw. selbst. Denn neue Tatsachen oder Beweismittel, die unmittelbar nach dem Freispruch bekannt werden, können trotz Freispruchs der Aufhebung des Haftbefehls entgegenstehen (s. o. II 9 zu § 120). Die Ansicht endlich, daß es bei Ereignissen, die notwendigerweise die Einstellung herbeiführen (Verjährung, Amnestie), keiner Aufhebung des Haftbefehls bedürfe (Lobe-Alsberg, II 5 zu § 121), wird schon durch die Überlegung widerlegt, daß bei vollzogenem Haftbefehl der Beschuldigte erst dann aus der Haft entlassen werden kann, wenn der Haftbefehl aufgehoben worden ist. Dann kann, wenn der Vollzug des Haftbefehls nur ausgesetzt worden ist, die Sicherheit erst recht nicht ohne diesen Akt frei werden. Darin liegt auch keine Ungerechtigkeit, weil die Sicherheit dann nicht mehr verfallen kann. Denn sobald Prozeßhindernisse eingetreten sind, können keine Prozeßhandlungen mehr erforderlich werden, denen sich der Beschuldigte entziehen könnte.

Bei der Aufhebung des Haftbefehls ist der Grund dafür gleichgültig mit einer Ausnahme: Die Rechtskraft beendet die Untersuchung und damit die Untersuchungshaft. Der Haftbefehl erledigt sich mit der Rechtskraft von selbst. Das Gericht braucht ihn nicht aufzuheben, kann das aber tun (s. o. II 10 zu § 120). Hebt es in einem solchen Falle den Haftbefehl auf, dann besagt das nur, daß die Untersuchung beendet ist, nicht aber, daß die Haftgründe entfallen sind. Da die Sicherheit auch dazu dient, den Antritt einer Freiheitsstrafe zu erzwingen (s. o. 1 zu § 116a), kann der Umstand, daß der Haftbefehl allein wegen des Endes der Untersuchung aufgehoben wird, nicht bewirken, daß die Sicherheit frei wird (OLG. Bremen NJW. **1963** 1024).

Allein der Tod des Beschuldigten beendet das Verfahren von selbst und macht den Haftbefehl hinfällig, ohne daß er aufgehoben zu werden braucht; denn es ist niemand mehr vorhanden, der von ihm betroffen wäre. Dabei spielt es keine Rolle, wenn der Beschuldigte den Tod durch Selbstmord herbeigeführt hat (s. u. II 6 Abs. 2 zu § 124). Daß der Verfahrensbeendigung durch Tod keine befreiende Wirkung mehr zukommen kann, wenn die Sicherheit schon vorher durch Flucht verfallen war (OLG. Colmar Alsb. E. 1 294), ist selbstverständlich.

3. Antritt der Untersuchungshaft. Die nach § 116 angeordneten Maßnahmen sind ferner aufzuheben und die Sicherheit wird weiterhin frei, wenn gegen den Beschuldigten in der Sache, in der der Vollzug des Haftbefehls ausgesetzt worden ist, Untersuchungshaft vollzogen wird. Nach dieser Wortfassung reicht weder die vorläufige Festnahme (§ 127 Abs. 2) noch die Verhaftung (§ 114a Abs. 1) aus. Maßgeblich ist vielmehr der Beginn des Vollzugs. Dazu ist es erforderlich, daß der Beschuldigte in die zuständige Haftanstalt gebracht wird; eine Sicherheit verfällt, wenn er auf dem Transport vom Festnahmeort nach der Anstalt flieht (Gerding, S. 11). Da die Vorschrift den Vollzug der Untersuchungshaft zur Voraussetzung der Aufhebung und des Freiwerdens macht, kommt es auf die Einlieferung in die zuständige Anstalt an. Ist der Beschuldigte nach der Verhaftung zunächst in eine fremde Haftanstalt eingeliefert worden, hat damit der Vollzug der Untersuchungshaft noch nicht begonnen. Flieht der Beschuldigte auf dem Transport zur zuständigen Anstalt, so wird die Sicherheit nicht frei. Das gleiche ist der Fall, wenn der Beschuldigte in anderer Sache in Untersuchungshaft kommt, doch kann dieser Umstand Veranlassung geben, den Haftbefehl aufzuheben. Geschieht das nicht und erklärt der Beschuldigte, daß er sich nunmehr auch in der Sache der Untersuchungshaft unterwerfe, in der die Sicherheit geleistet worden ist, dann wird die Sicherheit frei, weil der Beschuldigte nunmehr in dieser Sache in Untersuchungshaft ist.

Denn wie es zum Vollzug des Haftbefehls kommt, ist gleichgültig. Die Folgen treten auch ein, wenn sich der Beschuldigte freiwillig — wenn auch vielleicht auf Veranlassung dessen, der Sicherheit geleistet hat — in den Vollzug begibt und das Gericht daraufhin die Vollstreckung aufnimmt. Das Gericht ist dazu verpflichtet. Die Aussetzung des Vollzugs eines Haftbefehls gegen Maßnahmen oder gegen Sicherheitsleistung ist eine Erleichterung für den Beschuldigten, nicht für den Staat. Dieser kann weder erzwingen, daß der Beschuldigte Weisungen befolgt, noch daß eine Sicherheit geleistet wird. Daher kann der Beschuldigte, wenn er die Sicherheitsleistung auch nicht zurücknehmen kann (s. o. 8 zu § 116a), doch auf die Aussetzung in der Weise Verzicht leisten, daß er sich in den Haftvollzug begibt. Damit kann er die Sicherheit frei machen oder Beschränkungen abwerfen, die ihm lästiger geworden sind als die Untersuchungshaft.

4. Antritt der Strafhaft und des Maßregelvollzugs. Endlich sind die Maßnahmen aufzuheben und wird die Sicherheit frei, wenn die erkannte Freiheitsstrafe oder freiheitsentziehende Maßregel in der Sache vollzogen wird, in der der Vollzug des Haftbefehls ausgesetzt war. Maßgebend ist nicht die Verhaftung (§ 457 Abs. 1), sondern die Aufnahme in die von der Vollstreckungsbehörde bestimmte Anstalt. Strafhaft in anderer Sache führt nicht zur Aufhebung der Maßnahmen, weil der zuständige Richter keinen Einfluß auf ihr Ende hat. Doch kann längere Strafhaft in anderer Sache, wenn die Möglichkeit einer Entlassung (§ 26 StGB.) oder einer Begnadigung vor Abschluß der Untersuchung ausscheidet, zur Folge haben, daß der Haftbefehl und auf diese Weise auch Maßnahmen aufgehoben werden oder eine Sicherheit frei wird.

Wie es zum Strafantritt kommt, ob der Verurteilte sich freiwillig stellt oder ob er verhaftet wird, ist gleichgültig, doch wird im letzteren Falle oft, nicht regelmäßig (s. u. II 6 zu § 124), die Sicherheit verfallen sein, weil sich der Verurteilte dem Strafantritt entzogen hatte.

Dieselbe Wirkung wie der Vollzug der Freiheitsstrafe hat der Vollzug einer freiheitsentziehenden Maßregel der Sicherung oder Besserung. Es kommen alle von ihnen (vgl. § 42a Nr. 1 bis 4 StGB.) in Betracht, wenn die Freiheitsstrafe, neben der sie verhängt sind, bedingt ausgesetzt worden ist (§ 456b Satz 1) — ein Fall, der für die Sicherungsverwahrung (§ 42e StGB.) praktisch ausscheidet —, oder wenn die Unterbringung in einer Heil- oder Pflegeanstalt (§ 42b StGB.) sowie in einer Trinkerheil- oder Entziehungsanstalt (§ 42c StGB.) vor der Freiheitsstrafe vollzogen wird (§ 456b Satz 2). Bei der Unterbringung in einer Heil- oder Pflegeanstalt kann das nur bedeutsam werden, wenn sie angeordnet wird, weil der Angeklagte die Tat im Zustande der verminderten Zurechnungsfähigkeit (§ 51 Abs. 2 StGB.) begangen hatte. Denn wenn er zurechnungsunfähig (§ 51 Abs. 1 StGB.) war, durfte mangels dringenden Tatverdachts kein Haftbefehl ergehen, die Vollstreckung eines ergangenen Unterbringungsbefehls aber nicht ausgesetzt werden (§ 126a Abs. 2 Satz 1).

Wird im Urteil auf eine Geldstrafe erkannt, so wird zwar der Haftbefehl in der Regel aufgehoben werden, aber doch nicht in jedem Fall (s. o. II 2 zu § 120). Tritt indessen die Rechtskraft eines solchen Urteils ein, dann ist der Haftbefehl stets aufzuheben (s. o. II 10 Abs. 3 zu § 120). Als Folge sind nach § 116 angeordnete Maßnahmen außer Kraft zu setzen und wird eine Sicherheit frei. Sie darf weder für die Geldstrafe in Anspruch genommen werden (LG. Hamburg MDR. **1948** 429), noch kann sie verfallen, wenn der Verurteilte die Geldstrafe nicht bezahlt und sich dem Antritt der Ersatzfreiheitsstrafe entzieht (a. A. — Sicherheitsleistung haftet für Geldstrafe — Lobe-Alsberg, II 4 zu § 121; — Sicherheitsleistung verfällt, wenn der Verurteilte sich der Zahlung der Geldstrafe entzieht — EbSchmidt, 5 zu § 122; vgl. weiter u. II 4 zu § 124).

5. Bürgenbefreiung (Absatz 3). Die Sicherheitsleistung durch Dritte erlangt für das Gericht ihren Wert nicht allein durch die Höhe der Sicherheit, sondern namentlich durch die Bedeutung, die ihr Verlust für den Leistenden und dessen Schaden für den Beschuldigten haben würden. Daher hat das Schicksal der Sicherheitsleistung (Abtretung, Pfändung) dem Gericht gleichgültig zu bleiben. Es muß durch den Verfall der Sicherheit dem ein Übel zufügen, dem es vertraut hat. Demzufolge ist unter demjenigen, der für den Beschuldigten Sicherheit geleistet hat, nur zu verstehen, wer sie zu dessen Gunsten im eigenen Namen erbracht hat, d. h. die Person, die „Bürgschaft" geleistet hat, der „Bürge" i. S. von § 116a Abs. 1, gleichviel ob die Sicherheit aus seinem oder aus einem anderen Vermögen stammt (OLG. Hamburg Rpfleger **1962** 220). Dagegen kann die Befugnisse des Absatzes 2 nicht ausüben, wer dem Beschuldigten oder dem

„Bürgen" Vermögensstücke überlassen hat, die diese dann als Sicherheit hinterlegt haben, oder wer eine Sicherheit oder den Anspruch auf ihre Herausgabe rechtsgeschäftlich oder im Wege der Zwangsvollstreckung erworben hat (im Ergebnis ebenso BayObLGSt. **10** 381). Wohl aber hat der Erbe des Bürgen dessen Rechte.

6. Fluchtanzeige. Die Sicherheit wird auch frei, wenn der Bürge Tatsachen rechtzeitig anzeigt, die den Verdacht begründen, daß der Beschuldigte zu fliehen beabsichtige. Die Tatsachen müssen zutreffen und geeignet sein, im Richter den ernstlichen Verdacht der Flucht zu begründen. Die Anzeige muß so rechtzeitig sein, daß der Beschuldigte an der Flucht gehindert werden kann, wenn die Behörden ordnungsgemäß arbeiten. Zufälligkeiten, die die Verhaftung verhindern, obwohl die Behörden sich pflichtgemäß verhalten, wirken gegen den Bürgen; sie zeigen, daß seine Anzeige nicht rechtzeitig war.

Bei der Anzeige einer beabsichtigten Flucht wird das Freiwerden der Sicherheit allein in die Initiative des Bürgen gestellt. Er ist nicht darauf angewiesen, daß der Beschuldigte, der ihm gegenüber untreu zu werden droht, ihn unterstütze. Hat der Beschuldigte sich der Untersuchung oder dem Antritt einer Freiheitsstrafe schon entzogen, dann ist damit freilich die Sicherheit schon verfallen (§ 122 Abs. 1), und es kann allenfalls der in der nächsten Anmerkung behandelte Weg zur Befreiung des Bürgen führen. Ist aber die Anzeige vor einer beabsichtigten Flucht geeignet, die Verhaftung herbeizuführen, dann wird die Sicherheit durch die Anzeige auch dann frei, wenn der Beschuldigte wegen Saumseligkeit der Behörden seine Flucht doch noch bewerkstelligen kann (OLG. Dresden JW. **1923** 420) oder wenn er trotz einer Flucht nicht verhaftet wird, nachdem er reuig zurückgekehrt ist. Hat der Bürge das Seine getan, braucht er ein erhöhtes Risiko nicht mehr zu tragen.

7. Gestellung. Der Bürge kann die Freigabe der Sicherheit dadurch erlangen, daß er innerhalb einer vom Gericht bestimmten Frist den Beschuldigten bewegt, sich dem Gericht zu stellen. Im Gegensatz zur Fluchtanzeige muß bei diesem Befreiungsgrund der Bürge mit dem Beschuldigten zusammenwirken. Die Vorschrift wird im allgemeinen so ausgelegt, daß die Fristsetzung — weil sich der Beschuldigte jederzeit stellen kann — überflüssig sei, und daß sie auf Verfall oder Freiwerden der Sicherheit nicht einwirke (OLG. Hamburg GA. **37** 225). Da weiter Übereinstimmung besteht, daß die Bestimmung dem Bürgen kein Recht gibt, den Beschuldigten gewaltsam vorzuführen oder die staatliche Gewalt dazu in Anspruch zu nehmen, ist es kaum geboten, die Grundlage des Freiwerdens in Absatz 1 zu suchen, wenn der Beschuldigte sich selbst zur Gestellung entschlossen hat, sie aber (so Lobe-Alsberg, III 2a zu § 121) in Absatz 2 zu finden, wenn der Bürge seinen Entschluß herbeigeführt hat.

Die Ansicht, auch für den hier behandelten Fall werde vorausgesetzt, daß die Sicherheit noch nicht verfallen sei (EbSchmidt, 14 zu § 121), ist auch nicht überzeugend. In den Kommissionsverhandlungen hat der Regierungsvertreter ausgeführt: Die Vorschrift behandle den Fall, daß der Beschuldigte bereits aufgefordert worden sei, sich wieder einzufinden, dieser Aufforderung aber keine Folge geleistet habe. Solchenfalls wäre eigentlich, streng genommen, die Sicherheit bereits verfallen. Aus besonderer Rücksicht gegen den Bürgen werde ihm aber noch eine Frist gesetzt, innerhalb deren er die Gestellung bewirken könne (Hahn, Mat. **1** 678).

In der Tat kann der Fall, daß der Bürge die Gestellung des Beschuldigten bewirkt, nachdem ihm das Gericht dazu eine Frist gesetzt hat, nicht anders ausgelegt werden, als daß der bereits eingetretene Verfall der Bürgensicherheit nachträglich wieder aufgehoben wird. Bei der jetzt meist gewählten Auslegung ist die Fristsetzung sinnlos und die ganze Bestimmung ohne Inhalt, weil der Fall der Gestellung schon von Absatz 1 erfaßt wird (KleinknM, 4a zu § 121). Sinnlose Vorschriften sind dem Gesetzgeber aber nicht zu unterstellen. Das Gemeinte, daß eine („eigentlich", „streng genommen") bereits verfallene Sicherheit nachträglich doch wieder frei „gegeben" wird („kann die Freigabe ... erlangen"), ist dem Gesetzestext auch zu entnehmen, zumal wenn man den verschiedenen Wortlaut der beiden Absätze (Die Sicherheit wird frei — Wer Sicherheit geleistet hat, kann deren Freigabe erlangen) berücksichtigt. In der hier getroffenen Auslegung, die mit der Johns (II 2 zu §§ 120 bis 122) und Gerdings (S. 18, dort auch Übersicht über die Meinungen der älteren Literatur) übereinstimmt, ist die Vorschrift auch allein sinnvoll: Der Beschuldigte ist dem Bürgen durch seine Ehre verpflichtet. Ist er der Versuchung erlegen, die Freiheit über die Ehre zu stellen, dann kann der Appell dessen, der ihm vertraut hat, noch am ehesten seine Umkehr bewirken. Dieses Verhältnis zwischen Bürgen und Beschuldigten benutzt der Staat, um Gewalt über den Beschuldigten zu erlangen, und er opfert dafür die bereits verfallene Sicherheit. Denn nicht an dieser, sondern nur an dem Beschuldigten selbst ist ihm gelegen (zust. Müller-Sax, 3a zu § 123).

8. Verfahren.

a) Maßnahmen. Die Entscheidung über die Aufhebung der Maßnahmen ergeht, sobald die Voraussetzungen dafür eingetreten sind, von Amts wegen oder — und das wird im Vorverfahren die Regel sein — auf Antrag der Staatsanwaltschaft. Auch der Beschuldigte ist antragsberechtigt, wenn er auch in der Regel wenig Interesse an der Aufhebung haben wird. Denn wenn er den Pflichten nicht nachkommt und sich den Beschränkungen nicht fügt, kann das für ihn keine nachteiligen Folgen haben. Nur im Falle des § 116 Abs. 3 (Verlassen der Wohnung nur unter der Aufsicht eines anderen) oder von ähnlichen Maßnahmen wird er, wenn der Haftbefehl aufgehoben ist, Anträge stellen. Auf die Aufhebung der Maßnahmen ist von Gericht und Staatsanwaltschaft besonders dann zu achten, wenn Polizeidienststellen mit Kontrollmaßnahmen beauftragt worden sind.

b) Sicherheitsleistung. Mit dem Ereignis, das die Sicherheit frei macht, tritt die Folge, das Freiwerden, kraft Gesetzes ein (OLG. Hamburg GA. **37** 224; BayObLGSt. **7** 330). Die Sicherheit wird endgültig frei. Später eintretende Verfallgründe (§ 124 Abs. 1) heben die Freiheit selbst dann nicht wieder auf, wenn die frei gewordene Sicherheit noch nicht herausgegeben ist. Wird auch die Sicherheit von Rechts wegen frei, so ist damit dem Beschuldigten oder dem Bürgen noch nicht gedient. Daher muß das Freiwerden in der Regel durch eine Entscheidung festgestellt werden. Die Entscheidungen ergehen in der Regel von Amts wegen, bei Anzeige des Bürgen (Absatz 3) grundsätzlich auf Antrag. In diesem hat der Bürge darzulegen, daß der begründete Verdacht der Fluchtabsicht bestanden hatte. Das Gericht hat das und die Rechtzeitigkeit der Anzeige nachzuprüfen. In diesem Falle kann das Gericht dahin entscheiden, daß die Sicherheit nicht frei geworden sei, ohne daß es gleichzeitig die Sicherheit für verfallen erklärt. Das ist der Fall, wenn das Gericht verneint, daß ein begründeter Fluchtverdacht vorgelegen habe. In allen anderen Fällen kann das Gericht nur entweder das Freiwerden der Sicherheit feststellen oder, wenn es den Ausspruch des Verfalls erwägt, das Verfahren nach § 124 Abs. 2 einleiten. Das muß es tun, wenn die Staatsanwaltschaft beantragt, die Sicherheit für verfallen zu erklären. Wegen der Zuständigkeit des Gerichts s. § 126.

Als Folge des Freiwerdens muß die Stelle, der die Verfahrensherrschaft zusteht, die Verwahrung oder sonstige Verstrickung lösen, auf Empfangsbefugnisse (s. o. 2 zu § 116a) verzichten, die Löschung einer Grundschuld bewilligen usw. Die Sicherheit ist dem zurückzugeben oder zurückzuübertragen, der sie bestellt hat, doch sind inzwischen begründete Rechte Dritter zu beachten. Erkennt sie der Hinterleger nicht an und liegt kein Überweisungsbeschluß vor, ist dem, der einen Anspruch glaubhaft macht, eine Frist zu stellen, damit er eine gerichtliche Entscheidung darüber herbeiführen kann, daß er zum Empfang der Sicherheit befugt ist. Tut er das nicht, erhält die Sicherheit, wer sie geleistet hat. Als Rechte Dritter können auch solche der Gerichtskasse in Betracht kommen; in diesem Fall wird regelmäßig ein Überweisungsbeschluß vorliegen.

Steht dem Gericht die Verfahrensherrschaft zu, dann hat es zugleich mit der Feststellung, daß die Sicherheit frei geworden ist, deren Freigabe anzuordnen. Es kann sich auch ohne die deklaratorische Feststellung des Freiwerdens damit begnügen, sie freizugeben. Steht die Verfahrensherrschaft der Staatsanwaltschaft zu, muß sich das Gericht umgekehrt auf den Ausspruch beschränken, daß die Sicherheit frei geworden ist. Die Freigabe ist alsdann Sache der Staatsanwaltschaft. Diese braucht zur Freigabe keine gerichtliche Entscheidung herbeizuführen.

Kommt es auf eine Handlung des Bürgen an (Absatz 3), so macht diese nur die Sicherheit des Handelnden frei, nicht auch die eines weiteren Bürgen oder des Beschuldigten.

9. Beschwerde. Gegen die gerichtliche Entscheidung, daß eine Maßnahme aufgehoben oder eine Sicherheit freigeworden ist, steht der Staatsanwaltschaft, gegen eine verneinende Entscheidung der Staatsanwaltschaft dem Beschuldigten und ggf. dem Bürgen, sofern die Entscheidung nicht von einem Strafsenat ergangen ist (§ 304 Abs. 4), die Beschwerde zu (§ 304 Abs. 1), auch wenn ein erkennendes Gericht die Entscheidung erlassen hat (§ 305 Satz 2). Hatte die Staatsanwaltschaft indessen beantragt, eine Sicherheit für verfallen zu erklären oder hatte das Gericht den Ausspruch des Verfalls erwogen, so richten sich das Verfahren und die (sofortige) Beschwerde nach § 124 Abs. 2.

§ 124

(1) Eine noch nicht frei gewordene Sicherheit verfällt der Staatskasse, wenn der Beschuldigte sich der Untersuchung oder dem Antritt der erkannten Freiheitsstrafe oder freiheitsentziehenden Maßregel der Sicherung und Besserung entzieht.

(2) Vor der Entscheidung sind der Beschuldigte sowie derjenige, welcher für den Beschuldigten Sicherheit geleistet hat, zu einer Erklärung aufzufordern. Gegen die Entscheidung steht ihnen nur die sofortige Beschwerde zu. Vor der Entscheidung über die Beschwerde ist ihnen und der Staatsanwaltschaft Gelegenheit zur mündlichen Begründung ihrer Anträge sowie zur Erörterung über durchgeführte Ermittlungen zu geben.

(3) Die den Verfall aussprechende Entscheidung hat gegen denjenigen, welcher für den Beschuldigten Sicherheit geleistet hat, die Wirkungen eines von dem Zivilrichter erlassenen, für vorläufig vollstreckbar erklärten Endurteils und nach Ablauf der Beschwerdefrist die Wirkungen eines rechtskräftigen Zivilendurteils.

Entstehungsgeschichte: I. Entw. § 108. II. Entw. § 109. III. Entw. § 111. Frühere Bezeichnung: § 122.

Änderungsvorschläge: N. E. I, II § 121. N. E. III § 142. Entw. EGStGB. Art. 70 Nr. 73.

Spätere Änderungen: Die jetzige Fassung ist durch Art. 1 Nr. 1 StPÄG. herbeigeführt worden. Sie stimmt inhaltlich mit dem bisherigen § 122 überein mit der Änderung, daß die Sicherheit jetzt auch verfällt, wenn der Beschuldigte sich dem Antritt einer freiheitsentziehenden Maßregel der Sicherung und Besserung entzieht.

Schrifttum: Gerding, Der Verfall einer noch nicht frei gewordenen Sicherheit im deutschen Strafprozeß, Diss. Jena 1907.

Übersicht

I. Freiwerden. Die Sicherheit kann nur dann (noch) verfallen, wenn sie nicht schon frei geworden ist (OLG. Hamburg DRiZ. **1928** 975). Ob das der Fall ist, hat das Gericht nach § 123 zu prüfen. Da keiner der Verfallgründe denkgesetzlich den Vorrang vor den Befreiungsgründen hat, sind für die Frage nach dem Schicksal der Sicherheit alle Umstände zu prüfen, die dazu führen können, daß sie frei wird oder daß sie verfällt. Die Entscheidung ist dann nach dem für die §§ 123, 124 erheblichen Ereignis zu treffen, das am frühesten eingetreten ist.

Sowohl die Worte „noch nicht verfallen" in § 123 Abs. 1 als auch die „noch nicht frei geworden" in § 124 Abs. 1 sind, weil selbstverständlich, entbehrlich (John, S. 883).

II. Verfall (Absatz 1).

1. Untersuchung. Nach dem ersten der beiden angegebenen Gründe verfällt die Sicherheit, wenn der Beschuldigte sich der Untersuchung entzieht. Untersuchung ist das gesamte Strafverfahren vom ersten (in der Regel polizeilichen; § 163 Abs. 1) Angriff bis zur Einstellung (§ 170 Abs. 2), zur rechtskräftigen Ablehnung der Eröffnung des Hauptverfahrens (§ 204 Abs. 1), zur Außerverfolgungsetzung (§ 204 Abs. 2) oder bis zu einem rechtskräftigen Urteil, das auf Freispruch, Verurteilung, Anordnung einer Maßregel der Besserung oder Sicherung (§ 260 Abs. 1) erkennt, oder bis zu einem auf Einstellung lautenden Urteil (§ 260 Abs. 1), wenn der Einstellungsgrund nicht alsbald behebbar ist (Mangel der Anklage oder des Eröffnungsbeschlusses) und behoben wird. Im übrigen beendet das Einstellungsurteil wie auch die staatsanwaltschaftliche Einstellung die Untersuchung; sie beginnt wieder, wenn das Verfahren erneut fortgesetzt wird. Auch das Wiederaufnahmeverfahren und seine Vorbereitung gehören zur Untersuchung, jedoch nicht die Strafvollstreckung (s. o. I 2 a aa zu § 94).

2. Freiheitsstrafen. Die Sicherheit verfällt weiter, wenn der Beschuldigte sich dem Antritt der erkannten Freiheitsstrafe entzieht.

Freiheitsstrafe ist diejenige Haupt- oder Nebenstrafe in Zuchthaus (§ 14 StGB.), Gefängnis (§ 16 StGB.), Jugendstrafe (§ 17 JGG.), Einschließung (§ 17 StGB., § 8 WStG.), Strafarrest (§ 8 WStG.) und Haft (§ 18 StGB.), auf die in der Sache erkannt worden ist, in der der Vollzug der Untersuchungshaft gegen den Beschuldigten ausgesetzt worden ist (§ 116). Jugendarrest, auch in der Form des Dauerarrestes (§ 16 JGG.), ist ein Zuchtmittel (§ 13 Abs. 2 JGG.) und keine Strafe. Wenn es auch zuweilen möglich oder geboten ist, den Jugendarrest wie Strafe zu behandeln, so schließt der mit dem Jugendarrest verfolgte erzieherische Zweck es aus, seinen Vollzug durch Sicherheitsleistung zu sichern.

Die Ersatzfreiheitsstrafe (§ 29 Abs. 1 StGB.) ist keine Freiheitsstrafe i. S. von § 124 Abs. 1 (John, 1b zu § 117; Müller-Sax, 2b zu § 124; a. A. Lobe-Alsberg, II 4 zu § 121; Gerding, S. 35; EbSchmidt, 4 zu § 117; KleinknM, 2b zu § 122), auch nicht, wenn die Geldstrafe, die sie ersetzt, selbst der Ersatz für eine an sich verwirkte Freiheitsstrafe ist (§§ 27b, 29 Abs. 4 StGB.). Da die Ersatzfreiheitsstrafe an die Stelle einer Geldstrafe tritt, könnte der Begriff Freiheitsstrafe die Ersatzfreiheitsstrafe nur dann umfassen, wenn eine noch nicht frei gewordene Sicherheitsleistung auch unter der Voraussetzung verfiele, daß sich dier Beschuldigte der Vollstreckung einer Geldstrafe entzöge. Das ist indessen nicht der Fall (s. u. 4).

3. Freiheitsentziehende Maßregeln der Sicherung und Besserung sind die Unterbringung in einer Heil- oder Pflegeanstalt, in einer Trinkerheilanstalt oder einer Entziehungsanstalt oder in einem Arbeitshaus und die Sicherungsverwahrung (§ 42a Nr. 1 bis 4 StGB.). Den beiden letzten Maßregeln kann jedoch für den Verfall kaum Bedeutung zukommen. Denn sie können nur neben einer Freiheitsstrafe verhängt (§ 42d, § 42e) und erst vollzogen werden, wenn die Freiheitsstrafe verbüßt, bedingt ausgesetzt oder erlassen ist (§ 456b). Das ist allenfalls denkbar, wenn eine neben Arbeitshaus erkannte Freiheitsstrafe durch die Untersuchungshaft verbüßt ist und die Untersuchungshaft vor dem Urteil beendet war. Sonst wird regelmäßig die Sicherheitsleistung durch den vorherigen Vollzug der Freiheitsstrafe frei geworden (§ 123 Abs. 1 Nr. 2) oder deshalb verfallen sein, weil sich der Beschuldigte dem Vollzug der Freiheitsstrafe entzogen hatte.

4. Die **Geldstrafe** fällt nicht unter § 124 Abs. 1 (Hartung, 4 zu § 117; John, 1b zu § 117; Gerding, S. 32; Müller-Sax, 2b zu § 124; a. A. EbSchmidt, 5 zu § 122; Lobe-Alsberg, II 4 zu § 121). Wenn man § 124 zunächst beiseite läßt, ergibt sich aus § 112 als Zweck der Untersuchungshaft die Sicherung des Strafverfahrens. Das Verfahren endet, wenn das Urteil rechtskräftig wird. Von da ab gibt es keine Untersuchungshaft mehr; Untersuchungshaft, die in diesem Zeitpunkt noch andauert, verwandelt sich, wenn im Urteil auf Freiheitsstrafe erkannt wird, in Strafhaft (s. o. II 10 Abs. 1 zu § 120). Wird nur eine Geldstrafe ausgeworfen, ist der Haftbefehl aufzuheben (s. o. II 10 Abs. 3 zu § 120). Wenn die Untersuchungshaft mit Rechtskraft des Urteils endet, das das Verfahren abschließt, kann der Vollzug des Haftbefehls von diesem Zeitpunkt an nicht mehr ausgesetzt werden, um mit weniger einschneidenden Maßnahmen den Zweck der — nicht mehr bestehenden — Untersuchungshaft zu erreichen (§ 116 Abs. 1 Satz 1). Kann er nicht ausgesetzt werden, dann können auch eine frühere Aussetzung und ihre Folgen nicht bestehen bleiben. Demzufolge müßte ohne § 124 Abs. 1 mit Rechtskraft des Urteils, d. h. mit dem Ende der Untersuchung, die Sicherheitsleistung als Surrogat der nicht mehr zulässigen Untersuchungshaft frei werden. Die Anordnung in § 124 Abs. 1, daß die Sicherheitsleistung bis zum Antritt einer in dem Verfahren erkannten Freiheitsstrafe oder freiheitsentziehenden Maßregel haftet, ist eine Ausnahmevorschrift. Wie alle Ausnahmebestimmungen darf sie nicht erweiternd ausgelegt werden. Daß § 113 für Geldstrafendelikte die Untersuchungshaft als Verfahrenssicherung zuläßt, ist kein ausreichendes Argument dafür, § 124 Abs. 1 entgegen seinem Wortlaut dahin auszulegen, die Sicherheitsleistung hafte auch für die Vollstreckung von Geldstrafen. Hätte der Gesetzgeber das gewollt, dann hätte er von Strafen und Maßregeln gesprochen, nicht aber ausdrücklich von Freiheitsstrafen und freiheitsentziehenden Maßregeln.

5. Entziehen. Die Sicherheitsleistung ersetzt die Untersuchungshaft, sie soll dem Gericht die Lage sichern, die bei Untersuchungshaft bestände. Da die Untersuchungshaft der Verhinderung von Flucht und nicht der Bequemlichkeit des Gerichts dient, sind für den Zweck der Sicherheitsleistung die — zufälligen — Vorteile außer Betracht zu lassen, die sich durch die stete Anwesenheit eines verhafteten Beschuldigten ergeben. Danach sichert die Sicherheitsleistung das Verhalten eines Beschuldigten, der sich, ohne Fluchtabsichten zu hegen, für Gericht und Staatsanwaltschaft zur Verfügung hält, um Ladungen entgegenzunehmen und gerichtliche Gewalt zu dulden. Nur wer diese Lage für das Gericht verschlechtert, entzieht sich der Untersuchung, nicht aber, wer — wie dies auch sonst ein Beschuldigter tun kann — die nach den Prozeßvorschriften gebotene Mitwirkung verweigert und es auf gerichtlichen Zwang ankommen läßt, solange er nur diesem Zwang sich zur Verfügung hält.

Danach ist Entziehen das von dem Beschuldigten oder mit seinem Wissen von anderen vorgenommene Verhalten, das den vom Beschuldigten beabsichtigten, erkannten oder in Kauf genommenen Erfolg hat, den Fortgang des Verfahrens oder den Antritt der erkannten Freiheitsstrafe oder der freiheitsentziehenden Maßregel der Sicherung und Besserung dauernd oder vorübergehend durch Aufheben der Bereitschaft zu verhindern, für Ladungen, Vollzugs- und Vollstreckungsmaßnahmen zur Verfügung zu stehen. Dagegen wird der Begriff nicht erfüllt durch bloßen Ungehorsam, durch das Unterlassen, gemäß den Verfahrensvorschriften als Beschuldigter am Strafverfahren mitzuwirken (OLG. Celle GA. **60** 483; KG. GA. **42** 147; OLG. München NJW. **1947/48** 704). Der Freiheitsstrafe oder der freiheitsentziehenden Maßregel kann sich der Beschuldigte erst entziehen, wenn auf sie erkannt worden ist. Wer jedoch vor dem Urteil flieht, um sich der Vollstreckung einer erst zu erkennenden Strafe zu entziehen, hat regelmäßig das Bewußtsein, sich zugleich dem Verfahren zu entziehen (OLG. Celle NJW. **1957** 1203).

Voraussetzung des Verfalls ist, daß sich der Beschuldigte der Untersuchung oder dem Antritt der Freiheitsstrafe oder freiheitsentziehenden Maßregel entzieht. Deshalb reicht der Versuch, also die erfolglose Betätigung des Willens mit dem vorgestellten Zweck, nicht aus, den Verfall herbeizuführen (Der Beschuldigte veranlaßt, obwohl er seinen Wohnort nicht verläßt, die Post, seine Briefe an eine auswärtige Anschrift nachzusenden, kann aber gleichwohl ohne Schwierigkeiten zu einer Hauptverhandlung vorgeführt werden). Der Erfolg ist indessen nicht erst eingetreten, wenn der Beschuldigte tatsächlich vom Richter benötigt worden ist, sondern schon, wenn er für einen möglicherweise notwendig werdenden Zwang nicht zur Verfügung steht. Darauf, ob ein solcher notwendig wird, kommt es nicht an (OLG. Braunschweig NJW. **1964** 1485).

6. Einzelfälle. Anstalten zur Flucht (§ 116 Abs. 3 Nr. 2) sind kein Entziehen (Müller-Sax, 2a zu § 122). Dasselbe gilt für das Ausbleiben auf Ladung (§ 116 Abs. 3 Nr. 2), wenn es nur möglich bleibt, den Beschuldigten vorzuführen oder zu verhaften (OLG. München Alsb. E. **1** 291; OLG. Hamburg DRiZ. **1928** 975; Lobe-Alsberg, III 1 zu § 122; Gerding, S. 28). In jenen Fällen ist zwar anzuordnen, daß der Haftbefehl zu vollziehen ist (§ 116 Abs. 3). Aber die Sicherheit verfällt nicht, sie wird vielmehr durch die Inhaftierung frei (§ 123 Abs. 2 in Vbdg. mit Absatz 1 Nr. 2); das Gesetz geht keinen Schritt weiter, als die Verfahrenssicherung gebietet. Demzufolge ist es auch kein Entziehen, wenn der Beschuldigte bei bekannter Anschrift eine Meldepflicht verletzt (OLG. München NJW. **1947/48** 704). Er entzieht sich jedoch, wenn er sich verbirgt, wenn er ohne Aufenthaltsangabe verreist usw., und es dadurch unmöglich wird, die Gestellung zu erzwingen (OLG. München Alsb. E. **1** 291; KG. GA. **42** 147; OLG. Celle GA. **60** 482), wenn er während eines Strafaufschubs flieht, in der Absicht, nach dessen Ablauf nicht zurückzukehren (OLG. Colmar GA. **39** 185); wenn er während der Hauptverhandlung entweicht, so daß nach § 231 Abs. 2 verfahren werden muß (OLG. Celle NJW. **1957** 1203).

Selbstmord kann zwar ein Entziehen von der Untersuchung sein (s. o. 9 zu § 112), doch fällt beim erfolgreichen Selbstmord — der erfolglose ist als bloßer Versuch der Entziehung ohne Bedeutung — die Entziehungshandlung mit der Verfahrensbeendigung so zusammen, daß ihr keine selbständige Bedeutung zugemessen werden kann (im Ergebnis ebenso OLG. Hamburg Albs. E. **1** 292; OLG. Dresden Alsb. E. **1** 293).

Ist die Sicherheit zur Abwendung der Ungehorsamshaft (§ 230 Abs. 2, § 236) angeordnet worden, dann liegt das Sich-entziehen in dem Ungehorsam gegen eine Ladung, weil der Zweck der Sicherheit in diesem Falle ist, weiteren Ungehorsam zu verhindern.

7. Folge. Tritt einer der vorgenannten Verfallgründe ein, dann verfällt die Sicherheit von Rechts wegen; die Entscheidung nach Absatz 2 stellt den Verfall nur fest (OLG. Hamburg GA. **37** 224; BayObLGSt. **13** 356; OLG. Celle GA. **60** 482).

Mit dem Verfall wird eine verpfändete Sache Eigentum des Landes — in nicht abgegebenen (§ 134a GVG.) Sachen nach § 134 GVG. des Bundes —, tritt die Wirkung eines aufschiebend bedingten selbstschuldnerischen Zahlungsversprechens ein usw. Mit Rücksicht auf die rechtsgeschäftliche Bestellung der Sicherheit beantwortet sich die Frage, inwieweit das Land (oder der Bund) auch Eigentum an Gegenständen erwerben kann, die dem Beschuldigten oder dem „Bürgen" nicht gehören, nach den Bestimmungen des bürgerlichen Rechts über den Erwerb des Eigentums von Nichtberechtigten (a. A. — originärer Erwerb ohne Rücksicht, wer Eigentümer war — Lobe-Alsberg, II Abs. 2 zu § 122). Die Sache verfällt dem Land, dessen Gerichte zur Zeit des Verfalls die Herrschaft über das Verfahren haben (a. A. — Land, dessen Gericht den Haftbefehl erlassen hat — Lobe-Alsberg, II Abs. 2 zu § 122), auch wenn der Haftbefehl von dem Gericht eines anderen Landes erlassen worden ist. Denn mit der Übernahme ist das gesamte Verfahren mit seinen prozessualen Folgen auf das neue Gericht übergegangen. Dasselbe gilt, wenn die Zuständigkeit zwischen Bund und Land gewechselt hat (§§ 134, 134a GVG.).

Der Verfall ist endgültig. Er bleibt daher bestehen, wenn der Beschuldigte sich später stellt (OLG. Colmar GA. **39** 185; OLG. Celle NJW. **1957** 1203), oder wenn er verhaftet, freigesprochen, außer Verfolgung gesetzt oder nur zu einer Geldstrafe verurteilt wird. Die einzige Ausnahme von der Endgültigkeit des Verfalls bildet die nachträgliche Freigabe nach der vom Bürgen bewirkten Gestellung eines Beschuldigten, der sich dem Verfahren oder der Strafverfolgung entzogen und damit den Verfall der Sicherheit herbeigeführt hatte (s. o. 7 zu § 123).

Die zuständige oberste Behörde der Justizverwaltung kann aus Billigkeitsgründen die Sicherheit ganz oder teilweise erstatten. Grundsätzlich wird dazu kein Anlaß bestehen. Denn die Entlassung gegen Sicherheitsleistung ist ein Vertrauensbeweis, der nicht allein auf die Furcht vor dem Vermögensverlust, sondern auch auf die Ehre des Beschuldigten abstellt (s. o. 3 zu § 116a). Stellt dieser die Freiheit über Vermögen und Ehre, dann kann nicht nachträglich über den Anteil gehandelt werden, zu dem das staatliche Vertrauen nicht auf der Sicherheitsleistung, sondern auf dem Versprechen eines Ehrenmannes beruht hat. Nur wenn die Sicherheitsleistung ersichtlich außer jedem Verhältnis zu dem Fluchtreiz — der von der Höhe der zu erwartenden Strafe abhängt — gestanden hat, oder wenn außergewöhnliche Umstände (z. B. die Notwendigkeit, der im Auslande in Not geratenen Familie dort tätig zu helfen, wenn vom Inlande aus keine Möglichkeit dazu besteht) der nicht verwerfliche Antrieb zur Flucht gewesen sind, kann erwogen werden, die verfallene Sicherheit — und auch dann meist nur teilweise — zu erstatten. Voraussetzung wird dazu allerdings stets sein, daß sich der Geflohene wieder gestellt hat und daß ohne Beweisverlust das Urteil herbeigeführt werden konnte.

III. Verfahren (Absatz 2).

1. Gegenstand der Entscheidung. Das Gericht entscheidet über den Verfall der bestellten Sicherheit. Dabei ist der Umstand seiner Prüfung entzogen, ob die Voraussetzungen der Untersuchungshaft bestanden hatten, als der Vollzug des Haftbefehls gegen Sicherheitsleistung ausgesetzt worden ist. Dagegen hat das Gericht zu prüfen, ob die Sicherheit wirksam bestellt worden ist. Alsdann hat es festzustellen, ob sich der Beschuldigte der Untersuchung, dem Strafantritt oder dem Antritt einer freiheitsentziehenden Maßregel entzogen hat, und ob nicht vorher die Sicherung schon frei geworden war, oder ob der Bürge nachträglich Befreiung erlangt hat (s. o. 7 zu § 123). Haben verschiedene Personen Sicherheit geleistet, dann kann die Entscheidung für jede von ihnen verschieden lauten, weil die Gründe des § 123 Abs. 2 nur dem zugutekommen, der im Sinne dieser Vorschrift gehandelt hat (s. o. 8b Abs. 4 zu § 123).

Wegen der Zuständigkeit s. § 126. Wenn in Beschwerdesachen die Oberlandesgerichte zuständig sind, entscheiden auch in Bayern diese und nicht das Bayerische Oberste Landesgericht (BayObLGSt. **1954** 119 = NJW. **1955** 233).

2. Verteidiger. Dem Beschuldigten kann nach § 140 Abs. 2 vom Vorsitzenden wegen der Schwierigkeit der Sach- oder Rechtslage ein Verteidiger bestellt werden. Bei der Dürftigkeit der ganzen Regelung kann es nicht überraschen, daß für den Bürgen Vorschriften wegen des Armenrechts fehlen. Da die den Verfall aussprechende Entscheidung die Wirkungen eines Zivilurteils hat (Absatz 3), muß dem Bürgen auch der gleiche Schutz gewährt werden, auf den er in einem Zivilverfahren Anspruch hätte. Für das Armenrecht gelten daher dieselben Vorschriften wie in bürgerlichen Rechtsstreitigkeiten.

IV. Erste Instanz.

1. Voraussetzungen. Die Entscheidung darf nur ergehen, nachdem der Beschuldigte und der Bürge zu einer Erklärung aufgefordert worden sind. Bürge ist nur, wer selbst Sicherheit geleistet hat, nicht wer dem Beschuldigten Vermögensstücke zur Verfügung gestellt hat, damit dieser Sicherheit leiste. Pfandgläubiger oder sonst Berechtigte sind nicht zu hören (BayObLGSt. **10** 21; **34** 27). Ist der Beschuldigte oder der Bürge verstorben, so ist der Erbe zur Erklärung aufzufordern; einem etwaigen Zustellungsbevollmächtigten des Verstorbenen kann die Aufforderung nicht zugestellt werden, weil seine Vollmacht mit dem Tode des Vollmachtgebers erloschen ist (BayObLGSt. **21** 100).

In der Aufforderung ist zweckmäßigerweise eine Erklärungsfrist zu setzen. Sie ist durch Zustellung bekanntzumachen (§ 35 Abs. 2 Satz 1); formlose Mitteilung (§ 35 Abs. 2 Satz 2) genügt nicht. Ist der Aufenthalt des Beschuldigten unbekannt, so kann die Aufforderung einem Zustellungsbevollmächtigten zugestellt werden (s. u. 2). Kann die Aufforderung weder dem Beschuldigten noch einem Zustellungsbevollmächtigten in der nach § 37 vorgeschriebenen Weise im Inlande zugestellt werden, und erscheint eine Zustellung im Auslande unausführbar oder erfolglos, so ist nach § 40 zu verfahren.

Die vorgenannten Aufforderungen sind Entscheidungsvoraussetzungen. Zusätzlich ist nach § 33 Abs. 2 die Staatsanwaltschaft zu hören.

Die Erklärungen können schriftlich oder zu Protokoll der Geschäftsstelle des zuständigen oder jedes Gerichts abgegeben werden. Das Gericht muß bis zum Fristablauf warten, ehe es entscheidet. Es hat auch nach diesem Zeitpunkt aber vor der Entscheidung eingegangene Erklärungen zu berücksichtigen, kann aber entscheiden, auch wenn bis zu einer nach Fristablauf ergehenden Entscheidung keine Erklärungen eingegangen sind, oder wenn, falls keine Frist bestimmt war, eine angemessene Zeit verstrichen ist, ohne daß der Beteiligte eine Erklärung abgegeben hat.

2. Zustellungsbevollmächtigter. Für die Zustellung an einen Zustellungsbevollmächtigten ist es gleichgültig, ob er nach § 116a Abs. 3 oder zwar ohne die Verpflichtung dieser Vorschrift, aber doch ausdrücklich als Zustellungsempfänger bestellt worden ist (s. o. 6a zu § 37). Im letzten Falle ist es Sache des Zustellungsbevollmächtigten, seine Vollmacht niederzulegen, wenn er den Aufenthalt des Beschuldigten nicht kennt und keine Information für die Erklärung nach § 124 Abs. 2 Satz 2 erhalten hat. Daher reicht es für Zustellungen an den abwesenden Beschuldigten nicht aus, daß ein Verteidiger nach § 145a Abs. 1 als ermächtigt gilt, Zustellungen für ihn in Empfang zu nehmen. Denn er kann sich der Zustellungsvollmacht nicht entledigen.

Die Auffassung des Oberlandesgerichts Hamburg (NJW. **1962** 2363), eine allgemeine Zustellungsvollmacht genüge nicht, vielmehr sei stets eine nach § 116a Abs. 3 erteilte (besondere) Vollmacht erforderlich, entbehrt der gesetzlichen Grundlage. Für die abgelehnte Ansicht könnte allerdings sprechen, daß nach § 116a Abs. 3 nur dann ein Zustellungsbevollmächtigter bestellt werden muß, wenn der Haftvollzug gegen Sicherheitsleistung ausgesetzt wird, nicht aber in den sonstigen Fällen des § 116 Abs. 1, obwohl es auch dort, wenn auch in wenigen Fällen, ebenso dringend sein kann, die Zustellungsmöglichkeit sicherzustellen, wie im Falle des § 116 Abs. 1 Nr. 4. Der Gesetzesstand ist indessen historisch zu erklären: Bis zum 3. Strafrechtsänderungsgesetz konnte der Beschuldigte mit dem Vollzug der Untersuchungshaft nur gegen Sicherheitsleistung verschont werden. Als § 117 (jetzt 116) später erweitert wurde, ist § 119 (jetzt 116a Abs. 3) — wohl versehentlich — nicht ausdrücklich angepaßt worden; doch ist die Anweisung, einen Zustellungsbevollmächtigten zu bestellen, nach § 116 Abs. 1 Satz 1 jederzeit möglich. Der Sinn der Forderung, wer nicht im Inland wohne, müsse einen Zustellungsbevollmächtigten bestellen, ist von jeher in erster Linie gewesen, daß sich der Beschuldigte nicht Ladungen entziehen und das Verfahren verschleppen dürfe, und erst in zweiter Linie die Sorge, er könne sonst „durch scheinbar berechtigte Vorwände den Verfall der ... Sicherheit ... hintertreiben" (Mot., Hahn **1** 134), wobei ohnehin nicht so leicht einzusehen ist, wie diese Sorge dadurch vermindert wird, daß ein Bevollmächtigter Zustellungen entgegennimmt. Die flüchtige Redaktion kann nicht zu der Auffassung führen, die Zustellungsvollmacht des § 116a Abs. 3 solle nicht allgemein die Zustellung sichern, sondern werde, wie das Oberlandesgericht Hamburg meint, gerade im Hinblick auf die Vorschriften über die Sicherheitsleistung erteilt. Vielmehr enthält § 116a Abs. 3 nicht mehr als die prozessuale Last, die dauernde Möglichkeit für Zustellungen zu schaffen; einen besonderen Inhalt, der es rechtfertigte, im Verfallverfahren nur die Zustellung an den nach § 116a Abs. 3 Ermächtigten als wirksam anzusehen, hat die Zustellungsvollmacht auf Grund jener Vorschrift nicht. Ihr Unterschied zu einer sonstigen Zustellungsvollmacht liegt allein darin, daß sie unkündbar ist (s. o. 8 Abs. 3 zu § 116a).

3. Die **Entscheidung** ergeht als Beschluß im schriftlichen Verfahren, doch ist es zulässig, die Beteiligten mündlich zu hören. Der Beschluß ist, wenn er nicht von einem Strafsenat erlassen wird, mit Rechtsmittelbelehrung (§ 35a) zu versehen und durch Zustellung (§ 35 Abs. 2 Satz 1) bekanntzumachen. Bei der Entscheidung eines Strafsenats genügt die formlose Mitteilung (§ 35 Abs. 2 Satz 2).

Die Entscheidung lautet dahin, daß die Sicherheit der Staatskasse verfallen ist; daß die Sicherheit frei geworden ist; oder daß der Antrag der Staatsanwaltschaft, die Sicherheit für verfallen zu erklären, oder derjenige des Beschuldigten oder des Bürgen, ihr Freiwerden festzustellen, als unbegründet zurückgewiesen wird. Zu den letzteren Entscheidungen kommt es, wenn weder ein Entziehen noch ein Freiwerden festgestellt ist. In der Regel wird allerdings die Sicherheit entweder verfallen oder aber, wenn dies nicht der Fall ist, wegen Inhaftierung frei geworden sein. Wegen des Überganges des Eigentums und der Nutzungen ist der Tag des Verfalls anzugeben; wenn er nicht feststellbar ist, der Tag, an dem der Verfall frühestens eingetreten ist. Doch genügt es, wenn das Datum des Verfalls den Gründen zu entnehmen ist. In diesen (§ 34) ist auch der Grund des Verfalls mitzuteilen.

4. Beschwerde. Gegen die Entscheidung ist die Berufung auf den Rechtsweg, wie etwa in § 6 Abs. 3 EntschG. geregelt, nicht statthaft. Den Beteiligten steht vielmehr nur die sofortige Beschwerde zu. Ist die Entscheidung von einem Strafsenat erlassen worden, so ist sie unanfechtbar (§ 304 Abs. 4). Die Beteiligten sind in Absatz 2 abschließend aufgeführt: der Beschuldigte sowie die, die für ihn Sicherheit geleistet haben (s. dazu o. 1 Abs. 1). Dazu kommt noch die Staatsanwaltschaft (§ 296).

Daß die allein zugelassene Beschwerde eine sofortige (§ 311) ist, sagt das Gesetz nur für den Beschuldigten und den Bürgen. Die hieraus hergeleitete Ansicht, daß die Staatsanwaltschaft kein Beschwerderecht habe (OLG. Königsberg Alsb. E. **1** 296), ist unhaltbar (OLG. Celle GA. **48** 151). Es ist aber auch undenkbar, daß der Staatsanwaltschaft nur die einfache Beschwerde zustehen sollte, weil sonst der Sinn der sofortigen Beschwerde, rasch zu einer abschließenden Regelung zu kommen, wieder aufgehoben würde. Daher ist auch die Beschwerde der Staatsanwaltschaft (§ 296) eine sofortige (Gerding, S. 59; EbSchmidt, 17 zu § 122; Müller-Sax, 3 (3)c zu § 122; SchwKleinknecht, 3 zu § 124). Die der Staatsanwaltschaft zustehende Beschwerde hat auch der Nebenkläger (§§ 397, 390 Abs. 1 Satz 1); in Privatklagesachen ist die Untersuchungshaft und damit die Sicherheitsleistung unstatthaft (s. o. Vorbem. 7 Abs. 6 zum neunten Abschnitt).

Hat das erste Gericht nicht in der Sache entschieden, sondern eine Entscheidung mangels Zuständigkeit abgelehnt, dann ist, weil die Entscheidung nicht den Verfall oder Nichtverfall der Sicherheit ausspricht, nicht die sofortige, sondern die einfache Beschwerde gegeben (BayObLGSt. **28** 184).

V. Zweite Instanz.

1. Mündliche Verhandlung. Das Verfahren in der Beschwerdeinstanz ist eine mündliche Verhandlung der Art, wie sie jetzt in § 118a geregelt ist. Wenn entgegen der ursprünglichen Absicht (Mot., Hahn **2** 1261, 1263) jenes Wort nicht verwendet worden ist, so sollte damit nur vermieden werden, die Bestimmungen über die Hauptverhandlung, namentlich über die Anwesenheitspflicht, zu übernehmen (Mot., Hahn **2** 1484). Zweck der Regelung soll sein, daß die Beteiligten und der Staatsanwalt gemeinschaftlich vorgeladen werden sollen, damit sie Gelegenheit haben, miteinander und mit dem Gericht die Sach- und Rechtslage, auch das Ergebnis etwaiger Ermittlungen, zu erörtern.

Sinn der Anhörung ist die Sacherörterung. Deshalb findet keine mündliche Verhandlung statt, wenn die sofortige Beschwerde wegen Fristversäumnis als unzulässig zu verwerfen ist (OLG. Neustadt JZ. **1952** 663; Müller-Sax, 4a zu § 122; a. A. Niethammer JZ. **1952** 663). Hängt die Zulässigkeit aber davon ab, ob der Beschwerdeführer Bürge oder nur Hintermann ist, dann steht die Erörterung dieser Zulässigkeitsfrage einer Sacherörterung gleich, so daß darüber nur in mündlicher Verhandlung entschieden werden darf.

Nähere Vorschriften über die mündliche Verhandlung fehlen. Danach ist es weitgehend dem Gericht überlassen, wie es die Verhandlung ausgestalten will. Es hat dabei indessen gewisse allgemeine Grundsätze zu beachten; diese sind der Strafprozeßordnung, namentlich den Vorschriften über die Hauptverhandlung und dem § 118a zu entnehmen.

Nach diesen Grundsätzen wird sich die mündliche Verhandlung im allgemeinen folgendermaßen abwickeln:

2. Beteiligte. Das Gericht stellt, soweit das Aktenmaterial nicht ausreicht, Ermittlungen an. Der Vorsitzende bestimmt den Termin zur mündlichen Verhandlung und benachrichtigt hiervon den Beschuldigten, seinen Verteidiger, den Bürgen und die Staatsanwaltschaft, gleichviel wer von ihnen Beschwerde eingelegt hat. Da die Beteiligten nicht zum Erscheinen verpflichtet sind, scheidet die Form der Ladung (§ 214) aus, doch ist die Zustellung (§ 35 Abs. 2 Satz 1) angebracht. Formlose Mitteilung (§ 35 Abs. 2 Satz 2) genügt in der Regel nicht, weil das Gelegenheitgeben zum mündlichen Vortrag Sachentscheidungsvoraussetzung ist und daher in der mündlichen Verhandlung nachweisbar sein muß.

Befindet sich der Beschuldigte nicht auf freiem Fuß (s. o. 8 zu § 35), so ist er, auch wenn er sich auswärts in Haft befindet, vorzuführen, wenn er nicht darauf verzichtet. Nur so kann er sein Recht wahrnehmen, seine Anträge mündlich zu begründen (Gerding, S. 69; Feisenberger, 6 zu § 122; Müller-Sax, 4a zu § 124; a. A. — kein Recht auf Vorführung zum Termin — Hartung, 9 zu § 122). Weder § 350 Abs. 2 noch § 193 Abs. 4 regelt vergleichbare Verhältnisse, so daß die Vorschriften nicht entsprechend angewendet werden können. Weniger Bedenken bestehen, § 118a Abs. 2 entsprechend anzuwenden (EbSchmidt, 13 zu § 122); denn dadurch würde erzielt, daß die Rechte des abwesenden Beschuldigten ein Verteidiger wahrnimmt (§ 118 Abs. 2 Satz 2). Es erscheint indessen unzulässig, den Fall einer notwendigen Verteidigung ohne gesetzliche Anordnung allein im Wege der Auslegung zu schaffen.

3. Termin. Das Gericht verhandelt in nichtöffentlicher Sitzung in Beschlußbesetzung. Die Verhandlung findet statt, gleichviel ob die Beteiligten sich erklärt haben und erschienen sind oder ob sie Erklärungen unterlassen haben und ausgeblieben sind. Da sie nicht zu erscheinen brauchen, können sie sich vertreten lassen, der Beschuldigte durch einen Verteidiger (vgl. RGSt. **9** 80), der Bürge durch einen Rechtsanwalt. Die Staatsanwaltschaft braucht sich nicht zu beteiligen, sollte es aber tun, weil sie nur auf Grund der mündlichen Verhandlung, deren Verlauf sie nicht sicher voraussehen kann, in der Lage ist, sachgemäße Anträge zu stellen.

Das Gericht kann Zeugen und Sachverständige vernehmen. § 250 gilt indessen nicht; das Gericht kann vielmehr den Akteninhalt vortragen. Werden weitere Ermittlungen erforderlich, so ist nach deren Abschluß erneut mündlich zu verhandeln; die Beteiligten müssen stets Gelegenheit haben, ihr Ergebnis mündlich zu erörtern (Gerding, S. 67).

An der mündlichen Verhandlung nimmt ein Urkundsbeamter der Geschäftsstelle teil. Er führt über sie ein Protokoll (§§ 271 bis 273); § 274 gilt nicht.

Die Entscheidung ergeht als Beschluß auf Grund der mündlichen Verhandlung. Was in dieser nicht vorgetragen ist, darf das Gericht nicht berücksichtigen. Die Entscheidung ist nach Möglichkeit am Schluß der mündlichen Verhandlung zu verkünden, sonst baldmöglich schriftlich zu erlassen. Wegen der Bekanntmachung s. § 35.

Wegen des Inhalts s. o. IV 3 Abs. 2.

4. Weitere Beschwerde ist nicht statthaft (§ 310). Das wäre sie nur, wenn Gegenstand der Entscheidung „die Verhaftung" wäre. Darunter ist nun zwar nicht nur die Anordnung der Untersuchungshaft zu verstehen, sondern alles, was sich auf den Entzug der persönlichen Freiheit selbst (OLG. Celle NJW. **1957** 393) — nicht auf die Modalitäten dieses Entzugs (OLG. Nürnberg HESt. **2** 87) — bezieht. Hier aber ist Gegenstand der Entscheidung nicht der Freiheitsentzug, sondern das Schicksal der Sicherheitsleistung (OLG. Königsberg JR. **1928** 292; OLG. Hamburg LZ. **1929** 70; KG. JW. **1938** 314; OLG. Karlsruhe Justiz **1963** 63; OLG. Hamm NJW. **1963** 1264; Erbs, III zu § 122; Dallinger, 6 zu § 122; SchwKleinknecht, 3 zu § 124; Müller-Sax, 4d zu § 124; a. A. BayObLG. DRiZ. **1926** 63; Lobe-Alsberg, V 4 zu § 122; Hartung, 10 zu § 122; EbSchmidt, 18 zu § 122 und die gesamte ältere Literatur; Nachweis bei Gerding, S. 72).

VI. Wirkung (Absatz 3). Die redaktionell unglücklich abgefaßte Vorschrift hat folgenden Sinn: Die strafgerichtliche Entscheidung steht, falls sie nicht oder nicht mehr anfechtbar ist, dem rechtskräftigen Zivilendurteil gleich, in den anderen Fällen — wenn sie noch anfechtbar ist oder wenn sie zulässigerweise angefochten, aber über die Anfechtung noch nicht entschieden ist — dem für vorläufig vollstreckbar erklärten Zivilendurteil. Danach ist die rechtskräftige

Entscheidung des Strafrichters endgültig. Der Weg des Zivilprozesses ist zwischen dem, der die Sicherheit im eigenen Namen geleistet hat, und dem Staat ausgeschlossen (BayObLGSt. 28 185).

Die Vorschrift legt der Entscheidung die angegebene Wirkung nur im Verhältnis vom Staat zum Bürgen bei. Keinem Zweifel unterliegt es, daß das Verhältnis zwischen dem Bürgen und dem Beschuldigten und zwischen dem, der Sicherheit geleistet hat, und einem, der ihm die Mittel dazu gegeben hat, von der Entscheidung unberührt bleibt. Ohne Bedenken ist auch zu folgern, daß eine Entscheidung, die das Freiwerden der Sicherheit feststellt, für das Verhältnis dessen, der die Sicherheit geleistet hat, gegenüber dem Staat nicht die Wirkung eines Zivilurteils hat. Dagegen ist es zweifelhaft, ob „eine so singuläre Vorschrift wie die des § 124 Abs. 3 weiter, als ihr nächster Wortsinn es rechtfertigt, zulässigerweise angewendet werden darf" (Voitus, StPO., S. 467), d. h. ob die Wirkung eines Zivilurteils auch im Verhältnis des Staates zu dem Beschuldigten eintritt, der selbst Sicherheit geleistet hat. Man muß die Frage gegen den Wortlaut des Gesetzes bejahen, weil nicht ersichtlich ist, warum die allgemein notwendige Wirkung auf das Verhältnis des Staates zum Bürgen beschränkt sein sollte.

Die Entscheidung erweitert, da sie nur deklaratorischen Charakter hat, die unter II 7 dargestellten Folgen nicht. Sie ermöglicht aber die Zwangsvollstreckung gegen den Bürgen, der ein Zahlungsversprechen abgegeben hatte, gestattet die zwangsweise Wegnahme von zur Sicherung übereigneten Gegenständen, die Zwangsversteigerung aus einer Grundschuld usw.

§ 125

(1) Vor Erhebung der öffentlichen Klage erläßt der Amtsrichter, in dessen Bezirk ein Gerichtsstand begründet ist oder der Beschuldigte sich aufhält, auf Antrag der Staatsanwaltschaft oder bei Gefahr im Verzug von Amts wegen den Haftbefehl.

(2) Nach Erhebung der öffentlichen Klage erläßt den Haftbefehl das Gericht, das mit der Sache befaßt ist, und, wenn Revision eingelegt ist, das Gericht, dessen Urteil angefochten ist. In dringenden Fällen kann auch der Vorsitzende den Haftbefehl erlassen.

(3) In der Voruntersuchung erläßt der Untersuchungsrichter den Haftbefehl. Er bleibt auch nach dem Schluß der Voruntersuchung zuständig, bis die Staatsanwaltschaft die Akten mit ihrem Antrag dem Gericht vorlegt.

Entstehungsgeschichte: Zu Absatz 1: II. Entw. § 112. III. Entw. § 114. Zu Absatz 2: I. Entw. § 110. II. Entw. § 111. III. Entw. § 113. Frühere Bezeichnung von Absatz 2 und 3: § 124 Abs. 1 bis 3.

Änderungsvorschläge: N. E. I, II § 112 Abs. 2, § 125. N. E. III §§ 132, 149. Entw. EGStGB. Art. 70 Nr. 64 (§ 113), Nr. 75 (§ 124).

Spätere Änderungen: Früher regelte § 125 die Zuständigkeit zum Erlaß des Haftbefehls und für die Entscheidungen über die Untersuchungshaft vor Erhebung der öffentlichen Klage und § 124 diejenige nach ihrer Erhebung. Durch Art. 1 Nr. 1 StPÄG. ist der Stoff auf die §§ 125 und 126 in der Weise verteilt worden, daß die erste Vorschrift die Zuständigkeit zum Erlaß des Haftbefehls, die andere diejenige für die späteren Entscheidungen über die Untersuchungshaft darstellt.

Zuständig zum Erlaß des Haftbefehls vor Erhebung der öffentlichen Klage war früher u. a. der Amtsrichter, in dessen Bezirk der zu Verhaftende betroffen wurde. Art. 1 Nr. 1 StPÄG. gibt die Zuständigkeit u. a. auch dem Amtsrichter, in dessen Bezirk der Beschuldigte sich aufhält. Der Sache nach bedeutet das keine Änderung.

1. Vor Erhebung der öffentlichen Klage (Absatz 1) ist zuständig, den Haftbefehl zu erlassen, jeder Amtsrichter (§ 162 Abs. 1), in dessen Bezirk ein Gerichtsstand (§§ 7 bis 13a, 15) begründet ist. Die mehreren Amtsrichter stehen zur Wahl des Staatsanwalts; er ist, wenn einer von ihnen seinen Antrag ablehnt, nicht gehindert, ihn bei einem anderen neu zu stellen; allerdings sollte das vermieden werden. In Sachen, die zur Zuständigkeit des Bundesgerichtshofs im ersten Rechtszug gehören (§ 134 Abs. 1 GVG. sowie — nach Übernahme durch den Generalbundesanwalt — § 134 Abs. 2 GVG.) kann auch der Ermittlungsrichter des Bundesgerichtshofes den Haftbefehl erlassen (§ 168a Abs. 1). Auch diese Zuständigkeit besteht neben den vorgenannten und den im nächsten Absatz behandelten, jedoch ist, soweit irgend möglich, der Ermittlungsrichter des Bundesgerichtshofs anzugehen.

Eine weitere Zuständigkeit hat der Amtsrichter, in dessen Bezirk sich der Beschuldigte — ohne daß dort für ihn ein Gerichtsstand gegeben ist — tatsächlich aufhält, gleichgültig ob für längere oder für kürzere Zeit oder auch, etwa auf der Durchfahrt in einem Kraftwagen, nur vorübergehend. Der Begriff umfaßt den des Betroffen-Werdens (§ 125 Abs. 2 a. F.). Er ist deutlich abgegrenzt von dem des Ergriffen-Werdens, der in § 9 dazu dient, einen Gerichtsstand zu begründen. Der Gegensatz zu diesem Begriff, der auf ein zeitliches Ereignis abstellt, zeigt, daß es für die aus dem Aufenthalt abgeleitete Zuständigkeit — anders als bei § 9 (s. o. 1a zu § 9) — nicht darauf ankommt, wie der Beschuldigte dorthin gekommen ist, wo er sich befindet, wenn die amtsrichterliche Entscheidung notwendig wird. Auch wenn der Beschuldigte nicht dem Amtsrichter, in dessen Bezirk er festgenommen (§ 128 Abs. 1) ist, sondern dem Amtsrichter eines anderen Bezirks vorgeführt wird, hält er sich dort auf (BayObLGSt. **30** 35; OLG. Celle NdsRpfl. **1956** 39).

Da die Zuständigkeit dem Amtsrichter beigelegt ist, ist bei strafbarer Handlung in der Hauptverhandlung (§ 183 GVG.) das verhandelnde Gericht nicht zuständig, den Haftbefehl zu erlassen (OLG. Hamm NJW. **1949** 191), falls nicht der nach § 165 zuständige Richter als Einzelrichter verhandelt und Gefahr im Verzuge vorliegt.

Wegen der Veranlassung des Haftbefehls (auf Antrag oder bei Gefahr im Verzuge von Amts wegen) s. o. 5 zu § 114.

Hat der Amtsrichter abgelehnt, die Untersuchungshaft anzuordnen, dann erlangen die mit Beschwerde und weiterer Beschwerde angegangenen Gerichte die Zuständigkeit, den Haftbefehl zu erlassen.

Wird die öffentliche Klage erhoben, erlischt die Zuständigkeit des Amtsrichters (OLG. Oldenburg NJW. **1957** 233) und damit für das Beschwerdeverfahren die funktionelle Zuständigkeit der Gerichte, die dem Amtsrichter übergeordnet sind, falls sie nicht zugleich über dem Gericht stehen, bei dem die Klage erhoben worden ist.

2. Nach Erhebung der öffentlichen Klage (Absatz 2) erläßt den Haftbefehl das mit der Sache befaßte Gericht.

Erhebung der öffentlichen Klage (§ 170 Abs. 1) sind die schriftliche Anklage (§ 199 Abs. 2, § 200), die Nachtragungsanklage (§ 266 Abs. 2), der Antrag auf Erlaß eines Strafbefehls (§ 408 Abs. 1) und — die Klage ersetzend — der polizeiliche Antrag auf Erlaß einer amtsrichterlichen Strafverfügung (§ 413 Abs. 1). Im beschleunigten Verfahren wird die Anklage entweder durch Einreichen einer Anklageschrift oder in der Hauptverhandlung mündlich erhoben (§ 212a Abs. 2). Im letzten Falle wird nach dem Grundsatz, daß das sachnächste Gericht entscheiden soll, die Zuständigkeit des angerufenen Gerichts nicht erst mit der mündlichen Anklage, sondern schon mit dem Antrage begründet, die Sache im beschleunigten Verfahren abzuurteilen (§ 212).

Mit der Sache befaßt ist das Gericht, das nach der Prozeßlage Herr des Verfahrens ist, mit anderen Worten dasjenige Gericht, das dem Beschuldigten, der Sache und den Akten am nächsten ist, das sachnächste Gericht, wenn es (als erstinstanzliches oder als Berufungsgericht) zuständig ist, in der Strafsache selbst zu entscheiden. Gelangt die Sache, bevor das Hauptverfahren eröffnet ist, mit Beschwerde (etwa gegen einen Beschluß, der die Ablehnung eines Richters für unbegründet erklärt) an ein höheres Gericht, so ist das Beschwerdegericht nicht mit der Sache befaßt. Das gilt auch in allen Fällen, in denen gegen Entscheidungen des erkennenden Gerichts entgegen § 305 Satz 1 Beschwerde zulässig ist und eingelegt wird. Die Sachherrschaft des ersten Gerichts endet erst, nachdem die des Berufungsgerichts begründet worden ist. Das Berufungsgericht wird erst zuständig, wenn die Akten bei ihm eingegangen sind; bis dahin kann das erste Gericht die Akten zurückfordern und damit seine Sachherrschaft weiter ausüben; das Berufungsgericht dagegen kann eine ihm künftig erwachsende Herrschaft nicht vorwegnehmen. Daher endet die Zuständigkeit des Gerichts erster Instanz nicht schon dann, wenn (so Lobe-Alsberg, III 4 zu § 124; Hartung, 2b zu § 124) bei ihm Berufung eingelegt wird (Wunder LZ. **1927** 133). War die Zuständigkeit des Berufungsgerichts begründet, dann geht sie, wenn die Berufung zurückgenommen wird, wieder auf das Gericht der ersten Instanz zurück (BayObLGSt. **32** 128).

Da das Revisionsgericht nur mit der Rechtsfrage befaßt ist, bleibt, wenn Revision eingelegt ist, das Tatgericht zuständig, dessen Urteil angefochten ist. Im Wiederaufnahmeverfahren (s. o. 4 zu § 112) ist das Gericht zuständig, bei dem die Wiederaufnahme betrieben wird.

In dringenden Fällen kann der Vorsitzende den Haftbefehl erlassen. Dringend ist der Fall, wenn das Kollegium nicht alsbald zusammenberufen werden kann und die Gefahr besteht, daß der Haftbefehl zu spät käme, wenn gewartet würde, bis das Kollegium zusammen wäre. Da das Gericht während der Hauptverhandlung versammelt ist, ist der Vorsitzende in diesem Prozeßabschnitt grundsätzlich nicht zuständig. Ob ein Fall dringlich ist, entscheidet der Vorsitzende nach seinem pflichtgemäßen Ermessen. Erkennt er die Dringlichkeit, so muß er den Haftbefehl auch erlassen, weil er sonst dessen Zweck vereiteln würde. Das „kann" gibt ihm kein freies Ermessen, sondern hat dieselbe Bedeutung wie in § 112 (s. o. 17 zu § 112). Der Vorsitzende bedarf keiner Bestätigung durch das erkennende Gericht, muß es aber unterrichten. Das Gericht kann auf Antrag oder von Amts wegen abweichend entscheiden.

3. Voruntersuchung (Absatz 3). Das System der §§ 125, 126, das sachnächste Gericht zuständig zu machen, geht bei der Voruntersuchung nicht rein auf, weil während dieses Verfahrensabschnitts die Entscheidungen auf das Gericht (§ 180 Abs. 1 Satz 2, § 181 Abs. 1 Satz 2, § 197 Abs. 2, § 198 Abs. 1) und auf den Untersuchungsrichter (§§ 184, 189, 191, 197 Abs. 1) verteilt sind. Das Gesetz entscheidet dahin, daß allein der Untersuchungsrichter zuständig ist, solange die Voruntersuchung dauert.

Die Voruntersuchung beginnt mit ihrer Eröffnung (§ 184), doch kann für den Beginn der Zuständigkeit des Untersuchungsrichters hierauf nicht abgestellt werden. Das Wort „in" (der Voruntersuchung) weist nicht, wie die herrschende Ansicht (Lobe-Alsberg, III 2b zu § 124; Hartung, 2a zu § 124; EbSchmidt, 4 zu § 124; Müller-Sax, 4 zu § 125) meint, zwingend auf jenen Zeitpunkt hin. Der Beginn der Zuständigkeit ist sicherer dem Sinn der Zuständigkeitsregelung zu entnehmen. Er geht dahin, das sachnächste Gericht mit der Entscheidung zu betrauen. Da der Untersuchungsrichter sich als erster in die Sache einarbeiten muß, ist er ihr näher als das Gericht, das nur in besonderen Fällen mit ihr befaßt wird. Der Untersuchungsrichter ist daher zuständig, sobald der Antrag auf Voruntersuchung (§ 179) bei ihm eingegangen ist. Seine Zuständigkeit endet mit dem Schluß der Voruntersuchung. Wann sie geschlossen ist, ist streitig, braucht aber hier nicht erörtert zu werden. Denn das Gesetz schreibt ausdrücklich vor, daß der Untersuchungsrichter solange zuständig bleibt, bis die Staatsanwaltschaft die Akten dem Gericht vorlegt mit ihrem Antrage, das Hauptverfahren zu eröffnen oder den Angeschuldigten außer Verfolgung zu setzen (§ 198 Abs. 2).

4. Verhältnis zu § 126. Die §§ 125 und 126 regeln sachgemäßer als bisher die Zuständigkeit, einen Haftbefehl zu erlassen (§ 125) und die weiteren richterlichen Entscheidungen, die sich auf die Haft beziehen, zu treffen (§ 126). § 125 befaßt sich nur mit dem Erlaß des Haftbefehls, der Anordnung der Untersuchungshaft (§ 114 Abs. 1). Die Zuständigkeit, einen Haftbefehl zu erlassen, umfaßt auch die, einen hierauf gerichteten Antrag der Staatsanwaltschaft abzulehnen. Nur der Vorsitzende einer Kammer oder eines Senats (Absatz 2 Satz 2) ist hierfür nicht zuständig, weil die Ablehnung nicht dringlich ist. Will er einen beantragten Haftbefehl nicht erlassen, hat er unverzüglich die Entscheidung des Gerichts einzuholen. Die Aussetzung des Haftvollzugs ist auch dann eine weitere Maßnahme i. S. von § 126, wenn sie mit dem Erlaß des Haftbefehls verbunden wird. Erläßt der Vorsitzende einen Haftbefehl und will er gleichzeitig dessen Vollzug aussetzen, dann bedarf er zum Aussetzen der Zustimmung der Staatsanwaltschaft. Erhält er sie nicht oder will er sie nicht beiziehen, hat er unverzüglich die Entscheidung des Gerichts herbeizuführen (§ 126 Abs. 2 Satz 3). Den Haftbefehl hat er indessen gleichwohl alsbald zu erlassen.

§ 126

(1) Vor Erhebung der öffentlichen Klage ist für die weiteren richterlichen Entscheidungen und Maßnahmen, die sich auf die Untersuchungshaft oder auf die Aussetzung des Haftvollzugs (§ 116) beziehen, der Amtsrichter zuständig, der den Haftbefehl erlassen hat. Hat das Beschwerdegericht den Haftbefehl erlassen, so ist der Amtsrichter zuständig, der die vorangegangene Entscheidung erlassen hat. Wird das vorbereitende Verfahren an einem anderen Ort geführt oder die Untersuchungshaft an einem anderen Ort vollzogen, so kann der Richter, sofern die Staatsanwaltschaft es beantragt, die Zuständigkeit dem Amtsrichter dieses Ortes übertragen. Ist der

Ort in mehrere Gerichtsbezirke geteilt, so bestimmt die Landesregierung durch Rechtsverordnung das zuständige Amtsgericht. Die Landesregierung kann diese Ermächtigung auf die Landesjustizverwaltung übertragen.

(2) Nach Erhebung der öffentlichen Klage ist das Gericht zuständig, das mit der Sache befaßt ist. Nach Einlegung der Revision ist das Gericht zuständig, dessen Urteil angefochten ist. Einzelne Maßnahmen, insbesondere nach § 119, ordnet der Vorsitzende an. In dringenden Fällen kann er auch den Haftbefehl aufheben oder den Vollzug aussetzen (§ 116), wenn die Staatsanwaltschaft zustimmt; andernfalls ist unverzüglich die Entscheidung des Gerichts herbeizuführen.

(3) Das Revisionsgericht kann den Haftbefehl aufheben, wenn es das angefochtene Urteil aufhebt und sich bei dieser Entscheidung ohne weiteres ergibt, daß die Voraussetzungen des § 120 Abs. 1 vorliegen.

(4) In der Voruntersuchung ist der Untersuchungsrichter zuständig. § 125 Abs. 3 Satz 2 gilt entsprechend.

(5) Die §§ 121 und 122 bleiben unberührt.

Entstehungsgeschichte: I. Entw. § 110. II. Entw. § 111. III. Entw. § 113; frühere Bezeichnung: § 124.

Änderungsvorschläge: N. E. I, II § 125. N. E. III §§ 132, 149. Entw. EGStGB. Art. 70 Nr. 64 (§ 113), Nr. 75 (§ 124).

Spätere Änderungen: S. bei § 125 die gleiche Spalte, Absatz 1.

Der Untersuchungsrichter war früher von der Zustimmung des Staatsanwalts abhängig, wenn er einen Haftbefehl erlassen oder aufheben oder einen Beschuldigten gegen Sicherheitsleistung freilassen wollte. Art. 1 Nr. 1 StPÄG. hat diese Abhängigkeit beseitigt. Durch die gleiche Bestimmung ist — zufolge Streichung von § 124 Abs. 3 a. F. — die Zuständigkeit des Untersuchungsrichters für die mündliche Verhandlung im Haftprüfungsverfahren, die früher beschränkt war, unbeschränkt begründet worden.

Die Vorschrift, daß der Vorsitzende die Entscheidung des Gerichts herbeizuführen habe, wenn die Staatsanwaltschaft einer von ihm beabsichtigten Haftentlassung nicht zustimmt (Absatz 2 Satz 3), war früher mit der Anordnung versehen, daß die Entscheidung spätestens binnen 24 Stunden zu veranlassen sei.

1. Weitere Entscheidungen und Maßnahmen. Der Grundsatz des § 125 Abs. 2, daß je nach der Prozeßlage das jeweils zuständige Gericht die Haftentscheidungen trifft, gewinnt namentlich Bedeutung für die weiteren richterlichen Entscheidungen und Maßnahmen, die nach Erlaß des Haftbefehls erforderlich werden und sich auf die Untersuchungshaft oder auf die Aussetzung des Haftvollzugs (§ 116) beziehen. „Diejenige Stelle, die den Haftbefehl erlassen hat, bleibt zunächst auch für die weitere Behandlung der Haftangelegenheit zuständig, jedoch rückt jede Stelle, an die nachfolgend der Prozeß selbst gelangt, damit auch in die Zuständigkeit für die Haftangelegenheit ein“ (Beling, § 102 Nr. 8 Abs. 2).

Danach ergeben sich für die einzelnen Verfahrensabschnitte die in den Nrn. 2 bis 6 aufgeführten Zuständigkeiten. Diese werden auch nicht dadurch berührt, daß in der Sache früher ein höheres Gericht, sei es im Instanzenzug, sei es als Beschwerdegericht, entschieden hatte. Hat das Landgericht als Berufungsgericht einen Haftbefehl erlassen, und ist die Sache vom Revisionsgericht ans Amtsgericht zurückgewiesen worden, so kommen diesem die weiteren Entscheidungen zu. Hat das Landgericht auf Beschwerde gegen den amtsrichterlichen Haftbefehl den Vollzug der Untersuchungshaft ausgesetzt (§ 116), so entscheidet über den Widerruf der Aussetzung (§ 116 Abs. 3) der Amtsrichter, wenn sich die Sache noch im Ermittlungsverfahren befindet.

Entscheidungen und Maßnahmen, die sich auf die Untersuchungshaft oder die Aussetzung des Haftvollzugs beziehen, sind

die Aussetzung des Vollzugs eines Haftbefehls und die Anordnung von Maßnahmen, die erwarten lassen, daß der Zweck der Untersuchungshaft auch durch sie erreicht werden kann (§ 116 Abs. 1 und 2);

die Aufhebung dieser Maßnahmen (§ 123 Abs. 1) und die Anordnung des Vollzugs des Haftbefehls (§ 116 Abs. 3);

die Verfügungen über den Vollzug der Untersuchungshaft (§ 119 Abs. 5);

die Aufhebung eines Haftbefehls (§ 120 Abs. 1 und 3);

die Entscheidungen, die sich auf die Sicherheitsleistung beziehen (§ 116a Abs. 2, § 124 Abs. 2 und 3);

der Erlaß eines Steckbriefs (§ 131);

die Entscheidung über den Antrag auf Haftprüfung (§ 117 Abs. 1 und 2), die Entscheidung im Haftprüfungsverfahren von Amts wegen (§ 117 Abs. 5) und die Anordnung von Ermittlungen im Haftprüfungsverfahren (§ 117 Abs. 3);

die Entscheidung nach mündlicher Verhandlung im Haftprüfungsverfahren (§ 118a Abs. 4);

die Bestellung eines Verteidigers für die mündliche Verhandlung im Haftprüfungsverfahren (§ 117 Abs. 4).

Die gleiche Zuständigkeit, die für diese Entscheidungen gegeben ist, besteht auch für die nachfolgenden Akte:

die Amtsbenachrichtigung (§ 114b Abs. 1);

die Vernehmung nach Ergreifung (§ 115 Abs. 1);

die mündliche Verhandlung bei der Haftprüfung (§ 118a Abs. 3);

die Aktenvorlage nach § 122 Abs. 1.

Für alle diese Entscheidungen und Akte gilt die gleiche Zuständigkeit; nur für den Vorsitzenden des Gerichts ergeben sich gewisse Besonderheiten.

§ 126 gilt auch für die Ungehorsamshaft (§ 230 Abs. 2, § 236).

Für das Verfahren nach vorläufiger Festnahme enthält § 128 eine Ergänzung, die jedoch an dem System der Zuständigkeit nichts ändert.

2. Vor Erhebung der öffentlichen Klage (Absatz 1) ist zuständig der Amtsrichter oder der Ermittlungsrichter des Bundesgerichtshofs (s. 1 Abs. 1 zu § 125), der den Haftbefehl erlassen hat (Satz 1). Hatte der Amtsrichter es abgelehnt, einen Haftbefehl zu erlassen und hat dann ein Beschwerdegericht, sei es auf Beschwerde, sei es auf weitere Beschwerde, die Untersuchungshaft angeordnet, dann ist der Amtsrichter zuständig, der die ablehnende Entscheidung getroffen hatte (Satz 2).

Im Bezirk des Amtsrichters, der den Haftbefehl erlassen hat, wird in der Regel auch das Ermittlungsverfahren geführt und die Untersuchungshaft vollzogen werden. Davon sind aber Ausnahmen möglich, namentlich wenn ein Haftbefehl nach vorläufiger Festnahme (§ 127) oder von dem Amtsrichter des Aufenthaltsorts, an dem kein Gerichtsstand begründet ist (§ 125 Abs. 1; s. o. 1 Abs. 2 zu § 125), erlassen worden ist. Um für diese Fälle sicherzustellen, daß der sachnächste Amtsrichter für die weiteren Entscheidungen zuständig ist, wird der Amtsrichter, der den Haftbefehl erlassen hat, ermächtigt, seine Zuständigkeit zu übertragen

dem Amtsrichter des Ortes, an dem das vorbereitende Verfahren der Staatsanwaltschaft (§§ 160 bis 170) geführt wird;

dem Amtsrichter des Orts, an dem die Untersuchungshaft vollzogen wird (Satz 3).

Durch die Übertragung rückt der Amtsrichter am Ermittlungs- oder Haftort in die Stelle des Amtsrichters ein, der den Haftbefehl erlassen hatte. Er erlangt damit die Befugnis, seinerseits die Zuständigkeit weiter zu übertragen, wenn sich der Ermittlungs- oder der Haftort ändert. Das Gesetz, das auf die Zweckmäßigkeit abstellt, ist nicht dahin zu verstehen, daß die Übertragung nur einmal und nur von dem Richter ausgesprochen werden könnte, der den Haftbefehl erlassen oder, wenn das Beschwerdegericht die Untersuchungshaft angeordnet hat, die vorangegangene Entscheidung getroffen hat.

Voraussetzung der Übertragung ist ein Antrag der Staatsanwaltschaft. Sie kann ihren Antrag bis zur Übertragung zurücknehmen. Nach diesem Zeitpunkt ist eine Rücknahme wirkungslos.

Der Amtsrichter kann nicht von Amts wegen entscheiden. Der Amtsrichter, dem die Zuständigkeit übertragen wird, braucht — im Gegensatz zum bisherigen Recht (BGHSt. **14** 179) — nicht gehört zu werden und nicht zuzustimmen. Er kann die Übernahme nicht deshalb ablehnen, weil er die Übertragung für unzweckmäßig hält. Jedoch wird ein Amtsrichter, in dessen Bezirk weder das vorbereitende Verfahren geführt noch die Untersuchungshaft vollzogen wird, durch die (irrtümliche) Übertragung nicht zuständig. Auf der anderen Seite verliert ein Amtsrichter, dem die Zuständigkeit übertragen war, nicht später dadurch wieder seine Zuständigkeit, daß das Ermittlungsverfahren von einer anderen Staatsanwaltschaft übernommen wird. Doch kann er nun seinerseits die Zuständigkeit dem Amtsrichter des Orts übertragen, an dem das vorbereitende Verfahren geführt wird.

Eine Anzahl von Orten ist in mehrere Gerichtsbezirke geteilt (Berlin, Bremen, Hamburg, mehrere Großstädte in Baden-Württemberg und Nordrhein-Westfalen). In diesen Fällen ist durch Rechtsverordnung festzulegen, welches Gericht zuständig ist (Satz 4 und 5).

3. Nach Erhebung der öffentlichen Klage (Absätze 2 und 3) ist das Gericht zuständig, das nach § 125 zum Erlaß des Haftbefehls zuständig wäre, wenn noch keiner bestände. Wegen des Begriffs der Klageerhebung s. o. 2 Abs. 3 zu § 125.

Wie zum Erlaß des Haftbefehls (s. o. 2 zu § 125) fehlt dem Revisionsgericht die Zuständigkeit auch für die weiteren Entscheidungen, die sich auf die Untersuchungshaft oder auf die Aussetzung des Haftvollzugs beziehen (Absatz 2 Satz 2). Nur für die Haftentlassung läßt das Gesetz eine Ausnahme zu, indem es dem Revisionsgericht die Befugnis zulegt, zusammen mit dem angefochtenen Urteil den Haftbefehl aufzuheben, wenn sich bei der Aufhebung des Urteils ohne weiteres, d. h. ohne weitere Ermittlungen (Begrdg. zu § 126, BTDrucks. IV/178, S. 27) ergibt, daß die Voraussetzungen des § 120 Abs. 1 vorliegen (Absatz 3).

Das Gesetz macht die Befugnis des Revisionsgerichts, den Haftbefehl aufzuheben, davon abhängig, daß dieses gleichzeitig das Urteil aufhebt. Das ist nicht sehr sinnvoll, weil die Aufhebung, etwa wenn eine Rüge der Verletzung des Verfahrensrechts durchschlägt, oder wenn die Staatsanwaltschaft zu Ungunsten des Angeklagten Revision eingelegt hatte, über den dringenden Tatverdacht und die Verhältnismäßigkeit nichts aussagt. Auf der anderen Seite kann — wenn auch in seltenen Fällen und nur bei Revisionen der Staatsanwaltschaft gegen Urteile, die auf eine Geldstrafe, eine nicht freiheitsentziehende Maßregel oder eine zur Bewährung ausgesetzte Freiheitsstrafe erkannt haben —, auch wenn das Urteil nicht aufgehoben, die Revision vielmehr verworfen und das Urteil rechtskräftig wird, offensichtlich werden, daß der Grundsatz der Verhältnismäßigkeit verletzt ist (s. o. II 2 zu § 120) oder daß es nichts mehr zu verdunkeln gibt (s. o. II 1 Abs. 3 zu § 120). Gleichwohl ist der Wortlaut des Gesetzes zu achten. Hebt das Revisionsgericht das Urteil nicht auf, darf es auch den Haftbefehl nicht aufheben.

Das Revisionsgericht braucht den Haftbefehl nicht aufzuheben; es hat nur die Befugnis dazu. Indessen ergibt sich aus § 120 Abs. 1 ausnahmsweise auch eine Verpflichtung des Revisionsgerichts. Diese Vorschrift behandelt zwei Fallgruppen: Einmal ist der Haftbefehl aufzuheben, sobald die Voraussetzungen der Untersuchungshaft nicht mehr vorliegen, namentlich wenn der Grundsatz der Verhältnismäßigkeit bei weiterer Untersuchungshaft verletzt wäre. Hier ist eine Wertung erforderlich; daher ist es sinnvoll, dem Revisionsgericht freizustellen, ob es den Haftbefehl selbst aufheben oder die Entscheidung dem Tatrichter überlassen will. Wird dagegen — die Fälle der anderen Gruppe — der Angeklagte freigesprochen oder das Verfahren nicht bloß vorläufig eingestellt, so ist der Haftbefehl aufzuheben, ohne daß dem Gericht eine andere Möglichkeit verbliebe. Das hat auch das Revisionsgericht zu beachten. Demzufolge muß es, wenn es den verhafteten Angeklagten freispricht (§ 354 Abs. 1), den Haftbefehl aufheben. Das gleiche gilt, wenn es das Verfahren wegen eines nicht mehr behebbaren Verfahrenshindernisses (s. o. II 3, 4 zu § 120) einstellt. In diesen Fällen ergibt sich stets ohne weiteres, daß die Voraussetzungen des § 120 Abs. 1 vorliegen.

4. Der Vorsitzende (Absatz 2 Satz 3 und 4) ist zuständig, einzelne Maßnahmen anzuordnen; er hat darüber hinaus die Befugnis, in gewissen Fällen Entscheidungen zu treffen, die zu einer Entlassung des Angeschuldigten führen.

a) Maßnahmen. Alle nach § 119 erforderlichen Maßnahmen zum Zwecke des Vollzugs der Untersuchungshaft, mögen sie den Angeschuldigten belasten oder begünstigen, ordnet der Vorsitzende an. Die Maßnahmen nach § 119 sind aber nur ein Beispielsfall („insbesondere"). Die Aussetzung des Vollzugs der Untersuchungshaft (§ 116) ist keine Maßnahme, wie der Gesetzestext ausdrücklich ergibt. Muß aber eine bei der Aussetzung vom Gericht angeordnete Maßnahme geändert werden (s. o. 7 Abs. 2 zu § 116), so fällt das in die Zuständigkeit des Vorsitzenden. Zu den Maßnahmen zählen auch die Benachrichtigung nach § 114b Abs. 1, die Änderung einer Sicherheit (s. o. 7 Abs. 1 zu § 116a), die Bestellung eines Verteidigers, die in § 117 Abs. 4 Satz 3 in Vbdg. mit § 142 Abs. 1 besonders geregelt ist, sowie der Erlaß eines Steckbriefs nach § 131 Abs. 2 (steckbriefliche Verfolgung eines Entwichenen ohne Haftbefehl). Der Vorsitzende ist auch befugt, einen Steckbrief nach § 131 Abs. 1 zu erlassen, weil es sich um die Vollstreckung (§ 36 Abs. 2) eines Haftbefehls handelt.

Der Vorsitzende kann die ihm gesetzlich übertragene Befugnis nicht auf das Gericht übertragen; er ist allein der gesetzliche Richter. Das Oberlandesgericht Hamburg erachtet dagegen die Mitwirkung von zwei weiteren Richtern für unschädlich und beruft sich dafür auf Eb. Schmidt, nach dessen Lehre die Entscheidung durch das Kollegialgericht dem Betroffenen größere Sicherheit gewähre (NJW. **1965** 2362). Eb. Schmidt gibt aber keine Auslegungsregel, sondern stellt eine Forderung an den Gesetzgeber auf (Lehrk. **1**, Note 91). Das Reichsgericht hat in anderem Zusammenhang (Entscheidung nach Richterablehnung) § 192 Abs. 1 GVG. als verletzt angesehen, wenn ein Richter zuviel mitgewirkt hat (RGSt. **49** 11). Der Grundsatz muß auch dann gelten, wenn das Gesetz Entscheidungen dem Kollegium entzieht und dem Vorsitzenden zuweist; es darf auch nicht nur die Möglichkeit entstehen, daß der zuständige Vorsitzende von den unzuständigen Beisitzern überstimmt wird.

Praktisch ist die Frage allerdings von keiner großen Bedeutung. Ob der Beschuldigte nur die Sachentscheidung angreift oder zusätzlich auch noch die Besetzung rügt, macht keinen Unterschied. Das Beschwerdegericht kann wegen der falschen Besetzung zwar zurückverweisen, braucht das aber nicht, sondern kann auch gleich in der Sache selbst entscheiden.

b) Haftentlassung. In dringenden Fällen kann der Vorsitzende den Haftbefehl aufheben (§ 120) oder seinen Vollzug aussetzen (§ 116). Ein dringender Fall liegt vor, wenn die Haftentlassung verzögert würde, falls das Kollegium zusammengerufen werden müßte (s. o. 2 Abs. 4 zu § 125).

Der Vorsitzende bedarf der Zustimmung der Staatsanwaltschaft. Nachdem sie — im Gegensatz zum bisherigen Recht (§ 124 Abs. 2 a. F.) — für den Untersuchungsrichter nicht mehr erforderlich ist (Absatz 4), fehlt eine rechte Begründung dafür, den Vorsitzenden an die Zustimmung der Staatsanwaltschaft zu binden. Denn die Voruntersuchung bildet eine Zwischenstufe zwischen Ermittlungs- und Hauptverfahren; es war sinnvoll, in diesem Stadium der Staatsanwaltschaft einen gewissen Einfluß einzuräumen. Ist er dort weggefallen, läßt er sich für Entscheidungen des Vorsitzenden des Gerichts, das doch meist das erkennende sein wird, schlecht begründen.

Die Zustimmung der Staatsanwaltschaft liegt stets in ihrem Antrage; ggf. wird der Vorsitzende ihr Gelegenheit geben, ihn zu stellen. Da er die Staatsanwaltschaft dazu jedoch nicht zwingen kann, muß er, falls er die Haftentlassung beabsichtigt und kein Antrag der Staatsanwaltschaft vorliegt, deren Zustimmung erfragen, wenn er sie anhört (§ 33 Abs. 2).

Wird die Zustimmung versagt, kann der Vorsitzende auf Grund der Argumente der Staatsanwaltschaft seine Ansicht ändern und von der zunächst beabsichtigten Entscheidung absehen (so für die Zustimmung zur Entscheidung des Untersuchungsrichters nach altem Recht John, 3 zu § 124; KleinknM, 2b bb zu § 124; a. A. — Untersuchungsrichter muß das Gericht angehen — EbSchmidt, 5 zu § 124). Beharrt der Vorsitzende auf seiner Ansicht und will er demgemäß, daß die in Aussicht genommene, aber von der Staatsanwaltschaft beanstandete Maßnahme nunmehr vom Gericht angeordnet werde, so ist der Gefangene nach Ansicht des Vorsitzenden zu Unrecht in Haft. Deshalb hat er unverzüglich die Entscheidung des Gerichts herbeizuführen. Rechnet der Vorsitzende mit einem Widerspruch der Staatsanwaltschaft, dann kann er die Entscheidung von Anfang an dem Gericht überlassen. Dann hat dieses die Staatsanwaltschaft zu hören (§ 33 Abs. 2), doch kann der Vorsitzende das Anhören für das Gericht übernehmen, ohne daß er zum Ausdruck bringt, ob es seine Entscheidung oder eine des Gerichts vorbereiten soll.

Die Staatsanwaltschaft hat ihre Erklärung unverzüglich abzugeben. Tut sie das nicht, kann der Vorsitzende die Sache schon vor Abgabe der Erklärung dem Gericht vorlegen und kann dieses schon vor Stellungnahme der Staatsanwaltschaft den Haftbefehl aufheben oder seinen Vollzug aussetzen. Solche Fälle sind grundsätzlich vermeidbar. Sind sie ausnahmsweise in Betracht zu ziehen, wird der Vorsitzende durch technische Vorkehrungen (Übersendung von Abschriften an die Staatsanwaltschaft) dafür Sorge zu tragen haben, daß die Akten dem Gericht zur Verfügung stehen.

Der Vorsitzende hat die Entscheidung des Gerichts unverzüglich herbeizuführen. Nach bisherigem Recht hieß die Stelle: „unverzüglich, spätestens binnen 24 Stunden". Die Streichung, für die den Materialien keine Begründung zu entnehmen ist, soll ihn wohl freier stellen. Der Vorsitzende wird es jedoch auch weiterhin als seine Ehrenpflicht ansehen, die Entscheidung des Gerichts, auch an Feiertagen, innerhalb 24 Stunden herbeizuführen.

5. Beauftragter Richter. Ist das zuständige Gericht ein Kollegialgericht, so ist es befugt, die Vernehmung einem beauftragten Richter zu übertragen. Zwar ist die Einrichtung des beauftragten Richters in der Strafprozeßordnung nicht allgemein, sondern nur in einzelnen Bestimmungen (§ 173 Abs. 3, § 223 Abs. 1, § 233 Abs. 2, § 369 Abs. 1) geregelt. Die Regelung gestattet jedoch den Rückschluß, daß ein Kollegialgericht zur Vorbereitung einer Entscheidung außerhalb einer mündlichen Verhandlung allgemein einen Richter beauftragen kann. Es braucht das jedoch nicht zu tun, sondern kann den Beschuldigten auch vor dem Kollegium in Beschlußbesetzung vernehmen. Bedient es sich eines beauftragten Richters, so hat es nach dessen Vortrag zu entscheiden, ob Anlaß besteht, den Haftbefehl aufzuheben (§ 120) oder seinen Vollzug auszusetzen (§ 116).

In Jugendsachen kann der zuständige Richter die Entscheidungen, die die Untersuchungshaft betreffen, aus wichtigen Gründen sämtlich oder zum Teil einem anderen Jugendrichter übertragen (§ 72 Abs. 5 JGG.).

6. In der **Voruntersuchung (Absatz 4)** ist der Untersuchungsrichter zuständig. Wegen des Beginns und des Endes seiner Zuständigkeit s. o. 3 zu § 125.

7. Das **Oberlandesgericht (Absatz 5)** ist allein zuständig, die Fortdauer der Untersuchungshaft anzuordnen, wenn die besondere Schwierigkeit oder der besondere Umfang der Ermittlungen oder ein anderer wichtiger Grund die Durchführung der Hauptverhandlung noch nicht zuläßt und die Fortdauer der Haft rechtfertigt (§ 121 Abs. 3).

8. Nach Rechtskraft gibt es keine Untersuchungshaft. Hat das Gericht den Angeklagten freigesprochen, so mußte es den Haftbefehl alsbald mit dem Urteilsspruch aufheben (§ 120 Abs. 1 Satz 2), also vor Rechtskraft. Ist der Angeklagte zu Freiheitsstrafe verurteilt worden, so hat sich die Untersuchungshaft mit der Rechtskraft in Strafhaft verwandelt, der Haftbefehl wird damit gegenstandslos (BVerfGE. **9** 161 = NJW. **1959** 431). Das Gericht braucht ihn nicht aufzuheben, ist aber nicht gehindert, es zu tun (s. o. II 10 zu § 120). Zuständig ist das Gericht der letzten Tatsacheninstanz. Die Staatsanwaltschaft hat ihm die Akten auf Anfordern zuzuleiten, braucht das aber nicht von sich aus zu tun, wie sie auch nicht verpflichtet ist, von Amts wegen zu beantragen, den gegenstandslos gewordenen Haftbefehl aufzuheben.

Dagegen ist der Haftbefehl zwar unbegründet, aber nicht gegenstandslos, wenn ein Urteil rechtskräftig wird, in dem nicht auf freiheitsentziehende Strafen oder Maßregeln erkannt, eine erkannte Freiheitsstrafe als durch die Untersuchungshaft verbüßt bezeichnet oder die Vollstreckung einer Freiheitsstrafe ausgesetzt wird. Ein solcher Haftbefehl ist auch nach Rechtskraft aufzuheben (s. o. II 10 zu § 120).

Für sonstige Entscheidungen über die Untersuchungshaft besteht nach Rechtskraft keine Möglichkeit mehr, namentlich ist das Prozeßgericht nicht befugt, über einen Haftbefehl zu entscheiden, nachdem ein auf noch zu vollstreckende Freiheitsstrafe erkennendes Urteil ergangen ist (BayObLGSt. **7** 421; OLG. Nürnberg SJZ. **1950** 142; OLG. Celle NJW. **1963** 2240 — mit weiteren Nachweisen —; EbSchmidt, 14 zu § 124; Kleinknecht SJZ. **1950** 142; Müller-Sax, 1a zu § 450; Dallinger-Lackner, 6 zu § 87 JGG.; a. A. OLG. Köln LZ. **1916** 1510; OLG. Frankfurt HESt. **1** 163; OLG. Braunschweig MDR. **1950** 755; Erbs, III zu § 115). Ausgenommen ist die nach § 124 Abs. 2 und 3 zu treffende Entscheidung über den Verfall einer Sicherheitsleistung. Nach § 124 Abs. 1 haftet die Sicherheit bis zum Antritt einer erkannten Freiheitsstrafe, also über die Rechtskraft des Urteils und über den Bestand des Haftbefehls (s. o. 2 Abs. 2 zu § 123) hinaus. Daher steht die Urteilsrechtskraft der gerichtlichen Entscheidung über die Sicherheitsleistung nicht im Wege (KG. JR. **1927** 1272; BayObLGSt. **32** 127). Zuständig ist, da die Entscheidung keine Vollstreckungsentscheidung (§ 462) ist, das mit der Sache zuletzt befaßte Tatsachengericht (BayObLGSt. **32** 127; EbSchmidt, 15 zu § 124; KleinknM, 4a zu § 122; Schäfer-Dalcke, 3 zu § 122).

§ 126a

(1) Sind dringende Gründe für die Annahme vorhanden, daß jemand eine mit Strafe bedrohte Handlung im Zustand der Zurechnungsunfähigkeit oder der verminderten Zurechnungsfähigkeit begangen hat und daß seine Unterbringung in einer Heil- oder Pflegeanstalt angeordnet werden wird, so kann das Gericht durch Unterbringungsbefehl seine einstweilige Unterbringung anordnen, wenn die öffentliche Sicherheit es erfordert.

(2) Für die einstweilige Unterbringung gelten die §§ 114 bis 115a, 117 bis 119, 125 und 126 entsprechend. Hat der Unterzubringende einen gesetzlichen Vertreter, so ist der Beschluß auch diesem bekanntzugeben.

(3) Der Unterbringungsbefehl ist aufzuheben, wenn die Voraussetzungen der einstweiligen Unterbringung nicht mehr vorliegen oder wenn das Gericht im Urteil die Unterbringung in einer Heil- oder Pflegeanstalt nicht anordnet. Durch die Einlegung eines Rechtsmittels darf die Freilassung nicht aufgehalten werden. § 120 Abs. 3 gilt entsprechend.

Entstehungsgeschichte: Eingefügt durch Art. 2 Nr. 6 des G. vom 24. 11. 1933.

Änderungsvorschläge: Entw. EGStGB. Art. 70 Nr. 70 (§ 129).

Spätere Änderungen: Die Vorschrift ist durch Art. 1 Nr. 1 StPÄG. geringfügig geändert worden. Die Änderungen beziehen sich meist nur auf die Verweisungen. Neu ist diejenige auf § 120 Abs. 3.

1. Inhalt. Die einstweilige Unterbringung sichert nicht wie die Untersuchungshaft das Verfahren und die Unterbringung in einer Heil- oder Pflegeanstalt (Sax bei Bettermann-Nipperdey-Scheuner, Grundrechte, III 2, S. 980), wenn sie auch den letzten Zweck tatsächlich miterfüllt. Mit ihr soll vielmehr die Öffentlichkeit vor einem gemeingefährlichen verbrecherischen Geisteskranken gesichert werden. Da das auch der Zweck der endgültigen Unterbringung ist, nimmt die einstweilige Unterbringung den Zweck der künftigen Verurteilung in gleicher Weise vorweg wie die vorläufige Entziehung der Fahrerlaubnis (s. o. I 1 zu § 111a) und wie die „Untersuchungshaft" für den Sittlichkeitsverbrecher, von dem weitere Sittlichkeitsverbrechen drohen (s. o. 13a zu § 112). Der Idee nach ersetzt sie die Untersuchungshaft nicht (EbSchmidt SJZ. **1950** 214). Wohl aber übernimmt sie praktisch deren Aufgabe, weil regelmäßig, wenn die Anordnung der Unterbringung nach § 42b StGB. zu erwarten ist, auch zugleich die Voraussetzungen des § 126a vorliegen. Deshalb braucht das Gesetz für den Fall des fluchtverdächtigen verbrecherischen Geisteskranken — der verdunkelnde spielt keine Rolle —, der nicht wegen seiner verfahrenshemmenden Flucht, sondern nur wegen seiner Gemeingefährlichkeit von § 126a erfaßt wird, keine besondere Vorsorge zu treffen.

2. Verhältnis zu § 112. Da im Zustande der Zurechnungsunfähigkeit keine Tat i. S. von § 112 begangen werden kann, kann § 112 beim Zurechnungsunfähigen nicht zur Anwendung kommen. Der vermindert Zurechnungsfähige jedoch kann eine Straftat begehen, so daß bei ihm § 112 und § 126a nebeneinander anwendbar sind. Ist mit der Unterbringung in einer Heil- oder Pflegeanstalt nicht zu rechnen, so bewendet es bei § 112. Ist sie zu erwarten, sichert die einstweilige Unterbringung auch dagegen, daß sich der Beschuldigte dem Strafverfahren entziehen werde (§ 112 Abs. 2 Nr. 2), so daß neben der Unterbringung Untersuchungshaft wegen Fluchtgefahr nicht in Betracht kommt. Dagegen schützt die einstweilige Unterbringung nicht vor Verdunkelung (§ 112 Abs. 2 Nr. 3). Zwar wird auch während der einstweiligen Unterbringung der schriftliche und mündliche Verkehr mit der Außenwelt geprüft, jedoch im Hinblick auf ärztliche Rücksichten und auf etwaige Gefahren, die der Außenwelt aus der Vorbereitung weiterer Verbrechen drohen könnten. Für die Prüfung auf Verdunkelungsabsichten oder gar für das Anhalten auf Verdunkelung abzielender Briefe gibt § 126a keine Handhabe. Daher ist bei einem vermindert Zurechnungsfähigen, bei dem die Voraussetzungen von § 126a und außerdem Verdunkelungsgefahr vorliegen, neben der einstweiligen Unterbringung die Untersuchungshaft anzuordnen. Kann der Richter zwischen mehreren Unterbringungsanstalten wählen, wird er bei seiner Wahl dieser doppelten Anordnung Rechnung tragen.

3. Dringende Gründe. Voraussetzung für die einstweilige Unterbringung ist, daß dringende Gründe für die Annahme vorhanden sind, sowohl daß jemand eine mit Strafe bedrohte Handlung begangen hat, als auch, daß deswegen seine endgültige Unterbringung angeordnet werde. Der Begriff der dringenden Gründe, die in bezug auf die Handlungsbegehung und die endgültige Unterbringung verlangt werden, entspricht dem des dringenden Tatverdachts des § 112 (s. o. 5 zu § 112). Die dringenden Gründe müssen für die Annahme vorliegen, daß jemand eine mit Strafe bedrohte Handlung im Zustande der Zurechnungsunfähigkeit (§ 51 Abs. 1, § 55 Abs. 1 StGB.) oder der verminderten Zurechnungsfähigkeit (§ 51 Abs. 2, § 55 Abs. 2 StGB.) begangen habe, und daß seine Unterbringung in einer Heil- und Pflegeanstalt angeordnet werde. Da nach § 42b Abs. 1 Satz 2 StGB. die Unterbringung wegen Übertretungen nicht zulässig ist, kommt nur eine als Verbrechen oder Vergehen mit Strafe bedrohte Handlung in Betracht. Die Unterbringung ist nach § 42b StGB. anzuordnen, wenn die öffentliche Sicherheit es erfordert. Wegen der Voraussetzungen hierfür muß auf die Erläuterungen zu § 42b StGB. verwiesen werden.

4. Öffentliche Sicherheit. Auch wenn eine Unterbringung nach § 42 StGB. dringend zu erwarten ist, kann die einstweilige Unterbringung nur angeordnet werden, wenn die öffentliche Sicherheit nicht nur die endgültige, sondern zugleich auch die vorläufige Unterbringung erfordert. Das ist der Fall, wenn künftige gegen die Rechtsordnung gerichtete Handlungen mit bestimmter Wahrscheinlichkeit zu erwarten sind; wenn durch sie der Bestand der Rechtsordnung unmittelbar bedroht wird; wenn wegen des Gewichts der Bedrohung eine Abhilfe für die Zukunft geboten ist, um den Bestand der Rechtsordnung aufrecht zu erhalten; und wenn dieses Ziel auf keine andere Weise als durch die Unterbringung zu erreichen ist (RGSt. **73** 304; OLG. Tübingen DRechtsZ. **1949** 210). Zur Prüfung dieser Voraussetzung muß das Gericht würdigen die mit Strafe bedrohte Handlung, die Anlaß zu dem Verfahren gegeben hat; die Gesamtpersönlichkeit des Unterzubringenden und dazu seine Erkrankung und sein Vorleben; sowie endlich die Verhältnisse, in denen er lebt (BGH. NJW. **1951** 450).

Die endgültige Unterbringung ist von der gleichen Voraussetzung abhängig, daß die öffentliche Sicherheit sie erfordert. Diese Voraussetzung ist in § 42b StGB. für den Zeitpunkt der Verurteilung, bei vermindert Zurechnungsfähigen für den Zeitpunkt der Beendigung der Strafverbüßung (BGH. NJW. **1960** 394), aufgestellt, in § 126a für den Zeitpunkt, in dem die Notwendigkeit der einstweiligen Unterbringung hervortritt, nachdem der Betroffene eine mit Strafe bedrohte Handlung begangen hat. Der Unterschied ist indessen weitgehend theoretisch. Denn es sind nur wenige Fälle denkbar, in denen das Gericht die schwierige Frage der Gemeingefährlichkeit für den späteren Zeitpunkt bejahen, aber die leichtere für den gegenwärtigen Zeitpunkt verneinen könnte. Bejaht das Gericht die dringenden Gründe für die Annahme einer künftigen Unterbringung nach § 42b, so bejaht es in der Regel damit zugleich, daß die öffentliche Sicherheit auch schon die einstweilige Unterbringung erfordert. Immerhin ist es denkbar, daß Verwandte für eine ausreichende Sicherheit der Öffentlichkeit verläßlich Sorge tragen, diese Verpflichtung aber nur bis zur Klärung durch ein Urteil übernehmen wollen. Für diesen Fall ist wohl die endgültige Unterbringung zu erwarten, die einstweilige aber unzulässig, weil die öffentliche Sicherheit sie nicht fordert (BGH. NJW. **1951** 724).

5. Unterbringungsbefehl. Das Gericht trifft die Anordnung in einem Unterbringungsbefehl. Auf ihn finden die Ausführungen o. 1 bis 3 zu § 114 entsprechende Anwendung. Anstatt der strafbaren ist die mit Strafe bedrohte Handlung (die rechtswidrige Tat i. S. von § 11 Abs. 1 Nr. 2 StGB. E 1962) aufzuführen, anstelle des dringenden Tatverdachts sind die dringenden Gründe für die Annahme der rechtswidrigen Tat einzusetzen. Wegen des Begriffs der Dringlichkeit s. o. 3 zu § 112. Anstelle der Haftgründe sind die Gründe anzugeben, die die Annahme rechtfertigen, die öffentliche Sicherheit erfordere die einstweilige Unterbringung. Die Tatsachen dafür sind im Unterbringungsbefehl aufzuführen. § 114 Abs. 3 gilt für den Unterbringungsbefehl nicht, da § 112 Abs. 1 Satz 2 in § 126a nicht wiederholt werden kann.

Wegen der Veranlassung der Entscheidung, des Anhörens der Beteiligten und der Beschwerde gilt das o. 6, 8, 9, 14, 15 zu § 114 Ausgeführte entsprechend. Für die Bekanntmachung vgl. die Ausführungen zu § 114a, doch ist der Unterbringungsbefehl auch dem gesetzlichen Vertreter des Unterzubringenden bekanntzumachen; ihm steht auch die Beschwerde zu. Entsprechendes wie bei der Haft gilt auch für die Vollstreckung der einstweiligen Unterbringung (s. o. 10 bis 13) zu § 114), wenn auch bei dieser die Fälle der Überhaft, Doppelhaft und der Unterbrechung eine untergeordnete Rolle spielen; sie bleiben gleichwohl, namentlich bei vermindert Zurechnungsfähigen, denkbar.

Für Abgeordnete (s. o. 2 zu § 114) gelten im Vergleich mit der Untersuchungshaft keine Besonderheiten (Bockelmann, Die Unverfolgbarkeit der Abgeordneten nach deutschem Immunitätsrecht, S. 50; Maunz-Dürig, 56 zu Art. 46, die den Fall des § 126a allerdings unter Art. 46 Abs. 3, nicht Absatz 2, subsumieren).

6. Anstaltsbezeichnung. In Literatur und Rechtsprechung besteht darüber Streit, wie der Befehl der einstweiligen Unterbringung zu fassen ist. Das Oberlandesgericht Hamm ist der Ansicht, das Gericht habe lediglich die einstweilige Unterbringung anzuordnen, Namen und Charakter der Anstalt bestimme die den Unterbringungsbefehl vollstreckende Staatsanwaltschaft (SJZ. **1950** 214; ebenso OLG. Oldenburg NdsRpfl. **1952** 120; Müller-Sax, 3b zu § 126a; Erbs, VIII zu § 126a). Demgegenüber ist EbSchmidt der Meinung, der Befehl müsse auf die Unterbringung in einer Heil- oder Pflegeanstalt lauten; die Bezeichnung einer von mehreren in Betracht kommenden Heil- oder Pflegeanstalten sei dann allerdings Sache der Staatsanwaltschaft (SJZ. **1950** 214; EbSchmidt, 8 zu § 126; SchwKleinknecht, 3 zu § 126a). Der Bezeichnungsfrage liegt die weitere Frage zugrunde, ob § 126a seinem Zusammenhange nach die einstweilige Unterbringung in einer Heil- und Pflegeanstalt anordnet oder bewußt die Art der einstweiligen Unterbringung offen läßt. Das letztere behauptet Hartung unter Hinweis auf die Entstehungsgeschichte (SJZ. **1950** 516), das erstere Eb. Schmidt mit der Begründung, die vorläufige Unterbringung nehme die endgültige vorweg.

Das Gesetz legt in § 126a ebenso wie in § 112 dem Richter nur auf, die Verwahrungsart anzuordnen, in diesem Falle Untersuchungshaft, in jenem einstweilige Unterbringung. Was Untersuchungshaft ist, bestimmt § 119, wobei allerdings die Hauptsache, daß sie eine Verwahrung in einer Haftanstalt ist, der Bestimmung als selbstverständlich zugrunde liegt. Da § 126a Abs. 2 Satz 1 auf § 119 verweist, soll dieser Vorschrift — und nicht § 126a — entnommen werden, was einstweilige Unterbringung ist. Wenn das Gesetz damit auch zuviel als selbstverständlich voraussetzt, so bringt es doch klar zum Ausdruck, daß in § 126a die Worte „seine einstweilige Unterbringung" (anordnen) nicht durch die „in einer Heil- oder Pflegeanstalt" ergänzt werden dürfen. Soweit nur § 126a in Rede steht, ist daher der herrschenden Meinung zuzustimmen, daß nach ihm nur die Unterbringung angeordnet werden darf, die Anstalt und ihre Art aber nicht.

Die Notwendigkeit, Art und Name der Anstalt im Unterbringungsbefehl aufzuführen, kann sich indessen aus § 119 Abs. 5 ergeben.

Welche Anstalt für den Vollzug der einstweiligen Unterbringung in Betracht kommt, ordnet die Landesjustizverwaltung durch den Vollstreckungsplan (§ 122 Abs. 1 StVollstrO.) an. Sie ist dabei durch den Sinn der einstweiligen Unterbringung gebunden. Dieser hindert sie nicht, auch auf die praktischen Bedürfnisse der Untersuchung Bedacht zu nehmen, und aus diesem Grunde für die einstweilige Unterbringung eine andere Anstalt vorzusehen als für die endgültige. Demzufolge kann sie für jene eine dem Gerichtsort in der Regel näher als eine Heil- oder Pflegeanstalt gelegene Untersuchungshaftanstalt mit psychiatrischer Abteilung bestimmen. Benennt die Landesjustizverwaltung eine einzige Anstalt, dann ergeben sich keine Schwierigkeiten. Der Richter muß sich der einzigen bezeichneten Anstalt genau so bedienen, wie des Gerichtsgebäudes, das die Landesjustizverwaltung ihm, oder der Untersuchungshaftanstalt, die sie ihm für die Untersuchungsgefangenen zur Verfügung stellt. Werden indessen im Vollstreckungsplan, wie üblich, mehrere Anstalten (Heil- und Pflegeanstalt, Krankenanstalt, Untersuchungshaftlazarett mit psychiatrischer Abteilung) benannt, dann ist es nach § 119 Abs. 5 Aufgabe des Richters, die Anstalt auszuwählen, und nicht Sache der Vollstreckungs- oder Vollzugsbehörde. Denn der Richter bestimmt, unabhängig von der Untersuchungshaftvollzugsordnung, alles, was in bezug auf die Untersuchungshaft und die einstweilige Unterbringung nicht vom Gesetz selbst geregelt ist.

Sieht der Vollzugsplan keine Anstalt für die einstweilige Unterbringung vor, dann ist der Richter nur durch den Sinn der einstweiligen Unterbringung gebunden, sonst aber in der Auswahl der Anstalten frei. Er wird sich dabei an Nr. 89 Abs. 1 Satz 1 UVollzO. halten.

Steht in den vorbehandelten Fällen dem Richter die Bestimmung der Anstalt zu, dann nimmt er sie im Unterbringungsbefehl vor. Er kann die unterlassene Bestimmung durch Beschluß nachholen; dies können auch die Beschwerdegerichte tun.

7. Unterbringungsprüfung. Da die Unterbringung eine einstweilige ist, ist ihre Notwendigkeit wie die der Untersuchungshaft (s. o. 20 zu § 112; 1 zu § 117; I zu § 120) fortlaufend zu prüfen. Doch kommt der fortlaufenden Prüfung hier geringere Bedeutung als in Haftsachen zu, weil der Zustand, der die Unterbringung erfordert, kaum Veränderungen unterliegen wird. Ist das indessen nach der Art der Erkrankung der Fall („Schübe" bei Schizophrenie), dann ist ein Sachverständiger zur Unterbringungsprüfung zuzuziehen. Um die Prüfung zu gewährleisten, finden die Vorschriften über die Vorführung des Festgenommenen zum Richter (§§ 115, 115a) und über die Haftprüfung (§§ 117 bis 118b) entsprechende Anwendung (Absatz 2 Satz 1).

8. Für die Aufhebung des Unterbringungsbefehls (Absatz 3) gilt das zu § 120 Ausgeführte entsprechend. Da die im Verfahren angestrebte Maßregel der Unterbringung in einer Heil- oder Pflegeanstalt für eine unbestimmte Zeit ausgesprochen werden muß, kann der für die Untersuchungshaft bedeutsame Grundsatz der Verhältnismäßigkeit für die Frage der einstweiligen Unterbringung keine Rolle spielen. Demzufolge ist § 112 Abs. 1 Satz 2 in § 126 a nicht wiederholt. Aber auch der Gedanke, daß ein Gefangener nach angemessener Zeit entweder seine Hauptverhandlung haben oder aber entlassen werden muß, der in § 121 Abs. 1 und 2 zum Ausdruck kommt, kann bei einer Unterbringung, die der öffentlichen Sicherheit dient, keine Anwendung finden. Daher sind die §§ 121, 122 nicht in Absatz 2 angezogen.

Aus dem gleichen Grunde ist die entsprechende Anwendung von § 116 (Aussetzung des Vollzugs der Untersuchungshaft) ausgeschlossen: wer wegen seiner Gefährlichkeit der Verwahrung bedarf, kann nicht mit deren Vollzug verschont werden.

9. Umstellung. Ein Unterbringungsbefehl kann in einen Haftbefehl, ein Haftbefehl in einen Unterbringungsbefehl umgewandelt werden, wenn sich die Beurteilung der Zurechnungsfrage ändert (vgl. §§ 80a, 246a), sonst aber sowohl ein Haft- als auch der gesetzliche Unterbringungsgrund gegeben ist. Die Änderung kann auch das Beschwerdegericht vornehmen (OLG. Bremen JZ. **1951** 465).

Dazu kommen folgende Fälle in Betracht:

(a) Es war Unterbringungsbefehl auf der Grundlage der Zurechnungsunfähigkeit ergangen; es muß nunmehr (etwa auf Grund eines Sachverständigengutachtens) damit gerechnet werden, daß der Täter nur vermindert zurechnungsfähig war: Es verbleibt beim Unterbringungsbefehl. Bei verminderter Zurechnungsfähigkeit wäre an sich ein Haftbefehl zulässig. Da jedoch Zweifel an diesem Zustande bestehen, ist der Tatverdacht nicht dringend. Die Zweifel an der Zurechnungsunfähigkeit sind gleichgültig, weil die Unterbringung auch bei verminderter Zurechnungsfähigkeit zulässig ist.

(b) Dasselbe gilt, wenn der Unterbringungsbefehl auf der Grundlage der verminderten Zurechnungsfähigkeit ergangen war, nunmehr aber mit Zurechnungsunfähigkeit gerechnet werden muß.

(c) Es war Haftbefehl ergangen. Es muß nunmehr damit gerechnet werden, daß der Täter zurechnungsunfähig war; zumindest wird seine verminderte Zurechnungsfähigkeit festzustellen sein: Der Haftbefehl ist auf einen Unterbringungsbefehl umzustellen. Die Möglichkeit der vollen Zurechnungsunfähigkeit schließt den dringenden Tatverdacht aus. Im übrigen gilt das zu (a) Ausgeführte.

(d) Es war Unterbringungsbefehl auf der Grundlage der Zurechnungsunfähigkeit ergangen; es muß nunmehr damit gerechnet werden, daß der Täter zurechnungsfähig war.

(e) Es war Haftbefehl ergangen. Es muß nunmehr damit gerechnet werden, daß der Täter zurechnungsunfähig war.

Für beide Fälle besteht die gleiche Schwierigkeit eines doppelten Zweifels: Könnte die Zweifelsfrage auch in der Hauptverhandlung nicht geklärt werden, so wäre weder eine Verurteilung noch eine Unterbringung zulässig. Denn auf der einen Seite gilt auch für die Frage der Zurechnungsfähigkeit der Satz in dubio pro reo (BGHSt. **8** 124) und muß daher die Zurechnungsfähigkeit dem Täter nachgewiesen werden (RGSt. **21** 131). Auf der anderen Seite ist die Unterbringung in einer Heil- oder Pflegeanstalt nur zulässig, wenn die Voraussetzungen des § 51 Abs. 1 oder 2 StGB. nachgewiesen und nicht nur zugunsten des Täters angenommen sind (RGSt. **73** 45). Da aber die Entscheidung, ob der Zweifel behebbar ist, oder ob er bestehen bleiben muß, nur in der Hauptverhandlung getroffen werden kann, muß auch für deren Sicherung Vorsorge getroffen werden können. Jedenfalls ist davon auszugehen, daß der Gesetzgeber mit den beiden Möglichkeiten des Haft- und des Unterbringungsbefehls für alle vorkommenden Fälle Verfahrenssicherung bieten wollte.

Alsdann kann man nicht, weil Zweifel an der Zurechnungsfähigkeit bestehen, den dringenden Tatverdacht verneinen, und weil Zweifel an der Zurechnungsunfähigkeit bestehen, die Annahme der künftigen Unterbringung in einer Heil- oder Pflegeanstalt ausschließen. Vielmehr muß nach dem Gewicht der Umstände die Entscheidung für die eine oder die andere Möglichkeit als zulässig erachtet werden. Dabei darf indessen nicht davon ausgegangen werden, daß die einstweilige Unterbringung weniger belastend und günstiger für den Angeklagten wäre als die Untersuchungshaft.

Besondere Schwierigkeiten ergeben sich, wenn entweder nur Fluchtverdacht oder nur Gemeingefahr vorliegt. Dann besteht keine Berechtigung, die dem Beschuldigten günstigste Möglichkeit, die stets eine Freilassung wäre, auszuwählen. Vielmehr muß es bei der Entscheidung allein nach dem Gewicht der Umstände verbleiben.

10. Wegen der **Zuständigkeit** gelten die §§ 125, 126 (Absatz 2 Satz 1).

§ 127

(1) Wird jemand auf frischer Tat betroffen oder verfolgt, so ist, wenn er der Flucht verdächtig ist oder seine Persönlichkeit nicht sofort festgestellt werden kann, jedermann befugt, ihn auch ohne richterlichen Befehl vorläufig festzunehmen.

(2) Die Staatsanwaltschaft und die Polizeibeamten sind bei Gefahr im Verzug auch dann zur vorläufigen Festnahme befugt, wenn die Voraussetzungen eines Haftbefehls oder eines Unterbringungsbefehls vorliegen.

(3) Bei strafbaren Handlungen, deren Verfolgung nur auf Antrag eintritt, ist die vorläufige Festnahme von der Stellung eines solchen Antrags nicht abhängig.

Entstehungsgeschichte: I. Entw. § 111. II. Entw. § 114. III. Entw. § 116.

Änderungsvorschläge: N. E. I, II § 128 Abs. 3. N. E. III § 150. Entw. EGStGB. Art. 70 Nr. 75 (§§ 125 bis 127).

Spätere Änderungen: Durch Art. 2 Nr. 7 des G. vom 23. 11. 1933 wurden in Absatz 2 die Worte „oder eines Unterbringungsbefehls" eingefügt.

Schrifttum: Boehm, Das Recht zur vorläufigen Festnahme, JR. **1925** 491; Karamuntzos, Die vorläufige Festnahme bei Flagrantendelikten, Bonn 1954; Meincke, Betreffen oder Verfolgen auf frischer Tat als Voraussetzung der vorläufigen Festnahme nach § 127 Abs. 1 StPO.; Diss. Hamburg 1963; Zimmermann, Über die vorläufige Festnahme durch Private und Wachen; GA. **30** 404.

Übersicht

I. Vorbemerkungen.

1. Inhalt. An die bisher behandelten Fälle schließt zunächst Absatz 2 an. Er führt die im neunten Abschnitt eingehaltene Linie folgerichtig fort: Gemäß § 125 Abs. 2 erläßt den Haftbefehl nach Klageerhebung das mit der Sache befaßte Gericht; § 125 Abs. 1 gestattet dem Amtsrichter (§ 162 Abs. 1), auf Antrag der Staatsanwaltschaft einen Haftbefehl schon vor diesem Zeitpunkt zu erlassen, ja bei Gefahr im Verzuge (§ 165) auch von Amts wegen. Wenn die Gefahr aber so groß ist, daß sogar der Amtsrichter nicht mehr angegangen oder tätig werden kann, können nach § 127 Abs. 2 Staatsanwälte und Polizeibeamte gleichsam die Vollstreckung eines noch nicht erlassenen Haftbefehls vorwegnehmen, wenn nur die Voraussetzungen dafür gegeben sind, daß er aller Wahrscheinlichkeit nach erlassen werden wird. Alle drei genannten Bestimmungen sind daher dadurch verbunden, daß die Voraussetzungen der Festnahme für alle von ihnen gleicherweise in den §§ 112, 113 niedergelegt sind.

Dieser Linie folgt Absatz 1 nach seinem Wortlaut nicht so einsichtig wie Absatz 2 dem § 125. Auch die Geschichte und die Ausbildung, welche die Rechtseinrichtung der vorläufigen Festnahme in anderen Rechten erfahren hat, könnten zu Zweifeln Anlaß geben. Denn das Institut ist nicht überall allein ein prozessuales Mittel der Strafverfolgung. Vielmehr zeigt es oft vermischte Züge und verbindet Institute des bürgerlichen, des Prozeß- und des Polizeirechts. Von Elementen der Notwehr abgesehen, ist ihm zuweilen auch die Handhabe entnommen worden, rechtswidrige Handlungen oder wenigstens ihre Fortsetzung zu verhindern (v. Hippel, § 66 C 1 Abs. 2; Karamuntzos, S. 67). Die Auslegung hat aber mit Recht Absatz 1 eingeengt und auf die Rolle eines prozessualen Mittels zurückgeführt, die Strafverfolgung und damit den Strafanspruch zu sichern (RGSt. **17** 128: Zweck ist die „Ermöglichung oder Sicherung strafrechtlicher Verfolgung"; Meincke, S. 13: „Die Festnahme ist ... ausgeschlossen, wenn keine verfahrensrechtlichen Maßnahmen aus Anlaß der Tat in Frage stehen"). Strafrecht und Polizeirecht gehen getrennte Wege; die Verbrechensverhütung ist, von klar formulierten Ausnahmen abgesehen (§ 111a, § 112 Abs. 3, § 126a), nicht Sache des Strafprozesses (Müller-Sax, 1 zu § 127).

Daraus ergibt sich für Absatz 1 folgender Inhalt: Die Vorschrift geht noch einen Schritt weiter als Absatz 2. Sie läßt jedermann handeln, wenn die frische Tat sofortige Festnahme erheischt. Alsdann wäre es freilich sinnvoll, das Handeln des Privaten auszuschließen, wenn Polizei leicht erreicht werden kann oder gar zur Stelle ist. Die erste Einengung schließt der Wortlaut aus. Denn sie wäre nur sinnvoll, wenn der Private verpflichtet würde, die Polizei herbeizurufen; eine solche Verpflichtung stellt das Gesetz aber nicht auf. Die zweite Beschränkung ergibt sich aus dem Sinn der Vorschrift, daß der Private für den Staat handelt (RGSt. **17** 128: „§ 127 StPO. überträgt ... dem einzelnen eine an sich zur Strafverfolgung gehörige öffentliche Funktion"). Daraus folgt, daß er nicht neben staatlichen Organen tätig werden kann. — Die Festnahme ist nur zulässig bei frischer „Tat", doch führt die Auslegung zu dem Begriff des dringenden Tatverdachts (s. u. II 2). Die Haftgründe des § 112 Abs. 2 und 3 sind durch zwei Festnahmegründe ersetzt, von denen einer mit dem der Fluchtgefahr übereinstimmt (s. u. II 5). Der Grundsatz der Verhältnismäßigkeit gilt auch im Falle des Absatzes 1 (s. u. II 4). Bei näherer Betrachtung ist somit auch Absatz 1, wenn auch loser als Absatz 2 und mit einigen Abweichungen, mit den §§ 112, 113 verbunden.

Weil somit, wie im Falle des Absatzes 2 der Polizeibeamte, im Falle des Absatzes 1 der Private gleichsam den Vollzug eines künftigen Haftbefehls vorwegnimmt, müssen für Prozeßhindernisse, z. B. die Exterritorialität, dieselben Grundsätze wie beim Haftbefehl gelten (s. o. 2 zu § 114). Bei Abgeordneten fällt unter die Verhaftung i. S. des Art. 46 Abs. 2 GG. auch die vorläufige Festnahme nach § 127 Abs. 1 (Maunz bei Maunz-Dürig, 50 zu Art. 46; Bockelmann, Die Unverfolgbarkeit der Abgeordneten nach deutschem Immunitätsrecht, S. 56; a. A. Meincke, S. 49), auch wenn sie nur vorgenommen wird, um die Persönlichkeit festzustellen (RGSt. **59** 113). Sie wird in der Regel nach Art. 46 Abs. 2 zulässig sein. Sie ist es stets, wenn der Abgeordnete auf frischer Tat betroffen wird. Bei Verfolgung auf frischer Tat ist dagegen die vorläufige Festnahme ohne Genehmigung des Parlaments nur zulässig, wenn die Festnahme im Laufe des Tages nach der Tat gelingt. Daß der Abgeordnete nur verfolgt werden dürfte, nachher bei Begehung der Tat betroffen worden ist (so wohl Bockelmann, a. a. O., S. 57 Anm. 88), ist dem Wortlaut des Art. 46 Abs. 2 GG. nicht zu entnehmen.

Freilich werden Prozeßhindernisse dem regelmäßig nicht erkennbar sein, der bei frischer Tat verhaftet: Verjährung ist nicht denkbar, erkennbarer Verzicht auf Strafantrag ein äußerst seltener Fall. Es bleibt wohl nur die Exterritorialität, die z. B. am Kennzeichnen eines Kraftwagens (CD) erkennbar sein kann.

2. Abgrenzung. § 127 wird ergänzt durch § 183 Satz 2 GVG. und durch § 231 Abs. 1 Satz 2. Die drei genannten Bestimmungen, die ihrerseits die §§ 112 bis 114 ergänzen, regeln abschließend, wann jemand wegen einer Straftat im Hinblick auf ein künftiges Strafverfahren verhaftet werden kann. Namentlich hat § 163 Abs. 1 nicht etwa die Bedeutung, Maßnahmen, die nach § 127 Abs. 1 und 2 nur unter bestimmten Voraussetzungen zulässig sind, einem an diese Voraussetzungen nicht gebundenen Ermessen der Beamten des Polizeidienstes zu unterwerfen (RGSt. **27** 152; **67** 352).

Auf der anderen Seite bleiben alle Rechte unberührt, die die Bestimmungen über Notwehr und Notstand (§§ 53, 54 StGB., §§ 228, 904 BGB.) sowohl einem durch die Straftat Verletzten als auch dem vom Verdächtigen rechtswidrig angegriffenen Festnehmenden gewähren (RGSt. **46** 350; **53** 132; **55** 82) sowie diejenigen Befugnisse, die Polizeibeamte nach Landesrecht zur Aufrechterhaltung der öffentlichen Ruhe, Sicherheit und Ordnung haben (RGSt. **31** 308; OLG. Celle GA. **53** 302).

3. Rechtsfolgen. Der Festnehmende handelt, wenn die Voraussetzungen des § 127 vorliegen, rechtmäßig (Boehm, Sp. 492; BayObLGSt. **2** 387; OLG. Celle NdsRpfl. **1963** 189); der Verdächtige hat demzufolge kein Notwehrrecht (RGSt. **21** 190; **54** 197; RG. JW. **1938** 2332; BayObLGSt. **1956** 171), ist allerdings — außer im Falle des § 117 StGB. (ebenso § 420 StGB. E 1962) — nicht wegen Widerstandes strafbar. Ob die Tatumstände, die der Festnehmende als gegeben erachtet, auch wirklich so vorliegen, wie er sie sieht, ist nicht entscheidend. Für die Rechtmäßigkeit seines Handelns kommt es darauf an, ob er sie nach seinem pflichtgemäßen

Ermessen für vorliegend erachten kann (RGSt. **38** 375; BayObLGSt. **15** 153). Auch wenn das Ergebnis seiner Prüfung sachlich falsch ist, handelt er rechtmäßig (RGSt. **72** 311). Dagegen handelt er rechtswidrig, wenn er nicht über die Umstände irrt, aus denen sich seine Berechtigung ergibt, sondern bei richtig erkannten Umständen irrig eine ihm vom Gesetz nicht eingeräumte Berechtigung in Anspruch nimmt, also z. B. im Falle des Absatzes 1 wegen Verdunkelungsgefahr oder zum Zwecke einer Vernehmung festnimmt (RGSt. **27** 157).

II. Flagrantenfestnahme (Absatz 1).

1. Tatbegriff.

a) Straftat. § 127 will sicherstellen, daß immer wenn nach der Strafprozeßordnung ein Verfahren eingeleitet werden kann, der Beschuldigte auf frischer Tat festgenommen werden darf. Er ergänzt sowohl § 112 in Vbdg. mit § 114 als auch § 126a in Vbdg. mit § 114. Demzufolge umfaßt der Begriff Tat sowohl die Straftat, d. h. die rechtswidrige und schuldhafte Handlung, die den Tatbestand eines Strafgesetzes verwirklicht (wie sie § 112 im Auge hat), als auch (der Fall, den § 126a behandelt) die rechtswidrige Tat, d. h. die rechtswidrige Handlung, die den Tatbestand eines Strafgesetzes verwirklicht, auch wenn sie nicht schuldhaft begangen ist (§ 11 Abs. 1 Nr. 1 und 2 StGB. E 1962), im letzten Falle aber nur, wenn der Täter in einem Strafverfahren in einer Heil- oder Pflegeanstalt untergebracht werden kann (§ 42b StGB.), also vierzehn Jahre alt oder älter ist (§ 1 Abs. 3 JGG.). Zufolge der Beschränkung der Vorschrift auf die Zwecke der Strafverfolgung ist die Festnahme von Kindern nicht als zulässig anzusehen (Meincke, S. 43; Müller-Sax, 1a (1) zu § 127; Kaufmann, S. 54; a. A. SchwKleinknecht, 2 C zu § 127; Feisenberger, 1 zu § 127; RGSt. **17** 127, **19** 103 und Lobe-Alsberg, I 2c zu § 127, aber nur für den Fall, daß erzieherische, vorbeugende oder sonstige Maßnahmen oder Haftung gesetzlicher Vertreter usw. in Betracht kommen). Die Handlung braucht nicht vollendet zu sein; auch Versuch und Unternehmen berechtigen zur Festnahme, wenn sie strafbar sind (Karamuntzos, S. 12; Meincke, S. 44). Die Grenzen, die sich in bezug auf Übertretungen aus § 113 für Absatz 2 ergeben, spielen für Absatz 1 keine Rolle (RGSt. **34** 445, **46** 351; BayObLGSt. **15** 153), weil dort nicht wie in Absatz 2 auf die Voraussetzungen des Haftbefehls abgestellt sondern der besondere Festnahmegrund zur Verfügung gestellt wird, daß die Persönlichkeit nicht sofort festgestellt werden kann. Demzufolge umfaßt der Begriff Tat auch die Übertretung ohne Einschränkungen. Sie ergeben sich jedoch für Polizeibeamte (s. u. II 4); auch kann die Festnahme nur dann zu einem Haftbefehl führen, wenn die Voraussetzungen des § 113 vorliegen. Meincke (S. 11) weist noch darauf hin, daß (nicht strafbewehrte) „Polizeiübertretungen" keine Taten i. S. von Absatz 1 sind. Das ist selbstverständlich; daß RGSt. **46** 351 eine solche „Polizeiübertretung" behandle, ist nicht erkennbar.

Vorbereitungshandlungen werden, soweit nicht das Unternehmen strafbar ist, nicht vom Begriff der Tat umfaßt. Rechtfertigungs- und Entschuldigungsgründe stehen der Bestrafung und damit der Strafverfolgung entgegen, hindern die Festnahme aber nicht, wenn sie dem Festnehmenden unbekannt sind. Zwar enthält Absatz 1 nicht den Begriff des dringenden Tatverdachts, doch kann nicht auf die Sicherheit der Täterschaft (so EbSchmidt, 6 zu § 127; Karamuntzos, S. 58) abgestellt werden. Der Augenschein kann stets täuschen; was als rechtswidrige Tat erscheint, kann einen, dem Beobachter unbekannten, Rechtfertigungsgrund haben. Wenn der Staat die Festnahmebefugnis an die sichtbare Tat knüpft und in seinem Interesse den augenblicklichen Entschluß zur Festnahme billigt, kann er nicht mehr als den dringenden Tatverdacht verlangen (eingehend Meincke, B II, III). Nur müssen wegen der Anknüpfung an die frische Tat, anders als bei der Feststellung des dringenden Tatverdachts nach § 112, alle außerhalb der sichtbaren Tat denkbaren Indizien außer Betracht bleiben; einziges Beweismittel ist die frische Tat selbst. Daher ist die Festnahme gerechtfertigt, wenn die äußere Erscheinung der Tat dringenden Tatverdacht rechtfertigt. Wegen des Begriffs des dringenden Tatverdachts s. o. 5 zu § 112.

b) Bei **Ordnungswidrigkeiten** (§ 1 Abs. 1 OWG.) besteht keine Befugnis, den Betroffenen vorläufig festzunehmen. Der ursprünglich nicht unbestrittenen Ansicht (die Gegenansichten bei Rotberg, OWG., Fußnote 14 zu § 35) ist seit Schäfers Kommentierung in der 36. Auflage des Dalcke (7 h zu § 35 OWG.; noch ausführlicher 37. Aufl., 7 h, i zu § 35 OWG.; gleicher Ansicht Rotberg, OWG. seit der 2. Auflage, 15 Abs. 2 zu § 35; KleinknM, 4 zu § 35 OWG.; Kohlhaas, § 35 OWG., Anm. 4i; Schwarz, 2 zu § 35 OWG. bereits seit der 15. Auflage; Meincke, S. 13) allein Kohlhaas (JR. **1964** 431) entgegengetreten. Sie kann als herrschend und unwiderlegbar angesehen werden. Indem § 11 Abs. 2 OWG. die Bestimmung des § 60 StGB. (Anrechung der Untersuchungshaft) nicht für anwendbar erklärt, bringt er zum Ausdruck, daß es im Bußgeldverfahren keine Untersuchungshaft — und damit auch keine vorläufige Festnahme — gibt. Die Begründung betont hierzu, daß es sich verbiete, Bestimmungen des Strafgesetzbuchs entsprechend anzuwenden, wenn das nicht ausdrücklich angeordnet sei (Begrdg. zu § 11 Abs. 2 in Vbdg. mit § 10 Abs. 2, BTDrucks. I 2100, S. 18). Da man nun die Untersuchungshaft nicht wohl bei Straftaten anrechnen, bei Ordnungswidrigkeiten aber ohne Einfluß auf die Sanktion lassen kann, ist in der Tat kein anderer Schluß möglich, als daß der Gesetzgeber den Willen hatte, im Bußgeldverfahren die Untersuchungshaft auszuschließen. Diesen Willen hat er, wohl angesichts der Kontroversen über die Zulässigkeit der Untersuchungshaft (die Materialien — BTDrucks. II zu 3644, zu § 61b, S. 38 — sind unergiebig), in § 82 Abs. 1 Satz 2 des Kartellgesetzes vom 27. 7. 1957 (BGBl. I 1081) bestätigt durch die ausdrückliche Anordnung: „Die Vorschriften der Strafprozeßordnung über ... Verhaftung, vorläufige Festnahme ... sind nicht anzuwenden". Es ist ausgeschlossen, daß der Gesetzgeber bei den besonders folgenreichen Ordnungswidrigkeiten des Kartellrechts auf Untersuchungshaft und vorläufige Festnahme hätte verzichten wollen, wenn er sie bei weniger wichtigen Ordnungswidrigkeiten für zulässig angesehen hätte. § 82 Abs. 1 Satz 2 KartG. kann vielmehr, wie Schäfer mit Recht schließt, „nur als eine authentische Klarstellung des Gesetzgebers gewertet werden, daß im Bußgeldverfahren Untersuchungshaft schlechthin unzulässig ist", und damit „folgerichtig auch eine vorläufige Festnahme". Es ist unzulässig, das Grundrecht der persönlichen Freiheit mit dem Mittel einer Analogie zum Strafrecht einzuschränken, von dem das Recht der Ordnungswidrigkeiten als Verwaltungsunrecht sonst überall dort streng geschieden ist, wo es eine Verbindung nicht ausdrücklich selbst herstellt.

2. Frische Tat. Die Festnahme ist jedermann gestattet, wenn jemand auf frischer Tat betroffen oder verfolgt wird. Frisch ist die Tat, wenn die Ausführung oder die eben beendete Ausführung einer Handlung einem Beobachter als rechtswidrige Tat oder als strafbarer Versuch oder als strafbare Vorbereitung einer solchen erkennbar ist (a. A. — Tatvorgang darf noch nicht beendet sein — Peters, § 47 B 1). Dazu braucht der Beobachter nicht sämtliche Teile der Handlung wahrzunehmen, nur müssen die wahrgenommenen Teile ohne weitere Indizien den beobachteten Hergang nach der Lebenserfahrung als rechtswidrige Tat erkennen lassen.

Meincke bezeichnet als frisch die Tat während oder kurz nach Ablauf des Tatgeschehens (S. 61), will aber als Zeitraum kurz nach der Tat nur die Frist von 24 Stunden ansehen (S. 72), und auch im Verfolgungsfall die Festnahme nur während der frischen Tat, also innerhalb von 24 Stunden, zulassen (S. 78), so daß er die beiden Festnahmemöglichkeiten nicht zu unterscheiden braucht (S. 80). Die rechtshistorischen und rechtsvergleichenden Untersuchungen Meinckes tragen seinen Schluß nicht. Denn das Gesetz trifft die Unterscheidung zwischen Betreffen und Verfolgen und setzt für die Verfolgung keine zeitliche Grenze. Die Annahme ist auszuschließen, daß der Gesetzgeber die Auslegung einer Vorschrift, die sich an jedermann wendet, von Kenntnissen der Rechtsgeschichte, ausländischer Rechte, anderer geltender und früherer Gesetze hätte abhängen lassen wollen. Fristen setzt das positive, geschriebene Recht. Fehlen sie, kann die Auslegung sie nicht schaffen.

3. Betreffen und Verfolgen. Betroffen wird auf frischer Tat, wer während (RGSt. **34** 445) oder unmittelbar nach (RGSt. **65** 394) einer vollendeten oder, wenn mit Strafe bedroht, einer versuchten oder unternommenen rechtswidrigen Tat bemerkt wird. Der Begriff des Überraschens oder Entdeckens ist mit den Worten „betroffen wird" nicht notwendig verbunden (RGSt. **73** 348).

Verfolgung auf frischer Tat liegt vor, wenn unmittelbar nach Wahrnehmen, Bemerken oder Entdecken der vollendeten oder, wenn strafbar, auch der versuchten oder unternommenen Tat die strafrechtliche Verfolgung des Täters aufgenommen wird. Es ist nicht erforderlich, daß der Täter, wenn die Tat bemerkt wird, selbst noch anwesend ist, wenn nur Spuren vorhanden sind, die auf eine bestimmte Person hinweisen und dem Verfolgenden gestatten, allein aus ihnen (Teile einer auffälligen Kleidung, benutztes Kraftfahrzeug) den Täter festzustellen. Die Verfolgung umfaßt alle Maßnahmen, die darauf abzielen, den Täter zu ergreifen, und die das nach ihrer Natur ermöglichen, erleichtern oder sichern (RGSt. **30** 388). Die Verfolgung braucht sich der Entdeckung nicht augenblicklich anzuschließen. Vielmehr kann sich der Verfolgende auf die Verfolgung vorbereiten, indem er Hilfskräfte und Hilfsmittel (Kraftwagen) herbeischafft. Nicht notwendig ist, daß der Täter auf Sicht und Gehör verfolgt wird; der Verfolgende kann ihm vorauseilen, Wege besetzen usw. (RGSt. **30** 388). Eine Rast nimmt dem Nacheilen nicht den Charakter der Verfolgung (RGSt. **58** 226). Der Verfolgende braucht nicht der Entdecker, kann vielmehr von diesem unterrichtet worden sein („haltet den Dieb"); immer aber muß die Tätigkeit des Verfolgenden auf eine Entdeckung der frischen Tat, sei es auch durch einen anderen, zurückgehen. Wer in die Telefonleitung einer ihm bekannten Person gerät und aus dem, was sie einem Dritten mitteilt, erfährt, daß sie eine strafbare Handlung begangen hat, hat sie nicht auf frischer Tat betroffen und hat auch von niemandem, der das getan, davon erfahren. Er darf sie nicht selbst verfolgen, muß sich vielmehr mit einer Nachricht an die Polizei begnügen.

Der Festnehmende braucht nicht der erste Verfolger zu sein. Es genügt, wenn er von ihm oder einem weiteren Zwischenmann mit Verfolgungsmaßnahmen beauftragt worden ist (RGSt. **60** 69).

Das Gesetz kennt keine zeitliche Begrenzung der Festnahmebefugnis. Danach kann, wenn der Täter nicht alsbald beim Betreffen festgenommen werden konnte, die Verfolgung bis zu seiner Festnahme fortgesetzt werden. Für den Fall der Verfolgung ist die frische Tat der Ausgang; eine zeitliche Begrenzung für das Ende der Verfolgung ist dem Begriff nicht zu entnehmen (a. A. — Verfolgung von mehreren Tagen ist ausgeschlossen — Meincke, S. 66), wohl aber hängt die Verfolgungs- und Festnahmebefugnis davon ab, daß die Verfolgung auf die noch frische Tat hin begonnen worden ist. Wird jemand Stunden nach der Tat durch einen Beobachter unterrichtet, dann kann er den Täter nicht mehr auf frischer Tat verfolgen.

4. Festnahmegründe. Wer auf frischer Tat betroffen oder verfolgt wird, kann aus zwei Gründen festgenommen werden: weil er der Flucht verdächtig ist, oder weil seine Persönlichkeit nicht sofort festgestellt werden kann. Die beiden Gründe werden nicht, wie das in § 112 Abs. 2 und 3 geschieht, als Haftgründe bezeichnet, und stimmen auch, wenigstens dem Wortlaute nach, mit keinem der Haftgründe des § 112 Abs. 2 und 3 überein; in Wirklichkeit ist das bei dem ersten Verhaftungsgrund doch der Fall (s. u. 5), und beide entsprechen den Haftgründen des § 112. Dort machen die Haftgründe allein noch nicht die Voraussetzungen der Haft aus (s. o. 1 zu § 112). Zu ihnen gehört noch der dringende Tatverdacht, dem hier die frische Tat entspricht, und die Verhältnismäßigkeit des anzuwendenden Zwanges zu dem angestrebten Erfolg (§ 112 Abs. 1 Satz 2). Dieser für die Untersuchungshaft ausdrücklich ausgesprochene Satz gilt für alle Akte der öffentlichen Gewalt. Er muß daher auch gelten, wenn ein Privater, im öffentlichen Interesse handelnd, den Vollzug eines künftigen Haftbefehls gleichsam vorwegnimmt. Demzufolge besteht die Festnahmeberechtigung nicht, wenn die Festhaltung zu der Bedeutung der Sache und zu einer zu erwartenden Strafe oder Maßregel der Sicherung und Besserung außer Verhältnis steht (BayObLGSt. **1959** 41).

Keine Berechtigung zur Festnahme verleiht Verdunkelungsgefahr oder Ungehorsam gegen Ladungen (§§ 230, 236). Auch darf der Beschuldigte nicht etwa deshalb festgenommen werden, weil er den beleidigt, der seine Person feststellen will (OLG. Celle GA. **53** 302). Wenn die Identität feststeht, ist es unzulässig, den Beschuldigten festzunehmen, um ihn alsbald zu vernehmen (RGSt. **32** 270; **39** 190; **67** 352; BGH. NJW. **1962** 1021; BayObLGSt. **1956** 172; OLG. Schleswig NJW. **1956** 1570) oder um den Erfolg einer Durchsuchung sicherzustellen (RGSt. **15** 358; wegen des Verhältnisses des Landesrechts zur Strafprozeßordnung s. auch u. 2 zu § 163 und Kaufmann, S. 84).

5. Fluchtgefahr. Die vorläufige Festnahme ist einmal zulässig, wenn der Verfolgte der Flucht verdächtig ist. Diese abkürzende Formulierung sollte vor dem Inkrafttreten des Strafprozeßänderungsgesetzes ersichtlich auf § 112 verweisen. Dort wurde in Absatz 1 Nr. 1 ein Haftgrund umschrieben, der in Absatz 2 mit der Bezeichnung Fluchtverdacht versehen wurde. In der neuen Fassung ist der Tatbestand dieses Haftgrunds enger gefaßt: die Verhaftung ist nur zulässig, wenn auf Grund bestimmter Tatsachen (diese ausdrückliche Voraussetzung bestand bisher nur bei Verdunkelungsgefahr) die Gefahr besteht (bisher: die Befürchtung begründet ist), daß sich der Beschuldigte dem Strafverfahren entziehen werde. Der Haftgrund wird im Anschluß an die neue Formulierung als Fluchtgefahr, nicht mehr als Fluchtverdacht, bezeichnet. Dem Wortlaute nach verweist § 127 Abs. 1 mit den Worten „der Flucht verdächtig ist" nicht auf § 112 Abs. 1 Nr. 2. Eine Begründung, warum § 127 unverändert geblieben ist, ist den Materialien nicht zu entnehmen.

Man könnte die Auffassung vertreten, daß für eine Verhaftung, zu der jedermann befugt ist, einfachere Voraussetzungen genügen und eine durchsichtigere Fassung bereitgestellt werden sollte. Dem letzten Punkt würde die Erwägung entgegenstehen, daß die Fassung „der Flucht verdächtig" eine Kurzfassung ist, die der Erläuterung bedarf, wann denn dieser Verdacht gegeben sei. Dem ersten Punkt wäre entgegenzuhalten, daß der Staat die Rechte für den privat Einschreitenden eher geringer zu bemessen Veranlassung hätte, als bei seinen geschulten Beamten. Denn die Gefahr, daß der Private die Grenzen überschreitet, liegt nahe. Aus beiden Überlegungen muß man folgern, daß ein Redaktionsversehen vorliegt. Nach dem Sinn der Vorschrift und nach dem System des Abschnitts will § 127 Abs. 1 mit seiner ersten Festnahmemöglichkeit auf § 112 Abs. 1 Nr. 2 verweisen. Die Vorschrift ist daher so zu lesen, als ob sie lautete: „wenn Fluchtgefahr besteht oder die Persönlichkeit des Betroffenen nicht sofort festgestellt werden kann".

Zu dem Begriff der Fluchtgefahr s. o. 9 zu § 112.

6. Fehlender Identitätsnachweis. Die Festnahme ist ferner zulässig, wenn die Persönlichkeit des Täters nicht sofort festgestellt werden kann. Das ist der Fall, wenn der Betroffene in einer ernstliche Zweifel ausschließenden Weise nicht ohne Vernehmung oder Nachforschung identifiziert werden kann, z. B. weil er Angaben über seine Person verweigert (RGSt. **21** 10). Aber auch die Namensangabe kann ungenügend sein, wenn keine Möglichkeit besteht, sie nachzuprüfen (RGSt. **27** 199). Ist der Name eines ortsansässigen Betroffenen bekannt, besteht grundsätzlich kein Festnahmerecht (RGSt. **67** 353), doch kann in großstädtischen Verhältnissen die Festnahme berechtigt sein, wenn nur der Familienname, nicht aber der Vorname und die Anschrift bekannt sind (OLG. Hamburg MDR. **1964** 778). Denn die Persönlichkeit ist nur dann festgestellt, wenn mit Hilfe bekannter oder nachgewiesener Angaben der Beschuldigte später zur Verantwortung gezogen werden kann. Reichen die Nachweise nicht aus, so wird die Nachprüfung durch die Bestätigung eines anderen, der sich selbst ausweisen kann, in der Regel möglich sein (OLG. Celle GA. **53** 302). Können die Angaben, etwa bei großem Verkehr, bei Unruhen oder weil — ernstlich und konkret — Störungen zu erwarten sind oder wegen Dunkelheit, nicht auf der Straße nachgeprüft werden, so kann der Verdächtige zur nächsten Polizeiwache verbracht werden (RG. JW. **1925** 1000). Daß die Feststellung später oder durch einen anderen wahrscheinlich möglich sein wird, steht der Festnahme nicht entgegen (BayObLG. LZ. **1928** 1408). Daher braucht sich der Festnehmende, wenn der Verdächtige ein Kraftfahrzeug benutzt, nicht damit zu begnügen, das Kennzeichen festzustellen (KG. VerkMitt. **1959** 77). Denn damit allein kann der Nachweis, wer das Fahrzeug benutzt hat, nicht mit Sicherheit geführt werden. Wenn der Verdächtige dagegen ein öffentliches, nach Fahrplan verkehrendes, Verkehrsmittel führt, kann davon ausgegangen werden, daß eine Anfrage bei der Leitung des Verkehrsbetriebs zur Identifizierung führen wird. Der theoretisch gleichwohl nicht völlig auszuschließende Beweisverlust ist dann so gering, daß er jedenfalls bei geringeren Straftaten hingenommen werden muß. Es widerspricht dem Grundsatz der Verhältnismäßigkeit, eine Straßenbahn anzuhalten, um den Ausweis des Fahrers einzusehen, wenn dieser etwa die Vorfahrt eines Kraftwagens folgenlos verletzt hat (a. A. — Feststellungsberechtigter braucht sich nicht mit einer Anfrage bei dem Verkehrsbetrieb zu begnügen — OLG. Düsseldorf VRS. **9** 217).

7. Festnahmeberechtigte. Die Befugnis zur Festnahme hat jedermann, also auch ein Ausländer oder Minderjähriger; eine Altersgrenze besteht nicht (Karamuntzos, S. 17). Eine persönliche Beziehung des Festnehmenden zu der Tat ist nicht erforderlich. Er braucht also nicht der Verletzte oder damit beauftragt zu sein, dessen Interessen wahrzunehmen (RGSt. **12** 194).

Jedermann ist auch ein Polizeibeamter (RGSt. **21** 12; **27** 156; **46** 351), der hier — anders als nach Absatz 2 — auch außerhalb seines Amtsbezirks tätig werden kann. Obwohl ein Polizeibeamter nach Absatz 2 wegen einer Übertretung nur in sehr beschränktem Umfang vorläufig festnehmen darf (§ 113), ist er im Rahmen des Absatzes 1 nach dessen Wortlaut bei frischer Tat auch bei einer Übertretung von Beschränkungen frei. Da er jedoch — im Gegensatz zu einem Privatmann — weiß, daß der Richter einen wegen Fluchtverdacht festgenommenen, einer Übertretung Verdächtigen alsbald entlassen muß, falls nicht einer der in § 113 genannten Ausnahmefälle vorliegt, darf er in bezug auf eine Übertretung wegen Fluchtverdachts nur unter den Voraussetzungen von § 113 festnehmen, sonst nur, wenn die Persönlichkeit des Verdächtigen nicht festgestellt werden kann.

Die Festnahmeberechtigung endet, wenn die öffentliche Gewalt, in der Regel die Polizei, selbst einschreitet und damit das Handeln des Privaten für sie überflüssig macht (s. o. I 1 Abs. 3). Gegen ihren Willen kann ein Privater nicht tätig werden. Nimmt die anwesende Polizei einen ihr zwar bekannten, aber fluchtverdächtigen Täter nicht fest — etwa weil die Festhaltung zu der Bedeutung der Sache außer Verhältnis stehen würde —, dann ist ein Privater nicht befugt, das von sich aus zu tun.

8. Festnahme. Jede Einwirkung, die über die Frage nach Namen und Anschrift und die Einsicht in freiwillig vorgelegte Ausweise hinausgeht, ist Festnahme. Sie liegt also namentlich vor, wenn jemand zur Wache mitgenommen wird, damit dort seine Personalien festgestellt werden (RGSt. **27** 157; Lobe-Alsberg, V zu § 127; a. A. RG. JW. **1925** 1000; JW. **1935** 3393; OLG. Braunschweig GA. **1953** 28; Müller-Sax, 5 zu § 127).

Die Festnahme wird durchgeführt durch die Aufforderung, dem Festnehmenden zum nächsten Amtsrichter oder, was vorzuziehen ist, zur nächsten Polizeistation (s. u. 3 zu §§ 128, 129) zu folgen. Reicht das nicht aus, ist der Festnehmende befugt, die zur Durchführung nötigen Mittel, namentlich Gewalt, anzuwenden. Dazu darf er Handlungen vornehmen, die ohne diese Berechtigung als Freiheitsberaubung, Nötigung und körperliche Mißhandlung strafbar wären (RGSt. **12** 197; **34** 446; **65** 392; Boehm, Sp. 493; Meincke, S. 11). Kann der Festnehmende den Täter nicht alsbald zum Richter oder zur Polizei bringen, dann ist er befugt, ihn in einem Privatzimmer festzuhalten, bis Polizei herbeigerufen werden kann. Indessen gestattet § 127 nur, die Bewegungsfreiheit aufzuheben, aber keine weitere Einschränkung (RG. DJZ. **1905** 219). Daher dürfen an sich erlaubte Drohungen nicht in Beleidigungen eingekleidet, darf der Festzunehmende namentlich nicht geduzt werden (BayObLGSt. **33** 42).

9. Festnahmemittel. Der Festnehmende kann den Täter zwingen, in ein Kraftfahrzeug zu steigen (OLG. Braunschweig HESt. **2** 83). Er kann ihn festhalten und dazu fest anpacken. Doch ist ihm darüber hinaus, anders als bei der Notwehr, nicht jedes Mittel gestattet. Vielmehr muß die mit den angewendeten Mitteln verbundene Rechtsgutverletzung in einem angemessenen Verhältnis zu dem angestrebten Zweck der Festnahme stehen (RGSt. **65** 394). Danach ist in der Rechtsprechung grundsätzlich für unzulässig erachtet worden, Leib und Leben des Betroffenen zu verletzen (RGSt. **34** 446), namentlich auf einen Fliehenden, auch nur mit Schrot, angriffsweise zu schießen (RGSt. **65** 394; **69** 312; **71** 52; **72** 306; a. A. KG. GA. **69** 288). Drohung mit dem Schießen (RGSt. **12** 197; **65** 394) und ein Warnschuß bleiben erlaubt; Belästigung der Allgemeinheit durch einen solchen Schuß muß hingenommen werden (BayObLGSt. **2** 385, 387). Fesseln und Binden sind in besonderen Fällen erlaubt, doch ist starkes Fesseln unzulässig (RGSt. **17** 128).

Die Rechtsprechung ist an Fällen entwickelt worden, in denen die Tat geringfügig war. Sie ist nicht ohne weiteres auf die Festnahme bei schweren Verbrechen zu übertragen. Denn das angemessene Verhältnis, in dem die Mittel zu dem Festnahmezweck stehen sollen, ist auch in Beziehung zu der verübten Rechtsgutverletzung zu suchen. Daher kann auch ein unbeteiligter Dritter nach Entdeckung eines beendeten Mordes den flüchtigen Täter mit der Schußwaffe an der Flucht hindern, sofern er alles tut, seine Tötung zu vermeiden.

Der Festnehmende darf dem Verdächtigen Sachen wegnehmen, die ihm die Fortbewegung erleichtern (OLG. Saarbrücken NJW. **1959** 1191). Ebenso kann er ihm Beweisstücke abnehmen, deren er sich zu entäußern sucht. Schließlich kann er sich, wenn er den Beschuldigten nicht festzunehmen vermag, darauf beschränken (Boehm, Sp. 493), ihm solche Sachen wegzunehmen, die eine Identifizierung ermöglichen (RGSt. **8** 291; GA. **50** 392; KG. GA. **70** 12; OLG. Düsseldorf HESt. **1** 270; a. A. — zwangsweise Sachentziehung unzulässig — EbSchmidt, 19 zu § 127). Das gilt jedoch nur für Sachen, die der Täter bei sich führt, nicht für solche, die er in seiner Wohnung oder an anderer Stelle verwahrt (OLG. Celle GA. **37** 377).

Ist der Festzunehmende ein Beamter, so beantwortet sich die Frage, welche Handlungen er zum Zwecke der Festnahme vornehmen darf, nach den für diesen Fall für seine Beamtengruppe erlassenen besonderen Vorschriften. Danach kann einem Beamten, anders als einem Privaten, der Gebrauch von Schußwaffen erlaubt sein (RG. Recht **1926** 344; RGSt. **72** 305). Die Einzelheiten regeln die Landesgesetze über Anwendung unmittelbaren Zwanges; sie gestatten den Schußwaffengebrauch nur bei besonders gelagerten Fällen. Die aus seinem Amt erwachsenden Befugnisse hat der Beamte jedoch nur, wenn er die sachlichen (RGSt. **66** 340) und örtlichen Grenzen seines Amtes innehält.

10. Kraftfahrer als Täter. Aus dem Recht, die Persönlichkeit des Verdächtigen festzustellen, und, wenn dies an Ort und Stelle nicht möglich ist, ihn dazu festzunehmen, folgt das weitere, die Fortbewegung des Verdächtigen zu verhindern. Das wirft besondere Probleme auf, wenn der Verdächtige zur Fortbewegung ein Kraftfahrzeug auf öffentlichen Straßen benutzt. Ist der Täter gestellt, kann er durch Wegnahme des Zündschlüssels an der Flucht gehindert werden (OLG. Saarbrücken NJW. **1959** 1191). Muß er noch gestellt werden, ist es grundsätzlich zulässig, ihm Hindernisse zu bereiten, die es unmöglich machen, weiter zu fahren (OLG. Hamburg HRR. **1928** 1401). Dabei ist aber sowohl eine Gefährdung des Straßenverkehrs (OLG. Hamm VRS. **16** 136; 23, 453; KG. VRS. **17** 359) als auch regelmäßig eine solche des Flüchtigen zu vermeiden (OLG. Schleswig NJW. **1953** 275; OLG. Frankfurt VerkMitt. **1959** 72). Daher ist es in der Regel nicht zulässig, eine belebte Straße (BayObLG. LZ. **1928** 1408), auf jeden Fall eine Autobahn, wegen einer bloßen Übertretung zu sperren (OLG. Celle NdsRpfl. **1958** 98). Doch müssen die anderen Verkehrsteilnehmer gewisse Belästigungen auf sich nehmen (OLG. Düsseldorf VRS. **9** 217).

Auch hier dürfen indessen einzelne Entscheidungen nicht verallgemeinert werden. Was nicht angemessen ist, wenn verfolgt wird, wer einer Übertretung verdächtig ist, kann geboten sein, wenn es gilt, einen Kraftfahrer zu stellen, der nach einem von ihm verursachten schweren Unfall die Flucht ergriffen hat. Versucht er, den Verfolger rücksichtslos abzuschütteln und gefährdet er ihn dabei, so ist es erlaubt, auch ihn zu gefährden. Andere dürfen allerdings nicht in Gefahr gebracht werden, müssen aber hinnehmen, daß sie belästigt und in schweren Fällen auch behindert werden.

11. Form. Die Festnahme unterliegt keiner besonderen Form. Sie braucht nicht ausdrücklich als solche bezeichnet zu werden. Der Festnehmende kann, wenn sonst der beabsichtigte Erfolg gefährdet wäre, davon absehen, sowohl die Festnahme (OLG. Braunschweig HESt. **2** 83) als auch eine Gewaltanwendung (BayObLGSt. **1959** 38) anzukündigen. Die vorgenommene Handlung muß jedoch dem Verdächtigen als eine Festnahme erkennbar sein (BayObLGSt. **1960** 66 = NJW. **1960** 1583).

Zur Nachtzeit kann ohne Beschränkung verhaftet werden (RGSt. **40** 67), wenn der zu Verhaftende außerhalb einer Wohnung, eines Geschäftsraumes oder eines befriedeten Besitztums betroffen wird oder diese Örtlichkeit auf Auffordern freiwillig verläßt. Muß eine Wohnung usw. zum Zwecke der Verhaftung, sei es am Tage, sei es zur Nachtzeit, betreten werden, dann liegt darin eine Durchsuchung, die nur unter den Voraussetzungen der §§ 102 bis 104 zulässig ist (RGSt. **31** 307; Peters, § 47 B I 1 Abs. 7 und 8; weitergehend RGSt. **40** 67, zust. EbSchmidt, 4 zu § 127). Da der Beschuldigte festgenommen werden soll, nachdem er auf frischer Tat verfolgt worden ist, ist die Durchsuchung nach § 104 Abs. 1 zulässig.

III. Festnahme bei Gefahr im Verzuge (Absatz 2).

1. Gefahr im Verzuge liegt vor, wenn die Festnahme gefährdet wäre (vgl. § 81c Abs. 3) zufolge der Verzögerung, die eintreten würde, falls zuvor ein richterlicher Haft- oder Unterbringungsbefehl erwirkt werden müßte. Dabei kommt es indessen nicht auf eine — kaum feststellbare — objektive Gefahr an, sondern allein darauf, ob der Beamte auf Grund der gesamten Umstände des Falles nach seinem pflichtgemäßen Ermessen als wahrscheinlich annehmen kann, der Festnahmeerfolg sei gefährdet (RGSt. **37** 34; **38** 375). Liegen die Voraussetzungen eines Haftbefehls vor, dann darf der Polizeibeamte den Fall der Gefahr im Verzuge nicht dadurch herbeiführen, daß er, ohne einen Haftbefehl erwirkt zu haben, den Beschuldigten vernimmt und dadurch einen latenten Entschluß zur Flucht oder zur Verdunkelung zu einer konkreten Gefahr macht. Ist er aber versehentlich oder absichtlich so verfahren, dann hat das auf sein Recht zur Festnahme gleichwohl keinen Einfluß. Der Umstand, daß er durch frühere Fehler oder Pflichtwidrigkeiten die Gefahr mitverursacht hat, muß außer Betracht bleiben (BGHSt. **3** 243).

2. Festnahmeberechtigt nach Absatz 2 sind die Staatsanwaltschaft und die Polizeibeamten.

Der Ausdruck Staatsanwaltschaft umfaßt die Bundesanwälte, die Staatsanwälte und die Amtsanwälte einschl. ihrer Beförderungsstufen. Als Bundesanwälte gelten auch die bei der Bundesanwaltschaft beschäftigten Oberstaatsanwälte, als Staatsanwälte die mit der Wahrnehmung staatsanwaltschaftlicher Aufgaben beauftragten Assessoren, als Amtsanwälte die mit der Wahrnehmung amtsanwaltschaftlicher Aufgaben beauftragten Referendare (OLG. Düsseldorf JMBl. NRW. **1965** 103) und Inspektoren. Die Amtsanwälte sind festnahmeberechtigt nicht nur im Umfang ihrer Zuständigkeit nach den Anordnungen der Landesjustizverwaltungen über Organisation und Dienstbetrieb der Staatsanwaltschaft, sondern in allen Sachen, die zur Zuständigkeit des Amtsgerichts (§ 24 GVG.) gehören (§ 142 Abs. 2), doch wird sich der Amtsanwalt in den ihm nach jenen Verfügungen nicht zugewiesenen Sachen der Anordnung einer Beschlagnahme zu enthalten haben, wenn nicht Gefahr im Verzuge in der Weise vorliegt, daß nicht nur kein Richter, sondern auch kein Staatsanwalt zu erlangen ist.

Polizeibeamte sind alle Beamten des Polizeidienstes (Schutzpolizei, einschließl. Wasserschutz- und Bereitschaftspolizei, und Kriminalpolizei), nicht nur die Beamten derjenigen Klassen, die nach § 152 Abs. 2 GVG. als Hilfsbeamte der Staatsanwaltschaft bezeichnet worden sind (Kaufmann, S. 59). Hilfsbeamte der Staatsanwaltschaft, die nicht Polizeibeamte sind, fallen nicht unter Absatz 2, doch ist einzelnen Klassen von ihnen in Einzelgesetzen die Befugnis zur Verhaftung ausdrücklich beigelegt worden. So sind nach § 439 Abs. 1 AO. bei Verdacht eines Steuervergehens die Finanzämter und ihre Hilfsbeamten im Rahmen des Absatzes 2 zur Festnahme befugt. Nach § 1 Nr. 2 des Gesetzes über die Finanzverwaltung vom 6. 9. 1950 (BGBl. 448) gelten als Finanzämter auch die Hauptzollämter und die Zollfahndungsstellen. Die beiden Behörden und ihre Beamten haben nach § 42 Abs. 3 Satz 1 des Außenwirtschaftsgesetzes vom 28. 4. 1961 (BGBl. I 481) in Außenwirtschaftsstrafsachen die Rechte und Pflichten der Polizeibeamten nach den Bestimmungen der Strafprozeßordnung.

In der Sitzung kann der Richter die vorläufige Festnahme wegen einer in der Sitzung begangenen strafbaren Handlung verfügen (§ 183). Aber auch in bezug auf die Handlung, die er aburteilt, kann er nicht weniger Rechte als der Staatsanwalt haben. Daher kann auch er vorläufig festnehmen, wenn die Maßregeln nach § 231 Satz 2 nicht ausreichen, etwa weil die Voraussetzungen eines Haftbefehls wegen Verdunkelungsgefahr vorliegen.

Die vorläufige Festnahme von Soldaten wegen eines Dienstvergehens richtet sich nach § 9 WDO. Die Bestimmung verleiht den militärischen Vorgesetzten keine Befugnisse nach Absatz 2 (Dreher bei Dreher-Lackner-Schwalm, WStG., 9 zu § 46). Die Bahnpolizeibeamten sind zur Festnahme nach Absatz 2 nicht befugt (§ 75 Abs. 4 der Eisenbahn-Bau- und Betriebsordnung vom 17. 7. 1928 — RGBl. III 933—2—). Privatdetektive haben keine Rechte nach Absatz 2 (RGSt. **59** 296).

3. Wegen der **Voraussetzungen eines Haft- oder Unterbringungsbefehls** s. o. § 112 und § 126 a, wegen fehlender Berechtigung zur Festnahme s. o. I 1 Abs. 4; die §§ 230, 236 geben für Staatsanwaltschaft und Polizei kein Recht zur vorläufigen Festnahme. Im Gegensatz zu Absatz 1 ist nach Absatz 2 die Festnahme auch wegen Verdunkelungsgefahr zulässig, aber in bezug auf Übertretungen nur unter den einschränkenden Voraussetzungen des § 113 erlaubt; doch ist das bei Polizeibeamten gegenüber Absatz 1 in Wirklichkeit keine Einschränkung (s. o. II 7 Abs. 2). Da § 113 bei Übertretungen die Verhaftung wegen Verdunkelungsgefahr ausschließt, ist eine vorläufige Festnahme unzulässig, um eine Blutprobe zu erzwingen, wenn der Verdacht lediglich einer Übertretung besteht (OLG. Saarbrücken NJW. **1959** 1190). Der Frage kommt jedoch nur geringe Bedeutung zu. Denn die Ansicht, daß Spuren „verwische", wer sich der Blutalkoholuntersuchung entziehen wolle, oder daß eine solche Absicht derjenigen, Spuren zu vernichten, gleichzustellen sei (OLG. Braunschweig NJW. **1956** 1808; BayObLGSt. **1960** 67 = NJW. **1960** 1583), ist ohnehin nicht zu billigen. Die Konstruktion ist aber auch nicht erforderlich, weil die Blutalkoholuntersuchung (nicht der sog. Alkoholtest; BayObLGSt. **1963** 15 = NJW. **1963** 772) nach § 81 a erzwungen werden kann und dazu eine kurzfristige Festnahme des Beschuldigten für die Dauer der Untersuchung (Baumann, Festschr. für Eb.Schmidt, S. 538) zulässig ist (s. o. 9 zu § 81 a; BayObLGSt. **1956** 183 = NJW. **1957** 273; BayObLGSt. **1963** 213 = NJW. **1964** 459; OLG. Hamm DAR. **1962** 131; OLG. Neustadt DAR. **1962** 243 = MDR. **1962** 593; Peters, Blutalkohol **1964** 241). § 81 a enthält die Befugnis zur Beschränkung der Bewegungsfreiheit — entgegen der Ansicht Nauckes SchlHA. **1963** 103 — in sich (Dünnebier JR. **1964** 149; Kleinknecht NJW. **1964** 2181). Es wäre undenkbar, daß das Gesetz in § 81 c die zwangsweise Vorführung eines Zeugen zur Blutentnahme zuließe, sie aber beim Beschuldigten habe versagen wollen. Allerdings sind zur Anordnung nach § 81 a nicht — wie zur Festnahme nach § 127 Abs. 2 — alle Polizeibeamten sondern nur diejenigen befugt, die Hilfsbeamte der Staatsanwaltschaft sind (OLG. Saarbrücken NJW. **1959** 1191; Kohlhaas DAR. **1960** 255).

4. Wegen der Durchführung der **Festnahme** gilt das zu II 8 bis 11 Ausgeführte entsprechend, doch ist bei Verhaftungen zur Nachtzeit zu beachten, daß die Gefahr im Verzuge, von der Absatz 2 spricht, nicht dieselbe zu sein braucht, die nach § 104 Abs. 1 berechtigt, eine Wohnung zur Nachtzeit zu durchsuchen (s. dazu o. II 11 Abs. 2). Auch wenn der Polizeibeamte verhaften muß, ohne vorher einen richterlichen Haftbefehl erwirken zu können, kann durchaus die Möglichkeit bestehen, daß er mit der Verhaftung bis zum Tagesanbruch wartet, wenn feststeht, daß der Gesuchte sich in seiner Wohnung aufhält, und wenn deren Ausgänge gesichert werden können.

IV. Strafantrag (Absatz 3). Prozeßhindernisse, wozu auch fehlende Prozeßvoraussetzungen zählen, stehen jeder Prozeßhandlung entgegen. § 130 macht hiervon für den Haftbefehl eine Ausnahme (s. auch o. 2 Abs. 2 zu § 114); Absatz 3 dehnt die Ausnahme auf die vorläufige Festnahme aus. Danach ist die vorläufige Festnahme bei Antragsdelikten schon zulässig, ehe ein Strafantrag gestellt ist, solange nur noch nicht feststeht, daß der Berechtigte, von mehreren Berechtigten jeder von ihnen (OLG. Celle Alsb. E. 1 271), ihn nicht stellen wird. Dieser Ausnahme kommt für Absatz 1 kaum Bedeutung zu. Denn bei frischer Tat wird dem Festnehmenden kaum je bekannt sein, daß ein Antragsberechtigter auf sein Antragsrecht verzichten wolle. Die Bestimmung ist nicht nur bei fehlendem Strafantrag anzuwenden, sondern ebenso bei noch ausstehender Ermächtigung, Anordnung oder Zustimmung oder einem Strafverlangen usw. (s. o. 2 Absatz 2 zu § 114).

§ 128

(1) Der Festgenommene ist, sofern er nicht wieder in Freiheit gesetzt wird, unverzüglich, spätestens am Tage nach der Festnahme, dem Amtsrichter des Bezirks, in dem er festgenommen worden ist, vorzuführen. Der Amtsrichter vernimmt den Vorgeführten gemäß § 115 Abs. 3.

(2) Hält der Amtsrichter die Festnahme nicht für gerechtfertigt oder ihre Gründe für beseitigt, so ordnet er die Freilassung an. Andernfalls erläßt er einen Haftbefehl oder einen Unterbringungsbefehl. § 115 Abs. 4 gilt entsprechend.

Entstehungsgeschichte: I. Entw. §§ 112, 113 Abs. 1. II. Entw. § 115. III. Entw. § 116.

Änderungsvorschläge: N. E. I, II § 129. N. E. III § 151. Entw. EGStGB. Art. 70 Nr. 75.

Spätere Änderungen: Durch Art. 2 Nr. 8 des G. vom 24. 11. 1933 wurden in Absatz 2 die Worte „oder einen Unterbringungsbefehl", durch Art. 3 Nr. 50 VereinhG. in Absatz 1 die Worte „spätestens am Tage nach der Festnahme" eingefügt. Der Wortlaut des letzten Satzes von Absatz 1 und von Absatz 2 stammt aus Art. 1 Nr. 2 StPÄG.; er dient der Anpassung an die §§ 115, 115a.

§ 129

Ist gegen den Festgenommenen bereits die öffentliche Klage erhoben, so ist er entweder sofort oder auf Verfügung des Amtsrichters, dem er zunächst vorgeführt worden ist, dem zuständigen Gericht oder dem Untersuchungsrichter vorzuführen; diese haben spätestens am Tage nach der Festnahme über Freilassung, Verhaftung oder einstweilige Unterbringung des Festgenommenen zu entscheiden.

Entstehungsgeschichte: Die in den Entwürfen nicht enthaltene Vorschrift ist von der Reichstags-Kommission eingefügt worden (Hahn, Mat. 1 693).

Änderungsvorschläge: N. E. I, II §§ 129, 130. N. E. III § 152. Entw. EGStGB. Art. 70 Nr. 75 (§ 128).

Spätere Änderungen: Durch Art. 2 Nr. 9 des G. vom 24. 11. 1933 wurden die Worte „oder einstweilige Unterbringung", durch Art. 3 Nr. 50 die Worte „spätestens am Tage nach der Festnahme" eingefügt.

Erläuterung zu den §§ 128 und 129

1. Dauer der polizeilichen Festnahme. Wer den Verdächtigten festgenommen hat, wenn es ein Beamter war, auch sein Vorgesetzter, muß ihn alsbald freilassen, wenn die Festnahmegründe entfallen sind. Das ist nach Festnahme auf frischer Tat stets der Fall, wenn bei einem nicht fluchtverdächtigen Unbekannten die Personalien festgestellt sind oder wenn ein Fluchtverdacht, der zunächst bestanden hatte, ausgeräumt worden ist. Im Falle des § 127 Abs. 2 kann die Einlassung des Festgenommenen ergeben, daß der Festnehmende die Haftgründe zu Unrecht angenommen hatte, etwa weil sich herausstellt, daß nur der Fall des § 113 vorliegt, dessen besondere Voraussetzungen aber nicht gegeben sind, oder weil sich ergibt, daß die Tat — entgegen der ursprünglichen Annahme — nur geringfügig ist, und daher die Haft zu der Bedeutung der Sache und der zu erwartenden Strafe außer Verhältnis stehen würde. Ohne Rücksicht auf den Stand der Identitätsfeststellung und trotz einem bestehenden Fluchtverdacht ist ein Festgenommener, der sich in polizeilichem Gewahrsam befindet, alsbald dann freizulassen, wenn die Polizei ihn nicht bis zum Ende des Tages nach der Festnahme dem Amtsrichter (§ 128 Abs. 1) oder dem zuständigen Gericht (§ 129 Abs. 1) hat vorführen können (Art. 104 Abs. 2 Satz 3 GG.; EbSchmidt, 5, 6 zu § 128).

Wie § 127 Abs. 1 es nicht zuläßt, die Fortsetzung der Straftat eines bekannten, nicht fluchtverdächtigen Täters durch seine Festnahme zu verhindern, so verbietet es § 128 Abs. 1, eine nach § 127 Abs. 1 zunächst zulässige Festnahme aufrechtzuerhalten, wenn sie unzulässig geworden ist, etwa weil die Personalien festgestellt werden konnten. Inwieweit in solchen Fällen jedermann die Fortsetzung einer Straftat verhindern kann, ist eine hier nicht zu behandelnde Frage des Polizeirechts.

2. Verhältnis zu § 115. Das Verfahren nach der Festnahme ist in den §§ 128, 129 nur für den Fall geregelt, daß noch kein Haftbefehl vorliegt, wie sich aus § 128 Abs. 2 Satz 2, § 129 letztem Halbsatz ergibt. Dabei behandelt § 129 die Vorführung, nachdem die öffentliche Klage bereits erhoben ist, und demnach § 128 den Fall, daß dies noch nicht geschehen ist. Es ist aber denkbar, daß jemand vorläufig festgenommen wird, obwohl gegen ihn bereits ein Haftbefehl vorliegt. § 127 hat das nicht im Auge. Diese Vorschrift geht davon aus, daß noch kein Haftbefehl ergangen ist („wenn die Voraussetzungen eines Haftbefehls ... vorliegen"). Ausnahmsweise kann das indessen gleichwohl der Fall sein, ohne daß der verhaftende Beamte das weiß.

Für § 127 Abs. 1 kann dieser Fall nicht eintreten, wenn der Täter auf frischer Tat betroffen wird. Wird er nach Verfolgung festgenommen, könnte theoretisch inzwischen ein Haftbefehl ergangen sein; praktisch ist es nahezu ausgeschlossen. Kommt es gleichwohl vor, wird der Verfolgende von dem Haftbefehl benachrichtigt, so daß er nach § 115 zu verfahren hat, wenn er den Beschuldigten nunmehr auf Grund des Haftbefehls ergreift. Anders ist es im Falle des § 127 Abs. 2. Hier kann der Festnehmende auf keinen Fall wissen, daß die Untersuchungshaft bereits angeordnet ist. Nimmt er den Beschuldigten ohne Kenntnis von dem Haftbefehl fest, so kann er ihn nicht „auf Grund des Haftbefehls" ergreifen. Alsdann findet nicht § 115, sondern § 128 Abs. 1 Satz 1 Anwendung. Für die Vernehmung gilt § 115 Abs. 3 (§ 128 Abs. 1 Satz 2), für die Entscheidung § 128 Abs. 2 Satz 1 und 2 und für die Rechtsmittelbelehrung § 115 Abs. 4 (§ 128 Abs. 2 Satz 3).

3. Die **Vorführung** ist zu dem Amtsrichter des Bezirks zu bewirken, in dem der Verhaftete festgenommen worden ist. Die Vorschrift ergibt, im Hinblick darauf, daß im Falle des § 127 Abs. 1 jedermann zur Festnahme berechtigt ist, eine leicht einprägsame klare Vorführungsregel. Sachlich ist sie entbehrlich, nachdem in § 125 Abs. 1 die Zuständigkeit des Amtsrichters begründet worden ist, in dessen Bezirk sich der Beschuldigte — hier zufolge der vorläufigen Festnahme — aufhält. Daß mit ihr eine von § 125 Abs. 1 abweichende ausschließliche Zuständigkeit des Richters des Festnahmebezirks begründet werden sollte (so OLG. Dresden JW. **1932** 1779; zust. KleinknM, 1 Abs. 2 zu § 128), ist ihr nicht zu entnehmen; es ist auch kein Grund für eine solche Abweichung erkennbar. Demzufolge ist außer dem Amtsrichter des Festnahmebezirks auch jeder nach § 125 Abs. 1 zuständige Amtsrichter zur Vernehmung und zu den Entscheidungen nach § 128 Abs. 2, § 129 zuständig (OLG. Celle JZ. **1956** 125) sowie der Ermittlungsrichter des Bundesgerichtshofs (vgl. o. 1 zu § 125).

Der Vorführende, gleichviel ob er eine Privatperson oder ein Polizeibeamter ist, braucht den Festgenommenen nicht unmittelbar zum Richter zu bringen, kann ihn vielmehr bei der nächsten Polizeiwache abliefern (RGSt. **29** 137). In diesem Fall hat die Polizeidienststelle den Festgenommenen unverzüglich dem Richter vorzuführen, falls sie ihn nach Prüfung des Sachverhalts, zu der sie berechtigt und verpflichtet ist, nicht von sich aus freiläßt (RGSt. **67** 299). Für Privatpersonen und Polizeibeamte, die nicht Kriminalbeamte sind, empfiehlt sich dieser Weg; es wäre wünschenswert, wenn er in § 127, der sich an jedermann wendet, ausdrücklich bezeichnet würde.

Ist die öffentliche Klage (zu dem Begriff s. o. 2 zu § 125) bereits erhoben und ist das dem vorführenden Beamten — es können nur Fälle des § 127 Abs. 2 und als Vorführende daher nur Beamte in Betracht kommen — bekannt, dann kann er den Festgenommenen auch sofort dem zuständigen Gericht — wenn Voruntersuchung schwebt, dem Untersuchungsrichter — vorführen (§ 129). Das ist sachgemäß, wenn er den zuständigen Richter fristgemäß erreichen kann. Er braucht diesen Weg aber nicht einzuschlagen, kann vielmehr in jedem Fall den Amtsrichter (§ 128 Abs. 1, § 125 Abs. 1) angehen. Das muß er tun, wenn er den Beschuldigten dem zuständigen Richter nicht fristgemäß zuführen kann.

Befindet sich am Sitze des Richters eine Staatsanwaltschaft, dann wird die Vorführung, wenn die Zeit es zuläßt, dorthin vorgenommen, damit durch die Anhörung (§ 33 Abs. 2) keine weitere Zeit verloren geht. Die Staatsanwaltschaft wird auch am ehesten feststellen können, ob bereits öffentliche Klage erhoben ist oder ob etwa schon ein Haftbefehl vorliegt. Außerdem kann sie, wenn sie die zuständige Staatsanwaltschaft ist und die öffentliche Klage noch nicht erhoben hat, den Vorgeführten entlassen. Da ihr das Recht der Entlassung für die Zeit nach Erlaß des Haftbefehls zusteht (§ 120 Abs. 3), hat sie es auch vorher.

4. Frist. Wegen der in § 128 Abs. 1 gebrauchten Wendung „unverzüglich, spätestens am Tage nach der Festnahme“ s. o. 4 zu §§ 115, 115a.

In § 129 steht das Wort „sofort“ in keinem Gegensatz zu dem in § 128 verwendeten Ausdruck unverzüglich; es hat vielmehr die Bedeutung von unmittelbar (Hartung, 2 zu § 129). Demzufolge ändert § 129, der als Sonderfall des § 128 aus dieser Vorschrift zu ergänzen ist, nichts an der dort begründeten Verpflichtung, den Festgenommenen unverzüglich, spätestens am Tage nach der Ergreifung, dem Richter vorzuführen. Er bestimmt vielmehr nur, daß der Verdächtige innerhalb dieser Frist statt dem Amtsrichter, „sofort“, d. h. ohne amtsrichterliche Vermittlung, dem zuständigen Gericht zugeführt werden kann, wenn die Zuständigkeit durch die Klage festgelegt ist.

5. Vernehmung. Für den Fall der Vorführung zum Amtsrichter wird in § 128 Abs. 1 Satz 2 die Vernehmung nach § 115 Abs. 3 vorgeschrieben. Wegen des Inhalts und der Form der Vernehmung ist daher auf die Ausführungen o. 8a zu §§ 115, 115a zu verweisen. Ist die öffentliche Klage bereits erhoben, so daß der Amtsrichter die Vorführung zum zuständigen Gericht anzuordnen hat (§ 129), so entbindet ihn das nicht von der Pflicht zur Vernehmung. Auch diese hat dem § 115 Abs. 3 zu entsprechen.

Wird der Vorgeführte, sei es sofort, sei es nach Vernehmung durch den Amtsrichter, dem zuständigen Gericht vorgeführt, so hat dieses ihn zu vernehmen. Das ist zwar in § 129 nicht vorgeschrieben. Wenn das zuständige Gericht aber nach Erlaß eines Haftbefehls zur Vernehmung des ergriffenen Beschuldigten verpflichtet ist (§ 115 Abs. 2), so hat es diese Verpflichtung erst recht, wenn ihm jemand vorgeführt wird, gegen den noch kein Haftbefehl vorliegt. Die Vernehmung ist entbehrlich, wenn der Richter auf Grund des Festnahmeberichts alsbald die Freilassung anordnen kann oder wenn die Staatsanwaltschaft die Freilassung nach § 120 Abs. 3 Satz 1 beantragt. Für die Frist zu dieser Vernehmung ist § 115 Abs. 2 entsprechend anzuwenden. S. dazu o. 7a zu §§ 115, 115a.

6. Gerichtliche Entscheidung. Die Entscheidung des Amtsrichters ist verschieden, je nachdem, ob schon ein Haftbefehl vorliegt und ob die öffentliche Klage schon erhoben ist oder ob diese Umstände nicht vorliegen, was allerdings der Regelfall ist.

Liegt kein Haftbefehl vor und ist die öffentliche Klage noch nicht erhoben, dann entscheidet der Amtsrichter nach dem Ergebnis der Vernehmung und auf Grund des Vorführungsberichts. Bei der Entscheidung ist nicht zu prüfen — worauf die nicht ganz glückliche Fassung von § 128 Abs. 2 hinleiten könnte —, ob die Festnahme gerechtfertigt war, sondern allein, ob im Augenblick der Entscheidung die Voraussetzungen eines Haftbefehls vorliegen. Auf Grund dieser Prüfung läßt der Amtsrichter den Vorgeführten entweder frei oder er erläßt einen Haftbefehl oder einen Unterbringungsbefehl (§ 128 Abs. 2). Beantragt die nach § 33 Abs. 2 zu hörende Staatsanwaltschaft die Freilassung, so hat er dem zu entsprechen (§ 120 Abs. 3 Satz 1).

Liegt noch kein Haftbefehl vor, und ist die öffentliche Klage bei dem Amtsrichter des Verhaftungsbezirks erhoben worden, dann trifft dieser die in § 129 vorgesehenen Entscheidungen. Ist sie bei einem anderen Gericht erhoben, dann ordnet er die Vorführung zu dem zuständigen Gericht an. Hierfür gilt das o. 11 zu §§ 115, 115a Ausgeführte. Der Amtsrichter kann jedoch den Beschuldigten auch freilassen. Zur Freilassung ist er nicht nur im Rahmen von § 115a

Abs. 2 Satz 3, sondern im gleichen Umfange wie der Festnehmende selbst befugt und verpflichtet. Seine gegenüber § 115a Abs. 2 weitergehende Befugnis erklärt sich daraus, daß die Untersuchungshaft noch nicht angeordnet ist. Zum Erlaß eines Haftbefehls ist er dagegen, wenn die Strafsache schon bei einem anderen Gericht anhängig ist, nicht befugt (OLG. Hamm Recht **1899** 25; a. A. EbSchmidt, 5 zu § 129). Das ist allein Sache des zuständigen Gerichts. Dessen Entscheidung kann nur auf Freilassung (auch nach § 116 Abs. 1 und 2 und nach § 72 Abs. 1 JGG.) oder auf Anordnung der Untersuchungshaft (§ 114) oder der einstweiligen Unterbringung (§ 126a) lauten. Wegen der Zuständigkeit s. § 126.

Hat der Amtsrichter selbst (zwischen Verfolgung und Verhaftung) einen Haftbefehl erlassen, so entscheidet er nach § 115 (s. o. 9a zu §§ 115, 115a). Hat ein anderer Richter einen Haftbefehl erlassen, so entscheidet er, wenn ihm das bekannt ist, als nächster Richter nach § 115a Abs. 2 Satz 3, Abs. 3 (s. o. 9b zu §§ 115, 115a). § 128 Abs. 2 gilt dann nicht, weil — wie o. 3 ausgeführt — die §§ 128, 129 nur den Fall im Auge haben, daß noch kein Haftbefehl ergangen ist.

7. Mehrere Haftbefehle. Liegen ausnahmsweise einmal zwei Haftbefehle vor, dann ist nach den allgemeinen Vorrangsregeln (§ 12 Abs. 1) zu entscheiden. Für das Ermittlungsverfahren fehlen sie. Die Staatsanwaltschaften haben sich zu einigen. Der Amtsrichter des Bezirks, deren Staatsanwaltschaft das Verfahren abgegeben hat, gibt in entsprechender Anwendung des § 126 Abs. 1 Satz 3 das Verfahren an den Amtsrichter des Bezirks ab, deren Staatsanwaltschaft das Verfahren führt. Dieses hebt einen der beiden Haftbefehle auf. Einfacher ist es, wenn die abgebende Staatsanwaltschaft vor der Abgabe die Aufhebung des Haftbefehls nach § 120 Abs. 3 Satz 1 beantragt.

Ist bereits Klage erhoben, so wird das Verfahren dort weitergeführt, wo das Hauptverfahren oder die Voruntersuchung bereits eröffnet ist. Dem danach zuständigen Gericht oder Untersuchungsrichter hat der Amtsrichter den Haftbefehl und die Vorgänge abzugeben. Das Gericht hebt dann einen der beiden Haftbefehle auf. Der Amtsrichter ist aber auch befugt, seinen Haftbefehl von Amts wegen oder auf Antrag des Beschuldigten oder der für ihn zuständigen Staatsanwaltschaft im Hinblick auf die Anhängigkeit der Sache bei dem anderen Gericht aufzuheben.

8. Hinweise. Wegen der Rechtsmittelbelehrung gilt § 115 Abs. 4 entsprechend. Das ist zwar nur für den Fall bestimmt, daß der Amtsrichter die Untersuchungshaft anordnet (§ 128 Abs. 2 Satz 3), gilt aber auch dann, wenn die Untersuchungshaft nach § 129 von dem zuständigen Gericht angeordnet wird. Denn die Rechtsmittelbelehrung ist, wie der Zusammenhang der Vorschriften eindeutig erkennen läßt, immer zu erteilen, wenn jemand auf Grund eines Haftbefehls in Haft genommen wird, oder wenn gegen jemanden, der sich in Haft befindet, ein Haftbefehl ergeht.

Nach Erlaß des Haftbefehls richtet sich das weitere Verfahren nach § 114a Abs. 2 (Abschrift des Haftbefehls), § 114b (Haftbenachrichtigung und Zugangsbrief), §§ 116ff. Für die Rechtsmittel und Rechtsbehelfe des Beschuldigten und die Beschwerde der Staatsanwaltschaft gegen die Freilassung ergeben sich keine Besonderheiten (s. o. 9, 10 zu § 114).

9. Für **Steuervergehen** gilt zusätzlich

AO. § 439 Abs. 2

Bei vorläufigen Festnahmen ist nach Artikel 114 Abs. 2 der Verfassung zu verfahren. Der Beschuldigte hat die Wahl, ob er sich dem nächsten Finanzamt oder dem Amtsrichter des Bezirkes, in dem die Festnahme erfolgt ist, vorführen lassen will. Die §§ 128 und 129 der Strafprozeßordnung finden entsprechende Anwendung. Ist das Steuervergehen, wegen dessen die Festnahme erfolgte, nur mit Geldstrafe oder Einziehung bedroht, so ist der Beschuldigte in Freiheit zu setzen, wenn er für Steuer, Strafe und Kosten Sicherheit bestellt oder sich über seine Person ausweist und eine Sicherheitsleistung nicht erforderlich erscheint.

a) Vorführung. Die ersten beiden Sätze sind nur historisch zu verstehen; sie sind praktisch ohne Bedeutung. Art. 114 Abs. 2 der Weimarer Verfassung lautete: Personen, denen die Freiheit entzogen wird, sind spätestens am darauffolgenden Tage in Kenntnis zu setzen, von welcher Behörde und aus welchen Gründen die Entziehung der Freiheit angeordnet worden ist; unverzüglich soll ihnen Gelegenheit gegeben werden, Einwendungen gegen ihre Freiheitsentziehung vorzubringen. § 128 Abs. 1 Satz 1 StPO. hatte vor der Änderung durch das Vereinheitlichungsgesetz folgende Fassung: Der Festgenomme ist unverzüglich, sofern er nicht wieder in Freiheit gesetzt wird, dem Amtsrichter des Bezirks, in welchem die Festnahme erfolgt ist, vorzuführen. Es fehlte also der Zusatz: „spätestens am Tage nach der Festnahme". Daraus wurde die Berechtigung der Polizei hergeleitet, den Beschuldigten über den auf die Festnahme folgenden Tag hinaus festzuhalten, um weitere Beweise zu sammeln (19. Auflage, 3 zu § 128, wo diese Auslegung abgelehnt wird). Von dieser Praxis ging § 439 Abs. 2 Satz 1 und 2 AO. aus: Da das „unverzüglich" des entsprechend anzuwendenden § 128 nicht begrenzt war, konnte der Festgenommene hoffen, eher zum Richter zu kommen, wenn er sich vorher zum nächsten Finanzamt vorführen ließ.

Diesen Gedanken ist durch Art. 104 GG. der Boden entzogen. Die Vorschrift gilt unmittelbar und nicht etwa nur deshalb, weil in § 439 Abs. 2 Satz 1 AO. Art. 114 Abs. 2 der Weimarer Verfassung durch Art. 104 Abs. 2 Satz 1 und 2, Abs. 3 GG. zu ersetzen wäre. Mag auch § 439 Abs. 2 Satz 2 AO. gegenüber §§ 128, 129 StPO. als fortdauernde lex specialis anzusehen sein, so daß diese Vorschriften nur entsprechend und nicht unmittelbar anzuwenden sind; einen Unterschied begründet das nicht. Denn was in §§ 128, 129 steht, gibt nur den Inhalt von Art. 104 Abs. 2 und 3 GG. wieder. Danach ist der Festgenommene spätestens am Tage nach der Festnahme dem Richter vorzuführen (Art. 104 Abs. 3 Satz 1 GG.), wenn irgend möglich aber früher, nämlich unverzüglich (Art. 104 Abs. 2 Satz 2 GG.). Unverzüglich bedeutet: ohne eine durch die Lage der Sache nicht gerechtfertigte Verzögerung (s. o. 4 zu §§ 115, 115a). Weitere Ermittlungen aber sind nicht in der Sache begründet; denn die Festnahme ist sowohl im Falle des § 127 Abs. 1 (s. o. II 1 zu § 127) als auch des § 127 Abs. 2 (s. o. III 3 zu § 127; 5 zu § 112) nur bei dringendem Tatverdacht zulässig. Auch der Beschuldigte, der diesen Wunsch äußert, darf nur dann zum Finanzamt gebracht werden, wenn dadurch die richterliche Entscheidung schneller oder sachgerechter ergehen kann. Das ist etwa der Fall, wenn durch Beifügung von Akten die Haftentscheidung erleichtert wird; weitere Ermittlungen dagegen sind kein sachlich gebotener Grund, die Vorführung zum Richter zu verzögern (s. o. 4 zu §§ 115, 115a).

Da der Beschuldigte ein Wahlrecht hat, muß ihn der Vorführende über die beiden Möglichkeiten seiner Wahl aufklären (Hartung bei Hübschmann-Hepp-Spitaler, AO., 8 zu § 439), falls überhaupt die Verpflichtung, den Beschuldigten unverzüglich dem Richter vorzuführen, den Umweg über das Finanzamt erlaubt. Es genügt nicht, daß er abwartet, ob der Beschuldigte der Vorführung zum Finanzamt widerspricht. Macht der Beschuldigte von seinem Wahlrecht keinen Gebrauch, verbleibt nur der vom Grundgesetz vorgeschriebene Weg zum Richter (a. A. — der Vorführende hat nach pflichtgemäßem Ermessen zu entscheiden, wohin er vorführt — Hartung, a. a. O.). Für diesen Fall und für den, daß der Beschuldigte auf der Vorführung zum Richter besteht, ergeben sich keine Besonderheiten. Ist die Vorführung zum Finanzamt zulässig und gewählt, ist der Beschuldigte, nachdem dort mit ihm verhandelt worden ist, unverzüglich dem nächsten Amtsrichter vorzuführen, spätestens am Tage nach der Festnahme.

Von der Vorführung zum Finanzamt zu unterscheiden ist es, wenn der festnehmende Beamte den Festgenommenen mit auf seine Dienststelle nimmt, die Sache dort registrieren läßt und einen Vorführungsbericht fertigt (s. o. 4 zu §§ 115, 115a).

Mit Recht sieht der Entwurf eines Gesetzes zur Änderung strafrechtlicher Vorschriften der Reichsabgabenordnung sowie zur Änderung der Strafprozeßordnung und anderer Gesetze (BTDrucks. IV 2476) vor, daß die überholte Vorschrift wegfällt.

b) Sicherheitsleistung. Satz 3 verpflichtet das Finanzamt, unter gewissen Voraussetzungen von der Vorführung abzusehen und den Beschuldigten, ggf. gegen Sicherheit, alsbald zu entlassen. Die Vorschrift ist im Zusammenhang mit § 127 zu lesen. Ist der Beschuldigte nach § 127 Abs. 1 festgenommen und besteht keine Fluchtgefahr, dann ist er, wenn seine Persönlichkeit festgestellt worden ist, alsbald zu entlassen. Die Frage der Sicherheit darf dann gar nicht geprüft werden. Nur wenn der Beschuldigte sich nicht ausweist und seine Persönlichkeit auch sonst nicht festgestellt werden kann, oder wenn er nach § 127 Abs. 2 festgenommen worden ist, gewinnt Satz 3 Bedeutung. Dabei ist jedoch zu beachten, daß Steuervergehen, die nur mit Geldstrafe oder Einziehung bedroht sind (z. B. § 413 AO., § 34 Abs. 2 AWG.), unter § 113 fallen (s. o. 1 zu § 113). Danach ist für einen Haftbefehl und damit für die Sicherheitsleistung nur Raum, wenn der Beschuldigte

1. sich dem Verfahren bereits einmal entzogen hatte oder Anstalten zur Flucht getroffen hat,
2. im Geltungsbereich dieses Gesetzes keinen festen Wohnsitz oder Aufenthalt hat oder
3. sich über seine Person nicht ausweisen kann.

Die Ausnahmemöglichkeit, die § 113 Abs. 3 für den Fall einräumt, daß der Beschuldigte in einem Arbeitshaus untergebracht werden kann, kommt bei Steuervergehen nicht in Betracht. Der Fall des § 113 Abs. 2 Nr. 1 wird in der Regel nicht vorliegen, derjenige der Nr. 3 nur selten, so daß die Vorschrift Bedeutung vor allem für Ausländer im Grenzverkehr erlangt (s. u. 2a Abs. 1 zu § 277).

Wegen der Sicherheit ist § 116a Abs. 1 entsprechend anzuwenden. Die Anwendung von § 116a Abs. 3 (Zustellungsbevollmächtigter) ist ausgeschlossen. Das Verfahren wird in der Regel an Grenzübergängen Anwendung finden. Als Sicherheit kommt dort meist nur bares Geld in Betracht.

Eine ähnliche Vorschrift enthält § 75 Abs. 4 Satz 3 EisenbBau- und BetrO. Die Sicherheit ist dort auf 150 DM beschränkt.

§ 130

Wird wegen Verdachts einer strafbaren Handlung, die nur auf Antrag verfolgt wird, ein Haftbefehl erlassen, bevor der Antrag gestellt ist, so ist der Antragsberechtigte, von mehreren wenigstens einer, sofort von dem Erlaß des Haftbefehls in Kenntnis zu setzen. § 120 Abs. 3 ist anzuwenden.

Entstehungsgeschichte: Die Vorschrift war in den Entwürfen nicht enthalten; sie ist auf Grund der Kommissionsberatungen eingefügt worden (Hahn, Mat. 1 697; 2 1267).

Änderungsvorschläge: N. E. I und II § 113. N. E. III § 133. Entw. EGStGB. Art. 70 Nr. 64.

Spätere Änderungen: Satz 2 hat, ohne inhaltliche Änderung, seine Fassung durch Art. 1 Nr. 3 StPÄG. erhalten.

1. Inhalt. Wie schon § 127 Abs. 3 bringt auch diese Vorschrift zum Ausdruck, daß mit der Verhaftung und deren Anordnung nicht gewartet zu werden braucht, bis ein Strafantrag gestellt ist (Hahn, Mat. 1 697). Als Ausnahmevorschrift ist die Bestimmung eng auszulegen. Nachdem neben den Strafantrag andere ihm gleichwertige Voraussetzungen gestellt worden sind, muß die Vorschrift auch auf sie angewendet werden, nämlich auf Ermächtigung, Anordnung, Strafverlangen und Zustimmung (s. o. 2 zu § 114). Dagegen ist es unzulässig, einen Haftbefehl zu erlassen, bevor das Parlament dazu die Genehmigung erteilt hat, es sei denn, daß der Abgeordnete bei Begehung der Tat oder im Laufe des nächsten Tages festgenommen worden ist. Ob der Gedanke des § 130 auch bei anderen Zwangseingriffen (Beschlagnahme, Durchsuchung) anzuwenden ist, ist dort zu untersuchen.

Für die im Gesetzeswortlaut genannte „Handlung, die nur auf Antrag verfolgt wird" wird die Bestimmung kaum Anwendung finden, nachdem bei Körperverletzung auch von Amts wegen eingeschritten werden kann (§ 232 Abs. 1 StGB.). Bedeutung kommt ihr vor allem in bezug auf Straftaten zu, die nur auf Ermächtigung usw. verfolgt werden dürfen.

Da der Strafantrag Klagevoraussetzung ist, kann der Fall, den die Bestimmung im Auge hat, nur vor Erhebung der öffentlichen Klage eintreten. Für diesen Zeitabschnitt gilt § 120 Abs. 3 auch ohne Verweisung. Demzufolge ordnet der letzte Satz etwas Selbstverständliches an und ist somit entbehrlich.

2. Die **Benachrichtigung** enthält die Mitteilung, daß gegen den Beschuldigten wegen der nach Zeit, Ort und Tatumständen bezeichneten Handlung Haftbefehl ergangen sei. In ihr wird dem Antragsberechtigten Gelegenheit gegeben, Strafantrag zu stellen. Ihm wird eröffnet, daß der Beschuldigte nach Ablauf einer bestimmten Zeit aus der Haft entlassen werde, wenn kein Antrag gestellt worden oder keine Antwort eingegangen sei (Nr. 7 Abs. 1 Satz 2 RiStV.). Unter Umständen kann es unangebracht sein, eine Frist zu setzen und auf eine Entlassung hinzuweisen, etwa dann, wenn ein Justizministerium benachrichtigt wird; denn bei einem solchen gehört es zur Dienstpflicht, Haftsachen vordringlich und rasch zu bearbeiten. Ob dem Antragsberechtigten die Straftat bekannt oder unbekannt ist, ist für die Benachrichtigungspflicht gleichgültig.

Empfänger der Benachrichtigung ist der Antragsberechtigte. Sind mehrere Personen antragsberechtigt, so sind alle Empfänger. Zwar genügt es, wenn eine von ihnen benachrichtigt wird. Eine solche Beschränkung empfiehlt sich aber nicht, weil sonst, wenn der allein Benachrichtigte keinen Antrag stellt, nunmehr die anderen Berechtigten benachrichtigt werden müssen. Da Haftsachen stets beschleunigt bearbeitet werden müssen, ist es vielmehr geboten, allen bekannten Antragsberechtigten gleichzeitig Nachricht zu geben.

Für die meisten Fälle der Ermächtigung usw. sind Berichtswege zu beachten.

Mit der Benachrichtigung soll klargestellt werden, ob eine Klagevoraussetzung geschaffen wird. Daher ist sie Sache der Staatsanwaltschaft, an die die Akten alsbald nach Erlaß des Haftbefehls zur weiteren Entschließung gelangen. Da der Richter für die Haftkontrolle verantwortlich bleibt, kann auch er die Benachrichtigung vornehmen. Mit § 36 (so Lobe-Alsberg, 3 zu § 130) hat die Frage indessen nichts zu tun; denn es steht keine richterliche Entscheidung, die der Vollstreckung bedarf, in Rede.

3. Für die **Aufhebung des Haftbefehls** gelten die allgemeinen Gründe (s. o. § 120), so daß es in einzelnen Fällen zur Entlassung kommen kann, ehe die dem Berechtigten gesetzte Frist abgelaufen ist. Von eigentlicher Bedeutung ist aber der Fall, daß der Haftbefehl aufgehoben werden muß, weil die Straftat nicht mehr verfolgt werden kann: Ist die Strafantragsfrist ergebnislos abgelaufen oder haben sämtliche Berechtigte bei Gericht, Staatsanwaltschaft oder bei der Polizei auf den Strafantrag verzichtet (BGH. NJW. **1957** 1368), so muß der Haftbefehl aufgehoben werden. Erklären die Berechtigten auf die Benachrichtigung, sie stellten keinen Strafantrag, so ist das zwar nicht stets als Verzicht auf das Antragsrecht auszulegen (OLG. Hamm JMBlNRW. **1953** 35). Die Erklärung nötigt aber gleichwohl zur Entlassung, weil mit großer Wahrscheinlichkeit feststeht, daß das Verfahren wird eingestellt werden müssen. Geht innerhalb der Frist keine Antwort ein, so ist die Staatsanwaltschaft zur Entlassung berechtigt, doch wird sich bei manchen Ermächtigungen erneute Rückfrage empfehlen, weil zum Teil umfängliche Vorbereitungen vor der endgültigen Entschließung notwendig sind.

§ 131

(1) Auf Grund eines Haftbefehls oder eines Unterbringungsbefehls können die Staatsanwaltschaft oder der Richter einen Steckbrief erlassen, wenn der Beschuldigte flüchtig ist oder sich verborgen hält.

(2) Ohne Haft- oder Unterbringungsbefehl ist eine steckbriefliche Verfolgung nur zulässig, wenn ein Festgenommener entweicht oder sich sonst der Bewachung entzieht. In diesen Fällen kann auch die Polizeibehörde einen Steckbrief erlassen.

(3) In dem Steckbrief ist der Verfolgte zu bezeichnen und soweit möglich zu beschreiben. Die Tat, deren er verdächtig ist, sowie Ort und Zeit ihrer Begehung sind anzugeben.

(4) Die §§ 115 und 115a gelten entsprechend.

Entstehungsgeschichte: I. Entw. § 114. II. Entw. § 116. III. Entw. § 118.

Änderungsvorschläge: N. E. I und II § 132. N. E. III § 154.

Spätere Änderungen: Absatz 4 ist eingefügt durch das G. vom 27. 1. 1926 und hat seine jetzige Fassung erhalten durch Art. 1 Nr. 4 StPÄG. Die Erweiterung auf den Unterbringungsbefehl beruht auf Art. 2 Nr. 10 des AG. zu dem G. gegen gefährliche Gewohnheitsverbrecher und über Maßregeln der Sicherung und Besserung vom 24. 11. 1933 (RGBl. I 1000).

1. Der **Inhalt** von Absatz 1 ist eindeutig, der von Absatz 2, wie auch dessen Verhältnis zu Absatz 1, ist dagegen unklar. Immerhin vermittelt die Entstehungsgeschichte Einblicke in die Absichten des Gesetzgebers.

In den Motiven (Hahn, 1 138) ist ausgeführt: Der Erlaß eines Steckbriefes solle, weil durch ihn der Ruf des vielleicht unschuldigen Beschuldigten gefährdet werde, regelmäßig nur zulässig sein, wenn der Richter die Verhaftung oder Verwahrung angeordnet habe. Auf diese Rücksicht habe aber der Entwichene keinen Anspruch; deshalb mache Absatz 2 eine im Interesse der Verfolgung notwendige Ausnahme. Daß diese Ausnahme sich indessen nicht nur auf die Ermächtigung bezieht, einen Steckbrief auch bei fehlendem Haftbefehl zu erlassen, sondern namentlich auf die Befugnis der Polizei, steckbrieflich zu verfolgen, ist in der Reichstagskommission dargelegt worden: In den Fällen des Absatzes 2 habe ein Steckbrief nur Bedeutung, wenn er sofort vollstreckt würde. Dazu sei vorzugsweise geeignet, daß die Polizei unmittelbar einschreite. Wäre die steckbriefliche Verfolgung erst auf dem Umweg über eine richterliche Verfügung zu erreichen, dann könnte der Beschuldigte häufig nicht ereilt werden (Hahn, 2 1267). Dem hat auch der Regierungsvertreter zugestimmt (Hahn, 2 1268), nachdem er allerdings früher erklärt hatte, Absatz 2 beziehe sich nur auf den Fall des § 127. Die dargestellte Ansicht setzte sich zunächst nicht durch; § 131 Abs. 2 Satz 2 wurde gestrichen. Gleichzeitig wurde die Vorschrift authentisch dahin interpretiert, daß sie nur im Vorverfahren Anwendung finde, nicht dagagen, wenn ein bereits Verurteilter sich der Haft entziehe (Hahn, 2 1268, 1504). Für diese Fälle sollte der Polizei die Befugnis, Steckbriefe zu erlassen, durch § 131 nicht entzogen sein (Hahn, 2 1531). Nachdem der Bundesrat Vorstellungen erhoben hatte (Hahn, 2 1597), wurde Satz 2 von der gleichen Kommission, die ihn vorher gestrichen hatte, wieder angefügt. Gründe dafür sind nicht angegeben (Hahn, 2 1624).

Nach diesen Vorgängen wird man der Entstehungsgeschichte entnehmen dürfen, daß die Reichstagskommission in Übereinstimmung mit der Regierung und mit dem Bundesrat mit Absatz 2 nach ursprünglichem Schwanken schließlich zweierlei wollte: Einmal soll beim Entweichen ein Steckbrief ausnahmsweise ohne die Grundlage eines Haftbefehls zulässig sein. Zum anderen soll in diesem Fall die Polizei einen Steckbrief erlassen können, gleichviel ob ein Haftbefehl vorliegt oder fehlt. Schließlich bestand noch Übereinstimmung, daß die polizeiliche steckbriefliche Verfolgung auch bei entwichenen Strafgefangenen zulässig sei. Das kann dem Wortlaut auch entnommen werden, wenn man den Mittelsatz (wenn ein Festgenommener entweicht) sowohl als Nachsatz zum ersten Halbsatz (ohne Haftbefehl ist eine steckbriefliche Verfolgung zulässig, wenn ein Festgenommener entweicht) als auch als Vorsatz zum zweiten Satz (wenn ein Festgenommener entweicht, kann auch die Polizeibehörde einen Steckbrief erlassen) auffaßt.

Diese Auslegung ist auch allein sinnvoll: Wenn am Sonntag nachmittag in Grenznähe ein Gefangener, gleichgültig in wessen Gewahrsam er sich befindet, entweicht, muß die verwahrende Behörde die Polizei unmittelbar angehen dürfen und muß die Polizei aus eigener Entschließung die unbeschränkte Fahndung und die Grenzbewachung veranlassen können — wie dies in der Tat in der Praxis täglich geschieht. Mag diese Verfolgung auch überörtliche Fahndung genannt werden, so ändert das nichts daran, daß es sich nach dem Gesetz um eine steckbriefliche Verfolgung handelt. Diese Praxis ist zu billigen. Es ist nicht möglich, die Staatsanwaltschaft oder gar das Gericht einzuschalten; beide Behörden sind am Sonntag nachmittag unbesetzt.

2. Steckbrief ist die nicht an eine bestimmte Person oder Behörde gerichtete amtliche Aufforderung, nach einer Person zu fahnden und sie festzunehmen. Die Fahndungsaufforderung kann sich an jedermann, das Festnahmeersuchen nur an die zur Strafverfolgung berufenen Beamten richten. Grundlage der Festnahme ist der Haft- oder Unterbringungsbefehl (§ 131 Abs. 1), das rechtskräftige Urteil (§ 457 Abs. 1) oder die im Steckbrief enthaltene Anordnung der Staatsanwaltschaft oder der Polizei. Grundlage des Steckbriefs ist ein Haft- oder Unterbringungsbefehl oder ein rechtskräftiges Urteil, bei Entweichung und fehlendem Haftbefehl oder Urteil das Festnahmerecht der Staatsanwaltschaft oder Polizei nach § 127 Abs. 2.

Die Anordnung eines Steckbriefs ist nicht nur an die in den Absätzen 1 und 2 genannten Voraussetzungen geknüpft, sondern auch an den allgemeinen Grundsatz der Verhältnismäßigkeit gebunden. Weil der Steckbrief nicht nur, wie der Haft- und der Unterbringungsbefehl, die Bewegungsfreiheit aufhebt, sondern darüber hinaus zu öffentlicher Bloßstellung führen kann, muß sich die Notwendigkeit, den Beschuldigten mit dem Mittel des Steckbriefs zu verfolgen, sowohl aus der Schwere der Straftat (Grundsatz der Verhältnismäßigkeit) als auch aus der Erkenntnis ergeben, daß das angestrebte Ziel nicht mit weniger eingreifenden Maßnahmen erreicht werden kann (Grundsatz der Subsidiarität).

Auf Grund eines Strafurteils kann die Staatsanwaltschaft einen Steckbrief erlassen, wenn der Verurteilte, der die Strafe noch nicht angetreten hat, flüchtig ist oder sich verborgen hält (§ 457 Abs. 2). Dieselbe Befugnis hat der Amtsrichter, dem nach § 451 Abs. 3 in Vbdg. mit § 5 StVollstrO. die Strafvollstreckung übertragen ist (§ 34 Abs. 1 StVollstrO.). § 457 Abs. 2 erweitert damit § 131 Abs. 1 für das Gebiet der Strafvollstreckung in bezug auf die Zeit vor dem Vollzug. Für die Zeit nach Beginn des Vollzugs ist eine gleiche Erweiterung für den aus der Strafhaft entwichenen Verurteilten im siebenten Buch nicht enthalten. Es kann kein Zweifel sein, sowohl daß die Notwendigkeit besteht, nach entwichenen Gefangenen mit den Mitteln des Steckbriefes zu fahnden, als auch daß während der Gesetzgebungsarbeit davon ausgegangen worden ist, dieser Notwendigkeit sei Rechnung getragen. Alsdann muß § 131 Abs. 2, in gleicher Weise wie es bei den §§ 102 bis 104 der Fall ist (s. o. 1 c bb zu § 102), für das Vollstreckungsverfahren entsprechend angewendet werden (Feisenberger, 2 zu § 131; a. A. Hartung, 3 zu § 131).

3. Steckbrief auf Grund eines Haftbefehls (Absatz 1). Voraussetzungen des Steckbriefs sind ein Haftbefehl (§ 114, § 230 Abs. 2, § 236) oder ein Unterbringungsbefehl (§ 126a Abs. 1) sowie Flucht (s. o. 8 zu § 112) oder Verbergen des Beschuldigten. Der Beschuldigte verbirgt sich, wenn er seinen Aufenthalt, sei es unter eigenem, sei es unter fremdem Namen, so wählt, daß dieser den Behörden nicht als Aufenthalt des Beschuldigten erkennbar ist.

Liegt ein Haftbefehl oder ein Unterbringungsbefehl vor, dann ist der Erlaß eines Steckbriefs eine Vollstreckungshandlung. In Übereinstimmung mit § 36 Abs. 1 Satz 1, Abs. 3 erklärt das Gesetz Staatsanwaltschaft und Richter gleicherweise für zuständig. Richter ist der Amtsrichter, der Untersuchungsrichter und der Vorsitzende eines Kollegialgerichts (s. o. 4a, b zu § 126). Der Staatsanwalt kann nach Lage der Sache zum Erlaß eines Steckbriefs verpflichtet sein. Der Richter ist es nicht; er kann der Staatsanwaltschaft die Vollstreckung des Haftbefehls überlassen (§ 36 Abs. 1). Erläßt er einen Steckbrief, kann er wiederum, wenn er nicht als Vollstreckungsbehörde (§ 451 Abs. 3) tätig geworden ist, die Vollstreckung des Steckbriefs, d. h. die Veröffentlichung usw., der Staatsanwaltschaft überlassen. Dagegen kann er nicht verfügen, daß die Staatsanwaltschaft einen Steckbrief zu erlassen habe.

Wegen der Zuständigkeit im allgemeinen s. o. §§ 125, 126.

4. Steckbrief bei Entweichung (Absatz 2).

a) Voraussetzungen. Voraussetzung der steckbrieflichen Verfolgung nach Absatz 2 ist die Entweichung. Der Beschuldigte entweicht, wenn er sich unerlaubt aus einem behördlichen Gewahrsam entfernt, in dem er sich als Gefangener befindet (a. A. — Absatz 2 bezieht sich nur auf vorläufig Festgenommene, für Strafgefangene gilt stets § 457 — Kern, S. 124; v. Hippel, § 67 I 2 Abs. 2 und Anm. 5; EbSchmidt, 13, 18 zu § 131; — Absatz 2 bezieht sich nur auf vorläufig Festgenommene — Thilo, 4 zu § 131; Hartung, 3 zu § 131; Müller-Sax, 2b zu § 131). Wegen des Begriffs Gefangener s. o. 3c zu § 104, doch gehören die auf Grund eines Vorführungsbefehls Verhafteten nicht hierher. Entweichen sie, so ist es unzulässig, nach ihnen steckbrieflich zu fahnden; es muß vielmehr erst ein Haftbefehl ergehen.

Der Entweichung steht es gleich, wenn sich der Festgenommene der Bewachung entzieht, d. h. nicht aus einer Anstalt, sondern auf dem Transport dahin, von einem Zwischenaufenthalt oder bei einer Vorführung entflieht (Hahn, Mat. **1** 695). Bewachung ist indessen nur eine amtliche. Wer nach vorläufiger Festnahme durch einen Privaten sich dessen Überwachung entzieht, kann nicht mit einem Steckbrief verfolgt werden (vgl. RGSt. **13** 254).

Der Steckbrief bezweckt die Verhaftung. Demzufolge kann, wenn noch kein Haft- oder Unterbringungsbefehl vorliegt, ein Steckbrief nur erlassen werden, wenn die Voraussetzungen eines Haft- oder eines Unterbringungsbefehls vorliegen (§ 127 Abs. 2). Dagegen kommt es hierauf nicht an, wenn ein Strafgefangener entwichen ist, weil dann das rechtskräftige Urteil die Grundlage zur Verhaftung gibt.

Da der Steckbrief zur Festnahme führen soll, über die Freiheitsentziehung aber grundsätzlich nur der Richter, und zwar vor der Freiheitsentziehung (Dürig bei Maunz-Dürig, GG., 23 Abs. 4 zu Art. 104), zu entscheiden hat (Art. 104 Abs. 2 Satz 1 GG.), können andere Stellen nur hilfsweise tätig werden. Demzufolge dürfen Beamte, wenn kein Haft- oder Unterbringungsbefehl vorliegt, einen Steckbrief nur erlassen, wenn sie berechtigt wären, einen Beschuldigten vorläufig festzunehmen, nämlich (§ 127 Abs. 2) bei Gefahr im Verzuge. Diese wird bei Entweichung gesetzlich vermutet, doch sind Staatsanwaltschaft und Polizei verpflichtet, die letztere durch Vermittlung der Staatsanwaltschaft, alsbald den Erlaß eines Haft- oder eines Unterbringungsbefehls herbeizuführen. Sie dürfen es nicht darauf ankommen lassen, daß durch ihre Säumnis noch Gefahr im Verzuge vorliegt, wenn der Beschuldigte ergriffen wird. Haben sie allerdings, obwohl ein richterlicher Haftbefehl als Grundlage des Steckbriefs hätte geschaffen werden können, den Zustand der Gefahr im Verzuge pflichtwidrig herbeigeführt, so beseitigt das nicht die Befugnis, den Beschuldigten festzunehmen (vgl. BGHSt. **3** 243).

Ein rechtskräftiges Urteil, in dem auf eine Freiheitsstrafe oder auf eine freiheitsentziehende Maßregel der Sicherung oder Besserung erkannt worden ist, gibt die Befugnis, den Verurteilten einzusperren. In Strafvollstreckungssachen ist daher kein Haftbefehl oder Unterbringungsbefehl erforderlich und wegen des Abschlusses der Untersuchung auch nicht möglich. Auch kommt es, da die Grundlage zur Festnahme eindeutig gegeben ist, nicht auf Gefahr im Verzuge an, wenn die Polizei einen Steckbrief erläßt. Sie ist jedoch verpflichtet, die Vorgänge alsbald der Vollstreckungsbehörde zuzuleiten, damit diese die weitere Entscheidung (Strafzeitberechnung) treffen oder bei der Anstalt veranlassen kann.

b) Zuständigkeit. Liegt ein Haft- oder ein Unterbringungsbefehl vor, dann ist grundsätzlich nach Absatz 1 zu verfahren (s. o. 3), doch kann auch die Polizei einen Steckbrief erlassen, wenn entweder der Gefangene aus ihrem Gewahrsam entwichen ist, oder die verwahrende Stelle (Gefängnis, sichere Abteilung eines Krankenhauses, Nervenklinik) die Polizei unmittelbar angeht (Absatz 2 Satz 2; s. o. 1). Liegt kein Haft- oder Unterbringungsbefehl vor, dann sind zuständig der Richter, die Staatsanwaltschaft und die Polizei. Wird der Richter mit der Sache befaßt, dann wird er regelmäßig — jedoch bei Eilsachen nicht immer — einen Haftbefehl erlassen, so daß alsdann Absatz 1 Anwendung findet. Erläßt er zunächst nur den Steckbrief, so hat er die Untersuchungshaft alsbald nachträglich anzuordnen. Erläßt die Staatsanwaltschaft oder die Polizei den Steckbrief, so hat sie alsbald den Erlaß eines Haftbefehls zu beantragen.

In Strafvollstreckungssachen kann als Richter nur der Amtsrichter als Vollstreckungsbehörde tätig werden. Der Erlaß eines richterlichen Haftbefehls scheidet aus.

Wegen der Zuständigkeit im allgemeinen s. §§ 125, 126.

5. Steckbriefinhalt (Absatz 3). Anzugeben sind der Verfolgte mit Namen, Vornamen, Geburtstag und -ort; eine Beschreibung kennzeichnender Merkmale zu seiner Person (Dialekt) oder zu seinem Verhalten (Hoteldieb); die Kurzbezeichnung der Tat mit Ort und Zeit ihrer Begehung (Bandendiebstahl Köln, April 1964); das Ersuchen um Verhaftung; die Angabe des zuständigen Gerichts (§ 114b; vgl. § 131 Abs. 4); die Aufforderung, der ausschreibenden Stelle sofort Mitteilung von der Verhaftung zu machen (vgl. § 34 StVollstrO.). Bei Steckbriefen gegen entwichene Verurteilte sind anstelle der Tat die zu vollstreckende Entscheidung nebst Art und Dauer der zu vollstreckenden Strafe, und anstelle des zuständigen Gerichts die Vollzugsanstalt anzugeben (§ 34 StVollstrO.).

6. Verfahren nach der Ergreifung (Absatz 4). Ist der Steckbrief auf Grund eines Haftbefehls oder eines Unterbringungsbefehls erlassen (Absatz 1), dann wird der Beschuldigte auch auf Grund des Haftbefehls oder Unterbringungsbefehls ergriffen (§ 115 Abs. 1). Alsdann finden die §§ 115 und 115a unmittelbar Anwendung. In allen anderen Fällen gelten sie entsprechend. Demzufolge ist, wenn der Steckbrief ohne Haft- oder Unterbringungsbefehl ergangen ist, nicht nach §§ 128, 129 zu verfahren, sondern so als ob bereits ein Haftbefehl vorläge. Das ist sachgemäß, weil bei ordnungsgemäßer Behandlung inzwischen in der Tat ein Haftbefehl vorliegen muß (s. o. 4b). Ist das ausnahmsweise nicht der Fall und steht somit vor Erhebung der öffentlichen Klage nicht fest, welcher Amtsrichter zuständig ist (§ 125 Abs. 1: jeder Amtsrichter, in dessen Bezirk ein Gerichtsstand begründet ist), so wählt die Staatsanwaltschaft den Richter aus. Ggf. ist zunächst nach § 115a zu verfahren. Der nächste Richter ist jedoch nicht zum Erlaß des Haftbefehls befugt, wenn er nicht, was beim Fehlen eines Haftbefehls in der Regel zutreffen wird, zugleich zuständiger Richter nach § 125 Abs. 1 ist. Im Hinblick auf Art. 103 Abs. 3 Satz 2 GG ist nochmals die Notwendigkeit zu betonen, einen fehlenden Haftbefehl alsbald nach Erlaß des Steckbriefs auszubringen, damit das nicht bei der Ergreifung nachgeholt werden muß.

Ist ein Verurteilter auf Grund eines Steckbriefs nach Entweichung ergriffen, so gibt es keinen zuständigen Haftrichter. Die entsprechende Anwendung der §§ 115, 115a bedeutet daher, daß der entwichene Strafgefangene der Haftanstalt zuzuführen, aus der er entwichen ist. Auf sein Verlangen ist er dem nächsten Amtsrichter zur Identitätsprüfung vorzuführen (Hartung, 6 Abs. 5 zu § 131).

7. Fahndungsmittel. Der Steckbrief wendet sich an eine unbestimmte Zahl von Behörden, Stellen und Personen, doch ist der Umfang der Fahndung nach den Umständen des Einzelfalles festzulegen. Insbesondere sind Fahndungsersuchen, die sich an die Öffentlichkeit wenden, in der Regel nur bei Kapitalverbrechen angebracht. Eine umfassende Darstellung des Fahndungswesens enthält die Schriftenreihe des Bundeskriminalamts, Kriminaldienstkunde, IV. Teil. Für die steckbriefliche Verfolgung kommen namentlich in Betracht:

a) **Steckbriefnachrichten** ins Strafregister (§ 39ff. StRegVO.) und Suchvermerke in die Einwohnermelderegister.

b) **Fahndungsersuchen** an folgende Fahndungsblätter:

1. Bundeskriminalblatt, herausgegeben vom Bundeskriminalamt;
2. Landeskriminalblätter, herausgegeben von den Landeskriminalämtern;
3. Deutsches Fahndungsbuch — Festnahmen —. Anträge sind auf Vordrucke über das zuständige Landeskriminalamt an das Bundeskriminalamt zu richten. Die Ausschreibungen werden auch in die Personenfahndungskarteien übernommen, die bei den wichtigsten Polizeidienststellen geführt werden;
4. Zollfahndungsnachweis sowie Zollnachrichten- und Fahndungsblatt, herausgegeben vom Zollkriminalinstitut, Köln;
5. Fahndungsnachweis der Wasserschutzpolizeien der Bundesrepublik, herausgegeben vom Wasserschutzpolizeidirektor Nordrhein-Westfalen — Zentralfahndungsstelle — Duisburg.

c) **Internationale Fahndung.** Die Bundesrepublik ist Mitglied der Internationalen Kriminalpolizeilichen Organisation (IKPO — INTERPOL), Paris. Der Verkehr mit Interpol ist dem Bundeskriminalamt vorbehalten (§ 7 des G. über die Einrichtung eines Bundeskriminalpolizeiamtes — Bundeskriminalamt — vom 8. 3. 1951 (BGBl. I 165); Nr. 163 Abs. 1 und 2 RiVASt.).

d) **Öffentliche Fahndung** durch Lauf- oder Handzettel, die sich an bestimmte Fachleute richten, Postwurfsendungen, Ausschreibungen in Fachzeitschriften, Aushang und Plakatveröffentlichung, Presse-, Kino-, Rundfunk- und Fernsehfahndung.

Fahndungen dieser Art sind nur in seltenen Fällen, mit besonderer Umsicht und stets nur unter Beteiligung der Polizei zu betreiben.

e) Bei **Erledigung** der Fahndung sind alsbald die Steckbriefe und die auf ihrer Grundlage ergangenen Ausschreibungen zurückzunehmen (Nr. 32 Abs. 4 RiStV.). Die Erledigung ist an Hand der Blätter nachzuprüfen, in denen die Fahndung veröffentlicht war.

§ 132

Die Vorschrift hatte einen ähnlichen Inhalt, wie ihn jetzt § 115a hat. Als das Haftprüfungsverfahren eingeführt wurde, wurde auch das Vorführungsverfahren neu geregelt. Demzufolge ist § 132 durch A Nr. 6 des G. zur Abänderung der Strafprozeßordnung vom 27. 12. 1926 (RGBl. I 529) **gestrichen** worden.

Zehnter Abschnitt

Vernehmung des Beschuldigten

§ 136

(1) Bei Beginn der ersten Vernehmung ist dem Beschuldigten zu eröffnen, welche Tat ihm zur Last gelegt wird und welche Strafvorschriften in Betracht kommen. Er ist darauf hinzuweisen, daß es ihm nach dem Gesetz freistehe, sich zu der Beschuldigung zu äußern oder nicht zur Sache auszusagen und jederzeit, auch schon vor seiner Vernehmung, einen von ihm zu wählenden Verteidiger zu befragen. In geeigneten Fällen soll der Beschuldigte auch darauf hingewiesen werden, daß er sich schriftlich äußern kann.

(2) Die Vernehmung soll dem Beschuldigten Gelegenheit geben, die gegen ihn vorliegenden Verdachtsgründe zu beseitigen und die zu seinen Gunsten sprechenden Tatsachen geltend zu machen.

(3) Bei der ersten Vernehmung des Beschuldigten ist zugleich auf die Ermittlung seiner persönlichen Verhältnisse Bedacht zu nehmen.

Entstehungsgeschichte: Abs. 1 ist durch Art. 4 Nr. 1 StPÄG. geändert worden.

1. Schrifttum: Breithaupt, Die Sprache des Gesetzgebers in der Strafprozeßnovelle, NJW. **1965** 575 (576); Creifelds, Die Strafprozeßnovelle 1964, JR. **1965** 1 (3); Dahs, Die kleine Strafprozeßreform, NJW. **1965** 81 (84); Dahs, (Besprechung von Schwarz-Kleinknecht) NJW. **1965** 1265 (1266); Dreves, Die Bestimmungen des Strafprozeßänderungsgesetzes über den Haftbefehl, DRiZ. **1965** 110 (113); Fuhrmann, Das Schweigen des Angeklagten in der Hauptverhandlung, JR. **1965** 417; Gegenfurtner, Das Strafprozeß-Änderungsgesetz in der Praxis, DRiZ. **1965** 334; von Gerlach, Der Angeklagte als Zeuge für sich selbst im englischen Strafverfahren (Marburg 1964); Gollwitzer, Das Gesetz zur Änderung der StPO., DRiZ. **1964** 393 (395); Hannemann, Sorgen und Hoffnungen der Richter und Staatsanwälte, DRiZ. **1963** 413 (415f.); Kaiser, Die Zelle als Verwahrungsort für Vorgeführte, NJW. **1965** 1216; Kanka, Das Gesetz zur Änderung der StPO., MDR. **1965** 245 (247); Kern, Strafverfahrensrecht, 7. Aufl. 1965 S. 99ff.; Kleinknecht, Gesetz zur Änderung der StPO, JZ. **1965** 153 (155f.); Kohlhaas, Vom ersten Zugriff zum Schlußgehör, NJW. **1965** 1254 (1255); Kohlhaas, Der von außen in die Sitzung eingreifende Behördenleiter der Staatsanwaltschaft, DRiZ. **1965** 294; Kohlhaas, Schlüsse aus dem Schweigen des Beschuldigten? NJW. **1965** 2282; Lang in Leitfaden zur kleinen Strafprozeßreform, herausgegeben von Kaiser (1965) S. 41f.; Pelckmann, „Amerika — Du hast es besser?" (Die Rechte des verhafteten Beschuldigten), NJW. **1965** 2143; Schmidt-Leichner, Das neue Recht im Strafverfahren, NJW. **1965** 1309 (1310f.); Schmidt-Leichner, Ist und bleibt das Schweigen des Beschuldigten zweischneidig? NJW. **1966** 189; Schultz, Blick in die Zeit, MDR. **1965** 445 (446); Seibert, Das Schweigen des Angeklagten, NJW. **1965** 1706; Walder, Die Vernehmung des Beschuldigten, dargestellt am Beispiel des zürcherischen und deutschen Strafprozeßrechtes, Hamburg 1965; Stellungnahme des Deutschen Richterbundes zum Strafprozeßänderungsgesetz, DRiZ. **1963** 115 (117).

2. Die **Absicht des Gesetzgebers** beschränkte sich in erster Linie darauf, das klarzustellen, was wir im Hauptwerk (4 zu § 136) schon als den Sinn des bisherigen Wortlauts der Vorschrift angesehen haben: erstens, daß dem Vernommenen sein Schweigerecht erkennbar gemacht werden müsse, und zweitens, daß die Vorschrift auch für die Polizei gelte (§ 163a Abs. 3, 4). Erst der Bundestag fügte dann noch die Pflicht zu dem Hinweis ein, daß der Beschuldigte jederzeit, auch schon vor seiner Vernehmung, einen Verteidiger befragen könne.

Die Befugnisse, über die hiernach belehrt werden muß, sind nicht neu. Sie bestanden unstreitig schon immer. Erfahrene Verbrecher kannten sie und machten gegebenenfalls Gebrauch von ihnen; harmlose Ersttäter oder Unschuldige kannten sie vielfach nicht und kamen dadurch gelegentlich zu Schaden. Dem wollte der Gesetzgeber abhelfen. Diese Absicht ist zu begrüßen. Die Kritik, die schon vorher der Deutsche Richterbund (DRiZ. **1963,** 117) und andere (Hannemann DRiZ. **1963**, 415) geübt haben, ist nicht begründet. Sie beruht darauf, daß man immer noch, wie zu den Zeiten der Carolina, den Beschuldigten als das wichtigste Beweismittel zu seiner eigenen Überführung betrachtet, und den Sinn seiner Beteiligung am Verfahren nicht, wie das einer rechtsstaatlicheren Anschauung entspricht, in erster Linie in seiner Verteidigung sieht.

Eine andere Frage ist, ob und wie der Gesetzgeber sein Ziel erreicht hat. Sprachlich ist die Neufassung der Vorschrift wenig glücklich (Breithaupt NJW. **1965,** 576): daß der Beschuldigte bei Beginn seiner Vernehmung darauf hingewiesen werden muß, welche Rechte er schon vor seiner Vernehmung hat, liest sich etwas verwirrend. Aber das ist das wenigste. Der Gesetzgeber hat seine Aufgabe unterschätzt. Er hat einige Fernwirkungen seiner Regelung nicht gesehen. So haben sich schon in kürzester Zeit eine Reihe von Streit- und Zweifelsfragen ergeben, die bei sorgfältigerer Arbeit des Gesetzgebers hätten vermieden werden können.

3. Wann wird jemand als **Beschuldigter** vernommen? Im Anfangsstadium der Ermittlungen, vor allem beim ersten Zugriff, kann es Lagen geben, die eine ganze Reihe von Personen als verdächtig erscheinen lassen. Bei einem Brand, dessen Ursachen aufgeklärt werden sollen, kann das halbe Dorf verdächtig sein, ihn gelegt zu haben, angefangen mit dem Hauseigentümer, seinen Angehörigen, Bediensteten und früheren Bediensteten, seinen Nachbarn, seinen Feinden und ohne Ausschluß seiner Freunde. Der Polizeibeamte, der bei einer Schlägerei in ein Wirtshaus gerufen wird, kann seine Ermittlungen nicht damit anfangen, daß er sagt: „Ich möchte Sie alle gern etwas fragen, aber Sie brauchen nichts zu sagen und können sich alle erst einmal mit Ihren Verteidigern besprechen." Er darf zweifellos ohne solche Belehrungen fragen, was denn hier los gewesen sei. Selbst ausdrückliche Bezichtigungen brauchen den, gegen den sie vorgebracht werden, nicht ohne weiteres zum „Beschuldigten" im Sinne dieser Vorschrift zu machen (Kohlhaas, NJW. **1965**, 1255). Innerhalb gewisser Grenzen muß es der Beurteilung des ermittelnden Beamten überlassen bleiben, von wann ab er jemanden „als Beschuldigten" vernehmen will. Auch die englischen „Judges' Rules", die hier Vorbild gewesen sind, stellen es darauf ab, ob der Beamte glaubt, er habe „angemessene Gründe" für einen Verdacht (vgl. Kleinknecht, JZ. **1965** 156). Mit Vorschriften allein ist der Rechtsstaat nicht zu verwirklichen; es bedarf der richtigen Mischung zwischen dem Vertrauen, daß die ausführenden Organe fähig und willens sind, das Richtige zu tun — und ihrer Kontrolle. Es wird stets eines gewissen Fingerspitzengefühls bedürfen, um zu erkennen, wann sich die Ermittlungen gegen einen bestimmten Verdächtigen zu richten beginnen. Spätestens ist dieser Zeitpunkt erreicht, wenn Zwangsmaßnahmen getroffen werden: vorläufige Festnahme, Anordnung einer Blutuntersuchung, Durchsuchung.

4. Über den Beginn der **ersten Vernehmung** vgl. Hauptwerk 2 zu § 136. Lang (Leitfaden S. 42) meint, auch bei späteren Vernehmungen müßten die Hinweise von neuem gegeben werden, falls neue Straftaten erörtert würden (dem zustimmend Schmidt-Leichner, NJW. **1965** 1310/11). Wir halten das für entbehrlich; der Beschuldigte weiß es ja inzwischen. Wichtiger ist, daß sich keine vernehmende Stelle darauf verläßt, eine frühere werde die Hinweise schon richtig gegeben haben. Kommt also der Beschuldigte von der Polizei zur Staatsanwaltschaft, von der Staatsanwaltschaft zum Richter, so sind die Hinweise (wenn sie nicht etwa schon zur Verweigerung der Auskunft oder zur Wahl eines Verteidigers geführt haben) dort bei der ersten Vernehmung zu wiederholen. Unter Umständen mag auch eine Erkundigung genügen („Sie wissen, daß Sie nichts zu sagen brauchen oder einen Verteidiger bitten können?").

5. Staatsanwalt und Richter müssen dem Beschuldigten sagen, **welche Strafvorschriften** in Betracht kommen. Die Polizei ist von dieser Verpflichtung entbunden (§ 163a Abs. 4). Das Gesetz geht davon aus, daß sie damit überfordert sein könnte; anscheinend traut man dem Beschuldigten bessere Rechtskenntnisse zu.

6. Dadurch, daß das Gesetz jetzt den Hinweis auf das **Schweigerecht ausdrücklich** fordert, ergibt sich eine jener Fernwirkungen, die dem Gesetzgeber vielleicht nicht vor Augen gestanden haben. Es wäre unfair, dem Beschuldigten ein Verhalten als ausdrücklich gesetzlich erlaubt zu bezeichnen, wenn es möglich wäre, alsdann nachteilige Folgerungen gegen ihn daraus zu ziehen, daß er davon Gebrauch macht. Das darf also nicht möglich sein. Die Tatsache, daß der Beschuldigte — sei es nur vor der Polizei, sei es auch später — schweigt, oder daß er erst nach Besprechung mit seinem Verteidiger aussagt, darf weder bei der Beweiswürdigung noch bei der Strafzumessung gegen ihn verwendet werden: BGH. JZ. **1966** 35 = NJW. **1966** 210; OLG. Köln OLGSt. § 136 StPO. S. 1. Nun ist das vollständige Schweigen ohnehin keine tragfähige Grundlage für derartige Folgerungen: vgl. Hauptwerk 4a zu § 136; insoweit grundsätzlich zustimmend Kohlhaas, NJW. **1965** 2282. Anscheinend besteht aber eine Meinungsverschiedenheit darüber, was in diesem Sinne „völliges" Schweigen ist. Beschränkt sich der Beschuldigte auf Bemerkungen wie „ich bin unschuldig", „ich habe nichts Verbotenes getan", „ich bin es nicht gewesen", so erlauben auch sie keine Schlüsse irgendwelcher Art gegen ihn. Das ist nicht einmal eine Rechtsfrage; solche Beteuerungen sind rein tatsächlich schlechterdings zu wenig ergiebig, als daß man sagen dürfte: du hast gesprochen, jetzt ziehen wir aus deinem Schweigen im übrigen Schlüsse.

Auf eine Rechtsfrage führt das teilweise Schweigen erst dann, wenn solche Schlüsse tatsächlich möglich werden. Nachdem das Gesetz das Schweigen jetzt ausdrücklich gestattet, könnte man vielleicht sagen wollen, daß damit nachteilige Schlüsse aus dem Schweigen, auch aus dem teilweisen Schweigen, rechtlich unmöglich gemacht werden. Es wäre nicht schlechthin undenkbar, nunmehr ein darauf gerichtetes Beweisverbot aus dem Gesetz herauszulesen. Wir halten das freilich immer noch für bedenklich. Bei den gesetzgeberischen Beratungen ist eine solche Möglichkeit nicht erörtert worden. Wir neigen deshalb der Ansicht Kleinknechts zu, der (Anm. 3; JZ. **1965** 155) von den „zwei Verteidigungsmöglichkeiten" (dem Reden und dem Schweigen) spricht, die es beide mit sich bringen, daß das Gericht, soweit das tatsächlich möglich ist, bei der freien Beweiswürdigung die ihm richtig erscheinenden Schlüsse zieht. Solange sich dem Gesetz nicht ganz zweifelsfrei etwas anderes entnehmen läßt, geht doch wohl der Grundsatz des § 261 noch vor; vgl. auch BGH. NJW. **1966** 209. Es ist unter Umständen psychologisch so gut wie unmöglich, aus dem teilweisen Schweigen keine Schlüsse zu ziehen. Übrigens gibt es auch sonst fließende Übergänge zwischen Reden und Schweigen. Jeder Strafjurist kennt den Typus des Beschuldigten, der weder zum Reden über die Sache noch zum Schweigen zu bringen ist; er schweigt über das, was man von ihm wissen will, indem er beharrlich von anderen Dingen (etwa über die Vorgeschichte) redet.

Eines der von Kohlhaas (NJW. **1965** 2284) vorgetragenen Bedenken halten wir freilich nicht für durchschlagend: mit der Annahme eines solchen Beweisverbots hindere man den Tatrichter nur, das Schweigen unter den Beweisgründen ausdrücklich zu erwähnen. Die Notwendigkeit, Urteilsgründe zu schreiben, enthält schon eine gewisse immanente Schranke völliger Freiheit der Beweiswürdigung. Nicht alles, was in einem „Wahrspruch" der Geschworenen möglich gewesen wäre, läßt sich begründen. Es gibt immer wieder Fälle, in denen außer dem Schweigen eben keine Beweismittel vorhanden sind. Wenn der einzige Belastungszeuge das Zeugnis verweigert und der Angeklagte (ganz oder teilweise) schweigt, so kommt diese Frage zum Spruch; da helfen auch keine „revisionssicheren" Urteilsgründe.

7. Der jetzt weiterhin vorgeschriebene Hinweis, daß der Beschuldigte jederzeit, auch schon vor seiner Vernehmung, einen von ihm zu wählenden **Verteidiger befragen** könne, hat zu einer Reihe von Schwierigkeiten geführt.

a) Es kann geschehen, daß der Beschuldigte erklärt, von dieser Möglichkeit Gebrauch machen zu wollen, daß er dann aber keinen Verteidiger findet. Das kann schon daran scheitern, daß er ihn nicht bezahlen kann; ohne Kostenvorschuß braucht der Anwalt nicht tätig zu werden. Oder der Beschuldigte kennt keinen Anwalt; daß Polizei, Staatsanwalt oder Richter ihm einen nennt oder ihm auch nur eine (vollständige oder redigierte?) Liste der am Ort wohnenden Rechtsanwälte vorlegt, kann seine Bedenken haben. Oder der gewählte Anwalt ist nicht in der Lage, oder nicht willens, „zur Unzeit" zu erscheinen; er braucht einer solchen Lage weder seine Sprechstunde noch seinen Nachtschlaf zu opfern. Es ist mißlich, daß sich dann die „Möglichkeit", auf die der Vernehmende den Beschuldigten hinweisen muß, als eine Unmöglichkeit herausstellt. Gewiß gibt es Fälle, in denen dann die Beiordnung eines Pflichtverteidigers erwogen werden sollte; aber im Regelfall liegt in einem so frühen Stadium des Verfahrens noch kein Fall der notwendigen Verteidigung vor, und dann wird der Richter die Beiordnung meist ablehnen. Übrigens bedarf es gerade für die Beratung hinsichtlich der Frage, ob der Beschuldigte besser spricht oder besser schweigt, eines besonderen Vertrauensverhältnisses zwischen ihm und seinem Verteidiger; mit einer Beiordnung ist das nicht immer und nicht ohne weiteres herzustellen. Bekommt also der Beschuldigte aus einem dieser Gründe trotz seines Wunsches keinen Verteidiger, so wird weiter verfahren werden müssen, wie ohne den Hinweis verfahren worden wäre; der Beschuldigte muß sich ohne Beistand entschließen, ob und was er jetzt aussagen will. Gewiß kann er sich dahin entscheiden, ohne Verteidiger nichts zu sagen. Wenn das aber zu Nachteilen, etwa zu einer Verlängerung der Haft führt, läßt sich daran nichts ändern. Das Gesetz hat das Wohlwollen für den Beschuldigten hier doch wohl ein wenig über den Punkt hinausgeführt, bis zu dem ihm damit ein wirklicher Dienst erwiesen wird.

b) §§ 115 Abs. 3 S. 1, 115a Abs. 2 S. 2 schreiben vor, daß der auf Grund eines Haftbefehls ergriffene Beschuldigte auf das Recht hinzuweisen ist, sich zur Beschuldigung zu äußern oder nicht zur Sache auszusagen. Der Hinweis auf das Recht, vorher einen Verteidiger zu fragen, wird in diesen Vorschriften nicht erwähnt. Daraus schließen Dreves (DRiZ. **1965** 113) und Gegenfurtner (DRiZ. **1965** 334), in den Fällen der §§ 115, 115a bedürfe es dieses Hinweises nicht; es sei in diesen Fällen auch zu eilig. Mit Dünnebier (oben 8a zu §§ 115, 115a), Kleinknecht JZ. **1965** 155 sowie 2B zu § 115 und Müller (KMR) 4 zu § 115 meinen wir, daß § 136 auch auf diese Vernehmungen angewendet werden muß. Durch den Hinweis allein entstehen keine tatsächlichen Schwierigkeiten. Sie können erst dadurch entstehen, daß der Beschuldigte erklärt, einen Verteidiger befragen zu wollen, und daß das vor Ablauf der Fristen der §§ 115, 115a nicht mehr möglich ist. Dieses Verlangen kann der Beschuldigte aber auch ohne Hinweis äußern; dann ist die Lage keine andere, als wenn er es auf den Hinweis hin tut. Das Problem ist kein anderes als das oben zu a) behandelte: das Gesetz verlangt den Hinweis auf eine „Möglichkeit", die sich dann unter Umständen als nicht vorhanden herausstellt. Der Richter darf mit der Vernehmung nicht länger warten als bis zum Ablauf eines Tages nach der Vorführung. „Vernehmung" kann hier wie anderwärts beim Beschuldigten nur heißen, daß ihm Gelegenheit zur Äußerung gegeben wird. Ob er davon Gebrauch macht oder aus irgend einem Grunde, z. B. wegen der Unmöglichkeit, vorher einen Verteidiger zu fragen, verzichtet, bleibt seine Sache.

c) Eine besonders lästige Lage kann für den Verteidiger entstehen, der den Beschuldigten beraten soll, ob er besser aussagt oder besser schweigt. Die Grundlagen für eine solche, unter Umständen schwerwiegende Entscheidung sind zur Zeit der ersten Vernehmung im allgemeinen noch etwas mager. Das hängt mit der noch immer nicht überwundenen Neigung der deutschen Strafverfolgungsbehörden zusammen, den Beschuldigten als das wichtigste Beweismittel zur Überführung anzusehen. Das würde wahrscheinlich anders werden, wenn recht viele Beschuldigte schwiegen. Die Polizei würde dann wahrscheinlich in zunehmendem Maße bemüht sein, die Schuldbeweise möglichst vollständig schon vor dem Zeitpunkt zu sammeln, in dem die erste Vernehmung des Beschuldigten versucht wird. Daß insoweit mehr möglich ist als bei uns zu geschehen pflegt, beweist das Beispiel von Scotland Yard. Das allein wird freilich kaum ein Grund sein können, aus dem der Verteidiger zum Schweigen rät. In sehr zahlreichen Fällen ist die wirksamere Art der Verteidigung eben doch das Reden. Vielfach wird die richtigste Entscheidung für den Verteidiger darin bestehen, daß er schriftliche Stellungnahme in Aussicht stellt. Es kann ein entscheidender Unterschied sein, ob die Einlassung mit den Worten der Polizei oder mit den Worten des Verteidigers zu Papier gebracht wird. Ein Grund für den Rat, lieber zu schweigen, kann dann gegeben sein, wenn die dem Angeklagten günstige Wahrheit unwahrscheinlich ist, und wenn deshalb damit gerechnet werden muß, daß man sie ihm doch nicht glauben werde. Auch kann es sich empfehlen, abzuwarten, bis die Zeugen sich auf Einzelheiten festgelegt haben.

Übrigens sollte über die Frage, ob der Beschuldigte aussagen oder schweigen soll, zwischen ihm und dem Wahlverteidiger immer Einverständnis erzielt werden. Die gefürchteten — und psychologisch gewiß auch zu fürchtenden — Schlüsse vom Schweigen auf die Schuld sind sehr viel schwerer zu ziehen, wenn der Verteidiger wahrheitsgemäß erklären kann, daß der Beschuldigte auf seinen Rat schweige. Für diesen Rat lassen sich dann unter Umständen einleuchtende Erklärungen geben, oder doch Erklärungen, die jedenfalls den Schluß vom Schweigen auf die Schuld des Angeklagten unmöglich machen. In dem auch in der Tagespresse viel erörterten Fall, der Anlaß zu den Veröffentlichungen DRiZ. **1965** 294 und NJW. **1965** 2282 gegeben hat, wäre das nicht schwer gewesen: jene Angeklagte hatte im ersten Verfahren schlechte Erfahrungen mit ihren Erklärungen zur Sache gemacht.

8. Für „geeignete Fälle" sieht das Gesetz den Hinweis vor, daß der Beschuldigte sich **schriftlich** äußern könne. Geeignet werden solche Fälle sein, in denen der Beschuldigte sowohl hinreichend schriftgewandt als auch hinreichend guten Willens ist. In solchen Fällen wird von dieser Möglichkeit vor allem dann Gebrauch zu machen sein, wenn für die Äußerung auf umfangreiche Unterlagen zurückgegriffen werden muß.

9. Die Neufassung hat zu der Frage geführt, ob die Verletzung der Hinweisvorschriften ein **Verwertungsverbot** zur Folge habe (vgl. Dahs, NJW. **1965** 1266 gegen Kleinknecht 11 zu § 136). Das ist mit aller Entschiedenheit zu verneinen. Dem Gesetzgeber selbst ist es gar nicht eingefallen, ein solches Verwertungsverbot statuieren zu wollen. Ein Vergleich zwischen § 136 und § 136a Abs. 3 S. 2 führt zu einem zweifelsfreien argumentum e contrario. Entsprechende Anwendung des in § 136a enthaltenen Verwertungsverbots ist nicht möglich; in § 136a handelt es sich um positive Verstöße (zum größeren Teil gröbster, vielfach mit Zuchthaus bedrohter Art), in § 136 um Unterlassungen. Schon die ersten Monate haben dazu geführt, daß das Recht zum Schweigen sich weithin herumgesprochen hat. Nachdem der Gesetzgeber sich darüber einmal deutlich erklärt hat, werden kaum noch Aussagen auf einem Unterbleiben der Hinweise beruhen können.

Elfter Abschnitt

Verteidigung

§ 140

(1) Die Mitwirkung eines Verteidigers ist notwendig, wenn
1. die Hauptverhandlung im ersten Rechtszug vor dem Bundesgerichtshof, dem Oberlandesgericht oder dem Landgericht stattfindet;
2. eine Tat in Frage kommt, die nicht nur wegen Rückfalls ein Verbrechen ist;
3. das Verfahren zur Unterbringung in einer Heil- oder Pflegeanstalt oder zur Untersagung der Berufsausübung führen kann;
4. der Beschuldigte taub oder stumm ist;
5. der Beschuldigte sich mindestens drei Monate in derselben oder in einer anderen Sache in Untersuchungshaft oder auf Grund behördlicher Anordnung in einer Heil- oder Pflegeanstalt befunden hat und nicht mindestens zwei Wochen vor Beginn der Hauptverhandlung aus der Untersuchungshaft oder der Heil- oder Pflegeanstalt entlassen wird;
6. zur Vorbereitung eines Gutachtens über den Geisteszustand des Beschuldigten seine Unterbringung in einer öffentlichen Heil- oder Pflegeanstalt in Frage kommt;
7. die Hauptverhandlung gegen einen Abwesenden stattfindet (§ 277).

(2) In anderen Fällen bestellt der Vorsitzende auf Antrag oder von Amts wegen einen Verteidiger, wenn wegen der Schwere der Tat oder wegen der Schwierigkeit der Sach- oder Rechtslage die Mitwirkung eines Verteidigers geboten erscheint, oder wenn ersichtlich ist, daß sich der Beschuldigte nicht selbst verteidigen kann.

(3) Die Bestellung eines Verteidigers nach Absatz 1 Nr. 5 ist aufzuheben, wenn der Beschuldigte mindestens zwei Wochen vor Beginn der Hauptverhandlung aus der Untersuchungshaft oder der Heil- oder Pflegeanstalt entlassen wird. Die Bestellung des Verteidigers nach § 117 Abs. 4 bleibt unter den in Absatz 1 Nr. 5 bezeichneten Voraussetzungen für das weitere Verfahren wirksam, wenn nicht ein anderer Verteidiger bestellt wird.

I. Änderungen durch das StPÄG. Die Vorschrift ist aus Gründen der Übersichtlichkeit ganz abgedruckt. Das alte Recht ist aber im Kern erhalten geblieben. § 140 hat folgende Änderungen erhalten:

Absatz 1 Nr. 1: das Wort „Schwurgericht" ist durch das Wort „Landgericht" ersetzt worden;

Absatz 1 Nr. 2: die Worte, die sich auf den Antrag bezogen, sind gestrichen worden;

Absatz 1 Nr. 3: die Worte, die sich auf die Anordnung der Sicherungsverwahrung bezogen, sind gestrichen worden;

Absatz 1 Nr. 5: Wortlaut und Inhalt sind umgestaltet, die Worte, die sich auf den Antrag bezogen, sind gestrichen worden;

Absatz 3, der die Antragsfälle behandelte, ist in seiner alten Form beseitigt und durch eine Vorschrift ersetzt worden, die Absatz 1 Nr. 5 ergänzt.

II. Katalog.

1. Hauptverhandlung vor dem Landgericht (Absatz 1 Nr. 1). Der Begriff „Landgericht" umfaßt in bezug auf eine Hauptverhandlung im ersten Rechtszug die Strafkammer (§ 60, § 74 Abs. 1 GVG.), auch als Staatsschutzkammer (§ 74a GVG.) und als Jugendschutzkammer (§ 74b GVG.), sowie das Schwurgericht (§ 79 GVG.). Wenn die Hauptverhandlung vor dem Schwurgericht stattfindet, war die Verteidigung schon bisher nach Absatz 1 Nr. 1 notwendig. Wenn die Hauptverhandlung vor der Strafkammer stattfand, war nach der Rechtsprechung regelmäßig ein Verteidiger gemäß Absatz 2 zu bestellen (BGHSt. **6** 200; **7** 72). Das hat in Zukunft ausnahmslos zu geschehen.

Es ist bedauerlich, daß die Verteidigung nicht auch für Verhandlungen vor dem erweiterten Schöffengericht für notwendig erklärt worden ist. Wenn eine Sache so umfänglich ist, daß ein zweiter Amtsrichter zugezogen werden muß, wird in aller Regel nach Absatz 2 die Mitwirkung eines Verteidigers wegen der Schwierigkeit der Sachlage geboten erscheinen (OLG. Bremen NJW. **1955** 1529). Es wäre zweckmäßig gewesen, den Beschuldigten und den Vorsitzenden nicht auf den Weg des Absatzs 2 zu verweisen, sondern die Verteidigung nach Absatz 1 für notwendig zu erklären.

2. Verbrechenssachen (Absatz 1 Nr. 2). Vgl. Hauptwerk, II 2 zu § 140. Die Verteidigung war bisher nur notwendig, wenn die Staatsanwaltschaft, der Beschuldigte oder sein gesetzlicher Vertreter es beantragte, einen Verteidiger zu bestellen. Daneben bestand aber die Pflicht des Vorsitzenden, ggf. von Amts wegen im Hinblick auf die Schwere der Tat einen Verteidiger nach Absatz 2 zu bestellen. Außerdem ergaben sich für den Antrag Komplikationen, wenn der Angeklagte zunächst einen Wahlverteidiger hatte, der dann später wegfiel (vgl. Hauptwerk, III 3 zu § 140). Durch den Wegfall des Antrags ist eine wesentliche Vereinfachung eingetreten.

Da in Strafkammersachen die Verteidigung schon nach Nummer 1 notwendig ist, hat Nummer 2 nur für Schöffensachen (§ 24 Abs. 1 Nr. 3 GVG.) Bedeutung.

3. Maßregelanordnung (Absatz 1 Nr. 3). Im alten Text war als Hauptfall vorgesehen, daß das Verfahren zur Anordnung der Sicherungsverwahrung führen kann. Die Sicherungsverwahrung darf nicht vom Amtsgericht verhängt werden (§ 24 Abs. 1 Nr. 3 GVG.). Wenn das Verfahren dazu führen kann, daß sie angeordnet wird, findet danach die Hauptverhandlung immer vor einem der in Nummer 1 bezeichneten Gerichte, in der Regel dem Landgericht, statt, so daß schon aus diesem Grunde die Verteidigung notwendig ist.

4. Sonstige Fälle der Verteidigerbestellung sind vorgesehen in § 81 Abs. 2 (Bestellung eines Verteidigers vor der Unterbringung in einer Heil- oder Pflegeanstalt zur Vorbereitung eines Gutachtens über den Geisteszustand des Beschuldigten); § 117 Abs. 4 Satz 1 (Bestellung eines Verteidigers auf Antrag, wenn die Untersuchungshaft drei Monate gedauert hat); § 118a Abs. 2 Satz 2 (Bestellung eines Verteidigers, wenn der Beschuldigte zur mündlichen Verhandlung über die Haftprüfung nicht vorgeführt wird); § 350 Abs. 3 (Bestellung eines Verteidigers auf Antrag, falls der nicht auf freiem Fuß befindliche Angeklagte nicht zur Revisionshauptverhandlung vorgeführt wird).

III. Drei-Monats-Verwahrung (Absatz 1 Nr. 5).

1. Inhalt. Nach der alten Fassung war die Verteidigung notwendig, wenn sich der Beschuldigte bis zur Hauptverhandlung in Haft befunden, diese länger als drei Monate gedauert hatte und außerdem ein Antrag gestellt war. Der — allerdings nicht zweifelsfrei zu ermittelnde — Sinn der Vorschrift und ihre Entstehungsgeschichte legten es nahe, unter Haft nur Untersuchungshaft in der gleichen Sache zu verstehen, doch war der gesetzgeberischen Erwägung nicht zuzustimmen (Hauptwerk, II 5 zu § 140). Der neue Text stellt klar, daß die drei Monate entweder Untersuchungshaft sein müssen — gleichviel, ob in der Sache, in der die Bestellung eines Verteidigers zu prüfen ist, oder in einer anderen — oder die amtlich angeordnete Verwahrung in einer Heil- oder Pflegeanstalt, gleichviel in welcher Sache und gleichviel, welcher Art (s. u. 2). Strafhaft und sonstige Formen der behördlich angeordneten Freiheitsentziehung (Fürsorgeerziehung) machen die Verteidigung nicht notwendig.

Die Vorschrift ist jetzt eindeutig, aber ihr Sinn ist nicht einleuchtender geworden. Das Gesetz bedient sich nicht der Wendung „nicht auf freiem Fuß befindlich", sondern fordert nur bei zwei Verwahrungsarten die Verteidigung. Bei der Untersuchungshaft wird wohl auf das Vorläufige, das Ungewisse, abgestellt. Denn die Strafhaft kann die Verteidigungsfähigkeit genauso beeinträchtigen wie die Untersuchungshaft, ist ihr aber gleichwohl nicht gleichgestellt. Bei der Unterbringung in einer Heil- oder Pflegeanstalt spielt dagegen das Vorläufige keine Rolle; vielmehr wird es die Art der Unterbringung sein, die es dem Gesetzgeber notwendig erscheinen läßt, dem so Untergebrachten in einem während der Unterbringungszeit laufenden Strafverfahren einen Verteidiger zu geben. Man wird deshalb annehmen müssen, daß der Gesetzgeber die Verteidigung bei Untersuchungshaft und bei der Unterbringung in einer Heil- oder Pflegeanstalt deshalb notwendig gemacht hat, weil er diese beiden Verwahrungsarten als der Selbstverteidigung besonders hinderlich ansieht. Sehr überzeugend ist diese Begrenzung des Schutzbedürfnisses des Angeklagten nicht. Denn dieses erheischt auch Anerkennung, wenn der Angeklagte sich zwar nicht bei der Hauptverhandlung, wohl aber bei der Rechtsmittelbegründung drei Monate in einer Heil- und Pflegeanstalt befunden hat, und auch, wenn er nicht in einer Heil- oder Pflegeanstalt, sondern in einer Trinkerheilanstalt oder in einer Entziehungsanstalt untergebracht worden ist. Für die große Reform bleibt eine großzügigere Regelung zu wünschen.

2. Untersuchungshaft und Unterbringung. Untersuchungshaft ist die nach § 114 angeordnete Haft. Ihr sind gleichzustellen die Auslieferungshaft (§ 10 Abs. 1 und 2, § 30 DAG.), aber nicht die Strafhaft und sonstige Haftarten. Der Aufenthalt in einer Heil- oder Pflegeanstalt macht die

Verteidigung stets notwendig, wenn er behördlich angeordnet ist; der Grund der Anordnung und das Gesetz, das sie ermöglicht, sind gleichgültig (Begrdg., BTDrucks. IV 178, S. 30). In Betracht kommen die einstweilige Unterbringung (§ 126 a), die Unterbringung auf Grund eines Strafurteils (§ 42 c StGB.) und die Unterbringung nach den Unterbringungsgesetzen der Länder. Die Unterbringung in einer Heil- oder Pflegeanstalt ist von der Unterbringung in einer Trinkerheilanstalt oder einer Entziehungsanstalt (§ 42 c StGB.) geschieden. Diese Unterbringungsarten fallen nicht unter Nummer 5. Das ist zwar unverständlich, darf aber nicht im Wege der Auslegung geändert werden (abw. OLG. Celle NJW. **1965** 2069). Abhilfe ist nach Absatz 2 zu schaffen.

Die Untersuchungshaft und die Unterbringung werden meist in der Sache angeordnet sein, in der es zur Hauptverhandlung kommt; notwendig ist das aber nicht.

3. Dauer der Freiheitsentziehung. Die Verteidigung ist notwendig, wenn sich der Beschuldigte mindestens drei Monate in Untersuchungshaft oder in einer Heil- oder Pflegeanstalt befunden hat. Er muß dort „in derselben oder in einer anderen Sache" gewesen sein, es kommt also nicht darauf an, ob in derselben oder in einer anderen. Danach kann es auch keine Rolle spielen, ob er sich zum Teil in derselben, zum Teil in einer anderen Sache oder in mehreren anderen Sachen in Verwahrung befunden hat. Es ist auch nur auf den Zeitraum von drei Monaten abgestellt; nicht wird gefordert, daß er ununterbrochen sein müsse. Demzufolge sind alle Verwahrungszeiten der beiden genannten Arten zusammenzuzählen, mögen sie noch so oft und so lange unterbrochen worden sein. Das macht keine Schwierigkeit bei Untersuchungshaft oder bei einstweiliger Unterbringung in derselben Sache. Handelt es sich um Verwahrung in einer anderen Sache, so fragt es sich, von wann ab sie zu zählen ist. Sie kann sinnvollerweise nur angerechnet werden, wenn der Beschuldigte sie während des Strafverfahrens erlitten hat, in dem er zur Erklärung über die Anklageschrift aufgefordert wird (§ 141 Abs. 1). Aber das Verfahren kann zunächst gegen Unbekannt oder gegen andere gelaufen sein. Man wird daher den Beginn des Verfahrens dort ansetzen, wo der Beschuldigte den Strafverfolgungsbehörden als Beschuldigter erkennbar geworden und von ihnen in den Akten als Beschuldigter behandelt worden ist oder bei ordnungsmäßigem Verfahren als Beschuldigter hätte behandelt werden können.

4. Ende der Freiheitsentziehung. Die Untersuchungshaft und die Unterbringung in einer Heil- oder Pflegeanstalt sowie ihre Dauer werden im Rahmen des Absatzes 1 Nr. 5 bedeutungslos, wenn der Beschuldigte mindestens zwei Wochen vor Beginn der Hauptverhandlung entlassen wird. Die Dauer der Untersuchungshaft kann aber ein Indiz für die Schwere der Tat sein, so daß es notwendig werden kann, nach Absatz 2 einen Verteidiger zu bestellen. Der Verteidiger ist regelmäßig zu bestellen, wenn der Beschuldigte aufgefordert wird, sich auf die Anklageschrift zu erklären (§ 141 Abs. 1). Zwar liegt dieser Zeitpunkt (§ 201 Abs. 1) vor der Eröffnung des Hauptverfahrens (§ 207 Abs. 1), bei der das Gericht über die Fortdauer der Untersuchungshaft oder einer einstweiligen Unterbringung zu entscheiden hat (§ 207 Abs. 4). Da das Gericht aber jederzeit prüfen muß, ob die Voraussetzungen der Untersuchungshaft noch vorliegen, namentlich ob die weitere Untersuchungshaft zu der Bedeutung der Sache und der zu erwartenden Strafe oder Maßregel der Sicherung oder Besserung in einem angemessenen Verhältnis steht, wird es bei der Zustellung der Anklageschrift zugleich über die Fortdauer der Untersuchungshaft oder der einstweiligen Unterbringung entscheiden, um eine gewisse Sicherheit zu haben, ob der Beschuldigte zwei Wochen vor Beginn der Hauptverhandlung noch in Untersuchungshaft oder in der einstweiligen Unterbringung sitzen wird.

5. Widerruf der Verteidigerbestellung (Absatz 3 Satz 1). Hat das Gericht sich in der Beurteilung der Lage geirrt oder haben sich die Verhältnisse geändert, und wird der Beschuldigte wenigstens zwei Wochen vor der Hauptverhandlung aus der Untersuchungshaft oder aus der Heil- oder Pflegeanstalt entlassen, so ist die Bestellung des Verteidigers aufzuheben. Zuständig dafür ist, wie im Falle des § 143 (BGHSt. **3** 328), der Vorsitzende des Gerichts, bei dem Anklage erhoben worden ist, und wenn das Hauptverfahren inzwischen bei einem anderen Gericht eröffnet worden ist, der Vorsitzende dieses Gerichts. Die Aufhebung hängt allein von der Entlassung und dem Zeitpunkt der Hauptverhandlung ab. Liegen die Voraussetzungen des Absatzes 3 vor, muß der Vorsitzende die nach Nummer 5 vorgenommene Bestellung aufheben; ein Ermessen steht ihm nicht zu. Er hat aber stets zu prüfen, ob die Bestellung des Verteidigers nicht nach Absatz 2 aufrechtzuerhalten ist.

6. Fortwirken der Bestellung nach § 117 Abs. 4 (Absatz 3 Satz 2). In den meisten Drei-Monats-Fällen wird der Beschuldigte einen Verteidiger haben. Denn regelmäßig werden die drei Monate nicht gerade dann ablaufen, wenn dem Beschuldigten die Anklageschrift zugestellt wird (§ 201 Abs. 1, § 141 Abs. 1); meist werden sie schon früher zu Ende gegangen sein. Dann wird der Beschuldigte in der Regel nach § 117 Abs. 4 einen Verteidiger erhalten haben. Die Bestellung hat der Amtsrichter nach § 126 Abs. 1 vorgenommen (s. o. 8c zu § 117). Der Vorsitzende des Gerichts, das für das Hauptverfahren zuständig ist (§ 141 Abs. 4), kann nun einen neuen Verteidiger bestellen. Dann endet das Amt des bisherigen (s. o. 8c zu § 117). Wird kein neuer Verteidiger bestellt, bleibt die vom Amtsrichter angeordnete Bestellung für das weitere Verfahren in der gleichen Weise wirksam, als wenn der Vorsitzende des für das Hauptverfahren zuständigen Gerichts die Bestellung ausgesprochen hätte.

Wird der Beschuldigte nicht zwei Wochen vor der Hauptverhandlung entlassen, sondern erst später, dann ist die Verteidigung weiter notwendig. Weil die Untersuchungshaft zu Ende gegangen ist, ist aber die für die Dauer der Untersuchungshaft (s. o. 8c zu § 117) nach § 117 Abs. 4 Satz 1 angeordnete Bestellung eines Verteidigers erloschen. Daher ist in diesem Fall § 140 Abs. 3 Satz 2 nicht anwendbar. Vielmehr ist von dem nach § 141 Abs. 4 zuständigen Vorsitzenden ein Verteidiger zu bestellen. Dabei ist nach Möglichkeit der bisherige Verteidiger zu bestimmen.

IV. Übergangsrecht. Nach Art. 14 Abs. 5 StPÄG. sind die §§ 140 bis 142 in der neuen Fassung nur in Strafsachen anzuwenden, in denen die Anklageschrift nach dem Inkrafttreten dieses Gesetzes beim Gericht eingereicht wird. Eingereicht wird sie nicht mit der Absendung, sondern mit dem Eingang beim Gericht. Es genügt, wenn die Anklage bei der Kanzlei oder bei der Eingangsstelle eingeht; daß ein Richter am Tage des Eingangs von ihr Kenntnis nimmt, ist nicht erforderlich.

Wird — etwa in einem Falle des § 140 Abs. 1 Nr. 5 — das beschleunigte Verfahren (§ 212) gewählt und keine Anklageschrift eingereicht (§ 212a Abs. 2 Satz 1), dann ist es dem Eingang der Anklageschrift gleichzustellen, wenn die Anklage bei Beginn der Hauptverhandlung mündlich erhoben (§ 212a Abs. 2 Satz 2) wird. Auf den Antrag (§ 212) kann nicht abgestellt werden. Er steht der Einreichung einer Anklageschrift im Sinne des § 147 Abs. 5 und des § 169a Abs. 1 gleich (§ 212 Abs. 2). Da der Gesetzgeber die Gleichstellung nicht bei §§ 147, 169a, sondern bei § 212 verordnet hat, muß sie als nach dem Willen des Gesetzgebers abschließend angesehen werden. Will man bei dieser Regelung die Gleichstellung von Anklage und Antrag auch für andere Fälle annehmen, bedarf es besonderer Begründung, warum der Gesetzgeber den Fall übersehen habe. Für Art. 14 Abs. 5 StPÄG. kann ein solches Übersehen im gleichen Gesetz nicht angenommen werden. Alsdann kann nur die mündliche Anklage der schriftlichen gleichgestellt werden, nicht aber der Antrag der Anklage.

§ 141

(1) In den Fällen des § 140 Abs. 1 und 2 wird dem Angeschuldigten, der noch keinen Verteidiger hat, ein Verteidiger bestellt, sobald er gemäß § 201 zur Erklärung über die Anklageschrift aufgefordert worden ist.

(2) Ergibt sich erst später, daß ein Verteidiger notwendig ist, so wird er sofort bestellt.

(3) Der Verteidiger kann auch schon während des Vorverfahrens bestellt werden. Nach dem Abschluß der Ermittlungen (§ 169a Abs. 1) ist er auf Antrag der Staatsanwaltschaft zu bestellen. Die Staatsanwaltschaft soll diesen Antrag stellen, falls die Gewährung des Schlußgehörs in Betracht kommt und nach ihrer Auffassung in dem gerichtlichen Verfahren die Verteidigung nach § 140 Abs. 1 notwendig sein wird. Der Abschluß der Ermittlungen soll in diesem Falle auch dem Beschuldigten erst nach der Bestellung des Verteidigers mitgeteilt werden (§ 169a Abs. 2).

(4) Über die Bestellung entscheidet der Vorsitzende des Gerichts, das für das Hauptverfahren zuständig oder bei dem das Verfahren anhängig ist.

Entstehungsgeschichte: I. Entw. § 122. II. Entw. § 124. III. Entw. § 126.

Änderungsvorschläge: N. E. I und II § 140 Abs. 1. N. E. III § 163.

Spätere Änderungen: § 141 entsprach ursprünglich dem jetzigen § 140 Abs. 2; sein jetziger Absatz 3 Satz 1 war früher Inhalt von § 142. Die Verpflichtung, den Verteidiger zu bestellen, ging zufolge § 4 der DVO. zur VereinfachungsVO vom 8. 9. 1939 (RGBl. I 1703) auf den Vorsitzenden über. Durch § 21 Abs. 2 Nr. 1 der DVO. zur ZustVO. vom 13. 3. 1940 (RGBl. I 489) wurde § 141 außer Kraft gesetzt. An seine Stelle trat § 7 der genannten Verordnung. Er hatte etwa den Inhalt, den § 141 durch Art. 3 Nr. 52 VereinhG. erhielt. Die jetzige Fassung beruht auf Art. 3 Nr. 2 StPÄG.: Absatz 1 ist vereinfacht. Die Bestellung im Vorverfahren ist jetzt in Absatz 3 geregelt, der mit Ausnahme des ersten Satzes (bisher Absatz 1 Satz 2) neu ist. Absatz 4 entspricht inhaltlich dem bisherigen Absatz 3.

1. Inhalt. Mit dem Institut der notwendigen Verteidigung und mit der Bestellung eines Verteidigers sichert der Staat das Interesse, das er an einem ordnungsmäßigen Verfahren und damit an der Verteidigung hat. Sein Interesse ist gewahrt, wenn dem Beschuldigten ein Verteidiger zur Seite steht (§ 143). Dabei ist es gleichgültig, wer ihn gewählt hat (Köhler, S. 181; OLG. Hamm NJW. **1958** 641), der Beschuldigte selbst oder sein gesetzlicher Vertreter (§ 137 Abs. 2). Solange keine Verteidigerwahl zu den Akten angezeigt ist, wird das Gericht davon ausgehen, daß kein Verteidiger gewählt ist. Auch dem Beschuldigten, der einen Wahlverteidiger hat, wird ein Verteidiger bestellt, wenn mit Sicherheit feststeht, daß der Wahlverteidiger spätestens dann ausscheiden, wenn ein Pflichtverteidiger bestellt sein wird. Das ist der Fall, wenn der Wahlverteidiger beantragt, ihn als Pflichtverteidiger zu bestellen (OLG. Hamm MDR. **1958** 707). Wahlverteidiger ist nur, wer vom Beschuldigten (§ 137 Abs. 1) oder von dessen gesetzlichem Vertreter (§ 137 Abs. 2) als Verteidiger gewählt worden ist. Wer von einem Dritten beauftragt ist oder wer aus eigenem Entschluß handelt, ist kein Verteidiger (RGSt. **66** 266). Daß der gesetzliche Vertreter auftritt, ersetzt die notwendige Verteidigung nicht (RGSt. **52** 180). Auch ein Beistand kann nicht die Rechte des notwendigen Verteidigers wahrnehmen. Zwar hat der Beistand beim Schlußgehör (§ 169b) und in der Hauptverhandlung die Rechte eines Verteidigers (§ 69 Abs. 3 Satz 2 JGG.), doch darf, wenn die Verteidigung notwendig ist, kein Beistand bestellt werden (§ 69 Abs. 1 JGG.). Ist das gleichwohl geschehen, muß der Beistand entlassen und ein Verteidiger beigeordnet werden.

Ist jemand zum Verteidiger bestellt worden, obwohl der Beschuldigte einen Wahlverteidiger hatte, so äußert dieser Umstand keinen Einfluß auf die Wirksamkeit der Bestellung (OLG. Hamm NJW. **1958** 641). Ein Verteidiger kann unter besonderen Umständen auch dann bestellt werden, wenn der Beschuldigte bereits einen Wahlverteidiger hat und ihn auch behalten will (BGHSt. **15** 309). Das kann geboten sein, wenn der Angeklagte mehrfach Wahlverteidiger entläßt und neue wählt und dadurch den ordnungsmäßigen Ablauf der Hauptverhandlung in Frage stellt; durch die Möglichkeit des § 145 kann dem nicht immer begegnet werden. Es kann zweckmäßig sein, wenn bei Verhandlungen von längerer Dauer (§ 192 Abs. 2 GVG.) zu befürchten ist, daß der Wahlverteidiger ausfallen könnte. Es ist zu erwägen, wenn der Beschuldigte zu dem von seinem gesetzlichen Vertreter gewählten Verteidiger (§ 137 Abs. 2) kein Vertrauen hat (Dallinger-Lackner, JGG. 25 zu § 68). Die Bestellung eines weiteren Verteidigers für einen Beschuldigten, der schon einen Verteidiger hat, beruht in allen Fällen auf § 140 Abs. 2.

2. Zeitpunkt (Absatz 1). Der Verteidiger ist — wenn nicht die o. II 4 zu § 140 genannten Sonderfälle vorliegen — zu bestellen, sobald der Angeschuldigte nach § 201 Abs. 1 aufgefordert worden ist, die dort vorgesehenen Erklärungen abzugeben, also alsbald. Der Vorsitzende darf nicht abwarten, ob der Angeschuldigte die Wahl eines Verteidigers anzeigt oder was er erklärt. Denn der Verteidiger soll dem Angeschuldigten schon bei der Erklärung nach § 201 Abs. 1 Beistand leisten. Demzufolge wird der Vorsitzende die Mitteilung der Anklageschrift, die Bestellung des Verteidigers und die Nachricht hiervon an den Angeschuldigten miteinander verbinden.

In den Fällen des § 140 Abs. 1 Nr. 1, 2, 3, 6 und 7 macht das keine Schwierigkeiten. Ob ein Angeschuldigter taub oder stumm ist (§ 140 Abs. 1 Nr. 4), wird die Staatsanwaltschaft in der Anklageschrift anzugeben haben. Bei der Drei-Monats-Verwahrung (§ 140 Abs. 1 Nr. 5) muß der Vorsitzende die Haftfrage prüfen lassen, ehe er die Anklageschrift zustellt (s. o. III 4 zu § 140). Sind die Voraussetzungen des § 140 Abs. 1 nicht gegeben, wird der Vorsitzende des Schöffengerichts oder der Amtsrichter, der allein entscheidet, immer erwägen, ob die Voraussetzungen des § 140 Abs. 2 vorliegen. Die Staatsanwaltschaft wird dazu Anträge stellen. Einen Antrag des Angeschuldigten darf der Vorsitzende nicht abwarten; er hat von Amts wegen zu prüfen, ob ein Verteidiger zu bestellen ist. Verneint er das, wird er zweckmäßigerweise das Ergebnis der Prüfung aktenkundig machen. Ein negatives Ergebnis braucht er dem Angeschuldigten nicht mitzuteilen, es sei denn, daß dieser einen Antrag gestellt hatte.

Im alten Recht war geregelt, wie zu verfahren ist, wenn keine Aufforderung an den Angeschuldigten vorgesehen war, er möge sich zur Anklageschrift erklären. Das war in Einzelrichtersachen der Fall (§ 201 Abs. 3 a. F.). Diese Einschränkung ist weggefallen (§ 201 Abs. 3 Satz 1 n. F.). Wohl aber ist Anklage im beschleunigten Verfahren (§ 212) bei Verhafteten (§ 140 Abs. 1 Nr. 5) denkbar. Alsdann ist die Verteidigerbestellung mit der Ladung zu verbinden. Vorführung ohne Ladung (§ 212 a Abs. 3) wird nicht in Betracht kommen, weil der Angeschuldigte sich mit seinem Verteidiger besprechen muß, doch sind Ausnahmefälle denkbar, namentlich wenn der Beschuldigte verlangt, daß sofort die Hauptverhandlung stattfinden solle. Dann ist der Verteidiger so frühzeitig zu bestellen, daß er sich, besonders durch Besprechung mit dem Beschuldigten, auf die Hauptverhandlung vorbereiten kann.

3. Spätere Bestellung (Absatz 2) spielt namentlich bei § 140 Abs. 1 Nr. 2 eine Rolle (s. Hauptwerk, III 2c aa zu § 140), doch kommt sie auch sonst in Betracht (das Gericht erkennt erst später, daß der Angeschuldigte taub oder stumm ist; es stellt erst im Eröffnungsverfahren die Notwendigkeit fest, den Angeschuldigten zur Vorbereitung eines Gutachtens über seinen Geisteszustand in eine öffentliche Heil- oder Pflegeanstalt einzuweisen). Der Hauptfall wird der des § 140 Abs. 2 sein, weil die Frage, ob die Sach- und Rechtslage schwierig ist, sich nicht nur objektiv, sondern auch nach der Person des Beschuldigten beantwortet. Daher kann sie oft erst nach Schriftsätzen oder nach dem Auftreten in der Hauptverhandlung beurteilt werden. In allen diesen Fällen ist der Verteidiger alsbald zu bestellen, nachdem die Notwendigkeit hervorgetreten oder erkannt worden ist. Ist das erst in der Hauptverhandlung der Fall, dann ist wegen des weiteren Verfahrens § 145 Abs. 2 zu vergleichen.

Die Pflicht, zu prüfen, ob ein Verteidiger, namentlich auch nach § 140 Abs. 2, zu bestellen ist, endet, weil die Bestellung von keinem Antrag abhängt, während des ganzen Verfahrens nicht. Der Vorsitzende hat daher, auch wenn er früher abgelehnt hatte, in der Hauptverhandlung erneut zu prüfen, ob es erforderlich ist, einen Verteidiger beizuordnen (BGH. LM., 16 zu § 140). Anlaß dazu bieten namentlich Änderungen des rechtlichen Gesichtspunktes (§ 265), aber auch Komplikationen des Sachverhalts oder Eigenarten des Angeklagten (Schwerfälligkeit), die erst in der Hauptverhandlung erkannt werden.

Eine spätere Bestellung kann auch nach Rechtskraft des Urteils erforderlich sein (s. u. 11), so bei — allerdings nur sehr schwierigen — Gesamtstrafenbildungen (§ 460), bei Auslegungen eines Strafurteils (§ 458 Abs. 1) und für das Wiederaufnahmeverfahren (OLG. Hamm NJW. **1961** 932), wenn im wiederaufzunehmenden Verfahren kein Verteidiger bestellt worden war (für den Fall, daß im alten Verfahren ein Verteidiger beigeordnet war, s. u. 10).

4. Bestellung im Vorverfahren (Absatz 3 Satz 1). Das Urteil beruht allein auf der Hauptverhandlung (§ 261). In aller Regel wird der Verteidiger daher bestellt, um dem Angeklagten in der Hauptverhandlung beizustehen und in der Zeit vorher, wenn entschieden wird, ob es zur Hauptverhandlung kommt und wegen welchen Vorwurfs. Aber auch noch früher kann es geboten oder zweckmäßig sein, einen Verteidiger beizuordnen. Das Gesetz schreibt das für einige Fälle vor (s. o. II 4 zu § 140). Sonst kommt es etwa in Betracht, wenn zu wichtigen Gutachten Stellung zu nehmen und der Beschuldigte dieser Aufgabe nicht gewachsen ist. Wird im Anklageerzwingungsverfahren (§ 172 Abs. 2) dem Antragsteller ein Rechtsanwalt beigeordnet (§ 172 Abs. 3 Satz 2, 2. Halbsatz), wird es stets notwendig sein, dem Beschuldigten einen Verteidiger zu bestellen.

Wird ein Verteidiger schon während des Vorverfahrens bestellt, und wird die Bestellung nicht auf einen besonderen Zeitraum beschränkt (s. u. 11), so wird damit die Bestellung nach Absatz 1 vorweggenommen. Absatz 1 bezieht sich auf § 140 Abs. 1 und Abs. 2. Die in § 140 Abs. 2 gegebene Regel wird den Vorsitzenden im Vorverfahren leiten. Zum Vorverfahren gehören das Ermittlungsverfahren (Verfahren zur Vorbereitung der öffentlichen Klage) und die gerichtliche Voruntersuchung.

5. Bestellung auf Antrag der Staatsanwaltschaft (Absatz 3 Satz 2 und 3). Im Vorverfahren ist die Staatsanwaltschaft am besten in der Lage, zu beurteilen, ob der Beschuldigte einen Verteidiger benötigt. Ihr hätte es daher übertragen werden können, in diesem Verfahrensabschnitt einen Verteidiger beizuordnen. Das wäre aber unpraktisch, weil die Verteidigerbestellung für die Hauptverhandlung beim Gericht liegen muß, die Bestellung im Vorverfahren aber grundsätzlich auch für die Hauptverhandlung gilt. Das Gesetz löst den Konflikt dadurch, daß es Beiordnung und Auswahl des Verteidigers auch im Vorverfahren beim Vorsitzenden beläßt, ihn aber wegen der Verpflichtung, einen Verteidiger zu bestellen, dann an den Antrag der Staatsanwaltschaft bindet, wenn dieser nach dem Abschluß der Ermittlungen gestellt wird.

Der Abschluß der Ermittlungen ist stets zu den Akten zu vermerken, wenn die Staatsanwaltschaft die öffentliche Klage nicht durch Antrag auf Eröffnung der Voruntersuchung (§ 170 Abs. 1, § 179) stellt (§ 169a Abs. 1; § 212 Abs. 2 Satz 1; § 407 Abs. 4 Satz 1). Besondere Bedeutung hat der förmliche Abschluß der Ermittlungen, wenn die Staatsanwaltschaft die Zuständigkeit des Schöffengerichts oder eines Gerichts höherer Ordnung (s. Hauptwerk, 1 zu § 1) für begründet hält. Denn dann kommt, wenn nicht in Schöffensachen das beschleunigte Verfahren (§ 212 Abs. 2 Satz 2) oder das Strafbefehlsverfahren (§ 407 Abs. 4 Satz 2) gewählt wird, die Gewährung des Schlußgehörs in Betracht (§ 169b Abs. 1 Satz 1). Ist in diesen Fällen die Staatsanwaltschaft der Ansicht, daß für das gerichtliche Verfahren die Verteidigung nach § 140 Abs. 1 notwendig sein wird, dann soll sie beantragem, dem Beschuldigten schon vor dem Schlußgehör einen Verteidiger beizuordnen. In bezug auf eine Behörde enthält das „Soll" eine Verpflichtung, von der nur in begründeten Ausnahmefällen abgesehen werden darf. Solche sind kaum denkbar. Die Staatsanwaltschaft wird es begrüßen, wenn sie vor der Anklageerhebung von sachkundiger Seite die Einwendungen gegen die beabsichtigte Anklage erfährt — wobei freilich offen bleibt, ob das der Fall sein wird.

Auch wenn kein Fall des § 140 Abs. 1, wohl aber einer des § 140 Abs. 2 vorliegt — etwa bei Anklagen zum erweiterten Schöffengericht —, kann die Staatsanwaltschaft die Beiordnung eines Verteidigers beantragen. Wie jeder nach dem Abschluß der Ermittlungen gestellte Antrag hat auch dieser bindende Wirkung.

6. Verfahren beim Schlußgehör (Absatz 3 Satz 4). Hält die Staatsanwaltschaft eine höhere Zuständigkeit als die des Amtsrichters allein (§ 25 GVG.) für begründet, und wählt sie nicht das beschleunigte Verfahren (§ 212 Abs. 2 Satz 2) oder das Strafbefehlsverfahren (§ 407 Abs. 4 Satz 2), so hat sie dem Beschuldigten und seinem Verteidiger den Abschluß der Ermittlungen mitzuteilen und ihnen Erklärungen anheimzustellen (§ 169a Abs. 2). Hat der Beschuldigte keinen Verteidiger, ist die Aufforderung allein an ihn zu richten. Wenn aber die Staatsanwaltschaft die Bestellung eines Verteidigers herbeiführt, soll sie die Mitteilung an den Beschuldigten so lange zurückstellen, bis der Verteidiger beigeordnet worden ist. Dann sind die Mitteilungen an den Beschuldigten und an den Verteidiger zur gleichen Zeit zu bewirken.

7. Zuständigkeit (Absatz 4).

a) Vorsitzender. Zuständig ist der Vorsitzende des Gerichts, bei dem das Verfahren anhängig ist oder anhängig zu machen ist. Nach altem Recht war der Vorsitzende zuständig „zur Bestellung" des Verteidigers, dagegen war das Gericht zuständig, einen Antrag des Beschuldigten abzulehnen, ihm einen Verteidiger zu bestellen (s. Hauptwerk, III 1a zu §§ 141 bis 143). Jetzt entscheidet der Vorsitzende „über die Bestellung"; er ist also sowohl zuständig, einen Verteidiger beizuordnen, als auch einen darauf gerichteten Antrag abzulehnen (OLG. Celle MDR. **1965** 140). Das Gericht hat keine Zuständigkeit mehr und kann, wenn es anderer Ansicht als der Vorsitzende ist, nicht an dessen Stelle einen Verteidiger beiordnen. Hat es das gleichwohl getan, bleibt eine von der Staatsanwaltschaft unangefochtene Bestellung wirksam.

b) Gerichtliche Zuständigkeit. Zuständig ist der Vorsitzende des Gerichts, bei dem die Sache anhängig ist oder anhängig zu machen ist.

Danach ist im Vorverfahren maßgeblich die Zuständigkeit des Gerichts, das für das Hauptverfahren zuständig ist, also des Gerichts, bei dem die Staatsanwaltschaft die Anklage erheben will. In Sachen, in denen zunächst die Staatsanwaltschaft die Bedeutung der Sache zu beurteilen hat (§ 24 Abs. 1 Nr. 2 und 3 GVG.), richtet sich die Zuständigkeit nach der Erklärung der Staatsanwaltschaft, wo sie die Anklage erheben werde, doch kann die Strafkammer die Entscheidung dem Amtsgericht abgeben mit der Begründung, daß sie vor diesem eröffnen werde (§ 209). Ein Irrtum bei der Annahme der Zuständigkeit ist unschädlich; der Verteidiger ist wirksam bestellt, auch wenn die Hauptverhandlung schließlich vor einem anderen Gericht stattfindet. Im Hauptverfahren ist maßgeblich die Zuständigkeit des Gerichts, bei dem das Verfahren anhängig ist. Während der Vorbereitung des Revisionsverfahrens (§§ 341ff.) ist, solange die Sache noch nicht an das Revisionsgericht abgegeben ist (§ 347 Abs. 2), nicht dessen Zuständigkeit sondern die des Gerichts maßgebend, dessen Urteil angefochten wird (RG. HRR. **1925** 1403); das Revisionsgericht selbst bestellt einen Verteidiger nur, wenn ausnahmsweise die Verteidigung auch in der mündlichen Verhandlung vor dem Revisionsgericht (s. u. 10 und 11) stattfinden soll (OLG. Hamm NJW. **1963** 1513). Nach der Hauptverhandlung kommt nur selten die Bestellung eines Verteidigers nach § 140 Abs. 2 in Betracht (s. u. 10). Maßgeblich ist alsdann die Zuständigkeit des nach § 462 zu ermittelnden Gerichts, für den Antrag auf Wiederaufnahme des Verfahrens des Gerichts, dessen Urteil mit dem Antrag angefochten wird (§ 367 Abs. 1).

8. Entscheidung. Im Falle des § 140 Abs. 1 hat der Vorsitzende nur die Voraussetzungen festzustellen und dann ohne eigenes Ermessen den Verteidiger beizuordnen. Auch in bezug auf die Merkmale „In-Frage-Kommen" (§ 140 Abs. 1 Nr. 2 und 6) und „Führen-Können" (§ 140 Abs. 1 Nr. 3) waltet kein Ermessen ob. Der Vorsitzende kann die Bestellung nicht unterlassen (so EbSchmidt, 9 zu § 141), weil etwa der Bundesgerichtshof bei der Eröffnung die Verhandlung und Entscheidung der Sache dem Oberlandesgericht oder dem Landgericht überweisen (§ 134a Abs. 3 GVG.) oder die Strafkammer die Sache dem Bundesgerichtshof zur Entscheidung vorlegen (§ 209 Abs. 3) will. Es ist Sache des rechtskundigen Verteidigers, Anträge in bezug auf die Eröffnung oder Verweisung zu stellen.

Im Falle des § 140 Abs. 2 wird die Verteidigung erst zufolge der richterlichen Feststellung notwendig, daß die Voraussetzungen dieser Bestimmung vorliegen (s. Hauptwerk, II 8a zu § 140). Im Falle des § 141 Abs. 3 Satz 1 entscheidet lediglich das pflichtgemäße Ermessen.

Die Rechtsprechung hat die tatrichterliche Beurteilung der Voraussetzungen des § 140 Abs. 2 sehr weit nachgeprüft. Die von der Sorge für den Beschuldigten getragene, nahezu zu weitgehende Prüfung findet ihre Erklärung in einer den Entscheidungen zu entnehmenden oft erstaunlichen Engherzigkeit oder Sorglosigkeit der unteren Instanzen, bei der Rechtsprechung des Reichsgerichts in den vierziger Jahren aber wohl auch in der Not, auf andere Weise nicht helfen zu können (RGSt. **74** 304; **77** 153). Im einzelnen ist zu bemerken:

Bei der Bestellung eines Verteidigers besteht wegen der in § 140 Abs. 2 verwendeten unbestimmten Rechtsbegriffe ein gewisser richterlicher Beurteilungsspielraum (Kappe, S. 370; OLG. Stuttgart, Justiz **1964** 317), der in der Rechtsprechung zumeist durch die Wendung vom pflichtgemäßen Ermessen des Richters gekennzeichnet wird. Die Feststellung der Voraussetzungen des § 140 Abs. 2 ist indessen keine Ermessensentscheidung. Die zufolge der unbestimmten Fassung („geboten erscheint") verbleibende Entscheidungsfreiheit darf nicht willkürlich ausgeübt werden. Das Gericht darf, wie selbstverständlich ist, die Bestellung nicht aus äußerlichen, persönlichen oder sonst unsachlichen Gründen ablehnen. Es hat den Sachverhalt sorgfältig zu prüfen, alle Gesichtspunkte in Erwägung zu ziehen und darf sich keineswegs über § 140 Abs. 2 hinwegsetzen oder ihn, wenn die Bestellung nach § 140 Abs. 1 abgelehnt werden mußte, außer acht lassen (RGSt. **68** 36; BHG. NJW. **1953** 116). Es muß Besonderheiten des Falles, etwa einer Nervenkrankheit des Beschuldigten (RGSt. **74** 305), einer Behinderung durch Gebrechen (OLG. Hamm NJW. **1952** 1190) aber auch der Tatschwere Rechnung tragen, so daß es regelmäßig geboten sein wird, einen Verteidiger für Verhandlungen vor dem erweiterten Schöffengericht zu bestellen (OLG. Bremen NJW. **1955** 1529). Auch die Rechtsfrage muß der Vorsitzende des Schöffengerichts, ja auch der allein entscheidende Amtsrichter, sorgfältig in Erwägung ziehen: Bigamie, wenn eine Ehe im Ausland geschlossen war, Tatbestände mit normativen Tatbestandsmerkmalen oder solche, über deren Auslegung oder gar Verfassungsmäßigkeit Streit besteht, sollten, um einige Beispiele zu nennen, Veranlassung geben, einen Verteidiger nach § 140 Abs. 2 zu bestellen.

9. Begründung; Bekanntmachung. Die Bestellung eines Verteidigers bedarf keiner Begründung. Hat der Vorsitzende sie von Amts wegen geprüft und nicht für notwendig befunden, so sollte er das aktenkundig machen. Eine auf Antrag ergehende ablehnende Entscheidung ist mit Gründen zu versehen. In der Regel wird, wenn die Voraussetzungen des § 140 Abs. 1 verneint werden, anzugeben sein, daß und warum die Voraussetzungen des § 140 Abs. 2 nicht vorliegen.

Die Entscheidungen sind nach § 35 bekanntzumachen; soweit sie in der Hauptverhandlung ergehen, durch Verkündung, sonst, da keine Beschwerdefrist besteht, durch Mitteilung.

Der Beschluß, durch den die Bestellung eines Pflichtverteidigers abgelehnt wird (RG. HRR. **1942** 256), muß dem Angeschuldigten vor der Hauptverhandlung bekanntgemacht werden, damit er sein Beschwerderecht ausüben oder sich eines Wahlverteidigers bedienen kann (RGSt. **48** 387, **67** 313; RG. DRiZ. **1930** 489; RG. HRR. **1935** 824; RG. JW. **1938** 1885; KG. NJW. **1954** 124). Ergeht die Ablehnung kurz vor der Hauptverhandlung oder in ihr, dann wird das Verfahren auszusetzen sein, um den Angeklagten in den Stand zu setzen, Beschwerde einzulegen oder sich einen Verteidiger zu wählen (RGSt. **67** 313, 314).

10. Umfang der Bestellung. Die Stellung als notwendiger Verteidiger beginnt mit der Bestellung; eine Rückwirkung kann ihr nicht beigelegt werden (OLG. Düsseldorf NJW. **1952** 1151; OLG. Hamm NJW. **1958** 642; OLG. Köln JMBlNRW. **1964** 132). Der Pflichtverteidiger ist für das ganze Verfahren bestellt (RGSt. **40** 16), sowohl für die erste als auch für die zweite Tatsacheninstanz (RG. JW. **1926** 1215), einschließlich der Termine vor dem beauftragten oder ersuchten Richter (BGH. NJW. **1952** 1426). Die Bestellung gilt auch für das Revisionsverfahren (Einlegen und Begründen der Revision, Abgabe der Gegenerklärung auf die Revision der Staatsanwaltschaft, des Privat- oder Nebenklägers, Vertretung im Haftprüfungsverfahren), ausgenommen die Vertretung in der Revisionshauptverhandlung (BayObLG. DRiZ. **1928** 241; KG. JR. **1951** 217; **1953** 385; OLG. Hamm NJW. **1958** 1934, JMBlNRW. **1962** 227 = AnwBl. **1963** 144), weil in dieser die Verteidigung nur für den verhafteten aber nicht zum Hauptverhandlungstermin vorgeführten Angeklagten notwendig ist (§ 350 Abs. 3), und daher die Bestellung diesen Abschnitt nach dem Gerichtsgebrauch grundsätzlich nicht umfassen soll (a. A. OLG. Hamburg NJW. **1964** 418; Seydel NJW. **1964** 1035). Der Bundesgerichtshof will die Bestellung des Verteidigers im gleichen Umfange beschränkt sehen, begründet das aber damit, daß der Tatrichter die revisionsrechtliche Schwierigkeit oft nicht beurteilen könne und der für die Tatsacheninstanz beigeordnete Verteidiger im allgemeinen nicht derjenige sei, der für die Revisionsinstanz beigeordnet werden sollte (BGHSt. **19** 258). Demgegenüber ist daran festzuhalten, daß der Tatrichter zwar grundsätzlich den Verteidiger nicht für die Revisionsverhandlung bestellen will, daß er die Bestellung aber auf die Revisionshauptverhandlung ausdehnen kann. Das wird nur in ganz klar liegenden Fällen geboten sein; sonst ist die Bestellung dem Revisionsgericht zu überlassen. Tritt das Bedürfnis erst in der Revisionsinstanz hervor, ist die alleinige Zuständigkeit des Revisionsgerichts begründet (weitergehend — stets alleinige Zuständigkeit des Revisionsgerichts — OLG. Köln JMBlNRW. **1964** 131; EbSchmidt, 12 zu § 140). — Die Bestellung als Pflichtverteidiger umfaßt wieder die Tatsacheninstanzen nach Rückverweisung durch das Revisionsgericht (RGSt. **40** 4) und das Wiederaufnahmeverfahren (RGSt. **22** 97; OLG. Hamm NJW. **1958** 642) bis zur Anordnung der Wiederaufnahme des Verfahrens und der Erneuerung der Hauptverhandlung (§ 370; RGSt. **29** 278; **40** 5).

Mit der Rechtskraft endet die Bestellung von sich aus (OLG. Oldenburg NJW. **1963** 170; OLG. Hamm JMBlNRW. **1963** 109), wenn Streit über die Wirksamkeit eines Rechtsmittelverzichts besteht, jedoch erst mit der Entscheidung des Rechtsmittelgerichts (OLG. Hamm JMBlNRW. **1962** 227). Die Bestellung gilt also nicht für die Nachtragsentscheidungen über Bewährung (§ 453 Abs. 1), für das Verfahren bei bedingter Entlassung nach § 26 StGB. (§ 454 Abs. 1), für die Entscheidungen nach §§ 42 f bis h, 421 Abs. 4 und § 42 m Abs. 4 StGB. (§ 463a Abs. 2), für Strafaufschubsgesuche (§ 456), bei der Gesamtstrafenbildung (§ 460), für Vollzugs- und Gnadenentscheidungen (OLG. Naumburg JW. **1938** 2492), doch kann dafür ein Verteidiger neu beigeordnet werden (s. u. 11).

11. Beschränkte Bestellung ist im Falle des § 140 Abs. 1 nicht zulässig, wohl aber in dem des § 140 Abs. 2 (Müller-Sax, 2b zu § 140). Die Befugnis, die Bestellung ganz abzulehnen, schließt auch die Ermächtigung in sich, die Beiordnung auf bestimmte Abschnitte des Verfahrens zu beschränken (RGSt. **62** 23). Die gelegentliche Bemerkung des Reichsgerichts, die Bestellung eines Verteidigers für einzelne Prozeßabschnitte sei der Strafprozeßordnung fremd (RGSt. **37** 23), ist inzwischen durch § 117 Abs. 4 Satz 1 widerlegt. Demzufolge ist es zulässig, einem nichtverteidigten Angeklagten einen Verteidiger zum Begründen der Revision (RG. JW. **1892** 8), für die am Ende der Note 10 genannten Prozeßabschnitte (OLG. München MDR. **1957** 696), für die Hauptverhandlung vor dem Revisionsgericht oder für den Antrag auf Wiederaufnahme des Verfahrens (§ 366; OLG. Hamm NJW. **1961** 933; OLG. Braunschweig NdsRpfl. **1965** 139) zu bestellen. Die entgegengesetzte Auffassung (OLG. Hamm JMBlNRW. **1963** 109) verkennt die Bedeutung des § 140 Abs. 2, der die Bestellung eines Verteidigers in (allen) anderen Fällen als denen des Absatzes 1, also auch außerhalb einer Hauptverhandlung und damit auch nach ihrem Abschluß, zuläßt. Zwar ist dem Gesetz zu entnehmen, daß mit der Rechtskraft auch die Verteidigerbestellung ihr Ende findet, nicht aber, daß die Neubestellung nach Rechtskraft ausgeschlossen sein soll. Bei der weitgehenden Fürsorge, die das Gesetz für die ordnungsmäßige Verteidigung entfaltet, ist im Gegenteil eine weite Anwendung des § 140 Abs. 2 als Wille des Gesetzgebers zu erkennen. Dem steht nicht entgegen, daß in § 140 Abs. 2 der Ausdruck „Beschuldigter" verwendet wird. Dieser Begriff hat auch sonst zuweilen eine sehr umfassende Bedeutung (s. u. 2 zu § 148).

Abgesehen von den oben genannten Fällen und der Bestellung für einzelne Akte des Vorverfahrens oder einer vorweggenommenen Zeugenvernehmung (§ 223) wird eine beschränkte Bestellung nur selten in Betracht kommen. Die Beschränkung auf Teile der im Gerichtssaal stattfindenden Hauptverhandlung muß als unzulässig angesehen werden. Die Bestellung lediglich für die erste Instanz ist zwar möglich (RGSt. **62** 23), nötigt aber, in der Berufungsinstanz erneut Beschluß zu fassen. Dabei wird der Vorsitzende, wenn die Sach- und Rechtslage unverändert ist, kaum eine andere Stellung als die Vorinstanz einnehmen können, wenn er nicht das Vertrauen des Angeklagten erschüttern will, der sich auf den Beistand eines Verteidigers eingerichtet hatte. Er ist in seiner Entschließung an den Vertrauensgrundsatz gebunden, doch können neue Umstände, z. B. Teilrechtskraft, Geständnis oder Klärung durch Zeugen, deren Ladung für die Berufungsverhandlung nicht beantragt wird (§ 325), es rechtfertigen, die Verteidigerbestellung abzulehnen. Ist der Verteidiger nur für die erste Instanz bestellt worden, aber mit Billigung des Vorsitzenden auch in der Berufungsinstanz aufgetreten, dann ist er als auch für die zweite Instanz bestellt zu behandeln (OLG. Köln NJW. **1956** 1936).

12. Anfechtung. Die Beiordnung eines Verteidigers ist grundsätzlich der Anfechtung, sei es durch Beschwerde, sei es durch Revision, entzogen.

Die Auswahl eines Verteidigers entgegen dem Wunsche des Angeklagten ist zwar anfechtbar, verletzt aber weder ein Grundrecht (BVerfGE. **9** 36 = NJW. **1959** 571) noch prozessuale Rechte (RG. Recht **1917** 1524) des Beschuldigten. Dieser hat auch, wenn einer der Fälle des § 142 Abs. 2 vorliegt, keinen Anspruch darauf, einen Rechtsanwalt und nicht einen Referendar als Verteidiger zu erhalten (RGSt. **33** 332).

Die Bestellung ist fehlerhaft, wenn ein Verteidiger bestellt wird, der unfähig ist, Verteidiger zu sein (s. Hauptwerk, III zu § 138), wobei namentlich der Fall des Interessengegensatzes in Betracht kommen kann. Sie ist es auch, wenn bei notwendiger Verteidigung eine „andere (als in § 138 Abs. 1 genannte) Person" allein zum Verteidiger bestellt, oder wenn ein Referendar beigeordnet wird, obwohl einer der Fälle des § 140 Abs. 1 Nr. 1, 3 oder 6 vorliegt (§ 142 Abs. 2) oder wenn der Vorsitzende sein Ermessen dadurch mißbraucht, daß er, ohne den Einzelfall individuell zu prüfen, grundsätzlich einen anderen als den bisherigen Wahlverteidiger beiordnet (KG. JR. **1957** 469).

Wo die Anfechtung zulässig ist, steht sie auch der Staatsanwaltschaft offen, nicht jedoch den übrigen Prozeßbeteiligten, wie z. B. dem Nebenkläger.

Entscheidungen, mit denen ein Antrag auf Bestellung eines Verteidigers abgelehnt wird, unterliegen der Beschwerde. Sie können in der Regel auch mit der Revision angefochten werden.

13. Die **Beschwerde** gegen die Ablehnung, einen Verteidiger zu bestellen oder als solchen eine bestimmte Person auszuwählen, ist nach § 304 Abs. 1 statthaft und auch, weil die Entscheidung nicht im inneren Zusammenhang mit der Urteilsfällung steht, nicht durch § 305 Satz 1 ausgeschlossen (RGSt. **67** 312; OLG. Bremen NJW. **1951** 454; BayObLGSt. **1952** 159 = NJW. **1952** 1224; OLG. Köln NJW. **1953** 1807, JMBlNRW. **1964** 131). Sie ist auch statthaft, wenn während der Hauptverhandlung die Bestellung eines Verteidigers versagt und namentlich wenn ein Verteidiger ausgeschlossen (s. Hauptwerk, III 5a zu § 138) wird. Da der Nachteil, der dem Angeklagten entsteht, wenn ihm ein Verteidiger verweigert wird, vielfach auch dann nicht wieder gutgemacht werden kann, wenn das Urteil aufgehoben wird, ist die Hauptverhandlung zu unterbrechen oder zu vertagen, damit zunächst das Beschwerdeverfahren durchgeführt werden kann (RGSt. **67** 313).

14. Revision. Verstöße gegen die §§ 140, 141 begründen die Revision. Der absolute Revisionsgrund des § 338 Nr. 5 liegt vor, wenn in einem der Fälle des § 140 Abs. 1 die Hauptverhandlung ganz oder teilweise ohne Verteidiger stattgefunden hat, mag die fehlende Verteidigerbestellung auf Versehen, Rechtsirrtum oder einem anderen Grunde beruhen (s. Hauptwerk, 8b bb zu § 145). Der absolute Revisionsgrund ist auch gegeben, wenn dem Angeschuldigten ein Verteidiger nach § 140 Abs. 2 beigeordnet worden war, an der Hauptverhandlung aber ganz oder teilweise kein Verteidiger, sei es der beigeordnete, sei es ein anderer, teilgenommen hat (RGSt. **70** 320). Er ist endlich gegeben, wenn ein Verteidiger nach § 138 Abs. 2 allein oder wenn ein Referendar in einer Sache beigeordnet worden ist, in der er nicht verteidigen durfte. Der Angeklagte hatte dann keinen vom Gesetz vorgesehenen Verteidiger. Der Verfahrensmangel entfällt nicht dadurch, daß die Hauptverhandlung im weiteren Verlaufe einen günstigen Wandel für den Angeklagten erkennen läßt (RG. HRR. **1942** 256). Er wird nicht dadurch geheilt, daß das Urteil nicht zu einer der Maßregeln des § 140 Abs. 1 Nr. 3 oder zu einer Verurteilung wegen eines der in § 140 Abs. 1 Nr. 2 aufgeführten Verbrechen geführt hat (RGSt. **70** 317).

Die Aufhebung kann, wenn mehrere Delikte angeklagt sind, nicht auf diejenigen beschränkt werden, welche die Verteidigung notwendig gemacht haben. Denn durch die Verbindung ist eine einheitliche Sache entstanden; die Notwendigkeit der Verteidigung erstreckt sich auf das ganze Verfahren (s. Hauptwerk, 8b bb zu § 145). Davon gilt auch dann keine Ausnahme, wenn die Voraussetzungen des Verbots der Berufsausübung nur bei einem von mehreren angeklagten Delikten vorliegen (BGH. GA. **1959** 55).

Nicht § 338 Nr. 5, sondern § 338 Nr. 8 (bei Ablehnung in der Hauptverhandlung) oder § 336 (bei Ablehnung vor der Hauptverhandlung) ist verletzt, wenn der Vorsitzende § 140 Abs. 2 falsch angewendet hat. Das ist der Fall, wenn er die Verteidigerbestellung abgelehnt und dabei die ihm nach jener Vorschrift überlassene beschränkte Entscheidungsfreiheit mißbräuchlich oder rechtsirrtümlich ausgeübt oder § 140 Abs. 2 völlig außer acht gelassen hat (RG. JW. **1934** 901; RGSt. **74** 305; OLG. Stuttgart, Justiz **1964** 317). Denn im Falle des § 140 Abs. 2 ist die Verteidigung nicht kraft Gesetzes notwendig, sondern wird es erst zufolge der Bestellung durch den Vorsitzenden. Die Ablehnung eines absoluten Revisionsgrundes (§ 338 Nr. 8 ist in Wirklichkeit ein relativer) liegt auch der älteren Rechtsprechung zugrunde, die stets geprüft hat, ob das Urteil auf dem Mangel, der Verletzung des § 140 Abs. 2, beruht hatte (RGSt. **68** 36; **74** 305; BGHSt. **6** 202; OLG. Hamburg HESt. **3** 24; OLG. Düsseldorf SJZ. **1950** 59; wohl auch BGH. NJW. **1953** 116 — wegen des Hinweises auf RGSt. **68** 36 und **74** 305 — und BGH. LM. § 140 Nr. 18).

Demgegenüber wird in letzter Zeit häufiger die Meinung vertreten, auch bei den Angeklagten beschwerender Verletzung des § 140 Abs. 2 sei § 338 Nr. 5 anzuwenden (BGH. LM. § 140 Nr. 16; BGHSt. **15** 307; OLG. Hamm NJW. **1951** 614; OLG. Bremen NJW. **1955** 1530; OLG. Hamm NJW. **1957** 1530; OLG. Celle NJW. **1962** 601; OLG. Düsseldorf NJW. **1964** 877; Peters, § 29 III 3; EbSchmidt, 30 zu § 140). Diese Ansicht setzt den unterschiedlichen Wortlaut der beiden ersten Absätze des § 140 beiseite. Der Gesetzgeber hat § 140 Abs. 2 nicht als § 140 Abs. 1 Nr. 8 konstruiert, vielmehr eine Verpflichtung des Vorsitzenden begründet, die er den Fällen der notwendigen Verteidigung in § 140 Abs. 1 entgegensetzt. Richtig unterscheidet RGSt. **70** 320 zwischen der notwendigen und der angeordneten Verteidigung und betont deren Gleichheit erst von der Bestellung ab.

§§ 140 Abs. 2, 336 sind verletzt, wenn der Angeklagte auf einen Antrag nach § 140 Abs. 2 nicht beschieden worden ist. Es kommt nicht darauf an, ob er den Antrag in der Hauptverhandlung wiederholt hat (RG. HRR. **1935** 824; RG. JW. **1938** 1885; KG. NJW. **1954** 124). Denn auch in dieser bestand noch die Pflicht des Vorsitzenden, ihn zu bescheiden. Jedoch scheiden Anträge aus, die in einem frühen Zeitpunkt des Verfahrens gestellt und nach Zustellung der Anklageschrift nicht wiederholt worden sind (RG. JW. **1937** 630). Endlich ist § 137 in Vbdg. mit § 336 verletzt, wenn dem Angeklagten ein Antrag auf Beiordnung des Verteidigers abgelehnt worden ist und die Hauptverhandlung so kurz nach der Ablehnung stattgefunden hat, daß der Angeklagte nicht genügend Zeit hatte, sich einen Wahlverteidiger zu nehmen, oder dieser, sich einzuarbeiten.

15. Hinweise. Wegen der Rücknahme der Verteidigerbestellung s. Hauptwerk, I 4, wegen der Anfechtung der Rücknahme III zu §§ 141 bis 143, wegen des Übergangsrechts s. o. IV zu § 140.

§ 142

(1) Der zu bestellende Verteidiger wird durch den Vorsitzenden des Gerichts möglichst aus der Zahl der bei einem Gericht des Gerichtsbezirks zugelassenen Rechtsanwälte ausgewählt.

(2) In den Fällen des § 140 Abs. 1 Nr. 2, 4, 5 und 7 sowie des § 140 Abs. 2 können auch Rechtskundige, welche die vorgeschriebene erste Prüfung für den Justizdienst bestanden haben und darin seit mindestens einem Jahr und drei Monaten beschäftigt sind, für den ersten Rechtszug als Verteidiger bestellt werden, jedoch nicht bei dem Gericht, dessen Richter sie zur Ausbildung überwiesen sind.

Enstehungsgeschichte: I. Entw. § 123. II. Entw. § 125. III. Entw. § 127.
Änderungsvorschläge: N. E. I und II § 141. N. E. III § 168.
Spätere Änderungen: § 142 hatte früher den Inhalt von § 141 Abs. 3 Satz 1; § 142 dagegen war früher als § 144 eingeordnet. Die Auswahl des Verteidigers war für das vorbereitende Verfahren dem Amtsrichter übertragen; das Wort „möglichst" fehlte. Dieses findet sich erstmals in § 33 der ZustVO. vom 21. 2. 1940 (RGBl. I 405) und ist dann durch Art. 3 Nr. 52 VereinhG. in die Strafprozeßordnung eingeführt worden. Nach dieser Fassung konnten auch Justizbeamte, die nicht als Richter angestellt waren, als Verteidiger bestellt werden. Für Referendare waren keine besonderen Voraussetzungen vorgeschrieben. Die jetzige Fassung des Absatzes 2 beruht auf Art. 3 Nr. 3 StPÄG.

1. Änderungen durch das StPÄG. Die Möglichkeit, Justizbeamte, die nicht als Richter angestellt sind, als Verteidiger beizuordnen, ist beseitigt worden. Für Referendare ist als Voraussetzung eingefügt worden, daß sie mindestens 15 Monate im Vorbereitungsdienst beschäftigt sind. Ferner ist die Zulässigkeit, sie zu bestellen, auf bestimmte Fälle eingeschränkt worden.

Absatz 1 ist nicht geändert worden, deshalb wird hier nur Absatz 2 erläutert.

2. Referendare. Der Kreis der in Absatz 2 Genannten umfaßt Rechtskundige, welche die vorgeschriebene erste Prüfung für den Justizdienst bestanden haben, und darin (noch) beschäftigt sind. Der Justizdienst ist nicht mehr — was der Wortlaut der ersten Satzhälfte zuließe — der als Richter oder Staatsanwalt, sondern nur der sog. Vorbereitungsdienst (§ 5 Abs. 3 DRiG.), wie sich aus dem Schlußteil („zur Ausbildung überwiesen") ergibt. Absatz 2 umfaßt also nur die Gerichtsreferendare. Das Gericht soll, namentlich zum Zwecke der Ausbildung, seine eigenen Kräfte verwenden können.

3. Voraussetzungen und Beschränkungen. Der Referendar muß wenigstens 15 Monate im Vorbereitungsdienst beschäftigt sein (ebenso § 139), eine Voraussetzung, die mit Bestimmungen der Justizausbildungsordnungen zusammenhängt. Ausgeschlossen ist der Referendar von der Verteidigung, wenn die Hauptverhandlung im ersten Rechtszuge vor dem Bundesgerichtshof, dem Oberlandesgericht oder dem Landgericht stattfindet (§ 140 Abs. 1 Nr. 1); wenn das Verfahren zur Unterbringung in einer Heil- oder Pflegeanstalt oder zur Untersagung der Berufsausübung führen kann (§ 140 Abs. 1 Nr. 3); und wenn zur Vorbereitung eines Gutachtens über den Geisteszustand des Beschuldigten seine Unterbringung in einer öffentlichen Heil- oder Pflegeanstalt in Frage kommt (§ 140 Abs. 1 Nr. 6). Der Referendar darf Verteidiger nur im ersten Rechtszuge sein. Danach darf er nicht in Berufungssachen vor der kleinen Strafkammer auftreten. Da er außerdem nicht vor der großen Strafkammer verteidigen darf, kann er nur bei dem Amtsrichter und bei dem Schöffengericht als Verteidiger eingesetzt werden.

Der Referendar darf als Verteidiger nicht bei dem Gericht bestellt werden, dessen Richter er zur Ausbildung überwiesen ist. Nach dem Sinn der Vorschrift ist mit Gericht der entscheidende Gerichtskörper gemeint, nicht das gesamte Amtsgericht. Der Referendar, der vom Amtsrichter A ausgebildet wird, kann also in einer Sitzung des Amtsrichters B verteidigen. Es wird nicht verlangt, daß nur Referendare, die beim Landgericht ausgebildet werden, beim Amtsgericht verteidigen dürften. Allerdings wird das meist so sein, weil ein Referendar nach fünfzehn Monaten in der Regel nicht mehr beim Amtsgericht ausgebildet wird.

4. Hinweise. Wegen der Anfechtung s. o. 12 bis 14 zu § 141, wegen des Übergangsrechts s. o. IV zu § 140.

§ 145 a

(1) Der gewählte Verteidiger, dessen Vollmacht sich bei den Akten befindet, sowie der bestellte Verteidiger gelten als ermächtigt, Zustellungen für den Beschuldigten in Empfang zu nehmen.

(2) Die Ermächtigung nach Absatz 1 gilt nicht, wenn das Gesetz die Zustellung an den Beschuldigten durch Übergabe vorschreibt (§ 232 Abs. 4).

(3) Eine Ladung des Beschuldigten darf an den Verteidiger nur zugestellt werden, wenn er in einer bei den Akten befindlichen Vollmacht ausdrücklich zur Empfangnahme von Ladungen ermächtigt ist. § 116 a Abs. 3 bleibt unberührt.

(4) Wird eine Entscheidung dem Verteidiger nach Absatz 1 zugestellt, so wird der Beschuldigte hiervon unterrichtet; zugleich erhält er formlos eine Abschrift der Entscheidung. Wird eine Entscheidung dem Beschuldigten zugestellt, so wird der Verteidiger hiervon zugleich unterrichtet, auch wenn eine schriftliche Vollmacht bei den Akten nicht vorliegt; dabei erhält er formlos eine Abschrift der Entscheidung.

Entstehungsgeschichte: Eingefügt durch Art. 3 Nr. 4 StPÄG.

1. Inhalt. Die Bestimmung enthält eine Reihe technischer Vorschriften, die es dem Verteidiger ermöglichen, Fristen auch dann innezuhalten, wenn der Beschuldigte ihm weder Zustellungsvollmacht erteilt, noch von Zustellungen, die er erhalten hat, rechtzeitig in Kenntnis setzt. Sie wird ergänzt durch § 37 Abs. 2, nach dem eine Frist nach der letzten Zustellung berechnet wird, wenn an andere Empfangsberechtigte zugestellt worden sein sollte. Die Vorschrift weicht von § 176 ZPO. deutlich ab. Diese Vorschrift kann auch nicht entsprechend angewendet werden (BGH. GA. **1965** 375). Sie begründet also kein Recht des Beschuldigten, zu verlangen, daß stets dem Verteidiger zugestellt werde. Doch sollte das, weil es dem Zweck des Gesetzes entspricht, zur Regel werden. Durch die Zustellungsform des § 212a ZPO. können zudem Kosten eingespart werden.

2. Zustellungsermächtigung (Absatz 1). Absatz 1 soll sicherstellen, daß der Verteidiger — von fest bestimmten Ausnahmen abgesehen — als Zustellungsbevollmächtigter (s. Hauptwerk, 6a Abs. 1 zu § 37; Vorbem. 3c Abs. 2 zum elften Abschnitt) behandelt wird. Der Pflichtverteidiger, dessen Verteidigerstellung für das Gericht feststeht, gilt stets als ermächtigt, Zustellungen für den Beschuldigten in Empfang zu nehmen, der Wahlverteidiger nur, wenn sich seine Vollmacht bei den Akten befindet. Denn nur damit ist für das Gericht eine sichere Grundlage vorhanden. Aus diesem Grunde ist ein sonstiger Vollmachtsnachweis, etwa durch das Auftreten in der Hauptverhandlung (s. Hauptwerk, IV 3 zu § 138), nicht ausreichend. Wenn das Gesetz dem Beschuldigten schon die Mühe erspart, seinem Verteidiger Zustellungsvollmacht zu erteilen, so will es aber dem Gericht nicht zumuten, Handlungen des Beschuldigten auszulegen. Allerdings braucht die Vollmacht nicht schriftlich erteilt zu sein; es genügt, wenn der Angeklagte seinen Verteidiger in der Hauptverhandlung mündlich bevollmächtigt. Deshalb haben Urkundsbeamter und Vorsitzender sorgfältig auf die Protokollierung zu achten. Bedarf die Verteidigerbestellung der Genehmigung durchs Gericht (§ 138 Abs. 2), dann gilt der Verteidiger erst mit der Genehmigung als ermächtigt, Zustellungen in Empfang zu nehmen (Müller-Sax, 1c zu § 145a), doch ist zu prüfen, ob die Vollmacht nicht eine ausdrückliche Zustellungsvollmacht enthält; diese ist unabhängig von der gerichtlichen Genehmigung wirksam.

Das Blatt der Akten, auf dem sich die Vollmacht befindet, sollte stets auf dem Aktenumschlag vermerkt werden.

3. Wenn die **Zustellung durch Übergabe (Absatz 2)** gesetzlich vorgeschrieben ist, gilt die gesetzliche Ermächtigung des Absatzes 1 nicht. Eine solche Vorschrift befindet sich nur in § 232 Abs. 4. Dort wird die Zustellung des Urteils geregelt, das ergangen ist, wenn der Angeklagte in der Hauptverhandlung ausgeblieben ist, nachdem er ordnungsgemäß geladen und in der Ladung darauf hingewiesen worden ist, daß in seiner Abwesenheit verhandelt werden kann, und wenn auf keine andere Strafe oder Maßregel erkannt worden ist als auf Haft, Geldstrafe, Fahrverbot, Einziehung, Vernichtung, Unbrauchbarmachung oder auf Entziehung der Fahrerlaubnis, in dem letzteren Falle nur, wenn er in der Ladung auf diese Möglichkeit hingewiesen worden war. Wird in anderen Fällen gegen einen ausgebliebenen Angeklagten ein Urteil verkündet (§ 231 Abs. 2, § 233 Abs. 1), so ist die Zustellung durch Übergabe nicht durch Gesetz vorgeschrieben. Absatz 2 stellt, indem er § 232 Abs. 4 in der Klammer anführt, auch ausdrücklich fest, daß die Fiktion der Zustellungsvollmacht allein im Falle des § 232 Abs. 4 nicht gilt.

4. Ladungen (Absatz 3). Für die Ladung ist zwar keine Zustellung vorgeschrieben, doch ist sie notwendig, wenn nachgewiesen werden soll, daß die Ladungsfrist innegehalten ist (§ 217) oder wenn es als Urteilsvoraussetzung auf den Nachweis ankommt, daß der Angeklagte ordnungsgemäß geladen worden ist (§ 232). Deshalb wird, wenigstens dann, wenn damit gerechnet wird, daß der Angeklagte ausbleiben könne, die Ladung zugestellt (Nr. 98 Abs. 1 RiStV.). Das Gesetz geht in § 217 Abs. 1 und § 218 Abs. 2 Satz 1 von dieser Form der Ladung aus. Die Zustellung kann auch an den Zustellungsbevollmächtigten bewirkt werden (RGSt. **43** 321; **66** 79). Für diesen Fall gilt aber der Pflichtverteidiger und der zu den Akten bevollmächtigte Wahlverteidiger nicht als zustellungsbevollmächtigt. Der Verteidiger kann Ladungen nur dann wirksam in Empfang nehmen, wenn er eine besondere Ladungsvollmacht hat, und wenn diese zu den Akten gegeben worden ist. Eine allgemeine Vollmacht, „Zustellungen aller Art" entgegenzunehmen, genügt entgegen der bisherigen Rechtsprechung (RGSt. **43** 321) für den Verteidiger nicht mehr. Wenn diese Einschränkung für den Verteidiger angeordnet worden ist, muß man als den Willen des Gesetzgebers annehmen, daß sie auch dann gelten soll, wenn eine andere Person als der Verteidiger Zustellungsvollmacht hat.

Sache des Zustellungsbevollmächtigten eines gegen Sicherheitsleistung entlassenen Beschuldigten, der nicht im räumlichen Geltungsbereich der Strafprozeßordnung wohnt (§ 116a Abs. 3), ist es gerade, Ladungen entgegenzunehmen (BGHSt. **10** 63). Bei ihm wird daher keine besondere Ladungsvollmacht verlangt (Absatz 3 Satz 2).

5. Unterrichtung (Absatz 4). Da der Verteidiger nach Absatz 1 regelmäßig als Zustellungsbevollmächtigter gilt, und da jederzeit auch an den Beschuldigten zugestellt werden kann, stehen zwei Zustellungsempfänger zur Auswahl. In sehr weitgehender Fürsorge für den Beschuldigten und seinen Verteidiger wird in Absatz 4 verordnet, daß jeweils derjenige, dem nicht zugestellt wird, von der Zustellung benachrichtigt wird und zugleich formlos eine Abschrift der Entscheidung erhält. Der Verteidiger bekommt die Benachrichtigung und die Abschrift auch dann, wenn keine Verteidigervollmacht bei den Akten liegt, das Gericht aber weiß, daß er Verteidiger ist, etwa weil er sich, ohne Vollmacht vorzulegen, als Verteidiger gemeldet hat, Schriftsätze eingereicht hat oder als Verteidiger aufgetreten ist. Die Benachrichtigung kann ihren Zweck nur erfüllen, wenn sie gleichzeitig mit der Zustellung zur Post gegeben wird. Unterbleibt die Nachricht, so ist das auf die Zustellung ohne Wirkung (OLG. Hamburg NJW. **1965** 1614).

Nach dem Wortlaute der Vorschrift wäre die Benachrichtigung auch dann zu geben, wenn sowohl dem Verteidiger als auch dem Beschuldigten zugestellt ist; jeder wäre von der Zustellung an den anderen zu benachrichtigen. Allein, einer solchen Übertreibung kann sich der Gesetzgeber nicht haben hingeben wollen. Die Vorschrift ist daher so zu lesen, als wenn es hieße: Wird eine Entscheidung *allein* dem Verteidiger ... und im zweiten Satz: *allein* dem Beschuldigten (zugestellt).

Auf Ladungen bezieht sich Absatz 4 nicht. Sie werden nur entweder dem Beschuldigten oder dem Ladungsbevollmächtigten zugestellt. Eine Nachricht hiervon an den anderen Teil unterbleibt.

§ 147

(1) Der Verteidiger ist befugt, die Akten, die dem Gericht vorliegen oder diesem im Falle der Erhebung der Anklage vorzulegen wären, einzusehen sowie amtlich verwahrte Beweisstücke zu besichtigen.

(2) Ist der Abschluß der Ermittlungen noch nicht in den Akten vermerkt, so kann dem Verteidiger die Einsicht in die Akten oder einzelne Aktenstücke sowie die Besichtigung der amtlich verwahrten Beweisstücke versagt werden, wenn sie den Untersuchungszweck gefährden kann.

(3) Die Einsicht in die Niederschriften über die Vernehmung des Beschuldigten und über solche richterlichen Untersuchungshandlungen, bei denen dem Verteidiger die Anwesenheit gestattet worden ist oder hätte gestattet werden müssen, sowie in die Gutachten von Sachverständigen darf dem Verteidiger in keiner Lage des Verfahrens versagt werden.

(4) Auf Antrag sollen dem Verteidiger, soweit nicht wichtige Gründe entgegenstehen, die Akten mit Ausnahme der Beweisstücke zur Einsichtnahme in seine Geschäftsräume oder in seine Wohnung mitgegeben werden. Die Entscheidung ist nicht anfechtbar.

(5) Über die Gewährung der Akteneinsicht entscheidet vor Einreichung der Anklageschrift die Staatsanwaltschaft, während der Voruntersuchung der Untersuchungsrichter, im übrigen der Vorsitzende des mit der Sache befaßten Gerichts.

(6) Ist eine Anordnung nach Absatz 2 nicht vorher entfallen, so hebt die Staatsanwaltschaft sie spätestens mit dem Abschluß der Ermittlungen, der Untersuchungsrichter spätestens mit dem Schluß der Voruntersuchung auf.

Entstehungsgeschichte: I. Entw. § 126. II. Entw. § 128. III. Entw. § 130.
Änderungsvorschläge: N. E. I und II § 147. N. E. III § 172.

Spätere Änderungen: Die Vorschrift ist inhaltlich verändert und neu gefaßt durch Art. 3 Nr. 5 StPÄG.

Verwandte Vorschriften: § 32 Abs. 3 Satz 1 DAG.; § 299 Abs. 1 ZPO.; § 34 GFG.

Schrifttum: Ackermann, Die Akteneinsicht des Verteidigers im Verwaltungsstrafverfahren, NJW. **1957** 241; Gülland, Recht des Verteidigers auf Akteneinsicht, Ausweis des Wahlverteidigers, Rechtsschutz für das Akteneinsichtsrecht, JW. **1932** 1712; Kleiss, Strafprozeßnovelle und Standesgrundsätze, AnwBl. **1966** 39; Lobe und Alsberg, Ist ein Verteidiger berechtigt, nach Eröffnung des Hauptverfahrens dem Angeklagten einen Aktenauszug oder auch eine vollständige Aktenabschrift mitzuteilen und ihm während der Hauptverhandlung zu seiner Verteidigung zu belassen? JW. **1926** 2725; Lüttger, Das Recht des Verteidigers auf Akteneinsicht, NJW. **1951** 744; Schorn, Akteneinsicht und Abschriftserteilung im Strafverfahren, DRiZ. **1930** 210.

1. Sinn der Vorschrift. Einer der Hauptgrundsätze unseres Strafprozesses ist derjenige der Mündlichkeit, weil die Wahrheit nur erforscht werden kann, wenn die Zeugen Aug' in Auge mit dem Beschuldigten aussagen und ihm auf Fragen und Einwände Rede und Antwort stehen. Dieser Grundsatz ist im Vorverfahren bisher nur unvollkommen verwirklicht; es spielt sich zum großen Teil heimlich ab. Dadurch ist der Beschuldigte in seiner Verteidigung beeinträchtigt. Zum Ausgleich gebietet § 147, ihm Akten und Beweisstücke so frühzeitig wie möglich, auf jeden Fall aber — und dann ohne Ausnahme — nach Abschluß der Ermittlungen offenzulegen, damit der Beschuldigte von den Ermittlungen Kenntnis erlangt und Verteidigungsmittel beschaffen und vorbringen kann. Früher entstand das Recht auf Akteneinsicht mit dem Schluß des Vorverfahrens; vorher konnte dem Verteidiger Einsicht gestattet werden. Jetzt besteht sein Recht von Anfang an, wenn ihm auch vor Abschluß der Ermittlungen versagt werden kann, es auszuüben. Diese Umkehrung beweist, daß die Akteneinsicht nicht nur dazu dienen soll, die Hauptverhandlung vorzubereiten, sondern auch, die Anklage abzuwehren und zum beschleunigten Abschluß des Verfahrens beizutragen.

Die Aktenkenntnis dient dem Beschuldigten. Lediglich aus Gründen der Vorsicht mußte der Gesetzgeber die Akteneinsicht in die Hand einer Person legen, die entweder durch Vorbildung und Standesrecht (§ 138 Abs. 1) oder zufolge der Kontrolle, die das Gericht bei der Auswahl ausübt (§ 138 Abs. 2), die Gewähr dafür bietet, daß anläßlich der Einsicht die Akten nicht vernichtet, beschädigt oder verfälscht werden (Lobe und Alsberg, S. 2726; KG. JR. **1965** 70). Es wäre falsch, hieraus den Schluß zu ziehen, daß das Recht auf Akteneinsicht dem Verteidiger zustehe. Nach seinem Zweck steht es vielmehr quoad jus dem Beschuldigten, quoad exercitum dem Verteidiger zu. Deshalb ist auch die Ansicht Kleiss' (S. 40) unzutreffend, die neue Fassung des § 147 solle nur die Stellung des Verteidigers, nicht die des Beschuldigten stärken. Verteidiger ist der Wahlverteidiger sowohl bei der notwendigen als auch bei der gewillkürten Verteidigung, bei der letzten auch im Falle des § 138 Abs. 2 (RGSt. **72** 275), und der Pflichtverteidiger. Nur der Verteidiger kann das Recht der Akteneinsicht ausüben, dagegen nicht der Beschuldigte (RGSt. **72** 275), der gesetzliche Vertreter oder der Beistand (§ 149). Von diesem Ausgangspunkt aus hätte der Gesetzgeber vorsehen können und für den verteidigerlosen Beschuldigten in gewissem Umfange vorsehen sollen, daß Abschriften aus den Akten erteilt werden. Nach positivem Recht wird aber die Aktenkenntnis nur in der Form der Akteneinsicht durch den Verteidiger vermittelt. Dieser hat daher kein Recht, daß das Gericht ihm Abschriften fertige (BayObLGSt. **1953** 28 = JR. **1953** 465; OLG. Hamburg NJW. **1963** 1024), und wie dieser auch nicht der Beschuldigte. Dagegen ist die Begründung (OLG. Schleswig SchlHA. **1952** 50) unrichtig, daß der Beschuldigte deshalb kein Recht auf Abschriften habe, weil ihm kein Recht auf Akteneinsicht zustehe. Die zur Entscheidung über die Akteneinsicht zuständige Stelle kann jedoch Abschriften von Aktenteilen erteilen, wenn der Akteneinsicht selbst noch Bedenken (Absatz 2) entgegenstehen, und der Verteidiger daher gehindert ist, selbst Abschriften fertigen zu lassen (vgl. BGHSt. **18** 372). Es wäre zweckmäßig, wenn für die in Absatz 3 genannten Urkunden im künftigen Recht die Herausgabe von Abschriften an Verteidiger und Beschuldigte vorgesehen würde; sie könnten mühelos als Durchschläge gefertigt werden.

2. Die **Akten** umfassen die Ermittlungsakten der Staatsanwaltschaft, die sie mit der Anklage dem Gericht vorzulegen hat (§ 199 Abs. 2 Satz 2), mit diesen also auch den Strafregisterauszug des Angeschuldigten (OLG. Frankfurt NJW. **1960** 1731), die nach der Anklage entstandenen gerichtlichen Vorgänge, sämtliche Beiakten, wie Vorstrafenakten (OLG. Dresden Sächs-OLG. **14** 482) oder Akten über Zivilprozesse, in denen sich z. B. Vorgänge über einen Meineid befinden, Berichte oder besondere dem Gericht zugänglich gemachte Akten der Gerichts- oder Ermittlungshilfe (OLG. Hamm JW. **1930** 3448; a. A. Nötzel DRiZ. **1928** 281), Personalakten der dem Beschuldigten vorgesetzten Behörden oder von Polizeidienststellen, Steuerakten usw. Die Handakten der Staatsanwaltschaft enthalten nur Schriftstücke, die den inneren Dienst der Staatsanwaltschaft betreffen; sie verbleiben stets in den Händen der Staatsanwaltschaft (§ 48 Abs. 1 Satz 1 und 2 AktO.), werden dem Gericht nicht vorgelegt und sind damit von der Einsicht ausgeschlossen (Nr. 176 Abs. 1 RiStV.). Auf der anderen Seite ist es unzulässig, Ermittlungsvorgänge, auch nur vorübergehend, zu den Handakten zu nehmen.

Nach Nr. 90 Abs. 5 RiStV. darf der Staatsanwalt dem Gericht oder dem Vorsitzenden Akten nur vorlegen, wenn er sie gleichzeitig zu Bestandteilen der gerichtlichen Akten erklärt und damit auch dem Verteidiger zugänglich macht. Das Gericht erhält also regelmäßig keine vertraulichen Akten. Geschieht das durch ein Versehen doch oder werden dem Gericht Akten, die es von anderen Behörden als der Staatsanwaltschaft angefordert hat, vertraulich zugänglich gemacht, darf es von ihnen keine Kenntnis nehmen. Denn es kann sie nicht verlesen oder vortragen und damit nicht zum Gegenstand der Beweisaufnahme machen; diese aber darf allein dem Urteil zugrunde liegen (§ 261). Daher empfiehlt es sich, vertrauliche Akten, ohne von ihrem Inhalt Kenntnis zu nehmen, alsbald zurückzugeben oder sie, wenn über ihre Freigabe ein Schriftwechsel geführt wird, in der Geschäftsstelle zu verwahren. Auf keinen Fall dürfen sie Beiakten werden (Reuss JW. **1938** 2964). Das Verfahren, die Akten dem Gericht nicht vorzulegen, sie aber „neben dem Vorsitzenden" liegen zu lassen (RGSt. **42** 293), muß Mißtrauen bei den Beteiligten erwecken. Hat das Gericht vertrauliche Akten erhalten, ist es nicht befugt, sie entgegen dem Willen der übersendenden Behörde zu verwerten (RGSt. **42** 292; RDienstStrH. JW. **1938** 2620). Ggf. muß dadurch Abhilfe geschaffen werden, daß die verfügende Behörde Teile für offen erklärt und von diesen Teilen Abschriften genommen und dem Verteidiger zugänglich gemacht werden (RGSt. **72** 276). Geschieht das nicht und hat das Gericht die vertraulichen Akten durch ein Versehen eingesehen, so muß es sich von der — auch unbewußten — Verwertung ihres Inhalts freimachen. Kann der Richter, der vertrauliche Akten gelesen hat, nicht ausschließen, daß Besorgnis seiner Befangenheit bestehe, hat er Anzeige nach § 30 zu machen.

Berichte der Polizei oder der Ermittlungshilfe dürfen nicht vertraulich vorgelegt werden. Tut die Behörde das gleichwohl, ist der Vermerk ohne Bedeutung. Was für das Verfahren geschaffen wird, kann ihm nicht gleichzeitig vorenthalten werden. — Als vertraulich sind hier solche Akten bezeichnet, die nach dem Willen der aktenführenden Behörde Privatpersonen überhaupt nicht zugänglich gemacht werden dürfen. Darunter fallen nicht Verschlußsachen, die für ein Gerichtsverfahren geschaffen worden sind oder bereitgestellt werden. Wegen solcher Akten s. u. 4 Abs. 3 und 4.

Wie die Akten sind dem Verteidiger auch die amtlich verwahrten (§ 94 Abs. 1) Beweisstücke zur Einsicht offenzulegen. Für die Beschränkung auf amtlich verwahrte Beweisstücke ist keine Rechtfertigung zu erkennen. Auch wenn ein Beweisstück in anderer Weise sichergestellt ist (s. dazu Hauptwerk, II 3 zu § 94), muß es der Verteidiger einsehen können. Staatsanwaltschaft und Gericht müssen ihm die Möglichkeit dazu verschaffen; er darf nicht auf eine Besichtigung in der Hauptverhandlung verwiesen werden. Das ist so selbstverständlich, daß nur ein Redaktionsversehen angenommen werden kann, und die Vorschrift auf alle in Verwahrung genommenen oder in anderer Weise sichergestellten Beweisstücke (§ 94 Abs. 1) anzuwenden ist. Darunter sind im Gegensatz zu den Protokollen die als Beweismittel dienenden Sachen, gefälschte Urkunden, beleidigende Briefe, hochverräterische Schriften oder sonstige Gegenstände zu verstehen, an denen Tatspuren haften oder die sonst zum Beweise der Tat dienen können (§ 94 Abs. 1, erste Möglichkeit; s. Hauptwerk, I 2b zu § 94). Einziehungsstücke (§ 94 Abs. 1 Satz 1, 2. Möglichkeit) fallen nicht unter die Vorschrift, doch wird eines von mehreren gleichen stets Beweisstück sein.

3. Einsicht. Der Verteidiger darf die Akten einmal oder mehrfach einsehen, kann aber nicht verlangen, daß sie unausgesetzt zur Einsicht für ihn bereitgehalten werden. Denn der Fortgang des Verfahrens darf durch die Einsicht nicht verzögert werden (Nr. 179 Satz 2 in Verbindung mit Nr. 172 Abs. 2 Satz 1 RiStV.), soweit das irgend möglich ist. Zur Begründung von Haftprüfungsanträgen und Haftbeschwerden, bei der erstmaligen Einsicht und bei der Akteneinsicht nach Abschluß der Ermittlungen hat die Staatsanwaltschaft die Verfahrensinteressen mit dem Interesse des Verteidigers abzustimmen. Dasselbe hat das Gericht zu tun, wenn der Verteidiger vor Beginn des gerichtlichen Verfahrens die Akten noch nicht eingesehen hat. Können in diesen Fällen die Akten nicht eingesehen werden, ohne daß dadurch das Verfahren verzögert wird, dann muß das hingenommen werden. Denn der Verteidiger kann ohne Aktenkenntnis nicht verteidigen, das Verfahren aber kann auch mit kurzer Verzögerung durchgeführt werden. Bei einer weiteren Akteneinsicht geht jedoch der Grundsatz des schleunigen Verfahrens vor, wenn der Verteidiger die weitere Einsicht bei umsichtigem Verhalten (Auszüge, Abschriften) hätte vermeiden können.

Während der Hauptverhandlung benötigt das Gericht die Akten; der Verteidiger kann daher in dieser Zeit grundsätzlich keine Akteneinsicht beanspruchen (RG. JW. **1932** 1748), doch wird seinem Antrag, den Wortlaut einer Urkunde oder Beurkundung nachzulesen, im allgemeinen zu entsprechen sein.

Staatsanwaltschaft und Gericht haben außer im Falle des Absatzes 2 keine Möglichkeit, die Akteneinsicht zu versagen. Mißbraucht der Verteidiger die Akten zu verfahrensfremden Zwecken, so ist Abhilfe durch die Rechtsanwaltskammer, ggf. im ehrengerichtlichen Verfahren, zu suchen. Die Zulassung eines nach § 138 Abs. 2 bestellten Verteidigers kann widerrufen werden. Mißbraucht der Verteidiger die Aktenkenntnis zur Verdunkelung, so kann er bei Verdacht der Begünstigung von der Verteidigung ausgeschlossen werden (s. o. III 2b zu § 138). Dagegen ist es unzulässig, dem Verteidiger, solange er sein Amt ausübt, das Recht der Akteneinsicht wegen Mißbrauchs zu entziehen. Solange jemand Verteidiger ist, hat er alle Rechte eines Verteidigers (s. o. III 5a Abs. 3 zu § 138).

Die Polizeibehörden sind nicht befugt, ohne Zustimmung des Staatsanwalts Einsicht in die Vorgänge zu gewähren, die sie der Staatsanwaltschaft zu übersenden haben (§ 163 Abs. 3) oder in denen sie auf Anordnung der Staatsanwaltschaft ermitteln (§ 152 Abs. 1 GVG.).

Das Akteneinsichtsrecht nach § 147 besteht solange, als sich der Beschuldigte eines Verteidigers bedienen kann, also in erster Linie bis zum rechtskräftigen Abschluß des Verfahrens. Aber auch nach diesem Zeitpunkt entsteht der Anspruch auf Akteneinsicht wieder, sobald Anträge gestellt werden, die sich auf das abgeschlossene Verfahren beziehen. Es gilt das gleiche wie für den Verteidigerverkehr (s. u. 2 zu § 148). Danach kommt Akteneinsicht namentlich in Betracht im Verfahren bei bedingter Entlassung (§ 26, § 42f Abs. 3 StGB.), bei der Aufhebung von Maßregeln (§ 42 l Abs. 3, § 42m Abs. 4 StGB.) fürs Vollstreckungsverfahren (§§ 456 bis 458; BayObLGSt. **32** 177) und für die Wiederaufnahme des Verfahrens (§§ 359ff.). Doch kann für diese Verfahrensabschnitte die Akteneinsicht nach ihrem Zweck beschränkt werden. Namentlich brauchen getrennte Beiakten nicht in jedem Fall wieder beigezogen zu werden.

4. Verwertung. Der Verteidiger hat den Akteninhalt allein zur Verteidigung zu verwenden; eine sonstige Benutzung (für Privatgespräche, literarische Verwertung) ist ihm untersagt. In jenem Umfang ist er berechtigt und nach den Umständen verpflichtet, was er aus den Akten erfahren hat, dem Beschuldigten mitzuteilen (Lobe, S. 2726). Soweit nicht Absatz 2 einschlägt, spielt die Gefährdung des Untersuchungszwecks dem Verteidiger gegenüber keine Rolle. Dieser hat aber die Zwecke des Strafverfahrens zu beachten (§ 56 Abs. 2 RiAA.). Daher ist er, soweit er den Akten bevorstehende Maßnahmen gegen den Beschuldigten entnimmt, nicht befugt, sie ihm mitzuteilen (Lüttger, S. 746; a. A. EbSchmidt, 19 zu § 147). Allerdings können Staatsanwaltschaft und Gericht bei ordnungsmäßiger Aktenführung eine solche Lage vermeiden.

Nach dem oben (1) dargelegten Sinn der Vorschrift ist es dem Verteidiger ohne Ausnahme untersagt, dem Beschuldigten innerhalb oder außerhalb der Kanzlei die Originalakten zu überlassen (§ 56 Abs. 3 RiAA.; OLG. Frankfurt NJW. **1965** 2312).

Der Verteidiger kann, namentlich bei umfangreichen Sachen, seine Aufgabe nicht lediglich an Hand von Notizen erfüllen. Er ist daher berechtigt, Abschriften oder Fotokopien aus den Akten anzufertigen oder durch seine Angestellten anfertigen zu lassen (§ 56 Abs. 1 Satz 1 RiAA.; BGHSt. **18** 369). Diese Befugnis darf ihm nicht mit der Erwägung versagt werden, er brauche die Abschriften nicht, weil das Gericht selbst die Wahrheit zu erforschen habe (OLG. Hamburg NJW. **1963** 1024). Bei Akten, die Verschlußsachen sind, auch bei Staatsgeheimnissen darf die Anfertigung von Abschriften nicht untersagt werden. Die Abschriften sind aber als Verschlußsachen zu behandeln, auch können Auflagen erteilt werden über die Verwahrung und Zugänglichkeit der Schriftstücke, über ein Verbot, weitere Abschriften oder Auszüge zu fertigen, sowie über den Personenkreis, mit dem der Verteidiger die Schriftstücke erörtern darf (BGHSt. **18** 369 = JZ. **1963** 60 mit Anm. Ad. Arndt). Der Verteidiger haftet in bezug auf entnommene

Abschriften, die er Verschlußsachen entnimmt, standesrechtlich für das ordnungsgemäße Verhalten seines Personals bei der Anfertigung der Abschriften und beim Umgang mit diesen. Einer Kopieranstalt darf er sich nur bedienen, wenn die Geheimhaltung auch gegenüber deren Personal gewährleistet ist (Lüttger, S. 745; § 56 Abs. 1 Satz 2 RiAA.).

In demselben Umfange, wie der Verteidiger dem Beschuldigten Aktenkenntnis vermitteln darf, ist er auch berechtigt und ggf. verpflichtet, ihm Aktenauszüge auszuhändigen (§ 56 Abs. 5 RiAA.; Lobe und Alsberg, S. 2726; Lüttger, S. 746; a. A. — Aushändigung ohne Erlaubnis des Vorsitzenden unzulässig — Peters, § 29 V 2). Der Beschuldigte wird ja, wie oben (1) ausgeführt worden ist, von den Akten nur deshalb ferngehalten, weil er ihre Substanz angreifen könnte; ihr Inhalt ist zu seiner Kenntnis bestimmt. Von den Aktenauszügen darf er in der Hauptverhandlung Gebrauch machen (Lobe, S. 2726). Handelt es sich bei den Akten jedoch um Verschlußsachen, wird der Verteidiger zu verpflichten sein, dem Beschuldigten keine Aktenauszüge zu überlassen. Denn die Akteneinsicht ist gerade wegen des Vertrauens zu dem Verteidiger in dessen Hände gelegt und nicht dem Beschuldigten anvertraut. Dann kann dieser von geschützten Schriften auch keine Abschriften erhalten, muß sich vielmehr mit der Unterrichtung durch den Verteidiger begnügen. Diese darf in keinem Punkt beschränkt werden.

5. Vorverfahren (Absatz 2). Das Recht auf Akteneinsicht besteht grundsätzlich für das ganze Verfahren, also auch für das Vorverfahren. Nur ausnahmsweise kann die Akteneinsicht ganz oder teilweise versagt werden, wenn der Abschluß der Ermittlungen noch nicht in den Akten vermerkt (§ 169a Abs. 1) ist, aber nicht aus technischen Gründen, sondern allein dann, wenn die Akteneinsicht den Untersuchungszweck gefährden könnte. Das ist der Fall, wenn die Ermittlungen gestört oder vereitelt werden könnten. Eine solche Gefährdung ist nur denkbar, wenn der Verteidiger den Akteninhalt dem Beschuldigten mitteilt, von diesem ein Eingriff in das Verfahren zu erwarten ist, und von einem solchen Eingriff (Besprechung mit Zeugen und Mitbeschuldigten, Beseitigung von Beweismitteln) nachteilige Einwirkung auf das Untersuchungsverfahren zu befürchten ist. Für die Gefährdung des Untersuchungszwecks darf man nicht den Maßstab anlegen, der für die Verdunkelungsgefahr (§ 112 Abs. 2 Nr. 3) gilt. Da zudem nur auf die Möglichkeit der Gefährdung abgestellt wird („gefährden kann"), darf der Fall des Absatzes 2 dann angenommen werden, wenn damit zu rechnen ist, daß der Beschuldigte in den unversehrten Stand der Beweise eingreifen könnte. Dabei ist zu berücksichtigen, daß der Beschuldigte in der Regel Einzelheiten aus den Akten erfährt. Denn der Verteidiger darf dem Beschuldigten zwar z. B. nicht mitteilen, daß eine Beschlagnahme bevorsteht, muß ihn aber unterrichten, wer vernommen worden ist und zu welchem Beweisthema. Daraus kann der Beschuldigte Schlüsse ziehen, welche Ermittlungen noch ausstehen. Dieser Konflikt, in den der Verteidiger geraten kann (und der manchen Anwalt von einer frühzeitigen Akteneinsicht abhält), gibt auch die Rechtfertigung für die Möglichkeit, im Vorverfahren die Akteneinsicht zu versagen. Freilich darf die Abweichung vom bisherigen Recht nicht übersehen werden: Bisher war im Vorverfahren die Akteneinsicht zu gestatten, soweit das möglich war, ohne den Untersuchungszweck zu gefährden. Die neue Fassung will mehr, als nur den Wortlaut umkehren: Grundsätzlich ist Einsicht zu gewähren. Auch wenn sie den Untersuchungszweck gefährden kann, muß sie nicht versagt werden; der Richter „kann" das nur. Daher wird man nicht, wozu der Wortlaut verführen könnte, auf die Lebenserfahrung abstellen können, daß die Annahme näher liegt, jedermann werde eher die Ermittlungen beeinträchtigen, wenn er das gefahrlos tun kann, als das Verfahren tatenlos über sich ergehen lassen. Es müssen vielmehr nach der Persönlichkeit des Beschuldigten, nach der Art des Delikts, nach dem Umfang und der Eigenart der Ermittlungen Umstände erkennbar sein, die eine Gefährdung nahelegen.

Das für die Verwertung o. 4 Gesagte gilt auch für das Vorverfahren, wenn auch hier die Pflicht des Verteidigers, den Untersuchungszweck zu beachten, stärker als im Hauptverfahren hervortreten wird (Dahs, AnwBl. **1966** 40). Kleiss möchte dem Anwalt untersagen, dem Beschuldigten im Vorverfahren Abschriften oder Ablichtungen auszuhändigen (S. 40). Seine Begründung, der Beschuldigte könne sonst auf das Verfahren Einfluß nehmen, ist wohl nur die verkürzte Wiedergabe eines anderen Gedankens. Der Beschuldigte erhält die Aktenkenntnis, um als Prozeßsubjekt auf das Verfahren Einfluß zu nehmen, indem er z. B. Gegenzeugen benennt, Klarstellungen veranlaßt, aber auch ein sinnloses Leugnen aufgibt. Er darf nur nicht, was Kleiss wohl meint, den Untersuchungszweck gefährden. Das aber kann, wie oben ausgeführt, nicht unterstellt werden.

Absatz 2 erfaßt auch die Voruntersuchung. Denn der Abschluß der Ermittlungen kann in den Akten erst dann vermerkt werden, wenn die Voruntersuchung geschlossen ist (§ 197 Abs. 3).

6. Bevorzugte Urkunden (Absatz 3). Bei einer Reihe von Urkunden darf niemals geprüft werden, ob die Einsicht in diese Aktenteile den Untersuchungszweck gefährden könnte, auch dann nicht, wenn der Abschluß der Ermittlungen noch nicht in den Akten vermerkt worden ist. „Die Bestimmung ist die einfache Konsequenz der Vorschrift, nach welcher der Verteidiger einzelnen Beweiserhebungen im Vorverfahren beiwohnen und hierdurch von ihnen bereits unmittelbare Kenntnis nehmen konnte" (Hahn, Mat. **2** 1535), geht aber über diesen Zweck mit Recht hinaus. Es fallen unter Absatz 3: Polizeiliche, staatsanwaltschaftliche und gerichtliche Protokolle über die Vernehmung des Beschuldigten aus jedem Verfahrensabschnitt; Protokolle über die gerichtlichen Handlungen, denen der Verteidiger beizuwohnen befugt ist (z. B. § 118a; § 169, § 192 Abs. 2 in Vbdg. mit § 115 Abs. 2, § 115a Abs. 2, § 162; §§ 192, 193; § 369 Abs. 3); Gutachten von Sachverständigen aus jedem Verfahrensabschnitt.

§ 147 legt nur die Mindestrechte des Verteidigers fest. Es bestehen daher keine Bedenken, wenn von den Urkunden Durchschläge gefertigt und dem Verteidiger auf Antrag ausgehändigt werden, um das Verfahren durch die Einsicht nicht zu verzögern.

7. Einsicht im Büro des Verteidigers (Absatz 4). Die Akteneinsicht ist grundsätzlich in den Diensträumen der Staatsanwaltschaft oder des Gerichts zu gewähren (Nr. 171 RiStV.). Der Verteidiger hat keinen Anspruch, daß ihm die Akten außerhalb des Sitzes dieser Behörden vorgelegt werden (RG. DRiZ. **1927** 962), doch sollten einem auswärtigen Verteidiger die Akten der Geschäftsstelle des Gerichts seines Wohnsitzes übersandt werden, damit er sie dort einsehen kann (OLG. Celle GA. **58** 241). Die Einsicht auf der Behörde wird aber oft den Zwecken des Verteidigers nicht genügen. Abschriften oder Ablichtungen kann er dort in der Regel nicht anfertigen lassen; auch zum Durcharbeiten fehlt es oft an ungestörten Räumlichkeiten. Deshalb sollen die Akten dem Verteidiger auf Antrag in seine Geschäftsräume oder in seine Wohnung mitgegeben werden, soweit nicht wichtige Gründe entgegenstehen. Auf Verschlußsachen darf sich eine solche Anordnung nicht erstrecken (Nr. 201 Abs. 2 Satz 3 RiStV.). Die Herausgabe der Akten oder die Ablehnung des Antrags liegt zwar nicht im Ermessen des Staatsanwalts oder des Vorsitzenden. Sie ist aber mit Recht nicht anfechtbar (Satz 2) und daher (§ 34) nicht zu begründen. Eine solche Begründung wäre auch mißlich, weil sie oft den Vorwurf der Unzuverlässigkeit bei der Innehaltung der Rückgabefrist beinhalten müßte. Staatsanwaltschaft und Gericht sollen aber, namentlich bei umfangreichen Akten, nicht engherzig sein (Nr. 180 Abs. 2 RiStV.). Sie können Beiakten und Teile der Akten von der Mitnahme in die Wohnung ausschließen und sollten das bei vertraulichen Akten, etwa polizeilichen Personalakten, und bei Strafregisterauszügen regelmäßig tun, um eine Bloßstellung des Angeklagten zu vermeiden. Werden Aktenteile zurückgehalten, ist das dem Verteidiger bei der Übersendung mitzuteilen, damit dieser sie in den Diensträumen einsehen kann.

Beweisstücke dürfen aus dem amtlichen Gewahrsam nicht entlassen werden. Für Einziehungsstücke gilt das gleiche. Sie brauchten in Absatz 4 nicht erwähnt zu werden, weil sich das Besichtigungsrecht des Absatzes 1 nicht auf sie erstreckt.

8. Verfahren (Absätze 5 und 6). Zuständig zur Entscheidung über einen Antrag auf Akteneinsicht ist der Staatsanwalt bis zur Einreichung der Anklageschrift (§ 170 Abs. 1), während der Voruntersuchung der Untersuchungsrichter, sonst — auch in den o. 3 Abs. 5 genannten Fällen — der Vorsitzende des Gerichts, das mit der Sache befaßt ist (s. o. 2 zu § 125). Der Vorsitzende bleibt auch während der Hauptverhandlung zuständig; das Gericht hat keine Zuständigkeit. Die Zuständigkeit des Untersuchungsrichters beginnt, sobald der Antrag auf Voruntersuchung bei ihm eingegangen ist (s. o. 3 zu § 125). Für das Ende kann § 125 Abs. 3 Satz 2 als Sonderregelung nicht übernommen werden, zumal da es bei der Akteneinsicht wesentlich darauf ankommt, wo sich die Akten befinden. Die Zuständigkeit des Untersuchungsrichters endet daher mit dem Schluß der Voruntersuchung. Diese ist geschlossen, wenn feststeht, daß keine Untersuchungshandlungen des Untersuchungsrichters mehr stattfinden. Das ist noch nicht der Fall, wenn der Untersuchungsrichter die Akten nach § 197 Abs. 1 der Staatsanwaltschaft übersendet, sondern erst, wenn diese erklärt hat, keine Anträge zu stellen, oder wenn ihr Antrag auf Ergänzung der Voruntersuchung (§ 197 Abs. 2) rechtskräftig abgelehnt worden ist.

Die Anordnung nach Absatz 2 ist so bald wie möglich aufzuheben, wenn ihre Gründe nicht mehr vorliegen. Das ist dem Verteidiger mitzuteilen. Zwar schreibt das Gesetz das nicht vor;

aber es ist notwendig. Denn der Verteidiger muß wissen, wann die Verhinderung der Verteidigung weggefallen ist. Es ist unangemessen, ihm neue Anträge anzusinnen, solange er damit rechnen muß, daß sie abgelehnt werden. Spätestens ist eine Anordnung nach Absatz 2 aufzuheben, wenn das Ermittlungsverfahren oder die Voruntersuchung abgeschlossen ist (Absatz 6).

Gegen die Entscheidungen des Staatsanwalts ist der Antrag auf Entscheidung durch das Oberlandesgericht (§ 23 EGGVG.), gegen die des Untersuchungsrichters oder des Vorsitzenden ist Beschwerde statthaft (§ 304 Abs. 1; OLG. Schleswig SchlHA. **1952** 50), soweit nicht Beschlüsse von Vorsitzenden der Strafsenate in Rede stehen (§ 304 Abs. 4). Die Beschwerde wird auch nicht dadurch ausgeschlossen, daß der Vorsitzende der eines erkennenden Gerichts ist. Denn die Ablehnung der Akteneinsicht durch den Verteidiger steht in keinem inneren Zusammenhang mit dem Urteil. Es gilt das gleiche wie bei der Verteidigerbestellung (s. Hauptwerk, III 3b aa zu §§ 141 bis 143). Das ist auch, wenn etwa der neu bestellte Verteidiger während einer Unterbrechung (§ 145 Abs. 3) Akteneinsicht begehrt, durchaus angemessen. Dagegen ist es schwer erträglich, dem Beschuldigten die Beschwerde einzuräumen, wenn er während der laufenden Hauptverhandlung Akteneinsicht für sich selbst beantragt. Das Kammergericht will deshalb scheiden: Lehnt der Vorsitzende des erkennenden Gerichts die Akteneinsicht vor der Hauptverhandlung ab, soll kein enger Zusammenhang mit der Urteilsfindung vorliegen und die Beschwerde statthaft sein; tut er es in der Hauptverhandlung, soll das Gegenteil gelten (KG. JR. **1965** 70). Das ist eine zwar sehr praktische, aber unzulässige Auslegung. Ob ein Zusammenhang mit der Urteilsfällung besteht, ist nach dem Inhalt einer Entscheidung zu beurteilen, nicht nach dem Zeitpunkt, in dem sie erlassen wird.

Unterläßt der Staatsanwalt oder der Untersuchungsrichter, eine Anordnung nach Absatz 2 im Zeitpunkte des Absatzes 6 wieder aufzuheben, so ist der Verteidiger nicht genötigt, eine Entscheidung herbeizuführen und sie anzufechten. Er beantragt vielmehr erneut Akteneinsicht, die ihm nunmehr, weil die Voraussetzungen des Absatzes 2 nicht mehr vorliegen, nicht versagt werden kann. Geschieht das doch, hat er die im ersten Satz genannten Anfechtungsmöglichkeiten.

Da der Vorsitzende anstelle des Gerichts entscheidet, gilt seine Entscheidung als Gerichtsentscheidung nach § 338 Nr. 8. Die Revision ist begründet, wenn die Akteneinsicht noch in der Hauptverhandlung abgelehnt worden ist oder wenn sich eine vorher ausgesprochene Ablehnung in dieser ausgewirkt hat (§ 336; OLG. Frankfurt NJW. **1960** 1731, sowie wenn die Einsicht in vertrauliche Akten dem Verteidiger zwar zu Recht versagt, gleichwohl aber vom Akteninhalt Gebrauch gemacht worden ist (RGSt. **72** 274). Die Weigerung, Akten in die Wohnung zu verabfolgen, begründet die Revision im allgemeinen nicht (RG. LZ. **1921** 314, 725), wenn der Verteidiger an Gerichtsstelle ausreichend Gelegenheit, sich vorzubereiten, hatte. Ist die Sache umfangreich, benötigte er Abschriften oder Ablichtungen, und konnte er diese bei Gericht nicht herstellen, so kann auch in diesem Falle die Revision begründet sein.

9. Nach Rechtskraft besteht kein Anspruch aus § 147, soweit nicht neue Entscheidungen in der Sache erforderlich werden (s. o. 3 Abs. 5). Es entscheidet dann (Nr. 181 RiStV.) die Justizverwaltungsbehörde, bei der die Akten verwahrt werden, in der Regel also die Staatsanwaltschaft. Bei Einzelrichtersachen entscheidet das Amtsgericht nach Gehör der Staatsanwaltschaft. Einem bevollmächtigten Rechtsanwalt ist bei berechtigtem Interesse, wenn sonst keine Bedenken bestehen, Akteneinsicht zu gewähren; anderen Personen, etwa Verteidigern nach § 138 Abs. 2, auch juristischen Personen, kann sie gewährt werden.

Werden die Akten für ein Gesuch um Wiedereinsetzung in den vorigen Stand oder für einen Antrag auf Wiederaufnahme des Verfahrens benötigt, so entscheidet der Vorsitzende des für diese Gesuche zuständigen Gerichts, bei der Wiedereinsetzung des Gerichts, bei dem die Frist wahrzunehmen gewesen wäre (§ 45), schon bevor es mit der Sache befaßt ist. Die nur aus Zweckmäßigkeitsgründen getroffene Zuständigkeitsregelung der Nr. 181 Abs. 1 RiStV. schließt die allumfassende Zuständigkeit der aktenverwahrenden Justizverwaltungsbehörde nicht aus (OLG. Bremen NJW. **1964** 2175), die solange besteht, als noch kein Gericht wieder mit der Sache befaßt ist. Demzufolge kann die Staatsanwaltschaft auch in Wiederaufnahmesachen Akteneinsicht zur Vorbereitung eines Wiederaufnahmeantrags gewähren. Wird sie und nicht das Gericht angegangen, dann kann sie den Antrag, wenn seine Voraussetzungen nicht gegeben sind, ablehnen, kann ihn aber auch dem Gerichtsvorsitzenden zuleiten. Bei querulatorischen Anträgen empfiehlt es sich immer, daß die angegangene Behörde entscheidet, weil sonst nur Beschwerden über die Sachbehandlung hervorgerufen werden.

10. Sonstige Einsichtsrechte. § 80 Abs. 2 (Sachverständiger), § 385 Abs. 4 (Privatkläger), § 397 (Nebenkläger), RiStV. Nr. 173 Abs. 2 (Rechtsanwälte in Unfallsachen). Das dauernde Einsichtsrecht der Staatsanwaltschaft und die dabei zu nehmende Rücksicht auf das Gericht verstehen sich nach dem System der Strafprozeßordnung von selbst, einen Einzelfall hebt § 196 hervor.

Im übrigen besteht kein Anspruch auf Akteneinsicht, doch kann sie die zuständige Stelle aus Gründen der Zweckmäßigkeit durchaus gestatten, wenn nicht öffentliche Interessen, insbesondere das der Vertraulichkeit, entgegenstehen. So kann es etwa zweckmäßig sein, einem Abgeordneten, Rechtsanwalt, Richter oder Beamten eine Anzeige in Abschrift zuzusenden mit dem Anheimstellen, sich zu ihr zu äußern oder einem Zeugen Aktenbestandteile vorzulegen (Müller-Sax, 7d zu § 147). In Unfallsachen kann die Einsicht in die Strafakten, die im Zivilverfahren ohnehin herangezogen werden, Prozesse ersparen. Sie wird daher Rechtsanwälten, nicht den Versicherungsgesellschaften selbst, zu gestatten sein (RiStV. Nr. 173 Abs. 2; OLG. Düsseldorf NJW. **1965** 1033).

§ 148

Dem Beschuldigten ist, auch wenn er sich nicht auf freiem Fuß befindet, schriftlicher und mündlicher Verkehr mit dem Verteidiger gestattet.

Entstehungsgeschichte: I. Entw. § 127. II. Entw. § 129. III. Entw. § 131.

Änderungsvorschläge: N. E. I und II § 148. N. E. III § 173.

Spätere Änderungen: Die Vorschrift hat mehrfache Änderungen erfahren, doch engte sie stets den Grundsatz des Absatzes 1 — des jetzigen alleinigen Inhalts der Vorschrift — dahin ein, daß im Vorverfahren der schriftliche und mündliche Verkehr mit dem Verteidiger eingeschränkt werden konnte. Diese Einschränkung ist durch Art. 3 Nr. 6 StPÄG. beseitigt worden.

In Absatz 1 der alten Fassung war ursprünglich nur von dem verhafteten Beschuldigten die Rede. Das Ausführungsgesetz zum Gesetz gegen gefährliche Gewohnheitsverbrecher und über Maßregeln der Sicherung und Besserung vom 24. 11. 1933 — RGBl. I 1000 — fügte durch Art. I Nr. 13 in Absatz 1 die Worte „oder einstweilig untergebrachten" ein. Art. 4 Nr. 17 des Dritten StrÄndG. brachte die Wendung von den Beschuldigten, die sich nicht auf freiem Fuß befinden, als Absatz 5. Die jetzige Fassung beruht auf Art. 3 Nr. 6 StPÄG.

Verwandte Vorschrift: § 32 Abs. 3 Satz 2 bis 4 DAG.

1. Sinn der Vorschrift. Nach § 137 Abs. 1 kann sich der Beschuldigte in jeder Lage des Verfahrens eines Verteidigers bedienen. Die Vorschrift, nahezu selbstverständlich, gewinnt besondere Bedeutung, wenn der Beschuldigte nicht frei ist; sie bedarf dann allerdings der Ergänzung. Dieser dient § 148, dessen Inhalt immer heiß umstritten war. Bis zur zweiten Lesung der Strafprozeßordnung (Hahn, Mat. **2** 1289) hatten die Kommission und der Reichstag freien mündlichen Verkehr des verwahrten Beschuldigten mit seinem Verteidiger verlangt, die Möglichkeit einer Kontrolle des schriftlichen Verkehrs aber zugestanden, weil Briefumschläge des Verteidigers auch wider seinen Willen zu Mitteilungen fremder Personen benutzt werden können (Hahn, 1828). Wegen des Widerstandes der Regierungen wurde im Wege einer Verständigung (Hahn, 2071; 1995) die Möglichkeit zugestanden, auch den mündlichen Verkehr zu kontrollieren (Hahn, 1625; 1826, 2072).

Die Vorschrift entsprang in ihren den Verkehr einschränkenden Teilen einem Mißtrauen gegen den Verteidiger. Die Form war für die Verteidigung ebenso beleidigend, wie für den Richter peinlich (John, Anm. zu § 148). Ein überwachter Verkehr „ist für sachgemäße Verteidigung ungenügend und schädigt ... zugleich rechtzeitige Aufklärung" (v. Hippel, § 49 VII 1 Abs. 5). Wegen der hohen Bedeutung, die das Vertrauen des Beschuldigten zu seinem Verteidiger für das Strafverfahren hat, sowohl im Interesse des Beschuldigten als auch in dem des Staates, sind die einengenden Klauseln in der dritten Lesung des Strafprozeßänderungsgesetzes ganz gestrichen worden mit der Begründung, sie enthielten eine Diskriminierung des Anwalts und machten es dem Verteidiger unmöglich, seines Amtes zu walten (BTProt. IV 6447 D, 6448 D). Dem Widerspruch des Bundesrats (BTDrucks. IV 2459 zu Art. 3) ist der Bundestag entgegengetreten mit der Feststellung, eine richterliche Aufsicht des Verteidigerverkehrs sei unvereinbar mit § 1 BRAO., nach dem der Rechtsanwalt Organ der Rechtspflege ist; gegen eine Pflichtverletzung biete die Berufsgerichtsbarkeit ausreichend Sicherung (BTProt. IV 7240 C).

2. Verwahrte Beschuldigte. Die Vorschrift gilt für alle Beschuldigten, die sich nicht auf freiem Fuß befinden. Wegen des Begriffes „nicht auf freiem Fuß" s. o. 8 zu § 35; wegen des Begriffs „Beschuldigter" s. o. 1 zu § 137. Nach der dort vorgenommenen Abgrenzung steht dem Strafgefangenen kein unbeschränkter Verkehr mit seinem Prozeßbevollmächtigten in bürgerlichen Rechtsstreitigkeiten oder in Verwaltungsstreitverfahren zu. Ebenso ist sein Verkehr mit dem Verteidiger beschränkt in rechtskräftig abgeschlossenen Strafverfahren (OLG. Saarbrücken JBl. Saar **1961** 47 = JVBl. **1961** 167), es sei denn, daß sich der Verkehr auf eine Wiederaufnahme (§ 366), auf Einwendungen gegen die Strafvollstreckung (§ 458 Abs. 1) oder gegen Entscheidungen der Vollstreckungsbehörde (§ 458 Abs. 2), auf Anträge nach § 26 Abs. 1, § 42f. Abs. 3 Satz 3 und 5, Abs. 4 StGB., §§ 23ff. EGGVG., Gnadenverfahren (OLG. Bremen NJW. **1963** 1465) und sonstige Anträge in Strafverfahren bezieht. Der Verkehr ist nur solange frei, als der Verteidiger als solcher im Strafverfahren tätig ist (BayObLG. GA. **1965** 380). Wenn das nicht bekannt ist oder sich aus dem Zeitpunkt des Briefwechsels ergibt, beginnt der freie Verkehr erst dann, wenn der Verteidiger anzeigt, daß er für den Verurteilten tätig werde und in welchem Verfahren. Der Gefangene kann den Anwalt darum — in einem offenen Brief — ersuchen.

Tiedemann wendet sich dagegen, daß dem Anwalt, etwa in Zivilprozessen, kein — grundsätzlich — freier Verkehr mit einem Strafgefangenen zugestanden werde; er verwahrt sich dagegen, diese Einschränkung aus § 148 abzuleiten (NJW. **1963** 1841). Ihm ist zuzugeben, daß die Überwachung der Post eines Strafgefangenen nicht aus § 148 folgt, sondern aus dem Zweck der Unterbringung. Er übersieht aber, daß der Gesetzgeber, dem die Überwachung bekannt ist, eben nur für den Verteidigerverkehr eine Ausnahme geschaffen hat. Danach ist es wohl gerechtfertigt, aus der abschließenden Regelung in § 148 abzuleiten, daß dem Strafgefangenen kein freier Verkehr mit einem Prozeßbevollmächtigten in bürgerlichen Rechtsstreitigkeiten zusteht.

Greiffenhagen begrenzt § 148 auf den Verteidigerverkehr bis zur Rechtskraft (GA. **1964** 244), indem er das Wort „Beschuldigter" in der Auslegung anwendet, die ihm in § 156 wohl zukommen mag (wegen einiger Ausnahmen s. Hauptwerk, 1c bb zu § 102; 2c zu § 131). Die Begriffe der Strafprozeßordnung sind aber, wie Begriffe meist, an verschiedenen Stellen verschieden verwendet. Die Fundamentalbestimmung des § 137 Abs. 1 und des § 148 wird falsch verstanden, wenn zu „jeder Lage des Verfahrens" Vollstreckung und Vollzug nicht gerechnet werden, wo der „verurteilte Beschuldigte" oft am schmerzlichsten eines Rechtsbeistandes entbehrt. Die Praxis folgt erfreulicherweise nicht einer so wirklichkeitsfremden Auslegung, die sich bei § 147 verhängnisvoll auswirken müßte. Der Strafvollzugsausschuß der Länder hat sich vielmehr der weiten Auslegung des Verteidigerbegriffs angeschlossen. Demzufolge hat z. B. der Justizminister von Baden-Württemberg in der AV. vom 22. 10. 1964 (Justiz **1964** 281) bestimmt: „Bezieht sich deren (der Verteidiger) Tätigkeit auf . . . Einwendungen gegen die Vollstreckung, Anträge nach § 26 StGB., Gnadenverfahren, Anträge nach § 23 EGGVG. oder andere Anträge in Strafsachen, ist der gesamte auf diese Angelegenheiten bezogene Schriftverkehr von der Überwachung ausgenommen."

3. Verteidiger ist der Wahlverteidiger, auch im Falle des § 138 Abs. 2, sowohl bei der gewillkürten als auch bei der notwendigen Verteidigung, und der Pflichtverteidiger. Für den Beistand (§ 149 Abs. 3) gilt § 148 nicht.

Wegen des Nachweises der Vollmacht s. Hauptwerk, IV 3 zu § 138. Ergibt sich der Nachweis der Vollmacht nicht aus den Akten, so wird sie der Richter zu fordern haben, sich jedoch damit begnügen können, daß sie nachgereicht wird, wenn der Verteidiger eines überraschend Verhafteten ihm versichert, zwar mündliche, aber noch keine schriftliche Vollmacht zu haben. Eine von der Ehefrau des Verhafteten unterzeichnete Vollmacht reicht nicht aus, kann aber den durch die Ehefrau erklärten Willen des Verhafteten erkennen lassen, sich im Falle eines Verfahrens des Bevollmächtigten zu bedienen. Sie kann daher Veranlassung sein, einen Besuch zu gestatten und das Nachreichen der Vollmacht nachzulassen.

Der Anstalt gegenüber hat sich der Verteidiger durch eine sog. Verteidigerbescheinigung des Richters oder Staatsanwalts auszuweisen. In Eilfällen genügt die schriftliche Vollmacht des Beschuldigten (OLG. Köln NJW. **1951** 732). Der vom Verteidiger eingehende Schriftverkehr ist als Verteidigerpost zu kennzeichnen.

4. Unbeschränkter Verkehr. Wie sich aus der Entstehungsgeschichte eindeutig ergibt, bedeutet Verkehr freien und ungehinderten, also unüberwachten und dem Umfange nach nicht beschränkten Verkehr. Doch ist es selbstverständlich, daß der Verteidiger sich nach der Ordnung in der Anstalt zu richten, namentlich gewisse Besuchszeiten zu beachten und die Verteidigerpost vorschriftsmäßig zu kennzeichnen hat. Er ist standesrechtlich verpflichtet, den Verkehr nur für Zwecke der Verteidigung zu verwenden, darf also nicht, um den Beschuldigten aufzuheitern, mit ihm ohne Erlaubnis des Richters Schach spielen oder ihm Rätsel zur Lösung zusenden. Die Anstalt kann das aber nicht kontrollieren. Ergibt sich Anhalt für einen Mißbrauch, ist standesrechtlich Abhilfe zu suchen; besteht hinreichender Verdacht einer Begünstigung, kann der Verteidiger abberufen werden (s. Hauptwerk, III 2b zu § 138). Es ist jedoch unzulässig, dem Verteidiger einzelne Rechte zu entziehen (s. Hauptwerk, III 5a Abs. 3), ihm also etwa, statt ihn als Verteidiger auszuschließen, den freien Verkehr mit dem Beschuldigten zu verbieten.

Der Verkehr ist schriftlich und mündlich. Fernmündlicher Verkehr ist nur zulässig, wenn die Anstalt die Einrichtung dazu zur Verfügung stellt. Ob sie das tut, steht in ihrem freien Ermessen und wird regelmäßig nicht möglich sein. Einen Anspruch, allgemein fernmündlich mit seinem Verteidiger zu verkehren, hat der Beschuldigte nicht (OLG. Oldenburg NdsRpfl. **1963** 240). Der Schriftverkehr umfaßt außer Briefen auch Telegramme sowie Pakete mit Schriftstücken, etwa Akten. Sonstige Pakete unterliegen den allgemeinen Vorschriften, doch gilt für Schriftstücke in ihnen wieder § 148. Der Beschuldigte kann schriftliche Mitteilungen ungehindert nicht nur empfangen, sondern auch absenden, doch besagt die Vorschrift nicht, daß die Anstalt ihm das Porto zu bezahlen hätte.

5. Beschwerde. Da der Verkehr des Verteidigers mit dem nicht auf freiem Fuß befindlichen Beschuldigten — von den aus den Dienstzeiten sich ergebenden zeitlichen Möglichkeiten abgesehen — völlig unbeschränkt ist, sind richterliche Entscheidungen in bezug auf diesen Verkehr nicht gut denkbar. Ergehen gleichwohl welche, ist gegen sie Beschwerde statthaft (§ 304 Abs. 1), soweit sie nicht von einem Strafsenat erlassen werden (§ 304 Abs. 4). Die Beschwerdeentscheidung betrifft nicht die Verhaftung (§ 310 Abs. 1); daher ist keine weitere Beschwerde statthaft (§ 310 Abs. 2; OLG. Braunschweig NdsRpfl. **1955** 119).

Zweites Buch

Verfahren im ersten Rechtszug

Erster Abschnitt

Öffentliche Klage

§ 153

(1) Übertretungen werden nicht verfolgt, wenn die Schuld des Täters gering ist, es sei denn, daß ein öffentliches Interesse an der Herbeiführung einer gerichtlichen Entscheidung besteht.

(2) Ist bei einem Vergehen die Schuld des Täters gering und besteht kein öffentliches Interesse an der Verfolgung, so kann die Staatsanwaltschaft mit Zustimmung des zur Entscheidung über die Eröffnung des Hauptverfahrens zuständigen Gerichts das Verfahren einstellen.

(3) Ist die Klage bereits erhoben, so kann das Gericht mit Zustimmung der Staatsanwaltschaft nach Anhörung des Angeschuldigten das Verfahren in jeder Lage einstellen; der Beschluß kann nicht angefochten werden.

Entstehungsgeschichte: Bis zur Novelle vom 4. 1. 1924 (RGBl. I 18) galt der Grundsatz der Anklagepflicht nach dem Legalitätsprinzip (vgl. § 152 Anm. 3) auch für Übertretungen. NE I § 154 wollte schon in Einzelrichtersachen und Jugendsachen das Opportunitätsprinzip (§ 152 Anm. 4) einführen. NE § 174 wollte Übertretungen bei geringer Schuld und unbedeutenden Tatfolgen ausnehmen. Der § 153 entsprach in seiner bis zur hier behandelten Reform geltenden Fassung fast wörtlich dem § 25 der eingangs genannten Novelle.

Durch das 3. Strafrechtsänderungsgesetz wurde die Streitfrage, ob auch in der Revisionsinstanz eingestellt werden könne, dadurch geklärt, daß in Abs. 3 die Worte „in jeder Lage" eingefügt wurden (vgl. Anm. 13). Durch die jetzige Reform ist in Abs. 1 die Nichtverfolgung von Übertretungen von den Folgen der Tat gelöst worden. Dasselbe gilt für Vergehen, die nun nach dem öffentlichen Interesse ausgerichtet sind. Die Zustimmung zur Einstellung nach Abs.2; ist vom Amtsrichter gelöst. Anhörung des Angeschuldigten ist im Falle des Abs. 3 vorgeschrieben.

Änderungsvorschläge wie Hauptwerk Seite 722
Übersicht wie Hauptwerk Seite 723

1. Der Durchbrechung des Legalitätsprinzips in § 153 liegt der Gedanke zu Grunde, daß die schnelle und kräftige Verfolgung schwerer Straftaten nicht unter der Belastung der Staatsanwaltschaft und der Gerichte mit geringfügigen Verfehlungen leiden darf, für deren Verfolgung auch die Allgemeinheit kein Verständnis haben kann. Da es bislang nur in unzureichendem Maße gelungen ist, die Übertretungen in Ordnungswidrigkeiten umzuwandeln und sie im Bußgeldverfahren mit dessen weitgehenden Ermessensentscheidungen nach § 7 OWiG zu erledigen, ist die Bedeutung des § 153 Abs. 1 nach wie vor samt ihrer gesamten Problematik unverändert, sie ist sogar eher dadurch verschärft worden, daß Bagatellzuwiderhandlungen nach § 7 Abs. 3 OWiG gar nicht mit Bußgeld geahndet werden dürfen (vgl. Anm. 2 und Anm. 13). Das Legalitätsprinzip wird **doppelt durchbrochen**: Einmal durch das **Verbot** an die Staatsanwaltschaft, bei Geringfügigkeit der Schuld Übertretungen zu verfolgen, sofern nicht ein öffentliches Interesse an der Herbeiführung einer gerichtlichen Entscheidung besteht. Zum anderen durch die **Ermächtigung** nach Abs. 2 und 3, unter ähnlichen Voraussetzungen im Zusammenwirken zwischen Gericht und Staatsanwaltschaft von der Verfolgung von Vergehen abzusehen, wogegen das Legalitätsprinzip bei Verbrechen uneingeschränkt gilt, was bei der nicht immer sauberen Trennung (etwa bei untergeordneter Beihilfe zu § 218 Abs. 3 StGB.) zu unbilligen Ergebnissen führen kann. Über die Bedeutung des Unterschieds zwischen „Interesse an der Herbeiführung einer gerichtlichen Entscheidung" (Abs. 1) und „öffentliches Interesse an der Verfolgung" (Abs. 2) vgl. Anm. 7.

2. Das Verfolgungsverbot des Abs. 1
Literatur: Kohlhaas GA. **1956**, 242ff.

Es ist grundsätzlich unzulässig, Übertretungen **mit geringer Täterschuld** zu verfolgen. Seit Wegfall der Bindung an geringe Tatfolgen ist der früher verwendete Begriff der besonders leichten Übertretung nicht mehr brauchbar. Auch kommt es nicht mehr darauf an, ob die Übertretung insgesamt unter dem Durchschnitt liegt, sofern nur die Individualschuld gering ist (anders noch Hauptwerk Anm. 2). Nur die Bejahung **des öffentlichen Interesses** berechtigt die Staatsanwaltschaft (oder in den Fällen des § 413 den Amtsrichter) dazu, solche Übertretungen trotz geringer Schuld zu verfolgen bzw. abzuurteilen (Grebe GA. **72** 84, Kohlhaas a. a. O.). Bei nicht geringer Schuld muß verfolgt werden, auch wenn ein öffentliches Interesse an der Bestrafung an sich nicht vorhanden ist. Trotz der Unbestimmtheit der Begriffe „geringe Schuld" und „öffentliches Interesse" wird sich die Bestimmung, wie schon die alte Fassung bisher, deshalb bewähren, weil die Gefahr des Mißbrauchs bei Bagatellsachen so gering ist, daß die Vorteile der flexibeln Handhabung überwiegen. Über die Ungereimtheiten, die sich aus dem derzeitigen unvollkommenen Abgrenzungszustand zwischen Übertretungen und Ordnungswidrigkeiten ergeben vgl. Kohlhaas a. a. O. und DAR. **1959** 197). Das Verfolgungsverbot schließt auch Strafbefehl (§ 407) und richterliche Strafverfügung (§ 413) aus. Über die gebührenpflichtige Verwarnung vgl. Anm. 18.

3. Geringe Schuld: Die Erläuterungen im Hauptwerk auf Seite 724 Anm. 3 bleiben unverändert. Der Hinweis auf die unbedeutenden Tatfolgen, die einer Nichtverfolgung entgegenstehen, ist allerdings gegenstandslos.

4. Auf die **Folgen der Tat** kommt es nicht mehr an. Anm. 4 auf Seite 724 des Hauptwerks ist als gegenstandslos zu betrachten. Die dort angeführten Gesichtspunkte über Wiedergutmachung des Schadens und Anreiz zur Wiederholung bei Nichtahndung sind nun beim öffentlichen Interesse zu berücksichtigen. KMR (Müller-Sax) Anm. 2c.

5. Der Begriff **„öffentliches Interesse"** ist auszulegen wie in §§ 376ff. (Grebe GA. **72** 85, Schreiber DRZ **1932** 137). Das Vorliegen dieses Interesses ist vor Anklageerhebung von den Beamten der Staatsanwaltschaft nach pflichtgemäßem Interesse zu prüfen. Die Frage, ob die Gerichte zu einer solchen Prüfung berufen seien, ist bislang allgemein verneint worden (vgl. die Übersicht im Hauptwerk S. 724 Anm. 5). Dies ist auch nach wie vor richtig, soweit es sich um Fälle der Anklage durch die Staatsanwaltschaft handelt. Denn es ist ein Widerspruch in sich, dem Gericht die Entscheidung darüber zu überlassen, ob ein öffentliches Interesse an der Herbeiführung einer Entscheidung eben dieses Gerichts besteht, wie dies Voraussetzung für den Durchbruch des Verfolgungsverbotes nach Abs. 1 ist. Hat also die Staatsanwaltschaft das öffentliche Interesse erklärt, dann ist der Richter daran gebunden. Anders liegt es, aber nur scheinbar, dort, wo der Richter nach § 413 StPO. um gerichtliche Entscheidung angegangen worden ist. In solchem Falle liegt darin, daß die Staatsanwaltschaft den Fall nicht an sich zieht, jedenfalls der Hinweis darauf, daß sie von sich aus ein öffentliches Interesse nicht bejaht und dem Richter freie Hand läßt, ob er einen Bagatellfall als gegeben ansehen will oder nicht. Denkbar ist auch der Fall, daß ein von der Staatsanwaltschaft angeklagtes Delikt sich in der Hauptverhandlung nur noch als Bagatellübertretung darstellt, der Sitzungsvertreter zur Frage des öffentlichen Interesses keine Stellung nimmt, aber sich außer Stande erklärt, die Zustimmung nach § 153 Abs. 3 zu geben. Da in der unter einem ganz anderen Aspekt erhobenen Anklage keine Bejahung des öffentlichen Interesses schlechthin, auch für Fälle veränderter Sachlage, liegen kann (Kohlhaas NJW. **1956**, 118) greift das Verfolgungsverbot des § 153 Abs. 1 unmittelbar Platz, so daß der Amtsrichter wegen geringer Schuld und mangels eines nicht ausdrücklich erklärten öffentlichen Interesses von sich aus einstellen kann, da angesichts des Verfolgungsverbots und nicht ausdrücklich bejahten öffentlichen Interesses die Verfahrensvoraussetzung weggefallen ist (§ 206a). Solche Fälle sind praktisch denkbar, wenn ein unerfahrener Sitzungsvertreter der Staatsanwaltschaft sich auf ein non liquet verlegt (vgl. hierzu Anm. von Kohlhaas in LM. § 7 Abs. 3 OWiG.).

Als Beispielsfälle für Bejahung des öffentlichen Interesses sind bisher die mögliche Unterbringung im Arbeitshaus angeführt worden, ebenso Übertretungen, die häufig vorkommen, auch die zum Ausdruck gebrachte gesellschaftsfeindliche Gesinnung nach vergeblicher Verwarnung und bei bewußter Mißachtung der staatlichen Autorität, vor allem auch das Bedürfnis nach Klärung von Rechtsfragen grundsätzlicher Art oder Gründen der Gleichbehandlung (vgl. Hauptwerk Anm. 5). Zu diesen Gründen kommt nun hinzu, daß auch die Folgen der Tat, sofern sie schwer sind, ein öffentliches Interesse begründen können, ebenso die Stellung des Täters im öffentlichen Leben.

Zwar ist es eine viel vertretene Auffassung, daß Übertretungen nie schwere Folgen haben könnten (EbSchmidt Anm. 4). Dennoch ist es denkbar, daß auch eine geringfügige Über tretung Schäden hervorruft, die ein erhebliches öffentliches Interesse an der Verfolgung herbeiführen können. Beispiel: ein nicht überdurchschnittliches Verschulden im Straßenverkehr führt zu einer erheblichen Sachbeschädigung, die weder unter Transportgefährdung, noch unter ein Nebenstrafgesetz (Auslaufen von Öltankwagen) fällt und daher, da fahrlässige Sachbeschädigung nicht strafbar ist, unter keinem anderen Gesichtspunkt verfolgt werden kann. Die Bejahung öffentlichen Interesses schon unter dem Gesichtspunkt der Schadenswiedergutmachung, da manche Haftpflichtversicherer die Wiedergutmachung vom Ausgang eines Strafverfahrens abhängig zu machen pflegen, ist daher in Ausnahmefällen immer denkbar. Dasselbe gilt auch für die Entscheidung wesentlicher Rechtsfragen. KMR. (Müller-Sax) Anm. 2c.

Zu Abs. 2

Anm. 6 des Hauptwerks bleibt unverändert (Seite 724).

Anm. 7: Während Abs. 1 ein nur durch das öffentliche Interesse modifiziertes Verfolgungsverbot für Übertretungen mit geringer Schuld normiert, gibt Abs. 2 der Staatsanwaltschaft nur eine Ermächtigung, von der Verfolgung leichter Vergehen abzusehen. Auch hier kommt es entgegen zu früher nicht auf unbedeutende Tatfolgen an, es reicht vielmehr dazu, von der Verfolgung abzusehen, aus, daß die Schuld gering ist (vgl. oben Anm. 3). Weshalb im Abs. 1 von „öffentlichem Interesse an der Herbeiführung einer gerichtlichen Entscheidung" in Abs. 2 aber vom „öffentlichen Interesse an der Verfolgung" die Rede ist, ist unklar. Zurückzuführen dürfte dieser Unterschied darauf sein, daß man ein „Verfolgungsverbot" nicht mit „Interesse an Verfolgung" durchbrechen kann, also das Interesse an der „gerichtlichen Entscheidung" bestehen muß. Praktisch ist der Unterschied bedeutungslos. Der Staatsanwalt bedarf zur Einstellung der Zustimmung des Gerichts (vgl. unten im nachfolgenden Absatz), gegen dessen ablehnende Entscheidung Beschwerde einlegen kann (vgl. § 304, Literaturangaben im Hauptwerk Anm. 7). Das Gericht kann bis zur erfolgten Einstellung seine Zustimmung widerrufen. Ebenso kann der Staatsanwalt trotz erteilter Zustimmung durch das Gericht noch die öffentliche Klage erheben (Zitate vgl. Hauptwerk Anm. 7). Über geringe Schuld vgl. Anm. 3; auf die Tatfolgen kommt es nicht mehr an, jedoch spielen sie nach den Grundsätzen, wie sie zu Anm. 5 entwickelt worden sind, in der Regel bei der Bejahung des öffentlichen Interesses an der Strafverfolgung eine Rolle. Die Ausführungen im Hauptwerk über bedeutende Folgen können also nur entsprechend mehr herangezogen werden. Das Interesse des Verletzten an der Strafverfolgung begründet ein öffentliches Interesse an sich nicht. Vgl. aber Anm. 5a E.

Nicht mehr der Amtsrichter allein ist mehr für die Zustimmung zuständig, sondern das zur Entscheidung über die Eröffnung des Hauptverfahrens zuständige Gericht. Damit ist der Mißstand beseitigt, der darin lag, daß auch dort der Amtsrichter eingeschaltet werden mußte, wo wegen Sachzusammenhangs oder aus anderen Gründen eine Zuständigkeit des höheren Gerichts gegeben gewesen wäre, falls Anklage erhoben wurde (Literatur vgl. Hauptwerk Anm. 7 zweiter Absatz). Damit ist auch die Streitfrage, die sich um BGHSt. **12** 399 entzündet hatte (vgl. Hauptwerk a. a. O. und Grossrau JZ. **1959** 579) hinfällig geworden. In Fällen der Zuständigkeit von Kollegialgerichten entscheiden diese nunmehr selbst, allerdings in der Besetzung der beschließenden Kammer bzw. Senats, also ohne Laienrichter, weshalb im Regelfalle doch der Amtsrichter allein die Zustimmung geben wird. Falls die Verschiedenartigkeit der Gerichtsstände Anklageerhebung bei verschiedenen Gerichten möglich macht, gilt auch jetzt das früher über den Amtsrichter Ausgeführte: Die Staatsanwaltschaft hat mit der Anfrage bei dem von ihr angerufenen, also zur Eröffnung des Hauptverfahrens als berufen erachteten Gerichts eine für sie bindende Vorwahl getroffen. Sie kann also, sobald das von ihr um Zustimmungerklärung angegangene Gericht aus sachlichen Gründen diese Zustimmung verweigert hat und eine dagegen eingelegte Beschwerde (§ 304 StPO.) erfolglos geblieben oder keine Beschwerde eingelegt worden ist oder diese etwa (wie beim BGH.) unzulässig gewesen wäre, bei keinem anderen Gericht mehr die verweigerte Zustimmung einzuholen versuchen. Das ist eine Folge des Legalitätsprinzips, das eine Manipulierung mit verschiedenen Gerichtständen auch hier (pro reo!) ausschließt (vgl. EbSchmidt Anm. 15). Umgekehrt kann das angerufene Gericht seine Zuständigkeit verneinen (§ 34), dann darf die Staatsanwaltschaft den Antrag anderswo neu stellen. Der Beschuldigte hat gegen die Verweigerung der Zustimmung keine Beschwerde, um so mehr als die erteilte Zustimmung den Staatsanwalt nicht daran hindert, später doch Anklage zu erheben. Der Beschuldigte kann auch nichts aus generellen Anweisungen zu seinen Gunsten herleiten (OLG. Hamm VRS. 7 129). Das Recht zur Gegenvorstellung oder Dienstaufsichtsbeschwerde (§ 147 GVG.) bleibt ihm unbenommen (Schwarz-Kleinkn. Anm. 2D).

8. Darüber, daß § 153 nicht der Umgehung der Schuldfrage dienen darf vgl. im Hauptwerk Seite 735 und unter Anm. 12 bis 19. Jedoch sind die dort erwähnten Streitfragen, inwieweit tateinheitliche zusammenfallende Delikte auseinandergerissen und teilweise eingestellt oder teilweise angeklagt werden dürfen, ebenso wie für Teilakte fortgesetzter Handlungen durch die neue Fassung des § 154a StPO. gegenstandslos geworden. Bei Tatmehrheit ist Teileinstellung stets zulässig (vgl. Anm. zu § 154a).

9. Über **fehlenden Verbrauch der Strafklage, Wiederaufnahme, gebührenpflichtige Verwarnung** und **Bußgeldsachen** vgl. Hauptwerk S. 725 Anm. 9.

10. Über Bescheidung des Anzeigeerstatters und dessen mangelnde Einwirkungsmöglichkeiten vgl. Hauptwerk S. 725 Anm. 10.

Zu Abs. 1 und 2

11. Die Einstellung nach § 153 Abs. 2 steht nur der Staatsanwaltschaft zu. Über die ungelösten Kontroversen um § 153 Abs. 1 StPO. vgl. Hauptwerk S. 725/726 Anm. 11. Darüber, daß die Polizei ein Einstellungsrecht nicht hat, wenn ein Anzeigeerstatter vorhanden ist, nun auch Schwarz-Kleinknecht § 153 Anm. 1B.

Zu Abs. 3

Die Anm. 12 bis 19 bleiben gegenüber dem Hauptwerk praktisch unverändert. Neu ist lediglich das **Anhörungsrecht des Beschuldigten.** Damit ist klar gestellt, daß Anzeigeerstatter nicht angehört werden muß (vgl. Hauptwerk S. 727 Anm. 14), wohl aber ergibt sich aus der Neufassung des § 396 Abs. 2, daß der zur Erhebung der Nebenklage Berechtigte nach erfolgtem Antrag bei Vorliegen der Voraussetzungen der Zulassung zugelassen werden muß und daß er gegen die Ablehnung die entsprechenden Rechtsbehelfe hat. Darin liegt auch die Verpflichtung zur vorherigen Anhörung des Nebenklägers. Dennoch gewinnt er hierdurch mangels der Anfechtbarkeit des Einstellungsbeschlusses kein eigenes Anfechtungsrecht. Das Anhörungsrecht des Angeschuldigten ist ungenügend ausgebaut. Da der Einstellungsbeschluß unanfechtbar ist, würde nicht einmal eine Beschwerde auf die Versagung der Anhörung gestützt werden können, da die Einstellung angeblich keine „nachteilige Entscheidung" ist (Schwarz-Kleinkn. Anm. 3c). Die Pflicht zur Anhörung gibt dem Angeschuldigten keine ausreichenden Möglichkeiten, sich gegen eine Einstellung zu wenden, die ihm nicht nur moralisch, sondern auch kostenmäßig beschweren kann. Daß die Gerichte leider dazu neigen, den § 153 als ein Mittel zur Umgehung der Schuldfrage zu verwenden, mag prozeßökonomisch verständlich sein, ist aber ein Mißstand, der immer wieder zu beobachten ist, wenn sich die Beweislage eindeutig zu Gunsten des Angeklagten verschoben hat und er nun in seinem berechtigten Begehren freigesprochen zu werden, dadurch benachteiligt wird, daß ihm nunmehr „eine geringe Schuld" und ein „Fehlen öffentlichen Interesses" bescheinigt wird. Zu bemängeln ist also, daß, wenn schon eine Änderung des § 153 überhaupt für notwendig erachtet worden ist (was durchaus fragwürdig war), nicht eine Möglichkeit für den Angeklagten geschaffen worden ist, auf der Durchführung des Verfahrens mit dem Ziel des Freispruchs zu bestehen, ihm aber dann die Kosten aufzuerlegen, falls doch eine Schuld an sich feststellbar ist, wie dies in Straffreiheitsgesetzen normiert gewesen ist. Auch Schwarz-Kleinkn. vertritt nun, daß bei geringem Aufwand die günstigere Erledigungsart gesucht werden muß.

§ 153c

(Einstellung bei staatsgefährdenden und landesverräterischen Straftaten)

(1) Hat das Verfahren Straftaten
1. der Staatsgefährdung nach den §§ 90 bis 93 des Strafgesetzbesuch,
2. des Landesverrats nach den §§ 100 bis 100e des Strafgesetzbuches,
3. gegen die Landesverteidigung nach den §§ 109f, 109g des Strafgesetzbuches,
4. der Beteiligung an verbotenen Vereinigungen, die politische Zwecke verfolgen, nach den §§ 128 bis 129a des Strafgesetzbuches oder § 20 Abs. 1 des Vereinsgesetzes oder
5. der Nichtanzeige eines Landesverrats nach § 138 des Strafgesetzbuches
zum Gegenstand, so kann der Generalbundesanwalt mit Zustimmung des Bundesgerichtshofes von der Erhebung der öffentlichen Klage wegen einer solchen Tat absehen, wenn der Täter nach der Tat, bevor ihm deren Entdeckung bekannt geworden ist, dazu beigetragen hat, eine Gefahr für die Sicherheit der Bundesrepublik Deutschland oder die verfassungsmäßige Ordnung abzuwenden. Dasselbe gilt, wenn der Täter einen solchen Beitrag dadurch geleistet hat, daß er nach der Tat sein mit ihr zusammenhängendes Wissen über landesverräterische oder staatsgefährdende Bestrebungen offenbart hat.

(2) Für die in Absatz 1 Nr. 2, 3 und 5 bezeichneten Straftaten gilt dasselbe, soweit die Durchführung des Verfahrens über die in der Tat selbst liegende Gefährdung hinaus die Sicherheit der Bundesrepublik Deutschland beeinträchtigen würde.

(3) Ist die Klage bereits erhoben, so kann der Bundesgerichtshof mit Zustimmung des Generalbundesanwalts das Verfahren unter den in den Absätzen 1 oder 2 bezeichneten Voraussetzungen einstellen.

Entstehungsgeschichte: wie Hauptwerk Seite 733. Abs. 1 Ziff. 4 ist durch das Vereinsgesetz vom 5. 8. 1964 neu gefaßt worden. Die **Anmerkungen im Hauptwerk** bedürfen keiner Ergänzung, da nur materielle Veränderungen der Einstellungsgrundlage vor der genannten Änderung betroffen sind.

§ 154

(1) Von der Erhebung der öffentlichen Klage kann abgesehen werden, wenn die Strafe oder Maßregel der Sicherung und Besserung, zu der die Verfolgung führen kann, neben einer Strafe oder Maßregel der Sicherung und Besserung, die gegen den Beschuldigten wegen einer anderen Tat rechtskräftig verhängt worden ist oder die er wegen einer anderen Tat zu erwarten hat, nicht ins Gewicht fällt.

(2) Ist die öffentliche Klage bereits erhoben, so kann das Gericht auf Antrag der Staatsanwaltschaft das Verfahren in jeder Lage vorläufig einstellen.

(3) Ist das Verfahren mit Rücksicht auf eine wegen einer anderen Tat bereits rechtskräftig erkannte Strafe oder Maßregel der Sicherung und Besserung vorläufig eingestellt worden, so kann es, falls nicht inzwischen Verjährung eingetreten ist, wieder aufgenommen werden, wenn die rechtskräftig erkannte Strafe oder Maßregel der Sicherung und Besserung nachträglich wegfällt.

(4) Ist das Verfahren mit Rücksicht auf eine wegen einer anderen Tat zu erwartende Strafe oder Maßregel der Sicherung und Besserung vorläufig eingestellt worden, so kann es, falls nicht inzwischen Verjährung eingetreten ist, binnen drei Monaten nach Rechtskraft des wegen der anderen Tat ergehenden Urteils wieder aufgenommen werden.

(5) Hat das Gericht das Verfahren vorläufig eingestellt, so bedarf es zur Wiederaufnahme eines Gerichtbeschlusses.

Allgemeines: Obwohl der § 154 textlich unverändert geblieben ist bringt die Fassung des § 154a nunmehr eine Veränderung der bisherigen Anm. 4 (Hauptwerk S. 738).

Anm. 4. Der Begriff der **„anderen Tat“** bleibt gegenüber dem früheren Rechtszustand unverändert. Jedoch ist durch den neuen § 154a nunmehr, wie hier schon früher im Hauptwerk vertreten, die Möglichkeit geschaffen, Teilakte fortgesetzter Handlungen einzustellen, sowie auch tateinheitliche Straffungen vorzunehmen. Vgl. auch § 154a Anm. 10.

§ 154a

(1) Fallen einzelne abtrennbare Teile einer Tat oder einzelne von mehreren Gesetzesverletzungen, die durch eine und dieselbe Handlung begangen worden sind, für die zu erwartende Strafe oder Maßregel der Sicherung und Besserung nicht ins Gewicht, so kann die Staatsanwaltschaft die Verfolgung auf die übrigen Teile der Tat oder die übrigen Gesetzesverletzungen beschränken. Die Beschränkung ist aktenkundig zu machen.

(2) Nach Einreichung der Anklageschrift kann das Gericht in jeder Lage des Verfahrens mit Zustimmung der Staatsanwaltschaft die Beschränkung vornehmen.

(3) Das Gericht kann in jeder Lage des Verfahrens ausgeschiedene Teile einer Tat oder Gesetzesverletzungen in das Verfahren wieder einbeziehen. Einem Antrag der Staatsanwaltschaft auf Einbeziehung ist zu entsprechen. Werden ausgeschiedene Teile einer Tat wieder einbezogen, so ist § 265 Abs. 4 entsprechend anzuwenden.

(4) Während der Voruntersuchung stehen die in den Absätzen 2 und 3 bezeichneten Befugnisse dem Untersuchungsrichter zu.

Entstehungsgeschichte: Durch die hier kommentierte Novelle völlig neu eingeführt.

1. Nach den Grundsätzen, wie sie bisher zu § 153 Anm. 8 entwickelt worden waren (Hauptwerk S. 725) konnte bei Tateinheit mehrerer Delikte auch wegen des unbedeutenden nicht eingestellt werden. Auch die a. a. O. vertretene Auffassung, daß man Teilakte einer fortgesetzten Handlung analog nach § 154 ausklammern könne, war lebhaft umstritten. Nunmehr wird der Gedanke der völligen Erfassung einer Tat nach § 264 dadurch gemildert, **daß belanglose Teilakte ausgeklammert** werden können. Dies gilt sowohl für Tateinheit wie für fortgesetzte Handlungen. Bei Tatmehrheit, also auch innerhalb gewerbsmäßiger und gewohnheitsmäßiger Delikte (vgl. Vorbem. 23d vor § 151) ist die teilweise Einstellung nach § 153 ohnehin möglich.

2. **Abtrennbare Teile** einer Tat sind Handlungen, die im natürlichen Sinne in sich abgeschlossen sind, aber infolge ihrer rechtlichen Beurteilung mit anderen Handlungen zu einer rechtlichen Einheit zusammengefaßt werden. Voraussetzung für die Anwendung des § 154a ist aber, daß diese rechtlich in einer anderen Tat mit aufgehenden Teilakte aus dieser rechtlichen Handlungseinheit ausgeschieden werden können, ohne daß hierdurch die Gesamtwürdigung der Tat für Strafe oder Sicherungsmaßnahme beeinträchtigt wird.

Nicht zu den abtrennbaren Teilen gehören einzelne Tatbestandsmerkmale der Tat selbst. So ist es, worauf der Regierungsentwurf treffend hinweist (Bundesratsdrucksache 9/62 S. 36) nicht zulässig, etwa die Nötigungshandlung aus einem als hinreichend bewiesen erachteten Raub herauszunehmen und die Tat als Diebstahl zu verfolgen. Auch § 154a dient nicht der Umgehung der Schuldfrage. Die Erweislichkeit oder Nichterweislichkeit eines qualifizierenden Tatbestandsmerkmals hat späterhin allein das Gericht zu beurteilen, dem die äußere Handlung gemäß § 264 zur Entscheidung unterbreitet worden ist.

3. **Einzelne von mehreren Gesetzesverletzungen** können in Fällen der Tateinheit ausgeschieden werden, wenn durch ein und dieselbe Handlung mehrere Gesetze verletzt worden sind; durch diese Häufung aber das Gesamtergebnis oder die strafrechtlichen Folgen nicht beeinträchtigt werden. Die weite Ausdehnung, die der Begriff der Tateinheit in der Praxis gefunden hat, hat dazu geführt, daß oft auch in sich geschlossene selbständige Tathandlungen durch ein Nebendelikt mit einem anderen dritten Delikt verbunden werden (vgl. hierzu Vorbem. 23 vor § 151 und die Kommentare zu § 73 StGB.). Auch in solchem Falle (Fahren mit defekten Reifen und damit verbundenen 2 fahrlässigen Tötungen und Fahrerflucht) kann ein Delikt minderschwerern Charakters weggelassen werden, sofern damit der Klarheit und leichtere Verständlichkeit des Verfahrens gedient wird. Gerade langatmige Eröffnungsbeschlüsse und Urteilsformeln, bei denen neben einem Kapitaldelikt Nebennormen mit erwähnt werden (neben Mord unerlaubter Waffenbesitz) waren stets geeignet, im Zuhörerraum und bei der Presse Kopfschütteln zu erregen.

4. Über den Begriff des **„nicht ins Gewicht Fallens“** vgl. Hauptwerk S. 739, § 154 Anm. 3.

5. **Kann beschränken:** Die Staatsanwaltschaft trifft die Entscheidung, ob sie eine Beschränkung vornehmen will, nach freiem pflichtgemäßen Ermessen. Darüber, daß ein einheitlicher Tatvorgang nicht sinnwidrig auseinandergerissen werden darf vgl. Anm. 2. Es wäre aber

sinnlos, die Beschränkung erst bei der Anklageerhebung vorzunehmen; die Beschränkung kann schon bei den Ermittlungen vorgenommen werden, sofern das Ermittlungsverfahren so weit vorgetrieben ist, daß die relative Bedeutung der auszuscheidenden Teile gegenüber der vermutlich nachweisbaren Haupttat erkannt werden kann.

6. **Die Beschränkung ist aktenkundig zu machen:** Eingehende Feststellungen zu den Gründen der Beschränkung können nicht gefordert werden, da damit der Sinn der Arbeiterleichterung ins Gegenteil verkehrt würde. Während ein Verbrauch der Strafklage durch Absehen von Verfolgung grundsätzlich nicht eintritt, soweit es sich um Fälle nach § 154, also rechtlich selbständige Taten, handelt, wird in den Fällen des § 154a die Strafklage von dem Augenblick an voll verbraucht, wo der abgekürzte Anklagevorwurf durch Verurteilung rechtskräftig festgestellt wird. Bei Freispruch ist zu unterscheiden zwischen den Fällen der Tateinheit, wo schlechthin alles vom Freispruch erfaßt wird und den Fällen der fortgesetzten Handlung. Wird wegen eines fortgesetzten Delikts verurteilt, dann fallen alle nicht mit angeklagten Teilakte unter die Rechtskraft dieser Verurteilung und können nicht mehr aufgegriffen werden. Wird aber freigesprochen, dann sind die nicht mitangeklagten Teile jederzeit frei aufgreifbar, da ja eine Aburteilung wegen fortgesetzter Handlung gar nicht erfolgt ist (vgl. hierzu Vorbemerkung 23e vor § 151 (Hauptwerk Seite 711). Dem **Zweck der Klärung dessen, was bisher Gegenstand der Ermittlungen gewesen war,** dient die aktenmäßige Festhaltung. Sie hat jedoch keine rechtlichen Auswirkungen.

Über **Möglichkeiten des Anzeigeerstatters** vgl. § 154 Anm. 5 Hauptwerk S. 740 Abs. 2. Der Nebenkläger braucht das rechtliche Gehör vor Beschränkung nicht zu erhalten. Seine Befugnisse zur Mitwirkung werden durch § 154a nicht eingeschränkt (§ 397 Abs. 2) Schwarz-Kleinkn. Anm. 4, KMR. (Müller-Sax) Anm. 3b. Der Nebenkläger steht bei vor Anschluß erfolgter Beschränkung so da, wie wenn er ohne diese Beschränkung zuzulassen wäre. Eine nach Zulassung erfolgende Beschränkung berührt seine Rechte nicht.

7. **Abs. 2** entspricht dem § 154 Anm. 6. Ebenso ist auf Anm. 7 a. a. O. voll Bezug zu nehmen (vgl. Hauptwerk S. 740). Jedoch besteht ein gewichtiger Unterschied, der sich nicht aus dem Gesetzestext, sondern aus der Struktur des Strafprozesses ergibt. Während das Absehen von Anklage nach § 154 bei rechtlich selbständigen Handlungen (einschließlich der gewerbsmäßig und gewohnheitsmäßig begangenen) dem Gericht keine Möglichkeit läßt, diese Tatkomplexe von sich aus in die Verhandlung und in das Urteil mit einzubeziehen, da es an der Anklage eines historisch allein stehenden Vorgangs fehlt, kann die teilweise Nichtverfolgung nach § 154a das Gericht nicht daran hindern, auch jene nicht verfolgten Tatteile zum Gegenstand der Verhandlung und Aburteilung zu machen, da es hinsichtlich des bei ihm angeklagten historischen Vorgangs völlig Herr des Verfahrens ist. Das ist die Kehrseite der bereits zu Anm. 6 erwähnten Rechtskraftwirkung des Urteils auf den gesamten Tatkomplex einschließlich fortgesetzter Teilhandlungen. Jedoch ist es dem Gericht nicht verwehrt, seinerseits im Urteil bestimmte Tatteile auszuscheiden. Nur handelt es sich dann um keine Einstellung mehr (vgl. RegEntwurf Bundesratsdrucksache 9/62 S. 37).

Abs. 3

8. Im Gegensatz zu § 154 Abs. 3, wo in den Fällen der Tatmehrheit jedes Verfahren bis zur Verjährung wieder aufgenommen werden kann, ist diese Möglichkeit aus den in Anm. 6 und 7 genannten Gründen beschränkt. Die **Einbeziehung** ist **nur noch bis zur Rechtskraft möglich;** bis dahin allerdings in jeder Lage des Verfahrens, wobei aber im Revisionsverfahren der Grundsatz des § 354 zu beachten ist. So kann zwar die Einbeziehung noch erfolgen und auch zur Aufhebung und Zurückverweisung führen, die Strafe kann aber auch unter dem Gesichtspunkt der erhöhten Schuld nicht mehr erhöht werden. Das Gericht ist wie schon in Anm. 7 angedeutet, bei der Einbeziehung sehr frei. Gebunden ist es allerdings insoweit an den Antrag der Staatsanwaltschaft, daß es, wenn diese es wünscht, einbeziehen muß, wogegen es auch einbeziehen kann, wo die Staatsanwaltschaft es nicht wünscht. Daß eine Einbeziehung gegenüber dem Wortlaut der Anklageschrift nur nach entsprechender Belehrung gemäß § 265 Abs. 4 StPO. möglich ist, versteht sich von selbst, da sonst ein Revisionsgrund gegeben wäre. Die Ausdehnung ist ebenso wie die Beschränkung bereits bei der Eröffnung des Hauptverfahrens nach § 207 möglich.

9. Über die Auswirkungen auf Privatklage und Nebenklage vgl. § 385 Abs. 5 und § 397 Abs. 2 sowie oben Anm. 6 am Ende.

Abs. 4

10. Entgegen § 154 Anm. 6 Hauptwerk S. 740 ist ausdrücklich dem Untersuchungsrichter mit Zustimmung des Staatsanwalts die Beschränkungsbefugnis vorbehalten. Diesen Grundgedanken auf die Fälle des § 154 auszudehnen, besteht kein Anlaß. Es ist ein erheblicher Unterschied, ob Teilakte einer rechtlich als Einheit zu erfassenden Tat vorläufig ausgeschlossen werden oder ob aus einem dem Untersuchungsrichter durch Anklage zur Untersuchung zugewiesenen Komplex rechtlich selbständiger Taten einzelne von diesen Taten aus dem Kreis seines Untersuchungsauftrags ausgeschieden werden sollen. Hier hat nur die Staatsanwaltschaft das Antragsrecht.

11. Ein **Beschwerderecht** des Beschuldigten gegen Beschränkung und erneute Einbeziehung ist nicht gegeben. Die Staatsanwaltschaft und der Nebenkläger können Beschwerde nur bei Beschränkung ohne Zustimmung der Staatsanwaltschaft oder bei Nichtaufhebung der Beschränkung trotz Antrags einlegen.

§ 154b

Hängt die Erhebung der öffentlichen Klage wegen eines Vergehens von der Beurteilung einer Frage ab, die nach bürgerlichem Recht oder nach Verwaltungsrecht zu beurteilen ist, so kann die Staatsanwaltschaft zur Austragung der Frage im bürgerlichen Streitverfahren oder im Verwaltungsstreitverfahren eine Frist bestimmen. Hiervon ist der Anzeigende zu benachrichtigen. Nach fruchtlosem Ablauf der Frist kann die Staatsanwaltschaft das Verfahren einstellen.

Allgemeines: Im Zuge der hier kommentierten Novelle ist der bisherige § 154a hierher versetzt worden. Es gelten unverändert die im Hauptwerk S. 742 gebrachten Erläuterungen.

Zweiter Abschnitt

Vorbereitung der öffentlichen Klage

§ 161

Zu den im vorstehenden Paragraphen bezeichneten Zwecke kann die Staatsanwaltschaft von allen öffentlichen Behörden Auskunft verlangen und Ermittlungen jeder Art mit Ausschluß eidlicher Vernehmungen, entweder selbst vornehmen oder durch die Behörden und Beamten des Polizeidienstes vornehmen lassen. Die Behörden und Beamten des Polizeidienstes sind verpflichtet, den Ersuchen oder Auftrage der Staatsanwaltschaft zu genügen.

Entstehungsgeschichte: wie Hauptwerk S. 764. Abs. 2, der eine Verweisung auf §§ 136a und 69 Abs. 3 enthalten hatte, ist im Hinblick auf § 163a Abs. 2 gestrichen worden.

Die **Anm. 9** (Hauptwerk S. 766) ist damit gegenstandslos geworden.

§ 163

(1) Die Behörden und Beamten des Polizeidienstes haben strafbare Handlungen zu erforschen und alle keinen Aufschub gestattenden Anordnungen zu treffen, um die Verdunklung der Sache zu verhüten.

(2) Die Behörden und Beamten der Polizeidienstes übersenden ihre Verhandlungen ohne Verzug der Staatsanwaltschaft. Erscheint die schleunige Vornahme richterlicher Untersuchungshandlungen erforderlich, so kann die Übersendung unmittelbar an den Amtsrichter erfolgen.

Entstehungsgeschichte: Wie Hauptwerk S. 770. Der bisherige Abs. 2, der eine Verweisung auf §§ 136a und 69 Abs. 3 enthalten hatte, ist im Hinblick auf § 163a gestrichen worden.

Aus **Anm. 5** (Hauptwerk S. 771) ist entsprechend der letzte Absatz zu streichen.

§ 163a

(1) Der Beschuldigte ist spätestens vor dem Abschluß der Ermittlungen zu vernehmen, es sei denn, daß das Verfahren zur Einstellung führt. In einfachen Sachen genügt es, daß ihm Gelegenheit gegeben wird, sich schriftlich zu äußern.

(2) Beantragt der Beschuldigte zu seiner Entlasung die Aufnahme von Beweisen, so sind sie zu erheben, wenn sie von Bedeutung sind.

(3) Bei der Vernehmung des Beschuldigten durch die Staatsanwaltschaft sind die §§ 136 und 136a anzuwenden.

(4) Bei der ersten Vernehmung des Beschuldigten durch Beamte des Polizeidienstes ist dem Beschuldigten zu eröffnen, welche Tat ihn zur Last gelegt wird. Im übrigen sind bei der Vernehmung des Beschuldigten durch Beamte des Polizeidienstes § 136a Abs. 1 Satz 2 und 3, Abs. 2, 3 und § 136a anzuwenden.

(5) Bei der Vernehmung eines Zeugen oder Sachverständigen durch die Staatsanwaltschaft oder durch Beamte des Polizeidienstes sind § 52 Abs. 2, § 55 Abs. 2 und § 136a entsprechend anzuwenden.

Literatur: Kohlhaas „Vom ersten Zugriff zum Schlußgehör" NJW. **1965** 1216.

Entstehungsgeschichte: Neu eingefügt durch die hier erläuterte Novelle. Während die Absätze 1, 2, 3 und 5 fast wörtlich mit dem Regierungsentwurf übereinstimmen, ist Abs. 4 erst vom Rechtsausschuß eingefügt worden. Er ist bis zuletzt vom Bundesrat bekämpft und erst durch den Vermittlungsausschuß bestätigt worden.

Abs. 1

1. **Der Beschuldigte ist zu vernehmen:** Zwingend vorgeschrieben war die Vernehmung bisher im Vorverfahren nur im Falle der Durchführung einer Voruntersuchung (§ 192 Abs. 1). Praktisch ist der Fall der Anklageerhebung ohne eine vorangegangene Beschuldigtenvernehmung jedoch nur in kleinen Sachen geworden. Die Vorschrift dient also an sich nur der Klarstellung eines schon immer praktizierten Brauches und der Sicherung des rechtlichen Gehörs (vgl. aber Anm. 2). Über den **Begriff des Beschuldigten** vgl. Anm. 11. § 163a läßt offen, wer vernimmt (Polizei, Staatsanwalt oder Gericht) KMR. (Müller-Sax) Anm. 2c.

2. **Schriftliche Äußerung:** Durch die Einfügung einer Vernehmungspflicht würde der gute Sinn dann ins Gegenteil verkehrt, wenn nun schematisch immer eine mündliche Vernehmung erfolgen müßte, welche entweder den Beschuldigten zu reisen zwingt oder ihn dem örtlichen Besuch der Polizeiwache aussetzt, obwohl sich die Angelegenheit wesentlich einfacher erledigen ließe. Daher kann, wie schon bisher in der Praxis üblich, nun kraft Gesetzes in einfachen Sachen eine schriftliche Äußerung eingeholt werden. Jedoch muß mit der Aufforderung zur schriftlichen Äußerung die Belehrung nach Abs. 3 und 4 in Verb. mit § 136 Abs. 1 erfolgen. Ob nach Weigerung sich schriftlich zu äußern, eine mündliche Vernehmung sinnvoll versucht werden soll, ist Frage des Einzelfalles. Schwarz-Kleinkn. Anm. 3.

3. Ob und wann **eine Sache „einfach"** ist, läßt sich abstrakt nicht bemessen. Man kann nicht einmal eine Grenze zwischen Vergehen und Verbrechen ziehen, denn es ist denkbar, daß etwa der Vorwurf eines Verbrechens nach § 218 Abs. 3 von einem Arzt schriftlich weit besser kommentiert oder schlüssig widerlegt werden kann, als durch eine Vernehmung durch einen medizinisch ganz unerfahrenen Polizeibeamten. Dasselbe gilt für ärztliche Kunstfehler oder den Vorwurf banktechnischer Verfehlungen. Es kommt also nicht immer auf die Art oder den Umfang des rechtlichen Vorwurfs an, welche oft sogar geradezu zu einer schriftlichen Äußerung drängen, sondern vor allem auf die Person des Beschuldigten und andere Umstände (ReEntwurf BR-Drucksache 9/62, S. 33). Außer den genannten persönlichen Eigenschaften des Arztes oder des Bankfachmannes kann auch eine kaufmännische, juristische oder technische Ausbildung eine persönliche Vernehmung zunächst überflüssig machen. Andere Umstände, die einer schriftlichen Äußerung trotz der Fähigkeit, sich ohne großen Aufwand unmißverständlich schriftlich zu äußern, entgegenstehen, sind vor allem die Fälle, wo die Ausfeilung einer schriftlichen Äußerung geradezu zur Verdunklung anreizen könnte, so bei Sittlichkeitsdelikten oder Brandstiftungsverdacht, wo der erste Zugriff oft allentscheidend ist. Daß allerdings der erste Zugriff durch Absatz 4 entscheidend illusorisch gemacht wird, wird in Anm. 10 erläutert werden.

4. Der **Zeitpunkt der Vernehmung** steht der Ermittlungsbehörde frei, da es mitunter zweckmäßig sein wird, die Vernehmung schon an den Beginn der Ermittlungen zu setzen, um

einen überflüssigen Aufwand durch Zeugenvernehmungen zu vermeiden, falls etwa gestanden wird oder falls der Verdacht alsbald widerlegt wird. Umgekehrt gibt es Fälle, in denen die Ermittlungen erst so weit betrieben werden müssen, damit der Beschuldigte mehr oder weniger „eingekreist" ist, ehe er als solcher vernommen wird (RegEntwurf BRDrucksache 9/62 Seite 32). Die Einführung des Abs. 4 mit seiner sehr fragwürdigen übersteigerten Belehrungspflicht wird in der Praxis mehr und mehr dazu führen müssen, die Ermittlungen möglichst weit auszudehnen, ehe zur Beschuldigtenvernehmung geschritten wird, da diesem durch Belehrungen nach Abs. 4 jede Möglichkeit der Besinnung und Verdunkelung nahegelegt wird.

5. Die Vernehmung hat aber **vor Abschluß der Ermittlungen** zu erfolgen, der gemäß § 169a in den Akten zu vermerken ist. Die Vernehmung ist Teil der Ermittlungen und unterscheidet sich vom Schlußgehör entscheidend. Dies um so mehr, als das Schlußgehör weitgehend vom Antrag des Beschuldigten abhängt und in vielen Fällen sogar nicht erforderlich ist, wogegen die Vernehmung im Vorverfahren (mindestens schriftlich) Pflicht ist.

6. Wegfall der Verpflichtung zur Vernehmung: Wenn der Beschuldigte zur Vernehmung trotz Ladung nicht erscheint, hat die Staatsanwaltschaft der Pflicht aus § 163a genügt. KMR. (Müller-Sax) Anm. 2a (2). Soweit die Staatsanwaltschaft das Verfahren nach §§ 170ff. einstellen will, bedarf es weder einer mündlichen noch einer schriftlichen Vernehmung. Das erscheint auf den ersten Blick völlig logisch, ist aber mindestens unklar ausgedrückt. Die Vernehmungspflicht besteht nämlich weiter, falls auf Beschwerde hin die Ermittlungen wieder aufgegriffen werden und später zur Anklage führen, oder wenn der Generalstaatsanwalt auf die Beschwerde hin sofort Anklage erheben läßt oder im Anklageerzwingungsverfahren vom OLG. die Anklage beschlossen werden soll. Zwar ist für die Entscheidung des OLG. die „Anhörung" nach § 175 vorgesehen, diese Anhörung ersetzt aber nicht die Vernehmung oder schriftliche Äußerung, sofern eine solche im Laufe des Ermittlungsverfahrens deshalb nicht stattgefunden hatte, weil die Staatsanwaltschaft einstellungsbereit war. Anders wird man dem Sinne des § 163a nicht gerecht. Die Vernehmung ist also immer dann nachzuholen, wenn Anklageerhebung erwogen wird. Die Verpflichtung zur Vernehmung entfällt auch bei allen sonstigen Einstellungsarten, §§ 153, 153a, 153b, 153c und wegen Fehlens von Verfahrensvoraussetzungen.

Abs. 2

7. Bescheidung von Anträgen auf Beweiserhebungen: An sich ergibt sich die in Abs. 2 nunmehr normierte Verpflichtung schon aus § 160 Abs. 2, wonach die Staatsanwaltschaft auch die entlastenden Umstände von Amts wegen zu erforschen hat. Wenn also Beweiserbieten des Beschuldigten als „von Bedeutung" erachtet werden, greift § 160 Abs. 2 ohnehin Platz. Daher bringt die Bestimmung praktisch keine Verbesserung für den Beschuldigten! Er kann zwar bei der Staatsanwaltschaft und der Polizei Beweisanträge stellen; die Entscheidung darüber aber, ob sie „von Bedeutung" sind, liegt ausschließlich bei den Ermittlungsbehörden, die bei der Ablehnung nicht an die strengen Regeln des § 244 Abs. 3 gebunden sind, weil ihre Pflicht sich nur im Rahmen des § 244 Abs. 2 bewegt, wobei ferner zu berücksichtigen ist, daß „hinreichender" Verdacht im Sinne der Anklageerhebung ein geringeres Überzeugungsmaß voraussetzt als die „richterliche Überzeugung" bei Urteilsfällung. (So auch RegEntwurf BRDrucksache 9/62 S. 33; über den Begriff des hinreichenden Verdachts vgl. Hauptwerk § 170 Anm. 4, S. 779 und § 203 Anm. 2, S. 848). Beweisanträge bei richterlichen Vernehmungen im Ermittlungsverfahren (§§ 115 III, 118a, 162) gelten als an die Staatsanwaltschaft gerichtet. Eine Ausnahme macht nur § 166, wo der Richter selbst vernehmen muß.

Irgendwelche Rechtsmittel kann der Beschuldigte außer der Dienstaufsichtsbeschwerde gegen die Ablehnung nicht erheben. Ist das Verfahren einmal eröffnet, könnte gem. § 156 nicht einmal mehr eine erfolgreiche Dienstaufsichtsbeschwerde zur Zurücknahme der Anklage führen. Eine Mitteilung über die erfolgte Beweiserhebung ist in der Regel nicht erforderlich; eine Ausnahme besteht nur dort, wo der Beschuldigte an der Wahrnehmung seiner Anwesenheitsrechte behindert wurde (§ 169).

Abs. 3

8. Daß die **verbotenen Maßnahmen nach § 136a** auch nicht von Polizei und Staatsanwaltschaft angewandt werden dürfen, obgleich dort nur der Richter erwähnt war, ergab sich bisher aus den gestrichenen §§ 161 Abs. 2 und 163 Abs. 2. Insoweit enthält § 163a Abs. 3 nur eine redaktionelle Änderung. Daß § 136 auch für die Staatsanwaltschaft mindestens ent-

sprechende Anwendung finden müsse, ist hier im Hauptwerk auch bislang vertreten worden (vgl. § 136 Anm. 1 S. 614). Insofern bedarf es einer Erläuterung hier nicht. Schwierigkeiten können sich dort nicht ergeben, wo die Staatsanwaltschaft den ersten Zugriff an Ort und Stelle nicht selbst durchführt, was bislang die Regel ist, was aber an sich mit dem Grundzug der StPO. nicht vereinbar ist. Gerade wenn man aber, wie doch der Zug der Reform zeigt, die Staatsanwaltschaft stärker in die Ermittlungen einschalten will, was schon durch die Einführung des Schlußgehörs in Erscheinung tritt, dann stellt sich das Problem bereits weit komplizierter dar.

9. Dort nämlich, wo die **Staatsanwaltschaft die Akten erst** erhält, **nachdem die Polizei ermittelt** hat, steht bereits fest, wer Beschuldigter ist. Oft ist bereits eine richterliche Vernehmung vorausgegangen, mindestens aber ist eine bestimmte Person als Beschuldigter benannt. Daher läßt sich § 136 auf die Staatsanwaltschaft im bisherigen Regelfalle unschwer übertragen. Der Hinweis darauf, daß es freistehe, sich auf die Beschuldigung zu äußern oder nicht zur Sache auszusagen und jederzeit, auch schon vor der Vernehmung, einen zu wählenden Verteidiger zu befragen, richtet sich nach den Erläuterungen zu § 136. Auch kann in all diesen Fällen, wo der erste Zugriff von anderer Seite erfolgt ist, der Staatsanwalt den historischen Vorwurf und die rechtliche Subsumtion annähernd mitteilen. Die Mitteilung, was „in Betracht komme" ist nicht verbindlich. Auch tritt die Gefahr, durch unzeitige Belehrungen die Ermittlungen schon im Keime zu ersticken, hier mehr nicht auf.

10. Wird aber **die Staatsanwaltschaft im ersten Zugriff** tätig, dann ergeben sich für sie dieselben Fragen wie für den ermittelnden Polizeibeamten, dessen Verpflichtungen nach Abs. 4 sich von denen der Staatsanwaltschaft nach Abs. 3 nur dadurch unterscheiden, daß er eine rechtliche Subsumtion nicht mitzuteilen hat. Dieser Unterschied ist, da die Subsumtion ohnehin unverbindlich ist, minimal, so daß hier beide Belehrungen gemeinsam behandelt werden.

Die Kardinalfrage ist zunächst, **wer eigentlich Beschuldigter ist,** auf welchen die Belehrungspflichten anzuwenden sind. Dort, wo ein konkreter Vorwurf gegen jemanden erhoben wird und dieser richterlich vernommen wird, ist er in der Regel Beschuldigter. Er ist es aber bereits dort nicht, wo der Ermittlungsbeamte den Vorwurf vorweg als falsch erhoben ansieht. Denn für den Begriff des Beschuldigten kommt es gerade nicht darauf an, ob jemand irgendwelche Vorwürfe gegen ihn erhebt, sondern ob die Ermittlungsbehörde gegen ihn ermittelt, weil sie sich den Vorwurf zu eigen macht. Wollte man anders argumentieren, dann wäre jeder von der Staatsanwaltschaft als Zeuge angesehene Schuldlose oder gar ein Freigesprochener nach wie vor Beschuldigter, weil der Anzeigeerstatter nach wie vor Beschuldigungen gegen ihn erhebt. So bleibt es im Ermittlungsverfahren, das doch gerade erst den Beschuldigten herausfinden soll, lange unklar, wer nun eigentlich Beschuldigter ist. Auch die bloße Vernehmung eines noch Unverdächtigen ist keine Beschuldigtenvernehmung, auch wenn sich der Verdacht dann später auf ihn richtet. Das gilt erst recht für Anzeigen gegen „unbekannt", ja es ist sogar denkbar, daß mehrere Beschuldigte als solche anzusehen sind, von denen naturgemäß nur einer oder eine Gruppe Täter sein können und damit die andere Gruppe zwangsläufig ausschließen. In den ersteren Fällen kann lange ermittelt werden, ehe man einen Beschuldigten hat, im letzteren Falle gibt es vom ersten Zugriff an mehrere Beschuldigte, die sonach alle als solche zu vernehmen und zu belehren sind.

Daß es völlig unsinnig wäre, bei einem Brand den Eigentümer, den schwachsinnigen Knecht, den früheren Schwiegersohn und den Gegenkandidaten sämtlich als mögliche Beschuldigte anzusehen und nun die Ermittlungen damit zu beginnen, jedwedem zu sagen, er sei brandstiftungsverdächtig und brauche ja nichts zu sagen und dürfe einen Anwalt rufen, leuchtet doch wohl ein. Dann könnte ein erster Zugriff nie erfolgen, der Verdunklung und Absprache wären Tür und Tor geöffnet, da man ja nicht alle irgendwie vage als tatbeteiligt in Betracht Kommenden wegen Verdunklungsmöglichkeiten festnehmen kann.

11. Sonach kann **von einem Beschuldigten erst die Rede sein,** wenn nach den ersten informatorischen Befragungen der am Tatort Anwesenden oder als irgendwie mit dem Delikt in Verbindung stehend Anzusehenden sich der Verdacht auf eine oder mehrere Personen verdichtet, die sich, wie schon erwähnt, auch gegenseitig ausschließen können. Erst dann setzt die Belehrungspflicht nach § 136 ein. Richtig verstanden kann also § 163a Abs. 3 ebensowenig wie Abs. 4 ein Gebot aufstellen, daß man bei jeder Ermittlung, auch wenn sie schon denkbare Anhaltspunkte nach einer Richtung gibt, schrankenlos belehren müsse, vielmehr muß die Belehrung erst vorgenommen werden, wenn sich bei dem Vernehmenden eine bestimmte Verdachtsrichtung entwickelt hat. Man mag gegen die hier vertretene Auffassung einwenden, es werde damit kurzerhand von der Vernehmungsperson der schon vorhandene Verdacht „wegsimuliert" oder die Verdachtsschöpfung künstlich verzögert werden. Letzteres wäre nebenbei kein Nachteil, weil meist eine fatale Tendenz zu erkennen ist, allzufrüh die Weichen auf „Beschuldigte" und „Zeugen" zu stellen und damit die Gewichte sehr frühzeitig zu verschieben. Aber auch gegen das „Wegsimulieren" eines Verdachts läßt sich leicht ins Feld führen, daß sich aus den Protokollen und der späteren Beweiserhebung beim vernehmenden Richter, im Schlußgehör oder in der Hauptverhandlung sehr leicht feststellen lassen wird, ab wann die Fragen so gezielt wurden, daß die „Beschuldigung" im Raume stand. Von dem Augenblick an, wo diese Beschuldigung sich verdichtet, wird ohnehin meist in schwereren Fällen die vorläufige Festnahme oder die Androhung derselben erfolgen und damit der Rahmen des Beschuldigten umrissen sein. Von diesem Augenblick an sind die Belehrungen nach § 136 durchzuführen. Das weitere ist aus den Anm. zu § 136 zu entnehmen.

Abs. 4

12. Belehrung durch die Polizei: Für sie gilt, was für die Fälle des ersten Zugriffs der Staatsanwaltschaft ausgeführt worden ist (Anm. 11). Informatorische Vernehmungen sind jederzeit ohne Belehrung zulässig. Der Hinweis an jede gehörte Person ‚sie brauche nichts auszusagen, wäre der Tod jeder Ermittlung und der Beginn zügellosester Verdunklung. Wer nicht aussagen will, braucht es nach § 161 Hauptwerk Anm. 4 ohnehin nicht. Ihn direkt darauf hinzuweisen, ist solange überflüssig und schädlich, als nicht die Konkretisierung eines Verdachts gegen eine bestimmte Person erfolgt ist. Dann allerdings muß die Belehrung auch im ersten Zugriff erfolgen. Daß der Polizeibeamte dabei nur den historischen Vorgang, nicht aber die rechtliche Subsumtion mitzuteilen hat, ergibt sich aus Abs. 4 klar, da dieser den § 136 Abs. 1 Satz 1 nicht wörtlich übernimmt, wie dies für die Staatsanwaltschaft der Fall ist (Abs. 3), sondern die Worte „welche Strafvorschriften in Betracht kommen" nicht mit übernommen hat.

Abs. 5

13. Die **Belehrungspflichten bei zur Zeugnisverweigerung und Aussageverweigerung berechtigten Personen** waren bisher in § 161 Abs. 2 und 163 Abs. 2 normiert. Ihre Durchführung ist aber bei der Polizei ungemein schwer. Die Belehrung nach § 55 Abs. 2 ist leichter, weil sie jedem Vernommenen gegenüber erfolgen kann, ohne daß man einen konkreten Verdacht hat. Es genügt hier der Hinweis, daß niemand selbst Belastendes gegen sich zu sagen brauche. Verwandte kann man aber nicht belehren, ehe man nicht einen Beschuldigten im Auge hat. Das ist allerdings negativ von großer Bedeutung. Belehrt man eine Auskunftsperson nicht, weil der Verdacht noch nicht auf ein solches Recht zur Zeugnisverweigerung hinweist und ist sie dann wider Erwarten eine Angehörige des später als beschuldigt Erkannten und verweigert sie nun die Aussage, dann ist diese nicht mehr im Raume, falls nicht belehrt worden war. Schon deshalb empfiehlt sich eine frühzeitige Konkretisierung des Beschuldigtenbegriffs und eine entsprechende Belehrung. Darüber, daß nach Einführung einer Belehrungspflicht für Staatsanwaltschaft und Polizei im Falle deren Durchführung nun auch wiederum die Verhörsperson als Zeuge über die ihr gemachte Aussage zu vernehmen ist, weil der in der Rechtsprechung zu § 252 zwischen dem belehrungspflichtigen Richter und dem nicht belehrungspflichtigen Staatsanwalt gemachte Unterschied weggefallen ist, vgl. Kohlhaas NJW. **1965** 1216; a. A. KMR. Müller-Sax § 52 Anm. 4a.

14. Aus den **unterlassenen Belehrungen** entstehen Rechtsfolgen für das Revisionsverfahren nur hinsichtlich der unterbliebenen Zeugenbelehrung und deren Vorhalt an den Angeklagten, sonst nicht KMR. (Müller-Sax) Anm. 6c. Die Belehrungen sind jedoch **schriftlich niederzulegen,** wie auch das Ermittlungsverfahren insgesamt schriftlich ist.

§ 169

(1) Für die Teilnahme an einer richterlichen Vernehmung des Beschuldigten sind die für die Voruntersuchung geltenden Vorschriften anzuwenden.

(2) Auch die Befugnis, an sonstigen richterlichen Verhandlungen teilzunehmen, bestimmt sich nach den Vorschriften über die Voruntersuchung. Für den Beschuldigten, seinen Verteidi-

ger und die von ihm benannten Sachverständigen gilt dies nur, wenn der Beschuldigte als solcher vom Richter vernommen ist oder sich in Untersuchungshaft befindet.

Entstehungsgeschichte: Wie Hauptwerk S. 777. Neufassung in der jetzigen Form durch die hier erläuterte Novelle.

Änderungsvorschläge wie Hauptwerk S. 777.

1. Die Neufassung des § 169 Abs. 1 ist nur verständlich im Hinblick auf die Änderung des § 192 Abs. 2. Die bisherige negative Wirkung der alten Fassung (vgl. Hauptwerk § 169 Anm. 1, S. 777), welche dahin ging, daß Staatsanwalt und Verteidiger nicht bei Vernehmungen nach §§ 162, 165 anwesend sein dürften, ist in Wegfall gekommen. Damit ist allerdings die Bedeutung des § 165 weitgehend geschmälert. Wird nämlich ein Beschuldigter nach § 163a in Verbindung mit § 136 über alle seine Rechte belehrt und ist er nur nach Bestellung eines Verteidigers aussagebereit, dann kommt praktisch nur mehr die Einschaltung der Staatsanwaltschaft und deren Antrag auf richterliche Vernehmung nach § 162 in Betracht, da der Fall der Eilbedürftigkeit des § 165 gar nicht mehr denkbar ist.

Kommt es zu einer richterlichen Vernehmung des Beschuldigten nach §§ 162, 165, dann können Staatsanwalt und Verteidiger nicht von der Teilnahme ausgeschlossen werden. Benachrichtigungen können aber dann unterbleiben, wenn der Ablauf der Ermittlungen unzumutbar verzögert wird, vor allem fehlt es am Anspruch auf Terminsverlegung wegen Verhinderung. Betrachtet man aber die Rechte des Beschuldigten nach § 136 und zieht man die Weigerung in Rechnung, ohne Rücksprache mit einem Verteidiger auszusagen, so wird mit Verzögerungen stets zu rechnen sein und es hilft dann gerade wiederum nur der Haftgrund der Verdunklungsgefahr, der aber wiederum durch diese Novelle entscheidend beschränkt worden ist.

2. Der **Anspruch auf Anwesenheit** besteht **nur bei richterlichen Vernehmungen des Beschuldigten.** Es ist mit einem Frage- und Hinweisrecht verbunden. § 241 Abs. 2 gilt entsprechend. Über die Zulassung eines Beistandes vgl. § 149 Abs. 3. Ferner haben die in §§ 67 Abs. 1, 109 Abs. 1 JGG. genannten Personen ein Anwesenheitsrecht im Verfahren gegen Jugendliche und Heranwachsende. Nicht aber der Nebenklageberechtigte, da er im Vorverfahren nicht zugelassen werden kann (§ 395 Anm. 2) KMR. (Müller-Sax) Anm. 1. Gerade die Übernahme der Vorschriften aus der Voruntersuchung auf das vorbereitende Verfahren bereitet deshalb große Schwierigkeiten, weil nach Stellung des Antrags auf Voruntersuchung eindeutig feststeht, gegen wen als Beschuldigten ermittelt wird, wogegen im Ermittlungsverfahren vorweg lange Zeit unklar sein kann, wer nun eigentlich Beschuldigter ist. Verhältnismäßig einfach ist dies dort, wo ein Anzeigeerstatter gegen jemanden einen konkreten Vorwurf erhebt. In diesem Falle handelt es sich bei Gericht um Beschuldigtenvernehmung, auch wenn der Vernehmende den Anklagevorwurf vorweg skeptisch betrachtet (vgl. aber § 163a Anm. 9). Dort, wo aber gegen unbekannt ermittelt wird und konkrete Anhaltspunkte noch nicht bestehen, kann jedenfalls von der Vernehmung eines „Beschuldigten" noch nicht die Rede sein. Die bloße Vernehmung eines noch Unverdächtigen ist noch keine Beschuldigtenvernehmung, auch wenn sich der Verdacht später erst auf ihn richtet.

Die Übertragung der Gedanken aus der Voruntersuchung führt vor allem dort zu Schwierigkeiten, wo bei den Nachforschungen nach dem Täter eines Verbrechens mehrere Personen von denen aber nur der eine oder der andere, oder nur eine Gruppe gegenüber der anderen schuldig sein können, gleichzeitig oder nacheinander in Verdacht kommen oder gekommen sind und deshalb vernommen werden. In diesem Falle sind sie praktisch alle „Beschuldigte" im Sinne des Abs. 1 mit allen sich hieraus ergebenden Rechten und zwar so lange, bis die Staatsanwaltschaft das Verfahren gegen den einen oder anderen ausdrücklich mit Verfügung nach § 170 eingestellt hat.

3. a) Die Vorschrift des Abs. 2 bezieht sich praktisch auf §§ 193 bis 195 (EbSchmidt Anm. 1, Schwarz-Kleinkn. Anm. 2) und zwar vor allem auf richterlichen Augenschein (§ 193 Abs. 1) und Vernehmung von Zeugen und Sachverständigen. Da es, wie schon zu Anm. 2 ausgeführt ist, nicht immer einfach ist, zu erkennen, wer Beschuldigter ist, stellt Abs. 2 gewisse Kriterien dafür auf, von wann ab jemand verlangen kann, bei der Vernehmung anderer Personen selbst anwesend oder durch einen Verteidiger oder unter Hinzuziehung eines Sachverständigen vertreten zu sein. Nur derjenige, der als Beschuldigter vom Richter vernommen worden ist oder sich in Untersuchungshaft befindet, kann bezüglich der Teilnahme an richterlichen Verhandlungen die Befugnisse in Anspruch nehmen, die gemäß Abs. 1 in Verbindung mit § 192 Abs. 2 dem Beschuldigten bei seiner eigenen Vernehmung zustehen. Erst durch die richterliche Vernehmung als Beschuldigter oder durch eine Verhaftung, die zur Zeit der Vernehmung noch andauern muß (vgl. aber Anm. 3b), erhält ein Verdächtiger in äußerlich erkennbarer Weise die Eigenschaft eines Beschuldigten.

Auch hier gilt das zu Anm. 2 über das Vorhandensein mehrerer Verdächtiger, die sich aber gegenseitig ausschließen, Gesagte. Jeder dieser Beschuldigten hat also das Recht auf Teilnahme an den richterlichen Vernehmungen von Zeugen und Sachverständigen und Augenscheinen, so lange als das Verfahren nicht gegen ihn eingestellt ist. Erst dann endet das Recht auf Anwesenheit bei den — möglicherweise auch gegen ihn gerichteten — Verhandlungen KMR. (Müller-Sax) Anm. 3a., EbSchmidt Anm. 7.

b) Der **Beschuldigte ist auch als solcher vernommen,** wenn die Vernehmung nur aus Anlaß seiner Verhaftung oder Festnahme erfolgt ist (§§ 115, 125, 128). Dem in Untersuchungshaft befindlichen oder nach § 126 vorläufig untergebrachten Beschuldigten ist nach der ratio legis derjenige gleichzuachten, der gegen Sicherheitsleistung oder auf Grund sonstiger Auflagen von der Vollstreckung der Untersuchungshaft verschont ist, EbSchmidt Anm. 9, a. A. KMR. (Müller-Sax) Anm. 3b. Dies ergibt sich daraus, daß es nicht darauf ankommt, ob der Beschuldigte frei herumläuft oder nicht, sondern darauf, daß der Verlauf jeder Ermittlung dazu führen kann, daß der Haftbefehl wieder inkraft gesetzt wird.

4. Der **Anspruch** der Staatsanwaltschaft wie auch des Verteidigers und der in Anm. 2 genannten Personen **auf Anwesenheit** besteht auch dort, wo Maßnahmen angeordnet werden, die nur dem Gericht zustehen, falls vor deren Erlaß vorher eine Vernehmung stattfindet. Findet keine statt, dann kommt auch § 169 Abs. 2 nicht zum Zuge.

5. Über die **Befugnis der Staatsanwaltschaft, bei polizeilichen Vernehmungen** anwesend zu sein und die nach wie vor fehlende Befugnis des Verteidigers hierzu vgl. Hauptwerk § 169 Anm. 4 (S. 778). Hieran hat sich nichts geändert, sofern der Beschuldigte aussagewillig ist. Praktisch kann er allerdings nunmehr fast immer richterliche Vernehmungen erzwingen. Jedoch steht das Fehlen des Anspruchs auf Anwesenheit der freiwilligen Beiziehung nicht entgegen (Schwarz-Kleinkn. Anm. 3, Ackermann, AnwBl. **1965** 2.

6. Über die **Wirkung etwaiger Verstöße** vgl. Hauptwerk § 193 Anm. 11 (S. 828).

§ 169a

(1) Erwägt die Staatsanwaltschaft, die öffentliche Klage durch Einreichung einer Anklageschrift zu erheben, so vermerkt sie den Abschluß der Ermittlungen in den Akten.

(2) Hält die Staatsanwaltschaft die sachliche Zuständigkeit des Schöffengerichts oder eines Gerichts höherer Ordnung für begründet, so teilt sie dem Beschuldigten und seinem Verteidiger den Abschluß der Ermittlungen mit und stellt ihnen anheim, binnen einer zustimmenden Frist zu erklären, ob sie einzelne Beweiserhebungen beantragen oder Einwendungen gegen die Einreichung der Anklageschrift vorbringen wollen.

Literatur: Kohlhaas „Vom ersten Zugriff zum Schlußgehör" NJW. **1965** 1216.

Entstehungsgeschichte: Neu eingeführt durch die hier erläuterte Novelle. Die jetzige Fassung weicht formell wesentlich vom Regierungsentwurf ab. Die Grundgedanken sind aber dieselben geblieben.

Abs. 1

1. Klage durch Einreichung einer Anklageschrift: Durch diese Formulierung wird klargestellt, daß es vor Stellung des Antrags auf Voruntersuchung eines Vermerks über den Abschluß der Ermittlungen nicht bedarf; ein solcher wäre sogar widersinnig, da die Voruntersuchung ja gerade der Vertiefung der Ermittlungen dienen soll.

Jedoch gilt Abs. 1 nach Abschluß der Voruntersuchung, sofern nunmehr eine Anklageschrift eingereicht werden soll (§ 197 Abs. 3). Ebenso ist der Abschluß der Ermittlungen vor Antrag auf Durchführung des beschleunigten Verfahrens nach § 212a oder Antrag auf Erlaß eines Strafbefehls nach § 407 Abs. 3 in den Akten zu vermerken. §§ 169a, 169b gelten entgegen § 44 JGG. auch im Jugendverfahren (§ 67 JGG.) KMR. (Müller-Sax) Anm. 2b.

2. **Abschluß der Ermittlungen:** Er setzt stets voraus, daß der Beschuldigtt in einer der zu § 163a Anm. 1ff. erwähnten Form „vernommen" worden ist. Der formale Abschluß der Ermittlungen schließt umgekehrt nicht aus, daß weiter ermittelt werden kann. Jedoch darf Anklage gerade nicht erhoben werden, ehe dieser Abschluß erfolgt ist. Von diesem Abschlußvermerk an treten die gesteigerten Befugnisse des Verteidigers in Kraft (§ 147 Abs. 2 und Abs. 4, § 140 Abs. 1 Ziff. 3—7, § 141 Abs. 3 Ziff. 2). Wird eingestellt, so bedarf es eines Vermerks des Ermittlungsabschlusses nicht, wohl aber ist der Abschluß trotz Einstellung nach deren Aufhebung im Wege der Dienstaufsichtsbeschwerde oder des Anklageerzwingungsverfahrens zu vermerken, um die Rechte der Verteidigung und des Beschuldigten auszulösen (§ 163a Anm. 6).

3. **„Erwägt" der Staatsanwalt die Erhebung der Anklage:** Das bedeutet, daß der Staatsanwalt noch nicht unbedingt zur Anklageerhebung entschlossen sein muß, sondern daß die Verpflichtung zum Vermerk des Abschlusses der Ermittlungen bereits dann besteht, wenn er sich nur dann zur Einstellung oder Fortführung der Ermittlungen entschließen will, falls die Anträge des Beschuldigten oder das Schlußgehör neue Gesichtspunkte ergeben.

4. Die **Wirkung des Vermerks,** der das Ermittlungsverfahren in den Ermittlungsteil und den Entschließungsteil trennt (Schwarz-Kleinkn. Anm. 1), liegt, wie schon in Anm. 2 angedeutet, nicht darin, daß nun nicht mehr ermittelt werden dürfe. Im Gegenteil wird der Zweck der Anträge der Beschuldigten und des Schlußgehörs vielfach darin liegen, neue Beweismittel aufzudecken. Der Vermerk ist jedoch insoweit eine einmalige und nicht mehr zurücknehmbare Prozeßhandlung, als nunmehr das Akteneinsichtsrecht des Verteidigers nicht mehr rückgängig gemacht werden kann. Dabei ist gleichgültig, ob der Staatsanwalt von sich aus neue Ermittlungen anstellt oder ob er Anregungen der Verteidigung folgt. Nach dem Regierungsentwurf (Bundesratsdrucksache 9/62 S. 28) soll es sogar aus „grundsätzlichen und praktischen Erwägungen" (welcher Art?!) unzulässig sein, die Akteneinsicht nur auf die bisher vom Vermerk erfaßten Aktenteile zu beschränken und neue Ermittlungsvorgänge bis zu deren Abschluß hintanzuhalten. Hierfür ergibt sich weder aus § 169a noch aus § 148 etwas. Diese Auffassung geht auch zu weit. Man stelle sich vor, es würde in einem Verfahren wegen Wilderei plötzlich nach Abschluß der nur kurzen Ermittlungen die Leiche eines fremden Mannes im Walde gefunden und es erwüchse der Verdacht, der angebliche Wilderer sei der Mörder und habe nur deshalb eine versuchte Wilderei gestanden, um seine Handlung (tödlicher Schuß) rechtskräftig aburteilen zu lassen; dann kann von einem Abschluß der Ermittlungen zunächst nur hinsichtlich des bisher Ermittelten die Rede sein. Der Verteidiger verliert das Recht auf Akteneinsicht hinsichtlich der alten Vorgänge zwar nicht rückwirkend durch die Ausdehnung der Ermittlungen (was sonst oft zur mißbräuchlichen Entziehung der Akteneinsicht wegen angeblich notwendiger Neuermittlungen führen könnte), er hat aber nicht das Recht auf Einblick in völlig neue, erst der weiteren Klärung harrende Vorgänge. Allerdings ist der hier vertretene Standpunkt umstritten. So von KMR. (Müller-Sax) Anm. 1b.

Abs. 2

5. **a)** Der **Vermerk des Abschlusses** der Ermittlungen ist überall dort, **wo Anklage beim Einzelrichter,** beschleunigtes Verfahren oder Strafbefehl in Betracht kommen, obwohl stets, also auch bei Übertretungen notwendig, **ein rein interner Vorgang.** Das bedeutet, daß nur dort, wo der Verteidiger sich nach dem Stand des Verfahrens erkundigt und Akteneinsicht begehrt, ihm diese gewährt werden muß, daß er aber keinen Anspruch darauf hat, unterrichtet zu werden, sofern er dies nicht beantragt hat. Falls allerdings einem Verteidiger, der um Akteneinsicht gebeten hatte, zunächst erklärt wird, die Ermittlungen seien noch nicht abgeschlossen, und dann trotz seiner Bitte um Akteneinsicht späterhin zwar der Abschluß der Ermittlungen vermerkt, aber sofort ohne Vormitteilung kurzerhand Anklage erhoben wird, würde dies einen Grundverstoß gegen das rechtliche Gehör und die Fürsorgepflicht der staatlichen Organe darstellen.

b) Kommt eine Anklage vor dem **Schöffengericht, der Großen Strafkammer, dem Schwurgericht oder dem BGH.** (evtl. auch OLG.) in Betracht, **muß die Mitteilung über den Abschluß der Ermittlungen erfolgen,** auch wenn der Beschuldigte sich nie dafür interessiert oder auch keinen Verteidiger bestellt hatte. Dies ist vor allem dort bedeutsam, wo die erste Vernehmung schon Wochen zurückliegt, also der Form des § 163a an sich genügt ist, der Beschuldigte aber möglicherweise den Fall als erledigt angesehen hat. Die Mitteilung muß immer an den Beschuldigten persönlich erfolgen, auch wenn er einen Verteidiger hat. Letzterer hat einen zusätzlichen

Anspruch auf Mitteilung. Eine Zustellungsvollmacht des Verteidigers ersetzt die fehlende Mitteilung an den Beschuldigten nicht. Meist wird vor der schriftlichen Schlußanhörung von Amts wegen ein Verteidiger zu bestellen sein (§ 140 Abs. 1 Ziff. 1—7 sowie § 140 Abs. 2). Die schriftliche Schlußanhörung ist auch dann erforderlich, wenn eine Voruntersuchung vorangegangen war (§ 197 Abs. 3). Bei unbekanntem Aufenthalt entfällt die Schlußanhörung, falls kein Verteidiger vorhanden ist und auch keiner bestellt werden muß.

c) **Wie die Mitteilung erfolgt,** ist nicht vorgeschrieben. Das Verfahren entspricht etwa dem nach § 201 Abs. 1. Förmliche Zustellung wird nicht gefordert, sie wird sich aber häufig deshalb empfehlen, weil eine **Frist** bestimmt wird, innerhalb derer Beweiserhebungen beantragt oder Einwendungen erhoben werden können. Die Frist selbst muß angemessen sein, vgl. Hauptwerk § 140 Anm. 2, S. 662. Unterbleibt die Zustellung, so ist der Nachweis der Bekanntmachung in anderer Weise sicherzustellen. Bedeutsam ist die Zustellung auch im Hinblick auf das Schlußgehör, das beantragt werden kann (§ 169b).

d) Recht unklar ist, **was** nun eigentlich dem Beschuldigten und seinem Verteidiger **mitzuteilen ist.** Es kann nicht gefordert werden, daß der Staatsanwalt den Entwurf einer geplanten Anklageschrift übersendet. Das wäre schon prozeßökonomisch deshalb nicht vertretbar, weil dann für den Fall erfolgreicher Einwendungen oder eines erfolgreichen Schlußgehörs eine große Mühe der Formulierung und Schreibarbeit nutzlos vertan wäre. Umgekehrt fängt ein Beschuldigter mit der bloßen Mitteilung, die Ermittlungen seien abgeschlossen, recht wenig an. Wie kann er, ohne den Vorwurf genau zu kennen, der sich seit seiner Vernehmung völlig anders entwickelt haben kann, als seinerzeit vernommen worden war, Beweiserhebungen beantragen oder Einwendungen erheben? Hier könnte die von Dahs NJW. **1965** 716 geäußerte Befürchtung, die Verteidigung könne ihre Waffen zu früh verbrauchen, die für das Schlußgehör recht fragwürdig ist (vgl. § 169b Anm. 1) in der Tat berechtigt sein, weil ein im Dunkeln über den Verlauf der Ermittlungen tappender Beschuldigter nun gerade Beweiserhebungen beantragen könnte, mit denen er erst einen bislang nicht erhärteten Verdacht verdichtet. (Beispiel: Der wegen Diebstahlsverdachtes Vernommene weiß nicht, daß der Verdacht sich auf Hehlerei verändert hat und benennt einen Alibizeugen dafür, daß er zur Tatzeit nicht am Tatort war, mit der Wirkung, daß dieser bislang der Verfolgungsbehörde völlig unbekannte Zeuge nun eine Fahrerflucht herausplappert. Benannt wäre dieser Zeuge nie geworden, wenn der Beschuldigte gewußt hätte, daß man ihn nicht mehr als Einbrecher verdächtige). Man wird also der Vorschrift des § 169a praktische Bedeutung nur dort beimessen können, wo ein Verteidiger durch Akteneinsicht mit entsprechender Rechtskenntnis den Zug der Ermittlungen erkennen kann, was neuerdings wegen der in größeren Sachen üblichen vorausgehenden Verteidigerbestellung die Regel sein wird. So unter Zitat von Kohlhaas NJW. **1965** 1216 auch KMR. (Müller-Sax) Anm. 2a.

6. Ein **Rechtsmittel** kann auf die Verletzung der Mitteilungspflicht nicht gestützt werden. Im Gegensatz zu dem Verfahren nach § 201 Abs. 1 handelt es sich nicht um Gewährung rechtlichen Gehörs nach Art. 103 Abs. 1 GG. (Schwarz-Kleinkn. Anm. 3). Es handelt sich nur um die Vorbereitung einer Entschließung der Staatsanwaltschaft. Dasselbe gilt für die angebliche Falschbehandlung von Vorbringen, Beweisanträgen und Einwendungen, deren Bewertung der Staatsanwaltschaft frei steht. Die weitere Behandlung erfolgt nach §§ 162 oder 163a. Verspätetes Vorbringen kann berücksichtigt werden. Vgl. auch KMR. (Müller-Sax) Anm. 3. Die Verletzung der Mitteilungspflicht kann aber bei späterem Freispruch zu Amtshaftung führen, falls geltend gemacht werden kann, bei rechtzeitiger Mitteilung würden die Anträge, die nachher zum Freispruch geführt haben, schon vor Anklageerhebung gestellt worden sein und die Anklage gegenstandslos gemacht haben.

§ 169b

(1) In den Fällen des § 169a Abs. 2 kann der Beschuldigte innerhalb der gesetzten Frist auch beantragen, daß er durch den Staatsanwalt zu dem Ergebnis der Ermittlungen mündlich gehört wird (Schlußgehör). Erwägt die Staatsanwaltschaft, die Anklageschrift beim Schöffengericht einzureichen, so ist sie nur dann verpflichtet, das Schlußgehör zu gewähren, wenn es mit

Rücksicht auf Art und Umfang der Beschuldigung oder aus anderen Gründen zweckmäßig erscheint.

(2) Hat der Beschuldigte einen Verteidiger, so ist auch dieser berechtigt, an dem Schlußgehör teilzunehmen oder den Beschuldigten zu vertreten. Das Recht zur Teilnahme hat auch der gesetzliche Vertreter des Beschuldigten.

(3) Über das Recht, das Schlußgehör zu beantragen, sind der Beschuldigte, falls sein Aufenthalt bekannt ist, und sein Verteidiger bei der Mitteilung über den Abschluß der Ermittlungen (§—169a Abs. 2) zu belehren. Die §§ 297, 299 gelten entsprechend.

(4) Sind weitere Ermittlungen vorgenommen worden, nachdem das Schlußgehör in derselben Sache bereits gewährt worden ist, so ist die Staatsanwaltschaft nur dann verpflichtet, das Schlußgehör nochmals zu gewähren, wenn es wegen der Bedeutung der neuen Tatsachen oder Beweismittel zweckmäßig erscheint.

(5) Das wesentliche Ergebnis des Schlußgehörs ist aktenkundig zu machen.

Literatur: Kohlhaas „Vom ersten Zugriff zum Schlußgehör" NJW. **1965** 1216.

Entstehungsgeschichte: Neu eingeführt durch die hier kommentierte Novelle. § 169b weicht vom Regierungsentwurf zwar im Wortlaut, dagegen im Sinne kaum ab.

1. Sinn des Schlußgehörs: Von den Anhängern des Schlußgehörs wird diese Neuschaffung als gerade zu „revolutionär" gepriesen. Es soll nunmehr nicht nur zwischen Anklage und Eröffnung, sondern zwischen Ermittlungsabschluß und Anklage eine weitere Prüfungsmöglichkeit eingeschaltet werden, um den Beschuldigten die Unbilden einer Anklageerhebung, aber auch der Staatskasse weitere vermeidbare Aufwendungen zu ersparen. Von dieser Sicht aus ist das Schlußgehör zwar zu begrüßen, nur besteht Anlaß dazu, sich nicht allzu viel davon zu versprechen, da eine Vielzahl von Verteidigern in der Hauptverhandlung weder von ihren Beweisantragsmöglichkeiten noch den Fragerechten Gebrauch macht und das Recht auf Antrag von Beweiserhebungen nach § 201 in verschwindendem Maße ausgeübt wird. Wer also nicht einmal diese Rechte ausübt, sondern sich auf das Plädoyer und die später zu erhebende Rüge der Verletzung der Aufklärungspflicht des Gerichts verläßt, wird kaum Gelegenheit haben und Bedürfnis empfinden, ein brauchbares fundiertes Schlußgehör zu fordern und durchführen zu lassen. Es kommt hinzu, daß sogar einer der Hauptverfechter des Schlußgehörs in NJW. **1965** 716 gemeint hat, die Verteidigung dürfe ihre Waffen nicht zu früh verschleißen, was manch einem Verteidiger, der darüber zu klagen pflegt, er habe zu wenig Rechte, obwohl er nicht einmal die vorhandenen Rechte wahrnimmt, willkommener Anlaß dafür sein wird, die Nichtstellung des Antrags mit diesem Motiv zu verbrämen.

Wird das Schlußgehör richtig durchgeführt, dann allerdings bringt es auch für die Staatsanwaltschaft den ersten Schritt dazu, wieder die Herrin des Ermittlungsverfahrens zu werden und nicht mehr die in Hauptwerk Vorbemerkung 10b vor § 158 S. 751 beklagte Aktenwälzmaschine für von der Polizei vorermittelte Fälle zu sein. Wer ein Schlußgehör durchführt, lernt den Beschuldigten selbst kennen und muß dessen persönlichen Eindruck in sich aufnehmen, er wird auch vielfach an der persönlichen Vernehmung der wesentlichsten Zeugen nicht vorbeikommen. Damit tritt der Staatsanwalt in die richtergleiche Position des Filters zur Sonderung des anklagereifen Materials von schlecht erweislichen Tatverdacht ein, die ihm an sich seit ihrer Schaffung zusteht. Allerdings ist der Gesetzgeber — begreiflicherweise — den logischen Schritt nicht zu Ende gegangen, der dazu führen müßte — außerhalb bestimmter dem Richter vorbehaltenen Maßnahmen — den vernehmenden Richter sowohl nach §§ 162 und 165, als vor allem auch den Ermittlungsrichter nach § 168 abzuschaffen und auch die Voruntersuchung einer ernsthaften Prüfung zu unterziehen. Die Abnormität des derzeitigen Zustandes liegt immer darin, daß ein Richter nicht dazu herangezogen wird, „Recht zu sprechen", sondern, daß er Ermittlungen sammeln soll, was gerade nicht seines Amtes als Richter ist. Es steht ihm ja nicht einmal die rechtliche Würdigung der von ihm gesammelten Ergebnisse zu. Der Staatsanwalt kann Anklage erheben, auch wo der ermittelnde Richter die Beweise anders würdigt, wie er umgekehrt einstellen kann, obwohl der ermittelnde Richter den Verdacht voll bejahen würde. Daher läge es gerade im Sinne des Schlußgehörs und der sich damit anbahnenden Tendenz, den Staatsanwalt schon aktiv aus den Akten zu lösen und ihm persönliche Ermittlungen aufzuerlegen, daß er die gesamten Vernehmungen eigenverantwortlich vorzunehmen und zu leiten hat. Richterlicher Beschlüsse bedürfte es dann nur bei den laut Prozeßordnung ausschließlich dem Richter überlassenen Maßnahmen (Haftbefehl, Beschlagnahme, Durchsuchung usw.), wobei aber gerade die Kontrolle und Anordnungen dieser Maßnahmen nicht einem mit den Ermittlungen selbst befaßten Richter überlassen bleiben sollte. Nur so kann die oftmalige Verwischung der Begriffe, ob denn der Ermittlungsrichter eine Art verlängerter Arm der Anklagebehörde sei, vermieden werden. Über die Bedeutung des Schlußgehörs für die Staatsanwaltschaft vgl. Kleinknecht JZ. **1965** 153.

Ist sonach das Schlußgehör von Seiten der Staatsanwaltschaft vom rechtlichen her zu begrüßen, so ist eine ganz andere Frage, inwieweit die Staatsanwaltschaften diese neue Aufgabe, falls sie ihnen von den Verteidigern häufig zugeschoben wird, auch personell verkraften können, denn daß das Lesen von 5 bis 6 Akten weniger Zeit in Anspruch nimmt, als das Zwie- und Dreigespräch in auch nur einem Falle, dürfte eindeutig klar sein. Der Widerstand gegen das Schlußgehör kam denn auch von den Landesjustizverwaltungen.

Abs. 1

2. Notwendigkeit des Schlußgehörs: Notwendig ist es nur bei beabsichtigten Anklagen vor Großer Strafkammer, Schwurgericht oder Bundesgerichtshof (bzw. OLG.). Da den beiden letzteren die Voruntersuchung vorangehen muß und nach den neuen Bestimmungen die Vernehmung des Beschuldigten ohnehin, aber auch die Vernehmungen der Zeugen und Sachverständigen weitgehend in Gegenwart der Prozeßbeteiligten stattfinden, wird für ein Schlußgehör in der Form, die Aussagen tatbestandsmäßig durchzugehen und neue Beweise zu beantragen, wenig Anlaß mehr bestehen, vielmehr wird das Schlußgehör in diesen Fällen mehr in einer Erörterung über die rechtliche Würdigung des bereits vom Untersuchungsrichter Festgehaltenen bestehen. Hier wird der Verteidiger allerdings kaum bisher geheimgehaltene Überraschungsmomente vorbringen. Hat er sie bisher zurückgehalten, weil er Gründe dafür zu haben glaubte, so wird er diese Zurückhaltung jetzt kaum aufzugeben Anlaß haben. Da bei Anklage vor dem Schöffengericht das Schlußgehör praktisch kaum aktuell werden wird, konzentriert sich seine Bedeutung auf die Anklage vor der Großen Strafkammer. Ob das etwa dazu führen wird, die Anklagen vor den Großen Strafkammern zu Gunsten der Schöffengerichtssachen zu verringern, ist eine Frage der praktischen Beobachtung. Prognosen lassen sich hierzu nicht aufstellen. Es würde im übrigen nur im Sinne derjenigen Verteidiger liegen, welche die Wahlmöglichkeit nach § 24 GVG. als eine, eine Instanz raubende Beschränkung ansehen.

Stellt der Beschuldigte den Antrag auf Schlußgehör in allen Fällen oberhalb des schöffengerichtlichen Verfahrens, dann muß das Schlußgehör durchgeführt werden. Der Antrag kann schriftlich oder mündlich gestellt werden. Der Verteidiger kann den Antrag stellen, aber nicht gegen Widerspruch des Beschuldigten. KMR. (Müller-Sax) Anm. 3b. Da nach der Regelung der Novelle die Verteidigung schon sehr frühzeitig bestellt wird (§ 141 Abs. 3) und vom Abschluß der Ermittlungen an Akteneinsicht und freier Verkehr gewährleistet sind (§§ 147, 148), kann sich der Beschuldigte darüber beraten lassen, ob er das Schlußgehör beantragen soll und es ist damit angeblich (nach der optimistischen Entwurfsbegründung BRatdrucksache 9/62 S. 28) gewährleistet, daß das Recht auf Schlußgehör sachgemäß ausgeübt wird.

3. Schlußgehör nach Ermessen: In Einzelrichtersachen findet ein Schlußgehör nie statt, womit nicht ausgeschlossen ist, daß nach Abschluß der Ermittlungen ein Gespräch stattfindet, das aber den Formalien des § 169b nicht zu entsprechen braucht. Wenn für Schöffengerichtssachen das Schlußgehör dem Ermessen der Staatsanwaltschaft weitgehend überlassen bleibt, so auch aus dem Grund, daß dort immerhin eine zweite Tatsacheninstanz gegeben ist (RgEntwurf a. a. O. Anm. 2 am Ende), wenngleich der Druck einer nicht sorgfältig unterbauten Anklage den Beschuldigten auch hier genauso trifft wie in einem Verfahren mit nur einer Tatsacheninstanz. Die Staatsanwaltschaft kann den Antrag auf Schlußgehör bei Schöffengerichtssachen mit der Begründung ablehnen, daß weder Art noch Umfang der Beschuldigten noch andere Gründe es erforderlich machen. Daß hiergegen Dienstaufsichtsbeschwerde möglich ist, ergibt sich aus allgemeinen Gesichtspunkten. Bei Strafbefehlen und im beschleunigten Verfahren entfällt das Schlußgehör auch in Schöffengerichtssachen. Über mehrfaches Schlußgehör vgl. Anm. 6.

Abs. 2

4. Der **Beschuldigte** und der **Verteidiger** haben das Recht auf Anwesenheit, der Beschuldigte kann sich auch vertreten lassen. Trotz § 44 JGG. gelten die Vorschriften des Schlußgehörs auch für Jugendstrafsachen größeren Umfangs. Dies ergibt sich aus dem Hinweis auf das Teilnahmerecht des **gesetzlichen Vertreters** sowohl Jugendlicher wie Heranwachsender (vgl. §§ 67, 109 JGG.). Ehegatten als Beistände haben keinen Anspruch auf Anwesenheit selbst nicht nach früherer Zulassung zu Untersuchungshandlungen gem. § 149 Abs. 3. Der Verteidiger kann den Beschuldigten auch ohne besondere Terminsvollmacht, anders als nach § 234 vertreten.

Abs. 3

5. Belehrung über das Recht auf Schlußgehör: Zusammen mit der Mitteilung über den Abschluß der Ermittlungen muß die Belehrung erfolgen. Eine besondere Form ist nicht vorgeschrieben (vgl. hierzu § 169a Anm. 5c und Hauptwerk § 140 Anm. 2, S. 662). Vor allem fehlt gegenüber dem Regierungsentwurf die gesetzliche Bestimmung einer Frist, innerhalb derer der Antrag gestellt werden muß. Das ist auch richtig und entspricht der Regelung des § 201 (vgl. Hauptwerk S. 842 Anm. 3). Die Frist sollte nie unter einer Woche bemessen sein, vor allem kommt es dabei nicht darauf an, wann der Antrag bei Gericht eingeht, sondern wann er gestellt und ordnungsgemäß zur Post gebracht worden ist. In Schöffengerichtssachen empfiehlt sich ein Hinweis darauf, daß die Staatsanwaltschaft gem. Abs. 1 Satz 2 zur Durchführung des Schlußgehörs nicht verpflichtet sei.

Das Schlußgehör kann vom Verteidiger beantragt werden, auch wenn der Beschuldigte nichts davon weiß oder ihm die Entscheidung überläßt, aber nicht gegen seinen ausdrücklichen Willen (§ 297). Der nicht auf freiem Fuß befindliche Angeschuldigte kann das Schlußgehör zu Protokoll der Geschäftsstelle beantragen. Durch diesen Hinweis auf § 299 wird aber die Befugnis des Beschuldigten, sich schriftlich selbst ohne Inanspruchnahme eines Verteidiger an das Gericht zu wenden, nicht ausgeschlossen.

Abs. 4

6. Der Regelfall ist die **einmalige Gewährung des Schlußgehörs.** Selbst wenn es dazu geführt hat, neue Ermittlungen vorzunehmen, muß die Staatsanwaltschaft es nicht mehr neu gewähren, falls sie es auch auf Grund der neuen Tatsachen und Beweismittel nicht für erforderlich hält. Das wird dann der Fall sein, wenn die neuen Ermittlungen keinen veränderten Sachverhalt ergeben haben, weshalb das Zurückhalten von Überraschungen, wie es von Dahs NJW. **1965** 716 empfohlen wird, jedenfalls nicht zur Verzögerung der Anklage führen kann. Wer das Schlußgehör will, muß sich darüber im Klaren sein, daß er seine Trümpfe nicht tropfenweise ausspielen kann und daß er sich andernfalls erst nach Anklageerhebung auf § 201 stützen kann. Hat das Schlußgehör allerdings neue Tatsachen zu Tage gefördert, wird ein zweites Schlußgehör immer empfehlenswert sein. Die Wertung der Bedeutung der Tatsachen und Beweismittel ist aber der Staatsanwaltschaft überlassen.

Abs. 5

7. Durchführung des Schlußgehörs. In Abs. 5 ist nur bestimmt, daß das Ergebnis des Schlußgehörs aktenkundig zu machen sei. Das geschieht durch Niederschrift ohne Notwendigkeit eines Protokollführers. Es genügen auch Aktenvermerke des Staatsanwalts. Ein Anspruch auf Unterzeichnung durch den Beschuldigten besteht nicht. Damit ist aber weder gesagt, welche Staatsanwaltschaft das Schlußgehör durchzuführen, noch in welcher Form es vor sich zu gehen hat Der fast ausschließliche Regelfall wird der sein, daß die Staatsanwaltschaft, bei der das Verfahren schwebt, das Schlußgehör vornimmt. Der vom RegEntwurf BRDrucksache 9/62 S. 29 erwähnte theoretische Fall, daß man die Staatsanwaltschaft des Bezirks, in dem der Beschuldigte oder Verteidiger wohne oder sich aufhalte, damit beauftragen könne, ist nicht praktikabel. In große Sachen, die zum obligatorischen Schlußgehör auf Antrag führen, kann ein fremder Staatsanwalt sich nicht sinnvoll einarbeiten; hier ist es, wenn schon von Schlußgehör seitens der Verteidigung Gebrauch gemacht wird, dieser auch zumutbar, den Ort aufzusuchen, wo demnächst die Verhandlung stattfinden wird, falls die Anklage nicht durch das Schlußgehör erschüttert wird. In Schöffengerichtssachen wird der Staatsanwalt ohnehin die Sache entweder für zu wenig schwierig oder umfangreich erachten, also das Schlußgehör ablehnen oder aber dem Antragsteller anheimgeben, sich selbst einzufinden. Dagegen, daß ein Staatsanwalt den anderen Bezirk in seiner eigenen Sache aufsucht, um das Schlußgehör dort durchzuführen, ist bei vielen Angeklagten an anderem Orte nichts einzuwenden.

Wie zu § 169a Anm. 5d ausgeführt, fängt ein Beschuldigter mit der Mitteilung, die Ermittlungen seien abgeschlossen, dann nichts an, wenn er sehr früh vernommen worden und über spätere Beweiserhebungen nicht mehr verständigt worden ist. Er muß also, um Anträge stellen zu können, durch einen Verteidiger Akteneinsicht nehmen. Auch bei der Belehrung über das

Schlußgehör weiß er zunächst nichts. Der Staatsanwalt muß ihm daher, wenn das Schlußgehör stattfindet, wahrheitsgemäß sagen, weshalb er Anklage zu erheben beabsichtigt und worauf sich diese seine Überzeugung stützt. Einen schriftlichen Anklageentwurf vorzulegen, kann aus den bereits zu § 169a Anm. 5d genannten Gründen nicht verlangt werden. Keinesfalls darf aber das Schlußgehör dazu dienen, mittels gezielter Irreführung nun erst Belastungsmaterial zu erlangen, so etwa in dem zu § 169a Anm. 5d gebildeten Beispiel an der Diebstahlsthese festzuhalten, obwohl beabsichtigt ist, wegen Hehlerei anzuklagen. So ist wohl auch Dahs NJW. **1965** 716 richtig dahin auszulegen, daß der Verteidiger dort zwar, wo man darauf hoffen kann, den Staatsanwalt zu überzeugen, alles vorbringen soll, daß man aber dort, wo dies ersichtlich zwecklos wäre, doch das Überraschungsmoment für die Hauptverhandlung im Hinterhand halten darf. Wer allerdings hintanhält, darf später nicht darüber klagen, daß die Staatsanwaltschaft dies entlastende Moment nicht gekannt oder es pflichtwidrig nicht zu finden versucht habe.

8. Verstöße gegen das Recht auf Schlußgehör oder Belehrungsfehler können in der Revisionsinstanz nicht gerügt werden. Dasselbe gilt für angebliche Fehler bei der Niederschrift. Es gibt in diesem Teil des Verfahrens nur die Dienstaufsichtsbeschwerde. Der Rechtsweg nach § 23 EGGVG. ist nicht gegeben, da es sich um eine Prozeßhandlung und keinen Verwaltungsakt handelt. KMR. (Müller-Sax) Anm. 5. Wohl aber kann gegen die Eröffnung des Hauptverfahrens nach § 201 eingewandt werden, das Schlußgehör sei gesetzwidrig nicht gewährt worden. Das weitere richtet sich dann nach § 201.

§ 169c

(1) Die Pflicht zur Gewährung des Schlußgehörs entfällt, wenn

1. der Aufenthalt des Beschuldigten unbekannt ist,

2. seine Teilnahme in angemessener Zeit wegen großer Entfernung unverhältnismäßige Schwierigkeiten bereiten würde oder

3. der Beschuldigte in dem festgesetzten Termin ohne genügende Entschuldigung ausbleibt und nicht durch einen Verteidiger vertreten ist.

(2) Hat der Beschuldigte einen Verteidiger, so wird in den Fällen des Absatzes 1 Nr. 1 und 2 das Schlußgehör dem Verteidiger gewährt. Jedoch entfällt die Pflicht zur Gewährung des Schlußgehörs auch in diesen Fällen, wenn der Verteidiger in dem festgesetzten Termin ohne genügende Entschuldigung ausbleibt.

Entstehungsgeschichte: Neu geschaffen durch die hier erläuterte Novelle. Ursprünglich waren die Wegfallgründe im Entwurf bei § 169b eingeordnet gewesen.

Abs. 1.

Wegfall der Pflicht zum Schlußgehör: Absolute Bedeutung hat § 169c nur für Anklagefälle vor der Großen Strafkammer, dem Schwurgericht oder dem BGH. (bzw. OLG.), jedoch kann auch bei Schöffengerichtssachen erwogen werden, daß ein Schlußgehör an sich nach Ermessen angezeigt, aber wegen der in § 169c erwähnten Gründe nicht durchführbar sei.

1. Unbekannter Aufenthalt des Beschuldigten: Es genügt nicht, daß der Beschuldigte momentan abwesend ist und man ihn nicht erreichen kann. Aufenthalt ist der bis auf weiteres und nicht nur vorübergehend oder besuchsweise, wenn auch für einen bestimmten Zeitraum als gewollter Mittelpunkt des Lebens oder der persönlichen Existenz gewählte Ort. (Einzelheiten § 8 Anm. 2 im Hauptwerk S. 128.) Damit wird einerseits das Schlußgehör nicht dadurch hinfällig, daß der Beschuldigte sich auf eine Urlaubsreise begeben hat, deren Ziel man nicht kennt, sofern nur feststeht, daß er in absehbarer Zeit wieder zurückkommen wird (vgl. hierzu Ziff. 2). Andererseits kann das Schlußgehör nicht damit umgangen werden, daß eine an einem vorübergehenden Aufenthaltsort mögliche Ladung nicht durchgeführt wird, weil der sonstige Aufenthaltsort unbekannt sei. Es kommt vielmehr auf die effektive Möglichkeit an, den Beschuldigten zu verständigen. Diese fehlt allerdings auch dann, wenn er ortsanwesend ist, aber sich nicht zu erkennen gibt (vgl. hierzu Hauptwerk § 276 Anm. 1 S. 1146).

Im Gegensatz zu § 251 Abs. 1 Ziff. 1 genügt aber, daß der Aufenthalt unbekannt ist. Es muß also nicht erst erfolglos versucht worden sein, den Aufenthalt zu ermitteln. Auch bedarf es keiner ausdrücklichen Feststellung, daß weitere Nachforschungen zwecklos sind. Man muß bei dieser Gegenüberstellung beider Bestimmungen (vgl. hierzu Erläuterung im Hauptwerk S. 1023 § 251 Anm. 8c) im Auge behalten, daß die Zeugeneinvernahme der Wahrheitsfindung in der Hauptverhandlung dient, also die Beweismittel im Regelfalle restlos zu erschöpfen sind, wogegen das Schlußgehör nur eine vorläufige Bedeutung hat. Da gegen einen Abwesenden ohnehin nur im knappen Rahmen der §§ 276ff. verhandelt werden kann, wird jedenfalls durch die Unterlassung des Schlußgehörs dem nicht aufzufindenden Beschuldigten kein rechtlicher Schaden entstehen. Wohl aber wäre eine Verzögerung des Abschlusses des Verfahrens in solchem Falle, wo ein bereits vernommener Beschuldigter (die Vernehmung muß ja stets dem Abschluß der Ermittlungen vorangegangen sein; §§ 163a, 169a) während des Verfahrens längere Zeit nicht mehr auffindbar ist, nicht vertretbar.

2. Große Entfernung: Hier sind die Gedanken, wie sie zu § 251 Abs. 1 Ziff. 3 entwickelt sind, entsprechend heranzuziehen. Der Unterschied liegt aber darin, daß dort der Zeuge nicht erscheinen will, während hier der Beschuldigte die Abwesenheit dazu benutzt, das Schlußgehör zwar zu beantragen, aber nicht zu erscheinen. Sein Aufenthaltsort ist aber bekannt. Ziff. 1 scheidet sonach aus. Seine Entschuldigung ist an sich genügend, weil er weit entfernt ist. Entscheidend ist jedoch entgegen § 251 Abs. 1 Ziff. 1 die Zumutbarkeit für die Staatsanwaltschaft, länger mit der Anklageerhebung zu warten.

Diese Zumutbarkeit bemißt sich nach „der großen Entfernung", „der angemessenen Zeit" und der „unverhältnismäßigen Schwierigkeit".

Zur großen Entfernung ist von dem Grundsatz auszugehen, daß die Zeugenvernehmung ein die Verurteilung tragendes Beweismittel ist und daß je schwerer der Vorwurf ist, die weite Reise einem Zeugen eher zuzumuten ist, als bei einfacher gelagerten Fällen. Die Entfernung spielt für das Schlußgehör nur für den Beschuldigten selbst insofern eine Rolle, als er auf die Teilnahme daran verzichten kann, falls er die Reiseentfernung oder die Kosten scheut. Die weite Entfernung spielt daher nur dort die Rolle, wo der Beschuldigte erklärt, er wolle das Schlußgehör, könne nunmehr wegen der damit verbundenen Kosten nicht herreisen, er werde aber ab einem bestimmten Zeitpunkt zur Verfügung stehen. Dann erhebt sich für die Staatsanwaltschaft die Frage, ob sie diese Zeit abwarten kann und will. Während § 251 Abs. 2 den Begriff „absehbare" Zeit kennt, spricht § 169c von „angemessener Zeit". Daraus ergibt sich, daß man bei der Vernehmung des Zeugen, der zur Urteilsfindung benötigt wird, dem Begriff der „absehbaren" Zeit weiter ziehen muß, als den der für die Staatsanwaltschaft für das Schlußgehör „angemessenen Zeit". Während zum Begriff der absehbaren Zeit auf § 251 Anm. 12a (Hauptwerk S. 1026) verwiesen werden kann, kommt es für die Frage, ob eine Frist angemessen ist, auf die Lage des Falles an. Allerdings kann bei Bagatellsachen oder Sachen kleineren Umfangs ohnehin gem. § 169b vom Schlußgehör abgesehen werden; aber selbst dort, wo die Staatsanwaltschaft es an sich gewähren möchte, kann ihr nicht zugemutet werden, wegen einer kleineren Betrugssache sich mit Verzögerungen abzugeben, die der Beschuldigte durch seine Reisen während eines Ermittlungsverfahren hervorruft. Auch bei Strafkammersachen kann die Frage der „angemessenen Zeit" unterschiedlich sein, je nachdem es sich um einen Fall handelt, wo wenige Zeugen vorhanden sind und wo der Beschuldigte den äußeren Tatbestand nicht bestreitet. Da kann es eher zumutbar sein, zu warten als bei einer verworrenen Ermittlungslage. Umgekehrt kann in Kapitalsachen (falls nicht ohnehin Haftbefehl vorliegt), die Gewährung des Schlußgehörs so wichtig sein, daß man warten muß, wogegen umgekehrt bei Gefahr des Beweisverlustes infolge des Alters der Zeugen oder wegen des Aufsehens, welches die Tat erweckt hat, eine rasche Anklageerhebung notwendig sein wird. Praktisch gibt die Bestimmung einen solch großen Ermessensspielraum, daß man jede über 6 Wochen Urlaub oder Geschäftsreise hinausgehende Abwesenheit als außerhalb der angemessenen Zeit liegend ansehen kann.

Die unverhältnismäßigen Schwierigkeiten liegen stets in der Person des Beschuldigten. Er kann ja verzichten, zu kommen oder sich vertreten lassen. Daß jemanden eine Unterbrechung einer Reise bei einem schwerwiegenden Vorwurf, zu dem er selbst gehört werden will, bei einer halbtägigen Fahrt zumutbar ist, unterliegt keinem Zweifel, sofern nicht gerade ein Kuraufenthalt mit Bädern in Frage steht. Aus dem Ausland zurückzukommen und hohe Fahrtkosten auf sich zu nehmen, kann unzumutbar sein. Auch insoweit richtet sich die Entscheidung ausschließlich nach dem Individualfall.

Entgegen dem Regierungsentwurf entfällt das Schlußgehör nach Abs. 1 Ziff. 2 nur im Falle der großen Entfernung und nicht bei schwerer Erkrankung oder in der von der Entfernung gelösten personellen Hindernissen. Das ist ein Punkt, der zu starken Verzögerungen führen kann, falls nicht ein strenger Maßstab an die Entschuldigung nach Abs. 1 Ziff. 3 gelegt wird.

3. Ausbleiben ohne genügende Entschuldigung: Wie schon zu Anm. 2 ausgeführt, kann sich jemand zwar genügend entschuldigen, aber doch nach Ziff. 2 des Schlußgehörs verlustig gehen. Es ist denkbar, daß ihm eine Reise in angemessener Zeit zumutbar ist, wobwohl er eine an sich schlüssige Entschuldigung geschickt hat. Gemeint sind also nur die Fälle, in denen Entschuldigungen nicht oder in einer nach Form und Inhalt nicht einmal entfernt unter Ziff. 2 einstufbaren Weise abgegeben worden sind sowie solche, bei denen Gründe vorliegen, die losgelöst von der Entfernung in der Person des Beschuldigten liegen (Krankheit). Da es sich beim Schlußgehör anders als bei der Hauptverhandlung nur um vorbereitende Maßnahmen handelt, sind Verzögerungen nur unter strenger Kontrolle (evtl. amtsärztliche Untersuchung) vertretbar. Im Gegensatz zur Hauptverhandlung ist auch die persönliche Anwesenheit nicht erforderlich, so daß hier Vertretung durch den Verteidiger zumutbar ist, sobald es sich um Fälle handelt, die einem Abschluß des Vorverfahrens bald zugeleitet werden müssen. Die **Vertretung durch einen Verteidiger ist immer zulässig** (vgl. aber unten Anm. 4).

Abs. 2:

4. Die **Vertretung durch den Verteidiger** ist eigenartigerweise nur für die Ziffern 1 und 2 vorgesehen, wo darüber befunden ist, was zu geschehen hat, wenn der Verteidiger in solchen Fällen ausbleibt. Dagegen ist nicht erwähnt, was zu geschehen hat, wenn der Beschuldigte sich nicht genügend entschuldigt, aber einen Verteidiger bestellt, der seinerseits ausbleibt und sich nicht genügend entschuldigt. Da gem. § 169b Abs. 2 im Schlußgehör Vertretung uneingeschränkt zulässig ist, kann es nicht rechtens sein, aus dem Wortlaut des § 169c Abs. 1 Ziff. 3 in Verbindung mit § 169c Abs. 2 etwa herauszulesen, daß das Schlußgehör entfalle, falls der Beschuldigte sich nicht entschuldige, obwohl der Verteidiger sich genügend entschuldigt habe. Obwohl § 169c Abs. 1 Ziff. 3 davon spricht, daß das Schlußgehör entfalle, wenn der Beschuldigte ausbleibe und nicht „im Termin vertreten sei“ und auch sonst von der Entschuldigung des Verteidigers nirgendwo außer im Zusammenhang mit Abs. 1 Ziff. 1 und 2 die Rede ist, kann von einem **Wegfall des Schlußgehörs nur dann** die Rede sein, **wenn außer dem Beschuldigten auch der Verteidiger ohne genügende Entschuldigung ausbleibt.** Der Verteidiger muß aber, sofern er nicht bestellt ist, eine Vollmacht haben. KMR. (Müller-Sax) Anm. 2a.

§ 170

(1) Bieten die Ermittlungen genügenden Anlaß zur Erhebung der öffentlichen Klage, so erhebt die Staatsanwaltschaft sie entweder durch einen Antrag auf gerichtliche Voruntersuchung oder durch Einreichung einer Anklageschrift bei dem zuständigen Gericht.

(2) Andernfalls stellt die Staatsanwaltschaft das Verfahren ein. Hiervon setzt sie den Beschuldigten in Kenntnis, wenn er als solcher vernommen worden ist oder einen Haftbefehl gegen ihn erlassen war; dasselbe gilt, wenn er um einen Bescheid gebeten hat oder wenn ein besonderes Interesse an der Bekanntgabe ersichtlich ist.

Allgemeines: Obwohl der Text unverändert geblieben ist, bedürfen die im Hauptwerk S. 778 gebrachten Erläuterungen infolge der hier kommentierten Novelle insoweit einer Ergänzung, als jeder Erhebung der öffentlichen Klage durch Einreichung einer Anklageschrift vorangehen muß, daß der **Abschluß der Ermittlungen** vermerkt und im übrigen nach § 169a Abs. 2 zu verfahren ist. Im Falle der durch Antrag auf Voruntersuchung erhobenen öffentlichen Anklage hat der Vermerk des Abschlusses der Ermittlungen und das weitere Verfahren gem. § 197 Abs. 3 zu erfolgen.

Wird dagegen Einstellung nach Abs. 2 beabsichtigt und kommt es dann auch zu der Einstellung, braucht der Abschluß der Ermittlungen nicht vermerkt zu werden. Jedoch muß dieser **Vermerk dann** mit den Wirkungen nach § 169b **nachgeholt** werden, wenn auf eine Beschwerde seitens des Anzeigeerstatters gemäß §§ 171, 172, aber auch auf sonstige Gegenvorstellungen oder auf eine Dienstaufsichtsbeschwerde hin erneut ermittelt worden ist und nunmehr Anklageerhebung beabsichtigt ist. Das ergibt sich zwar sinngemäß aus § 169a, trifft aber den Fall nicht, wo der Generalstaatsanwalt etwa selbst anklagt. Auch ihn, kurzum jeden Anklage Erhebenden oder Anordnenden trifft die Verpflichtung, den § 169a entsprechend anzuwenden.

§ 172

(1) Ist der Antragsteller zugleich der Verletzte, so steht ihm gegen den Bescheid nach § 171 binnen zwei Wochen nach der Bekanntmachung die Beschwerde an den vorgesetzten Beamten der Staatsanwaltschaft zu. Durch die Einlegung der Beschwerde bei der Staatsanwaltschaft wird die Frist gewahrt. Sie läuft nicht, wenn die Belehrung nach § 171 Satz 2 unterblieben ist.

(2) Gegen den ablehnenden Bescheid des vorgesetzten Beamten der Staatsanwaltschaft kann der Antragsteller binnen einem Monat nach der Bekanntmachung gerichtliche Entscheidung beantragen. Hierüber und über die dafür vorgesehene Form ist er zu belehren; die Frist läuft nicht, wenn die Belehrung unterblieben ist. Der Antrag ist nicht zulässig, wenn das Verfahren ausschließlich eine Übertretung oder ein Vorgehen, das vom Verletzten im Wege der Privatklage verfolgt werden kann, zum Gegenstand hat oder wenn die Staatsanwaltschaft nach § 153 Abs. 2 oder § 153a Abs. 1 von der Erhebung der öffentlichen Klage abgesehen hat; dasselbe gilt in den Fällen der §§ 153b, 154 Abs. 1, 154b und 154c.

(3) Der Antrag auf gerichtliche Entscheidung muß die Tatsachen, welche die Erhebung der öffentlichen Klage begründen sollen und die Beweismittel angeben. Er muß von einem Rechtsanwalt unterzeichnet sein; für das Armenrecht gelten dieselben Vorschriften wie in bürgerlichen Rechtsstreitigkeiten. Der Antrag ist bei dem für die Entscheidung zuständigen Gericht einzureichen.

(4) Zur Entscheidung über den Antrag ist das Oberlandesgericht zuständig; der Bundesgerichtshof entscheidet in den Sachen, die zu einer Zuständigkeit im ersten Rechtszug gehören.

Allgemeines: Obwohl der Text unverändert geblieben ist bedürfen die im Hauptwerk S. 784 gebrachten Erläuterungen infolge der hier kommentierten Novelle insoweit einer Ergänzung, daß in Anmerkung 3 **für den Fall, daß der Vorgesetzte** der einstellenden Staatsanwaltschaft **Anklageerhebung anordnet,** anzufügen ist, daß der Vorgesetzte dann einen Vermerk **des Abschlusses der Ermittlungen** nach § 169b **nachzuholen** hat und die Anträge des Beschuldigten abwarten muß. Durch den Wegfall des Vermerks des Abschlusses der Ermittlungen im Falle der beabsichtigten Einstellung darf dem Beschuldigten diese das Recht auf Akteneinsicht und Antragstellung auslösende Vermerkspflicht nicht geraubt werden. § 169a gilt also auch für den die Anklageerhebung anordnenden Vorgesetzten.

§ 175

(1) Erachtet das Gericht nach Anhörung des Beschuldigten den Antrag für begründet, so beschließt es die Erhebung der öffentlichen Klage.

(2) Die Durchführung dieses Beschlusses liegt der Staatsanwaltschaft ob.

Entstehungsgeschichte wie Hauptwerk S. 797. Satz 1 ist durch die hier erläuterte Novelle neu gefaßt.

1. Anhörung des Beschuldigten: Die Bestimmung ist nicht befriedigend gelöst. Da die Staatsanwaltschaft dann, wenn sie das Verfahren einstellen will, die Vernehmung des Beschuldigten nach § 163a Abs. 1 nicht vornehmen muß, genügt die Anhörung des Beschuldigten nur dann, wenn er zuvor formrichtig nach § 163a Abs. 1 vernommen worden ist. Eine Anklageerhebung setzt nämlich stets diese Vernehmung voraus, welche durch die Anhörung nach § 175 gerade nicht ersetzt wird. Ist eine förmliche Vernehmung aber früher erfolgt, dann wird der Erfordernis der Anhörung dadurch genügt, daß dem Beschuldigten die Antragsschrift zugestellt und ihm anheimgegeben wird, sich zu deren Inhalt zu äußern. Ohne die Mitteilung der Antragsschrift genügt die bloße Mitteilung, daß Antrag auf Klageerzwingung bei Gericht eingegangen sei, nicht, um dem Grundsatz des rechtlichen Gehörs zu genügen. Über den Vermerk des Abschlusses der Ermittlungen vgl. § 169a Anm. 2.

Über **Form des Beschlusses,** dessen **Zustellung, Durchführung** und **Rechtswirkungen** vgl. die Anmerkungen im Hauptwerk S. 198 zu § 175.

Dritter Abschnitt

Gerichtliche Voruntersuchung

§ 192

(1) Der Angeschuldigte ist in der Voruntersuchung zu vernehmen, auch wenn er schon vor ihrer Eröffnung vernommen worden ist. Ihm ist hierbei die Verfügung, durch welche die Voruntersuchung eröffnet worden ist, bekanntzumachen.

(2) Der Staatsanwaltschaft und dem Verteidiger ist die Anwesenheit bei der Vernehmung zu gestatten. Von dem Termin sind die zur Anwesenheit Berechtigten vorher zu benachrichtigen, soweit dies ohne Aufenthalt für die Sache geschehen kann. Auf die Verlegung eines Termins wegen Verhinderung haben die zur Anwesenheit Berechtigten keinen Anspruch.

Entstehungsgeschichte wie Hauptwerk S. 825. Abs. 2 ist durch die hier erläuterte Novelle neu gefaßt worden.

Für Abs. 1 gelten die Anmerkungen Ziff. 1 bis 6 im Hauptwerk S. 825.

7. Staatsanwalt und Verteidiger haben entgegen dem bisherigen Rechtszustand Anspruch auf Anwesenheit bei der Vernehmung des Angeschuldigten in der Voruntersuchung. Dies Anwesenheitsrecht gilt für jede Vernehmung. Ehegatten und gesetzliche Vertreter können nach dem Ermessen des Untersuchungsrichters als Beistände beiwohnen. In Jugendsachen gilt das Anwesenheitsrecht des Sorgeberechtigten nach § 67 JGG. Benachrichtigung erfolgt nur, wenn die Dringlichkeit der Sache es zuläßt. Verlegungsansprüche bestehen nicht.

8. Das **Unterlassen der Vernehmung** des Angeschuldigten sowie die Nichtbenachrichtigung der Anwesenheitsberechtigten geben ebenso wie das Fehlen der Eröffnung der Verfügung oder ein Verstoß gegen § 136 keinen Revisionsgrund, da das Urteil nicht auf diesem Verstoß beruhen kann (so für alte Fassung KleinknM. Anm. 1, Schwarz Anm. 2, EbSchmidt Anm. 6). Jedoch wird ein Verstoß nach § 192 StPO. als Einwendung gegen die Eröffnung des Hauptfahrens gebracht werden können und damit auch eine Beschwerde gegen einen Eröffnungsbeschluß erhoben werden können (vgl. § 210 Anm. 1b).

§ 197

(1) Erachtet der Untersuchungsrichter den Zweck der Voruntersuchung für erreicht, so übersendet er die Akten der Staatsanwaltschaft.

(2) Beantragt die Staatsanwaltschaft eine Ergänzung der Voruntersuchung, so hat der Untersuchungsrichter, wenn er dem Antrag nicht stattgeben will, die Entscheidung des Gerichts einzuholen.

(3) Hält die Staatsanwaltschaft weitere Ermittlungen nicht für erforderlich oder sind diese abgeschlossen, so wendet sie die §§ 169a bis 169c entsprechend an.

Entstehungsgeschichte wie Hauptwerk S. 830. Abs. 1 und 3 wurden durch die hier erläuterte Novelle geändert.

Die **Neufassung gilt** erst bei Einreichung der Anklageschrift bei Gericht nach dem 31. 3. 1965 (Art. 14, Abs. 8 der Novelle).

1. Anwendungsgebiet wie Hauptwerk S. 830 Anm. 1.

2. Die Bedeutung des Schlusses der Voruntersuchung ist im Hauptwerk Anm. 2 geschildert. Die dortigen Bemerkungen müssen jedoch erheblich abgeändert werden, da der Schluß der Voruntersuchung nicht mehr die Bedeutung wie im früheren Zeitpunkt hat. Entstand früher erst mit Abschluß der Voruntersuchung ein Akteneinsichtsrecht, so tritt dies nach § 147 neuer Fassung erheblich früher ein als bisher. Ebenso geht der Einwand der örtlichen Unzuständigkeit nicht mehr mit dem Abschluß der Voruntersuchung verloren, sondern kann gem. § 16 noch später erhoben werden. Ferner ist durch den Wegfall der Worte „zur Stellung ihrer Anträge" der im Hauptwerk geschilderte Streit darüber, wann der Abschluß der Voruntersuchung vorliege, gegenstandslos. Maßgebend für den Schluß der Voruntersuchung ist nunmehr ausschließlich der Zeitpunkt der Übersendung der Akten an die Staatsanwaltschaft. Es kommt wegen der geringeren Wirkungen auch nicht mehr auf die Mitteilung an den Angeschuldigten an, noch etwa auf die Antragstellung der Staatsanwaltschaft (über die verschiedenen bisherigen Auffassungen vgl. Hauptwerk Anm. 2).

3. **Die Zuständigkeit des Untersuchungsrichters bleibt** auch nach dem formellen Schluß der Voruntersuchung insoweit noch **bestehen,** als richterliche Handlungen vorzunehmen sind, bis eine andere richterliche Zuständigkeit durch den Eingang eines nach § 198 Abs. 2 zu stellenden Antrags seitens der Staatsanwaltschaft begründet wird (RGSt. **33** 201, Schwarz Anm. 1, Peters 432, **aA** Gerland 325). Eine Beendigung der Zuständigkeit des Untersuchungsrichters würde das Verfahren, welches nicht mehr in das vorbereitende Verfahren zurückkehren kann (Verbot der Klagerücknahme nach § 156), in einem unzulässigen Zwischenstadium belassen (KleinknM., Anm. 8, EbSchmidt Anm. 2).

4. Über **Schlußverfügung** und **Anträge auf Ergänzung der Voruntersuchung** und deren Ablehnung vgl. Hauptwerk S. 831 Anm. 2 und 4.

5. **Benachrichtigung des Angeschuldigten** vom Schluß der Voruntersuchung ist nun mehr **nicht mehr erforderlich.** Vielmehr hat nunmehr die Staatsanwaltschaft folgende zwei Möglichkeiten. Entweder entschließt sie sich, die Anklage nicht weiter zu verfolgen, dann ist nach § 208 zu verfahren. Es bedarf dann weder des Vermerks über den Abschluß der Ermittlungen noch eines Schlußgehörs. Der Angeschuldigte erfährt dann von dem weiteren Verlauf durch das Gericht nach § 208. Absatz 3 bezieht sich auf die andere Möglichkeit, nämlich, daß der Staatsanwalt Anklage zu erheben beabsichtigt. Er muß dann gem. § 169a Abs. 2 den Abschluß der Ermittlungen in den Akten vermerken und den Angeschuldigten und Verteidiger davon zu benachrichtigen, wenn ein Fall der Gewährung des Schlußgehörs in Betracht kommt (vgl. hierzu § 169a bis c).

6. Wenn auch der Untersuchungsrichter nach Abschluß der Voruntersuchung weit besser orientiert ist als der vielleicht wochenlang nicht mehr mit den Ermittlungen befaßte Staatsanwalt, soll das **Schlußgehör dem Staatsanwalt überlassen** bleiben, dem ja auch nachher die Vertretung der Anklage obliegt und der daher auch eine eigene Beweiswürdigung vor Anklageerhebung treffen soll. Der Zweck des Schlußgehörs soll ja gerade sein, auf die Entschließung der Staatsanwaltschaft Einfluß zu nehmen, ob eine Anklageerhebung nach § 198 in Betracht kommt. Es ist allerdings daher gerade problematisch, weshalb man die Voruntersuchung überhaupt einem Untersuchungsrichter überläßt und ob es nicht weit besser wäre, ihm nur die einem Richter ausdrücklich zugewiesenen Akte zu überlassen, wogegen die gesamte Vernehmungstätigkeit und Beweiswürdigung in der Hand des Staatsanwalts bleiben müßte.

Die Vorschrift, wonach ein zweites Schlußgehör nicht zwingend vorgeschrieben ist, findet entsprechende Anwendung. Im übrigen ist auf die Anm. zu §§ 169 a—c zu verweisen.

Vierter Abschnitt

Entscheidung über die Eröffnung des Hauptverfahrens

Die einleitenden Vorbemerkungen zu diesem Abschnitt bleiben gegenüber dem Hauptwerk S. 832 unverändert. Jedoch ist zum Schluß der Vorbemerkung 5 Folgendes zu ergänzen. Die Novelle ist dazu übergegangen, anstatt der Feststellung des hinreichenden Verdachts durch das eröffnende Gericht nunmehr die Zulassung der Anklage zu normieren. Der Staatsanwalt soll auch in der Hauptverhandlung seine Anklage verlesen, so daß nicht mehr wie bisher vom Urkundsbeamten ein Gerichtsbeschluß verlesen wird. Der hier im Hauptwerk vorgeschlagene Weg, Terminsanberaumung anzuordnen oder abzulehnen, ist damit weitgehend verwirklicht worden. Dagegen hat der Gesetzgeber sich — zu Recht — nicht dazu entschließen können, den eröffnenden Richter vom verhandelnden und erkennenden Richter zu trennen. Wenn man schon den hier gewiesenen Weg, durch den Einzelrichter eröffnen zu lassen, nicht gehen wollte, wäre die personelle Doppelbelastung zu stark geworden. Das Hauptargument gegen die Trennung des eröffnenden vom verhandelnden Richter ist aber doch wohl das, was sich mit der langjährigen Beobachtung des Verfassers deckt, daß der Richter, der eine lange und komplizierte Verhandlung vor sich sieht, weit eher geneigt sein wird, nicht zu eröffnen, als ein Richter, der das Problem als interessant ansieht und obwohl er die Beweislage als kompliziert erachtet, daher die Verhandlung durch einen anderen Richter als erstrebenswert ansieht.

§ 200

(1) Die Anklageschrift hat den Angeschuldigten, die Tat, die ihm zur Last gelegt wird, Zeit und Ort ihrer Begehung, die gesetzlichen Merkmale der strafbaren Handlung und die anzuwendenden Strafvorschriften zu bezeichnen (Anklagesatz). In ihr sind ferner die Beweismittel, das Gericht, vor dem die Hauptverwaltung stattfinden soll, und der Verteidiger anzugeben.

(2) In der Anklageschrift wird auch das wesentliche Ergebnis der Ermittlungen dargestellt. Davon kann abgesehen werden, wenn Anklage beim Amtsrichter als Einzelrichter erhoben wird.

Entstehungsgeschichte: wie Hauptwerk S. 836. Abs. 1 wurde in der hier erläuterten Novelle neu gefaßt. Die **Neufassung gilt** nur für nach dem 31. 3. 1965 bei Gericht eingereichte Anklageschriften (vgl. Art. 14 Abs. 9 der Novelle).

Anm. 1 und 2 wie im Hauptwerk S. 837.

Anm. 3. Bezeichnung der Person: Bisher war im Gesetzestext nur vorgeschrieben, die dem Angeschuldigten zur Last gelegte Tat zu bezeichnen. Nunmehr ist ausdrücklich vorgeschrieben, den Angeschuldigten zu nennen. Hieraus darf aber nicht geschlossen werden, daß nun etwa alle persönlichen Verhältnisse des Angeschuldigten an die Spitze der Anklageschrift gestellt werden müßten. Es gilt nach wie vor der Grundsatz, daß im Eingang der Anklageschrift nur soviel zur Person gesagt wird, als zu ihrer Identifizierung und zur Vermeidung von Verwechslungen notwendig ist, wogegen alles andere zur Person erst im weiteren Text der Schilderung der gesetzlichen Tatmerkmale angeführt werden darf, soweit es für diese wesentlich ist. Weitere persönliche Dinge gehören erst in das Ermittlungsergebnis, das nie Gegenstand des Eröffnungsbeschlusses wird. Insoweit gilt das im Hauptwerk zu Anm. 3 Ausgeführte sinngemäß weiter.

4. Bezeichnung der Tat: Während früher die Tat unter Hervorhebung ihrer gesetzlichen Merkmale anzugeben gewesen war, wird nunmehr zwischen der Tat als historischem Vorgang im strafprozessualen Sinne der tatsächlichen Behauptungen, von denen die Anklage ausgeht und der strafbaren Handlung im sachlich-rechtlichen Sinne, also der Subsumtion des Strafgesetzes auf den als Anklagetatbestand unterstellten Sachverhalt, unterschieden.

Die Bezeichnung der Tat muß als klarer Lebensvorgang so geschildert werden, daß dem Leser (auch dem nicht juristisch vorgebildeten) erkennbar wird, welches Tun oder Unterlassen Gegenstand der Aburteilung sein soll. Zeit und Ort der Begehung sollten, soweit möglich, ganz genau angegeben werden. Ist dies nicht möglich, so genügt die Angabe „im August 1965“ oder „in der Nähe von Basel“, jedoch muß auch hier klargestellt sein, daß ein ganz bestimmter, von der Anklage als beweisbar erachteter Vorgang gemeint ist (BGHSt. **5** 227). Der historische Vorgang muß auch die Einzelheiten erfassen, auf die es tatbestandlich ankommt, so etwa beim Diebstahl die Erwähnung der gestohlenen Sachen, bei der üblen Nachrede die einzelnen inkriminierten Stellen eines Schreibens und nicht nur das Schreiben als solches KMR. (Müller-Sax) Anm. 3a (3).

5. Die gesetzlichen Merkmale der strafbaren Handlung: Der in der Anklage behauptete historische Vorgang muß unter sämtliche Tatbestandsmerkmale eines Strafgesetzes gestellt werden. Fehlt auch nur eines von ihnen, dann ist die Anklage nicht schlüssig. Vor allem ist bei unechten Unterlassungsdelikten anzugeben, warum der Beschuldigte zur Vornahme der von ihm laut Sachverhalt unterlassenen Handlung verpflichtet gewesen sein soll (Schneider JZ. **1956**, 494). Die rechtliche Subsumption muß klar und erschöpfend sein, was aber nicht auf Kosten der allgemeinen Verständlichkeit gehen darf. Zwar kann von dieser rechtlichen Würdigung im Gegensatz zur Schilderung des historischen Vorganges nicht gefordert werden, daß sie jedem Leser verständlich sein müßte, sie muß aber in ihrem Aufbau und der Diktion so sein, daß sie ein einigermaßen gebildeter Nichtjurist, auch wenn er Einzelheiten fachlicher Art nicht erfassen mag, in sich aufnehmen kann. „Juristendeutsch“ und „Kanzleistil“ machen die beste Arbeit praktisch zu einem Schaden für das Ansehen der Rechtspflege. Im übrigen darf für

Einzelheiten auf den auf S. 838 des Hauptwerks oben abgedruckten Teil der früheren Anm. 4 verwiesen werden.

6. Die anzuwendenden Strafvorschriften entsprechen der früher gebrauchten Formulierung „Bezeichnung des anzuwendenden Strafgesetzes". Insoweit darf auf die frühere Anm. 5 im Hauptwerk auf S. 838 verwiesen werden.

7. Bezeichnung der Beweismittel: Hierzu ist auf das Hauptwerk S. 838 Anm. 6 zu verweisen.

8. Die **Angabe des Gerichts** entspricht dem in Anm. 7 auf S. 838 des Hauptwerks Ausgeführten.

9. Die Nennung des Verteidigers soll nach RegEntwurf die Bedeutung des Verteidigers als Organ der Rechtspflege herausstellen. Diesem mehr theoretischem Anliegen überlegen ist aber die praktische Bedeutung, daß es dem Vorsitzenden ermöglicht ist, die Anklage alsbald dem Verteidiger mitzuteilen, ohne erst in den Akten über etwaige Wechsel in den Mandaten nachzuschlagen.

10. Über **Ermittlungsergebnis, sonstige Formalien und Unterschrift** vgl. Hauptwerk S. 839/840 Anm. 8 bis 10.

11. Über die Bezeichnung der Anklageschrift als **geheim** vgl. BGH. NJW. **1963** 1462. Die Verteidigung darf hierdurch im Akteneinsichtsrecht nicht beschränkt werden.

12. Fehlen und Mängel der Anklageschrift: Durch die Neufassung des § 207 hat die Anklageschrift eine zusätzliche Bedeutung gewonnen. Die im Hauptwerk hierzu gebrachten Erläuterungen sind daher nur bedingt verwertbar, so daß sich eine völlige Neufassung dieser Anmerkung nicht umgehen läßt.

In Fällen der **unmittelbaren Anklageerhebung** kann das Gericht, wenn die Anklageschrift den Erfordernissen des § 200 nicht entspricht, die Eröffnung des Hauptverfahrens bis zur Beseitigung des Mangels aussetzen (OLG. Oldenburg NJW. **1952** 90) oder sie sofort ablehnen (Alsberg Entsch. **2** Nr. 22). Weder die eine noch die andere Maßnahme steht der Neuerhebung der Anklage entgegen, da es sich hier nur um eine vorläufige Verfügung handelt, die der Ergänzung oder Neuformulierung dienen soll. Es handelt sich also um keinen unter § 211 einzureichenden Fall der Ablehnung aus rechtlichen Gründen (Schwarz-Kleinkn. Anm. 1 B). Dagegen ist im Falle **der vorgegangenen Voruntersuchung** das Gericht nicht zur Aussetzung oder Ablehnung befugt, weil es der Untersuchung von Amts wegen den Fortgang zu geben hat und die Eröffnung des Hauptverfahrens sogar entgegen dem Antrag der Staatsanwaltschaft, also auf den Antrag auf Außerverfolgungsetzungen und somit a maiore ad minus erst recht bei mangelhafter Anklageschrift aussprechen kann. Anders jetzt allerdings KMR. (Müller-Sax) Anm. 4a, wie auch Schwarz-Kleinkn. Anm. 1 B mit der nicht überzeugenden Begründung, daß der Eröffnungsbeschluß jetzt keine eigene Stellungnahme des Gerichts enthalte. In Wahrheit hat der Beschuldigte in diesem Stadium aber den Anspruch auf eine das Verfahren — mit Ausnahme der Fälle des § 211 StPO. — abschließende Entscheidung. Daß die Staatsanwaltschaft eine den Wünschen des Gerichts entsprechende Anklageschrift einreiche, kann das Gericht, abgesehen von den Fällen des § 208 und des § 207 Abs. 2 Ziff. 1 und 2, nie verlangen (OLG. Kassel GA. **40** 380, Olbricht GA. **55** 209, EbSchmidt Anm. 18). Es hat die Anklage entweder zuzulassen, wie sie ist oder die Eröffnung abzulehnen.

12. Die Revision kann nicht auf Mängel der Anklage allein gestützt werden, da das Urteil nicht auf ihr beruht (RG. GA. **35** 321, RGSt. **31** 100, **67** 59 **68** 105, 291 Peters 408). Das gilt aber nur dort, wo es sich um Mängel handelt, die den Bestand der Anklageschrift nicht gefährden. Ist sie mit wesentlichen Mängeln behaftet, so bringt sie den sie zulassenden Eröffnungsbeschluß zu Fall; es fehlt dann an einer stets von Amtswegen zu beachtenden Verfahrensvoraussetzung. Das war schon bei schematischer Übernahme einer mangelhaften Anklageschrift in den Eröffnungsbeschluß anerkannt (so Hauptwerk Anm. 11). Über Fälle fortgesetzter Handlungen und Wegfall selbständiger Tatteile vgl. § 207 Anm. 2.

13. Völliges Fehlen der Anklageschrift führt außerhalb der Fälle der §§ 212ff., 266 Abs. 2 auch trotz eines Eröffnungsbeschlusses zur Einstellung nach § 206a. Das „völlige Fehlen" erscheint wörtlich genommen völlig undenkbar. Jedoch greift diese Auslegung dort Platz (so Zitate im Hauptwerk Anm. 11), wo wesentliche Mängel der Anklageschrift vorhanden sind, welche einem völligen Fehlen gleichstehen. Hierzu gehört die Nichtangabe des Beschuldigten oder die Nichtangabe der zur Last gelegten Tat sowie das Fehlen der gesetzlichen Merkmale. Die übrigen Teile einer formrichtigen Anklage können in der Hauptverhandlung klar gestellt werden, vgl. § 207 Anm. 9.

§ 201

(1) Der Vorsitzende des Gerichts teilt die Anklageschrift dem Angeschuldigten mit und fordert ihn zugleich auf, innerhalb einer zu bestimmenden Frist zu erklären, ob er die Vornahme einzelner Beweiserhebungen vor der Entscheidung über die Eröffnung des Hauptverfahrens beantragen oder Einwendungen gegen die Eröffnung des Hauptverfahrens vorbringen wolle. Hat keine Voruntersuchung stattgefunden, so ist der Angeschuldigte auf sein Recht, eine Voruntersuchung zu beantragen (§ 178), hinzuweisen und zur Erklärung darüber aufzufordern, ob er eine Voruntersuchung beantragen wolle.

(2) Über Anträge und Einwendungen beschließt das Gericht. Beantragt der Angeschuldigte in einer zur Zuständigkeit des Schöffengerichts gehörenden Sache eine Voruntersuchung, so lehnt der Amtsrichter den Antrag ab, wenn erhebliche Gründe für die Anordnung der Voruntersuchung nicht vorliegen. Anderenfalls legt er die Akten mit dem Antrag des Angeschuldigten durch Vermittlung der Staatsanwaltschaft dem Landgericht zur Entscheidung darüber vor, ob eine Voruntersuchung zu eröffnen ist. Die Beschlüsse können nur nach Maßgabe des § 182 Abs. 1 und des § 183 angefochten werden.

(3) Absatz 1 Satz 1 und Absatz 2 Satz 1 gelten auch, wenn Anklage beim Amtsrichter als Einzelrichter erhoben worden ist. Seine Beschlüsse können nur nach Maßgabe des § 182 Abs. 1 angefochten werden.

Entstehungsgeschichte: Wie Hauptwerk S. 841. Neugefaßt wurde die Bestimmung in der hier erläuterten Novelle.

Die **Neufassung gilt** erst bei Einreichung einer Anklageschrift nach dem 31. 3. 1965.

Änderungsvorschläge, Schrifttum und **Zweck der Vorschrift** wie Hauptwerk S. 841 bis Anm. 1 einschließlich Art. 14 Abs. 8 der Novelle.

Abs. 1

2. Mitteilung der Anklageschrift: Die Formulierung „Der Vorsitzende teilt mit", ist sprachlich gegenüber der bisherigen Formulierung, wie sie auch im Regierungsentwurf vorgesehen war „der Vorsitzende hat mitzuteilen", eine Verschlechterung. Was geschieht, wenn er nicht mitteilt? Entscheidend ist doch, daß er verpflichtet ist, es zu tun. Die Ausführung kann dem Urkundsbeamten überlassen werden. Das Kollegium wird nicht damit befaßt. Im übrigen wird auf Hauptwerk § 201 Anm. 2 S. 841 Bezug genommen.

3.-6. Über **Fristsetzung, Erklärung des Angeschuldigten** und die Besonderheiten bei Minderjährigen vgl. Hauptwerk Anm. 3 bis 6 S. 842.

7. Über **einzelne Beweiserhebungen und Einwendungen** vgl. Hauptwerk Anm. 7 S. 843. Die Belehrungspflicht über die Möglichkeit, eine Pflichtverteidigung zu beantragen (Hauptwerk Anm. 7), ist weggefallen, da die Bestellung eines Verteidigers gem. § 140 Abs. 1 Nr. 2 und 5 nicht mehr von einem Antrag abhängt. Anm. 7 im Hauptwerk S. 843 ist danach gegenstandslos.

Abs. 2

8. Über die Anträge und Einwendungen beschließt das Gericht nach den im Hauptwerk Anm. 8 und 9 S. 844 dargelegten Grundsätzen. Jedoch ist die Möglichkeit der Ablehnung eines Antrags auf Verteidigerbestellung in den Fällen des § 140 Abs. 1 Ziff. 2 und 5 nicht mehr gegeben. Die Ausführungen über die Form eines solchen Ablehnungsbeschlusses (Hauptwerk Anm. 8 S. 844, letzter Satz) sind überholt.

9. Die Erläuterungen im Hauptwerk Anm. 9—10 S. 844/45 bedürfen insoweit einer Ergänzung, als der **Amtsrichter als beschließendes Gericht** in Schöffengerichtssachen nicht mehr gezwungen ist, jeden Antrag auf Voruntersuchung dem Landgericht zur Entscheidung vorzulegen hat. Während im Entwurf die Abschaffung der Voruntersuchung in Schöffengerichtssachen ganz geplant gewesen war, was aber im Rechtsausschuß nicht durchdrang, ist nunmehr der Kompromiß geschaffen worden, daß der Amtsrichter nach freiem Ermessen darüber befinden darf, ob er eine Voruntersuchung für erforderlich hält oder nicht. Nur im ersteren Falle hat er durch Vermittlung der Staatsanwaltschaft die Akten an das Landgericht vorzulegen, wogegen er im letzteren Falle den Antrag auf Voruntersuchung ablehnen kann.

Auch er hat nunmehr entgegen der alten Fassung des Abs. 3 die Anklageschrift mitzuteilen und zur Erhebung von Einwendungen und Antragstellung für Beweiserhebungen nach Abs. 1 Gelegenheit zu geben. Die Gründe für diese begrüßenswerte Neufassung liegen einerseits in den grundgesetzlichen Bedenken gegen ein fehlendes rechtliches Gehör vor Eröffnung des Hauptverfahrens und vor allem darin, daß das Schlußgehör gerade in Einzelrichtersachen nicht stattfindet; der vor dem Einzelrichter Angeklagte also gegenüber den vor anderen Gerichten Angeklagten in einer doppelten Benachteiligung stehen würde. Überflüssige Mehrarbeit wird diese Verstärkung der Rechte des Angeschuldigten nicht bringen.

10. Besonderheiten für den Amtsrichter als Einzelrichter: Über die Einwendungen und Anträge auf Beweiserhebungen hat der Amtsrichter „zu beschließen", wie dies in Anm. 8 erläutert worden ist.

11. Eine **Anfechtung des Beschlusses** steht dem Angeschuldigten nur dann zu, wenn der von ihm erhobene Einwand der örtlichen Unzuständigkeit des Gerichts verworfen (§ 182 Abs. 1) oder der von ihm gestellte Antrag auf Eröffnung der Voruntersuchung abgelehnt worden ist (§ 183) oder eine Entscheidung über diese Anträge nicht erfolgt ist (RGSt. **44** 380). Im letzteren Fall beginnt die Beschwerdefrist mit der Bekanntgabe des Eröffnungsbeschlusses. Die im Hauptwerk Anm. 11 noch zusätzlich erwähnte einfache Beschwerde wegen Ablehnung der Verteidigerbestellung ist nunmehr gegenstandslos. Es handelt sich also nur noch um die befristeten sofortigen Beschwerden. Insofern ist, um Wiederholungen zu vermeiden, auf Hauptwerk Anm. 11 S. 845 zu verweisen, wobei allerdings darauf hinzuweisen ist, daß § 16 nunmehr den Einwand der örtlichen Zuständigkeit bis zu Beginn der Vernehmung zur Sache in der Hauptverhandlung zuläßt.

12. Gegen die Nichtmitteilung der Anklageschrift gibt es keine **Beschwerde** (Hauptwerk Anm. 12 S. 845 und KMR. (Müller-Sax) Anm. 9 IV). Sie kann nur zusammen mit dem Urteil selbst wegen Beschränkung der Verteidigung gerügt werden, sofern der Angeklagte den Inhalt der Anklageschrift nicht gekannt hat. Hat er dagegen die Anträge nach Anm. 4 vergeblich gestellt und die zulässigen Rechtsmittel nicht ergriffen und die Anträge in der Hauptverhandlung nicht wiederholt, so kann er das Urteil nicht mehr wegen der mangelhaften Mitteilung der Anklageschrift anfechten. Allerdings wird nach Erschöpfung des Rechtswegs noch immer eine Verfassungsbeschwerde wegen Fehlens rechtlichen Gehörs denkbar sein. Der Bestimmung des § 201 ist also höchste Aufmerksamkeit zu schenken. Die im Hauptwerk Anm. 11 am Schluß erwähnte Ablehnung der Verteidigerbestellung ist nunmehr gegenstandslos (vgl. oben Anm. 7).

§ 202

(1) Bevor das Gericht über die Eröffnung des Hauptverfahrens entscheidet, kann es zur besseren Aufklärung der Sache einzelne Beweiserhebungen anordnen.

(2) In den Fällen des § 178 kann das Gericht auch eine Voruntersuchung oder eine Ergänzung der Voruntersuchung anordnen. Hält der Amtsrichter zur besseren Aufklärung der Sache eine Voruntersuchung für nötig, so hat er die Akten mit einer Begründung seiner Auffassung durch Vermittlung der Staatsanwaltschaft dem Landgericht zur Entscheidung darüber vorzulegen, ob eine Voruntersuchung zu eröffnen ist.

(3) Die Beschlüsse sind nicht anfechtbar.

Entstehungsgeschichte: Wie Hauptwerk S. 846. Neufassung durch die hier erläuterte Novelle.

Die **Neufassung gilt** nur bei Einreichung der Anklageschrift bei Gericht nach dem 31. 3. 1965 (Art. 14 Abs. 8 der Novelle).

Abs. 1

1. Anordnung einzelner Beweiserhebungen: Während bisher Abs. 1 auch die Anordnung der Voruntersuchung vorsah, beschränkt sich der jetzige Abs. 1 auf die Anordnung einzelner Beweiserhebungen. Die hier vorgesehenen Anordnungen von Beweiserhebungen dürfen nie weitergehen als dies zur Entscheidung über die Zulassung oder Nichtzulassung der Anklage erforderlich ist. Diese Beweiserhebungen sollen der Hauptverhandlung nicht vorgreifen, soweit nicht Beweissicherungen notwendig sind, welche über § 251 zur Verwertung der gesicherten Beweise in der Hauptverhandlung führen können (EbSchmidt Anm. 2). Die angeordneten Beweiserhebungen können über die von der Staatsanwaltschaft in der Anklageschrift angegebenen Beweise und die vom Angeschuldigten gem. § 201 beantragten Erhebungen hinausgehen, sie können sogar erfolgen, ehe das Gericht die Anklageschrift nach § 201 mitgeteilt hat, sofern sie Zweifel des Gerichts, ob es die Anklage vorweg nicht zulassen dürfe, beseitigen können (vgl. aber Anm. 3). Diese Beweiserhebung erfolgt dann von Amtswegen nach freiem Ermessen des Gerichts. Der Hauptfall ist, daß nach Auffassung des Gerichts die in der Anklage aufgestellten tatsächlichen Behauptungen mangelhaft oder schlecht bewiesen erscheinen und daß das Gericht von der Möglichkeit einer Aufforderung an die Staatsanwaltschaft, ihre Ermittlungen zu ergänzen (RGSt. **76** 255) keinen oder vergeblichen Gebrauch gemacht hat (Anm. 5), sich aber noch nicht dazu entschließen kann, die Anklage wegen tatsächlicher Mängel nicht zuzulassen. Für die Erörterung von Rechtsfragen gibt § 202 jedoch keinen Raum (OLG. Celle JZ. **1954**, 199 vgl. Anm. 4). Diese Rechtsfragen muß das Gericht nach seinem Ermessen frei entscheiden, Beweiserhebungen haben nur mit Tatsachen zu tun.

2. Das Gericht ist dasjenige, bei dem die Anklageschrift eingereicht ist und das für die Eröffnung des Hauptverfahrens örtlich und sachlich zuständig ist. Einzelne Beweiserhebungen kann auch der Amtsrichters als Einzelrichter anordnen. (EbSchmidt Anm. 3 KMR. (Müller-Sax) Anm. 6a, Schwarz-Kleinkn. Anm. 1 C). Die Anrufung des Bundesverfassungsgerichts betrifft rechtliche Klärungen, ist also an sich keine Beweiserhebung; jedoch ist das Verfahren nach Art. 100 BGG. auch im Zwischenverfahren möglich (BVerfG. JZ. **1956**, 101 KMR. (Müller-Sax) Anm. 1a). Die Staatsanwaltschaft darf selbst nach Anklageerhebung gerichtliche Ermittlungen nach § 202 zum Zwecke der Beweissicherung oder Beweiserhebung anregen, vor allem dann, wenn richterliche Akte notwendig sind und diese das Gericht bei seiner Tätigkeit nicht stören (RGSt. **60**, 263, LG. Coburg MDR. **1953**, 120 mit Zust. Anm. von Kleinknecht, a. A. EbSchmidt Anm. 3). Für richterliche Ermittlungen durch den Amtsrichter nach § 162 ist allerdings dann kein Raum mehr. Der Unterschied zwischen § 162 und § 202 ist deshalb bedeutsam, weil nach § 162 der Amtsrichter den zulässig erhobenen Anträgen folgen muß, auch falls er sie für bedeutungslos, ja sogar fehlgeleitet ansieht, wogegen der Richter nach Anklageerhebung gemäß § 202 in seiner Entscheidung frei ist.

3. Der Zeitpunkt der Anordnung kann dann vor der Mitteilung der Anklageschrift nach § 201 liegen, wenn das Gericht die Anklage als so mangelhaft ansieht, daß es ohne weitere Beweiserhebungen zur Ablehnung der Eröffnung des Hauptverfahrens kommen müßte (Anm. 1). Ist jedoch die Anklage nach § 201 bekannt gegeben worden, darf eine Beweiserhebung erst nach Eingang einer Erklärung des Angeklagten oder nach Ablauf der nicht gewahrten Frist erfolgen. Wenn nämlich das Gericht nicht schon von sich aus die Anklage für unschlüssig hält, muß der Angeschuldigte die Gelegenheit haben, auf den gegen ihn erhobenen Anklagevorwurf einzuwirken und die etwa beabsichtigten Beweiserhebungen in die von ihm gewünschte Richtung zu lenken versuchen.

4. Die Durchführung der Beweiserhebungen steht im Belieben des Gerichts. Es kann einzelne Beweiserhebungen dem beauftragten oder ersuchten Richter überlassen. Die Anordnung muß aber klar erkennen lassen, welche Tatsachen geklärt werden und welche Beweismittel hierfür herangezogen werden sollen. Auf Rechtsfragen darf sich die Vernehmung nicht beziehen (vgl. Anm. 1), jedoch ist das Gericht nicht daran gehindert, sich über abseitige Materien Rechtskenntnisse im Wege des Freibeweises zu verschaffen. Die Anordnung der Beweiserhebung und deren Übertragung an einen Richter erfolgt direkt und ohne Vermittlung der Staatsanwaltschaft, da es sich bei der Durchführung des Anordnungsbeschlusses um keine Vollstreckung nach § 36 handelt (OLG. Celle GA. **37**, OLG. Kassel GA. **40**, 357, OLG. München Alsberg Entsch. **1** Nr. 99, BayObLG. **3**, 103, EbSchmidt Anm. 11). Auch braucht die Staatsanwaltschaft zuvor nicht gem. § 33 gehört zu werden KMR. (Müller-Sax) Anm. 1. Das Gericht kann allerdings, bevor es von § 202 Gebrauch macht, der Staatsanwaltschaft anheimgeben, selbst die Beweise zu erheben. Die Staatsanwaltschaft ist zwar hierzu nicht verpflichtet, sie wird aber meist der Anregung deshalb folgen, weil anderenfalls mit gerichtlichen Schritten nach § 202 zu rechnen ist. Die Polizei kann mit Ermittlungen nur über die Staatsanwaltschaft aufgefordert werden. Lehnt die Staatsanwaltschaft die Durchführung der Ermittlungen ab, so kann das Gericht auch nicht die Polizei direkt um Vornahme ersuchen. Es muß dann selbst ermitteln oder die Eröffnung des Hauptverfahrens ablehnen. In Schöffengerichtssachen kann der Amtsrichter die Beweiserhebung selbst durchführen oder einen anderen Amtsrichter um deren Vornahme ersuchen. Dieser Rechtshilferichter wird nicht nach § 223 tätig, da das Verfahren noch nicht eröffnet ist, jedoch ist eine entsprechende Anwendung der § 223ff. zulässig. Die Erhebung einzelner

Beweise ist auch zulässig, wenn eine Voruntersuchung stattgefunden hat. Das Gericht muß also nicht stets eine Ergänzung der Voruntersuchung anordnen. (RGSt. **63**, 337 KMR. (Müller-Sax) Anm. 6a a. A. Gerland 332). Zu den Beweiserhebungen im Sinne des § 202 gehört auch die Vernehmung des Angeschuldigten zum Zweck der Feststellung seiner geistigen Reife. Hinreichender Tatverdacht darf vom Gericht nicht verneint werden, wenn es die in der Anklage hierfür benannten Zeugen nicht zuvor vernommen hat (OLG. Kiel GA. **42** 149.

5. Eidliche Vernehmung von Zeugen ist im Stadium der einzelnen Beweiserhebungen zulässig sofern der anordnende Richter den vernehmenden Richter gemäß § 66b Abs. 2 unter einem der in § 66 angeführten Gesichtspunkte um Beeidigung ersucht.

Auch der Einzelrichter oder Amtsrichter als Schöffengerichtsvorsitzender hat das Recht Beeidigung nach § 66b KMR. (Müller-Sax) Anm. 6a, vgl. auch Hauptwerk § 66b Anm. 3 S. 342 anzuordnen.

6. Sind weitere Beweiserhebungen durchgeführt worden, so muß das Gericht deren Ergebnis der Staatsanwaltschaft mitteilen, um diese in Stand zu setzen, ihren Antrag zu ergänzen, zu ändern oder, was das Wesentlichste ist, die Anklage zurückzunehmen, was sie in Fällen der unmittelbar erhobenen Anklage gemäß § 156 bis zur Eröffnung des Hauptverfahrens kann. In den Fällen, in denen sich nach Auffassung der Staatsanwaltschaft durch die neuen Beweiserhebungen nichts Neues ergeben hat, sie also den Anklagevorwurf als bestätigt ansieht, genügt es, auf die bereits eingereichte Anklageschrift zu verweisen und den Antrag auf Eröffnung des Hauptverfahrens aufrechtzuerhalten oder zu wiederholen. Der Einreichung einer neuen Anklageschrift bedarf es in solchem Falle nur, wenn die vom Gericht angeordneten Beweiserhebungen einen wesentlich anderen Tatbestand ergeben haben. Stets ist in solchen Fällen der neue Antrag der Staatsanwaltschaft oder die Bezugnahme auf den alten Antrag dem Angeschuldigten gemäß § 201 mitzuteilen, dem aus dieser Mitteilung ein erneutes fristgemäßes Antragsrecht nach § 201 entsteht. (RG. GA. **40** 52, BayObLG. Alsberg Entsch. **2** Nr. 23, KMR. (Müller-Sax) Anm. 4, Schwarz-Kleinkn. Anm. 1 B). Auch die Staatsanwaltschaft kann wie der Angeschuldigte neue Beweiserhebungen oder gar eine Voruntersuchung beantragen.

Abs. 2

7. Im Gegensatz zur früheren Fassung ist die **Anordnung der Voruntersuchung** von Abs. 1 getrennt und gesondert geregelt. § 202 berührt die Frage, ob eine Voruntersuchung gesetzlich vorgeschrieben ist, nicht (aA. KleinknM., der § 202 auch dort anwendet, wo eine Voruntersuchung notwendig ist). Allerdings ist nach Durchführung einer gesetzlich vorgeschriebenen Voruntersuchung deren Ergänzung auch über § 202 erzwingbar. Die Anordnung der Voruntersuchung setzt stets eine unmittelbar erhobene Anklage voraus (EbSchmidt Anm. 6). Insoweit gilt das für die Voruntersuchung in den §§ 178ff. allgemein Ausgeführte. Die Ergänzung der Voruntersuchung kann auch dann beschlossen werden, wenn die Staatsanwaltschaft die Außerverfolgungsetzung des Angeschuldigten beantragt (§ 208 Abs. 1). Die Vornahme der zur Ergänzung erforderlichen, vom Gericht zu bezeichnenden Untersuchungshandlungen liegt dem Untersuchungsrichter ob. Für die Dauer der Ergänzung ist die Voruntersuchung wieder eröffnet KMR. (Müller-Sax) Anm. 5, Schwarz-Kleinkn. Anm. 1 B), so daß der Untersuchungsrichter gemäß § 190 von sich aus weiter zu erforschen hat, sobald sich bei Durchführung seines Ergänzungsauftrags neue erhebliche Tatsachen und Beweismittel ergeben. Nach Abschluß der Ergänzung sind die Akten alsbald wieder gemäß § 197 Abs. 1 der Staatsanwaltschaft vorzulegen, um diese instand zu setzen, ihre Anträge zu ergänzen und zu ändern. Eine Rücknahme ist nach Eröffnung der Voruntersuchung gem. § 156 nicht mehr möglich. In den Fällen, in denen die angeordneten Maßnahmen die Behauptungen der Anklageschrift bestätigt haben, genügt es, wenn die Staatsanwaltschaft unter Bezugnahme auf die Anklageschrift den Antrag auf Zulassung der Anklage wiederholt oder aufrecht erhält (OLG. Hamburg Alsberg Entsch. **2** Nr. 19), vgl. im übrigen oben Anm. 6. Der Staatsanwalt darf wie der Angeschuldigte erneut die Ergänzung der Voruntersuchung beantragen.

8. Der Amtsrichter kann nach wie vor **nur einzelne Beweiserhebungen** anordnen. § 202 ändert nichts an der Regel, daß in Einzelrichtersachen die Voruntersuchung nicht zulässig ist und daß nur die Strafkammer die Eröffnung der Voruntersuchung beschließen kann. Dies scheint durch die jetzige Fassung des Abs. 2, der die Voruntersuchung ganz in sich zusammenfaßt, entgegen Pentz NJW. **1955**, 618 nun ganz klar gestellt zu sein. In Schöffengerichtssachen, auf die allein § 178 sich beziehen kann, muß der Amtsrichter, falls er eine Voruntersuchung für notwendig hält, durch Vermittlung der Staatsanwaltschaft die Entscheidung der Strafkammer darüber herbeiführen, ob diese eine Voruntersuchung für notwendig oder erforderlich hält und sie anordnen will. Eine Ergänzung der Voruntersuchung scheidet in diesem Falle aus, da nach vorangegangener Voruntersuchung eine Befassung des Vorsitzenden des Schöffengerichts erst durch den Eröffnungsbeschluß der Strafkammer erfolgt (§ 198 Abs. 1) und damit der Voruntersuchung der Boden entzogen ist. Über die Befugnis den Antrag auf Voruntersuchung abzulehnen vgl § 301 Anm, 9.

Abs. 3

9. Anfechtung: Die Nichtanfechtbarkeit nach Abs. 3 setzt voraus, daß das Gericht bei seinem Beschluß im Rahmen der Befugnisse geblieben ist, welche die Abs. 1 und 2 einräumen. Gegen die entgegen Abs. 2 erfolgte Eröffnung der Voruntersuchung durch den Amtsrichter oder gegen die Eröffnung einer Voruntersuchung durch den Untersuchungsrichter in einer Einzelrichtersache ist Beschwerde zulässig. Ebenso wenn die einzelne Beweiserhebung oder etwa die Voruntersuchung nur Rechtsfragen und keine tatsächlichen Aufklärungen betrifft (OLG. Celle JZ. **1954** 119). Im übrigen ist die Anfechtung aller Beschlüsse oder Anordnungen nach § 202 ausgeschlossen KMR. (Müller-Sax) Anm. 7. Über Freibeweis bei Rechtsfragen vgl. Anm. 5.

§ 203

Das Gericht beschließt die Eröffnung des Hauptverfahrens, wenn nach den Ergebnissen der Voruntersuchung oder, falls eine solche nicht stattgefunden hat, nach den Ergebnissen des vorbereitenden Verfahrens der Angeschuldigte einer strafbaren Handlung hinreichend verdächtig erscheint.

Allgemeines: Obwohl die Bestimmung ihren Wortlaut nach unverändert geblieben ist, hat die Neufassung des § 207 den Sinn der im Hauptwerk auf S. 848ff. wiedergegebenen Erläuterungen **weitgehend verändert.**

Entstehungsgeschichte, Änderungsvorschläge und **Schrifttum** bleiben unverändert.

1. Beschließt: Die hierzu auf S. 848 gegebene Kommentierung bleibt unverändert mit folgender Ausnahme:

a) Anklage und Eröffnungsbeschluß müssen thematisch nicht mehr übereinstimmen, da der Eröffnungsbeschluß eine Wertung des Inhalts der Anklage außer der bloßen Tatsache der Zulassung nicht mehr enthalten darf (§ 207). Sonach ist eine Erläuterung des Eröffnungsbeschlusses aus der Anklageschrift nicht mehr möglich. Ist die Anklageschrift widerspruchsvoll oder sonst unvollständig, so ist es der Eröffnungsbeschluß ebenfalls. Wird die Anklage ohne Ablehnung einzelner Punkte oder ohne die in § 207 Abs. 2 vorgesehenen Abänderungen zugelassen, dann ist das Verfahren in vollem Umfang eröffnet. Diese Punkte können daher nur noch durch Urteil oder nach §§ 154ff. erledigt werden. Eine Feststellung, daß ihretwegen nicht eröffnet sei, ist nun nicht mehr möglich. (Anders noch im Hauptwerk Anm. 1a am Ende).

2. Hinreichend verdächtig: Insoweit gelten die im Hauptwerk Anm. 2 gebrachten Erläuterungen unverändert.

3. Nach den Ergebnissen: Nicht nur im Falle der vorausgegangenen Voruntersuchung, sondern vor allem bei unmittelbarer Anklageerhebung hat das Gericht die gesamten Ergebnisse des bisherigen Verfahrens, also den tragenden Inhalt der Akten in Betracht zu ziehen. Entgegen der früher zu Anm. 3 vertretenen Auffassung ergibt sich aus der Neufassung des § 207, daß das Gericht den Inhalt der Akten nur soweit heranziehen darf, als er die Anklage stützt. Ist dies der Fall, dann kann das Gericht auch Beweismittel und Tatsachen für seine Entscheidung verwerten, die nicht in der Anklageschrift aufgeführt sind. Darin liegt kein Widerspruch zu § 207 und auch keine Überraschung für den Angeklagten. Auch bisher war nämlich im Eröffnungsbeschluß nur der historische Vorgang wiedergegeben und die Beweismittel wurden dort nicht angeführt. Es ging aus ihm daher ebenfalls nicht hervor, aus welchen Erwägungen heraus das Gericht eröffnet hatte. Dasselbe gilt auch jetzt. Dagegen wird nicht mehr kurzerhand eröffnet, wenn das Gericht den zur Anklage gebrachten historischen Vorgang rechtlich anders würdigt, hier ist nach § 207 Abs. 2 Ziff. 3 zu verfahren. Über die Fragwürdigkeit dieser Bestimmung vgl. § 207 Anm. 5c).

Aus der Neufassung des § 207 ergibt sich auch, daß die früher hier mit KleinknM. und Lütger a. a. O., vertretene Auffassung, daß **auch dann eröffnet** werden könne, **wenn die Anklageschrift** ihrem Inhalt nach zur Begründung des hinreichenden Tatverdachts **nicht ausreiche,** sich aber weitere Beweise zu dem von der Anklage gebrachten Vorgang aus dem Akteninhalt ergeben, also zu erwartende Beweise eine Prognose geben können, zwar nach wie vor vertretbar, aber doch praktisch sehr fragwürdig geworden ist. Früher konnte das Gericht durch eine thematisch mit der Anklageschrift übereinstimmende, aber im Aufbau abweichende eigene Formulierung eröffnen. Dabei konnte es auch freier mit dem Akteninhalt schalten. Nunmehr eine Anklage zuzulassen, die inhaltlich nicht ausreicht, ist kaum denkbar, es sei denn, es handle sich nur um die Würdigung der Beweise. Dann aber wird im Regelfall nicht ohne § 202 ausgekommen werden können. Zweifel an der Verfassungsmäßigkeit einer Norm nach § 100 GG. stehen der Eröffnung zwar nicht entgegen, sie berechtigen aber zur Anrufung des BVerfG. bereits im Zwischenverfahren (BVerfG JZ. **1956** 99 KMR. (Müller-Sax) Anm. 2c). Über Privatklage vgl. Anm. 8, ferner sind zu beachten §§ 198 Anm. 3—7 und 199 Anm. 5—8.

4. Rechtliche Bedeutung des Eröffnungsbeschlusses: Die im Hauptwerk gemachten Ausführungen bleiben weiterhin gültig.

5. Über die Unwirksamkeit des Eröffnungsbeschlusses vgl. allgemein Vorbem. 26b vor § 151. Dem gänzlichen Fehlen des Eröffnungsbeschlusses muß der Fall gleich gestellt werden, daß er derart wesentliche Mängel enthält, daß diese in einer Hauptverhandlung nicht mehr geheilt werden können (RGSt. **31** 104, Arndt GerS. **104** 187ff., Erbs Anm. V, KMR. (Müller-Sax) Anm. 1, Schwarz-Kleinkn. § 207 Anm. 2). Ein solcher Mangel liegt vor, wenn in einem Kollegialgericht der Eröffnungsbeschluß nur von zwei Richtern erlassen ist (RGSt. **10** 58, **43** 218, **55** 113, JW. **1930** 2141, BGH. JR. **1957** 69). Dabei ist schon die Unwiderleglichkeit der Behauptung, dies sei der Fall gewesen, zum Wegfall der Verfahrensvoraussetzung ausreichend. Nachprüfung erfolgt im Freibeweis. Daß Zweifel über das Vorliegen von Verfahrensvoraussetzungen zu Gunsten des Angeklagten wirken, wird zwar noch weitgehend bestritten (vgl. Vorbem. 16e vor § 151), jedoch kann für eine solch einschneidende Frage, wo zudem die dienstlichen Erklärungen der Richter meist beigebracht werden können und ein nichtbehebbarer Zweifel schon auf sehr fragwürdige Behandlung hindeutet, kaum anders geurteilt werden als hier vertreten. Drei Unterschriften sind nicht vorgeschrieben (RGSt. **43** 218), aber schon der guten Ordnung wegen dringend angezeigt. Auch ist das Fehlen von Unterschriften, selbst aller einschließlich des Vorsitzenden oder des allein eröffnenden Amtsrichters dann unschädlich, wenn festgestellt wird, daß der oder die Richter tatsächlich mitgewirkt haben (BayObLG. NJW. **1958** 2072). Ein reines Umlaufverfahren entspricht dem Sinn des Eröffnungsverfahrens als negativer Kontrollfunktion der Anklage gegenüber nicht. Der BGH. hat es bisher nicht beanstandet (1 StR. 611/51 Urteil vom 1. 4. 1952); ob sich hieran unter der Neufassung des § 207 etwas ändern wird, bleibe hier offen. Entgegen der im Hauptwerk vertretenen Auffassung kann ein Mangel in der Form, daß er an Hand der Anklageschrift zu beheben sei, gar nicht mehr auftreten. Die Anklageschrift allein ist nunmehr Grundlage des Eröffnungsbeschlusses. Enthält sie Mängel, die unheilbar sind, weil die Tat nicht richtig bezeichnet ist (so § 200 Anm. 11), dann ist der Eröffnungsbeschluß unwirksam (so früher RGSt. **68**, 107; BGHSt. **5** 227). Hat ein gesetzlich ausgeschlossener Richter bei dem Eröffnungsbeschluß mitgewirkt, so ist der Eröffnungsbeschluß unwirksam, auch wenn er selbst den Grund nicht kannte. Im übrigen wird auf die Anmerkung 5 im Hauptwerk verwiesen. Geringe Mängel der Anklageschrift können, sofern nur der historische Vorgang und der Vorwurf der konkreten Tat erkennbar sind durch Erörterung mit dem Angeklagten behoben werden (§ 205 Anm. 12).

Die **Anm. 6 bis 9** bleiben unverändert.

§ 207

(1) In dem Beschluß, durch den das Hauptverfahren eröffnet wird, läßt das Gericht die Anklage zur Hauptverhandlung zu und bezeichnet das Gericht, vor dem die Hauptverhandlung stattfinden soll.

(2) Das Gericht legt in dem Beschluß dar, mit welchen Änderungen es die Anklage zur Hauptverhandlung zuläßt, wenn

1. wegen mehrerer Taten Anklage erhoben ist und wegen einzelner von ihnen die Eröffnung des Hauptverfahrens abgelehnt wird,
2. die Verfolgung nach § 154a auf einzelne abtrennbare Teile einer Tat beschränkt wird oder solche Teile in das Verfahren wieder einbezogen werden,
3. die Tat rechtlich abweichend von der Anklageschrift gewürdigt wird oder
4. die Verfolgung nach § 154a auf einzelne von mehreren Gesetzesverletzungen, die durch eine und dieselbe Handlung begangen worden sind, beschränkt wird oder solche Gesetzesverletzungen in das Verfahren wieder einbezogen werden.

(3) In den Fällen des Absatzes 2 Nr. 1 und 2 reicht die Staatsanwaltschaft eine dem Beschluß entsprechende neue Anklageschrift ein. Von der Darstellung des wesentlichen Ergebnisses der Ermittlungen kann abgesehen werden.

(4) Das Gericht beschließt zugleich von Amts wegen über die Anordnung oder Fortdauer der Untersuchungshaft oder der einstweiligen Unterbringung."

Entstehungsgeschichte: wie Hauptwerk S. 860. Neugefaßt durch die hier erläuterte Novelle.

Die **Neufassung gilt** nur für nach dem 31. 3. 65 ergehende Eröffnungsbeschlüsse (Art. 14 Abs. 9 der Novelle)

1. Die Behauptung des Eröffnungsbeschlusses (§ 203 Anm. 6) liegt nach wie vor darin, daß er klar umreißt, was Gegenstand der Hauptverhandlung sein soll. Insoweit kann der historische Vorgang weder in der Hauptverhandlung noch in der Rechtsmittelinstanz erweitert oder eingeschränkt werden, sofern nicht besondere Formalien (Einstellung nach § 154ff.) gewahrt werden. Jedoch hat sich der Eröffnungsbeschluß gegenüber den im Hauptwerk Anm. 1 gegebenen Erläuterungen insoweit verändert, daß er nicht mehr selbst den hinreichenden Tatverdacht im Hinblick auf den Verhandlungsgegenstand in sachlicher oder persönlicher Beziehung über Ort und Tat hinaus bekannt gibt, sondern daß er diese Bekanntgabefunktion der Anklageschrift zuweist. Dennoch bleibt der Eröffnungsbeschluß Grundlage der Hauptverhandlung. Fehlt er, so kann nicht verhandelt werden, da es an einer Verfahrensvoraussetzung fehlt. In jeder Lage des Verfahrens müßte das Fehlen dieses Eröffnungsbeschlusses wie auch das Vorhandensein erheblicher Mängel zur Einstellung des Verfahrens nach § 206a oder § 260 Abs. 3 führen. Über Mängel des Eröffnungsbeschlusses vgl. § 203 Anm. 5.

Der Eröffnungsbeschluß wird auch nicht mehr in der Hauptverhandlung verlesen, sondern die Verhandlung wird ausschließlich auf der Anklageschrift aufgebaut, welche vom Staatsanwalt nach § 243 verlesen wird. Damit fallen alle früheren Erörterungen darüber, ob und inwieweit der Eröffnungsbeschluß Formulierungen aus der Anklageschrift übernehmen dürfe, weg. Ob allerdings viel mit dieser neuen Form gewonnen wird, sei dahingestellt. Die vielfach aufgestellte Behauptung, der gerichtliche Eröffnungsbeschluß alter Form erwecke in dem Angeklagten das Vorurteil, das Gericht habe den Verdacht bereits festgestellt und sei daher befangen, hat nie besondere Überzeugungskraft gehabt und sie kann sich nicht wesentlich dadurch verändern, daß das Gericht nun die Anklage nur zuläßt, da doch die Voraussetzungen für die Zulassung dieselben geblieben sind. Auch wird die Klage darüber, daß oft wörtlich auf die Anklageschrift Bezug genommen worden sei, nicht dadurch gegenstandslos, daß das Gericht nun durch Zulassung erst recht den Wortlaut der Anklageschrift als Grundlage für eine Eröffnung anerkennt.

Aus der angegebenen Bedeutung des Eröffnungsbeschlusses folgt, daß das eröffnende Gericht diesen Zulassungsbeschluß mindestens ab Zustellung nicht mehr aufheben kann, auch wenn es nachträglich zum Ergebnis kommt, daß die Anklage schlecht unterbaut gewesen und der Eröffnungsbeschluß vorschnell ergangen ist (München Alsberg Entsch **2** Nr. 66, OLG. Bremen NJW. **1958** 432), wohl aber ist die Aufhebung dann möglich, wenn irrigerweise ein Antrag auf Voruntersuchung übergangen worden ist (BayObLG. NJW. **1952** 949, vgl. § 201 Anm. 7).

Falls nicht vor Beginn der Hauptverhandlung gemäß § 206a eingestellt werden kann, muß bis zu einem Urteil durchverhandelt werden. Vgl. hierzu Hauptwerk § 260 Anm. 10 S. 1059.

2. Inhalt des Eröffnungsbeschlusses: Er gibt entgegen dem früheren Rechtszustand den Sachverhalt nicht wieder. Damit sind alle Ausführungen von Hauptwerk Anm. 2 S. 860 überholt. Die dort gebrachten Gedanken und Zitate sind aber insoweit anwendbar, als nunmehr jede Erwähnung des Sachverhalts oder eines rechtlichen Gesichtspunktes (außerhalb des Abs. 2) einen Verstoß gegen den Grundsatz der Unmittelbarkeit und Mündlichkeit darstellen würde.

(So früher für die Aufnahme der Beweismittel und des wesentlichen Ermittlungsergebnisses RGSt. **53** 176, **69** 120 BGHSt. **5** 261). Der Beschluß darf also praktisch nur enthalten: „Die in der Anklageschrift der Staatsanwaltschaft X vom 12. 5. 1965 gegen den Elektromeister Karl Maier aus Stuttgart ..... Straße, wegen ..... Aktenzeichen ..... wird zugelassen.“ Streng genommen dürfte nicht einmal eine Tatbezeichnung „wegen Totschlags“ oder „wegen schweren Diebstahls“ angegeben werden. Das aber könnte etwa bei Angeklagten, die mehrere Verfahren laufen haben, zu unerfreulichen Verwirrungen führen, die in der Behauptung gipfeln, sie seien überrascht und nicht genügend auf die Hauptverhandlung vorbereitet. Auch würde es mit dem Gedanken der Gerichtsöffentlichkeit nicht vereinbar sein, wenn etwa die Tagesordnung am Sitzungssaal nicht wenigstens das Stichwort enthalten dürfte, worum es sich bei dem Anklagevorwurf handle. Es wird hier also — vorbehaltlich der abzuwartenden Rechtsprechung — vertreten, daß der Eröffnungsbeschluß zwar nichts konkret Tatsächliches oder Rechtliches enthalten darf, daß aber das oben formulierte Muster des Eröffnungsbeschlusses im Rahmen des § 207 vertretbar, ja sogar der Klarstellung wegen notwendig ist.

3. Das Gericht, vor dem die Hauptverhandlung stattfinden soll: Hierzu ist auf § 200 Anm.7 zu verweisen. Bedeutsam ist dieser Hinweis deswegen, weil das eröffnende und das erkennende Gericht nicht notwendig zusammenfallen müssen, so etwa, wenn die Strafkammer vor dem Schöffengericht eröffnet.

4. Eine Begründung des Beschlusses ist nicht notwendig, in der Regel auch untunlich. Jedoch kann, da der Eröffnungsbeschluß nicht mehr in der Hauptverhandlung verlesen wird, wie bisher in ihm zugleich darüber entschieden werden, ob ein Antrag auf Beweiserhebungen nach § 201 abgelehnt wird, ebenso kann über den Einwand der örtlichen Zuständigkeit oder den Antrag auf Eröffnung oder Ergänzung einer Voruntersuchung mitentschieden werden. Da insoweit ein Beschwerderecht nach §§ 182, 183 gegeben ist, muß eine Begründung erfolgen KMR. (Müller-Sax Anm. 3a). Dasselbe gilt für den Fall, in welchem das Verfahren vor einem Gericht niederer Ordnung eröffnet wird, als es die Staatsanwaltschaft beantragt hatte. Auch hier kann die Staatsanwaltschaft ein sofortiges Beschwerderecht (§ 210 Abs. 2) nur sinnvoll ausüben, wenn sie erkennt, ob diese von ihrem Antrag abweichende Eröffnung auf Rechtsgründen oder auf tatsächlichen Erwägungen beruht (EbSchmidt Anm. 8).

Abs. 2

5. Änderungen der Anklage: Will das Gericht die Anklage nicht zulassen, verfährt es nach § 204. Hiergegen kann die Staatsanwaltschaft nach § 210 Abs. 2 Beschwerde einlegen. In den Fällen des § 207 Abs. 2 handelt es sich um keine Ablehnung im engeren Sinne, sondern um Modifizierungen, welche in erster Linie der Arbeitserleichterung dienen.

a) Zulassung nur einzelner rechtlich selbständiger Taten: Hier handelt es sich um einen Beschluß, der zum Teil Eröffnungsbeschluß ist und der Beschwerde nicht unterliegt (§§ 203, 210 Abs. 1), zum Teil ist es aber auch ein reiner Ablehnungsbeschluß, der insoweit der sofortigen Beschwerde unterliegt (§§ 204, 210 Abs. 2). Nicht ganz passend ist in diesem Zusammenhang Abs. 3 (hierüber vgl. Anm. 7).

b) Abtrennung und Einbeziehungen von Tatteilen: Hat die Staatsanwaltschaft bestimmte Delikte angeklagt, die in sich abtrennbare Teilakte enthalten, die aber rechtlich zusammengehören, so kann sich die Abänderung der Anklage durch das Gericht in zweierlei Formen abspielen.

aa) Die Staatsanwaltschaft hat Teilakte ausgeschieden, das Gericht aber will sie einbeziehen. Hierzu ist das Gericht schon deshalb in der Lage, weil es den ihm vorgelegten historischen Vorgang in seiner Gesamtheit erfassen muß, weil die Strafklage durch ein etwaiges Urteil hinsichtlich aller Teilakte verbraucht wird. Es handelt sich hier also nicht um eine Erweiterung des Anklagevorwurfs unter Durchbrechung des Anklagemonopols der Staatsanwaltschaft, sondern um eine Klarstellung des historischen Vorgangs nach seinem Umfang, um den Angeklagten nicht erst in der Hauptverhandlung zu überraschen, wo eine Einbeziehung der anderen Vorgänge ebenfalls nach entsprechender Belehrung gemäß §§ 265, 266 möglich ist.

bb) Die Staatsanwaltschaft hat alle Teilakte oder mehrere von ihnen in der Anklageschrift aufgeführt, und das Gericht will von der Einschränkungsbefugnis nach § 154a Gebrauch machen. Dann liegt in der Einschränkung keine beschwerdefähige Ablehnung der Eröffnung. Die Staatsanwaltschaft kann ihren Rechtsstandpunkt auch in der Hauptverhandlung vertreten. Auch hier dient die Zulassungsformel nur der Klarstellung für den Angeklagten, der nur auf Grund einer neuen Belehrung nach §§ 265, 266 mit den vorerst beseitegelassenen Teilakten konfrontiert werden kann. Ist eine Beschränkung durch die Staatsanwaltschaft erfolgt und stimmt das Gericht ihr zu, muß die Beschränkung nicht ausdrücklich im Eröffnungsbeschluß bestätigt werden.

c) Die **rechtlich abweichende Würdigung des Sachverhalts durch das Gericht** soll nach § 207 im Eröffnungsbeschluß angegeben werden. Das ist ein rechtlich nicht unbedenkliches und unlogisches Verlangen des Gesetzgebers. Wenn man schon die früheren Bedenken gegen den Eröffnungsbeschluß mit Bejahung des Tatverdachts durch das Gericht teilt, dann ist doch die rechtliche Würdigung des Anklagevorwurfs in anderer Form erst recht ein scheinbares Präjudiz. Man stelle sich vor, die Staatsanwaltschaft erhöbe Anklage wegen Totschlags und das Gericht würdige in seinem Zulassungsbeschluß die Tat als Mord, dann stehen alle bislang gegen den Eröffnungsbeschluß erhobenen Bedenken in einer weit krasseren Weise als bisher im Raum. Da die rechtliche Beurteilung ausschließlich in der Hauptverhandlung zu erfolgen hat, muß es sogar als unzulässig erachtet werden, daß das Gericht die Zulassung der Anklage mit einer abweichenden rechtlichen Würdigung des vorgetragenen und zugelassenen tatsächlichen Vorgangs umdeutet, sei es in Form einer Verschärfung, sei es in Form einer irreführenden Milderung. Einen Sinn könnte die Bestimmung, der mit Sicherheit Verfassungsbeschwerden aller Art nachfolgen werden, nur dort haben, wo sich infolge der abweichenden rechtlichen Würdigung durch das Gericht eine andere Zuständigkeit ergibt. Dann müßte nach § 209 verfahren werden; § 207 Abs. 2 Ziff. 3 paßt für solche Fälle gerade nicht.

d) **Beschränkung auf einzelne rechtliche Würdigungen innerhalb einer Tateinheit.** Auch hier gelten dieselben Bedenken wie zu Ziff. 5c. Das Gericht bringt dadurch, daß es über die bloße Zulassung eines tatsächlichen Anklagevorwurfs als historischen Vorgang hinaus rechtliche Würdigungen trifft, eine scheinbare Vorentscheidung, welche der Hauptverhandlung nicht vorgreifen kann und nur beim Angeklagten falsche Vorstellungen entweder nach der Richtung erwecken, daß das Gericht durch schärfere Formulierungen gegen ihn eingestellt sei oder daß er sich auf bestimmte Punkte nicht mehr einstellt und dann in der Hauptverhandlung überrascht wird. Auch die unter Anm. 6 zu erörternden Folgen der Beschränkung der Zulassung sprechen gegen die Brauchbarkeit der in § 207 Abs. 2 Ziff. 2 bis 4 normierten Regelung.

6. Folgen der Beschränkung: Gegen den Wegfall sachlich selbständiger Delikte kann die Staatsanwaltschaft sofortige Beschwerde nach § 210 Abs. 2 erheben, da es sich insoweit um eine Teilablehnung handelt. Gegen die Erweiterung auf sachlich selbständige Teile hat niemand ein Anfechtungsrecht. Die Einschränkungen nach Abs. 2 Ziff. 2 und 4 setzen die Zustimmung der Staatsanwaltschaft voraus und müssen daher auf Antrag der Staatsanwaltschaft rückgängig gemacht werden (vgl. § 154a Abs. 3 Satz 2). Das Gericht muß den Antrag auf Wiedereinbeziehung der ausgeschiedenen Tatteile oder Strafnormen ebenso hinnehmen, wie umgekehrt die Staatsanwaltschaft gegen die rechtliche Erweiterung des Anklagevorwurfs nicht angehen kann (§ 154a Abs. 3 Satz 2). Die Änderung der Zulassung nach Abs. 2 Ziff. 3 bindet den Staatsanwalt überhaupt nicht. Er kann also seine Anklage so, wie sie von ihm eingereicht war, in der Hauptverhandlung vortragen. Es ist also nur eine überflüssige und möglicherweise das Gericht in den Augen des Angeklagten präjudizierende Beschlußbegründung in der Welt.

Abs. 3

7. Einreichung einer neuen Anklageschrift. Sie ist primär nur dort notwendig, wo trennbare Tatteile ausgeschieden werden. Im Falle des Abs. 1 Ziff. 1 hat die Staatsanwaltschaft die Möglichkeit der sofortigen Beschwerde nach § 210 Abs. 2. Nur dann, wenn diese nicht erhoben wird oder erfolglos bleibt, tritt die Notwendigkeit auf, zur besseren Klarstellung den nunmehr allein zugelassenen historischen Vorgang erneut zu schildern. Dasselbe gilt, wenn trennbare Teile wieder vom Gericht einbezogen werden. Dies muß die Staatsanwaltschaft hinnehmen, auch hier hat der Beschuldigte ein Recht darauf, genau zu wissen, was ihm nunmehr vorgeworfen wird.

8. Die geänderte Anklageschrift ist genau so zuzustellen, wie die erste und zwar spätestens mit der Ladung zur Hauptverhandlung (§ 215). Die Darstellung des wesentlichen Ermittlungsergebnisses kann auch in Fällen weggelassen werden, wo die Anklage nicht beim Amtsrichter als Einzelrichter erhoben wird (§ 200 Abs. 2 Satz 2).

Abs. 4: Der Beschluß über die Fortdauer der Untersuchungshaft oder der einstweiligen Unterbringung ist nach den im Hauptwerk Anm. 9 S. 862 geschilderten Grundsätzen zu erlassen. Die dortigen Anmerkungen sind sinngemäß auf die neuen Bestimmungen des Haftrechts umzudeuten.

9. Die Unvollständigkeit des Eröffnungsbeschlusses: Sie ist im einzelnen in § 203 Anm. 6 behandelt. Liegen Fehler vor, die dem Eröffnungsbeschluß jede Grundlage nehmen, weil weder der Beschuldigte, noch die Tat, noch die gesetzlichen Merkmale, unter denen verfolgt wird, angegeben sind, fehlt es an einer Prozeßvoraussetzung, was zur Einstellung nach § 206a oder § 260 Abs. 3 führt. Dagegen kann das, was an der zugelassenen Anklage sonst mangelhaft ist (unklare Diktion, fehlende Beweismittel, fehlendes Ermittlungsergebnis), vom Vorsitzenden mit dem Angeklagten erörtert werden. Eine **Revision** kann dann auf **einen solchen nicht völlig unwirksamen Eröffnungsbeschluß nur dann gestützt werden,** wenn der Angeklagte entweder nicht belehrt worden ist oder in der Revision eine Beschränkung mit der Begründung geltend macht, man habe ihn überrascht und seinen Anträgen auf Vertagung und anderes nicht stattgegeben (RGSt. **24**, 64, KleinknM. Anm. 3a, BGHSt. **5**, 225, NJW. **1955** 641). Diese Erläuterung kann nur an Hand der Anklageschrift geschehen, da der Eröffnungsbeschluß selbst keine eigene Formulierung mehr enthält. Insoweit ist die frühere Rechtsprechung über die Heranziehung der Anklageschrift überholt. Daß ein nicht durch einen Verteidiger vertretener Angeklagter gemäß § 336 seine Revision auf solche Erläuterungen stützen kann, die er nicht erkannt hat, ergibt sich aus dem Grundsatz des rechtlichen Gehörs. Ist die Anklageschrift als Grundlage des Eröffnungsbeschlusses nicht geeignet, den Anklagevorwurf irgendwie bestimmbar zu machen, so ist einzustellen (BGHSt. **10** 137).

Bedenken gegen die Art der Erläuterung eines nicht ganz hoffnungslos unklaren Eröffnungsbeschlusses bestehen deshalb nicht, weil die Erklärungen des Vorsitzenden ins Protokoll aufgenommen werden müssen und der Nachprüfung des Revisionsgerichts unterliegen. Meist wird nur der Vorsitzende in der Lage sein, solche Berichtigungen von Unklarheiten vorzunehmen, da außer dem Berichterstatter kein Mitglied des erkennenden Gerichts die Akten und damit auch die Anklageschrift kennt.

Daß ein Eröffnungsbeschluß verloren gegangen oder vernichtet worden ist, steht einer Wiederherstellung im Wege der Feststellung seines früheren Inhalts nicht entgegen. Das ist sogar nunmehr leichter, falls die Anklageschrift vorliegt und die Beteiligten bestätigen, daß diese Anklage zugelassen worden ist. Aber auch in den Fällen des § 207 Abs. 2 ist die Wiederherstellung bei zuverlässiger, im Freibeweis festzustellender Erinnerung zulässig (so für früher RGSt. **55** 159, **65** 250 vgl. auch § 203 Anm. 5).

Der Eröffnungsbeschluß bildet auch die **Grundlage für die Verhandlungen in den Rechtsmittelinstanzen** (RGSt. **61** 399 **62** 130). Ein von einem unzuständigen Gericht erlassener Eröffnungsbeschluß ist nicht unwirksam, wenn die sachliche Zuständigkeit nach § 270 geheilt worden und der Einwand der örtlichen Unzuständigkeit bis zur Beendigung der Vernehmung zur Person nicht erfolgt worden ist (§ 16).

10. Über das **Verhältnis vom Beschluß zu Urteil, das Gericht der Hauptverhandlung** und den Ausdruck **„Angeklagter“** vgl. Hauptwerk S. 861 Anm. 6 bis 8.

§ 208

(1) Beantragt die Staatsanwaltschaft, den Angeschuldigten außer Verfolgung zu setzen, so kann das Gericht das Hauptverfahren nur eröffnen, nachdem es den Angeschuldigten aufgefordert hat, sich innerhalb einer bestimmten Frist zu erklären, ob er eine Ergänzung der Voruntersuchung oder die Vornahme einzelner Beweiserhebungen vor der Hauptverhandlung beantragen oder Einwendungen gegen die Eröffnung des Hauptverfahrens vorbringen wolle.

(2) Beschließt das Gericht die Eröffnung des Hauptverfahrens, so bezeichnet es in dem Beschluß den Angeklagten und die Tat gemäß § 200 Abs. 1 Satz 1 sowie das Gericht, vor dem die Hauptverhandlung stattfinden soll. Die Staatsanwaltschaft reicht eine dem Beschluß entsprechende Anklageschrift ein.

Entstehungsgeschichte: wie Hauptwerk S. 862. Abs. 2 wurde durch die hier erläuterte Novelle neu gefaßt.

Die **Neufassung gilt** nur für nach dem 31. 3. 1965 ergehende Eröffnungsbeschlüsse (Art. 14 Abs. 9 der Novelle).

1.—3. Über das **Anwendungsgebiet** und die Fälle, in denen das Gericht dem Antrag auf Außerverfolgungssetzung stattgibt vgl. Hauptwerk S. 862 Anm. 1 bis 3. Lediglich ist die Verpflichtung, über die Rechte auf Verteidigerbestellung zu belehren, weggefallen, da § 140 Abs. 1 Ziff. 2 und 5 gegenstandslos sind.

4. Das Gericht kann den Angeschuldigten auch nach seiner Anhörung außer Verfolgung setzen. Jedoch ergibt sich daraus, daß der Eröffnungsbeschluß nunmehr nach § 207 nur in der Zulassung einer Anklage besteht, daß eine **normale Eröffnung gar nicht möglich** ist, da die Staatsanwaltschaft ja den Antrag gestellt hat, den Angeschuldigten außer Verfolgung zu setzen. Das Gericht muß also in seinem Beschluß gegen die neu angestrebte Systematik selbst eine Straftat als unter Verdacht stehend bezeichnen, womit der bei der Umformulierung des § 207 so stark hervorgehobene Gesichtspunkt der Präjudizes besonders schroff in Erscheinung treten müßte, wenn man sich diese Argumentation überhaupt zu eigen machen will. Begründen allerdings muß das Gericht diesen Beschluß nicht. Zwar wird ein Antrag der Staatsanwaltschaft abgelehnt, jedoch gibt es gegen die Eröffnung eines Hauptverfahrens keine Beschwerde, falls nicht einer der zu § 207 Anm. 9 genannten zusätzlichen Verstöße vorgekommen ist KMR. (Müller-Sax) Anm. 2, Schwarz-Kleinkn. Anm. 2). Die schon früher für diese Auffassung angeführten Gründe, daß sonst eine Art Ermittlungsergebnis in den Eröffnungsbeschluß kommen würde (BGHSt. **5** 263), gelten unter dem jetzigen Rechtsstandpunkt ganz besonders. Vor der Eröffnung des Hauptverfahrens ist das Gericht nicht befugt, eine Zwischenverfügung zu erlassen, daß dem Angeschuldigten eine der Anschauung des Gerichts entsprechende Anklageschrift zuzustellen sei (OLG. München Alsberg Wntsch. **2** Nr. 39).

5. Kommen verschiedene Staatsanwaltschaften in Betracht, so liegt die Einreichung einer Anklageschrift der Staatsanwaltschaft ob, welche die Außerverfolgungsetzung beantragt hat (OLG. Jena Alsberg Entsch. **2** Nr. 38), hilfsweise die Staatsanwaltschaft, in deren Gerichtsbezirk die Voruntersuchung geführt worden ist.

6. Noch unglücklicher als im früheren Rechtszustand ist die **Verpflichtung der Einreichung einer nachträglichen Anklageschrift.** Im Hauptwerk wurde vertreten, die Bestimmung sei fast überflüssig, weil der Angeklagte ja schon aus seiner Anhörung und dem Eröffnungsbeschluß entnommen habe, was ihm vorgeworfen werde. Die Anklageschrift bringe ihm aber nichts neues. Eine Verfahrensvoraussetzung sei diese erzwungene Anklage entgegen der nach § 175, die ja dem Eröffnungsbeschluß vorangehe, nicht. Vor dem Einzelrichter sei sie ohnehin sinnlos. Insoweit ist auf Anm. 5 im Hauptwerk S. 863 Bezug zu nehmen. Jetzt ist die Situation ganz verworren. Das Verfahren wird durch „Zulassung" einer nicht erhobenen Anklage eröffnet und der Staatsanwalt soll eine Anklage verlesen, die er gar nicht vertreten will. Er kann eigentlich gar nicht gezwungen werden, eine Anklageschrift vorzutragen, die gegen sein eigenes Gewissen geht. Auch diese Bestimmung wird noch zu erheblichen Schwierigkeiten führen und zeigt, daß die Reform auf dem Wege, den Akusationsprozeß voll durchzuführen, stehen geblieben ist und gewissermaßen den anklageunlustigen Ankläger unter ein eröffnungswilliges Gericht stellt.

§ 209

(1) Das Landgericht kann das Hauptverfahren vor den erkennenden Gerichten jeder Ordnung, nicht aber vor dem Bundesgerichtshof eröffnen.

(2) In den Fällen des § 24 Abs. 1 Nr. 2 und 3, des § 25 Nr. 2 Buchstabe c und Nr. 3, des § 26 Abs. 1 Satz 1, des § 74 Abs. 1 Satz 2 und des § 74b Satz 1 des Gerichtsverfassungsgesetzes kann das Gericht, bei dem die Anklageschrift eingereicht ist, das Hauptverfahren auch vor einem anderen Gericht seines Bezirks eröffnen, wenn nach seiner Auffassung die für seine Zuständigkeit maßgebenden Voraussetzungen nicht erfüllt sind.

(3) Hält das Gericht die Zuständigkeit eines Gerichts höherer Ordnung für begründet, so legt es die Akten durch Vermittlung der Staatsanwaltschaft diesem Gericht zur Entscheidung vor. Dies gilt auch in den Fällen des Absatzes 2, wenn nach der Auffassung des Gerichts, bei dem die Anklageschrift eingereicht ist, die für seine Zuständigkeit maßgebenden Voraussetzungen nicht erfüllt sind.

Entstehungsgeschichte: Wie Hauptwerk S. 863. Die Neufassung beruht auf der hier erläuterten Novelle Abs. 1.

Abs. 1

1. Die sachliche Zuständigkeit zur Eröffnung entspricht den im Hauptwerk zu Anm. 1 bis 3 gemachten Ausführungen. Jedoch ist die Befugnis des Landgerichts vor dem Schöffengericht zu eröffnen, durch Abs. 2 gegenüber dem früheren Abs. 1 Satz 2 erheblich erweitert worden. Umgekehrt kann auch das Schöffengericht oder der Einzelrichter mehr von der Möglichkeit Gebrauch machen, Verweisungen zu beantragen (vgl. Anm. 2).

Abs. 2

2. Konnte bisher nur das Landgericht, dessen Zuständigkeit gem. § 24 Ziff. 2 und 3 GVG an sich durch Antrag der Staatsanwaltschaft geschaffen werden konnte, in diesen Fällen entgegen dem Begehren der Staatsanwaltschaft vor dem Schöffengericht eröffnen, wogegen die Staatsanwaltschaft sofortige Beschwerde nach § 201 Abs. 2 hat (vgl. Hauptwerk Anm. 3b, EbSchmidt Anm. 7), ist dies Eröffnungsrecht nun auch auf weitere Fälle ausgedehnt worden. So kann der Amtsrichter die Auffassung vertreten, seine Strafgewalt nach § 25 Ziff. 2c werde überschritten, aber auch, er halte die Zuständigkeit des Schöffengerichts für vorzuziehen. Da das Schöffengericht aber kein Gericht höherer Ordnung gegenüber dem Einzelrichter ist, kann in solchem Falle nicht nach Abs. 3 verfahren werden. Umgekehrt kann der Amtsrichter nicht vor dem Einzelrichter eröffnen, wenn die Staatsanwaltschaft in den in § 25 Ziff. 2c und Ziff. 3 angeklagten Fällen die Eröffnung vor dem Schöffengericht beantragt hat. Die Staatsanwaltschaft kann diesen Antrag aber zurücknehmen, da sonst die Bestimmung des § 209 Abs. 2 kaum praktikabel wäre. Nach § 26 kann der Amtsrichter vor dem Jugendrichter, der Schöffengerichtsvorsitzende vor dem Jugendschöffengericht eröffnen, dasselbe gilt für die Strafkammern und Jugendkammern genauso wie umgekehrt.

Voraussetzung für die Eröffnung vor dem anderen Gericht ist aber nicht die Zweckmäßigkeit, sondern das Nichterfülltsein der Voraussetzungen der Zuständigkeit des angerufenen Gerichts. Damit ist bis auf das Landgericht, das nach Abs. 1 eine generelle Eröffnungsmöglichkeit überall in seinem Bezirk hat, den Amtsrichter und Schöffenrichtern praktisch eine Eröffnung anderswo verwehrt, sofern nur die Staatsanwaltschaft die formrichtigen Anträge gestellt hat.

Abs. 3. Die Vorlegung der Akten an das höhere Gericht entspricht den im Hauptwerk S. 865 in Anm. 4 gemachten Ausführungen. Es ist lediglich die Trennung der Vorlagebestimmungen zwischen Landgericht und Amtsrichter aufgehoben. Der Vorlageweg ist nunmehr für alle Gerichte derselbe.

§ 212

(1) In dem Verfahren vor dem Amtsrichter und dem Schöffengericht kann die Staatsanwaltschaft schriftlich oder mündlich den Antrag auf Aburteilung im beschleunigten Verfahren stellen, wenn der Sachverhalt einfach und sofortige Aburteilung möglich ist.

(2) Der Antrag steht im Sinne des § 147 Abs. 5 und des § 169a Abs. 1 der Einreichung einer Anklageschrift gleich. § 169a Abs. 2 und 169b sind nicht anzuwenden.

Entstehungsgeschichte: Wie Hauptwerk § 212 S. 872. Nunmehr ist durch die hier erläuterte Novelle des Abs. 2 eingefügt worden.

Abs. 1

Anm. 1 bis 5 unverändert gegenüber Hauptwerk S. 872/873.

Abs. 2

Auch im beschleunigten Verfahren ist der Abschluß der Ermittlungen in den Akten zu vermerken. Über die Bedeutung dieses Vermerks vgl. § 169a Anm. 4. Eine Mitteilung dieses Ermittlungsabschlusses sowie die Gewährung eines Schlußgehörs entfällt, da damit der Sinn der Beschleunigung des Verfahrens in diesen einfach gelagerten Fällen wegfallen würde. Dieser Hinweis auf den Wegfall des Schlußgehörs ist im Hinblick darauf, daß § 212 auch für Schöffengerichtssachen anwendbar, notwendig gewesen, obschon Fälle, in denen nach Umfang und Art des Vorwurfs ein Schlußgehör denkbar wäre, sich nicht für beschleunigte Verfahren eignen.

§ 212a

(1) Stellt die Staatsanwaltschaft den Antrag, so wird die Hauptverhandlung sofort durchgeführt oder mit kürzester Zeit anberaumt, ohne daß es einer Entscheidung über die Eröffnung eines Hauptverfahrens bedarf.

(2) Der Einreichung einer Anklageschrift bedarf es nicht. Wird eine Anklageschrift nicht eingereicht, so wird die Anklage bei Beginn der Hauptverhandlung mündlich erhoben und ihr wesentlicher Inhalt in das Sitzungsprotokoll aufgenommen.

(3) Der Ladung des Beschuldigten bedarf es nur, wenn er sich nicht freiwillig zur Hauptverhandlung stellt oder nicht dem Gericht vorgeführt wird. Mit der Ladung wird ihm mitgeteilt, was ihm zur Last gelegt wird. Die Ladungsfrist beträgt vierundzwanzig Stunden.

Allgemeines: Obwohl der Text nicht geändert ist, ist Anm. 9 zu ändern.

Anm. 1 bis 8 unverändert.

9. Das **Recht zur Akteneinsicht** entsteht jetzt für den Verteidiger nicht erst mit Eingang des Antrags auf beschleunigtes Verfahren bei Gericht, sondern bereits mit dem Vermerk des Abschlusses der Ermittlungen nach § 212 Abs. 2 in Verbindung mit § 169a Abs. 1. Das wird sich zwar im beschleunigten Verfahren kaum praktisch auswirken. Denkbar aber sind Fälle, in denen ein Verteidiger davon erfährt, daß der Antrag gestellt werden solle und nun vorher die Akteneinsicht begehrt. Umgekehrt hat das beschleunigte Verfahren nur einen Sinn, wenn die Akten rasch eingesehen werden. Es wird in solchen Fällen, da es sich ohnehin nur um einfach gelagerte, kurz zu erfassende Fälle handelt, die Akteneinsicht nur im Amtszimmer oder auf der Geschäftsstelle des Staatsanwalts gewährt werden. Ab Eingang der Akten bei Gericht gilt das im Hauptwerk S. 877 Anm. 9 Ausgeführte weiterhin.

10. Unverändert.

Fünfter Abschnitt

Vorbereitung der Hauptverhandlung

§ 215

Der Beschluß über die Eröffnung des Hauptverfahrens ist dem Angeklagten spätestens mit der Ladung zuzustellen. Entsprechendes gilt in den Fällen des § 207 Abs. 3 und des § 208 Abs. 2 für die nachgereichte Anklageschrift.

Entstehungsgeschichte: I. Entw. § 171 Abs. 2 II. Entw. § 175. III. Entw. § 178.

Änderungsvorschläge: NE I u. II § 213.

Spätere Änderungen: Mit der Beseitigung des Eröffnungsbeschlusses durch die VO. vom 13. August 1942 wurde die Vorschrift als gegenstandslos gestrichen (Art. 2 a. a. O.). Das Vereinheitl. Ges. vom 12. 9. 1950 stellte den früheren Zustand wieder her. Satz 2 ist durch das StPÄndGes. vom 19. 12. 1964 eingefügt worden.

1. Zeitpunkt der Zustellung. Der Beschluß ist dem Angeklagten schon vor der Ladung zuzustellen, wenn der Termin zur Hauptverhandlung nicht alsbald nach Eröffnung des Hauptverfahrens anberaumt, die Bestimmung vielmehr einstweilen ausgesetzt wird (Hauptwerk § 213 Anm. 2).

In den Fällen des neuen Satz 2 würde es an sich zweckmäßig erscheinen, den Eröffnungsbeschluß nicht vor der nachzureichenden Anklageschrift zuzustellen, sondern mit ihr zusammen. Das könnte dem besseren Verständnis des Angeklagten für den Zusammenhang zwischen Anklage und Eröffnungsbeschluß dienen. Insbesondere im Falle des § 207 Abs. 3 würde durch die gleichzeitige Zustellung des Eröffnungsbeschlusses mit der nachzureichenden Anklage für den Angeklagten leichter verständlich, daß der Anklagesatz der alten Anklage, die ihm bereits vorher zugestellt war, durch den der neuen gegenstandslos geworden ist, oder in den Fällen, in denen in der neuen Anklageschrift auch das Ermittlungsergebnis aufgenommen ist, sogar die ganze alte Anklage durch die neue. Indessen sprechen häufig gewichtige Gründe dagegen, so zu verfahren. Das gilt zunächst für die Fälle, in denen der von der Anklageschrift abweichende Eröffnungsbeschluß gleichzeitig ausdrücklich oder stillschweigend Entscheidungen enthält, gegen die der Angeklagte nach §§ 182, 183 das Recht der sofortigen Beschwerde hat (vgl. Nachtrag Anm. 4 zu § 207 und Hauptwerk Anm. 2 zu § 183). Es ist mindestens unzweckmäßig, daß die Staatsanwaltschaft eine neue Anklage einreicht, ehe feststeht, ob der Angeklagte von seinem Beschwerderecht Gebrauch macht, gegebenenfalls welchen Ausgang das Beschwerdeverfahren hat. Aber auch in den Fällen des § 207 Abs. 2 Nr. 1, in denen die Staatsanwaltschaft wegen der Teilablehnung sofortige Beschwerde nach § 210 einlegen kann (vgl. Nachtrag Anm. 5 zu § 207), verbietet es sich, mit der Zustellung des Eröffnungsbeschlusses zu warten. Denn wenn die Staatsanwaltschaft, statt eine neue Anklageschrift zu fertigen, zunächst sofortige Beschwerde einlegt, muß der Angeklagte in dem Beschwerdeverfahren gehört werden, was voraussetzt, daß er von der Teilablehnung des Eröffnungsbeschlusses Kenntnis hat. In aller Regel wird deshalb auch im Falle des § 207 Abs. 3 der Eröffnungsbeschluß sofort zuzustellen sein.

In den Fällen des § 207 Abs. 2 Nr. 3 und 4 wird keine neue Anklageschrift gefertigt. Gegen sofortige Zustellung des Eröffnungsbeschlusses können hier also überhaupt keine Bedenken auftreten.

2. Abweichung der nachgereichten Anklageschrift vom Eröffnungsbeschluß. Entspricht die nachgereichte Anklageschrift nicht dem Eröffnungsbeschluß, so muß der Vorsitzende die Staatsanwaltschaft hierauf hinweisen und um Änderung bitten. Lehnt sie die Änderung ab und verbleibt das Gericht bei seiner Auffassung, so erscheint es bedenklich, die vom Eröffnungsbeschluß abweichende Anklage zuzustellen und die Streitfrage in der Hauptverhandlung zu erörtern (so Kleinknecht Rechtsausschuß 20. Sitzung S. 15), da in der Hauptverhandlung der Staatsanwalt die nachgereichte Anklageschrift zu verlesen hat und Erörterungen zwischen Vorsitzendem und Staatsanwalt zu diesem Zeitpunkt dem Zweck der §§ 207, 243 widersprechen würden. Vielmehr muß in diesem Fall das Gericht die Zustellung der Anklage durch Beschluß ablehnen. Da dieser Beschluß praktisch dieselbe Wirkung hat, wie ein die Eröffnung der Hauptverhandlung ablehnender, muß der Staatsanwaltschaft hiergegen in entsprechender Anwendung des § 210 Abs. 2 sofortige Beschwerde zustehen. Diese Darlegungen gelten nicht, wenn der Eröffnungsbeschluß mit oder (gesetzwidrig) ohne Zustimmung der Staatsanwaltschaft nach § 154a die Verfolgung auf einzelne abtrennbare Teile einer Tat beschränkt hat und die neue Anklageschrift diese trotzdem wieder aufgenommen hat, da das Gericht auf Antrag der Staatsanwaltschaft diese Teile wieder einbeziehen muß (§ 154a Abs. 3 S. 2). In einem solchen kaum vorkommenden Fall müßte vielmehr das Gericht einen Nachtragseröffnungsbeschluß erlassen.

Für die nachzureichende Anklageschrift gilt, wie Satz 2 ergibt, § 201 Abs. 1 nicht. Bezieht aber der Eröffnungsbeschluß nach § 207 Abs. 2 Nr. 2 Halbsatz 2 Teile in das Verfahren ein, die die Staatsanwaltschaft nach § 154a von der Verfolgung zunächst ausgenommen hatte, so hat das Gericht nach § 33a auf etwaige Anträge des Angeklagten zu entscheiden und sodann zu prüfen, ob der Eröffnungsbeschluß hinsichtlich der nachträglich einbezogenen Beschuldigung aufrechtzuerhalten ist (Hanseatisches OLG. Hamburg JR. 66, 30).

3. Verstoß gegen § 215. Heilung des Mangels. Wenn auch das StPÄG. der Anklage eine wichtigere Rolle zuweist als die bisherige Fassung, so bleibt Grundlage des Verfahrens doch nur die **vom Gericht zugelassene** Anklage. Der Eröffnungsbeschluß bleibt also Grundlage der Hauptverhandlung (§ 207 Anm. 1 in diesem Nachtrag). Auf seine Zustellung kann der Angeklagte deshalb ebensowenig wie bisher (Hauptwerk § 215 Anm. 2) verzichten. Für das frühere Recht war im Hauptwerk (Anm. 2 zu § 215) die Ansicht vertreten worden, daß der in der fehlenden Zustellung liegende Verfahrensmangel dadurch geheilt werde, daß nach Verlesung des Eröffnungsbeschlusses in der Hauptverhandlung kein Antrag auf Aussetzung der Verhandlung gestellt werde. Jetzt wird der Eröffnungsbeschluß nicht mehr in der Hauptverhandlung verlesen. Vielmehr verliest bei unveränderter Zulassung der Anklage und bei Zustellung einer neuen Anklage auf Grund des Eröffnungsbeschlusses der Staatsanwalt den Anklagesatz; bei Zulassung der Anklage unter einem veränderten rechtlichen Gesichtspunkt trägt er den Anklagesatz mit der dem Eröffnungsbeschluß zugrunde liegenden Rechtsauffassung vor, wobei er dann noch seine abweichende Rechtsauffassung darlegen darf. In der bloßen Untätigkeit des Angeklagten und des Verteidigers (kein Aussetzungsantrag) einen wirksamen nachträglichen Verzicht auf die Zustellung des Eröffnungsbeschlusses und eine Heilung des Mangels zu sehen, erscheint bei dieser Sachlage rechtlich nicht möglich (anders Müller-Sax 3, der nur in der Ablehnung eines Aussetzungsantrages einen Verfahrensfehler sieht). Bei völliger Übereinstimmung zwischen der dem Angeklagten zugestellten Anklage und dem Eröffnungsbeschluß kann aber, mindestens in der

Regel, das Urteil auf der fehlenden Zustellung des Eröffnungsbeschlusses nicht beruhen (vgl. RG. GA. 46, 216; BGH. 1 StR. 606/54 vom 23. 2. 55 — LM Nr. 1 zu § 215 —). Das gilt auch dann, wenn auf Grund des (nicht zugestellten) Eröffnungsbeschlusses eine neue Anklage gefertigt und zugestellt ist, sofern aus ihr zweifellos hervorgeht, daß der Anklagesatz der dem Angeklagten zunächst zugestellten Anklageschrift durch den der neuen gegenstandslos geworden ist. Ist aber im Fall des § 207 Abs. 2 Nr. 3 der Eröffnungsbeschluß nicht zugestellt worden, so handelt es sich in aller Regel um einen Verfahrensfehler, auf dem das Urteil beruhen kann. Doch kann das Gericht in der Hauptverhandlung den Angeklagten auf den Mangel hinweisen und befragen, ob er auf die Zustellung des Eröffnungsbeschlusses verzichtet. Ein daraufhin ausgesprochener Verzicht ist wirksam.

4. Satz 2 gilt nur in Verfahren, in denen der Eröffnungsbeschluß nach dem 31. 3. 1965 ergangen ist.

§ 217

(1) Zwischen der Zustellung der Ladung (§ 216) und dem Tag der Hauptverhandlung muß eine Frist von mindestens einer Woche liegen.

(2) Ist die Frist nicht eingehalten worden, so kann der Angeklagte bis zum Beginn seiner Vernehmung zur Sache die Aussetzung der Verhandlung verlangen.

(3) Der Angeklagte kann auf die Einhaltung der Frist verzichten.

1. Geändert durch das StPÄG. ist nur der Abs. 2. Während nach bisherigem Recht der Angeklagte das Recht, die Aussetzung der Hauptverhandlung zu verlangen, bis zum Beginn der Verlesung des Eröffnungsbeschlusses hatte, hat er es jetzt, wo der Eröffnungsbeschluß nicht mehr verlesen wird, bis zum Beginn seiner Vernehmung zur Sache.

2. Im übrigen gelten die Anmerkungen des Hauptwerks unverändert.

3. Die neue Fassung gilt nur in Verfahren, in denen der Eröffnungsbeschluß nach dem 31. 3. 1965 ergangen ist.

Sechster Abschnitt

Hauptverhandlung

§ 232

(1) Die Hauptverhandlung kann ohne den Angeklagten durchgeführt werden, wenn er ordnungsmäßig geladen und in der Ladung darauf hingewiesen worden ist, daß in seiner Abwesenheit verhandelt werden kann, und wenn nur Haft, Geldstrafe, Fahrverbot, Einziehung, Vernichtung oder Unbrauchbarmachung allein oder nebeneinander zu erwarten ist. Eine höhere Strafe oder eine Maßregel der Sicherung und Besserung darf in diesem Verfahren nicht verhängt werden. Die Entziehung der Fahrerlaubnis ist zulässig, wenn der Angeklagte in der Ladung auf diese Möglichkeit hingewiesen worden ist.

(2) Auf Grund einer Ladung durch öffentliche Bekanntmachung findet die Hauptverhandlung ohne den Angeklagten nicht statt.

(3) Die Niederschrift über eine richterliche Vernehmung des Angeklagten wird in der Hauptverhandlung verlesen.

(4) Das in Abwesenheit des Angeklagten ergehende Urteil muß ihm mit den Urteilsgründen durch Übergabe zugestellt werden.

Abs. 1 Satz 1 ist durch das zweite Gesetz zur Sicherung des Straßenverkehrs vom 26. November 1954 (BGBl. 921) neu gefaßt worde. Soweit jetzt neben der Einziehung ausdrücklich auch die Vernichtung und Unbrauchbarmachung genannt wird, enthält die Neufassung keine Neuregelung, sondern nur eine Klarstellung (vgl. dazu Hauptwerk Anm. 3 zweiter Absatz). Eine sachliche Ändernug ist nur insoweit eingetreten, als auch die durch Artikel 1 des zweiten Verkehrsverssicherungsgesetzes neu eingeführte Nebenstrafe des Fahrverbots (§ 37 StGB.) im Ungehorsamsverfahren ausgesprochen werden kann, ohne daß auf diese Möglichkeit, wie es Abs. 1 Satz 3 für die Entziehung der Fahrerlaubnis vorschreibt, in der Ladung des Angeklagten besonders hingewiesen werden muß. Die Nebenstrafe des Fahrverbots ist wesentlich weniger einschneidend als die Maßregel der Entziehung der Fahrerlaubnis, und zwar sowohl wegen ihrer kurzen Dauer (ein bis drei Monate) als auch dadurch, daß es nach Ablauf der im Fahrverbot bestimmten Frist keiner neuen Fahrerlaubnis durch die Verwaltungsbehörde bedarf.

Die Neufassung ist seit dem 2. Januar 1965 in Kraft.

§ 233

(1) Der Angeklagte kann auf seinen Antrag von der Verpflichtung zum Erscheinen in der Hauptverhandlung entbunden werden, wenn nur Freiheitsstrafe bis zu sechs Monaten, Geldstrafe, Fahrverbot, Einziehung, Vernichtung oder Unbrauchbarmachung, allein oder nebeneinander zu erwarten ist. Eine höhere Strafe oder eine Maßregel der Sicherung und Besserung darf in seiner Abwesenheit nicht verhängt werden. Die Entziehung der Fahrerlaubnis ist zulässig.

(2) Wird der Angeklagte von der Verpflichtung zum Erscheinen in der Hauptverhandlung entbunden, so muß er durch einen beauftragten oder ersuchten Richter über die Anklage vernommen werden. Dabei wird er über die bei Verhandlung in seiner Abwesenheit zulässigen Strafen und Maßnahmen belehrt sowie befragt, ob er seinen Antrag auf Befreiung vom Erscheinen in der Hauptverhandlung aufrechterhalte.

(3) Von dem zum Zweck der Vernehmung anberaumten Termin sind die Staatsanwaltschaft und der Verteidiger zu benachrichtigen; ihrer Anwesenheit bei der Vernehmung bedarf es nicht. Das Protokoll über die Vernehmung ist in der Hauptverhandlung zu verlesen.

Auch bei dieser Bestimmung ist Abs. 1 Satz 1 durch das zweite Verkehrssicherungsgesetz geändert worden. Die Änderung betrifft dieselben Punkte, wie die des § 232. Auf die Anmerkung zu dieser Vorschrift wird verwiesen.

Die Neufassung ist seit dem 2. Januar 1965 in Kraft.

§ 243

(1) Die Hauprverhandlung beginnt mit dem Aufruf der Sache. Der Vorsitzende stellt fest, ob der Angeklagte und der Verteidiger anwesend und die Beweismittel herbeigeschafft, insbesondere die geladenen Zeugen und Sachverständigen erschienen sind.

(2) Die Zeugen verlassen den Sitzungssaal. Der Vorsitzende vernimmt den Angeklagten über seine persönlichen Verhältnisse.

(3) Darauf verliest der Staatsanwalt den Anklagesatz. Dabei legt er in den Fällen des § 207 Abs. 3 die neue Anklageschrift zugrunde. In den Fällen des § 207 Abs. 2 Nr. 3 trägt der Staatsanwalt den Anklagesatz mit der dem Eröffnungsbeschluß zugrunde liegenden rechtlichen Würdigung vor; außerdem kann er seine abweichende Rechtsauffassung äußern. In den Fällen des § 207 Abs. 2 Nr. 4 berücksichtigt er die Änderungen, die das Gericht bei der Zulassung der Anklage zur Hauptverhandlung beschlossen hat.

(4) Sodann wird der Angeklagte darauf hingewiesen, daß es ihm freistehe, sich zu der Anklage zu äußern oder nicht zur Sache auszusagen. Ist der Angeklagte zur Äußerung bereit, so wird er nach Maßgabe des § 136 Abs. 2 zur Sache vernommen. Vorstrafen des Angeklagten sollen nur insoweit festgestellt werden, als sie für die Entscheidung von Bedeutung sind. Wann sie festgestellt werden, bestimmt der Vorsitzende.

1. Wegen der **Entstehungsgeschichte**, der **Änderungsvorschläge** und der **späteren Änderungen** bis zum StPÄGes. siehe Hauptwerk S. 947. Die Vorschrift ist durch das StPÄG. neu gefaßt worden.

2. Beginn der Hauptverhandlung. Abs. 1 entspricht im wesentlichen dem bisherigen Recht. Dieses wird nur verdeutlicht, soweit es sich um den Aufruf der Sache und die Anwesenheitsfeststellungen handelt. Neu ist nur, daß der Vorsitzende zu Beginn der Verhandlung auch feststellen muß, **ob die** „sonstigen Beweismittel" herbeigeschafft sind.

Die positive Feststellung, daß bestimmte Beweismittel herbeigeschafft sind, bedeutet, daß der Vorsitzende die von ihm in dieser Feststellung bezeichneten vorhandenen Gegenstände als herbeigeschaffte Beweismittel (§ 245) ansieht. Demgemäß hat er, soweit Akten herangezogen sind, diejenigen darin enthaltenen Urkunden zu bezeichnen, deren Verlesung er beabsichtigt, und diejenigen darin enthaltenen Gegenstände (Bilder, Unfallskizzen), deren Inaugenscheinnahme vorgesehen ist. Die Feststellung bedeutet für alle Beteiligten die Zusicherung, daß diese Beweismittel benutzt werden, ohne daß sie sich noch ausdrücklich darauf berufen müssen. Für die Sitzungsniederschrift empfiehlt sich insoweit die Fassung: Es wurde festgestellt, daß folgende Zeugen und Sachverständige geladen und erschienen sind ... und daß folgende Beweismittel herbeigeschafft sind ... Von der Benutzung solcher als herbeigeschafft bezeichneter Beweismittel darf nur abgesehen werden, wenn nachträglich ein Gerichtsbeschluß sie wegen Vorliegens der in § 245 Satz 1 aufgeführten Gründe ablehnt oder alle Beteiligten darauf verzichten. Wegen der Bedeutung, die die Feststellung der Beweismittel für § 245 hat, ist sie ein wesentlicher Teil der Hauptverhandlung, bei dem die Anwesenheit des Angeklagten und des notwendigen Verteidigers erforderlich ist (anders für das frühere Recht RGSt. 58, 180). Für den bloßen Aufruf der Sache gilt das nicht (Müller-Sax 2).

Daneben kann die Sitzungsniederschrift auch noch Vermerke darüber enthalten, welche Beiakten usw. vorliegen. Dadurch werden die in ihnen enthaltenen Urkunden usw. noch nicht „herbeigeschaffte Beweismittel" im Sinne des § 245 (vgl. Hauptwerk § 245 Anm. 4).

Da der Vorsitzende festzustellen hat, **ob** die Beweismittel herbeigeschafft sind, muß sich seine Feststellung auch auf das Nichtvorliegen herbeizuschaffender Beweismittel beziehen. Dabei kann es sich nur um solche Beweismittel handeln, die in der Anklage als Beweismittel genannt sind, oder deren Anforderung durch das Gericht den Beteiligten mitgeteilt worden ist. Die negative Feststellung hat keine rechtliche Bedeutung. Sie kann den Beteiligten nur Veranlassung geben, Beweisanträge zu stellen.

3. Abwesenheit der Zeugen bei den folgenden Verfahrensabschnitten. Abs. 2 Satz 1 entspricht dem bisherigen Recht. Daß die Zeugen vor Beginn der Vernehmung des Angeklagten den Sitzungssaal zu verlassen haben, war bisher in Abs. 4 bestimmt. (Vgl. hierzu Hauptwerk Anm. 6. Was dort über die gesetzwidrige Anwesenheit von Zeugen bei Verlesung des Eröffnungsbeschlusses gesagt ist, gilt jetzt für ihre Anwesenheit bei Verlesung der Anklageschrift.) Die Neufassung hindert nicht, daß die Zeugen vor Verlassen des Sitzungssaales gemeinsam nach § 57 zur Wahrheit ermahnt und auf die Bedeutung des Eides hingewiesen werden. Sie haben sich so lange außerhalb des Sitzungssaales aufzuhalten, bis sie gemäß § 58 einzeln zur Vernehmung vorgerufen werden (Begr. z. Regierungsentw. Drucks. IV, 178 S. 40, Müller-Sax 3).

4. Vernehmung des Angeklagten zur Person. Diese Vernehmung (siehe dazu im einzelnen Hauptwerk 3) erstreckt sich jetzt nicht mehr auf die Vorstrafen. Das ergibt sich aus Abs. 4 Satz 3 und 4. Wenn auch Abs. 4 Satz 4 den Zeitpunkt der Vorstrafenfeststellung in das Ermessen des Vorsitzenden stellt, so ist doch aus dem Zusammenhang der Vorschrift zu folgern, daß die Vernehmung des Angeklagten zur Sache der früheste Zeitpunkt für die Erörterung der Vorstrafen ist. (Vgl. Begr. z. Regierungsentw. Drucks. IV,178 S. 40, Kleinknecht JZ. 65, 159, Müller-Sax 4b, Kleinknecht 9). Der innere Grund für die Herausnahme der Vorstrafen aus der Vernehmung zur Person (vgl. unten Anm. 10d) sollte dazu führen, daß auch sonstige Umstände, die dem Angeklagten zur Unehre gereichen könnten (etwa Ehescheidungen aus seinem Verschulden, Entziehung des Sorgerechtes gegenüber seinen Kindern, fristlose Entlassung aus Arbeitsstellen u. a.), nur dann schon bei der Vernehmung zur Person erörtert werden, wenn dies erforderlich ist, um die zusammenhängende Schilderung des Lebenslaufs zu ermöglichen. Jedenfalls steht es dem Vorsitzenden frei, alle nur für die Strafzumessung bedeutsamen Umstände erst bei der Vernehmung zur Sache mit dem Angeklagten zu erörtern. Schwarz-Kleinknecht (5) halten es für bedenklich, nur für die Strafzumessung bedeutsame Fragen schon bei der Vernehmung zur Person zu stellen oder ohne zwingenden Grund in die Intimsphäre des Angeklagten einzudringen. Zur

Frage, ob Angaben des Angeklagten zu seinen Personalien unter § 360 Nr. 8 StGB. fallen, vgl. Hauptwerk Anm. 3 letzter Absatz.

5. Verlesung des Anklagesatzes. Abs. 3 zieht die Folgerung aus der Neuregelung des Eröffnungsbeschlusses. An die Stelle der Verlesung des Eröffnungsbeschlusses durch den Vorsitzenden oder ein sonstiges Mitglied des Gerichts tritt jetzt die Verlesung des Anklagesatzes (§ 200 Abs. 1 Satz 1) durch den Staatsanwalt. Der Staatsanwalt kann den Anklagesatz nur dann wörtlich aus der Anklageschrift verlesen, wenn der Eröffnungsbeschluß die Anklage unverändert zugelassen hat oder nachträglich eine dem Eröffnungsbeschluß entsprechende Anklage gefertigt ist. Deshalb schreibt Abs. 3 Satz 3 für die Fälle des § 207 Abs. 2 Nr. 3 den **Vortrag** statt der Verlesung des Anklagesatzes vor, und zwar mit der dem Eröffnungsbeschluß zugrunde liegenden rechtlichen Würdigung. Es ist wenig befriedigend, daß gerade in diesen Fällen, in denen dem Angeklagten ein von der Anklageschrift abweichender Eröffnungsbeschluß zugestellt ist, kein Verlesen, sondern nur ein Vortrag vorgeschrieben ist. Der zugelassene Anklagesatz umreißt bis zu einer Belehrung nach § 265 das, wogegen sich der Angeklagte allein rechtlich und tatsächlich zu verteidigen hat. Es sollte für alle Beteiligten über seinen Wortlaut keinen Zweifel geben. Wird nur vorgetragen und nicht verlesen, so können solche Zweifel leicht entstehen, insbesondere, wenn der Staatsanwalt sofort seine abweichende Rechtsauffassung äußert. Es sollte deshalb so weit wie irgend möglich verlesen werden, und zwar nicht nur aus der Anklageschrift, sondern, je nach Lage des Falles, statt dessen oder zusätzlich aus dem Eröffnungsbeschluß. Dessen Fassung wird unter Umständen nicht unerhebliche Schwierigkeiten machen.

Es kommt darauf an, ihn so zu fassen, daß der Angeklagte aus ihm in Verbindung mit der Anklageschrift bei der Vorbereitung der Hauptverhandlung klar ersehen kann, wogegen er sich rechtlich und tatsächlich verteidigen muß. Mit der rechtlichen Qualifikation ändern sich ja häufig diejenigen Tatsachen, die die gesetzlichen Tatbestandsmerkmale ergeben, worauf der Abgeordnete Wahl im Rechtsausschuß (20. Sitzung S. 25 u. 26) wiederholt mit Recht hingewiesen hat. Bei Annahme von Mord im Eröffnungsbeschluß statt Totschlag oder Körperverletzung mit tödlichem Ausgang in der Anklageschrift müssen nicht nur die gesetzlichen, sondern auch die tatsächlichen Mordmerkmale im Eröffnungsbeschluß angegeben werden, da sie im Anklagesatz nicht enthalten sind. Bei Annahme von Betrug statt Diebstahl müssen diejenigen tatsächlichen Umstände hervorgehoben werden, die rechtlich als Täuschung und Vermögensverfügung statt der von der Anklage angenommenen Wegnahme anzusehen sind. Deshalb wird unter Umständen die Aufnahme eines vollständigen Anklagesatzes in den Eröffnungsbeschluß erforderlich sein, wenn dies auch dem Zweck des Änderungsgesetzes wenig entspricht. Enthält der Eröffnungsbeschluß einen vollständigen Anklagesatz, so sollte der Staatsanwalt **diesen** mit der Einleitung vorlesen: „Das Gericht hat folgenden Anklagesatz zugelassen". Wird so verfahren, so sollte in der Sitzungsniederschrift vermerkt werden, daß der Staatsanwalt den Anklagesatz aus dem Eröffnungsbeschluß verlas. Soweit der Eröffnungsbeschluß keinen selbständigen Anklagesatz enthält, sollte so weit wie möglich der Anklagesatz der Anklageschrift verlesen werden und in der Sitzungsniederschrift vermerkt werden, daß dies geschehen ist, und welche Worte an welcher Stelle hinzugefügt oder fortgelassen sind.

In der zuletzt genannten Weise sollte auch in den Fällen des § 207 Abs. 2 Nr. 4 verfahren werden. Ist im Eröffnungsbeschluß bei einer Raubanklage die nach der Anklageschrift ideellkonkurrierende Körperverletzung fortgelassen worden, so hätte der Staatsanwalt also etwa folgendermaßen zu beginnen: „Ich verlese jetzt die Anklageschrift, wobei ich gemäß dem Eröffnungsbeschluß die Teile fortlasse, die sich auf die ideellkonkurrierende Körperverletzung beziehen". In der Sitzungsniederschrift wäre dann zu vermerken, daß der Staatsanwalt den Anklagesatz unter Fortlassung folgender Stellen verlas.

Für wie wichtig der Gesetzgeber die schriftliche Fixierung des Anklagevorwurfs in der Sitzungsniederschrift hält, ergibt § 212a, wonach auch im beschleunigten Verfahren der wesentliche Inhalt der mündlich vorgetragenen Anklage, d. h. praktisch der Anklagesatz, in die Sitzungsniederschrift aufgenommen werden muß.

Trägt der Staatsanwalt in unmittelbaren Anschluß an die Verlesung des Anklagesatzes seine eigene abweichende Rechtsauffassung vor, so stellt er am zweckmäßigsten gleich je nach Sachlage den Antrag, dem Angeklagten einen bestimmten Hinweis nach § 265 zu erteilen oder die Sache nach § 270 an ein Gericht höherer Ordnung zu verweisen.

Ergeben sich bei Verlesung oder Vortrag des Anklagesatzes Unklarheiten, so kann der Vorsitzende zweckdienliche Erläuterungen geben. Auch der Staatsanwalt selbst kann den Anklagesatz erläutern; der Verteidiger kann nach § 257a Erklärungen abgeben, die mit der Erläuterung des Anklagesatzes zusammenhängen.

Die Schwierigkeiten, die sich im Fall des § 207 Abs. 3 Satz 2 ergeben, dürften die Gerichte veranlassen, abgesehen von den Fällen, in denen die abweichende rechtliche Beurteilung für die Zuständigkeit eine Rolle spielt, weitgehend von Darlegungen nach § 207 Abs. 2 Nr. 3 im Eröffnungsbeschluß abzusehen und statt dessen in der Hauptverhandlung nach § 265 zu verfahren.

Bei verbundenen Sachen, in denen mehrere Anklagen zur Hauptverhandlung zugelassen sind, sind die Anklagesätze aller Anklagen zu verlesen. Das gilt auch dann, wenn die mehreren Anklagen (und Eröffnungsbeschlüsse) dieselbe Tat im Sinne des § 264 betreffen, z. B. jeweils einzelne Akte derselben fortgesetzten Handlung (a. A. RGSt. 61, 406; dazu Eb. Schmidt 22).

Bei Verweisungen nach §§ 270 Abs. 1, 328 Abs. 3, 355 ist der Anklagesatz des Verweisungsbeschlusses nach § 270 Abs. 2 oder Verweisungsurteils zu verlesen. Enthält das Verweisungsurteil keinen Anklagesatz, weil der tatsächliche und rechtliche Inhalt der Anschuldigung derselbe geblieben ist wie in der zugelassenen Anklageschrift (BGHSt. 7, 27), so ist der Anklagesatz zu verlesen. Dasselbe gilt, wenn bei einer Verweisung zwischen Eröffnung des Hauptverfahrens und Hauptverhandlung kein neuer Eröffnungsbeschluß erlassen ist (vgl. § 270 Anm. 2).

6. Unterlassen der Verlesung. Wird die Verhandlung durchgeführt, ohne daß der Anklagesatz verlesen oder, soweit zulässig, vorgetragen wird, oder wird er nach der Vernehmung des Angeklagten zur Sache verlesen oder vorgetragen, so ist das ein Verfahrensfehler, auf dem das Urteil regelmäßig beruht (so für entsprechende Fehler in Bezug auf die Verlesung des Eröffnungsbeschlusses, an deren Stelle jetzt die Verlesung des Anklagesatzes getreten ist, BGHSt. 8, 283, Ausnahme RG. JW. 38, 3293). Wird erst nach Vernehmung des Angeklagten zur Sache verlesen oder vorgetragen, so kann der Mangel dadurch geheilt werden, daß die Vernehmung wiederholt wird (BGH. 4 StR. 120/53 vom 1. 10. 1953).

7. Hinweis des Angeklagten auf sein Recht, sich zur Anklage zu äußern oder zu schweigen. Dieser Hinweis gehört nicht zur „Vernehmung zur Sache", geht ihr vielmehr voraus, wie der Wortlaut des Abs. 4 deutlich ergibt. Er wird nicht dadurch überflüssig, daß der Angeklagte bereits nach §§ 115 Abs. 3, 128 Abs. 1 Satz 2, 136 Abs. 1, 163a Abs. 3 oder 4 über sein Einlassungsverweigerungsrecht belehrt worden ist. Das Einlassungsverweigerungsrecht bestand auch schon nach bisherigem Recht. Auch aus der bisher vorgeschriebenen Frage, **ob** der Angeklagte etwas auf die Beschuldigung zu erwidern habe, ging hervor, daß eine solche Erwiderung ihm freistehe. In der jetzt vorgesehenen Belehrung wird das aber wesentlich stärker betont. Sie kann unter Umständen eine Ermunterung für den Angeklagten bedeuten, von seinem Schweigerecht Gebrauch zu machen, was die Aufklärung nicht unwesentlich erschwert.

Der Hinweis kann an sämtliche Angeklagte gleichzeitig erteilt werden, doch muß der Vorsitzende dann jeden einzelnen Angeklagten bei Beginn seiner Vernehmung fragen, ob er etwas erklären wolle. Es ist dem Vorsitzenden nicht verwehrt, auf die Folgen hinzuweisen, die das Schweigen des Angeklagten für ihn haben kann (unten Anm. 10). Eine rechtlich unrichtige Belehrung über mögliche Folgen des Schweigens wäre aber ein Verfahrensfehler, der die Revision begründen könnte.

8. Erklärung des Angeklagten auf den Hinweis. Auch diese Erklärung gehört noch nicht unmittelbar zur Vernehmung zur Sache, wie Abs. 4 ergibt. Die Erklärung bindet den Angeklagten nicht, er kann während der ganzen Hauptverhandlung von ihr abgehen. Durch die Weigerung, sich zur Sache vernehmen zu lassen, verliert er auch nicht die Rechte aus §§ 257, 258. Sagt der Angeklagte nicht zur Sache aus, so kann die bloße Tatsache seines Schweigens nicht als Belastungsmoment gegen ihn verwertet werden. Eine solche Verwertung würde dem Sinn des Weigerungsrechts widersprechen, ganz abgesehen davon, daß die Gründe für das Schweigen sich keineswegs immer von selbst ergeben. Deshalb darf das Gericht das Schweigen auch nicht im Strafmaß zuungunsten des Angeklagten verwerten. Die Frage ist auch nach der Neufassung streitig (wie hier Seibert NJW. 65, 1706; Sarstedt 6 zu § 136 in diesem Nachtrag, Schmidt-Leichner NJW. 66, 190, abweichend Fuhrmann JR. 65, 417, Kohlhaas DRiZ. **65**, 299, NJW. 65 2282ff.; wohl auch Schwarz-Kleinknecht 11 zu § 136).

Die Weigerung des Angeklagten, sich zur Sache einzulassen, macht seine früheren Einlassungen zur Sache nicht unverwertbar. Ein richterliches Protokoll, das ein früheres Geständnis des Angeklagten enthält, darf nach § 254 Abs. 1 verlesen werden. Richter, Staatsanwälte und Polizeibeamte können über frühere Vernehmungen des Angeklagten als Zeugen vernommen werden. Das gilt nach ausdrücklicher Vorschrift des § 136a Abs. 3 nicht für Angaben des Angeklagten, die unter Verletzung des § 136a Abs. 1 und 2, 163a Abs. 3 und 4 zustande gekommen sind. Darüber, daß ein solches **allgemeines** Verwertungsverbot nicht für Angaben gilt, die der Angeklagte im Vorverfahren gemacht hat, ohne vorher gemäß § 136 belehrt worden zu sein, vgl. Sarstedt 9 zu § 136 dieses Nachtrags.

Für **den** Angeklagten, der in der Hauptverhandlung jede Einlassung zu allen oder zu einzelnen abtrennbaren Vorwürfen ablehnt, gilt auch nicht das von der Rechtsprechung zu § 252 herausgearbeitete Verwertungsverbot für frühere Angaben eines weigerungsberechtigten Zeugen, der in der Hauptverhandlung die Aussage verweigert (vgl. Hauptwerk 3ff. zu § 252). Das StPÄGes. hat durch die neu eingeführten Belehrungspflichten gegenüber dem Angeklagten sein Recht, die Einlassung zur Sache in jedem Stadium des Verfahrens zu verweigern, zweifellos verstärken wollen. Der Angeklagte soll bewußt darüber entscheiden, ob er sich selbst als (belastendes und entlastendes) Beweismittel benutzen lassen will. Diese Entscheidungsfreiheit wird dem Angeklagten praktisch für das gesamte weitere Verfahren häufig weitgehend genommen, wenn er einmal eine ihn belastende Aussage gemacht hat, die gegen ihn verwandt werden kann, weil er sich gezwungen fühlt, sich mit ihr nunmehr auseinanderzusetzen. Insofern hat die Lage des in der Hauptverhandlung die Einlassung verweigernden Angeklagten eine gewisse Ähnlichkeit mit der des die Aussage verweigernden angehörigen Zeugen. Trotzdem werden sich die Grundsätze, die BGHSt. 2, 92ff. für den Zeugen entwickelt hat, nicht auf den Angeklagten anwenden lassen, auch wenn man nunmehr die polizeiliche Vernehmung der richterlichen gleichstellen würde (vgl. Kohlhaas NJW. 65, 1255). Die Rechtsstellung des Angeklagten ist in unserem Strafprozeß von der des Zeugen grundsätzlich verschieden; daran hat auch das StPÄGes. nichts geändert. Nicht nur enthält es keine dem § 252 entsprechende Vorschrift für den die Einlassung verweigernden Angeklagten, sondern es hat auch den § 254 unverändert gelassen.

Gegenüber dem sich zur Sache einlassenden Angeklagten dürfen daraus, daß er vor der Polizei die Einlassung verweigert hat, keine nachteiligen Schlüsse gezogen werden (BGH. NJW. **66** 210 = MDR 66, 163 = JZ. 66, 35; OLG. Braunschweig NJW. **66** 214).

9. Rechte, die nur bis zum Beginn der Vernehmung des Angeklagten zur Sache gegeben sind. Bis zu diesem Zeitpunkt kann nach § 25 Abs. 1, ohne die besonderen Voraussetzungen des § 25 Abs. 2 ein Richter wegen Besorgnis der Befangenheit abgelehnt werden, bis zu ihm können der Angeklagte und der Verteidiger wegen nicht rechtzeitiger Ladung Aussetzung der Hauptverhandlung verlangen (§§ 217, 218), ferner kann nach § 16 Satz 2 bis zu ihm der Einwand der örtlichen Unzuständigkeit geltend gemacht werden.

10. Vernehmung des Angeklagten zur Sache.

a) Regelmäßiger Vorgang der Vernehmung vgl. zunächst Hauptwerk Anm. 5a erster Absatz.

Der sprachfähige Angeklagte muß seine Erklärungen mündlich abgeben, es ist grundsätzlich nicht statthaft, daß er eine Verteidigungsschrift vorlegt und verliest (RGRspr. 4, 563; Recht 1903 Nr. 2524; BGHSt. 3, 368) oder auf den Inhalt eines früheren Urteils verweist, aus dem seine Stellungnahme zur Anklage entnommen werden könne. Doch muß dem Angeklagten, der an einem Sprachfehler leidet, gestattet sein, daß er seine mündliche Aussage durch die Verlesung einer schriftlichen Erklärung ergänzt (RG. GA. 60, 86).

Auch der Angeklagte, der sich zur Sache äußert, kann die Einlassung zu einzelnen Punkten oder einzelnen Fragen verweigern. Handelt es sich bei den Fragen, zu denen der Angeklagte keine Erklärung abgeben will, um besondere Anklagepunkte, wozu in diesem Zusammenhang auch ideellkonkurrierende Delikte gehören können, so kann auch insoweit aus dem Schweigen des Angeklagten nichts gegen ihn hergeleitet werden. Hängt aber der Punkt, über den der Angeklagte die Auskunft verweigert, so eng mit seiner Einlassung zusammen, daß das Gericht diese nicht prüfen kann, ohne auch auf die Verweigerung einzugehen, so darf es sich auch mit ihr auseinandersetzen. Beispiel: Gegenüber einer Betrugsanklage läßt sich der Angeklagte dahin ein, er sei zur Tatzeit zahlungsfähig und zahlungswillig gewesen, er habe stets die notwendigen Barmittel gehabt, diese seien ihm später abhanden gekommen. Er weigert sich aber, sowohl anzugeben, wo sich diese Barmittel befunden hätten, als auch, auf welche Weise sie ihm später verlorengegangen seien. Hier kann das Gericht die Weigerung des Angeklagten, über Aufbewahrung und Verlust der angeblichen Mittel Angaben zu machen, dazu benutzen, um darzulegen, daß die Behauptung, die Mittel gehabt zu haben, eine leere Schutzbehauptung sei. Dasselbe gilt wenn der Angeklagte sich weigert, einen Zeugen, der zu einer vom Angeklagten selbst aufgestellten Schutzbehauptung etwas bekunden könnte, von der Schweigepflicht zu entbinden, für die Würdigung dieser Schutzbehauptung (so mit Recht BGH. NJW. **66** 209 = MDR. **66** 163; a. A. Schmidt-Leichner NJW. **66** 190). Der Vorsitzende kann dem Angeklagten bei der Vernehmung Vorhalte machen, jedoch ist ein Vorhalt aus der Niederschrift, die im Vorverfahren über die Aussage eines zur Verweigerung des Zeugnisses berechtigten Zeugen aufgenommen worden ist, nur zulässig, wenn kein Verwertungsverbot für diese Aussage besteht, wenn also auch frühere Verhörspersonen über sie vernommen werden können (hierüber vgl. Hauptwerk § 252 Abm. 4).

b) Verhandlung ohne den Angeklagten. Vgl. Hauptwerk Anm. 5b.

c) Verkehr mit dem Verteidiger. Der Vorsitzende muß eine Besprechung des Angeklagten mit dem Verteidiger zulassen, soweit der Fortgang der Verhandlung hierdurch nicht gestört wird. Der Verteidiger kann die Zulässigkeit der Fragen des Vorsitzenden an den Angeklagten in Zweifel ziehen und eine Entscheidung des Gerichts darüber herbeiführen (Hauptwerk Anm. 1 zu § 245). Wegen des Fragerechts des Verteidigers vgl. Hauptwerk § 240 mit Anmerkungen, wegen des Rechts des Verteidigers, Erklärungen abzugeben, Nachtrag § 257a mit Anmerkungen.

d) Erörterung der Vorstrafen des Angeklagten. Sie gehört, wie oben Anm. 4 dargelegt, nicht mehr zur Vernehmung über die Person. Der Grund hierfür ist einmal, zu vermeiden, daß durch frühzeitige Bekanntgabe der Vorstrafen von vornherein eine Voreingenommenheit gegen den Angeklagten entstehen kann, ferner, daß die Erwähnung der Vorstrafen überhaupt vermieden werden soll, solange nicht mit einiger Wahrscheinlichkeit damit zu rechnen ist, daß sie für die Entscheidung von Bedeutung sind (vgl. Kleinknecht JZ. 65, 159). Die Vorstrafen können im Einzelfall bereits für den Schuldspruch von Wichtigkeit sein. Abgesehen davon, daß z. B. in § 245a StGB. die Strafbarkeit des Besitzes von Diebeswerkzeug davon abhängig ist, daß der Angeklagte vorher wegen bestimmter Delikte rechtskräftig verurteilt ist, ist es ein legitimes Beweisanzeichen für die Schuld eines Angeklagten, daß er schon früher ähnliche Taten in ähnlicher Weise ausgeführt hat. In diesen Fällen werden die Vorstrafen zweckmäßig gelegentlich der Erörterung desjenigen Delikts, für das es auf sie ankommt, mit dem Angeklagten durchgesprochen. Im übrigen werden die Vorstrafen in aller Regel für den Strafausspruch von Bedeutung sein, da gerade der Umstand, daß der Angeklagte nicht oder nur geringfügig oder nicht einschlägig vorbestraft ist, zu den wichtigsten Milderungsgründen, der, daß er einschlägig oder zwar nicht einschlägig, aber häufiger oder gerade kurz vor Begehung der Tat oder während des Laufs einer Bewährungsfrist bestraft ist, zu den wichtigsten Strafschärfungsgründen gehört. Die (strafmildernde) Feststellung, daß der Angeklagte nur geringfügig und nicht einschlägig vorbestraft sei, läßt sich ohne Erörterung der Vorstrafen nicht treffen, auch die, daß er nicht bestraft sei, setzt jedenfalls eine entsprechende Frage an den Angeklagten und dessen Antwort darauf voraus. Eine Erörterung der Vorstrafen wird deshalb in der Regel nur dann dem Angeklagten völlig erspart werden können, wenn es zu einem Freispruch kommt.

Obwohl das sogenannte Schuldinterlokut in die Reform nicht aufgenommen ist, wird es sich deshalb in Fällen, in denen ernsthafte Zweifel an der Verurteilung des Angeklagten bestehen und die Vorstrafen nicht für die Schuldfrage von Bedeutung sind, empfehlen, vor Erörterung der Vorstrafen eine Zwischenberatung zur Schuldfrage durchzuführen, ohne daß deren Ergebnis verkündet wird. Da es sich aber bei Abs. 4 Satz 3 nur um eine Sollvorschrift handelt, kann in der Unterlassung einer solchen Zwischenberatung ein Rechtsfehler nicht gefunden werden, ganz abgesehen davon, daß der freigesprochene Angeklagte durch die (nachträglich sich als überflüssig erweisende) Erörterung der Vorstrafen im Rechtssinne nicht beschwert ist.

Den Zeitpunkt, zu dem Vorstrafen festgestellt werden, bestimmt der Vorsitzende nach pflichtmäßigem Ermessen (s. aber oben 4). Er hat kein Mittel, die Beteiligten daran zu hindern, diesbezügliche Beweisanträge schon frühzeitig zu stellen. Wenn auch die Bescheidung solcher Anträge zunächst zurückgestellt werden kann, so kann doch schon der Vortrag eines Beweisantrages, der eine bestimmte Bestrafung behauptet, die Voreingenommenheit oder überflüssige Bloßstellung bewirken, die das Gesetz dem Angeklagten ersparen will. Es bedarf deshalb eines verständnisvollen Zusammenwirkens aller Beteiligten, auch der Anwälte etwaiger Nebenkläger, um den Gesetzeszweck nach Möglichkeit zu erreichen.

11. Abweichungen im Aufbau der Hauptverhandlung. Die im § 243 festgelegte Reihenfolge der Verfahrensvorgänge ist nur insofern schlechthin zwingend, als der Angeklagte nicht zur

Sache vernommen werden darf, ehe nicht der Anklagesatz verlesen oder vorgetragen ist und er auf sein Recht hingewiesen ist, die Einlassung zur Sache zu verweigern, auch dürfen keine Beweise (§ 244) erhoben werden, ehe nicht der Angeklagte zur Sache vernommen worden ist. Jedoch kann das Verfahren in mehrere Teile zerlegt werden derart, daß bei mehreren verfahrensrechtlich selbständigen Taten zunächst der Anklagesatz nur für eine oder einige verlesen oder vorgetragen wird und der Angeklagte alsdann nur insoweit zur Sache vernommen wird usw. (BGHSt. 10, 91; 19, 93, 96), wobei die Sitzungsniederschrift diese Zerlegung des Verfahrens eindeutig erkennen lassen muß. Wird so verfahren, so braucht der Vorsitzende dem Angeklagten den Hinweis nach Abs. 4 Satz 1 nur einmal, vor seiner ersten Vernehmung zur Sache zu erteilen. (Müller-Sax — 5b — halten abschnittsweise Verlesung des Anklagesatzes für untunlich, nicht hingegen abschnittsweise Vernehmung zur Sache.) Im übrigen vergleiche wegen der möglichen Abweichungen im Aufbau der Verhandlung Hauptwerk § 243 Anm. 1.

12. Die neue Fassung gilt für Verfahren, bei denen der Eröffnungsbeschluß nach dem 31. 3. 1965 erlassen ist.

§ 257a

Auf Verlangen ist dem Staatsanwalt und dem Verteidiger Gelegenheit zur Abgabe von Erklärungen zu geben.

Die Vorschrift ist durch das StPÄGes. eingefügt worden.

1. Zweck der Bestimmung. Sie war im Regierungsentwurf nicht enthalten, sondern beruht auf den Beratungen des Rechtsausschusses. Ausgangspunkt war ein Wunsch der Bundesrechtsanwaltskammer (so Abgeordneter Jahn Rechtsausschuß 38 S. 22), daß, entgegen der Rechtsprechung zu § 257 (vgl. dazu Dahs NJW. 62, 2238) auch dem Verteidiger die Möglichkeit gegeben werden müsse, „zu Aussagen oder zu Erklärungen von Sachverständigen Erklärungen oder Stellungnahmen abzugeben". Im Interesse der Waffengleichheit ist man dann zu dem Ergebnis gekommen, auch der Staatsanwaltschaft das Erklärungsrecht zu geben; es steht nach §§ 397, 385 Abs. 1 S. 1 damit auch dem Nebenkläger und dem Privatkläger zu. Als Erklärungen, zu denen der Verteidiger im Laufe des Verfahrens ein Recht haben müsse, bezeichnete der Abgeordnete Arndt: Verwahrung gegen bestimmte Presseveröffentlichungen, Stellungnahme zu der Frage, ob ein Zeuge, der die Aussage verweigere, in eine Ordnungsstrafe zu nehmen sei, Hinweis, daß der Angeklagte zusammenbrechen würde, wenn der Prozeß noch drei Wochen dauere. Würde die Vorschrift nur derartige Erklärungen zulassen, so brächte sie nichts Neues. Zu Erklärungen der genannten Art war der Verteidiger auch bisher schon berechtigt; die StPO. enthielt keinen abschließenden Katalog über Antrags- und Erklärungsrechte des Verteidigers (a. A. offenbar Kleinknecht JZ. 1965, 159).

2. Grenze der zulässigen Erklärungen. Die Schwierigkeit des § 257a liegt darin, zulässige Erklärungen gegenüber unzulässigen vorweggenommenen Plädoyers abzugrenzen und den Zeitpunkt zu bestimmen, in dem die Erklärungen abgegeben werden dürfen.

Bei Beantwortung dieser Fragen ist davon auszugehen, daß das Recht und die Pflicht des Vorsitzenden zu straffer Verhandlungsführung durch die Vorschrift keinen Schaden leiden darf. Bei Mißbrauch der Befugnis zu Erklärungen kann der Vorsitzende die Worterteilung verweigern oder dem Erklärenden das Wort abschneiden. Gegenüber dieser Entscheidung des Vorsitzenden kann der Betroffene nach § 238 Abs. 2 die Entscheidung des Gerichts anrufen (ebenso Schwarz-Kleinknecht 257a Anm. 3 am Ende; Kleinknecht JZ. **65** 159; Müller-Sax 2). Denn es geht darum, ob die Maßnahme des Vorsitzenden zulässig war, d. h. ob er zu Recht einen Mißbrauch der Befugnisse des § 257a angenommen hat oder nicht. Alle Handlungen des Vorsitzenden aber, die unter dem Gesichtspunkt: zulässig—unzulässig, nicht unter dem: zweckmäßig—unzweckmäßig von den Beteiligten gewertet werden, gehören zur Sachleitung. Da schon die Herbeiführung eines Gerichtsbeschlusses in einem ungeeigneten Moment die Verhandlung wesentlich stören kann, tragen Verteidigung und Staatsanwaltschaft eine erhebliche Mitverantwortung für einen sachgerechten Verhandlungsablauf.

Dies vorausgeschickt ist zur Abgrenzung der zulässigen von den unzulässigen Erklärungen folgendes zu sagen: Der Vorsitzende braucht es grundsätzlich nicht zu dulden, daß er in seiner

Vernehmung eines Angeklagten, Zeugen oder Sachverständigen oder der Verlesung einer Urkunde unterbrochen wird, damit ein Beteiligter Erklärungen abgeben kann, vielmehr kann er den das Wort Verlangenden auf den Zeitpunkt nach Schluß der gerade in Gang befindlichen Beweishandlung verweisen. Das ergibt sich nicht nur aus dem Erfordernis einer straffen Hauptverhandlung, sondern auch aus der Entstehungsgeschichte der Vorschrift und ihrer Stellung im Gesetz zwischen § 257 und § 258 (ebenso Schwarz-Kleinknecht § 257a Anm. 3). Ausnahmen sind, wie schon bisher, gegeben, wenn eine bestimmte Frage (der Sache oder auch der Form — Suggestivfragen — nach) beanstandet werden soll; vielleicht können sie auch noch zugelassen werden, wenn innerhalb einer längeren Vernehmung eines Zeugen oder Sachverständigen die Beweisperson **in sich** widerspruchsvolle Bekundungen macht, ohne daß der Vorsitzende sie darauf hinweist. Nach Abschluß jeder einzelnen Vernehmung muß das Erklärungsrecht aber grundsätzlich zugestanden werden. Doch brauchen in der Regel, wenn die Verhandlung nach Tatkomplexen aufgeteilt ist, Erklärungen während der Erörterung eines Tatkomplexes, die einen anderen betreffen, nicht gestattet zu werden.

Inhaltlich müssen die Erklärungen zur Sache gehören. Sachliche Stellungnahmen zu Bekundungen von Zeugen und Sachverständigen sind nicht schlechthin unzulässig, wie die herrschende Meinung für das bisherige Recht annahm. Doch müssen sie kurz und prägnant sein, in der Regel aus einem oder wenigen Sätzen bestehen. Das gilt auch für Erwiderungen des Verteidigers auf Erklärungen des Staatsanwalts und umgekehrt. Längere Plädoyers vor Abschluß der Verhandlungen sind grundsätzlich ein Mißbrauch. (Ebenso auch der Abgeordnete Arndt Rechtsausschuß 38, 25 u. 26, Dahs NJW. **62** 2238, 2240, der schon für das bisherige Recht die Befugnis des Verteidigers zu kurzen Plädoyers annahm).

3. Revision. Die Vorschrift kann angesichts des Wortlauts „ist" und der Entstehungsgeschichte nicht als bloße Ordnungsvorschrift angesehen werden (a. A. Schwarz-Kleinknecht 5). Daß die durch Gerichtsbeschluß nicht zugelassenen Erklärungen jederzeit nachgeholt werden können, ändert daran nichts. Die Bestimmung soll ja gerade sicherstellen, daß der Verteidiger z. B. auf Widersprüche zwischen zwei Zeugenaussagen oder die Wichtigkeit einer bestimmten Aussage in einem Zeitpunkt hinweisen kann, in dem die Aussagen allen Beteiligten noch in frischer Erinnerung sind. In diesem Zeitpunkt kann die Erklärung u. U. eine ganz andere Wirkung haben als im Schlußplädoyer, das vielleicht nach Stunden, Tagen oder Wochen gehalten wird. Deshalb ist es Frage des Einzelfalls, ob ein Gerichtsbeschluß, der das Erklärungsrecht für einen bestimmten Zeitpunkt verweigert, eine unzulässige Beschränkung der Verteidigung ist (a. A. Müller-Sax 3).

4. § 257a gilt seit dem 1. April 1965.

§ 265

(1) Der Angeklagte darf nicht auf Grund eines anderen als des in der gerichtlich zugelassenen Anklage angeführten Strafgesetzes verurteilt werden, ohne daß er zuvor auf die Veränderung des rechtlichen Gesichtspunktes besonders hingewiesen und ihm Gelegenheit zur Verteidigung gegeben worden ist.

(2) Ebenso ist zu verfahren, wenn sich erst in der Verhandlung vom Strafgesetz besonders vorgesehene Umstände ergeben, welche die Strafbarkeit erhöhen oder die Anordnung einer Maßregel der Sicherung und Besserung rechtfertigen.

(3) Bestreitet der Angeklagte unter der Behauptung, auf die Verteidigung nicht genügend vorbereitet zu sein, neu hervorgetretene Umstände, welche die Anwendung eines schwereren Strafgesetzes gegen den Angeklagten zulassen als des in der gerichtlich zugelassenen Anklage angeführten, oder die zu den im zweiten Absatz bezeichneten gehören, so ist auf seinen Antrag die Hauptverhandlung auszusetzen.

(4) Auch sonst hat das Gericht auf Antrag oder von Amts wegen die Hauptverhandlung auszusetzen, falls dies infolge der veränderten Sachlage zur genügenden Vorbereitung der Anklage oder der Verteidigung angemessen erscheint.

Die Vorschrift ist nur insoweit geändert, als in den Abs. 1 und 3 jeweils die Worte „in dem Beschluß über die Eröffnung des Hauptverfahrens" durch die Worte „in der gerichtlich zugelassenen Anklage" ersetzt sind, eine Folgerung aus § 207. Mit dieser Maßgabe gelten die Anmerkungen im Hauptwerk § 265.

Wenn der Eröffnungsbeschluß praktisch einen neuen Anklagesatz enthält (vgl. Nachtrag § 243 Anm. 5), ist dieser die gerichtlich zugelassene Anklage. Trägt der Staatsanwalt unmittelbar im Anschluß an das Verlesen oder den Vortrag des Anklagesatzes seine abweichende Rechtsauffassung vor, so bedarf es trotzdem eines gerichtlichen Hinweises, wenn die Rechtsauffassung des Staatsanwaltes dem Urteil zugrunde gelegt werden soll.

Die Änderung gilt für Verfahren, in denen der Eröffnungsbeschluß nach dem 31. 3. 1965 erlassen ist.

§ 267

(1) Wird der Angeklagte verurteilt, so müssen die Urteilsgründe die für erwiesen erachteten Tatsachen angeben, in denen die gesetzlichen Merkmale der strafbaren Handlung gefunden werden. Soweit der Beweis aus anderen Tatsachen gefolgert wird, sollen auch diese Tatsachen angegeben werden.

(2) Waren in der Verhandlung vom Strafgesetz besonders vorgesehene Umstände behauptet worden, welche die Strafbarkeit ausschließen, vermindern oder erhöhen, so müssen die Urteilsgründe sich darüber aussprechen, ob diese Umstände für festgestellt oder für nicht festgestellt erachtet werden.

(3) Die Gründe des Strafurteils müssen ferner das zur Anwendung gebrachte Strafgesetz bezeichnen und die Umstände anführen, die für die Zumessung der Strafe bestimmend gewesen sind. Macht das Strafgesetz die Anwendung einer geringeren Strafe von dem Vorhandensein mildernder Umstände im allgemeinen abhängig, so müssen die Urteilsgründe die hierüber getroffene Entscheidung ergeben, sofern das Vorhandensein solcher Umstände angenommen oder einem in der Verhandlung gestellten Antrag entgegen verneint wird. Sie Urteilsgründe müssen ferner ergeben, weshalb die Strafe zur Bewährung ausgesetzt oder einem in der Verhandlung gestellten Antrag entgegen nicht ausgesetzt worden ist; dies gilt entsprechend für das Absehen von Strafe.

(4) Verzichten alle zur Anfechtung Berechtigten auf Rechtsmittel, so genügt die Angabe der für erwiesen erachteten Tatsachen, in denen die gesetzlichen Merkmale der strafbaren Handlung gefunden werden, und des zur Anwendung gebrachten Strafgesetzes.

(5) Wird der Angeklagte freigesprochen, so müssen die Urteilsgründe ergeben, ob der Angeklagte für nicht überführt oder ob und aus welchen Gründen die für erwiesen angenommene Tat für nicht strafbar erachtet worden ist.

(6) Die Urteilsgründe müssen auch ergeben, weshalb eine Maßregel der Sicherung und Besserung angeordnet oder einem in der Verhandlung gestellten Antrag entgegen nicht angeordenet worden ist. Ist die Fahrerlaubnis nicht entzogen oder eine Sperre nach § 42n Abs. 1 Satz 2 des Strafgesetzbuches nicht angeordnet worden, obwohl dies nach der Art der strafbaren Handlung in Betracht kam, so müssen die Urteilsgründe stets ergeben, weshalb die Maßregel nicht angeordnet worden ist.

Abs. 6 Satz 2 ist durch das zweite Gesetz zur Sicherung des Straßenverkehrs vom 26. November 1964 (BGBl. 921) eingeführt worden. Diese Ergänzung des § 267 hat zunächst, wie der gesamte Paragraph, Bedeutung für das Revisionsverfahren (vgl. Hauptwerk Anm. 11 zu § 267). Darüber hinaus hat sie aber auch Bedeutung für ein verwaltungsbehördliches Entziehungsverfahren nach § 4 StVG. Nach Abs. 3 dieser Bestimmung darf nämlich die Verwaltungsbehörde zum Nachteil des Betroffenen nicht von dem Inhalt eines strafgerichtlichen Urteils abweichen, soweit diese sich auf die Eignung zum Führen von Kraftfahrzeugen bezieht. Ergeben nun die Urteilsgründe entgegen der Vorschrift des § 267 Abs. 6 Satz 2 nicht, warum die Fahrerlaubnis nicht entzogen oder die Sperre nicht angeordnet ist, so bezieht sich das Urteil nicht auf die Beurteilung der Eignung zum Führen von Kraftfahrzeugen, bindet also die Verwaltungsbehörde nicht (Floegel-Hartung StVG. § 4 Anm. 23 und schon für das frühere Recht BGHSt. VRS Bd. 20, 117).

§ 267 Abs. 6 Satz 2 gilt entsprechend im Strafbefehl- und Strafverfügungsverfahren (§§ 409 Abs. 3, 413 Abs. 4) und für die jugendrichterliche Verfügung gemäß § 75 JGG. (§ 75 Abs. 1 Satz 4). Vgl. auch StVG. § 4 Abs. 3 Satz 2.

Die Änderung ist seit dem 2. Januar 1965 in Kraft.

§ 270

(1) Hält ein Gericht nach dem Ergebnis der Hauptverhandlung die sachliche Zuständigkeit eines Gerichts höherer Ordnung für begründet, so verweist es die Sache durch Beschluß an das zuständige Gericht.

(2) In dem Beschluß bezeichnet das Gericht den Angeklagten und die Tat gemäß § 200 Abs. 1 Satz 1.

(3) Der Beschluß hat die Wirkung eines das Hauptverfahren eröffnenden Beschlusses. Seine Anfechtbarkeit bestimmt sich nach § 210.

(4) Ist der Verweisungsbeschluß von einem Amtsrichter oder einem Schöffengericht ergangen, so kann der Angeklagte, falls nicht eine Voruntersuchung stattgefunden hat, innerhalb einer bei der Bekanntmachung des Beschlusses zu bestimmenden Frist die Vornahme einzelner Beweiserhebungen vor der Hauptverhandlung beantragen. Über den Antrag entscheidet der Vorsitzende des Gerichts, an das die Sache verwiesen worden ist.

Wegen der **Entstehungsgeschichte** und der **Änderungsversuche** vgl. Hauptwerk vor Anm. 1 zu § 270. Abs. 2 und 3 sind durch das StPÄGes. neu gefaßt worden.

1. **Erfordernisse des Verweisungsbeschlusses.** Die jetzt vorgenommenen Änderungen der Abs. 2 und 3 ziehen die Folgerungen aus den §§ 200, 207. Der Verweisungsbeschluß enthält den Anklagesatz (Abs. 2). Er hat ohne weiteres die Wirkung eines Eröffnungsbeschlusses. Im übrigen vgl. Hauptwerk Anm. 8.

2. Vgl. auch sonst die Anmerkungen zum Hauptwerk, jedoch ist zu den **Voraussetzungen des Verweisungsbeschlusses** folgendes zu bemerken: Die Ausführungen Hauptwerk Anm. 2 sind durch die Entscheidung BGHSt. 18, 290 weitgehend überholt. Wie in dieser Entscheidung dargelegt, kann der Richter, da er seine sachliche Zuständigkeit in jeder Lage des Verfahrens von Amts wegen zu prüfen hat, die Sache auch in dem Verfahrensabschnitt von der Eröffnung des Hauptverfahrens bis zur Hauptverhandlung an das Gericht höherer Ordnung abgeben, wenn er dieses für zuständig hält. Der Abgabebeschluß hat dann jedoch keine bindende Wirkung; erst mit der Übernahme wird die Sache bei dem Gericht höherer Ordnung anhängig (zustimmend Eb. Schmidt NJW. **63** 1477; Müller-Sax 2; abweichend Peters JZ. **63** 686); der Beschluß enthält auch keinen Anklagesatz und hat nicht die Wirkung eines Eröffnungsbeschlusses. Daraus folgt, daß das Gericht höherer Ordnung, an das „verwiesen“ worden ist, nicht nur seine Zuständigkeit zu prüfen hat, sondern die Anklage, gegebenenfalls mit Abänderungen, neu zulassen muß. Das Verfahren wird also in vollem Umfange in den Stand vor Erlaß des Eröffnungsbeschlusses zurückversetzt (so Eb. Schmidt NJW. **63** 1479; teilweise abweichend BGH. a. a. O.). Kommt allerdings das Gericht zu dem Ergebnis, daß in derselben Weise zu eröffnen sei wie es bereits das Gericht erster Instanz getan hatte, so wäre es ein überflüssiger Formalismus, das Fehlen eines neuen Eröffnungsbeschlusses zu beanstanden. Mindestens könnte in einem solchen Fall das Urteil auf dem Fehlen nicht beruhen.

3. **Innerhalb der Hauptverhandlung** kann die Verweisung sofort nach Verlesung des zugelassenen Anklagesatzes erfolgen, soweit die Annahme der Zuständigkeit im Eröffnungsbeschluß auf einem reinen Rechtsirrtum beruht (RGSt. 64, 179 mit weiteren Nachweisen). Sonst kommt praktisch eine Verweisung frühestens dann in Betracht, wenn der Angeklagte wenigstens zum Teil zur Sache vernommen ist. Denn das Gericht entscheidet über die Verweisung in der Besetzung der Hauptverhandlung, also mit Einschluß der Laienrichter. Diese dürfen aber keine Aktenkenntnis haben, können also die Frage, ob in tatsächlicher Hinsicht hinreichender Verdacht in Bezug auf ein gegenüber dem zugelassenen Anklagesatz schwereres Delikt besteht, nicht beurteilen, solange die den schwereren Verdacht begründenden Tatsachen nicht in prozeßordnungsmäßiger Weise in der Hauptverhandlung zur Sprache gebracht sind (a. A. ohne nähere Begründung BGH. 5 StR. 588/55 vom 28. 2. 1955). Sobald aber die neuen Tatsachen prozeßordnungs-

mäßig in die Hauptverhandlung eingeführt sind und den hinreichenden Verdacht ergeben haben (nur ein solcher, nicht etwa eine Überzeugung des Gerichts ist erforderlich, RGSt. 64, 180, GR. GA. 50, 284; 69, 94; RG. HRR. 1937 Nr. 10), kann verwiesen werden, eine vollständige Durchführung der Hauptverhandlung ist nicht erforderlich (RGSt. 64, 179).

4. Die Änderungen gelten für diejenigen Verfahren, in denen der Eröffnungsbeschluß nach dem 31. 3. 1965 erlassen ist.

§ 271

(1) Über die Hauptverhandlung ist ein Protokoll aufzunehmen und von dem Vorsitzenden und dem Urkundsbeamten der Geschäftsstelle zu unterschreiben. Der Tag der Fertigstellung ist darin anzugeben.

(2) Ist der Vorsitzende verhindert, so unterschreibt für ihn der älteste beisitzende Richter. Ist der Vorsitzende das einzige richterliche Mitglied des Gerichts, so genügt bei seiner Verhinderung die Unterschrift des Urkundsbeamten der Geschäftsstelle.

1. Vgl. die Anmerkungen zum Hauptwerk.

2. Das StPÄGes. hat den zweiten Satz des ersten Absatzes eingefügt. Grund hierfür ist die neue Bestimmung des § 273 Abs. 4, wonach das Urteil erst zugestellt werden darf, nachdem das Protokoll fertiggestellt ist. Die Zustellung wiederum setzt nach § 345 Abs. 1 Satz 2 die Revisionsbegründungsfrist in Lauf. Das Protokoll ist nur fertiggestellt, wenn auch der Tag der Fertigstellung darin angegeben ist.

Die Änderung des § 271 ist seit dem 1. 4. 1965 in Kraft.

§ 273

(1) Das Protokoll muß den Gang und die Ergebnisse der Hauptverhandlung im wesentlichen wiedergeben und die Beobachtung aller wesentlichen Förmlichkeiten ersichtlich machen, auch die Bezeichnung der verlesenen Schriftstücke sowie die im Laufe der Verhandlung gestellten Anträge, die ergangenen Entscheidungen und die Urteilsformel enthalten.

(2) Aus der Hauptverhandlung sind außerdem die wesentlichen Ergebnisse der Vernehmungen in das Protokoll aufzunehmen.

(3) Kommt es auf die Feststellung eines Vorganges in der Hauptverhandlung oder des Wortlauts einer Aussage oder einer Äußerung an, so hat der Vorsitzende von Amts wegen oder auf Antrag einer an der Verhandlung beteiligten Person die vollständige Niederschreibung und Verlesung anzuordnen. Lehnt der Vorsitzende die Anordnung ab, so entscheidet auf Antrag einer an der Verhandlung beteiligten Person das Gericht. In dem Protokoll ist zu vermerken, daß die Verlesung geschehen und die Genehmigung erfolgt ist oder welche Einwendungen erhoben worden sind.

(4) Bevor das Protokoll fertiggestellt ist, darf das Urteil nicht zugestellt werden.

1. Vgl. zunächst Hauptwerk Vorbemerkung und Anmerkungen 1—5.

2. Protokollierung von Vorgängen nach Abs. 3. Ein Vorgang ist, wenn es auf seine Feststellung ankommt, vollständig niederzuschreiben und die Niederschrift zu verlesen. Die Vorschrift wird in Zukunft infolge des durch das StPÄGes. gewährten Antragsrechts (unter Anm. 5) eine größere Bedeutung gewinnen als bisher. Auf die Feststellung eines Vorganges kommt es an, wenn an ihm ein rechtliches Interesse besteht. Ein solches Interesse kann an der Feststellung von Vorgängen, die nicht zu den „wesentlichen Förmlichkeiten" gehören, oder an der ausführlicheren Feststellung einer wesentlichen vorgeschriebenen Förmlichkeit aus den verschiedensten Gründen bestehen. Die Feststellung kann im laufenden Verfahren von Bedeutung sein, z. B. weil der Vorgang ein Grund für die Ablehnung eines Richters bilden könnte, weil er die geistige Anwesenheit eines Verfahrensbeteiligten (Schlafen eines Schöffen) oder die Verhandlungsfähigkeit des Angeklagten in Frage stellen oder für die Beweiswürdigung von Bedeutung sein könnte (Ergebnis eines Augenscheins, Versuche von Angeklagten und Zeugen, miteinander in Verbindung zu treten) oder den Verdacht erwecken könnte, das Urteil könne auf außerhalb der Verhandlung liegende Gründe gestützt werden (Übergabe von Akten an einen Laienrichter). Es kann aber auf einen Vorgang auch aus Gründen ankommen, die außerhalb des Verfahrens liegen, z. B. um ein standeswidriges Verhalten eines Anwalts für eine Anzeige bei der Anwaltskammer oder die Beleidigung eines Zeugen durch den Angeklagten für ein künftiges Strafverfahren festzustellen. Den Wortlaut der Niederschrift bestimmt der Vorsitzende. Sie muß zwecks Genehmigung verlesen werden. Genehmigungs- und einwandberechtigt sind alle an der Verhandlung beteiligten Personen (unter 5). Soweit Einwendungen erhoben werden, denen nicht stattgegeben wird, die also nicht zu einer Berichtigung der Niederschrift führen, sind sie im Protokoll zu vermerken, sonst ist zu vermerken, daß alle Beteiligten die Niederschrift genehmigt haben.

3. Das Inhaltsprotokoll nach Abs. 2. Während bisher, abgesehen von der wörtlichen Aufnahme nach Abs. 3 (siehe Anm. 4), die wesentlichen Ergebnisse von Vernehmungen nur in den Verhandlungen vor dem Amtsrichter und dem Schöffengericht, also in Verfahren, in denen berufungsfähige Urteile ergehen, in die Sitzungsniederschrift aufzunehmen waren, gilt dies jetzt für sämtliche Tatsacheninstanzen; für das Revisionsgericht nur, wenn ausnahmsweise Vernehmungen zu Verfahrensrügen im Freibeweis bei ihm stattfinden. **Nur für Vernehmungen** (des Angeklagten, der Zeugen und Sachverständigen) gilt Abs. 2. Beim Urkundenbeweis ist die Aufnahme überflüssig, weil die verlesene Urkunde vorliegt und die Tatsache ihrer Verlesung bereits nach Abs. 1 aufgenommen werden muß. Bei der Augenscheinseinnahme sind deren Ergebnisse nur im Falle des Abs. 3 aufzunehmen. § 274 findet auf die Aufnahme nach Abs. 2 keine Anwendung (vgl. Hauptwerk Anm. 7a am Ende mit Nachweisen; Schwarz-Kleinknecht § 273 Anm. 6 A, Müller-Sax Anm. 6.) Über den Begriff der **wesentlichen Ergebnisse** vgl. Hauptwerk Anm. 7b. Über das Zusammenwirken von Urkundsbeamten und Vorsitzenden gilt das Hauptwerk § 271 Anm. 2 Ausgeführte (grundsätzlich selbständige Aufnahme durch den Urkundsbeamten).

Das Inhaltsprotokoll nach Abs. 2 kann für die Berufung (§ 325), nicht aber für die Revision von Bedeutung sein. Die Feststellung des Sachverhalts im Urteil ist Aufgabe der bei der Urteilsfällung mitwirkenden Richter und unterliegt ihrer Beratung und Abstimmung. Zu der ausschließlich den Richtern zustehenden Sachverhaltsfeststellung gehört auch die (nicht notwendig ins Urteil aufzunehmende, aber ihm stets zugrunde liegende) Feststellung, was die Zeugen im einzelnen gesagt haben und wie ihre Aussagen auszulegen sind. Das Gericht ist bei der Beratung hierüber an das zu diesem Zeitpunkt auch noch gar nicht unterschriebene Protokoll, für das Vorsitzender und Urkundsbeamter allein verantwortlich sind, nicht gebunden. Eine Verletzung des § 261 kann schon deshalb durch die Inhaltsprotokolle nach Abs. 2 niemals bewiesen werden. Eine Rekonstruktion von Aussagen ist nicht Aufgabe des Revisionsgerichts (vgl. Hauptwerk § 337 Anm. A; im Ergebnis ebenso für die Neufassung BGH. MDR. **66** 164 = JZ. **66**, 36). Außerhalb des Verfahrens kann das Inhaltsprotokoll von Bedeutung sein, z. B. in einem Wiederaufnahmeverfahren oder in einem Strafverfahren gegen einen Zeugen wegen unrichtiger Aussagen.

4. Das Inhaltsprotokoll nach Abs. 3. Auf Antrag oder von Amts wegen hat der Vorsitzende nach Abs. 3 die vollständige Niederschrift einer Äußerung oder Aussage zu veranlassen und die Verlesung der Niederschrift anzuordnen, wenn es auf den Wortlaut der Aussage oder Äußerung ankommt. Auch hier kann es, ebenso wie bei den nach Abs. 3 zu protokollierenden Vorgängen (vgl. Anm. 2) aus den verschiedensten Gründen auf die Feststellung des Wortlauts ankommen. Die wörtliche Protokollierung kann ein wertvolles Hilfsmittel für das Gericht bei seiner Beratung sein, wenn bei langen Hauptverhandlungen zwischen der Aussage oder Äußerung und der Beratung eine gewisse Zeitspanne liegt. Das Wortlautprotokoll bei der Beratung zu benutzen, verstößt nicht etwa gegen § 261. So schon für ein in der Hauptverhandlung aufgenommenes Tonband BGH. NJW. **64** 603; dazu Roggemann JR. **66** 47 mit weiteren Nachweisen. Für das von allen „an der Verhandlung Beteiligten" genehmigte Wortlautprotokoll (unten 5) muß das um so mehr gelten.

Daneben können auch hier außerhalb des Verfahrens liegende Gründe (vor allem Verdacht des Meineides) dafür maßgenbend sein, daß es auf den Wortlaut ankommt. Ob der Vorsitzende den Wortlaut ins Protokoll diktiert, was meist zweckmäßig sein wird, oder das Diktat dem Äußernden oder Aussagenden überläßt, da ja dessen Angaben wortgetreu festgestellt werden sollen, liegt in seinem Ermessen. In jedem Fall muß die Niederschrift dem Äußernden oder Aussagenden vorgelesen werden, damit er seine Genehmigung geben oder Einwendungen erheben kann. Auch hier sind genehmigungs- und einwandsberechtigt außerdem sämtliche an der Verhandlung beteiligten Personen. Für die Protokollierung der Genehmigung und der Einwendungen gilt das oben Anm. 3 Gesagte entsprechend.

Auch auf einen Widerspruch zwischen einer wörtlich protokollierten Aussage und Urteilsfeststellungen, die sich mit dieser Aussage beschäftigen, kann die Revision nicht gestützt werden. Zwar läßt sich das nicht wie bei dem Inhaltsprotokoll nach Abs. 2 damit begründen, daß die Urkundspersonen des Protokolls wesensverschieden von den Richtern sind, da ja in der Regel, d. h. wenn nicht ausnahmsweise Einwendungen erhoben sind, denen nicht stattgegeben ist, auch alle Richter die Niederschrift genehmigt haben (unten 5). Abgesehen davon, daß ein wirklicher Widerspruch zwischen der protokollierten Aussage und dem Urteil überhaupt nur dann vorhanden sein kann, wenn das Urteil die Aussage oder Äußerung unmittelbar wiedergibt und außer der wörtlich protokollierten Aussage nicht noch eine andere nicht wörtlich protokollierte vorhanden ist, würde ein solcher Widerspruch noch nicht bedeuten, daß der Beweisstoff außerhalb der Verhandlung geschöpft worden ist (A. A. Glanzmann, Verhandlungen des 41. Deutschen Juristentages Bd. II G. 27). Es könnte sich trotz der Niederschrift um einen Irrtum handeln, der dem Gericht bei der Beratung unterlaufen ist und auf unrichtiger Erinnerung und Nichtheranziehung der Niederschrift beruht. Diese Fehlerquelle würde, wenn überhaupt einmal ein eindeutiger Widerspruch vorkäme, ohnehin eine erhebliche Wahrscheinlichkeit für sich haben, denn daß ein Gericht, die Niederschrift vor Augen, Feststellungen über die Aussagen einer Beweisperson trifft, die der wörtlich niedergeschriebenen eindeutig widersprechen, ist ganz unwahrscheinlich. Dafür, daß die Revision nicht auf Abweichungen der Urteilsfeststellungen vom Wortlaut des Protokolls gestützt werden kann, auch Dahs NJW. **65** 85 unter 6c; Kleinknecht JZ. **65** 159, 2d; Sarstedt JZ. **65** 293.

5. Das Antragsrecht der Beteiligten nach Abs. 3. Abs. 3 gibt sämtlichen an der Verhandlung beteiligten Personen ein Recht, sowohl die vollständige Protokollierung bestimmter Vorgänge (Anm. 2) als auch die vollständige Protokollierung bestimmter Aussagen und Äußerungen (Anm.4) zu beantragen und verstärkt dieses Recht dadurch, daß gegen eine ablehnende Entscheidung des Vorsitzenden das Gericht angerufen werden kann.
Zu den „an der Verhandlung beteiligten Personen" gehören nicht nur die „Verfahrensbeteiligten" (Schwarz-Kleinknecht Einl. 3), sondern, wie im § 238 Abs. 2 auch die beisitzenden Richter (Berufs- und Laienrichter) — ebenso Schwarz-Kleinknecht 7Db; ferner zu § 238 Müller-Sax 4a, Geier Hauptwerk B7 —.

Auch hier ist den Beteiligten ein Mittel in die Hand gegeben, das bei unsachgemäßer Handhabung die Verhandlung unnötig erschweren kann. Es ist eine wichtige Aufgabe, insbesondere auch der Anwälte in ihrer Eigenschaft als Rechtspflegeorgane, durch verantwortungsbewußtes Ausüben des Antragsrechts und entsprechende Einwirkung auf ihre Mandanten zu einer sachgemäßen Verhandlung beizutragen. Da die Protokollierung nur erfolgt, wenn es auf die Feststellung eines Vorganges in der Hauptverhandlung oder des Wortlauts einer Aussage oder einer Äußerung ankommt, muß eine Protokollierungsantrag die Gründe angeben, aus denen nach Auffassung des Antragstellers diese Voraussetzungen gegeben sind.

Ein Recht auf wörtliche Protokollierung von **Aussagen** haben die Beteiligten nicht (BGH. MDR. **66** 164. Der Vorsitzende und gegebenenfalls das Gericht haben vielmehr zu entscheiden, ob es tatsächlich auf die Feststellung ihres Wortlauts ankommt. Eine wörtliche Protokollierung lediglich zur Erleichterung der Beratung wird nur in seltenen Fällen erforderlich sein (bei besonders wichtigen Aussagen in langwierigen Prozessen), da sonst die Notizen des Berichterstatters genügen. Daß die Protokollierung **von Aussagen** (anders die von Vorgängen) nicht mit Rücksicht auf die Revisionsinstanz verlangt werden kann, ergibt sich aus dem Anm. 4 Dargelegten.

Bei **Vorgängen** und **Äußerungen** ist zu unterscheiden:

Begründet der Antragsteller den Protokollierungsantrag damit, daß er in dem Vorgang oder der Äußerung einen Verfahrensverstoß erblickt, so kommt es schon deshalb auf den Vorgang oder den Wortlaut der Äußerung an. Denn ob tatsächlich der behauptete Verfahrensverstoß vorliegt, hat im Endergebnis das Revisionsgericht zu entscheiden. Aus diesem Grunde muß dem Protokollierungsantrag stattgegeben werden.

Wird die Protokollierung hingegen aus anderen (meist außerhalb der Verhandlung liegenden) Gründen beantragt, so liegt es im pflichtgemäßen Ermessen des Gerichts, ob es dem Antrag stattgibt (streitig, wie hier im wesentlichen Müller-Sax 7; vgl. zum Ganzen Schmid GA. **62** 353ff. mit zahlreichen Nachweisen aus der Zeit vor dem StPÄG.).

Das Antragsrecht begründet keine Antragspflicht. Doch läßt sich im Freibeweis über behauptete Verfahrensmängel häufig der Schluß ziehen, daß ein in der Revision behaupteter Vorgang nicht so gravierend gewesen sein könne, wie die Revision vorträgt (Schlafen eines Schöffen, schwere Ermüdungserscheinungen beim Angeklagten), da sonst der Verteidiger, der den Vorgang bemerkt hat, den Protokollierungsantrag gestellt hätte.

Darauf allein, ein Protokollierungsantrag sei zu Unrecht abgelehnt worden, kann die Revision nicht gestützt werden, da das Urteil nicht auf der Sitzungsniederschrift beruht. Wird aber eine Verfahrensrüge erhoben, für die der Vorgang, dessen Protokollierung beantragt war, wesentlich ist, so dürfen an den Freibeweis keine zu hohen Anforderungen gestellt werden.

6. Nach Abs. 4 darf das Urteil nicht zugestellt werden, bevor das Protokoll fertiggestellt ist. Dadurch soll sichergestellt werden, daß die Verteidiger während der Revisionsbegründungsfrist, die regelmäßig mit Urteilszustellung beginnt (§ 345 Abs. 1), das Protokoll einsehen können. Nach Wortlaut und Sinn ist die Bestimmung keine bloße Ordnungsvorschrift (a. A. Schwarz-Kleinknecht 9). Vielmehr ist die Zustellung unwirksam, wenn sie vor Fertigstellung des Protokolls erfolgt, muß also nach Fertigstellung wiederholt werden (abweichend Müller-Sax [Anm. 8], die die Revisionsbegründungsfrist in diesem Fall mit der Fertigstellung des Protokolls beginnen lassen; die Ansicht scheitert schon daran, daß die Verteidiger den Tag der Fertigstellung nicht kennen, wenn sie die Akten nicht einsehen).

7. Die Neufassung gilt seit dem 1. 4. 1965.

§ 275

(1) Das Urteil mit den Gründen ist binnen einer Woche nach der Verkündung zu den Akten zu bringen, falls es nicht bereits vollständig in das Protokoll aufgenommen worden ist.

(2) Es ist von den Richtern, die bei der Entscheidung mitgewirkt haben, zu unterschreiben. Ist ein Richter verhindert, seine Unterschrift beizufügen, so wird dies unter der Angabe des Verhinderungsgrundes von dem Vorsitzenden und bei dessen Verhinderung von dem ältesten beisitzenden Richter unter dem Urteil vermerkt. Der Unterschrift der Schöffen und der Geschworenen bedarf es nicht.

(3) Die Bezeichnung des Tages der Sitzung sowie die Namen der Richter, der Geschworenen, der Schöffen, des Beamten der Staatsanwaltschaft, des Verteidigers und des Urkundsbeamten der Geschäftsstelle, die an der Sitzung teilgenommen haben, sind in das Urteil aufzunehmen.

(4) Die Ausfertigungen und Auszüge der Urteile sind von dem Urkundsbeamten der Geschäftsstelle zu unterschreiben und mit dem Gerichtssiegel zu versehen.

Die Vorschrift ist nur insoweit geändert, als in das Urteil auch der Name des Verteidigers aufgenommen werden muß, die Änderung gilt seit dem 1. 4. 1965.

Drittes Buch

Rechtsmittel

Zweiter Abschnitt

Beschwerde

§ 308

(1) Das Beschwerdegericht darf die angefochtene Entscheidung nicht zum Nachteil des Gegners des Beschwerdeführers ändern, ohne daß diesem die Beschwerde zur Gegenerklärung mitgeteilt worden ist. Dies gilt nicht in den Fällen des § 33 Abs. 4 Satz 1.

(2) Das Beschwerdegericht kann Ermittlungen anordnen oder selbst vornehmen.

1. Gefährdung notwendiger Maßnehmen durch vorherige Anhörung. Das StPÄndG vom 19. 12. 1964, Art. 8, hat im Abs. 1 den Satz 2 hinzugefügt. Dasselbe Gesetz hat auch den § 33 den Erfordernissen des rechtlichen Gehörs entsprechend ergänzt. Abs. 3 des § 33 schreibt nunmehr vor, daß bei gerichtlichen Entscheidungen außerhalb der Hauptverhandlung ein anderer Beteiligter zu hören ist, bevor zu seinem Nachteil Tatsachen oder Beweisergebnisse verwertet werden, zu denen er noch nicht gehört worden ist. Von dieser Regel macht Abs. 4 des neuen § 33 die sachlich notwendige Ausnahme, daß bei Anordnung der Untersuchungshaft, der Beschlagnahme oder anderer Maßnahmen die vorherige Anhörung des benachteiligten Beteiligten dann unterbleiben dürfe, wenn sie den Zweck der Anordnung gefährden würde. Dies entspricht der Rechtsprechung des BVerfGs, wonach in solchen Fällen Gelegenheit zu nachträglichen Gegenvorstellungen zu geben ist, BVerfG. NJW. **1959** 427. Vgl. § 308 Anm. 4. Der Grundgedanke, der dieser notwendigen Ausnahme zugrunde liegt, trifft auch dann zu, wenn das Beschwerdegericht eine solche Maßnahme treffen will. Daher ist § 308 Abs. 1 durch den Satz 2 entsprechend ergänzt worden. Auch hier genügt dann nachträgliche Anhörung, auf welche der Betroffene entsprechend § 115 hinzuweisen ist. Vgl. dazu § 308 Anm. 4 am Ende.

2. Inkrafttreten der Neufassung für alle laufenden Verfahren am 1. 4. 1965 (Art. 14 I, 18 I StPÄndG. vom 19. 12. 1964).

§ 311

(1) Für die Fälle der sofortigen Beschwerde gelten die nachfolgenden besonderen Vorschriften.

(2) Die Beschwerde ist binnen einer Woche einzulegen; die Frist beginnt mit der Bekanntmachung (§ 35) der Entscheidung. Die Einlegung bei dem Beschwerdegericht genügt zur Wahrung der Frist, auch wenn der Fall nicht für dringlich erachtet wird.

(3) Das Gericht ist zu einer Abänderung seiner durch Beschwerde angefochtenen Entscheidung nicht befugt. Es hilft jedoch der Beschwerde ab, wenn es zum Nachteil des Beschwerdeführers Tatsachen oder Beweisergebnisse verwertet hat, zu denen dieser noch nicht gehört worden ist, und es auf Grund des nachträglichen Vorbringens die Beschwerde für begründet erachtet.

1. Sofortige Beschwerde, Ausnahme vom Änderungsverbot. Das StPÄndG. vom 19. 12. 1964 hat im Abs. 3 den Satz 2 hinzugefügt, der das Gericht verpflichtet, einer Beschwerde auf Grund nachträglichen begründeten Vorbringens noch abzuhelfen. Wo sofortige Beschwerde vorgesehen ist, durfte das Erstgericht, bei sofortiger weiterer Beschwerde auch das Beschwerdegericht, seine

Entscheidung nach bisheriger Rechtslage nicht ändern und der Beschwerde nicht abhelfen. Der Grund dafür lag darin, daß das Gesetz der sofortigen Beschwerde solche Beschlüsse und Verfügungen unterwirft, die nach ihrer Verfahrensbedeutung einem Urteil mehr oder weniger nahekommen und daher beschränkter Rechtskraft fähig sind. Von dieser systematisch begründeten Regelung sieht § 311 III Satz 2 nunmehr eine Ausnahme vor, wenn der Vorderrichter erkennt, meist wohl auf Grund des Beschwerdevorbringens, daß er bei seiner Entscheidung Tatsachen verwertet hat, zu denen dem Beschwerdeführer kein rechtliches Gehör gewährt worden war, oder wenn sich dies jedenfalls herausstellt. Ergibt derartiges nachträgliches Vorbringen die Begründetheit des Beschwerdeverlangens, so hat der Vorderrichter der Beschwer nunmehr auch in den Fällen der sofortigen Beschwerde ausnahmsweise abzuhelfen (KMR.-Müller 2b). Dazu ist er verpflichtet. Diese Änderung ist den Beteiligten bekanntzumachen (§ 35).

2. Inkrafttreten der Neufassung für alle laufenden Verfahren am 1. 4. 1965 (Art. 14 I, 18 I StPÄndG. vom 19. 12. 1964).

§ 311a

(1) Hat das Beschwerdegericht einer Beschwerde ohne Anhörung des Gegners des Beschwerdeführers stattgegeben und kann seine Entscheidung nicht angefochten werden, so hat es diesen, sofern der ihm dadurch entstandene Nachteil noch besteht, von Amts wegen oder auf Antrag nachträglich zu hören und auf einen Antrag zu entscheiden. Das Beschwerdegericht kann seine Entscheidung auch ohne Antrag ändern.

(2) Für das Verfahren gelten die §§ 307, 308 Abs. 2 und § 309 Abs. 2 entsprechend.

1. Nachträgliche Sicherung nachträglichen rechtlichen Gehörs. Die gesamte Vorschrift ist durch das StPÄndG. vom 19. 12. 1964 eingefügt worden und gilt für alle laufenden Verfahren ab 1. 4. 1965 (Art. 14 I, 18 I StPÄndG.). Sie sichert das Recht auf Gegenvorstellung (BVerfGE. **9** 89) und gilt für die Beschwerde wie für die sofortige Beschwerde, jedoch nur dann, wenn keine weitere Beschwerde (§ 310) mehr zulässig ist. Sie greift außerdem nur ein, wenn der Nachteil, der dem nicht angehörten Gegner des Beschwerdeführers durch die Beschwerdeentscheidung erwachsen war, noch besteht. In Betracht kommen vor allem die beiden Fälle, daß a) bei Anordnung der Untersuchungshaft, der Beschlagnahme oder anderer Maßnahmen die vorherige Anhörung des Gegners des Beschwerdeführers den Zweck der Maßnahme gefährdet hätte (§ 33 IV), oder b) daß das Beschwerdegericht dessen Anhörung versehentlich unterlassen hat. Bemerkt das Beschwerdegericht den Mangel und besteht der entstandene Nachteil noch, so nimmt das Beschwerdegericht die Anhörung nachträglich vor. Es kann weitere Ermittlungen anordnen oder selbst vornehmen (§ 308 II), die Vollziehung der getroffenen Entscheidung auch aussetzen (§ 307 II). Je nach dem neuen Beweisergebnis kann es die frühere Entscheidung auch ohne Antrag ändern. Auf Antrag, den jeder Beteiligte stellen kann, muß es den Gegner nachträglich anhören und über den Antrag entscheiden. Ist kein solcher Antrag gestellt worden und hat das Beschwerdegericht auch nicht von Amts wegen entschieden, so entsteht die Frage der Erschöpfung des Rechtsweges im Sinne des § 90 II BVerfGG.; über sie entscheidet das BVerfG.

Die bei § 310 Anm. 2 erörterte Streitfrage ist damit gesetzlich entschieden, und zwar im Ergebnis in dem hier bisher schon vertretenen Sinne.

Dritter Abschnitt

Berufung

§ 328

(1) Soweit die Berufung für begründet befunden wird, hat das Berufungsgericht unter Aufhebung des Urteils in der Sache selbst zu erkennen.

(2) Leidet das Urteil an einem Mangel, der die Revision wegen Verletzung einer Rechtsnorm über das Verfahren begründen würde, so kann das Berufungsgericht unter Aufhebung des Urteils die Sache, wenn die Umstände des Falles es fordern, zur Entscheidung an das Gericht

des ersten Rechtszuges zurückverweisen. Die Zurückverweisung ist auch zulässig, wenn das Gericht abtrennbare Teile einer Tat, die Gegenstand der öffentlichen Klage sind, über die aber im angefochtenen Urteil nach seinen Gründen nicht entschieden worden ist, in das Verfahren einbezieht (§ 154a).

(3) Hat das Gericht des ersten Rechtszuges mit Unrecht seine Zuständigkeit angenommen, so hat das Berufungsgericht unter Aufhebung des Urteils die Sache an das zuständige Gericht zu verweisen.

1. Zurückverweisung bei Wiedereinbeziehung früher ausgeschiedener Tatteile. Das StPÄndG. vom 19. 12. 1964 hat im Abs. 2 den Satz 2 eingefügt. Der Sinn der Änderung ergibt sich im Zusammenhang mit dem neugefaßten § 154a. Diese Vorschrift bezweckt Entlastung des Verfahrens unter Beschränkung auf das Wesentliche. Soweit Tatmehrheit in Betracht kommt, bezwecken schon die §§ 153, 154 solche Entlastung. Dazu tritt nunmehr noch § 154a für die Fälle materiellrechtlich einheitlicher Tat, also für Teilhandlungen einer fortgesetzten Tat, einer Sammelstraftat oder für solche, die tateinheitliches Zusammentreffen mehrerer verletzter Strafgesetze begründen. Soweit solche Teilhandlungen für die zu erwartende Strafe oder Maßregel unwesentlich erscheinen, können sie nach Maßgabe des § 154a (s. dort) beiseite bleiben. In Betracht kommen dabei solche natürlichen Handlungen, die erst durch rechtliche Gesichtspunkte zu einer Tat im Rechtssinne zusammengeschlossen werden, ausgenommen solche, von denen die Erfüllung einzelner erschwerender Tatbestandsmerkmale abhängt. Voraussetzung ist stets, daß die übrigen Gesetzesverletzungen für die zu erwartende Strafe oder Maßregel ausreichen. Der einheitliche Gesamtvorgang darf daher durch die Beschränkung in seiner Bedeutung oder Eigenart nicht wesentlich verändert werden. Über die Beschränkung müssen Gericht und Staatsanwalt übereinstimmen. Der Staatsanwalt kann die Wiedereinbeziehung erzwingen, das Gericht kann sie in jeder Instanz von sich aus bewirken. Vgl. zu der gesamten Regelung § 154a.

Im § 328 zieht das Gesetz die Folgerungen aus dieser Änderung für das Berufungsverfahren, was die Zurückverweisung angeht. Ist es geboten, dem Angeschuldigten die erste Tatsacheninstanz zu erhalten, so wird das Berufungsgericht bei Verfahrensfehlern bedeutsamerer oder einschneidender Art die Sache stets zurückzuverweisen haben. Vgl. § 328 Anm. 4. Will das Berufungsgericht abtrennbare Tatteile (s. oben), die Gegenstand der Strafklage sind, über die sich in den Gründen des angefochtenen Urteils aber nichts findet, wieder einbeziehen, so wird dies regelmäßig deshalb geschehen, weil es für die zu erwartende Strafe oder Maßregel bedeutsam sein kann, weil sich diese bisher ausgeschiedenen Tatteile nunmehr als nicht unwesentlich herausgestellt haben. Das muß nicht zur Zurückverweisung führen, weil auch die Berufungsinstanz eine Tatsacheninstanz ist. Es kann aber für die Gesamtbeurteilung der Tat so wesentlich sein, daß sich die Zurückverweisung empfiehlt. Die Zurückverweisungsvoraussetzungen des Abs. 2 sind also erweitert worden. In Betracht kommen Tatteile, die früher als unwesentlich ausgeschieden worden waren und solche, die bisher noch nicht berücksichtigt worden waren, jedoch stets nur im Rahmen des Strafklagebereichs (§ 264) (KMR-Müller 3b).

2. Inkrafttreten der Neufassung für alle laufenden Verfahren am 1. 4. 1965 (Art. 14 I, 18 I StPÄndG. vom 19. 12. 1964).

Vierter Abschnitt

Revision

§ 345

(1) Die Revisionsanträge und ihre Begründung sind spätestens binnen eines Monats nach Ablauf der Frist zur Einlegung des Rechtsmittels bei dem Gericht, dessen Urteil angefochten wird, anzubringen. War zu dieser Zeit das Urteil noch nicht zugestellt, so beginnt die Frist mit der Zustellung.

(2) Seitens des Angeklagten kann dies nur in einer von dem Verteidiger oder einem Rechtsanwalt unterzeichneten Schrift oder zu Protokoll der Geschäftsstelle geschehen.

1. Verlängerung der Revisionsbegründungsfrist auf einen Monat. Das StPÄndG. vom 19. 12. 1964 hat den Abs. 1 der Vorschrift derart neu gefaßt, daß die Revisionsbegründungsfrist nunmehr einen Monat beträgt. In umfangreicheren und schwierigeren Sachen, besonders bei Verfahrensrügen, hat sich die bisherige Zweiwochenfrist als zu kurz erwiesen. Der Gesetzgeber hat dieses Bedürfnis gegenüber dem wesentlichen Gesichtspunkt des raschen Eintritts der Rechtskraft im Strafverfahren abgewogen und die Begründungsfrist allgemein auf einen Monat verlängert, die Rechtskraft damit also um etwas über zwei Wochen hinausgeschoben. Er hat dabei keine Abstufung der Länge der Frist etwa nach Gerichtszuständigkeit oder Sachumfang vorgenommen. Eine solche war erwogen worden. Eine weitere wichtige Neuerung besteht darin, daß das Urteil jetzt vor Fertigstellung der Sitzungsniederschrift nicht mehr zugestellt werden darf (§ 273 IV). Damit ist gewährleistet, daß die Niederschrift dem Verteidiger nunmehr während der gesamten Dauer der Revisionsbegründungsfrist zur Einsicht zugänglich ist. Wird es trotzdem früher zugestellt, so beginnt die Begründungsfrist erst mit der zu datierenden (§ 271) Fertigstellung der Sitzungsniederschrift (KMR.-Sax 1).

2. Geltung: Auf Revisionen, die bis zum 31. 3. 1965 eingelegt worden sind, ist § 345 in der bisherigen Fassung anzuwenden. Insoweit gilt die Fristverlängerung noch nicht (Art. 14 X, 18 I StPÄndG. vom 19. 12. 64).

§ 349

(1) Erachtet das Revisionsgericht die Vorschriften über die Einlegung der Revision oder die über die Anbringung der Revisionsanträge nicht für beobachtet, so kann es das Rechtsmittel durch Beschluß als unzulässig verwerfen.

(2) Das Revisionsgericht kann auf einen Antrag der Staatsanwaltschaft, der zu begründen ist, auch dann durch Beschluß entscheiden, wenn es die Revision einstimmig für offensichtlich unbegründet erachtet.

(3) Die Staatsanwaltschaft teilt den Antrag nach Absatz 2 mit den Gründen dem Beschwerdeführer mit. Der Beschwerdeführer kann binnen zwei Wochen eine schriftliche Gegenerklärung beim Revisionsgericht einreichen.

(4) Erachtet das Revisionsgericht die zugunsten des Angeklagten eingelegte Revision einstimmig für begründet, so kann es das angefochtene Urteil durch Beschluß aufheben.

(5) Wendet das Revisionsgericht Absatz 1, 2 oder 4 nicht an, so entscheidet es über das Rechtsmittel durch Urteil.

1. Entscheidung durch einstimmigen Beschluß bei begründetem oder offensichtlich unbegründetem Rechtsmittel.

Das StPÄndG. vom 19. 12. 1964 hat die Absätze 2 bis 5 der Vorschrift neu gefaßt und die gesetzliche Regelung der Materie neu gestaltet.

2. Antrag der Staatsanwaltschaft. Bisher durfte das RevG. jede Revision einstimmig als offensichtlich unbegründet auch verwerfen, wenn die ihm zugeordnete StA. hierüber anderer Ansicht war. Nunmehr ist deren Verwerfungsantrag als offensichtlich unbegründet zwingende Voraussetzung. Ohne ihn ist Beschlußverwerfung nach Abs. 2 unzulässig. Der Antrag dürfte rücknehmbar sein, solange der etwaige Verwerfungsbeschluß der Geschäftsstelle des RevGs nicht übergeben worden ist. Das RevG. wird auch anregen dürfen, ihn zu stellen, es sei denn, daraus erwüchsen Bedenken gegen die streng zu prüfende (s. § 349 Anm. II 1) Offensichtlichkeit der Unbegründetheit. Maßgebend ist stets nur ein Antrag der StA. bei dem RevG. Nimmt die StA. einen solchen Antrag rechtzeitig zurück, oder stellt sie ihn nicht, so muß die Hauptverhandlung stattfinden. Das Antragserfordernis soll gewährleisten, daß RevG. und StA. die Rechtslage übereinstimmend dahin beurteilen, daß das Rechtsmittel offensichtlich unbegründet sei. Das Übereinstimmungserfordernis wirkt als weitere rechtliche Sicherung gegen unerwünschte Überdehnung der Ermessensvorschrift des Abs. 2. Es gewährt der StA. bei dem RevG. entscheidenden Einfluß auf den Umfang der Verwerfungspraxis des RevG.s nach § 349 II und auf deren Rechtsgründe. Freilich schließt die Neuregelung es nicht aus, daß die beiderseitigen Erwägungen, warum das Rechtsmittel offensichtlich unbegründet sei, im Einzelfalle auch einmal voneinander abweichen. Jedoch werden dann Zweifel an der Offensichtlichkeit bestehen.

Auch **Revisionen der StA.** können der Sache nach offensichtlich unbegründet sein. Ob auch sie der Beschlußverwerfung nach § 349 II unterliegen, wie bisher, darüber spricht sich die Neuregelung nicht aus. Die Fassung des Abs. 2 für sich allein schließt Beschlußverwerfung auch hier nicht aus. Die Regelung des Abs. 3 mag eher dagegen sprechen. Daß der Gesetzgeber die Rechtsmittel der örtlichen StA. gegenüber denen des Angeklagten oder anderer Beteiligter tendenziell privilegieren wollte, ist nicht anzunehmen. Das wäre eher ein Rückschritt und widerspräche auch dem Entlastungszweck des Abs. 2. Denn offensichtlich unbegründete Revisionen der örtlichen StA., welche die StA. beim RevG. aus diesem Grunde nicht vertritt, kommen immerhin nicht ganz selten vor. In der Regel wird die StA. beim RevG. oder dieses selbst in solchen Fällen die Zurücknahme anheimgeben. Wird diese abgelehnt, oder ist sie wegen § 302 I S. 2 unmöglich, so kommt es darauf an, ob die StA. beim RevG. einen Antrag gemäß § 349 II stellt. Vertritt sie das Rechtsmittel, so scheidet ein solcher Antrag aus. Vertritt sie es nicht, stellt sie aber auch den Antrag gemäß § 349 II nicht, so ist Hauptverhandlung geboten, wie auch sonst mangels Antrags. Ob der Antrag hier zulässig ist, wird bezweifelt (s. Schwarz-Kleinknecht 5 A, Sax-KMR 3: nur Anregung, das Rechtsmittel zurückzunehmen). Koblenz NJW. **1966** 362 läßt ihn jedenfalls dann zu, wenn Revisionszurücknahme wegen § 302 I S. 2 unmöglich ist. Ein überzeugender Grund, den Antrag nicht allgemein zuzulassen, sobald die StA. beim RevG. das Rechtsmittel für offensichtlich unbegründet hält, ist nicht ersichtlich. Bei den OLGen wird das Problem nur ausnahmsweise dann auftauchen, wenn sich der GStA. nicht entschließt, das Rechtsmittel der örtlichen StA. selbst zurückzunehmen. Dann wird er sich aber meist auch nicht zum Verwerfungsantrag entschließen. Bei dem BGH. liegt es deshalb anders, weil der GBA. Revisionen von sich aus nicht zurücknehmen kann. Hält man den Antrag, wie hier, für zulässig, so ist er mit Gründen gemäß Abs. 3 der örtlichen StA. als der Beschwerdeführerin zur etwaigen Gegenäußerung mitzuteilen (aM. im Bereich der Landesjustiz Koblenz NJW. **1966** 362, weil der GStA. Dienstvorgesetzter der örtlichen StA. ist. Für BGH. und GBA. gilt diese Erwägung nicht). Läßt man Beschlußverwerfung nach Abs. 2 auch gegenüber der örtlichen StA. zu, so hat auch der Verurteilte oder sonstige Betroffene Anspruch auf vorheriges rechtliches Gehör (Koblenz NJW. **1966** 363). S. Anm. 4.

3. Begründungserfordernis. Der Antrag der StA. ist zu begründen, kurz zwar, jedoch nicht schematisch. Die Begründung muß dartun, warum das Rechtsmittel nach Meinung der StA. offensichtlich keinen Erfolg haben kann. Das kann z. B. durch den Hinweis auf feste Rechtsprechung geschehen, gegen welche die Revision nichts Durchgreifendes vorbringe. Dabei ist Vorsicht geboten, weil stets zu prüfen ist, ob der Fall Anlaß zur Korrektur bisheriger Rechtsprechungsergebnisse bietet, auch wenn die Revision dazu nichts vorbringt. Enthält dieRevision nur Angriffe tatsächlicher Art, so ist hierauf hinzuweisen. Müßten umfangreichere rechtliche Erwägungen angestellt werden, so wird dies meist ein Zeichen für Unanwendbarkeit des § 349 Abs. 2 sein. Die Begründung wird sich jeweils vor allem dem Revisionsvorbringen anpassen müssen, sich unter Umständen darin aber nicht erschöpfen dürfen, weil viele Revisionen den „springenden Punkt" verkennen. Sie bezweckt vor allem, den Beschwerdeführer über die Beurteilung des Rechtsmittels durch die StA. zu unterrichten. Wird das Rechtsmittel später durch Beschluß als offensichtlich unbegründet verworfen, so erfährt er auf diese Weise mittelbar, wenn auch nicht denknotwendig zugleich die Gründe, auf welche sich der Verwerfungsbeschluß meist stützen wird. Diese müssen freilich nicht unbedingt mit denen der StA. übereinstimmen. Der Verwerfungsbeschluß ergeht nach wie vor ohne Begründung zur Sache. Vgl. § 349 Anm. II 2.

4. Mitteilungserfordernis. Gegenüber der Verwerfungsansicht der StA. steht dem Beschwerdeführer das rechtliche Gehör zu. Dieser und der Verteidiger können durch die Verwerfung nicht mehr überrascht werden, außerdem erfahren beide die vermutlichen (s. Anm. 3) Verwerfungsgründe, was bisher nur ganz ausnahmsweise geschah. Der Antrag der StA. mit den Gründen ist dem Beschwerdeführer formlos, aber gegen Nachweis mitzuteilen, bei Vollmacht (§ 145a I) dem Verteidiger. Der Beschwerdeführer kann binnen zwei Wochen seit dieser Mitteilung eine formlose schriftliche Gegenerklärung beim RevG. einreichen und die Gründe der StA. entkräften. Darüber ist er bei der Mitteilung zu belehren. Zur Sachrüge kann er auch später noch weitere Ausführungen machen. Das RevG. muß den Fristablauf abwarten, bevor es entscheidet. Befindet sich der Beschwerdeführer nicht auf freiem Fuß, so gilt § 299, was zu nicht leicht einzurechnenden Verzögerungen führen kann. Unter Umständen kann es geboten sein, danach die StA. nochmals zu hören.

5. Aufhebung auf begründete Revision hin. Zugunsten des Angeklagten muß das Rechtsmittel hier eingelegt sein. Das trifft zunächst auf diejenigen Revisionen zu, welche die StA. im Rechtssinne zugunsten des Beschuldigten einlegt. Näher dazu § 296 Anm. 5. Nach dem Wortlaut des Abs. 4 („zugunsten ... eingelegte Revision") wird es nicht schon ausreichen, daß das Rechtsmittel der StA. im Sinne des § 301 auch zugunsten des Angeklagten ausschlagen kann (Schwarz-Kleinknecht 8A). Die angestrebte Entlastungswirkung würde eine solche erweiternde Auslegung allerdings nahelegen, zumal da hier auch kein Antrag der StA., dem Rechtsmittel durch Beschluß stattzugeben, vorgesehen ist. Ferner kommen alle Rechtsmittel des Angeklagten in Betracht. Die Prüfung durch das RevG. kann ergeben, daß ganz zweifelsfrei ein durchgreifender Verfahrensverstoß vorliegt oder ein Grundsatz des sachlichen Rechts verletzt worden ist (z. B. die Rückfallvoraussetzungen). Vor allem werden hier Fälle einer einzigen eindeutigen Gesetzesverletzung in Betracht kommen. Doch ist dem Abs. 4 nicht zu entnehmen, daß Fälle, in welchen mehrere klar begründete Rügen erhoben werden, von der Beschlußstattgabe ausgeschlossen sein sollen. Auch mehrere Rügen können eindeutig begründet sein. Nur wird dann eine kurze Begründung hierüber am Platze und zulässig sein. Vgl. § 358. Unanwendbar ist Abs. 4, wenn nicht sämtliche erhobenen Rügen begründet sind. Dann ist Hauptverhandlung notwendig. Ein stattgebender Beschluß kann nur einstimmig ergehen. Offensichtliche Begründetheit ist hier nicht vorgeschrieben. Der Rechtsstandpunkt des Revisionsgerichts muß aus ihm klar hervorgehen.

6. Geltung: Für Revisionen, die bis zum 31. 3. 1965 eingelegt worden sind, gilt § 349 noch in alter Fassung (Art. 14 X, 18 I StPÄndG vom 19. 12. 1964).

§ 350

(1) Dem Angeklagten und dem Verteidiger sind Ort und Zeit der Hauptverhandlung mitzuteilen. Ist die Mitteilung an den Angeklagten nicht ausführbar, so genügt die Benachrichtigung des Verteidigers.

(2) Der Angeklagte kann in der Hauptverhandlung erscheinen oder sich durch einen mit schriftlicher Vollmacht versehenen Verteidiger vertreten lassen. Der Angeklagte, der nicht auf freiem Fuße ist, hat keinen Anspruch auf Anwesenheit.

(3) Hat der Angeklagte, der nicht auf freiem Fuße ist, keinen Verteidiger gewählt, so wird ihm, falls er zu der Hauptverhandlung nicht vorgeführt wird, auf seinen Antrag vom Vorsitzenden ein Verteidiger für die Hauptverhandlung bestellt. Der Antrag ist binnen einer Woche zu stellen, nachdem dem Angeklagten der Termin für die Hauptverhandlung unter Hinweis auf sein Recht, die Bestellung eines Verteidigers zu beantragen, mitgeteilt worden ist.

1. Grundsatz der Waffengleichheit. Das StPÄndG. vom 19. 12. 1964 hat den Abs. 3 über die Verteidigerbestellung in gewissen Fällen hinzugefügt. Der auf freiem Fuße befindliche Angeklagte kann vor dem RevG. erscheinen und, obwohl es sich dort um eine Rechtsrügeinstanz handelt, seine Rechte wahrnehmen. Außerdem kann er einen Verteidiger entsenden. Der mittellose Angeklagte wird im allgemeinen beides nicht tun können. Insoweit bringt das Gesetz keine Änderung. Ihm wird bei schwieriger Sach- oder Rechtslage für die Revisionsinstanz ein Verteidiger bestellt werden müssen, was jedoch bisher nur ausnahmsweise geschieht. Dazu BGHSt. **19** 258 und BVerfG. NJW. **1965** 147, mit Anm. von A. Arndt. Ist der Angeklagte nicht auf freiem Fuße, so hat er nach Abs. 2 nach wie vor keinen Anspruch auf Anwesenheit in der Revisionsverhandlung. Das RevG. muß ihn nicht vorführen lassen. Das wird nur ganz ausnahmsweise geschehen. Hat er auch keinen Verteidiger gewählt oder kann er wegen Mittellosigkeit keinen wählen, so bliebe die Revisionsverhandlung aus diesem Grund einseitig. Nur der StA. käme zu Wort. Der Angeklagte könnte nicht zu Wort kommen, auch nicht durch einen Verteidiger. Es bestehen berechtigte Zweifel, ob dieses Verfahren dem Art. 6 der Menschenrechtskonvention vom 4. 11. 1950, der innerdeutsches Recht ist, entspricht. Sie gewährleistet eine Verhandlung „in billiger Weise" (fair trial, Waffengleichheit). Diese Zweifel will die Neuregelung beseitigen. Sie will dem verhafteten oder untergebrachten Angeklagten gewährleisten, daß er in der Revisionsverhandlung mittelbar ebenfalls zu Wort kommen kann, und zwar auch, wenn in dem Verfahren Verteidigung an sich nicht gesetzlich notwendig ist.

2. Voraussetzungen der Verteidigerbestellung. a) Der Angeklagte darf sich nicht auf freiem Fuße befinden. Er muß in Untersuchungshaft, Strafhaft oder untergebracht sein. Vgl. § 350 Anm. 1. b) Er darf keinen Verteidiger, auch für das Revisionsverfahren, gewählt haben, oder es darf ihm bisher kein solcher wirksam auch für diese Instanz bestellt worden sein. c) Kein Verteidiger wird ihm bestellt, sofern er zur Revisionsverhandlung vorgeführt wird. d) Der Verteidiger wird **nur auf Antrag** des Angeklagten bestellt, muß dann aber auch bestellt werden. Die Bestellung unterliegt bei Antragstellung hinsichtlich des „Ob" nicht dem Ermessen. e) Über dieses Recht ist der Angeklagte mit der Ladung zur Hauptverhandlung zu belehren. f) Der Antrag muß binnen Wochenfrist seit Zugang der Terminsladung oder -benachrichtigung vom Angeklagten gestellt werden. Die Frist beginnt nur mit der Benachrichtigung an ihn, da Abs. 1 Satz 2 nicht eingreift. Ist dem Angeklagten ein Pfleger bestellt, so wird dieser zu benachrichtigen sein, weil ihm auch das Antragsrecht zusteht.

Den **Verteidiger** kann das RevG. nach pflichtgemäßem Ermessen wählen. Eine offene Frage ist es, ob dabei das Vertrauen des Angeklagten zu einem bestimmten Anwalt fiskalischen Erwägungen stets vorgeht (Reisekosten). Jedenfalls braucht das RevG. nicht unter allen Umständen einen Verteidiger zu bestellen, der die Sache bereits kennt, jedoch kann es auch auf entfernter wohnende Verteidiger zurückgreifen. Die Pflichten des nach § 350 III bestellten Verteidigers beschränken sich, da er erst zur Hauptverhandlung bestellt wird, auf diese. Doch kann ihn das RevG. bereits früher bestellen (§§ 140 II, 141 II).

3. Inkrafttreten der Neufassung für alle laufenden Verfahren am 1. 4. 1965 (Art. 14 I, 18 I StPÄndG. vom 19. 12. 1964).

§ 354

(1) Erfolgt die Aufhebung des Urteils nur wegen Gesetzesverletzung bei Anwendung des Gesetzes auf die dem Urteil zugrunde liegenden Feststellungen, so hat das Revisionsgericht in der Sache selbst zu entscheiden, sofern ohne weitere tatsächliche Erörterungen nur auf Freisprechung oder auf Einstellung oder auf eine absolut bestimmte Strafe zu erkennen ist, oder das Revisionsgericht in Übereinstimmung mit dem Antrag der Staatsanwaltschaft die gesetzlich niedrigste Strafe oder das Absehen von Strafe für angemessen erachtet.

(2) In anderen Fällen ist die Sache an eine andere Abteilung oder Kammer des Gerichtes, dessen Urteil aufgehoben wird, oder an ein zu demselben Land gehörendes anderes Gericht gleicher Ordnung zurückzuverweisen.

(3) Die Zurückverweisung kann an ein Gericht niederer Ordnung erfolgen, wenn die noch in Frage kommende strafbare Handlung zu dessen Zuständigkeit gehört.

1. Wegverweisung. Das StPÄndG. vom 19. 12. 1964 hat den Abs. 2 der Vorschrift neu gefaßt. Entscheidet das RevG. nicht in der Sache selbst, weil die Voraussetzungen des Abs. 1 nicht vorliegen, so besteht mit der Zurückverweisung nunmehr ausnahmslos Wegverweisungszwang. Keine zurückverwiesene Sache kommt mehr vor das bisherige Erstgericht oder dieselbe Abteilung oder Kammer dieses Gerichts. Die Änderung beruht auf der Erwägung, daß die bisherige Regelung der Zurückverweisung häufig zu Mißhelligkeiten führen mußte. Wurde, wie regelmäßig, an das Erstgericht zurückverwiesen, so hatte der Angeklagte mit seinem Rechtsmittel zwar Erfolg gehabt, er sah sich jedoch in vielen Fällen vor demselben oder denselben Richtern, die in der Sache bereits ein Urteil gesprochen hatten und ihm demgemäß, ohne es zwar zu sein, doch als in der Sache festgelegt oder befangen erscheinen konnten. Diesen verbreiteten Eindruck will der Wegverweisungszwang künftig vermeiden. Die Neuregelung beruht nicht, wie im Rechtsausschuß des Bundestages ausdrücklich erörtert worden ist, auf Mißtrauen gegen die Unparteilichkeit des bisher erkennenden Richters. Wurde anderseits bisher ausnahmsweise wegverwiesen, so kam darin die Absicht des RevGs. zum Ausdruck, die Sache aus triftigen Gründen aus ihrem bisherigen örtlichen Bereich zu entfernen (s. § 354 Anm. 13). Auch wenn die Wegverweisung, wie meist, ohne nähere Begründung geschah, konnte sich das Erstgericht dadurch doch mit oder ohne Grund angegriffen oder bloßgestellt fühlen. Auch dem beugt der jetzige ausnahmslose Wegverweisungszwang vor.

2. Künftiges Erstgericht. Dieses muß zu demselben Lande wie das bisherige Erstgericht gehören. Im übrigen entscheidet das RevG. nach freiem Ermessen. Das künftige Erstgericht braucht dem bisherigen nicht mehr benachbart zu sein. Es kann auch eine Abteilung oder Kammer desselben Gerichtes sein, auch dann, wenn dasselbe Land noch andere Gerichte gleicher Ordnung hat. Will das RevG. nicht an ein anderes Schwurgericht verweisen, so verweist es „an das Schwurgericht" zurück (BGH. NJW. **1965** 1871), sonst an das nunmehr zur Entscheidung zuständige Gericht. Dies gilt auch sonst bei bisher irrig angenommener oder weggefallener Sonderzuständigkeit. Die Wahl des künftigen Erstgerichts wird nach wie vor häufig von den Verfahrensumständen abhängen (Notwendigkeit einer Ortsbesichtigung, Wohngebiet der Zeugen usw.). Der Wegverweisungszwang wird meist bewirken, daß kein bisher mitwirkender Richter dem Gericht, an welches die Sache verwiesen wird, angehört. Doch können Versetzungen oder die Geschäftsverteilung dieses unerwünschte Ergebnis dennoch herbeiführen. Diesen Fall zu klären ist der Rechtsprechung verblieben. Er ist bei den Gesetzesberatungen erörtert worden. Auch bei der bisherigen Regelung konnte er bereits eintreten. Das RG. hatte sich dafür ausgesprochen, daß das Gesetz auch bei Wegverweisung die Mitwirkung eines bisherigen Richters nicht hindere (s. § 354 Anm. 12). Die Bedenken, auf welchen die jetzige Regelung beruht, sind dabei freilich nicht besonders erwogen worden (s. RGSt. **31** 225). Es ist bedenklich, diesen Standpunkt auch jetzt noch zu vertreten, denn er widerspricht dem Grundgedanken der jetzigen Regelung (Hamm NJW. **1966** 362: „der Tendenz"). Zwar wollte der Reformgesetzgeber, wie seine Beratungen zeigen, die Frage nicht in der Weise lösen, daß er den oder die früher erkennenden Richter fortan im technischen Sinne gesetzlich ausschloß (Celle NJW. **1966** 168, Hamm NJW. **1966** 362, BGH. a. a. O.). Ob das angeht, sollte einer großen Verfahrensreform vorbehalten bleiben. Es hätte zumal bei kleineren Gerichten erhebliche Schwierigkeiten verursachen können, welche die jetzige Regelung besser vermeidet (a.M. Zeitz DRiZ. **1965** 393). Aber jedenfalls will das Gesetz die erneute Mitwirkung der früheren Richter im Ergebnis ausschließen (Anm. 1). Soweit die Wegverweisung dieses Ergebnis ausnahmsweise nicht erreicht, sollte deshalb erwogen werden, ob diese Rechtslage dann nicht die Selbstablehnung solcher Richter rechtfertigt (abl. Celle a. a. O.), oder ob nicht die entsprechende Anwendung des dem § 23 zugrunde liegenden Rechtsgedankens in Betracht kommt.

Schwarz-Kleinknecht 9 B nehmen einen Verhinderungsfall an, es sei denn, es stehe nur noch eine geringfügige Ergänzungsentscheidung aus (ebenso KMR-Sax 6). Vgl. die §§ 63, 22c, 69 GVG.

3. Inkrafttreten der Neufassung für alle laufenden Verfahren am 1. 4. 1965 (Art. 14 I, 18 I StPÄndG. vom 19. 12. 1964).

Viertes Buch

Wiederaufnahme eines durch rechtskräftiges Urteil abgeschlossenen Verfahrens

§ 367

(1) Über die Zulassung des Antrags auf Wiederaufnahme des Verfahrens entscheidet das Gericht, dessen Urteil mit dem Antrag angefochten wird. Wird ein im Revisionsverfahren erlassenes Urteil aus anderen Gründen als auf Grund des § 359 Nr. 3 oder § 362 Nr. 3 angefochten, so entscheidet das Gericht, gegen dessen Urteil Revision eingelegt war.

(2) Die Entscheidung ergeht ohne mündliche Verhandlung.

Allgemeines: Obwohl der Text unverändert geblieben ist, hat sich die Zuständigkeit verändert. Diese **Änderung gilt** aber gem. Art. 14 Abs. 6 der Novelle erst bei Entscheidungen nach dem 31. 3. 1965

1. Zuständigkeit: Zwar ist wie bisher im Hauptwerk Anm. 1 das Gericht zuständig, das bisher mit der Sache befaßt gewesen war und das Urteil erlassen hatte. Jedoch ist durch § 23 Abs. 2 die Mitwirkung der früheren Richter ausgeschlossen. Daraus ergibt sich folgende Schwierigkeit. Eine andere Kammer wird nicht zuständig, sofern der Geschäftsverteilungsplan nicht geändert worden ist. Im Gegenteil würde die Entscheidung durch eine andere Kammer erneut die Rüge bringen, daß nicht der gesetzliche Richter entschieden habe. Zuständig ist also die Kammer, vor welche der Fall kommen würde, wenn eine neue Anklage bei Gericht einginge. Ist die bisherige Kammer zuständig, so tritt der Vertretungsfall so ein, wie wenn Richter sonst kraft Gesetzes ausgeschlossen oder mit Erfolg wegen Befangenheit abgelehnt werden. Sonst gilt die Zuständigkeit des Gerichts als Körper wie bisher im Hauptwerk zu Anm. 1 dargelegt.

Anm. 2 bis 6 unverändert

7. Entgegen den Ausführungen im Hauptwerk sind die Richter, welche an der nunmehr in Zweifel gezogenen Entscheidung mitgewirkt haben, gem. § 23 Abs. 2 von der Ausübung des Richteramtes ausgeschlossen.

§ 369

(1) Wird der Antrag für zulässig befunden, so beauftragt das Gericht mit der Aufnahme der Beweise, soweit dies erforderlich ist, einen Richter.

(2) Dem Ermessen des Gerichts bleibt es überlassen, ob die Zeugen und Sachverständigen eidlich vernommen werden sollen.

(3) Bei der Vernehmung eines Zeugen oder Sachverständigen und bei der Einnahme eines richterlichen Augenscheins ist der Staatsanwaltschaft, dem Angeklagten und dem Verteidiger die Anwesenheit zu gestatten. Die §§ 194, 224 Abs. 1 und § 225 gelten entsprechend. Befindet sich der Angeklagte nicht auf freiem Fuß, so hat er einen Anspruch auf Anwesenheit nur, wenn der Termin an der Gerichtsstelle des Ortes abgehalten wird, wo er sich in Haft befindet, oder seine Mitwirkung der mit der Beweiserhebung bezweckten Klärung dienlich ist.

(4) Nach Schluß der Beweisaufnahme sind die Staatsanwaltschaft und der Angeklagte unter Bestimmung einer Frist zur weiteren Erklärung aufzufordern.

Entstehungsgeschichte: Wie Hauptwerk S. 1391. Der Absatz 3 wurde in der hier erläuterten Novelle völlig umgestaltet.

Die **Anm. 1 bis 3** bleiben gegenüber dem Hauptwerk S. 1392 unverändert.

4. Parteienöffentlichkeit: Die bisher im Hauptwerk zu § 369 Anm. 4 vertretene Auffassung, daß der Betroffene trotz des Hinweises auf §§ 193, 194 ein Anwesenheitsrecht haben müsse, hat nun eine gesetzliche Fundierung gefunden. Der Regierungsentwurf BRDrucksache 9/62 S. 44 ging von der engen Auffassung der Bezugnahme auf §§ 193, 194 aus, die eine Anwesenheit nur bei der Vernehmung von Zeugen und Sachverständigen vorschreiben, falls diese voraussichtlich nicht in der künftigen Hauptverhandlung erscheinen können oder zu erscheinen brauchen. Der Grund dafür, daß nunmehr im Gesetz ausdrücklich ein erweitertes Anwesenheitsrecht festgelegt wird, liegt in der hier schon früher vertretenen Auffassung, daß es ja vorkommen kann, daß eine neue Hauptverhandlung gar nicht stattfindet, weil nach § 370 Abs. 1 der Antrag ohne mündliche Verhandlung trotz Zulassung als unbegründet verworfen werden kann.

5. Jede **Vernehmung eines Zeugen oder Sachverständigen** wie auch die Einnahme eines Augenscheins ist nun der Parteienöffentlichkeit unterworfen, und zwar sind der Verteidiger und der Staatsanwalt sowie Privat- und Nebenkläger (§§ 397, 385 Abs. 1 S. 1), die sich auch anwaltlich, nicht aber durch Beistände vertreten lassen können, sowie in Jugendsachen die Erziehungsberechtigten und gesetzlichen Vertreter stets zur Anwesenheit berechtigt, der Angeklagte dagegen nur in der Regel. Die Ausnahmen liegen vor, wenn zu befürchten ist, daß der Zeuge in Gegenwart des Angeklagten die Wahrheit nicht sagen werde (§ 194). Die Beteiligten sind von dem Termin zur Beweisaufnahme zu benachrichtigen, soweit dies nicht wegen Gefahr im Verzug untunlich ist (was im Wiederaufnahmeverfahren kaum anzunehmen ist, da ihm ohnehin lange Erörterungen voranzugehen pflegen). Die Niederschrift über die Beweisaufnahme ist der Staatsanwaltschaft und dem Verteidiger vorzulegen. Der Anwesenheit der Beteiligten bei den Vernehmungen bedarf es nicht (auch nicht in den Fällen notwendiger Verteidigung). Dies ergibt sich aus der Verweisung auf § 224 Abs. 1. Die Berechtigung zur Teilnahme am Augenschein ergibt sich aus der Verweisung auf § 225. Im Regierungsentwurf war auch die Verweisung auf § 224 Abs.2 enthalten gewesen, wonach der Angeklagte, der sich in Haft befindet, nur Anspruch auf Anwesenheit hat, wenn er sich an dem Ort in Haft befindet, wo die gerichtliche Handlung stattfindet. Soweit im Entwurf vom „Verurteilten" gesprochen wird, ist darauf hinzuweisen, daß auch ein Freigesprochener oder sonst einem Wiederaufnahmeantrag der Staatsanwaltschaft Ausgesetzter sich in anderer Sache in Haft befinden kann. Auch dann hat er dies Anwesenheitsrecht am Ort zweifellos. Die Verweisung auf § 224 Abs. 2 wäre aber zu eng, wie schon im Hauptwerk vertreten (vgl. dort Anm. 3). Während dort zusammen mit gewichtigen Stimmen jedem in Haft befindlichen Angeklagten das Anwesenheitsrecht ohne Rücksicht auf den Ort der Beweisaufnahme zugebilligt und darauf verwiesen wurde, daß Mißbräuche schon angesichts der engen Voraussetzungen für die Zulassung eines Wiederaufnahmeantrags kaum zu befürchten seien, hat der Gesetzgeber nun die vermittelnde Lösung gesucht, daß der in Haft befindliche Betroffene das Anwesenheitsrecht hat, wenn seine Mitwirkung der mit der Beweisaufnahme bezweckten Klärung dienlich ist. Das ist vor allem dort der Fall, wo etwa ein neu benannter Zeuge etwas bestreitet, was er dem Betroffenen selbst erzählt haben soll, also wo eine Gegenüberstellung erforderlich erscheint. Die Tatsache, daß ein Verteidiger anwesend ist, schließt die Sachdienlichkeit der Anwesenheit des Angeklagten nicht schlechthin aus, wenn es gerade auf Vorhalte ankommt, die er persönlich machen kann. Über die Dienlichkeit entscheidet der mit der Beweiserhebung nach Abs. 1 beauftragte Richter. Im übrigen bestehen keine Bedenken dagegen, die Beweisaufnahme an den Ort der Haftanstalt zu verlegen, ja sie in der Anstalt stattfinden zu lassen, sofern dies rein reisekostenmäßig vertretbar ist.

Anm. 6 und 7 unverändert.

8. Der Standpunkt, daß **Beschwerde** in diesem Zwischenstadium nicht möglich sei, da erst das Ergebnis von § 370 Abs. 1 abzuwarten sei, bleibt generell beibehalten. Jedoch hat die Neufassung des Abs. 3 ein Beschwerderecht insoweit eröffnet, als dagegen, daß ein Antrag auf Anwesenheit des Betroffenen, der sich in Haft befindet, mit der Begründung abgelehnt worden ist, es bedürfe seiner Mitwirkung nicht, weil sie der Klärung nicht dienlich sei, eine Anrufung der oberen Instanz nach § 304 möglich ist. Hier kann eben die Entscheidung nach § 370 Abs. 1, die möglicherweise materiell von dieser versagenden Gegenüberstellung abhängt, nicht abgewartet werden. Dagegen kann gegen die unterbliebene Benachrichtigung vom Termin schon deshalb keine Beschwerde erhoben werden, weil hier die Beteiligten erst nachträglich von der bereits vollzogenen Beweisaufnahme erfahren. Desgleichen wird die Beschwerde gegen die Ablehnung des

Antrags auf Anwesenheit mit dem Beweistermin selbst gegenstandslos. Dann kann nur die ergangene Entscheidung gemäß § 372 angefochten werden.

§ 372

Alle Entscheidungen, welche aus Anlaß eines Antrags auf Wiederaufnahme des Verfahrens von dem Gericht im ersten Rechtszug erlassen werden, können mit der sofortigen Beschwerde angefochten werden. Der Beschluß, durch den das Gericht die Wiederaufnahme des Verfahrens und die Erneuerung der Hauptverhandlung anordnet, kann von der Staatsanwaltschaft nicht angefochten werden.

Entstehungsgeschichte: Wie Hauptwerk S. 1399. Satz 2 wurde durch die hier erläuterte Novelle eingefügt.

Anm. 1 und 2 bleiben unverändert.

3. Das **Beschwerderecht** der Staatsanwaltschaft ist nunmehr in den Fällen abgeschafft, in welchen das Gericht gemäß § 370 Abs. 2 die Wiederaufnahme des Verfahrens und die Erneuerung der Hauptverhandlung angeordnet hat. Damit geht der Gesetzgeber einen sehr gefährlichen Weg, der zudem nicht durchdacht ist und der auch nicht auf dem Regierungsentwurf beruht. Da nämlich Privat- und Nebenkläger ein Antragsrecht auf Wiederaufnahme zu Ungunsten des Angeklagten haben (Hauptwerk § 365 Anm. 2), könnte bei dieser Fassung der Staatsanwalt nicht einmal eine gegen den Angeklagten angeordnete Wiederaufnahme und Neuverhandlung anfechten, was sicher nicht der Zweck dieser rein pro reo gedachten Zusatzklausel gewesen ist. Aber ganz abgesehen hiervon, ist bisher auch von durchaus pro reo denkenden Autoren immer nachdrücklich darauf hingewiesen worden, daß man zwar darüber streiten kann, ob ein Beschwerderecht gegen die Ablehnung der Eröffnung des Hauptverfahrens zulässig sein soll, daß aber die Auswirkungen der Anordnung der Erneuerung der Hauptverhandlung völlig andere und außerordentlich weittragend sind (vgl. Hauptwerk § 372 Anm. 3 in Verbindung mit § 370 Anm. 1, S. 1394). Man wird die Auswirkungen der Bestimmung, wonach der Staatsanwalt kein Beschwerderecht mehr gegen die Wiederaufnahme nach § 370 Abs. 2 hat, mit abwartender Skepsis betrachten müssen, um so mehr, als Nebenkläger und Privatkläger das Beschwerderecht haben. Es könnte also in einem Falle, wo eine Wiederaufnahme beschlossen wird, der Staatsanwalt sich hiergegen nicht wehren, wohl aber der Sohn des angeblich Ermordeten. Ja, er könnte sich der öffentlichen Klage erst zum Zwecke der Einlegung einer sofortigen Beschwerde anschließen.

Fünftes Buch

Beteiligung des Verletzten am Verfahren

Erster Abschnitt

Privatklage

§ 383

(1) Nach Eingang der Erklärung des Beschuldigten oder Ablauf der Frist entscheidet das Gericht darüber, ob das Hauptverfahren zu eröffnen oder die Klage zurückzuweisen ist, nach Maßgabe der Vorschriften, die bei einer von der Staatsanwaltschaft unmittelbar erhobenen Anklage anzuwenden sind. In dem Beschluß, durch den das Hauptverfahren eröffnet wird, bezeichnet das Gericht den Angeklagten und die Tat gemäß § 200 Abs. 1 Satz 1.

(2) Ist die Schuld des Täters gering, so kann das Gericht das Verfahren einstellen. Die Einstellung ist auch noch in der Hauptverhandlung zulässig. Der Beschluß kann mit sofortiger Beschwerde angefochten werden.

Entstehungsgeschichte: Abs. 1 Satz 2 ist durch Art. 7 Nr. 17 StPÄG. eingefügt worden. Abs. 2 Satz 1 enthielt bisher hinter dem Wort „gering" die Worte „und sind die Folgen der Tat unbedeutend"; diese Worte sind durch Art. 10 Nr. 6 StPÄG. gestrichen worden.

1. Schrifttum: Gegenfurtner, Das Strafprozeß-Änderungsgesetz in der Praxis, DRiZ. 1965, 334; Kaiser (S. 64) und Sommer (S. 78) in Leitfaden zur kleinen Strafprozeßreform, herausgegeben von Kaiser (1965).

2. Abs. 1 Satz 2 bringt — undeutlich genug — zum Ausdruck, daß die **Änderungen** des Eröffnungsverfahrens, die das Strafprozeßänderungsgesetz eingeführt hat, im Privatklageverfahren **nicht angewendet** werden sollen. Hier bleibt also alles beim alten. Es wird nicht, wie im Offizialverfahren nach § 207 Abs. 1 die Anklage, „die Privatklage zugelassen"; vielmehr erläßt der Amtsrichter einen Eröffnungsbeschluß wie nach dem früher geltenden Recht. Es ist deswegen auch keineswegs angebracht, jetzt strengere Anforderungen an die Anklageschrift zu stellen (a. M. LG Bonn MDR. 1965, 766). Der Eröffnungsbeschluß wird, wie früher, in der Hauptverhandlung vom Amtsrichter verlesen, nicht etwa wird die Klage vom Privatkläger vorgetragen (§ 384 Abs. 2 n. F.).

3. Nach der Neufassung soll es zur Einstellung gemäß Abs. 2 **nicht** mehr **erforderlich** sein, daß „die **Folgen** der Tat **unbedeutend**" sind. Es handelt sich hier um eine sachlichrechtliche Frage. Wenn sich der Vorsatz oder die Fahrlässigkeit des Täters auf bedeutende Folgen bezieht, ist schon die „Schuld" nicht „gering". Die Neufassung stellt also nur klar, daß es bei der Frage, ob wegen Geringfügigkeit eingestellt werden kann, außer Betracht bleiben muß, wenn unverschuldete Folgen eingetreten sind.

§ 384

(1) Das weitere Verfahren richtet sich nach den Vorschriften, die für das Verfahren auf erhobene öffentliche Klage gegeben sind. Jedoch dürfen Maßregeln der Sicherung und Besserung nicht angeordnet werden.

(2) § 243 ist mit der Maßgabe anzuwenden, daß der Vorsitzende den Beschluß über die Eröffnung des Hauptverfahrens verliest.

(3) Das Gericht bestimmt unbeschadet des § 244 Abs. 2 den Umfang der Beweisaufnahme.

(4) Die Vorschrift des § 265 Abs. 3 über das Recht, die Aussetzung der Hauptverhandlung zu verlangen, ist nicht anzuwenden.

(5) Vor dem Schwurgericht kann eine Privatklagesache nicht gleichzeitig mit einer auf öffentliche Klage anhängig gemachten Sache verhandelt werden.

Entstehungsgeschichte: Abs. 2 ist durch Art. 7 Nr. 18 StPÄG. eingefügt worden. Dadurch sind die bisherigen Absätze 2, 3, 4 zu Abs. 3, 4, 5 geworden.

1. Schrifttum: Gegenfurtner, Das Strafprozeß-Änderungsgesetz in der Praxis, DRiZ. **1965** 335.

2. Die Änderung des Textes will, ebenso wie die des § 383 Abs. 1, an dem bisherigen Rechtszustand im Privatklageverfahren nichts ändern; sie dient vielmehr nur der **Anpassung** an die Änderung derjenigen Vorschriften, auf die in § 383 Abs. 1 S. 1 verwiesen wird. Hier wird der Eröffnungsbeschluß also nicht nur nach alter Art erlassen, sondern auch nach alter Art vom Amtsrichter verlesen. Daß das Gesetz vom „Vorsitzenden" spricht, ist in der neu eingefügten Vorschrift eine etwas wunderliche Reminiszenz daran, daß bis 1924 für Privatklagen das Schöffengericht zuständig war.

§ 385

(1) Soweit in dem Verfahren auf erhobene öffentliche Klage die Staatsanwaltschaft zuzuziehen und zu hören ist, wird in dem Verfahren auf erhobene Privatklage der Privatkläger zugezogen und gehört. Alle Entscheidungen, die dort der Staatsanwaltschaft bekanntgemacht werden, sind hier dem Privatkläger bekanntzugeben.

(2) Es werden jedoch die auf richterliche Anordnung ergehenden Ladungen nicht durch die Staatsanwaltschaft, sondern durch die Geschäftsstelle bewirkt.

(3) Zwischen der Zustellung der Ladung des Privatklägers zur Hauptverhandlung und dem Tag der letzteren muß eine Frist von mindestens einer Woche liegen.

(4) Das Recht der Akteneinsicht kann der Privatkläger nur durch einen Anwalt ausüben.

(5) In den Fällen des § 154a ist dessen Absatz 3 Satz 2 nicht anzuwenden.

(6) Im Revisionsverfahren ist ein Antrag des Privatklägers nach § 349 Abs. 2 nicht erforderlich. § 349 Abs. 3 ist nicht anzuwenden.

Entstehungsgeschichte: Die Absätze 5 und 6 sind durch Art. 10 Nr. 7 StPÄG. angefügt worden.

1. Schrifttum: Sommer in Leitfaden zur kleinen Strafrechtsreform, herausgegeben von Kaiser (1965) S. 78 (Nr. 3).

2. Der Privatkläger kann, anders als die Staatsanwaltschaft nach § 154a Abs. 3 Satz 2, nicht erzwingen, daß **ausgeschiedene Verfahrensteile** wieder einbezogen werden. Der Ansicht von Schwarz-Kleinknecht Anm. 4, daß auch einem entsprechenden Antrag des Staatsanwalts im Privatklageverfahren nicht stattgegeben zu werden brauche, ist nicht beizustimmen. Der Staatsanwalt wird solche Anträge im Privatklageverfahren ohnehin nur dann stellen, wenn etwas Ernstliches daran gelegen ist; und dann würde er einen ablehnenden Beschluß damit beantworten müssen, daß er das Verfahren übernimmt. Sodann müßte seinem Antrag auf Wiedereinbeziehung gemäß § 154a Abs. 3 Satz 2 ohne weiteres entsprochen werden. Also erweist sich der Richter, der sogleich nachgibt, als der Klügere.

3. Nach Abs. 6 bleibt es im Privatklageverfahren bei der früheren Regelung, daß die **Revision** ohne Antrag **durch Beschluß verworfen** werden kann, wenn das Revisionsgericht sie einstimmig für offensichtlich unbegründet hält. Einen Antrag des Staatsanwalts zu fordern, widerspräche der grundsätzlichen Regelung, wonach die Staatsanwaltschaft am Privatklageverfahren nicht beteiligt ist. Ein Antrag des Privatklägers kann den Zweck nicht erfüllen, den sich § 349 Abs. 2 von dem Antrag des Staatsanwalts verspricht: man kann getrost voraussetzen, daß der Privatkläger den Antrag in jedem einzelnen Falle stellen würde. Das gleiche läßt sich von Anträgen des Angeklagten in bezug auf Revisionen der Privatkläger sagen. Das Gesetz erwähnt diesen Fall zwar nicht. Allein sinngemäß ist es aber, auch hier die Beschlußverwerfung ohne Antrag des Staatsanwalts oder des Angeklagten zuzulassen.

Demgemäß entfällt im Privatklageverfahren auch die besondere Anhörung des Revisionsführers innerhalb der Zweiwochenfrist des § 349 Abs. 3.

§ 396

(1) Die Anschlußerklärung ist bei dem Gericht schriftlich einzureichen.

(2) Das Gericht hat über die Berechtigung des Nebenklägers zum Anschluß nach Anhörung der Staatsanwaltschaft zu entscheiden. Erwägt das Gericht, das Verfahren nach § 153 Abs. 3 einzustellen, so entscheidet es zunächst über die Berechtigung zum Anschluß.

(3) Zu einer Sicherheitsleistung ist der Nebenkläger nicht verpflichtet.

Entstehungsgeschichte: Abs. 2 S. 2 ist durch Art. 10 Nr. 8 StPÄG. eingefügt worden.

1. **Schrifttum:** Sommer in Leitfaden zur kleinen Strafprozeßreform, herausgegeben von Kaiser (1965) S. 78 (unter 6).

2. Es ist schon immer die Ansicht der Rechtsprechung (RGSt. **25** 186) und des Schrifttums (Hauptwerk Anm. 4) gewesen, daß über den **Anschluß entschieden** werden muß, ehe andere Prozeßhandlungen vorgenommen werden. Davon ist der neu eingefügte Abs. 2 Satz 2 nur ein Anwendungsfall. Demgemäß muß dann der Nebenkläger zur Frage der Einstellung gehört werden.

§ 397

(1) Der Nebenkläger hat nach erfolgtem Anschluß die Rechte des Privatklägers.

(2) Wird die Verfolgung nach § 154a beschränkt, so berührt dies nicht das Recht, sich der erhobenen öffentlichen Klage als Nebenkläger anzuschließen. Wird der Nebenkläger zum Verfahren zugelassen, so entfällt eine Beschränkung nach § 154a Abs. 1 oder 2, soweit sie die Nebenklage betrifft.

Entstehungsgeschichte: Abs. 2 ist durch Art. 10 Nr. 9 StPÄG. angefügt worden.

1. **Schrifttum:** Sommer in Leitfaden zur kleinen Strafprozeßreform, herausgegeben von Kaiser (1965) S. 78 (unter 6b).

2. Die nach § 154a mögliche **Beschränkung der Strafverfolgung** innerhalb derselben Straftat, sei es hinsichtlich einzelner abtrennbarer Teile (etwa einer fortgesetzten Handlung), sei es hinsichtlich tateinheitlicher Gesetzesverletzungen, darf nicht dazu mißbraucht werden, einen Nebenkläger aus dem Verfahren herauszuhalten, der ohne diese Beschränkung anschlußberechtigt wäre. Nach herrschender Lehre (Hauptwerk 1 zu § 395) ändert es ja auch nichts an der Anschlußberechtigung, wenn das Nebenklagedelikt von einem anderen Tatbestand konsumiert wird. Der Nebenkläger kann also ungeachtet solcher Beschränkung seinen Anschluß erklären und muß dann zugelassen werden; ist er zugelassen, so fällt die Beschränkung fort. Man wird das Gericht für verpflichtet halten müssen, diese Folge in den Zulassungsbeschluß ausdrücklich aufzunehmen, damit der Angeklagte sich darauf einrichten kann (Schwarz-Kleinknecht 4 a. E.).

Sechstes Buch

Besondere Arten des Verfahrens

Erster Abschnitt

Verfahren bei amtsrichterlichen Strafbefehlen

§ 407

(1) Bei Übertretungen und Vergehen kann die Strafe durch schriftlichen Strafbefehl des Amtsrichters ohne Hauptverhandlung festgesetzt werden, wenn die Staatsanwaltschaft schriftlich hierauf anträgt.

(2) Durch Strafbefehl dürfen nur die folgenden Strafen, Nebenfolgen und Maßregeln der Sicherung und Besserung, allein oder nebeneinander, festgesetzt werden:

1. Freiheitsstrafen bis zu drei Monaten, Geldstrafe, Fahrverbot, Einziehung, Vernichtung, Unbrauchbarmachung, Verfallerklärung, Bekanntmachung der Entscheidung und Befugnis zur Beseitigung eines gesetzwidrigen Zustandes sowie

2. Entziehung der Fahrerlaubnis, bei der die Sperre nicht mehr als ein Jahr beträgt.

(3) Die Staatsanwaltschaft kann bei dem Antrag auf Erlaß des Strafbefehls zugleich den in § 25 Nr. 2c des Gerichtsverfassungsgesetzes bezeichneten Antrag für den Fall stellen, daß der Amtsrichter die Sache zur Hauptverhandlung bringt oder der Beschuldigte Einspruch erhebt.

(4) Der Antrag auf Erlaß eines Strafbefehls steht im Sinne des § 147 Abs. 5 und des § 169a Abs. 1 der Einreichung einer Anklageschrift gleich. § 169a Abs. 2 und § 169b sind nicht anzuwenden. Der vorherigen Anhörung des Beschuldigten durch das Gericht (§ 33 Abs. 3) bedarf es nicht.

1. Durch Art. 2 Nr. 5 des 2. Straßenverkehrssicherungsges. v. 26. 11. 1964 ist an die Stelle der bisherigen Abs. 2, 3 der neue Abs. 2 getreten; der bisherige Abs. 4 wurde Abs. 3 (in Kraft getreten am 2. 1. 1965). Durch Art. 2 Nr. 4 des Strafprozeßänderungsges. v. 19. 12. 1964 wurde der neue Abs. 4 eingefügt (in Kraft getreten am 1. 4. 1965).

2. Zu Abs. 2. Der neu geschaffene Rechtszustand weicht vom bisherigen Recht nach folgenden Richtungen ab:

a) Während nach Abs. 3 a. F. Maßregeln der Sicherung und Besserung in einem Strafbefehl nicht angeordnet werden durften, läßt Abs. 2 Nr. 2 n. F. die Entziehung der Fahrerlaubnis (§ 42 m StGB.) zu, aber mit der Beschränkung, daß die Sperre für die Erteilung einer neuen Fahrerlaubnis (§ 42 n Abs. 1 StGB.) ein Jahr nicht überschreiten darf. Auch hier gilt, daß, wenn der Täter keine Fahrerlaubnis besitzt, nur die Sperre (bis zu einem Jahr) angeordnet wird (§ 42 n Abs. 1 Satz 2 StGB).

b) Durch Strafbefehl festsetzbar ist nunmehr auch die neu eingeführte Nebenstrafe des Fahrverbots (§ 37 StGB.).

c) Die bisher streitige Frage, ob einziehungsähnliche Maßnahmen in gleicher Weise wie die Einziehung durch Strafbefehl angeordnet werden können (vgl. Anm. 3a, b und 4 zu § 407), ist jetzt in positivem Sinn beantwortet. Abs. 2 Nr. 1 n. F. läßt folgende als Nebenfolgen bezeichnete Maßnahmen ausdrücklich zu: Die Vernichtung von Gegenständen (vgl. die in Anm. 3b zu § 407 erwähnten Vorschriften; ein Fall der Vernichtung ist auch die Tötung eines Tieres, auf die nach § 10 des Tierschutzges. v. 24. 11. 1933, RGBl. I 987, neben der Hauptstrafe wegen Tierquälerei erkannt werden kann), die Unbrauchbarmachung (vgl. § 41 StGB.) und die Verfallerklärung (z. B. nach § 335 StGB.; eine Verfallerklärung ist auch die Anordnung der Abführung des Mehrerlöses nach § 8 WiStG.).

d) Die bisher streitige Frage, ob Freiheits- und Geldstrafe nach Maßgabe des materiellen Strafrechts nebeneinander verhängt werden können (vgl. Anm. 2c zu § 407) ist ebenfalls ausdrücklich („allein oder nebeneinander") in bejahendem Sinn bereinigt worden. Die amtl. Begr. bemerkt dazu: „Die Fassung ergibt jetzt zweifelsfrei, daß alle in den beiden summarischen Verfahren (d. h. im Strafbefehls- und Verfügungsverfahren) zugelassenen Strafen und Maßnahmen in den Grenzen des sachlichen Strafrechts allein festgesetzt oder miteinander verbunden werden können. Namentlich die Verbindung von Freiheitsstrafe und Geldstrafe wegen einer Tat, für die beide Strafen nebeneinander angedroht sind (vgl. z. B. § 266 Abs. 1 StGB.), ist jetzt rechtlich bedenkenfrei ...".

3. Zu Abs. 4. Der neue Abs. 4 war bereits im wesentlichen im RegEntw. des StPÄG. (BT-Drucks. IV/178) vorgesehen. Im Rechtsausschuß des Bundestages sind lediglich die Worte „des § 147 Abs. 5 und" eingefügt worden. Die amtl. Begr. führt dazu aus: „Erwägt die Staatsanwaltschaft, den Erlaß eines Strafbefehls zu beantragen, so vermerkt sie den Abschluß der Ermittlungen in den Akten. Die Rechte und Folgerungen, die sich an diese Prozeßhandlung knüpfen, richten sich auch im Strafbefehlsverfahren nach den allgemeinen Vorschriften. Das bedeutet insbesondere, daß auch hier das Recht der Verteidigung auf unbeschränkte Akteneinsicht und auf freien Verkehr mit dem Beschuldigten gegenüber dem geltenden Recht auf den erwähnten Zeitpunkt vorverlegt wird. ... Eine Mitteilung über den Abschluß der Ermittlungen an den Beschuldigten und an den Verteidiger ist nicht vorgeschrieben. Abweichend von der allgemeinen Regelung (§ 33 Abs. 3 ...) braucht das Gericht den Beschuldigten vor Erlaß des Strafbefehls nicht anzuhören (§ 407 Abs. 4 Satz 2). Diese Regelung ... entspricht dem Wesen des summarischen Verfahrens und steht mit der Rechtsprechung des BVerfG. im Einklang".

4. Das bisherige Recht enthielt keine Vorschriften über die Anhörung des Beschuldigten im Verfahren vor Erlaß des Strafbefehls, wenn sich auch aus allgemeinen strafverfahrens- und verfassungsrechtlichen Grundsätzen ergab, daß der Beschuldigte zwar nicht durch das Gericht, wohl aber entweder durch die ermittelnde Polizeibehörde oder spätestens durch die Staatsanwaltschaft vor Stellung des Strafbefehlsantrags anzuhören war (vgl. Anm. 7 zu § 407). Nunmehr bestimmt der neue § 163a Abs. 1 — Art. 4 Nr. 3 StPÄG. —, daß, sofern das Verfahren nicht zur Einstellung führt, jeder Beschuldigte spätestens vor dem Abschluß der Ermittlungen zu vernehmen ist, wobei es in einfachen Sachen genügt, daß ihm Gelegenheit zu schriftlicher Äußerung gegeben wird. Die Anhörung kann durch die Polizeibehörde oder durch die Staatsanwaltschaft erfolgen. § 163a gilt auch für den Beschuldigten in dem dem Antrag auf Erlaß des Strafbefehls vorangehenden Verfahren (vgl. auch LG. Karlsruhe NJW. **1966** 64).

5. § 407 Abs. 4 besagt folgendes:

a) Nach dem neuen § 169a Abs. 1 hat die Staatsanwaltschaft, wenn sie die Erhebung der öffentlichen Klage durch Einreichung einer Anklageschrift erwägt, den Abschluß der Ermittlungen in den Akten zu vermerken. Nach § 407 Abs. 4 Satz 1 steht der Einreichung der Anklageschrift der Antrag auf Erlaß eines Strafbefehls gleich, d. h. die Staatsanwaltschaft hat den Abschluß der Ermittlungen auch dann zu vermerken, wenn sie die Erhebung der Anklage durch Antrag auf Erlaß eines Strafbefehls erwägt. Spätestens bis zu diesem Vermerk muß der Beschuldigte gemäß § 163a gehört sein.

b) Nach dem neuen § 147 Abs. 1 ist der Verteidiger befugt, die Akten, die dem Gericht vorliegen oder diesem im Falle der Erhebung der Anklage — auch durch Antrag auf Erlaß eines Strafbefehls — vorzulegen wären, einzusehen und zwar uneingeschränkt (§ 147 Abs. 2), sobald der Abschluß der Ermittlungen in den Akten vermerkt ist, während ihm vor diesem Zeitpunkt die Einsicht unter den Voraussetzungen des § 147 Abs. 2 versagt werden kann. Da § 147 Abs. 5 — im Gegensatz zu § 147 Abs. 1, der nur von der Erhebung der Anklage spricht und damit auch den Fall der Erhebung der Anklage durch Antrag auf Erlaß des Strafbefehls ohne weiteres umfaßt — für die Zuständigkeit zur Entscheidung über die Akteneinsicht auf den Zeitpunkt der Einreichung der Anklageschrift abstellt, bedurfte es für das Strafbefehlsverfahren der besonderen Vorschrift in § 407 Abs. 4 Satz 1, die auch hier den Antrag auf Erlaß eines Strafbefehls der Einreichung einer Anklageschrift gleichstellt.

c) Auch wenn die Staatsanwaltschaft für den Fall, daß der Amtsrichter die Sache zur Hauptverhandlung bringt oder der Beschuldigte Einspruch erhebt, den Antrag nach § 407 Abs. 3 auf Entscheidung durch den Einzelrichter nicht stellt und für die Hauptverhandlung dann die sachliche Zuständigkeit des Schöffengerichts begründet wäre, findet gemäß § 407 Abs. 4 Satz 2 weder die in § 169a Abs. 2 bezeichnete Mitteilung noch das Schlußgehör nach § 169b statt.

d) Schließlich ist auch gemäß § 407 Abs. 4 Satz 3 vor Erlaß des Strafbefehls eine gerichtliche Anhörung des Beschuldigten (§ 33 Abs. 2, 3 n. F.) nicht erforderlich. Das entspricht dem Wesen des summarischen Verfahrens und ist mit Art. 103 Abs. 1 GG. verträglich, weil die Möglichkeit des Einspruchs dem Beschuldigten das rechtliche Gehör vor Gericht sichert (vgl. Anm. 7 S. 137 zu § 407). Unberührt bleibt aber („bedarf es nicht") das Recht des Amtsrichters zur Erhebung einzelner Beweise vor Erlaß des Strafbefehls (vgl. Anm. 5e zu § 408) und zur Anhörung des Beschuldigten im Rahmen einer solchen Ergänzung des Ermittlungsergebnisses.

6. Durch die gesetzliche Festlegung der Pflicht zur Anhörung des Beschuldigten und seiner Verteidigungsbefugnisse im Verfahren vor Erlaß des Strafbefehls ist den Auffassungen, daß das Strafbefehlsverfahren kein echtes Strafverfahren sei, der Strafbefehl keine echte Sachentscheidung, sondern nur eine Straffestsetzung ohne Schuldfeststellung darstelle (vgl. Hauptwerk Anm. 7 S. 136 zu § 407), endgültig der Boden entzogen.

7. Da nach zulässigem Einspruch die Hauptverhandlung nach den allgemeinen Regeln einer nach Anklageerhebung stattfindenden Hauptverhandlung durchgeführt wird, ist gemäß § 243 der Anklagesatz dem Strafbefehl zu entnehmen und vom Staatsanwalt (nicht vom Vorsitzenden) zu verlesen (Gegenfurtner DRiZ. **1965** 334).

§ 408

(1) Der Antrag ist auf eine bestimmte Strafe, Nebenfolge oder Maßregel der Sicherung und Besserung zu richten. Der Amtsrichter hat ihm zu entsprechen, wenn dem Erlaß des Strafbefehls Bedenken nicht entgegenstehen.

(2) Der Amtsrichter hat Hauptverhandlung anzuberaumen, wenn er Bedenken hat, ohne Hauptverhandlung zu entscheiden. Dasselbe gilt, wenn der Amtsrichter eine andere als die beantragte Strafe, Nebenfolge oder Maßregel der Sicherung und Besserung festsetzen oder über die Strafaussetzung zur Bewährung abweichend vom Antrag der Staatsanwaltschaft entscheiden will und die Staatsanwaltschaft bei ihrem Antrag beharrt.

1. Durch Art. 2 Nr. 6 des 2. Straßenverkehrssicherungsges. v. 26. 11. 1964 sind in Abs. 1 Satz 1 und Abs. 2 Satz 2 a. F. jeweils hinter dem Wort „Strafe" die Worte „Nebenfolge oder Maßregel der Sicherung und Besserung" eingefügt worden (in Kraft getreten am 2. 1. 1965). Diese Ergänzung zieht lediglich die Folgerung aus dem neugeschaffenen Abs. 2 des § 407.

§ 409

(1) Der Strafbefehl muß außer der Festsetzung der Strafe, Nebenfolge oder Maßregel der Sicherung und Besserung die strafbare Handlung, das angewendete Strafgesetz und die Beweismittel bezeichnen, auch die Eröffnung enthalten, daß er vollstreckbar wird, wenn der Beschuldigte nicht binnen einer Woche nach der Zustellung bei dem Amtsgericht schriftlich oder zu Protokoll der Geschäftsstelle Einspruch erhebt.

(2) Der Strafbefehl wird auch dem gesetzlichen Vertreter des Angeklagten mitgeteilt.

(3) Die Vorschriften des § 267 Abs. 6 Satz 2, der §§ 297 bis 300 und des § 302 gelten entsprechend.

1. Durch Art. 2 Nr. 7 des 2. Straßenverkehrssicherungsges. v. 26. 11. 1964 sind in Abs. 1 hinter „Strafe" die Worte „Nebenfolge oder Maßregel der Sicherung und Besserung" eingefügt und ist Abs. 3 neugefaßt worden (in Kraft getreten am 2. 1. 1965).

2. Auch die Änderung des § 409 **Abs. 1** zieht lediglich die Folgerung aus der Änderung des § 407 Abs. 2.

3. Die Änderung des § 409 **Abs. 3** besteht darin, daß neben den §§ 297 bis 300 und 302 nunmehr auch der durch Art. 2 Nr. 4 des 2. Straßenverkehrssicherungsges. neu eingefügte § 267 Abs. 6 Satz 2 StPO. für entsprechend anwendbar erklärt wird. Hat die Staatsanwaltschaft die Entziehung der Fahrerlaubnis nicht beantragt, während der Amtsrichter diese Maßnahme für angebracht hält, so muß er nach § 408 Abs. 2 Satz 2 StPO. verfahren; das gleiche gilt, wenn die Staatsanwaltschaft die Entziehung beantragt hat, der Amtsrichter dem Antrag aber nicht entsprechen will. Die Änderung des Abs. 3 betrifft den Fall, daß der Amtsrichter in Übereinstimmung mit dem Antrag der Staatsanwaltschaft von der Entziehung der Fahrerlaubnis absieht, obwohl die Entziehung nach der Art der strafbaren Handlung in Betracht kam. Er muß dann im Strafbefehl (kurz) begründen, weshalb die Entziehung nicht angeordnet worden ist; mehr als formelhafte Wendungen werden aber nicht zu erwarten sein (Nüse JR. **1965**, 44). Die Bedeutung des „Negativvermerks" ergibt sich aus § 4 Abs. 3 StVG. i. d. F. v. Art. 4 Nr. 2 des 2. Straßenverkehrssicherungsges., wonach die Verwaltungsbehörde im Entziehungsverfahren nicht zum Nachteil des Beschuldigten vom Inhalt des Strafbefehls abweichen darf, soweit er sich auf die Feststellung des Sachverhalts oder die Beurteilung der Schuldfrage oder der Eignung zum Führen von Kraftfahrzeugen bezieht; der Negativvermerk im Strafbefehl bindet also die Verwaltungsbehörde. Der Negativvermerk ist auch dann (und hier sogar besonders) erforderlich, wenn im Strafbefehl auf Fahrverbot erkannt ist (Floegel-Hartung [15] S. 1935). Unterbleibt der Negativvermerk, der nur in Verbindung mit der Entscheidung möglich ist, also nicht nachgeholt werden kann, so ist dies für den Bestand des Strafbefehls ohne Bedeutung; die Verwaltungsbehörde ist dann nicht gebunden (ebenso Floegel-Hartung a. a. O.).

Zweiter Abschnitt

Verfahren bei Strafverfügungen

§ 413

(1) Nach Maßgabe landesrechtlicher Bestimmungen können die Polizeibehörden bei Übertretungen ihre Verhandlungen nach Anhörung des Beschuldigten statt der Staatsanwaltschaft (§ 163 Abs. 2) dem Amtsgericht übersenden. Die Beweismittel sowie die anzuwendenden Strafvorschriften sind zu bezeichnen; auch ist ein Vorschlag zum Strafmaß zu machen.

(2) Der Amtsrichter setzt durch Strafverfügung ohne Hauptverhandlung Haft, Geldstrafe, Fahrverbot, Einziehung, Vernichtung, Unbrauchbarmachung oder Befugnis zur Beseitigung eines gesetzwidrigen Zustandes, allein oder nebeneinander, fest. An den Vorschlag der Polizeibehörde ist er nicht gebunden. Einer Mitwirkung der Staatsanwaltschaft bedarf es nicht.

(3) Der Amtsrichter übersendet die Akten der Staatsanwaltschaft, wenn er Bedenken hat, ohne Hauptverhandlung zu entscheiden oder wenn er noch weitere Ermittlungen für nötig erachtet.

(4) Die §§ 409 bis 412 gelten entsprechend. Der vorherigen Anhörung des Beschuldigten durch das Gericht (§ 33 Abs. 3) bedarf es nicht.

(5) Der Amtsrichter kann das Verfahren unter den Voraussetzungen des § 153 Abs. 1 einstellen; der Beschluß kann nicht angefochten werden.

1. Durch Art. 2 Nr. 8 des 2. Straßenverkehrssicherungsges. hat Abs. 2 eine neue Fassung erhalten (in Kraft gesetzt am 2. 1. 1965). Durch Art. 8 Nr. 7 des Strafprozeßänderungsges. v. 19. 12. 1964 ist in Abs. 1 das Wort „Vernehmung" durch „Anhörung" ersetzt und dem Abs. 4 der Satz 2 angefügt worden (in Kraft gesetzt am 1. 4. 1965).

2. Zu den Änderungen und Ergänzungen der **Abs. 1, 4** führt die amtl. Begr. im RegEntw. aus, mit der Ersetzung von „Vernehmung" durch „Anhörung" solle „eine in der Praxis entstandene Zweifelsfrage entschieden werden. Es soll nämlich klargestellt werden, daß es genügt, wenn die Polizei den Beschuldigten anhört und darüber einen Vermerk, nicht aber ein förmliches Vernehmungsprotokoll aufgenommen hat. Die Ergänzung des Abs. 4 beruht auf den gleichen Erwägungen wie Abs. 4 Satz 2 des § 407 . . .".

Die Bedeutung dieser Änderungen ist bereits im Hauptwerk in Anm. 6 zu § 413 erörtert. Im Verfahren vor Erlaß eines Strafbefehls ist — vgl. dazu die Erläuterungen oben zu § 407 Abs. 4 — der Beschuldigte grundsätzlich vor dem (aktenkundig zu machenden) Abschluß der Ermittlungen zu vernehmen; in einfachen Sachen genügt es aber, daß ihm Gelegenheit gegeben wird, sich schriftlich zu äußern (§ 163a Abs. 1 n. F.). Im Strafverfügungsverfahren, dessen Gegenstand nur Übertretungen sein können, handelt es sich im allgemeinen um „einfache Sachen" i. S. des § 163a Abs. 1 Satz 2; daher nimmt § 413 Abs. 1 das der Strafverfügung vorausgehende polizeiliche Ermittlungsverfahren von der Anwendung des § 163a Abs. 1 Satz 1 aus; § 413 Abs. 1 ist lex specialis gegenüber § 163a Abs. 1 Satz 1.

Wenn § 413 Abs. 1 die Anhörung genügen läßt, so bedeutet dies, daß er grundsätzlich auf eine („förmliche") polizeiliche Vernehmung i. S. des § 163a Abs. 1 verzichtet und es in allen Fällen ausreichen läßt, wenn dem Beschuldigten Gelegenheit gegeben wird, sich zu der ihm von der Polizei zur Last gelegten Tat zu äußern. Und zwar muß ihm — nicht anders als nach § 163a Abs. 1 Satz 2 — Gelegenheit gegeben werden, sich schriftlich zu äußern. Das bedeutet nicht, daß er Gelegenheit haben müsse, eine schriftliche Stellungnahme einzureichen; es genügt, wenn er Gelegenheit erhält, daß seine Stellungnahme in der von ihm gewünschten Form schriftlich niedergelegt in den Akten erscheint. Wenn die oben zitierte amtl. Begr. ausführt, es solle genügen, „wenn die Polizei den Beschuldigten anhört und darüber nur einen Vermerk, nicht aber ein förmliches Vernehmungsprotokoll aufgenommen hat", so könnte das zu dem Mißverständnis verleiten, es genüge auch, wenn der die Anzeige erstattende Polizeibeamte nachträglich die mündliche Stellungnahme des Beschuldigten in einem Vermerk zusammenfaßt, dessen Inhalt und vor allem dessen Wortlaut dem Beschuldigten unbekannt bleiben (so aber wohl Schwarz-Kleinknecht [26] 5A). Das wäre dann freilich keine genügende Anhörung, denn sie böte dem Beschuldigten keine Gewähr, daß tatsächlich sein Vorbringen dem Richter, der auf den Inhalt der Akten angewiesen ist, zu Gesicht kommt. Der Polizeibeamte hat also mündliche Erklärungen des Beschuldigten alsbald, wenn auch in knappster Form, schriftlich niederzulegen und sie ihm zur Genehmigung vorzulesen und entweder die Genehmigung zu vermerken oder sie durch Unterschrift bestätigen zu lassen (so mit Recht Jünemann, Rechtliches Gehör und Strafverfügungsverfahren, Diss. Münster [1964], S. 119). § 163a Abs. 4 gilt auch für die polizeiliche Anhörung.

Der neue **Satz 2 des § 413 Abs. 4** entspricht dem Satz 3 des neuen Abs. 4 des § 407.

3. Zu Abs. 2. Die Änderung des § 413 Abs. 2 gegenüber dem bisherigen Recht besteht in folgendem:

a) Da nur Haft als primäre Freiheitsstrafe vorgesehen ist, ist klargestellt, daß eine bei besonders schweren Fällen von Übertretungen angedrohte Gefängnisstrafe (vgl. § 30 Abs. 2 der NaturschutzVO v. 18. 3. 1936, RGBl. I 181) nicht durch Strafverfügung festgesetzt werden darf, obwohl die Tat nach h. M. Übertretung bleibt und damit unter § 413 Abs. 1 fällt.

b) Neu zugelassen ist die Nebenstrafe des Fahrverbots (§ 37 StGB.), dagegen ist die Entziehung der Fahrerlaubnis, anders als im Strafbefehlsverfahren, ausgeschlossen.

c) Die Zulässigkeit der Strafenkombination und einziehungsähnlicher Maßnahmen ist (wie beim Strafbefehl, oben zu § 407) ausdrücklich klargestellt.

4. Aus der **Verweisung in § 413 Abs. 4 auf § 409** und damit auch auf den neu gefaßten Abs. 3 des § 409 ergibt sich, daß § 267 Abs. 6 Satz 2 n. F. auch im Strafverfügungsverfahren entsprechend anzuwenden ist. Zwar kann der Amtsrichter in der Strafverfügung nicht auf Entziehung der Fahrerlaubnis erkennen; er muß aber, wenn er die Maßnahme — entgegen dem Vorschlag der Polizeibehörde — für geboten hält, sich des Erlasses der Strafverfügung enthalten und die Akten der Staatsanwaltschaft übersenden (§ 413 Abs. 3). Der Erlaß der Strafverfügung bedeutet also, daß der Amtsrichter auf Grund einer Prüfung nach dieser Richtung eine Entziehung der Fahrerlaubnis nicht für gerechtfertigt hält, und er muß, wenn die Entziehung nach der Art der strafbaren Handlung in Betracht kam, in der Strafverfügung kurz die Gründe angeben, die die Abstandnahme von der Entziehung rechtfertigen. Daß die Verweisung auf § 409 Abs. 3 so zu verstehen ist und die entsprechende Anwendung der Vorschrift nicht etwa bedeutet, die Unterlassung der Festsetzung eines Fahrverbotes sei zu begründen, ergibt sich aus § 4 Abs. 3 Satz 2 StVG. i. d. F. von Art. 4 Nr. 2 des 2. Straßenverkehrssicherungsges.: dort ist in der Frage der Bindung der Verwaltungsbehörde an die Feststellungen des strafrichterlichen Urteils zum Sachverhalt und an die Beurteilung der Schuldfrage und der Eignung zum Führen von Kraftfahrzeugen die Strafverfügung — in gleicher Weise wie der Strafbefehl — einem Strafurteil gleichgestellt (ebenso Floegel-Hartung aaO.).

Siebentes Buch

Strafvollstreckung und Kosten des Verfahrens

Erster Abschnitt

Strafvollstreckung

§ 450

(1) Auf die zu vollstreckende Freiheitsstrafe ist unverkürzt die Untersuchungshaft anzurechnen, die der Angeklagte erlitten hat, seit er auf Einlegung eines Rechtsmittels verzichtet oder das eingelegte Rechtsmittel zurückgenommen hat, oder seitdem die Einlegungsfrist abgelaufen ist, ohne daß er eine Erklärung abgegeben hat.

(2) Führt nach rechtzeitiger Einlegung eines Rechtsmittels ein Beschluß unmittelbar die Rechtskraft des Urteils herbei, so gilt für die Berechnung der Strafzeit die Rechtskraft als zu Beginn des Tages der Beschlußfassung eingetreten.

(3) Hat nach dem Urteil eine Verwahrung, Sicherstellung oder Beschlagnahme des Führerscheins auf Grund des § 111a Abs. 5 Satz 2 fortgedauert, so ist diese Zeit unverkürzt auf das Fahrverbot (§ 37 des Strafgesetzbuches) anzurechnen.

1. Abs. 3 ist durch Art. 2 Nr. 9 des Straßenverkehrssicherungsges. v. 26. 11. 1964 neu eingeführt (in Kraft getreten am 2. 1. 1965). Die amtl. Begr. des Ges. führt dazu aus: „Ist in einem nicht rechtskräftigen Urteil ein Fahrverbot nach § 37 StGB. verhängt, so gibt es im allgemeinen keinen Rechtsgrund mehr, um eine bis zum Urteil bestehende amtliche Verwahrung des Führerscheins vor dem Eintritt der Rechtskraft aufrechtzuerhalten. Die ... Neufassung des § 111a Abs. 5 Satz 2 StPO. gibt jedoch die Möglichkeit, die Rückgabe des Führerscheins in solchen Fällen aufzuschieben, wenn der Beschuldigte nicht widerspricht. Dadurch soll der kurze Zeitraum von der Verkündung des Urteils bis zum Ablauf der Rechtsmittelfristen oder bis zur allseitigen Erklärung des Rechtsmittelverzichts überbrückt werden, ohne daß in jedem Fall der Führerschein zurückgegeben werden muß. ... Es entspricht nun der Billigkeit, daß diese Zeit dem Verurteilten bei der Berechnung der Verbotsfrist nicht verloren geht. ... § 450 Abs. 3 sieht deshalb die unverkürzte Anrechnung auf das Fahrverbot vor“.

§ 453b

(1) Das Gericht überwacht während der Bewährungszeit die Lebensführung des Verurteilten und die Erfüllung der Auflagen. § 24a des Strafgesetzbuches bleibt unberührt.

(2) § 453 Abs. 2 gilt entsprechend.

1. § 453b ist durch Art. 10 Nr. 10 des Strafprozeßänderungsges. v. 19. 12. 1964 eingefügt (in Kraft getreten am 1. 4. 1965). Die amtl. Begr. bemerkt zu der unverändert aus dem RegEntw. übernommenen Vorschrift: „§ 453 regelt die Zuständigkeit des Gerichts ausdrücklich nur für die Entscheidungen, die sich auf eine Strafaussetzung zur Bewährung beziehen. Im Schrifttum und in der Rechtsprechung ist die Frage aufgetaucht, ob das für diese Entscheidungen erhebliche Verhalten des Verurteilten von der Staatsanwaltschaft als der Vollstreckungsbehörde oder von dem für die Entscheidungen zuständigen Gericht zu überwachen sei. § 453b stellt diese Frage im Sinne der Rechtsprechung des BGH. und der herrschenden Auffassung klar. Damit wird der Tatsache Rechnung getragen, daß Gegenstand der Überwachung eine dem

Erziehungszweck der Strafe entsprechende Eigenleistung des Verurteilten ist, welche die Vollstreckung des eigentlichen Strafurteils entbehrlich machen soll.

Abs. 1 Satz 2 bringt zum Ausdruck, daß die Überwachung durch das Gericht die an dessen Anweisungen gebundene Überwachungstätigkeit des Bewährungshelfers (§ 24a StGB.) nicht berührt. Die gesetzliche Zuständigkeitsregelung für Entscheidungen im Rahmen der Strafaussetzung zur Bewährung (§ 453 Abs. 2) gilt nach Abs. 2 auch für die richterliche Überwachungsaufgabe."

Ergänzend wird auf Anm. 2 zu § 453 StPO. im Hauptwerk verwiesen.

§ 454

(1) Die Entscheidung, ob ein Verurteilter bedingt entlassen werden soll (§ 26 des Strafgesetzbuchs), trifft das Gericht ohne mündliche Verhandlung durch Beschluß. Die Staatsanwaltschaft und die Strafvollzugsbehörde sind zu hören. Der Beschluß ist zu begründen.

(2) Gegen die Entscheidung nach Abs. 1 ist sofortige Beschwerde zulässig. Die Beschwerde der Staatsanwaltschaft gegen den Beschluß, der die bedingte Entlassung anordnet, hat aufschiebende Wirkung.

(3) Im übrigen gelten die Vorschriften der §§ 453, 453a Abs. 1 und 3, §§ 453b, 268a Abs. 2 entsprechend. Die Belehrung über die bedingte Entlassung wird mündlich erteilt; sie kann auch dem Leiter der Vollzugsbehörde übertragen werden.

1. Abs. 3 Satz 1 hat durch Art. 10 Nr. 11 des Strafprozeßänderungsges. v. 19. 12. 1964 die jetzige Fassung erhalten (in Kraft getreten am 1. 4. 1965). Sie unterscheidet sich von der bisherigen Fassung lediglich dadurch, daß auch der neu eingestellte § 453b für entsprechend anwendbar erklärt ist. Damit ist klargestellt, daß nach bedingter Entlassung auch die Überwachung der Lebensführung während der Bewährungszeit und der Erfüllung der Auflagen Sache des Vollstreckungsgerichts ist.

§ 463a

(1) Die Vorschriften über die Strafvollstreckung gelten für die Vollstreckung von Maßregeln der Sicherung und Besserung sinngemäß, soweit nichts anderes bestimmt ist.

(2) Bei der Unterbringung in einer Heil- oder Pflegeanstalt ist der Aufschub der Vollstreckung auf Grund des § 455 Abs. 1, bei der Sicherungsverwahrung der Aufschub auf Grund des § 456 nicht zulässig.

(3) § 462 gilt auch für die nach den §§ 42f bis 42h, § 42l Abs. 4 und § 42n Abs. 7 des Strafgesetzbuches zu treffenden Entscheidungen.

1. Durch Art. 2 Nr. 10 des 2. Straßenverkehrssicherungsges. v. 26. 11. 1963 ist im **Abs. 3** die bisherige Verweisung auf § 42m Abs. 4 StGB. durch eine solche auf § 42n Abs. 7 StGB. ersetzt worden (in Kraft getreten am 2. 1. 1965). Diese Änderung war erforderlich, weil an die Stelle des § 42m Abs. 4 a. F. StGB. (betr. vorzeitige Aufhebung der rechtskräftig angeordneten Sperre durch Beschluß des Vollstreckungsgerichts) jetzt der § 42n Abs. 7 StGB. getreten ist.

§ 463b

(1) Ist ein Führerschein nach § 37 Abs. 3 Satz 2 des Strafgesetzbuches amtlich zu verwahren und wird er nicht freiwillig herausgegeben, so ist er zu beschlagnahmen.

(2) Ausländische Fahrausweise können zur Eintragung eines Vermerks über das Fahrverbot und über die Entziehung der Fahrerlaubnis und die Sperre (§ 37 Abs. 3 Satz 3, § 42o Abs. 2 des Strafgesetzbuches) beschlagnahmt werden.

1. § 463b ist durch Art. 2 Nr. 11 des 2. Straßenverkehrssicherungsges. v. 26. 11. 1964 eingefügt worden (in Kraft getreten am 2. 1. 1965).

2. Wird rechtskräftig auf Entziehung der Fahrerlaubnis erkannt, so wird ein von einer deutschen Behörde erteilter Führerschein im Urteil (Strafbefehl) eingezogen (§ 42m Abs. 3

StGB.). Die Vollstreckung des Urteils regelt sich dann, wenn der Führerschein noch nicht beschlagnahmt war, nach § 463 StPO. Ausländische Fahrausweise werden dagegen bei Entziehung der Fahrerlaubnis nicht eingezogen, vielmehr wird nur die Entziehung der Fahrerlaubnis und die Sperre darin vermerkt (§ 42o Abs. 2 StGB.); zu diesem Zweck kann nach § 463b Abs. 2 StPO der ausländische Fahrausweis beschlagnahmt werden (wegen der Beschlagnahme eines ausländischen Fahrausweises zwecks Eintragung der vorläufigen Entziehung der Fahrerlaubnis vgl. § 111a Abs. 6 n. F.). Die Anordnung der Beschlagnahme ist Sache der Vollstreckungsbehörde (§ 451 StPO.), die zur Ausführung der Beschlagnahme die Amtshilfe der Polizei in Anspruch nehmen kann; § 463 StPO. ist insoweit unanwendbar.

3. Wird auf **Fahrverbot** erkannt, so wird der von einer deutschen Behörde erteilte Führerschein für die Dauer des Verbots amtlich verwahrt, während in einem ausländischen Fahrausweis nur das Fahrverbot vermerkt wird (§ 37 Abs. 3 StGB.). Auch die Erzwingung der Verwahrung (§ 463b Abs. 1) und der Eintragung des Vermerks (§ 463b Abs. 2) erfolgt durch Beschlagnahme, für die das in Anm. 2 Ausgeführte gilt.

Zweiter Abschnitt

Kosten des Verfahrens

§ 467

(1) Wird der Angeschuldigte freigesprochen oder außer Verfolgung gesetzt, oder wird das Verfahren gegen ihn eingestellt, so fallen die Kosten des Verfahrens der Staatskasse zur Last; dem Angeschuldigten werden nur solche Kosten auferlegt, die er durch eine schuldhafte Versäumnis verursacht hat.

(2) Die dem Angeschuldigten erwachsenen notwendigen Auslagen können der Staatskasse auferlegt werden. Sie sind ihr aufzuerlegen, wenn das Verfahren die Unschuld des Angeschuldigten ergeben oder dargetan hat, daß gegen ihn ein begründeter Verdacht nicht vorliegt; § 2 des Gesetzes betreffend die Entschädigung für unschuldig erlittene Untersuchungshaft gilt entsprechend.

(3) Diese Vorschriften gelten nicht, wenn gegen den Angeschuldigten die Unterbringung in einer Heil- oder Pflegeanstalt angeordnet wird.

(4) Über die Verpflichtung der Staatskasse nach Absatz 2 entscheidet das Gericht durch besonderen Beschluß gleichzeitig mit der Entscheidung nach Absatz 1. Wird eine solche Entscheidung auf ein Rechtsmittel von neuem getroffen, so wird auch über die Verpflichtung der Staatskasse nach Absatz 2 von neuem Beschluß gefaßt.

(5) Der Beschluß nach Absatz 4 wird nur durch Zustellung bekannt gemacht. Er wird erst zugestellt, wenn die Entscheidung nach Absatz 1 rechtskräftig geworden ist. Er kann mit der sofortigen Beschwerde angefochten werden. Das Beschwerdegericht ist an die tatsächlichen Feststellungen in der Entscheidung nach Absatz 1 gebunden.

1. Durch Art. 10 Nr. 12 des Strafprozeßänderungsges. v. 19. 12. 1964 ist mit Wirkung v. 1. 4. 1965 Abs. 1 neu gefaßt und sind die Abs. 4 und 5 angefügt worden. Diese Änderungen und Ergänzungen sind erst im Rechtsausschuß des Bundestags beschlossen worden. In dem schriftlichen Bericht des Rechtsausschusses (zu Drucks. IV/1020) ist dazu ausgeführt: „Die vom Ausschuß beschlossene Fassung des Abs. 1 stellt die für die Kostenpflicht maßgeblichen Grundsätze klarer heraus.

Die vom Ausschuß beschlossenen neuen Absätze 4 und 5 sollen den sog. Freispruch zweiter Klasse beseitigen. Da über die Anwendung der Vorschriften des Abs. 2 nun nur noch in einem besonderen, nicht zu verkündenden, sondern nur zuzustellenden und auch isoliert anfechtbaren Beschluß entschieden wird, kann das Gericht sich künftighin bei der Abfassung und Verkündung des freisprechenden Urteils jeder Äußerung darüber enthalten, warum es die Vorschrift des Abs. 2 nicht zugunsten des Angeklagten anwenden will."

2. Der neu gefaßte **Abs. 1** unterscheidet sich von dem bisherigen Abs. 1 nach zwei Richtungen. Er spricht zunächst ausdrücklich aus, daß bei Freispruch usw. des Angeklagten die Verfahrenskosten der Staatskasse zur Last fallen. Das galt sachlich auch bisher schon. Denn nach

§ 464 Abs. 1 muß jede verfahrensbeendende Entscheidung einen Ausspruch darüber enthalten, wem die Kosten des Verfahrens zur Last fallen; da aber nach § 467 Abs. 1 a. F. der freigesprochene Angeschuldigte nur ausnahmsweise zur Kostentragung herangezogen werden konnte, fielen sie im übrigen der Staatskasse zur Last (vgl. Anm. 1 zu § 464). Insoweit hat also die Änderung des Wortlauts nur klarstellende Bedeutung. § 471 Abs. 2 StPO. bleibt unberührt. Ferner stellt Abs. 1 n. F. ausdrücklich dem Freispruch und der Außerverfolgungsetzung die Einstellung des Verfahrens gleich. Auch das entspricht sachlich dem bisherigen Recht, da unter Außerverfolgungsetzung auch die Einstellung verstanden wurde (vgl. Anm. 4a zu § 467). Auch insoweit bringt also die Neufassung lediglich eine Klarstellung und Verdeutlichung, aber keine sachliche Änderung.

3. Die neuen **Abs. 4, 5** haben die materiellrechtliche Regelung der Auslagenerstattung in § 467 Abs. 2, 3 unberührt gelassen. Geändert wurde lediglich das Verfahren bei der Entscheidung über die Auslagenerstattung: diese bildet nicht mehr einen Bestandteil der Sachentscheidung, sondern erfolgt — zwar zeitlich zusammen mit der Sachentscheidung, aber — in einem besonderen Beschluß. Diese Regelung lehnt sich an § 4 U-Haftentschädigungsges. v. 14. 7. 1904 (vgl. auch § 4 des Strafentschädigungsges. v. 20. 5. 1898) an, dessen Auslegung daher auch für die Abs. 4, 5 in gewissem Umfang verwertbar ist.

Wenn auch in der amtlichen Begründung (oben Anm. 1) als Zweck der Änderung die Beseitigung des „Freispruchs zweiter Klasse" bezeichnet ist, so gelten die Abs. 4, 5 doch nicht nur für Urteile, sondern auch für Beschlüsse (vgl. Hauptwerk Anm. 4a zu § 467), auch für die Auslagenentscheidung nach § 470 Satz 2, 2. Alternative (LG. Aachen NJW. **1966** 120).

Nach dem Sinn der Neuregelung sind in der Urteilsformel Zusätze wie „mangels Beweises" oder „wegen erwiesener Unschuld" oder ähnliche den verbliebenen Verdachtsgrad charakterisierende Wendungen ausgeschlossen. Auch die schriftliche, jedenfalls aber die mündliche Urteilsbegründung soll nach Möglichkeit Ausführungen vermeiden, die dem Auslagenbeschluß vorbehalten sind (vgl. Schwarz-Kleinknecht [26] 4 zu § 260). Doch wird sich auch in Zukunft oft nicht vermeiden lassen, daß sich das Gericht in den mündlichen oder schriftlichen Gründen der Entscheidung über das Maß eines verbliebenen Tatverdachts ausspricht (Gegenfurtner DRiZ. **1965** 335). Denn bei zu großer Wortkargheit müßten sich sonst, da die Zustellung des Erstattungsbeschlusses erst nach Rechtskraft der Hauptentscheidung erfolgt, die Anfechtungsberechtigten (Staatsanwaltschaft, Nebenkläger) erst durch die Einsicht in die Akten und den darin enthaltenen Auslagenbeschluß über die Überzeugungskraft des Urteils und die daraus sich ergebenden Aussichten einer Berufung informieren.

4. a) Über die Auslagenerstattung ist stets **von Amtswegen** zu entscheiden. Verneint also das Gericht die Voraussetzungen einer Erstattung nach § 467 Abs. 2, so bedarf es eines besonderen (die Erstattungspflicht ablehnenden) Beschlusses auch dann, wenn kein Beteiligter die Auslagenüberbürdung auf die Staatskasse beantragt hat. Eine stillschweigende Ablehnung der Erstattung, wie sie nach bisherigem Recht möglich war (vgl. Anm. 12b aa zu § 467 im Hauptwerk) gibt es künftig nicht mehr (OLG Stuttgart NJW. **1966**, 1425).

Unterläßt das Gericht die gebotene Auslagenentscheidung und bleibt es auch auf Anmahnung untätig, so ist dagegen, soweit nicht nur Verzögerung, sondern Rechtsverweigerung geltend gemacht wird, mit der einfachen Beschwerde (§ 304) um Abhilfe nachzusuchen (vgl. Kaiser-Sommer, Leitfaden zur kleinen Strafprozeßreform **1965** 79; s. auch Hauptwerk Vorbem. 1c vor § 304; Anm. 2c zu § 304; aM. Müller-Sax [KMR.] 6e: die Nichtnachholung des Beschlusses stehe einer Ablehnung der Auslagenerstattung gleich und könne wie diese — also mit der sofortigen Beschwerde — angefochten werden). Das Beschwerdegericht kann aber nicht in der Sache selbst entscheiden, sondern nur den untätig gebliebenen Richter zum Erlaß einer Entscheidung anweisen.

b) Die Vorschrift des **Abs. 4 Satz 1,** daß die Entscheidung über die Auslagenerstattung gleichzeitig mit der Sachentscheidung zu treffen ist, ist aus dem § 4 Abs. 1, 4 des UHaftentschädigungsges. übernommen und hat in erster Linie den Fall im Auge, daß in der Sache selbst durch Urteil auf Grund einer Hauptverhandlung entschieden wird. Die Anordnung gleichzeitiger Entscheidung soll hier bewirken, daß auch die Erstattungsentscheidung unter dem unmittelbaren Eindruck der Hauptverhandlung durch die an der Sachentscheidung beteiligten Richter getroffen wird. An der Erstattungsentscheidung wirken auch die Schöffen und Geschworenen mit; ihrer Unterschrift bedarf es aber nicht (vgl. § 275 Abs. 2 StPO.). Die Anordnung gleichzeitiger Entscheidung gilt aber auch, wenn die Sachentscheidung (Außerverfolgungsetzung, Einstellung) außerhalb einer Hauptverhandlung ergeht; hier hat die Anordnung gleichzeitiger Entscheidung den Sinn, die Vertrautheit der an der Sachentscheidung mitwirkenden Richter mit dem Fall auch für die Erstattungsentscheidung nutzbar zu machen und eine gewisse Einheitlichkeit der Beurteilung des Sachverhalts nach beiden Richtungen zu gewährleisten.

c) Ist die Entscheidung über die Auslagenerstattung (versehentlich) unterblieben, so muß sie — auch nach Rechtskraft des freisprechenden Urteils — nachgeholt werden. Denn wenn etwa das Urteil durch Rechtsmittelverzicht alsbald nach der Verkündung rechtskräftig geworden ist, ist es undenkbar, daß der Angeklagte, bei dem die Voraussetzungen einer Erstattungspflicht nach § 467 Abs. 2 Satz 2 offen zu Tage liegen, seines Erstattungsanspruches verlustig gehen könnte, weil versäumt worden ist, den Beschluß über die Erstattung vor Schluß der Sitzung zu erlassen. Fraglich könnte nur sein, in welcher Besetzung das Gericht nachträglich zu entscheiden hat. Der Gesichtspunkt, daß diejenigen Richter die Entscheidung über die Auslagenerstattung treffen sollen, die unter dem unmittelbaren Eindruck der Hauptverhandlung stehen, würde zu der Folgerung führen, daß die an der Hauptverhandlung beteiligten Richter die nachträgliche Entscheidung zu treffen haben. In der Tat wurde, um dies Ergebnis zu erreichen, zu § 4 UHaftentschädigungsges. früher die Auffassung vertreten, daß § 320 Abs. 4 ZPO. entsprechend anzuwenden sei (vgl. Burlage 12 zu § 4). Indessen wären schon die früher mitwirkenden ehrenamtlichen Richter, die ja nur zur richterlichen Tätigkeit in bestimmten Sitzungen berufen sind (§ 45 Abs. 2 GVG.), zur Mitwirkung an der nachträglichen Entscheidung nicht mehr in der Lage. Aber auch die ehedem mitwirkenden Berufsrichter können inzwischen durch Tod, Versetzung in den Ruhestand oder an ein anderes Gericht usw. ausgeschieden sein, und es kann, namentlich wenn der Einzelrichter oder das Schöffengericht entschieden hat, der Fall eintreten, daß keiner der ehedem mitwirkenden Richter mehr zur Verfügung steht. Aus diesen Erwägungen hat sich in dem entsprechenden Fall des § 4 UHaftentschädigungsges. die jetzt als herrschend anzusehende Auffassung durchgesetzt, daß allgemein für die nachträgliche Entscheidung das erkennende Gericht in der für die Entscheidungen außerhalb der Hauptverhandlung bestimmten Zusammensetzung zuständig ist (vgl. u. a. OLG. Kassel und Darmstadt Alsberg, StrafprozeßEntsch. II 448, 449; Hamm JW. **1929**, 2774; Jena DJ. **1939**, 752, 1143; KG. JZ. **1953**, 155; Dalcke-Fuhrmann-Schäfer [37]1 zu § 4). Das gilt auch für die nachträgliche Entscheidung über die Auslagenerstattung (aM. Müller-Sax [KMR] 6b, wonach der unterlassene Beschluß nur nachgeholt werden kann, solange er noch in der gleichen Besetzung wie bei Erlaß der Hauptentscheidung gefaßt werden kann; ebenso LG Kassel NJW. **1966**, 794: auch das Schöffengericht muß nachträglich in der gleichen Besetzung — also mit den gleichen Schöffen — wie in der Hauptverhandlung entscheiden).

5. Auch wenn der Beschluß über die Auslagenerstattung nicht verkündet wird und nach außen erst nach Rechtskraft der Sachentscheidung durch Zustellung in die Außenwelt tritt, so steht er doch — in gleicher Weise wie der UHaftentschädigungsbeschluß (vgl. RGSt. **76** 292) — mit der Sachentscheidung in einem derart engen Zusammenhang, daß er mit ihr eine Einheit bildet. Er ist im Sinn des § 33 Abs. 1 StPO. eine Entscheidung, die im Laufe einer Hauptverhandlung ergeht; es bedarf deshalb der Anhörung der Beteiligten, d. h. es muß ihnen in erkennbarer Weise Gelegenheit gegeben werden, sich auch zur Erstattungsfrage zu äußern (vgl. Anm. 2b zu § 33). Ergeht die Sachentscheidung außerhalb einer Hauptverhandlung, so gilt für die Anhörung § 33 Abs. 2, 3 StPO.

6. Der Beschluß ist, da er nach Abs. 5 Satz 3 mit der sofortigen Beschwerde anfechtbar ist, gemäß § 34 StPO. zu begründen. Der Beschluß muß in einer die Nachprüfung durch das Rechtsmittelgericht ermöglichenden Weise die rechtlichen und tatsächlichen Erwägungen für die Zubilligung oder Versagung der Erstattung erkennen lassen. Als Grundlage dieser Entscheidung kommen — nicht anders als nach bisherigem Recht — nur die Ergebnisse der Hauptverhandlung in Betracht. Insoweit gilt aber nach wie vor der Grundsatz, daß beim Vorliegen der Voraussetzungen für einen Freispruch „mangels Beweises" das Gericht weder verpflichtet noch berechtigt ist, die Hauptverhandlung nur wegen der Entscheidung über die Auslagen weiter durchzuführen zwecks Aufklärung, ob der Beschuldigte unschuldig ist oder ein begründeter Verdacht nicht vorliegt (vgl. Hauptwerk Anm. 11a zu § 467). Dagegen muß es, wenn es die Unschuld als erwiesen oder das Fehlen eines begründeten Verdachts als dargetan ansieht, den Sachverhalt in der Hauptverhandlung weiter aufklären, wenn der zwingende Ausschließungsgrund des § 2 Abs. 1 UHaftentschädigungsges. in Betracht kommt (vgl. Anm. 11b, c zu § 467).

7. a) Der zugleich mit der Sachentscheidung gefaßte Beschluß ist nach **Abs. 5 Satz 2** durch die Rechtskraft der Sachentscheidung aufschiebend bedingt und wird erst mit deren Rechtskraft wirksam (RGZ. **163** 297, 300). Er wird ohne weiteres hinfällig, wenn auf Rechtsmittel hin das freisprechende Urteil aufgehoben wird. Die Einheit von Sachentscheidung und Auslagenerstattungsentscheidung (oben Anm. 5) führt aber auch dazu, daß nach **Abs. 4 Satz 2** der Beschluß seine Bedeutung verliert, wenn auf Rechtsmittel gegen die erste Entscheidung das Rechtsmittelgericht von neuem Freispruch usw. für geboten hält. Es muß dann, da die Nachprüfung durch das Rechtsmittelgericht zu einer Veränderung des Bildes über die Voraussetzungen der Erstattung oder zu einer anderen Würdigung führen kann, von neuem über die Erstattungspflicht Beschluß fassen. Diese Regelung entspricht in verallgemeinerter Form dem § 4 Abs. 2 UHaftentschädigungsges.: „Wird auf ein gegen das freisprechende Urteil eingelegtes Rechtsmittel von neuem auf Freisprechung erkannt, so ist von dem erkennenden Gericht nach Maßgabe des Abs. 1 von neuem Beschluß zu fassen". Das **Berufungsgericht** hat also auch dann erneut über die Auslagenerstattung zu beschließen, wenn es die gegen den Freispruch gerichtete Berufung der Staatsanwaltschaft als unbegründet verwirft, das erste Urteil also in vollem Umfang „bestätigt", während es keiner erneuten Beschlußfassung bedarf, wenn die Berufung (wegen Fristversäumnis usw.) als unzulässig verworfen wird. Wird die Revision gegen ein freisprechendes Urteil des ersten oder des Berufungsgerichts vom **Revisionsgericht** als unbegründet verworfen, so verbleibt es bei der Auslagenentscheidung des Tatrichters, wenn das Revisionsgericht die rechtliche Beurteilung der Tat durch den Tatrichter, wenn auch mit anderen Erwägungen billigt; das Revisionsgericht hat dann nicht über die Erstattung zu entscheiden, weil es nicht „von neuem" eine Entscheidung über den Freispruch usw. trifft. Dagegen liegt eine Entscheidung „von neuem" vor, wenn das Revisionsgericht aus einem neuen Rechtsgrund zum Freispruch kommt und deshalb nur im Ergebnis den Freispruch des Tatrichters billigt, so etwa wenn der Tatrichter aus subjektiven Gründen oder mangels Beweises freigesprochen hat, das Revisionsgericht aber in dem vorgeworfenen Verhalten nicht einmal die objektiven Merkmale eines Straftatbestandes als verwirklicht ansieht (vgl. für das bisherige Recht BGH. NJW. **1962** 312, 313).

b) Keine Entscheidung „von neuem", sondern eine Erstentscheidung liegt vor, wenn das Revisionsgericht, an die Stelle des Tatrichters tretend, nach vorausgegangener Verurteilung in Anwendung der §§ 354, 354a StPO. freispricht oder einstellt; es ist dann zuständiges Gericht i. S. des Abs. 4 Satz 1 für den Erstattungsbeschluß. Schon nach bisheriger Auslegung (vgl. Anm. 12e zu § 467) hatte das Revisionsgericht in einem solchen Falle über die Auslagenerstattung zu entscheiden, jedoch nur, wenn es sich um die obligatorische Erstattung nach § 467 Abs. 2 Satz 2 handelte, während für die Ermessensentscheidung nach § 467 Abs. 2 Satz 1 die letzte Tatsacheninstanz als zuständig angesehen wurde. Diese letztere Einschränkung muß jetzt entfallen (so auch KG NJW. **1966**, 945). Die Zuständigkeit des Revisionsgerichts für die Auslagenerstattungsentscheidung ist sachlich begründet. Zwar bildet jetzt die Auslagenerstattungsentscheidung nicht mehr einen Bestandteil der vom Revisionsgericht zu erlassenden Sachentscheidung, aber der auch der Neuordnung zugrunde liegende Gedanke der Einheit von Sachentscheidung und Auslagenentscheidung, sowie Gründe der Prozeßökonomie rechtfertigen die Entscheidung durch das Revisionsgericht. Würde die Entscheidung über die Erstattung dem Tatrichter überlassen (so BGHSt. **4**, 300 bzgl. der UHaftentschädigung), so hätte dies zur Folge, daß dieser — und auch das Beschwerdegericht — an die Rechtsauffassung des Revisionsgerichts nicht gebunden wären; das könnte dazu führen, daß das Revisionsgericht freispricht, weil der objektive Tatbestand einer strafbaren Handlung nicht erfüllt sei, der Tatrichter oder das Beschwerdegericht aber die Auslagenüberbürdung wegen erwiesener Unschuld ablehnt, weil sie der Rechtsauffassung des Revisionsgerichts nicht folgen (s. dazu unten 9b), ein Ergebnis, das der Gesetzgeber nicht gewollt haben kann. Daraus, daß die Rechtsprechung hinsichtlich der Zuständigkeit der Revisionsinstanz zum Erlaß des UHaftentschädigungsbeschlusses im Fall des Freispruchs (der Einstellung) z. T. zu anderen Ergebnissen gelangt ist (vgl. BGHSt. **4** 300 = NJW. **1953** 1602; s. dazu aber auch BGHSt. **15** 151, 153 und OLG. Hamburg NJW. **1964** 1869), lassen sich für die Zuständigkeit zum Erlaß des Auslagenerstattungsbeschlusses angesichts der historischen Entwicklung und des beschränkten Ziels der Neuregelung, die Sachentscheidungvon Ausführungen zur Erstattungsfrage freizuhalten, keine gegenteiligen Folgerungen ableiten. — Spricht das Revisionsgericht im Beschlußverfahren (§ 349 Abs. 4) frei, so kann die Auslagenentscheidung — abweichend von § 467 Abs. 4 — im gleichen Beschluß erfolgen, da auch die Sachentscheidung nicht verkündet, sondern nur zugestellt und sofort rechtskräftig wird (OLG Köln NJW. **1966**, 512).

8. a) Der Beschluß über die Auslagenerstattung — also der Beschluß des Gerichts, das erstmals auf Freisprechung usw. erkannt hat, bzw. der an seine Stelle getretene Beschluß des Rechtsmittelgerichts, das eine solche Entscheidung auf Rechtsmittel von neuem getroffen hat — wird nach **Abs. 5 Satz 1** nur durch **Zustellung** an den Angeschuldigten bzw. dessen Verteidiger (§ 145a StPO.) und die Staatsanwaltschaft bekanntgemacht.

Die Zustellung kann sowohl gemäß § 36 Abs. 1 wie gemäß § 36 Abs. 2 erfolgen. Daß der Verteidiger entgegen § 145a Abs. 4 Satz 2 von der Zustellung an den Angeklagten nicht benachrichtigt wurde und auch keine Abschrift des Beschlusses erhielt, steht der Wirksamkeit der Zustellung nicht entgegen, da § 145a Abs. 4 Satz 2 nur eine Ordnungsvorschrift darstellt (OLG. Hamburg NJW. **1965** 1614).

Eine mündliche Verkündigung ist unzulässig und wirkungslos (BGH. NJW. **1954** 1738; OLG. Köln NJW. **1954** 1957). Der Beschluß tritt auch im Hauptverhandlungsprotokoll nicht in Erscheinung. Die Zustellung erfolgt erst nach Rechtskraft des freisprechenden Urteils. Eine unrichtigerweise vor der Rechtskraft erfolgte Zustellung setzt die Frist für die sofortige Beschwerde nicht in Lauf und es ließen sich aus einem solchen Beschluß, auch wenn er unangefochten bliebe, keine Rechtsfolgen herleiten, wenn das zugrunde liegende Sachurteil nicht rechtskräftig wird (vgl. RGZ. **163** 297 und oben Anm. 7a). Wenn bei Tatmehrheit das Urteil teils auf Freisprechung, teils auf Verurteilung lautet (vgl. dazu Hauptwerk Anm. 8c zu § 467) und nur der verurteilende Teil mit Rechtsmitteln angegriffen wird, so muß nicht die Rechtskraft des ganzen Urteils abgewartet werden, vielmehr kann schon nach Rechtskraft des freisprechenden Teils die Zustellung erfolgen, da die Auslagenentscheidung insoweit durch den Ausgang des noch rechtshängigen Verfahrens nicht berührt wird.

b) Daraus, daß der Beschluß erst mit der Rechtskraft wirksam wird und erst mit der Zustellung nach außen in Erscheinung tritt, kann nicht die Folgerung gezogen werden, daß ihn das Gericht, das ihn gefaßt hat, bis zu diesem Zeitpunkt abändern könnte. Denn wenn der Beschluß auf Grund einer Hauptverhandlung ergangen ist, würde ein neuer außerhalb der Hauptverhandlung ergehender Beschluß nach Maßgabe des § 33 Abs. 2, 3 StPO. die Anhörung der Beteiligten erfordern und damit die inhaltliche Bekanntgabe des zunächst gefaßten Beschlusses voraussetzen, während doch eine Bekanntgabe des Beschlusses in anderer Weise als durch Zustellung nach Rechtskraft nicht zulässig ist; außerdem wären, wenn der Beschluß auf Grund der Hauptverhandlung unter Mitwirkung von Schöffen oder Geschworenen gefaßt worden ist, diese bei der neuen Beschlußfassung ausgeschlossen, ein Ergebnis, das zwar hingenommen werden muß, wenn eine Beschlußfassung überhaupt unterblieben war (oben Anm. 4), aber nicht die Folgerung rechtfertigt, daß ein mit ihrer Beteiligung gefaßter Beschluß ohne ihre Mitwirkung abgeändert werden könnte. Vielmehr muß, wenn neue Umstände eine Abänderung geboten erscheinen lassen, diese dem Beschwerdeverfahren überlassen bleiben.

9. a) Die **sofortige Beschwerde** (Abs. 5 Satz 3; § 311 StPO.), mit der sich der Angeschuldigte gegen die Versagung, die Staatsanwaltschaft gegen die Anordnung der Auslagenerstattung wenden kann, führt zu einer Nachprüfung des angefochtenen Beschlusses in tatsächlicher und rechtlicher Beziehung. Die Nachprüfung ist aber beschränkt durch die Vorschrift des **Abs. 5 Satz 4,** wonach das Beschwerdegericht an die tatsächlichen Feststellungen des Urteils gebunden ist, das im ersten Rechtszug oder „von neuem" auf Freispruch usw. erkannt hat. Mit dieser Vorschrift knüpft das Gesetz an die bisherige Rechtsprechung über Umfang und Grenzen der Nachprüfung der Auslagenerstattungsentscheidung in der Berufungsinstanz (vgl. Anm. 12c zu § 467) an. Der freigesprochene Angeklagte kann z. B. geltend machen, daß bei Versagung in Ermessensausübung (§ 467 Abs. 2 Satz 1) das Gericht sein Ermessen unrichtig ausgeübt habe, oder daß nicht fakultative, sondern obligatorische Überbürdung in Betracht komme, weil nach den getroffenen tatsächlichen Feststellungen des Urteils ein begründeter Verdacht zu verneinen sei. Er kann dagegen nicht verlangen, daß in der Beschwerdeinstanz der Sachverhalt über die Feststellungen des Urteils hinaus weiter aufgeklärt werde, um seine Unschuld oder das Fehlen begründeten Verdachts darzutun. Denn die Bindung an die tatsächlichen Feststellungen des Urteils bedeutet nicht nur, daß das Beschwerdegericht sich nicht mit dem tatsächlichen Feststellungen des Urteils in Widerspruch setzen darf, sondern auch, daß neue tatsächliche Ermittlungen zur Tat überhaupt unzulässig sind, wegen der Gefahr widersprechender Feststellungen, und weil es prozeßwirtschaftlich nicht tragbar wäre, nur wegen des Nebenpunkts der Auslagenerstattung eine weitergehende Sachaufklärung zuzulassen als für die Sachentscheidung selbst. Dies entspricht auch den Absichten des StPO.-Änderungsges., die nur auf eine Entlastung des Urteils hinsichtlich der Erstattungsfrage, im übrigen aber auf eine Legalisierung der bisherigen Rechtsprechung über den Umfang der Sachaufklärung hinauslaufen. In gleicher Weise kann die Staatsanwaltschaft ihre Beschwerde gegen die Anordnung der Erstattung damit begründen, daß bei Anwendung des § 467 Abs. 2 Satz 1 in dem angefochtenen Beschluß richtige Ermessensausübung zur Versagung führe, oder daß — bei Anwendung des § 467 Abs. 2 Satz 2 — die im Urteil getroffenen tatsächlichen Feststellungen nicht die obligatorische Erstattung rechtfertigten und im Rahmen der Ermessensausübung nach Abs. 2 Satz 1 bei richtiger Ermessenshandhabung eine Zubilligung entfalle, oder daß die Ausschließungsgründe des § 2 UHaftentschädigungsges. unberücksichtigt geblieben seien. Sie kann aber auch, wenn der erste Richter die Voraussetzungen der zwingenden Überbürdung angenommen hat, wie bisher geltend machen, daß eine Aufklärung des Sachverhalts, ob der zwingende Ausschließungsgrund des § 2 Abs. 1 UHaftentschädigungsges. vorliege, zu Unrecht unterblieben sei (vgl. Anm. 11c zu § 467). Dann ist der Sachverhalt nach dieser Richtung aufzuklären. Das steht mit § 467 Abs. 5 Satz 4 betr. Bindung an die tatsächlichen Feststellungen des Urteils nicht in Widerspruch, da es insoweit an tatsächlichen Feststellungen fehlt und das Verbot einer über die Feststellungen im Urteil hinausgehenden Sachaufklärung sich nur auf Feststellungen zur Tat bezieht.

b) Wie bisher das Berufungsgericht (vgl. Hauptwerk Anm. 12c zu § 467 S. 390), so ist jetzt auch das Beschwerdegericht bei der Entscheidung über die Auslagenerstattung nicht an die dem Freispruch zugrunde liegende Rechtsauffassung des Urteils gebunden.

c) Die Zulässigkeit der sofortigen Beschwerde ist durch § 304 Abs. 3, 4 eingeschränkt. Im übrigen enthält der Gesetzeswortlaut keine weiteren Beschränkungen, so daß, wenn nur der Wortlaut des § 467 Abs. 5 Satz 3 entscheidend ist, die sofortige Beschwerde auch dann zulässig wäre, wenn die Hauptentscheidung selbst einer Anfechtung entzogen ist, wie z. B. der gerichtliche Beschluß nach § 153 Abs. 3 über die Verfahrenseinstellung wegen Geringfügigkeit bei Übertretungen oder Vergehen oder bei Feld- und Forstzuwiderhandlungen das freisprechende Urteil erster Instanz, wenn die Berufung durch § 313 StPO., die Revision aber nach den landesrechtlichen Verfahrensvorschriften ausgeschlossen ist (vgl. BGHSt. **4** 138; NJW. **1960** 55). Indessen erscheint es zweifelhaft, ob dem Gesetzeswortlaut eine so weitreichende Bedeutung zukommt. Denn nach bisherigem Recht bildete die Auslagenerstattungsentscheidung einen Bestandteil der Hauptentscheidung und war demgemäß unanfechtbar, wenn gegen die Sachenentscheidung ein Rechtsmittel gesetzlich versagt war (vgl. auch OLG. Hamburg NJW. **1956** 1891 betr. Unanfechtbarkeit der Auslagenerstattungsentscheidung nach § 471 Abs. 3 Nr. 2, wenn im Privatklageverfahren das Berufungsgericht das Verfahren wegen Geringfügigkeit durch unanfechtbaren Beschluß [§ 390 Abs. 5 Satz 2] einstellte). Es fragt sich aber, ob es wirklich den mit der Neuregelung des § 467 Abs. 4, 5 verfolgten gesetzgeberischen Absichten entspricht, im Gegensatz zum bisherigen Recht den Nebenpunkt der Auslagenerstattung im weiteren Umfang einer Nachprüfung durch Rechtsmittel zu unterstellen als die Hauptentscheidung selbst. Die Frage ist bisher nur für den Fall der Einstellung nach § 153 Abs. 3 praktisch geworden, wo, weil ja ein Verschulden vorausgesetzt wird, im Fall des § 153 Abs. 1 in aller Regel, im Fall des § 153 Abs. 2 sogar begrifflich nur eine Auslagenerstattung nach Ermessen (§ 467 Abs. 2 Satz 1) in Betracht kommt, und hat hier zu widersprechenden Auffassungen in Rechtsprechung und Schrifttum geführt. OLG. Hamm NJW. **1965** 1820 (betr. Einstellung des Verfahrens in der Berufungsinstanz; zustimmend Schwarz-Kleinknecht [26] 3 D zu § 153) bejaht die Anfechtbarkeit der Auslagenentscheidung und bezeichnet zwar das Ergebnis, daß damit der Nebenpunkt der Auslagenerstattung in weiterem Umfang anfechtbar ist als die Hauptentscheidung, als „ungereimt", glaubt aber, es nach dem Wortlaut des § 467 Abs. 5 hinnehmen zu müssen. Die Begründung, die nach § 34 erforderlich ist, obwohl der Einstellungsbeschluß selbst keiner Begründung bedarf und regelmäßig auch ohne Begründung ergeht, müsse wenigstens bei Einstellung nach Durchführung einer Hauptverhandlung ergeben, ob die Schuld feststeht oder nur wahrscheinlich ist, und wie stark die Verdachtsmomente für die Schuld sind; in der Regel müsse also das wesentliche Ergebnis der Beweisaufnahme in die Auslagenentscheidung aufgenommen werden, weil sonst dem Beschwerdegericht die tatsächliche Grundlage für die Entscheidung fehle. Im Gegensatz dazu verneint OLG. Stuttgart NJW. **1966** 66 (mit abl. Anm. Dahs) — ebenfalls betr. Einstellung nach § 153 Abs. 3 in der Berufungsinstanz — unter Würdigung der Entstehungsgeschichte eine Absicht des Gesetzgebers, die Anfechtbarkeit der Erstattungsentscheidung zuzulassen, wenn es gegen die Hauptentscheidung kein Rechtsmittel gibt, und vermißt, da der Einstellungsbeschluß keine Begründung enthalte und die Ermessensentscheidung nach § 467 Abs. 2 Satz 1 keiner näheren Begründung bedürfe, tatsächliche Feststellungen, an die das Beschwerdegericht bei der Nachprüfung der Erstattungsentscheidung anknüpfen könne (ebenso OLG Celle NJW. **1966**, 792). Schließlich ist nach Dahs (in der Anm. a. a. O.) entscheidend, daß § 467 Abs. 5 Satz 3 nach seinem „klaren Wortlaut" keine Beschränkung der sofortigen Beschwerde enthalte, auch rechtfertige die Unanfechtbarkeit der Hauptentscheidung, die den Beschuldigten nicht beschwere, nicht die Folgerung, daß auch eine ihn beschwerende Nebenentscheidung der Anfechtung entzogen sein solle.

Gegen OLG. Hamm und Dahs ist den OLGen Stuttgart und Celle zuzustimmen. Allerdings ist § 467 Abs. 5 Satz 4 (Bindung des Beschwerdegerichts an die tatsächlichen Feststellungen der Hauptentscheidung) für die Entscheidung der Streitfrage unergiebig, denn diese Vorschrift erfordert nicht, daß eine Hauptentscheidung mit tatsächlichen Feststellungen vorliegen müsse, sondern schreibt — zur Vermeidung widersprechender tatsächlicher Feststellungen — eine Bindung nur vor, wenn eine Hauptentscheidung mit tatsächlichen Feststellungen vorliegt; fehlt es an einer solchen, so müßte gegebenenfalls das Beschwerdegericht selbst sich eine Beurteilungsgrundlage aus dem Akteninhalt verschaffen. Entscheidend ist vielmehr, daß es aus prozeßökonomischen Grundsätzen nicht in der Absicht des Gesetzes liegen kann, den Nebenpunkt der Auslagenentscheidung im weiteren Umfang rechtsmittelfähig zu machen als die einer Anfechtung entzogene Hauptentscheidung und auf dem Umweg über § 34 dem nach § 153 Abs. 3 einstellenden Richter für die Nebenentscheidung einen Begründungszwang aufzuerlegen, den es ihm für die Hauptentscheidung gerade ersparen will. Es darf dazu auf eine Parallele auf zivilprozessualem Gebiet verwiesen werden: auch für den Zivilprozeß besteht Streit, ob es einen allgemeinen Rechtsgrundsatz gebe, daß der Beschwerderechtszug nicht länger sein dürfe als der Rechtszug in der Hauptsache selbst (vgl. Baumbach-Lauterbach [20] 5 zu § 567 ZPO.). Der praktisch in dieser Hinsicht früher wichtigsten Zweifelsfrage, ob etwa die Festsetzung des Streitwerts durch das Landgericht als Berufungsgericht mit der Beschwerde an das OLG. angegriffen werden könne, obwohl in der Hauptsache selbst das LG. letztinstanzlich entscheidet, hat § 23 Abs. 2 GKG. durch die Neufassung v. 26. 7. 1957 (BGBl. I S. 941) ein Ende bereitet, indem er die Beschwerde gegen die Streitwertfestsetzung des LG. als Berufungsgericht ausdrücklich ausschloß, und zwar eben aus der Erwägung, daß es nicht eingängig sei, wegen einer Nebenentscheidung einen längeren Rechtszug zu eröffnen als wegen der Entscheidung in der Hauptsache selbst. Und wenn § 91a ZPO. vorschreibt, daß, wenn die Parteien den Rechtsstreit in der Hauptsache für erledigt erklärt haben, das Gericht über die Kosten durch Beschluß entscheidet, und daß gegen diesen Beschluß sofortige Beschwerde stattfindet, so ist nicht zweifelhaft, daß — obwohl § 91a ZPO. ausdrücklich eine entsprechende Einschränkung nicht enthält — der Beschluß doch nur anfechtbar ist, wenn in der Hauptsache ein Rechtsmittel gegeben ist.

d) Die Neuregelung der Abs. 4, 5 wirkt sich auch auf solche Vorschriften außerhalb der StPO. aus, die wie § 455 RAbgO. für das Verwaltungssteuerstrafverfahren und § 70 OWiG. für das außergerichtliche Bußgeldverfahren die Vorschriften der StPO. über die Kosten des Verfahrens für entsprechend anwendbar erklären. Auch hier bedarf es bei einer dem gerichtlichen Freispruch gleichkommenden Einstellung des Verfahrens durch die Verwaltungsbehörde, weil die Untersuchung ergeben hat, daß der Verdacht einer Gesetzesverletzung nicht begründet war, jetzt einer besonderen Entscheidung über die außerverfahrensrechtlichen Auslagen des Betroffenen (vgl. dazu Hauptwerk Vorbem. 5c vor § 464 und Anm. 15 zu § 467; Dalcke-Fuhrmann-Schäfer [37] 1 Ia; Schwarz-Kleinknecht [26] 2, je zu § 70 OWiG.), die mit der sofortigen Beschwerde (nach Maßgabe der StPO.) bei der übergeordneten Verwaltungsbehörde anfechtbar ist. Erst deren ablehnende Entscheidung eröffnet demgemäß nach Art. 19 Abs. 4 GG. den Weg zur Anrufung des Strafgerichts, der nach früherem Recht unmittelbar ohne vorherige Inanspruchnahme der übergeordneten Verwaltungsbehörde beschritten werden konnte (vgl. dazu Dalcke-Fuhrmann-Schäfer I 1c zu § 70; Schwarz-Kleinknecht 2 zu § 46 OWiG.). Hebt das Amtsgericht einen Bußgeldbescheid wegen des Verfahrenshindernisses der Bedeutungslosigkeit (§ 7 Abs. 3 OWiG) auf, so ist über die Auslagen grundsätzlich nur nach Ermessen (§ 467 Abs. 2 Satz 1) zu entscheiden. Die Auslagenerstattungsentscheidung ist nicht mit der Rechtsbeschwerde (§ 56 OWiG), sondern nach § 70 OWiG, § 467 Abs. 5 Satz 3 nur mit der sofortigen Beschwerde (an das LG) anfechtbar (OLG Köln, NJW. **1966**, 795).

e) Nachdem sowohl in § 467 Abs. 5 Satz 3 wie in § 467a Satz 2 als Rechtsmittel gegen die Auslagenerstattungsentscheidung die **sofortige** Beschwerde vorgesehen ist, muß jetzt — im Gegensatz zu der früher h. M.- angenommen werden, daß **alle** isolierten Kosten- und Auslagenentscheidungen nur mit der sofortigen Beschwerde anfechtbar sind (OLG. Köln NJW. **1966** 120; vgl. Hauptwerk 5c zu § 464).

10. Im Hinblick auf die Überleitungsvorschrift in Art. 14 StPOÄndGes. muß, wenn vor dem 1. 4. 1965 wegen der Auslagenentscheidung form- und fristgerecht Berufung eingelegt war, nach dem Inkrafttreten des StPO-ÄndGes. in der Form des Abs. 5 entschieden, die Berufung also in eine sofortige Beschwerde umgedeutet werden (a. M. LG. Frankfurt NJW. **1965** 2122, wonach über die Berufung durch Urteil zu entscheiden ist).

11. Über Auswirkungen der Neuregelung des § 467 auf § 473 s. unten zu § 473.

§ 467a

Nimmt die Staatsanwaltschaft die öffentliche Klage zurück und stellt sie das Verfahren ein (§ 170 Abs. 2 Satz 1), so kann das Gericht, bei dem die öffentliche Klage erhoben war, auf Antrag der Staatsanwaltschaft oder des Angeschuldigten die diesem erwachsenen notwendigen Auslagen ganz oder teilweise der Staatskasse auferlegen. Gegen die Entscheidung findet die sofortige Beschwerde statt.

1. Der durch Art. 10 Nr. 13 des Strafprozeßänderungsges. v. 19. 12. 1964 eingefügte § 467a ist erst vom Rechtsausschuß des Bundestags beschlossen worden. In dem schriftlichen Bericht des Rechtsausschusses (zu Drucks. IV/1020) ist dazu ausgeführt: „Diese vom Ausschuß beschlossene neue Vorschrift gibt die „Rechtswohltat" des § 467 Abs. 2 auch dem Angeschuldigten, gegen den weder die Voruntersuchung eingeleitet noch das Hauptverfahren bereits eröffnet, sondern nur eine Anklage erhoben worden ist, die von der Staatsanwaltschaft aber noch vor der Eröffnung des Hauptverfahrens zurückgenommen wurde". Die Vorschrift bringt die Klärung einer Streitfrage des bisher geltenden Rechts und zwar — wenigstens im Bereich des § 411 StPO. — im Sinne der wohl zuletzt überwiegend geübten Handhabung (vgl. dazu Hauptwerk Anm. 3c, e zu § 411 StPO.).

2. Während die Auslagenerstattung nach § 467 voraussetzt, daß der Angeschuldigte durch gerichtliche Entscheidung unbestraft (ohne Schuldfeststellung) aus dem Verfahren entlassen wird, indem er freigesprochen, außer Verfolgung gesetzt oder das Verfahren gegen ihn eingestellt wird, läßt § 467a eine Auslagenüberbürdung auch zu, wenn es zu einer entsprechenden gerichtlichen Entscheidung nicht gekommen ist, sondern nur die öffentliche Klage erhoben war, und zwar unter der doppelten Voraussetzung, daß die Staatsanwaltschaft die erhobene Klage (zulässigerweise) zurücknimmt und das Ermittlungsverfahren einstellt.

Als Ausnahme (neben §§ 469, 470) von dem Grundsatz, daß eine Auslagenentscheidung nur ergehen kann, wenn es zu einem gerichtlichen Verfahren gekommen ist, ist § 467a einer **entsprechenden** Anwendung auf andere Fälle der Einstellung des Ermittlungsverfahrens nicht fähig (LG. Darmstadt NJW. **1966** 68). Das gilt auch, wenn erst das Ergebnis des Schlußgehörs (§ 169b) die Staatsanwaltschaft veranlaßt, von der Erhebung der Anklage abzusehen. Ein Beschuldigter, der überzeugt ist, beim Schlußgehör seine Unschuld oder das Fehlen eines begründeten Verdachts dartun zu können, tut — gegen Ganske NJW. **1966** 23 — nicht besser, vom Antrag auf Schlußgehör abzusehen, nur weil er hofft, bei Anklageerhebung auf dem Weg über § 467 Abs. 2 oder § 467a zu einem Auslagenerstattungsanspruch zu kommen, denn er riskiert, daß ihm wegen grob fahrlässig verschuldeter Fortführung des Verfahrens der Anspruch auf Ersatz der insoweit entstandenen Auslagen gemäß § 2 UHaftEntschädGes. versagt wird (vgl. Hauptwerk 10c zu § 467; Schwarz-Kleinknecht [26] zu § 169b; s. auch Dahs NJW. **1966** 24 und — kritisch — Kohlhaas NJW. **1966**, 1112).

a) Erhebung und Zurücknahme der öffentlichen Klage. Es kommen folgende Fälle in Betracht: **aa)** Erhebung der öffentlichen Klage durch Antrag auf gerichtliche Voruntersuchung oder Einreichung einer Anklageschrift und deren Rücknahme vor Eröffnung der Voruntersuchung oder des Hauptverfahrens (§ 156 StPO.). **bb)** Erhebung der öffentlichen Klage durch Antrag auf Erlaß eines Strafbefehls (vgl. Hauptwerk Anm. 5a zu § 407) und dessen Zurücknahme vor Erlaß des Strafbefehls (Anm. 3c zu § 409) oder vor Anberaumung der Hauptverhandlung gemäß § 408 Abs. 2 oder Fallenlassen der Klage nach Erlaß des Strafbefehls und Einspruch des Beschuldigten bis zum Beginn der Hauptverhandlung (§ 411 StPO.), **cc)** Fallenlassen der Klage durch die Staatsanwaltschaft bis zum Beginn der Hauptverhandlung, wenn nach Erlaß einer richterlichen Strafverfügung der Beschuldigte Einspruch eingelegt hat (§§ 411, 413 Abs. 4 StPO.; Hauptwerk Anm. 9 zu § 413). **dd)** § 467a ist auch gemäß § 420 RAbgO. anwendbar, wenn wegen einer Steuerzuwiderhandlung nicht die Staatsanwaltschaft, sondern gemäß § 472 Abs. 2 RAbgO. das Finanzamt die öffentliche Klage erhebt und diese vor Eröffnung der Voruntersuchung oder des Hauptverfahrens wieder zurücknimmt; einer besonderen Einstellung des Verfahrens bedarf es dann nicht, da die Erhebung der Anklage durch das Finanzamt voraussetzt, daß die Staatsanwaltschaft „einen Antrag auf Verfolgung eines Steuervergehens abgelehnt", d. h. das Verfahren gemäß § 170 Abs. 2 Satz 1 StPO. eingestellt hat. **ee)** Im beschleunigten Verfahren (§ 212a) ist die Rücknahme der Klage bis zum Beginn der Vernehmung des Angeklagten zur Sache zulässig.

Gemäß § 70 OWiG. ist § 467a im **Bußgeldverfahren** entsprechend anwendbar, wenn der Betroffene gegen den Bußgeldbescheid der Verwaltungsbehörde Antrag auf gerichtliche Entscheidung stellt und die Verwaltungsbehörde gemäß § 54 Abs. 3 Satz 2 OWiG. den Bußgeldbescheid zurücknimmt und von Geldbuße absieht.

b) Einstellung des Verfahrens. Die Verweisung auf § 170 Abs. 2 Satz 1 StPO. macht deutlich, daß als Voraussetzung einer Auslagenerstattung nur eine Einstellung in Betracht kommt, die die Staatsanwaltschaft verfügt, weil es nach ihrer Auffassung endgültig an den Voraussetzungen für eine Erhebung der Anklage — dem Bestehen eines verfolgbaren staatlichen Strafanspruchs — fehlt, so daß die Einstellung in der Regel praktisch das Ende des Ermittlungsverfahrens bedeutet. Eine Einstellung in diesem Sinn liegt nicht vor, wenn die StA. wegen zeitweiliger Hindernisse (Abwesenheit oder Krankheit des Beschuldigten oder eines Zeugen usw.) das Verfahren **vorläufig** einstellt (vgl. § 205 und Anm. 8 zu § 170 StPO.), wenn sie bei einem Vergehen wegen geringer Schuld mit Zustimmung des Gerichts das Verfahren einstellt (§ 153 Abs. 2 n. F.), wenn sie von der Erhebung der Anklage oder von der Verfolgung einer Tat „absieht" (§§ 153a, 153b, 153c, 154, 154b, 154c StPO.), oder unter Ausscheidung einzelner Tatteile oder Gesetzesverletzungen die Verfolgung „beschränkt" (§ 154 a n. F.) Eine Einstellung i. S. des § 467a liegt auch nicht vor, wenn die Staatsanwaltschaft das Verfahren gemäß § 154d (bisher § 154a) einstellt, weil der Anzeigende nicht fristgemäß eine präjudizielle Vorfrage einer Klärung durch gerichtliche Entscheidung außerhalb des Strafverfahrens zuführt, denn die Einstellung ist hier nicht, wie im Fall des § 170 Abs. 2 Satz 1 zwangsläufig geboten, sondern in das Ermessen der Staatsanwaltschaft („kann") gestellt. Die Einstellung ist hier in Wahrheit nur eine Aussetzung der Verfolgung (vgl. § 262 Abs. 2 StPO), eine vorläufige Einstellung; sie ist das technische Mittel, zur Entlastung der Staatsanwaltschaft den interessierten Anzeiger zu zwingen, einen Beitrag zum Ermittlungsverfahren zu leisten. Dagegen liegt eine Einstellung i. S. des § 467a vor, wenn bei einer Übertretung die Staatsanwaltschaft die Klage zurücknimmt (fallen läßt) und einstellt, weil sich herausstellt, daß das Verfolgungsverbot des § 153 Abs. 1 StPO. einer Verfolgung entgegensteht.

c) Verzögert die Staatsanwaltschaft nach Zurücknahme der Klage ohne zureichende Gründe den Fortgang der Ermittlungen und **den Abschluß des Ermittlungsverfahrens,** so kann sich der Beschuldigte dagegen mit der Aufsichtsbeschwerde, notfalls mit dem Antrag auf gerichtliche Entscheidung aus § 27 EGGVG wenden (vgl. dazu Anm. 9b, f zu § 23 EGGVG). Noch weitergehend Kohlhaas, NJW. **1966**, 1112: entsprechende Anwendung des § 467a, wenn die Staatsanwaltschaft die nach Auffassung des Gerichts gebotene Einstellung des Verfahrens unterläßt.

3. Während im Fall des § 467 Abs. 2 eine rechtskräftige gerichtliche Sachentscheidung die feste Grundlage der Auslagenentscheidung bildet, baut sich die Auslagenentscheidung im Fall des § 467a auf schwankender Grundlage auf, da die Staatsanwaltschaft innerhalb der Verjährungsfrist jederzeit von Amtswegen, auf Gegenvorstellungen des Anzeigenden, auf Weisung ihrer Vorgesetzten die Ermittlungen wieder aufnehmen und schließlich auch im Klageerzwingungsverfahren zur Erhebung der Anklage gezwungen werden kann. Der Gesetzgeber hat diese Schwierigkeiten in Kauf genommen. Sie müssen aber wenigstens dazu führen, daß von einer „endgültigen" Einstellung, die die Grundlage der Überbürdungsentscheidung bildet, solange nicht gesprochen werden kann, als erhobene Gegenvorstellungen oder Dienstaufsichtsbeschwerden gegen die Einstellung nicht ablehnend beschieden sind oder ein Klageerzwingungsverfahren nicht zugunsten des Angeschuldigten beendet ist (vgl. dazu § 8 des UHaftentschädigungsges.). S. auch unten Anm. 7b wegen des Falles, daß wiederaufgenommene Ermittlungen zur Erhebung der Anklage und Eröffnung des Hauptverfahrens führen

4 a) Die Erstattungsentscheidung wird nur auf **Antrag** der Staatsanwaltschaft (zugunsten des Angeschuldigten) oder des Angeschuldigten getroffen. Der Antrag ist an keine Frist oder Form gebunden, er kann bis zum Ergehen des Beschlusses über die Auslagenerstattung zurückgenommen werden. Die Amtspflicht gebietet — ähnlich wie im Fall des § 469 Abs. 2 (vgl. Anm. 4a zu § 469) — der Staatsanwaltschaft, von Amtswegen den Antrag zu stellen, wenn sie die in § 467 Abs. 2 Satz 2 bezeichneten Voraussetzungen einer Erstattung als gegeben ansieht. Die Anhörung des Antraggegners richtet sich nach § 33 Abs. 2, 3 StPO.

b) Zuständig für die Auslagenerstattung ist nach § 467a das Gericht, bei dem die Anklage erhoben war. War sie aber von einem unzuständigen Gericht erhoben, so ist wohl das Gericht zuständig, bei dem sie, von dem Sachvortrag der Staatsanwaltschaft in der Anklage ausgehend, hätte erhoben werden müssen (so auch Müller-Sax [KMR] 2b).

5. Die Überbürdung auf die Staatskasse ist — anders als nach § 467 Abs. 2 — stets fakultativ („kann"). Jedoch bildet § 467 Abs. 2 die Leitlinie für die Ermessensausübung (Dahs NJW. **1966** 24; Müller-Sax [KMR.] 2b zu § 467a). Der zwingende Versagungsgrund des § 2 Abs. 1 UHaftentschädigungsges. ist auch hier zu beachten. Die Grundlage der Beurteilung bildet das Ergebnis des Ermittlungsverfahrens, die aus den Akten zu entnehmenden Gründe für die Zurücknahme der Klage, die Begründung des Einstellungsbescheids und das etwaige ergänzende Vorbringen der Beteiligten. Eine rechtliche Beschränkung der Nachprüfung nach Art des § 467 Abs. 5 Satz 4 besteht der Natur der Sache nach nicht. Eine Beschränkung des Umfangs weiterer, über den Akteninhalt hinausgehender Ermittlungen ergibt sich aber daraus, daß es sich nur um die Regelung einer Kostenfrage nach Gesichtspunkten der Billigkeit handelt, und daß die Vorschrift des § 467a nicht dazu dienen soll und kann, die Brücke zu bilden, mittels deren der Angeschuldigte das Gericht zu einer Feststellung der von ihm behaupteten Unschuld oder des Fehlens eines begründeten Verdachts zwingen könnte (vgl. dazu auch Anm. 9 b zu § 23 EGGVG.). So wenig die Hauptverhandlung zwecks Feststellung der Unschuld oder des Fehlens eines begründeten Verdachts fortzusetzen ist, wenn bereits die Voraussetzungen eines Freispruchs mangels Beweises vorliegen und so wenig — folgerichtig — das Verfahren nach § 467 Abs. 4, 5 einer weiteren Aufklärung in dieser Hinsicht dient, so wenig ist es Sache des Verfahrens nach § 467a, lediglich aus Kostengründen Rehabilitierungsaufgaben zu übernehmen, nachdem dem Rehabilitierungsbedürfnis des Angeschuldigten bereits durch die Zurücknahme der Klage und Einstellung des Ermittlungsverfahrens ausreichend Rechnung getragen ist.

6. Das Gericht kann die Auslagen ganz oder teilweise der Staatskasse auferlegen. Diese Vorschrift ist zugleich als eine authentische Interpretation des § 467 Abs. 2 Satz 1 anzusehen (vgl. dazu Anm. 8 zu § 467 im Hauptwerk), denn sie bringt den allgemein für die fakultative Überbürdung maßgeblichen Gedanken zum Ausdruck, daß das Gericht, wenn es die Erstattung ganz versagen kann, auch zu einer Teilversagung berechtigt ist. Auch wenn das Gericht Unschuld im erstattungsrechtlichen Sinn als erwiesen ansieht, kann es sich mit einer Teilerstattung begnügen, z. B. wenn das Verfahren erst wegen einer im Lauf des Ermittlungsverfahrens eingetretenen Verjährung eingestellt ist (vgl. Hauptwerk Anm. 10a zu § 467).

7a) Mit der Rechtskraft einer positiven Erstattungsentscheidung steht der Erstattungsanspruch des Angeschuldigten grundsätzlich unentziehbar fest; das weitere Verfahren regelt § 464 Abs. 2 StPO. Wie aber, wenn der Entscheidung ihre Grundlage, die Einstellung des Ermittlungsverfahrens, entzogen wird, indem später die Ermittlungen neu aufgenommen und Anklage erhoben oder erzwungen wird? Einen rechtsähnlichen Fall regelt § 5 UHaftentschädigungsges. Danach tritt ein die Entschädigungspflicht der Staatskasse wegen unschuldig erlittener Untersuchungshaft aussprechender Beschluß kraft Gesetzes außer Kraft, wenn zuungunsten des Freigesprochenen die Wiederaufnahme des Verfahrens angeordnet, oder wenn gegen den außer Verfolgung Gesetzten nach Wiederaufnahme der Klage das Hauptverfahren eröffnet wird; endet das neue Verfahren mit Freispruch, so muß über die Entschädigung von neuem Beschluß gefaßt werden. In entsprechender Anwendung dieser Regelung tritt der Erstattungsbeschluß außer Kraft, wenn nach Wiederaufnahme der Ermittlungen Anklage erhoben und das Hauptverfahren eröffnet wird; endet das Verfahren mit Freispruch usw., so wird gemäß § 467 Abs. 2 auch über die Auslagen in dem früheren Abschnitt des Ermittlungsverfahrens, der einen Bestandteil des gesamten Verfahrens bildet, einheitlich entschieden.

b) Daraus folgt, daß ein Antrag auf Erstattung der Auslagen nicht mehr gestellt und über einen vorher gestellten Erstattungsantrag nicht mehr entschieden werden kann, sobald nach Wiederaufnahme der Ermittlungen Anklage erhoben und das Hauptverfahren eröffnet ist.

8. Die Zurückweisung des Erstattungsantrages ergeht gebührenfrei.

9. Inkrafttreten. Da Art. 14 keine besonderen Übergangsvorschriften für § 467a enthält, bleibt es bei der allgemeinen Vorschrift von Art. 14 Abs. 1, wonach vom 1. 4. 1965 ab der § 467a „auch in den schwebenden Verfahren gilt". Die Vorschrift ist also auch anwendbar, wenn die Zurücknahme der Klage vor dem 1. 4. 1965 erfolgte, das schwebende Ermittlungsverfahren aber erst nach dem 31. 3. 1965 eingestellt wird. Eine Rückwirkung der Vorschrift auf Fälle, die vor dem Inkrafttreten des Gesetzes durch Einstellung erledigt waren, findet danach nicht statt.

§ 472

(1) Wird im Falle des § 175 der Angeschuldigte außer Verfolgung gesetzt oder freigesprochen oder wird das Verfahren eingestellt, so sind auf den Antragsteller die Vorschriften des § 471 Abs. 2 bis 5 entsprechend anzuwenden. Das Gericht kann jedoch den Antragsteller von der Tragung der Kosten ganz oder teilweise befreien.

(2) Der Antragsteller ist zu hören, bevor eine Entscheidung zu seinem Nachteil ergeht.

1. Die Fassung des Abs. 2 beruht **auf Art. 8 Nr. 8 des Strafprozeßänderungsges.** v. 19. 12. 1964 (in Kraft getreten am 1. 4. 1965). Eine entsprechende Vorschrift war im RegEntw. nicht enthalten; sie ist erst im Rechtsausschuß eingefügt worden. In dem Bericht des Rechtsausschusses (zu BT-Drucks. IV/1020) wird dazu ausgeführt: „Dem Ausschuß erschien es als recht und billig, daß auch der am Verfahren selbst nicht Beteiligte gehört werden muß, bevor eine ihm nachteilige Entscheidung ergeht". Wegen der Bedeutung der Änderung darf auf Anm. 2 zu § 472 StPO. im Hauptwerk verwiesen werden. Die Vorschrift hat nur Bedeutung für den Fall, daß der Antragsteller sich nicht als Nebenkläger am Verfahren beteiligt; denn andernfalls ergibt sich die Anhörungspflicht bereits aus § 33 Abs. 1, 3 StPO. Eine Entscheidung zum Nachteil des Antragstellers (im Kostenpunkt) liegt nur dann nicht vor, wenn er gemäß § 472 Abs. 1 Satz 2 ganz von der Tragung der Kosten befreit wird; nur in diesem Fall erübrigt sich die Anhörung.

§ 473

1. Der Wortlaut des § 473 ist zwar durch das StPÄnderungsges. v. 19. 12. 1964 nicht geändert worden. Die Änderung des § 467 wirkt sich aber auch auf § 473 Abs. 1 Satz 2 aus.

a) Erfolgloses Rechtsmittel der Staatsanwaltschaft. Erweist sich das von der Staatsanwaltschaft eingelegte Rechtsmittel als erfolglos, so war nach bisherigem Recht gemäß § 473 Abs. 1 Satz 2 nach Ermessensgrundsätzen („können") über die dem Angeklagten durch das Rechtsmittel entstandenen Auslagen zu entscheiden. Jetzt aber hat das Rechtsmittelgericht, wenn es „von neuem" auf Freispruch erkennt (vgl. Anm. 7a zu § 467 des vorliegenden Ergänzungsbandes) nach § 467 Abs. 4 Satz 2 auch über die Auslagenerstattung von neuem zu beschließen. Es entscheidet also, da der Erstattungsbeschluß der Vorinstanz gegenstandslos geworden ist, sowohl über die Auslagenerstattung für die Vorinstanzen als auch für die der Rechtsmittelinstanz. Und zwar bildet nach der ausdrücklichen Vorschrift des § 467 Abs. 4 Satz 2 der § 467 Abs. 2 die materielle Entscheidungsgrundlage und damit zwangsläufig nicht mehr der § 473 Abs. 1 Satz 2; insoweit ist diese letztere Vorschrift durch § 464 Abs. 4 Satz 2 in ihrem Anwendungsbereich beschränkt worden (so auch KG NJW. **1966**, 793). Sachlich bedeutet dies insofern keinen wesentlichen Unterschied gegenüber dem früheren Recht, als schon bisher angenommen wurde, daß die Ermessensausübung nach § 473 Abs. 1 Satz 2 im Einklang mit der gesetzgeberischen Grundsatzentscheidung des § 467 Abs. 2 erfolgen müsse (vgl. Hauptwerk Anm. 1b zu § 467 — S. 422f. —).

b) Rücknahme des Rechtsmittels durch die Staatsanwaltschaft. Nimmt die Staatsanwaltschaft ihr gegen den Freispruch gerichtetes Rechtsmittel in der Hauptverhandlung (mit Zustimmung des Angeklagten, § 303) zurück, so verbleibt es zwar bei § 473 Abs. 1 Satz 2, wonach über die Auslagenerstattung nach Ermessen zu entscheiden ist. Auch hier erfolgt aber die Ermessensausübung nach dem Grundgedanken des § 467 Abs. 2 (Hauptwerk Anm. 5d zu § 467). Nach bisherigem Recht konnte im unmittelbaren Anwendungsbereich des § 467, wenn nur fakultative

Auslagenüberbürdung in Betracht kam und ein Überbürdungsantrag nicht gestellt war, das Gericht eine Überbürdung **stillschweigend** dadurch ablehnen, daß es lediglich die Kosten des Verfahrens der Staatskasse auferlegte (vgl. Hauptwerk Anm. 12b, aa zu § 467). Das gilt jetzt nicht mehr; nach § 467 Abs. 4 ist über die Auslagenerstattung von Amts wegen zu entscheiden und auch eine Ablehnung stets ausdrücklich auszusprechen (s. Ergänzungsband Anm. 4a zu § 467). Im Falle des § 473 Abs. 1 Satz 2 legt schon die Heranziehung des § 467 Abs. 2 als Leitlinie der Ermessensausübung auch die Heranziehung (entsprechende Anwendung) des § 467 Abs. 4 nahe, soweit er eine Prüfung der Auslagenerstattung von Amts wegen und eine ausdrückliche Entscheidung fordert. Der Zusammenhang von Abs. 2 mit Abs. 4 des § 467 gebietet nach dem Sinn der Neuregelung insoweit eine entsprechende Anwendung des § 467 Abs. 4, so daß bei Zurücknahme des Rechtsmittels der Staatsanwaltschaft eine bloße Belastung der Staatskasse mit den Kosten des Rechtsmittels nicht mehr als stillschweigende Ablehnung der Auslagenerstattung angesehen werden kann (so auch OLG Stuttgart NJW. **1966**, 1425). In gleicher Weise ist bei einer Zurücknahme des Rechtsmittels in der Hauptverhandlung auch Abs. 5 des § 467 (Bekanntmachung der Entscheidung über die Auslagenerstattung nur durch Zustellung) entsprechend anwendbar. Denn andernfalls wäre das Berufungsgericht im Hinblick auf § 34 StPO. gezwungen, sich noch in der Verhandlung und vor der Öffentlichkeit über die Gründe für eine etwaige Ablehnung, also auch über die Aussichten des Rechtsmittels und damit naturgemäß auch über den Grad des bestehengebliebenen Verdachts auszusprechen. Das nach Möglichkeit zu vermeiden, ist aber gerade der Sinn des § 467 Abs. 5, der demgemäß auch in gleichliegenden Fällen Beachtung erfordert (so mit Recht OLG Stuttgart a. a. O.).

c) Bei **vollem Erfolg** des vom **verurteilten** Angeklagten **mit begrenztem Ziel** (Milderung der Strafe, Änderung des Urteils in einem Nebenpunkt) eingelegten Rechtsmittels ist § 467 Abs. 2 **entsprechend** anzuwenden (vgl. Hauptwerk Anm. 1b — S. 422 — zu § 473). Nach OLG Stuttgart v. 10. 6. 1965 — 3 Ws 95/65 — (zitiert in OLG Stuttgart NJW. **1966**, 1425) folgt aus der entsprechenden Anwendung des § 467 Abs. 2, daß dann auch die Folgerungen gemäß Abs. 4, 5 gezogen werden müssen; das OLG beruft sich dabei auf Schwarz-Kleinknecht [26] Anm. 17 zu § 467, wonach die Absonderung des Auslagenbeschlusses von der Sachentscheidung und dem Ausspruch über die Kosten des Verfahrens **allgemein** eingeführt ist und auch bei analoger Anwendung des § 467 Abs. 2 zu beachten sei. Dagegen muß nach OLG Hamm NJW. **1966**, 794 (betr. den Fall, daß die auf das Strafmaß beschränkte Berufung zur Milderung des Urteils führt) die Entscheidung über die Auslagenerstattung nach wie vor im Urteil erfolgen. § 467 Abs. 4 könne in einem solchen Fall nicht entsprechend angewendet werden. Denn er bezwecke, daß der **freigesprochene** Angeklagte (bei Urteilsverkündung) möglichst wenig mit Ausführungen darüber bloßgestellt werde, welcher Grad des Verdachts noch bestehen geblieben ist; keinesfalls sei damit beabsichtigt worden, die Auslagenerstattungsentscheidung allgemein einem Beschlußverfahren zu überweisen. Daran ist allerdings richtig, daß bei dem Angeklagten, der nicht Freispruch, sondern nur Änderung des verurteilenden Erkenntnisses im Strafmaß oder in einem Nebenpunkt erstrebt, der Gesichtspunkt der Vermeidung eines „Freispruchs 2. Klasse" im allgemeinen nicht in Betracht kommt. Eine andere Frage aber ist, ob nicht prozeßökonomische Gründe es rechtfertigen, bei entsprechender Anwendung des Abs. 2 auch die Abs. 4, 5 des § 467 entsprechend anzuwenden. Wie läßt es sich sachlich begründen, daß die Erstattungsentscheidung des Berufungsgerichts bei vollem Erfolg einer unbeschränkten Berufung (bei Freispruch usw.) nur mit sofortiger Beschwerde, bei Erfolg einer beschränkten Berufung aber mit Revision anfechtbar ist?

2. Die neuere Rechtsprechung zeigt das Bestreben, in entsprechender Anwendung des § 467 Abs. 2 eine Auslagenüberbürdung auf die Staatskasse nicht nur bei Rechtsmitteln, die zur Änderung einer Sachentscheidung i. S. des § 467 Abs. 1 führen, sondern auch dann zuzulassen, wenn die Erinnerung oder Beschwerde gegen die Entscheidung in einem gerichtlichen Zwischen-, Neben- oder Nachverfahren Erfolg hat. So sind, wenn die Ordnungsstrafe gegen einen Zeugen auf Beschwerde aufgehoben wird, die durch die Beauftragung eines Rechtsanwalts mit der Einlegung der Beschwerde entstandenen Auslagen nach LG Heidelberg, Justiz **1965**, 312 überbürdbar. Wurde in einem (später nach § 170 Abs. 2 StPO. eingestellten) Ermittlungsverfahren die vom Amtsgericht angeordnete Beschlagnahme von Gegenständen im Eigentum des Beschuldigten auf Beschwerde aufgehoben, so sind nach LG Freiburg NJW. **1966**, 1423 die dem Beschuldigten durch die Beauftragung des Verteidigers mit der Einlegung der Beschwerde erwachsenen Auslagen in entsprechender Anwendung des § 467 Abs. 2 erstattungsfähig, obwohl § 467a, da Anklage nicht erhoben war, bezgl. der übrigen Verteidigungsauslagen des Beschuldigten nicht eingreift und für Nachteile, die der Beschuldigte durch das Ermittlungsverfahren erlitten hat, nur eine Entschädigung wegen Freiheitsentziehung nach dem UHaftEntschädigungsgesetz in Betracht kommt. Legt der Verurteilte gegen den Kostenansatz der Staatskasse (§ 4 GKG.) Erinnerung und Beschwerde ein und hat die Beschwerde Erfolg, sind nach OLG Frankfurt NJW. **1966,** 1424 in entsprechender Anwendung des § 467 Abs. 2 Satz 2 die notwendigen Auslagen des Verurteilten im Erinnerungs- und Beschwerdeverfahren der Staatskasse aufzuerlegen, da die Verweisung auf die §§ 304—310 StPO. in § 4 Abs. 2 GKG auch die Kostenbestimmungen der StPO. umfasse und § 467 Abs. 2 entsprechend anzuwenden sei, weil die Feststellung des Beschwerdebescheides, der Verurteilte schulde der Staatskasse nicht die den Gegenstand des Verfahrens bildenden Kosten, sinngemäß einem Freispruch i. S. des § 467 Abs. 1 gleichstehe. Es zeigt sich, daß die Bestrebungen nach einer Erweiterung der Auslagenerstattung im Strafverfahren mit der Einfügung des § 467a nicht zum Abschluß gekommen sind.

Änderungen des Gerichtsverfassungsgesetzes

Durch Art. 11 des Strafprozeßänderungsges. v. 19. 12. 1964 sind die §§ 58, 64, 69, 117, 169 GVG. geändert oder ergänzt worden (in Kraft getreten am 1. 4. 1965). Diese Änderungen ind bereits nach dem damaligen Stand der Dinge im Hauptband berücksichtigt und erläutert. **Ergänzend** ist zu bemerken:

1. Zu § 14 GVG: (Anm. 1 des Hauptwerks): Über die Errichtung des Moselschiffahrtsgerichts und des Moseloberschiffahrtsgerichts vgl. Ges. zur Änderung des Ges. über das gerichtliche Verfahren in Binnenschiffahrts- und Rheinschiffahrtssachen v. 14. 5. 1965 (BGBl. I 389).

2. Zu § 62 GVG. (Anm. 3a des Hauptwerks): BVerfG. v. 3. 2. 1965 (NJW. **1965** 1219 mit abl. Anm. Arndt und zustimmender Anm. Dinslage = MDR. **1965** 545 = DRiZ. **1965** 214) hat die Überbesetzung einer Kammer (Senats) mit einem Vorsitzenden und 4 Beisitzern als mit Art. 101 Abs. 1 Satz 2 GG. vereinbar erklärt, wenn sie zur Gewährleistung einer geordneten Rechtsprechung unvermeidlich ist. Ob letztere Voraussetzung gegeben ist, entscheidet danach grundsätzlich das pflichtmäßige Ermessen des Präsidiums. Diese Entscheidung kann vom BVerfG. nur nach der Richtung nachgeprüft werden, ob das Präsidium den Begriff der Unvermeidbarkeit verkannt und dadurch die Möglichkeit des Manipulierens eröffnet hat, oder ob es eindeutig sachfremd entschieden und dadurch selbst manipuliert hat (BVerfG. a. a. O.).

Eine diese vorbezeichneten Grenzen (1 Vorsitzender und 4 Beisitzer) überschreitende Überbesetzung liegt nach der Rechtsprechung des BGH. auch dann vor, wenn von mehr als insgesamt 5 zugewiesenen Mitgliedern (einschl. des Vorsitzenden) nicht alle Arbeitskräfte voll zur Verfügung stehen, z. B. weil der Vorsitzende für Monate erkrankt ist (BGH. DRiZ. **1965** 304), oder weil von 5 zugewiesenen Beisitzern zwei im Zeitpunkt der Entscheidung vorübergehend beurlaubt waren (BGH. DRiZ. **1965** 343), oder weil von 5 zugewiesenen Beisitzern zwei nur jeweils mit halber Arbeitskraft zugeteilt sind (BGH. DRiZ. **1965** 239).

3. Zu S 69 Abs. 2 GVG. (vgl. Anm. 2 des Hauptwerks):

1. BVerfG. v. 3. 2. 1965 (vgl. die Zitate oben zu § 62) hat ausgesprochen, daß die (jetzt auch in § 8 der FinanzgerichtsO. v. 6. 10. 1965, BGBl. I 1477 vorgesehene) Anordnung des Vorsitzenden nach § 69 Abs. 2 zwar der Tendenz des Art. 101 Abs. 1 Satz 2 GG. entspricht, durch die Verfassungsvorschrift selbst aber nicht geboten ist, sondern eine über das verfassungsrechtlich Notwendige hinausgehende zusätzliche Vorschrift des einfachen Gesetzes darstellt. Bei dieser Sachlage erweist sich schon angesichts der Strenge, mit der die Einhaltung des Verfassungsgebots des gesetzlichen Richters gehandhabt und überwacht wird, die Forderung als berechtigt, die rechtspolitisch umstrittene und in ihrer Auswirkung nicht voll übersehbare Vorschrift des § 69 Abs. 2 jedenfalls nicht „perfektionistisch" in einem das pflichtmäßige Ermessen des Vorsitzenden einschränkenden Sinn zu handhaben, der zu Lasten einer zügigen Prozeßerledigung gehen würde (Bohlmann, Der gesetzliche Richter in der Praxis, DRiZ. **1965** 149, 152), zumal ohnedies die lange Dauer vieler Verfahren in zunehmenden Maße zu Klagen in der Öffentlichkeit führt.

2. § 69 Abs. 2 ist zwar in gewisser Weise dem § 63 (Geschäftsverteilungsplan des Präsidiums) nachgebildet; der Sinn auch des § 69 Abs. 2 ist es, ein „Manipulieren" (des Vorsitzenden) zu unterbinden. Der Geschäftsverteilungsplan des Präsidiums, der übrigens durch die Regel des § 67 eine gewisse Auflockerung erfährt, unterscheidet sich aber von der Mitwirkungsanordnung des Vorsitzenden nach § 69 Abs. 2 maßgeblich dadurch, daß die letztere Anordnung sich auf die Bestimmung von **„Grundsätzen"** beschränkt, also von allgemeinen Richtlinien, die der Natur der Sache nach im Einzelfall abänderungsfähig sein müssen, wenn es die Sachlage erfordert; Abs. 2 Halbsatz 2, der eine Abweichung im Einzelfall von den „Grundsätzen" insbesondere bei Überlastung und bei der — in § 63 Abs. 2 nicht erwähnten — ungenügenden Auslastung einzelner Mitglieder zuläßt, gibt dazu die nötige Handhabe. Es geht daher — gegen Schwarz-Kleinknecht [26] 4 — zu weit, zu verlangen, daß diese Grundsätze in gleicher Weise wie der Präsidialgeschäftsverteilungsplan an starren „allgemeinen justizgemäßen Merkmalen" orientiert sein müßten (dagegen auch Schwarz-Kleinknecht a. a. O. 5 selbst, wenn er zwischen „Mitwirkung" und „Art der Mitwirkung" unterscheidet und im Sinn der Ausführungen in Anm. 2 zu § 69 des vorliegenden Hauptwerks eine Bindung des Vorsitzenden bei der Bestimmung der Berichtserstatter verneint). Im Gegensatz zu § 63, der den Fall der Vertretung eines Kammermitgliedes durch das Mitglied einer anderen Kammer im Auge hat, bestimmt § 69 Abs. 2 auch nicht, daß der Vorsitzende für ein (vorübergehend) verhindertes Mitglied der Kammer im voraus einen regelmäßigen Vertreter aus den eigenen Reihen bestimme (a.M. Schwarz-Kleinknecht [26] 6); bei den häufigen vorübergehenden Verhinderungen der einzelnen Kammermitglieder erscheint es kaum durchführbar, von vornherein generell einen regelmäßigen Vertreter zu bestellen, um häufig genug diese Anordnung alsbald wieder durch eine der Sachlage gerecht werdende Änderung wegen Überlastung des regelmäßigen Vertreters zu ersetzten. Sinnvoller erscheint es, dem Vorsitzenden von vornherein die Verteilung der Geschäfte eines vorübergehend verhinderten Mitglieds auf die übrigen Kammermitglieder nach pflichtgemäßem (ein „Manipulieren" ausschließendem) Ermessen zu überlassen und dabei für einen gerechten Belastungsausgleich zu sorgen.

3. Zu den Maßnahmen, die nach § 69 Abs. 2 der Vorsitzende einer in zulässigem Ausmaß „überbesetzten" Kammer nach eigenem Ermessen und in eigener Verantwortung zu treffen hat, gehört nach dem Sinne der Vorschrift auch die Anordnung, in welchem Ausmaß die Mitglieder der Kammer (sein ständiger Vertreter oder das älteste Kammermitglied, § 66 Abs. 2) durch Vertretung des verhinderten Vorsitzenden mitzuwirken haben; einer Feststellung des Verhinderungsfalls durch den Gerichtspräsidenten bedarf es, wenn eine Ermessensfrage vorliegt, nur dann, wenn die Heranziehung von Mitgliedern aus anderen Kammern erforderlich wird (ebenso Dinslage DRiZ. **1965** 333; **1966** 21; Schwarz-Kleinknecht [26] 7 zu § 66; a.M. Poischen DRiZ. **1966** 20). Solche Anordnungen müssen sich natürlich in den in Anm. 2b zu § 62 des Hauptwerks dargestellten Grenzen halten, und sie kommen auch nur in Betracht, soweit nicht das Präsidium bereits im Geschäftsverteilungsplan generell festgelegt hat, in welchen Sitzungen der Vorsitzende als regelmäßig verhindert anzusehen ist (vgl. Hauptwerk 2d zu § 66).

Zu Anhang A (Deutsches Richtergesetz v. 8. 9. 1961):

Durch Ges. v. 18. 8. 1965 (BGBl. I 891) ist Abs. 3 des § 5 DRiG. geändert und ein neuer Abs. 4 eingefügt worden:

„(3) Zwischen der ersten und der zweiten Prüfung muß ein Vorbereitungsdienst von zweieinhalb Jahren liegen. Davon sind zu verwenden

1. neunzehn Monate zum Dienst bei den ordentlichen Gerichten, Staatsanwaltschaften, Notaren und Rechtsanwälten,

2. neun Monate zum Dienst bei Verwaltungsbehörden und Gerichten der Verwaltungsgerichtsbarkeit, auf den bis zu vier Monaten die Ausbildung bei der Hochschule für Verwaltungswissenschaften angerechnet werden kann,

3. zwei Monate zum Dienst bei Gerichten für Arbeitssachen oder bei Behörden oder Stellen, die auf dem Gebiet des Arbeits- oder Sozialrechts tätig sind, insbesondere bei Gewerkschaften oder Arbeitgeberverbänden.

Im Einzelfall kann der Vorbereitungsdienst aus besonderem Grund nach Maßgabe des Landesrechts verlängert werden.

(4) Während des Vorbereitungsdienstes ist auf Antrag eine Ausbildung bei einer gewählten Stelle bis zu sechs Monaten zuzulassen, wenn eine ergänzende und sachgerechte Ausbildung gewährleistet ist; insoweit verlängert sich der Vorbereitungsdienst. Das Nähere bestimmt das Landesrecht."

Sachregister

Die Zahlen ohne Zusatz verweisen auf die Seiten des Ersten Bandes, die Zahlen mit dem Zusatz II auf die Seiten des Zweiten Bandes und die Zahlen nach oder mit dem Zusatz Erg.Bd. auf die Seiten des Ergänzungsbandes.

A

B

C

D

E

F

H

I

J

K

L

N

O

P

T

V

W

J. von Staudingers Kommentar zum Bürgerlichen Gesetzbuch

mit Einführungsgesetz und Nebengesetzen.
11., neubearbeitete Auflage. Lexikon-Oktav. Voraussichtlich 20 Teilbände.

Das Werk wird nur komplett abgegeben.

In abgeschlossenen Bänden liegen vor:

Band I: Allgemeiner Teil, §§ 1—240, erläutert von Dr. FRANZ BRÄNDL und Dr. HELMUT COING. XI, 1260 Seiten. 1957. Halbleder DM 154,— (Lfg. 1, 8, 16, 18, 19)

Band II: Recht der Schuldverhältnisse, Teil 1a: §§ 241, 243—248, erläutert von Dr. Dr. WILHELM WEBER. XXXII, 1474 Seiten. 1967. Halbleder DM 228,—

Band II: Recht der Schuldverhältnisse, Teil 1b: § 242, erläutert von Dr. Dr. WILHELM WEBER. LI, 1553 Seiten. 1961. Halbleder DM 216,—

Band II: Recht der Schuldverhältnisse, 2. Teil: §§ 433—610, erläutert von Dr. FRITZ KIEFERSAUER, Dr. FRITZ OSTLER und Dr. HERMANN RIEDEL. VIII, 1905 Seiten. 1955. Halbleder DM 134,— (Lfg. 6, 9, 10, 11)

Band II: Recht der Schuldverhältnisse, 3. Teil: §§ 611—704, erläutert von Prof. Dr. HANS C. NIPPERDEY, Dr. HEINZ MOHNEN, Dr. DIRK NEUMANN, Dr. HERMANN RIEDEL. VIII, 965 Seiten. 1958. Halbleder DM 118,— (Lfg. 21—24)

Band III: Sachenrecht, 1. Teil: §§ 854—1017, Erbbaurechtsverordnung erläutert von Dr. HANS BERG, Dr. JOSEF RING, GÜNTHER SEUFERT. VIII, 1004 Seiten. 1956. Halbleder DM 122,— (Lfg. 3, 12—14)

Band III: Sachenrecht, 2. Teil: §§ 1018—1296, Schiffsrechtegesetz, Wohnungseigentumsgesetz erläutert von OTTMAR DITTMANN, Dr. HUGO GLASER, FRITZ RIEDEL, Dr. JOSEF RING, FRANZ SCHERÜBL, Dr. KARL SPRENG. VI, 1372 Seiten. 1963. Halbleder DM 190,— (Lfg. 17, 20, 31, 33, 34)

Band IV: Familienrecht, Teil 3a: §§ 1589—1698b, erläutert von Dr. HELMUT DONAU, HELMUT ENGLER, Dr. HORST GÖPPINGER, Dr. WALTER GOTTHARDT, Dr. WOLFGANG LAUTERBACH, Dr. JULIUS SCHWOERER. VIII, 958 Seiten. 1966. Halbleder DM 198,— (Lfg. 35, 36, 38, 43)

Band V: Erbrecht, 1. Teil: Einleitung, §§ 1922—2196, erläutert von Dr. GUSTAV BOEHMER, Dr. HEINRICH LEHMANN, Dr. KARL SEYBOLD. VIII, 990 Seiten. 1954. Halbleder DM 120,— (Lfg. 2, 4, 5, 7)

Band V: Erbrecht, 2. Teil: §§ 2197—2385, erläutert von OTTMAR DITTMANN, Dr. MURAD FERID, Dr. KARL FIRSCHING, Dr. HEINRICH LEHMANN. VI, 1133 Seiten. 1960. Halbleder DM 138,— (Lfg. 15, 29, 30)

FSC
www.fsc.org
MIX
Papier | Fördert gute Waldnutzung
FSC® C083411

Kolibri 360 GmbH
Ferdinand-Jühlke-Straße 7
99095 Erfurt, Deutschland
produktsicherheit@kolibri360.de